Die FGG-Reform:
Das neue Verfahrensrecht

Die FGG-Reform: Das neue Verfahrensrecht

FamFG: Allgemeiner Teil und Familienverfahrensrecht

- Texte
- Erläuterungen
- Materialien
- Arbeitshilfen

herausgegeben von

Dr. Christian Meyer-Seitz,
Ministerialrat im Bundesministerium der Justiz, Berlin

Dr. Petra Frantzioch,
Richterin am Arbeitsgericht, Hamburg

Dr. Rainer Ziegler,
Richter am Amtsgericht, Tübingen

1. Auflage 2009

Bibliografische Information der Deutschen Nationalbibliothek

Die Deutsche Nationalbibliothek verzeichnet diese Publikation in der Deutschen Nationalbibliografie; detaillierte bibliografische Daten sind im Internet über http://dnb.d-nb.de abrufbar.

Ihre Meinung ist uns wichtig!

Sie wollen zu diesem Produkt Anregungen oder Hinweise geben?

Schicken Sie uns Ihre Anregungen über unser Online-Formular unter www.bundesanzeiger-verlag.de/service.

Als Dankeschön verlosen wir unter allen Teilnehmern monatlich einen Sachpreis.

ISBN: 978-3-89817-621-7

© 2009 Bundesanzeiger Verlagsges.m.b.H., Köln

Alle Rechte vorbehalten. Das Werk einschließlich seiner Teile ist urheberrechtlich geschützt. Jede Verwertung außerhalb der Grenzen des Urheberrechtsgesetzes bedarf der vorherigen Zustimmung des Verlags. Dies gilt auch für die fotomechanische Vervielfältigung (Fotokopie/Mikrokopie) und die Einspeicherung und Verarbeitung in elektronischen Systemen. Hinsichtlich der in diesem Werk ggf. enthaltenen Texte von Normen weisen wir darauf hin, dass rechtverbindlich allein die amtlich verkündeten Texte sind.

www.bundesanzeiger-verlag.de

E-Mail: vertrieb@bundesanzeiger.de
Telefon: (02 21) 9 76 68-200
Telefax: (02 21) 9 76 68-115

Herstellung: Guenter Fabritius
Satz: Mediakonzept Widdig GmbH, Köln
Druck: Appel & Klinger Druck und Medien GmbH, Kronach

Printed in Germany

Vorwort

Der Deutsche Bundestag hat am 27. Juni 2008 die Reform der freiwilligen Gerichtsbarkeit mit den Stimmen der Koalitionsfraktionen, der FDP-Fraktion und der Fraktion Bündnis 90/Die Grünen und bei Enthaltung der Fraktion Die Linke in zweiter und dritter Lesung angenommen. Der Bundesrat hat der Reform am 19. September 2008 zugestimmt. Damit konnte ein fast 50-jähriger Reformprozess in großem politischen Einvernehmen erfolgreich abgeschlossen werden. Die Reform begann im Jahre 1964, als das Bundesjustizministerium eine Kommission zur Ausarbeitung von Gesetzesvorschlägen für das Recht der freiwilligen Gerichtsbarkeit einsetzte. Dreizehn Jahre später, 1977, stellte der damalige Bundesjustizminister Hans-Jochen Vogel einen ersten Kommissionsentwurf vor. Dieser Entwurf war Grundlage und Ausgangspunkt des Reformentwurfs, der nunmehr Gesetz geworden ist.

Kern der Reform ist ein neues Stammgesetz, das Gesetz über das Verfahren in Familiensachen und in den Angelegenheiten der freiwilligen Gerichtsbarkeit. Hinter dem unscheinbaren Begriff der freiwilligen Gerichtsbarkeit, der aus Traditionsgründen erhalten bleibt, verbergen sich ganz unterschiedliche Verfahren. Dazu gehören die Einrichtung einer Betreuung, die Unterbringung einer Person, die für sich oder für andere eine Gefahr darstellt, die Verhängung von Abschiebehaft zur Sicherung des Vollzugs ausländerrechtlicher Entscheidungen oder aber die Registerführung oder die Erteilung eines Erbscheins. All dies war bislang sehr unübersichtlich geregelt und bedurfte nach der übereinstimmenden Einschätzung von Wissenschaftlern und Praktikern der Zusammenführung und Neustrukturierung. Diese Heterogenität ist sicher ein wesentlicher Grund, warum die Reform des FGG so viel Zeit in Anspruch genommen hat.

Zahlreiche Expertinnen und Experten aus Politik, Wissenschaft, Richterschaft, Anwaltschaft und Ministerialbürokratie haben die Reform auf dem langen Weg in das Bundesgesetzblatt vorangebracht. Die Autoren möchten zweier Persönlichkeiten gedenken, die den Abschluss der Reform leider nicht mehr erleben konnten: Herrn Ministerialdirektor Berndt Netzer, der als Leiter der Abteilung Rechtspflege im Bundesministerium der Justiz der Reform wertvolle Impulse gegeben hat, und Herrn Richter am Amtsgericht Professor Dr. Hans Rausch, der als Experte für das familiengerichtliche Verfahren die Reform über lange Jahre mit kritischem und praktischem Sachverstand begleitet hat.

Berlin, im Dezember 2008
Die Autoren

Inhalt

Vorwort 5
Abkürzungsverzeichnis 11

I. Reform der freiwilligen Gerichtsbarkeit und des familiengerichtlichen Verfahrens – Einführung – 13

Teil I. Gesetzgebungsgeschichte der FGG-Reform 13
1. Ausgangslage 13
2. Erste Reformansätze in der 14. Legislaturperiode 14
3. Der Referentenentwurf von Februar 2006 16
4. Regierungsentwurf 17
5. Stellungnahme des Bundesrates 18
6. Gegenäußerung der Bundesregierung 20
7. Die FGG-Reform im Deutschen Bundestag 20
8. Zweiter Durchgang im Bundesrat 32

Teil II. Wesentlicher Inhalt des Reformentwurfs 32
1. Gesetz über das Verfahren in Familiensachen und in den Angelegenheiten der freiwilligen Gerichtsbarkeit (FamFG) 32
2. Gesetz über Gerichtskosten in Familiensachen (FamGKG) 33
3. Geltung des Gerichtsverfassungsgesetzes 33
4. Einzelne Reformelemente im FamFG 34

II. Gesetz über das Verfahren in Familiensachen und in den Angelegenheiten der freiwilligen Gerichtsbarkeit (FamFG) – Einzelerläuterungen 43

Buch 1 Allgemeiner Teil 43
Abschnitt 1 Allgemeine Vorschriften (§ 1–§ 22a) 43
Abschnitt 2 Verfahren im ersten Rechtszug (§ 23–§ 37) 76
Abschnitt 3 Beschluss (§ 38–§ 48) 101
Abschnitt 4 Einstweilige Anordnung (§ 49–§ 57) 115
Abschnitt 5 Rechtsmittel 124
Unterabschnitt 1 Beschwerde (§ 58–§ 69) 124
Unterabschnitt 2 Rechtsbeschwerde (§ 70–§ 75) 140
Abschnitt 6 Verfahrenskostenhilfe (§ 76–§ 79) 150
Abschnitt 7 Kosten (§ 80–§ 85) 160
Abschnitt 8 Vollstreckung 165
Unterabschnitt 1 Allgemeine Vorschriften (§ 86–§ 87) 165
Unterabschnitt 2 Vollstreckung von Entscheidungen über die Herausgabe von Personen und die Regelung des Umgangs (§ 88–§ 94) 167
Unterabschnitt 3 Vollstreckung nach der Zivilprozessordnung (§ 95–§ 96a) 173

Abschnitt 9   Verfahren mit Auslandsbezug 176
Unterabschnitt 1 Verhältnis zu völkerrechtlichen Vereinbarungen und Rechtsakten
                     der Europäischen Gemeinschaft (§ 97) 176
Unterabschnitt 2 Internationale Zuständigkeit (§ 98–§ 106) 176
Unterabschnitt 3 Anerkennung und Vollstreckbarkeit ausländischer
                     Entscheidungen (§ 107–§ 110) 181

Buch 2 Verfahren in Familiensachen 186

Abschnitt 1   Allgemeine Vorschriften (§ 111–§ 120) 186
Abschnitt 2   Verfahren in Ehesachen; Verfahren in Scheidungssachen und Folgesachen 198
Unterabschnitt 1 Verfahren in Ehesachen (§ 121–§ 132) 198
Unterabschnitt 2 Verfahren in Scheidungssachen und Folgesachen (§ 133–§ 150) 206
Abschnitt 3   Verfahren in Kindschaftssachen (§ 151–§ 168a) 222
Abschnitt 4   Verfahren in Abstammungssachen (§ 169–§ 185) 261
Abschnitt 5   Verfahren in Adoptionssachen (§ 186–§ 199) 272
Abschnitt 6   Verfahren in Wohnungszuweisungssachen und Hausratssachen (§ 200–§ 209) 280
Abschnitt 7   Verfahren in Gewaltschutzsachen (§ 210–§ 216a) 287
Abschnitt 8   Verfahren in Versorgungsausgleichssachen (§ 217–§ 230) 293
Abschnitt 9   Verfahren in Unterhaltssachen 300
Unterabschnitt 1 Besondere Verfahrensvorschriften (§ 231–§ 245) 300
Unterabschnitt 2 Einstweilige Anordnung (§ 246–§ 248) 317
Unterabschnitt 3 Vereinfachtes Verfahren über den Unterhalt Minderjähriger (§ 249 –§ 260) 319
Abschnitt 10 Verfahren in Güterrechtssachen (§ 261–§ 265) 326
Abschnitt 11 Verfahren in sonstigen Familiensachen (§ 266–§ 268) 328
Abschnitt 12 Verfahren in Lebenspartnerschaftssachen (§ 269–§ 270) 330

Buch 3 Verfahren in Betreuungs- und Unterbringungssachen 333

Abschnitt 1 Verfahren in Betreuungssachen (§ 271–§ 311) 333
Abschnitt 2 Verfahren in Unterbringungssachen (§ 312–§ 339) 367
Abschnitt 3 Verfahren in betreuungsgerichtlichen Zuweisungssachen (§ 340–§ 341) 383

Buch 7 Verfahren in Freiheitsentziehungssachen (§ 415–§ 432) 385

Artikel 111 FGG-RG Übergangsvorschrift 397

Artikel 112 FGG-RG Inkrafttreten, Außerkrafttreten 399

III. Arbeitshilfen 401

1. Musterbeschlüsse
a) Musterbeschluss Ehescheidung 401
b) Musterbeschluss Unterhalt 403
c) Musterbeschluss über die Bestellung eines Betreuers 405
d) Musterbeschluss Unterbringung 407
e) Musterbeschluss Erbschein 409
2. Übersicht: Neuverteilung der vormundschaftsgerichtlichen Zuständigkeiten 411

3. Checkliste für Kindschaftssachen, die den Aufenthalt des Kindes, das Umgangsrecht oder die Herausgabe des Kindes betreffen 423

IV. Konkordanzliste altes Recht / neues Recht 425

Stichwortverzeichnis 579

Inhalt der CD

I. Gesetz über das Verfahren in Familiensachen und in den Angelegenheiten der freiwilligen Gerichtsbarkeit (Fam FG) – Einzelerläuterungen

Buch 1 – Allgemeiner Teil

Buch 2 – Verfahren in Familiensachen

Buch 3 – Verfahren in Betreuungs- und Unterbringungssachen

Buch 4 – Verfahren in Nachlass- und Teilungssachen

Buch 5 – Verfahren in Registersachen, unternehmensrechtliche Verfahren

Buch 6 – Verfahren in weiteren Angelegenheiten der freiwilligen Gerichtsbarkeit

Buch 7 – Verfahren in Freiheitsentziehungssachen

Buch 8 – Verfahren in Aufgebotssachen

Artikel 111 FGG-RG – Übergangsvorschrift

Artikel 112 FGG-RG – Inkrafttreten, Außerkrafttreten

II. Materialien

1. BT-Drs. 16/6308
2. BT-Drs. 16/9733
3. BR-Drs. 617/08

III. Arbeitshilfen

1. Musterbeschlüsse
2. Neuverteilung der vormundschaftsgerichtlichen Zuständigkeiten
3. Checkliste „Kindschaftsverfahren"

IV. Konkordanzliste: altes Recht / neues Recht

Abkürzungsverzeichnis

AVAG	Anerkennungs- und Vollstreckungsausführungsgesetz
BGB	Bürgerliches Gesetzbuch
BRAGO	Bundesgebührenordnung für Rechtsanwälte
BT-Drs.	Bundestagsdrucksache
Drs.	Drucksache
FamFG	Gesetz über das Verfahren in Familiensachen und in den Angelegenheiten der freiwilligen Gerichtsbarkeit
FamFG-E	Entwurf des FamFG
FamGKG	Gesetz über Gerichtskosten in Familiensachen
FEVG	Gesetz über das gerichtliche Verfahren bei Freiheitsentziehungen
FFGG	Familien- und Freiwillige Gerichtsbarkeit-Gesetz
FG	Freiwillige Gerichtsbarkeit
FGG	Gesetz über die Angelegenheiten der freiwilligen Gerichtsbarkeit
FGG-RG	Gesetz zur Reform des Verfahrens in Familiensachen und in den Angelegenheiten der freiwilligen Gerichtsbarkeit (FGG-Reformgesetz)
GBO	Grundbuchordnung
GewSchG	Gewaltschutzgesetz
GG	Grundgesetz
GKG	Gerichtskostengesetz
GVG	Gerichtsverfassungsgesetz
GvKostG	Gerichtsvollzieherkostengesetz
HGB	Handelsgesetzbuch
IntFamRVG	Internationales Familienrechtsverfahrensgesetz
JGG	Jugendgerichtsgesetz
JVEG	Justizvergütungs- und -entschädigungsgesetz
JVKostO	Justizverwaltungskostenordnung
KostO	Kostenordnung
KostRMoG	Kostenrechtsmodernisierungsgesetz
KV	Kostenverzeichnis
PEBB§Y	Personalbedarfsberechnungssystem
RGBl.	Reichsgesetzblatt
RVG	Rechtsanwaltsvergütungsgesetz
WEG	Wohnungseigentumsgesetz
ZPO	Zivilprozessordnung

I. Reform der freiwilligen Gerichtsbarkeit und des familiengerichtlichen Verfahrens
   – Einführung –

Teil I. Gesetzgebungsgeschichte der FGG-Reform

1. Ausgangslage

Das Gesetz über die Angelegenheiten der freiwilligen Gerichtsbarkeit vom 17. Mai 1898 ist zusammen mit dem BGB am 1. Januar 1900 in Kraft getreten. Der Gesetzgeber des FGG beschränkte sich damals allerdings darauf, bestimmte Bereiche des BGB, des HGB und einiger anderer Reichsgesetze durch die Verfahrensvorschriften zu ergänzen, die unbedingt erforderlich erschienen, um eine einheitliche Durchführung des materiellen Rechts zu gewährleisten. Dementsprechend war das FGG nicht als eine in sich geschlossene Verfahrensordnung angelegt, die das gesamte Verfahrensrecht der freiwilligen Gerichtsbarkeit umfassen sollte. Wesentliche Teile dieses Verfahrensrechts verblieben auch nach Inkrafttreten des FGG im Landesrecht.

Im Laufe der Jahre hat der Gesetzgeber den Gerichten der freiwilligen Gerichtsbarkeit immer mehr Zuständigkeiten übertragen und dafür zahlreiche Einzelgesetze auf den verschiedenen Rechtsgebieten geschaffen. Als Folge dieser Entwicklung sind die Verfahrensvorschriften für die freiwillige Gerichtsbarkeit nicht nur in zahlreichen, teilweise entlegenen Bundes- und Landesgesetzen zerstreut. Sie weisen zudem erhebliche von der Sache her nicht gebotene Abweichungen und sogar Widersprüche auf. Diese Rechtszersplitterung prägt das Recht der freiwilligen Gerichtsbarkeit; sie führt zu vermeidbarer Rechtsunsicherheit und zu unnötig hohem Informations- und Durchsetzungsaufwand für die Beteiligten.

Die Lücken, die das FGG gelassen hat, sind zwischenzeitlich von der Rechtsprechung geschlossen worden – neben das gesetzte Recht der freiwilligen Gerichtsbarkeit ist in weitem Umfang Richterrecht getreten. Eine Verfahrensordnung sollte aber durch geschriebenes Recht ausgestaltet werden, um eine einheitliche Rechtsanwendung zu gewährleisten.

Es war daher nur eine Frage der Zeit, bis der Ruf nach einer umfassenden Reform der freiwilligen Gerichtsbarkeit laut wurde. Im Jahre 1964 setzte das Bundesministerium der Justiz eine Kommission ein, die Vorschläge für die Verbesserung des Verfahrens der freiwilligen Gerichtsbarkeit erarbeiten sollte. Diese konzentrierte sich zunächst auf das Beurkundungsrecht und schuf die Grundlagen für das Beurkundungsgesetz vom 28. August 1969. Danach entwarf sie eine neue Verfahrensordnung für die Gerichte der freiwilligen Gerichtsbarkeit (FrGO). Der vom Bundesministerium der Justiz im Jahre 1977 herausgegebene Kommissionsentwurf, der das Registerverfahren ausklammerte, konnte sich aber – insbesondere wegen ungelöster Fragen des Beteiligtenbegriffs – in der anschließenden rechtspolitischen Diskussion nicht durchsetzen. Die Reformdebatte zog sich bis 1986 ergebnislos hin und wurde dann von der Reform des Betreuungsrechts in den Hintergrund gedrängt. Zumindest führte diese Reform zu einer Neukodifikation des Verfahrensrechts in einem zentralen Bereich der freiwilligen Gerichtsbarkeit.

Das heutige Familienverfahrensrecht hat seine wesentliche Prägung durch das zum 1. Juli 1977 in Kraft getretene Erste Gesetz zur Reform des Ehe- und Familienrechts vom 14. Juni 1976 erhalten. Seitdem ist mehr als ein Vierteljahrhundert vergangen, ohne dass die auch damals schon geführte Diskussion um die Einführung einer einheitlichen Familiengerichtsordnung abgeschlossen ist. So ist das heutige Verfahrensrecht die Mixtur des der Parteimaxime unterliegenden ZPO-Verfahrens, des durch den Amtsermittlungsgrundsatz geprägten Verfahrens der freiwilligen Gerichtsbarkeit und der – teilweise eigenen Regeln folgenden – Hausratsverordnung. Es weist infolge zahlreicher Hin- und Rückverweisungen und Modifikationen gegenüber den sonst geltenden Verfahrensregeln eine komplizierte Regelungstechnik auf.

I. – Einführung

2. Erste Reformansätze in der 14. Legislaturperiode

Die Reform der freiwilligen Gerichtsbarkeit und des familiengerichtlichen Verfahrens wurde in der 14. Legislaturperiode wieder aufgegriffen. Die FGG-Reform sollte Teil einer umfassenden Justizreform werden, die von den Koalitionsfraktionen im Jahre 1998 vereinbart wurde und die ein Schwerpunkt der Rechtspolitik in der neuen Legislaturperiode werden sollte (vgl. Däubler-Gmelin ZRP 1999, 81 [82]). Erste wirksame Reformschritte sollten bis zum Jahre 2002 vollzogen werden. Die FGG-Reform gehörte aber nicht zu diesen „ersten wirksamen Schritten", sie genoss keine hohe politische Priorität. Erstes Projekt der Justizreform war vielmehr die Rechtsmittelreform im Zivilprozess, deren Leitlinien in einem Bericht vom Juni 1999 vorgestellt wurden. In diese ZPO-Reform sollte die freiwillige Gerichtsbarkeit „zunächst" nicht einbezogen werden, wie das Bundesministerium der Justiz und die Landesjustizministerien in einem Bericht an die Justizministerkonferenz unterstrichen. Der FG-Bereich sei „zahlenmäßig ... nicht so bedeutend, als dass durch eine Reform der Beschwerde in FG-Sachen erhebliche Kapazitäten freigesetzt werden können." Im Übrigen sei eine Teilreform nur des Beschwerdeverfahrens im FG-Bereich „untunlich".

Im Frühjahr 2000 kam Bewegung in die Reformdebatte. Das Ministerium erwog eine Wiederaufnahme der Arbeiten zur FGG-Reform zumindest im Umfang einer Rechtsmittelreform wie der ZPO-Reform. Die Einführung eines Parteirechtsmittels zum Bundesgerichtshof in FG-Sachen sollte geprüft werden. Das weitere Vorgehen sollte in einer Bund-Länder-Arbeitsgruppe erörtert werden. Zur gleichen Zeit schlug MdB *Joachim Stünker*, Berichterstatter für die ZPO-Reform, der Bundesjustizministerin *Herta Däubler-Gmelin* die vollständige Neugestaltung der FG-Verfahren „mit einem neugestalteten Mittelgericht" als Beschwerdegericht parallel zur ZPO-Reform vor. *Stünker* wollte das FGG-Projekt mit dem Vorhaben eines einheitlichen Rechtsmittelgerichts in Zivilsachen in der ZPO-Reform verzahnen.

Das Ministerium stand vor der Frage, wie weit das FGG reformiert werden sollte. Als *Kick-off* für das Reformprojekt wurden am 12. Juli 2000 Politiker und Experten im Ministerium angehört. Die Experten plädierten einmütig für einen großen umfassenden Reformansatz, der auch die erste Instanz einschließen sollte. Diese Reform sei – so die Experten – wegen der unbezweifelbaren Reformbedürftigkeit des FGG ohne grundsätzlichen Streit zu verwirklichen. Das Ministerium meinte dagegen, zeitlich machbar seien allenfalls eine „kleine" Rechtsmittelreform sowie die Ausgliederung der echten Streitverfahren aus der freiwilligen Gerichtsbarkeit. Der heutige rechtspolitische Sprecher der SPD-Fraktion *Stünker* erinnerte sich an diese Veranstaltung in seiner Rede anlässlich der 2./3. Lesung der FGG-Reform im Deutschen Bundestag am 27. Juni 2008 und bezeichnet sie als „denkwürdiges Gespräch", das „nicht gut lief." Er habe die Justizministerin nach der Veranstaltung in einem Vieraugengespräch von der Notwendigkeit einer umfassenden Reform überzeugt, woraufhin die Ministerin eine Arbeitsgruppe eingesetzt habe (vgl. Deutscher Bundestag, 16. Wahlperiode, 173. Sitzung, Stenographisches Protokoll, S. 18485 f.).

So begann die Phase der Arbeitsgruppen. In den Jahren 2001 und 2002 lud das Ministerium Vertreter aus Justiz, Anwaltschaft und Wissenschaft zu insgesamt drei Workshops ein. Sie erörterten die Erwartungen der Praxis und Wissenschaft an ein reformiertes Verfahrensrecht der freiwilligen Gerichtsbarkeit und der Familiengerichtsbarkeit. Sie diskutierten außerdem, ob das WEG-Verfahren, das aktienrechtliche Spruchverfahren sowie weitere Streitverfahren aus der freiwilligen Gerichtsbarkeit in die Zivilgerichtsbarkeit verlagert werden sollten. Die Reformideen wurden gesammelt in einem von 2000 bis 2002 fortgeschriebenen „Problemkatalog", der im Mai 2002 an die Landesjustizverwaltungen und Verbände zur Stellungnahme versandt wurde. Die Länder sprachen sich überwiegend für eine Integration des Familienverfahrensrechts in ein neues FGG aus. Dieses Grundkonzept wurde weiterverfolgt und liegt dem nunmehr Gesetz gewordenen FamFG (Artikel 1 des FGG-Reformgesetzes) zu Grunde. Die Länder unterstützten des Weiteren die Ausgliederung des WEG-Verfahrens aus der freiwilligen Gerichtsbarkeit. Dies wurde in der WEG-Reform von 2007 umgesetzt.

Damit war ein tragfähiges Fundament für die weitere Entwurfserarbeitung geschaffen. Die Länder signalisierten in einer Besprechung am 13. März 2003 in Berlin Unterstützung für dieses Projekt. Die weiteren Reformarbeiten im Ministerium wurden von zwei Expertengruppen unterstützt. Der Gruppe „FGG – Allgemeiner Teil" gehörten an:

- Prof. Dr. Wolfgang Brehm, Universität Bayreuth
- Vizepräsident des Landgerichts Dirk Ehlert, MdJ Brandenburg
- RiLG Dr. Marc Eumann, LG Bonn
- Rechtsanwalt und Notar Eide Feldhusen, Nordenham
- Prof. Susanne Sonnenfeld, FH für Verwaltung und Rechtspflege, Berlin
- VPräs. des Bayerischen Obersten Landesgerichts Hartwig Sprau, Bayerisches Oberstes Landesgericht München
- VRLG Dr. Immanuel Stauch, Landgericht Tübingen

Der Expertengruppe für das familiengerichtliche Verfahren gehörten an:
- Richterin am Kammergericht Dr. Uta Ehinger, Berlin
- Rechtsanwältin Dr. Ingrid Groß, Augsburg
- Richter am Oberlandesgericht Jens Gutjahr, Brandenburgisches Oberlandesgericht
- Rechtsanwältin und Notarin Ingeborg Rakete-Dombek, Berlin
- Richter am Amtsgericht Professor Dr. Rausch, Fachhochschule für Rechtspflege Nordrhein
- Prof. Dr. Dieter Schwab, Universität Regensburg
- Richter am Oberlandesgericht Dr. Alexander Schwonberg, Oberlandesgericht Celle

Die Gruppen nahmen ihre Arbeit mit einer gemeinsamen Auftaktsitzung am 11. April 2003 auf. Bis Oktober 2003 hatten sie einen ersten Diskussionsentwurf eines neuen Allgemeinen Teils für ein Familien- und Freiwillige-Gerichtsbarkeit-Gesetz (FFGG) entwickelt. Der 93 Paragraphen umfassende Entwurf lehnte sich an den Allgemeinen Teil des Kommissionsentwurfs aus dem Jahre 1977 an. Er enthielt insbesondere:

- eine Beteiligtendefinition,
- den Verfahrenspfleger als allgemeine Rechtsfigur neben Bevollmächtigtem und Beistand,
- eine allgemeine Rechtsbehelfsbelehrung,
- ein weitgehendes Gebot zur förmlichen Beweiserhebung,
- Vorschriften zur umfassenden Sicherung des rechtlichen Gehörs der Beteiligten,
- Wirksamkeit nach Eintritt der Rechtskraft als Grundsatz,
- eine Vorschrift über den Vergleich,
- die hauptsacheunabhängige einstweilige Anordnung,
- die fristgebundene Beschwerde mit Begründungspflicht,
- die Rechtsbeschwerde zum Oberlandesgericht,
- die Verhängung von Ordnungsgeld als Vollstreckungsmittel und
- eine subsidiäre Anwendbarkeit der ZPO.

In den beiden Expertengruppen wurden bis Januar 2005 ein Allgemeiner Teil sowie eine Verfahrensordnung für das familiengerichtliche Verfahren erarbeitet. Dessen Kernstücke waren das vereinfachte Scheidungsverfahren ohne Anwaltszwang sowie die Beschleunigung der Umgangs- und Sorgeverfahren im Interesse des Kindes. Durch die Einführung eines „Großen Familiengerichts" sollten zum Einen zivilrechtliche Streitigkeiten mit Bezug zu Trennung und Scheidung und zum Anderen die bisherigen Aufgaben der Vormundschaftsgerichte auf die Familiengerichte und die neuen Betreuungsgerichte übertragen werden. Bereits im Rahmen der Reform des Ehe- und Familienrechts im Jahre 1976 (BT-Drs. 7/650) war eine weite Zuständigkeit des Familiengerichts vorgesehen, indem neben den Streitigkeiten aus dem ehelichen Güterrecht ohne jede Ausnahme auch „sonstige vermögensrechtliche Ansprüche der Ehegatten gegeneinander, sofern Dritte am Verfahren nicht beteiligt sind", als Familiensache bestimmt und den Familiengerichten zur Entscheidung zugewiesen wurden. Dieser Vorschlag fand im Rechtsaus-

I. – Einführung

schuss des Deutschen Bundestages seinerzeit keine Mehrheit. Im Juni 2003 hatte sich die Konferenz der Justizministerinnen und Justizminister mit großer Mehrheit für eine Erweiterung der Zuständigkeit des Familiengerichtes ausgesprochen und in ihren Beschlüssen festgestellt, dass dies notwendig sei, um tatsächlich zusammenhängende Rechtsstreitigkeiten auch zusammenhängend entscheiden zu können.

Bis Mitte 2005 wurden die Verfahrensvorschriften der weiteren Kernbereiche der freiwilligen Gerichtsbarkeit (Betreuung, Unterbringung, Register) an den neu entworfenen Allgemeinen Teil angepasst und behutsam modernisiert. Das Nachlassverfahren fehlte noch völlig, weil offen war, ob das Erbscheinsverfahren aus dem BGB in das neue Verfahrensgesetz übernommen werden sollte. Das Meinungsbild bei Ländern und Verbänden war jedoch geteilt, so dass das Ministerium letztlich von diesem Vorhaben Abstand nahm.

Im ersten Referentenentwurf vom Juni 2005 wurde das neue, „FamFG" genannte Gesetz der Öffentlichkeit vorgestellt. Dieser Entwurf erhielt wegen des vorzeitigen Endes der 15. Legislaturperiode im Sommer 2005 nur geringe Resonanz.

3. Der Referentenentwurf von Februar 2006

Zu Beginn der 16. Legislaturperiode, im Februar 2006, gab das Ministerium den vollständigen Referentenentwurf eines FGG-Reformgesetzes heraus. Nun waren auch das Nachlassverfahren, das um einige bisher systemwidrig im BGB geregelte Verfahrensgegenstände ergänzt wurde, das Aufgebotsverfahren (bisher Buch 9 der ZPO) sowie das Freiheitsentziehungsverfahren aus dem Gesetz über das gerichtliche Verfahren bei Freiheitsentziehungen in das FamFG aufgenommen.

Bereits dem historischen Gesetzgeber war bekannt, dass es sich bei dem Aufgebotsverfahren um eine Angelegenheit der freiwilligen Gerichtsbarkeit handelt. Im Zivilprozessrecht wurde das Aufgebotsverfahren nur deshalb geregelt, weil bei Inkrafttreten der Zivilprozessordnung am 30. Januar 1877 (RGBl. 1877, S. 83) noch kein reichseinheitliches Gesetz auf dem Gebiet der freiwilligen Gerichtsbarkeit existierte, in das das Aufgebotsverfahren hätte eingestellt werden können (Hahn, Begründung des Entwurfs einer Civilprozessordnung, Materialien, 1881, S. 479 f.). Das Aufgebotsverfahren konzipierte darüber hinaus gem. § 957 Abs. 2 ZPO eine Beschränkung der Überprüfung auf formelle Mängel; hierdurch wurde die sachliche Richtigkeit einer Entscheidung gegenüber formalen Gesichtspunkten bewusst in den Hintergrund gedrängt (Hahn, a.a.O., S. 459).

Es wurde bereits seit längerer Zeit vorgeschlagen, das gesamte in der Zivilprozessordnung geregelte Aufgebotsverfahren der freiwilligen Gerichtsbarkeit zu unterstellen (vgl. Lent, ZZP 66 [1953], 267, 276; Bericht der Kommission zur Vorbereitung einer Reform der Zivilgerichtsbarkeit im Jahre 1961, S. 329 f.). Die Unterkommission für Rechtspflegerrecht, die von der Kommission für Gerichtsverfassungsrecht und Rechtspflegerrecht eingesetzt worden war, hatte dies bereits im Jahre 1965 einstimmig befürwortet. Die im Laufe der Kommissionsberatungen erstellten Gutachten bestätigten diese Einschätzung. In den Entwurf einer Verfahrensordnung für die freiwillige Gerichtsbarkeit von 1977 wurde das Aufgebotsverfahren nur deshalb nicht aufgenommen, weil dieser neben der geschlossenen Kodifizierung der allgemeinen Vorschriften der freiwilligen Gerichtsbarkeit besondere Sachgebiete nur modellhaft erfassen sollte und sich deshalb auf die Darstellung des Familienrechts, des Erbrechts und der Handelssachen beschränkte (vgl. Einführung zum Bericht der Kommission für das Recht der freiwilligen Gerichtsbarkeit einschließlich des Beurkundungswesens, 1977, S. 18 f.). Wie die bereits vor längerer Zeit erfolgte Einordnung des Verschollenheitsverfahrens in die Angelegenheiten der freiwilligen Gerichtsbarkeit zeigt, betont die Einstellung des Aufgebotsverfahrens in das FamFG dessen Charakter als nichtstreitiges und rechtsgestaltendes Verfahren in besonderer Weise; das FamFG wird zugleich als Gesamtkodifikation des Rechts der freiwilligen Gerichtsbarkeit gestärkt. Die Einbindung in das Verfahren der freiwilligen Gerichtsbarkeit macht vor allem die Regelungen des Allgemeinen Teils des FamFG auch für das Aufgebotsverfahren nutzbar.

Die Reaktionen aus den Ländern und Verbänden auf den Referentenentwurf waren ermutigend. Der Bauplan der Reform, aus FGG und Buch 6 und 9 der ZPO ein neues gemeinsames Gebäude zu schaffen, wurde gutgeheißen. Nur wenige Stimmen schlugen vor, das Familienverfahren eigenständig zu regeln. Jedoch wäre ein weiteres neues Stammgesetz neben einem reformierten FGG nur sinnvoll gewesen, wenn die Dichotomie der familiengerichtlichen Verfahren durch die Reform hätte aufgehoben werden können. Dies konnte indes nicht erreicht werden. Eine Umstellung auf ein Verfahren mit Amtsaufklärung erwies sich weder für die Unterhaltssachen noch für die Güterrechtssachen als mehrheitsfähig. Auch die Ehesachen sollten dem Grunde nach ZPO-Verfahren bleiben. Vor diesem Hintergrund wäre ein gesondertes Familienverfahrensgesetz für den Rechtsanwender nicht vorteilhaft gewesen, weil ein solches Gesetz sowohl auf die ZPO als auch auf den Allgemeinen Teil eines reformierten FGG hätte verweisen und weitgehend ohne eigenen Allgemeinen Teil hätte auskommen müssen.

Sehr kontrovers wurde das vereinfachte Scheidungsverfahren diskutiert. Es sah vor, dass sich Ehegatten im gerichtlichen Scheidungsverfahren nicht durch einen Anwalt vertreten lassen müssen, wenn sie sich in notarieller Form über den Unterhalt und – formfrei – über Ehewohnung und Hausrat geeinigt und durch Erklärung gegenüber dem Notar dieses Verfahren gewählt hatten. Die Anwälte sahen im fehlenden Anwaltszwang eine strukturelle Gefährdung des wirtschaftlich unterlegenen Ehegatten und protestierten vehement. Allerdings war das Verfahren als Alternative zu der üblichen Praxis gedacht, nach der nur der Antragsteller anwaltlich vertreten ist: Hiervon machen über 40 % aller Scheidungspaare Gebrauch. Auch diese Praxis führt wegen der asymmetrischen Vertretung zu einer strukturellen Gefährdung des wirtschaftlich unterlegenen Ehegatten. Am Ende blieben im politischen Raum unausräumbare Zweifel, ob das vereinfachte Scheidungsverfahren mit der obligatorischen Unterhaltsvereinbarung beim Notar besser geeignet sei, die wirtschaftlich schwächere Seite vor nachteiligen Vereinbarungen zu schützen. Das Verfahren wurde daher gewissermaßen in letzter Minute vor der Kabinettbefassung aus der Reform herausgenommen.

4. Regierungsentwurf

Das Bundeskabinett beschloss am 9. Mai 2007 den Regierungsentwurf eines FGG-Reformgesetzes. Kernstück der Reform war das Gesetz über das Verfahren in Familiensachen und in den Angelegenheiten der freiwilligen Gerichtsbarkeit (FamFG) sowie das Gesetz über Gerichtskosten in Familiensachen (FamGKG). Das bisherige FGG sowie das Freiheitsentziehungsgesetz sollten zeitgleich mit Inkrafttreten des FamFG außer Kraft treten. Das FGG-Reformgesetz umfasste 108 weitere Artikel mit Folgeänderungen, die die Abschaffung des Vormundschaftsgerichts und das Außerkrafttreten des FGG in anderen Gesetzen nachvollzogen. Das FamFG regelte in neun Büchern und 491 Paragraphen das gesamte Verfahren in Familiensachen und in den Materien der freiwilligen Gerichtsbarkeit, die um das Aufgebotsverfahren erweitert wurde. Die Bücher 6 und 9 der Zivilprozessordnung sowie sämtliche familienverfahrensrechtlichen Bezüge in den anderen Büchern der Zivilprozessordnung konnten aufgehoben werden.

Bund und Länder waren sich uneins über die finanziellen Auswirkungen der Reform. Der Bund betonte in der Begründung zum Regierungsentwurf (BT-Drs. 16/6308, S. 172 ff.) die entlastenden Folgen für die Haushalte der Länder:

Das Gesetz führt im Ergebnis – jedenfalls unter Berücksichtigung der Mehreinnahmen infolge des FamGKG (vgl. Buchstabe b)) – zu keinen Mehrbelastungen für die Haushalte der Länder.

Zwar kann es durch die reformbedingte Veränderung der Instanzstruktur in folgenden Bereichen zu einer personellen Mehrbelastung für die Länder kommen:

- Verlagerung der Beschwerdeinstanz für Entscheidungen des Vormundschaftsgerichts mit Bezug zu Minderjährigen vom Landgericht zum Oberlandesgericht,
- Verlagerung der Beschwerdeinstanz für Nachlass- und Registersachen vom Landgericht zum Oberlandesgericht,
- Verlagerung der Rechtsmittelinstanz für Zivilsachen, die künftig Familiensachen sind und bisher beim Amtsgericht beginnen, vom Landgericht zum Oberlandesgericht.

Der gerichtliche Verfahrensaufwand kann sich darüber hinaus durch folgende reformbedingte Änderungen erhöhen:

- Es werden mehr Verfahrenspfleger (künftig: Verfahrensbeistand) bestellt, da das Gericht hierzu bei Vorliegen der Voraussetzungen künftig gemäß § 158 FamFG verpflichtet sein wird. Die Erweiterung des Aufgabenbereichs des Verfahrensbeistands kann sich in Einzelfällen ebenfalls kostensteigernd auswirken.

I. – Einführung

- Es fallen mehr förmliche Zustellungen an, da jede anfechtbare Entscheidung förmlich bekannt gegeben werden muss. Dabei ist aber zu berücksichtigen, dass die Bekanntgabe im Regelfall auch durch Aufgabe zur Post bewirkt werden kann (§ 15 Abs. 2 Satz 2 FamFG). Nur wenn ein Beschluss dem erklärten Willen eines Beteiligten nicht entspricht, ist er diesem förmlich zuzustellen (§ 41 Abs. 1 Satz 2 FamFG). Demgegenüber wird die Zahl der Zustellungen im Aufgebotsverfahren reduziert.
- Die Einführung des Anwaltszwangs in Unterhaltsachen (§ 114 Abs. 1 FamFG) kann zu geringfügig höheren Aufwendungen für Prozesskostenhilfe führen. In der Praxis wird einer bedürftigen Partei schon nach geltendem Recht regelmäßig ein Rechtsanwalt beigeordnet. Bereits jetzt sind – ohne Anwaltszwang – in 64,8 % aller Verwandtenunterhaltssachen und 86,0 % aller Ehegattenunterhaltssachen beide Parteien anwaltlich vertreten. In weiteren 24,0 % (Verwandtenunterhalt) bzw. 12,0 % (Ehegattenunterhalt) aller Verfahren ist allein der Kläger anwaltlich vertreten (Zahlen aus 2005). Die Zahl der beigeordneten und aus Haushaltsmitteln zu vergütenden Rechtsanwälte wird somit infolge des neu eingeführten Anwaltszwangs in Unterhaltsachen nur geringfügig ansteigen.
- Die Verpflichtung zur Durchführung einer förmlichen Beweisaufnahme bei entscheidungserheblichen streitigen Tatsachen (§ 30 Abs. 3 FamFG) kann in Einzelfällen zu höheren Verfahrensauslagen für Zeugen und Sachverständige und daher zu geringfügig höheren Aufwendungen im Rahmen der Prozesskostenhilfe führen.

Einmaliger Umstellungsaufwand entsteht für die Länder ferner durch die reformbedingt notwendige Anpassung der EDV-Programme und der statistischen Erhebungen sowie möglicherweise durch eine erforderliche Nacherhebung der PEBB§Y-Produkte.

Diese belastenden Faktoren werden jedoch durch die nachstehenden entlastenden Wirkungen des Entwurfs auf die Haushalte der Länder zumindest aufgewogen. Infolge der ersatzlosen Aufhebung der weiteren Beschwerde zum Oberlandesgericht und in Verfahren der freiwilligen Gerichtsbarkeit fallen rund 5.000 Rechtsmittelverfahren jährlich weg. Dies führt zu einer erheblichen Einsparung richterlicher Arbeitskraft beim Oberlandesgericht. Außerdem bewirkt die Verlagerung der Eingangsinstanz vom Landgericht zum Familiengericht für die überwiegende Zahl von Zivilsachen, die künftig infolge des Großen Familiengerichts Familiensachen sein werden, eine gewisse Entlastung beim Landgericht, der ein geringerer Mehraufwand beim Familiengericht gegenübersteht.

Durch die Reform wird es voraussichtlich zu einem Rückgang der Eingänge bei den Familiengerichten kommen. Die Erweiterung der gerichtlichen Auskunftsbefugnisse und der Auskunftspflichten der Beteiligten wird zu einem Rückgang der Auskunftsklagen führen. Die Förderung einvernehmlicher Regelungen zwischen den Ehegatten reduziert den Verfahrensaufwand in anhängigen Sachen und vermeidet das Entstehen neuer Streitigkeiten. Die Hauptsacheunabhängigkeit der einstweiligen Anordnung vermeidet zahlreiche Hauptsacheverfahren (insbesondere Unterhaltsverfahren, § 644 ZPO), die bisher nur deswegen anhängig gemacht werden müssen, um eine Eilentscheidung zu erwirken.

Zudem führt der Entwurf zu einer nachhaltigen Reduzierung der Ausgaben für Prozesskostenhilfe in Familiensachen und in Verfahren der freiwilligen Gerichtsbarkeit:

- Die Vermeidung von Hauptsacheverfahren reduziert auch den heute notwendigen Aufwand für Prozesskostenhilfe in diesen Verfahren.
- Die Klärung durch § 76 Abs. 2 FamFG, dass Beteiligte, die nicht in eigenen Rechten betroffen sind, keinen Anspruch auf Prozesskostenhilfe besitzen, reduziert den Kreis der Berechtigten insbesondere in Betreuungsverfahren.
- Anwaltsbeiordnungen werden gegenüber der geltenden Rechtslage in Verfahren der freiwilligen Gerichtsbarkeit reduziert, weil eine Beiordnung gemäß § 78 Abs. 2 FamFG künftig nur noch wegen der Schwierigkeit der Sach- und Rechtslage erforderlich ist.
- Die neue gerichtliche Befugnis im Bewilligungsverfahren, dem Antragsgegner die Erklärung über die persönlichen und wirtschaftlichen Verhältnisse zuzuleiten, sofern ein Auskunftsanspruch des Antragsgegners nach bürgerlichem Recht besteht (§ 117 Abs. 2 Satz 2 ZPO-E), führt zu einer Reduzierung der missbräuchlichen Inanspruchnahme von Prozesskostenhilfe.

(...)

Hinsichtlich des Umfangs der Auswirkungen des Entwurfs eines Gesetzes über Gerichtskosten in Familiensachen (Artikel 2 des Entwurfs) kann keine bezifferte Aussage getroffen werden. Es ist jedoch davon auszugehen, dass der Entwurf zu Mehreinnahmen der Länder und des Bundes führen wird. Den Mehreinnahmen der Länder stehen durch die vorgeschlagene Verbesserung der Beratungshilfegebühren in Familiensachen Mehrausgaben gegenüber, die jedoch niedriger als die zu erzielenden Mehreinnahmen sein dürften.

Auswirkungen auf das Niveau der Rechtsanwaltsvergütung können nur mittelbar über die Regelungen über den Verfahrenswert eintreten. Diese sind als gering einzuschätzen, da das FamGKG hier nur wenige Änderungen gegenüber dem geltenden Recht vorschlägt. Veränderungen können u. a. dort eintreten, wo das FamGKG nunmehr Festwerte vorsieht. Dies gilt insbesondere für Wohnungszuweisungs- und Hausratssachen. Auf die Einzelbegründung zu § 48 FamGKG wird Bezug genommen.

5. Stellungnahme des Bundesrates

Der Bundesrat nahm am 6. Juli 2007 in 125 Vorschlägen zu dem Reformentwurf der Bundesregierung Stellung. Der Bundesrat bezweifelte die von der Bundesregierung behauptete Haushaltsneutralität der Reform und führte aus (BT-Drs. 16/6308, S. 360 f.):

> In dem vorgelegten Gesetzentwurf fehlt es an einer konkreten Erfassung der tatsächlichen Be- und Entlastungen der öffentlichen Haushalte, so dass die finanziellen Auswirkungen auf die Haushalte der Länder nicht nachvollzogen und beurteilt werden können. Der Bundesrat bittet daher die Bundesregierung, im weiteren Verlauf des Gesetzgebungsverfahrens die finanziellen Auswirkungen der einzelnen Maßnahmen des Gesetzentwurfs konkret darzustellen. In jedem Fall bittet der Bundesrat, im weiteren Verlauf des Gesetzgebungsverfahrens darauf zu achten, dass die angestrebte Modernisierung des Verfahrensrechts in Familiensachen und Angelegenheiten der freiwilligen Gerichtsbarkeit nicht zu finanziellen Belastungen der Länderhaushalte führt.

Teil I. – 5. Stellungnahme des Bundesrates

Begründung:

Für die Länderhaushalte wird es immer schwieriger, die Auslagen in Rechtssachen aufzubringen. Seit Jahren ist die haushaltswirtschaftliche Situation gekennzeichnet durch enorme Kostensteigerungen.

Allein in Nordrhein-Westfalen wurden im Jahr 2006 für Auslagen in Rechtssachen insgesamt rund 435 Millionen Euro ausgegeben. Im Jahr 2000 waren es noch rund 295 Millionen Euro. Es handelt sich somit um eine Kostensteigerung von rund 47 Prozent innerhalb von nur sieben Jahren. Im Bereich der Kosten für Aufwandsentschädigungen und Vergütungen von Vormündern, Pfleger und Betreuer in Nordrhein-Westfalen ergibt sich ein vergleichbares Bild. Dort ergibt sich eine Kostensteigerung von rund 96 Millionen Euro im Jahr 2001 auf bis zu 143 Millionen Euro im Jahr 2006, somit eine Kostensteigerung von 49 Prozent in nur sechs Jahren. Derartige Kostensteigerungen sind in allen Ländern entsprechend zu verzeichnen.

Vor diesem Kontext ist es für die Länderhaushalte von elementarer Bedeutung, die finanziellen Auswirkungen des Gesetzentwurfs abzuschätzen. Alle gesetzgeberischen Maßnahmen, die zu einer weiteren Steigerung dieser Kosten führen oder auch nur das Risiko einer weiteren Kostensteigerung beinhalten würden, sind daher unter keinen Umständen akzeptabel.

Die Länder sehen die finanziellen Risiken des von der Bundesregierung vorgelegten Gesetzentwurfs mit äußerster Sorge.

Die Bundesregierung räumt in der Begründung zu dem Gesetzentwurf selbst ein, dass es durch verschiedene Reformansätze zu einer Mehrbelastung der Länderhaushalte kommen kann. Diese folgt im Wesentlichen aus der Veränderung der Instanzstruktur, aus der vermehrten Bestellung von Verfahrenspflegern, der Verpflichtung zur Durchführung einer förmlichen Beweisaufnahme, aus der Einführung des Anwaltszwangs in Unterhaltssachen, aus dem häufigeren Anfall förmlicher Zustellungen sowie aus der Erhöhung der Beratungshilfegebühren. Hinzu kommt der notwendige Umstellungsaufwand durch die Anpassung von EDV-Programmen und die Nacherhebung von PEBB§Y.

Die Bundesregierung gelangt gleichwohl zu dem Ergebnis, dass keine Mehrbelastung für die Haushalte der Länder zu erwarten sei, da die belastenden Faktoren durch entlastende Elemente aufgewogen würden. Dies ergebe sich aus dem Wegfall der weiteren Beschwerden zum Oberlandesgericht, aus einem erwarteten Rückgang der Eingänge bei den Familiengerichten, aus einer Reduzierung der Ausgaben für Prozesskostenhilfe und durch erwartete Mehreinnahmen der Länder durch das Gesetz über Gerichtskosten in Familiensachen (FamGKG).

Dieser These ist nachhaltig zu widersprechen.

Bei den angeführten entlastenden Elementen handelt es sich teilweise nur um vage Annahmen, die auch weitaus zu günstig dargestellt werden. So wird etwa der durch den Wegfall der weiteren Beschwerdeinstanz eintretende Entlastungseffekt bei den Länderhaushalten allenfalls diejenigen Mehrbelastungen kompensieren, die damit verbunden wären, dass künftig über die normalen Beschwerden die deutlich höher besoldeten Senate der Oberlandesgerichte anstelle der Beschwerdekammer der Landgerichte entscheiden sollen. Da es darüber hinaus sehr wahrscheinlich ist, dass es bei den normalen Beschwerden einen höheren Geschäftsanfall als bei den Rechtsbeschwerden gibt, liegt sogar eine Kostensteigerung nahe.

Die Befassung der Amts- statt der Landgerichte mit den Zivilsachen führt zu keiner nennenswerten Entlastung der Landeshaushalte, da die Zivilkammern der Landgerichte seit der ZPO-Reform ganz überwiegend nur noch durch den Einzelrichter entscheiden. Auch die vom FamGKG vorgesehenen höheren Gebühren werden kaum zu Mehreinnahmen führen, da für die meisten Verfahren im Bereich der Familiensachen Prozess- und Verfahrenskostenhilfe gewährt wird.

Da der Gesetzentwurf der Bundesregierung keine hinreichend kostenentlastenden Elemente enthält, ist es erforderlich, die in dem Entwurf enthaltenen vorgesehenen belastenden Elemente entfallen zu lassen.

Unterschiedliche Auffassungen bestanden zwischen Bund und Ländern auch über die Zustimmungspflichtigkeit des Gesetzes. Der Bundesrat hielt den Entwurf aus den nachstehenden Erwägungen heraus (BT-Drs. 16/6308, S. 361) für zustimmungsbedürftig:

Der Gesetzentwurf sieht in der Eingangsformel keine Zustimmung durch den Bundesrat vor. Diese Einschätzung der Bundesregierung begegnet Bedenken.

Gemäß Artikel 104a Abs. 4 GG bedürfen Bundesgesetze, die Pflichten der Länder zur Erbringung von Geldleistungen, geldwerten Sachleistungen oder vergleichbaren Dienstleistungen gegenüber Dritten begründen und von den Ländern als eigene Angelegenheit oder nach Artikel 104a Abs. 3 Satz 2 GG im Auftrag des Bundes ausgeführt werden, der Zustimmung des Bundesrates, wenn daraus entstehende Ausgaben von den Ländern zu tragen sind.

Der Gesetzentwurf führt in den §§ 76 ff. FamFG-E das neue Rechtsinstitut der Verfahrenskostenhilfe ein. Danach erhält ein Beteiligter, der nach seinen persönlichen und wirtschaftlichen Verhältnissen die Kosten des Verfahrens nicht, nur zum Teil oder nur in Raten aufbringen kann, auf Antrag Verfahrenskostenhilfe, wenn die beabsichtigte Rechtsverfolgung oder Rechtsverteidigung hinreichende Aussicht auf Erfolg bietet und nicht mutwillig erscheint. Die weiteren Vorschriften enthalten eigenständige Regelungen zur Bewilligung (§ 77 FamFG-E) sowie zur Beiordnung eines Rechtsanwalts (§ 78 FamFG-E). Der Gesetzentwurf verweist nur hinsichtlich weiterer Voraussetzungen auf die Vorschriften der ZPO über die Prozesskostenhilfe (§ 79 FamFG-E).

Die Kosten für die Verfahrenskostenhilfe sind von den Ländern zu tragen.

Darüber hinaus enthält der Entwurf des FamFG an verschiedenen Stellen die Verpflichtung zur Bestellung eines Verfahrensbeistandes (§§ 158, 174, 191 FamFG-E) sowie zur Bestellung eines Verfahrenspflegers (§ 276 FamFG-E). Der Aufwendungsersatz und die Vergütung des Verfahrenspflegers und des -beistandes sind stets aus der Staatskasse zu zahlen (§ 277 Abs. 5 bzw. i.V.m. § 158 Abs. 7 FamFG-E). Auch durch diese Vorschriften werden den Ländern Kosten auferlegt.

I. – Einführung

Diese Verpflichtungen zur Erbringung von Geldleistungen begründen gemäß Artikel 104a Abs. 4 GG die Zustimmungsbedürftigkeit des beabsichtigten Gesetzes. Dem steht auch nicht entgegen, dass bereits das bisherige Recht die Verpflichtung zur Erbringung von Geldleistungen enthielt. Das FamFG stellt eine komplette Neukodifizierung dar, so dass es im Zeitpunkt der Einbringung alle aktuellen verfassungsrechtlichen Anforderungen erfüllen muss. Außerdem gehen die Geldleistungsverpflichtungen – etwa bei der Bestellung von Verfahrensbeiständen und Verfahrenspflegern, aber auch an anderer Stelle – über die bisherigen Leistungsverpflichtungen hinaus. Somit sind die Voraussetzungen, die Artikel 104a Abs. 4 GG für die Zustimmungsbedürftigkeit von Bundesgesetzen aufstellt, erfüllt.

6. Gegenäußerung der Bundesregierung

Die Bundesregierung trat in ihrer Gegenäußerung, die das Bundeskabinett am 5. September 2007 beschloss, der Auffassung des Bundesrates entgegen (BT-Drs. 16/6308, S. 403):

Die Bundesregierung teilt die Einschätzung des Bundesrates, dass das Gesetz der Zustimmung des Bundesrates bedarf, nicht.

Eine Zustimmungspflicht des Gesetzentwurfs folgt nicht aus Artikel 104a Abs. 4 GG. Das durch den Gesetzentwurf neu eingeführte Rechtsinstitut der Verfahrenskostenhilfe sowie die weiteren genannten Vorschriften sind funktional der Prozesskostenhilfe vergleichbar. Es handelt sich daher um die verfassungsrechtlich gebotene Gleichstellung von weniger bemittelten Verfahrensbeteiligten gegenüber finanziell besser stehenden Verfahrensbeteiligten. Solche Leistungen unterfielen schon bislang nicht dem Begriff der „Geldleistungen" im Sinne des Artikels 104a GG. Daran hat die Änderung der Vorschrift im Zuge der Föderalismusreform nichts geändert. Vielmehr heißt es in der Begründung der Verfassungsänderung ausdrücklich: „Bei der Bestimmung der Zustimmungsbedürftigkeit knüpft Absatz 4 zunächst mit dem Tatbestandsmerkmal ‚Geldleistung' an den Regelungsgehalt des bisherigen Art. 104a Abs. 3 S. 3 GG an" (BT-Drs. 16/813, S. 18). Auch die Kommentarliteratur betont: „Soweit es um Geldleistungsgesetze geht, knüpft Art. 104a Abs. 4 GG trotz des auch insoweit leicht veränderten Wortlauts mit Blick auf das Verständnis der Norm bewusst an die frühere Regelung an" (Hellermann in: Starck [Hg.], Föderalismusreform, München 2007, S. 150 f. = Rn. 324).

Darüber hinaus unterfallen die im Antrag angeführten Regelungen dem Kompetenztitel „gerichtliches Verfahren" im Sinne des Artikels 74 Abs. 1 Nr. 1 GG. Sie werden daher nicht von den Ländern „als eigene Angelegenheit oder […] im Auftrage des Bundes" ausgeführt. Das ist nur anzunehmen bei Gesetzen, deren Ausführung sich nach den Art. 83 ff. GG richtet. In der amtlichen Begründung zu Artikel 104a Abs. 4 GG heißt es insoweit: „Die Zustimmungsnorm gilt bei Bundesgesetzen, die von den Ländern als eigene Angelegenheit gemäß Art. 84 Abs. 1 ausgeführt werden" (BT-Drucks. 16/813, S. 18).

Die Bundesregierung hielt in ihrer Gegenäußerung auch daran fest, dass das Gesetz zu keinen Mehrbelastungen der Haushalte der Länder führen werde (BT-Drs. 16/6308, S. 403):

Die Bundesregierung unterstützt die Länder bei der Konsolidierung ihrer öffentlichen Haushalte. Sie hält daran fest, dass insbesondere die Abschaffung der weiteren Beschwerde und die Verbesserung der Einnahmestruktur in den Familiensachen der freiwilligen Gerichtsbarkeit zu einer Entlastung der Länderhaushalte führen werden. Hierdurch werden nach Auffassung der Bundesregierung die Kosten verursachenden Maßnahmen des Entwurfs gegenfinanziert.

Die Bundesregierung ist aber bereit, im weiteren Verlauf des Gesetzgebungsverfahrens insbesondere im Bereich des Verfahrensbeistandes und der Prozesskostenhilfe weitere Maßnahmen zur Kostendämpfung zu prüfen.

Die Bundesregierung weist in diesem Zusammenhang erneut darauf hin, dass sie eine nähere Erfassung der Ausgaben für Prozesskostenhilfe und generell der Auslagen für Rechtssachen sowie der Einnahmen durch Rückflüsse in den Länderhaushalten für geboten hält, um die notwendige Diskussion über die finanziellen Auswirkungen des Reformentwurfs und über weitere Maßnahmen zur Entlastung der Länderhaushalte auf einer präzisen Grundlage führen zu können.

Die Bundesregierung gab in der Gegenäußerung in 33 Fällen ihre Zustimmung zu Vorschlägen des Bundesrates, in weiteren 18 Fällen sagte sie die Prüfung der Vorschläge zu. In mehreren Fällen gelangten auch diese Vorschläge des Bundesrates in das Reformgesetz, zum Teil in modifizierter Form. Die Entstehungsgeschichte dieser Vorschriften wird in der Materialiensammlung durch die zusammengefasste Darstellung der Stellungnahme des Bundesrates, der Gegenäußerung der Bundesregierung sowie der Begründung der Beschlussempfehlung des Rechtsausschusses des Deutschen Bundestages transparent.

7. Die FGG-Reform im Deutschen Bundestag

Der Regierungsentwurf wurde am 7. September 2007 dem Deutschen Bundestag übersandt. In der ersten Lesung am 11. Oktober 2007 unterstützten die Abgeordneten aller Fraktionen den Entwurf grundsätzlich, sprachen sich aber für Korrekturen insbesondere im kindschaftsrechtlichen Verfahren aus. So sei das Beschleunigungsgebot in Kindschaftssachen verfehlt, wenn die Trennung der Eltern auf häusliche Gewalt in der Familie zurückzuführen sei. Dieses Thema sollte in der kommenden parlamentarischen Beratung eine erhebliche Bedeutung gewinnen. Der Deutsche Bundestag überwies die Vorlage an den Rechtsausschuss zur federführenden Beratung.

a) Expertenanhörung im Rechtsausschuss

Der Rechtsausschuss beriet die Vorlage in seiner 77. Sitzung am 24. Oktober 2007 und beschloss, eine Anhörung durchzuführen. Der erste Teil der Anhörung fand am 11. Februar 2008 (86. Sitzung), der zweite Teil am 13. Februar 2008 (88. Sitzung) statt. An den Anhörungen haben folgende Sachverständige teilgenommen.

Teil I der Anhörung am 11. Februar 2008 – Allgemeines Verfahrensrecht

1. Prof. Dr. Cornelia Bohnert — Katholische Hochschule für Sozialwesen Berlin
2. Ulrike Donat — Rechtsanwältin, Hamburg
3. Dr. Jörg Grotkopp — Richter am Amtsgericht Ratzeburg
4. Prof. Dr. Florian Jacoby — Universität Bielefeld, Fakultät für Rechtswissenschaft
5. Prof. Dr. Bernhard Knittel — Vorsitzender Richter am Oberlandesgericht München
6. Dr. Angelika Nake — Rechtsanwältin, Vorsitzende der Kommission Zivil-, Familien-, Erbrecht, Recht anderer Lebensgemeinschaften des Deutschen Juristinnenbundes, Berlin
7. Klaus Schnitzler — Fachanwalt für Familienrecht, Euskirchen
8. Dr. Timm Starke — Notar, Bonn
9. Prof. Dr. Volkert Vorwerk — Rechtsanwalt beim Bundesgerichtshof Karlsruhe

Teil II der Anhörung am 13. Februar 2008 – Familiengerichtliches Verfahren

1. Dr. Ludwig Bergschneider — Rechtsanwalt, München
2. Helmut Borth — Präsident des Amtsgerichts Stuttgart
3. Prof. Dr. Sibylla Flügge — Fachhochschule Frankfurt am Main, Fachbereich Soziale Arbeit und Gesundheit
4. Dr. Röse Häußermann — Präsidentin des Landgerichts Tübingen
5. Dr. Frank Klinkhammer — Richter am Oberlandesgericht Düsseldorf
6. Dr. Susanne Nothhafft — Deutsches Jugendinstitut e. V., München
7. Johannes Ohr — Richter am Amtsgericht Wiesbaden
8. Ingeborg Rakete-Dombek — Rechtsanwältin und Notarin, Vorsitzende der Arbeitsgemeinschaft Familienrecht des Deutschen Anwaltvereins e. V., Berlin
9. Prof. Dr. Ludwig Salgo — Professor an der Johann Wolfgang Goethe-Universität, Fachbereich Rechtswissenschaft sowie an der FH Frankfurt a. Main, Fachbereich Soziale Arbeit und Gesundheit, Bereich Recht

Die Ergebnisse der Sachverständigenanhörung lassen sich – thematisch geordnet – wie folgt zusammenfassen:

(1) Teil I der Anhörung am 11. Februar 2008

- **Zielsetzung der Reform**

Die Sachverständigen *Grotkopp*, *Jacoby*, *Schnitzler* und *Starke* äußerten sich zustimmend zu der grundlegenden Neuregelung des Rechts der freiwilligen Gerichtsbarkeit und der Familiensachen mit dem vorgelegten Entwurf. Der Reformbedarf in diesem Bereich sei aufgrund der bestehenden unzureichenden Regelungen erheblich. Der Entwurf erreiche im Wesentlichen die selbst gesteckten Ziele einer verständlichen, bürgerfreundlichen Regelung des Verfahrensrechts in diesem Bereich. Die Sachverständige *Donat* vermochte sich diesem positiven Urteil nicht anzuschließen.

I. – Einführung

- **Beteiligtenbegriff; Unterrichtung der Kann-Beteiligten (§ 7 FamFG)**

Der Sachverständige *Jacoby* begrüßte die gesetzliche Definition des Beteiligtenbegriffs. Er hielt die Neuregelung für erforderlich, um rechtliches Gehör zu gewährleisten. Der Sachverständige *Grotkopp* wies darauf hin, dass das künftige Erfordernis, die Kann-Beteiligten von der Einleitung des Verfahrens und der Möglichkeit der Beteiligung zu unterrichten, zu einem erheblichen Mehraufwand bei den Amtsgerichten und damit zu einer finanziellen Belastung des Landeshaushalte führen werde.

- **Beweiserhebung; Erfordernis des Strengbeweises (§§ 29, 30 FamFG)**

Der Sachverständige *Jacoby* unterstützte den Ansatz, die Voraussetzungen für die Durchführung einer förmlichen Beweiserhebung im Entwurf ausdrücklich zu regeln.

Der Sachverständige *Grotkopp* wies darauf hin, dass das künftige Erfordernis, Beweisanträge zu bescheiden, zu einem erheblichen Mehraufwand bei den Gerichten und damit zu einer finanziellen Belastung der Landeshaushalte führen werde. Die Regelung des Strengbeweises gemäß § 30 Abs. 3 FamFG sei dagegen in der Praxis gut handhabbar. Die Soll-Regelung ermögliche dem Gericht insbesondere auch, vom Strengbeweis abzusehen, wenn dies im Einzelfall zur Gefährdung des Kindeswohls führen würde. Ein Abdrängen von Kindschaftsverfahren in das einstweilige Anordnungsverfahren sei daher nicht zu befürchten. Die Sachverständige *Nake* äußerte dagegen Bedenken, dass es zu einer vermehrten Vernehmung – und damit Belastung – von Kindern aufgrund des Strengbeweises komme.

- **Abschaffung des Vorbescheides (§§ 40 Abs. 3, 352 Abs. 2 FamFG)**

Die Abschaffung des Vorbescheides und Ersetzung durch einen Beschluss, der erst mit Rechtskraft wirksam werde, wurde von dem Sachverständigen *Jacoby* als Schritt zu mehr Rechtsstaatlichkeit begrüßt. Lediglich im Detail seien in diesem Bereich noch Änderungen erforderlich. Dies betreffe die Regelung zum Beginn der Beschwerdefrist in § 63 FamFG.

Der Sachverständige *Starke* vertrat dagegen die Auffassung, durch die Ersetzung des Vorbescheides trete Rechtskraft regelmäßig erst nach 5 ½ Monaten nach Ablauf der Frist in § 63 Abs. 3 FamFG ein. Das Festhalten an der Vorbescheidlösung sei daher im Interesse der Rechtssicherheit vorzugswürdig.

- **Befristung der Beschwerde (§ 63 Abs. 1 FamFG)**

Die grundsätzliche Befristung der Beschwerde unterstützten die Sachverständigen *Jacoby* und *Grotkopp*. Der Sachverständige *Grotkopp* wies jedoch darauf hin, dass in Betreuungssachen wohl eine Erhöhung der mit der Rechtskraft verbundenen Verbindlichkeit nicht zu erwarten sei, weil die Betroffenen künftig auf einen Antrag auf Aufhebung der Betreuung ausweichen würden. Die Sachverständige *Bohnert* bezeichnete demgegenüber die Befristung der Beschwerde als bedenklich.

- **Einstweilige Anordnung (§§ 49 ff. FamFG)**

Die Selbständigkeit des einstweiligen Anordnungsverfahrens kritisierte der Sachverständige *Schnitzler*. Der bisherige § 644 ZPO habe sich bewährt. Hinzu komme, dass ein Anwaltszwang im einstweiligen Anordnungsverfahren nicht bestehe. Die Aufhebung der einstweiligen Anordnung sei schwierig, zumal sie als Hauptsache lediglich im Wege der negativen Feststellungsklage geltend gemacht werden könne. Die Sachverständigen *Grotkopp* und *Vorwerk* teilten diese Bedenken nicht. Durch den Zwang zur Einleitung eines Hauptsacheverfahrens sei eine Überprüfung hinreichend gewährleistet.

Die Sachverständige *Nake* kritisierte, das selbständige einstweilige Anordnungsverfahren sei für komplizierte Fälle häuslicher Gewalt nicht uneingeschränkt geeignet. Auch bestehe ein Ungleichgewicht, weil der einstweilige Umgangsausschluss künftig anfechtbar sei, die einstweilige Gewährung von Umgang dagegen nicht. Bedenken hinsichtlich der einstweiligen Anordnung in Unterhaltssachen bestünden nicht. Hier werde auch künftig regelmäßig ein Hauptsacheverfahren zu erwarten sein.

- **Neugestaltung des Instanzenzuges; Wegfall der weiteren Beschwerde; Rechtsbeschwerde (§§ 70 ff. FamFG, §§ 72 Abs. 1, 133 GVG-E)**

Die Sachverständigen *Jacoby*, *Schnitzler* und *Vorwerk* äußerten sich grundsätzlich zustimmend zur Neugestaltung des Instanzenzuges. Der Sachverständige *Schnitzler* vertrat die Auffassung, zur Gewährung einer einheitlichen Rechtsprechung sei die Einführung der Nichtzulassungsbeschwerde gegen die unterbliebene Zulassung der Rechtsbeschwerde erforderlich. Dies zeige sich exemplarisch bei der sehr unterschiedlichen Anwendung des neuen Unterhaltsrechts durch die Oberlandesgerichte.

Der Sachverständige *Vorwerk* führte aus, das mit der ZPO-Reform eingeführte System der klaren Aufgabenzuweisung an den BGH zur Rechtsfortbildung und -vereinheitlichung habe sich bewährt. Der BGH sollte entgegen dem Entwurf an die Zulassungsentscheidung des Beschwerdegerichts gebunden sein, jedoch sollte bei Nichtvorliegen der Voraussetzungen dem BGH in Anlehnung an § 552a ZPO eine erleichterte Erledigung ermöglicht werden. Die Einführung einer Nichtzulassungsbeschwerde sei vor dem Hintergrund der Erfahrungen in Familiensachen, bei denen dieses Institut nicht vorgesehen ist, nicht erforderlich. Der Sachverständige *Jacoby* wies ebenfalls auf die positiven Erfahrungen mit der Neugestaltung des Rechtsmittelzuges der ZPO hin; insbesondere in Kostensachen sei durch die Entscheidungen des BGH ein erhebliches Maß an Rechtssicherheit für die Parteien entstanden. Diese sei allein durch das Vorlageverfahren des geltenden Rechts nicht zu gewährleisten. Die Gewährung von zwei Instanzen sei hinreichend. Es sei allein zu entscheiden, ob die zweite Instanz den Landgerichten oder den Oberlandesgerichten zuzuweisen sei. Verbleibe die Zuständigkeit bei den Landgerichten, seien diese entsprechend personell und sachlich auszustatten.

Demgegenüber äußerten sich die Sachverständigen *Bohnert* und *Knittel* ablehnend zur Neugestaltung des Instanzenzuges. Die Neuregelung verschlechtere den Rechtsschutz für die Beteiligten erheblich. Die Einzelfallgerechtigkeit werde hierdurch in einem nicht vertretbaren Maß eingeschränkt. Der Gesetzgeber breche hierdurch das mit der Einführung des Betreuungsrechts gegebene Versprechen, die Interessen der Betroffenen zu schützen. Die Qualität medizinischer Gutachten lasse häufig zu wünschen übrig. Eine Rechtskontrolle durch das Oberlandesgericht sei hier erforderlich. Allein die Existenz einer zulassungsfreien dritten Instanz trage Gewähr für die Qualitätssicherung der Rechtsprechung der Landgerichte. Bleibe es bei der Neugestaltung, seien jedenfalls die Begründung der Beschwerdeentscheidung als „Soll-Vorschrift" und die Möglichkeit, in der Beschwerdeinstanz durch den Einzelrichter zu entscheiden, zu überdenken. Allein durch diese Maßnahmen sei der Schaden, der durch die Neustrukturierung angerichtet werde, allerdings nicht zu beseitigen.

Der Sachverständige *Vorwerk* äußerte sich zustimmend zum Erfordernis, sich durch einen BGH-Anwalt bei der Rechtsbeschwerde vertreten zu lassen. Die Spezialisierung auf Verfahren vor dem BGH erfordere eine erhebliche Einarbeitungszeit und forensische Erfahrung, die bei einer Öffnung der Vertretung für alle zugelassenen Anwälte nicht zu erwerben sei. Zugangsprobleme zum BGH würden dadurch nicht begründet; auch in Zivilsachen kontaktiere der Mandant den BGH-Anwalt mitunter aus einer Haftsituation heraus. Die Sachverständige *Nake* äußerte sich ablehnend zu der Möglichkeit, im Beschwerdeverfahren von der Wiederholung einzelner Verfahrensschritte abzusehen, wenn dadurch keine neuen Erkenntnisse zu erwarten seien. Allein aufgrund des Zeitablaufs sei regelmäßig mit einer Veränderung der Umstände im Beschwerdeverfahren zu rechnen.

- **Stellung des Jugendamtes**

Die Sachverständige *Bohnert* kritisierte, der Entwurf enthalte zu viele Anhörungspflichten für das Jugendamt. Es solle dem Jugendamt statt dessen ein umfassendes Recht auf Gehör eingeräumt werden. Jedenfalls sei ein Kostenrisiko für die Jugendämter im Verfahren ausdrücklich auszuschließen.

- **Großes Familiengericht**

Die Einführung des „Großen Familiengerichts", das künftig für alle Streitigkeiten im Zusammenhang mit der Scheidung zuständig sein wird, begrüßten die Sachverständigen *Nake* und *Schnitzler*. Die Sachverständige *Nake* äußerte sich des Weiteren ausdrücklich zustimmend zur einheitlichen Zuständigkeit der Familiengerichte für alle Gewaltschutzsachen.

- **Freiheitsentziehungssachen**

Die Sachverständige *Donat* sprach sich gegen die Aufnahme des Freiheitsentziehungsgesetzes in das FamFG aus. Stattdessen habe eine Ausgliederung aus der freiwilligen Gerichtsbarkeit und eine Zuweisung zur Verwaltungsgerichtsbarkeit zu erfolgen, da hoheitliches Verwaltungshandeln zu überprüfen sei.

I. – Einführung

Der Begriff der Freiheitsentziehungssachen sei zu eng gefasst, da er nicht alle Freiheitsentziehungen umfasse. Es sei eine Begründungspflicht der Behörden bei einem Antrag auf Freiheitsentziehung einzuführen. Eine Belehrung über die Rechtsmittel gegen eine Freiheitsentziehung sei erforderlich.

(2) Teil II der Anhörung am 13. Februar 2008

- **Kindschaftssachen**

Die Statuierung eines umfassenden Vorrang- und Beschleunigungsgebots für die Bearbeitung von Kindschaftssachen in § 155 FamFG wurde von den Sachverständigen *Bergschneider*, *Borth*, *Häußermann*, *Klinkhammer*, *Ohr* und *Rakete-Dombek* begrüßt. Die frühe staatliche Intervention sei im Hinblick auf das kindliche Zeitempfinden und zur Vermeidung der weiteren Eskalation des Konflikts richtig. Der Sachverständige *Ohr* wies darauf hin, dass das Wort „durchzuführen" in § 155 Abs. 1 FamFG den unzutreffenden Eindruck erwecken könne, es komme neben der zeitnahen Befassung des Gerichts mit dem Verfahren auch auf dessen zeitnahen Abschluss „um jeden Preis" an. Ähnlich äußerte sich die Sachverständige *Rakete-Dombek*. Die Beschleunigung dürfe nicht zum Selbstzweck werden, so dass die Aufnahme „entschleunigender" Elemente – z.B. die Aussetzung des Verfahrens, wenn sich die Eltern in Beratung begeben – zu erwägen sei.

Grundsätzliche Bedenken äußerte die Sachverständige *Flügge*. Der frühe Termin werde sich streitverschärfend auswirken. Denn der Zeitraum unmittelbar nach der Trennung stelle sich in den meisten Fällen als in hohem Maße konfliktträchtig dar.

Den in § 156 FamFG geregelten Grundsatz, dass das Gericht in jeder Lage des Verfahrens auf die Herstellung eines Einvernehmens hinzuwirken habe, befürworteten die Sachverständigen *Bergschneider*, *Borth*, *Häußermann*, *Klinkhammer* und *Ohr* uneingeschränkt.

Die Sachverständigen *Flügge*, *Nothhafft* und *Salgo* kritisierten hingegen die Kombination einer beschleunigten Bearbeitung mit dem umfassenden Hinwirken auf Einvernehmen. Hierdurch werde deutlich, dass die Reform dem Grundgedanken folge, dass der Umgang des Kindes zum getrennt lebenden Elternteil um jeden Preis durchgesetzt werden müsse.

Die Sachverständige *Nothhafft* regte an, das Hinwirken auf Einvernehmen „in jeder Lage des Verfahrens" nochmals unter dem Aspekt des Kindeswohls zu überdenken, an dem sich jede Verfahrensvorschrift messen lassen müsse. Ähnlich wie die Sachverständige *Rakete-Dombek* sehe sie in der derzeitigen Fassung der Norm die Verstärkung der in der Praxis bereits zu beobachtenden Tendenz, das familiengerichtliche Verfahren zu sehr auf die Bedürfnisse der Eltern, die Rechte an ihrem Kind geltend machen, zu konzentrieren. Die Sachverständige *Rakete-Dombek* bezeichnete es insoweit als sehr bedenklich, dass der Verfahrensbeistand über die in § 158 Abs. 4 FamFG vorgesehene Befugnis, an der Herstellung von Einvernehmen mitzuwirken, seine eigentliche Aufgabe als „Beistand des Kindes" aus den Augen verlieren könne und ebenfalls elternorientiert tätig werde.

Im Zusammenhang mit der beschleunigten Bearbeitung und dem umfassenden Hinwirken auf Einvernehmen kritisierten die Sachverständigen *Flügge*, *Nothhafft* und *Salgo* auch die Neuregelung der Vollstreckung von Umgangsregelungen im Wege des Systemwechsels von Zwangs- auf Ordnungsmittel in §§ 89 ff. FamFG und die Kodifizierung der Rechtsfigur des Umgangspflegers in § 1684 Abs. 3 BGB. Ob erzwungener Umgang dem Wohl des Kindes entspreche, sei zu keinem Zeitpunkt im Wege einer soliden Rechtstatsachenforschung nachgewiesen worden. Vielmehr belege die internationale Scheidungsforschung, dass erzwungener Umgang gegen den Willen des betreuenden Elternteils und gegebenenfalls auch gegen den Willen des Kindes dieses in erheblicher Weise belaste. Zudem sei es auch in höchstem Maße bedenklich, dass die in § 156 Abs. 3 FamFG vorgesehene Regelung des Umgangs im Wege der einstweiligen Anordnung suggeriere, dieser könne nur positiv angeordnet und nicht ausgeschlossen werden. Schließlich sei nicht hinnehmbar, dass die einstweilige Anordnung nach § 57 FamFG nur dann der Beschwerde zugänglich sei, wenn der Umgang ausgeschlossen werde.

Auch der Sachverständige *Borth* zeigte sich kritisch gegenüber der Durchsetzung der Umgangsregelung im Wege von Ordnungsmitteln. Das geltende Recht stelle mit § 33 FGG hinreichende Instrumente zur Verfügung.

Der Sachverständige *Ohr* befürwortete die Neuregelung, da sie dem Gericht ein wichtiges Instrument an die Hand gebe, um Umgangsregelungen zu vollziehen. In den meisten Fällen werde sich der bezweckte Erfolg einstellen, ohne dass es zu der Vollziehung des festgesetzten Ordnungsmittels kommen müsse. Die Sachverständige *Häußermann* brachte ihre Überzeugung zum Ausdruck, dass die Gerichte verantwortungsbewusst mit diesem Instrumentarium umgehen werden. Insbesondere die Ordnungshaft werde sich als Ultima Ratio erweisen. Die Kodifizierung der Umgangspflegschaft betrachte sie als überfällig, da hierdurch die gerichtliche Praxis eine stabile Rechtsgrundlage erhalte. Der Sachverständige *Bergschneider* begrüßte den Systemwechsel von Zwangs- auf Ordnungsmittel, äußerte jedoch wegen der Beschränkung der Beschwerde auf den Umgangsausschluss verfassungsrechtliche Bedenken.

Die Sachverständigen *Flügge*, *Nothhafft* und *Salgo* problematisierten die Frage, ob der Entwurf Fälle häuslicher Gewalt in ausreichendem Maße berücksichtige. Die beschleunigte Bearbeitung des Verfahrens unter zeitgleicher Erzeugung eines nicht unerheblichen Drucks zur Einigung und der Beschneidung der Möglichkeiten des Gerichts zur Amtsermittlung durch die Einführung des Strengbeweises berge die Gefahr, dass das für das Kind und/oder die Frau als Opfer häuslicher Gewalt im Verfahren bestehende Gefährdungspotential nicht sorgfältig geprüft werden und folglich nicht entsprechend reagiert werden könne. Es müsse sichergestellt sein, dass das Gericht auf Antrag stets getrennte Anhörungen der Elternteile vornehmen müsse. Zudem müsse in Zweifelsfällen der Schutz vor Gewalt Vorrang vor der Gewährung von Umgang genießen.

Die Sachverständige *Häußermann* erwiderte hierauf, dass das geltende Recht und auch die Regelungen des FamFG in ihrer bisherigen Fassung ohne weiteres die Möglichkeit böten, auf Fälle mit besonderem Gefährdungsrisiko zu reagieren. Es sei aus rechtlichen Gründen keinesfalls zu tolerieren, dass der bloße Vortrag häuslicher Gewalt dazu führe, dass dieser schlicht zugrunde gelegt werde und sowohl bei der Gestaltung des Verfahrens als auch bei der des Umgangsrechts für den vermeintlich gewalttätigen Elternteil Nachteile entfalte. Es müsse selbstverständlich gewährleistet werden, dass der in den Raum gestellte Vorwurf schnell und gründlich aufgeklärt werde, um die im Interesse des Kindes richtigen Folgen ableiten zu können.

Die Sachverständigen *Häußermann*, *Nothhafft*, *Ohr* und *Salgo* hielten die in § 158 Abs. 1 und Abs. 2 FamFG vorgenommene Klarstellung, unter welchen Voraussetzungen ein Verfahrensbeistand zu bestellen sei, für erforderlich.

Die Sachverständige *Häußermann* gab zu bedenken, dass die Ausweitung der Stellung des Verfahrensbeistands unter dem Aspekt kritisch zu betrachten sei, dass das Gericht originär staatliche Aufgaben an Privatpersonen auslagere. Der Sachverständige *Ohr* äußerte die Befürchtung, dass die Neuregelung zu einer Verstärkung der ohnehin bereits vorhandenen Tendenz zur inflationären Bestellung von Verfahrensbeiständen führen werde. Praktische Bedenken äußerte der Sachverständige *Borth* hinsichtlich der Frage, wie das 14-jährige Kind über sein Antragsrecht nach § 158 Abs. 2 Nr. 1 FamFG zu informieren sei.

- **Streichung des § 630 Abs. 1 ZPO**

Die Sachverständige *Rakete-Dombek* bedauerte den Wegfall des § 630 Abs. 1 ZPO. Diese Vorschrift bewirke, dass sich die Eheleute vor der Einreichung des Scheidungsantrags über die Regelung wichtiger Folgesachen Gedanken machen müssen. Letztlich habe dies der Vermeidung weiterer streitiger Folgesachen bzw. isolierter Verfahren nach Rechtskraft der Scheidung gedient. Diese positiven Effekte würden unter Geltung des FamFG entfallen, so dass mit einer erheblichen Steigerung streitig geführter Verfahren zu rechnen sei.

Auch die Sachverständige *Häußermann* sprach sich für ein Festhalten an dem in § 630 ZPO festgelegten Grundgedanken aus.

I. – Einführung

Der Sachverständige *Klinkhammer* wies darauf hin, dass diese Norm in der Praxis keine Rolle spiele. Streng genommen führe sie zu der paradoxen Situation, dass das Gericht einem Ehepaar, das sich einvernehmlich scheiden lassen möchte, die Ehescheidung verweigern müsse, wenn sie keine Vereinbarung im Sinne des § 630 Abs. 1 ZPO vorlegen können.

- **Unterhaltssachen**

Die Sachverständigen *Klinkhammer*, *Ohr* und *Rakete-Dombek* kritisierten die in §§ 235 Abs. 2 und 236 Abs. 2 FamFG geregelte Verpflichtung des Gerichts zur Einholung von Auskünften, da dies zu einer Vermischung von Amtsermittlung und Beibringungsgrundsatz führe. Der Sachverständige *Bergschneider* begrüßte diese Regelung dagegen als eine effiziente Ausgestaltung der Auskunftsansprüche bzw. -pflichten der Beteiligten an einem Unterhaltsverfahren.

Bezüglich der Abänderung von Unterhaltstiteln forderten die Sachverständigen *Borth* und *Klinkhammer* die Streichung der Billigkeitsklauseln bei der Regelung der Präklusion von Tatsachenvortrag in § 238 Abs. 2 FamFG.

b) Weiterer Beratungsverlauf im Rechtsausschuss

In den anschließenden koalitionsinternen Beratungen im April/Mai 2008 sowie in den Berichterstattergesprächen am 2. und 17. Juni 2008 wurde der Reformentwurf unter fünf Aspekten verändert:

- In familiengerichtlichen Verfahren wurde der verfahrensrechtliche Schutz für Opfer häuslicher Gewalt weiter verbessert.
- Auf Initiative der Länder wurde durch haushaltsentlastende Maßnahmen sichergestellt, dass finanzielle Mehrbelastungen der Länder ausgeschlossen werden.
- Zur Verbesserung des Rechtsschutzes wurde in besonders grundrechtssensiblen Bereichen der direkte Zugang zum Bundesgerichtshof eröffnet.
- Außerdem wurden zahlreiche weitere Vorschläge der Sachverständigen aufgegriffen.
- Schließlich wurden zahlreiche Vorschläge des Bundesrates umgesetzt.

Als wesentliche Änderungen sind hervorzuheben:

1. Beschwerderecht der Muss-Beteiligten (§§ 7, 345 FamFG)

Es wird im Entwurf klargestellt, dass auch den sog. „Muss-Beteiligten" gegen die unterlassene Hinzuziehung zum Verfahren ein Beschwerderecht zusteht. Als Folgeänderung kann eine Sonderregelung bei den Nachlasssachen (§ 345 FamFG) entfallen.

2. Förmliche Beweisaufnahme (§§ 29 Abs. 2, 30 Abs. 3 FamFG).

Die Länder waren der Ansicht, das formelle Beweisantragsrecht des § 29 Abs. 2 FamFG werde Verfahren unangemessen formalisieren. Mit einer ähnlichen Praxis wie in strafrechtlichen Verfahren sei zu rechnen. Das Beweisantragsrecht wurde daher gestrichen, um Mehrbelastungen der Länderhaushalte auszuschließen.

3. Beginn der Beschwerdefrist (§ 63 Abs. 3 FamFG)

Es wird im Entwurf klargestellt, dass es für den Beginn des Laufs der Beschwerdefrist allein auf die Bekanntgabe an die formell Beteiligten ankommt. Erfolgt irrtümlich die Beteiligung eines materiell Betroffenen nicht, soll dies nicht den Eintritt der formellen Rechtskraft hemmen.

4. Ausgestaltung des Rechtsmittelrechts (§§ 69, 70, 74, 74a FamFG)

- Die Begründung der Beschwerdeentscheidung wird ausnahmslos obligatorisch;
- der BGH wird – wie in den anderen Verfahrensordnungen – an die Zulassung der Rechtsbeschwerde durch das Beschwerdegericht gebunden;

- zur Verbesserung des Rechtsschutzes der Betroffenen wird eine zulassungsfreie Rechtsbeschwerde in Betreuungs-, Unterbringungs- und Freiheitsentziehungssachen eingeführt;
- zur Vermeidung einer Überlastung des BGH können unzulässige und unbegründete Rechtsbeschwerden in vereinfachter Weise erledigt werden.

5. Verfahrenskostenhilfe (§ 76 FamFG)

Auch in Amtsverfahren wird zur Reduzierung der Ausgaben der Länder Verfahrenskostenhilfe nur gewährt, wenn die Rechtsverteidigung hinreichende Aussicht auf Erfolg hat.

6. Vollstreckung von Umgangsentscheidungen (§ 89 FamFG)

Im Hinblick auf das Urteil des Bundesverfassungsgerichts vom 1. April 2008 zur Frage der Erzwingung von Umgangskontakten gegenüber dem umgangsverpflichteten Elternteil verständigten sich die Abgeordneten darauf, die Vorschrift über die Verhängung von Ordnungsmaßnahmen in Sorge- und Umgangssachen (§ 89 Abs. 1 FamFG) von einer **Soll- in eine Kann-Vorschrift** umzuwandeln.

7. Verfahrensbeistand (§ 158 FamFG)

Das Regelbeispiel, das die Bestellung eines Verfahrensbeistands für das 14-jährige Kind vorsah (§ 158 Abs. 2 Nr. 1 FamFG), wird gestrichen. Zur Herstellung des notwendigen Gleichlaufs zwischen den materiellen Rechten, die dem Kind ab Vollendung seines 14. Lebensjahrs zustehen (z.B. § 1671 Abs. 2 Nr. 1 BGB), und seiner verfahrensrechtlichen Stellung wird in § 9 Abs. 1 Nr. 3 FamFG-neu seine Verfahrensfähigkeit punktuell erweitert. Darüber hinaus wird das Regelbeispiel, das die Bestellung des Verfahrensbeistands in Umgangsverfahren betrifft (§ 158 Abs. 2 Nr. 6 FamFG) dahin gehend begrenzt, dass ein Verfahrensbeistand nur bestellt wird, wenn eine wesentliche Einschränkung des Umgangsrechts in Betracht kommt. Außerdem wird der Aufgabenkreis des Verfahrensbeistands auf die Interessenwahrnehmung und Information des Kindes beschränkt. Um Gespräche mit den Eltern zu führen und sich an der Herbeiführung einer einvernehmlichen Regelung zu beteiligen, bedarf es eines gesonderten Auftrags durch das Gericht. Die Vergütung des Verfahrensbeistands wird auf eine Fallpauschale in zwei Stufen (550 €/350 €) je nach Größe des Aufgabenkreises umgestellt.

8. Streichung der Härteklauseln bei der Abänderung von gerichtlichen Unterhaltsentscheidungen (§ 238 Abs. 2, Abs. 3 FamFG)

Die Härteklauseln, die bei Vorliegen grober Unbilligkeit Ausnahmen von der Tatsachenpräklusion und der zeitlichen Begrenzung der Abänderung gerichtlicher Entscheidungen zulassen, werden gestrichen. Die Formulierungen erwecken den unrichtigen Eindruck, dass eine Ausweitung der insoweit von der Rechtsprechung im Wege der teleologischen Reduktion entwickelten Ausnahmefälle beabsichtigt ist. Hierdurch notwendige Folgeänderungen werden in § 240 Abs. 2 FamFG und § 323 Abs. 2 und Abs. 3 ZPO vollzogen.

9. Antragsrecht der Beteiligten in Freiheitsentziehungssachen (§ 426 FamFG)

Es bestand Einigkeit im Rechtsausschuss, eine Nachfolgevorschrift des bisherigen § 10 Abs. 2 FEVG in das FamFG aufzunehmen (§ 426), die den Beteiligten ein Antragsrecht auf Überprüfung der gerichtlichen Entscheidung sowie einen Anspruch auf Bescheidung dieses Antrages eröffnet.

10. Beratungshilfe

Die Länder kritisierten die Erhöhung der Anwaltsgebühren für die Beratungshilfe in Familiensachen um 50 %. Sie befürchteten erhebliche Mehrausgaben für die Länder. Die Erhöhung der Beratungshilfegebühren in familienrechtlichen Streitigkeiten wird daher aus der FGG-Reform herausgenommen und einstweilen zurückgestellt.

I. – Einführung

11. Übernahme von Vorschlägen des Bundesrates

Die Bundesregierung hat des Weiteren in der Gegenäußerung die Prüfung weiterer Anträge des Bundesrates zugesagt. Hiervon werden folgende Änderungen in die Beschlussempfehlung eingestellt:

- **Antrag 4,** Gleichlauf ZPO – FamFG: Es werden vier Vorschriften (§§ 5, 13, 18, 44 FamFG) sprachlich mit den entsprechenden Vorschriften der ZPO harmonisiert.
- **Antrag 15,** Hinzuziehung einer Protokollkraft: Es wird eine Vorschrift eingestellt, die einerseits sicherstellt, dass das Gericht in schwierigen Fällen eine Protokollkraft herbeiziehen kann, andererseits die weitgehende Formfreiheit der Mitschrift im Termin wahrt (§ 28 Abs. 4 FamFG).
- **Antrag 28,** Befristung der Anschlussbeschwerde in Familienstreitsachen: Die Anschlussbeschwerde in Familienstreitsachen wird befristet (§ 117 Abs. 2 FamFG).
- **Antrag 44,** Verbund, Abtrennung einer Folgesache: Die Frist für die Abtrennung einer Folgesache für den Fall, dass die Beteiligten die erforderlichen Mitwirkungshandlungen in der Versorgungsausgleichfolgesache vorgenommen haben und die Abtrennung übereinstimmend beantragen, wird von sechs auf drei Monate verkürzt.
- **Antrag 78,** Beschwerderecht des Vorsorgebevollmächtigten: Es wird klargestellt, dass gegen Entscheidungen der Betreuungsgerichte auch der Vorsorgebevollmächtigte für den Betroffenen Beschwerde einlegen kann.
- **Antrag 123,** Übergangsvorschrift: Es wird klargestellt, dass Abänderungen, Verlängerungen oder Aufhebungen einer Entscheidung neue Verfahren sind, auf die das neue Verfahrensrecht anzuwenden ist.

c) Bericht des Rechtsausschusses und Abschluss im Plenum

Der abschließende Beratungsverlauf im Rechtsausschuss des Deutschen Bundestages ergibt sich aus dessen Bericht (BT-Drs. 16/9733, S. 283 ff.):

Der Rechtsausschuss hat den Gesetzentwurf am 18. Juni 2008 abschließend beraten und mit den Stimmen der Fraktionen CDU/CSU, SPD, FDP und BÜNDNIS 90/DIE GRÜNEN bei Stimmenthaltung der Fraktion DIE LINKE. beschlossen, die Annahme des Gesetzentwurfs in der Fassung der Beschlussempfehlung zu empfehlen.

Die **Fraktion der CDU/CSU** unterstrich, dass aufgrund der intensiven Ausschussberatungen und der ausführlichen Anhörungen, deren Ergebnisse in die Ausschussberatungen eingeflossen seien, ein umfassender Gesetzentwurf entstanden sei, der sich auf eine breite parlamentarische Basis stützen könne. Er berücksichtige auch in vielerlei Hinsicht die Anliegen des Bundesrates. Das Gesetz über das Verfahren in Familiensachen und in den Angelegenheiten der freiwilligen Gerichtsbarkeit (FamFG) regele solch unterschiedliche Bereiche wie das Verfahren in Familiensachen, in Betreuungs- und Unterbringungssachen, in Registersachen, Nachlasssachen, in Freiheitsentziehungssachen oder das Aufgebot neu. Sie sei sehr erfreut, dass die sog. Scheidung light – die Regelung der Scheidungsfolgen von kinderlosen Ehepaaren vor einem Notar – bereits im Regierungsentwurf nicht mehr enthalten gewesen sei.

Teils als Reaktion auf Probleme in der Praxis seien folgende Neuerungen hervorzuheben. In Verfahren zum Umgangs- und Sorgerecht sei ein Vorrangs- und Beschleunigungsgebot eingeführt worden. Dies gehe mit dem Appell an die Länder einher, die notwendigen Ressourcen bei den Gerichten und den Jugendämtern bereitzustellen. Ferner werde ein Verfahrensbeistand für Kinder in Kindschaftssachen eingeführt. Als Ergebnis der Beratung müsse das Familiengericht einen sog. großen Aufgabenkreis des Verfahrensbeistandes anordnen und dessen Reichweite benennen. Die Vergütung der Verfahrensbeistände werde angelehnt an die Vergütung von Rechtsanwälten abhängig vom Umfang des Aufgabenkreises pauschaliert. Um Zuwiderhandlungen gegen Anordnungen des Gerichts auch im Nachhinein sanktionieren zu können, werde das System der Zwangsmittel durch Ordnungsmittel als letztes Mittel ersetzt. Darüber hinaus werde unter Wahrung des Elternrechts ein Umgangspfleger für schwerwiegende Konflikte im Bereich des Umgangs für die betroffenen Kinder eingeführt. Beim neuen Großen Familiengericht sollen alle Fragen im Bezug auf Ehe und Familie zusammengeführt werden. Aufgrund der Anregungen aus der öffentlichen Anhörung wurde für die Fälle der häuslichen Gewalt die Möglichkeit einer getrennten Anhörung der Parteien eingeführt.

Einvernehmen konnte bei einem weiteren Kernstück der Reform – der zulassungsfreien Rechtsbeschwerde in den besonders grundrechtsrelevanten Bereichen der Betreuung, Unterbringung und Freiheitsentziehung – erreicht werden. Der Anwaltszwang werde auf Unterhaltssachen erweitert, weil hier die Durchführung des Hauptverfahrens nicht mehr zwingend sei, eine Entscheidung aber weitreichende Auswirkungen habe. Die Prozess- und Beratungskostenhilfe werde in einem parallelen Gesetzgebungsverfahren behandelt.

Wichtig sei der Fraktion der CDU/CSU ferner die Klärung sämtlicher Folgesachen wie Unterhalts-, Hausrats-, Sorge- und Umgangsrecht bei der einvernehmlichen Scheidung. Der Antragsteller habe sich bereits in der Antragsschrift an das Gericht über eine eventuelle Einigung über diese Punkte zu erklären.

Das Gesetz solle zum 1. September 2009 in Kraft treten, um der Praxis ausreichend Zeit für die erforderliche Umstellung zu belassen.

Teil I. – 7. Die FGG-Reform im Deutschen Bundestag

Die **Fraktion der FDP** begrüßte, dass auch aufgrund der konstruktiven Berichterstattergespräche ein sehr gutes und übersichtliches Gesetz entstanden sei, in das Erfahrungen aus der Praxis aufgenommen wurden. Sie freue sich, dass in letzter Minute auch noch eine Einigung auf die zulassungsfreie Rechtsbeschwerde in wesentlichen Bereichen zustande gekommen sei.

Sie habe aber auch Kritik zu äußern. Die Änderungsanträge der Fraktion BÜNDNIS 90/DIE GRÜNEN unterstütze sie. Zu kritisieren sei insbesondere, dass gemäß § 57 FamFG-E Umgangsentscheidungen im Verfahren der einstweiligen Anordnung nicht anfechtbar seien. Einen entsprechenden Änderungsantrag stelle sie zur Abstimmung. Auch das neue System der Ordnungsmittel anstelle von Zwangsmitteln stoße in der Fraktion der FDP vor dem Hintergrund der Entscheidung des Bundesverfassungsgerichts zur Erzwingbarkeit des Umgangsrechts auf rechtspolitische, wenn auch nicht auf verfassungsrechtliche Bedenken.

Sie unterstütze auch das Beschleunigungsgebot in Umgangs- und Sorgerechtsverfahren. Letztlich müsse sich aber in der Praxis beweisen, ob die Jugendämter und Gerichte überhaupt in der Lage seien, innerhalb der gesetzten kurzen Zeitspanne die Verfahren zu beginnen. Hier – wie bereits bei der Umsetzung der Änderung des § 1666 BGB und den entsprechenden Änderungen im FGG – seien die Länder in der Pflicht, ausreichende Finanz- und Personalmittel zur Verfügung zu stellen. Sie hätte sich ein etwas späteres Inkrafttreten – zum 1. Januar 2010 – gewünscht, um der Praxis etwas mehr Zeit für die Umstellung einzuräumen.

Die **Fraktion der FDP** stellte folgenden Änderungsantrag:

Der Bundestag wolle beschließen:

   1. *Artikel 1 des FGG-RG E wird wie folgt geändert:*

      Nach § 57 Satz 2 Nr. 3 wird folgende Nr. 4 eingefügt:
      „4. über den Umgang des Kindes mit einem Elternteil,"

   2. *Der bisherige § 57 Satz 2 Nr. 4 wird Nr. 5.*

   3. *Der bisherige § 57 Satz 2 Nr. 5 wird Nr. 6.*

Begründung

Zu Nr. 1:

In Verfahren der einstweiligen Anordnung in Familiensachen sind nach dem Gesetzentwurf Entscheidungen über die elterliche Sorge für ein Kind, über die Herausgabe des Kindes oder über den Antrag auf Verbleiben eines Kindes bei einer Pflege- oder Bezugsperson mit einem Rechtsmittel anfechtbar. Die Entscheidung über die Gewährung oder den Ausschluss des Umgangs mit einem Elternteil gehört nicht dazu.

Es ist ein sachlicher Grund nicht ersichtlich, Umgangsentscheidungen als nicht anfechtbar auszugestalten. Auch die vorläufige Entscheidung über den Umgang ist von gleicher Bedeutung, wie die Entscheidungen über die elterliche Sorge, über die Herausgabe oder über das Verbleiben eines Kindes bei einer Pflege- oder Bezugsperson.

Mit dem Änderungsantrag soll gegen eine Entscheidung im Verfahren der einstweiligen Anordnung in Umgangssachen mit einem Elternteil ein Rechtsmittel eingefügt werden können.

Zu Nr. 2 und Nr. 3:

Es handelt sich um Folgeänderungen zu Nr. 1.

Der Änderungsantrag der Fraktion der FDP wurde mit den Stimmen der Fraktionen der CDU/CSU und SPD gegen die Stimmen der Fraktionen FDP, DIE LINKE. und BÜNDNIS 90/DIE GRÜNEN abgelehnt.

Die **Fraktion DIE LINKE.** führte aus, auch wenn die Berichterstattergespräche konstruktiv verlaufen seien und zahlreiche Anregungen aus der Anhörung wie auch von den Oppositionsfraktionen in die jetzige Fassung des Gesetzentwurfs aufgenommen worden seien, könne sie dem Gesetzentwurf gleichwohl nicht zustimmen.

Ein Kritikpunkt sei die Unanfechtbarkeit von Entscheidungen zum Umgang mit dem Kind, die im Wege der einstweiligen Anordnung getroffen worden sind. Es bestehe durchaus Handlungsbedarf, da das Gericht gemäß § 52 FamFG-E für den Übergang in das Hauptsacheverfahren eine Duldungsfrist von bis zu drei Monaten setzen könne. Hier werde in das Gericht das Vertrauen gesetzt, dass es diese Fristen in Umgangsentscheidungen nicht ausschöpfe, während ihm der Gesetzgeber dieses Vertrauen für die Anberaumung des frühen ersten Termins (§ 155 Abs. 2 FamFG-E) versage. Dem Gericht werde eine Frist von einem Monat vorgegeben unabhängig davon, ob es hierzu personell in der Lage sei oder ob ein späterer Termin im Einzelfall dem Kindeswohl eher entspräche. Es sei ein Irrtum zu glauben, die Länder würden gerade die Bereiche der Jugendhilfe und Familiengerichtsbarkeit finanziell und personell aufstocken, in denen in den letzten Jahren große Einschnitte zu verzeichnen gewesen seien. Es sei auch äußerst fraglich, ob die Länder die durch die Pauschalierung der Vergütung der Verfahrensbeistände eingesparten Gelder in diesen Bereichen investierten. Die bereits geäußerte Kritik an der Einführung von Ordnungsmitteln anstelle von Zwangsmitteln teile sie.

Die Fraktion **DIE LINKE.** stellte daher folgenden Entschließungsantrag:

Der Bundestag wolle beschließen:

I. Der Deutsche Bundestag stellt fest:

1. *Der vorliegende Gesetzentwurf greift zu einem nicht unerheblichen Teil die in den Anhörungen des Rechtsausschusses von Sachverständigen, aber auch insbesondere von Frauenhäusern und anderen unabhängigen Stellen vorgebrachte Kritik am neuen familiengerichtlichen Verfahren auf. Dennoch kann die Reform mit dieser Novelle nicht als abgeschlossen gelten. Insbesondere die Berücksichtigung der berechtigten Interessen der von häuslicher oder sexueller Gewalt betroffenen Personen – auch unter dem Aspekt des Kindeswohlschutzes – ist noch nicht vollständig gewährleistet.*

I. – Einführung

2. Die uneingeschränkte positive Bezugnahme auf das in der Praxis in vielfältigen Nuancen umgesetzte sogenannte Cochemer Modell ist vor dem Hintergrund der Wahrung der berechtigten Interessen der Betroffenen kritisch zu hinterfragen. Die Bundesregierung hat die grundlegenden Verfahrensweisen des Modells nicht ausreichend unabhängig evaluiert. Eine Vernetzung der Professionen ist zwar generell von Vorteil, wird jedoch im konkreten Einzelfall der Konfliktsituation und den jeweiligen Rollen im Verfahren nicht gerecht.

3. Die mit dem Gesetzentwurf vorgesehene Festschreibung des Beschleunigungsgrundsatzes bei Umgangs- und Sorgerechtsstreitigkeiten ist insbesondere in Gewaltfällen, aber auch bei hochstreitigen Fällen nicht nur unangebracht, sondern contraindiziert. Denn gerade in Trennungssituationen ist die Gewaltgefährdung erhöht. Zudem dient in allen Fällen von häuslicher oder innerfamiliärer sexueller Gewalt gegenüber dem anderen Elternteil der Umgang des Kindes mit dem Täter nicht dem Kindeswohl. Die gegenüber dem ursprünglichen Regierungsentwurf vorgesehene Einschränkung hinsichtlich des Hinwirkens auf Einvernehmen bei entgegenstehendem Kindeswohl ist zwar ein Schritt in die richtige Richtung. Die berechtigten Interessen eines von Gewalt betroffenen Elternteils werden dadurch jedoch nur unzureichend berücksichtigt. Eine Begegnung zwischen Opfer und Täter ist in diesen Fällen auszuschließen. Das Hinwirken auf Einigung durch die vorgesehene Beratung unter Zwang mit Kostensanktion ist ungeeignet, den Zweck der Beratung zu fördern, und ist darüber hinaus sozial ungerecht.

4. Die Rollen der Verfahrensbeteiligten sind zu undifferenziert auf Einigung und Vermittlung ausgelegt. Dies betrifft insbesondere die sachverständigen Gutachterinnen und Gutachter und den Verfahrensbeistand.

5. Das Verhältnis zwischen Gewaltschutzsachen und Umgangssachen muss dringend abgestimmt werden, um Gefährdungen der Gewaltbetroffenen zu verhindern. Gewaltschutzsachen sind vorrangig zu behandeln.

6. Die Neugestaltung der Rechtsmittel begegnet im Hinblick auf den vorgesehenen Instanzenzug und die geregelte Beschränkung der Rechtsbeschwerde erheblichen Bedenken. Der bisherige Instanzenzug bot eine umfassendere Rechtskontrolle auch im Einzelfall. Die im Gesetzgebungsverfahren eingefügte zulassungsfreie Rechtsbeschwerde in Betreuungs-, Unterbringungs- und Freiheitsentziehungssachen ist als richtiger Schritt zu begrüßen. Die Anfechtbarkeit von Entscheidungen im Verfahren der einstweiligen Anordnung in Familiensachen ist unbefriedigend geregelt. Zumindest bei Umgangsregelung und -ausschluss muss diese im Interesse eines effektiven Grundrechtsschutzes der Kinder zulässig sein, denn ein Umgang dient nicht in jedem Fall dem Kindeswohl.

7. Ordnungsmittel haben wegen ihres Sanktionscharakters insbesondere im Bereich der Durchsetzung von Umgangsregelungen keine Berechtigung. Auch wenn hier geringfügige Verbesserungen gegenüber dem ursprünglichen Entwurf erreicht werden konnten, ist insbesondere die Anordnung von Ordnungshaft gegenüber einem Elternteil auch wegen der Kindeswohl gefährdenden und Konflikt verschärfenden Auswirkungen als völlig ungeeignet anzusehen. Sie führt darüber hinaus zu sozialer Ungerechtigkeit.

8. Der Zugang zu anwaltlicher und professioneller Beratung muss den besonderen Bedürfnissen des familiengerichtlichen Verfahrens gerecht werden. Eine Anwendung der Vorschriften zur Prozesskostenhilfe greift daher im Interesse der Beteiligten zu kurz, was im ursprünglichen Gesetzentwurf auch festgestellt wurde. Am Rechtsschutz der Betroffenen darf nicht gespart werden.

9. Die Situation der Gerichte, Jugendämter und deren Beratungs- und Hilfseinrichtungen nähert sich einem finanziellen und personellen Kollaps. Die im familiengerichtlichen Verfahren involvierten Professionen bedürfen dringend einer zielgerichteten und angemessenen finanziellen und personellen Ausstattung, um ihre Aufgaben entsprechend den gesetzlichen Vorgaben zu erfüllen. In den wirklich für eine Beschleunigung und Beratung geeigneten Fällen werden die mangelnden Kapazitäten insbesondere der Jugendämter zu einer wesentlichen Verzögerung der Verfahren führen. Der vorgesehene frühe erste Termin ist mit den vorhandenen Ressourcen unter den gesetzlichen Maßgaben innerhalb eines Monats schwer zu ermöglichen. Zudem ist ein dringendes Bedürfnis nach gesetzlichen Qualitätsanforderungen an die beteiligten Professionen zu konstatieren.

II. Der Deutsche Bundestag fordert die Bundesregierung auf,

- *eine umfassende unabhängige Evaluation zur Beurteilung der Praxis des sogenannten Cochemer Modells und anderer vertretener Modelle unter besonderer Berücksichtigung von Gewaltfällen (a) und zur Frage der Umsetzungspraxis des Schutzes vor Kindeswohlgefährdung im familiengerichtlichen Verfahren (b) durchzuführen,*
- *interdisziplinäre Forschung zur Bestimmung von konkreten bestimmbaren Kriterien des Kindeswohls und zur Verbesserung des Schutzes vor häuslicher und innerfamiliärer sexueller Gewalt und zur besonderen Situation von Migrantinnen und Migranten durch entsprechende Aufträge zu veranlassen,*
- *umgehend gemeinsam mit den Ländern eine Sachverständigenkommission aus unabhängigen Expertinnen und Experten aller beteiligten Professionen zur Frage der Neujustierung des Verhältnisses zwischen Gewaltschutzsachen und Umgangs- bzw. Sorgerechtsverfahren (a) und zur Konkretisierung und Erfassung der Kriterien des Kindeswohls (b) einzusetzen, deren Empfehlungen bis Mitte 2009 vorliegen sollen,*
- *gesetzliche Vorschläge zur Ergänzung und Verbesserung des Schutzes der von Gewalt Betroffenen im familiengerichtlichen Verfahren vorzulegen und hierbei die Ergebnisse und Empfehlungen der Sachverständigenkommission einfließen zu lassen,*
- *gesetzliche Vorschläge zur Effektivierung der Rechtskontrolle im Einzelfall durch eine an dem bisherigen Instanzenzug ausgerichtete Gestaltung der Rechtsmittel zu unterbreiten,*
- *gesetzliche Vorschläge für eine angemessene und über die Prozesskostenhilferegelung hinausgehende Ausgestaltung der Verfahrenskostenhilfe vorzulegen, die die besonderen Schutzbedürfnisse im Verfahren nach dem FamFG insbesondere auch für Freiheitsentziehungssachen abdeckt und an einem umfassenden Rechtsschutz der Betroffenen orientiert ist,*
- *gesetzliche Vorschläge zu unterbreiten, die die Schlechterstellung von Migrantinnen und Migranten, z.B. durch Wohnsitzauflagen und aufenthaltsrechtliche Beschränkungen, insbesondere in Fällen häuslicher oder familiärer Gewalt beenden,*
- *eine gesetzliche Vorschrift zur angemessenen Vergütung der Verfahrensbeistände vorzulegen,*

Teil I. – 7. Die FGG-Reform im Deutschen Bundestag

- *auf die Vernetzung der am familiengerichtlichen Verfahren beteiligten Professionen unabhängig vom Einzelfall und deren umfassende Fortbildung und Schulung, insbesondere auch hinsichtlich des Umgangs mit Gewaltfällen, gegenüber den Ländern hinzuwirken.*

Der Entschließungsantrag der Fraktion DIE LINKE. wurde mit den Stimmen der Fraktionen CDU/CSU, SPD, FDP und BÜNDNIS 90/DIE GRÜNEN gegen die Stimmen der Fraktion DIE LINKE. abgelehnt.

Die Fraktion **BÜNDNIS 90/DIE GRÜNEN** erklärte, das Gesetz zur Reform des Verfahrens in Familiensachen und in den Angelegenheiten der Freiwilligen Gerichtsbarkeit sei ein wirklich großes und notwendiges Gesetz, das auf langen Vorarbeiten beruhe. Es gehe von richtigen Überlegungen aus und ziehe die notwendigen Schlüsse. Sie schließe sich dem Dank der anderen Fraktionen an die Mitarbeiter des Bundesministeriums der Justiz an.

Gleichwohl habe sie einige Kritikpunkte. Sie teile die von den beiden anderen Oppositionsfraktionen bereits vorgetragenen Bedenken zur Unanfechtbarkeit von einstweiligen Anordnungen in Umgangsfragen gemäß § 57 FamFG-E. Zwar befürworte sie den Übergang zur Pauschalvergütung für Verfahrensbeistände; nach den entsprechenden Erfahrungen mit dem Betreuungsrecht sei aus diesen Pauschalen aber die Umsatzsteuer herauszunehmen. Auch sie spreche sich wegen der von den Ländern überzeugend vorgebrachten organisatorischen Einwände für ein späteres Inkrafttreten des Gesetzes aus.

Den Entschließungsantrag der Fraktion DIE LINKE. wies sie als unlauter zurück. Die „Begegnung von Opfern und Tätern häuslicher Gewalt" sei gerade in allen Fällen ausgeschlossen; aufgrund der Ausschussberatungen sei § 33 FamFG-E entsprechend ergänzt worden. Die Begründung beziehe die Möglichkeit der getrennten Anhörung auch ausdrücklich auf die §§ 155 und 165 FamFG-E. Anders als die Fraktion DIE LINKE. behauptet, entspreche dank der letzten Änderungen am FamFG-E der Rechtsschutz in Betreuungs-, Unterbringungs- und Freiheitsentziehungssachen der heutigen Rechtslage, da es eine zulassungsfreie weitere Beschwerde zum BGH geben werde. Auch hier gebe es den Anwaltszwang mit der Möglichkeit der Beiordnung eines Notanwalts gemäß §§ 78 b und c ZPO. Der Erhalt dieses Rechtszuges sei gerade der Verdienst aller Fraktionen.

Die Fraktion stellte folgenden Änderungsantrag:

Der Bundestag wolle beschließen:

1. *Art. I FGG-RG, § 57 FamFG in der Fassung der Formulierungshilfe, Ausschussdrucksache Nr. 16(6)227, wird wie folgt geändert:*

    Es wird eingefügt:

    „4. über den Umgang des Kindes mit einem Elternteil,"

    Ziffern 4 und 5 werden zu Ziffern 5 und 6.

2. *Art. I FGG-RG, § 158 FamFG in der Fassung der Formulierungshilfe, Ausschussdrucksache Nr. 16(6)227, wird wie folgt geändert:*

    In Abs. 7 Satz 4 werden die Worte:

    „sowie die auf die Vergütung anfallende Umsatzsteuer"

    gestrichen.

3. *Art. 112 Inkrafttreten, Außerkrafttretren wird wie folgt geändert:*

    In Abs. 1 werden die Worte:

    „1. September 2009"

    durch die Worte:

    „1. Januar 2010"

    ersetzt.

Begründung

1. *Entscheidungen über die elterliche Sorge, die Herausgabe und den Verbleib eines Kindes bei einer Pflege im einstweiligen Anordnungsverfahren sind mit der Beschwerde anfechtbar. Gleiches muss für den Fall der Regelung des Umgangs mit einem Kinde gelten.*
2. *Die Vergütung der Verfahrensbeistände wird auf Pauschalsätze umgestellt. Damit nicht bei jeder Änderung der gesetzlichen Umsatzsteuer auch die Pauschalsätze geändert werden müssen, ist es sinnvoll, die Umsatzsteuer aus den Pauschalen herauszunehmen.*
3. *Es gibt keinen sachlichen Grund, das Inkrafttreten dieses umfangreichen und sehr grundsätzlichen Gesetzes mitten ins Kalenderjahr zu legen.*

Die Praxis fordert dringend und mit reinleuchtenden Gründen, das Inkrafttreten auf den Beginn eines Kalenderjahrs zu legen.

Der 1.1.2010 als Tag des Inkrafttretens des Gesetzes verdeutlicht die Bedeutung der Regelung und erleichtert den Gerichten die notwendige Umstellung

Der Änderungsantrag wurde mit den Stimmen der Fraktionen der CDU/CSU und SPD gegen die Stimmen der Fraktionen FDP, DIE LINKE. und BÜNDNIS 90/DIE GRÜNEN abgelehnt.

Die **Fraktion der SPD** schloss sich den Ausführungen der Fraktion der CDU/CSU an und betonte, dass sich die Fraktionen bei der Beratung dieses wichtigen Gesetzentwurfs detailliert mit allen Argumenten – der Länder, der Sachverständigen in der öffentlichen

I. – Einführung

Anhörung, der Verbände und Personen, die sich schriftlich geäußert hätten – in sehr sachlicher Atmosphäre auseinandergesetzt hätten. Dies habe auch zu sehr vielen Veränderungen, die im Interesse der Sache seien, geführt. Das Gesetz führe zu mehr Transparenz nicht nur für die Anwender, sondern auch für die Beteiligten in Umgangs-, Sorgerechts- und Scheidungsverfahren. Gerade weil es ein solch umfassendes Gesetz von hoher Qualität sei, appelliere sie an die Fraktion DIE LINKE, trotz der vorgebrachten noch vorhandenen Änderungswünsche dem Gesetz zuzustimmen.

Ein ausdrücklicher Dank gelte den Mitarbeitern des Bundesministeriums der Justiz, dessen Hinweise stets konstruktiv und hilfreich gewesen seien.

Die **Bundesregierung** bedankte sich bei allen Beteiligten, insbesondere aber bei den Berichterstattern der Koalitionsfraktionen für die fachlich qualitativ sehr gute und konstruktive Beratung. Bereits 1998 sei die Überarbeitung des Verfahrensrechts im Familienrecht und der freiwilligen Gerichtsbarkeit im Koalitionsvertrag festgeschrieben worden. In sieben Jahren Vorbereitungszeit sei nun ein sehr gutes Gesetz entstanden, das zu den wichtigsten rechtspolitischen Reformvorhaben der Wahlperiode gehöre.

Der Deutsche Bundestag beriet über den Reformentwurf in der Fassung der Beschlussempfehlung des Rechtsausschusses abschließend in 2./3. Lesung am 27. Juni 2008. Das Stimmverhalten der Fraktionen blieb gegenüber dem Rechtsausschuss unverändert.

8. Zweiter Durchgang im Bundesrat

Der Bundesrat behandelte den Gesetzesbeschluss des Deutschen Bundestages in seiner 847. Sitzung am 19. September 2008. Der Bundesrat stellte fest, dass aus seiner Sicht das Gesetz gemäß Artikel 104a Abs. 4 GG seiner Zustimmung bedarf, und stimmte dem Gesetz sodann zu.

Das FGG-Reformgesetz wurde am 17. Dezember 2008 vom Bundespräsidenten als Einspruchsgesetz gezeichnet und am 22. Dezember 2008 im Bundesgesetzblatt (BGBl. I S. 2586) verkündet.

Es tritt am 1. September 2009 in Kraft.

Teil II. Wesentlicher Inhalt des Reformentwurfs

1. Gesetz über das Verfahren in Familiensachen und in den Angelegenheiten der freiwilligen Gerichtsbarkeit (FamFG)

Der Reformentwurf enthält in Artikel 1 das Gesetz über das Verfahren in Familiensachen und in den Angelegenheiten der freiwilligen Gerichtsbarkeit (FamFG). Dieses Gesetz sieht eine vollständige Neuregelung des Rechts der freiwilligen Gerichtsbarkeit und eine vollständige Neukodifizierung des familiengerichtlichen Verfahrens vor. Die bisher in der ZPO, dem FGG, der Hausratsverordnung und dem BGB enthaltenen Bestimmungen werden künftig in einem Gesetz konzentriert. Als Folge werden sämtliche spezifisch familienverfahrensrechtlichen Vorschriften aus der ZPO gestrichen. Das Buch 6 der ZPO wird aufgehoben.

Buch 1 des FamFG enthält den Allgemeinen Teil (§§ 1–110), der die bisherigen §§ 1 bis 34 FGG ersetzt. Der Allgemeine Teil gilt nicht nur für die Verfahren nach Buch 2 bis 8 des FamFG, sondern auch für alle weiteren Angelegenheiten, die durch Bundes- oder Landesgesetz den Gerichten der freiwilligen Gerichtsbarkeit übertragen sind.

Die Bücher 2 bis 5 des FamFG erfassen den Kernbereich der freiwilligen Gerichtsbarkeit. Buch 2 enthält das Verfahren in Familiensachen, Buch 3 das Verfahren in Betreuungs- und Unterbringungssachen, Buch 4 das Verfahren in Nachlasssachen und das Buch 5 das Verfahren in Registersachen sowie unternehmensrechtliche Verfahren (früher: Handelssachen). In Buch 6 finden sich Regelungen zu Verfahren in sonstigen Angelegenheiten der freiwilligen Gerichtsbarkeit, wie die nicht vor dem Vollstreckungsgericht zu erklärende eidesstattliche Versicherung oder die Bestellung des Verwahrers nach §§ 432, 1217, 1281 und 2038 BGB. Neu aufgenommen wurden in Buch 7 das Verfahren in Freiheitsentziehungssachen, das bisher in einem eigenen Gesetz kodifiziert war, und in Buch 8 das Aufgebotsverfahren, das bisher systemwidrig als nichtstreitiges Verfahren in Buch 9 der Zivilprozessordnung geregelt war.

Die vollständige Ersetzung des FGG durch das FamFG zieht eine Reihe von inhaltlichen Anpassungen derjenigen Gesetze nach sich, die sich bisher ganz oder teilweise auf den Inhalt des FGG beziehen. Zunächst sind die Bezugnahmen begrifflich an das neue Stammgesetz anzupassen. Ein weiterer Anpassungsschritt ist aufgrund der Einführung der befristeten Beschwerde in §§ 58 ff. FamFG und der Rechtsbeschwerde in §§ 70 ff. FamFG notwendig. Hierdurch können unterschiedlich ausgestaltete Rechtsmittel vereinheitlicht und mit dem FamFG harmonisiert werden. Zahlreiche Gesetze werden an die Auflösung der Vormundschaftsgerichte und an den Übergang der Aufgaben auf die Betreuungs- und Familiengerichte angepasst. Schließlich ergibt sich Anpassungsbedarf aufgrund der gemäß §§ 38 ff. FamFG vorgesehenen einheitlichen Entscheidungsform durch Beschluss.

2. Gesetz über Gerichtskosten in Familiensachen (FamGKG)

Der Verfahrensordnung für alle Familiensachen und für die Verfahren der freiwilligen Gerichtsbarkeit wird für Familiensachen ein einheitliches Gerichtskostenrecht zur Seite gestellt. Weder das GKG noch die KostO sind hierfür ein geeigneter Standort. Das GKG kommt nicht in Betracht, weil es nur auf Verfahren nach der ZPO zugeschnitten ist und den Besonderheiten eines Verfahrens der freiwilligen Gerichtsbarkeit nicht ausreichend Rechnung trägt. Die KostO ist schon von ihrer Struktur her nicht für moderne und praktikable Kostenvorschriften geeignet. Deren Modernisierung soll in einem besonderen Gesetzgebungsverfahren (Kostenrechtsmodernisierungsgesetz II) zusammen mit der Neugestaltung der Justizverwaltungskostenordnung erfolgen.

Zumindest für eine Übergangszeit bis zur Modernisierung der Kostenordnung werden die Kostenregelungen für das familiengerichtliche Verfahren daher in einem eigenständigen Gesetz, dem Gesetz über Gerichtskosten in Familiensachen (FamGKG), zusammengefasst. Im Rahmen der Modernisierung der KostO wird geprüft werden, ob das FamGKG inhaltlich in die neue Kostenordnung integriert werden sollte. Dabei wird die Frage der Praktikabilität im Vordergrund stehen.

Das neue FamGKG orientiert sich an folgenden Leitlinien:

- Im Aufbau und in seiner Systematik lehnt sich das Gesetz an das durch das Kostenrechtsmodernisierungsgesetz vollständig überarbeitete GKG an.
- Das Kostenrecht in Familiensachen wird vereinfacht durch
  - eine weitestgehende Umstellung von Akt- auf Verfahrensgebühren,
  - einheitliche Ermäßigungstatbestände bei den Verfahrensgebühren,
  - Harmonisierung der Verfahrenswertbestimmungen und
  - den Wegfall des Interessenschuldners der Kostenordnung für Amtsverfahren.
- Das neue FamGKG stellt dem Anwender in sich abgeschlossene Regelungen zur Verfügung und verweist nur ausnahmsweise auf Regelungen des GKG und der KostO.
- Den Gebühren wird eine einheitliche Gebührentabelle, und zwar die des GKG, zugrunde gelegt.
- Für Kindschaftssachen gelten aus sozialpolitischen Gründen niedrigere Gebührensätze als für die übrigen Familiensachen.
- Das Gesetz bietet spürbare Anreize
  - für eine konsensuale Streitbeilegung durch eine kostenmäßige Privilegierung einer Einigung in Folgesachen einer Scheidungssache und in isolierten Familiensachen und
  - für das Verbundverfahren gegenüber den isolierten Familiensachen.

3. Geltung des Gerichtsverfassungsgesetzes

Der Gesetzgeber der Reichsjustizgesetze hat den Geltungsbereich des Gerichtsverfassungsgesetzes (GVG) auf die ordentliche streitige Gerichtsbarkeit beschränkt (§ 2 EGGVG). Nur vereinzelt sind Sondervorschriften für die Angelegenheiten der freiwilligen Gerichtsbarkeit enthalten: Das FGG selbst erklärt

I. – Einführung

nur einzelne Vorschriften des GVG für entsprechend anwendbar: in § 2 die §§ 157 bis 168 GVG über die Rechtshilfe, in § 8 die §§ 176 bis 183, 184 bis 190, 192 bis 198 GVG über die Gerichtssprache, Sitzungspolizei, Beratung und Abstimmung. Eigene Vorschriften über die Gerichtsorganisation enthält das FGG nicht. Es setzt vielmehr die Organisation der ordentlichen Gerichte voraus. So geht auch § 30 FGG, der die Zuständigkeit der Kammern und Senate zur Entscheidung der Beschwerde regelt, von dem Gerichtsaufbau und der Besetzung der Gerichte aus, wie sie das GVG vorsieht.

Nach dem Reformgesetz ist die freiwillige Gerichtsbarkeit neben der streitigen Zivilgerichtsbarkeit und der Strafgerichtsbarkeit eigenständiger Bestandteil der ordentlichen Gerichtsbarkeit. Die Vorschriften des GVG gelten daher künftig unmittelbar für die freiwillige Gerichtsbarkeit. Verweise werden gestrichen, notwendige Ergänzungen im GVG für den Bereich der freiwilligen Gerichtsbarkeit – insbesondere hinsichtlich der Öffentlichkeit – werden getroffen.

Die vollständige Verankerung der Angelegenheiten für die freiwillige Gerichtsbarkeit im Gerichtsverfassungsgesetz ermöglicht außerdem die Zusammenfassung einer Vielzahl einzelgesetzlicher Regelungen zur funktionalen Zuständigkeit, zum Rechtsmittelzug sowie verschiedener Konzentrationsermächtigungen im GVG und ihre Aufhebung in den Spezialgesetzen.

4. Einzelne Reformelemente im FamFG

Nachfolgend sollen einige zentrale Reformelemente im Gesetz über das Verfahren in Familiensachen sowie in Angelegenheiten der freiwilligen Gerichtsbarkeit vorgestellt werden:

a) Verfahrensbeteiligte (§ 7 FamFG)

Das bisherige Recht enthielt keine allgemeine Definition, wer im Verfahren der freiwilligen Gerichtsbarkeit erstinstanzlich zu beteiligen ist. Es musste jeweils aus dem Zweck der einzelnen Gesetzesbestimmungen und aus dem Gesetzeszusammenhang entnommen werden, wie der Begriff zu verstehen ist. Diese Regelungsunschärfe hatte problematische Folgen für die Gewährleistung des rechtlichen Gehörs in Verfahren der freiwilligen Gerichtsbarkeit.

Die Verwirklichung des Anspruchs im einzelnen Verfahren setzt voraus, dass das Verfahrensrecht möglichst eindeutig bestimmt, wer Beteiligter ist. Die fehlende gesetzliche Definition des Beteiligtenbegriffs im geltenden Recht kann dazu führen, dass in ihren materiellen Rechten betroffene Personen am Verfahren nicht oder nicht rechtzeitig beteiligt werden und so weder rechtliches Gehör erhalten noch ihre Beteiligtenrechte effektiv in einer der Bedeutung der betroffenen Rechte entsprechenden Weise wahren können. Die Möglichkeit von Verstößen gegen den Grundsatz des rechtlichen Gehörs haben schon die Kommission zur Vorbereitung einer Reform der Zivilgerichtsbarkeit und ihr folgend der FrGO-Entwurf aus dem Jahre 1977 beklagt. Die Kommission hat mit Nachdruck gefordert, den Gerichten künftig die Wahrung dieser wesentlichen Rechtsgarantie besonders zur Pflicht zu machen (Weißbuch S. 380 f., 524; FrGO-Entwurf; S. 95). Um die Einhaltung dieser Rechtsgarantie sicherzustellen und die Stellung des Bürgers als Subjekt des Verfahrens zu stärken, enthält das FamFG eine gesetzliche Definition des Beteiligtenbegriffs, der den nach heutigem Recht materiell Betroffenen in jedem Falle miterfasst.

Die gesetzliche Definition des Beteiligten wird in einer Generalklausel im Allgemeinen Teil (§ 7 FamFG) verankert. Sie wird ergänzt durch Beteiligtenkataloge in den weiteren Büchern. Dadurch wird im Verfahren der freiwilligen Gerichtsbarkeit frühzeitig Klarheit darüber hergestellt, wer von Amts wegen als Beteiligter zum Verfahren hinzuzuziehen ist, wer auf Antrag hinzuzuziehen ist und wer auf Antrag hinzugezogen werden kann. Damit wird nicht nur gesetzlich definiert, wem rechtliches Gehör zu gewähren ist. Durch die frühzeitige Einbeziehung der mitwirkungspflichtigen Beteiligten wird auch die umfassende Aufklärung der Tatsachen bereits im erstinstanzlichen Verfahren gefördert. Wenn ein Beteiligter versehentlich übersehen wurde, wird die Endentscheidung nach Ablauf der Beschwerdefrist gleichwohl formell rechtskräftig. Der übersehene Beteiligte ist auf die Wiedereinsetzung in die versäumte Beschwerdefrist zu verweisen.

b) Aufklärung des Sachverhalts (§§ 29, 30 FamFG)

Grundsätzlich soll den Gerichten wie nach geltendem Recht die freie Form der Tatsachenfeststellung gestattet sein, um das Verfahren so flexibel wie möglich zu gestalten (§ 29 FamFG). Wird eine besonders hohe Richtigkeitsgewähr der Tatsachenfeststellung vorausgesetzt wie zum Beispiel im Betreuungs- oder Abstammungsverfahren, verlangt das Gesetz eine förmliche Beweisaufnahme. Das Gericht soll darüber hinaus immer dann eine förmliche Beweisaufnahme durchführen, wenn eine Tatsache, die für die zu treffende Entscheidung von maßgeblicher Bedeutung ist, im Freibeweisverfahren streitig geblieben ist (§ 30 Abs. 3 FamFG).

Das Gericht hat die Beteiligten zu hören und ihnen Gelegenheit zur Stellungnahme zu solchen Feststellungen zu geben, die das Gericht seiner Entscheidung zugrunde legen will, sofern diese Entscheidung die Rechte dieses Beteiligten beeinträchtigt (§ 37 FamFG). Das Gericht muss einen Beteiligten persönlich anhören, wenn die bloße Gelegenheit zur schriftlichen Stellungnahme das rechtliche Gehör des Beteiligten nicht hinreichend sicherstellt (§ 34 Abs. 1 FamFG). Diese Regelungen gewährleisten das rechtliche Gehör und die effektive Verfahrensteilhabe desjenigen Beteiligten, der durch den Ausgang des Verfahrens materiell betroffen wird, und vermeidet andererseits eine generelle Pflicht zur Übersendung sämtlicher schriftlicher Erklärungen und Beweisergebnisse an alle Beteiligten. Eine solche schematische Regelung würde das Verfahren der freiwilligen Gerichtsbarkeit unflexibel und aufwändig gestalten.

c) Bekanntgabe (§ 15 FamFG)

Das FamFG enthält eine allgemeine Regelung zur Bekanntgabe von Schriftstücken. Sie soll einerseits eine möglichst zuverlässige Übermittlung gewährleisten, andererseits flexibel genug sein, um eine effiziente und kostengünstige Übermittlungsform zu ermöglichen. Das Gericht entscheidet daher nach pflichtgemäßem Ermessen, ob eine Bekanntgabe des Schriftstücks durch förmliche Zustellung nach den Vorschriften der Zivilprozessordnung oder durch Aufgabe zur Post erfolgen soll. Bei der Bekanntgabe durch Aufgabe zur Post gilt die Zustellung drei Tage nach Aufgabe zur Post als bewirkt, sofern nicht der Beteiligte glaubhaft macht, dass ihm das Schriftstück nicht oder erst zu einem späteren Zeitpunkt zugegangen ist. Hierdurch wird vermieden, dass in den zahlreichen nichtstreitigen Verfahren der freiwilligen Gerichtsbarkeit förmlich zugestellt werden muss. Etwas Anderes gilt in Verfahren, die in der Sache zwischen den Beteiligten streitig sind: Hier ist eine förmliche Zustellung der Entscheidung dann erforderlich, wenn der Beschluss dem erklärten Willen eines Beteiligten nicht entspricht.

d) Vergleich (§ 36 FamFG)

Die Reform greift die bisher in einigen Sonderbestimmungen des FGG vorgesehene Möglichkeit der Verfahrensbeendigung durch einen Vergleich der Beteiligten auf und ermöglicht den Beteiligten den Abschluss eines Vergleichs, soweit sie über den Gegenstand des Verfahrens verfügen können. In Buch 2 wird diese Regelung ergänzt durch die Möglichkeit, auch in Verfahren über das der Disposition der Parteien entzogene Umgangsrecht oder die Herausgabe eines Kindes einen Vergleich zu schließen, wenn das Gericht diesen billigt (§ 156 Abs. 2 FamFG). Die generelle Anerkennung des Vergleichs als Verfahrensinstitut im FamFG fördert die gerichtliche Streitbeilegung.

e) Rechtsbehelfsbelehrung (§ 39 FamFG)

Das Gesetz sieht eine Rechtsbehelfsbelehrung für alle Entscheidungen im Rahmen des FamFG vor. Dabei wird die von der Bund-Länder-Arbeitsgruppe zur Einführung einer Rechtsmittelbelehrung in ZPO- und FGG-Verfahren erarbeitete Wiedereinsetzungslösung zu Grunde gelegt. Es wird vermutet, dass ein Beteiligter ohne Verschulden eine Frist versäumt hat, wenn eine Rechtsbehelfsbelehrung unterblieben oder fehlerhaft ist.

f) Einstweiliger Rechtsschutz (§ 49 FamFG)

Ein wesentlicher Systemwechsel ist in den Regelungen über einstweilige Anordnungen vollzogen worden. Die einstweilige Anordnung in Familiensachen ist – anders als nach derzeitigem Recht (§§ 620 ff. ZPO)

I. – Einführung

– nicht mehr von der Anhängigkeit einer Hauptsache abhängig. Wer im Anordnungsverfahren unterlegen ist, kann aber die Einleitung des Hauptsacheverfahrens sowohl in Amts- wie in Antragsverfahren herbeiführen (§ 52 FamFG). Nehmen die Beteiligten das Ergebnis des einstweiligen Anordnungsverfahrens dagegen hin, muss wegen der Selbständigkeit des einstweiligen Anordnungsverfahrens anders als nach bisherigem Recht ein Hauptsacheverfahren nicht mehr durchgeführt werden. Die Vollstreckung, das Außerkrafttreten und die Anfechtung einer einstweiligen Anordnung orientieren sich inhaltlich im Wesentlichen an den bisherigen §§ 620 ff. ZPO. Die Neuregelung kodifiziert darüber hinaus die bisherige ungeschriebene vorläufige Anordnung in der freiwilligen Gerichtsbarkeit.

g) Änderungen im Rechtsmittelrecht

Die Reform harmonisiert den Rechtsmittelzug in FamFG-Verfahren mit dem dreistufigen Instanzenzug der anderen Verfahrensordnungen und leistet damit einen Beitrag zur Vereinheitlichung der Prozessordnungen. Der Verfahrensablauf wird gestrafft und an das Beschwerdeverfahren im Zivilprozess angeglichen.

Die Beschwerde findet grundsätzlich gegen alle im ersten Rechtszug ergangenen Endentscheidungen der Amtsgerichte und Landgerichte statt. Neben- und Zwischenentscheidungen sind dagegen nur dann anfechtbar, wenn dies im Gesetz ausdrücklich bestimmt ist. Das Rechtsmittel gegen diese Entscheidungen ist die sofortige Beschwerde in entsprechender Anwendung der §§ 567 bis 572 ZPO. Die Unterscheidung zwischen einem Hauptsacherechtsmittel und einem Rechtsmittel gegen Neben- und Zwischenentscheidungen entspricht der Systematik in den anderen Verfahrensordnungen und gleicht die freiwillige Gerichtsbarkeit an den allgemeinen Standard an.

h) Beschwerde (§§ 58 ff. FamFG)

Die Beschwerde ist stets befristet; die Beschwerdefrist beträgt grundsätzlich einen Monat, in den einstweiligen Anordnungsverfahren vierzehn Tage. Die bisherige Unterscheidung zwischen der einfachen (unbefristeten) und der sofortigen Beschwerde wird damit – wie im Zivilprozess – abgeschafft. Hierdurch wird ein möglichst rascher rechtskräftiger Abschluss des Verfahrens ermöglicht und ein höheres Maß an Rechtssicherheit für die Beteiligten erreicht.

Dem Gericht, dessen Entscheidung angefochten wird, wird – wie bei der ZPO-Beschwerde – die Möglichkeit eröffnet, der Beschwerde abzuhelfen, sofern sich die Beschwerde nicht gegen eine Endentscheidung in einer Familiensache richtet. Nach bisheriger Rechtslage ist das Gericht dagegen nicht zur Abhilfe bei den Entscheidungen befugt, die der sofortigen Beschwerde unterliegen. Durch diese Änderung wird dem Gericht, dessen Entscheidung angefochten wird, die rasche Selbstkorrektur für alle Beschwerden ermöglicht, sofern das Gericht die Beschwerde für begründet hält. Dies dient sowohl der Beschleunigung des Verfahrens als auch der Entlastung des Beschwerdegerichts.

In vermögensrechtlichen Streitigkeiten und in Kostenangelegenheiten ist die Beschwerde statthaft, wenn der Beteiligte mit mehr als sechshundert Euro beschwert ist. Dem Gericht wird jedoch die Möglichkeit eröffnet, die Beschwerde zuzulassen, wenn der Rechtsstreit grundsätzliche Bedeutung hat. Damit können auch in vermögensrechtlichen Angelegenheiten Fragen von grundsätzlicher Bedeutung unabhängig vom Erreichen einer Mindestbeschwer höchstrichterlich entschieden werden.

Das Beschwerdeverfahren ist zwar unbeschränkte zweite Tatsacheninstanz, soll aber nicht zwangsläufig Wiederholung der ersten Instanz sein. Soweit das erstinstanzliche Gericht die Tatsachen bereits richtig und fehlerfrei festgestellt hat, kann das Beschwerdegericht von der Wiederholung der Verfahrenshandlungen im Beschwerdeverfahren absehen. Unnötige doppelte Beweisaufnahmen werden dadurch vermieden; die Durchführung eines Termins wird entbehrlich, wenn die Sache bereits in der ersten Instanz im erforderlichen Umfang mit den Beteiligten erörtert wurde.

Die Beschwerden in Familiensachen werden – wie bisher die entsprechenden Berufungen – den Oberlandesgerichten zugewiesen. Für Beschwerden in personenbezogenen FG-Sachen, die es häufig erfordern, dass das Beschwerdegericht den Betroffenen in dessen gewohnter Umgebung anhört, bleiben die ortsnäheren Landgerichte zuständig. Dagegen sind für die übrigen FG-Sachen, insbesondere für Nachlass- und Registerbeschwerden, die Oberlandesgerichte zuständig.

i) Rechtsbeschwerde (§§ 70 ff. FamFG)

Die weitere Beschwerde zum Oberlandesgericht wird abgeschafft und ersetzt durch die zulassungsabhängige Rechtsbeschwerde zum Bundesgerichtshof. Die Rechtsbeschwerde ist von dem Beschwerdegericht zuzulassen, wenn eine Entscheidung des Rechtsbeschwerdegerichts wegen der grundsätzlichen Bedeutung der Angelegenheit oder zur Vereinheitlichung oder zur Fortbildung des Rechts geboten ist. Der Bundesgerichtshof kann dadurch in wesentlich stärkerem Ausmaß als bisher die Materien der freiwilligen Gerichtsbarkeit durch Leitentscheidungen prägen und fortentwickeln. In Betreuungs-, Unterbringungs- und Freiheitsentziehungssachen ist die Rechtsbeschwerde unbeschränkt statthaft.

Die Beteiligten haben nach bisherigem Recht keine Möglichkeit, den Bundesgerichtshof unmittelbar anzurufen. Es ist vielmehr ausschließlich den Oberlandesgerichten vorbehalten, ein Verfahren dem Bundesgerichtshof vorzulegen. Davon machen die Oberlandesgerichte jedoch nur sehr zurückhaltend Gebrauch. Der Zugang zum Bundesgerichtshof als Rechtsvereinheitlichungsinstanz wird deshalb als Rechtsmittel der Beteiligten ausgestaltet. Das wird dem Bundesgerichtshof in weitaus stärkerem Umfang als bisher Gelegenheit geben, Rechtsfragen von grundsätzlicher Bedeutung beispielsweise im Betreuungs- oder Erbrecht abschließend zu entscheiden.

j) Verfahrenskostenhilfe (§§ 76 ff. FamFG)

Das Gesetz verweist wie das bisherige Recht für die Bewilligung von Verfahrenskostenhilfe in Verfahren der freiwilligen Gerichtsbarkeit auf die Vorschriften der Zivilprozessordnung. Das Gesetz sieht darüber hinaus zwei spezielle Vorschriften über die Bewilligung von Verfahrenskostenhilfe vor:

- Der Entwurf erweitert die Möglichkeiten des Gerichts bei der Feststellung der persönlichen und wirtschaftlichen Verhältnisse. Die diesbezüglichen Angaben des Antragstellers können künftig dem Antragsgegner zugeleitet werden, wenn zwischen den Beteiligten ein materiell-rechtlicher Auskunftsanspruch über Einkünfte und Vermögen besteht. Der Antragsteller ist vor der Übermittlung seiner Daten zu hören (§ 117 Abs. 2 Satz 3 ZPO).

- Die Beiordnung eines Rechtsanwaltes ist künftig nicht mehr schon deswegen geboten, wenn ein anderer Beteiligter anwaltlich vertreten ist; die Sicherung der Chancengleichheit aller Beteiligten wird in FG-Verfahren durch die gerichtliche Verfahrensführung mit der Verpflichtung, den Sachverhalt von Amts wegen aufzuklären, gewährleistet. Der Beteiligte hat aber dann einen Anspruch auf Beiordnung eines Rechtsanwaltes, wenn er das Verfahren wegen der Schwierigkeit der Sach- und Rechtslage nicht selbst führen kann (§ 78 Abs. 2 FamFG).

k) Kostentragung (§§ 80 ff. FamFG)

Die Reform sieht vor, dem Gericht die Möglichkeit zu eröffnen, den Beteiligten die Kosten des Verfahrens umfassend nach den Grundsätzen billigen Ermessens aufzuerlegen. Das geltende Recht sieht demgegenüber lediglich die Möglichkeit vor, über die Überbürdung außergerichtlicher Kosten zu entscheiden; die Gerichtskosten werden dagegen ausschließlich nach den Vorschriften der Kostenordnung verteilt. Nunmehr kann das Gericht die Kosten abweichend vom Ausgang des Verfahrens unter Würdigung des Verfahrensverhaltens der Beteiligten verteilen. Um den Beteiligten eine Überprüfung dieser Ermessensausübung zu eröffnen, wird das Verbot der isolierten Anfechtung der Kostenentscheidung für den Bereich der freiwilligen Gerichtsbarkeit aufgehoben.

l) Vollstreckung (§§ 86 ff. FamFG)

Das bisherige Vollstreckungsrecht der freiwilligen Gerichtsbarkeit ist nur lückenhaft geregelt. Die grundlegend neu gestalteten Vollstreckungsvorschriften treffen erstmals eine umfassende Regelung, die an den spezifischen Erfordernissen der Vollstreckung in Rechtsfürsorgeangelegenheiten ausgerichtet ist. Das Gesetz verweist dabei – soweit möglich – auf die Vorschriften der Zivilprozessordnung.

Das bisherige Vollstreckungsrecht regelt lediglich die festzusetzenden Vollstreckungsmaßnahmen, trifft jedoch keine Bestimmungen über die Voraussetzungen der Vollstreckung. Das Gesetz stellt nunmehr klar, aufgrund welcher Titel eine Vollstreckung stattfinden kann (§ 86 FamFG) sowie – in Umgangs- und

I. – Einführung

Herausgabesachen – welches Gericht die Vollstreckung betreibt (§ 88 FamFG). Des Weiteren regelt das Gesetz das Verfahren bei der Vollstreckung, insbesondere, wann die Vollstreckung von Amts wegen oder auf Antrag erfolgt (§ 87 Abs. 1 FamFG) und welches Rechtsmittel im Vollstreckungsverfahren statthaft ist (§ 87 Abs. 4 FamFG).

Das Gesetz erweitert durch die weit gefasste Bezugnahme auf die Regeln der Zivilprozessordnung die möglichen Vollstreckungsmaßnahmen, deren sich das Gericht bedienen kann. Es wird die Möglichkeit eingeführt, bei vertretbaren Handlungen eine Ersatzvornahme vornehmen zu lassen; bei Titeln, die auf die Herausgabe einer Sache lauten, kann das Gericht künftig neben der Festsetzung von Zwangsmitteln die Herausgabe der Sache anordnen.

Die Vollstreckung von Sorge- und Umgangsentscheidungen wird schneller und effektiver ausgestaltet. Bei Verstößen gegen Verpflichtungen aus Entscheidungen zum Aufenthaltsbestimmungs- und Umgangsrecht sowie zur Kindesherausgabe sind nicht mehr Zwangsmittel, sondern Ordnungsmittel zu verhängen. Diese können – anders als Zwangsmittel – auch noch nach zeitlichem Ablauf der Verpflichtung (z.B. Herausgabe des Kindes über die Feiertage) festgesetzt und vollstreckt werden. Eine separate Androhung von Vollstreckungsmaßnahmen findet künftig nicht mehr statt; des Weiteren wird klargestellt, dass auch Einigungsversuche der Eltern im Rahmen eines Vermittlungsverfahrens der Vollstreckung nicht entgegenstehen.

m) Großes Familiengericht; Auflösung des Vormundschaftsgerichts (§§ 151, 186, 210, 266 FamFG, § 23b GVG-E)

Der Kreis der Familiensachen (vgl. derzeit § 23b Abs. 1 Satz 2 GVG) wird durch das FamFG (§§ 151, 266 FamFG) in mehrfacher Hinsicht erweitert:

- Ein Teil der Verfahren, für die bislang das Vormundschaftsgericht zuständig ist, wird zu Familiensachen, z.B. Verfahren, die die Vormundschaft, die Pflegschaft für Minderjährige oder die Adoption betreffen (§§ 151 Nr. 4, 5, 186 FamFG).
- Auch diejenigen Verfahren nach §§ 1, 2 des Gewaltschutzgesetzes, für die bislang das Zivilgericht zuständig ist, werden zu Familiensachen (§ 210 FamFG).
- Bestimmte Zivilrechtsstreitigkeiten, die eine besondere Nähe zu familienrechtlich geregelten Rechtsverhältnissen aufweisen oder die in engem Zusammenhang mit der Auflösung eines solchen Rechtsverhältnisses stehen, werden ebenfalls Familiensachen.

Ordnungskriterium ist dabei allein die Sachnähe des Familiengerichts zum Verfahrensgegenstand. Das Familiengericht kann dadurch alle durch den sozialen Verband von Ehe und Familie sachlich verbundenen Rechtsstreitigkeiten entscheiden. Auf diese Weise werden ineffektive Verfahrensverzögerungen, Aussetzungen und Mehrfachbefassungen von Gerichten vermieden. Daher fallen künftig im Grundsatz alle vermögensrechtlichen Rechtsstreitigkeiten, deren Ergebnis für den Unterhalts- oder Zugewinnausgleichsprozess von Bedeutung sein kann, in die Zuständigkeit des Familiengerichts. Dies betrifft zum Beispiel Streitigkeiten über den Gesamtschuldnerausgleich unter Ehegatten, über die Auseinandersetzung einer Ehegattengesellschaft und Streitigkeiten um die Rückgewähr ehebedingter Zuwendungen.

Das Vormundschaftsgericht wird aufgelöst. Seit dem 1. Januar 1992 – dem Inkrafttreten des Betreuungsgesetzes – betrifft die Vormundschaft nur noch Minderjährige. Sie ist Ersatz für die elterliche Sorge und gehört deshalb sachlich in die Zuständigkeit des Familiengerichts und nicht mehr in die des Vormundschaftsgerichts. Die Adoptionssachen wie auch die wohl 1998 versehentlich beim Vormundschaftsgericht verbliebenen Zuständigkeiten im Bereich der religiösen Kindererziehung werden in den sachlichen Aufgabenkatalog des Familiengerichts überführt. Diejenigen vormundschaftsgerichtlichen Zuständigkeiten, die nicht zu Familiensachen werden, gehen auf das neu zu schaffende Betreuungsgericht über.

n) Scheidungsverfahren (§§ 133 ff. FamFG)

Der notwendige Inhalt eines Scheidungsantrags wird erweitert. Der Antragsteller muss darlegen, ob die Ehegatten Vereinbarungen zu Unterhalt, Kindesumgang, Sorgerecht, Hausrat und Ehewohnung getroffen haben, damit das Gericht einen Einblick in die Trennungssituation und insbesondere in die Situation der von der Trennung betroffenen Kinder erhält (§ 133 Abs. 1 Nr. 2 FamFG). Außerdem wird die Abtrennung der Folgesache Versorgungsausgleich erheblich erleichtert. Sie ist bereits drei Monate nach Rechtshängigkeit möglich, wenn beide Ehegatten die für den Versorgungsausgleich erforderlichen Mitwirkungshandlungen vorgenommen haben (§ 140 Abs. 2 Nr. 4 FamFG).

o) Kindschaftssachen (§§ 151 ff. FamFG)

Unter den Begriff der Kindschaftssachen fallen jetzt Verfahren, die die elterliche Sorge, das Umgangsrecht, die Kindesherausgabe, die Vormundschaft, die Pflegschaft für Minderjährige, die freiheitsentziehende Unterbringung Minderjähriger sowie die familiengerichtlichen Aufgaben nach dem Jugendgerichtsgesetz betreffen. Der Rechtsbegriff der Kindschaftssachen (vgl. derzeit § 640 Abs. 2 ZPO) wird auf diese Weise neu definiert; ein entsprechender Bedeutungswandel ist in der Praxis bereits heute zu beobachten.

§ 155 Abs. 1 FamFG enthält ein umfassendes Vorrang- und Beschleunigungsgebot, wonach das mit der Sache befasste Gericht des jeweiligen Rechtszugs ein Verfahren, das den Aufenthalt des Kindes, das Umgangsrecht oder die Herausgabe des Kindes betrifft, sowie Verfahren wegen Gefährdung des Kindeswohls, vorrangig bearbeiten muss. In § 155 Abs. 2 FamFG ist sodann vorgesehen, dass das Gericht die Sache mit den Beteiligten in einem Termin erörtert, der spätestens einen Monat nach Beginn des Verfahrens stattfinden soll. Diese Regelung zielt darauf ab, die Verfahrensdauer in Kindschaftssachen zu verkürzen und zu verhindern dass sich der elterliche Konflikt im Verlauf eines zeitaufwändigen Verfahrens intensiviert und eine Einschränkung des Umgangsrechts unausweichlich wird. Der Termin soll möglichst mit einer vorläufigen Entscheidung über den Umgang abgeschlossen werden, wenn eine längere Verfahrensdauer absehbar ist (§ 156 Abs. 3 FamFG). Das Gericht soll nach § 156 Abs. 1 Satz 3 FamFG in geeigneten Fällen auf die Möglichkeit der Mediation und der sonstigen außergerichtlichen Streitschlichtung hinweisen und kann die Teilnahme an einem Beratungsgespräch anordnen. Die Nichtteilnahme kann die Auferlegung der gesamten Verfahrenskosten nach sich ziehen.

Das Gericht kann nach neuem Recht anordnen, dass der Sachverständige auch auf ein Einvernehmen zwischen den Eltern hinwirken soll (lösungsorientiertes Gutachten). Neu ist auch die Verweisungsbefugnis des Gerichts bei einseitiger Änderung des Aufenthalts des Kindes (§ 154 FamFG).

Schließlich werden die Voraussetzungen für die Bestellung eines Verfahrensbeistands für das Kind präzisiert, sein Aufgabenkreis erstmals gesetzlich definiert, seine Rechte gestärkt (vgl. § 158 Abs. 4 FamFG) sowie seine Vergütung auf eine Pauschale umgestellt.

p) Abstammungssachen (§§ 169 ff. FamFG)

Abstammungsverfahren sind Verfahren der freiwilligen Gerichtsbarkeit. Hierin liegt eine wesentliche Neuerung gegenüber dem geltenden Recht. Die Einleitung des Verfahrens erfolgt wie bisher durch einen Antrag, der begründet werden soll (§ 171 Abs. 2 FamFG).

Die für das bisherige Verfahren nach §§ 640 ff. ZPO typischen besonderen Elemente wie die förmliche Beweisaufnahme über die Abstammung, die Wirkung der Entscheidung für und gegen alle sowie besondere Regelungen für eine Wiederaufnahme sind in das neue Abstammungsverfahren eingearbeitet worden.

q) Gewaltschutzsachen (§§ 210 ff. FamFG)

Sämtliche Gewaltschutzsachen sind nunmehr Familiensachen. Mit der Vereinheitlichung der Zuständigkeit ist auch ein einheitliches Verfahrensrecht möglich, denn sämtliche Gewaltschutzsachen sind jetzt Angelegenheiten der freiwilligen Gerichtsbarkeit. Die im gesamten Anwendungsbereich des FamFG eröffnete Möglichkeit des von einer Hauptsache unabhängigen einstweiligen Rechtsschutzes wird in Gewaltschutzsachen besondere praktische Bedeutung erlangen.

I. – Einführung

r) Versorgungsausgleichssachen (§§ 217 ff. FamFG)

Das Verfahren in Versorgungsausgleichssachen wird parallel zum Systemwechsel im materiellen Recht durch den Gesetzentwurf zur Strukturreform des Versorgungsausgleichs (BT-Drs. 16/10144) völlig neu geregelt werden. Diese Reform soll zeitgleich mit der FGG-Reform am 1. September 2009 in Kraft treten. Die im FamFG enthaltenen Vorschriften, die sich noch auf das geltende Versorgungsausgleichsrecht beziehen, werden daher voraussichtlich nie in Kraft treten.

s) Unterhaltssachen (§§ 231 ff. FamFG)

Die Vorschrift zur Einholung von Auskünften bei Beteiligten oder Dritten (bislang § 643 ZPO) wird neu gefasst. Anders als bisher soll das Gericht unter bestimmten Umständen zur Einholung der Auskünfte bei einem Beteiligten oder Dritten verpflichtet sein.

t) Betreuungs- (§§ 271 ff. FamFG) und Unterbringungssachen (§§ 312 ff. FamFG)

Das in Buch 3 geregelte Verfahren in Betreuungs- und Unterbringungssachen tritt an die Stelle des 2. Abschnitts des FGG. Für diese Verfahren wird der bisherige Regelungsgehalt des FGG grundsätzlich erhalten, der durch das Zweite Gesetz zur Änderung des Betreuungsrechts vom 21. April 2005 (BGBl. I 1073) novelliert wurde. Damit enthält Buch 3 keine grundlegende Neuausrichtung des Verfahrens in Betreuungs- und Unterbringungssachen. Änderungen in diesen Verfahren resultieren im Wesentlichen aus der Anpassung an die Vorschriften im Allgemeinen Teil.

So sind die Beteiligten in diesen Verfahren nunmehr am Anfang des Verfahrens durch Hinzuziehung eindeutig festzulegen. Um die Flexibilität des Verfahrens zu erhalten, wird dabei der Beteiligtenkreis in Betreuungssachen enger gefasst als die nach dem bisherigen Recht erstinstanzlich anzuhörenden Personen. Andere bisher im Zweiten Abschnitt des FGG enthaltene Verfahrenselemente, wie etwa die detaillierte Regelung über die Anhörung des Betroffenen oder die Rechtsmittelbelehrung als Bestandteil der Entscheidung, sind aufgrund des Allgemeinen Teils obsolet geworden. Präzisiert werden zur Qualitätssicherung das Eignungsprofil des Sachverständigen sowie der notwendige Inhalt des von ihm zu erstellenden Gutachtens (§ 280 FamFG). Die Wohnung des Betroffenen zum Zwecke seiner Begutachtung darf ohne seine Einwilligung nur aufgrund ausdrücklicher gerichtlicher Entscheidung betreten werden (§ 283 Abs. 3 FamFG).

Das Beschwerderecht in Betreuungssachen wird durch die Anpassung an den Allgemeinen Teil neu gestaltet. So ist die Beschwerde jetzt generell befristetes Rechtsmittel. Des Weiteren können die Verhandlung und Entscheidung in Betreuungssachen dem Einzelrichter und die Beweisaufnahme auf ein Mitglied der Kammer als beauftragten Richter übertragen werden.

u) Nachlass- und Teilungssachen (§§ 342 ff. FamFG)

Das Gesetz passt in Buch 4 die bisherigen FGG-Vorschriften über Nachlass- und Teilungssachen an die Systematik des FamFG an. Die Verfahrensvorschriften in Teilungssachen können inhaltlich weitgehend unverändert übernommen werden. Dagegen sind im Nachlassverfahren einige grundlegende Änderungen vorgesehen worden. Um den Beteiligtenkreis in den verschiedenen nachlassrechtlichen Verfahren überschaubar zu halten, wird für einzelne Nachlassverfahren ein modifizierter Beteiligtenbegriff („Options-Beteiligte") gewählt.

Die Bestimmungen über die besondere amtliche Verwahrung von Verfügungen von Todes wegen werden neu strukturiert. Aus dem BGB werden die verfahrensrechtlichen Vorschriften über die Eröffnung von Verfügungen von Todes wegen übernommen und an die Bedürfnisse der Praxis angepasst. Ergänzt werden außerdem die Vorschriften über die Anfechtung der Kraftloserklärung von Erbscheinen und sonstigen Zeugnissen.

Neu sind die Vorschriften über die Entscheidung über einen Erbscheinsantrag und ihre Wirksamkeit. Künftig wird der Erteilung des Erbscheins einheitlich ein Beschluss vorausgehen. Um unstreitige Verfahren zügig abwickeln zu können, ist vorgesehen, dass der Beschluss mit Erlass wirksam wird; seine Bekanntgabe ist nicht erforderlich. In streitigen Verfahren ist dagegen die sofortige Wirksamkeit auszusetzen und die Erteilung des Erbscheins bis zur Rechtskraft des Beschlusses zurückzustellen. Dieses Verfahren ersetzt den von der Gerichtspraxis in streitigen Fällen regelmäßig erlassenen Vorbescheid.

Weitgehend verzichtet werden kann auf die bisherigen Regelungen zur Erzwingung der Ablieferung von Testamenten (§ 83 FGG), die zukünftig von den Vorschriften zur Vollstreckung im Allgemeinen Teil abgedeckt sind. Gleiches gilt für eine Reihe von Normen, die Sonderregelungen zum Beschwerdeverfahren für bestimmte nachlassrechtliche Entscheidungen enthalten.

v) Registersachen und unternehmensrechtliche Verfahren (§§ 374 ff. FamFG)

Das Gesetz fasst in Buch 5 die bisher im 7. Abschnitt des FGG enthaltenen Regelungen zu den Handelssachen sowie die im 8. Abschnitt befindlichen Vorschriften für die Vereins- und Partnerschaftssachen und das Güterrechtsregister zusammen.

Durch die Zusammenführung und Neusystematisierung der registerrechtlichen Vorschriften werden Verweisungen weitgehend vermieden und die verfahrensrechtlichen Vorschriften für den Rechtsanwender übersichtlicher dargestellt. Ebenfalls aus Gründen der Anwenderfreundlichkeit ergänzt der Entwurf die im FGG enthaltenen Vorschriften an einzelnen Punkten, etwa um die bisher in verschiedenen Spezialgesetzen verstreuten Regelungen zur örtlichen Zuständigkeit.

Das Gesetz bewirkt keine grundlegende Änderung der Rechtslage für die einzelnen Register sowie die Handelssachen. Soweit die Vorschriften des Allgemeinen Teils des FamFG nicht uneingeschränkt auf das Registerverfahren übertragbar sind – etwa zur Form der Entscheidung über einen Eintragungsantrag und zum Wirksamwerden – werden Sondervorschriften aufgenommen, die der derzeitigen Rechtslage weitgehend entsprechen. Geregelt wird außerdem die von der Rechtsprechung anerkannte Anfechtbarkeit der Zwischenverfügung in Handels-, Genossenschafts-, Partnerschafts- und Vereinsregistersachen. Die Anhörungs- und Antragsrechte der berufsständischen Organe insbesondere im Löschungsverfahren werden neu geordnet.

w) Freiheitsentziehungssachen (§§ 415 ff. FamFG)

Das Buch 7 regelt das Verfahren in Freiheitsentziehungssachen und tritt an die Stelle des Gesetzes über das gerichtliche Verfahren bei Freiheitsentziehungen (FreihEntzG). Der Regelungsinhalt des bisherigen Gesetzes ist weitgehend erhalten geblieben. Insbesondere bleibt das Antragsrecht des Betroffenen auf Aufhebung der Freiheitsentziehung in § 426 FamFG erhalten. Die Vorschriften sind mit dem Allgemeinen Teil und mit den besonderen Verfahrensregelungen in Betreuungs- und Unterbringungssachen abgestimmt worden. Dies sind vor allem die Regelungen über die Beteiligten, den Verfahrenspfleger, die Anhörung und die Beschwerde. Dabei werden die Besonderheiten des Verfahrens in Freiheitsentziehungssachen berücksichtigt.

x) Aufgebotsverfahren (§§ 433 ff. FamFG)

Buch 8 enthält das aus der Zivilprozessordnung übernommene Aufgebotsverfahren. Der Regelungsgehalt der bisherigen Vorschriften (§§ 946 bis 1024 ZPO) und ihre Verknüpfung mit dem materiellen Recht werden weitgehend beibehalten. Bei dem Aufgebotsverfahren handelt es sich seiner Struktur nach nicht um ein kontradiktorisches Verfahren des Zivilprozesses zwischen zwei Parteien, in dem diese den Verfahrensgegenstand bestimmen und in dem rechtskräftig über materielle Rechte entschieden wird. Das Aufgebotsverfahren stellt vielmehr ein nichtstreitiges Verfahren dar, das seinem rechtsgestaltenden Wesen nach zu den Kernverfahren der freiwilligen Gerichtsbarkeit gehört. Das auf Antrag einzuleitende, vom Verfahrensgegenstand her typisierte und von Amts wegen zu betreibende Aufgebotsverfahren enthält wesentliche Elemente, die seine Qualifikation als Angelegenheit der freiwilligen Gerichtsbarkeit erlauben und damit auch die Bearbeitung durch den Rechtspfleger ermöglichen.

Mit der Umgestaltung in ein Verfahren der freiwilligen Gerichtsbarkeit wird das Aufgebotsverfahren erheblich gestrafft. Hierzu trägt vor allem der Wegfall des Aufgebotstermins bei. In der Praxis erscheinen

I. – Einführung

die Beteiligten zu dem anberaumten Aufgebotstermin in aller Regel nicht. Die Ersetzung des Aufgebotstermins durch ein Anmeldeverfahren, wie es auch bei anderen Aufgebotsverfahren im Bereich der freiwilligen Gerichtsbarkeit seit langem mit Erfolg praktiziert wird (etwa nach §§ 19 ff. VerschG, §§ 120 ff. GBO), ist zur Wahrung der Rechte der Beteiligten erforderlich, aber auch ausreichend. Dem Gericht bleibt es nach § 32 Abs. 1 Satz 1 FamFG unbenommen, die Sache mit den Beteiligten jederzeit in einem Termin zu erörtern, wenn dies aufgrund der Schwierigkeit der Sach- und Rechtslage im Einzelfall geboten erscheint. Der Wegfall des Urteilsverfahrens und seine Ersetzung durch ein Beschlussverfahren unterstreicht die Nichtförmlichkeit des nichtstreitigen Aufgebotsverfahrens und entlastet durch den Wegfall erforderlicher Zustellungen die Geschäftsstellen der Gerichte.

Mit der Umwandlung des Aufgebotsverfahrens in ein Verfahren der freiwilligen Gerichtsbarkeit geht auch die Harmonisierung der Rechtsmittelvorschriften einher. Die bisherigen Sonderregelungen zur Anfechtungsklage nach § 957 ZPO entfallen. Das Rechtsmittelsystem des Buches 1 gilt damit auch für den Ausschließungsbeschluss, der mit der Beschwerde nach §§ 58 ff. FamFG angefochten werden kann. Wegen der Befristung der Beschwerde nach § 63 Abs. 1 FamFG ist auch im Aufgebotsverfahren der Eintritt von Rechtssicherheit nach kurzer Zeit gewährleistet. Gemäß § 468 FamFG ist der Ausschließungsbeschluss öffentlich zuzustellen. Die Rechtsmittelfrist wird somit mit Eintritt der Zustellungsfiktion in Gang gesetzt.

Die Rechte des Rechteinhabers, der durch den Ausschließungsbeschluss mit diesen ausgeschlossen wird, bleiben auch nach Ablauf der Rechtsmittelfrist gewahrt. Zum einen kann der Rechteinhaber nach Ablauf der Fristen die Wiedereinsetzung in die Rechtsmittelfristen beantragen. Zum anderen kann bei gravierenden Verfahrensfehlern die Wiederaufnahme des Verfahrens beantragt werden. Um den Besonderheiten eines Verfahrens gegen einen unbekannten Rechteinhaber Rechnung zu tragen, werden die Fristen, nach deren Ablauf die Wiedereinsetzung bzw. Wiederaufnahme ausgeschlossen ist, gegenüber den Regelungen des Allgemeinen Teils deutlich erhöht. Gegen den Beschluss, durch den der Antrag auf Erlass eines Ausschließungsbeschlusses zurückgewiesen wird, sowie gegen inhaltliche Beschränkungen und Vorbehalte des Ausschließungsbeschlusses ist die Beschwerde nach §§ 58 ff. FamFG statthaft.

y) Übergangsrecht (Artikel 111 FGG-RG)

Das neue Verfahrensrecht ist nur auf solche Verfahren anzuwenden, die nach dem 1. September 2009 von Amts wegen oder auf Antrag eingeleitet werden. Bei Bestandsverfahren ist jede gerichtliche Handlung, die einen neuen Verfahrensgegenstand betrifft, als Einleitung eines neuen Verfahrens anzusehen. Im Rahmen einer Vormundschaft ist also jede Genehmigung eines Rechtsgeschäfts ein neues Verfahren. Zur Klarstellung wird darüber hinaus in Artikel 111 Satz 2 FGG-RG bestimmt, dass auch Abänderungs-, Verlängerungs- und Aufhebungsverfahren, die nach dem 1. September 2009 eingeleitet werden, nach neuem Recht geführt werden.

II. Gesetz über das Verfahren in Familiensachen und in den Angelegenheiten der freiwilligen Gerichtsbarkeit (FamFG) – Einzelerläuterungen*

Artikel 1
Gesetz über das Verfahren in Familiensachen und in den Angelegenheiten der freiwilligen Gerichtsbarkeit (FamFG)

Buch 1
Allgemeiner Teil

Abschnitt 1
Allgemeine Vorschriften

§ 1
Anwendungsbereich

Dieses Gesetz gilt für das Verfahren in Familiensachen sowie in den Angelegenheiten der freiwilligen Gerichtsbarkeit, soweit sie durch Bundesgesetz den Gerichten zugewiesen sind.

Die Vorschrift entspricht der Fassung des Regierungsentwurfs.

Begründung RegE:
Die Vorschrift regelt den Anwendungsbereich des Gesetzes. Sie nennt ausdrücklich die nunmehr vollständig in diesem Gesetz geregelten Familiensachen. Des Weiteren bestimmt die Vorschrift, dass es im Übrigen – wie nach der derzeitigen Rechtslage – auf die Zuweisung zu den Angelegenheiten der freiwilligen Gerichtsbarkeit durch Bundesgesetz ankommen soll. Was Angelegenheiten der freiwilligen Gerichtsbarkeit sind, entzieht sich infolge der Unterschiedlichkeit der Verfahrensgegenstände allgemeiner Definition und wird daher allein durch die Zuweisung kraft Gesetzes bestimmt. Nach § 312 Nr. 3 sind auch freiheitsentziehende Unterbringungen nach den Landesgesetzen über die Unterbringung psychisch Kranker Angelegenheiten der freiwilligen Gerichtsbarkeit, da sie durch Bundesgesetz zugewiesen sind.

§ 2
Örtliche Zuständigkeit

(1) Unter mehreren örtlich zuständigen Gerichten ist das Gericht zuständig, das zuerst mit der Angelegenheit befasst ist.

(2) Die örtliche Zuständigkeit eines Gerichts bleibt bei Veränderung der sie begründenden Umstände erhalten.

(3) Gerichtliche Handlungen sind nicht deswegen unwirksam, weil sie von einem örtlich unzuständigen Gericht vorgenommen worden sind.

---

* Offensichtliche Fehler in den Gesetzestexmaterialien wurden korrigiert. – Die Autoren danken Frau Angela Hedrich für die Aufbereitung der Gesetzesmaterialien.

Die Vorschrift entspricht der Fassung des Regierungsentwurfs.

Begründung RegE:
Die gerichtliche Eingangszuständigkeit richtet sich grundsätzlich nach den besonderen Bestimmungen, die für die einzelnen Angelegenheiten der freiwilligen Gerichtsbarkeit gelten. Die Vorschrift beschränkt sich auf die Regelung einiger allgemeiner Bestimmungen über die örtliche Zuständigkeit.

Absatz 1 knüpft inhaltlich an den bisherigen § 4 FGG an. Abweichend von der jetzigen Rechtslage richtet sich die Zuständigkeit in Anlehnung an den bisherigen § 43 Abs. 1 zweiter Halbsatz FGG künftig danach, wann das Gericht mit einer Sache befasst wurde, nicht wann es tatsächlich tätig wurde. Die Anknüpfung an einen klar nach außen erkennbaren Zeitpunkt dient der höheren Transparenz gegenüber den Beteiligten. Im Antragsverfahren wird dieser Zeitpunkt durch den Eingang des Antrags bestimmt; in Verfahren von Amts wegen wird es künftig, soweit ein Antrag nicht eingeht, auf die Kenntnisnahme der Umstände ankommen, die die Verpflichtung des Gerichts, ein Verfahren einzuleiten, begründen.

Absatz 2 bestimmt, dass es auf die Zuständigkeit keinen Einfluss hat, wenn sich die sie begründenden Umstände ändern. Dies ist bereits nach geltender Rechtslage allgemein anerkannt (vgl. Bassenge/Herbst/Roth-Bassenge, Freiwillige Gerichtsbarkeit, 9. Aufl. 2002, Rn. 3 zu § 4 m.w.N.) und wird nun ausdrücklich gesetzlich geregelt.

Absatz 3 entspricht im Hinblick auf die fehlende örtliche Zuständigkeit dem bisherigen § 7 FGG.

§ 3
Verweisung bei Unzuständigkeit

(1) Ist das angerufene Gericht örtlich oder sachlich unzuständig, hat es sich, sofern das zuständige Gericht bestimmt werden kann, durch Beschluss für unzuständig zu erklären und die Sache an das zuständige Gericht zu verweisen. Vor der Verweisung sind die Beteiligten anzuhören.

(2) Sind mehrere Gerichte zuständig, ist die Sache an das vom Antragsteller gewählte Gericht zu verweisen. Unterbleibt die Wahl oder ist das Verfahren von Amts wegen eingeleitet worden, ist die Sache an das vom angerufenen Gericht bestimmte Gericht zu verweisen.

(3) Der Beschluss ist nicht anfechtbar. Er ist für das als zuständig bezeichnete Gericht bindend.

(4) Die im Verfahren vor dem angerufenen Gericht entstehenden Kosten werden als Teil der Kosten behandelt, die bei dem im Beschluss bezeichneten Gericht anfallen.

Die Vorschrift entspricht der Fassung des Regierungsentwurfs.

Begründung RegE:
Das bisher geltende FGG enthält neben der Bestimmung des zuständigen Gerichts gemäß § 5 FGG keine allgemeine Regelung über das Vorgehen eines angegangenen Gerichts, das sachlich oder örtlich unzuständig ist. Nach geltender Rechtslage wird eine formlose Abgabeverfügung bei anfänglicher Unzuständigkeit als statthaft angesehen (Keidel/Kuntze/Winkler-Sternal, Freiwillige Gerichtsbarkeit, 15. Aufl. 2003, Rn. 16 zu § 5). Die Vorschrift regelt nunmehr ausdrücklich das statthafte Verfahren, sofern es bereits zu Beginn des Verfahrens an der sachlichen oder örtlichen Zuständigkeit fehlt.

Absatz 1 Satz 1 entspricht inhaltlich im Wesentlichen § 17a Abs. 2 Satz 2 GVG zur Verweisung bei Rechtswegunzuständigkeit, auf den verschiedene Verfahrensordnungen auch für die örtliche oder sachliche Unzuständigkeit verweisen (so zum Beispiel § 48 Abs. 1 ArbGG, § 83 Satz 1 VwGO, § 70 Satz 1 FGO). Die Vorschrift dient somit der Harmonisierung der Prozessordnungen. **Satz 2** ist Ausdruck des Anspruchs auf rechtliches Gehör. Die Bestimmung sieht vor der Verweisung eine Anhörung der Beteiligten vor. Dies heißt jedoch im Interesse der Verfahrensökonomie nicht, dass das Gericht verpflichtet ist, zuvor sämtliche Beteiligte zu ermitteln. Vor der Verweisung muss das Gericht nur diejenigen Beteiligten anhören, die ihm zur Zeit der Verweisung namentlich bekannt sind. Ob es fehlende Anschriften der zum Zeitpunkt der Verweisung bekannten Beteiligten selbst ermittelt oder dies dem Antragsteller aufgibt, ist eine Frage der Verfahrensgestaltung im Einzelfall.

Absatz 2 Satz 1 bestimmt, dass bei mehreren zuständigen Gerichten die Verweisung an das vom Antragsteller gewählte Gericht erfolgt. Unterbleibt die Wahl, hat gemäß **Satz 2** das angerufene Gericht das zuständige Gericht zu bestimmen. Die Vorschrift dient der Angleichung an die entsprechende Regelung in § 17a Abs. 2 Satz 2 GVG. Aufgrund der Besonderheit der freiwilligen Gerichtsbarkeit bedarf es über § 17a GVG hinaus auch einer Regelung für Verfahren, in denen es keinen Antragsteller gibt. Auch in einem von Amts wegen von einem unzuständigen Gericht eingeleiteten Verfahren wird, wenn mehrere Gerichte zuständig sind, an das gerichtlich bestimmte Gericht verwiesen.

Absatz 3 Satz 1 sieht vor, dass eine Anfechtung des Verweisungsbeschlusses nicht stattfindet. **Satz 2** sieht die Bindungswirkung des Verweisungsbeschlusses für das im Beschluss bezeichnete Gericht vor. Dies gilt grundsätzlich auch bei einem Rechtsirrtum oder Verfahrensfehler. Eine Bindung tritt nur dann nicht ein, wenn es dem Beschluss an jeder rechtlichen Grundlage fehlt, so dass er objektiv willkürlich erscheint. Die Einführung einer grundsätzlichen Bindung des Verweisungsbeschlusses dient der Vermeidung von Zwischenstreitigkeiten und damit der Beschleunigung des Verfahrens.

Absatz 4 stellt klar, dass der Verweisungsbeschluss grundsätzlich keine Kostenentscheidung enthält. Die entstandenen Kosten sind vielmehr erst im Rahmen der Endentscheidung des infolge des Verweisungsbeschlusses mit der Sache befassten Gerichts im Rahmen der gemäß § 81 möglichen Kostenentscheidung zu berücksichtigen.

Stellungnahme Bundesrat:
5. **Zu Artikel 1** (§ 3 Abs. 1 Satz 2 FamFG)
Artikel 1 § 3 Abs. 1 Satz 2 ist wie folgt zu fassen:
„Vor der Verweisung sollen die Beteiligten angehört werden."

Begründung:
Der Grundsatz einer Anhörung vor der Verweisung an das zuständige Gericht wegen örtlicher oder sachlicher Unzuständigkeit des angerufenen Gerichts ist grundsätzlich sinnvoll. Er entspricht dem Gebot des rechtlichen Gehörs.

Das FamFG sieht aber in einzelnen Vorschriften vor, beispielsweise in § 301 Abs. 1 Satz 1 FamFG-E, dass eine einstweilige Maßnahme bereits vor der Anhörung des Betroffenen erlassen werden kann. In diesen Fällen muss es dem angerufenen Gericht möglich sein, das Verfahren bei örtlicher oder sachlicher Unzuständigkeit direkt an das zuständige Gericht abzugeben, ohne den Betroffenen vorher anzuhören. Dem trägt die Umwandlung in eine Soll-Vorschrift Rechnung.

Gegenäußerung Bundesregierung:
Zu Nummer 5 (Artikel 1 – § 3 Abs. 1 Satz 2 FamFG)
Die Bundesregierung stimmt dem Vorschlag des Bundesrates nicht zu.

Die mit dem Gesetzentwurf eingeführte Möglichkeit der Verweisung eröffnet dem Gericht die Möglichkeit einer bindenden Entscheidung über seine örtliche oder sachliche Zuständigkeit. Aus der Bindungswirkung des Verweisungsbeschlusses folgt, dass auch bei unrichtiger Entscheidung des verweisenden Gerichts die Zuständigkeitsfrage im Regelfall verbindlich entschieden ist. Hierdurch sollen langwierige Streitigkeiten um die Zuständigkeit des Gerichts vermieden werden. Bisher fehlt es an einer allgemeinen Regelung über das Verfahren bei fehlender Zuständigkeit; die bisher im FGG zum Teil geregelte Möglichkeit der nicht bindenden Abgabe führt mitunter zu Verzögerungen bei Zuständigkeitsstreitigkeiten zwischen den Gerichten. Aus dem bindenden Charakter der Vorschrift folgt aber auch, dass die Parteien vorher zu hören sind.

Ein Bedürfnis für eine Möglichkeit, von der Anhörung abzusehen, besteht demgegenüber nicht. Eine etwaige Eilbedürftigkeit der Sache rechtfertigt ein abweichendes Vorgehen nicht. Zum einen dürfte mit einem solchen Konfliktfall in Eilsachen nur in Ausnahmesituationen zu rechnen sein. Die Bücher 2 und 3 des FamFG sehen in eilbedürftigen Fällen regelmäßig eine besondere örtliche Zuständigkeit eines ortsnahen Gerichts vor (§§ 50, 152 Abs. 4, 272 Abs. 2, 313 Abs. 2), um eine schnelle Entscheidung des angerufenen Gerichts zu ermöglichen und Streitigkeiten über Zuständigkeiten in dieser Situation möglichst zu vermeiden. Sofern im Einzelfall gleichwohl einmal ein nicht zuständiges Gericht angerufen wurde, kann die Sache jederzeit formlos gemäß § 4 an das zuständige Gericht abgegeben werden.

§ 4
Abgabe an ein anderes Gericht

Das Gericht kann die Sache aus wichtigem Grund an ein anderes Gericht abgeben, wenn sich dieses zur Übernahme der Sache bereit erklärt hat. Vor der Abgabe sollen die Beteiligten angehört werden.

Die Vorschrift entspricht der Fassung des Regierungsentwurfs.

Begründung RegE:

§ 4 regelt die nicht bindende Abgabe einer Sache an ein anderes Gericht trotz bestehender Zuständigkeit des angerufenen Gerichts und unterscheidet sich damit von § 3, der die förmliche und bindende Verweisung einer Sache an ein anderes Gericht vorsieht. § 4 knüpft an den bisherigen § 46 Abs. 1 FGG an. Zum einen verallgemeinert die Neuregelung die in der bisherigen Spezialregelung vorgesehene Abgabemöglichkeit im Einverständnis zwischen den Gerichten; zum anderen soll die Abgabe vereinfacht werden.

Satz 1 knüpft an den bisherigen § 46 Abs. 1 Satz 1 FGG an. Die Vorschrift sieht nunmehr in allen FamFG-Verfahren die Möglichkeit vor, ein Verfahren unter bestimmten Voraussetzungen an ein anderes Gericht abzugeben, wenn die beiden Gerichte sich über die Abgabe verständigen. Der Gedanke, dass der Personenbezug im Verfahren im Vordergrund steht und es aus diesem Grund zweckmäßig sein kann, das Verfahren an ein Gericht abzugeben, in dessen Nähe sich die maßgeblich von dem Verfahren betroffene Person zwischenzeitlich befindet, trifft auf alle Verfahren der freiwilligen Gerichtsbarkeit zu und ist daher verallgemeinerungsfähig. Voraussetzung für die Abgabe bleibt unverändert das Vorliegen eines wichtigen Grundes. In Betreuungssachen regelt § 273 ausdrücklich, dass ein wichtiger Grund regelmäßig vorliegt, wenn sich der gewöhnliche Aufenthalt des Betroffenen geändert hat und die Aufgaben des Betreuers im Wesentlichen am neuen Aufenthaltsort des Betroffenen zu erfüllen sind. Soweit eine ausdrückliche gesetzliche Regelung nicht vorhanden ist, können die von der Rechtsprechung entwickelten Kriterien für das Vorliegen eines wichtigen Grundes unverändert Anwendung finden. Als wichtiger Grund kommt etwa im Bereich der Vormundschaftssachen insbesondere der dauerhafte Aufenthaltswechsel des Mündels und des Vormunds oder der Eltern in Betracht. In Adoptionssachen kann ein wichtiger Grund vorliegen, wenn der Annehmende und das Kind ihren Wohnsitz in den Bezirk eines anderen Gerichts verlegt haben (Keidel/Kuntze/Winkler-Engelhardt, Freiwillige Gerichtsbarkeit, 15. Aufl. 2003, Rn. 7 zu § 46).

Nach Satz 2 sollen die Beteiligten vor der Abgabe angehört werden. Dem Gericht wird es durch die Soll-Vorschrift ermöglicht, in besonders eiligen Fällen oder in solchen, in denen eine Anhörung nur mit einem zu einer Verfahrensverzögerung führenden Zeitaufwand möglich ist, von einer Anhörung abzusehen. Derartige Situationen werden vor allem in Unterbringungs- und Betreuungssachen auftreten, in denen rasch Entscheidungen getroffen werden müssen oder in denen die Beteiligten nicht in der Lage sind, sich zu äußern.

Nicht mehr erforderlich ist künftig die Zustimmung etwa des Vormundes oder des Betreuers; ein Widerspruchsrecht des Betroffenen besteht nicht mehr. Die Änderung lehnt sich an den durch das Zweite Gesetz zur Änderung des Betreuungsrechts vom 21. April 2005 (BGBl. I S. 1073) neu gefassten § 65a Abs. 2 FGG an. Hierdurch wird die Abgabe auch außerhalb des Bereichs des Betreuungsrechts möglichst wenig förmlich ausgestaltet. Vormund, Betreuer und Betroffener haben im Rahmen der Anhörung Gelegenheit, sich dazu zu äußern, ob aus ihrer Sicht ein wichtiger Grund für eine Abgabe vorliegt. Gegebenenfalls steht ihnen auch die Überprüfung der Abgabeentscheidung im Beschwerdeweg offen. Eine Zustimmung einzelner Beteiligter – etwa des Vormunds – zur Abgabe erscheint daher auch außerhalb des Bereichs der Betreuungssachen nicht erforderlich.

Stellungnahme Bundesrat:

6. Zu Artikel 1 (§ 4 FamFG)

Der Bundesrat bittet, im weiteren Verlauf des Gesetzgebungsverfahrens zu prüfen, ob eine Abgabe auch an ein Gericht eines anderen Mitgliedstaates der Europäischen Union möglich sein sollte.

Begründung:

Vor dem Hintergrund der immer stärkeren justiziellen Zusammenarbeit innerhalb der Europäischen Union wäre die Möglichkeit einer Abgabe an ein Gericht eines anderen Mitgliedstaates zukunftsweisend. Freilich müsste unter anderem sichergestellt sein, dass mit der Abgabe nicht zugleich von den beteiligten Gerichten über das anwendbare (materielle) Recht in einer Weise disponiert werden kann, die die berechtigten Interessen der Beteiligten verletzt. Denkbar wäre insofern, eine Abgabe zuzulassen, wenn ihr neben dem Empfangsgericht auch die Verfahrensbeteiligten zustimmen. Ob das Empfangsgericht nach den Vorschriften seines Landes international zuständig ist – ein Umstand der von dem deutschen FamFG freilich nicht herbeigeführt werden kann – hat das Empfangsgericht im Vorfeld seiner Erklärung über die Übernahmebereitschaft selbständig zu prüfen.

Gegenäußerung Bundesregierung:

Zu Nummer 6 (Artikel 1 – § 4 FamFG)

Die Bundesregierung stimmt dem Vorschlag des Bundesrates nicht zu.

Sie befürwortet eine Erweiterung des § 4 FamFG um die Möglichkeit einer grenzüberschreitenden Verweisung an die Gerichte eines anderen EU-Mitgliedstaats nicht. Eine derartige Verweisungsmöglichkeit betrifft die Frage der internationalen Zuständigkeit, die der europäische Gesetzgeber aufgrund seiner Kompetenz aus Art. 61 lit. c) i.V.m. Art. 65 EG-Vertrag immer weiter harmonisiert. Dies gilt auch und gerade für den Bereich des Familien- und Erbrechts. Die Verordnung (EG) Nr. 2201/2003 (sog. Brüssel IIa-Verordnung) trifft Bestimmungen zur Zuständigkeit der Gerichte der Mitgliedstaaten in Ehesachen und in Verfahren zur elterlichen Verantwortung. Für Unterhaltsverfahren wird die internationale Zuständigkeit derzeit in der Verordnung (EG) Nr. 44/2001 (sog. Brüssel I-Verordnung) geregelt. Mit einem eigenständigen Verordnungsvorschlag für Unterhaltsverfahren, der auch die internationale Zuständigkeit umfasst, sollen diese Vorschriften weiter entwickelt werden. Zum Erb- und Güterrecht hat die Kommission jeweils Grünbücher erstellt. Die von der Kommission in näherer Zukunft zu verabschiedenden Verordnungsvorschläge auf diesen Gebieten werden aller Voraussicht nach auch Regelungen zur Zuständigkeit der Gerichte der Mitgliedstaaten vorsehen. Aufgrund dieser immer weiter fortschreitenden Tätigkeit des europäischen Gesetzgebers auf den Gebieten, die auch von der zu prüfenden Erweiterung des § 4 FamFG erfasst wären, erscheint die Regelung einer grenzüberschreitenden Abgabemöglichkeit durch den deutschen Gesetzgeber nicht als sinnvoll. Denn eine entsprechende Bestimmung in § 4 FamFG dürfte in den allermeisten Fällen ins Leere gehen, da die Regelungen der internationalen Zuständigkeit in den einschlägigen EG-Verordnungen vorrangig wären.

Darüber hinaus bestehen inhaltliche Bedenken gegen die Einführung einer allgemeinen grenzüberschreitenden Verweisungsmöglichkeit. Denn diese birgt zusätzliches Streitpotential, d.h. unter Umständen die Gefahr langwieriger, von einer Partei mit dem Ziel der Verfahrensverzögerung provozierter Kompetenzkonflikte. Zudem werden stets zusätzliche Kosten verursacht. Auch der europäische Gesetzgeber ist deshalb insoweit zurückhaltend und legt den Schwerpunkt auf die Ausarbeitung sachnaher Zuständigkeitsregeln, die ein Verweisungsbedürfnis erst gar nicht aufkommen lassen sollen. So enthält die Brüssel IIa-Verordnung lediglich für Verfahren betreffend die elterliche Verantwortung in ihrem Artikel 15 eine Verweisungsmöglichkeit. Diese beruht jedoch im Wesentlichen darauf, dass die Brüssel IIa-Verordnung in diesem Bereich das Haager Kinderschutzübereinkommen vom 19. Oktober 1996 nachvollzieht, in dem man sich auf internationaler Ebene bislang einmalig auf eine derartige Vorschrift geeinigt hat. In Ehesachen erlaubt die Brüssel IIa-Verordnung dagegen keine grenzüberschreitenden Verweisungen. Dasselbe gilt für die Brüssel I-Verordnung und den derzeit verhandelten Entwurf einer Unterhalts-Verordnung. Schwierigkeiten sind in diesen Rechtsgebieten nicht bekannt geworden.

II. – FamFG – Buch 1 Allgemeiner Teil

§ 5
Gerichtliche Bestimmung der Zuständigkeit

(1) Das zuständige Gericht wird durch das nächsthöhere gemeinsame Gericht bestimmt:
1. wenn das an sich zuständige Gericht in einem einzelnen Fall an der Ausübung der Gerichtsbarkeit rechtlich oder tatsächlich verhindert ist;
2. wenn es mit Rücksicht auf die Grenzen verschiedener Gerichtsbezirke oder aus sonstigen tatsächlichen Gründen ungewiss ist, welches Gericht für das Verfahren zuständig ist;
3. wenn verschiedene Gerichte sich rechtskräftig für zuständig erklärt haben;
4. wenn verschiedene Gerichte, von denen eines für das Verfahren zuständig ist, sich rechtskräftig für unzuständig erklärt haben;
5. wenn eine Abgabe aus wichtigem Grund (§ 4) erfolgen soll, die Gerichte sich jedoch nicht einigen können.

(2) Ist das nächsthöhere gemeinsame Gericht der Bundesgerichtshof, wird das zuständige Gericht durch das Oberlandesgericht bestimmt, zu dessen Bezirk das zuerst mit der Sache befasste Gericht gehört.

(3) Der Beschluss, der das zuständige Gericht bestimmt, ist nicht anfechtbar.

Die Vorschrift entspricht hinsichtlich der Absätze 1 und 3 dem Regierungsentwurf; Absatz 2 ist mit der Beschlussempfehlung des Rechtsausschusses geändert worden:

Frühere Fassung RegE:
(2) Ist das nächsthöhere gemeinsame Gericht der Bundesgerichtshof, wird in den Fällen des Absatzes 1 Nr. 2 bis 5 das zuständige Gericht durch das Oberlandesgericht bestimmt, zu dessen Bezirk das zuerst mit der Sache befasste Gericht gehört.

Begründung RegE:
Die Vorschrift ersetzt die bisherige Regelung des § 5 FGG. Mit der Neuregelung soll die Bestimmung des zuständigen Gerichts detaillierter als bisher geregelt werden. Gleichzeitig soll eine Angleichung an die Bestimmung der Zuständigkeit gemäß den Vorschriften der ZPO erreicht werden.

Absatz 1 bestimmt, dass das zuständige Gericht durch das nächsthöhere gemeinsame Gericht bestimmt wird. Die Vorschrift benennt nunmehr eingehender als der bisherige § 5 FGG die Fälle, in denen eine gerichtliche Bestimmung der Zuständigkeit erfolgt. **Nummer 1** entspricht inhaltlich dem bisherigen § 5 Abs. 1 Satz 2 FGG. Die Nummern 2 bis 4 ersetzen und ergänzen den bisherigen § 5 Abs. 1 Satz 1 FGG. **Nummer 2** benennt nunmehr konkretere Voraussetzungen für das Bestehen einer Ungewissheit über die Zuständigkeit des Gerichts. Die erste Alternative nimmt insoweit die Formulierung des § 36 Abs. 1 Nr. 2 ZPO auf. Die zweite Alternative erweitert diese auf Ungewissheit hinsichtlich der Grenzen der Gerichte bezogene Alternative um die Ungewissheit aus sonstigen tatsächlichen Gründen. Wie schon nach bisherigen Definitionen zum Begriff der Ungewissheit nach § 5 FGG sind hierunter Fälle zu fassen, in denen die rechtliche Beurteilung der Zuständigkeitsfrage aus tatsächlichen Gründen unmöglich ist, weil die Umstände unklar und nicht aufklärbar sind, wie zum Beispiel der Sterbeort eines wohnsitzlosen Erblassers (vgl. hierzu Keidel/Kuntze/Winkler-Sternal, Freiwillige Gerichtsbarkeit, 15. Aufl. 2003, Rn. 27 ff. zu § 5). **Nummer 3** regelt die gerichtliche Bestimmung im Fall des positiven Kompetenzkonflikts. Bereits nach geltender Rechtslage ist anerkannt, dass der positive Kompetenzkonflikt ein Anwendungsfall des § 5 FGG ist (KG, MDR 1992, 406; Keidel/Kuntze/Winkler-Sternal, Freiwillige Gerichtsbarkeit, 15. Aufl. 2003, Rn. 22 zu § 5). Dies wird nunmehr ausdrücklich gesetzlich geregelt. Gleiches gilt für den Fall des negativen Kompetenzkonflikts. Auch diesbezüglich ist anerkannt, dass es sich um einen Anwendungsfall des § 5 FGG handelt (BayObLG, FamRZ 2000, 638). Diese Auffassung wird mit der Regelung in **Nummer 4** übernommen. **Nummer 5** entspricht inhaltlich dem bisherigen § 46 Abs. 2 Satz 1 FGG.

Absatz 2 stimmt mit dem bisherigen § 5 Abs. 1 Satz 1 2. Halbsatz FGG überein und ist lediglich redaktionell neu gefasst worden.

Absatz 3 entspricht inhaltlich dem bisher geltenden § 5 Abs. 2 FGG.

Stellungnahme Bundesrat:

4. **Zu Artikel 1** insgesamt (FamFG)

Der Bundesrat bittet, im weiteren Verlauf des Gesetzgebungsverfahrens zu prüfen, ob die Formulierungen derjenigen Regelungen des FamFG-E, die inhaltsidentisch, aber nicht wortgleich mit entsprechenden Regelungen in der ZPO sind, durch wortgleiche Formulierungen oder durch Verweise auf die ZPO ersetzt werden können.

Dies betrifft u.a.:

- § 2 Abs. 1 FamFG/§ 261 Abs. 3 Nr. 1 ZPO
- § 2 Abs. 2 FamFG/§ 261 Abs. 3 Nr. 2 ZPO
- § 3 FamFG/§ 281 ZPO
- § 5 FamFG/§ 36 ZPO
- § 8 FamFG/§ 50 ZPO
- § 10 FamFG/§§ 51 bis 58 ZPO
- § 13 FamFG/§ 299 ZPO
- § 14 FamFG/§§ 130a, 298, 298a und 299a ZPO
- § 15 Abs. 2 FamFG/§§ 166 bis 195 ZPO
- §§ 17 bis 19 FamFG/§§ 233 bis 237 und 238 Abs. 1 bis 3 ZPO
- § 33 FamFG Abs. 3 und 4/§ 141 Abs. 3 und 4 ZPO
- § 37 Abs. 1 FamFG/§ 286 ZPO
- § 44 FamFG/§ 321a ZPO ohne: Abs. 2 Satz 3, Abs. 4 Satz 1 und Abs. 5 Satz 2 bis 4
- § 53 Abs. 1 FamFG/§ 929 Abs. 1 ZPO
- § 63 FamFG/§§ 517, 519 ZPO
- § 89 Abs. 1 Satz 2 FamFG/§ 890 Abs. 1 Satz 1 ZPO
- § 89 Abs. 3 Satz 1 FamFG/§ 890 Abs. 1 Satz 2 ZPO

Begründung:

Es ist für den Rechtsanwender verwirrend, wenn der Gesetzgeber gleichgelagerte Regelungsinhalte mit unterschiedlicher Formulierung in den verschiedenen Verfahrensordnungen zum Ausdruck bringt. Denn es stellt sich ihm in die-sen Fällen stets die oftmals nur schwer zu beantwortende Frage, ob der Gesetzgeber in der Sache Gleiches oder nicht doch vielleicht Unterschiedliches an-ordnen wollte. Dies gilt umso mehr, wenn es sich – wie im Fall der ZPO und des FGG – um einander nahe stehende Verfahrensordnungen handelt. Die Neu-kodifizierung des Rechts der Freiwilligen Gerichtsbarkeit und des Familienver-fahrensrechtes sollte daher zum Anlass genommen werden, auf einen möglichst weitgehenden sprachlichen Gleichlauf dieses Rechtsbereiches mit der ZPO hinzuwirken.

Begründung Beschlussempfehlung Rechtsausschuss:

Die Änderung geht zurück auf die Prüfbitte des Bundesrates gemäß Nummer 4 der Stellungnahme. Mit der Streichung des Ausschlusses der Zuständigkeit der Oberlandesgerichte in den Fällen, in denen das an sich zuständige Gericht in einem einzelnen Fall an der Ausübung der Gerichtsbarkeit rechtlich oder tatsächlich verhindert ist, wird die Regelung mit der entsprechenden zivilprozessualen Vorschrift des § 36 Abs. 2 ZPO harmonisiert.

§ 6
Ausschließung und Ablehnung der Gerichtspersonen

(1) Für die Ausschließung und Ablehnung der Gerichtspersonen gelten die §§ 41 bis 49 der Zivilprozessordnung entsprechend. Ausgeschlossen ist auch, wer bei einem vorausgegangenen Verwaltungsverfahren mitgewirkt hat.

(2) Der Beschluss, durch den das Ablehnungsgesuch für unbegründet erklärt wird, ist mit der sofortigen Beschwerde in entsprechender Anwendung der §§ 567 bis 572 der Zivilprozessordnung anfechtbar.

Die Vorschrift entspricht der Fassung des Regierungsentwurfs.

Begründung RegE:
Die Neufassung der Vorschrift knüpft inhaltlich an den bisherigen § 6 FGG an.

Absatz 1 Satz 1 verweist für den Ausschluss und die Ablehnung von Gerichtspersonen auf die Regelungen der ZPO. Diese Regelungsstruktur entspricht der in anderen Verfahrensordnungen (zum Beispiel § 54 VwGO, § 51 FGO) gebräuchlichen und leistet hierdurch einen Beitrag zur Harmonisierung der Prozessordnungen.

Durch Neufassung der Vorschrift ist nunmehr unmittelbar aus dem Gesetz ersichtlich, dass die Ausschluss- und Ablehnungsgründe nicht lediglich auf die richterliche Tätigkeit Anwendung finden, sondern unter anderem über die Einbeziehung des § 49 ZPO auch auf die Urkundsbeamten der Geschäftsstelle. Unter dem auch in anderen Verfahrensordnungen gebräuchlichen Begriff der „Gerichtsperson" werden Richter, ehrenamtliche Richter und Urkundsbeamte der Geschäftsstelle gefasst (vgl. Germelmann/Matthes/Prütting/Müller-Glöge-Germelmann, Arbeitsgerichtsgesetz, 5. Aufl. 2004, Rn. 3 zu § 49). Durch Einbeziehung der ehrenamtlichen Richter werden bisherige Sondernormen hierzu überflüssig (so zum Beispiel § 11 LwVfG). Über § 10 RPflG findet die Vorschrift auch auf Rechtspfleger Anwendung.

Durch den Verweis auf die ZPO harmonisiert die Vorschrift auch die Ausschlussgründe. Hier bestanden diverse Unterschiede, so zum Beispiel berücksichtigte § 6 Nr. 3 FGG nur Verwandtschaftsverhältnisse in der Seitenlinie bis zum 2. Grad, während § 41 Nr. 3 ZPO diese bis zum 3. Grad erfasst. Auch die bisher unterschiedliche Beurteilung hinsichtlich des Ausschlusses bei Sachen, in denen der Richter als Zeuge oder Sachverständiger vernommen wurde (§ 41 Nr. 5 ZPO) oder in denen er in einem früheren Rechtszug bei dem Erlass der angefochtenen Entscheidung mitgewirkt hat (§ 41 Nr. 6 ZPO), rechtfertigt sich nicht aus den Besonderheiten des Verfahrens der freiwilligen Gerichtsbarkeit.

Ratio legis der Vorschrift ist der vom Bundesverfassungsgericht aufgestellte Grundsatz, dass die Tätigkeit des Gerichts Neutralität und Distanz gegenüber den Verfahrensbeteiligten erfordert und aus diesem Grund eine Ablehnung wegen der Besorgnis der Befangenheit aus grundrechtlichen Erwägungen geboten ist, sofern das Gericht diese Distanz im Einzelfall vermissen lässt (BVerfGE 21, 139 ff). Die bisher aus diesem Grundsatz hergeleitete entsprechende Anwendung der §§ 42 ff. ZPO (BGH, NJW-RR 2004, 692; Keidel/Kuntze/Winkler-Zimmermann, Freiwillige Gerichtsbarkeit, 15. Aufl. 2003, Rn. 39 zu § 6) wird nunmehr ausdrücklich gesetzlich geregelt.

Absatz 1 Satz 2 greift den bereits jetzt anerkannten Grundsatz auf, dass die Mitwirkung eines Richters an einem Verfahren, das er als Organ der (Justiz-)Verwaltung veranlasst hat und in dem die Rechtmäßigkeit dieses Verwaltungshandelns überprüft werden soll, im Hinblick auf den Grundsatz der Gewaltenteilung ausgeschlossen ist (BayObLG, NJW 1986, 1622; Keidel/Kuntze/Winkler-Zimmermann, Freiwillige Gerichtsbarkeit, 15. Aufl. 2003, Rn. 38 zu § 6). Dieser Ausschlussgrund wird nunmehr durch die Bezugnahme auf §§ 41 ff. ZPO ausdrücklich gesetzlich geregelt.

Absatz 2 bestimmt, dass gegen den Beschluss, durch den das Gesuch für unbegründet erklärt wird, die sofortige Beschwerde nach den Vorschriften der ZPO statthaft ist. Die entsprechend anwendbaren §§ 567 bis 572 ZPO enthalten das für die Anfechtung von Zwischen- und Nebenentscheidungen geeignete Verfahren. Sie sehen eine kurze, vierzehntägige Beschwerdefrist, den originären Einzelrichter sowie im

Übrigen ein weitgehend entformalisiertes Rechtsmittelverfahren vor, das auch bei anderen Zwischen- und Nebenentscheidungen nach diesem Gesetz zur Anwendung gelangt.

§ 7
Beteiligte

(1) In Antragsverfahren ist der Antragsteller Beteiligter.

(2) Als Beteiligte sind hinzuzuziehen:

1. diejenigen, deren Recht durch das Verfahren unmittelbar betroffen wird,
2. diejenigen, die auf Grund dieses oder eines anderen Gesetzes von Amts wegen oder auf Antrag zu beteiligen sind.

(3) Das Gericht kann von Amts wegen oder auf Antrag weitere Personen als Beteiligte hinzuziehen, soweit dies in diesem oder einem anderen Gesetz vorgesehen ist.

(4) Diejenigen, die auf ihren Antrag als Beteiligte zu dem Verfahren hinzuzuziehen sind oder hinzugezogen werden können, sind von der Einleitung des Verfahrens zu benachrichtigen, soweit sie dem Gericht bekannt sind. Sie sind über ihr Antragsrecht zu belehren.

(5) Das Gericht entscheidet durch Beschluss, wenn es einem Antrag auf Hinzuziehung gemäß Absatz 2 oder Absatz 3 nicht entspricht. Der Beschluss ist mit der sofortigen Beschwerde in entsprechender Anwendung der §§ 567 bis 572 der Zivilprozessordnung anfechtbar.

(6) Wer anzuhören ist oder eine Auskunft zu erteilen hat, ohne dass die Voraussetzungen des Absatzes 2 oder Absatzes 3 vorliegen, wird dadurch nicht Beteiligter.

Die Vorschrift entspricht hinsichtlich der Absätze 1 und 2 dem Regierungsentwurf; die Absätze 3 bis 6 sind mit der Beschlussempfehlung des Rechtsausschusses neu gefasst worden:

Frühere Fassung RegE:

(3) [...] Das Gericht entscheidet durch Beschluss, wenn es einem Antrag auf Hinzuziehung nicht entspricht. Der Beschluss ist mit der sofortigen Beschwerde in entsprechender Anwendung der §§ 567 bis 572 der Zivilprozessordnung anfechtbar.

(4) Diejenigen, die nach Absatz 3 als Beteiligte zu dem Verfahren hinzugezogen werden können, sind von der Einleitung des Verfahrens zu benachrichtigen, soweit sie dem Gericht bekannt sind. Sie sind über ihr Antragsrecht zu belehren.

Begründung RegE:

Die gesetzliche Regelung des Beteiligtenbegriffs ist ein Kernstück der Reform der freiwilligen Gerichtsbarkeit; sie trägt dazu bei, der freiwilligen Gerichtsbarkeit ein modernes und klar strukturiertes Verfahrensrecht zu geben. Das geltende Recht nimmt zwar verschiedentlich auf den Begriff des Beteiligten Bezug (z.B. in §§ 6 Abs. 1, 13, 13a Abs. 1, 15 Abs. 2, 41, 53b Abs. 2, 86 Abs. 1, 150, 153 Abs. 1, 155 Abs. 3 FGG); es fehlt jedoch an einer allgemeinen Definition, wer im Verfahren der freiwilligen Gerichtsbarkeit zu beteiligen ist. Soweit der Beteiligtenbegriff in Einzelvorschriften gesetzlich geregelt ist (vgl. § 92 GBO), sind solche Bestimmungen durch den Zweck spezieller Verfahrensarten geprägt und nicht auf das allgemeine Verfahren der freiwilligen Gerichtsbarkeit übertragbar. Vergleicht man die freiwillige Gerichtsbarkeit mit anderen Verfahren, so wird erkennbar, dass diese bei der Bestimmung der Beteiligten erhebliche Defizite und geringere rechtsstaatliche Garantien aufweist. Durch die ungenügende gesetzliche Verankerung fehlt den Beteiligten nach wie vor eine feste Rechtsposition als Verfahrensrechtssubjekt (Kollhosser, Zur Stellung und zum Begriff der Verfahrensbeteiligten im Erkenntnisverfahren der freiwilligen Gerichtsbarkeit, 1970, S. 14 f., 23). Den Beteiligten wird hierdurch eine aktive und effektive Verfahrensteilhabe im Sinne der verfassungsgerichtlichen Rechtsprechung (BVerfGE 53, 30, 65) erschwert, der im Verfahren in Familiensachen sowie in den rechtsfürsorgenden Kernverfahren der freiwilligen Gerichtsbarkeit besondere Bedeutung zukommt.

II. – FamFG – Buch 1 Allgemeiner Teil

Die bislang in der freiwilligen Gerichtsbarkeit herrschende Auffassung unterscheidet zwischen formell und materiell Beteiligten. Am Verfahren materiell beteiligt sind solche Personen, deren Rechte und Pflichten durch das Verfahren und durch die darin zu erwartende oder getroffene Entscheidung unmittelbar betroffen sein können (Keidel/Kuntze/Winkler-Zimmermann, Freiwillige Gerichtsbarkeit, 15. Aufl. 2003, Rn. 18 zu § 6 m.w.N.). Formell am Verfahren beteiligt ist hingegen, wer zur Wahrnehmung nicht notwendig eigener Interessen auf Antrag am Verfahren teilnimmt oder zu diesem als Folge der amtswegigen Ermittlungen des Gerichts (§ 12 FGG) hinzugezogen wird (Keidel/Kuntze/Winkler-Zimmermann, Freiwillige Gerichtsbarkeit, 15. Aufl. 2003, Rn. 18 zu § 6). Wer als materiell Beteiligter am Verfahren teilnimmt, erhält deshalb auch die Rechtsstellung als formell Beteiligter. Diese Lösung hat sich in der Praxis zwar als handhabbar, nicht aber in jeder Hinsicht als befriedigend erwiesen. Sie kann zum einen nur einen Teil der denkbaren Fallgestaltungen abdecken; zum anderen wird sie wegen der fehlenden gesetzlichen Verankerung des Beteiligtenbegriffs sowie der zunehmenden rechtsstaatlichen Durchdringung des Verfahrens der freiwilligen Gerichtsbarkeit (z.B. durch Art. 103 Abs. 1 GG) als unbefriedigend empfunden. Der herkömmliche Beteiligtenbegriff erweist sich zudem gelegentlich wegen der Akzentuierung der Mitwirkungsrechte der nicht in eigenen Rechten betroffenen Personen als problematisch. Wer Beteiligter an einem FGG-Verfahren ist, wird aus diesem Grunde häufig erst im Rahmen der Rechtsmittelinstanz abschließend geklärt.

In der Literatur war als Alternative hierzu vorgeschlagen worden, zwischen Haupt- und Nebenbeteiligten zu unterscheiden (so Kollhosser, a.a.O., S. 28, 35, 360 ff., 378 ff., 398 ff.). Diese Lösung ordnet die Mitwirkungsfunktionen der Beteiligten im Vergleich zum herkömmlichen Beteiligtenbegriff nach anderen Kriterien; sie verschiebt jedoch die für die Bestimmung der Beteiligtenstellung maßgeblichen Anknüpfungen lediglich in eine andere Richtung und konnte sich in der Praxis nicht durchsetzen.

Die im Jahre 1964 eingesetzte Kommission für das Recht der freiwilligen Gerichtsbarkeit einschließlich des Beurkundungsrechts hatte in ihrem Abschlussbericht vom Dezember 1977 in den §§ 10, 11 FrGO-E eine Differenzierung in Verfahrensbeteiligte kraft Gesetzes und Beteiligte kraft Hinzuziehung vorgeschlagen (vgl. Bericht der Kommission für das Recht der freiwilligen Gerichtsbarkeit einschließlich des Beurkundungsrechts, 1977, S. 25). In den einzelnen Verfahrensarten wurde der allgemeine Beteiligtenbegriff je nach dem Verfahrensgegenstand entweder eingeschränkt oder erweitert; dies führte beispielsweise im Nachlassverfahren aufgrund der Vielzahl der Vorschriften (§§ 218 bis 236 FrGO-E) zu einer schwer durchschaubaren Differenzierung, die in der Praxis nicht handhabbar gewesen wäre.

Gemeinsam ist allen bisherigen Lösungen, dass der Beteiligtenbegriff durch die Anknüpfung an den Grad der Betroffenheit durch die im Verfahren zu treffende Sachentscheidung bestimmt wird. Die hierfür maßgeblichen Kriterien sind allerdings unterschiedlich; ihr Schwerpunkt liegt bei dem bislang herrschenden Beteiligtenbegriff (Unterscheidung zwischen materiell und formell Beteiligten) auf dem materiellen Recht, während die Unterscheidung in Haupt- und Nebenbeteiligte sowie in Beteiligte kraft Gesetzes und kraft Hinzuziehung formelle Elemente stärker betont.

Die verschiedenen Möglichkeiten zur Lösung des Beteiligtenproblems machen deutlich, dass die Schaffung einer umfassenden Begrifflichkeit, die alle denkbaren Beteiligtenfunktionen einschließt, auf erhebliche Schwierigkeiten stößt (so bereits Kollhosser, a.a.O., S. 35). Ursächlich hierfür sind die Vielgestaltigkeit der Verfahren der freiwilligen Gerichtsbarkeit und die Unterschiedlichkeit der in diesen Verfahren auftretenden Personen und der durch sie verfolgten Interessen. Ein umfassender allgemeiner Beteiligtenbegriff, der allen Konstellationen gerecht werden soll, wird, wie der Entwurf der FrGO zeigt, für jedes einzelne Verfahren erheblich modifiziert werden müssen.

Bei der Neugestaltung der Begrifflichkeit ist deshalb eine Lösung zu finden, die die Mitwirkungsfunktionen der Beteiligten bei größtmöglicher Einheitlichkeit des Beteiligtenbegriffs in Anlehnung an andere Verfahrensordnungen – insbesondere die ZPO – stärker als bisher von materiell-rechtlichen Elementen trennt und deutlicher an das formelle Recht anlehnt. Dies hat den Vorteil, dass die Mitwirkungsfunktionen der Beteiligten an formelle Akte angeknüpft werden können, die durch sie selbst oder das Gericht vorgenommen werden. Hierdurch wird die Klarheit der Begrifflichkeit verbessert und eine stärkere

Akzentuierung der gesteigerten Mitwirkungsrechte der am Verfahren teilnehmenden Personen erreicht. Der Beteiligtenbegriff erfasst durch die verstärkte Anknüpfung an das formelle Recht auch die in ihren Rechten in materieller Hinsicht betroffenen Personen und beschränkt gleichzeitig maßvoll den Kreis der nur formell durch das Verfahren berührten Personen im Interesse einer effektiven Verfahrensführung.

Die Struktur der verschiedenen Verfahren der freiwilligen Gerichtsbarkeit mit der Vielzahl der darin agierenden Personen und beteiligten Interessen bringt es mit sich, dass die allen Beteiligtenbegriffen gemeinsame Unterscheidung zwischen im engeren und weiteren Sinne teilhabenden Personen aufrechterhalten werden muss. In Anlehnung an den Kommissionsentwurf von 1977 wird bei den vorgenannten Personenkreisen aus Gründen der Rechtsklarheit zwischen Beteiligten kraft Gesetzes und kraft Hinzuziehung unterschieden.

Die in **Absatz 1** geregelte Beteiligung des Antragstellers kraft Gesetzes knüpft, soweit es sich um Antragsverfahren handelt, an die verfahrenseinleitende Erklärung an, deren Mindestinhalt § 23 festgelegt. Wer einen Antrag stellt, wird in den meisten Fällen antragsbefugt und durch die ergehende Entscheidung in eigenen materiellen Rechten betroffen sein; ist dies ausnahmsweise nicht der Fall, muss der Antrag gleichwohl beschieden werden. Schon deswegen ist es erforderlich, dass der Antragsteller in jedem Fall am Verfahren als Beteiligter teilnimmt. In der Beteiligung kraft Gesetzes sind mithin Elemente der bisher herrschenden materiellen und formellen Beteiligtenbegriffe enthalten; da über einen Antrag stets zu entscheiden ist, ist den von Absatz 1 erfassten Personen gemeinsam, dass sie in jedem Fall von der Entscheidung betroffen sein werden.

Die **Absätze 2 und 3** gehen wie der Kommissionsentwurf von 1977 von einer Beteiligung kraft Hinzuziehung aus. Der Begriff der Hinzuziehung wird allerdings weiter differenziert: In Absatz 2 werden Beteiligte genannt, die das Gericht in jedem Falle oder auf ihren Antrag zum Verfahren hinzuzuziehen hat. Absatz 3 bezieht sich hingegen auf Personen, die das Gericht von Amts wegen oder auf Antrag zum Verfahren hinzuziehen kann. Die Beteiligten kraft Hinzuziehung werden hierdurch je nach ihrer materiellen Betroffenheit in zwei Gruppen mit unterschiedlichen Anforderungen an die Tätigkeit des Gerichts unterteilt. Durch diese Unterscheidung soll eine möglichst umfassende Einbeziehung der materiell Betroffenen gewährleistet und zugleich eine übermäßige Belastung des Gerichts vermieden werden. Hierdurch wird es entbehrlich, etwa von Amts wegen alle potentiell Entscheidungsbetroffenen zu ermitteln und zum Verfahren hinzuzuziehen, auch wenn diese im Einzelfall am Verfahren nicht interessiert und in ihren Rechten jedenfalls nicht mit Sicherheit betroffen sein werden (vgl. Kollhosser, ZZP 93 [1980], 265, 283).

Absatz 2 bestimmt den Personenkreis, den das Gericht stets zu dem Verfahren hinzuzuziehen hat (Muss-Beteiligte). Hier lässt sich bereits frühzeitig absehen, dass er von der Entscheidung unmittelbar in eigenen Rechten betroffen sein wird (Kollhosser, ZZP 93 [1980], 265, 284). **Nummer 1** regelt daher, dass diejenigen, deren Recht durch das Verfahren unmittelbar betroffen wird, zu dem Verfahren hinzuzuziehen sind. Entscheidend ist, dass der Gegenstand des Verfahrens ein Recht des zu Beteiligenden betrifft. Einer Prognose, ob es voraussichtlich zu einem rechtsbeeinträchtigenden Verfahrensausgang kommt, bedarf es nicht. Eine solche Prognose ist zu Beginn des Verfahrens häufig auch noch gar nicht möglich. Es genügt, wenn das Verfahren darauf gerichtet ist, eine unmittelbare Beeinträchtigung eines Rechts des zu Beteiligenden zu bewirken.

Mit dem Kriterium der Unmittelbarkeit stellt die Regelung klar, dass eine Beteiligung nur dann zu erfolgen hat, wenn subjektive Rechte des Einzelnen betroffen sind. Gemeint ist hiermit eine direkte Auswirkung auf eigene materielle nach öffentlichem oder privatem Recht geschützte Positionen. Es genügt nicht, dass lediglich ideelle, soziale oder wirtschaftliche Interessen durch den Ausgang des Verfahrens berührt werden. Nicht ausreichend sind des Weiteren rein mittelbare Auswirkungen einer Entscheidung oder die lediglich tatsächlich „präjudizielle" Wirkung auf andere, gleich gelagerte Fälle.

Die zwingende Hinzuziehung bei Rechtsbetroffenheit gilt jedoch nicht absolut. Besondere Bestimmungen sehen hiervon Abweichungen vor. So wird zum Beispiel in § 345 Abs. 1 bestimmt, dass im Erbscheinsverfahren die gesetzlichen Erben und Testamentserben – trotz der unzweifelhaft vorliegenden unmittelbaren Rechtsbetroffenheit – nur auf Antrag hinzuzuziehen sind, im Übrigen eine Hinzuziehung jedoch im

Ermessen des Gerichts stehen soll. Wird ein solcher Antrag gestellt, ist der Erbe gemäß Absatz 2 Nr. 2 i.V.m. § 345 Abs. 1 Satz 2 hinzuzuziehen. Stellt der Erbe keinen Antrag, kann eine Hinzuziehung noch gemäß Absatz 3 Satz 1 von Amts wegen erfolgen.

Nummer 2 verweist im Hinblick auf die zu dem Verfahren hinzuzuziehenden Personen auf ausdrückliche gesetzliche Regelungen. Dies können entweder Vorschriften der Bücher 2 bis 8 dieses Gesetzes oder Vorschriften anderer Gesetze sein, die das Verfahren der freiwilligen Gerichtsbarkeit für anwendbar erklären (z.B. § 92 GBO). Dieses Gesetz enthält in den Büchern 2 bis 8 zahlreiche Vorschriften, die eine obligatorische Hinzuziehung von Amts wegen oder auf Antrag vorsehen. Ohne Ermessensspielraum des Gerichts stets von Amts wegen an dem Verfahren zu beteiligen sind beispielsweise der Unterzubringende in einem Unterbringungsverfahren (§ 315 Abs. 1 Nr. 1) oder der Testamentsvollstrecker im Verfahren zur Erteilung eines Testamentsvollstreckerzeugnisses (§ 345 Abs. 3 Satz 1). Die Aufzählungen in den Beteiligtenkatalogen dieses Gesetzes sind nicht abschließend. Sie werden flankiert durch die Generalklausel in Nummer 1.

Die Beteiligtenstellung der Behörden ist abschließend in den Büchern 2 bis 8 geregelt. Die Behörden (Jugendamt, Betreuungsbehörde) sind nicht schon von Amts wegen zu dem Verfahren hinzuziehen, sondern nur auf Antrag. Sie haben also die Wahl, ob sie nur im Rahmen der Anhörung am Verfahren teilnehmen wollen oder als Beteiligte aktiv am Verfahren mitwirken. Stellen sie einen Antrag auf Beteiligung, hat das Gericht gemäß Absatz 2 Nr. 2 ihre Hinzuziehung zu veranlassen; ein Ermessensspielraum besteht hier nicht. Die Behörden haben dann alle Verfahrensrechte, können allerdings auch mit Verfahrenskosten belastet werden. Das Beschwerderecht besteht für die Behörden allerdings unabhängig von der Beteiligung in der ersten Instanz. Mit dieser Regelung soll vorsorglichen Beteiligungen zur Rechtswahrung vorgebeugt werden.

Absatz 3 Satz 1 bestimmt die Personen, die auf Antrag oder von Amts wegen zu dem Verfahren hinzugezogen werden können (Kann-Beteiligte). Diese Beteiligten werden nicht durch eine Generalklausel, sondern ausschließlich durch abschließende Aufzählung in den Büchern 2 bis 8 und in anderen Gesetzen mit Bezug zu dem Verfahren der freiwilligen Gerichtsbarkeit definiert.

Es handelt sich bei dieser Gruppe zum einen um Personen, deren Recht durch das Verfahren zwar unmittelbar betroffen wird, von denen aber erwartet werden kann, dass sie, nachdem sie von der Einleitung des Verfahrens benachrichtigt worden sind, durch einen Antrag ihren Anspruch auf Verfahrensteilhabe bekunden. Stellen sie diesen Antrag auf Beteiligung, hat das Gericht gemäß Absatz 2 Nr. 2 sie als Beteiligte zu dem Verfahren hinzuzuziehen. Ein Ermessen des Gerichts besteht in diesem Fall nicht; aus dem ausdrücklich geäußerten Interesse der Person, sich an dem Verfahren zu beteiligen, ergibt sich bereits, dass es regelmäßig für die Verfahrensführung sachgerecht ist, diese Person zu dem Verfahren hinzuzuziehen. Das Gericht hat lediglich zu prüfen, ob der Antragsteller zum Kreis der Optionsbeteiligten zählt. Falls kein Antrag gestellt wird, kann das Gericht auf der Grundlage von Absatz 3 Satz 1 die Hinzuziehung nach verfahrensökonomischen z.B. Gesichtspunkten veranlassen. Es ist nicht zweckmäßig, diesen Personenkreis stets zu dem Verfahren hinzuzuziehen, weil häufig lediglich die Möglichkeit, nicht jedoch die Gewissheit einer für sie nachteiligen Entscheidung besteht (Kollhosser, ZZP 93 [1980], 265, 284 f.). Diese Optionsbeteiligung wird – wie bereits dargestellt – gemäß § 345 Abs. 1 beispielsweise dem gesetzlichen Erben und dem Testamentserben im Erbscheinsverfahren zugewiesen. Auch Regelungen in anderen Gesetzen, die Angelegenheiten der freiwilligen Gerichtsbarkeit zum Gegenstand haben, kommen hierbei in Betracht (z.B. § 88 Abs. 1 GBO).

Zum anderen können nach Absatz 3 Satz 1 diejenigen Personen als Beteiligte hinzugezogen werden, die lediglich ein ideelles Interesse am Ausgang des Verfahrens haben. Dies sind etwa die näheren Angehörigen im Betreuungs- oder Unterbringungsverfahren (§§ 274 Abs. 4 Nr. 1, 315 Abs. 4 Nr. 1). Soweit es ausschließlich um die Wahrnehmung dieser ideellen und sozialen Interessen geht, ist die Aufzählung in den Büchern 2 bis 8 des Gesetzes abschließend. Aus **Absatz 3 Satz 2** ergibt sich, dass auch diese aus ideellen Gründen zu beteiligenden Personen einen Antrag auf Hinzuziehung stellen können. Ein Antragsautomatismus besteht jedoch bei dieser Gruppe nicht. Das Gericht hat in jedem Einzelfall zu entscheiden, ob eine Beteiligung sachgerecht und verfahrensfördernd ist. Maßstab ist das wohlverstandene Interesse des vom Verfahren betroffenen Beteiligten, da die Beteiligung der selbst in ihren Rechten nicht betroffenen Personen ausschließlich in seinem Interesse erfolgt. Bestehen Zweifel, ob der Betroffene mit einer Hinzuziehung einer Person einverstanden ist, muss er vorher gehört werden; widerspricht er der Hinzuziehung mit nachvollziehbaren Gründen, ist, falls nicht schwerwiegende Gründe gleichwohl eine Hinzuziehung angeraten sein lassen, von einer Beteiligung abzusehen. **Absatz 3 Satz 2** regelt die Form der Hinzuziehungsentscheidung. Sie bedarf regelmäßig keines formellen Hinzuziehungsaktes. Vielmehr kann eine Hinzuziehung auch konkludent, etwa durch das Übersenden von Schriftstücken oder die Ladung zu Terminen erfolgen. Eine ausdrückliche Entscheidung des Gerichts durch Beschluss ist nur erforderlich, soweit das Gericht einen Hinzuziehungsantrag zurückweist. Dieser Beschluss ist – wie **Absatz 3 Satz 3** bestimmt – mit der sofortigen Beschwerde nach den Vorschriften der Zivilprozessordnung anfechtbar. Die Anfechtbarkeit der Zurückweisung eines Hinzuziehungsantrags gewährleistet optimalen Rechtsschutz für diejenigen, die sich aus sozialen, familiären und ideellen Gründen an einem Betreuungs- oder Unterbringungsverfahren oder als Pflegeeltern an einem Kindschaftsverfahren beteiligen möchten. Die entsprechend anwendbaren §§ 567 bis 572 ZPO enthalten das für die Anfechtung von Zwischen- und Nebenentscheidungen geeignete Verfahren. Sie sehen eine kurze, vierzehntägige Beschwerdefrist, den originären Einzelrichter sowie im Übrigen ein weitgehend entformalisiertes Rechtsmittelverfahren vor, das auch bei anderen Zwischen- und Nebenentscheidungen nach diesem Gesetz zur Anwendung gelangt.

Absatz 4 Satz 1 gewährleistet das rechtliche Gehör für den in Absatz 3 genannten Personenkreis. Durch die Mitteilung, dass ein Verfahren eingeleitet ist, soll ihnen die Möglichkeit eröffnet werden, einen Antrag auf Hinzuziehung zu dem Verfahren zu stellen. Die Benachrichtigungspflicht beschränkt sich auf die dem Gericht bekannten Personen. Die Namen und die Anschrift unbekannter Rechtsinhaber muss das Gericht nicht ermitteln. Ist eine im Antrag bezeichnete Person unter der angegebenen Anschrift nicht erreichbar, kann das Gericht die neue Anschrift selbst ermitteln. Es kann dies aber auch dem Antragsteller aufgeben, der im Rahmen seiner Mitwirkungspflicht (§ 27) zur Verfahrensförderung verpflichtet ist. Eine aufwändige gerichtliche Ermittlungstätigkeit und eine daraus resultierende Verfahrensverzögerung resultieren daher aus der Benachrichtigungspflicht des Gerichts nicht. **Satz 2** sieht eine Belehrung über das Antragsrecht vor. Die Benachrichtigungspflicht der in Nachlassverfahren auf Antrag hinzuzuziehenden Personen ist in § 345 Abs. 5 als Spezialnorm geregelt.

Absatz 5 dient der Klarstellung. Personen und Behörden, die aufgrund von Vorschriften in den Büchern 2 bis 8 dieses Gesetzes in einem Verfahren anzuhören sind oder eine Auskunft zu erteilen haben, werden nicht allein dadurch schon zu Beteiligten des Verfahrens.

Stellungnahme Bundesrat:
7. **Zu Artikel 1** (§ 7 Abs. 3 Satz 3 FamFG)
Artikel 1 § 7 Abs. 3 Satz 3 ist zu streichen.

§ 7 Abs. 3 Satz 3 FamFG-E sieht vor, gegen den Beschluss, mit dem das Gericht einem Antrag auf Hinzuziehung eines „Kann-Beteiligten" nicht entspricht, eine Anfechtungsmöglichkeit in entsprechender Anwendung der §§ 567 bis 572 ZPO einzuräumen.

Dieses Anfechtungsrecht überzeugt bereits aus systematischen Gründen nicht: Der „Kann-Beteiligte" (§ 7 Abs. 3 Satz 1 FamFG-E) stünde damit besser als ein „Muss-Beteiligter" (§ 7 Abs. 2 FamFG-E).

Wird der „Muss-Beteiligte" entgegen den gesetzlichen Vorgaben nicht beteiligt, bleibt ihm nur das Beschwerderecht nach Abschluss der Instanz. Die Beschwerdeberechtigung des „Muss-Beteiligten" richtet sich nach § 59 Abs. 1 FamFG-E. Ausweislich der Begründung (BR-Drs. 309/07, S. 449) kommt es auf die Beteiligtenstellung in erster Instanz nicht an. Maßgeblich ist vielmehr, ob der übergangene „Muss-Beteiligte" durch das Ergebnis der Entscheidung in seiner materiellen Rechtsstellung betroffen ist.

Demgegenüber muss der übergangene „Kann-Beteiligte" keine materielle Beschwer geltend machen. Eine solche materielle Beschwer setzt § 567 Abs. 1 ZPO nicht voraus. Dies folgt bereits aus § 567 Abs. 1 Nr. 2 ZPO, der bestimmt, dass die Beschwerde gegen eine Entscheidung statthaft ist, durch die ein das

Verfahren betreffendes Gesuch zurückgewiesen wurde. Die in der Kommentarliteratur angeführten Beispiele lassen keinen Zusammenhang zu einer materiellen Beschwer erkennen (vgl. Zöller-Gummer, 26. Aufl. 2007, § 567 Rn. 34). Daher steht der übergangene „Muss-Beteiligte" nach dem Gesetzentwurf schlechter als der „Kann-Beteiligte", dessen Antrag auf Hinzuziehung nicht entsprochen worden ist.

Das Beschwerderecht des übergangenen „Kann-Beteiligten" bevorzugt diesen auch in unausgewogener Weise gegenüber der Person, die durch das Verfahren unmittelbar betroffen ist. Der Betroffene hat nach dem Gesetzentwurf der Bundesregierung keine Möglichkeit, sich gegen einen Hinzuziehungsbeschluss zur Wehr zu setzen und das gerichtliche Ermessen überprüfen zu lassen. Durch die Hinzuziehung erhält ein „Kann-Beteiligter" unter Umständen gegen den Willen des unmittelbar Betroffenen Zugang zu sensiblen Informationen über den Betroffenen.

Es reicht aus, den Rechtsschutz eines übergangenen „Kann-Beteiligten" analog zum „Muss-Beteiligten" auf die sofortige Beschwerde nach Abschluss der Instanz unter den Voraussetzungen des § 59 Abs. 1 FamFG-E zu beschränken. Gegen eine Anfechtungsmöglichkeit spricht, dass sie zu einer erheblichen Verfahrensverzögerung führen kann. Sie steht insbesondere in einem Spannungsverhältnis zum Beschleunigungsgrundsatz, welches der Gesetzentwurf in Teilbereichen (z.B. § 155 Abs. 1 FamFG-E) sogar ausdrücklich vorgibt.

8. **Zu Artikel 1** (§ 7 Abs. 4, § 345 Abs. 5 FamFG)
Artikel 1 ist wie folgt zu ändern:

a) § 7 Abs. 4 ist wie folgt zu fassen:
„(4) Soweit dem Gericht die Anschrift derjenigen Personen bekannt ist, die nach Absatz 3 als Beteiligte zu dem Verfahren hinzugezogen werden können, sollen sie von der Einleitung des Verfahrens benachrichtigt und über ihr Antragsrecht belehrt werden."

b) § 345 Abs. 5 ist wie folgt zu fassen:
„(5) Soweit dem Gericht die Anschrift derjenigen Personen bekannt ist, die nach dieser Vorschrift auf Antrag zu beteiligen sind, sollen sie von der Einleitung des Verfahrens benachrichtigt und über ihr Antragsrecht belehrt werden. Der Benachrichtigung soll eine Abschrift des verfahrenseinleitenden Antrags beigefügt werden."

Begründung:

Nach § 7 Abs. 4 FamFG-E müssen Personen, die nach dessen Absatz 3 als Beteiligte zu den Verfahren hinzugezogen werden können, vom Gericht über die Einleitung des Verfahrens benachrichtigt und über ihr Antragsrecht belehrt werden. Eine ähnliche Regelung sieht § 345 Abs. 5 FamFG-E für das Nachlassverfahren vor.

Eine strikte Benachrichtigungspflicht führt zu einer erheblichen Formalisierung des Verfahrens. Sie wird ferner in vielen Verfahren einen erheblichen Mehraufwand für die Gerichte verursachen. Die Benachrichtigungspflicht schafft darüber hinaus den falschen Anreiz, Rechtsmittel auf das rein formale Argument einer Verletzung der Benachrichtigungspflicht zu stützen.

Unter rechtsstaatlichen Gesichtspunkten ist es ausreichend, die Benachrichtigungspflicht als Sollvorschrift auszugestalten. Eine Soll-Vorschrift ermöglicht es, in besonderen Fallkonstellationen von einer Benachrichtigung abzusehen, beispielsweise wenn dem Gericht aus zuverlässiger Quelle bekannt ist, dass ein „Kann-Beteiligter" ohnehin schon von der Verfahrenseinleitung unterrichtet ist.

Zudem ist die im Regierungsentwurf vorgesehene Formulierung „soweit sie dem Gericht bekannt sind" unscharf und zur Abgrenzung ungeeignet. Zwar führt die Entwurfsbegründung (BR-Drs. 309/07, S. 393) aus, dass aus der Benachrichtigungspflicht keine aufwändige gerichtliche Ermittlungstätigkeit resultiere. Diese Begründung ist zum einen aber nicht Teil des Gesetzeswortlauts. Zum anderen beseitigt sie die Unschärfe nicht, sondern verlagert sie auf den Umstand, welche Ermittlungstätigkeit eines Gerichts als „aufwändig" gilt und welche nicht. Vorzugswürdig ist daher eine klare Formulierung im Gesetzeswortlaut. Abzustellen ist nicht darauf, ob der „Kann-Beteiligte" dem Gericht bekannt ist (vgl. den Bezug des

Wortes „sie" in Satz 1 Halbsatz 2), sondern ob seine aktuell gültige Anschrift bekannt ist. Den Begriff „Anschrift" verwendet der Entwurf auch in § 15 Abs. 2 Satz 1 FamFG-E.

Gegenäußerung Bundesregierung:

Zu Nummer 7 (Artikel 1 – § 7 Abs. 3 Satz 3 FamFG)
Die Bundesregierung stimmt dem Vorschlag des Bundesrates nicht zu.

Sie teilt die Kritik des Bundesrates an einem Beschwerderecht der Kann-Beteiligten nicht. Ein wesentliches Ziel der Reform des Verfahrensrechts der freiwilligen Gerichtsbarkeit ist es, künftig in einem frühen Verfahrensstadium festzustellen, wer am Verfahren zu beteiligen ist. Die bisherige Systematik des FGG, in der die Beteiligtenstellung regelmäßig erst im Beschwerdeverfahren über die Beschwerdeberechtigung geregelt und zu bescheiden war, entspricht nicht den Anforderungen an eine moderne Verfahrensordnung, in der der Anspruch auf rechtliches Gehör in allen Instanzen zu gewährleisten ist. Diejenigen, die am Verfahren als Beteiligte teilnehmen möchten, können durch ein eigenständiges Beschwerderecht eine Überprüfung der ablehnenden Hinzuziehungsentscheidung des Erstgerichts erzwingen. Darüber hinaus entspricht die inzidente Überprüfung der Beteiligtenstellung erst im Beschwerdeverfahren nicht der Verfahrensökonomie. Aus einer fehlerhaft unterbliebenen Hinzuziehung folgende Defizite in der Sachverhaltsermittlung sollen nicht erst nach Abschluss des erstinstanzlichen Verfahrens durch das Beschwerdegericht oder nach Zurückverweisung durch erneutes Tätigwerden des erstinstanzlichen Gerichts behoben werden.

Die Bundesregierung teilt indes die Einschätzung des Bundesrates, dass ein Auseinanderfallen der Beschwerdeberechtigung von Muss- und Kann-Beteiligten gegen eine Hinzuziehungsentscheidung nicht wünschenswert ist. Die Regelung des § 7 Abs. 3 Satz 2 FamFG eröffnet daher nach dem Verständnis der Bundesregierung auch dem Muss-Beteiligten ein Beschwerderecht gegen eine Ablehnung seiner Hinzuziehung. Die Bundesregierung wird im weiteren Verlauf des Gesetzgebungsverfahrens prüfen, wie das Gewollte im Gesetzestext besser zum Ausdruck gebracht werden kann.

Zu Nummer 8 (Artikel 1 – § 7 Abs. 4, § 345 Abs. 5 FamFG)
Die Bundesregierung stimmt dem Vorschlag des Bundesrates nicht zu.

Eine erhebliche Ermittlungstätigkeit des Gerichts wird durch die Vorschriften über die Benachrichtigung nicht ausgelöst. Die Regelungen berücksichtigen ausgewogen das Interesse einerseits an der zügigen Durchführung des Verfahrens sowie andererseits an einer möglichst vollständigen Klärung, welche Personen auf Antrag zum Verfahren hinzugezogen werden. Die Ermittlungspflicht des Gerichts ist auf namentlich bekannte Personen beschränkt. Das Gericht hat grundsätzlich keine Verpflichtung, ihm unbekannte Personen selbständig zu ermitteln. Ist dem Gericht jedoch etwa eine nicht mehr zutreffende Adresse bekannt, so sind im Interesse einer möglichst vollständigen Unterrichtung gewisse weitere Ermittlungen zur Feststellung der aktuellen Adresse der Person angezeigt. Hierbei kann das Gericht sowohl selbständig Ermittlungen anstellen – etwa durch eine Anfrage beim Einwohnermeldeamt – als auch den Beteiligten im Rahmen ihrer Mitwirkungspflichten aufgegeben, die aktuelle Adresse der Person festzustellen.

Begründung Beschlussempfehlung Rechtsausschuss:

In Absatz 4 wird die gerichtliche Unterrichtungspflicht über die Verfahrenseinleitung für alle Gruppen von Beteiligten einheitlich geregelt. Die gesonderte Regelung in § 345 Abs. 5 für Beteiligte am Erbscheinsverfahren, die auf ihren Antrag am Verfahren zu beteiligen sind, kann entfallen.

Durch die Ergänzung in Absatz 5 wird auf Grund eines Hinweises der Sachverständigen klargestellt, dass auch einem nach Absatz 2 von Amts wegen zu Beteiligenden eine Befugnis zu einem Antrag auf Hinzuziehung und ein Beschwerderecht gegen eine unterbliebene Hinzuziehung zusteht. Dadurch kann im Wege der sofortigen Beschwerde zeitnah überprüft werden, ob jemand zu Recht nicht zu einem Verfahren hinzugezogen wurde, weil er durch das Verfahren nicht unmittelbar in seinen Rechten betroffen wird (vgl. Absatz 2 Nr. 1).

§ 8
Beteiligtenfähigkeit

Beteiligtenfähig sind

1. natürliche und juristische Personen,
2. Vereinigungen, Personengruppen und Einrichtungen, soweit ihnen ein Recht zustehen kann,
3. Behörden.

Die Vorschrift entspricht der Fassung des Regierungsentwurfs.

Begründung RegE:
Die Beteiligtenfähigkeit ist im bisher geltenden Recht nicht geregelt. Gleichwohl entspricht es allgemeiner Ansicht, dass die Beteiligtenfähigkeit im FG-Verfahren eine von Amts wegen zu prüfende Verfahrensvoraussetzung darstellt (KG vom 21. August 2001 – 1 W 8620/99 – juris; Keidel/Kuntze/Winkler-Schmidt, Freiwillige Gerichtsbarkeit, 15. Aufl. 2003, Rn. 143 zu § 12; Bassenge/Herbst/Roth-Bassenge, Freiwillige Gerichtsbarkeit, 9. Aufl. 2002, Rn. 31 der Einleitung). Die Beteiligtenfähigkeit entspricht im Wesentlichen der Rechtsfähigkeit nach materiellem Recht. Beteiligtenfähig sind demnach natürliche und juristische Personen des öffentlichen oder privaten Rechts, aber auch nichtrechtsfähige Vereine, denen das Gesetz Beteiligtenfähigkeit erteilt – etwa Gewerkschaften gemäß §§ 98 ff. AktG –, und Behörden ohne eigene Rechtspersönlichkeit, soweit sie ein eigenes Antragsrecht haben (Bassenge/Herbst/Roth-Bassenge, Freiwillige Gerichtsbarkeit, 9. Aufl. 2002, Rn. 32 der Einleitung). Diese Verfahrensvoraussetzung wird mit der Vorschrift nunmehr gesetzlich geregelt. Die Vorschrift lehnt sich an § 61 VwGO an.

Nummer 1 sieht die Beteiligtenfähigkeit natürlicher und juristischer Personen vor.

Nummer 2 eröffnet auch Vereinigungen, Personengruppen und Einrichtungen die Beteiligtenfähigkeit, soweit ihnen die Rechtsordnung Rechte zuspricht.

Nummer 3 erstreckt die Beteiligtenfähigkeit generell auf Behörden.

§ 9
Verfahrensfähigkeit

(1) Verfahrensfähig sind
1. die nach bürgerlichem Recht Geschäftsfähigen,
2. die nach bürgerlichem Recht beschränkt Geschäftsfähigen, soweit sie für den Gegenstand des Verfahrens nach bürgerlichem Recht als geschäftsfähig anerkannt sind,
3. die nach bürgerlichem Recht beschränkt Geschäftsfähigen, soweit sie das 14. Lebensjahr vollendet haben und sie in einem Verfahren, das ihre Person betrifft, ein ihnen nach bürgerlichem Recht zustehendes Recht geltend machen,
4. diejenigen, die aufgrund dieses oder eines anderen Gesetzes dazu bestimmt werden.

(2) Soweit ein Geschäftsunfähiger oder in der Geschäftsfähigkeit Beschränkter nicht verfahrensfähig ist, handeln für ihn die nach bürgerlichem Recht dazu befugten Personen.

(3) Für Vereinigungen sowie für Behörden handeln ihre gesetzlichen Vertreter, Vorstände oder besonders Beauftragte.

(4) Das Verschulden eines gesetzlichen Vertreters steht dem Verschulden eines Beteiligten gleich.

(5) Die §§ 53 bis 58 der Zivilprozessordnung gelten entsprechend.

Die Vorschrift entspricht hinsichtlich der Absätze 2–4 dem Regierungsentwurf; in Absatz 1 sind mit der Beschlussempfehlung des Rechtsausschusses die Nrn. 2 und 4 neu gefasst worden, Nr. 3 ist neu eingefügt worden:

Frühere Fassung RegE:

2. die nach bürgerlichem Recht beschränkt Geschäftsfähigen, soweit sie für den Gegenstand des Verfahrens nach bürgerlichem Recht als geschäftsfähig oder nach öffentlichem Recht als handlungsfähig anerkannt sind,

3. diejenigen, die in diesem Gesetz dazu bestimmt werden.

Begründung RegE:

Die Vorschrift regelt die Fähigkeit des Beteiligten, selbst oder durch einen selbst gewählten Vertreter wirksam Erklärungen im Verfahren abzugeben. Fehlt es an der Verfahrensfähigkeit, so sind gleichwohl vorgenommene Verfahrenshandlungen unwirksam. Verfahrensfähig kann nur sein, wer auch beteiligtenfähig ist.

Absatz 1 Nummer 1 bestimmt, dass verfahrensfähig die nach bürgerlichem Recht voll Geschäftsfähigen sind. Die Vorschrift ist § 62 Abs. 1 Nr. 1 VwGO nachgebildet. Die Geschäftsfähigkeit richtet sich nach §§ 2 und 104 ff. BGB. Es darf weder eine Pflegschaft gemäß §§ 1911, 1913 BGB vorliegen noch im Verfahren ein Prozesspfleger gemäß § 57 ZPO bestellt sein.

Nummer 2 regelt, dass verfahrensfähig ferner die nach bürgerlichem Recht beschränkt Geschäftsfähigen sind, soweit sie nach bürgerlichem Recht als geschäftsfähig oder nach öffentlichem Recht als handlungsfähig angesehen werden. Die Vorschrift ist § 62 Abs. 1 Nr. 2 VwGO nachgebildet. Beschränkt Geschäftsfähige können etwa die zum selbständigen Betrieb eines Erwerbsgeschäftes gemäß § 112 BGB ermächtigten Minderjährigen für alle Geschäfte, die der Betrieb mit sich bringt, oder die zur Dienst- oder Arbeitsübernahme gemäß § 113 BGB ermächtigten Minderjährigen für Geschäfte, die Eingehung, Aufhebung oder Erfüllung des Dienstgeschäftes betreffen, sein. Die Verfahrensfähigkeit der nach bürgerlichem Recht beschränkt Geschäftsfähigen kann sich für bestimmte Verfahrensgegenstände des Weiteren auch aus öffentlichem Recht ergeben. Inwieweit dies der Fall ist, ist im Zweifel durch Auslegung der in Frage stehenden Vorschriften unter Berücksichtigung des Zwecks der Regelung zu entscheiden.

Nummer 3 trägt den Besonderheiten der betreuungs- und unterbringungsrechtlichen Verfahren Rechnung; gemäß §§ 275, 316 ist der Betroffene in diesen Verfahren stets verfahrensfähig.

Absatz 2 verweist hinsichtlich der Vertretung nicht verfahrensfähiger Personen auf die Vorschriften des bürgerlichen Rechts. Die Vorschrift ist an § 58 Abs. 2 FGO angelehnt.

Absatz 3 regelt die Verfahrensfähigkeit von Vereinigungen und Behörden. Die Vorschrift ist an § 62 Abs. 3 VwGO angelehnt. Der Begriff der Vereinigung ist weit zu verstehen. Er umfasst auch juristische Personen des Privatrechts und des öffentlichen Rechts sowie nichtrechtsfähige Vereinigungen im Sinne des § 8 Nr. 2. Zur Vertretung befugt sind hierbei neben den gesetzlichen Vertretern auch vertretungsbefugte Personen kraft Amtes.

Absatz 4 knüpft an den bisherigen § 22 Abs. 2 Satz 2 FGG an, der hinsichtlich der Fristversäumung bei der sofortigen Beschwerde das Verschulden des Vertreters mit dem des Vertretenen gleichsetzt. Dieser Rechtsgedanke wird jedoch über den bisherigen engen Anwendungsbereich auf die Wiedereinsetzung bei Einlegung des befristeten Rechtsmittels hinaus erweitert; Absatz 3 erstreckt die Zurechnung gegenüber dem Vertretenen nunmehr auf alle Handlungen des gesetzlichen Vertreters. Die Vorschrift ist an § 51 Abs. 2 ZPO angelehnt. Die Zurechnung des Verschuldens des gewillkürten Vertreters ist demgegenüber künftig in § 11 Abs. 2 mit der Verweisung auf § 85 Abs. 2 ZPO geregelt.

Absatz 5 sieht die entsprechende Anwendung der §§ 53 bis 58 ZPO vor. Die Vorschrift ist an § 62 Abs. 4 VwGO angelehnt. Hierdurch wird den prozessualen Besonderheiten etwa hinsichtlich einer Betreuung oder Pflegschaft (§ 53 ZPO), der Vornahme einzelner Prozesshandlungen ohne besondere Ermächtigung (§ 54 ZPO) und der Prüfung der Verfahrensfähigkeit von Ausländern (§ 55 ZPO) Rechnung getragen. Auch die Möglichkeit der Zulassung eines Beteiligten zur Verfahrensführung unter Vorbehalt (§ 56 Abs. 2 ZPO) wird eröffnet. Des Weiteren ist die Bestellung eines Prozesspflegers unter den Voraussetzungen des § 57 ZPO möglich. Bereits auf der Grundlage des geltenden Rechts findet § 57 ZPO in der Rechtsprechung entsprechende Anwendung in FG-Verfahren (BGH NJW 1989, 985). Das Gericht hat nach Maßgabe des § 57 ZPO dafür Sorge zu tragen, dass insbesondere ein nicht verfahrensfähiger Antragsgegner in einem Verfahren ordnungsgemäß vertreten ist, um ihm in hinreichendem Umfang rechtliches Gehör zu gewähren, soweit nicht spezielle Vorschriften über den Verfahrensbeistand oder Verfahrenspfleger eingreifen. Schließlich wird die Möglichkeit der Bestellung eines Verfahrenspflegers bei einem herrenlosen Grundstück oder Schiff (§ 58 ZPO) eröffnet.

Begründung Beschlussempfehlung Rechtsausschuss:

Die neu eingefügte Nummer 3 erweitert die Verfahrensfähigkeit des Kindes, das das 14. Lebensjahr vollendet hat. Die Vorschrift erlaubt ihm die eigenständige Geltendmachung materieller Rechte im kindschaftsrechtlichen Verfahren, das seine Person betrifft, ohne Mitwirkung seiner gesetzlichen Vertreter. Damit wird ein verfahrensrechtliches Korrelat zu den verschiedentlich eingeräumten Widerspruchs- und Mitwirkungsrechten des über 14-jährigen Kindes (z.B. § 1671 Abs. 2 Nr. 1 BGB) geschaffen und die notwendige Akzessorietät zwischen materiellem Recht und Verfahrensrecht hergestellt.

Die neu gefasste Nummer 4 nimmt als Blankettvorschrift im Hinblick auf die Verfahrens- und Handlungsfähigkeit nunmehr nicht nur auf das FamFG selbst, sondern auch auf andere Gesetze wie z.B. das SGB I Bezug. Dies stellt die notwendige Akzessorietät zwischen materiellem bürgerlichem oder öffentlichem Recht und Verfahrensrecht her. Die Bezugnahme auf die Handlungsfähigkeit nach öffentlichem Recht in Nummer 2 kann entfallen.

§ 10
Bevollmächtigte

(1) Soweit eine Vertretung durch Rechtsanwälte nicht geboten ist, können die Beteiligten das Verfahren selbst betreiben.

(2) Die Beteiligten können sich durch einen Rechtsanwalt als Bevollmächtigten vertreten lassen. Darüber hinaus sind als Bevollmächtigte, soweit eine Vertretung durch Rechtsanwälte nicht geboten ist, vertretungsbefugt nur

1. **Beschäftigte des Beteiligten oder eines mit ihm verbundenen Unternehmens (§ 15 des Aktiengesetzes); Behörden und juristische Personen des öffentlichen Rechts einschließlich der von ihnen zur Erfüllung ihrer öffentlichen Aufgaben gebildeten Zusammenschlüsse können sich auch durch Beschäftigte der zuständigen Aufsichtsbehörde oder des kommunalen Spitzenverbandes des Landes, dem sie angehören, vertreten lassen;**

2. **volljährige Familienangehörige (§ 15 der Abgabenordnung, § 11 des Lebenspartnerschaftsgesetzes), Personen mit Befähigung zum Richteramt und die Beteiligten, wenn die Vertretung nicht im Zusammenhang mit einer entgeltlichen Tätigkeit steht;**

3. **Notare.**

(3) Das Gericht weist Bevollmächtigte, die nicht nach Maßgabe des Absatzes 2 vertretungsbefugt sind, durch unanfechtbaren Beschluss zurück. Verfahrenshandlungen, die ein nicht vertretungsbefugter Bevollmächtigter bis zu seiner Zurückweisung vorgenommen hat, und Zustellungen oder Mitteilungen an diesen Bevollmächtigten sind wirksam. Das Gericht kann den in Absatz 2 Satz 2 Nr. 1 und 2 bezeichneten Bevollmächtigten durch unanfechtbaren Beschluss die weitere Vertretung untersagen, wenn sie nicht in der Lage sind, das Sach- und Streitverhältnis sachgerecht darzustellen.

(4) Vor dem Bundesgerichtshof müssen sich die Beteiligten, außer im Verfahren über die Ausschließung und Ablehnung von Gerichtspersonen und im Verfahren über die Verfahrenskostenhilfe, durch einen beim Bundesgerichtshof zugelassenen Rechtsanwalt vertreten lassen. Behörden und juristische Personen des öffentlichen Rechts einschließlich der von ihnen zur Erfüllung ihrer öffentlichen Aufgaben gebildeten Zusammenschlüsse können sich durch eigene Beschäftigte mit Befähigung zum Richteramt oder durch Beschäftigte mit Befähigung zum Rich-

teramt der zuständigen Aufsichtsbehörde oder des jeweiligen kommunalen Spitzenverbandes des Landes, dem sie angehören, vertreten lassen. Für die Beiordnung eines Notanwaltes gelten die §§ 78b und 78c der Zivilprozessordnung entsprechend.

(5) Richter dürfen nicht als Bevollmächtigte vor dem Gericht auftreten, dem sie angehören.

Die Vorschrift entspricht der Fassung des Regierungsentwurfs.

Begründung RegE:

Die Vorschrift regelt, in welchem Umfang ein Beteiligter sich durch einen Bevollmächtigten vertreten lassen kann sowie vor welchen Gerichten eine Vertretung durch einen Bevollmächtigten erforderlich ist. Für bestimmte Verfahren vor den Familiengerichten trifft § 114 eine gesonderte Regelung.

Absatz 1 entspricht § 13 Abs. 1 FGG in der Fassung des Entwurfs eines Gesetzes zur Neuregelung des Rechtsberatungsrechts (BT-Drs. 16/3655).

Absatz 2 entspricht inhaltlich § 13 Abs. 2 FGG in der Fassung des Entwurfs eines Gesetzes zur Neuregelung des Rechtsberatungsrechts (BT-Drs. 16/3655). Ein Vertretungserfordernis durch einen Anwalt besteht für das Beschwerdeverfahren nicht. Dies betrifft auch die Erstbeschwerden, für die nunmehr gemäß § 119 Abs. 1 Nr. 1 GVG-E (Artikel 22, Nr. 14) die Oberlandesgerichte zuständig sind. Die Vorschrift schreibt insoweit die bisherige Rechtslage für die Erstbeschwerde fort.

Absatz 3 entspricht § 13 Abs. 3 FGG in der Fassung des Entwurfs eines Gesetzes zur Neuregelung des Rechtsberatungsrechts (BT-Drs. 16/3655).

Absatz 4 regelt das Vertretungserfordernis vor dem Bundesgerichtshof. Die Vorschrift ist im Wesentlichen §§ 11 Abs. 4 ArbGG-E, 73 Abs. 4 SGG-E, 67 Abs. 4 VwGO-E, 62 Abs. 4 FGO-E in der Fassung des Entwurfs eines Gesetzes zur Neuregelung des Rechtsberatungsrechts (BT-Drs. 16/3655) nachgebildet.

Satz 1 bestimmt, dass die Beteiligten sich durch einen beim Bundesgerichtshof zugelassenen Anwalt vertreten lassen müssen. **Satz 2** enthält in Übereinstimmung mit §§ 73 Abs. 4 Satz 2 SGG-E, 64 Abs. 4 Satz 2 VwGO-E, 62 Abs. 4 Satz 2 FGO-E die Regelung, dass Behörden und Personen des öffentlichen Rechts sich durch eigene Beschäftigte vertreten lassen können, sofern diese die Befähigung zum Richteramt besitzen. Die Vorschrift knüpft an den bisherigen § 29 Abs. 1 Satz 3 FGG an, ist hinsichtlich der vertretungsberechtigten Personen und des Umfangs des Vertretungserfordernisses aber mit den durch das Gesetz zur Neuregelung des Rechtsberatungsrechts (BT-Drs. 16/3655) neu gefassten Verfahrensvorschriften der §§ 73 Abs. 4 Satz 2 SGG-E, 64 Abs. 4 Satz 2 VwGO-E, 62 Abs. 4 Satz 2 FGO-E harmonisiert.

Satz 3 bestimmt des Weiteren, dass die Beiordnung eines Notanwaltes in entsprechender Anwendung der §§ 78b und 78c ZPO statthaft ist.

Absatz 5 entspricht § 13 Abs. 4 FGG in der Fassung des Entwurfs eines Gesetzes zur Neuregelung des Rechtsberatungsrechts (BT-Drs. 16/3655).

§ 11
Verfahrensvollmacht

Die Vollmacht ist schriftlich zu den Gerichtsakten einzureichen. Sie kann nachgereicht werden; hierfür kann das Gericht eine Frist bestimmen. Der Mangel der Vollmacht kann in jeder Lage des Verfahrens geltend gemacht werden. Das Gericht hat den Mangel der Vollmacht von Amts wegen zu berücksichtigen, wenn nicht als Bevollmächtigter ein Rechtsanwalt oder Notar auftritt. Im Übrigen gelten die §§ 81 bis 87 und 89 der Zivilprozessordnung entsprechend.

Die Vorschrift entspricht der Fassung des Regierungsentwurfs.

Begründung RegE:

Die Vorschrift entspricht im Wesentlichen § 13 Abs. 5 FGG in der Fassung des Entwurfs eines Gesetzes zur Neuregelung des Rechtsberatungsrechts (Bundestagsdrucksache 16/3655). Satz 5 regelt darüber hinaus, dass für den Umfang, die Wirkung und den Fortbestand der Vollmacht die Vorschriften der Zivilprozessordnung entsprechend anzuwenden sind.

§ 12
Beistand

Im Termin können die Beteiligten mit Beiständen erscheinen. Beistand kann sein, wer in Verfahren, in denen die Beteiligten das Verfahren selbst betreiben können, als Bevollmächtigter zur Vertretung befugt ist. Das Gericht kann andere Personen als Beistand zulassen, wenn dies sachdienlich ist und hierfür nach den Umständen des Einzelfalls ein Bedürfnis besteht. § 10 Abs. 3 Satz 1 und 3 und Abs. 5 gilt entsprechend. Das von dem Beistand Vorgetragene gilt als von dem Beteiligten vorgebracht, soweit es nicht von diesem sofort widerrufen oder berichtigt wird.

Die Vorschrift entspricht der Fassung des Regierungsentwurfs.

Begründung RegE:
Die Vorschrift entspricht inhaltlich § 13 Abs. 6 FGG in der Fassung des Entwurfs eines Gesetzes zur Neuregelung des Rechtsberatungsrechts (BT-Drs. 16/3655).

§ 13
Akteneinsicht

(1) Die Beteiligten können die Gerichtsakten auf der Geschäftsstelle einsehen, soweit nicht schwerwiegende Interessen eines Beteiligten oder eines Dritten entgegenstehen.

(2) Personen, die an dem Verfahren nicht beteiligt sind, kann Einsicht nur gestattet werden, soweit sie ein berechtigtes Interesse glaubhaft machen und schutzwürdige Interessen eines Beteiligten oder eines Dritten nicht entgegenstehen. Die Einsicht ist zu versagen, wenn ein Fall des § 1758 des Bürgerlichen Gesetzbuches vorliegt.

(3) Soweit Akteneinsicht gewährt wird, können die Berechtigten sich auf ihre Kosten durch die Geschäftsstelle Ausfertigungen, Auszüge und Abschriften erteilen lassen. Die Abschrift ist auf Verlangen zu beglaubigen.

(4) Einem Rechtsanwalt, einem Notar oder einer beteiligten Behörde kann das Gericht die Akten in die Amts- oder Geschäftsräume überlassen. Ein Recht auf Überlassung von Beweisstücken in die Amts- oder Geschäftsräume besteht nicht. Die Entscheidung nach Satz 1 ist nicht anfechtbar.

(5) Werden die Gerichtsakten elektronisch geführt, gilt § 299 Abs. 3 der Zivilprozessordnung entsprechend. Der elektronische Zugriff nach § 299 Abs. 3 Satz 2 und Satz 3 der Zivilprozessordnung kann auch dem Notar oder der beteiligten Behörde gestattet werden.

(6) Die Entwürfe zu Beschlüssen und Verfügungen, die zu ihrer Vorbereitung gelieferten Arbeiten sowie die Dokumente, die Abstimmungen betreffen, werden weder vorgelegt noch abschriftlich mitgeteilt.

(7) Über die Akteneinsicht entscheidet das Gericht, bei Kollegialgerichten der Vorsitzende.

Die Vorschrift entspricht hinsichtlich der Absätze 1 bis 4 dem Regierungsentwurf; Absatz 4 ist mit der Beschlussempfehlung des Rechtsausschusses neu gefasst worden, Absatz 6 ist neu eingefügt worden und der bisherige Absatz 6 ist Absatz 7 geworden:

Frühere Fassung RegE:
(4) Einem Rechtsanwalt, einem Notar oder einer beteiligten Behörde kann das Gericht die Akten mit Ausnahme der Beweisstücke in die Amts- oder Geschäftsräume überlassen. Die Entscheidung nach Satz 1 ist nicht anfechtbar.

Begründung RegE:
Die Vorschrift ersetzt den bisherigen § 34 FGG.

Absatz 1 regelt die Akteneinsicht für die Beteiligten und räumt ihnen im Grundsatz ein uneingeschränktes Akteneinsichtsrecht ein. Dieser Anspruch ist Ausdruck ihres Rechts auf rechtliches Gehör. Bereits nach geltender Rechtslage sind die Beteiligten unabhängig von der Glaubhaftmachung eines berechtigten Interesses im Sinne des § 34 FGG stets berechtigt, die Verfahrensakten einzusehen (Keidel/Kuntze/Winkler-Sternal, Freiwillige Gerichtsbarkeit, 15. Aufl. 2003, Rn. 1 zu § 34). Dies wird nunmehr ausdrücklich gesetzlich geregelt. Das Recht auf Akteneinsicht erstreckt sich hierbei auf die dem Gericht im Zusammenhang mit dem Rechtsstreit vorgelegten oder vom Gericht selbst geführten Akten, einschließlich aller beigezogenen Unterlagen, sofern diese Akten zur Grundlage der Entscheidung gemacht werden sollen oder gemacht worden sind.

Das Recht auf Akteneinsicht nach Absatz 1 ist allerdings nicht völlig uneingeschränkt gegeben. Das Gericht kann einem Beteiligten die Einsicht im Einzelfall versagen, wenn dies aufgrund schwerwiegender Interessen eines anderen Beteiligten oder eines Dritten erforderlich ist. Hierbei genügt aber noch nicht jedes Interesse aus der Privatsphäre oder aus dem Vermögensbereich eines Beteiligten. Vielmehr muss das seitens des anderen Beteiligten bestehende Interesse so schwerwiegend sein, dass das Recht auf vollumfängliche Akteneinsicht im Einzelfall zurückzustehen hat. Dies kann etwa psychiatrische Gutachten betreffen, wenn mit der Akteneinsicht Gefahren für den betroffenen Beteiligten verbunden sind. Auch in Fällen häuslicher Gewalt kann – z.B. zur Geheimhaltung des akuellen Aufenthaltsorts des Gewaltbetroffenen – eine Akteneinsicht nicht oder nur eingeschränkt zu gewähren sein. Wenn eine Akteneinsicht aus diesem Grund ausgeschlossen ist, haben die Beteiligten zur Wahrung des rechtlichen Gehörs Anspruch auf Bekanntgabe des wesentlichen Inhalts in geeigneter Form, soweit dies mit dem Zweck der Versagung vereinbar ist, etwa durch Auszüge oder eine schriftliche oder mündliche Zusammenfassung. Kann auf diese Weise das rechtliche Gehör nicht hinreichend gewährt werden, dürfen die Erkenntnisse aus den betroffenen Unterlagen grundsätzlich nicht zur Grundlage der Entscheidung gemacht werden.

Absatz 2 regelt das Recht Dritter auf Akteneinsicht. Erfordernis für die Gewährung der Akteneinsicht ist gemäß **Satz 1** die Glaubhaftmachung eines berechtigten Interesses. Dies entspricht der bisherigen Regelung des § 34 Abs. 1 FGG sowie im Wesentlichen § 299 Abs. 1 ZPO. **Satz 2** entspricht inhaltlich dem bisherigen § 34 Abs. 2 FGG.

Absatz 2 lässt andere gesetzliche Vorschriften, nach denen am Verfahren nicht beteiligte Behörden Akteneinsicht verlangen können, unberührt. Justizbehörden können wegen der künftigen Einbeziehung der Angelegenheiten der freiwilligen Gerichtsbarkeit in das Gerichtsverfassungsgesetz auch Akteneinsicht im Wege der Rechtshilfe verlangen. In diesen Fällen obliegt es den die Akteneinsicht vornehmenden Behörden, die Wahrung der datenschutzrechtlichen Bestimmungen sicherzustellen.

Absatz 3 Satz 1 bestimmt, dass die Berechtigung, die Akten einzusehen, sich auch auf die Erteilung von Ausfertigungen, Auszügen und Abschriften erstreckt. Diese Vorschrift entspricht inhaltlich dem bisherigen § 34 Abs. 1 Satz 2, 1. Halbsatz FGG und ist lediglich redaktionell überarbeitet worden. Nach **Satz 2** können die Berechtigten auf ihre Kosten eine Beglaubigung der Abschrift verlangen. Die Bestimmung fasst die bisherigen §§ 34 Abs. 1 Satz 2, 2. Halbsatz und 78 Abs. 2, 2. Halbsatz FGG zusammen und macht eine besondere Vorschrift für die Beglaubigung von Abschriften bei der Einsicht in Nachlassakten entbehrlich.

Absatz 4 Satz 1 regelt die Überlassung von Akten zur Einsichtnahme an Rechtsanwälte, Notare oder beteiligte Behörden. Bei ihnen wird grundsätzlich von einer besonderen Zuverlässigkeit ausgegangen. Liegt diese vor und können die Akten unschwer kurzfristig entbehrt werden, werden die Voraussetzungen für die Überlassung der Akten regelmäßig gegeben sein. Zur Vermeidung von Zwischenstreitigkeiten ist die Anfechtung der gerichtlichen Entscheidung über die Aktenüberlassung gemäß Satz 2 ausgeschlossen.

Absatz 5 Satz 1 regelt die Akteneinsicht bei elektronischer Aktenführung durch Verweisung auf § 299 Abs. 3 ZPO. Dabei ist durch technisch-organisatorische Maßnahmen sicherzustellen, dass bei elektronischer Einsichtnahme die Berechtigung des Abfragenden zweifelsfrei feststeht (Authentisierung und Autorisierung); ebenso muss der Schutz vor einer unbefugten Einsichtnahme durch Dritte während der

Übertragung gewährleistet sein (Verschlüsselung). **Satz 2** erweitert den Kreis derjenigen, denen Einsichtnahme durch elektronischen Zugriff nach § 299 Abs. 3 Satz 2 und 3 ZPO gewährt werden kann, um Notare und beteiligte Behörden.

Absatz 6 stellt klar, dass die Entscheidung über die Akteneinsicht durch das verfahrensführende Gericht erfolgt. Welcher Entscheidungsträger funktionell zuständig ist, richtet sich nach den für die jeweilige Angelegenheit geltenden Vorschriften, beispielsweise nach § 3 RPflG. Zur Beschleunigung und Straffung des Verfahrens entscheidet über Gesuche auf Akteneinsicht bei Kollegialgerichten der Vorsitzende allein. Soweit es sich bei der Entscheidung über ein Akteneinsichtsgesuch um einen Justizverwaltungsakt handelt, ist hiergegen die Beschwerde nach § 23 EGGVG gegeben.

Stellungnahme Bundesrat:
9. **Zu Artikel 1** (§ 13 Abs. 3 Satz 2 FamFG),
Artikel 2 (Anlage 1 zu § 3 Abs. 2 FamGKG – Kostenverzeichnis – Nr. 1503 – neu –)

Der Bundesrat bittet für den Fall, dass der Anspruch der nach § 13 Abs. 1 und 2 FamFG-E Berechtigten auf Beglaubigung von Abschriften aus den Gerichtsakten nach § 13 Abs. 3 Satz 2 FamFG-E im weiteren Verlauf des Gesetzgebungsverfahrens nicht gestrichen wird, in das Gesetz über Gerichtskosten in Familiensachen einen Gebührentatbestand einzufügen, um den gerichtlichen Aufwand für Beglaubigungen abzugelten.

In diesem Fall ist in Artikel 2 Anlage 1 (zu § 3 Abs. 2) – Kostenverzeichnis – nach Nummer 1502 folgende Nummer 1503 einzufügen:

Nr.	Gebührentatbestand	Gebühr oder Satz der Gebühr nach § 28 FamGKG
„1503	Beglaubigung von Ablichtungen, Ausdrucken und Auszügen aus Akten auf Antrag.......................... (1) Werden die Ablichtungen, Ausdrucke und Auszüge durch das Gericht hergestellt, kommt die Dokumentenpauschale hinzu. (2) Absatz 2 der Anmerkung zu Nummer 2000 bleibt unberührt."	0,50 Euro für jede angefangene Seite, mindestens 5,00 EUR

Ferner bittet der Bundesrat für den Fall, dass der Beglaubigungsanspruch gemäß § 13 Abs. 1 und 2 FamFG-E nicht gestrichen wird, im weiteren Verlauf des Gesetzgebungsverfahrens zu prüfen, ob auch Regelungen in die Kostenordnung (KostO) eingefügt werden können, die den gerichtlichen Aufwand der Beglaubigung angemessen entschädigen.

Begründung:

Nach § 13 Abs. 3 Satz 2 FamFG-E sind Abschriften aus Gerichtsakten, die zur Akteneinsicht Berechtigten auf ihren Antrag erteilt werden, auf Verlangen zu beglaubigen. Anders als die Kostenordnung (§ 55 KostO) und die Justizverwaltungskostenordnung (Nr. 102 GV JVKostO) sieht der Entwurf des Gesetzes über Gerichtskosten in Familiensachen (Artikel 2 FGG-RG-E) für derartige Beglaubigungen keine Gebühren vor. Zur Abgeltung des den Gerichten durch die Vornahme von Beglaubigungen entstehenden Aufwands ist daher in das Gesetz über Gerichtskosten in Familiensachen ein der Nummer 102 des Gebührenverzeichnisses zur Justizverwaltungskostenordnung entsprechender Gebührentatbestand aufzunehmen.

Unabhängig davon, ob die größtenteils entschädigungslose Beglaubigung nach den geltenden Regelungen der Kostenordnung sachlich zu rechtfertigen ist, ist in den familiengerichtlichen Verfahren mit Inkrafttreten des FGG-RG mit einem wesentlich höheren Aufwand für gerichtliche Beglaubigungen zu rechnen. Die Dokumentenpauschale ist auf Grund ihrer Höhe nicht geeignet, diesen zusätzlichen Aufwand abzudecken. Es sollte auch hier ein von der Dokumentenpauschale unabhängiger Gebührentatbestand für Beglaubigungen eingeführt werden, um keinen Anreiz zu unnötigen Beglaubigungen und damit einer höheren Belastung der Gerichte zu geben.

10. **Zu Artikel 1** (§ 13 Abs. 4 Satz 1 und 1a – neu – FamFG)
Artikel 1 § 13 Abs. 4 ist wie folgt zu ändern:
a) In Satz 1 sind die Wörter „mit Ausnahme der Beweisstücke" zu streichen.
b) Nach Satz 1 ist folgender Satz einzufügen:
„Ein Recht auf Überlassung von Beweisstücken in die Amts- oder Geschäftsräume besteht nicht."

Begründung:

Soweit in § 13 Abs. 4 Satz 1 FamFG-E geregelt ist, dass das Gericht einem Rechtsanwalt, einem Notar oder einer beteiligten Behörde die Akten „mit Ausnahme der Beweisstücke" in die Amts- oder Geschäftsräume überlassen kann, kann dies zu erheblichen praktischen Schwierigkeiten führen, da nach dem Wortlaut des Gesetzentwurfs vor jeder Aktenübersendung zu prüfen ist, ob sich in den Akten Urkunden befinden, die als Beweismittel in Betracht kommen. Um den hiermit verbundenen zusätzlichen Arbeitsaufwand zu vermeiden und vor dem Hintergrund der Tatsache, dass die vollständige Aktenübersendung an die in § 13 Abs. 4 Satz 1 FamFG-E genannten Personen und Gruppen – soweit bekannt – bisher nicht zu Beweismittelverlusten geführt hat, sollte die Frage, ob mit der Überlassung der Akten nach § 13 Abs. 4 FamFG auch die Überlassung von Beweismitteln verbunden ist, insgesamt in das Ermessen des Gerichts gestellt werden. Dementsprechend kann der Richter in jedem Einzelfall entscheiden, ob er einzelne Beweisstücke – etwa Stammbücher – von der Versendung der Akten ausnimmt. Diesem Anliegen trägt die Streichung der Wörter „mit Ausnahme der Beweisstücke" Rechnung.

Um zu vermeiden, dass diese Streichung zu dem Fehlverständnis führt, nunmehr bestehe auch hinsichtlich der Beweisstücke als Aktenbestandteil ausnahmslos ein Recht auf Überlassung in die Amts- oder Geschäftsräume, soll ein klarstellender Satz 1a eingefügt werden, wonach ein Recht auf Überlassung von Beweisstücken in die Amts- oder Geschäftsräume nicht besteht.

Gegenäußerung Bundesregierung:

Zu Nummer 9 (Artikel 2 – Anlage 1 zu § 3 Abs. 2 FamGKG – Kostenverzeichnis – Nummer 1503 – neu –

Die vom Bundesrat vorgeschlagene Beglaubigungsgebühr sollte – jedenfalls derzeit – nicht in das FamGKG eingefügt werden. Grundsätzlich ist die Beglaubigung innerhalb eines Verfahrens für die Beteiligten mit den jeweiligen Gebühren mit abgegolten.

Das Gerichtskostengesetz kennt daher einen solchen Beglaubigungstatbestand nicht, in der Kostenordnung ist die Regelung über die Beglaubigungsgebühr des § 55 KostO in § 132 sehr stark eingeschränkt. Danach wird bei der Erteilung beglaubigter Ablichtungen oder Ausdrucke der vom Gericht erlassenen Entscheidungen sowie der von ihm aufgenommenen oder in Urschrift in seiner dauernden Verwahrung befindlichen Urkunden eine Beglaubigungsgebühr nicht erhoben. Eine Beglaubigungsgebühr wird nach § 136 Abs. 1 Nr. 2 KostO auch dann nicht erhoben, wenn Ausfertigungen und Ablichtungen, die angefertigt werden müssen, weil zu den Akten gegebene Urkunden, von denen eine Ablichtung zurückbehalten werden muss, zurückgefordert werden.

Soweit Ablichtungen aus Verfahrensakten in bürgerlich-rechtlichen Streitigkeiten nach rechtskräftigem Abschluss des Verfahrens oder an Dritte, nicht am Verfahren Beteiligte, herausgegeben werden, fällt dies in die Zuständigkeit der Justizverwaltung. In diesen Fällen ist eine Beglaubigungsgebühr nach der Justizverwaltungskostenordnung zu erheben. Dies gilt wiederum nicht in Verfahren der freiwilligen Gerichtsbarkeit, weil in diesen Verfahren immer das Gericht entscheidet und die Gebühren ausschließlich nach der Kostenordnung entstehen.

Die Einführung von Beglaubigungsgebühren für Verfahrensbeteiligte würde auch zum Teil mit den Regelungen über die Dokumentenpauschale kollidieren. Nach § 136 Abs. 4 Nr. 1 KostO wird eine Dokumentenpauschale bei Beurkundungen für eine Ausfertigung, eine Ablichtung oder einen Ausdruck nicht

II. – FamFG – Buch 1 Allgemeiner Teil

erhoben. Ferner sind von der Dokumentenpauschale für jeden Beteiligten und seinen bevollmächtigten Vertreter jeweils eine vollständige Ausfertigung oder Ablichtung oder ein vollständiger Ausdruck jeder gerichtlichen Entscheidung und jedes vor Gericht abgeschlossenen Vergleichs sowie eine Ausfertigung ohne Entscheidungsgründe frei. In diesen Fällen wäre eine Beglaubigungsgebühr nicht sachgerecht.

Die Bundesregierung wird die Regelungen über Beglaubigungsgebühren im Rahmen der Reform der Kostenordnung überprüfen.

Zu Nummer 10 (Artikel 1 § 13 Abs. 4 Satz 1 und 1a – neu – FamFG)
Die Bundesregierung stimmt dem Vorschlag des Bundesrates zu.

Begründung Beschlussempfehlung Rechtsausschuss:
Die geänderte Fassung des Absatzes 4 entspricht der Stellungnahme des Bundesrates, der die Bundesregierung in ihrer Gegenäußerung zugestimmt hat. Zur Begründung wird auf Nummer 10 der Stellungnahme des Bundesrates verwiesen.

Die Einfügung des Absatzes 6 geht zurück auf die Prüfbitte des Bundesrates gemäß Nummer 4 der Stellungnahme. Durch die Ergänzung, dass der Entscheidung vorangehende Entwürfe nicht der Akteneinsicht unterfallen, wird die Einsicht in Verfahrensakten nach dem FamFG mit der entsprechenden zivilprozessualen Vorschrift in § 299 ZPO harmonisiert.

Antrag 4 der Stellungnahme des Bundesrates ist unter § 5 vollständig abgedruckt.

§ 14
Elektronische Akte; elektronisches Dokument

(1) Die Gerichtsakten können elektronisch geführt werden. § 298a Abs. 2 und 3 der Zivilprozessordnung gilt entsprechend.

(2) Die Beteiligten können Anträge und Erklärungen als elektronisches Dokument übermitteln. Für das elektronische Dokument gelten § 130a Abs. 1 und 3 sowie § 298 der Zivilprozessordnung entsprechend.

(3) Für das gerichtliche elektronische Dokument gelten die §§ 130b und 298 der Zivilprozessordnung entsprechend.

(4) Die Bundesregierung und die Landesregierungen bestimmen für ihren Bereich durch Rechtsverordnung den Zeitpunkt, von dem an elektronische Akten geführt und elektronische Dokumente bei Gericht eingereicht werden können. Die Bundesregierung und die Landesregierungen bestimmen für ihren Bereich durch Rechtsverordnung die geltenden organisatorisch-technischen Rahmenbedingungen für die Bildung, Führung und Aufbewahrung der elektronischen Akten und die für die Bearbeitung der Dokumente geeignete Form. Die Landesregierungen können die Ermächtigung durch Rechtsverordnung auf die jeweils zuständige oberste Landesbehörde übertragen. Die Zulassung der elektronischen Akte und der elektronischen Form kann auf einzelne Gerichte oder Verfahren beschränkt werden.

(5) Sind die Gerichtsakten nach ordnungsgemäßen Grundsätzen zur Ersetzung der Urschrift auf einen Bild- oder anderen Datenträger übertragen worden und liegt der schriftliche Nachweis darüber vor, dass die Wiedergabe mit der Urschrift übereinstimmt, so können Ausfertigungen, Auszüge und Abschriften von dem Bild- oder dem Datenträger erteilt werden. Auf der Urschrift anzubringende Vermerke werden in diesem Fall bei dem Nachweis angebracht.

Die Vorschrift entspricht der Fassung des Regierungsentwurfs.

Begründung RegE:
Die Vorschrift regelt die rechtlichen Grundlagen für die Einreichung elektronischer Schriftsätze und passt die Verfahrensordnung entsprechend der Voraussetzungen des Justizkommunikationsgesetzes vom 22. März 2005 (BGBl. I, S. 837) an die Erfordernisse einer elektronischen Aktenbearbeitung an. Das

gerichtliche elektronische Dokument wird als Äquivalent zur Papierform in die Verfahrensordnung eingeführt und im Hinblick auf Signaturerfordernis und Beweiskraft wie in den anderen Verfahrensordnungen ausgestaltet.

Absatz 1 Satz 1 regelt die Voraussetzungen der elektronischen Akte. Er entspricht § 298a Abs. 1 Satz 1 ZPO. Für die weiteren Regelungen zur elektronischen Akte wird auf § 298a Abs. 2 und 3 ZPO verwiesen.

Absatz 2 regelt die Voraussetzungen des elektronischen Dokuments. Er entspricht inhaltlich dem bisherigen § 21 Abs. 2 Satz 2 FGG; die Vorschrift ist lediglich redaktionell neu gefasst.

Absatz 3 verweist für die Regelungen des gerichtlichen elektronischen Dokuments und die Voraussetzungen der Erstellung eines Aktenausdrucks auf die §§ 130b und 298 ZPO.

Absatz 4 ermächtigt die Bundesregierung und die Landesregierungen, den Zeitpunkt und die organisatorisch-technischen Rahmenbedingungen der Einführung der elektronischen Akte und des elektronischen Dokuments durch Rechtsverordnung zu regeln. Er entspricht § 298a Abs. 1 Satz 2 bis 4 ZPO und § 130a Abs. 2 ZPO.

Absatz 5 entspricht § 299a ZPO.

§ 15
Bekanntgabe; formlose Mitteilung

(1) Dokumente, deren Inhalt eine Termins- oder Fristbestimmung enthält oder den Lauf einer Frist auslöst, sind den Beteiligten bekannt zu geben.

(2) Die Bekanntgabe kann durch Zustellung nach den §§ 166 bis 195 der Zivilprozessordnung oder dadurch bewirkt werden, dass das Schriftstück unter der Anschrift des Adressaten zur Post gegeben wird. Soll die Bekanntgabe im Inland bewirkt werden, gilt das Schriftstück drei Tage nach Aufgabe zur Post als bekannt gegeben, wenn nicht der Beteiligte glaubhaft macht, dass ihm das Schriftstück nicht oder erst zu einem späteren Zeitpunkt zugegangen ist.

(3) Ist eine Bekanntgabe nicht geboten, können Dokumente den Beteiligten formlos mitgeteilt werden.

Die Vorschrift entspricht hinsichtlich der Absätze 2 und 3 dem Regierungsentwurf; Absatz 1 ist mit der Beschlussempfehlung des Rechtsausschusses geändert worden:

Frühere Fassung RegE:

(1) Dokumente, die eine Termins- oder Fristbestimmung enthalten oder den Lauf einer Frist auslösen, sind den Beteiligten bekannt zu geben.

Begründung RegE:

An einer allgemeinen Vorschrift zur Bekanntgabe von Schriftstücken fehlt es im bisherigen FGG. Lediglich die Bekanntmachung von Verfügungen ist in § 16 FGG geregelt. Die Vorschrift trifft nunmehr eine allgemeine Regelung zur Bekanntgabe von Dokumenten.

Absatz 1 bestimmt allgemein, welche Dokumente bekanntzugeben sind. Die Regelung orientiert sich an den allgemeinen Bestimmungen über die Zustellungsbedürftigkeit in anderen Prozessordnungen. Spezielle ergänzende Vorschriften über die Zustellung von bestimmten Arten von Dokumenten (Ladungen bei der Anordnung des persönlichen Erscheinens, Beschlüsse) enthalten §§ 33 Abs. 2 Satz 2 und 41 Abs. 1.

Absatz 2 regelt, in welcher Form die Bekanntgabe bewirkt werden kann. Die Vorschrift sieht hierbei zwei Alternativen vor. Sie trägt dem Bedürfnis nach einem möglichst zuverlässigen Weg der Übermittlung einerseits sowie einer möglichst effizienten und unbürokratischen Bekanntgabemöglichkeit andererseits Rechnung. Welche der beiden Bekanntgabemöglichkeiten gewählt wird, liegt im pflichtgemäßen Ermessen des Gerichts, soweit nicht die Spezialregelung des § 41 Abs. 1 Satz 2 eingreift. Hiernach sind anfechtbare Beschlüsse demjenigen zuzustellen, dessen erklärtem Willen er nicht entspricht. Im Übrigen hat das Gericht unter Berücksichtigung der Umstände des Einzelfalls zu beurteilen, ob die Bekanntgabe bereits durch die Aufgabe zum Postdienstleister hinreichend zuverlässig bewirkt werden kann oder es hierfür der förmlichen Zustellung nach den Vorschriften der ZPO bedarf.

Die Bekanntgabe durch Aufgabe zur Post ist § 8 der Insolvenzordnung nachgebildet. Sie ist eine unbürokratische Bekanntgabeart, die sich gerade in Verfahren mit zahlreichen Beteiligten anbietet. Während die in § 184 Abs. 2 Satz 1 ZPO vorgesehene Zweiwochenfrist für die Zugangsfiktion bei Auslandszustellungen auch im Bereich dieses Gesetzes sinnvoll ist, sollte bei einer Zustellung im Inland unter Berücksichtigung der üblichen Postlaufzeiten eine kürzere Frist ausreichen. Der Gesetzentwurf sieht in Übereinstimmung mit § 8 Abs. 1 Satz 3 der Insolvenzordnung deshalb vor, bei Inlandszustellungen diese Frist auf drei Tage zu begrenzen.

Abweichend von der Vorschrift der Insolvenzordnung ist die Bekanntgabefiktion widerlegbar. In Anlehnung an § 270 Satz 2 ZPO sieht die Vorschrift vor, dass der Beteiligte hierfür glaubhaft zu machen hat, dass ihm das bekanntzugebende Schriftstück nicht oder zu einem späteren Zeitpunkt zugegangen ist.

Absatz 3 bestimmt, dass Dokumente ohne Einhaltung einer Form – etwa per einfacher E-Mail – mitgeteilt werden können, wenn kein Fall des Absatzes 1 vorliegt. Die bisher gemäß § 16 Abs. 2 Satz 2 FGG auf Verfügungen beschränkte Möglichkeit der formlosen Mitteilung wird damit auf die Übermittlung aller während des Verfahrens zu übersendenden Dokumente erweitert. Die Vorschrift stellt es ins Ermessen des Gerichts, statt der formlosen Mitteilung die förmlichere Bekanntgabe nach Absatz 2 zu wählen, obwohl kein Fall des Absatzes 1 vorliegt. Dies kann unter Umständen aufgrund der besonderen Sensibilität der zu übersendenden Daten oder der Bedeutung des Inhalts geboten sein.

Begründung Beschlussempfehlung Rechtsausschuss:
Die Änderung in Absatz 1 dient der Klarstellung des Gemeinten. Nicht das Dokument selbst, sondern sein Inhalt löst die Frist aus.

§ 16
Fristen

(1) Der Lauf einer Frist beginnt, soweit nichts anderes bestimmt ist, mit der Bekanntgabe.

(2) Für die Fristen gelten die §§ 222 und 224 Abs. 2 und 3 sowie § 225 der Zivilprozessordnung entsprechend.

Die Vorschrift entspricht der Fassung des Regierungsentwurfs.

Begründung RegE:
Absatz 1 regelt in Anlehnung an §§ 221 ZPO, 57 Abs. 1 VwGO, wann der Lauf einer Frist regelmäßig beginnt. Der Regelungsgehalt der bisherigen § 16 Abs. 2 Satz 1, Abs. 3 FGG, nach dem der Fristlauf von Schriftstücken mit der schriftlichen Bekanntgabe beginnt (vgl. Keidel/Kuntze/Winkler-Schmidt, Freiwillige Gerichtsbarkeit, 15. Aufl. 2003, Rn. 8 zu § 16), wird mit der Vorschrift redaktionell neu gefasst und mit den anderen Verfahrensordnungen vereinheitlicht. Des Weiteren wird dem Gericht in Übereinstimmung mit den §§ 221 ZPO, 57 Abs. 1 VwGO die Möglichkeit eröffnet, einen anderen Beginn der Frist zu bestimmen.

Absatz 2 knüpft an den bisherigen § 17 FGG an, schließt aber darüber hinaus mit der umfassenden Verweisung auf die §§ 222, 224 Abs. 2 und 3 und 225 ZPO Regelungslücken im geltenden Recht. Mit der Verweisung sind auch die Fristberechnung nach Stunden und die Zulässigkeit sowie das Verfahren der Änderung von Fristen nunmehr ausdrücklich gesetzlich geregelt. Die Vorschrift lehnt sich an § 57 Abs. 2 VwGO an.

§ 17
Wiedereinsetzung in den vorigen Stand

(1) War jemand ohne sein Verschulden verhindert, eine gesetzliche Frist einzuhalten, ist ihm auf Antrag Wiedereinsetzung in den vorigen Stand zu gewähren.

Abschnitt 1 – § 17

(2) Ein Fehlen des Verschuldens wird vermutet, wenn eine Rechtsbehelfsbelehrung unterblieben oder fehlerhaft ist.

Die Vorschrift entspricht im Hinblick auf Absatz 2 dem Regierungsentwurf; Absatz 1 ist mit der Beschlussempfehlung geändert worden:

Frühere Fassung RegE:
(1) War jemand ohne sein Verschulden verhindert, eine gesetzliche Frist für die Einlegung eines Rechtsbehelfs einzuhalten, ist ihm auf Antrag Wiedereinsetzung in den vorigen Stand zu gewähren.

Begründung RegE:
Eine ausdrückliche Regelung zur Wiedereinsetzung in den vorigen Stand sieht das geltende Recht nur hinsichtlich der Versäumung der Frist für die sofortige Beschwerde vor (§ 22 Abs. 2 FGG). Diese Regelung wird analog auf weitere, in verschiedenen Gesetzen vorgesehene Fristen angewandt (vgl. Keidel/Kuntze/Winkler-Sternal, Freiwillige Gerichtsbarkeit, 15. Aufl. 2003, Rn. 35 zu § 22). Die Neufassung erweitert den Anwendungsbereich der Wiedereinsetzung. Bisher bestehende Gesetzeslücken um die Wiedereinsetzung können dadurch geschlossen werden.

Absatz 1 entspricht inhaltlich im Wesentlichen dem bisherigen § 22 Abs. 2 Satz 1 1. Halbsatz FGG. Der Anwendungsbereich der bisherigen Vorschrift, die allein die Wiedereinsetzung bei Säumnis der Frist zur Einlegung der sofortigen Beschwerde erfasste, wird nunmehr ausdrücklich auf die Säumnis aller gesetzlichen Fristen ausgeweitet. Diese Anknüpfung an die Versäumung einer gesetzlichen Frist entspricht den Regelungen einiger anderer Verfahrensordnungen (§ 60 VwGO und § 56 FGO).

Absatz 2 regelt die Rechtsfolgen bei unterbliebener oder fehlerhafter Rechtsbehelfsbelehrung. Der Entwurf sieht in § 39 die grundsätzliche Einführung einer Belehrung über das zulässige Rechtsmittel oder den ordentlichen Rechtsbehelf vor. Die unterbliebene oder unrichtige Belehrung hindert den Eintritt der Rechtskraft nicht. Es wird jedoch vermutet, dass derjenige Beteiligte, der keine Rechtsbehelfsbelehrung erhalten hat, ohne Verschulden gehindert war, die Frist zur Einlegung des Rechtsmittels oder des Rechtsbehelfs einzuhalten. Mit dieser Lösung soll dem Interesse der Beteiligten an einem möglichst raschen, rechtskräftigen Abschluss des Verfahrens Rechnung getragen werden, ohne dass dem Beteiligten, der eine Belehrung nicht erhalten hat, die Einlegung des Rechtsmittels oder des Rechtsbehelfs unzumutbar erschwert wird. Diese Lösung greift die Rechtsprechung des BGH zur ungeschriebenen Rechtsmittelbelehrung in Wohnungseigentumssachen (BGHZ 150, 390, 403) auf. Der BGH hat auf die Rechtssprechung zu § 44 Abs. 2 StPO, die in jedem Fall auch einen ursächlichen Zusammenhang zwischen Belehrungsmangel und Fristsäumnis fordert, hingewiesen. Hieraus ergibt sich vor allem, dass eine Wiedereinsetzung in denjenigen Fällen ausgeschlossen ist, in denen der Beteiligte wegen vorhandener Kenntnis über seine Rechtsmittel keiner Unterstützung durch eine Rechtsmittelbelehrung bedarf. Auf diese Weise wird vor allem der geringeren Schutzbedürftigkeit anwaltlich vertretener Beteiligter Rechnung getragen.

Stellungnahme Bundesrat:
11. Zu Artikel 1 (§ 17 Abs. 1 FamFG)

In Artikel 1 § 17 Abs. 1 sind nach dem Wort „Rechtsbehelfs" die Wörter „oder die Begründung der Rechtsbeschwerde" einzufügen.

Begründung:
Gemäß § 233 ZPO ist die Wiedereinsetzung in den vorherigen Stand statthaft, wenn eine Partei ohne ihr Verschulden verhindert war, eine Notfrist oder eine Frist zur Begründung der Berufung, der Revision, der Nichtzulassungsbeschwerde oder der Rechtsbeschwerde einzuhalten. Die Wiedereinsetzung des allgemeinen Zivilprozessrechts erstreckt sich damit auf alle Fristen, deren Säumnis grundsätzlich den Ausschluss der versäumten Prozesshandlung zur Folge hat. Die entsprechende Regelung in § 22 Abs. 2 FGG beschränkt sich auf die Versäumung der Frist für die sofortige Beschwerde und ist damit lückenhaft.

II. – FamFG – Buch 1 Allgemeiner Teil

Der Entwurf verfolgt das Ziel, bisher bestehende Gesetzeslücken für das Verfahren in Familiensachen und den Angelegenheiten der freiwilligen Gerichtsbarkeit in Anlehnung an das allgemeine Zivilprozessrecht zu schließen. § 17 Abs. 1 FamFG-E erlaubt die Wiedereinsetzung nur bei der Versäumung der Frist zur Einlegung eines Rechtsbehelfs. Die Vorschrift erreicht das Ziel des Gesetzentwurfs damit nicht vollständig, denn anders als die übrigen Rechtsbehelfe ist die Rechtsbeschwerde nicht nur dann unzulässig, wenn sie verspätet eingelegt wird. Vielmehr ist auch die fristgerechte Begründung eine echte Zulässigkeitsvoraussetzung (§ 74 Abs. 1 FamFG-E) mit der Folge, dass die Säumnis der Begründungsfrist zum Ausschluss des Rechtsmittels führt.

Die Frist zur Begründung der Rechtsbeschwerde sollte daher in den Katalog des § 17 Abs. 1 FamFG-E aufgenommen werden. Entsprechendes sieht der Entwurf bereits für den Spezialfall der Versäumung der Begründungsfrist bei der Beschwerde und Rechtsbeschwerde in Ehe- und Familienstreitsachen vor (vgl. § 117 Abs. 5 FamFG-E).

Gegenäußerung Bundesregierung:
Zu Nummer 11 (Artikel 1 – § 17 Abs. 1 FamFG)
Die Bundesregierung stimmt dem Vorschlag des Bundesrates im Grundsatz zu, eine Wiedereinsetzung in den vorigen Stand über die bereits in § 17 Abs. 1 FamFG geregelten Fälle hinaus auch bei anderen Fällen der Fristversäumung zu gewähren. Allerdings werden allein durch die Ergänzung der Begründung der Rechtsbeschwerde nicht alle Fälle erfasst, in denen eine Wiedereinsetzung sachgerecht ist. Dies betrifft etwa die Möglichkeit der Wiedereinsetzung bei Versäumung der Frist für den Antrag auf Wiedereinsetzung gemäß § 18 Abs. 1 FamFG (vgl. zur Problematik: Kopp/Schenke, VwGO, Rn. 2 zu § 60).

Die Bundesregierung schlägt daher vor, § 17 Abs. 1 FamFG wie folgt zu fassen:

„War jemand ohne sein Verschulden gehindert, eine gesetzliche Frist einzuhalten, ist ihm auf Antrag Wiedereinsetzung in den vorigen Stand zu gewähren."

Begründung Beschlussempfehlung Rechtsausschuss:
Die geänderte Fassung geht zurück auf einen Vorschlag der Bundesregierung in ihrer Gegenäußerung. Zur Begründung wird auf Nummer 11 der Stellungnahme des Bundesrates sowie auf die darauf bezogene Gegenäußerung der Bundesregierung verwiesen.

§ 18
Antrag auf Wiedereinsetzung

(1) Der Antrag auf Wiedereinsetzung ist binnen zwei Wochen nach Wegfall des Hindernisses zu stellen.

(2) Die Form des Antrags auf Wiedereinsetzung richtet sich nach den Vorschriften, die für die versäumte Verfahrenshandlung gelten.

(3) Die Tatsachen zur Begründung des Antrags sind bei der Antragstellung oder im Verfahren über den Antrag glaubhaft zu machen. Innerhalb der Antragsfrist ist die versäumte Rechtshandlung nachzuholen. Ist dies geschehen, kann die Wiedereinsetzung auch ohne Antrag gewährt werden.

(4) Nach Ablauf eines Jahres, von dem Ende der versäumten Frist an gerechnet, kann Wiedereinsetzung nicht mehr beantragt oder ohne Antrag bewilligt werden.

Die Vorschrift entspricht hinsichtlich des Absatzes 1 dem Regierungsentwurf; Absatz 2 ist mit der Beschlussempfehlung des Rechtsausschusses eingefügt worden, die bisherigen Absätze 2 und 3 sind zu Absätzen 3 und 4 geworden.

Begründung RegE:
Absatz 1 entspricht inhaltlich dem bisherigen § 22 Abs. 2 Satz 1 2. Halbsatz FGG. Die redaktionellen Änderungen orientieren sich an § 60 Abs. 2 Satz 1 VwGO.

Absatz 2 benennt die mit dem Antrag vorzunehmenden Verfahrenshandlungen. **Satz 1** entspricht inhaltlich im Wesentlichen der bisherigen Regelung des § 22 Abs. 2 Satz 1 letzter Halbsatz FGG und lehnt sich an § 60 Abs. 2 Satz 2 VwGO an. Die Vorschrift stellt klar, dass eine Glaubhaftmachung der Antragsgründe auch noch im Verfahren über die Wiedereinsetzung möglich ist. **Satz 2** trifft eine ausdrückliche Regelung über die Notwendigkeit, binnen der zweiwöchigen Frist auch die versäumte Beschwerdehandlung nachzuholen. Bisher enthielt das FGG hierzu keine ausdrückliche Regelung. Bereits nach geltender Rechtslage wird davon ausgegangen, dass die Nachholung der versäumten Prozesshandlung innerhalb derselben zweiwöchigen Frist zu erfolgen hat, die auch für den Wiedereinsetzungsantrag gilt (Keidel/Kuntze/Winkler-Sternal, Freiwillige Gerichtsbarkeit, 15. Aufl. 2003, Rn. 49 zu § 22; Bassenge/Herbst/Roth-Bassenge, Freiwillige Gerichtsbarkeit, 9. Aufl. 2002, Rn. 11 zu § 22). Dies wird nunmehr durch die mit § 60 Abs. 2 Satz 3 VwGO wortgleiche Regelung gesetzlich klargestellt. **Satz 3** übernimmt die bereits auf der Grundlage des geltenden Rechts einhellig vertretene Ansicht, dass es für die Wiedereinsetzung keines ausdrücklichen Antrages bedarf. Schon nach geltendem Recht wird bei verspäteter Einreichung einer Rechtsmittelschrift Wiedereinsetzung von Amts wegen gewährt, wenn sämtliche eine Wiedereinsetzung begründenden Tatsachen aktenkundig sind und die Datenangaben in der Beschwerdeschrift erkennen lassen, dass sie verspätet eingereicht ist (BGH, NJW 1975, 925; Keidel/Kuntze/Winkler-Sternal, Freiwillige Gerichtsbarkeit, 15. Aufl. 2003, Rn. 41 zu § 22). Dies wird nunmehr – in Anlehnung an § 60 Abs. 2 Satz 4 VwGO – gesetzlich klargestellt.

Absatz 3 übernimmt inhaltlich im Wesentlichen den bisherigen § 22 Abs. 2 Satz 4 FGG. Der Wortlaut orientiert sich an § 234 Abs. 3 ZPO. Dieser ist noch um den Hinweis auf die Möglichkeit der Wiedereinsetzung von Amts wegen ergänzt.

Begründung Beschlussempfehlung Rechtsausschuss:
Die Einfügung des Absatzes 2 geht zurück auf die Prüfbitte des Bundesrates gemäß Nummer 4 der Stellungnahme. Durch das Formerfordernis für den Antrag auf Wiedereinsetzung, das den Vorschriften für die versäumte Verfahrenshandlung entspricht, wird die Regelung mit der entsprechenden zivilprozessualen Vorschrift des § 236 Abs. 1 ZPO harmonisiert.

§ 19
Entscheidung über die Wiedereinsetzung

(1) Über die Wiedereinsetzung entscheidet das Gericht, das über die versäumte Rechtshandlung zu befinden hat.

(2) Die Wiedereinsetzung ist nicht anfechtbar.

(3) Die Versagung der Wiedereinsetzung ist nach den Vorschriften anfechtbar, die für die versäumte Rechtshandlung gelten.

Die Vorschrift entspricht der Fassung des Regierungsentwurfs.

Begründung RegE:
Absatz 1 regelt die bereits nach geltender Rechtslage bestehende (Bassenge/Herbst/Roth-Bassenge, Freiwillige Gerichtsbarkeit, 9. Aufl. 2002, Rn. 22 zu § 22) Zuständigkeit des Gerichts, das über die versäumte Rechtshandlung zu befinden hat, auch für das Wiedereinsetzungsgesuch ausdrücklich.

Absatz 2 sieht in Abweichung zur bisherigen umfassenden Anfechtbarkeit der Wiedereinsetzungsentscheidung gemäß § 22 Abs. 3 FGG vor, dass die Wiedereinsetzung nicht anfechtbar ist. Hierdurch sollen Zwischenstreitigkeiten im Verfahren vermieden und die Harmonisierung mit den Wiedereinsetzungsvorschriften anderer Prozessordnungen (§§ 238 Abs. 3 ZPO, 60 Abs. 5 VwGO) befördert werden.

Die Versagung der Wiedereinsetzung bleibt demgegenüber gemäß Absatz 3 grundsätzlich anfechtbar. Sie ist gegenüber der bisherigen Fassung des § 22 Abs. 3 FGG redaktionell überarbeitet und stellt überdies die bereits nach bisheriger Rechtslage angenommene (BayObLG, NVwZ 1990, 597; Keidel/Kuntze/Winkler-Sternal, Freiwillige Gerichtsbarkeit, 15. Aufl. 2003, Rn. 83 zu § 22) Beschränkung der Rechtsmittelmöglichkeiten auf den Rechtsmittelzug in der Hauptsache klar.

§ 20
Verfahrensverbindung und -trennung
Das Gericht kann Verfahren verbinden oder trennen, soweit es dies für sachdienlich hält.

Die Vorschrift entspricht der Fassung des Regierungsentwurfs.

Begründung RegE:

Eine Verbindung von Verfahren ist nach geltendem Recht auch im Bereich der freiwilligen Gerichtsbarkeit grundsätzlich möglich. Es können sowohl Verfahren mit gleichen Beteiligten unter der Voraussetzung der sachlichen und örtlichen Zuständigkeit verbunden werden (Keidel/Kuntze/Winkler-Sternal, Freiwillige Gerichtsbarkeit, 15. Aufl. 2003, Rn. 14 vor §§ 3–5 und 7) als auch in entsprechender Anwendung des § 147 ZPO Verfahren mit gleichen oder verschiedenen Beteiligten zum Zweck der gleichzeitigen Erörterung und Entscheidung, wenn die Gegenstände der Verfahren in einem Zusammenhang stehen oder in einem Verfahren hätten geltend gemacht werden können (BGH, NJW 1957, 183). Die Vorschrift übernimmt diese Grundsätze und stellt klar, dass eine Verfahrensverbindung grundsätzlich statthaft ist, soweit sie sachdienlich ist, also der Eigenart des jeweiligen Verfahrens entspricht. Des Weiteren wird ausdrücklich geregelt, dass unter Zweckmäßigkeitserwägungen ebenfalls die Trennung von Verfahren zulässig ist.

Wie auch in anderen Verfahrensordnungen sind die verfahrensleitenden Beschlüsse nicht selbstständig anfechtbar (§ 146 Abs. 2 VwGO, § 128 Abs. 2 FGO, § 172 Abs. 2 SGG). Da es sich um eine Ermessensentscheidung des Gerichts handelt, ist die Überprüfung im Rahmen der Beschwerde gegen den Endbeschluss auch nur eingeschränkt, im Hinblick auf Willkürentscheidungen möglich.

§ 21
Aussetzung des Verfahrens

(1) Das Gericht kann das Verfahren aus wichtigem Grund aussetzen, insbesondere wenn die Entscheidung ganz oder zum Teil von dem Bestehen oder Nichtbestehen eines Rechtsverhältnisses abhängt, das den Gegenstand eines anderen anhängigen Verfahrens bildet oder von einer Verwaltungsbehörde festzustellen ist. § 249 der Zivilprozessordnung ist entsprechend anzuwenden.

(2) Der Beschluss ist mit der sofortigen Beschwerde in entsprechender Anwendung der §§ 567 bis 572 der Zivilprozessordnung anfechtbar.

Die Vorschrift entspricht der Fassung des Regierungsentwurfs.

Begründung RegE:

Das geltende Recht sieht eine allgemeine Vorschrift über die Aussetzung des Verfahrens nicht vor. Spezialgesetzliche Aussetzungsvorschriften für das familien-, nachlass- und registergerichtliche Verfahren finden sich in den bisherigen §§ 52, 95 und 127 FGG. Grundsätzlich ist eine Aussetzung auch in der freiwilligen Gerichtsbarkeit zulässig, falls es der Eigenart des jeweiligen Verfahrens entspricht. **Absatz 1 Satz 1** stellt daher die Statthaftigkeit der Aussetzung des Verfahrens klar und benennt die hierfür erforderlichen Voraussetzungen. Die Aussetzung ist nur bei Vorliegen eines wichtigen Grundes möglich. Als Regelbeispiel nennt das Gesetz den als Aussetzungsgrund in allen Verfahrensordnungen anerkannten Grund der Vorgreiflichkeit eines anderen Verfahrens (so zum Beispiel §§ 148 ZPO, 94 VwGO, 74 FGO, 114 SGG). Ein wichtiger Grund kann in streitigen Verfahren aber zum Beispiel auch dann vorliegen, wenn die Beteiligten an einer Mediation teilnehmen. Die Entscheidung über die Aussetzung steht grundsätzlich im Ermessen des Gerichts. Bei der Ausübung des Ermessens sind die Eigenart des jeweiligen Verfahrens und die Interessen der Beteiligten zu berücksichtigen. So wird in einem eilbedürftigen Verfahren wie dem Freiheitsentziehungsverfahren eine Aussetzung schon aufgrund der Eigenart des Verfahrens in der Regel ausgeschlossen sein. Gleiches gilt zum Beispiel auch in Verfahren, in denen gerichtliche Maßnahmen bei Gefährdung des Kindeswohls nach § 1666 BGB zu treffen sind. In Abstammungssachen kommt eine Aussetzung entsprechend dem bisherigen § 640f ZPO in Betracht, wenn der Einholung eines Gutachtens ein vorübergehendes Hindernis entgegensteht.

Nach **Absatz 1 Satz 2** ist § 249 ZPO entsprechend anwendbar, so dass beispielsweise durch die Aussetzung der Lauf einer in einer Hausratssache vom Gericht nach § 206 gesetzten Frist endet (§ 249 Abs. 1 ZPO).

Absatz 2 bestimmt, dass die Aussetzungsentscheidung der sofortigen Beschwerde nach den Vorschriften der Zivilprozessordnung unterliegt. Die Vorschrift greift die zur geltenden Rechtslage allgemein vertretene Ansicht auf, dass diese Zwischenentscheidung selbständig angefochten werden kann (Keidel/Kuntze/Winkler-Kahl, Freiwillige Gerichtsbarkeit, 15. Aufl. 2003, Rn. 13 zu § 19). Die entsprechend anwendbaren §§ 567 bis 572 ZPO enthalten das für die Anfechtung von Zwischen- und Nebenentscheidungen geeignete Verfahren, das auch bei anderen Zwischen- und Nebenentscheidungen nach diesem Gesetz zur Anwendung gelangt.

§ 22
Antragsrücknahme; Beendigungserklärung

(1) Ein Antrag kann bis zur Rechtskraft der Endentscheidung zurückgenommen werden. Die Rücknahme bedarf nach Erlass der Endentscheidung der Zustimmung der übrigen Beteiligten.

(2) Eine bereits ergangene, noch nicht rechtskräftige Endentscheidung wird durch die Antragsrücknahme wirkungslos, ohne dass es einer ausdrücklichen Aufhebung bedarf. Das Gericht stellt auf Antrag die nach Satz 1 eintretende Wirkung durch Beschluss fest. Der Beschluss ist nicht anfechtbar.

(3) Eine Entscheidung über einen Antrag ergeht nicht, soweit sämtliche Beteiligte erklären, dass sie das Verfahren beenden wollen.

(4) Die Absätze 2 und 3 gelten nicht in Verfahren, die von Amts wegen eingeleitet werden können.

Die Vorschrift entspricht hinsichtlich der Absätze 1 und 2 dem Regierungsentwurf; Absatz 3 ist mit der Beschlussempfehlung des Rechtsausschusses geändert worden:

Frühere Fassung RegE:

(3) Eine Entscheidung über einen Antrag soll nicht ergehen, soweit sämtliche Beteiligte erklären, dass sie das Verfahren beenden wollen.

Begründung RegE:

Die Vorschrift regelt die Zulässigkeit und die Folgen der Rücknahme eines Antrages und der Beendigung des Verfahrens durch die Beteiligten.

Das geltende Recht sieht keine ausdrückliche Regelung über die Rücknahme eines Antrages vor, es entspricht jedoch auch auf der Grundlage des geltenden Rechts allgemeiner Ansicht, dass der Antragsteller in Ausübung seiner im Antragsverfahren bestehenden Dispositionsbefugnis berechtigt ist, einen Antrag zurückzunehmen (KG, OLGZ 1972, 64, 66; Keidel/Kuntze/Winkler-Schmidt, Freiwillige Gerichtsbarkeit, 15. Aufl. 2003, Rn. 39 zu § 12; Bassenge/Herbst/Roth-Bassenge, Freiwillige Gerichtsbarkeit, 9. Aufl. 2002, Rn. 112 der Einleitung). Keine hinreichende Klarheit besteht dagegen darüber, bis wann ein Antrag zurückgenommen werden kann sowie welche Auswirkungen dies auf eine etwa bereits ergangene Entscheidung hat (vgl. zum Sach- und Streitstand Keidel/Kuntze/Winkler-Schmidt, Freiwillige Gerichtsbarkeit, 15. Aufl. 2003, Rn. 41 zu § 12; Bassenge/Herbst/Roth-Bassenge, Freiwillige Gerichtsbarkeit, 9. Aufl. 2002, Rn. 114 f. der Einleitung). Diese Unsicherheit wird mit der ausdrücklichen Regelung der Voraussetzungen und Wirkungen der Antragsrücknahme nunmehr beseitigt.

Absatz 1 bestimmt, dass ein Antrag bis zur Rechtskraft der Entscheidung zurückgenommen werden kann. Auf der Grundlage des geltenden Rechts ist streitig, ob die Rücknahme bis zur Wirksamkeit (so Keidel/Kuntze/Winkler-Schmidt, Freiwillige Gerichtsbarkeit, 15. Aufl. 2003, Rn. 41 zu § 12) oder bis zur Rechtskraft (so KG, OLGZ 1972, 64, 68 f.; Bassenge/Herbst/Roth-Bassenge, Freiwillige Gerichtsbarkeit, 9. Aufl. 2002, Rn. 113 der Einleitung) erfolgen kann. Die Vorschrift stellt nunmehr in Anlehnung an

II. – FamFG – Buch 1 Allgemeiner Teil

§ 92 Abs. 1 Satz 1 VwGO und an den Regelungsinhalt des § 269 ZPO (vgl. Zöller-Greger, ZPO, 26. Aufl. 2007, Rn. 8 zu § 269) klar, dass die Rücknahme bis zur Rechtskraft der Entscheidung möglich ist. Weitere Beschränkungen bei Rücknahme des Antrages bestehen nach der Regelung nicht. Es bedarf vor Erlass der Endentscheidung nicht der Zustimmung eines anderen Beteiligten zur Rücknahme; gleichfalls bestehen keine Formerfordernisse bei der Erklärung der Rücknahme. Auch eine erneute Antragstellung ist durch die Rücknahme nicht ausgeschlossen; sie bleibt uneingeschränkt möglich, soweit das Antragsrecht nicht durch Zeitablauf erloschen oder nicht ein Antragsverzicht erklärt worden ist.

Absatz 2 Satz 1 übernimmt die zum Teil (KG, OLGZ 1972, 64, 68 f.; AG Neustadt [Rübenberg], FamRZ 2004, 1392; abweichend LG Koblenz, FamRZ 2004, 1391; Keidel/Kuntze/Winkler-Schmidt, Freiwillige Gerichtsbarkeit, 15. Aufl. 2003, Rn. 41 zu § 12 und Bassenge/Herbst/Roth-Bassenge, Freiwillige Gerichtsbarkeit, 9. Aufl. 2002, Rn. 114 der Einleitung, die von automatischer Wirkungslosigkeit nur bei Entscheidungen ausgehen, die erst mit Rechtskraft wirksam werden) vertretene Ansicht, dass die Folge der Rücknahme regelmäßig die automatische Wirkungslosigkeit eines bereits ergangenen Beschlusses ist. Die Vorschrift lehnt sich an § 269 Abs. 3 Satz 1 2. Halbsatz ZPO an. Eine hiervon abweichende Regelung ist nicht geboten; aus Urteilen der Zivilprozessordnung kann regelmäßig bereits mit Verkündung des Urteils die (vorläufige) Vollstreckung betrieben werden (so auch KG, OLGZ 1972, 64, 69). Für die Unterscheidung der Rücknahmewirkung je nach Wirksamkeit der Entscheidung besteht daher in FamFG-Sachen kein Anlass. Im Interesse der Rechtssicherheit für alle Beteiligten regelt **Satz 2**, dass diese Wirkung auf Antrag durch Beschluss auszusprechen ist. Da dieser Beschluss rein deklaratorischen Charakter hat, bestimmt **Satz 3** die Unanfechtbarkeit des Beschlusses. Die Vorschrift ist an § 92 Abs. 3 Satz 2 VwGO angelehnt.

Absatz 3 regelt für Antragsverfahren die Gestaltungsmöglichkeiten der Beteiligten, die sich darüber einig sind, das Verfahren nicht fortführen zu wollen. In diesem Fall soll eine Entscheidung des Gerichts im Regelfall nicht ergehen. Hierbei trägt die Vorschrift der Tatsache Rechnung, dass eine Erledigung des Verfahrens durch Gestaltungserklärung der Beteiligten nicht eintritt (OLG München, FuR 2000, 300). Das Gericht hat vielmehr von Amts wegen in jeder Verfahrenslage zu ermitteln, ob eine Erledigung des Verfahrens in der Hauptsache eingetreten ist (Bassenge/Herbst/Roth-Bassenge, Freiwillige Gerichtsbarkeit, 9. Aufl. 2002, Rn. 121 der Einleitung). Gleichwohl soll das Gericht in der Regel von einer Entscheidung absehen, wenn die Beteiligten eine Entscheidung in der Hauptsache nicht mehr anstreben. Die Vorschrift knüpft an die bisher regelmäßig vorgenommene Auslegung einer Erledigungserklärung in Antragsverfahren als Antragsrücknahme (Bassenge/Herbst/Roth-Bassenge, Freiwillige Gerichtsbarkeit, 9. Aufl. 2002, Rn. 126 der Einleitung) an, bringt jedoch darüber hinaus zum Ausdruck, dass neben dem Antragsteller auch die anderen Beteiligten erklären können, dass ein Interesse an der Fortführung des Verfahrens nicht besteht.

In Verfahren, die auch von Amts wegen eingeleitet werden können, fehlt den Antragstellern und den übrigen Beteiligten die Dispositionsbefugnis über den Verfahrensgegenstand. **Absatz 4** stellt daher ausdrücklich klar, dass in diesen Verfahren die Rücknahmewirkungen nach Absatz 2 nicht eintreten und eine Verfahrensbeendigung nach Absatz 3 nicht möglich ist.

Stellungnahme Bundesrat:

12. **Zu Artikel 1** (§ 22 Abs. 3 FamFG)

In Artikel 1 § 22 Abs. 3 sind die Wörter „soll nicht ergehen" durch die Wörter „ergeht nicht" zu ersetzen.

Begründung:

Bislang bestehen für den Fall von übereinstimmenden Erledigungserklärungen unterschiedliche Regelungen zwischen Streitverfahren, Antragsverfahren und von Amts wegen eingeleiteten Verfahren. In letzteren Verfahren obliegt es allein dem Gericht, die Erledigung der Hauptsache festzustellen. Nach einer übereinstimmenden Erledigungserklärung bei den Streit- und dem Antragsverfahren ist der weitere Verfahrensablauf unterschiedlich ausgestaltet. Die Kommentarliteratur geht bei Antragsverfahren davon aus, dass zwar den Beteiligten das Recht zusteht, das Verfahren einzuleiten oder durch eine Antragsrücknahme zu beenden; dem Gericht soll es jedoch obliegen, im Wege der Amtsermittlung aufzuklären, ob im Antragsverfahren tatsächlich eine Erledigung eingetreten ist (vgl. Bassenge/Herbst/Roth-Bassenge, Freiwillige Gerichtsbarkeit, 9. Aufl. 2002, Rn. 121 der Einleitung). Für Streitverfahren soll es hingegen – ähnlich ausgestaltet wie die Regelungen in der ZPO – allein auf die Erledigungserklärung der Beteiligten ankommen. Soweit der Streitgegenstand der Disposition der Betroffenen unterliegt, sei das Gericht daran gebunden (vgl. Keidel/Kuntze/Winkler, Freiwillige Gerichtsbarkeit, 15. Aufl., 2003, § 19 Rn. 91).

Es ist sachgerecht, nunmehr eine einheitliche Regelung für die nicht von Amts wegen zu betreibenden Verfahren (vgl. § 22 Abs. 4 FamFG-E) zu schaffen. Allerdings sollte das Gericht zukünftig in beiden Fällen an die Entscheidung der Beteiligten gebunden sein. Zum einen wäre eine Aufklärungspflicht des Gerichts in Streitverfahren systemfremd. Zum anderen besteht in Antragsverfahren kein sachlicher Grund, bei Antragsrücknahme das Verfahren ohne weitere gerichtliche Prüfung enden zu lassen, während nach einer übereinstimmenden Erledigungserklärung noch weiter gehende Aufklärungspflichten über die Erledigung auf das Gericht zukommen.

Eine zwingende Bindung des Gerichts an die übereinstimmenden Erledigungserklärungen der Parteien trägt auch zur Entlastung der Gerichte bei. Dadurch werden unter Umständen weitreichende Ermittlungspflichten über das tatsächliche Vorliegen eines erledigenden Ereignisses vermieden. Weiter gehende Amtsermittlungspflichten lassen sich auch nicht durch eine besondere Schutzwürdigkeit der Betroffenen rechtfertigen. Zum einen steht es ohnehin im Belieben des Antragstellers, das Verfahren durch Antragsrücknahme zu beenden. Zum anderen muss der Antragsgegner der Erledigung zustimmen, weshalb auch dieser hinreichenden Schutz erfährt.

Gegenäußerung Bundesregierung:
Zu Nummer 12 (Artikel 1 – § 22 Abs. 3 FamFG)
Die Bundesregierung stimmt dem Vorschlag des Bundesrates zu.

Begründung Beschlussempfehlung Rechtsausschuss:
Die geänderte Fassung entspricht der Stellungnahme des Bundesrates, der die Bundesregierung in ihrer Gegenäußerung zugestimmt hat. Zur Begründung wird auf Nummer 12 der Stellungnahme des Bundesrates verwiesen.

§ 22a
Mitteilungen an die Familien- und Betreuungsgerichte
(1) Wird infolge eines gerichtlichen Verfahrens eine Tätigkeit des Familien- oder Betreuungsgerichts erforderlich, hat das Gericht dem Familien- oder Betreuungsgericht Mitteilung zu machen.

(2) Im Übrigen dürfen Gerichte und Behörden dem Familien- oder Betreuungsgericht personenbezogene Daten übermitteln, wenn deren Kenntnis aus ihrer Sicht für familien- oder betreuungsgerichtliche Maßnahmen erforderlich ist, soweit nicht für die übermittelnde Stelle erkennbar ist, dass schutzwürdige Interessen des Betroffenen an dem Ausschluss der Übermittlung das Schutzbedürfnis eines Minderjährigen oder Betreuten oder das öffentliche Interesse an der Übermittlung überwiegen. Die Übermittlung unterbleibt, wenn ihr eine besondere bundes- oder entsprechende landesgesetzliche Verwendungsregelung entgegensteht.

§ 22a ist mit der Beschlussempfehlung des Rechtsausschusses eingefügt worden.

Begründung Beschlussempfehlung Rechtsausschuss:
Die Vorschrift entspricht inhaltlich dem bisherigen § 35a FGG. Die Fortschreibung der ausdrücklichen Regelung der Mitteilungsrechte und -pflichten insbesondere an die Familiengerichte dient dem Kinderschutz. Der bisherigen Rechtslage entsprechend erfassen diese Ermächtigungsnormen auch die Betreuungsgerichte.

Abschnitt 2
Verfahren im ersten Rechtszug

§ 23
Verfahrenseinleitender Antrag

(1) Ein verfahrenseinleitender Antrag soll begründet werden. In dem Antrag sollen die zur Begründung dienenden Tatsachen und Beweismittel angegeben sowie die Personen benannt werden, die als Beteiligte in Betracht kommen. Urkunden, auf die Bezug genommen wird, sollen in Urschrift oder Abschrift beigefügt werden. Der Antrag soll von dem Antragsteller oder seinem Bevollmächtigten unterschrieben werden.

(2) Das Gericht soll den Antrag an die übrigen Beteiligten übermitteln.

Die Vorschrift entspricht der Fassung des Regierungsentwurfs.

Begründung RegE:

Das Recht und die Pflicht zur Einleitung eines Verfahrens bestimmen sich ausschließlich nach materiellem Recht.

Durch das materielle Recht sind vier Möglichkeiten der Einleitung des Verfahrens vorgesehen:
- Verfahrenseinleitung von Amts wegen, Verfahrensbegründung durch Amtsermittlung (z.B. Amtslöschung im Register, § 421 Abs. 1),
- Verfahrenseinleitung auf Antrag, Verfahrensbegründung durch Amtsermittlung (z.B. Erbscheinsverfahren, Registereintragung),
- Verfahrenseinleitung alternativ von Amts wegen oder auf Antrag, Verfahrensbegründung durch Amtsermittlung (z.B. § 1896 Abs. 1 BGB, Betreuung),
- Verfahrenseinleitung auf Antrag und Verfahrensbegründung durch Erklärung der Beteiligten (z.B. §§ 13, 19 GBO).

Absatz 1 bezeichnet die formellen Anforderungen an den Inhalt des Antrags in den Antragsverfahren. Mit diesen Regelungen werden Mindestanforderungen festgelegt, ohne dass das Verfahren mit formellen Voraussetzungen überfrachtet würde. Weitergehende Inhaltsanforderungen nach besonderen Vorschriften wie zum Beispiel nach §§ 8 GmbHG, 2354 BGB bleiben als lex specialis unberührt. Die Vorschrift konkretisiert damit die Mitwirkungspflichten des Antragstellers und orientiert sich hierbei an §§ 130, 131 ZPO.

Gemäß **Satz 1** soll der Antrag begründet werden. Das geltende Recht sieht eine generelle Pflicht zur Begründung eines verfahrenseinleitenden Antrags nicht vor. Zur möglichst frühzeitigen Strukturierung und sachgerechten Förderung des Verfahrens ist eine Begründung des Antrags jedoch sachgerecht. Eine Antragsbegründung ermöglicht es dem Gericht, den Antrag gezielt nachzuprüfen, und beschleunigt auf diese Weise das Verfahren. Dem Antragsteller ist es im Rahmen der ihm obliegenden Mitwirkungspflicht zuzumuten, sein Rechtsschutzziel in wenigen Sätzen darzulegen. Ein bestimmter Sachantrag wird nicht verlangt. Die Ausgestaltung als Soll-Vorschrift stellt sicher, dass eine Nichterfüllung der Begründungspflicht nicht zur Zurückweisung des Antrags als unzulässig führen kann.

Satz 2 konkretisiert die Begründungspflicht als spezielle Mitwirkungspflicht des Antragstellers. Er soll die zur Begründung dienenden Tatsachen und Beweismittel angeben und das Gericht dadurch bei der Ermittlung des entscheidungsrelevanten Sachverhaltes unterstützen. **Satz 3** regelt das Erfordernis der Beifügung von Urkunden. Wie nach § 131 Abs. 2 ZPO genügt die Übersendung eines Auszuges, wenn es nur auf einen Teil der Urkunde ankommt. Dieser Auszug soll den Eingang, die relevante Stelle, den Schluss, das Datum und die Unterschrift enthalten. Die Einreichung von Abschriften in der für die Übermittlung notwendigen Anzahl wird nicht verlangt, da häufig die Zahl der zu Beteiligenden noch gar nicht feststeht.

Satz 4 bestimmt, dass der Antrag zu unterschreiben ist. Das geltende Recht schreibt diese Form nicht vor. Sie entspricht dem Standard anderer Verfahrensordnungen (vgl. § 253 Abs. 4 i.V.m. § 130 Nr. 6 ZPO) und erscheint aus Gründen der Rechtsklarheit geboten.

Absatz 2 stellt klar, dass der Antrag den anderen Beteiligten übermittelt werden soll. Die Vorschrift dient damit der Gewährung rechtlichen Gehörs. Von der Übermittlung kann im Einzelfall abgesehen werden, wenn der Antrag unzulässig oder offensichtlich unbegründet ist. In diesen Fällen kann das Gericht den Antrag sofort zurückweisen.

§ 24
Anregung des Verfahrens

(1) Soweit Verfahren von Amts wegen eingeleitet werden können, kann die Einleitung eines Verfahrens angeregt werden.

(2) Folgt das Gericht der Anregung nach Absatz 1 nicht, hat es denjenigen, der die Einleitung angeregt hat, darüber zu unterrichten, soweit ein berechtigtes Interesse an der Unterrichtung ersichtlich ist.

Die Vorschrift entspricht der Fassung des Regierungsentwurfs.

Begründung RegE:

Absatz 1 stellt klar, dass ein Verfahren von Amts wegen auch aufgrund der Anregung eines Dritten eingeleitet werden kann.

Absatz 2 regelt, wie zu verfahren ist, wenn das Gericht entgegen der Anregung nicht die Einleitung des Verfahrens veranlasst. Gegenwärtig ist nicht gesetzlich bestimmt, ob Personen, die die Einleitung eines Verfahrens angeregt haben, über die Nichteinleitung des von ihnen angeregten Verfahrens zu informieren sind. Nach herrschender Meinung ist jedoch Personen, die nicht an der Wahrnehmung der Aufgaben mitzuwirken haben und nicht die besondere Stellung des „Interessenwahrers" innehaben, nichts mitzuteilen (Keidel/Kuntze/Winkler-Schmidt, Freiwillige Gerichtsbarkeit, 15. Aufl. 2003, Rn. 8 zu § 12). Dies wird der praktischen Bedeutung von Anregungen von Dritten in Verfahren, die von Amts wegen eingeleitet werden, nicht gerecht. Die Gerichte erhalten in einer Vielzahl von Verfahren erst durch Hinweise von Bürgern Kenntnis von den Umständen, die die Einleitung eines Verfahrens rechtfertigen. Künftig ist daher demjenigen, der die Einleitung eines Verfahrens angeregt hat, mitzuteilen, dass der Anregung nicht entsprochen wurde, sofern ein berechtigtes Interesse an dieser Information ersichtlich ist. Dies wird zum Beispiel bei demjenigen, der in einem späteren Verfahren als Beteiligter hinzuzuziehen gewesen wäre, der Fall sein. Unter Wahrung des Rechts auf informationelle Selbstbestimmung der weiteren von dem Antrag betroffenen Personen hat das Gericht in der gebotenen Kürze die Gründe für die Entscheidung mitzuteilen.

Stellungnahme Bundesrat:

13. **Zu Artikel 1** (§ 24 Abs. 2 FamFG)
In Artikel 1 § 24 Abs. 2 sind der abschließende Punkt zu streichen und folgende Wörter anzufügen:
„und schwerwiegende Interessen des Betroffenen nicht entgegenstehen."

Begründung:

In § 24 Abs. 2 FamFG-E ist eine Einschränkung aufzunehmen, mit der das Recht auf informationelle Selbstbestimmung der von einer Verfahrensanregung betroffenen Person gewahrt wird. Dadurch wird diese Vorschrift zugleich mit § 13 Abs. 1 FamFG-E harmonisiert.

Wenn sogar einem Beteiligten die Akteneinsicht auf Grund entgegenstehender schwerwiegender Interessen des Betroffenen zu verweigern ist, muss das Gericht unter den gleichen Voraussetzungen von der Unterrichtung einer Person absehen, die ein Verfahren angeregt hat, aber nicht zwingend Beteiligter des Verfahrens würde.

II. – FamFG – Buch 1 Allgemeiner Teil

Gegenäußerung Bundesregierung:
Zu Nummer 13 (Artikel 1 – § 24 Abs. 2 FamFG)
Die Bundesregierung stimmt dem Vorschlag des Bundesrates nicht zu.

Sie teilt die Befürchtung des Bundesrates nicht, dass das Recht des Betroffenen auf informationelle Selbstbestimmung bei der Unterrichtung desjenigen, der die Einleitung eines Verfahrens angeregt hat, nicht hinreichend berücksichtigt ist. Das Recht des Betroffenen auf informationelle Selbstbestimmung hat bei der Ausgestaltung der Vorschrift bereits hinreichend Eingang gefunden. Dies betrifft zum einen den Anlass der Mitteilung. So unterrichtet das Gericht denjenigen, der das Verfahren angeregt hat, nur dann, wenn der Anregung nicht nachgegangen wird. Folgt das Gericht dagegen einer Anregung, so besteht eine Benachrichtigungspflicht nicht. Insbesondere sind die Einrichtung einer Betreuung oder die Anordnung einer Unterbringung nicht von der Benachrichtigungspflicht des § 24 Abs. 2 FamFG erfasst. Zum anderen ist durch die Fassung des § 24 Abs. 2 FamFG gewährleistet, dass die Gründe für die Tatsache, dass der Anregung nicht gefolgt wurde, nicht mitgeteilt werden. Ein etwaiger ablehnender Beschluss ist dem nicht am Verfahren beteiligten Dritten nicht zu übersenden. Das Gericht unterrichtet vielmehr ausschließlich über die Tatsache, dass es die Anregung nicht aufgegriffen hat.

§ 25
Anträge und Erklärungen zur Niederschrift der Geschäftsstelle

(1) Die Beteiligten können Anträge und Erklärungen gegenüber dem zuständigen Gericht schriftlich oder zur Niederschrift der Geschäftsstelle abgeben, soweit eine Vertretung durch einen Rechtsanwalt nicht notwendig ist.

(2) Anträge und Erklärungen, deren Abgabe vor dem Urkundsbeamten der Geschäftsstelle zulässig ist, können vor der Geschäftsstelle eines jeden Amtsgerichts zur Niederschrift abgegeben werden.

(3) Die Geschäftsstelle hat die Niederschrift unverzüglich an das Gericht zu übermitteln, an das der Antrag oder die Erklärung gerichtet ist. Die Wirkung einer Verfahrenshandlung tritt nicht ein, bevor die Niederschrift dort eingeht.

Die Vorschrift entspricht der Fassung des Regierungsentwurfs.

Begründung RegE:
Absatz 1 knüpft an den bisherigen § 11 FGG an. Er bestimmt darüber hinaus, dass Erklärungen durch die Beteiligten schriftlich oder zur Niederschrift der Geschäftsstelle nur insoweit zulässig sind, als eine Vertretung durch Anwälte nicht vorgeschrieben ist. Hierdurch sollen die bisher im FGG vereinzelt vorhandenen Vorschriften über die Möglichkeiten, einzelne Verfahrenshandlungen zur Niederschrift der Geschäftsstelle erklären zu können, systematisiert und harmonisiert werden. Bisherige Einzelregelungen (§§ 21 Abs. 2 Satz 1, 29 FGG) werden entbehrlich.

Absatz 2 stellt klar, dass Anträge und Erklärungen, die vor dem Urkundsbeamten der Geschäftsstelle abgegeben werden können, vor der Geschäftsstelle jedes Amtsgerichts abgegeben werden können. Dies wurde bereits auf der Grundlage des geltenden § 11 FGG für zulässig gehalten (Keidel/Kuntze/Winkler-Zimmermann, Freiwillige Gerichtsbarkeit, 15. Aufl. 2003, Rn. 7 zu § 11). Diese Möglichkeit wird nunmehr ausdrücklich geregelt.

Absatz 3 Satz 1 regelt die Verpflichtung der Geschäftsstelle, das Protokoll unverzüglich dem Gericht, an das der Antrag oder die Erklärung gerichtet ist, zu übersenden. Satz 2 bestimmt, dass die Erklärung erst mit Eingang bei diesem Gericht bewirkt ist. Hiervon wird bereits aufgrund der geltenden Rechtslage ausgegangen (Keidel/Kuntze/Winkler-Zimmermann, Freiwillige Gerichtsbarkeit, 15. Aufl. 2003, Rn. 12 zu § 11). Wird aufgrund nicht unverzüglicher Versendung durch die Geschäftsstelle eine Frist versäumt, kann unter Umständen Wiedereinsetzung nach §§ 17 ff. in Betracht kommen.

§ 26
Ermittlung von Amts wegen

Das Gericht hat von Amts wegen die zur Feststellung der entscheidungserheblichen Tatsachen erforderlichen Ermittlungen durchzuführen.

Die Vorschrift entspricht der Fassung des Regierungsentwurfs.

Begründung RegE:
Die Vorschrift übernimmt aus § 12 FGG den Grundsatz der Amtsermittlung. Dem Gericht obliegt die Feststellung der entscheidungserheblichen Tatsachen von Amts wegen. Es entscheidet nach pflichtgemäßem, teilweise gebundenem Ermessen, ob es sich zur Beschaffung der für seine Entscheidung erheblichen Tatsachen mit formlosen Ermittlungen (§ 29) begnügen kann oder ob es eine förmliche Beweisaufnahme nach den Vorschriften der Zivilprozessordnung (§ 30) durchführen muss.

§ 27
Mitwirkung der Beteiligten

(1) Die Beteiligten sollen bei der Ermittlung des Sachverhalts mitwirken.

(2) Die Beteiligten haben ihre Erklärungen über tatsächliche Umstände vollständig und der Wahrheit gemäß abzugeben.

Die Vorschrift entspricht der Fassung des Regierungsentwurfs.

Begründung RegE:
Absatz 1 begründet eine Mitwirkungspflicht der Beteiligten bei der Ermittlung der entscheidungserheblichen Tatsachen. Eine solche Mitwirkungslast der Beteiligten ist auch im Geltungsbereich des Untersuchungsgrundsatzes schon bisher allgemein anerkannt (vgl. BayObLG FamRZ 1993, 366, 367; Keidel/Kuntze/Winkler-Schmidt, Freiwillige Gerichtsbarkeit, 15. Aufl. 2003, Rn. 121 f. zu § 12) und wird nun gesetzlich fixiert. Die Beteiligten sollen, soweit sie dazu in der Lage sind, durch Angabe von Tatsachen und Beweismitteln eine gerichtliche Aufklärung ermöglichen.

Die Mitwirkung der Beteiligten ist vom Gericht aber nur eingeschränkt erzwingbar. Gemäß § 33 Abs. 3 können gegen einen unentschuldigt ausbleibenden Beteiligten, dessen persönliches Erscheinen angeordnet war, Ordnungs- und Zwangsmittel verhängt werden. Außerdem können Mitwirkungshandlungen nach § 35 erzwungen werden.

Eine verweigerte zumutbare Mitwirkung eines Beteiligten beeinflusst darüber hinaus den Umfang gerichtlicher Ermittlungen. Die Darlegungslast der Beteiligten erhöht sich dabei in gleichem Maß, wie das Gericht auf deren Mitwirkung bei der Sachaufklärung angewiesen ist. Die Beteiligten können bei Vernachlässigung der ihnen obliegenden Pflicht nicht erwarten, dass das Gericht zur Aufklärung des Sachverhalts allen denkbaren Möglichkeiten von Amts wegen nachgeht. Wenn die Beteiligten ihre Mitwirkung verweigern und ansonsten kein Anlass zu weiteren, erfolgversprechenden Ermittlungen besteht, hat das Gericht seiner Untersuchungspflicht Genüge getan (vgl. OLG Köln NJW-RR 1991, 1285, 1286).

Absatz 2 legt den Beteiligten die Pflicht zur wahrheitsgemäßen und vollständigen Erklärung über verfahrensrelevante Umstände auf. Die Pflicht entspricht der Wahrheitspflicht der Parteien im Zivilprozess (§ 138 Abs. 1 ZPO), die schon nach bisherigem Recht auch für die Beteiligten im FG-Verfahren bestand (Keidel/Kuntze/Winkler-Schmidt, Freiwillige Gerichtsbarkeit, 15. Aufl. 2003, Rn. 53 zu § 12 a.E.).

Stellungnahme Bundesrat:
14. **Zu Artikel 1** (§ 27 Abs. 1 FamFG)
Artikel 1 § 27 Abs. 1 ist wie folgt zu fassen:

„(1) Die Beteiligten haben bei der Ermittlung des Sachverhaltes mitzuwirken."

II. – FamFG – Buch 1 Allgemeiner Teil

Begründung:
Nicht einzusehen ist, warum die Beteiligten bei der Sachverhaltsermittlung nur mitwirken „sollen", nicht aber mitwirken müssen. Dies ist umso unverständlicher, als in der Entwurfsbegründung (BR-Drs. 309/07, S. 409) von einer Mitwirkungspflicht die Rede ist.

Gegenäußerung Bundesregierung:
Zu Nummer 14 (Artikel 1 – § 27 Abs. 1 FamFG)
Die Bundesregierung stimmt dem Vorschlag des Bundesrates nicht zu.

Die Bundesregierung teilt die Einschätzung des Bundesrates, dass die Beteiligten regelmäßig zur Mitwirkung bei der Ermittlung der entscheidungserheblichen Tatsachen verpflichtet sind. Dies kommt jedoch durch die Fassung des § 27 Abs. 1 FamFG hinreichend zum Ausdruck. Mit der Fassung als Soll-Vorschrift wird zum einen klargestellt, dass die Verweigerung einer zumutbaren Mitwirkungshandlung keine unmittelbaren prozessualen Konsequenzen hat, insbesondere nicht zur Unzulässigkeit gestellter Anträge führt. Verfahrensrechtliche Auswirkungen hat die Vernachlässigung der Mitwirkungspflicht vielmehr nur insoweit, als das Gericht zu weiteren Ermittlungen des Sachverhalts nicht verpflichtet ist, sofern kein konkreter Anlass hierfür besteht. Zum anderen wird durch die Fassung der Vorschrift als Soll-Vorschrift der Unterschiedlichkeit der im FamFG geregelten Verfahren Rechnung getragen. Nicht in allen Verfahren des FamFG kann gleichermaßen von den Beteiligten verlangt werden, dass sie an der Ermittlung des Sachverhaltes mitwirken. Insbesondere in Betreuungs- und Unterbringungssachen sowie in Sorge- und Umgangsstreitigkeiten ist regelmäßig auch mit Konstellationen zu rechnen, in denen eine Mitwirkung der Beteiligten nicht oder nur sehr eingeschränkt erwartet werden kann.

§ 28
Verfahrensleitung

(1) Das Gericht hat darauf hinzuwirken, dass die Beteiligten sich rechtzeitig über alle erheblichen Tatsachen erklären und ungenügende tatsächliche Angaben ergänzen. Es hat die Beteiligten auf einen rechtlichen Gesichtspunkt hinzuweisen, wenn es ihn anders beurteilt als die Beteiligten und seine Entscheidung darauf stützen will.

(2) In Antragsverfahren hat das Gericht auch darauf hinzuwirken, dass Formfehler beseitigt und sachdienliche Anträge gestellt werden.

(3) Hinweise nach dieser Vorschrift hat das Gericht so früh wie möglich zu erteilen und aktenkundig zu machen.

(4) Über Termine und persönliche Anhörungen hat das Gericht einen Vermerk zu fertigen; für die Niederschrift des Vermerks kann ein Urkundsbeamter der Geschäftsstelle hinzugezogen werden, wenn dies aufgrund des zu erwartenden Umfangs des Vermerks, in Anbetracht der Schwierigkeit der Sache oder aus einem sonstigen wichtigen Grund erforderlich ist. In den Vermerk sind die wesentlichen Vorgänge des Termins und der persönlichen Anhörung aufzunehmen. Die Herstellung durch Aufzeichnung auf Datenträger in der Form des § 14 Abs. 3 ist möglich.

Die Vorschrift entspricht hinsichtlich der Absätze 1 bis 3 dem Regierungsentwurf; in Absatz 4 Satz 1 ist mit der Beschlussempfehlung des Rechtsausschusses der 2. Halbsatz ergänzt worden:

Frühere Fassung RegE:
(4) Über Termine und persönliche Anhörungen hat das Gericht einen Vermerk zu fertigen. In den Vermerk sind die wesentlichen Vorgänge des Termins und der persönlichen Anhörung aufzunehmen. Die Herstellung durch Aufzeichnung auf Datenträger in der Form des § 14 Abs. 3 ist möglich.

Begründung RegE:
Die Vorschrift enthält einige Grundsätze der gerichtlichen Verfahrensleitung. Um die Flexibilität des Verfahrens zu bewahren, wurde von einer ins Einzelne gehenden Regelungsdichte abgesehen.

Absatz 1 Satz 1 begründet eine Hinwirkungspflicht des Gerichts als eine spezielle Ausformung der Pflicht zur Amtsermittlung. Insofern bleibt es im Grundsatz beim geltenden Recht; die Pflicht wurde bisher aus dem Grundsatz der Amtsaufklärung hergeleitet (Keidel/Kuntze/Winkler-Schmidt, Freiwillige Gerichtsbarkeit, 15. Aufl. 2003, Rn. 120 zu § 12). Infolge der gesetzlichen Fixierung werden Umfang und Grenzen der gerichtlichen Hinwirkungspflicht nunmehr klarer konturiert. Die Hinwirkungspflicht bezieht sich auf alle entscheidungserheblichen tatsächlichen Umstände und greift sowohl bei gänzlich fehlendem als auch bei unvollständigem oder widersprüchlichem Vortrag zu entscheidungserheblichen Punkten. Zudem ist auf die Rechtzeitigkeit des Vortrags hinzuwirken; die Beteiligten sind unter Fristsetzung zur Stellungnahme aufzufordern.

Absatz 1 Satz 2 normiert eine spezielle Hinweispflicht des Gerichts zur Gewährleistung des rechtlichen Gehörs der Beteiligten und zum Schutz vor Überraschungsentscheidungen. Auch dies stellt eine Kodifizierung des geltenden Rechts dar (vgl. Keidel/Kuntze/Winkler-Schmidt, Freiwillige Gerichtsbarkeit, 15. Aufl. 2003, Rn. 162 zu § 12). Das Gericht ist verpflichtet, die Beteiligten auf einen entscheidungserheblichen rechtlichen Gesichtspunkt hinzuweisen, den es anders beurteilt als die Beteiligten. Dies kann die beabsichtigte Änderung einer gefestigten Rechtsprechung oder die Anwendung einer bisher nicht in Betracht gezogenen Rechtsnorm sein. Das Gericht darf durch seine Entscheidung dem Verfahren keinesfalls eine für alle Beteiligten überraschende Wendung geben. Eine Abweichung von der Rechtsauffassung der Beteiligten setzt selbstverständlich voraus, dass diese im Verfahren zur Geltung gebracht worden ist. Eine Hinweispflicht entfällt also, wenn kein Beteiligter in dem Verfahren einen Rechtsstandpunkt eingenommen hat. Ein Hinweis ist auch dann entbehrlich, wenn zwischen den Beteiligten unterschiedliche rechtliche Auffassungen in einer entscheidungserheblichen Frage bestehen. In diesem Fall kann die Streitentscheidung durch das Gericht keine Überraschung sein, sofern das Gericht sich für eine der beiden Auffassungen entscheidet.

Absatz 2 begründet eine spezielle Hinwirkungspflicht in Antragsverfahren, die ebenfalls aus dem Amtsermittlungsgrundsatz folgt (vgl. Keidel/Kuntze/Winkler-Schmidt, Freiwillige Gerichtsbarkeit, 15. Aufl. 2003, Rn. 57 zu § 12). Im Interesse der Verfahrenstransparenz und der Verfahrensbeschleunigung wird diese Hinwirkungspflicht nunmehr generell als Verfahrensgrundsatz im Gesetz verankert.

Absatz 3 begründet die Pflicht des Gerichts, im Interesse der Verfahrensbeschleunigung Hinweise so früh wie möglich zu erteilen und diese aktenkundig zu machen. Die Vorschrift entspricht § 139 Abs. 4 Satz 1 ZPO. Sie bezieht sich sowohl auf die Hinwirkungspflichten nach **Absatz 1 Satz 1** und **Absatz 2** als auch auf die Hinweispflicht nach **Absatz 1 Satz 2**. Wird der Hinweis in einem Termin gemäß § 32 oder in einer persönlichen Anhörung gemäß § 34 gegeben, ist die Erteilung in dem nach **Absatz 4** künftig anzufertigenden Vermerk zu dokumentieren und den Beteiligten zur Kenntnis zu geben. Darüber hinaus können Hinweise telefonisch oder schriftlich erteilt werden. Für diese Fälle schreibt **Absatz 4** vor, einen Aktenvermerk über die Hinweiserteilung anzufertigen. Die übrigen Beteiligten, die nicht Adressat des Hinweises sind, sind entsprechend zu unterrichten.

Absatz 4 begründet die Pflicht für das Gericht, über die wesentlichen Vorgänge eines Termins oder einer persönlichen Anhörung gemäß §§ 32, 34 einen Vermerk anzufertigen. Eine entsprechende Pflicht besteht gemäß § 29 Abs. 4, die Ergebnisse einer Beweisaufnahme im Wege des Freibeweises außerhalb eines Termins aktenkundig zu machen. Dagegen sind die Ergebnisse einer im Termin in Anwesenheit der Beteiligten durchgeführten Beweisaufnahme im Rahmen des Absatzes 4 zu dokumentieren. Der Vermerk über die wesentlichen Vorgänge während einer Anhörung oder eines Termins kann vom Richter, Rechtspfleger oder vom Urkundsbeamten der Geschäftsstelle aufgenommen werden.

Der Entwurf sieht bewusst davon ab, Mindestvoraussetzungen über Form und Inhalt dieses Vermerks aufzustellen. Um die Flexibilität des FamFG-Verfahrens zu erhalten, wurde eine Übernahme der Bestimmungen über das Protokoll (§§ 159 ff. ZPO) nicht vorgesehen. Der Vermerk dient zum einen dazu, die Beteiligten über die Ergebnisse einer Anhörung oder eines Termins zu informieren, so dass sie ihr weiteres Verfahrensverhalten darauf einstellen können. Insbesondere soll der Vermerk den Beteiligten die Ausübung ihres Äußerungsrechts gemäß § 37 Abs. 2 erleichtern oder überhaupt erst ermöglichen, indem sie

II. – FamFG – Buch 1 Allgemeiner Teil

in Kenntnis gesetzt werden, von welchen wesentlichen Ergebnissen der Anhörung das Gericht ausgeht. Zum anderen erleichtert der Vermerk dem Beschwerdegericht die Entscheidung gemäß § 68 Abs. 3 Satz 2, ob eine Wiederholung des Verfahrensschrittes angezeigt ist. Die Ausgestaltung des Vermerks liegt im Ermessen des Gerichts. Es kann sich hierbei, je nach den Erfordernissen des Einzelfalls, sowohl um eine stichwortartige Zusammenfassung des Verlaufs des Termins als auch um einen ausführlichen Vermerk im Sinne eines Protokolls gemäß §§ 159 ff. ZPO handeln.

Als wesentliche Vorgänge einer Anhörung sind neben anwesenden Personen, Ort und Zeit der Anhörung oder des Termins in erster Linie solche Umstände anzusehen, die unmittelbare Entscheidungserheblichkeit besitzen. Werden in einer Anhörung Tatsachen bekundet, auf die das Gericht seine Entscheidung stützen will, ist eine Aufnahme in den Vermerk schon im Hinblick auf das Äußerungsrecht der Beteiligten gemäß § 37 Abs. 2 geboten. Außerdem sind in dem Vermerk die in einem Termin gegebenen Hinweise des Gerichts zu dokumentieren, um die in Absatz 3 begründete Pflicht, Hinweise aktenkundig zu machen, zu erfüllen. Schließlich sind die äußeren Umstände einer Anhörung, insbesondere die persönliche Verfassung eines Betroffenen oder der Zustand seiner Unterkunft, in dem Vermerk aktenkundig zu machen, falls sie für die Entscheidung von Bedeutung sind.

Satz 3 regelt die Herstellung des Anhörungsvermerks in elektronischer Form. Er entspricht § 160a Abs. 4 ZPO.

Stellungnahme Bundesrat:

15. **Zu Artikel 1** (§ 28 Abs. 4 Satz 1 zweiter Halbsatz – neu – FamFG)

In Artikel 1 § 28 Abs. 4 Satz 1 sind der abschließende Punkt durch ein Semikolon zu ersetzen und folgender Halbsatz anzufügen:

„für die Protokollierung kann ein Urkundsbeamter der Geschäftsstelle zugezogen werden, wenn dies auf Grund des zu erwartenden Umfangs des Protokolls, in Anbetracht der Schwierigkeit der Sache oder aus einem sonstigen wichtigen Grund erforderlich ist."

Begründung:

In emotional aufgeladenen Anhörungsterminen, wie nicht selten in Umgangs- und Sorgerechtsverfahren, nimmt die Terminsleitung die Aufmerksamkeit des Richters in vollem Umfang in Anspruch. In diesen Fällen muss es dem Richter – wie im ZPO-Verfahren nach § 159 Abs. 1 Satz 2 ZPO – möglich sein, einen Urkundsbeamten für die Anfertigung des Vermerks bzw. Protokolls hinzuzuziehen.

Der hier vorgeschlagene Wortlaut entspricht demjenigen des § 159 Abs. 1 Satz 2 ZPO. Alternativ hierzu könnte ein Verweis auf diese Vorschrift in Betracht gezogen werden.

Gegenäußerung Bundesregierung:

Zu **Nummer 15** (Artikel 1 – § 28 Abs. 4 Satz 1 zweiter Halbsatz – neu – FamFG)

Die Bundesregierung wird im weiteren Verlauf des Gesetzgebungsverfahrens prüfen, ob die Ergänzung der Vorschriften über die Verfahrensleitung um die Möglichkeit, für die Protokollierung einen Urkundsbeamten der Geschäftsstelle hinzuzuziehen, sachgerecht ist.

Die Bundesregierung gibt hierbei allerdings zu bedenken, dass gerade vor dem Hintergrund der häufig emotional geprägten Verfahren des FamFG von einer Vorschrift über die förmliche Protokollierung abgesehen wurde. Die formfreie Möglichkeit der Anfertigung eines Vermerks gemäß § 28 Abs. 4 FamFG soll es dem Gericht insbesondere ermöglichen, Feststellungen über den Verlauf einer persönlichen Anhörung im Anschluss an eine Anhörung zu vermerken und nicht – in Anwesenheit der Beteiligten – während einer Anhörung aufnehmen zu müssen.

Begründung Beschlussempfehlung Rechtsausschuss:

Die Neufassung geht zurück auf einen Vorschlag des Bundesrates gemäß Nummer 15 der Stellungnahme. Der Vorschlag des Bundesrates wurde lediglich sprachlich an die Terminologie des FamFG angepasst. Zur Begründung wird auf Nummer 15 der Stellungnahme des Bundesrates Bezug genommen.

§ 29
Beweiserhebung

(1) Das Gericht erhebt die erforderlichen Beweise in geeigneter Form. Es ist hierbei an das Vorbringen der Beteiligten nicht gebunden.

(2) Die Vorschriften der Zivilprozessordnung über die Vernehmung bei Amtsverschwiegenheit und das Recht zur Zeugnisverweigerung gelten für die Befragung von Auskunftspersonen entsprechend.

(3) Das Gericht hat die Ergebnisse der Beweiserhebung aktenkundig zu machen.

Die Vorschrift entspricht hinsichtlich des Absatzes 1 dem Regierungsentwurf; entfallen ist mit der Beschlussempfehlung des Rechtsausschusses Absatz 2, daraus resultiert die neue Nummerierung der Absatze 3 und 4 zu 2 und 3:

Frühere Fassung RegE:
(2) Die Beteiligten können Beweisanträge stellen. Das Gericht entscheidet über die Erhebung des beantragten Beweises nach pflichtgemäßem Ermessen. Lehnt es die Erhebung des beantragten Beweises ab, hat es dies in einer gesonderten oder der abschließenden Entscheidung zu begründen. Soweit die Ablehnung gesondert erfolgt, ist die Entscheidung nicht selbständig anfechtbar.

Begründung RegE:

Absatz 1 Satz 1 übernimmt aus dem geltenden Recht den Grundsatz des Freibeweises. Das Gericht erhebt die Beweise in der ihm geeignet erscheinenden Form, ohne an förmliche Regeln gebunden zu sein. Als Form des Freibeweises kommt etwa die informelle persönliche, telefonische oder schriftliche Befragung einer Auskunftsperson oder durch Beiziehung von Akten in Betracht. Eine abschließende Aufzählung der im Freibeweis zulässigen Beweismittel enthält auch dieses Gesetz nicht, um den Charakter des Freibeweises als flexibles Erkenntnisinstrument zu wahren. Die Flexibilität soll ungeschmälert erhalten bleiben, um dem FG-Gericht ein zügiges, effizientes und ergebnisorientiertes Arbeiten zu ermöglichen. Es erscheint aber notwendig, klarer als nach bisherigem Recht die Grenzen des Freibeweises zu definieren und das Gericht in bestimmten Fallkonstellationen zur Durchführung einer Beweisaufnahme nach den Regeln der Zivilprozessordnung (Strengbeweis) zu verpflichten.

Nach bisherigem Recht kann das Gericht nach pflichtgemäßem Ermessen zwischen Frei- und Strengbeweis wählen (Keidel/Kuntze/Winkler-Schmidt, Freiwillige Gerichtsbarkeit, 15. Aufl. 2003, Rn. 3 ff. zu § 15; Bumiller/Winkler, Freiwillige Gerichtsbarkeit 8. Aufl. 2006, Rn. 1 ff. zu § 15; BayObLG, NJW-RR 1996, 583, 584). Dieser Grundsatz der Wahlfreiheit ist auch weiterhin gültig (§ 30 Abs. 1); der Strengbeweis wird allerdings für bestimmte Fälle zur Wahrung der Verfahrensrechte der Beteiligten und zur Sicherstellung einer materiell richtigen Entscheidung obligatorisch (§ 30 Abs. 2 und 3; siehe die dortigen Erläuterungen).

Absatz 1 Satz 2 stellt klar, dass das Gericht im FamFG-Verfahren durch das Vorbringen eines Beteiligten, insbesondere das Geständnis oder Nichtbestreiten nicht gebunden wird. Dieser Grundsatz gilt schon im bisherigen FG-Recht (vgl. BayObLGZ 1971, 217, 219). Er bedeutet, dass das Gericht unabhängig vom Vorbringen der Beteiligten die Wahrheit ermitteln und zu diesem Zweck Beweis erheben muss. Die Beweisbedürftigkeit einer entscheidungserheblichen Tatsache entfällt also nicht, weil sie von keinem Beteiligten bestritten wird. Dieser Umstand kann allerdings ein Indiz für die Wahrheit einer Tatsachenbehauptung sein.

Absatz 2 Satz 1 begründet das Recht der Beteiligten, durch Beweisanträge auf die Amtsermittlung des Gerichts Einfluss zu nehmen. Mit dem Antragsrecht der Beteiligten korrespondiert die Bescheidungs- und Begründungspflicht des Gerichts gemäß **Absatz 2 Sätze 2 und 3.** Durch gesonderten Beschluss oder spätestens in der instanzabschließenden Entscheidung hat das Gericht zu begründen, warum es einem Beweisantrag nicht gefolgt ist. Die Ablehnung des Beweisantrages ist, auch wenn sie durch gesonderten Beschluss ausgesprochen wird, nicht isoliert anfechtbar **(Absatz 2 Satz 4),** sondern nur im Wege der Beschwerde gegen die Endentscheidung überprüfbar. Die fehlerhafte Ablehnung eines Beweisantrags ist ein Rechtsfehler (Verstoß gegen die Amtsermittlungspflicht), so dass die Richtigkeit auch noch im Rechtsbeschwerdeverfahren überprüft werden kann.

Um das FamFG-Verfahren flexibel zu halten, verzichtet der Entwurf allerdings darauf, die Gründe für die Ablehnung eines Beweisantrags wie in der Strafprozessordnung im Gesetz im Einzelnen aufzuführen. Insofern verbleibt es bei der Verpflichtung des Gerichts, den Sachverhalt nach seinem pflichtgemäßen Ermessen vollständig aufzuklären. Daher kann ein Beweisantrag abgelehnt werden, wenn er für die Sachverhaltsaufklärung keinen Nutzen bringt, weil die unter Beweis gestellte Tatsache für die zu treffende Entscheidung unerheblich, bereits erwiesen oder offenkundig ist, wenn das Beweismittel unzulässig, unerreichbar oder völlig ungeeignet ist oder wenn die behauptete Tatsache als wahr unterstellt wird (hierzu Keidel/Kuntze/Winkler-Schmidt, Freiwillige Gerichtsbarkeit, 15. Aufl. 2003, Rn. 123 zu § 12).

Das Gericht kann einen Beweisantrag schließlich auch mit der Begründung ablehnen, der Sachverhalt sei bereits so vollständig aufgeklärt, dass von einer weiteren Beweisaufnahme ein sachdienliches, die Entscheidung beeinflussendes Ergebnis nicht mehr zu erwarten sei (so BayObLG NJW-RR 1991, 777, 778). Diese Ablehnung muss aber auf der Grundlage einer abschließenden Überzeugungsbildung des Gerichts nach umfassender Würdigung der Beweislage ergehen; eine vorweggenommene Beweiswürdigung auf der Grundlage einer unvollständigen Beweislage ist rechtsfehlerhaft (BayObLGZ 1997, 197, 205).

Das Gericht soll, auch wenn es die Beweise formlos erhebt, an gewisse Grundregeln der Beweisaufnahme kraft Gesetzes ausdrücklich gebunden bleiben. Gemäß **Absatz 3** hat das Gericht die Amtsverschwiegenheit gemäß § 376 ZPO und das Recht zur Zeugnis- und Auskunftsverweigerungsrecht gemäß §§ 383 bis 390 ZPO zu beachten.

Die Einholung einer Auskunft bei einer zur Amtsverschwiegenheit verpflichteten Person im Wege des Freibeweises setzt in entsprechender Anwendung des § 376 Abs. 1 ZPO eine Aussagegenehmigung voraus. Denn es macht keinen Unterschied, ob die Auskunftsperson die der Amtsverschwiegenheit unterliegende Tatsache als Auskunftsperson im Freibeweis oder als (sachverständiger) Zeuge im Strengbeweis kundgibt. Im letzteren Fall ist aber die Beachtung der Amtsverschwiegenheit schon nach bisherigem Recht nicht zweifelhaft (vgl. Keidel/Kuntze/Winkler-Schmidt, Freiwillige Gerichtsbarkeit, 15. Aufl. 2003, Rn. 33 zu § 15). Das Gericht hat also vor Einholung einer der Amtsverschwiegenheit unterliegenden Auskunft die Genehmigung des Dienstvorgesetzten zur Erteilung der Auskunft einzuholen. Solange sie nicht vorliegt, darf das Gericht insoweit nichts veranlassen. Für den Notar ist die spezielle Regelung des § 18 BNotO zu beachten.

Auskunftspersonen steht in entsprechender Anwendung der §§ 383 bis 390 ZPO ein Auskunftsverweigerungsrecht zu. Das Recht, die Auskunft zu verweigern, steht zum einen den in § 383 Abs. 1 Nr. 1 bis 3 ZPO bezeichneten nahen Angehörigen der Beteiligten und den in § 383 Abs. 1 Nr. 4 bis 6 ZPO bezeichneten Berufsgruppen zu, soweit letztere nicht von der Schweigepflicht entbunden wurden (§ 385 Abs. 2 ZPO). Zum anderen ist das Recht zur Auskunftsverweigerung aus den in § 384 ZPO bezeichneten Gründen beachtlich. Über das Recht zur Auskunftsverweigerung ist die Auskunftsperson zu belehren. Ohne Belehrung eingeholte Auskünfte sind nicht verwertbar, wenn sich die Auskunftsperson später auf ihr Verweigerungsrecht beruft.

Für das Verfahren über die Berechtigung der Auskunftsverweigerung gelten die Vorschriften der §§ 386 ff. ZPO entsprechend. Die Auskunftsperson hat die Verweigerungsgründe selbst darzulegen und glaubhaft zu machen. Die Amtsermittlungspflicht des Gerichts erstreckt sich nicht auf diese. Die Entscheidung über die Auskunftsverweigerung ergeht nach Anhörung der Beteiligten (§ 387 Abs. 1 ZPO) durch Beschluss und nicht durch Zwischenurteil. Der Beschluss ist entsprechend § 387 Abs. 3 ZPO mit der sofortigen Beschwerde anfechtbar. Die Frist zur Einlegung der sofortigen Beschwerde beträgt zwei Wochen. Die Frist ergibt sich aus §§ 387 Abs. 3, 569 Abs. 1 ZPO. Wie im bisherigen Recht ist die Verhängung von Ordnungsmitteln zur Erzwingung des Erscheinens vor Gericht zur Herbeiführung einer Aussage im Wege des Freibeweises nicht zulässig (vgl. nur Keidel/Kuntze/Winkler-Schmidt, Freiwillige Gerichtsbarkeit, 15. Aufl. 2003, Rn. 196 zu § 12 m.w.N.). Auch schriftliche Auskünfte oder Gutachten können nicht erzwungen werden. Lehnt die Auskunftsperson die Erteilung der Auskunft ab, muss das Gericht sie im Verfahren des

Strengbeweises als (sachverständigen) Zeugen laden oder mit der Erstattung eines Gutachtens beauftragen und auf diese Weise eine förmliche zwangsmittelbewehrte Beweisaufnahme einleiten.

Gemäß **Absatz 4** hat das Gericht auch im Freibeweis die Ergebnisse einer Beweiserhebung in den Akten zu dokumentieren. Dies betrifft die Einholung von Auskünften per Telefon oder im Wege der persönlichen Anhörung der Auskunftsperson, die Feststellung eines persönlichen Eindrucks oder das Ergebnis eines Augenscheins. Diese Feststellungen können in Abwesenheit der Beteiligten getroffen werden. Sie sind aber, um die notwendige Verfahrenstransparenz zu gewährleisten, in einem Vermerk festzuhalten, der zu den Akten zu nehmen ist. Falls das Gericht auf diese Feststellungen die Entscheidung stützen will, ist der Vermerk vor der Entscheidung den Beteiligten zur Kenntnis zu geben, um ihnen Gelegenheit zur Äußerung zu gewähren (§ 37 Abs. 2). Die Ergebnisse einer förmlichen Beweisaufnahme oder einer persönlichen Anhörung im Termin sind stets in einem Vermerk gemäß § 28 Abs. 4 festzuhalten.

Stellungnahme Bundesrat:

16. **Zu Artikel 1** (§ 29 Abs. 2 Satz 3, 4 FamFG)

In Artikel 1 § 29 Abs. 2 sind die Sätze 3 und 4 durch folgenden Satz zu ersetzen:

„Sofern das Gericht einen Beweisantrag in einer gesonderten Entscheidung ablehnt, ist die Entscheidung nicht selbständig anfechtbar."

Begründung:

§ 29 Abs. 2 Satz 3 FamFG-E sieht vor, dass die Ablehnung eines Beweisantrags in einer gesonderten oder der abschließenden Entscheidung zu begründen ist. Damit wird das Verfahren der freiwilligen Gerichtsbarkeit in unangemessener Weise formalisiert und an das geltende Strafprozessrecht angenähert.

Gerade die Erfahrungen in vielen Strafprozessen zeigen, dass das Beweisantragsrecht missbraucht werden kann. Es ist nicht selten zu beobachten, dass das Gericht von Beteiligten und ihren Rechtsanwälten mit Beweisanträgen regelrecht „bombardiert" wird. Ansätze hierzu sind nach den Erfahrungen der gerichtlichen Praxis bereits jetzt auch im Verfahren der freiwilligen Gerichtsbarkeit zu beobachten.

Die Beteiligten hätten es nach der im Gesetzentwurf der Bundesregierung vorgesehenen Neuregelung in der Hand, die angestrebte flexible und zügige Verfahrensführung massiv zu stören. Gerade in Familiensachen wäre ein solcher Missbrauch des Beweisantragsrechts auf Grund der besonderen Konfliktlage zu erwarten.

Im Übrigen sehen selbst die Regeln des Strengbeweises in der ZPO keinen „Beweisantrag" vor, der als solcher – zumal mit Begründung – zu bescheiden wäre (vgl. Zöller-Greger, Zivilprozessordnung, 26. Aufl. 2007, vor § 284 Rn. 8a).

§ 29 Abs. 2 Satz 4 FamFG-E ist auf Grund des gestrichenen Satzes 3 redaktionell anzupassen.

Gegenäußerung Bundesregierung:

Zu Nummer 16 (Artikel 1 – § 29 Abs. 2 Satz 3, 4 FamFG)

Die Bundesregierung stimmt dem Vorschlag des Bundesrates nicht zu.

Sie teilt die Bedenken des Bundesrates gegen die in § 29 Abs. 2 Satz 3 FamFG normierte Bescheidung von Beweisanträgen nicht. Die Ausgestaltung der Vorschrift trägt den Anforderungen an ein transparentes Verfahren einerseits sowie denen an eine flexible Verfahrensgestaltung durch das Gericht andererseits ausgewogen Rechnung. Es entspricht den Anforderungen an eine moderne, transparente Verfahrensordnung, dass das Gericht, das sich mit den Beweisanträgen der Beteiligten auseinandergesetzt hat, darlegt, weshalb es einem Beweisantritt nicht nachgegangen ist.

Die Darlegung der Gründe, aufgrund deren das Gericht Beweisanträgen nicht nachgegangen ist, dient auch der Durchführung des Rechtsmittelverfahrens. Nur wenn die Gründe für die unterbliebene Beweisaufnahme in der erstinstanzlichen Entscheidung dargelegt sind, wird das Beschwerdegericht in die Lage versetzt zu überprüfen, ob das erstinstanzliche Verfahren frei von Verfahrensmängeln durchgeführt wurde.

II. – FamFG – Buch 1 Allgemeiner Teil

Gleichzeitig trägt die Fassung des § 29 Abs. 2 FamFG dem Bedürfnis nach einer zügigen Beendigung des Verfahrens Rechnung. Die Vorschrift sieht kein Erfordernis vor, Beweisanträge separat vor Abschluss der Instanz zu entscheiden. Das Gericht kann daher seine Erwägungen in der Endentscheidung darlegen. Hiermit korrespondiert auch der Ausschluss der Anfechtbarkeit einer etwaigen eigenständigen Entscheidung über den Beweisantrag gemäß § 29 Abs. 2 Satz 4 FamFG. Des Weiteren verzichtet der Entwurf darauf, die Gründe für die Ablehnung eines Beweisantrags im Gesetz im Einzelnen aufzuführen, wie dies in der Strafprozessordnung erfolgt. Es verbleibt daher bei der allgemeinen Verpflichtung des Gerichts, den Sachverhalt nach seinem pflichtgemäßen Ermessen vollständig aufzuklären. Es kann also wie nach bisheriger Rechtslage einen Beweisantrag ablehnen, wenn er für die Sachverhaltsaufklärung keinen Nutzen bringt, weil die unter Beweis gestellte Tatsache für die zu treffende Entscheidung unerheblich, bereits erwiesen oder offenkundig ist, wenn das Beweismittel unzulässig, unerreichbar oder völlig ungeeignet ist oder wenn die behauptete Tatsache als wahr unterstellt wird.

Begründung Beschlussempfehlung Rechtsausschuss:

Mit der Aufhebung des Absatzes 2 wird das förmliche Beweisantragsrecht der Beteiligten gestrichen. Der Ausschuss folgt insoweit einem einheitlichen Votum der Sachverständigen sowie des Bundesrates (vgl. Nummer 16 der Stellungnahme des Bundesrates). Hierdurch soll einer zu weitgehenden Formalisierung und Verzögerung der Verfahren entgegengewirkt werden. Mit einem förmlichen Beweisantragsrecht würde das Verfahren stärker formalisiert als der Zivilprozess, der eine entsprechende Regelung nicht kennt. Eine Auseinandersetzung des Gerichts mit den Beweisanträgen der Beteiligten bleibt auch ohne förmliches Beweisantragsrecht gewährleistet. Das Gericht hat die tragenden Erwägungen der Endentscheidung in der obligatorischen Begründung (§ 38 Abs. 3) darzulegen. Findet eine hinreichende Auseinandersetzung mit entscheidungserheblichen Beweisangeboten eines Beteiligten nicht statt, stellt dies einen Verfahrensfehler dar, der im Rechtsmittelzug überprüft werden kann. Hierdurch ist das rechtliche Gehör der Beteiligten hinreichend geschützt. Im Übrigen wird zur Begründung auf Nummer 16 der Stellungnahme des Bundesrates Bezug genommen.

§ 30
Förmliche Beweisaufnahme

(1) Das Gericht entscheidet nach pflichtgemäßem Ermessen, ob es die entscheidungserheblichen Tatsachen durch eine förmliche Beweisaufnahme entsprechend der Zivilprozessordnung feststellt.

(2) Eine förmliche Beweisaufnahme hat stattzufinden, wenn es in diesem Gesetz vorgesehen ist.

(3) Eine förmliche Beweisaufnahme über die Richtigkeit einer Tatsachenbehauptung soll stattfinden, wenn das Gericht seine Entscheidung maßgeblich auf die Feststellung dieser Tatsache stützen will und die Richtigkeit von einem Beteiligten ausdrücklich bestritten wird.

(4) Den Beteiligten ist Gelegenheit zu geben, zum Ergebnis einer förmlichen Beweisaufnahme Stellung zu nehmen, soweit dies zur Aufklärung des Sachverhalts oder zur Gewährung rechtlichen Gehörs erforderlich ist.

Die Vorschrift entspricht der Fassung des Regierungsentwurfs.

Begründung RegE:

Absatz 1 Satz 1 enthält den bereits im bisherigen Recht anerkannten Grundsatz, dass es dem pflichtgemäßem Ermessen des Gerichts obliegt, ob und inwieweit es den entscheidungserheblichen Sachverhalt durch eine förmliche Beweisaufnahme nach der Zivilprozessordnung ermittelt und feststellt (Keidel/Kuntze/Winkler-Schmidt, Freiwillige Gerichtsbarkeit, 15. Aufl. 2003, Rn. 3 ff. zu § 15; Bumiller/Winkler, Freiwillige Gerichtsbarkeit, 8. Aufl. 2006, Rn. 1 ff. zu § 15; BayObLG NJW-RR 1996, 583, 584). Um die Flexibilität des FamFG-Verfahrens zu erhalten, verzichtet der Entwurf weitgehend auf ermessensleitende Kriterien. Die in der Rechtsprechung entwickelte Formel, wonach der Strengbeweis dann erforderlich ist, wenn dies zur ausreichenden Sachaufklärung oder wegen der Bedeutung der Angelegenheit notwendig ist (OLG Zweibrücken NJW-RR 1988, 1211), bleibt als Ausgangspunkt weiterhin anwendbar. Ein spezielles Antragsrecht auf Durchführung einer förmlichen Beweisaufnahme sieht der Entwurf nicht vor; den Beteiligten bleibt es aber unbenommen, die förmliche Beweisaufnahme anzuregen. Das Gericht ist an eine entsprechende Beweisanregung nicht gebunden und hat diese auch nicht zu bescheiden, aber im Rahmen seines nach Absatz 1 eingeräumten Ermessens zu berücksichtigen.

In einigen Rechtsvorsorge-Verfahren ist eine förmliche Beweisaufnahme zum Beweis zentraler entscheidungserheblicher Tatsachen wegen der Schwere des Eingriffs von Gesetzes wegen vorgeschrieben; hierauf nimmt **Absatz 2** Bezug. Die spezialgesetzlichen Bestimmungen anderer Verfahren, bei denen – wie nach § 29 GBO – die Beweismittel gesetzlich beschränkt sind, gehen dieser Bestimmung vor. **Absatz 3** wiederum umschreibt generalklauselartig eine Verfahrenskonstellation, in der zur Wahrung der Verfahrensrechte der Beteiligten und zur besseren Sachaufklärung eine förmliche Beweisaufnahme stattfinden soll; auch insoweit wird das gerichtliche Ermessen gemäß Absatz 1 eingeschränkt.

In Verfahren, die einen Eingriff in die Grundrechte des Betroffenen zum Gegenstand haben, ist zum Teil schon von Gesetzes wegen eine förmliche Beweisaufnahme, insbesondere die Einholung eines medizinischen Sachverständigengutachtens, vorgeschrieben. **Absatz 2** nimmt auf diese Gesetzesvorschriften Bezug. § 280 für das Betreuungsverfahren sowie § 321 für das Unterbringungsverfahren enthalten Spezialregelungen über die Einholung medizinischer Sachverständigengutachten, die der Ermessensvorschrift des **Absatzes 1** vorgehen. Der Entwurf hat vor diesem Hintergrund von einem allgemeinen Strengbeweisvorbehalt für alle Tatsachen, die einen Eingriff in die Grundrechte eines Betroffenen rechtfertigen sollen, abgesehen. Eine hinreichende Richtigkeitsgewähr für solche Feststellungen kann, soweit sie nicht ohnehin unter **Absatz 2** fallen, vielmehr bereits über **Absatz 1** hergestellt werden. Ist eine Tatsache im Laufe des Verfahrens von den Beteiligten nicht bestritten worden, erscheint es gerechtfertigt, die Entscheidung, ob die Wahrheit gleichwohl strengbeweislich erforscht werden soll, gerichtlichem Ermessen zu überlassen. Ein schematischer Zwang zur förmlichen Beweisaufnahme bei Grundrechtseingriffen wäre ineffektiv.

Absatz 3 begründet eine Verpflichtung für das Gericht zur Durchführung einer förmlichen Beweisaufnahme, wenn eine Tatsache, die für die zu treffende Entscheidung von maßgeblicher Bedeutung ist, im Freibeweisverfahren streitig geblieben ist. In dieser Situation soll das Gericht vom Strengbeweisverfahren Gebrauch machen, weil das Strengbeweisverfahren zur Ermittlung einer bestrittenen entscheidungserheblichen Tatsache geeigneter ist und die Mitwirkungsrechte der Beteiligten besser gewährleistet.

Die Pflicht zum Strengbeweis kann nur dort gelten, wo auch der Zivilprozess den Strengbeweis vorsieht. Keine Anwendung findet der Strengbeweis daher auch im FamFG-Verfahren bei der Prüfung von Verfahrensvoraussetzungen. Hiervon kann sich das Gericht im Wege des Freibeweises überzeugen (BGH, NJW 2000, 814). Es ist daher insoweit in der Auswahl und Verwertung seiner Beweismittel frei (Zöller-Vollkommer, ZPO, 26. Aufl. 2007, Rn. 8 zu § 56).

Eine Tatsache hat maßgebliche Bedeutung für die zu treffende Entscheidung, wenn sie als Haupttatsache den Tatbestand einer entscheidungsrelevanten Norm unmittelbar ausfüllt. Ist die streitige Tatsache eine von mehreren Anknüpfungstatsachen, mit denen die Annahme eines unbestimmten Rechtsbegriffs wie z.B. des Kindeswohls begründet werden soll, ist deren Wahrheit strengbeweislich zu erforschen, wenn die streitige Tatsache im Ergebnis ausschlaggebende Bedeutung im Rahmen der gerichtlichen Abwägung hat. Wenn die streitige Tatsache eine Indiztatsache für das Vorliegen einer Haupttatsache ist, muss zum einen die vorstehend beschriebene Relevanz der Haupttatsache gegeben, zum anderen ein hinreichend sicherer Rückschluss von der Hilfstatsache auf das Vorliegen der Haupttatsache möglich sein.

Weitere Voraussetzung für die Verpflichtung zum Strengbeweis ist, dass das Gericht die entscheidungserhebliche Tatsache nach dem Ergebnis des Freibeweisverfahrens für wahr hält und sie daher seiner Entscheidung zugrunde legen will. **Absatz 3** zwingt das Gericht, seine positive Überzeugung vom Vorliegen einer Tatsache noch einmal strengbeweislich zu überprüfen. Zweifelt das Gericht dagegen an der Wahrheit einer Tatsachenbehauptung oder hält sie für unwahr, so ist Absatz 3 nicht einschlägig. Tatsachenbehauptungen, die sich im Freibeweisverfahren nicht haben bestätigen lassen, muss das Gericht grundsätzlich nicht auch noch strengbeweislich nachgehen.

II. – FamFG – Buch 1 Allgemeiner Teil

Hier kann jedoch im Einzelfall nach **Absatz 1** eine förmliche Beweisaufnahme angezeigt sein, wenn ein Beteiligter einen Beweisantrag gemäß § 29 Abs. 2 gestellt hat, dem das Gericht freibeweislich nachgegangen ist, ohne sich von der Wahrheit der Behauptung überzeugen zu können. Wiederholt der Beteiligte diese Behauptung unter Strengbeweisantritt, kann das Gericht im Rahmen seines Ermessens nach **Absatz 1** gehalten sein, den Beweis auch zu erheben.

Schließlich ist weitere Voraussetzung für einen Zwang zur Durchführung des Strengbeweises gemäß **Absatz 3,** dass die maßgebliche Tatsache von einem Beteiligten ausdrücklich bestritten wird. Konkludentes oder pauschales Bestreiten reicht keineswegs aus, einfaches Bestreiten ohne Angabe von Gründen für die angebliche Unwahrheit der freibeweislich festgestellten Tatsache nur im Ausnahmefall, wenn den Beteiligten ein höherer Grad an Substantiierung nicht zuzumuten ist. In der Regel ist substantiiertes Bestreiten zu fordern. Der Beteiligte muss also darlegen, warum er das Freibeweisergebnis für falsch hält. Gegebenenfalls ist eine in sich nachvollziehbare Gegendarstellung zu fordern. Um einen Strengbeweis zu erzwingen, ist also ein Mindestmaß an objektiv nachvollziehbarer Begründung für die Ablehnung des Freibeweisergebnisses zu fordern. Hierbei darf allerdings die Fähigkeit des Bestreitenden, sich im Verfahren zu artikulieren, nicht außer Acht gelassen werden.

Nicht erforderlich für den Zwang zum Strengbeweis ist, dass das Gericht selbst noch Zweifel an der Richtigkeit der entscheidungsmaßgeblichen Tatsache hat. Das Gericht soll vielmehr den Strengbeweis gerade dann durchführen, wenn es aufgrund des Freibeweises von der Richtigkeit einer Tatsachenbehauptung bereits überzeugt ist und auf diese Tatsache seine Entscheidung stützen will.

Welche Freibeweisergebnisse das Gericht gewonnen hat und seiner Entscheidung zugrunde zu legen gedenkt, erfahren die Beteiligten infolge der sich aus § 37 Abs. 2 ergebenden Mitteilungspflicht. Nach dieser Vorschrift darf das Gericht seine Entscheidung nur auf Tatsachen und Beweisergebnisse stützen, zu denen sich die Beteiligten zuvor äußern konnten. In diesem Rahmen hat das Gericht den Beteiligten die freibeweislich gewonnenen Ermittlungsergebnisse darzulegen. Dies gibt den Beteiligten die Gelegenheit zu überprüfen, ob sie die Durchführung eines förmlichen Beweisverfahrens für notwendig erachten.

Absatz 4 regelt die Verpflichtung des Gerichts, den Beteiligten Gelegenheit zur Stellungnahme zum Ergebnis einer Beweiserhebung im Strengbeweisverfahren zu geben. Die Vorschrift tritt an die Stelle des § 279 Abs. 3 ZPO, aufgrund dessen das Gericht im zivilgerichtlichen Verfahren verpflichtet ist, den Sach- und Streitstand mit den Parteien zu erörtern. Demgegenüber soll im FamFG-Verfahren dem Gericht ein höheres Maß an Flexibilität eingeräumt werden. Es soll je nach den Umständen des Einzelfalls entscheiden können, ob zum Beispiel die Durchführung eines Termins geboten ist. Die Gewährung rechtlichen Gehörs für die Beteiligten ist im Übrigen auch dadurch gewährleistet, dass das Gericht seine Entscheidung nur auf solche Tatsachen und Beweisergebnisse stützen kann, zu denen die Beteiligten sich äußern konnten (§ 37 Abs. 2).

Stellungnahme Bundesrat:
17. **Zu Artikel 1** (§ 30 Abs. 3 FamFG)
Artikel 1 § 30 Abs. 3 ist zu streichen.

Begründung:

§ 30 Abs. 3 FamFG-E schreibt dem Gericht im Regelfall eine förmliche Beweisaufnahme über streitige entscheidungserhebliche Tatsachen vor.

Es ist jedoch – auch unter rechtsstaatlichen Gesichtspunkten – ausreichend, die Entscheidung über eine förmliche Beweisaufnahme wie bisher in das pflichtgemäße Ermessen des Gerichts zu stellen. Dies entspricht dem Bedürfnis in Verfahren der freiwilligen Gerichtsbarkeit nach flexibler Ausgestaltung des Verfahrens, teilweise auch nach zügiger Entscheidungsfindung. Der Schutz der Beteiligten ist durch die Bindung an das pflichtgemäße Ermessen ausreichend gewährleistet, notfalls in der Beschwerdeinstanz.

Gerade in sensiblen Verfahren (wie z.B. Kinderschutzfällen) können unerwünschte Manipulationsmöglichkeiten entstehen, indem Tatsachen nur zur Verzögerung des Verfahrens streitig gestellt werden.

Die Ausweitung der förmlichen Beweisaufnahme lässt zudem eine Zunahme von Sachverständigengutachten erwarten. Im häufigen Fall der Verfahrenkostenhilfe sind die Mehrausgaben aus den Landeshaushalten zu tragen.

Gegenäußerung Bundesregierung:
Zu **Nummer 17** (Artikel 1 – § 30 Abs. 3 FamFG)
Die Bundesregierung stimmt dem Vorschlag des Bundesrates nicht zu.

Die Beweiserhebung im Wege des Strengbeweises gewährleistet in streitigen Verfahren eine höhere Gewähr der Richtigkeit der Entscheidung. Dies ist sowohl zur Gewährleistung der Mitwirkungsrechte der Beteiligten als auch wegen der höheren Akzeptanz einer auf einem Strengbeweis beruhenden Entscheidung sachgerecht.

Die Flexibilität des FG-Verfahrens wird hierdurch nicht in Frage gestellt. Bereits auf der Grundlage des geltenden Rechts ist die Entscheidung darüber, ob das Gericht den Sachverhalt mit formlosen Ermittlungen oder mittels des Strengbeweises feststellen möchte, nicht in das freie Ermessen des Gerichts gestellt. Vielmehr folgt auch aus der bisherigen Rechtslage, dass bei pflichtgemäßer Ausübung des Ermessens in verschiedenen Konstellationen die Beweiserhebung mittels des Strengbeweises zu erfolgen hat. Hierbei begründen insbesondere drei verschiedene Verfahrenssituationen derzeit das Erfordernis des Strengbeweises: Das Strengbeweisverfahren ist zunächst dann angezeigt, wenn eine ausreichende Sachaufklärung durch formlose Ermittlungen nicht erfolgen kann (BayObLG, BayObLGZ 1977, 59, 65). Des Weiteren hat eine Beweiserhebung durch Strengbeweis regelmäßig in den sogenannten streitigen Verfahren der freiwilligen Gerichtsbarkeit – etwa Zugewinnausgleich gemäß §§ 1382, 1383 BGB, Hausratsverteilungsverfahren nach §§ 1 ff. HausratsVO oder streitige Landwirtschaftssachen – stattzufinden (Keidel/Kunze/Winkler-Schmidt, Freiwillige Gerichtsbarkeit, 15. Aufl. 2003, Rn. 5 zu § 15). Schließlich ist eine förmliche Beweiserhebung durchzuführen, wenn die Bedeutung der Angelegenheit dies erfordert. Dies ist insbesondere dann der Fall, wenn durch das Verfahren ein Eingriff in die Grundrechte des Betroffenen zu erwarten ist (Bumiller/Winkler, Freiwillige Gerichtsbarkeit, 8. Aufl. 2006, Rn. 3 zu § 15). An diese Rechtsprechung knüpft die Regelung des § 30 Abs. 3 FamFG an. Die diesbezügliche Rechtsprechung wird durch die Vorschrift nach dem Kriterium der Streitigkeit zwischen den Beteiligten geordnet. Dies greift auch den Gedanken auf, dass ein im Beschwerdeverfahren zu überprüfender Verfahrensfehler des Gerichts bei Unterlassen einer Beweiserhebung durch Strengbeweis insbesondere dann vorliegt, wenn es an übereinstimmenden Anträgen und einem weitgehend identischen Vorbringen der Beteiligten mangelt (Bassenge/Herbst/Roth-Bassenge, Freiwillige Gerichtsbarkeit, 9. Aufl. 2002, Rn. 6 zu § 12).

Eine weitergehende Formalisierung des Verfahrens erfolgt nicht. Insbesondere sieht die Regelung kein formelles Antragsrecht der Beteiligten auf Erhebung eines Beweises im Wege des Strengbeweises vor. Auch eine zielgerichtete Verlängerung des Verfahrens, insbesondere in Fällen der Gefährdung des Kindeswohles, ist aufgrund der Fassung der Vorschrift nicht zu befürchten. Die Erhebung des Strengbeweises ist als Soll-Vorschrift ausgestattet. Wird die Erhebung eines Strengbeweises ersichtlich allein zu dem Zweck gewünscht, die Dauer des Verfahrens zu verlängern, so ermöglicht es die Fassung der Vorschrift als Soll-Vorschrift, in diesen besonders gelagerten Fällen von der Durchführung des Strengbeweises abzusehen.

Mit nennenswerten Mehrausgaben der Landeshaushalte für die Erstellung von Sachverständigengutachten ist aus diesem Grund voraussichtlich nicht zu rechnen. In den Betreuungs- und Unterbringungssachen, in denen regelmäßig mit Kosten für die Erstellung von Sachverständigengutachten zu rechnen ist, ist die förmliche Beweisaufnahme bereits nach geltendem Recht vorgesehen (§§ 68b, 70e FGG). Auch in Sorge- und Umgangssachen, in denen Sachverständige heranzuziehen sind, ist die förmliche Beweisaufnahme weithin gängige Praxis. Soweit dies vereinzelt noch nicht der Fall ist, sind etwaige Mehrkosten für die förmliche Beweisaufnahme im Interesse der Richtigkeitsgewähr der Entscheidung gerechtfertigt.

§ 31
Glaubhaftmachung

(1) Wer eine tatsächliche Behauptung glaubhaft zu machen hat, kann sich aller Beweismittel bedienen, auch zur Versicherung an Eides statt zugelassen werden.

(2) Eine Beweisaufnahme, die nicht sofort erfolgen kann, ist unstatthaft.

Die Vorschrift entspricht der Fassung des Regierungsentwurfs.

Begründung RegE:

Absatz 1 bestimmt wortgleich mit § 294 Abs. 1 ZPO, dass sich der Beweisführer zur Glaubhaftmachung aller zulässigen Mittel des Freibeweises einschließlich der eidesstattlichen Versicherung bedienen kann. Dies entspricht geltendem Recht.

Absatz 2 ordnet entgegen geltendem Recht im FG-Verfahren, aber wortgleich mit § 294 Abs. 2 ZPO an, dass eine Glaubhaftmachung nur durch präsente Beweismittel erfolgen kann. Der Beweisführer muss die Beweismittel herbeischaffen, damit eine schnelle Beweisaufnahme gewährleistet wird.

Die Glaubhaftmachung ist im FamFG vor allem in Zwischenverfahren und in Eilverfahren, wie dem einstweiligen Anordnungsverfahren, vorgesehen (vgl. §§ 6 i.V.m. § 44 Abs. 2 ZPO, §§ 18 Abs. 2, 51 Abs. 1). Um die beschleunigte Durchführung der Eilverfahren zu sichern und um Verzögerungen im Hauptsacheverfahren durch eine langwierige Tatsachenermittlung in einem Zwischenverfahren auszuschließen, erscheint es geboten, wie im ZPO-Verfahren eine Beschränkung auf präsente Beweismittel vorzusehen. Damit dient die Vorschrift auch der Harmonisierung der Verfahrensordnungen.

Die Beschränkung auf präsente Beweismittel legt dem beweispflichtigen Beteiligten keine unzumutbaren Lasten auf. Er selbst profitiert von einer schnellen Entscheidung im Eil- oder Zwischenverfahren. Die Obliegenheit zur Herbeischaffung des Beweismittels ist zudem Ausdruck der Mitwirkungspflicht, die den Beteiligten im FamFG-Verfahren auferlegt ist (§ 27 Abs. 1).

§ 32
Termin

(1) Das Gericht kann die Sache mit den Beteiligten in einem Termin erörtern. Die §§ 219, 227 Abs. 1, 2 und 4 der Zivilprozessordnung gelten entsprechend.

(2) Zwischen der Ladung und dem Termin soll eine angemessene Frist liegen.

(3) In geeigneten Fällen soll das Gericht die Sache mit den Beteiligten im Wege der Bild- und Tonübertragung in entsprechender Anwendung des § 128a der Zivilprozessordnung erörtern.

Die Vorschrift entspricht hinsichtlich des Absatzes 2 dem Regierungsentwurf. Absatz 1 ist mit der Beschlussempfehlung des Rechtsausschusses geändert worden; Absatz 3 ist neu eingefügt worden:

Frühere Fassung RegE:

(1) Das Gericht kann, wenn es dies für sachdienlich hält, die Sache mit den Beteiligten in einem Termin erörtern. §§ 219, 227 Abs. 1, 2 und 4 der Zivilprozessordnung gelten entsprechend.

Begründung RegE:

Absatz 1 Satz 1 stellt klar, dass das Gericht in jedem Verfahren grundsätzlich die Möglichkeit hat, die Sache mit den Beteiligten in einem Termin mündlich zu erörtern, sofern es dies für sachdienlich hält. Es hat – wie nach bisheriger Rechtslage (vgl. Keidel/Kuntze/Winkler-Meyer-Holz, Freiwillige Gerichtsbarkeit, 15. Aufl. 2003, Rn. 9 f. der Vorb. zu §§ 8–18) – nach pflichtgemäßem Ermessen zwischen mündlichem und schriftlichem Verfahren zu wählen. Soweit in diesem Gesetz oder in anderen Gesetzen (z.B. § 15 Abs. 1 LwVG) eine Pflicht zur Durchführung einer mündlichen Verhandlung statuiert wird, bleibt diese durch § 32 unberührt. Auch die persönliche Anhörung eines Beteiligten nach § 34 muss nicht zwingend in einem Termin zur Erörterung stattfinden.

Führt das Gericht eine förmliche Beweisaufnahme nach den Vorschriften der Zivilprozessordnung durch, ist den Beteiligten zu gestatten, der Beweisaufnahme beizuwohnen (§ 357 Abs. 1 ZPO). Erfolgt die Beweisaufnahme vor dem Gericht, bei dem das Verfahren anhängig ist, so hat sie in einem Termin stattzufinden, der zugleich der Erörterung der Sache mit den Beteiligten dient (vgl. § 370 Abs. 1 ZPO); insofern ist das Ermessen des Gerichts gemäß § 32 eingeschränkt.

Die Vorschrift führt nicht den Mündlichkeitsgrundsatz in das FamFG-Verfahren ein. Auch in den Verfahren, in denen obligatorisch oder optional eine Erörterung der Sache im Termin stattfindet, ist Entscheidungsgrundlage nicht nur das, was im Termin von den Beteiligten vorgebracht wurde, sondern der gesamte Akteninhalt. Ein Versäumnisverfahren ist ausgeschlossen; die Sonderregelungen in Buch 2 dieses Gesetzes betreffen ausschließlich bisherige ZPO-Familienverfahren.

Satz 2 bestimmt, dass die Vorschriften über den Terminsort gemäß § 219 ZPO und über die Änderung eines Termins gemäß § 227 Abs. 1, 2 und 4 ZPO entsprechende Anwendung finden. Die Vorschrift über den Terminsort ist in Verfahren der freiwilligen Gerichtsbarkeit von besonderer Bedeutung. Das Bedürfnis für die Verlegung des Terminsortes ist in vielen Verfahren gegeben. Kann zum Beispiel ein Beteiligter aufgrund seiner körperlichen oder geistigen Verfassung nicht zu einem Termin im Gerichtsgebäude geladen werden, hört ihn das Gericht zur Aufklärung des Sachverhaltes an seinem Aufenthaltsort oder an einem anderen Ort außerhalb des Gerichts an. Zur Sachverhaltsaufklärung kann es insbesondere geboten sein, den Betroffenen in seiner üblichen Umgebung anzuhören.

Ferner wird gesetzlich klargestellt, unter welchen Voraussetzungen ein Termin aufgehoben oder verlegt werden kann. Dies betrifft aber nicht die vereinfachte Möglichkeit der Verlegung eines Termins im Zeitraum vom 1. Juli bis 31. August gemäß § 227 Abs. 3 ZPO. Diese als Ausgleich für die Abschaffung der Gerichtsferien in der ZPO geschaffene Regelung soll in der freiwilligen Gerichtsbarkeit auch weiterhin keine Anwendung finden.

Das Gericht hat die Beteiligten mit den in **Absatz 2** enthaltenen Maßgaben zu dem Termin zu laden. Lässt sich ein Beteiligter durch einen Bevollmächtigten vertreten, so ist dieser zu dem Erörterungstermin zu laden. Die Beteiligten sind zum Erscheinen nicht verpflichtet, sofern nicht das Gericht zugleich ihr persönliches Erscheinen gemäß § 33 anordnet.

Stellungnahme Bundesrat:
18. **Zu Artikel 1** (§ 32 Abs. 1 Satz 1 FamFG)
In Artikel 1 § 32 Abs. 1 Satz 1 sind die Wörter „, wenn es dies für sachdienlich hält," zu streichen.

Begründung:
§ 32 Abs. 1 Satz 1 FamFG-E soll klarstellen, dass das Gericht in jedem Verfahren grundsätzlich die Möglichkeit hat, die Sache mit den Beteiligten in einem Termin mündlich zu erörtern, sofern es dies für sachdienlich hält. Es hat – wie nach bisheriger Rechtslage (vgl. Keidel/Kuntze/Winkler-Meyer-Holz, Freiwillige Gerichtsbarkeit, 15. Aufl. 2003, Rn. 9 f. der Vorb. zu §§ 8-18) – nach pflichtgemäßem Ermessen zwischen mündlichem und schriftlichem Verfahren zu wählen. Soweit die Erörterung mit den Beteiligten sachdienlich ist, findet eine Ermessensreduzierung statt. In einem solchen Fall kann nur von einer mündlichen Erörterung abgesehen werden, wenn äußerst gewichtige Gründe (wie z.B. die Gefährdung der Gesundheit eines Beteiligten) dies rechtfertigen. Der vorgeschlagene Regelungsinhalt stellt den bestehenden Ermessensspielraum des Gerichts klar, ohne die Möglichkeit einer Ermessensreduzierung auszuschließen.

Gegenäußerung Bundesregierung:
Zu Nummer 18 (Artikel 1 – § 32 Abs. 1 Satz 1 FamFG)
Die Bundesregierung stimmt dem Vorschlag des Bundesrates zu.

Begründung Beschlussempfehlung Rechtsausschuss:
Die geänderte Fassung des Absatzes 1 entspricht der Stellungnahme des Bundesrates, der die Bundesregierung in ihrer Gegenäußerung zugestimmt hat. Zur Begründung wird auf Nummer 18 der Stellungnahme des Bundesrates verwiesen.

II. – FamFG – Buch 1 Allgemeiner Teil

Der angefügte Absatz 3 ermöglicht den Einsatz der Videotechnik bei der Durchführung von Erörterungsterminen mit den Beteiligten nach Maßgabe des § 128a Abs. 1 und Abs. 3 ZPO. Im Rahmen einer förmlichen Beweisaufnahme ist der Einsatz von Videotechnik nach § 128a Abs. 2 ZPO bereits durch die umfassende Bezugnahme auf die Zivilprozessordnung in § 30 Abs. 1 zulässig. Voraussetzung für die Erörterung oder die Vernehmung per Videokonferenz ist, dass eine entsprechende technische Ausstattung zur Verfügung steht. Ein Anspruch, dass das Gericht mit entsprechenden technischen Möglichkeiten ausgestattet wird, kann aus der Regelung nicht hergeleitet werden. Wie in § 128a Abs. 1 ZPO ist eine Videokonferenz im Rahmen des § 32 nur zulässig, wenn die Beteiligten dem zustimmen. Entsprechend § 128a Abs. 3 ZPO wird die Übertragung des Erörterungstermins nicht aufgezeichnet.

§ 33
Persönliches Erscheinen der Beteiligten

(1) Das Gericht kann das persönliche Erscheinen eines Beteiligten zu einem Termin anordnen und ihn anhören, wenn dies zur Aufklärung des Sachverhalts sachdienlich erscheint. Sind in einem Verfahren mehrere Beteiligte persönlich anzuhören, hat die Anhörung eines Beteiligten in Abwesenheit der anderen Beteiligten stattzufinden, falls dies zum Schutz des anzuhörenden Beteiligten oder aus anderen Gründen erforderlich ist.

(2) Der verfahrensfähige Beteiligte ist selbst zu laden, auch wenn er einen Bevollmächtigten hat; dieser ist von der Ladung zu benachrichtigen. Das Gericht soll die Zustellung der Ladung anordnen, wenn das Erscheinen eines Beteiligten ungewiss ist.

(3) Bleibt der ordnungsgemäß geladene Beteiligte unentschuldigt im Termin aus, kann gegen ihn durch Beschluss ein Ordnungsgeld verhängt werden. Die Festsetzung des Ordnungsgeldes kann wiederholt werden. Im Falle des wiederholten, unentschuldigten Ausbleibens kann die Vorführung des Beteiligten angeordnet werden. Erfolgt eine genügende Entschuldigung nachträglich und macht der Beteiligte glaubhaft, dass ihn an der Verspätung der Entschuldigung kein Verschulden trifft, werden die nach Satz 1 bis 3 getroffenen Anordnungen aufgehoben. Der Beschluss, durch den ein Ordnungsmittel verhängt wird, ist mit der sofortigen Beschwerde in entsprechender Anwendung der §§ 567 bis 572 der Zivilprozessordnung anfechtbar.

(4) Der Beteiligte ist auf die Folgen seines Ausbleibens in der Ladung hinzuweisen.

Die Vorschrift entspricht hinsichtlich der Absätze 3 und 4 dem Regierungsentwurf. In Absatz 1 ist mit der Beschlussempfehlung des Rechtsausschusses Satz 2 neu eingefügt worden; Absatz 2 ist geändert worden:

Frühere Fassung RegE:
(2) Der verfahrensfähige Beteiligte ist selbst zu laden, auch wenn er einen Bevollmächtigten hat; diesem ist eine Abschrift der Ladung zu übermitteln. Das Gericht soll die Zustellung der Ladung anordnen, wenn das Erscheinen eines Beteiligten ungewiss ist.

Begründung RegE:
Bisher fehlt im Bereich der freiwilligen Gerichtsbarkeit eine ausdrückliche Vorschrift über die Anordnung des persönlichen Erscheinens eines Beteiligten. Die Befugnis des Gerichts wurde in der Kommentarliteratur aus der Pflicht zur Amtsaufklärung gemäß § 12 FGG hergeleitet (vgl. nur Keidel/Kuntze/Winkler-Schmidt, Freiwillige Gerichtsbarkeit, 15. Aufl. 2003, Rn. 191 zu § 12), vereinzelt aber auch bestritten (vgl. BayObLGZ 1995, 222, 224). Der bisherige § 13 Satz 2 FGG regelte allein die Befugnis des Beteiligten, sich durch einen Bevollmächtigten vertreten zu lassen, soweit nicht das Gericht das persönliche Erscheinen der Beteiligten anordnet, und stellte damit indirekt die Möglichkeit einer entsprechenden Anordnung klar.

Absatz 1 regelt nunmehr, dass die Anordnung aufgrund pflichtgemäßen Ermessens des Gerichts dann ergehen kann, wenn die persönliche Anhörung des Beteiligten zur Aufklärung des Sachverhalts erforderlich ist, etwa weil eine schriftliche Äußerung der Beteiligten keine hinreichende Sachaufklärung erbracht hat oder von vornherein nicht erfolgversprechend erscheint.

Die Vorschrift stellt einen Auffangtatbestand dar, der zurücktritt, sofern spezialgesetzlich dem Gericht (auch) im Interesse der Sachverhaltsaufklärung eine Pflicht zur Anhörung eines Beteiligten auferlegt ist. So ist eine persönliche Anhörung eines Beteiligten unabdingbar, wenn sich das Gericht als Grundlage für die Entscheidung einen persönlichen Eindruck verschaffen muss. §§ 159 Abs. 1 und 160 regeln speziell die persönliche Anhörung von Eltern und Kinder in Personensorgeverfahren, §§ 278 Abs. 1, 319 Abs. 1 schreiben die persönliche Anhörung in Betreuungs- und Unterbringungssachen als Regelfall zwingend vor.

Die persönliche Anhörung dient primär der Sachaufklärung, dient aber zugleich der Gewährung des rechtlichen Gehörs des Beteiligten gemäß §§ 28 Abs. 1, 37 Abs. 2.

Absatz 2 Satz 1 ordnet die unmittelbare Ladung des Beteiligten zum persönlichen Erscheinen an, auch wenn er einen Bevollmächtigten hat. Im Hinblick auf den Bevollmächtigten entspricht die Vorschrift § 141 Abs. 2 Satz 2 ZPO. **Absatz 2 Satz 2** begrenzt das dem Gericht grundsätzlich nach § 15 zustehende Ermessen hinsichtlich der Wahl der Bekanntgabeform. Das Gericht soll die Zustellung der Ladung regelmäßig dann anordnen, wenn das Erscheinen des Beteiligten ungewiss ist.

Absatz 3 Sätze 1 bis 3 gibt dem Gericht die Befugnis, gegen den ausgebliebenen Beteiligten – auch wiederholt – ein Ordnungsgeld festzusetzen und im Falle des wiederholten Ausbleibens die Vorführung anzuordnen. Das Gericht hat somit wirksame Befugnisse zur Erzwingung des persönlichen Erscheinens eines Beteiligten. Voraussetzung für die Festsetzung des Ordnungsgeldes ist das Ausbleiben trotz ordnungsgemäßer Ladung bei ungenügender und nicht rechtzeitiger Entschuldigung. Bei Vorliegen dieser Voraussetzungen steht es im Ermessen des Gerichts zu entscheiden, ob es von der Verhängung von Ordnungsmitteln Gebrauch macht. Für die Höhe des Ordnungsgeldes ist Artikel 6 Abs. 1 Satz 1 EGStGB heranzuziehen.

Sollte der Beteiligte ohne Verschulden daran gehindert gewesen sein, sich rechtzeitig zu entschuldigen, hat das Gericht gemäß **Satz 4** die angeordneten Maßnahmen aufzuheben, wenn der Beteiligte dies glaubhaft macht und die Entschuldigung nachholt.

Gegen einen Ordnungsmittelbeschluss ist nach **Satz 5** die sofortige Beschwerde nach den Vorschriften der Zivilprozessordnung statthaft. Dies entspricht der Gesetzessystematik, wonach als Rechtsmittel gegen Zwischen- und Nebenentscheidungen das schnellere und weniger aufwändige Verfahren der sofortigen Beschwerde gemäß §§ 567 bis 572 ZPO Anwendung findet.

Absatz 4 stellt klar, dass das Gericht bereits in der Ladung des Beteiligten auf die Folgen seines Ausbleibens hinzuweisen hat.

Stellungnahme Bundesrat:

19. **Zu Artikel 1** (§ 33 Abs. 1 FamFG)
In Artikel 1 § 33 Abs. 1 sind die Wörter „, wenn dies zur Aufklärung des Sachverhalts erforderlich erscheint" zu streichen.

Begründung:

§ 33 Abs. 1 FamFG-E regelt, dass die Anordnung des persönlichen Erscheinens auf Grund pflichtgemäßen Ermessens des Gerichts dann ergehen kann, wenn die persönliche Anhörung des Beteiligten zur Aufklärung des Sachverhalts erforderlich ist, etwa weil eine schriftliche Äußerung der Beteiligten keine hinreichende Sachaufklärung erbracht hat oder von vornherein nicht Erfolg versprechend erscheint. Dieses Ermessen des Gerichts wird reduziert, wenn eine Erörterung mit den Beteiligten sachdienlich ist. In einem solchen Fall kann nur von einem persönlichen Erscheinen der Beteiligten abgesehen werden, wenn äußerst gewichtige Gründe (wie z.B. die Gefährdung der Gesundheit eines Beteiligten) dies rechtfertigen. Der vorgeschlagene Regelungsinhalt stellt den bestehenden Ermessensspielraum des Gerichts klar, ohne die Möglichkeit einer Ermessensreduzierung auszuschließen.

20. **Zu Artikel 1** (§ 33 Abs. 2 Satz 1 Halbsatz 2 FamFG)
Artikel 1 § 33 Abs. 2 Satz 1 Halbsatz 2 ist wie folgt zu fassen:

„dieser ist von der Ladung zu benachrichtigen."

II. – FamFG – Buch 1 Allgemeiner Teil

Begründung:
Nach der Begründung zu dieser Vorschrift soll der Regelungsgehalt des § 141 Abs. 2 Satz 2 ZPO übernommen werden. Danach findet eine Benachrichtigung des Prozessbevollmächtigten und des Prozessgegners nach § 273 Abs. 4 Satz 1 ZPO nur statt, soweit der Beschluss nicht verkündet wurde. Da im Rahmen der Verfahren der freiwilligen Gerichtsbarkeit keine förmliche Verkündung stattfindet, ist es konsequent und folgerichtig, den Prozessbevollmächtigten des Betroffenen von dessen Ladung stets zu benachrichtigen. Allerdings ist eine Benachrichtigung weniger weitreichend als die Übermittlung der Abschrift der Ladung. Eine Benachrichtigung kann durch telefonischen Kontakt oder auch durch eine Zusatzinformation in der Ladung des Prozessbevollmächtigten erfolgen. Die Ausgestaltung der Benachrichtigung sollte daher dem Gericht überlassen bleiben, was im Ergebnis Sach- und Personalkosten ersparen dürfte.

Gegenäußerung Bundesregierung:
Zu Nummer 19 (Artikel 1 § 33 Abs. 1 FamFG)
Die Bundesregierung stimmt dem Vorschlag des Bundesrates nicht zu.

Sie hält die vom Bundesrat vorgeschlagene sprachliche Überarbeitung der Vorschrift durch Streichung der ermessensleitenden Kriterien nicht für sachgerecht. Die §§ 33, 34 FamFG treffen erstmals ausdrückliche Regelungen über die Anordnung des persönlichen Erscheinens einerseits und der persönlichen Anhörung eines Beteiligten andererseits. Bisher fehlt es an entsprechenden allgemeinen Regelungen. Insbesondere fehlt es an einer Definition der jeweiligen Voraussetzungen und einer klaren Abgrenzung der hieraus resultierenden Rechtsfolgen. Die §§ 33, 34 FamFG nehmen diese nunmehr vor.

§ 33 FamFG stellt klar, unter welchen Voraussetzungen das persönliche Erscheinen angeordnet werden kann. Die Anordnung des persönlichen Erscheinens dient der Sachverhaltsermittlung und damit dem Erkenntnisgewinn des Gerichts. Aus diesem Grund sieht auch § 33 Abs. 3 FamFG die Möglichkeit vor, Ordnungsmittel anzuordnen, wenn der Beteiligte sich nicht zum persönlichen Erscheinen bereit erklärt. Demgegenüber dient die persönliche Anhörung des § 34 FamFG allein der Gewährung rechtlichen Gehörs für den Beteiligten. Daher kommen gemäß § 34 Abs. 4 FamFG bei einem Ausbleiben des Beteiligten Ordnungsmittel nicht in Betracht. Folge des Ausbleibens ist vielmehr ausschließlich, dass die Sachentscheidung ohne persönliche Anhörung des Beteiligten ergeht (§ 34 Abs. 3 FamFG).

Das ermessensleitende Kriterium zur Anordnung des persönlichen Erscheinens (§ 33 Abs. 1 FamFG) ist mithin in Abgrenzung zu den ermessensleitenden Kriterien für die persönliche Anhörung (§ 34 Abs. 1 FamFG) zu sehen. Die klare Abgrenzung zwischen diesen beiden Vorschriften wäre durch den Wegfall des ermessensleitenden Kriteriums gemäß § 33 Abs. 1 FamFG nicht mehr gegeben.

Zu Nummer 20 (Artikel 1 § 33 Abs. 2 Satz 1 Halbsatz 2 FamFG)
Die Bundesregierung stimmt dem Vorschlag des Bundesrates zu.

Begründung Beschlussempfehlung Rechtsausschuss:
Die Anfügung des Satzes 2 in Absatz 1 stellt klar, dass das Gericht einen Beteiligten in Abwesenheit der anderen Beteiligten anhören kann, wenn dies zu dessen Schutz oder aus anderen Gründen erforderlich ist. Getrennte Anhörungen können auf dieser Grundlage in Familienverfahren nach diesem Gesetz, insbesondere in den Fällen nach §§ 155 und 165, und in Betreuungs- und Unterbringungsverfahren durchgeführt werden. Die Vorschrift gilt für alle in diesem Gesetz vorgesehenen Anhörungen und Erörterungstermine; für die Anhörung eines Kindes ist in § 158 Abs. 4 geregelt, dass das Gericht den Anhörungstermin und damit auch die Anwesenheit der Beteiligten bei diesem Termin nach freiem Ermessen gestaltet. Die Vorschrift betrifft nur den Ausschluss des Beteiligten selbst; für Bevollmächtigte und Beistände gilt § 10 Abs. 3 Satz 3, wonach die weitere Vertretung bzw. Unterstützung untersagt werden kann. Für Eheverfahren wird in § 128 Abs. 1 Satz 2 eine mit Absatz 1 Satz 2 wortgleiche Regelung in den Entwurf eingestellt.

Die geänderte Fassung des Absatzes 2 entspricht der Stellungnahme des Bundesrates, der die Bundesregierung in ihrer Gegenäußerung zugestimmt hat. Zur Begründung wird auf Nummer 20 der Stellungnahme des Bundesrates verwiesen.

§ 34
Persönliche Anhörung

(1) Das Gericht hat einen Beteiligten persönlich anzuhören,

1. wenn dies zur Gewährleistung des rechtlichen Gehörs des Beteiligten erforderlich ist oder
2. wenn dies in diesem oder in einem anderen Gesetz vorgeschrieben ist.

(2) Die persönliche Anhörung eines Beteiligten kann unterbleiben, wenn hiervon erhebliche Nachteile für seine Gesundheit zu besorgen sind oder der Beteiligte offensichtlich nicht in der Lage ist, seinen Willen kundzutun.

(3) Bleibt der Beteiligte im anberaumten Anhörungstermin unentschuldigt aus, kann das Verfahren ohne seine persönliche Anhörung beendet werden. Der Beteiligte ist auf die Folgen seines Ausbleibens hinzuweisen.

Die Vorschrift entspricht der Fassung des Regierungsentwurfs.

Begründung RegE:

Absatz 1 regelt Grundzüge der persönlichen Anhörung eines Beteiligten zum Zweck der Gewährung des rechtlichen Gehörs.

Nach **Absatz 1 Nummer 1** hat das Gericht auch ohne eine spezielle Pflicht einen Beteiligten persönlich anzuhören, wenn dies erforderlich ist, um dessen Anspruch auf rechtliches Gehör zu erfüllen. Unter welchen Voraussetzungen dies zu erfolgen hat, entzieht sich allgemeiner Definition. Eine persönliche Anhörung ist jedenfalls dann in Betracht zu ziehen, wenn Gegenstand des Verfahrens ein Eingriff in die Persönlichkeitsrechte eines Beteiligten ist. Eine persönliche Anhörung wird darüber hinaus immer dann zu erwägen sein, wenn nicht zu erwarten ist, dass ein Beteiligter durch die Gelegenheit zur schriftlichen Äußerung seinen Standpunkt im Verfahren wirksam zur Geltung bringen kann.

Wo das Gericht die persönliche Anhörung durchzuführen hat, lässt das Gesetz offen. Ob das Gericht den Beteiligten zu einem Termin lädt oder sich zur Anhörung in die übliche Umgebung des Beteiligten begibt, hängt primär von den geistigen und körperlichen Fähigkeiten des Beteiligten ab. Soweit die Anhörung zugleich der Ermittlung des Sachverhalts dient, wird die Wahl des Ortes auch maßgeblich vom Erkenntnisinteresse des Gerichts geleitet. In § 278 Abs. 1 Satz 3 ist daher beispielsweise bestimmt, dass die Anhörung des Betroffenen in der üblichen Umgebung des Betroffenen stattzufinden hat. Daneben kann das Gericht z.B. in Gewaltschutzsachen eine getrennte Anhörung der Beteiligten oder eine Anhörung unter bestimmten Sicherheitsvorkehrungen durchführen. Unter den Voraussetzungen des Absatzes 2 kann es auch von einer persönlichen Anhörung absehen.

Soweit die Anhörung ausschließlich der Gewährleistung des rechtlichen Gehörs eines Beteiligten dient, ist lediglich die Anwesenheit dieses Beteiligten geboten. Andere Beteiligte sind jedoch vom Ergebnis der Anhörung in Kenntnis zu setzen, falls das Gericht seine Entscheidung darauf stützen will (§ 37 Abs. 2).

Eine persönliche Anhörung des Betroffenen ist insbesondere im betreuungs- und familiengerichtlichen Verfahren vorgeschrieben. Diese Vorschriften haben zumeist einen Doppelcharakter; sie dienen sowohl der Aufklärung des Sachverhalts als auch der Sicherung des rechtlichen Gehörs des Betroffenen. Soweit sie letzterem dienen, werden sie von **Absatz 1 Nummer 2** erfasst.

Bestimmungen über die persönliche Anhörung eines Beteiligten finden sich auch in anderen Gesetzen, zum Teil allerdings nur als Sollvorschriften. Soweit diese Bestimmungen der Gewährleistung des rechtlichen Gehörs dienen, sind sie im Lichte von Artikel 103 Abs. 1 GG als verpflichtende Bestimmungen anzusehen. Auch auf diese Vorschriften nimmt **Absatz 1 Nummer 2** daher Bezug.

Nach **Absatz 2** kann die persönliche Anhörung unterbleiben, wenn sie zu einer Gefährdung der Gesundheit des Beteiligten führen würde oder wenn der Beteiligte offensichtlich nicht in der Lage ist, seinen Willen kundzutun. Die Vorschrift ist der bisher für das vormundschaftsgerichtliche Genehmigungsverfahren geltenden Bestimmung des § 69d Abs. 1 Satz 3 FGG nachgebildet. Daneben bestehen Vorschriften

II. – FamFG – Buch 1 Allgemeiner Teil

in den weiteren Büchern des FamFG, die die Entbehrlichkeit einer Anhörung an weitere einschränkende Kriterien knüpfen (z.B. § 278 Abs. 4, 319 Abs. 3). Es bleibt also wie im bisherigen § 68 Abs. 2 FGG dabei, dass das Gericht im Betreuungsverfahren von einer persönlichen Anhörung nur absehen kann, wenn die erheblichen Gesundheitsnachteile für den Betroffenen durch ärztliches Gutachten nachgewiesen sind und die Unfähigkeit zur Willensäußerung aufgrund des persönlichen Eindrucks des Gerichts feststeht.

Absatz 3 Satz 1 regelt die Folgen des unentschuldigten Ausbleibens vom Anhörungstermin. Da die persönliche Anhörung ausschließlich im Interesse der Verfahrensrechte des Beteiligten anberaumt wird, kommen Ordnungs- und Zwangsmittel gegen einen ausgebliebenen Beteiligten nicht in Betracht. Das Verfahren ist lediglich so fortzuführen, als ob der Beteiligte persönlich angehört worden wäre, da ihm Gelegenheit hierzu gegeben worden ist. Hierauf ist der Beteiligte gemäß **Absatz 3 Satz 2** hinzuweisen.

§ 35
Zwangsmittel

(1) Ist auf Grund einer gerichtlichen Anordnung die Verpflichtung zur Vornahme oder Unterlassung einer Handlung durchzusetzen, kann das Gericht, sofern ein Gesetz nicht etwas anderes bestimmt, gegen den Verpflichteten durch Beschluss Zwangsgeld festsetzen. Das Gericht kann für den Fall, dass dieses nicht beigetrieben werden kann, Zwangshaft anordnen. Verspricht die Anordnung eines Zwangsgeldes keinen Erfolg, soll das Gericht Zwangshaft anordnen.

(2) Die gerichtliche Entscheidung, die die Verpflichtung zur Vornahme oder Unterlassung einer Handlung anordnet, hat auf die Folgen einer Zuwiderhandlung gegen die Entscheidung hinzuweisen.

(3) Das einzelne Zwangsgeld darf den Betrag von 25 000 Euro nicht übersteigen. Mit der Festsetzung des Zwangsmittels sind dem Verpflichteten zugleich die Kosten dieses Verfahrens aufzuerlegen. Für den Vollzug der Haft gelten § 901 Satz 2, die §§ 904 bis 906, 909, 910 und 913 der Zivilprozessordnung entsprechend.

(4) Ist die Verpflichtung zur Herausgabe oder Vorlage einer Sache oder zur Vornahme einer vertretbaren Handlung zu vollstrecken, so kann das Gericht, soweit ein Gesetz nicht etwas anderes bestimmt, durch Beschluss neben oder anstelle einer Maßnahme nach den Absätzen 1, 2 die in §§ 883, 886, 887 der Zivilprozessordnung vorgesehenen Maßnahmen anordnen. Die §§ 891 und 892 gelten entsprechend.

(5) Der Beschluss, durch den Zwangsmaßnahmen angeordnet werden, ist mit der sofortigen Beschwerde in entsprechender Anwendung der §§ 567 bis 572 der Zivilprozessordnung anfechtbar.

Die Vorschrift entspricht der Fassung des Regierungsentwurfs.

Begründung RegE:

Die freiwillige Gerichtsbarkeit sieht im Verfahren gerichtliche Anordnungen mit vollstreckbarem Inhalt auf Vornahme oder Unterlassung bestimmter Handlungen in diversen Fällen vor, z.B. in § 230 (Auskunftspflicht in Versorgungsausgleichssachen), § 358 (Ablieferung von Testamenten), §§ 404 und 405 Abs. 2 (Aushändigung von Unterlagen bei der Dispache) und § 82 GBO (Zwangsberichtigung des Grundbuchs). Diese Anordnungen haben verfahrensleitenden Charakter sowohl mit dem Ziel der Sachaufklärung (wie bei §§ 404 und 405), als auch der Abgabe verfahrenserheblicher Erklärungen durch die Beteiligten (wie bei § 82 GBO) oder der Überwachung des Verfahrens. Die Durchsetzung der genannten Mitwirkungspflichten bedarf auch insoweit wirkungsvoller und klar strukturierter Zwangsmittel. Die Anwendung dieser Zwangsmittel ist zu unterscheiden von der Vollstreckung nach Abschnitt 8, welche die Vollstreckung verfahrensabschließender Entscheidungen betrifft. Die bisherige Vermischung von Zwangsmitteln im Verfahren und in der Vollstreckung im reformbedürftigen § 33 FGG wird damit beseitigt (vgl. Gaul, in: Festschrift für Ishikawa, 2001, S. 87 ff.).

Die §§ 388 bis 392 bleiben als Spezialbestimmungen durch § 35 unberührt. Dies betrifft ebenso Regelungen außerhalb des FamFG, soweit sie für einzelne Elemente des Zwangsmittelverfahrens bei verfahrensleitenden Anordnungen ausdrückliche Regelungen treffen. Wenn etwa hinsichtlich der Übernahme einer Vormundschaft (§ 1788 BGB), der Durchsetzung von Anordnungen gegen den Vormund (§ 1837 Abs. 3 BGB) oder von Anordnungen gegen den Pfleger (§ 1915 BGB) ausschließlich die Festsetzung von Zwangsgeld als Zwangsmittel vorgesehen ist, verdrängen diese Regelungen insoweit § 35 Abs. 1. Die Verhängung ersatzweiser oder originärer Zwangshaft findet daher in diesen Verfahren nicht statt.

Absatz 1 ermöglicht in Anlehnung an § 33 Abs. 1 Satz 1, Abs. 2 Satz 1 FGG zur Durchsetzung der Verpflichtung zur Vornahme oder Unterlassung einer vertretbaren oder unvertretbaren Handlung (einschließlich der Herausgabe oder Vorlage einer Sache) die Anordnung von Zwangsmitteln. Für die Anwendung der Bestimmung macht es keinen Unterschied, ob das Verfahren auf Antrag oder von Amts wegen eingeleitet wurde. Die Anwendung von Zwangsmitteln findet nach pflichtgemäßem Ermessen des Gerichts statt. Neben der Festsetzung von Zwangsgeld besteht gemäß **Satz 2** auch die Möglichkeit der Anordnung von Zwangshaft. Als weitere Alternative bei der Festsetzung von Zwangsmitteln eröffnet **Satz 3** auch die Möglichkeit der Verhängung originärer Zwangshaft. Hierdurch wird dem Gericht die effektive Durchsetzung seiner Anordnungen ermöglicht, sofern die Verhängung von Zwangsgeld nicht erfolgreich ist oder von vornherein keinen Erfolg verspricht. Soll allein Zwangsgeld festgesetzt werden, kann die Festsetzung wie bisher durch den Rechtspfleger erfolgen, soweit die Aufgaben dem Rechtspfleger übertragen sind. Soll dagegen ersatzweise oder originäre Zwangshaft angeordnet werden, so ist diese Anordnung der Zuständigkeit des Richters vorbehalten (vgl. § 4 Abs. 2 Nr. 2 RPflG). Zwecks Beschleunigung des Verfahrens entfällt die bisher in § 33 Abs. 3 Satz 1 FGG geregelte Notwendigkeit der Androhung der Zwangsmittel.

Mit **Absatz 2** wird geregelt, dass mit der gerichtlichen Entscheidung zugleich auf die Folgen des Zuwiderhandelns hinzuweisen ist. Der Hinweis tritt an die Stelle der bisher erforderlichen Androhung der Zwangsmittel und dient der Beschleunigung des Verfahrens.

Absatz 3 Satz 1 bestimmt die Höhe des Zwangsgeldes. Die Vorschrift entspricht dem bisherigen § 33 Abs. 3 Satz 2 FGG. **Satz 2** ersetzt gleichlautend § 33 Abs. 1 Satz 3 FGG. **Satz 3** übernimmt die Regelung des § 33 Abs. 3 Satz 5 FGG.

Absatz 4 bestimmt, dass das Gericht zur Vollstreckung einer Anordnung auf Herausgabe oder Vorlage einer Sache sowie einer vertretbaren Handlung – vorbehaltlich einer anderen gesetzlichen Regelung – neben oder anstelle einer Maßnahme nach den vorangegangenen Bestimmungen die in §§ 883, 886, 887 ZPO vorgesehenen Maßnahmen anordnen kann. Vertretbare Handlungen existieren in den Angelegenheiten der freiwilligen Gerichtsbarkeit etwa bezüglich der Erstellung von Inventarlisten gemäß §§ 1640 Abs. 2, 1802 Abs. 3 BGB. Der bisherige § 33 FGG sieht bei der Vollstreckung einer Anordnung auf Herausgabe oder Vorlage einer Sache allein die Festsetzung von Zwangsmitteln bzw. die Anordnung von Gewalt als Erzwingungsmaßnahme vor. Durch die Möglichkeit, zwischen verschiedenen Mitteln zwecks Durchsetzung einer verfahrensleitenden Anordnung zu wählen, wird dem Gericht eine nach den Umständen des Einzelfalls möglichst effektive Vollstreckung ermöglicht. Die Anordnung der Ersatzvornahme von vertretbaren Handlungen oder Wegnahme beweglicher Sachen erfolgt durch Beschluss. Das Gericht entscheidet nach pflichtgemäßem Ermessen, ob es neben den in Absatz 1 genannten Zwangsmitteln auch die Maßnahmen nach §§ 883, 886, 887 anordnet. Regelungen, die allein auf die Vollstreckung zwischen Gläubiger und Schuldner als Privatperson abstellen – wie z.B. § 887 Abs. 2 ZPO – sind nicht auf die Vollstreckung durch das Gericht anzuwenden.

Absatz 5 sieht als Rechtsmittel gegen die Entscheidung des Gerichts, mit der Zwangsmaßnahmen angeordnet werden, die sofortige Beschwerde in entsprechender Anwendung der §§ 567 ff. ZPO vor. Durch die entsprechende Anwendung der Beschwerdevorschriften bleibt gemäß § 570 Abs. 1 ZPO auch die aufschiebende Wirkung hinsichtlich der Festsetzung von Zwangsmitteln gewahrt. Eine Nachfolgevorschrift für den bisherigen § 24 Abs. 1 FGG ist daher entbehrlich.

§ 36
Vergleich

(1) Die Beteiligten können einen Vergleich schließen, soweit sie über den Gegenstand des Verfahrens verfügen können. Das Gericht soll außer in Gewaltschutzsachen auf eine gütliche Einigung der Beteiligten hinwirken.

(2) Kommt eine Einigung im Termin zustande, ist hierüber eine Niederschrift anzufertigen. Die Vorschriften der Zivilprozessordnung über die Niederschrift des Vergleichs sind entsprechend anzuwenden.

(3) Ein nach Absatz 1 Satz 1 zulässiger Vergleich kann auch schriftlich entsprechend § 278 Abs. 6 der Zivilprozessordnung geschlossen werden.

(4) Unrichtigkeiten in der Niederschrift oder in dem Beschluss über den Vergleich können entsprechend § 164 der Zivilprozessordnung berichtigt werden.

Die Vorschrift entspricht der Fassung des Regierungsentwurfs.

Begründung RegE:

In einigen Bestimmungen des geltenden FGG-Verfahrensrechts ist ein Vergleich bereits ausdrücklich zugelassen (vgl. § 53a FGG, §§ 13 Abs. 2 und 3, 16 Abs. 3 HausratsV, §§ 19, 20 Abs. 2 LwVG). **Absatz 1 Satz 1** spricht nunmehr allgemein aus, dass ein Vergleich zur Niederschrift des Gerichts grundsätzlich immer dann zulässig ist, wenn die Beteiligten über den Gegenstand des Verfahrens verfügen können. Dies richtet sich nach dem materiellen Recht.

Vorschriften in den weiteren Büchern dieses Gesetzes, die dem Gericht eine Prüfung des zwischen den Beteiligten ausgehandelten Vergleichs unter dem Aspekt des Kindeswohls auferlegen (vgl. § 156 Abs. 2), bleiben durch § 36 unberührt.

Gemäß **Absatz 1 Satz 2** soll das Gericht dort, wo ein Vergleich im FamFG-Verfahren zulässig ist, auf eine gütliche Einigung hinwirken. Der Grundsatz findet sich bereits in einigen Bestimmungen des FGG-Verfahrensrechts (§ 53a Abs. 1 FGG, § 13 Abs. 2 HausratsV); er wird nunmehr allgemein in geeigneten FamFG-Verfahren zur Geltung gebracht. In weiteren Büchern dieses Gesetzes wird er zudem in verfahrensspezifischer Ausprägung wiederholt (§§ 156 Abs. 2, 165 Abs. 4 Satz 2). Das Gericht soll den Beteiligten in einem möglichst frühen Verfahrensstadium die Möglichkeiten und Vorteile einer konsensualen Streitbeilegung (Zeitgewinn, Rechtsfrieden) darstellen und – falls möglich – einen Vergleichsvorschlag unterbreiten. Der Grundsatz des Hinwirkens auf eine gütliche Einigung soll in Gewaltschutzsachen nicht gelten. Ein Verstoß gegen eine in einem Vergleich auferlegte Verpflichtung ist nach § 4 Satz 1 GewSchG nicht strafbewehrt. Im Hinblick auf eine effektive Durchsetzung der im GewSchG vorgesehenen Maßnahmen soll das Gericht den Abschluss einer Vereinbarung zwischen den Beteiligten nicht fördern.

Die Förmlichkeiten sind derzeit in einigen Vorschriften des FGG ausdrücklich geregelt (§ 14 FGG i.V.m. § 118 Abs. 1 Satz 3 2. Halbsatz ZPO; §§ 53a Abs. 1 Satz 2, 2. Halbsatz, 53b Abs. 4 2. Halbsatz, 83a FGG; § 13 Abs. 3 HausratsV). Diese Form ist jedoch bereits nach geltender Rechtslage auch in den übrigen Angelegenheiten der FG einzuhalten (Keidel/Kuntze/Winkler-Meyer-Holz, Freiwillige Gerichtsbarkeit, 15. Aufl. 2003, Rn. 25 vor § 8). **Absatz 2** regelt nunmehr ausdrücklich die bei Abschluss eines Vergleichs zu beachtende Form. Gemäß **Absatz 2 Satz 1** ist über den Vergleich eine Niederschrift anzufertigen. **Satz 2** regelt im Einzelnen mit dem Verweis auf die Vorschriften der ZPO den Inhalt der Vergleichsniederschrift. Die Beteiligten sind im Eingang der Vergleichsniederschrift aufzuführen; der Vergleichstext ist im vollen Wortlaut wiederzugeben (§ 160 Abs. 3 Nr. 1 ZPO). Der Text ist den Beteiligten vorzulesen oder zur Durchsicht vorzulegen, bei vorläufiger Aufzeichnung der Vergleichsniederschrift genügt das Vorlesen oder Abspielen der Aufzeichnung (§ 162 Abs. 1 Satz 1 und 2 ZPO). Hierüber sowie über die Genehmigung des Vergleichs durch die Beteiligten ist ein Vermerk in die Niederschrift aufzunehmen (§ 162 Abs. 1 Satz 3 ZPO).

Absatz 3 ermöglicht den schriftlichen Vergleichsabschluss und verweist im Hinblick auf die Modalitäten auf § 278 Abs. 6 ZPO. Ein gerichtlicher Vergleich kann also zum einen dadurch geschlossen werden, dass die Beteiligten einen schriftlichen Vergleichsvorschlag des Gerichts annehmen oder ihrerseits dem Gericht einen Vergleichsvorschlag unterbreiten. Das Gericht hat in beiden Varianten das Zustandekommen des Vergleichs durch Beschluss festzustellen (§ 278 Abs. 6 Satz 2 ZPO).

Absatz 4 ordnet an, dass Einwände gegen die Richtigkeit eines im FamFG-Verfahren festgestellten oder aufgenommenen Vergleichs mit dem Rechtsbehelf des Protokollberichtigungsantrags gemäß § 164 ZPO geltend zu machen sind. Dies ergibt sich für den schriftlich geschlossenen Vergleich bereits aus **Absatz 2** i.V.m. § 278 Abs. 6 Satz 3 ZPO, erscheint aber auch für den im Termin geschlossenen Vergleich geboten, auch wenn es insoweit an der in der ZPO gegebenen Parallele zur Anfechtbarkeit des in der mündlichen Verhandlung geschlossenen protokollierten Vergleichs mangelt, da ein entsprechendes formalisiertes Berichtigungsverfahren für den Vermerk gemäß § 28 Abs. 4 generell nicht vorgesehen ist. Es ist jedoch eine Richtigkeitskontrolle des Inhalts dieses Terminvermerks zuzulassen, die sich auf die dort enthaltene Niederschrift eines Vergleichs bezieht. Dies rechtfertigt sich zum einen aufgrund der Bedeutung und Tragweite eines Vergleichs für die Beteiligten. Zum anderen bedarf es eines Instruments zur Korrektur von Vergleichen, um im Einzelfall ihre Vollstreckungsfähigkeit herzustellen.

§ 37
Grundlage der Entscheidung

(1) Das Gericht entscheidet nach seiner freien, aus dem gesamten Inhalt des Verfahrens gewonnenen Überzeugung.

(2) Das Gericht darf eine Entscheidung, die die Rechte eines Beteiligten beeinträchtigt, nur auf Tatsachen und Beweisergebnisse stützen, zu denen dieser Beteiligte sich äußern konnte.

Die Vorschrift entspricht der Fassung des Regierungsentwurfs.

Begründung RegE:

Absatz 1 bestimmt als formelle Entscheidungsgrundlage des Gerichts in FamFG-Verfahren den gesamten Inhalt des Verfahrens. Anders als der Straf- und der Zivilprozess kennt das FamFG keinen Mündlichkeitsgrundsatz, so dass der gesamte Akteninhalt ohne Rücksicht auf dessen etwaige mündliche Erörterung in einem Termin Grundlage der Entscheidung ist. Dies ist als Grundsatz des geltenden FGG-Verfahrensrechts anerkannt (Keidel/Kuntze/Winkler-Meyer-Holz, Freiwillige Gerichtsbarkeit, 15. Aufl. 2003, Rn. 10 der Vorb. zu §§ 8–18; Bumiller/Winkler, Freiwillige Gerichtsbarkeit, 8. Aufl. 2006, Rn. 35 zu § 12; BayObLG FamRZ 1990, 1156).

Entscheidungsmaßstab ist die freie Überzeugung; insoweit entspricht **Absatz 1** § 286 ZPO und § 261 StPO. Das Gericht muss von der Wahrheit der Feststellungen, die es seiner Entscheidung zugrunde legen will, überzeugt sein. Es reicht – wie in § 286 ZPO – ein für das praktische Leben brauchbarer Grad an Gewissheit (BGH, NJW 1993, 935). Das Beweismaß hängt nicht davon ab, ob das Gericht die Feststellungen im Frei- oder im Strengbeweisverfahren trifft; das Gericht muss, auch wenn es sich des Freibeweises bedient, von der Wahrheit der getroffenen Feststellung überzeugt sein.

Absatz 2 dient der Gewährleistung rechtlichen Gehörs der Beteiligten (Artikel 103 Abs. 1 GG). Das Gericht darf seiner Entscheidung nur solche Tatsachen und Beweisergebnisse zugrunde legen, zu denen sich der Beteiligte, dessen Rechte die Entscheidung beeinträchtigt, zuvor äußern konnte. Die Vorschrift entspricht ihrem Wortlaut nach im Wesentlichen § 108 VwGO, ergänzt diesen allerdings noch um das Erfordernis der Rechtsbeeinträchtigung. Sie ist vor dem Hintergrund zu verstehen, dass es im FamFG-Verfahren keine generelle Verpflichtung zur Übersendung schriftlicher Erklärungen und Beweisergebnisse an die Beteiligten gibt. Lediglich der verfahrenseinleitende Antrag ist den anderen Beteiligten in jedem Fall zu übermitteln (§ 23 Abs. 2). Sonstige Schriftstücke sind nur nach Maßgabe des **Absatzes 2** anderen Beteiligten zur Kenntnis zu geben; eine schematische Versendung von Verfahrensunterlagen an alle

Beteiligten wird nicht gefordert. Das gewährleistet die Flexibilität des FamFG-Verfahrens und beschränkt den in organisatorischer und finanzieller Hinsicht zu leistenden Aufwand auf das Unvermeidliche.

Der Begriff der Rechtsbeeinträchtigung ist im Sinne des geltenden Rechts (§ 20 Abs. 1 FGG) zu verstehen. Der Beteiligte muss also durch die beabsichtigte Entscheidung in seiner Rechtsstellung negativ betroffen werden (vgl. hierzu im einzelnen Keidel/Kuntze/Winkler-Kahl, Freiwillige Gerichtsbarkeit, 15. Aufl. 2003, Rn. 12 ff. zu § 20). In diesem Fall hat das Gericht zu überprüfen, ob dem Beteiligten die tatsächlichen Grundlagen der Entscheidung, die seine Rechte beeinträchtigt, im Laufe des Verfahrens übermittelt worden sind. Soweit dies nicht der Fall ist, hat das Gericht dies vor Erlass der Entscheidung nachzuholen und dem Beteiligten eine angemessene Frist zur Stellungnahme einzuräumen.

Das Gesetz lässt offen, auf welche Weise dem betroffenen Beteiligten rechtliches Gehör zu gewähren ist. Im Regelfall sind dem betroffen Beteiligten die entscheidungsrelevanten Erklärungen anderer Beteiligter sowie die Ergebnisse einer Beweisaufnahme mitzuteilen. Dies kann durch Übersendung der schriftlichen Erklärung anderer Beteiligter, des Vermerks über einen Termin oder eine persönliche Anhörung außerhalb eines Termins, eines Vermerks über das Ergebnis einer formlosen Beweisaufnahme (§ 29 Abs. 4), eines Vermerks über die Durchführung einer förmlichen Beweisaufnahme im Termin oder eines eingeholten schriftlichen Gutachtens (§ 30 Abs. 1 i.V.m. § 411 ZPO) geschehen. Eine Gelegenheit zur Äußerung im Termin reicht aus, wenn es dem Beteiligten zuzumuten ist, eine sofortige Erklärung abzugeben, was in der Regel bei weniger komplexen Zusammenhängen der Fall sein wird. In diesen Fällen kann das Ergebnis einer Beweisaufnahme oder einer Anhörung unmittelbar anschließend im Termin erörtert werden. Der Einräumung einer Frist zur schriftlichen Stellungnahme bedarf es dann nicht mehr.

Im Einzelfall kann von einer Übersendung der vorbezeichneten Beweisdokumente abgesehen werden, wenn schwerwiegende Interessen eines Beteiligten oder eines Dritten entgegenstehen. Unter den gleichen Voraussetzungen ist das Akteneinsichtsrecht für Beteiligte gemäß § 13 Abs. 1 eingeschränkt. Dies kann Gutachten über den Betroffenen in Betreuungs- und Unterbringungsverfahren oder Vermerke über Anhörungen des Kindes oder der Eltern in Sorgerechts- und Umgangsverfahren betreffen. Eine Weitergabe dieser Unterlagen tangiert die Persönlichkeitsrechte dieser Verfahrensbeteiligten massiv. Gleichwohl muss auch in diesen Fällen dem Anspruch eines Beteiligten auf rechtliches Gehör Genüge getan werden, soweit die Entscheidung in seine Rechte eingreift. Das Gericht muss hier im Einzelfall versuchen, in möglichst grundrechtsschonender Weise einen Ausgleich der widerstreitenden Interessen herbeizuführen. Denkbar ist, dass das Gericht dem Beteiligten, dessen Rechte beeinträchtigt werden, lediglich den wesentlichen Inhalt einer schriftlichen Erklärung oder eines Beweisergebnisses mitteilt. Dies kann durch eine schriftliche oder – bei weniger komplexen Zusammenhängen – auch durch eine mündliche Zusammenfassung des Inhalts geschehen.

Abschnitt 3
Beschluss

§ 38
Entscheidung durch Beschluss

(1) Das Gericht entscheidet durch Beschluss, soweit durch die Entscheidung der Verfahrensgegenstand ganz oder teilweise erledigt wird (Endentscheidung). Für Registersachen kann durch Gesetz Abweichendes bestimmt werden.

(2) Der Beschluss enthält

1. die Bezeichnung der Beteiligten, ihrer gesetzlichen Vertreter und der Bevollmächtigten;
2. die Bezeichnung des Gerichts und die Namen der Gerichtspersonen, die bei der Entscheidung mitgewirkt haben;
3. die Beschlussformel.

(3) Der Beschluss ist zu begründen. Er ist zu unterschreiben. Das Datum der Übergabe des Beschlusses an die Geschäftsstelle oder der Bekanntgabe durch Verlesen der Beschlussformel (Erlass) ist auf dem Beschluss zu vermerken.

(4) Einer Begründung bedarf es nicht, soweit

1. die Entscheidung auf Grund eines Anerkenntnisses oder Verzichts oder als Versäumnisentscheidung ergeht und entsprechend bezeichnet ist,
2. gleichgerichteten Anträgen der Beteiligten stattgegeben wird oder der Beschluss nicht dem erklärten Willen eines Beteiligten widerspricht oder
3. der Beschluss in Gegenwart aller Beteiligten mündlich bekannt gegeben wurde und alle Beteiligten auf Rechtsmittel verzichtet haben.

(5) Absatz 4 ist nicht anzuwenden:

1. in Ehesachen, mit Ausnahme der eine Scheidung aussprechenden Entscheidung;
2. in Abstammungssachen;
3. in Betreuungssachen;
4. wenn zu erwarten ist, dass der Beschluss im Ausland geltend gemacht werden wird.

(6) Soll ein ohne Begründung hergestellter Beschluss im Ausland geltend gemacht werden, gelten die Vorschriften über die Vervollständigung von Versäumnis- und Anerkenntnisentscheidungen entsprechend.

Die Vorschrift entspricht der Fassung des Regierungsentwurfs.

Begründung RegE:

Absatz 1 schreibt die Entscheidung durch Beschluss für alle Endentscheidungen verbindlich vor. An einer einheitlichen Regelung der Entscheidungsform fehlt es im geltenden Recht der freiwilligen Gerichtsbarkeit. Das FGG nimmt zwar an verschiedenen Stellen auf Verfügungen, Entscheidungen, Anordnungen oder Beschlüsse Bezug; an einer einheitlichen Systematik oder Abgrenzung dieser Entscheidungsformen fehlt es indes. § 38 führt nunmehr eine gewisse Vereinheitlichung der Entscheidungsform für FamFG-Verfahren herbei. **Satz 1** bestimmt, dass das Gericht künftig durch Beschluss entscheidet, wenn mit der Entscheidung der Verfahrensgegenstand ganz oder teilweise erledigt wird. Diese Entscheidungen werden als Endentscheidungen nunmehr gesetzlich definiert. Die Entscheidung muss die Instanz abschließen. Dies wird zumeist die Entscheidung in der Hauptsache sein, kann aber, wenn die Hauptsache weggefallen ist, auch eine Kostenentscheidung sein. Zwischen- und Nebenentscheidungen fallen nicht unter die Vorschrift. Soweit sie durch Beschluss zu entscheiden sind, ist dies im Gesetz ausdrücklich bestimmt. **Satz 2** beschränkt im Interesse der Rechtsklarheit die Ausnahmen von der Entscheidungspflicht durch Beschluss auf Registersachen.

II. – FamFG – Buch 1 Allgemeiner Teil

Eine entsprechende Regelung ist § 382, der für Registereintragungen die Form der Verfügung vorsieht. Die Beschlussform wird aber auch für einige andere Entscheidungen, die den Verfahrensgegenstand nicht erledigen, vorgeschrieben. Hierzu zählen etwa der Beschluss über die Hinzuziehung von Beteiligten (§ 7 Abs. 3) und der Beschluss über die Verhängung eines Ordnungsgeldes (§§ 33 Abs. 3, 89 Abs. 1). Für die Entscheidungen im Prozesskostenhilfeverfahren und im Verfahren über ein Ablehnungsgesuch ergibt sich die Beschlussform aus der Verweisung auf die Zivilprozessordnung. Für sonstige Zwischen- und Nebenentscheidungen, etwa verfahrensleitende Anordnungen oder andere verfahrensbegleitende Verfügungen oder Eintragungsverfügungen, ist die Beschlussform nicht zwingend vorgeschrieben.

Absatz 2 bestimmt den formellen Mindestinhalt des Beschlusses und führt den Begriff der Beschlussformel als Entsprechung zum Urteilstenor ein.

Absatz 3 trifft Regelungen über Begründungspflicht, Datum und Unterschrift. **Satz 1** regelt, dass der Beschluss in FamFG-Sachen zu begründen ist. Inhaltliche Anforderungen an die Begründung werden nicht aufgestellt; insbesondere werden im Interesse der Verfahrensflexibilität nicht die strikten Erfordernisse an den Inhalt des Urteils nach den §§ 313 ff. ZPO übernommen. **Satz 2** bestimmt, dass der Beschluss zu unterschreiben ist. Die Unterschrift ermöglicht eine Abgrenzung des Beschlusses von einem bloßen Entwurf. Der Beschluss ist von dem Richter oder Rechtspfleger zu unterschreiben, der die Entscheidung getroffen hat. Eine Kollegialentscheidung haben alle Richter zu unterschreiben, die daran mitgewirkt haben. **Satz 3** bestimmt, dass das Datum des Erlasses auf dem Beschluss zu vermerken ist. Ein solcher Vermerk ist im Hinblick auf den Beginn der Beschwerdefrist nach § 63 Abs. 3 von besonderer Bedeutung. Gleichzeitig enthält dieser Satz eine Legaldefinition des Erlasses. Erfolgt die Bekanntgabe des Beschlusses durch Verlesen der Entscheidungsformel nach § 41 Abs. 2, ist die Entscheidung damit erlassen. Soll der Beschluss den Beteiligten nur schriftlich nach § 41 Abs. 1 bekanntgegeben werden, ist die Übergabe des fertig abgefassten und unterschriebenen Beschlusses an die Geschäftsstelle zur Veranlassung der Bekanntgabe der für den Erlass maßgebliche Zeitpunkt.

Absatz 4 eröffnet dem Gericht die Möglichkeit, unter bestimmten Voraussetzungen auf eine Begründung zu verzichten. Eine Begründung soll im Grundsatz immer dann entbehrlich sein, wenn eine Beschwer eines Beteiligten erkennbar nicht vorliegt. **Nummer 1** entspricht inhaltlich § 313b ZPO. Zwar sind die hier genannten Entscheidungen (aufgrund Versäumnis, Anerkenntnis oder Verzicht) keine gängigen Entscheidungsmöglichkeiten in FG-Verfahren. Ihrer Erwähnung bedarf es aber gleichwohl, weil § 38 gemäß dem Grundsatz der einheitlichen Entscheidungsform in allen FamFG-Sachen, also auch in Ehe- und Familienstreitsachen anwendbar ist (§ 113 Abs. 1). Nach **Nummer 2** kann von einer Begründung abgesehen werden, wenn gleichgerichteten Anträgen der Beteiligten stattgegeben wird oder der Beschluss nicht dem erklärten Willen eines Beteiligten widerspricht. Hierdurch soll dem Gericht eine möglichst rasche und unkomplizierte Entscheidung für die Vielzahl der FG-Verfahren ermöglicht werden, die in der Sache zwischen den Beteiligten nicht streitig sind oder in denen nur der Antragsteller Beteiligter ist. **Nummer 3** greift den Regelungsinhalt des § 313a Abs. 2 ZPO auf. Eine Begründung ist entbehrlich, wenn der Beschluss den Beteiligten etwa unmittelbar an die Erörterung im Termin bekannt gegeben wird und eine Anfechtung des Beschlusses aufgrund des Rechtsmittelverzichts ausgeschlossen ist.

Absatz 5 nennt Ausnahmen von der Absehensmöglichkeit des Absatzes 4. **Nummer 1** entspricht dem bisherigen § 313a Abs. 4 Nr. 1 ZPO. **Nummer 2** entspricht inhaltlich dem bisherigen § 313a Abs. 4 Nr. 3 ZPO. **Nummer 3** sieht außerdem in Betreuungssachen eine Rückausnahme vor. Aus Gründen der Rechtsfürsorglichkeit müssen dem Betroffenen hier die Gründe für eine Anordnung der Betreuung, dessen Ablehnung oder sonstigen Endentscheidung des Gerichts auch nachträglich zur Verfügung stehen. **Nummer 4** ist an § 313a Abs. 4 Nr. 5 ZPO angelehnt.

Absatz 6 regelt die Ergänzung eines zunächst nicht mit Gründen versehenen Beschlusses, wenn sich nachträglich herausstellt, dass der Beschluss im Ausland geltend gemacht werden soll. Die Vorschrift ist § 313a Abs. 5 ZPO nachgebildet. Sie stellt klar, dass diese Beschlüsse – ebenso wie Urteile gemäß § 313a Abs. 5 ZPO – nach den in den Ausführungsgesetzen zu internationalen Verträgen enthaltenen Vorschriften, z.B. § 30 AVAG, zu vervollständigen sind (vgl. Thomas/Putzo, ZPO, 27. Aufl. 2005, Rn. 8 zu § 313a).

Abschnitt 3 – § 38

Stellungnahme Bundesrat:

21. **Zu Artikel 1** (§ 38 Abs. 4 FamFG)
In Artikel 1 § 38 Abs. 4 sind nach dem Wort „soweit" die Wörter „kein für das Gericht erkennbares Bedürfnis für eine Begründung besteht, insbesondere weil" einzufügen.

Begründung:

Wenig sinnvoll erscheint, dass etwa der Beschluss über die Erteilung eines Erbscheins nach § 38 Abs. 3 und 4 FamFG-E auch dann zu begründen ist, wenn der Inhalt des Erbscheins unter den Beteiligten völlig unstreitig ist, aber nicht alle Erben den Antrag auf Erteilung gestellt und auch nicht alle sonstigen Beteiligten ihren übereinstimmenden Willen gegenüber dem Gericht erklärt haben. In diesen Fällen verursacht § 38 Abs. 3 FamFG-E überflüssige Schreibarbeit bei den Gerichten, ohne dass hiervon einer der Betroffenen einen Vorteil hat.

22. **Zu Artikel 1** (§ 38 Abs. 5 Nr. 5 – neu – FamFG)
In Artikel 1 § 38 Abs. 5 sind der abschließende Punkt durch ein Komma zu ersetzen und folgende Nummer 5 anzufügen:

„5. im Falle des § 1671 Abs. 2 Nr. 1 Halbsatz 2 des Bürgerlichen Gesetzbuches."

Begründung:

Nach § 38 Abs. 3 und 4 Nr. 2 FamFG-E wäre der Beschluss auch im Falle des § 1671 Abs. 2 Nr. 1 Halbsatz 2 BGB (Übertragung des Sorgerechts auf einen Elternteil, bei übereinstimmendem Antrag der Eltern aber Widerspruch des betroffenen, über 14 Jahre alten Kindes) nicht zu begründen. Dies wird dem Entwicklungsgrad des betroffenen Kindes nicht gerecht.

Die Begründungspflicht ergibt sich in den Fällen des Widerspruchs des betroffenen Kindes auch nicht aus § 38 Abs. 4 Nr. 2 FamFG-E (e contr.), weil das Kind nach der Konstruktion des FamFG gerade kein Beteiligter des Verfahrens sein dürfte. Letzteres ergibt sich unter anderem aus dem Umstand, dass der Gesetzentwurf für das über 14 Jahre alte Kind die Beiordnung eines Verfahrensbeistandes vorsieht (§ 158 Abs. 2 Nr. 1 FamFG-E), was jedenfalls dann entbehrlich wäre, wenn das Kind Beteiligter wäre und damit in den Genuss der Verfahrenskostenhilfe nach § 76 Abs. 1 FamFG-E käme.

Gegenäußerung Bundesregierung:

Zu Nummer 21 (Artikel 1 § 38 Abs. 4 FamFG)
Die Bundesregierung stimmt dem Vorschlag des Bundesrates nicht zu.

Sie hält die vom Bundesrat vorgeschlagene Ergänzung des § 38 Abs. 4 FamFG nicht für erforderlich. Eine ausdrückliche Regelung über die Entbehrlichkeit einer Begründung für die Fälle, in denen eine Entscheidung dem Interesse aller Beteiligten entspricht, trifft bereits § 38 Abs. 4 Nr. 2 FamFG. Entspricht das Gericht gleichgerichteten Anträgen oder widerspricht der Beschluss nicht dem erklärten Willen eines Beteiligten, ist eine Begründung regelmäßig nicht erforderlich. Diese Regelung hat insbesondere Erbscheins-, aber auch etwa Adoptionsverfahren im Blick, bei denen häufig Einverständnis mit der Entscheidung bei allen Beteiligten besteht.

Zu Nummer 22 (Artikel 1 § 38 Abs. 5 Nr. 5 FamFG)
Die Bundesregierung stimmt dem Vorschlag des Bundesrates nicht zu.

Sie hält die vom Bundesrat vorgeschlagene Ergänzung nicht für erforderlich. Bei einem Widerspruch des über 14 Jahre alten Kindes kann das Gericht die elterliche Sorge nicht nach § 1671 Abs. 2 Nr. 1 BGB übertragen. Es kann in diesem Fall also keine Entscheidung nach § 38 Abs. 4 Nr. 2 FamFG geben.

Der Widerspruch des über 14 Jahre alten Kindes rechtfertigt zudem die Annahme eines Regelbeispiels zur Bestellung eines Verfahrensbeistands nach § 158 Abs. 2 Nr. 2 FamFG bzw. bei einem entsprechenden Antrag nach § 158 Abs. 2 Nr. 1 FamFG. Soweit das Gericht daher eine Übertragung des Sorgerechts nach § 1671 Abs. 2 Nr. 2 BGB in Betracht zieht, kann der Verfahrensbeistand als Beteiligter und als Interessenvertreter des Kindes eine Entscheidung nach § 38 Abs. 4 Nr. 2 FamFG verhindern.

II. – FamFG – Buch 1 Allgemeiner Teil

§ 39
Rechtsbehelfsbelehrung

Jeder Beschluss hat eine Belehrung über das statthafte Rechtsmittel, den Einspruch, den Widerspruch oder die Erinnerung sowie das Gericht, bei dem diese Rechtsbehelfe einzulegen sind, dessen Sitz und die einzuhaltende Form und Frist zu enthalten.

Die Vorschrift entspricht der Fassung des Regierungsentwurfs.

Begründung RegE:
Diese Vorschrift führt in FamFG-Verfahren allgemein die Notwendigkeit einer Rechtsbehelfsbelehrung ein.

Im Verfahren der freiwilligen Gerichtsbarkeit ist derzeit in verschiedenen Einzelvorschriften (z.B. §§ 69 Abs. 1 Nr. 6, 70 f. Abs. 1 Nr. 4 FGG) eine Rechtsmittelbelehrung vorgesehen. An einer allgemeinen Rechtsmittelbelehrung für Entscheidungen in FG-Sachen fehlt es dagegen. Begrenzt auf die befristeten Rechtsmittel in Wohnungseigentumssachen ist nach der Rechtsprechung eine Rechtsmittelbelehrung grundrechtlich geboten (BGH, NJW 2002, 2171), das Erfordernis einer allgemeinen Rechtsmittelbelehrung hat das Bundesverfassungsgericht dagegen ausdrücklich offen gelassen (BVerfGE 93, 99 ff. abw. M. Kühling, 117 ff.). Die Rechtsmittelbelehrung ist, obgleich bisher nur in einzelnen Bereichen der FG-Verfahren vorgesehen, Ausdruck des rechtsfürsorgerischen Charakters dieser Verfahren. Diesem Rechtsgedanken entsprechend sind die Beteiligten daher künftig in allen FamFG-Verfahren über die Rechtsmittel oder sonstige ordentliche Rechtsbehelfe zu belehren.

Die Vorschrift bestimmt zum einen den Anwendungsbereich der Rechtsbehelfsbelehrung. Von der Belehrungspflicht umfasst sind alle Rechtsmittel sowie die in den FamFG-Verfahren vorgesehenen ordentlichen Rechtsbehelfe gegen Entscheidungen, Einspruch, Widerspruch und Erinnerung. Nicht erforderlich ist eine Rechtsbehelfsbelehrung dagegen, wenn gegen die Entscheidung nur noch außerordentliche Rechtsbehelfe statthaft sind. Eine Belehrung etwa über die Wiedereinsetzung, die Urteilsberichtigung und Ergänzung oder die Möglichkeit der Rüge aufgrund der Verletzung rechtlichen Gehörs (§ 44) ist daher regelmäßig nicht geboten.

Zum anderen regelt die Vorschrift den notwendigen Inhalt der Rechtsbehelfsbelehrung. Sie hat mit der Bezeichnung des Gerichts, bei dem der Rechtsbehelf einzulegen ist, dessen Sitz sowie der einzuhaltenden Form und Frist alle wesentlichen Informationen zu enthalten, die den Beteiligten in die Lage versetzen, ohne die Hinzuziehung eines Rechtsanwaltes den zulässigen Rechtsbehelf gegen die ergangene Entscheidung einzulegen.

§ 40
Wirksamwerden

(1) Der Beschluss wird wirksam mit Bekanntgabe an den Beteiligten, für den er seinem wesentlichen Inhalt nach bestimmt ist.

(2) Ein Beschluss, der die Genehmigung eines Rechtsgeschäfts zum Gegenstand hat, wird erst mit Rechtskraft wirksam. Dies ist mit der Entscheidung auszusprechen.

(3) Ein Beschluss, durch den auf Antrag die Ermächtigung oder die Zustimmung eines anderen zu einem Rechtsgeschäft ersetzt oder die Beschränkung oder Ausschließung der Berechtigung des Ehegatten oder Lebenspartners, Geschäfte mit Wirkung für den anderen Ehegatten oder Lebenspartner zu besorgen (§ 1357 Abs. 2 Satz 1 des Bürgerlichen Gesetzbuchs, auch in Verbindung mit § 8 Abs. 2 des Lebenspartnerschaftsgesetzes), aufgehoben wird, wird erst mit Rechtskraft wirksam. Bei Gefahr im Verzug kann das Gericht die sofortige Wirksamkeit des Beschlusses anordnen. Der Beschluss wird mit Bekanntgabe an den Antragsteller wirksam.

Die Vorschrift entspricht im Hinblick auf die Absätze 1 und 2 dem Regierungsentwurf; Absatz 3 ist mit der Beschlussempfehlung des Rechtsausschusses neu gefasst worden:

Abschnitt 3 – § 40

Frühere Fassung RegE:
(3) Ein Beschluss, durch den auf Antrag die Ermächtigung oder die Zustimmung eines anderen zu einem Rechtsgeschäft ersetzt oder die Beschränkung oder Ausschließung der Berechtigung des Ehegatten oder Lebenspartners, Geschäfte mit Wirkung für den anderen Ehegatten oder Lebenspartner zu besorgen (§ 1357 Abs. 2 Satz 1 des Bürgerlichen Gesetzbuchs, auch in Verbindung mit § 8 Abs. 2 des Lebenspartnerschaftsgesetzes), aufgehoben wird, wird erst mit Rechtskraft wirksam. Das Gleiche gilt für einen Beschluss, durch den die Einwilligung oder Zustimmung eines Elternteils, des Vormunds oder Pflegers oder eines Ehegatten zu einer Annahme als Kind ersetzt wird. Bei Gefahr im Verzug kann das Gericht die sofortige Wirksamkeit des Beschlusses anordnen. Der Beschluss wird mit Bekanntgabe an den Antragsteller wirksam.

Begründung RegE:
Die Vorschrift regelt das Wirksamwerden gerichtlicher Beschlüsse im FamFG-Verfahren.

Absatz 1 entspricht inhaltlich der Regelung des § 16 Abs. 1 FGG. Der Eintritt der Wirksamkeit bleibt weiterhin regelmäßig an die Bekanntmachung der Entscheidung geknüpft, nicht an den Eintritt ihrer formellen Rechtskraft. Hiermit wird dem im Regelfall gegebenen Bedürfnis nach einem schnellen Wirksamwerden der FamFG-Entscheidungen, das vor allem im rechtsfürsorgerischen Bereich – etwa der Ernennung eines Vormundes oder Betreuers –, aber auch bei den nunmehr im Recht der freiwilligen Gerichtsbarkeit geregelten Familienstreitsachen besteht, Rechnung getragen.

Von diesem Grundsatz weicht das Gesetz in einer Reihe von Fällen ab (§§ 40 Abs. 2 und 3, 184 Satz 1, 198 Abs. 1, 209 Abs. 2, 324 Abs. 1), in denen mit der Wirksamkeit der Entscheidung eine so gravierende Rechtsänderung verknüpft wird, dass die Wirksamkeit erst mit der formellen Rechtskraft eintreten soll. Diese Vorschriften gehen der allgemeinen Vorschrift über die Wirksamkeit von Beschlüssen vor.

Absatz 2 Satz 1 bestimmt, dass ein Beschluss, durch den ein Rechtsgeschäft genehmigt wird, abweichend vom Grundsatz des Absatzes 1 erst mit Rechtskraft wirksam wird. Nach der Entscheidung des Bundesverfassungsgerichts vom 18. Januar 2000 sind die bisher geltenden §§ 62, 55 FGG mit Artikel 19 Abs. 4 GG insoweit unvereinbar, als den in ihren Rechten Betroffenen jede Möglichkeit verwehrt wird, Entscheidungen des Rechtspflegers der Prüfung durch den Richter zu unterziehen. Die Vorschriften über die Genehmigung von Rechtsgeschäften genügen hiernach nur dann den Anforderungen an die Gewährung effektiven Rechtsschutzes, wenn sie sowohl in rechtlicher als auch tatsächlicher Hinsicht der richterlichen Prüfung unterstellt werden können (BVerfGE 101, 397, 407). Die Regelung des Absatzes 2 räumt diese Überprüfungsmöglichkeit nunmehr ein, indem die Wirksamkeit der Entscheidung erst mit Rechtskraft eintritt. Dies ist effizienter als die derzeit in der Praxis vorherrschende Lösung, vor Erlass der Entscheidung zunächst einen Vorbescheid zu erlassen und den Beteiligten Gelegenheit zu geben, diesen Vorbescheid anzufechten (vgl. zur Praxis Keidel/Kuntze/Winkler-Engelhardt, Freiwillige Gerichtsbarkeit, 15. Aufl. 2003, Rn. 12 zu § 55). Ist den Beteiligten an einer möglichst schnellen Rechtskraft der Entscheidung gelegen, so haben sie die Möglichkeit, durch einen allseitigen Rechtsmittelverzicht die umgehende Wirksamkeit der Entscheidung herbeizuführen. Das Gericht hat gemäß **Satz 2** mit der Entscheidung auszusprechen, dass die Genehmigung erst mit Rechtskraft wirksam wird. Die Regelung dient der Rechtsklarheit gegenüber Dritten beim Abschluss eines Rechtsgeschäfts. Über die formelle Rechtskraft hinaus erhält ein Beschluss, der eine Genehmigung zu einem Rechtsgeschäft zum Gegenstand hat, durch seine Unabänderbarkeit nach § 48 Abs. 3 auch materielle Rechtskraft, sobald er dem Dritten gegenüber wirksam geworden ist.

Dem regelmäßigen Interesse der Beteiligten an einer zügigen Abwicklung der entsprechenden Rechtsgeschäfte trägt § 63 Abs. 2 Nr. 2 Rechnung, indem er für Beschlüsse, die eine Genehmigung eines Rechtsgeschäfts zum Gegenstand haben, eine verkürzte Beschwerdefrist von zwei Wochen vorsieht.

Absatz 3 entspricht inhaltlich dem bisherigen § 53 FGG; redaktionell ist die Vorschrift an die in § 38 enthaltenen Neuregelungen zur Form der Entscheidung durch das Gericht im Beschlusswege angepasst. Soweit die Vorschrift gemäß § 69e Abs. 1 FGG lediglich teilweise in Betreuungssachen Anwendung fand, wird der Anwendungsbereich nunmehr mit den bisherigen vormundschaftsgerichtlichen Vorschriften harmonisiert.

II. – FamFG – Buch 1 Allgemeiner Teil

Stellungnahme Bundesrat:
23. **Zu Artikel 1** (§§ 40, 41 FamFG)

Der Bundesrat bittet, im weiteren Verlauf des Gesetzgebungsverfahrens zu prüfen, ob folgende Regelungen zur Bekanntgabe und zum Wirksamwerden von Beschlüssen, die für mehrere Beteiligte bestimmt sind, in den Gesetzentwurf aufgenommen werden sollten:

– Wie auch bei Beschlüssen gegenüber nur einem Beteiligten sollte zwischen der Regelung des Bekanntgabezwanges (§ 41 FamFG-E) und der Regelung des Wirksamwerdens (§ 40 FamFG-E) unterschieden werden.
– Ein Bekanntgabezwang sollte nur gegenüber den wesentlich betroffenen Beteiligten bestehen.
– Der Beschluss wird immer nur gegenüber demjenigen Beteiligten wirksam, dem der Beschluss bekannt gemacht wurde. Dies gilt auch für nicht-wesentlich betroffene Beteiligte.
– Nicht beteiligten Dritten gegenüber wird der Beschluss mit der ersten Bekanntgabe an einen Beteiligten wirksam.
– Hat der Beschluss einen für mehrere Beteiligte untrennbaren Inhalt, tritt die Wirksamkeit des diesbezüglichen Beschlussinhaltes ausnahmsweise erst dann ein, wenn der Beschluss dem letzten dieser Beteiligten bekannt gemacht wurde.

Begründung:

Die Formulierung des § 40 Abs. 1 FamFG-E lässt – wie schon bei § 16 Abs. 1 FGG – offen, ob in Fällen, in denen ein Beschluss für mehrere Beteiligte bestimmt ist, die Bekanntgabe gegenüber einem Beteiligten den Beschluss auch gegenüber den anderen Beteiligten wirksam werden lässt oder der Beschluss nur gegenüber denjenigen Beteiligten wirksam wird, denen er bekannt gemacht wurde (differenzierend hierzu die Rechtsprechung nach derzeitiger Rechtslage: vgl. Schmidt, in: Keidel/Kuntze/Winkler, FGG, 14. Aufl. 1999, § 16 Rn. 10 Fn. 68). Entscheidet man sich für die zweite Möglichkeit, wäre – anders als bei § 16 Abs. 1 FGG – die weitere Frage zu beantworten, wann der Beschluss gegenüber denjenigen Beteiligten wirksam wird, für die der Beschluss nicht „seinem wesentlichen Inhalt nach" bestimmt ist. Denkbar wäre hier entweder der Zeitpunkt, zu dem der Beschluss gegenüber einem „wesentlich betroffenen" Beteiligten bekannt gemacht wurde; denkbar wäre auch der Zeitpunkt, zu dem der Beschluss gegenüber allen „wesentlich betroffenen" Beteiligten bekannt gemacht wurde. Eine Regelung der Problematik wäre sinnvoll, weil Beschlüsse mit mehreren Betroffenen im Verfahren der freiwilligen Gerichtsbarkeit keine Seltenheit sind.

Gegenäußerung Bundesregierung:
Zu Nummer 23 (Artikel 1 §§ 40, 41 FamFG)

Die Bundesregierung sieht kein Bedürfnis für eine ausdrückliche gesetzliche Regelung über die Bekantgabe und Wirksamkeit von Beschlüssen bei mehreren Beteiligten.

§ 40 Abs. 1 FamFG entspricht inhaltlich im Wesentlichen dem bisherigen § 16 FGG. Die Vorschrift wurde lediglich an die nunmehr geregelte einheitliche Entscheidungsform durch Beschluss redaktionell angepasst. Die bisherige Anwendung der Norm gibt zu einer ausdrücklichen gesetzlichen Regelung der Wirksamkeit eines Beschlusses bei mehreren Beteiligten keinen Anlass. Die Wirksamkeit tritt nach einhelliger Auffassung in Rechtsprechung und Literatur bei mehreren Beteiligten, für die die Entscheidung ihrem wesentlichen Inhalt nach bestimmt ist, regelmäßig für jeden Adressaten hinsichtlich des ihn betreffenden Teils mit Zustellung an ihn ein (OLG Hamm, MDR 1980, 765 f.; Keidel/Kuntze/Winkler-Schmidt, Freiwillige Gerichtsbarkeit, 15. Aufl. 2003, Rn. 10 zu § 16; Jansen-Baronin von König, FGG, Rn. 17 zu § 16). Etwas Abweichendes gilt lediglich, wenn die Entscheidung einen untrennbaren Inhalt hat. In diesem Fall wird die Entscheidung erst mit der Bekanntmachung an den letzten Adressaten wirksam (BayObLG, NJW-RR 1991, 938; OLG Hamm, FamRZ 1969, 548, 549). Wann eine Entscheidung einen untrennbaren Inhalt hat, ist eine Frage des materiellen Rechts. So werden etwa die Aufteilung vormundschaftlicher Geschäfte gemäß § 1797 Abs. 2 BGB und der elterlichen Sorge nach §§ 1666 ff., 1671 BGB erst mit Rechtskraft wirksam. Abgrenzungsprobleme im Einzelfall dürften daher allenfalls hinsichtlich der Frage, ob es sich um eine Entscheidung unteilbaren Inhalts handelt, entstehen. Wann von einer Entscheidung mit unteilbarem Inhalt auszugehen ist, ist aber eine Frage des materiellen Rechts und kann daher durch eine Ergänzung des § 40 Abs. 1 FamFG nicht konkretisiert werden.

Gleiches gilt für die Frage, wem gegenüber der Beschluss Wirksamkeit entfaltet. Ob die Entscheidung lediglich zwischen den Beteiligten oder auch gegenüber Dritten wirksam wird, ist nach den Vorgaben des materiellen Rechts oder nach den Besonderheiten des jeweiligen Verfahrens zu beurteilen. Soweit die Entscheidungen des Gerichts rechtsgestaltender Art sind, tritt die Rechtswirkung auch gegenüber Dritten ein. In streitigen FG-Verfahren erstreckt sich die Wirksamkeit der Entscheidung dagegen allein auf die Beteiligten (Keidel/Kuntze/Winkler-Schmidt, Freiwillige Gerichtsbarkeit, 15. Aufl. 2003, Rn. 17 zu § 16). Eine allgemeine Regelung hinsichtlich der Wirksamkeit des Beschlusses gegenüber Dritten hält die Bundesregierung daher nicht für sachgerecht.

Auch für eine Einschränkung der Bekanntgabevorschriften dahingehend, dass die Bekanntgabe lediglich an die „wesentlich Betroffenen" erfolgen soll, sieht die Bundesregierung keine Veranlassung. Die Bekanntgabe der Entscheidung ist vielmehr eine Auswirkung der förmlichen Hinzuziehung eines Beteiligten. Dem unterschiedlich ausgeprägten Grad der Betroffenheit durch ein Verfahren der freiwilligen Gerichtsbarkeit trägt bereits die Ausgestaltung des Beteiligtenbegriffs in hinreichendem Umfang Rechnung.

Der Beteiligtenbegriff unterscheidet aufgrund der Intensität der Betroffenheit im Verfahren zwischen Muss- (§ 7 Abs. 2 FamFG) und Kann-Beteiligten (§ 7 Abs. 3 FamFG). Der Kreis der Muss-Beteiligten ist stets zu dem Verfahren hinzuzuziehen. Anders verhält es sich bei den Kann-Beteiligten, die insbesondere in den Nachlass- sowie den Betreuungs- und Unterbringungssachen eine Rolle spielen. Von ihnen wird regelmäßig erwartet, dass sie die Hinzuziehung zu dem Verfahren beantragen. Über die Hinzuziehung ist durch das Gericht zu entscheiden. Hierbei sind die Unterschiedlichkeiten des Betroffenheitsgrades der Personen je nach Verfahrensgegenstand angemessen berücksichtigt. Wird die Hinzuziehung aufgrund der Ausgestaltung des Verfahrens oder der Umstände des Einzelfalls für sachgerecht gehalten, ist den Beteiligten in jedem Fall auch der Abschluss des Verfahrens, an dem sie beteiligt wurden, durch die gerichtliche Entscheidung bekannt zu geben.

Die Möglichkeit der Bekanntgabefiktion gemäß §§ 15 Abs. 2, 41 Abs. 1 Satz 1 FamFG gewährleistet darüber hinaus eine effiziente unaufwändige Bekanntgabe, wenn vom Einverständnis des Kann-Beteiligten mit der Entscheidung ausgegangen werden kann.

Begründung Beschlussempfehlung Rechtsausschuss:
Die Aufhebung des bisherigen Absatzes 3 Satz 2 ist redaktioneller Natur und erfolgt im Hinblick auf § 198 Abs. 1. Soweit der Regelungsgehalt des Absatzes 3 sich ausschließlich auf Adoptionen bezieht, wird dies nunmehr aus systematischen Gründen im Abschnitt über die Verfahren in Adoptionssachen geregelt.

§ 41
Bekanntgabe des Beschlusses

(1) Der Beschluss ist den Beteiligten bekannt zu geben. Ein anfechtbarer Beschluss ist demjenigen zuzustellen, dessen erklärtem Willen er nicht entspricht.

(2) Anwesenden kann der Beschluss auch durch Verlesen der Beschlussformel bekannt gegeben werden. Dies ist in den Akten zu vermerken. In diesem Fall ist die Begründung des Beschlusses unverzüglich nachzuholen. Der Beschluss ist im Fall des Satzes 1 auch schriftlich bekannt zu geben.

(3) Ein Beschluss, der die Genehmigung eines Rechtsgeschäfts zum Gegenstand hat, ist auch demjenigen, für den das Rechtsgeschäft genehmigt wird, bekannt zu geben.

Die Vorschrift entspricht hinsichtlich der Absätze 1 und 3 dem Regierungsentwurf; in Absatz 2 ist Satz 3 durch den Rechtsausschuss eingefügt worden:

II. – FamFG – Buch 1 Allgemeiner Teil

Frühere Fassung RegE:
(2) Anwesenden kann der Beschluss auch durch Verlesen der Beschlussformel bekannt gegeben werden. Dies ist in den Akten zu vermerken. Der Beschluss ist im Fall des Satzes 1 auch schriftlich bekannt zu geben.

Begründung RegE:
Die Vorschrift regelt die Möglichkeiten der Bekanntgabe einer Entscheidung.

Absatz 1 Satz 1 bestimmt, dass eine Bekanntgabe des Beschlusses nach den allgemeinen Vorschriften über die Bekanntgabe von Dokumenten gemäß § 15 Abs. 2 erfolgt. Das Gericht kann also grundsätzlich nach freiem Ermessen zwischen förmlicher Zustellung nach der Zivilprozessordnung und der Aufgabe zur Post wählen. Dieses Ermessen schränkt **Satz 2** wiederum ein. Die Vorschrift bestimmt, dass ein anfechtbarer Beschluss demjenigen nach den Vorschriften der Zivilprozessordnung zuzustellen ist, dessen erklärtem Willen der Beschluss nicht entspricht. Die Vorschrift schränkt das nach geltendem Recht gemäß § 16 Abs. 2 FGG bestehende Erfordernis, alle Beschlüsse, durch die eine Frist in Lauf gesetzt wird, förmlich zuzustellen, ein, um Verfahrensaufwand reduzieren. Durch diese Einschränkung der förmlichen Zustellung wird das schützenswerte Interesse des Beteiligten, dessen Anliegen mit der Entscheidung nicht entsprochen wird, hinreichend gewahrt. Zugleich wird eine Überfrachtung mit formalen Anforderungen in den Fällen vermieden, in denen es keine Anhaltspunkte dafür gibt, dass der Beschluss dem Anliegen eines Beteiligten zuwiderläuft. Eine wirksame Bekanntgabe durch eine formlose Mitteilung entsprechend § 16 Abs. 2 Satz 2 FGG ist dagegen für einen anfechtbaren Beschluss künftig nicht mehr möglich, weil erst mit der schriftlichen Bekanntgabe des Beschlusses der Lauf der Rechtsmittelfrist beginnt (§ 63 Abs. 3).

Absatz 2 Satz 1 und **Satz 2** entsprechen inhaltlich weitgehend dem bisherigen § 16 Abs. 3 Satz 1 FGG. Für die wirksame Bekanntgabe ist künftig allerdings nur noch das Verlesen der Beschlussformel erforderlich; die Vorschrift stellt klar, dass das Verlesen der Gründe künftig keine Voraussetzung für die Wirksamkeit der Bekanntgabe ist (a.A. zur geltenden Rechtslage BayObLG, NJW-RR 1999, 957). Satz 3 enthält das Erfordernis, die Entscheidung auch bei mündlicher Bekanntgabe gemäß Satz 1 den Beteiligten künftig stets schriftlich bekannt zu geben. Die schriftliche Bekanntgabe erstreckt sich auf den vollständigen Beschluss einschließlich der Gründe.

Absatz 3 bestimmt, dass Beschlüsse, die die Genehmigung eines Rechtsgeschäfts zum Gegenstand haben, auch demjenigen selbst bekannt zu geben sind, für den das Rechtsgeschäft genehmigt werden soll. Diese Vorschrift trägt ebenso wie § 40 Abs. 2 der Entscheidung des Bundesverfassungsgerichts vom 18. Januar 2000 (BVerfGE 101, 397, 407) Rechnung. Hiernach muss dem Beteiligten die Möglichkeit eingeräumt werden, bei einer Entscheidung, die seine Rechte betrifft, zu Wort zu kommen (BVerfGE 101, 397, 405). Anders als in anderen Verfahren kann die Gewährung rechtlichen Gehörs bei der Genehmigung eines Rechtsgeschäfts nicht durch den Vertreter des durch die Entscheidung in seinen Rechten Betroffenen wahrgenommen werden. Denn das rechtliche Gehör kann nicht durch denjenigen vermittelt werden, dessen Handeln im Genehmigungsverfahren überprüft werden soll (BVerfGE 101, 397, 406). Mit der Vorschrift des Absatzes 3 wird nunmehr gewährleistet, dass der Rechtsinhaber selbst von der Entscheidung frühzeitig Kenntnis erlangt. Hierdurch wird der Abwicklung des Rechtsgeschäfts ohne Einbeziehung des Rechtsinhabers selbst entgegengewirkt. Es wird sichergestellt, dass er selbst fristgerecht Rechtsmittel einlegen sowie einen etwaigen Rechtsmittelverzicht zügig widerrufen kann. Durch das Wort „auch" wird klargestellt, dass die Bekanntgabe an denjenigen, für den das Rechtsgeschäft genehmigt werden soll, neben die nach Absatz 1 tritt. Hierdurch werden gleichzeitig Widersprüche zu § 1828 BGB, nach welchem das Gericht die Genehmigung nur gegenüber dem Vormund erklären kann, vermieden.

Stellungnahme Bundesrat:
24. **Zu Artikel 1** (§ 41 Abs. 1 Satz 2 FamFG)
Artikel 1 § 41 Abs. 1 Satz 2 ist zu streichen.

Begründung:

Die in § 41 Abs. 1 Satz 2 FamFG-E normierte Pflicht des Gerichts zur förmlichen Zustellung eines anfechtbaren Beschlusses an denjenigen, dessen erklärtem Willen er nicht entspricht, ist gegenüber der jetzigen Handhabung arbeits- und kostenintensiver. Auch der Umstand, dass künftig nach der Systematik des FamFG regelmäßig der Lauf einer Frist gemäß § 16 Abs. 1 FamFG-E mit der Bekanntgabe beginnt, erfordert gerade nicht die förmliche Zustellung eines Beschlusses. Vielmehr kann die Bekanntgabe nach § 15 Abs. 2 Satz 1 FamFG-E auch in der Form der Aufgabe zur Post bewirkt werden. Das in dieser Vorschrift eröffnete Ermessen des Gerichts bei der Entscheidung, ob eine förmliche Zustellung nach den §§ 166 ff. ZPO erfolgt oder ob das Schriftstück zur Post gegeben wird, ist auch bei der Bekanntgabe von anfechtbaren Beschlüssen ausreichend und erlaubt eine an die Gegebenheiten des Einzelfalls angepasste Entscheidung des Gerichts.

Gegenäußerung Bundesregierung:

Zu Nummer 24 (Artikel 1 – § 41 Abs. 1 Satz 2 FamFG)
Die Bundesregierung stimmt dem Vorschlag des Bundesrates nicht zu.

Das Gesetz über das Verfahren in Familiensachen und in den Angelegenheiten der freiwilligen Gerichtsbarkeit (FamFG) trägt mit den Vorschriften der §§ 15 Abs. 1 und Abs. 2, 41 Abs. 1 Satz 2 FamFG den Anforderungen an ein möglichst formloses Verfahren in unstreitigen FG-Sachen einerseits und dem Justizgewährungsanspruch der Beteiligten andererseits angemessen Rechnung. Das Erfordernis der förmlichen Zustellung ist gegenüber dem geltenden Recht im Interesse der Flexibilität der FG-Verfahren eingeschränkt worden. § 16 Abs. 2 FGG bestimmt, dass alle Beschlüsse, die den Lauf einer Frist in Gang setzen, förmlich zuzustellen sind. Die Regelungen der §§ 15 Abs. 1 und Abs. 2, 41 Abs. 1 Satz 2 FamFG beschränken demgegenüber die förmliche Zustellung auf solche Verfahren, die zwischen den Beteiligten tatsächlich kontrovers betrieben worden sind. Ein Absehen vom Erfordernis der förmlichen Zustellung auch in diesen streitig verlaufenen Verfahren wird von der Bundesregierung nicht befürwortet. Bei diesen Verfahren ist regelmäßig die höhere Richtigkeitsgewähr, dass die Entscheidung den Adressaten tatsächlich erreicht hat, durch die förmliche Zustellung der Entscheidung erforderlich. Die Dokumentation der förmlichen Zustellung durch die Post ermöglicht den Beteiligten die Kontrolle der Ordnungsmäßigkeit der Zustellung. Ist die Zustellung ordnungsgemäß erfolgt, dient die Beweiskraft der Urkunde des Weiteren dem Anliegen eines etwaigen Rechtsmittelgegners, der regelmäßig an der Feststellung der Rechtskraft der Entscheidung interessiert sein wird.

Begründung Beschlussempfehlung Rechtsausschuss:
Die Einfügung in Absatz 2 dient der Klarstellung des Gewollten. Durch den eingefügten Satz 3 wird klargestellt, dass die Wirksamkeit eines Beschlusses auch dann bei Verkündung der Entscheidung durch Verlesung der Beschlussformel eintritt, wenn die Entscheidung zu diesem Zeitpunkt noch nicht vollständig abgesetzt ist. Die Begründung des Beschlusses ist dann unverzüglich nachzuholen.

§ 42
Berichtigung des Beschlusses

(1) Schreibfehler, Rechenfehler und ähnliche offenbare Unrichtigkeiten im Beschluss sind jederzeit vom Gericht auch von Amts wegen zu berichtigen.

(2) Der Beschluss, der die Berichtigung ausspricht, wird auf dem berichtigten Beschluss und auf den Ausfertigungen vermerkt. Erfolgt der Berichtigungsbeschluss in der Form des § 14 Abs. 3, ist er in einem gesonderten elektronischen Dokument festzuhalten. Das Dokument ist mit dem Beschluss untrennbar zu verbinden.

(3) Der Beschluss, durch den der Antrag auf Berichtigung zurückgewiesen wird, ist nicht anfechtbar. Der Beschluss, der eine Berichtigung ausspricht, ist mit der sofortigen Beschwerde in entsprechender Anwendung der §§ 567 bis 572 der Zivilprozessordnung anfechtbar.

Die Vorschrift entspricht der Fassung des Regierungsentwurfs.

II. – FamFG – Buch 1 Allgemeiner Teil

Begründung RegE:
An einer Regelung über die Berichtigung offenbarer Unrichtigkeiten eines Beschlusses fehlt es im geltenden FGG. Gleichwohl entspricht es einhelliger Ansicht, dass die Berichtigung solcher Unrichtigkeiten im Entscheidungssatz und in den Gründen unter entsprechender Anwendung des § 319 ZPO jederzeit, auch nach Einlegung eines Rechtsmittels und nach Eintritt formeller Rechtskraft, zulässig ist (vgl. statt aller BGH, NJW 1989, 1281; Keidel/Kuntze/Winkler-Schmidt, Freiwillige Gerichtsbarkeit, 15. Aufl. 2003, Rn. 60 zu § 18). Die Vorschrift greift diese Rechtsprechung auf und übernimmt nunmehr ausdrücklich die Regelung des § 319 ZPO für die Berichtigung offenbarer Unrichtigkeiten.

Absatz 1 entspricht inhaltlich den §§ 319 Abs. 1 ZPO, 118 Abs. 1 VwGO, 107 Abs. 1 FGO, 138 Satz 1 SGG,
Absatz 2 der Regelung des § 319 Abs. 2 ZPO. Die Sätze 2 und 3 des Absatzes 2 regeln die Formalien bei elektronischen Beschlüssen und knüpfen hierzu an die durch das Gesetz über die Verwendung elektronischer Kommunikationsformen in der Justiz vom 22. März 2005 (Justizkommunikationsgesetz – BGBl. I S. 837) eingeführten Regelungen in der Zivilprozessordnung an. Die Untrennbarkeit kann etwa in der Weise hergestellt werden, dass eine unbemerkte Abtrennung ausgeschlossen ist.

Absatz 3 stellt entsprechend § 319 Abs. 3 ZPO klar, dass die Zurückweisung eines Berichtigungsgesuches nicht anfechtbar ist. Gegen den Berichtigungsbeschluss findet die sofortige Beschwerde in entsprechender Anwendung der Vorschriften der Zivilprozessordnung statt.

§ 43
Ergänzung des Beschlusses

(1) Wenn ein Antrag, der nach den Verfahrensakten von einem Beteiligten gestellt wurde, ganz oder teilweise übergangen oder die Kostenentscheidung unterblieben ist, ist auf Antrag der Beschluss nachträglich zu ergänzen.

(2) Die nachträgliche Entscheidung muss binnen einer zweiwöchigen Frist, die mit der schriftlichen Bekanntgabe des Beschlusses beginnt, beantragt werden.

Die Vorschrift entspricht der Fassung des Regierungsentwurfs.

Begründung RegE:
Auch hinsichtlich der Ergänzung von Beschlüssen ist eine gesetzliche Regelung im FGG nach derzeitiger Rechtslage nicht vorhanden. Diese Regelungslücke wird nach allgemeiner Ansicht durch die entsprechende Anwendung des § 321 ZPO geschlossen (BayObLG, NZM 2002, 708 f.; Keidel/Kuntze/Winkler-Schmidt, Freiwillige Gerichtsbarkeit, 15. Aufl. 2003, Rn. 67 zu § 18). § 43 trifft nunmehr eine ausdrückliche Regelung über die Ergänzung eines Beschlusses, die den Besonderheiten des FamFG-Verfahrens Rechnung trägt.
Absatz 1 übernimmt im Grundsatz den Regelungsgehalt der §§ 321 Abs. 1 ZPO, 120 Abs. 1 VwGO, 109 Abs. 1 FGO und 140 Abs. 1 SGG. Den Besonderheiten des Verfahrens Rechnung tragend, knüpft die Vorschrift allerdings nicht an Widersprüche im Beschluss selbst an, sondern verlangt, dass sich das Übergehen eines Antrags aus den Verfahrensakten ergibt. Ein Anknüpfen an den Akteninhalt ist notwendig, da das FamFG – als Folge der geringeren formalen Anforderungen an den Beschluss nach § 38 – keine Tatbestandsberichtigung wie in § 320 ZPO vorsieht.
Absatz 2 regelt die Antragsfrist entsprechend der Regelung des § 321 Abs. 2 ZPO.

§ 44
Abhilfe bei Verletzung des Anspruchs auf rechtliches Gehör

(1) Auf die Rüge eines durch eine Entscheidung beschwerten Beteiligten ist das Verfahren fortzuführen, wenn

1. ein Rechtsmittel oder ein Rechtsbehelf gegen die Entscheidung oder eine andere Abänderungsmöglichkeit nicht gegeben ist und
2. das Gericht den Anspruch dieses Beteiligten auf rechtliches Gehör in entscheidungserheblicher Weise verletzt hat.

Gegen eine der Endentscheidung vorausgehende Entscheidung findet die Rüge nicht statt.

(2) Die Rüge ist innerhalb von zwei Wochen nach Kenntnis von der Verletzung des rechtlichen Gehörs zu erheben; der Zeitpunkt der Kenntniserlangung ist glaubhaft zu machen. Nach Ablauf eines Jahres seit der Bekanntgabe der angegriffenen Entscheidung an diesen Beteiligten kann die Rüge nicht mehr erhoben werden. Die Rüge ist schriftlich oder zur Niederschrift bei dem Gericht zu erheben, dessen Entscheidung angegriffen wird. Die Rüge muss die angegriffene Entscheidung bezeichnen und das Vorliegen der in Absatz 1 Satz 1 Nr. 2 genannten Voraussetzungen darlegen.

(3) Den übrigen Beteiligten ist, soweit erforderlich, Gelegenheit zur Stellungnahme zu geben.

(4) Ist die Rüge nicht in der gesetzlichen Form oder Frist erhoben, ist sie als unzulässig zu verwerfen. Ist die Rüge unbegründet, weist das Gericht sie zurück. Die Entscheidung ergeht durch nicht anfechtbaren Beschluss. Der Beschluss soll kurz begründet werden.

(5) Ist die Rüge begründet, hilft ihr das Gericht ab, indem es das Verfahren fortführt, soweit dies auf Grund der Rüge geboten ist.

Die Vorschrift entspricht im Hinblick auf die Absätze 2 bis 6 dem Regierungsentwurf; Absatz 1 ist mit der Beschlussempfehlung des Rechtsausschusses geändert worden:

Frühere Fassung RegE:

(1) Auf die Rüge eines durch eine gerichtliche Entscheidung beschwerten Beteiligten ist das Verfahren fortzuführen, wenn

1. ein Rechtsmittel oder ein Rechtsbehelf gegen die Entscheidung oder eine andere Abänderungsmöglichkeit nicht gegeben ist und

2. das Gericht den Anspruch dieses Beteiligten auf rechtliches Gehör in entscheidungserheblicher Weise verletzt hat.

Gegen eine der Endentscheidung vorausgehende Entscheidung findet die Rüge nicht statt.

Begründung RegE:

Die Vorschrift entspricht inhaltlich dem durch das Gesetz über die Rechtsbehelfe bei Verletzung des Anspruchs auf rechtliches Gehör (Anhörungsrügengesetz vom 9. Dezember 2004 – BGBl. I 3220) eingefügten § 29a FGG.

Begründung Beschlussempfehlung Rechtsausschuss:

Die Änderung geht zurück auf die Prüfbitte des Bundesrates gemäß Nummer 4 der Stellungnahme. Mit der redaktionellen Änderung in Absatz 1 wird die Regelung mit der entsprechenden zivilprozessualen Vorschrift des § 321a Abs. 1 ZPO harmonisiert.

Antrag 4 der Stellungnahme des Bundesrates *ist unter § 5 vollständig abgedruckt.*

§ 45
Formelle Rechtskraft

Die Rechtskraft eines Beschlusses tritt nicht ein, bevor die Frist für die Einlegung des zulässigen Rechtsmittels oder des zulässigen Einspruchs, des Widerspruchs oder der Erinnerung abgelaufen ist. Der Eintritt der Rechtskraft wird dadurch gehemmt, dass das Rechtsmittel, der Einspruch, der Widerspruch oder die Erinnerung rechtzeitig eingelegt wird.

Die Vorschrift entspricht der Fassung des Regierungsentwurfs.

Begründung RegE:

Die Vorschrift stellt klar, dass der Beschluss im FamFG-Verfahren der formellen Rechtskraft fähig ist. Sie entspricht inhaltlich § 705 ZPO und berücksichtigt die weiteren, die Rechtskraft hemmenden Rechtsbehelfe des FamFG-Verfahrens. Bei unanfechtbaren richterlichen Entscheidungen oder Rechtsmittelverzicht

II. – FamFG – Buch 1 Allgemeiner Teil

tritt die formelle Rechtskraft sofort ein, da in diesen Fällen Rechtsmittel und Rechtsbehelfe unzulässig sind.

§ 46
Rechtskraftzeugnis

Das Zeugnis über die Rechtskraft eines Beschlusses ist auf Grund der Verfahrensakten von der Geschäftsstelle des Gerichts des ersten Rechtszugs zu erteilen. Solange das Verfahren in einem höheren Rechtszug anhängig ist, erteilt die Geschäftsstelle des Gerichts dieses Rechtszugs das Zeugnis. In Ehe- und Abstammungssachen wird den Beteiligten von Amts wegen ein Rechtskraftzeugnis auf einer Ausfertigung ohne Begründung erteilt.

Die Vorschrift entspricht der Fassung des Regierungsentwurfs.

Begründung RegE:

Die Vorschrift regelt in Übereinstimmung mit den Vorschriften der ZPO die Voraussetzungen für die Erteilung eines Rechtskraftzeugnisses nach § 706 ZPO.

Satz 1 und 2 entsprechen § 706 Abs. 1 Satz 1 ZPO. **Satz 3** übernimmt den bisherigen § 706 Abs. 1 Satz 2 ZPO und passt diesen an die geänderten Entscheidungsformalien an.

Stellungnahme Bundesrat:

25. **Zu Artikel 1** (§ 46 Satz 4 – neu – FamFG)

Dem Artikel 1 § 46 ist folgender Satz anzufügen:

„Wird ein Scheidungsausspruch durch Rechtsmittelverzicht der Beteiligten rechtskräftig, kann das Rechtskraftzeugnis des Scheidungsausspruchs durch das Gericht in der Entscheidung selbst erteilt werden."

Begründung:

Die vorgeschlagene Regelung dient der Vereinfachung und Beschleunigung des Verfahrens. Bereits jetzt ist es (teilweise) gerichtliche Praxis, dass die Rechtskraft eines Scheidungsausspruchs, der durch Rechtsmittelverzicht rechtskräftig wird, schon im Urteil selbst durch den Richter attestiert wird. Das Gesetz sollte diese Praxis bestätigen, weil sie zu einer Entlastung der Geschäftsstellen führt und so dem Anliegen der Beteiligten Rechnung trägt, möglichst schnell das Rechtskraftattest zu erhalten.

Gegenäußerung Bundesregierung:

Zu Nummer 25 (Artikel 1 – § 46 Satz 4 – neu – FamFG)

Die Bundesregierung stimmt dem Vorschlag des Bundesrates nicht zu.

§ 46 Satz 1 FamFG weist die Erteilung eines Rechtskraftzeugnisses den Geschäftsstellen zu. Diese Zuweisung entspricht der damit verbundenen Prüfungskompetenz des Gerichts. Der Erteilung des Rechtskraftzeugnisses liegt eine rein formale Prüfung zugrunde, ob Rechtsmittelfristen abgelaufen sind oder die Parteien einen Rechtsmittelverzicht erklärt haben. Eine inhaltliche Überprüfung dahingehend, ob damit die Einlegung eines Rechtsmittels wegen Fristversäumung als unzulässig zu verwerfen wäre, liegt dagegen der Erteilung des Rechtsmittelzeugnisses nicht zugrunde. Dies ist vielmehr durch das Gericht im Rechtsmittelzug nach Einlegung eines Rechtsmittels inzident zu prüfen. Die förmliche Prüfung kann – wie bisher – durch die Geschäftsstellen erfolgen. Eine Übertragung dieser Aufgabe auf den Richter steht daher dem mit der strukturellen Binnenreform durch die Bundesregierung verfolgten Ziel der Erweiterung der Kompetenzen des gehobenen und mittleren Dienstes entgegen.

Mit einer Erteilung des Rechtskraftzeugnisses durch den zuständigen Richter könnte darüber hinaus bei den Beteiligten der – unzutreffende – Eindruck erweckt werden, es habe vor Erteilung des Rechtskraftzeugnisses bereits eine inhaltliche Überprüfung der Wirksamkeit des Rechtsmittelverzichts stattgefunden. Es erscheint insoweit systemfern und dadurch wenig bürgerfreundlich, in den Tenor des gerichtlichen Beschlusses neben den inhaltlichen Entscheidungen in der Hauptsache und zu den Kosten auch eine rein formale Prüfung aufzunehmen.

Eine wesentliche Entlastung der Geschäftsstellen, die das Protokoll ohnehin auszufertigen und den Parteien zu übersenden haben, ist durch die vom Bundesrat vorgeschlagene Regelung schließlich nicht ersichtlich.

§ 47
Wirksam bleibende Rechtsgeschäfte

Ist ein Beschluss ungerechtfertigt, durch den jemand die Fähigkeit oder die Befugnis erlangt, ein Rechtsgeschäft vorzunehmen oder eine Willenserklärung entgegenzunehmen, hat die Aufhebung des Beschlusses auf die Wirksamkeit der inzwischen von ihm oder ihm gegenüber vorgenommenen Rechtsgeschäfte keinen Einfluss, soweit der Beschluss nicht von Anfang an unwirksam ist.

Die Vorschrift entspricht der Fassung des Regierungsentwurfs.

Begründung RegE:

Die Vorschrift entspricht inhaltlich im Wesentlichen dem bisherigen § 32 FGG. Nach dem Wortlaut dieser Bestimmung haben nur diejenigen Verfügungen, die aufgrund sachlicher Unzuständigkeit des Gerichts unwirksam sind, auch die Unwirksamkeit des vorgenommenen Rechtsgeschäfts zur Folge. Da die Aufhebung einer unwirksamen Entscheidung grundsätzlich nur deklaratorisch wirkt, wurde der Anwendungsbereich dieser Bestimmung auf alle Fälle der Unwirksamkeit ausgedehnt (vgl. Keidel/Kuntze/Winkler-Zimmermann, Freiwillige Gerichtsbarkeit, 15. Aufl. 2003, Rn. 8 zu § 32). Die Neuregelung entspricht dieser erweiterten Auslegung.

§ 48
Abänderung und Wiederaufnahme

(1) Das Gericht des ersten Rechtszugs kann eine rechtskräftige Endentscheidung mit Dauerwirkung aufheben oder ändern, wenn sich die zugrunde liegende Sach- oder Rechtslage nachträglich wesentlich geändert hat. In Verfahren, die nur auf Antrag eingeleitet werden, erfolgt die Aufhebung oder Abänderung nur auf Antrag.

(2) Ein rechtskräftig beendetes Verfahren kann in entsprechender Anwendung der Vorschriften des Buches 4 der Zivilprozessordnung wiederaufgenommen werden.

(3) Gegen einen Beschluss, durch den die Genehmigung für ein Rechtsgeschäft erteilt oder verweigert wird, findet eine Wiedereinsetzung in den vorigen Stand, eine Rüge nach § 44, eine Abänderung oder eine Wiederaufnahme nicht statt, wenn die Genehmigung oder deren Verweigerung einem Dritten gegenüber wirksam geworden ist.

Die Vorschrift entspricht der Fassung des Regierungsentwurfs.

Begründung RegE:

Nach geltendem Recht sieht § 18 FGG die freie Abänderbarkeit einer zuvor getroffenen Entscheidung vor, wenn die Entscheidung des Gerichts der bisherigen einfachen – unbefristeten – Beschwerde unterliegt und das Gericht sie nachträglich für ungerechtfertigt erachtet. Die Vorschrift findet bereits nach geltendem Recht jedoch nur Anwendung, soweit gesetzlich nichts anderes bestimmt ist (Keidel/Kuntze/Winkler-Schmidt, Freiwillige Gerichtsbarkeit, 15. Aufl. 2003, Rn. 40 zu § 18). Auf diese spezialgesetzlichen Abänderungsvorschriften nimmt das FamFG zum Beispiel für die Abänderung gerichtlicher Entscheidungen zur elterlichen Sorge gemäß § 166 und für die Abänderung rechtskräftiger Entscheidungen zum Versorgungsausgleich gemäß § 230 ausdrücklich Bezug. Neben diesen spezialgesetzlichen Regelungen hat eine allgemeine Vorschrift keinen Anwendungsbereich mehr. Zudem ist eine allgemeine Abänderungsvorschrift nicht mit der grundsätzlichen Befristung der Rechtsmittel vereinbar. Der Regelungsgehalt des bisherigen § 18 Abs. 1 FGG wird daher nur eingeschränkt in das FamFG übernommen.

Absatz 1 bestimmt, dass das Gericht eine rechtskräftige Endentscheidung mit Dauerwirkung wegen wesentlich veränderter Umstände noch aufheben oder ändern kann. Im geltenden Recht ist die Abänderbarkeit wegen veränderter Umstände nicht ausdrücklich geregelt. Es entspricht derzeit überwiegender Ansicht, dass eine Abänderung von Entscheidungen mit Dauerwirkung gemäß § 18 Abs. 1 FGG jedenfalls bei Änderung der tatsächlichen Verhältnisse möglich ist (Keidel/Kuntze/Winkler-Schmidt, Freiwillige Gerichtsbarkeit, 15. Aufl. 2003, Rn. 2 zu § 18; Brehm, Freiwillige Gerichtsbarkeit, 3. Aufl. 2002, Rn. 385); zum Teil (Bassenge/Herbst/Roth-Bassenge, Freiwillige Gerichtsbarkeit, 9. Aufl. 2002, Rn. 11 zu § 18) wird jedoch auch vertreten, dass sich die Abänderungsbefugnis des Gerichts auf die gleich gebliebene Tatsachengrundlage beschränkt. Der Umfang der Abänderungsbefugnis des Gerichts bei veränderter Tatsachen- oder Rechtsgrundlage wird nunmehr ausdrücklich geregelt. Absatz 1 findet aber nur Anwendung, soweit gesetzliche Sonderregelungen über die Abänderung von Entscheidungen nicht bestehen. Diese existieren unter anderem für die Änderung von Entscheidungen in Sorgerechts-, Versorgungsausgleichs-, Betreuungs- und Unterbringungssachen gemäß §§ 166, 230, 294, 330.

Satz 1 beschränkt die Abänderungsmöglichkeit tatbestandlich auf Entscheidungen mit Dauerwirkung. Die Änderung der Verhältnisse im Sinne der Vorschrift muss des Weiteren nachträglich, also nach Erlass des Beschlusses eingetreten sein. Auch muss eine wesentliche, also bedeutsame, bei der Entscheidungsfindung maßgebliche Änderung der Verhältnisse vorliegen. Geändert haben muss sich die Sach- oder die Rechtslage. Eine Änderung der Sachlage liegt immer dann vor, wenn sich die der Entscheidung zugrundeliegenden Tatsachen ändern. Eine Änderung der Rechtslage ist gegeben, wenn sich das maßgebliche materielle Recht geändert hat. Hierunter können grundsätzlich auch Änderungen der höchstrichterlichen Rechtsprechung fallen.

Satz 2 bestimmt, dass eine Abänderung in Antragsverfahren nur auf Antrag des ursprünglichen Antragstellers erfolgen kann.

Absatz 2 bestimmt, dass die Vorschriften der Zivilprozessordnung über die Wiederaufnahme entsprechende Anwendung finden. Die Wiederaufnahme ist bisher im FGG nicht geregelt. Gleichwohl entspricht es der ganz überwiegenden Ansicht, dass eine Wiederaufnahme des Verfahrens in der Hauptsache jedenfalls dann zulässig ist, wenn alle im FG-Verfahren vorgesehenen Rechtsbehelfe ausgeschöpft sind und damit auch eine Abänderung nach § 18 FGG nicht mehr statthaft ist (Keidel/Kuntze/Winkler-Schmidt, Freiwillige Gerichtsbarkeit, 15. Aufl. 2003, Rn. 69 zu § 18). Die Vorschriften über die Wiederaufnahme nach der Zivilprozessordnung werden hierbei entsprechend angewendet (BayObLG, FamRZ 2004, 137). Absatz 2 knüpft an das geltende Recht an und verzichtet darauf, die Wiederaufnahme eigenständig zu regeln. Dem Ziel der Harmonisierung der Verfahrensordnungen Rechnung tragend, verweist die Vorschrift wie auch andere Verfahrensordnungen (§ 153 Abs. 1 VwGO, § 179 Abs. 1 SGG, § 134 FGO) auf die Vorschriften der Zivilprozessordnung. Aus der entsprechenden Anwendung ergibt sich, dass die Wiederaufnahme nur auf Antrag erfolgt.

Absatz 3 bestimmt, dass Beschlüsse, durch die ein Rechtsgeschäft genehmigt wird, nicht der Abänderung oder Wiederaufnahme unterliegen, nachdem sie einem Dritten gegenüber wirksam geworden sind. Die Vorschrift ist Teil der Neuregelung der Vorschriften über die Genehmigung von Rechtsgeschäften, die bisher in den §§ 55, 62 FGG geregelt war. § 40 Abs. 3 stellt durch das Eintreten der Wirksamkeit eines solchen Beschlusses mit Rechtskraft sicher, dass die Entscheidung vollumfänglich der richterlichen Überprüfung im Rechtsmittel unterzogen werden kann. Der Vorschrift liegt die Erwägung zugrunde, dass der am Rechtsgeschäft beteiligte Dritte regelmäßig ein schutzwürdiges Interesse an dem dauerhaften Bestand der Entscheidung hat. Vor diesem Hintergrund ist bereits nach geltendem Recht die Statthaftigkeit einer Wiederaufnahme verneint worden, wenn die Genehmigung eines Rechtsgeschäfts wirksam geworden ist (Keidel/Kuntze/Winkler-Schmidt, Freiwillige Gerichtsbarkeit, 15. Aufl. 2003, Rn. 69 zu § 18). Die Vorschrift greift diesen Schutzgedanken inhaltlich auf und bezieht ihn auf das nunmehr grundsätzlich befristete Rechtsmittel mit eingeschränkter Abänderbarkeit und Wiederaufnahme. Wann eine Entscheidung dem Dritten gegenüber wirksam wird, bestimmt sich nach besonderen Vorschriften. So bestimmt § 1829 Abs. 1 Satz 2 BGB zum Beispiel, dass die nachträgliche Genehmigung des Familiengerichts sowie deren Verweigerung dem anderen Teil gegenüber erst wirksam wird, wenn sie ihm durch den Vormund mitgeteilt wird.

Abschnitt 4
Einstweilige Anordnung

§ 49
Einstweilige Anordnung

(1) Das Gericht kann durch einstweilige Anordnung eine vorläufige Maßnahme treffen, soweit dies nach den für das Rechtsverhältnis maßgebenden Vorschriften gerechtfertigt ist und ein dringendes Bedürfnis für ein sofortiges Tätigwerden besteht.

(2) Die Maßnahme kann einen bestehenden Zustand sichern oder vorläufig regeln. Einem Beteiligten kann eine Handlung geboten oder verboten, insbesondere die Verfügung über einen Gegenstand untersagt werden. Das Gericht kann mit der einstweiligen Anordnung auch die zu ihrer Durchführung erforderlichen Anordnungen treffen.

Die Vorschrift entspricht der Fassung des Regierungsentwurfs.

Begründung RegE:

Die Vorschrift enthält den Grundtatbestand der einstweiligen Anordnung. Der wesentliche Unterschied zu dem im Bereich der freiwilligen Gerichtsbarkeit kraft Richterrechts geltenden Rechtsinstitut der vorläufigen Anordnung sowie zu einigen Bestimmungen des Familienverfahrensrechts (§ 621g, § 644 ZPO) liegt darin, dass die Anhängigkeit einer gleichartigen Hauptsache bzw. der Eingang eines diesbezüglichen Gesuchs auf Bewilligung von Prozesskostenhilfe nicht mehr Voraussetzung für eine einstweilige Anordnung ist.

Die verfahrensmäßige Trennung von Hauptsache und einstweiliger Anordnung entspricht der Situation bei Arrest und einstweiliger Verfügung der ZPO. Durch die Beseitigung der Hauptsacheabhängigkeit der einstweiligen Anordnung im geltenden Familienverfahrensrecht werden die Verfahrensordnungen harmonisiert.

Die Neukonzeption soll das Institut der einstweiligen Anordnung stärken. Es vereint die Vorteile eines vereinfachten und eines beschleunigten Verfahrens. Sofern weder ein Beteiligter noch das Gericht von Amts wegen ein Hauptsacheverfahren einleiten, fallen die diesbezüglichen Kosten nicht mehr an.

Gerade in Umgangssachen besteht regelmäßig ein besonderes Bedürfnis für eine zeitnahe Regelung. Nur durch eine solche kann eine dem Kindeswohl abträgliche längere Unterbrechung der persönlichen Beziehung zu dem nicht betreuenden Elternteil vermieden werden. Die einstweilige Anordnung ist dafür ein geeignetes Mittel.

Die formalen Hürden für die Erlangung von einstweiligem Rechtschutz werden verringert. Die Wahlmöglichkeit bezüglich der Einleitung einer Hauptsache in Antragssachen stärkt die Verfahrensautonomie der Beteiligten.

Die Ermöglichung einer von der Hauptsache unabhängigen einstweiligen Anordnung bedeutet keine Verringerung des Rechtsschutzes: In Antragsverfahren steht den Beteiligten die Einleitung eines Hauptsacheverfahrens frei, in Amtsverfahren hat das Gericht die Pflicht zu überprüfen, ob die Einleitung eines Hauptsacheverfahrens von Amts wegen erforderlich ist. § 52 Abs. 1 regelt darüber hinaus, dass in Amtsverfahren auf Antrag eines von einer einstweiligen Anordnung Betroffenen das Gericht das Hauptsacheverfahren einzuleiten hat. In Antragsverfahren kann der Betroffene nach § 52 Abs. 2 beantragen, dass dem Antragsteller unter Fristsetzung aufgegeben wird, Antrag im Hauptsacheverfahren zu stellen.

In **Absatz 1** wird zum Ausdruck gebracht, dass für eine einstweilige Anordnung nur vorläufige Maßnahmen in Betracht kommen. Es gilt daher, wie im Recht der einstweiligen Verfügung, der Grundsatz des Verbots der Vorwegnahme der Hauptsache. Durch den Begriff der Vorläufigkeit wird der Gesichtspunkt des Außerkrafttretens der Maßnahme besonders betont.

Die einstweilige Anordnung muss außerdem nach den für das Rechtsverhältnis maßgebenden Vorschriften gerechtfertigt sein. Diese Voraussetzung entspricht strukturell dem Erfordernis eines Verfügungsanspruchs im Recht der einstweiligen Verfügung nach der ZPO. Die Formulierung macht deutlich, dass das Gericht

II. – FamFG – Buch 1 Allgemeiner Teil

sich auch im summarischen Verfahren weitmöglichst an den einschlägigen – materiell-rechtlichen – Vorschriften zu orientieren hat.

Weiterhin ist ein dringendes Bedürfnis für ein sofortiges Tätigwerden erforderlich. Diese Voraussetzung entspricht in ihrer Funktion etwa dem Verfügungsgrund für den Erlass einer einstweiligen Verfügung. Ob ein dringendes Bedürfnis anzunehmen ist, ist eine Frage des Einzelfalls. Es wird regelmäßig zu bejahen sein, wenn ein Zuwarten bis zur Entscheidung in einer etwaigen Hauptsache nicht ohne Eintritt erheblicher Nachteile möglich wäre. Auf die zur vorläufigen Anordnung bzw. zu § 621g ZPO ergangene Rechtsprechung kann in diesem Zusammenhang weiterhin zurückgegriffen werden.

Absatz 2 enthält eine nähere Bezeichnung der für eine einstweilige Anordnung in Betracht kommenden Maßnahmen.

Satz 1 nennt die Sicherungsanordnung und die Regelungsanordnung, somit die beiden Grundformen, die aus dem Recht der einstweiligen Verfügung bekannt sind. Mit der gegenüber §§ 935 und § 940 ZPO knapperen Formulierung ist keine Begrenzung bei der Auswahl der in Betracht kommenden Maßnahmen verbunden.

Satz 2 nennt in Anlehnung an § 938 Abs. 2 ZPO einige praktisch bedeutsame Fälle vorläufiger Maßnahmen, wie etwa Gebote oder Verbote und hierbei insbesondere das Verfügungsverbot.

Satz 3 ist in Anlehnung an § 15 HausratsV formuliert und stellt klar, dass von der Anordnungskompetenz des Gerichts auch Maßnahmen umfasst sind, die den Verfahrensgegenstand des einstweiligen Anordnungsverfahrens nur insoweit betreffen, als sie die Vollstreckung oder sonstige Durchführung der Anordnung regeln, ermöglichen oder erleichtern. Ein diesbezüglicher Antrag ist nicht erforderlich, und zwar auch dann nicht, wenn das Gericht im einstweiligen Anordnungsverfahren dem Grunde nach einer Bindung an die gestellten Anträge unterliegt.

§ 50
Zuständigkeit

(1) Zuständig ist das Gericht, das für die Hauptsache im ersten Rechtszug zuständig wäre. Ist eine Hauptsache anhängig, ist das Gericht des ersten Rechtszugs, während der Anhängigkeit beim Beschwerdegericht das Beschwerdegericht zuständig.

(2) In besonders dringenden Fällen kann auch das Amtsgericht entscheiden, in dessen Bezirk das Bedürfnis für ein gerichtliches Tätigwerden bekannt wird oder sich die Person oder die Sache befindet, auf die sich die einstweilige Anordnung bezieht. Es hat das Verfahren unverzüglich von Amts wegen an das nach Absatz 1 zuständige Gericht abzugeben.

Die Vorschrift entspricht der Fassung des Regierungsentwurfs.

Begründung RegE:
Die Vorschrift regelt die örtliche und sachliche Zuständigkeit im Wesentlichen entsprechend den für Arrest und einstweilige Verfügung geltenden Grundsätzen.

Absatz 1 Satz 1 behandelt den Fall, dass eine Hauptsache nicht anhängig ist. Hier sieht das Gesetz in Anlehnung an § 937 Abs. 1 ZPO vor, dass für das einstweilige Anordnungsverfahren das Gericht zuständig ist, das für die Hauptsache in erster Instanz zuständig wäre. Dieser Gleichlauf mit der Hauptsache ist aus verfahrensökonomischen Gründen sinnvoll und geboten. Sofern für die Hauptsache in erster Instanz das Landgericht oder ein höheres Gericht sachlich zuständig wäre, gilt dies auch für die einstweilige Anordnung.

Satz 2 behandelt den Fall, dass eine Hauptsache anhängig ist. Grundsätzlich ist in dieser Konstellation für die einstweilige Anordnung das Gericht zuständig, bei dem die Hauptsache im ersten Rechtszug anhängig ist oder war. Für den Zeitraum zwischen Beginn und Ende der Anhängigkeit der Hauptsache beim Beschwerdegericht ist letzteres auch für das einstweilige Anordnungsverfahren zuständig. Während der Anhängigkeit der Hauptsache beim Rechtsbeschwerdegericht ist wiederum das Gericht erster Instanz für das einstweilige Anordnungsverfahren zuständig.

Absatz 2 Satz 1 behandelt in Anlehnung an § 942 Abs. 1 ZPO die zusätzlich gegebene Eilzuständigkeit für besonders dringende Fälle. Da einstweilige Anordnungen grundsätzlich nur ergehen können, wenn ein dringendes Bedürfnis für ein sofortiges Tätigwerden besteht, und um die nach Absatz 1 maßgebliche Zuständigkeitsregelung nicht zu unterlaufen, sind an die Fälle, für die die Eilzuständigkeit eröffnet wird, tatbestandlich erhöhte Voraussetzungen zu stellen. Die Eilzuständigkeit ist daher nur in besonders dringenden Fällen und stets bei einem Amtsgericht gegeben, da dort flächendeckend ein Bereitschaftsdienst eingerichtet ist.

Maßgeblich ist der Ort, an dem das Bedürfnis für ein gerichtliches Tätigwerden hervortritt. Dieser Begriff ist weit auszulegen. Im Übrigen wird in Anlehnung an § 942 Abs. 1 ZPO darauf abgestellt, wo sich die Person oder die Sache, auf die sich die einstweilige Anordnung bezieht, befindet.

Satz 2 ordnet die unverzügliche Abgabe des einstweiligen Anordnungsverfahrens an das nach Absatz 1 zuständige Gericht an. Dies ist insbesondere von Bedeutung, wenn ein Hauptsacheverfahren bereits anhängig ist, aber auch im Hinblick auf eine auf Antrag oder von Amts wegen erfolgende Abänderung der im einstweiligen Anordnungsverfahren zunächst ergangenen Entscheidung. Die Abweichung von den allgemeinen Zuständigkeitsregeln nach Absatz 1 soll nicht länger als unbedingt nötig aufrechterhalten bleiben.

§ 51
Verfahren

(1) Die einstweilige Anordnung wird nur auf Antrag erlassen, wenn ein entsprechendes Hauptsacheverfahren nur auf Antrag eingeleitet werden kann. Der Antragsteller hat den Antrag zu begründen und die Voraussetzungen für die Anordnung glaubhaft zu machen.

(2) Das Verfahren richtet sich nach den Vorschriften, die für eine entsprechende Hauptsache gelten, soweit sich nicht aus den Besonderheiten des einstweiligen Rechtsschutzes etwas anderes ergibt. Das Gericht kann ohne mündliche Verhandlung entscheiden. Eine Versäumnisentscheidung ist ausgeschlossen.

(3) Das Verfahren der einstweiligen Anordnung ist ein selbständiges Verfahren, auch wenn eine Hauptsache anhängig ist. Das Gericht kann von einzelnen Verfahrenshandlungen im Hauptsacheverfahren absehen, wenn diese bereits im Verfahren der einstweiligen Anordnung vorgenommen wurden und von einer erneuten Vornahme keine zusätzlichen Erkenntnisse zu erwarten sind.

(4) Für die Kosten des Verfahrens der einstweiligen Anordnung gelten die allgemeinen Vorschriften.

Die Vorschrift entspricht der Fassung des Regierungsentwurfs.

Begründung RegE:

Die Vorschrift enthält die wesentlichen Regelungen für das Verfahren in einstweiligen Anordnungssachen.

Absatz 1 Satz 1 stellt klar, dass in Antragsverfahren eine einstweilige Anordnung nur auf Antrag ergehen kann. Dies bedeutet zugleich, dass für Verfahren, die von Amts wegen eingeleitet werden können, ein Antragserfordernis für die einstweilige Anordnung nicht besteht. Hierin liegt eine Abweichung jedenfalls vom Wortlaut der §§ 620ff, 621g ZPO.

Satz 2, der sich wegen des Zusammenhangs mit Satz 1 nur auf Antragsverfahren bezieht, enthält das weitere Erfordernis, dass der Antrag zu begründen ist und die Voraussetzungen für die Anordnung glaubhaft zu machen sind. Welche Beweismittel hierfür zugelassen sind, bestimmt sich nach § 31; in Familienstreitsachen nach § 113 Abs. 1 in Verbindung mit § 294 ZPO. Welche Anforderungen an die Begründung eines Antrags genau zu stellen sind, kann nur im Einzelfall bestimmt werden. Hierbei ist zu berücksichtigen, dass es sich um ein summarisches Eilverfahren handelt. Für Anregungen in Amtsverfahren, auch wenn sie als Anträge bezeichnet sind, ist Satz 2 nicht anzuwenden.

Absatz 2 Satz 1 verweist für das einstweilige Anordnungsverfahren auf die Verfahrensvorschriften, die für eine entsprechende Hauptsache anwendbar sind. Diese Verweisung kann im Verfahren des einstweiligen Rechtschutzes nicht uneingeschränkt gelten, sie reicht daher ausdrücklich nur so weit, als nicht die Besonderheiten des einstweiligen Rechtschutzes entgegenstehen. Zu diesen Besonderheiten gehört typischerweise die Eilbedürftigkeit des Verfahrens und dessen summarischer Zuschnitt. Aus diesem Grund werden etwa die Anordnung des Ruhens des Verfahrens oder die Einholung eines schriftlichen Sachverständigengutachtens im Regelfall nicht in Betracht kommen.

Für die Familienstreitverfahren stellt **Satz 2** klar, dass das Gericht auch ohne mündliche Verhandlung entscheiden kann. Die Entscheidung hierüber steht, vorbehaltlich besonderer Vorschriften wie etwa § 246 Abs. 2, in seinem Ermessen. Die Vorschrift ist auch auf die Termine nach §§ 155 Abs. 2, 207 anwendbar.

Satz 3 schließt eine Versäumnisentscheidung in jedem Fall aus, also auch dann, wenn die für eine entsprechende Hauptsache geltenden Verfahrensvorschriften eine solche grundsätzlich vorsehen.

Durch **Absatz 3 Satz 1** wird ausdrücklich klargestellt, dass das Verfahren der einstweiligen Anordnung auch bei Anhängigkeit einer Hauptsache ein selbstständiges Verfahren ist. Hierin liegt ein grundsätzlicher Unterschied zur bisherigen Rechtslage. Die verfahrensmäßige Selbstständigkeit ist die Konsequenz aus der Hauptsacheunabhängigkeit der einstweiligen Anordnung. Die Übertragung von Verfahrensergebnissen in ein Hauptsacheverfahren sichert **Satz 2**. Einzelne Verfahrenshandlungen müssen im Hauptsacheverfahren nicht wiederholt werden, wenn von deren erneuter Vornahme keine zusätzlichen Erkenntnisse zu erwarten sind. Die Vorschrift dient der Verfahrensökonomie. So ist insbesondere eine zwingende persönliche Anhörung, wenn eine solche im Anordnungsverfahren bereits stattgefunden hat, im Hauptsacheverfahren nicht zu wiederholen, sofern der Anzuhörende nach Überzeugung des Gerichts den Sachverhalt bereits umfassend dargelegt hat. Eine entsprechende Befugnis zur Übernahme von Verfahrensschritten findet sich im Beschwerderecht (§ 68 Abs. 3) für Verfahrenshandlungen des Erstgerichts. Die dortige Vorschrift ist allerdings weiter als **Satz 2**, denn sie erfasst auch Termine und mündliche Verhandlungen. Auf diese sollte jedoch, sofern sie gesetzlich vorgeschrieben sind, in einem erstinstanzlichen Hauptsacheverfahren nicht verzichtet werden. Dies gilt insbesondere für den Termin in Kindschaftssachen nach § 155 Abs. 2.

Absatz 4 ordnet für die Kosten des Verfahrens der einstweiligen Anordnung die Geltung der diesbezüglichen allgemeinen Vorschriften an. Hierin liegt eine Veränderung gegenüber dem bisherigen Recht (vgl. § 620g ZPO), die durch die verfahrensrechtliche Selbstständigkeit des einstweiligen Anordnungsverfahrens bedingt ist. In einstweiligen Anordnungssachen kann somit nach Maßgabe der einschlägigen Vorschriften eine Kostenentscheidung veranlasst sein; soweit allerdings in einer entsprechenden Hauptsache von einer Kostenentscheidung abgesehen werden kann, gilt dies auch im einstweiligen Anordnungsverfahren. Angesichts der sehr flexiblen Ausgestaltung der Vorschriften über die Kostengrundentscheidung im vorliegenden Entwurf ist ein nennenswerter Mehraufwand für das Gericht nicht zu erwarten. Die Selbstständigkeit des einstweiligen Anordnungsverfahrens steht unter kostenrechtlichen Gesichtspunkten in Übereinstimmung mit der Wertung des § 18 Nr. 1, 2 RVG, wonach einstweilige Anordnungsverfahren als besondere Angelegenheiten anzusehen sind. Eine von der Hauptsache getrennte kostenrechtliche Behandlung des einstweiligen Anordnungsverfahrens hat zudem den Vorteil, dass die diesbezüglichen Kosten sogleich abgerechnet werden können.

§ 52
Einleitung des Hauptsacheverfahrens

(1) Ist eine einstweilige Anordnung erlassen, hat das Gericht auf Antrag eines Beteiligten das Hauptsacheverfahren einzuleiten. Das Gericht kann mit Erlass der einstweiligen Anordnung eine Frist bestimmen, vor deren Ablauf der Antrag unzulässig ist. Die Frist darf drei Monate nicht überschreiten.

(2) In Verfahren, die nur auf Antrag eingeleitet werden, hat das Gericht auf Antrag anzuordnen, dass der Beteiligte, der die einstweilige Anordnung erwirkt hat, binnen einer zu bestimmenden Frist Antrag auf Einleitung des Hauptsacheverfahrens oder Antrag auf Bewilligung von Verfahrenskostenhilfe für das Hauptsacheverfahren stellt. Die Frist darf drei Monate nicht überschreiten. Wird dieser Anordnung nicht Folge geleistet, ist die einstweilige Anordnung aufzuheben.

Die Vorschrift entspricht der Fassung des Regierungsentwurfs.

Begründung RegE:
Die Vorschrift klärt das Verhältnis zum Hauptsacheverfahren. Die nach geltendem Recht bestehende Abhängigkeit des Verfahrens der einstweiligen Anordnung vom Hauptsacheverfahren hat sich in der Praxis als nicht ökonomisch erwiesen und wird vom Entwurf nicht übernommen. Sind alle Beteiligten mit der einstweiligen Regelung zufrieden, ist ein Hauptsacheverfahren in aller Regel überflüssig. Das Gesetz muss eine Durchführung eines Hauptsacheverfahrens nur in den Fällen sicherstellen, in denen derjenige, der durch die einstweilige Anordnung in seinen Rechten beeinträchtigt ist, dies wünscht, etwa um eine streitige Tatsache mit besseren Erkenntnismöglichkeiten und höherem richterlichen Überzeugungsgrad abschließend zu klären. Dies wird durch die Vorschrift gewährleistet.

Absatz 1 bestimmt für Verfahren, die von Amts wegen eingeleitet werden, die Modalitäten zur Herbeiführung des Hauptsacheverfahrens. Auf Antrag eines Beteiligten im einstweiligen Anordnungsverfahren hat das Gericht gemäß **Satz 1** das Hauptsacheverfahren von Amts wegen einzuleiten. Über dieses Antragsrecht ist gemäß § 39 zu belehren. Damit die Beteiligten nicht vorschnell in das Hauptsacheverfahren drängen, schreibt **Satz 2** vor, dass das Gericht in der einstweiligen Anordnung eine Wartefrist für den Einleitungsantrag bestimmen kann. Ist das Gericht bei Erlass der einstweiligen Anordnung bereits zur Einleitung des Hauptsacheverfahrens entschlossen, unterbleibt die Fristsetzung. Die Frist beträgt gemäß **Satz 3** höchstens drei Monate, sollte aber kürzer bemessen werden, wenn die einstweilige Anordnung unanfechtbar ist und schwerwiegend in die Rechte eines Beteiligten eingreift.

Absatz 2 bestimmt für Verfahren, die nur auf Antrag eingeleitet werden, einen Mechanismus zur Herbeiführung des Hauptsacheverfahrens, der sich weitgehend an die für Arrest und einstweilige Verfügung geltende Vorschrift des § 926 ZPO anlehnt. Auf Antrag eines Beteiligten, der durch die einstweilige Anordnung in seinen Rechten beeinträchtigt ist, hat das Gericht gemäß **Satz 1** gegenüber demjenigen, der die einstweilige Anordnung erwirkt hat, anzuordnen, dass er die Einleitung des Hauptsacheverfahrens oder die Gewährung von Verfahrenskostenhilfe hierfür beantragt. Das Gericht hat hierzu eine Frist zu bestimmen, die sich an den Umständen des Einzelfalls zu orientieren hat; der Entwurf sieht in **Satz 2** auch hier eine Höchstfrist von drei Monaten vor. Der fruchtlose Ablauf der Frist hat gemäß **Satz 3** zwingend die Aufhebung der einstweiligen Anordnung zur Folge. Dies hat das Gericht durch unanfechtbaren Beschluss auszusprechen.

§ 53
Vollstreckung

(1) Eine einstweilige Anordnung bedarf der Vollstreckungsklausel nur, wenn die Vollstreckung für oder gegen einen anderen als den in dem Beschluss bezeichneten Beteiligten erfolgen soll.

(2) Das Gericht kann in Gewaltschutzsachen sowie in sonstigen Fällen, in denen hierfür ein besonderes Bedürfnis besteht, anordnen, dass die Vollstreckung der einstweiligen Anordnung vor Zustellung an den Verpflichteten zulässig ist. In diesem Fall wird die einstweilige Anordnung mit Erlass wirksam.

Die Vorschrift entspricht der Fassung des Regierungsentwurfs.

Begründung RegE:
Absatz 1 übernimmt im Interesse der Verfahrensbeschleunigung die Regelung des § 929 Abs. 1 ZPO für alle Fälle der einstweiligen Anordnung. Danach bedarf eine einstweilige Anordnung einer Vollstreckungsklausel nur für den Fall, dass die Vollstreckung für oder gegen eine nicht in dem Beschluss bezeichnete Person

erfolgen soll. Bereits heute wird § 929 Abs. 1 ZPO auf einstweilige Anordnungen entsprechend angewandt. Die Vorschrift führt zu einem Wegfall der Klauselpflicht bei der Vollstreckung der in § 86 genannten Verpflichtungen, sofern gegen denjenigen vollstreckt wird, der in dem Beschluss bezeichnet wird.

Soweit es nach den Vorschriften dieses Gesetzes (§§ 88 ff.) ohnehin keiner Vollstreckungsklausel bedarf, verbleibt es hierbei auch für den Fall der Vollstreckung gegen eine im Beschluss nicht bezeichnete Person. Absatz 1 will in Anlehnung an § 929 Abs. 1 ZPO die Klauselpflicht lediglich einschränken, nicht erweitern.

Absatz 2 Satz 1 ermöglicht es dem Gericht anzuordnen, dass die Vollstreckung der einstweiligen Anordnung bereits vor deren Zustellung an den Verpflichteten möglich ist. Dies entspricht der Regelung des § 64b Abs. 3 Satz 3 FGG für einstweilige Anordnungen in Gewaltschutzsachen; der Anwendungsbereich wird jedoch auf weitere Fälle, in denen hierfür ein besonderes Bedürfnis besteht, erweitert. In Betracht kommen dabei etwa einstweilige Anordnungen auf Herausgabe eines Kindes. Ein besonderes Bedürfnis für eine Vollstreckung vor Zustellung wird regelmäßig aber auch in Fällen der einstweiligen Anordnung einer Freiheitsentziehung nach § 427 gegeben sein.

Satz 2 ordnet für die Fälle des Satzes 1 eine Vorverlagerung des Zeitpunkts an, zu dem die Wirksamkeit des Beschlusses über die einstweilige Anordnung eintritt. Dies ist erforderlich, da dessen Wirksamkeit Voraussetzung für die Vollstreckung ist. Im Unterschied zu § 64b Abs. 3 Satz 4 FGG tritt diese Rechtsfolge in jedem Fall einer Anordnung nach Satz 1 ein, nicht nur im Fall des Erlasses der einstweiligen Anordnung ohne mündliche Verhandlung.

§ 54
Aufhebung oder Änderung der Entscheidung

(1) Das Gericht kann die Entscheidung in der einstweiligen Anordnungssache aufheben oder ändern. Die Aufhebung oder Änderung erfolgt nur auf Antrag, wenn ein entsprechendes Hauptsacheverfahren nur auf Antrag eingeleitet werden kann. Dies gilt nicht, wenn die Entscheidung ohne vorherige Durchführung einer nach dem Gesetz notwendigen Anhörung erlassen wurde.

(2) Ist die Entscheidung in einer Familiensache ohne mündliche Verhandlung ergangen, ist auf Antrag auf Grund mündlicher Verhandlung erneut zu entscheiden.

(3) Zuständig ist das Gericht, das die einstweilige Anordnung erlassen hat. Hat es die Sache an ein anderes Gericht abgegeben oder verwiesen, ist dieses zuständig.

(4) Während eine einstweilige Anordnungssache beim Beschwerdegericht anhängig ist, ist die Aufhebung oder Änderung der angefochtenen Entscheidung durch das erstinstanzliche Gericht unzulässig.

Die Vorschrift entspricht der Fassung des Regierungsentwurfs.

Begründung RegE:

Die Vorschrift behandelt die Überprüfung sowie Aufhebung und Abänderung von Entscheidungen im einstweiligen Anordnungsverfahren. Sie entspricht inhaltlich weitgehend § 620b ZPO. Die weitgehende Abänderungsmöglichkeit ist in Familiensachen der Ersatz für die regelmäßig nicht gegebene Anfechtbarkeit.

Absatz 1 Satz 1 enthält die Befugnis des Gerichts, die Entscheidung aufzuheben oder zu ändern, und zwar grundsätzlich auch von Amts wegen. Dies gilt nicht nur für Entscheidungen, die eine einstweilige Anordnung enthalten, sondern auch für solche, die den Erlass einer solchen ablehnen.

Satz 2 enthält demgegenüber ein Antragserfordernis für den Fall, dass eine entsprechende Hauptsache nur auf Antrag eingeleitet werden kann. Dieses Erfordernis besteht gemäß Satz 3 nicht, wenn die Entscheidung, deren Aufhebung oder Änderung in Frage steht, ohne vorherige Durchführung einer notwendigen Anhörung ergangen ist; in diesem Fall kann das Gericht die Entscheidung ebenfalls von Amts wegen aufheben oder ändern. Dies soll sicherstellen, dass das Ergebnis der Anhörung in jedem

Fall, also auch wenn kein Antrag gestellt ist, umgesetzt werden kann. Zugleich wird die Bedeutung der Anhörung damit hervorgehoben.

Absatz 2 entspricht inhaltlich § 620b Abs. 2 ZPO.

Absatz 3 regelt die örtliche und sachliche Zuständigkeit für Maßnahmen nach § 54. Die Regelung weicht von der des § 620b Abs. 3 ZPO i.V.m. § 620a Abs. 4 ZPO ab, da nunmehr das einstweilige Anordnungsverfahren unabhängig von einer Ehesache ist.

Satz 1 enthält den Grundsatz, dass für die Abänderung das Gericht zuständig ist, das die abzuändernde Entscheidung erlassen hat. Das gilt grundsätzlich auch dann, wenn sich seither die zuständigkeitsbegründenden Umstände geändert haben. Da dieses Gericht mit der Sache bereits einmal befasst war, dient die Regelung der Verfahrensökonomie.

Satz 2 macht hiervon eine Ausnahme für den Fall, dass das einstweilige Anordnungsverfahren nach Erlass der Entscheidung, deren Abänderung beantragt ist oder in Betracht kommt, an ein anderes Gericht abgegeben oder verwiesen wurde. Zu denken ist etwa an die Konstellation des § 50 Abs. 2. Bei einer Abgabe oder Verweisung hat sich die bisherige Zuständigkeit erledigt, sie sollte daher nicht weiter als Anknüpfungspunkt herangezogen werden.

Absatz 4 regelt das Verhältnis der Abänderung zu einem Rechtsmittelverfahren im Sinne eines Vorrangs des letzteren während der Anhängigkeit der Sache beim Beschwerdegericht.

§ 55
Aussetzung der Vollstreckung

(1) In den Fällen des § 53 kann das Gericht, im Fall des § 57 das Rechtsmittelgericht, die Vollstreckung einer einstweiligen Anordnung aussetzen oder beschränken. Der Beschluss ist nicht anfechtbar.

(2) Wenn ein hierauf gerichteter Antrag gestellt wird, ist über diesen vorab zu entscheiden.

Die Vorschrift entspricht der Fassung des Regierungsentwurfs.

Begründung RegE:

Absatz 1 Satz 1 entspricht der Vorschrift des § 620e ZPO. Da ein besonderer Antrag nicht erforderlich ist, kann die Aussetzung oder Beschränkung der Vollstreckung wie bisher auch von Amts wegen erfolgen. Sie kann von Bedingungen oder Auflagen abhängig gemacht werden, insbesondere auch von einer Sicherheitsleistung.

Satz 2 legt die Unanfechtbarkeit einer nach Satz 1 ergangenen Entscheidung im Gesetz ausdrücklich fest. Dies entspricht bereits bisher der herrschenden Auffassung.

Absatz 2 stellt klar, dass über einen entsprechenden Antrag vorab entschieden werden muss. Dieses Gebot gilt unabhängig davon, dass schon das Verfahren selbst regelmäßig beschleunigt zu betreiben ist.

§ 56
Außerkrafttreten

(1) Die einstweilige Anordnung tritt, sofern nicht das Gericht einen früheren Zeitpunkt bestimmt hat, bei Wirksamwerden einer anderweitigen Regelung außer Kraft. Ist dies eine Endentscheidung in einer Familienstreitsache, ist deren Rechtskraft maßgebend, soweit nicht die Wirksamkeit zu einem späteren Zeitpunkt eintritt.

(2) Die einstweilige Anordnung tritt in Verfahren, die nur auf Antrag eingeleitet werden, auch dann außer Kraft, wenn

1. der Antrag in der Hauptsache zurückgenommen wird,
2. der Antrag in der Hauptsache rechtskräftig abgewiesen ist,
3. die Hauptsache übereinstimmend für erledigt erklärt wird oder

4. die Erledigung der Hauptsache anderweitig eingetreten ist.

(3) Auf Antrag hat das Gericht, das in der einstweiligen Anordnungssache im ersten Rechtszug zuletzt entschieden hat, die in den Absätzen 1 und 2 genannte Wirkung durch Beschluss auszusprechen. Gegen den Beschluss findet die Beschwerde statt.

Die Vorschrift entspricht der Fassung des Regierungsentwurfs.

Begründung RegE:
Die Vorschrift behandelt den im einstweiligen Anordnungsverfahren besonders bedeutsamen Gesichtspunkt des Außerkrafttretens des Beschlusses. Die Regelung folgt – mit Modifikationen – § 620f ZPO. Diese haben ihren Grund insbesondere in der Unabhängigkeit des einstweiligen Anordnungsverfahrens von einer Ehesache oder Hauptsache. So tritt die einstweilige Anordnung nicht mehr bei Rücknahme, Abweisung oder Erledigung einer zwischen den Beteiligten geführten Ehesache außer Kraft. Aus demselben Grund bleibt es auch dabei, dass, vorbehaltlich einer anders lautenden Bestimmung durch das Gericht, die Rechtskraft der Ehescheidung nicht zu einem Außerkrafttreten der einstweiligen Anordnung führt.

Absatz 1 Satz 1 stellt für das Außerkrafttreten auf das Wirksamwerden einer anderweitigen Regelung ab. Dieses aus § 620f Abs. 1 Satz 1 ZPO übernommene Kriterium hat sich bewährt und wird daher beibehalten. Zudem wird klargestellt, dass im Fall eines gerichtlich festgesetzten früheren Zeitpunkts dieser für das Außerkrafttreten maßgeblich ist.

Satz 2 enthält eine Konkretisierung für den Fall, dass es sich bei der anderweitigen Regelung um die Endentscheidung in einer Familienstreitsache handelt. In diesem Fall tritt die einstweilige Anordnung mit Eintritt der Rechtskraft der Endentscheidung außer Kraft. Der BGH (FamRZ 2000, 751 ff.) hat eine in Literatur und Rechtsprechung bestehende Kontroverse über das Verständnis des Begriffs des Wirksamwerdens in § 620f ZPO für Unterhaltssachen in diesem Sinne entschieden. Wegen der praktischen Bedeutung der Frage soll diese Präzisierung in den Normtext aufgenommen und auf alle Familienstreitsachen erstreckt werden.

Der zweite Teil des **Satzes 2** enthält eine Einschränkung für die Fälle, in denen die Wirksamkeit bei Endentscheidungen in einer Familienstreitsache erst zu einem späteren Zeitpunkt eintritt, wie dies etwa in § 148 vorgesehen ist. Dabei ist naturgemäß nicht auf die Rechtskraft sondern, nach dem Grundsatz des Satzes 1, wiederum auf den Zeitpunkt des Wirksamwerdens der Endentscheidung abzustellen.

Absatz 2 regelt für Antragsverfahren das Außerkrafttreten der einstweiligen Anordnung infolge einer Beendigung des Hauptsacheverfahrens. Wenn der Antrag in der Hauptsache zurückgenommen oder rechtskräftig abgewiesen wurde **(Nummer 1 bis 2)**, ist für eine vom Antragsteller erwirkte einstweilige Anordnung über denselben Verfahrensgegenstand kein Raum mehr. Zum Schutz des Antragsgegners muss eine solche einstweilige Anordnung kraft Gesetzes außer Kraft treten. Dasselbe gilt, wenn in der Hauptsache aus den in **Nummer 3 bis 4** bezeichneten Gründen Erledigung eintritt.

In **Absatz 3** werden die in § 620f Abs. 1, Satz 2, 3 und Abs. 2 ZPO enthaltenen Regelungen im Wesentlichen inhaltsgleich übernommen und zusammengefasst. Das Gericht hat danach auf Antrag auszusprechen, ob und ggf. ab welchem Zeitpunkt die einstweilige Anordnung außer Kraft getreten ist.

§ 57
Rechtsmittel

Entscheidungen im Verfahren der einstweiligen Anordnung in Familiensachen sind nicht anfechtbar. Dies gilt nicht, wenn das Gericht des ersten Rechtszugs auf Grund mündlicher Erörterung

1. über die elterliche Sorge für ein Kind,
2. über die Herausgabe des Kindes an den anderen Elternteil,
3. über einen Antrag auf Verbleiben eines Kindes bei einer Pflege oder Bezugsperson,
4. über einen Antrag nach den §§ 1 und 2 des Gewaltschutzgesetzes oder

5. in einer Wohnungszuweisungssache über einen Antrag auf Zuweisung der Wohnung entschieden hat.

Die Vorschrift entspricht im Hinblick auf Satz 1 dem Regierungsentwurf; der zweite Satz des § 57 ist mit der Beschlussempfehlung des Rechtsausschusses geändert worden:

Frühere Fassung RegE:
Entscheidungen in Verfahren der einstweiligen Anordnung in Familiensachen sind nicht anfechtbar. Dies gilt nicht, wenn das Gericht des ersten Rechtszugs aufgrund mündlicher Erörterung

1. über die elterliche Sorge für ein Kind,

2. über die Herausgabe des Kindes an den anderen Elternteil,

3. über einen Antrag auf Verbleiben eines Kindes bei einer Pflege oder Bezugsperson,

4. über einen Antrag nach den §§ 1 und 2 des Gewaltschutzgesetzes oder

5. in einer Wohnungszuweisungssache über einen Antrag auf Zuweisung der Wohnung

entschieden oder den Ausschluss des Umgangs mit einem Elternteil angeordnet hat.

Begründung RegE:
Satz 1 regelt die begrenzte Anfechtbarkeit von Entscheidungen im Verfahren der einstweiligen Anordnung. Stattdessen steht es den Beteiligten offen, unmittelbar oder über § 52 ein Hauptsacheverfahren einzuleiten und auf diese Weise die getroffene Entscheidung durch das Gericht und notfalls auch durch das Rechtsmittelgericht überprüfen zu lassen oder auf eine Abänderung hinzuwirken, die in weitgehendem Umfang möglich ist. Etwaige Verletzungen des Grundrechts auf rechtliches Gehör können mit der Anhörungsrüge (§ 44) geltend gemacht werden.

Satz 2 nennt die bisher in § 620c Satz 1 ZPO enthaltenen Fälle, in denen die Entscheidung ausnahmsweise anfechtbar ist. Durch die geringfügige Änderung in der Formulierung soll in den Fällen der **Nummern 1 und 2** erreicht werden, dass künftig zweifellos auch Entscheidungen in Verfahren über elterliche Sorge oder über die Herausgabe eines Kindes, die einen entsprechenden Antrag ablehnen, einer Anfechtung zugänglich sind.

Nummer 3 regelt die Anfechtbarkeit einer Entscheidung über eine Verbleibensanordnung nach §§ 1632 Abs. 4, 1682 BGB. Lebt ein Kind seit längerer Zeit in Familienpflege oder in einem Haushalt mit einer Bezugsperson, greift eine Verbleibensanordnung oder deren Ablehnung ebenso hart in die persönlichen Verhältnisse des Kindes ein wie die Anordnung der Herausgabe an einen Elternteil oder deren Ablehnung. **Nummer 4 und 5** entsprechen geltendem Recht.

Nach **Satz 2 letzter Halbsatz** soll auch eine Entscheidung, die den Ausschluss des Umgangsrechts nach § 1684 Abs. 4 BGB gegenüber einem Elternteil anordnet, anfechtbar sein. Wie in den bisher in § 620c Satz 1 ZPO aufgeführten Alternativen besteht auch in diesem Fall ein besonderes Bedürfnis für eine Anfechtbarkeit der Entscheidung. Durch eine einstweilige Anordnung kann beispielsweise in Fällen, in denen der Verdacht auf eine Kindesmisshandlung oder auf sexuellen Missbrauch des Kindes besteht, der Umgang für eine begrenzte Zeit – etwa bis zum Abschluss der Begutachtung durch einen Sachverständigen – ausgeschlossen werden, selbst wenn der Verdacht zu einer Versagung des Umgangs in einer Hauptsacheentscheidung nicht ausreichen würde (vgl. Schwab-Motzer, Handbuch des Scheidungsrechts, 5. Aufl. 2004, III Rn. 279). Wegen der – je nach Alter des Kindes – auch bei einem kürzeren Umgangsabbruch drohenden Entfremdung zwischen Kind und Umgangsberechtigtem besteht die Gefahr, dass der Umgangsausschluss zu Lasten des Kindes und des Umgangsberechtigten vollendete Tatsachen schafft.

Anfechtbar soll nur der vollständige Ausschluss des Umgangsrechts als ultima ratio sein, nicht auch die Beschränkung des Umgangs, zum Beispiel durch die Anordnung begleiteten Umgangs oder durch Kontrollmaßnahmen und Verbote. Die entsprechenden Maßnahmen führen zwar zu einer Einschränkung des Umgangsrechts, gefährden dieses aber nicht in einer Weise, die es erforderlich machen würde, ausnahmsweise von der Unanfechtbarkeit der Maßnahme abzusehen. Die Anordnung von Umgang soll ebenfalls nicht anfechtbar sein. Dies beruht auf der sich aus dem materiellen Recht ergebenden Wertung, dass der Umgang mit den Eltern oder mit anderen Personen, zu denen das Kind Bindungen besitzt, regelmäßig dem Wohl des Kindes dient (§ 1626 Abs. 3 BGB).

Für den Fall der Anfechtung einer im einstweiligen Anordnungsverfahren ergangenen Entscheidung legt § 63 Abs. 2 Nr. 1 die Beschwerdefrist auf zwei Wochen fest. Dies ist sachgerecht wegen des Charakters des einstweiligen Anordnungsverfahrens als Eilverfahren. Die Vorschrift gilt unabhängig davon, welcher Art die angefochtene Entscheidung ist.

Begründung Beschlussempfehlung Rechtsausschuss:
Der Ausschuss hält die im Regierungsentwurf vorgesehene Differenzierung der Rechtsmittelmöglichkeiten gegen eine einstweilige Anordnung in Umgangssachen nicht für überzeugend. Sowohl die positive Umgangsentscheidung als auch der gerichtlich angeordnete Umgangsausschluss greifen in Grundrechte der Beteiligten ein. Es spricht daher viel dafür, sie auch im Hinblick auf ihre Anfechtbarkeit gleich zu behandeln. In diesem Sinne haben auch die Sachverständigen votiert. Es verbleibt somit abweichend vom Regierungsentwurf bei der nach geltendem Recht aus §§ 620c Satz 2, 621g Satz 2 ZPO folgenden Unanfechtbarkeit auch der einstweiligen Anordnung, die einen Ausschluss des Umgangs vorsieht. Dies wird durch eine Streichung des Satzes 2 letzter Halbsatz erreicht. Dem vom Umgangsausschluss Betroffenen steht die Möglichkeit offen, gemäß § 52 Abs. 1 das Gericht zu veranlassen, das Hauptsacheverfahren einzuleiten, in dem das Gericht eine abschließende Regelung des Umgangs zu treffen hat. Durch das Antragsrecht gemäß § 52 Abs. 1 sind die verfahrensmäßigen Rechte der Beteiligten eines Umgangsverfahrens hinreichend gewährleistet. Eines Rechtsmittels im Verfahren des einstweiligen Rechtsschutzes bedarf es daneben nicht.

Abschnitt 5
Rechtsmittel

Unterabschnitt 1
Beschwerde

§ 58
Statthaftigkeit der Beschwerde

(1) Die Beschwerde findet gegen die im ersten Rechtszug ergangenen Endentscheidungen der Amtsgerichte und Landgerichte in Angelegenheiten nach diesem Gesetz statt, sofern durch Gesetz nichts anderes bestimmt ist.

(2) Der Beurteilung des Beschwerdegerichts unterliegen auch die nicht selbständig anfechtbaren Entscheidungen, die der Endentscheidung vorausgegangen sind.

Die Vorschrift entspricht der Fassung des Regierungsentwurfs.

Begründung RegE:
Die Neukonzeption des Rechtsmittels berücksichtigt, dass durch die Einbeziehung der Familienstreitsachen das Rechtsmittel nunmehr auch die Funktion der bisherigen Berufung in Familiensachen nach der Zivilprozessordnung erfüllen muss. Dies gilt nicht nur für die bisherigen ZPO-Familiensachen, sondern auch für die bisherigen allgemeinen Zivilprozesssachen, die durch die Zuständigkeitserweiterung im Rahmen des Großen Familiengerichts nunmehr zu Sachen nach dem FamFG werden.

Absatz 1 bestimmt die grundsätzliche Statthaftigkeit der Beschwerde gegen Endentscheidungen. Dies ist gemäß der Legaldefinition in § 38 die Entscheidung, die über den Verfahrensgegenstand in der Instanz ganz oder teilweise abschließend entscheidet. Die Beschwerde übernimmt damit als Hauptsacherechtsmittel im FamFG die Funktion der Berufung in der Zivilprozessordnung und anderen Verfahrensordnungen.

Zwischen- und Nebenentscheidungen sind dagegen grundsätzlich nicht selbständig anfechtbar. Dies entspricht geltendem Recht. Sie sind entweder überhaupt nicht oder aber nur zusammen mit der Hauptsachentscheidung anfechtbar. Soweit das Gesetz abweichend davon die selbständige Anfechtbarkeit von Zwischen- und Nebenentscheidungen zulässt, orientiert es sich an den Verhältnissen im Zivilprozess. Das Gesetz sieht demgemäß an verschiedenen Stellen die sofortige Beschwerde in entsprechender Anwendung der §§ 567 bis 572 ZPO vor. Diese enthalten ein für die Anfechtung von Zwischen- und Nebenentscheidungen geeignetes Verfahren. Sie sehen eine kurze, vierzehntägige Beschwerdefrist, den originären Einzelrichter sowie im Übrigen ein weitgehend entformalisiertes Rechtsmittelverfahren vor, in dem neue Tatsachen und Beweismittel zu berücksichtigen sind. Die Anfechtbarkeit von nichtinstanzbeendenden Beschlüssen mit der sofortigen Beschwerde ergibt sich aus der jeweiligen Bezugnahme auf die ZPO. Damit ist gewährleistet, dass die Statthaftigkeit des Rechtsmittels gegen die auf der Grundlage von Vorschriften der ZPO getroffenen Neben- und Zwischenentscheidungen in Verfahren nach diesem Gesetz dieselbe ist wie in bürgerlichen Rechtsstreitigkeiten. Dies gilt auch für Beschlüsse in Verfahren der Verfahrenskostenhilfe. Im Interesse der Harmonisierung der Verfahrensordnungen ist auch dort als Rechtsmittel nicht die Beschwerde, sondern die sofortige Beschwerde nach den Vorschriften der ZPO vorgesehen, § 79 Satz 2.

Abweichend von der Systematik des § 58 lässt § 382 Abs. 4 die Beschwerde gegen Zwischenverfügungen in Registersachen zu. Auf die Begründung zu § 382 Abs. 4 wird Bezug genommen.

Neben den Rechtsmitteln der Beschwerde und der sofortigen Beschwerde bleibt die Erinnerung gemäß § 11 Abs. 2 des Rechtspflegergesetzes (RPflG) bestehen. Weitere Rechtsbehelfe im FamFG sind der Einspruch im Verfahren über die Festsetzung von Zwangsgeld gemäß §§ 388 bis 390 sowie der Widerspruch im Amtslöschungsverfahren nach §§ 393 bis 395, 397 bis 399 und im Dispacheverfahren nach §§ 406, 407 (zur Rechtsnatur des Widerspruchs nach § 155 Abs. 2, 3 FGG vgl. Keidel/Kuntze/Winkler-Winkler, Freiwillige Gerichtsbarkeit, 15. Aufl. 2003, Rn. 2 zu § 155).

Absatz 2 bestimmt, dass grundsätzlich auch die Entscheidungen, die einer Endentscheidung vorausgegangen sind, im Beschwerderechtszug überprüft werden können. Die Vorschrift schreibt die bereits auf der Grundlage des geltenden Rechts vertretene Auffassung, die Fehlerhaftigkeit von Zwischenentscheidungen könne noch mit der Endentscheidung gerügt werden (Bassenge/Herbst/Roth-Bassenge, Freiwillige Gerichtsbarkeit, 9. Aufl. 2002, Rn. 3 zu § 19), ausdrücklich gesetzlich fest. Sie lehnt sich an § 512 der Zivilprozessordnung in der Fassung des Gesetzes zur Reform des Zivilprozesses vom 27. Juli 2001 (BGBl. I S. 1887) an. Ausgenommen von der Überprüfung mit der Endentscheidung sind daher solche Entscheidungen, die nicht anfechtbar oder mit der sofortigen Beschwerde anfechtbar sind. Nicht im Rechtsmittelzug überprüfbar sind demnach etwa die Entscheidungen über die Ablehnung einer Gerichtsperson, die Zuständigkeit des angegangenen Gerichts oder die Übertragung auf den Einzelrichter oder die Kammer. Der Endentscheidung vorausgegangen und mit ihr anfechtbar sind dagegen etwa Beweis-, Verbindungs- und Trennungsbeschlüsse.

§ 59
Beschwerdeberechtigte

(1) Die Beschwerde steht demjenigen zu, der durch den Beschluss in seinen Rechten beeinträchtigt ist.

(2) Wenn ein Beschluss nur auf Antrag erlassen werden kann und der Antrag zurückgewiesen worden ist, steht die Beschwerde nur dem Antragsteller zu.

(3) Die Beschwerdeberechtigung von Behörden bestimmt sich nach den besonderen Vorschriften dieses oder eines anderen Gesetzes.

Die Vorschrift entspricht der Fassung des Regierungsentwurfs.

Begründung RegE:
Die Vorschrift regelt, welcher Personenkreis beschwerdeberechtigt ist.

II. – FamFG – Buch 1 Allgemeiner Teil

Absatz 1 entspricht inhaltlich dem bisherigen § 20 Abs. 1 FGG. Er bestimmt, dass es für die Beschwerdeberechtigung auf die Beeinträchtigung eigener Rechte ankommt. Auf die Beteiligtenstellung in erster Instanz kommt es demgegenüber nicht an. Mithin ist es unerheblich, ob der Beschwerdeberechtigte tatsächlich Beteiligter des erstinstanzlichen Verfahrens war oder aufgrund seiner Rechtsbetroffenheit hätte hinzugezogen werden müssen. Umgekehrt ist ein Beteiligter im erstinstanzlichen Verfahren nicht beschwerdeberechtigt, wenn er von Ergebnis der Entscheidung in seiner materiellen Rechtsstellung nicht betroffen ist. Wie nach bisheriger Rechtslage ist von Absatz 1 auch künftig die Möglichkeit umfasst, im fremden Namen Beschwerde einzulegen, soweit die prozessuale Befugnis zur Ausübung des Beschwerderechts besteht (vgl. Keidel/Kuntze/Winkler-Kahl, Freiwillige Gerichtsbarkeit, 15. Aufl. 2003, Rn. 21 zu § 20).

Absatz 2 entspricht dem bisherigen § 20 Abs. 2 FGG und beschränkt die Beschwerdeberechtigung gegen einen zurückgewiesenen Antrag in Verfahren, die nur auf Antrag eingeleitet werden können, auf den Antragsteller.

Absatz 3 bestimmt die Beschwerdeberechtigung von Behörden. Ihnen wird unabhängig von einer Beeinträchtigung in eigenen Rechten spezialgesetzlich in diesem oder einem anderen Gesetz eine besondere Beschwerdebefugnis zugewiesen, wenn sie zur Wahrnehmung öffentlicher Interessen anzuhören sind und sich an dem Verfahren beteiligen können. Die Beteiligtenstellung in erster Instanz ist aber keine notwendige Voraussetzung für das Beschwerderecht. Dadurch wird vermieden, dass sich Behörden nur zur Wahrung ihrer Beschwerdeberechtigung stets am Verfahren erster Instanz beteiligen. Die effektive Ausübung des Beschwerderechts wird dadurch gewährleistet, dass den Behörden die Endentscheidungen unabhängig von ihrer Beteiligtenstellung mitzuteilen sind. Die Beschwerdeberechtigung des Jugendamtes in Kindschafts-, Abstammungs-, Adoptions- und Wohnungszuweisungssachen ergibt sich aus §§ 162 Abs. 3, 176 Abs. 2, 194 Abs. 2, 205 Abs. 2. Die Beschwerdeberechtigung der Betreuungsbehörde, der schon nach geltendem Recht gemäß § 69c FGG ein Beschwerderecht eingeräumt ist, ist in §§ 303 Abs. 1, 335 Abs. 4 bestimmt. Das Beschwerderecht der Organe des Handelsstandes ergibt sich aus § 380. Außerhalb dieses Gesetzes ist die Beschwerdeberechtigung der Aufsichtsbehörde in Personenstandssachen gemäß § 53 PStG zu beachten.

§ 60
Beschwerderecht Minderjähriger

Ein Kind, für das die elterliche Sorge besteht, oder ein unter Vormundschaft stehender Mündel kann in allen seine Person betreffenden Angelegenheiten ohne Mitwirkung seines gesetzlichen Vertreters das Beschwerderecht ausüben. Das Gleiche gilt in sonstigen Angelegenheiten, in denen das Kind oder der Mündel vor einer Entscheidung des Gerichts gehört werden soll. Dies gilt nicht für Personen, die geschäftsunfähig sind oder bei Erlass der Entscheidung das 14. Lebensjahr nicht vollendet haben.

Die Vorschrift entspricht der Fassung des Regierungsentwurfs.

Begründung RegE:

Die Vorschrift regelt das selbständige Beschwerderecht des Kindes oder des Mündels unabhängig vom Willen der ihn ansonsten vertretenden Person (gesetzlicher Vertreter, Sorgerechtsinhaber, Vormund oder Pfleger). Die Vorschrift schreibt die bisherige Rechtslage fort. **Satz 1** entspricht dem bisherigen § 59 Abs. 1 Satz 1 FGG. **Satz 2** entspricht dem bisherigen § 59 Abs. 1 Satz 2 FGG. Satz 3 entspricht inhaltlich dem bisherigen § 59 Abs. 3 Satz 1 und Satz 2 FGG und ist lediglich redaktionell angepasst worden.

§ 61
Beschwerdewert; Zulassungsbeschwerde

(1) In vermögensrechtlichen Angelegenheiten ist die Beschwerde nur zulässig, wenn der Wert des Beschwerdegegenstandes sechshundert Euro übersteigt.

(2) Übersteigt der Beschwerdegegenstand nicht den in Absatz 1 genannten Betrag, ist die Beschwerde zulässig, wenn das Gericht des ersten Rechtszuges die Beschwerde zugelassen hat.

(3) Das Gericht des ersten Rechtszuges lässt die Beschwerde zu, wenn

1. die Rechtssache grundsätzliche Bedeutung hat oder die Fortbildung des Rechts oder die Sicherung einer einheitlichen Rechtsprechung eine Entscheidung des Beschwerdegerichts erfordert und
2. der Beteiligte durch den Beschluss mit nicht mehr als sechshundert Euro beschwert ist.

Das Beschwerdegericht ist an die Zulassung gebunden.

Die Vorschrift entspricht der Fassung des Regierungsentwurfs.

Begründung RegE:

Die Vorschrift enthält für vermögensrechtliche Verfahren Bestimmungen zur Beschwerdesumme sowie zur Zulassung der sofortigen Beschwerde.

Absatz 1 regelt, dass die Beschwerde gegen Entscheidungen in FamFG-Sachen mit vermögensrechtlichen Verfahrensgegenständen nur zulässig ist, wenn der Beschwerdegegenstand 600 Euro übersteigt. Die Vorschrift verallgemeinert den bereits im geltenden Recht in § 56g Abs. 5 Satz 1 FGG zum Ausdruck kommenden Rechtsgedanken, dass den Beteiligten in vermögensrechtlichen Streitigkeiten ein Rechtsmittel nicht zur Verfügung gestellt werden soll, wenn die Durchführung des Rechtsmittel für die Beteiligten mit Aufwendungen verbunden ist, die zu dem angestrebten Erfolg in keinem sinnvollen Verhältnis stehen. Bei Streitigkeiten mit geringer wirtschaftlicher und rechtlicher Bedeutung ist die Beschränkung des Rechtswegs auf eine Instanz daher grundsätzlich sinnvoll. Der Betrag von 600 Euro entspricht der Regelung für die Statthaftigkeit der Berufung gemäß § 511 Abs. 2 Nr. 1 ZPO.

Das Gesetz verzichtet auf eine Sonderregelung für die Anfechtbarkeit von Kosten- und Auslagenentscheidungen; auch für diese Entscheidungen ist ein Wert des Beschwerdegegenstandes von 600 Euro erforderlich. Diese Angleichung beruht auf der Erwägung, dass es keinen wesentlichen Unterschied für die Beschwer eines Beteiligten ausmacht, ob er sich gegen eine Kosten- oder Auslagenentscheidung oder aber gegen eine ihn wirtschaftlich belastende Entscheidung in der Hauptsache wendet.

Absätze 2 und 3 führen als Ausnahme von Absatz 1 für den Bereich der vermögensrechtlichen FamFG-Sachen eine Zulassungsbeschwerde ein; auch diese Regelung greift den in § 56g Abs. 5 Satz 1 FGG zum Ausdruck kommenden allgemeinen Rechtsgedanken auf. **Absatz 2** bestimmt, dass die Beschwerde, wenn die Höhe des Beschwerdegegenstandes unterhalb des Wertes nach Absatz 1 liegt, zulässig ist, wenn das erstinstanzliche Gericht die Beschwerde zulässt. **Absatz 3** regelt die Voraussetzungen für die Zulassung der Beschwerde. Die Vorschrift übernimmt die inhaltlich entsprechende Regelung des durch das 1. Justizmodernisierungsgesetz vom 24. August 2004 (BGBl. I S. 2198) modifizierten § 511 Abs. 4 ZPO auch für die FamFG-Verfahren. Gemäß **Nummer 1** hat das erstinstanzliche Gericht die Beschwerde zuzulassen, wenn die Rechtssache grundsätzliche Bedeutung hat oder die Fortbildung des Rechts oder die Sicherung einer einheitlichen Rechtsprechung eine Entscheidung des Beschwerdegerichts erfordert. Die Anfechtbarkeit einer Entscheidung ist hiernach zulässig, wenn dem Rechtsstreit eine über den Einzelfall hinausgehende Bedeutung zukommt oder wenn das Gericht des ersten Rechtszuges in einer Rechtsfrage von einer obergerichtlichen Entscheidung abweicht bzw. eine obergerichtliche Entscheidung der Rechtsfrage noch nicht erfolgt ist und Anlass besteht, diese Rechtsfrage einer Klärung zugänglich zu machen. Nummer 2 stellt klar, dass eine Zulassung nur in Betracht kommt, wenn eine Wertbeschwerde nicht statthaft ist.

Satz 2 bestimmt, dass die Zulassung für das Beschwerdegericht bindend ist. Die Beschwerde kann daher nicht mit der Begründung als unzulässig verworfen werden, das erstinstanzliche Gericht habe die Voraussetzungen für die Zulassung der Beschwerde zu Unrecht angenommen. Die Nichtzulassung der Beschwerde ist nicht anfechtbar. Entscheidet der Rechtspfleger über die Nichtzulassung, ist gegen diese Entscheidung nach § 11 RPflG die Erinnerung gegeben.

§ 62
Statthaftigkeit der Beschwerde nach Erledigung der Hauptsache

(1) Hat sich die angefochtene Entscheidung in der Hauptsache erledigt, spricht das Beschwerdegericht auf Antrag aus, dass die Entscheidung des Gerichts des ersten Rechtszugs den Beschwerdeführer in seinen Rechten verletzt hat, wenn der Beschwerdeführer ein berechtigtes Interesse an der Feststellung hat.

(2) Ein berechtigtes Interesse liegt in der Regel vor, wenn

1. schwerwiegende Grundrechtseingriffe vorliegen oder
2. eine Wiederholung konkret zu erwarten ist.

Die Vorschrift entspricht der Fassung des Regierungsentwurfs.

Begründung RegE:

Die Bestimmung regelt, unter welchen Voraussetzungen eine Entscheidung in FamFG-Sachen auch dann noch mit der Beschwerde angefochten werden kann, wenn sich der Verfahrensgegenstand nach Erlass der Entscheidung erledigt hat. Nach geltendem Recht ist eine Anfechtungsmöglichkeit nach Erledigung der Hauptsache nicht geregelt. Gleichwohl geht die jüngere verfassungsgerichtliche Rechtsprechung davon aus, dass im Einzelfall trotz Erledigung des ursprünglichen Rechtsschutzzieles ein Bedürfnis nach einer gerichtlichen Entscheidung fortbestehen kann, wenn das Interesse des Betroffenen an der Feststellung der Rechtslage besonders geschützt ist (BVerfGE 104, 220, 232 f.). Die Vorschrift greift diese Grundsätze auf und regelt nunmehr ausdrücklich die Anforderungen an ein Feststellungsinteresse des Beschwerdeführers.

Absatz 1 regelt, unter welchen Voraussetzungen einem Beschwerdeführer grundsätzlich die Möglichkeit eröffnet ist, eine Entscheidung mit der Beschwerde überprüfen zu lassen, wenn sich die Hauptsache zwischenzeitlich nach Erlass der erstinstanzlichen Entscheidung erledigt hat. Voraussetzung hierfür ist, dass der Beteiligte ein berechtigtes Interesse an dieser Feststellung hat. Im Regelfall ist ein Rechtsschutzinteresse des Beteiligten nach Erledigung des Verfahrensgegenstandes nicht mehr gegeben. Es besteht regelmäßig dann nicht mehr, weil der Beteiligte nach Erledigung durch die Entscheidung lediglich noch Auskunft über die Rechtslage erhalten kann, ohne dass damit noch eine wirksame Regelung getroffen werden kann. Ausnahmsweise ist aber trotz Erledigung des ursprünglichen Rechtsschutzzieles ein Feststellungsinteresse gegeben, wenn das Interesse des Beteiligten an der Feststellung der Rechtslage in besonderer Weise schutzwürdig ist (vgl. BVerfGE 104, 220, 232 f.). Für diese besondere Interessenlage eröffnet Absatz 1 die Möglichkeit, festzustellen, dass die erstinstanzliche Entscheidung den Beschwerdeführer in seinen Rechten verletzt. Voraussetzung für die Feststellung ist ein entsprechender Antrag des Beschwerdeführers. Liegt ein durch einen entsprechenden Antrag des Beschwerdeführers manifestiertes Interesse an der Feststellung nicht vor, ist die Sache dagegen nach den allgemeinen Regeln nach Erledigung der Hauptsache abzuschließen.

Absatz 2 benennt Regelbeispiele für das Vorliegen eines berechtigten Feststellungsinteresses. Sie greift die bisher in der Rechtsprechung anerkannten besonderen Konstellationen, in denen ein Feststellungsinteresse typischerweise zu bejahen ist, auf. **Nummer 1** sieht ein berechtigtes Interesse in der Regel bei schwerwiegenden Grundrechtseingriffen vor. Hiermit wird der in der Rechtsprechung anerkannte Grundsatz, dass in diesen Fällen ein besonderes Interesse an der Feststellung gegeben sein kann, gesetzlich geregelt. Insbesondere ist hier ein Feststellungsinteresse gegeben in Fällen, in denen sich die direkte Belastung durch den Hoheitsakt regelmäßig auf eine relativ kurze Zeitspanne beschränkt, so dass der Beschwerdeführer eine Entscheidung des für die Überprüfung der Entscheidung zuständigen Gerichts vor Erledigung der Hauptsache regelmäßig kaum erlangen kann. Dies sind etwa die Fälle der Wohnungsdurchsuchung aufgrund richterlicher Anordnung, der erledigte polizeirechtliche Unterbindungsgewahrsam (vgl. BVerfGE 104 220, 233) sowie aus dem Bereich der FamFG-Verfahren die vorläufige Unterbringung psychisch auffälliger Personen (BVerfG, NJW 1998, 2432 f.). **Nummer 2** bestimmt, dass ein berechtigtes Interesse an der Feststellung regelmäßig dann gegeben ist, wenn eine Wiederholung konkret zu erwarten ist. Es ist bereits nach geltender Rechtslage vom Bundesverfassungsgericht anerkannt, dass ein Rechtsschutzinteresse regelmäßig dann fortbesteht, wenn die gerichtliche Entscheidung dazu dienen kann, einer Wiederholungsgefahr zu begegnen (BVerfGE 104, 220, 233). Dieser Grund für das Fortbestehen eines Feststellungsinteresses wird mit dem Regelbeispiel Nummer 2 nunmehr ausdrücklich gesetzlich festgeschrieben.

§ 63
Beschwerdefrist

(1) Die Beschwerde ist, soweit gesetzlich keine andere Frist bestimmt ist, binnen einer Frist von einem Monat einzulegen.

(2) Die Beschwerde ist binnen einer Frist von zwei Wochen einzulegen, wenn sie sich gegen
1. eine einstweilige Anordnung oder
2. einen Beschluss, der die Genehmigung eines Rechtsgeschäfts zum Gegenstand hat,

richtet.

(3) Die Frist beginnt jeweils mit der schriftlichen Bekanntgabe des Beschlusses an die Beteiligten. Kann die schriftliche Bekanntgabe an einen Beteiligten nicht bewirkt werden, beginnt die Frist spätestens mit Ablauf von fünf Monaten nach Erlass des Beschlusses.

Die Vorschrift entspricht im Hinblick auf Absatz 1 und 2 dem Regierungsentwurf; Absatz 3 ist mit der Beschlussempfehlung des Rechtsausschusses geändert worden:

Frühere Fassung RegE:

(3) Die Frist beginnt mit der schriftlichen Bekanntgabe des Beschlusses, spätestens mit Ablauf von fünf Monaten nach Erlass des Beschlusses.

Begründung RegE:

Absatz 1 Satz 1 bestimmt, dass Beschwerde gegen eine erstinstanzliche Entscheidung künftig binnen einer Frist von einem Monat zu erheben ist. Die Vorschrift schafft damit die unbefristete (einfache) Beschwerde für die im FamFG geregelten Verfahren ab. Lediglich im Grundbuch- und Schiffsregisterwesen wird an der unbefristeten Beschwerde festgehalten. Im Zivilprozess ist die unbefristete Beschwerde bereits durch das Gesetz zur Reform des Zivilprozesses vom 27. Juli 2001 (BGBl. I S. 1887) beseitigt worden. Die fristgebundene sofortige Beschwerde ist schon nach geltendem Recht in einer erheblichen Zahl von Verfahren der freiwilligen Gerichtsbarkeit vorgesehen. Sie dient der Verfahrensbeschleunigung sowie der möglichst frühzeitigen Rechtsklarheit für alle Beteiligten über den dauerhaften Bestand der Entscheidung. Darüber hinaus bezweckt die Neuregelung eine Verfahrensvereinfachung. Das derzeitige Nebeneinander von einfacher und befristeter Beschwerde im FamFG-Verfahren rechtfertigt sich nicht aus der Unterschiedlichkeit der jeweils der einfachen oder sofortigen Beschwerde unterworfenen Verfahrensgegenstände. Vielmehr sind äußerst unterschiedliche Verfahren – etwa die Vergütung des Vormunds gemäß § 56g FGG und die Unterbringungssachen gemäß § 70m FGG – mit der sofortigen Beschwerde anfechtbar. Durch die einheitliche Regelung wird das Beschwerdeverfahren übersichtlicher und systematischer gestaltet.

Für anfechtbare Zwischen- und Nebenentscheidungen sieht das FamFG die sofortige Beschwerde nach den Vorschriften der Zivilprozessordnung mit einer regelmäßigen Beschwerdefrist von zwei Wochen vor.

Absatz 2 sieht ausnahmsweise auch für Beschwerden gegen Endentscheidungen eine auf zwei Wochen verkürzte Beschwerdefrist vor. Sowohl bei den in **Nummer 1** genannten einstweiligen Anordnungen als auch bei den in **Nummer 2** genannten Beschlüssen, die die Genehmigung eines Rechtsgeschäfts zum Gegenstand haben, besteht ein besonderes Bedürfnis für eine verkürzte Rechtsmittelfrist.

Absatz 3 regelt den Beginn der Rechtsmittelfrist. Die Vorschrift knüpft an den bisherigen § 22 Abs. 1 Satz 2 FGG an, bestimmt aber, dass für den Beginn der Frist die Bekanntgabe schriftlich erfolgt sein muss. Die Regelung dient der Harmonisierung der Prozessordnungen; sie lehnt sich inhaltlich an § 517

1. Halbsatz ZPO an, der für den Fristbeginn auf die Zustellung der Entscheidung abstellt. Des Weiteren legt die Vorschrift erstmals einen Zeitpunkt fest, ab dem die Rechtsmittelfrist spätestens in Gang gesetzt wird, wenn eine schriftliche Bekanntgabe nicht erfolgt. Die Regelung knüpft inhaltlich an § 517 2. Halbsatz ZPO an, stellt aber nicht auf die Verkündung der Entscheidung sondern auf deren Erlass ab, nachdem in FamFG-Verfahren eine Verkündung von Entscheidungen regelmäßig nicht erforderlich ist. Eine Legaldefinition des Zeitpunktes des Erlasses enthält § 38 Abs. 3 Satz 3.

Begründung Beschlussempfehlung Rechtsausschuss:
Die Einfügung dient der Klarstellung des Gewollten. Einige Äußerungen aus dem Kreis der Sachverständigen geben Grund zur Annahme, dass im Entwurf bisher nicht hinreichend klar bestimmt ist, wann die Beschwerdefrist endet und Rechtskraft eintritt, wenn erstinstanzlich nicht alle materiell Betroffenen als Beteiligte zu dem Verfahren hinzugezogen wurden. Für diesen Fall stellt die Einfügung klar, dass die schriftliche Bekanntgabe an die nach § 7 am Verfahren beteiligten Personen jeweils den Lauf der für diese geltende Beschwerdefrist auslöst. Wer am erstinstanzlichen Verfahren nicht beteiligt war, aber von dem Beschluss in seinen Rechten beeinträchtigt wird und daher beschwerdebefugt ist (§ 59 Abs. 1), kann daher nur fristgemäß Beschwerde einlegen, bis die Frist für den letzten Beteiligten abgelaufen ist. Der Umstand, dass eine schriftliche Bekanntgabe des Beschlusses an den im erstinstanzlichen Verfahren nicht hinzugezogenen, aber materiell Beeinträchtigten unterblieben ist, löst somit nicht die Beschwerdeauffangfrist von fünf Monaten nach Erlass des Beschlusses aus. Die Auffangfrist kommt vielmehr nur dann zur Anwendung, wenn eine Bekanntgabe der Entscheidung an einen erstinstanzlich Beteiligten innerhalb dieses Zeitraums nicht gelingt.

Diese Lösung dient der Rechtsklarheit und der Rechtssicherheit für die Beteiligten. Die Hinzuziehungspflicht nach § 7 Abs. 2 Nr. 1 und die Benachrichtigungspflicht des Gerichts gemäß § 7 Abs. 4 stellen sicher, dass die dem Gericht bekannten Beteiligten zu dem Verfahren hinzugezogen werden oder in die Lage versetzt werden, einen Antrag auf Hinzuziehung zu stellen.

§ 64
Einlegung der Beschwerde

(1) Die Beschwerde ist bei dem Gericht einzulegen, dessen Beschluss angefochten wird.

(2) Die Beschwerde wird durch Einreichung einer Beschwerdeschrift oder zur Niederschrift der Geschäftsstelle eingelegt. Die Beschwerde muss die Bezeichnung des angefochtenen Beschlusses sowie die Erklärung enthalten, dass Beschwerde gegen diesen Beschluss eingelegt wird. Sie ist von dem Beschwerdeführer oder seinem Bevollmächtigten zu unterzeichnen.

(3) Das Beschwerdegericht kann vor der Entscheidung eine einstweilige Anordnung erlassen; es kann insbesondere anordnen, dass die Vollziehung des angefochtenen Beschlusses auszusetzen ist.

Die Vorschrift entspricht der Fassung des Regierungsentwurfs.

Begründung RegE:
Absatz 1 knüpft an den bisherigen § 22 Abs. 1 FGG an. Die Beschwerde kann jedoch künftig wirksam nur noch bei dem Gericht eingelegt werden, dessen Entscheidung angefochten wird. Die Möglichkeit, auch bei dem Beschwerdegericht Beschwerde einzulegen, entfällt künftig. Dies dient der Beschleunigung des Beschwerdeverfahrens. Für den Beschwerdeführer wird durch die Einführung einer allgemeinen Rechtsmittelbelehrung gemäß § 39 hinreichende Klarheit darüber geschaffen, bei welchem Gericht er sich gegen die erstinstanzliche Entscheidung wenden kann.

Absatz 2 Satz 1 entspricht weitgehend dem bisherigen § 21 Abs. 2 Satz 1 FGG und wurde lediglich redaktionell angepasst. Die **Sätze 2 und 3** bestimmen erstmals Anforderungen an die Form der Beschwerde. **Satz 2** trifft eine ausdrückliche Regelung über den Inhalt, den die Beschwerdeschrift mindestens enthalten muss. Dieser Mindestinhalt erscheint zumutbar, zumal jeder Beteiligte hierauf gemäß § 39 im Rahmen der Rechtsbehelfsbelehrung hingewiesen wird. **Satz 3** führt das Erfordernis ein, die Beschwerde zu unterschreiben. Die Verpflichtung zur Bezeichnung des angefochtenen Beschlusses und das Unterschriftserfordernis entsprechen dem Standard der anderen Verfahrensordnungen. Ihre Einführung dient der Harmonisierung der Verfahrensordnungen und stellt einen Gleichlauf her mit den Anforderungen an die Einleitung des Verfahrens in der ersten Instanz gemäß § 23 Abs. 1 Satz 3.

Absatz 3 entspricht dem bisherigen § 24 Abs. 3 FGG.

§ 65
Beschwerdebegründung

(1) Die Beschwerde soll begründet werden.

(2) Das Gericht kann dem Beschwerdeführer eine Frist zur Begründung der Beschwerde einräumen.

(3) Die Beschwerde kann auf neue Tatsachen und Beweismittel gestützt werden.

(4) Die Beschwerde kann nicht darauf gestützt werden, dass das Gericht des ersten Rechtszuges seine Zuständigkeit zu Unrecht angenommen hat.

Die Vorschrift entspricht der Fassung des Regierungsentwurfs.

Begründung RegE:

Absatz 1 sieht vor, dass die Beschwerde begründet werden soll. Die Vorschrift greift die entsprechende Vorschrift des § 571 Abs. 1 ZPO auf, die durch das Gesetz zur Reform des Zivilprozesses vom 27. Juli 2001 (BGBl. I S. 1887) neu gefasst wurde, und überträgt sie auf die FamFG-Verfahren. Die Begründungspflicht dient der Verfahrensförderung. Die Ausgestaltung als Soll-Vorschrift stellt sicher, dass eine Nichterfüllung der Begründungspflicht nicht zur Verwerfung der Beschwerde als unzulässig führen kann.

Absatz 2 bestimmt, dass das Gericht dem Beschwerdeführer, der nicht zeitnah zur Einlegung der Beschwerde eine Begründung vorträgt, eine Frist zur Begründung der Beschwerde setzen kann. Diese Vorschrift dient einerseits der Verfahrensbeschleunigung, andererseits der Transparenz gegenüber den Beteiligten, die durch die Fristsetzung darüber in Kenntnis gesetzt werden, ab welchem Zeitpunkt mit einer weiteren Verfahrensförderung durch das Gericht – ggf. mit einer Entscheidung – gerechnet werden kann.

Absatz 3 entspricht dem bisherigen § 23 FGG. Danach kann die Beschwerde auf neue Beweismittel und Tatsachen gestützt werden. Die Möglichkeit der Zurückweisung neuen Vorbringens sieht das Gesetz nur für Ehe- und Familienstreitverfahren in § 115 vor.

Absatz 4 lehnt sich an die entsprechende Vorschrift des § 571 Abs. 2 Satz 2 ZPO an, die durch das Gesetz zur Reform des Zivilprozesses vom 27. Juli 2001 (BGBl. I S. 1887) neu gefasst wurde. Die vorgesehene Beschränkung der Beschwerdegründe vermeidet Rechtsmittel, die ausschließlich die fehlende Zuständigkeit des erstinstanzlichen Gerichts rügen. Hierdurch werden die Rechtsmittelgerichte von rein prozessualen Streitigkeiten entlastet.

Stellungnahme Bundesrat:

26. **Zu Artikel 1** (§ 65 Abs. 2 Satz 2 – neu –, § 68 Abs. 2 Satz 2 Halbsatz 2 – neu – FamFG)
Artikel 1 ist wie folgt zu ändern:

a) Dem § 65 Abs. 2 ist folgender Satz anzufügen:
„Im Falle der Versäumung der Frist ist die Beschwerde als unzulässig zu verwerfen, wenn das Gericht mit der Fristsetzung hierauf hingewiesen hat."

b) In § 68 Abs. 2 Satz 2 ist der abschließende Punkt durch ein Semikolon zu ersetzen und folgender Halbsatz anzufügen:
„§ 65 Abs. 2 Satz 2 bleibt unberührt."

II. – FamFG – Buch 1 Allgemeiner Teil

Begründung:

Die Rechtsfolgen der Versäumung der gemäß § 65 Abs. 2 FamFG-E gesetzten richterlichen Beschwerdebegründungsfrist sind unzureichend geregelt. Aus der Begründung des Gesetzentwurfs ist hierzu nichts zu entnehmen.

Denkbar wäre einerseits, dass mit der Fristsetzung das Erfordernis der fristwahrenden Begründung ein Formerfordernis der Beschwerde darstellt, womit im Fall der nicht fristwahrenden Begründung ein Formmangel der Beschwerde vorliegt, der gemäß § 68 Abs. 2 FamFG-E ohne Weiteres zur Verwerfung der Beschwerde als unzulässig führt. Für diese Auslegung könnte sprechen, dass im Berufungsrecht der ZPO die gesetzlich erforderliche Rechtsmittelbegründung ebenfalls ein Formerfordernis darstellt (vgl. Gummer/Heßler, in: Zöller, ZPO, 26. Aufl. 2007, § 520 Rnr. 27). Gegen diese Auslegung könnte sprechen, dass es sich im FamFG gerade nicht um eine gesetzliche, sondern lediglich um eine vom Gericht gesetzte Begründungsfrist handelt und dass diese Auslegung sprachlich bemüht erscheint. Vor allem aber spräche sachlich gegen eine solche Regelung das besondere Schutzbedürfnis der Beteiligten des Verfahrens der freiwilligen Gerichtsbarkeit, die vor dem Beschwerdegericht anwaltlich nicht vertreten sein müssen (§ 114 Abs. 1 und 2 FamFG-E) und dies daher häufig auch nicht sein werden.

Denkbar wäre andererseits, dass die Fristsetzung im Fall der Fristverstreichung keinerlei verfahrensrechtliche Konsequenzen hat. Dies wäre jedoch sowohl aus Sicht der Effizienz des beschwerdegerichtlichen Verfahrens als auch aus Sicht der Verfahrensautorität des Beschwerdegerichts nicht akzeptabel.

Sinnvoll ist es daher anzuordnen, dass das Beschwerdegericht die Beschwerde bei Versäumung der Frist – wie im Berufungsverfahren der ZPO – als unzulässig verwirft, die Verwerfung aber an die zusätzliche Voraussetzung zu knüpfen, dass das Gericht zuvor auf diese Rechtsfolge hingewiesen hat (§ 65 Abs. 2 Satz 2 Satz 2 – neu – FamFG-E). Vor dem Hintergrund der möglichen oben genannten Auslegung des § 68 Abs. 2 FamFG-E ist zudem dort die Klarstellung aufzunehmen, dass ohne den gerichtlichen Hinweis eine Verwerfung der Beschwerde nicht in Betracht kommt (§ 68 Abs. 2 Satz 2 Halbsatz 2 – neu – FamFG-E).

Gegenäußerung Bundesregierung:

Zu Nummer 26 (Artikel 1 § 65 Abs. 2 Satz 2 – neu –, § 68 Abs. 2 Satz 2 Halbsatz 2 FamFG)

Die Bundesregierung stimmt dem Vorschlag des Bundesrates nicht zu.

Die förmlichen Anforderungen an die Beschwerdebegründung sind gegenüber der bisherigen Rechtslage moderat erweitert worden. § 21 Abs. 2 FGG bestimmt lediglich, dass eine Beschwerdeschrift einzureichen ist. Ein Begründungserfordernis kennt das geltende Recht demgegenüber nicht. Zur besseren Vorbereitung des Beschwerdeverfahrens sieht § 65 Abs. 1 FamFG nunmehr erstmals vor, dass die Beschwerde begründet werden soll. Geschieht dies gleichwohl nicht, sollen hieran indes keine unmittelbaren prozessualen Folgen geknüpft werden. In diesem Zusammenhang ist auch die Möglichkeit der Befristung der Begründung in § 65 Abs. 2 FamFG zu sehen. Diese Möglichkeit dient der Verfahrensbeschleunigung sowie der Transparenz gegenüber den Beteiligten, nicht jedoch dem Ausschluss des Beteiligten mit etwa nach Ablauf der Frist erfolgtem Vorbringen.

Der Vorschlag, als Folge einer fehlenden Begründung die Verwerfung der Beschwerde vorzusehen, wird dem Charakter der freiwilligen Gerichtsbarkeit nicht gerecht. Die vom Bundesrat vorgeschlagene Regelung, die dem Rechtsmittelrecht des Zivilprozesses entnommen ist, beruht auf dem dort geltenden Beibringungsgrundsatz. Im Zivilverfahren ist es allein Sache der Parteien, den Streitgegenstand zu bestimmen und die hierfür erforderlichen Tatsachen vorzutragen. Demgegenüber ist das Gericht in den Amtsermittlungsverfahren der freiwilligen Gerichtsbarkeit auch über das Vorbringen der Beteiligten hinaus ohnehin zur Feststellung des Sachverhalts veranlasst. Die Verwerfung einer Beschwerde mangels Begründung wäre in diesen Verfahren – insbesondere in den Betreuungs-, Unterbringungs- und Freiheitsentziehungssachen – in Ansehung des mit der Entscheidung vorgenommenen Eingriffs in die Rechte der Betroffenen nicht sachgerecht. Auch die Strafprozessordnung sieht dementsprechend eine Begründungspflicht für die Berufung gemäß § 317 StPO nicht vor.

§ 66
Anschlussbeschwerde

Ein Beschwerdeberechtigter kann sich der Beschwerde anschließen, selbst wenn er auf die Beschwerde verzichtet hat oder die Beschwerdefrist verstrichen ist; die Anschließung erfolgt durch Einreichung der Beschwerdeanschlussschrift bei dem Beschwerdegericht. Die Anschließung verliert ihre Wirkung, wenn die Beschwerde zurückgenommen oder als unzulässig verworfen wird.

Die Vorschrift entspricht hinsichtlich des Satzes 2 dem Regierungsentwurf; Satz 1 2 Halbsatz ist mit der Beschlussempfehlung des Rechtsausschusses eingefügt worden:

Frühere Fassung RegE:

Ein Beschwerdeberechtigter kann sich der Beschwerde anschließen, selbst wenn er auf die Beschwerde verzichtet hat oder die Beschwerdefrist verstrichen ist. Die Anschließung verliert ihre Wirkung, wenn die Beschwerde zurückgenommen oder als unzulässig verworfen wird.

Begründung RegE:

Die Vorschrift eröffnet jedem Beschwerdeberechtigten ausdrücklich die Möglichkeit, sich der Beschwerde eines anderen Beteiligten anzuschließen. Das geltende Recht enthält keine allgemeine Regelung zur Zulässigkeit der Anschlussbeschwerde. Lediglich §§ 22 Abs. 2, 28 LwVG sehen eine Anschlussbeschwerde gesetzlich vor. Gleichwohl wird die Anschlussbeschwerde in der freiwilligen Gerichtsbarkeit bereits nach geltendem Recht überwiegend als zulässig angesehen; welche Verfahrensgegenstände dies betrifft, ist jedoch umstritten (vgl. Keidel/Kuntze/Winkler-Kahl, Freiwillige Gerichtsbarkeit, 15. Aufl. 2003, Rn. 4 vor § 19). Die Vorschrift regelt nunmehr umfassend die Möglichkeit, Anschlussbeschwerde einzulegen; eine Beschränkung auf bestimmte Verfahrensgegenstände ist nicht vorgesehen. Gleichwohl wird die Anschlussbeschwerde auch künftig in erster Linie in den Verfahren praktische Bedeutung haben, in denen sich Beteiligte gegensätzlich mit widerstreitenden Anliegen gegenüberstehen. **Satz 1 2. Halbsatz** und **Satz 2** entsprechen inhaltlich den durch das Gesetz zur Reform des Zivilprozesses vom 27. Juli 2001 (BGBl. I S. 1887) neu gefassten § 567 Abs. 3 Satz 1 2. Halbsatz und Satz 2 ZPO.

Stellungnahme Bundesrat:

27. **Zu Artikel 1** (§ 66 Satz 1 zweiter Halbsatz – neu FamFG)
In Artikel 1 § 66 Satz 1 sind der abschließende Punkt durch ein Semikolon zu ersetzen und folgender Halbsatz anzufügen:
„die Anschließung erfolgt durch Einreichung der Beschwerdeanschlussschrift bei dem Beschwerdegericht."

Begründung:

Unbefriedigend ist, dass § 66 FamFG-E – anders als § 524 Abs. 1 Satz 2 ZPO für die ZPO-Anschlussberufung – kein Schriftformerfordernis für die Anschlussbeschwerde vorsieht. Diese Regelung ist zudem nur schwer mit dem Schriftlichkeitserfordernis hinsichtlich der Einlegung der Beschwerde vereinbar (§ 64 Abs. 2 Satz 1 FamFG-E). Es ist nicht einzusehen, warum an die Anschließung nicht dieselben, das Beschwerdeverfahren erleichternden, formalen Anforderungen gestellt werden sollten wie an die Beschwerde selbst.

Die vorgeschlagene Änderung entspricht dem Wortlaut des § 524 Abs. 1 Satz 2 ZPO.

28. **Zu Artikel 1** (§ 66 Abs. 2 – neu – FamFG)
Artikel 1 § 66 ist wie folgt zu ändern:
a) Der bisherige Wortlaut wird Absatz 1.
b) Folgender Absatz 2 ist anzufügen:
„(2) Die Anschließung ist zulässig bis zum Ablauf der dem Beschwerdegegner gesetzten Frist zur Beschwerdeerwiderung. Diese Frist gilt nicht, wenn die Anschließung eine Verurteilung zu künftig fällig werdenden wiederkehrenden Leistungen zum Gegenstand hat. § 65 Abs. 2 gilt entsprechend."

II. – FamFG – Buch 1 Allgemeiner Teil

Begründung:

Unbefriedigend ist, dass die Anschlussbeschwerde – anders als nach § 524 Abs. 2 Satz 2 ZPO die Anschlussberufung – unbefristet sein soll, das heißt auch noch nach Ablauf einer von dem Beschwerdegericht gesetzten Beschwerdeerwiderungsfrist möglich wäre. Dies ist insbesondere in vermögensrechtlichen Auseinandersetzungen von Eheleuten unbefriedigend, die bislang zur Zuständigkeit der Prozessgerichte gehören und nun in die Zuständigkeit des Familiengerichts fallen sollen. Der Abgleich mit dem ZPO-Beschwerderecht, der in der Begründung des Gesetzentwurfes vorgenommen wird (BR-Drs. 309/07, S. 455), ist verfehlt, da sich die FamFG-Beschwerde gegen Endentscheidungen richtet (§ 58 Abs. 1 FamFG), während sich die (sofortige) Beschwerde der ZPO gegen Nebenentscheidungen richtet. Abzugleichen wäre daher die FamFG-Beschwerde mit der ZPO-Berufung, bei der § 524 Abs. 2 Satz 2 ZPO eine Befristung des Anschlussrechtsmittels vorsieht. Die vorgeschlagene Änderung sieht daher eine Regelung vor, die dem Wortlaut des § 524 Abs. 2 Satz 2 ZPO sowie der flankierenden Regelung des § 524 Abs. 2 Satz 3 ZPO entspricht.

Zu § 66 Abs. 2 Satz 3 – neu – FamFG-E:

Unbefriedigend ist ferner, dass die Anschlussbeschwerde – anders als nach § 524 Abs. 3 Satz 1 ZPO die Anschlussberufung – nicht fristgebunden zu begründen ist und dass noch nicht einmal das Beschwerdegericht – wiederum anders als nach § 65 Abs. 2 FamFG-E für die Beschwerde – eine Begründungsfrist setzen kann. Die fristgebundene Begründung ist jedoch sowohl dem Anschließenden zuzumuten als auch von Vorteil für die Effizienz des Beschwerdeverfahrens. Die vorgeschlagene Änderung sieht daher einen Verweis auf § 65 Abs. 2 FamFG-E vor.

Gegenäußerung Bundesregierung:

Zu Nummer 27 (Artikel 1 § 66 Satz 1 Halbsatz 2 – neu – FamFG)
Die Bundesregierung stimmt dem Vorschlag des Bundesrates zu.

Zu Nummer 28 (Artikel 1 § 66 Abs. 2 – neu – FamFG)
Die Bundesregierung stimmt dem Vorschlag des Bundesrates nicht zu.

Sie weist darauf hin, dass die vom Bundesrat vorgeschlagene Vorschrift nach dem Konzept der Beschwerdevorschriften im Allgemeinen Teil des FamFG keinen Anknüpfungspunkt hat, da eine Frist zur Beschwerdeerwiderung – anders als in § 521 Abs. 2 ZPO für die Berufungserwiderung – gesetzlich nicht vorgesehen ist. Auch der Verweis auf § 65 Abs. 2 FamFG führt den gewünschten Regelungserfolg – die Begrenzung der Zulässigkeit der Anschlussbeschwerde – nicht her. Die Beschwerdevorschriften des FamFG sehen – anders als §§ 520, 522 ZPO – nicht das Erfordernis vor, dass die Beschwerde als Zulässigkeitsvoraussetzung zu begründen ist. Dementsprechend ist auch nicht die Möglichkeit eröffnet, die Beschwerde als unzulässig zurückzuweisen, sofern es an einer Begründung der Beschwerde fehlt. Diese auf dem Beibringungsgrundsatz des Zivilprozesses beruhenden Vorschriften werden den Besonderheiten der auf dem Amtsermittlungsgrundsatz beruhenden Verfahren des FamFG nicht gerecht. Gerade in den FamFG-Verfahren, in denen eine besondere Schutzbedürftigkeit von Beteiligten gegeben ist, würden durch eine Begründungspflicht die Anforderungen an die (Anschließungs-)Beschwerde überspannt. Auf die Begründung zu Nummer 26 wird ergänzend verwiesen.

Die Bundesregierung wird im weiteren Gesetzgebungsverfahren prüfen, ob die Beschwerdevorschriften für die Familienstreitsachen, die stärker an das Berufungsrecht der Zivilprozessordnung angelehnt sind, um einen Verweis auf die Vorschriften über die Anschlussbeschwerde ergänzt werden können. Die Bundesregierung weist indes darauf hin, dass hierdurch lediglich ein Teil der Familienstreitsachen erfasst werden kann, nachdem Unterhaltssachen gemäß § 524 Abs. 2 Satz 3 ZPO ohnehin von der Befristung der Anschlussbeschwerde ausgenommen sind.

Begründung Beschlussempfehlung Rechtsausschuss:

Die geänderte Fassung entspricht der Stellungnahme des Bundesrates, der die Bundesregierung in ihrer Gegenäußerung zugestimmt hat. Zur Begründung wird auf Nummer 27 der Stellungnahme des Bundesrates verwiesen.

§ 67
Verzicht auf die Beschwerde; Rücknahme der Beschwerde

(1) Die Beschwerde ist unzulässig, wenn der Beschwerdeführer hierauf nach Bekanntgabe des Beschlusses durch Erklärung gegenüber dem Gericht verzichtet hat.

(2) Die Anschlussbeschwerde ist unzulässig, wenn der Anschlussbeschwerdeführer hierauf nach Einlegung des Hauptrechtsmittels durch Erklärung gegenüber dem Gericht verzichtet hat.

(3) Der gegenüber einem anderen Beteiligten erklärte Verzicht hat die Unzulässigkeit der Beschwerde nur dann zur Folge, wenn dieser sich darauf beruft.

(4) Der Beschwerdeführer kann die Beschwerde bis zum Erlass der Beschwerdeentscheidung zurücknehmen.

Die Vorschrift entspricht der Fassung des Regierungsentwurfs.

Begründung RegE:

Die Vorschrift bestimmt Voraussetzungen und Folgen eines wirksamen Rechtsmittelverzichts. Bereits nach geltender Rechtslage ist anerkannt, dass ein wirksamer Verzicht auf das Beschwerderecht grundsätzlich zulässig ist, Voraussetzungen und Umfang sind jedoch teilweise umstritten (vgl. Keidel/Kuntze/Winkler-Kahl, Freiwillige Gerichtsbarkeit, 15. Aufl. 2003, Rn. 97 ff. zu § 19). Diese werden nunmehr gesetzlich klargestellt.

Absatz 1 regelt, dass gegenüber dem Gericht ein wirksamer Rechtsmittelverzicht sowohl vor als auch nach Erlass des Beschlusses möglich ist. Nach einhelliger Ansicht war bereits auf der Grundlage des geltenden Rechts nach Erlass des Beschlusses ein Verzicht auf die Beschwerde statthaft; dagegen ist streitig, ob ein einseitiger Verzicht auf ein Rechtsmittel auch bereits vor Erlass des Beschlusses abgegeben werden kann (Keidel/Kuntze/Winkler-Kahl, Freiwillige Gerichtsbarkeit, 15. Aufl. 2003, Rn. 99, 100 zu § 19 m.w.N.). Die Vorschrift eröffnet nunmehr einheitlich im Interesse einer möglichst frühzeitigen Rechtsklarheit für alle Beteiligten die Möglichkeit, sowohl vor als auch nach Erlass des Beschlusses gegenüber dem Gericht wirksam auf Rechtsmittel zu verzichten.

Absatz 2 stellt klar, dass die Möglichkeit des Verzichts auch für das Anschlussrechtsmittel eröffnet ist, nachdem das Hauptrechtsmittel eingelegt wurde.

Absatz 3 regelt die Wirkungen des Verzichts, der nicht gegenüber dem Gericht sondern gegenüber einem anderen Beteiligten erklärt wird. Auch der gegenüber einem anderen Beteiligten erklärte Verzicht ist hiernach wirksam. Er ist jedoch als Einrede ausgestaltet und entfaltet daher erst dann prozessuale Wirksamkeit, wenn dieser Beteiligte sich auf den Verzicht beruft.

Absatz 4 regelt die Rücknahme der Beschwerde und bestimmt in Anlehnung an § 516 Abs. 1 ZPO, dass eine solche nur bis zum Erlass der Beschwerdeentscheidung möglich ist.

§ 68
Gang des Beschwerdeverfahrens

(1) Hält das Gericht, dessen Beschluss angefochten wird, die Beschwerde für begründet, hat es ihr abzuhelfen; anderenfalls ist die Beschwerde unverzüglich dem Beschwerdegericht vorzulegen. Das Gericht ist zur Abhilfe nicht befugt, wenn die Beschwerde sich gegen eine Endentscheidung in einer Familiensache richtet.

(2) Das Beschwerdegericht hat zu prüfen, ob die Beschwerde an sich statthaft und ob sie in der gesetzlichen Form und Frist eingelegt ist. Mangelt es an einem dieser Erfordernisse, ist die Beschwerde als unzulässig zu verwerfen.

(3) Das Beschwerdeverfahren bestimmt sich im Übrigen nach den Vorschriften über das Verfahren im ersten Rechtszug. Das Beschwerdegericht kann von der Durchführung eines Termins, einer mündlichen Verhandlung oder einzelner Verfahrenshandlungen absehen, wenn diese

II. – FamFG – Buch 1 Allgemeiner Teil

bereits im ersten Rechtszug vorgenommen wurden und von einer erneuten Vornahme keine zusätzlichen Erkenntnisse zu erwarten sind.

(4) Das Beschwerdegericht kann die Beschwerde durch Beschluss einem seiner Mitglieder zur Entscheidung als Einzelrichter übertragen; § 526 der Zivilprozessordnung gilt mit der Maßgabe entsprechend, dass eine Übertragung auf einen Richter auf Probe ausgeschlossen ist.

Die Vorschrift entspricht der Fassung des Regierungsentwurfs.

Begründung RegE:

Die Vorschrift regelt den Gang des Beschwerdeverfahrens.

Absatz 1 Satz 1 1. Halbsatz gibt dem Ausgangsgericht das Recht, einer Beschwerde abzuhelfen. Das geltende Recht räumt dem Gericht in § 18 Abs. 1 FGG eine generelle Abänderungs- und damit auch Abhilfebefugnis ein, schließt diese jedoch in § 18 Abs. 2 FGG für alle Verfügungen aus, die der sofortigen Beschwerde unterliegen. Mit der Neufassung der Vorschrift werden zum einen die Abänderungs- und Abhilfemöglichkeiten systematischer gefasst, indem zwischen der Abhilfe im Rahmen eines Rechtsmittels und der Abänderung bei wesentlicher Veränderung der Sach- und Rechtslage unterschieden wird. Zum anderen folgt die Regelung dem durch das Gesetz zur Reform des Zivilprozesses vom 27. Juli 2001 (BGBl. I S. 1887) neu gefassten § 572 Abs. 1 Satz 1 1. Halbsatz ZPO, indem es eine generelle Abhilfebefugnis einführt. Hierdurch wird dem Gericht der ersten Instanz die Gelegenheit eingeräumt, seine Entscheidung nochmals zu überprüfen und sie gegebenenfalls zeitnah zurückzunehmen oder zu korrigieren. Das Beschwerdegericht wird dadurch entlastet, weil es nicht mit Entscheidungen befasst wird, deren Fehlerhaftigkeit das Gericht der ersten Instanz bereits selbst erkannt hat.

Halbsatz 2 entspricht dem durch das Gesetz zur Reform des Zivilprozesses vom 27. Juli 2001 (BGBl. I S. 1887) neu gefassten § 571 Abs. 1 Satz 1 2. Halbsatz ZPO. Gleichzeitig wird die inhaltliche Gleichstellung mit den §§ 148 Abs. 1 2. Halbsatz der Verwaltungsgerichtsordnung (VwGO), 130 Abs. 1 2. Halbsatz der Finanzgerichtsordnung (FGO) und 174 2. Halbsatz des Sozialgerichtsgesetzes (SGG) bewirkt. Mit der Einführung der Verpflichtung zur unverzüglichen Vorlage an das Beschwerdegericht wird einerseits dem Grundsatz der Verfahrensbeschleunigung Rechnung getragen, andererseits dem erstinstanzlichen Gericht eine angemessene Überprüfungsfrist eingeräumt.

Satz 2 nimmt Familiensachen von der Abhilfe aus. Er entspricht inhaltlich den bisherigen §§ 621e Abs. 3, 318 ZPO (Zöller-Philippi, ZPO, 26. Aufl. 2007, Rn. 60 zu § 621e).

Absatz 2 Satz 1 stellt klar, dass das Beschwerdegericht stets zunächst die Zulässigkeit der Beschwerde zu prüfen hat. Bereits nach geltender Rechtslage entspricht es überwiegender Ansicht, dass der Amtsermittlungsgrundsatz sich uneingeschränkt auch auf die Prüfung der Zulässigkeitsvoraussetzungen erstreckt (Keidel/Kuntze/Winkler-Schmidt, Freiwillige Gerichtsbarkeit, 15. Aufl. 2003, Rn. 64 zu § 12 m.w.N.). Dies wird nunmehr ausdrücklich gesetzlich geregelt. Satz 2 bestimmt, wie das Gericht zu verfahren hat, wenn es an einem Zulässigkeitserfordernis fehlt.

Absatz 3 Satz 1 regelt, dass sich das weitere Verfahren nach den Vorschriften über das Verfahren im ersten Rechtszug (Abschnitt 2) richtet. Abschnitt 1 findet unmittelbare Anwendung; Abschnitt 3 (Beschluss) wird in § 69 Abs. 4 für anwendbar erklärt. In Ehe- und Familienstreitsachen verweist Absatz 3 Satz 1 über § 113 Abs. 1 auf die Vorschriften der Zivilprozessordnung über das (erstinstanzliche) Verfahren vor den Landgerichten. Satz 2 greift eine bisher ausschließlich im Betreuungsrecht gemäß § 69 g Abs. 5 Satz 3 FGG vorgesehene Verfahrensvorschrift auf und regelt nunmehr allgemein, dass das Beschwerdegericht von der Wiederholung solcher Verfahrenshandlungen absehen kann, die das Gericht der ersten Instanz bereits umfassend und vollständig durchgeführt hat. Des Weiteren bestimmt die Vorschrift ausdrücklich, dass nach pflichtgemäßem Ermessen auch von der erneuten Durchführung eines Termins oder einer mündlichen Verhandlung im Beschwerdeverfahren abgesehen werden kann. Die Vorschrift dient der effizienten Nutzung gerichtlicher Ressourcen in der Beschwerdeinstanz. Hierdurch werden etwa unnötige doppelte Beweisaufnahmen verhindert; des Weiteren wird die Durchführung eines Termins entbehrlich, wenn die Sache bereits in der ersten Instanz im erforderlichen Umfang mit den Beteiligten erörtert wurde.

Diese Neuregelungen sind mit Artikel 6 der Europäischen Menschenrechtskonvention (EMRK) vereinbar. Die Menschenrechtskonvention enthält zwar den Grundsatz der mündlichen Verhandlung für alle streitigen Zivilverfahren, worunter nach der Rechtsprechung des EGMR auch Ehesachen, Kindschaftssachen und Unterbringungssachen fallen (vgl. Meyer-Ladewig, Europäische Menschenrechtskonvention, 2. Aufl. 2006, Rn. 8 zu Artikel 6). Es ist aber nach der Rechtsprechung anerkannt, dass der Staat eine Fallgruppe hiervon zum Schutz der Moral, der öffentlichen Ordnung, zum Jugendschutz oder zum Schutz des Privatlebens ausnehmen kann (vgl. Meyer-Ladewig, a.a.O. Rn. 63). Für Rechtsmittelinstanzen gilt auch nach der Rechtsprechung des Europäischen Gerichtshofs für Menschenrechte (EGMR), dass von der mündlichen Verhandlung abgesehen werden kann, wenn in der ersten Instanz eine solche stattgefunden hat und es nur um die Zulassung des Rechtsmittels geht oder nur eine rechtliche Überprüfung möglich ist. Eine zweite mündliche Verhandlung ist nach der Rechtsprechung des EGMR auch bei Entscheidungen über Tatsachenentscheidungen entbehrlich, wenn ohne eigene Tatsachenermittlungen aufgrund der Aktenlage entschieden werden kann, nicht aber wenn der Fall schwierig ist und die tatsächlichen Fragen nicht einfach sind und erhebliche Bedeutung haben. (Meyer-Ladewig, a.a.O. Rn. 66). Bei Absatz 3 Satz 2 handelt es sich um eine Ermessensvorschrift. Das Gericht hat die Vorschrift konform mit der EMRK auszulegen und bei der Ausübung des Ermessens auch die Rechtsprechung des EGMR hierzu zu beachten.

Absatz 4 Satz 1 knüpft inhaltlich an die bisherigen, durch das Gesetz zur Reform des Zivilprozesses vom 27. Juli 2001 (BGBl. I S. 1887) neu gefassten § 30 Abs. 1 Satz 2 und Satz 3 FGG an. Zwecks Harmonisierung der Prozessordnungen wird die Vorschrift jedoch in Übereinstimmung mit § 526 ZPO erweitert. Der fakultative Einzelrichtereinsatz in der Beschwerdeinstanz ist künftig nicht mehr auf die Zivilkammern am Landgericht beschränkt, sondern in allen Beschwerdesachen möglich; dies betrifft grundsätzlich sowohl die Beschwerdezuständigkeit der Oberlandesgerichte als auch die Beschwerdezuständigkeit der Kammern für Handelssachen. Bei letzteren ist künftig die Übertragung auf den Vorsitzenden im Rahmen des § 526 Abs. 4 ZPO statthaft. Der letzte Halbsatz beschränkt die Übertragungsmöglichkeiten für Verfahren an den Landgerichten auf Richter, die auf Lebenszeit ernannt sind. Eine Entscheidung durch einen Richter auf Probe als Einzelrichter erscheint im Hinblick auf die Tragweite einer Beschwerdeentscheidung verfehlt.

Stellungnahme Bundesrat:

29. **Zu Artikel 1** (§ 68 Abs. 4 zweiter Halbsatz FamFG)
In Artikel 1 § 68 Abs. 4 Halbsatz 2 sind nach dem Wort „Probe" die Wörter „im ersten Jahr nach seiner Ernennung" einzufügen.

Begründung:

Nach geltender Rechtslage kann die Entscheidung über eine Beschwerde in Angelegenheiten der freiwilligen Gerichtsbarkeit, über die eine Zivilkammer des Landgerichts zu entscheiden hat, auf einen Einzelrichter übertragen werden (§ 526 ZPO i.V.m. § 30 Abs. 1 Satz 3 FGG). Durch § 68 Abs. 4 FamFG-E soll jetzt eine Harmonisierung mit der Zivilprozessordnung dahin gehend erfolgen, dass die Möglichkeit zur Übertragung der Entscheidung auf den Einzelrichter auf alle Beschwerdesachen, also auch die, die zukünftig in die Zuständigkeit des Oberlandesgerichtes fallen sollen, ausgeweitet wird.

Gleichzeitig nimmt § 68 Abs. 4 FamFG-E aber eine Einschränkung dahin gehend vor, dass „eine Übertragung auf einen Richter auf Probe ausgeschlossen ist". Diese Einschränkung wird im Gesetzentwurf der Bundesregierung mit der „Tragweite einer Beschwerdeentscheidung" begründet (BR-Drs. 309/07, S. 458).

Diese Einschränkung ist nicht sachgerecht. Es wird im Gesetzentwurf nicht nachvollziehbar begründet, weshalb Richter auf Probe, die zum Teil bereits mehrjährige Berufserfahrung vor einer Verplanung haben, nicht geeignet sein sollen, als Einzelrichter Beschwerdeentscheidungen in Angelegenheiten der Freiwilligen Gerichtsbarkeit zu treffen. Eine vergleichbare Einschränkung sieht § 526 ZPO für Berufungsentscheidungen nicht vor, obwohl es sich auch dort um die Entscheidung einer Rechtsmittelinstanz handelt.

Anders als in den Zivilsachen ist bei den Angelegenheiten der Freiwilligen Gerichtsbarkeit allerdings zu berücksichtigen, dass Richter auf Probe, soweit sie sich noch im ersten Jahr nach ihrer Ernennung befinden, in bestimmten Rechtsbereichen grundsätzlich nicht eingesetzt werden dürfen (Familiensachen – § 23b Abs. 3 Satz 2 GVG, Betreuungssachen – § 65 Abs. 6 FGG). Diese Beschränkungen sind auch bei den Beschwerdeentscheidungen zu berücksichtigen und können einen grundsätzlichen Ausschluss solcher Richter auf Probe, die sich noch im ersten Jahr nach ihrer Ernennung befinden, von Einzelrichterentscheidungen in der Beschwerdeinstanz rechtfertigen. Der von § 68 Abs. 4 FamFG-E vorgesehene Ausschluss aller Richter auf Probe ist dagegen nicht gerechtfertigt und zu weitgehend. Er würde zugleich auch die Einsatzmöglichkeiten von Richtern auf Probe in den Zivilkammern einschränken. Deshalb sieht der Antrag vor, den Ausschluss der Richter auf Probe auf solche im ersten Jahr nach ihrer Ernennung einzugrenzen.

Gegenäußerung Bundesregierung:
Zu Nummer 29 (Artikel 1 – § 68 Abs. 4 zweiter Halbsatz FamFG)
Die Bundesregierung stimmt dem Vorschlag des Bundesrates nicht zu.

Die vom Bundesrat vorgeschlagene Möglichkeit, Verfahren auf Proberichter als Einzelrichter zu übertragen, wenn sie länger als ein Jahr ernannt sind, wird der mit der Neustrukturierung des Rechtsmittelzuges beabsichtigten Ausgestaltung der beschwerdegerichtlichen Entscheidung nicht gerecht. Während nach geltendem Recht gegen jede Entscheidung des Beschwerdegerichts die weitere Beschwerde statthaft ist, muss die Rechtsbeschwerde vom Beschwerdegericht zugelassen werden. In einer Vielzahl der durch die Beschwerdegerichte zu entscheidenden Verfahren wird daher gegen die beschwerdegerichtlichen Entscheidungen ein weiteres Rechtsmittel nicht mehr gegeben sein. Die Übertragung auf den Einzelrichter, die bisher gemäß § 30 Abs. 1 Satz 3 FGG unter den Voraussetzungen des § 526 der Zivilprozessordnung möglich ist, war daher gegenüber der jetzigen Rechtslage einzuschränken.

Die vom Bundesrat angeführten praktischen organisatorischen Probleme der Länder bei der Besetzung der Beschwerdekammern sind der Bundesregierung hierbei bewusst. Die Bundesregierung ist jedoch der Ansicht, dass die größere Erfahrung eines Lebenszeitrichters für die Entscheidung einer landgerichtlichen Beschwerdesache unabdingbar ist, zumal die den Landgerichten als Beschwerdegericht zugewiesenen Verfahren – Betreuungs-, Unterbringungs- und Freiheitsentziehungssachen – in erheblicher Weise in die Rechte der Betroffenen eingreifen.

§ 69
Beschwerdeentscheidung

(1) Das Beschwerdegericht hat in der Sache selbst zu entscheiden. Es darf die Sache unter Aufhebung des angefochtenen Beschlusses und des Verfahrens nur dann an das Gericht des ersten Rechtszuges zurückverweisen, wenn dieses in der Sache noch nicht entschieden hat. Das Gleiche gilt, soweit das Verfahren an einem wesentlichen Mangel leidet und zur Entscheidung eine umfangreiche oder aufwändige Beweiserhebung notwendig wäre und ein Beteiligter die Zurückverweisung beantragt. Das Gericht des ersten Rechtszuges hat die rechtliche Beurteilung, die das Beschwerdegericht der Aufhebung zugrunde gelegt hat, auch seiner Entscheidung zugrunde zu legen.

(2) Der Beschluss des Beschwerdegerichts ist zu begründen.

(3) Für die Beschwerdeentscheidung gelten im Übrigen die Vorschriften über den Beschluss im ersten Rechtszug entsprechend.

Die Vorschrift entspricht im Hinblick auf die Absätze 1 und 3 dem Regierungsentwurf; Absatz 2 ist mit der Beschlussempfehlung des Rechtsausschusses geändert worden:

Frühere Fassung RegE:
(2) Der Beschluss des Beschwerdegerichts soll begründet werden. Er ist zu begründen, soweit

1. das Beschwerdegericht die Rechtsbeschwerde zulässt; in diesem Fall ist auch die Zulassung selbst zu begründen,

2. er eine Endentscheidung in einer Ehesache oder Abstammungssache enthält oder

3. zu erwarten ist, dass er im Ausland geltend gemacht wird,
4. das Beschwerdegericht die Sache an das Gericht des ersten Rechtszuges zurückverweist.

Begründung RegE:
Absatz 1 bestimmt Voraussetzungen und Folgen einer Zurückverweisung an das Gericht der ersten Instanz. Das FGG sieht keine gesetzlichen Regelungen über die Zulässigkeit und die Voraussetzungen einer Zurückverweisung an das Ausgangsgericht vor. Es wird jedoch bereits nach geltendem Recht davon ausgegangen, dass eine Zurückverweisung ausnahmsweise möglich ist, wenn schwerwiegende Mängel im Verfahren vorliegen (BayObLG, NJW-RR 2002, 679, 680; Keidel/Kuntze/Winkler-Sternal, Freiwillige Gerichtsbarkeit, 15. Aufl. 2003, Rn. 21 zu § 25; Bassenge/Herbst/Roth-Bassenge, Freiwillige Gerichtsbarkeit, 9. Aufl. 2002, Rn. 11 zu § 25 FGG). Die Vorschrift knüpft an diese Rechtsprechung an und benennt nunmehr durch ausdrückliche gesetzliche Regelung, unter welchen Voraussetzungen eine Zurückverweisung zulässig ist und wie das Gericht der ersten Instanz im Anschluss an die Zurückverweisung zu verfahren hat.

Absatz 1 Satz 1 bestimmt, dass das Gericht im Regelfall in der Sache selbst zu entscheiden hat. **Satz 2 und 3** enthalten Ausnahmen von diesem Grundsatz. Hierbei sind die Zurückverweisungsgründe im Interesse der Verfahrensbeschleunigung auf die Fälle beschränkt, in denen den Beteiligten bei Unterbleiben einer Zurückverweisung faktisch eine Instanz genommen würde. Nach **Satz 2** ist dies der Fall, wenn das erstinstanzliche Gericht sich ausschließlich mit Zulässigkeitsfragen beschäftigt hat und eine Befassung in der Sache aus diesem Grund unterblieben ist. Nach **Satz 3** ist eine Zurückverweisung statthaft, wenn es sich um einen wesentlichen Verfahrensmangel handelt, aufgrund dessen eine umfangreiche oder aufwändige Beweisaufnahme erforderlich ist. Die Regelung folgt insoweit der durch das Gesetz zur Reform des Zivilprozesses vom 27. Juli 2001 (BGBl. I S. 1887) neu gefassten Vorschrift des § 538 Abs. 2 Satz 1 ZPO, der die Zurückverweisungsmöglichkeit auf schwere Verfahrensmängel beschränkt, die umfangreiche oder aufwändige Beweisaufnahmen nach sich ziehen. Hierunter ist die Vernehmung einer Vielzahl von Zeugen oder die Beweisaufnahme an einem weit entfernt liegenden Ort zu verstehen. Die bloße Vernehmung eines Zeugen oder eines Sachverständigen ist dagegen regelmäßig kein Zurückverweisungsgrund.

Die Vorschrift bestimmt schließlich, dass die Zurückverweisung nur auf Antrag eines Beteiligten erfolgt. Sie lehnt sich auch insoweit an die durch das Gesetz zur Reform des Zivilprozesses vom 27. Juli 2001 (BGBl. I S. 1887) neu gefasste Vorschrift des § 538 Abs. 2 Satz 1 ZPO an. Sind die Beteiligten trotz Vorliegen eines Zurückverweisungsgrundes mit einer Entscheidung des Beschwerdegerichts in der Sache einverstanden, so ist das Beschwerdegericht aus Gründen der Verfahrensbeschleunigung hieran künftig gebunden.

Satz 4 übernimmt die nach allgemeiner Ansicht (BayObLG, FamRZ 1996, 436; Keidel/Kuntze/Winkler-Sternal, Freiwillige Gerichtsbarkeit, 15. Aufl. 2003, Rn. 25 zu § 25; Bassenge/Herbst/Roth-Bassenge, 9. Aufl. 2002, Freiwillige Gerichtsbarkeit, Rn. 15 zu § 35) bestehende Bindung des Gerichts des ersten Rechtszugs an die der Aufhebung des Beschwerdegerichts zugrunde liegenden Beurteilung der Sach- und Rechtslage als gesetzliche Regelung.

Absatz 2 Satz 1 bestimmt, dass jeder Beschluss begründet werden soll. Satz 2 regelt die Fälle, in denen die Entscheidung zwingend zu begründen ist.

Nummer 1 1. Halbsatz knüpft inhaltlich an den bisherigen § 25 FGG an. Nach derzeitiger Rechtslage hat die Begründung der Entscheidung in tatsächlicher und rechtlicher Hinsicht zu erfolgen, wenn eine Nachprüfung der richtigen Anwendung des Gesetzes auf den vorliegenden Tatbestand durch das Gericht der bisherigen weiteren Beschwerde gemäß § 27 FGG ermöglicht werden sollte (Keidel/Kuntze/Winkler-Sternal, Freiwillige Gerichtsbarkeit, 15. Aufl. 2003, Rn. 28 zu § 25). Unter Fortschreibung dieser Grundsätze ist eine Begründung stets zu fordern, wenn eine Überprüfung der Entscheidung des Beschwerdegerichts durch das Rechtsbeschwerdegericht stattfindet. **Nummer 1. 2. Halbsatz 2** bestimmt, dass auch die Zulassung selbst zu begründen ist. Das Gericht hat im Fall der Zulassung schriftlich niederzulegen, aus welchen Erwägungen sich das Vorliegen der Zulassungsvoraussetzungen ergibt. Diese Ausführungen dienen als Grundlage für das Rechtsbeschwerdegericht, um die Zulässigkeit der Rechtsbeschwerde gemäß § 74 Abs. 1 Satz 1 überprüfen zu können.

Nummern 2 bis 3 entsprechen den erstinstanzlichen Begründungspflichten des § 38 Abs. 3 Nr. 1 bis 3.

Nummer 4 fügt den Fall der Zurückverweisung an das erstinstanzliche Gericht hinzu. Damit soll gewährleistet werden, dass das erstinstanzliche Gericht über die Begründung die rechtlichen Beurteilungen der Entscheidung, an die es nach Absatz 1 Satz 2 gebunden ist, berücksichtigen kann.

Absatz 3 bestimmt, dass im Übrigen die Vorschriften zum Beschluss im ersten Rechtszug (Abschnitt 3) entsprechend gelten.

Begründung Beschlussempfehlung Rechtsausschuss:

Die Änderung sieht die ausnahmslose Verpflichtung zur Begründung der Beschwerdeentscheidung vor. Den Beteiligten sind damit stets die Gründe für die Entscheidung des Beschwerdegerichts darzulegen. Der Ausschuss hält die Erweiterung der Begründungspflicht für veranlasst, um die Akzeptanz der künftig nicht mehr stets anfechtbaren Beschwerdeentscheidung beim unterlegenen Beteiligten zu erhöhen und die Richtigkeitsgewähr dieser Entscheidung zu stärken. Außerdem vereinfacht der Wegfall des differenzierten Ausnahmekatalogs für einen Begründungszwang die Vorschrift und erleichtert ihre Anwendung.

Unterabschnitt 2
Rechtsbeschwerde

§ 70
Statthaftigkeit der Rechtsbeschwerde

(1) Die Rechtsbeschwerde eines Beteiligten ist statthaft, wenn sie das Beschwerdegericht oder das Oberlandesgericht im ersten Rechtszug in dem Beschluss zugelassen hat.

(2) Die Rechtsbeschwerde ist zuzulassen, wenn

1. die Rechtssache grundsätzliche Bedeutung hat oder
2. die Fortbildung des Rechts oder die Sicherung einer einheitlichen Rechtsprechung eine Entscheidung des Rechtsbeschwerdegerichts erfordert.

Das Rechtsbeschwerdegericht ist an die Zulassung gebunden.

(3) Die Rechtsbeschwerde gegen einen Beschluss des Beschwerdegerichts ist ohne Zulassung statthaft in

1. Betreuungssachen zur Bestellung eines Betreuers, zur Aufhebung einer Betreuung, zur Anordnung oder Aufhebung eines Einwilligungsvorbehalts,
2. Unterbringungssachen sowie
3. Freiheitsentziehungssachen.

(4) Gegen einen Beschluss im Verfahren über die Anordnung, Abänderung oder Aufhebung einer einstweiligen Anordnung oder eines Arrests findet die Rechtsbeschwerde nicht statt.

Die Vorschrift entspricht im Hinblick auf Absatz 1 dem Regierungsentwurf; Absatz 2 ist mit der Beschlussempfehlung des Rechtsausschusses geändert worden; Absatz 3 ist neu eingefügt worden, der bisherige Absatz 3 ist zu Absatz 4 geworden:

Frühere Fassung RegE:

(2) Die Rechtsbeschwerde ist zuzulassen, wenn

1. die Rechtssache grundsätzliche Bedeutung hat oder

2. die Fortbildung des Rechts oder die Sicherung einer einheitlichen Rechtsprechung eine Entscheidung des Rechtsbeschwerdegerichts erfordert.

Das Rechtsbeschwerdegericht ist an die Zulassung nicht gebunden.

Abschnitt 5 – § 70

Begründung RegE:

Die Vorschrift führt eine allgemeine Rechtsbeschwerde in FamFG-Sachen ein; sie vollzieht das durch das Gesetz zur Reform des Zivilprozesses vom 27. Juli 2001 (BGBl. I S. 1887) neu gestaltete Rechtsbeschwerderecht gemäß §§ 574 ff. ZPO auch für den Bereich der FamFG-Sachen nach. Die Rechtsbeschwerde tritt an die Stelle der bisherigen weiteren Beschwerde und beseitigt auf diese Weise die zulassungsfreie dritte Instanz zur Überprüfung der erstinstanzlichen Entscheidung. Die Einführung der Rechtsbeschwerde dient der Funktionsdifferenzierung zwischen den verschiedenen Instanzen. Dem Rechtsbeschwerdegericht wird es ermöglicht, sich künftig in erster Linie mit Verfahren zu befassen, denen aufgrund ihrer grundsätzlichen Bedeutung eine über den Einzelfall hinaus reichende Wirkung zukommt. Die Konzentration der Rechtsbeschwerden beim Bundesgerichtshof sichert eine zügige höchstrichterliche Entscheidung von Grundsatzfragen. Hierdurch wird die Funktion des Bundesgerichtshofes als Wahrer der Rechtseinheitlichkeit und Rechtsfortbildung gestärkt.

Absatz 1 bestimmt, dass die Rechtsbeschwerde gegen Beschlüsse nur statthaft ist, wenn sie vom Beschwerdegericht oder, wenn der Beschluss vom Oberlandesgericht im ersten Rechtszug erlassen ist, vom Oberlandesgericht in dem Beschluss zugelassen wurde. Über die Zulassung hat das Beschwerdegericht von Amts wegen zu entscheiden; eines entsprechenden Antrages der Beteiligten bedarf es nicht.

Nach **Absatz 2** ist die Rechtsbeschwerde nur bei Vorliegen der in den Nummern 1 und 2 genannten Voraussetzungen zuzulassen. Grundsätzliche Bedeutung einer Rechtssache gemäß **Nummer 1** ist regelmäßig dann gegeben, wenn eine klärungsbedürftige Rechtsfrage zu entscheiden ist, deren Auftreten in einer unbestimmten Vielzahl von Fällen denkbar ist. Die Zulassung erfolgt nach **Nummer 2** des Weiteren, wenn die Fortbildung des Rechts oder die Sicherung einer einheitlichen Rechtsprechung dies erfordern. Zur Fortbildung des Rechts ist die Zulassung erforderlich, wenn der Einzelfall Veranlassung gibt, Leitsätze für die Auslegung von Gesetzesbestimmungen des materiellen oder des Verfahrensrechts aufzustellen oder Gesetzeslücken auszufüllen. Zur Sicherung einer einheitlichen Rechtsprechung ist die Rechtsbeschwerde zuzulassen, wenn vermieden werden soll, dass schwer erträgliche Unterschiede in der Rechtsprechung entstehen oder fortbestehen, wobei darauf abzustellen ist, welche Bedeutung die angefochtene Entscheidung für die Rechtsprechung als Ganzes hat. Liegen diese Voraussetzungen vor, so steht die Zulassung nicht im freien Ermessen des Gerichts, sondern unterliegt der gesetzlichen Bindung.

Satz 2 regelt, dass das Rechtsbeschwerdegericht an die Zulassung durch das Beschwerdegericht nicht gebunden ist. Die Regelung dient der Entlastung des Rechtsbeschwerdegerichts. Wird die Rechtsbeschwerde zugelassen, obgleich die Voraussetzungen für die Zulassung nicht gegeben sind, weil die Sache entweder keine grundsätzliche Bedeutung hat oder nicht der Rechtsvereinheitlichung dient, so bindet dies in erheblicher Weise Arbeitskraft des Rechtsbeschwerdegerichts, ohne dass dessen Entscheidung zur Klärung von Fragen grundsätzlicher Bedeutung beitragen würde. Dem Rechtsbeschwerdegericht wird die Möglichkeit eröffnet, Rechtsbeschwerden zu verwerfen, die nach der Zielsetzung der Zulassungsrechtsbeschwerde seiner Prüfung nicht zugeführt werden sollten. Hierdurch wird eine weitere Konzentration der Tätigkeit des Rechtsbeschwerdegerichts auf die Klärung von Fragen von grundsätzlicher Bedeutung bewirkt.

Absatz 3 übernimmt die inhaltlich entsprechende Regelung des durch das 1. Justizmodernisierungsgesetz vom 24. August 2004 (BGBl. I S. 2198) eingefügten § 574 Abs. 1 Satz 2 ZPO. Sie stellt klar, dass eine Rechtsbeschwerde im einstweiligen Anordnungs- sowie im Arrestverfahren nicht statthaft ist.

Stellungnahme Bundesrat:

30. **Zu Artikel 1** (§ 70 Abs. 2 Satz 2, § 74 Abs. 1 Satz 1 FamFG), **Artikel 21 Nr. 2** (§ 29 Abs. 2 Satz 2 EGGVG), **Artikel 36 Nr. 8** (§ 78 Abs. 2 Satz 2 GBO) und Artikel 39 Nr. 6 (§ 83 Abs. 2 Satz 2 SchRegO)

a) Artikel 1 ist wie folgt zu ändern:
aa) In § 70 Abs. 2 Satz 2 ist das Wort „nicht" zu streichen.
bb) In § 74 Abs. 1 Satz 1 sind die Wörter „ist, ob die Voraussetzungen für die Zulassung nach § 70 Abs. 2 vorliegen" zu streichen.
b) In Artikel 21 Nr. 2 § 29 Abs. 2 Satz 2, Artikel 36 Nr. 8 § 78 Abs. 2 Satz 2 und Artikel 39 Nr. 6 § 83 Abs. 2 Satz 2 ist jeweils das Wort „nicht" zu streichen.

II. – FamFG – Buch 1 Allgemeiner Teil

Begründung:
Die Bindung des Bundesgerichtshofs an die Zulassung der Rechtsbeschwerde ist entsprechend der Regelung in § 543 Abs. 2 Satz 2 und § 574 Abs. 3 Satz 2 ZPO auch für die familiengerichtlichen Verfahren und die Verfahren der freiwilligen Gerichtsbarkeit vorzusehen. Hinsichtlich der Rechtsbeschwerde gegen Beschlüsse des Oberlandesgerichts in Justizverwaltungsangelegenheiten ist wegen der Anlehnung an das verwaltungsgerichtliche Verfahren zusätzlich auf § 132 Abs. 3 VwGO zu verweisen, der eine Bindung des Bundesverwaltungsgerichts an die Zulassung der Revision durch das Oberverwaltungsgericht bestimmt. Nicht nur im Hinblick auf die Bestrebungen zur Vereinheitlichung der Prozessordnungen, sondern auch in der Sache erscheint der durch den FGG-RG-E vorgesehene Verzicht auf die Bindung nicht geboten.

Die in der Zivilprozessordnung vorgesehene Bindung des Rechtsbeschwerdegerichts dient dem Schutz des Vertrauens auf die Statthaftigkeit eines zugelassenen Rechtsmittels. Die bisherige Entwicklung zu den §§ 543 und 574 ZPO gibt keinen Anlass zu der Annahme, die Berufungs- oder Beschwerdegerichte würden in nennenswertem Umfang von der Zulassungsmöglichkeit Gebrauch machen, ohne dass die Zulassungsvoraussetzungen vorlägen. Den Entscheidungen des Bundesgerichtshofs ist zu entnehmen, dass er sich dann, wenn ausnahmsweise entgegen der Annahme des Gerichts zweiter Instanz eine Rechtssache beispielsweise keine grundsätzliche Bedeutung hat – zum Beispiel weil eine Rechtsfrage vom Bundesgerichtshof schon geklärt wurde – regelmäßig durch eine knapp gehaltene Entscheidung zu helfen weiß. Zudem existiert bereits eine gefestigte Rechtsprechung des Bundesgerichtshofs, dass erhebliche Gesetzesverstöße bei der Zulassungsentscheidung – zum Beispiel keine Eröffnung des Instanzenzugs oder Unanfechtbarkeit kraft gesetzlicher Bestimmung – eine Bindungswirkung ausschließen. Die Fassung sowohl des Artikels 1 § 74 Abs. 1 Satz 1 als auch – auf Grund der Verweisung auf § 74 Abs. 1 Satz 1 FamFG-E – der Artikel 21 Nr. 2 (§ 29 Abs. 2 Satz 2, Abs. 3 EGGVG), Artikel 36 Nr. 8 (§ 78 Abs. 2 Satz 2, Abs. 3 GBO) und Artikel 39 Nr. 6 (§ 83 Abs. 2 Satz 2, Abs. 3 SchRegO) FGG-RG-E sind geeignet, eine höhere Belastung des Bundesgerichtshofs durch die Aufbürdung der Prüfung der Zulassungsvoraussetzungen zu verursachen.

Gegenäußerung Bundesregierung:
Zu Nummer 30 Artikel 1 (§ 70 Abs. 2 Satz 2, § 74 Abs. 1 Satz 1 FamFG), Artikel 21 Nr. 2 (§ 29 Abs. 2 Satz 2 EGGVG), Artikel 36 Nr. 8 (§ 78 Abs. 2 Satz 2 GBO) und Artikel 39 Nr. 6 (§ 83 Abs. 2 Satz 2 SchRegO)

Die Bundesregierung stimmt dem Vorschlag des Bundesrates nicht zu.

Die Möglichkeiten der Beteiligten, grundsätzliche Fragen durch den Bundesgerichtshof klären zu lassen, werden mit dem vorliegendem Entwurf erheblich erweitert. Derzeit wird der Bundesgerichtshof mit Angelegenheiten der freiwilligen Gerichtsbarkeit nur durch Vorlage durch die Oberlandesgerichte befasst. Demgegenüber wird der Zugang zum Bundesgerichtshof nunmehr als Rechtsmittel der Beteiligten ausgestaltet. Der Bundesgerichtshof kann dadurch in wesentlich stärkerem Ausmaß als bisher die Materien der freiwilligen Gerichtsbarkeit durch Leitentscheidungen prägen und fortentwickeln.

Die Bundesregierung hält an ihrer Ansicht fest, dass zur Vermeidung der Überlastung des Bundesgerichtshofes erforderlich ist, dass dieser an die Zulassung nicht gebunden ist. Hierdurch wird ihm die Möglichkeit eröffnet, Zulassungen unaufwändig zu erledigen, wenn es an einem Zulassungsgrund mangelte. Die Bundesregierung teilt nicht die Auffassung des Bundesrates, dass hierdurch eine höhere Belastung des Bundesgerichtshofes zu befürchten ist als im Falle der Bindung an die Zulassung. Die Prüfung der Zulässigkeitsvoraussetzungen wird regelmäßig weniger Aufwand verursachen als eine Vollprüfung der Begründetheit der zugelassenen Rechtsbeschwerde.

Begründung Beschlussempfehlung Rechtsausschuss:
Die Streichung in Absatz 2 Satz 2 bewirkt die Bindung des Rechtsbeschwerdegerichts an die Zulassung durch das Beschwerdegericht. Der Ausschuss hat diese Empfehlung aus dem Kreis der Sachverständigen aufgegriffen. Das Rechtsbeschwerdegericht hat somit über zugelassene Rechtsbeschwerden in der Sache zu entscheiden, auch wenn seines Erachtens die Gründe für die Zulassung der Rechtsbeschwerde nicht vorliegen. Zur erleichterten Erledigung zu Unrecht zugelassener und aussichtsloser Rechtsbeschwerden

sieht § 74a – neu – die Möglichkeit des einstimmigen Zurückweisungsbeschlusses nach dem Vorbild von § 552a ZPO vor. Die Bindung des Rechtsbeschwerdegerichts an die Zulassung entspricht der Rechtslage im Revisionsrecht aller Verfahrensordnungen und auch derjenigen im Recht der Rechtsbeschwerde nach der Zivilprozessordnung. Sie erhält somit in Familiensachen die bisherige Rechtslage, die sich bewährt hat, aufrecht.

Die Einfügung des neuen Absatzes 3 dient der Verbesserung des Rechtsschutzes in bestimmten Betreuungssachen sowie in Unterbringungs- und Freiheitsentziehungssachen. Wenn durch gerichtliche Entscheidung in höchstpersönliche Rechte der Beteiligten eingegriffen wird und freiheitsentziehende Maßnahmen angeordnet werden, soll eine weitere Überprüfungsinstanz ohne weitere Zulassungsvoraussetzungen zur Verfügung stehen. Dieses wird durch die Einführung der zulassungsfreien Rechtsbeschwerde zum Bundesgerichtshof gewährleistet.

§ 71
Frist und Form der Rechtsbeschwerde

(1) Die Rechtsbeschwerde ist binnen einer Frist von einem Monat nach der schriftlichen Bekanntgabe des Beschlusses durch Einreichen einer Beschwerdeschrift bei dem Rechtsbeschwerdegericht einzulegen. Die Rechtsbeschwerdeschrift muss enthalten:

1. die Bezeichnung des Beschlusses, gegen den die Rechtsbeschwerde gerichtet wird, und
2. die Erklärung, dass gegen diesen Beschluss Rechtsbeschwerde eingelegt werde.

Die Rechtsbeschwerdeschrift ist zu unterschreiben. Mit der Rechtsbeschwerdeschrift soll eine Ausfertigung oder beglaubigte Abschrift des angefochtenen Beschlusses vorgelegt werden.

(2) Die Rechtsbeschwerde ist, sofern die Beschwerdeschrift keine Begründung enthält, binnen einer Frist von einem Monat zu begründen. Die Frist beginnt mit der schriftlichen Bekanntgabe des angefochtenen Beschlusses. § 551 Abs. 2 Satz 5 und 6 der Zivilprozessordnung gilt entsprechend.

(3) Die Begründung der Rechtsbeschwerde muss enthalten:

1. die Erklärung, inwieweit der Beschluss angefochten und dessen Aufhebung beantragt werde (Rechtsbeschwerdeanträge);
2. die Angabe der Rechtsbeschwerdegründe, und zwar
   a) die bestimmte Bezeichnung der Umstände, aus denen sich die Rechtsverletzung ergibt;
   b) soweit die Rechtsbeschwerde darauf gestützt wird, dass das Gesetz in Bezug auf das Verfahren verletzt sei, die Bezeichnung der Tatsachen, die den Mangel ergeben.

(4) Die Rechtsbeschwerde- und die Begründungsschrift sind den anderen Beteiligten bekannt zu geben.

Die Vorschrift entspricht der Fassung des Regierungsentwurfs.

Begründung RegE:

Die Vorschrift regelt Frist, Form und Begründung der Rechtsbeschwerde.

Absatz 1 Satz 1 bestimmt eine Frist von einem Monat zur Einlegung der Rechtsbeschwerde, die mit der schriftlichen Bekanntgabe zu laufen beginnt. Mit der Monatsfrist wird dem besonderen Beschleunigungsinteresse, das regelmäßig bei FamFG-Verfahren – etwa Sorge- und Umgangsverfahren – gegeben ist, Rechnung getragen. Die Beschwerde ist bei dem Rechtsbeschwerdegericht einzulegen. Die Vorschrift ist § 575 Abs. 1 ZPO nachgebildet. Die Einlegung bei dem Rechtsbeschwerdegericht erscheint vorrangswürdig, weil allein dieses Gericht mit der Sachentscheidung befasst ist; eine Abhilfebefugnis des Beschwerdegerichts besteht nicht, wie bereits nach geltender Rechtslage gemäß § 29 Abs. 3 FGG. Die Einlegung der Rechtsbeschwerde bei dem Rechtsbeschwerdegericht dient damit der Beschleunigung des Verfahrens. Das zur Sachentscheidung berufene Gericht kann zeitnah anhand der übersandten

Begründung zur Beschwerdeschrift prüfen, ob eine besondere Eilbedürftigkeit gegeben ist und die Sache gegebenenfalls entsprechend zügig vom Beschwerdegericht zu erfordern ist. **Satz 2** regelt den notwendigen Inhalt der Rechtsbeschwerdeschrift. Aus ihr muss ersichtlich sein, welche Entscheidung angegriffen wird sowie dass gegen sie das Rechtsmittel der Rechtsbeschwerde eingelegt wird. **Satz 3** bestimmt, dass die Rechtsbeschwerde zu unterschreiben ist. Gemäß **Satz 4** soll mit der Beschwerdeschrift eine Ausfertigung oder beglaubigte Abschrift der angefochtenen Entscheidung beigefügt werden. Dies dient dazu, das Rechtsbeschwerdegericht möglichst frühzeitig über den Inhalt der angegriffenen Entscheidung zu informieren. Hierbei handelt es sich um eine reine Ordnungsvorschrift; deren Nichteinhaltung zieht keine prozessualen Nachteile nach sich.

Absatz 2 führt für die Rechtsbeschwerde eine Begründungspflicht ein. Das geltende Recht der weiteren Beschwerde gemäß § 29 FGG verlangt derzeit keine Begründung (Keidel/Kuntze/Winkler-Meyer-Holz, Freiwillige Gerichtsbarkeit, 15. Aufl. 2003, Rn. 32 zu § 29). Die Einführung der Begründungspflicht trägt der Neugestaltung der dritten Instanz zur höchstrichterlichen Klärung grundsätzlicher Rechtsfragen Rechnung. **Satz 1** regelt, dass die Frist zur Begründung der Rechtsbeschwerde einen Monat beträgt. **Satz 2** knüpft für den Fristbeginn an die schriftliche Bekanntgabe der angefochtenen Entscheidung an. Sofern diese Frist im Einzelfall zur Begründung nicht ausreichen sollte, ermöglicht **Satz 3** eine Fristverlängerung nach den Voraussetzungen des durch das 1. Justizmodernisierungsgesetz vom 24. August 2004 (BGBl. I S. 2198) modifizierten § 551 Abs. 2 Satz 5 und Satz 6 ZPO. Die Frist kann hiernach zunächst um bis zu zwei Monate verlängert werden; erfolgt die Übersendung der Verfahrensakten durch das Beschwerdegericht nicht zügig, kann eine Verlängerung um bis zu zwei Monate nach Übersendung der Akte erfolgen (Satz 6). Weitere Verlängerungen sind mit Einwilligung des Gegners möglich (Satz 5).

Absatz 3 regelt den Inhalt der Rechtsbeschwerdebegründung. **Nummer 1** führt das Erfordernis eines konkreten Rechtsbeschwerdeantrages ein. Ein konkreter Antrag ist nach geltendem Recht nicht erforderlich (Keidel/Kuntze/Winkler-Meyer-Holz, Freiwillige Gerichtsbarkeit, 15. Aufl. 2003, Rn. 32 zu § 29). Auch die Einführung dieses Erfordernisses trägt der Neugestaltung des Rechtsmittels gegen die Entscheidung der zweiten Instanz Rechnung. Der Rechtsbeschwerdeführer hat künftig konkret zu bezeichnen, inwieweit die Beschwerdeentscheidung angefochten und ihre Abänderung beantragt wird. Gemäß **Nummer 2** muss der Rechtsbeschwerdeführer des Weiteren im Einzelnen bezeichnen, aus welchen Umständen sich eine Rechtsverletzung ergibt und, soweit die Rechtsbeschwerde auf einen Verfahrensfehler gestützt wird, die Tatsachen vortragen, aus denen sich der Verfahrensmangel ergibt.

Absatz 4 legt fest, dass sowohl die Beschwerde- als auch die Begründungsschrift den anderen Beteiligten bekannt zu geben sind. Hierdurch wird der Lauf der Anschließungsfrist gemäß § 73 ausgelöst.

§ 72
Gründe der Rechtsbeschwerde

(1) Die Rechtsbeschwerde kann nur darauf gestützt werden, dass die angefochtene Entscheidung auf einer Verletzung des Rechts beruht. Das Recht ist verletzt, wenn eine Rechtsnorm nicht oder nicht richtig angewendet worden ist.

(2) Die Rechtsbeschwerde kann nicht darauf gestützt werden, dass das Gericht des ersten Rechtszuges seine Zuständigkeit zu Unrecht angenommen hat.

(3) Die §§ 547, 556 und 560 der Zivilprozessordnung gelten entsprechend.

Die Vorschrift entspricht im Hinblick auf die Absätze 2 und 3 dem Regierungsentwurf; Absatz 1 ist mit der Beschlussempfehlung des Rechtsausschusses geändert worden:

Frühere Fassung RegE:

(1) Die Rechtsbeschwerde kann nur darauf gestützt werden, dass die angefochtene Entscheidung auf einer Verletzung von Bundesrecht oder Landesrecht beruht. Das Recht ist verletzt, wenn eine Rechtsnorm nicht oder nicht richtig angewendet worden ist.

Begründung RegE:

Die Vorschrift bestimmt, auf welche Gründe die Rechtsbeschwerde gestützt werden kann.

Absatz 1 Satz 1 trägt der Ausgestaltung der Rechtsbeschwerdeinstanz als reine Rechtskontrollinstanz Rechnung. Es kann ausschließlich geltend gemacht werden, dass die angefochtene Entscheidung auf der Verletzung formellen oder materiellen Rechts beruht. Das Vorbringen neuer Tatsachen und Beweise ist dagegen regelmäßig ausgeschlossen. Die Vorschrift bestimmt, welche Normen einer Überprüfung im Wege der Rechtsbeschwerde unterliegen können. Neben der Verletzung von Bundesrecht ist auch die Verletzung von Landesrecht überprüfbar. Mit der Überprüfung von landesrechtlichen Normen wird die Einheitlichkeit der Rechtsanwendung für diese Vorschriften gewährleistet. Ein Bedürfnis hierfür besteht insbesondere bei den gemäß § 312 Nr. 3 der freiwilligen Gerichtsbarkeit zugewiesenen Verfahren, die eine freiheitsentziehende Unterbringung eines Volljährigen nach den Landesgesetzen über die Unterbringung psychisch Kranker betreffen. Verfassungsrechtliche Bedenken, die Auslegung und Anwendung von Landesrecht durch ein Bundesgericht überprüfen und vornehmen zu lassen, bestehen grundsätzlich nicht. Seit jeher gehört es zur Tradition der deutschen bundesstaatlichen Ordnung, auf dem Gebiet der Rechtsprechung keine deutliche Trennung zwischen Bundes- und Landeskompetenzen vorzusehen, sondern einen Weg zu gehen, der auf einem System meist traditionell vorgezeichneter Verflechtungen aufbaut (Dolzer/Vogel/Graßhof-Stern, Bonner Kommentar zum Grundgesetz, Lieferung Juni 1968, Rn. 47 zu Artikel 99). Artikel 99 2. Halbsatz GG sieht das ausdrücklich für den Fall vor, dass der Landesgesetzgeber landesrechtliche Vorschriften einem der obersten Bundesgerichte zur Entscheidung zuweisen will. Unabhängig davon hat nach der ausdrücklichen Rechtsprechung des Bundesverfassungsgerichts der Bundesgesetzgeber die Befugnis, nach Artikel 74 Abs. 1 Nr. 1 GG als Regelung des gerichtlichen Verfahrens und/oder der Gerichtsverfassung zu bestimmen, ob und in welchem Umfang die oberen Bundesgerichte als Revisionsgerichte entscheiden sollen, wenn es sich um die Anwendung von Landesrecht handelt. Es hat dementsprechend § 127 Nr. 2 des Beamtenrechtsrahmengesetzes (BRRG), der die Möglichkeit eröffnet, in beamtenrechtlichen Streitigkeiten die Revision darauf zu stützen, dass das angefochtene Urteil auf der Verletzung von Landesrecht beruhe, verfassungsrechtlich unbeanstandet gelassen (BVerfGE 10, 285, 292). **Satz 2** enthält eine Legaldefinition des Begriffs der Gesetzesverletzung. Er entspricht in der Sache der bisherigen Regelung des § 27 Abs. 1 Satz 2 FGG, die auf den inhaltsgleichen § 546 ZPO verweist.

Absatz 2 bestimmt ebenso wie die für das Beschwerderecht entsprechende Vorschrift des § 65 Abs. 4, dass die Rechtsbeschwerde nicht darauf gestützt werden kann, dass das Gericht der ersten Instanz seine Zuständigkeit zu Unrecht angenommen hat. Zur Begründung wird auf die Ausführungen zu § 65 Abs. 4 verwiesen.

Absatz 3 erklärt die §§ 547, 556 und 560 ZPO für entsprechend anwendbar. Die Verweisung auf § 547 ZPO schreibt die bisherige Rechtslage fort; in § 27 Abs. 1 Satz 2 FGG wird derzeit auf § 547 ZPO verwiesen. Gemäß § 556 ZPO kann eine Verfahrensverletzung dann nicht mehr geltend gemacht werden, wenn der Rechtsbeschwerdeführer sein Rügerecht bereits zuvor nach § 295 ZPO verloren hat. Die entsprechende Anwendung des § 560 ZPO bewirkt, dass das Rechtsbeschwerdegericht an die tatsächlichen Feststellungen des Beschwerdegerichts über das Bestehen und den Inhalt lokalen und ausländischen Rechts gebunden ist.

Begründung Beschlussempfehlung Rechtsausschuss:

Es handelt sich um eine redaktionelle Anpassung an die Änderung des § 545 ZPO (Artikel 29, Nummer 14a). Auf die dortige Begründung wird verwiesen.

§ 73
Anschlussrechtsbeschwerde

Ein Beteiligter kann sich bis zum Ablauf einer Frist von einem Monat nach der Bekanntgabe der Begründungsschrift der Rechtsbeschwerde durch Einreichen einer Anschlussschrift beim Rechtsbeschwerdegericht anschließen, auch wenn er auf die Rechtsbeschwerde verzichtet hat, die Rechtsbeschwerdefrist verstrichen oder die Rechtsbeschwerde nicht zugelassen worden ist.

Die Anschlussrechtsbeschwerde ist in der Anschlussschrift zu begründen und zu unterschreiben. Die Anschließung verliert ihre Wirkung, wenn die Rechtsbeschwerde zurückgenommen oder als unzulässig verworfen wird.

Die Vorschrift entspricht der Fassung des Regierungsentwurfs.

Begründung RegE:
Die Vorschrift regelt die Anschließung an die Rechtsbeschwerde eines anderen Beteiligten. Sie korrespondiert inhaltlich mit der entsprechenden Anschließungsmöglichkeit für die Beschwerdeinstanz gemäß § 66 und ist dem durch das Gesetz zur Reform des Zivilprozesses vom 27. Juli 2001 (BGBl. I S. 1887) eingeführten § 574 Abs. 4 ZPO nachgebildet.

§ 74
Entscheidung über die Rechtsbeschwerde

(1) Das Rechtsbeschwerdegericht hat zu prüfen, ob die Rechtsbeschwerde an sich statthaft ist und ob sie in der gesetzlichen Form und Frist eingelegt und begründet ist. Mangelt es an einem dieser Erfordernisse, ist die Rechtsbeschwerde als unzulässig zu verwerfen.

(2) Ergibt die Begründung des angefochtenen Beschlusses zwar eine Rechtsverletzung, stellt sich die Entscheidung aber aus anderen Gründen als richtig dar, ist die Rechtsbeschwerde zurückzuweisen.

(3) Der Prüfung des Rechtsbeschwerdegerichts unterliegen nur die von den Beteiligten gestellten Anträge. Das Rechtsbeschwerdegericht ist an die geltend gemachten Rechtsbeschwerdegründe nicht gebunden. Auf Verfahrensmängel, die nicht von Amts wegen zu berücksichtigen sind, darf die angefochtene Entscheidung nur geprüft werden, wenn die Mängel nach § 71 Abs. 3 und § 73 Satz 2 gerügt worden sind. §§ 559, 564 der Zivilprozessordnung gelten entsprechend.

(4) Auf das weitere Verfahren sind, soweit sich nicht Abweichungen aus den Vorschriften dieses Unterabschnitts ergeben, die im ersten Rechtszug geltenden Vorschriften entsprechend anzuwenden.

(5) Soweit die Rechtsbeschwerde begründet ist, ist der angefochtene Beschluss aufzuheben.

(6) Das Rechtsbeschwerdegericht entscheidet in der Sache selbst, wenn diese zur Endentscheidung reif ist. Andernfalls verweist es die Sache unter Aufhebung des angefochtenen Beschlusses und des Verfahrens zur anderweitigen Behandlung und Entscheidung an das Beschwerdegericht, oder, wenn dies aus besonderen Gründen geboten erscheint, an das Gericht des ersten Rechtszuges zurück. Die Zurückverweisung kann an einen anderen Spruchkörper des Gerichts erfolgen, das die angefochtene Entscheidung erlassen hat. Das Gericht, an das die Sache zurückverwiesen ist, hat die rechtliche Beurteilung, die der Aufhebung zugrunde liegt, auch seiner Entscheidung zugrunde zu legen.

(7) Von einer Begründung der Entscheidung kann abgesehen werden, wenn sie nicht geeignet wäre, zur Klärung von Rechtsfragen grundsätzlicher Bedeutung, zur Fortbildung des Rechts oder zur Sicherung einer einheitlichen Rechtsprechung beizutragen.

Die Vorschrift entspricht im Hinblick auf die Absätze 2 bis 6 dem Regierungsentwurf; Absatz 1 ist mit der Beschlussempfehlung des Rechtsausschusses geändert worden; Absatz 7 ist neu eingefügt worden:

Frühere Fassung RegE:
(1) Das Rechtsbeschwerdegericht hat zu prüfen, ob die Rechtsbeschwerde an sich statthaft ist, ob die Voraussetzungen für die Zulassung nach § 70 Abs. 2 vorliegen und ob sie in der gesetzlichen Form und Frist eingelegt und begründet ist. Mangelt es an einem dieser Erfordernisse, ist die Rechtsbeschwerde als unzulässig zu verwerfen.

Begründung RegE:

Die Vorschrift regelt den Prüfungsumfang sowie Inhalt und Form der Entscheidung über die Rechtsbeschwerde.

Absatz 1 Satz 1 übernimmt im Wesentlichen den Umfang der Zulässigkeitsprüfung für das Beschwerdegericht gemäß § 68 Abs. 2 Satz 1 auch für das Rechtsbeschwerdeverfahren und stellt darüber hinaus klar, dass das Rechtsbeschwerdegericht ebenfalls zu überprüfen hat, ob die Voraussetzungen für die Zulassung der Rechtsbeschwerde vorliegen. Satz 2 entspricht inhaltlich der Regelung für das Beschwerdeverfahren gemäß § 68 Abs. 2 Satz 2.

Absatz 2 entspricht in der Sache der bisherigen Regelung des § 27 Abs. 1 Satz 2 FGG, die auf den inhaltsgleichen § 561 ZPO verweist.

Absatz 3 Satz 1 bestimmt, dass die Rechtsbeschwerde- und Anschließungsanträge die Begründetheitsprüfung begrenzen. Dies ermöglicht es den Beteiligten, den Verfahrensgegenstand auf einen abtrennbaren Teil der Beschwerdeentscheidung zu begrenzen. **Satz 2** stellt klar, dass das Rechtsbeschwerdegericht an die geltend gemachten Rechtsbeschwerdegründe nicht gebunden ist. Bereits nach geltender Rechtslage entspricht es allgemeiner Ansicht, dass das Gericht aus anderen als den geltend gemachten Gründen die Entscheidung des Beschwerdegerichts aufheben kann (Keidel/Kuntze/Winkler-Meyer-Holz, Freiwillige Gerichtsbarkeit, 15. Aufl. 2003, Rn. 15 zu § 27); dies wird nunmehr ausdrücklich gesetzlich geregelt. **Satz 3** beschränkt indes die Überprüfung bei Verfahrensmängeln, die nicht von Amts wegen zu berücksichtigen sind. Diese unterliegen nur dann einer Nachprüfung, wenn sie in der Rechtsbeschwerdebegründungsschrift oder in der Anschlussschrift (§§ 74 Abs. 3, 76 Satz 2) vorgebracht worden sind. **Satz 4** greift zum einen mit der Verweisung auf § 559 ZPO insoweit den bisherigen § 27 Abs. 1 Satz 2 FGG auf; des Weiteren ermöglicht die Vorschrift über § 38 Abs. 4 hinaus unter den Voraussetzungen des § 564 ZPO ein Absehen von der Begründung der Entscheidung.

Absatz 4 regelt, dass sich das weitere Verfahren nach den Vorschriften über das Verfahren im ersten Rechtszug richtet. Da die Rechtsbeschwerde auch die bisher mit der Revision angreifbaren Berufungsentscheidungen in Ehe- und Familienstreitsachen erfasst, ist die Vorschrift § 555 ZPO nachgebildet.

Absatz 5 übernimmt den Regelungsinhalt des § 577 Abs. 1 1. Halbsatz ZPO und regelt ausdrücklich, dass die angefochtene Entscheidung aufzuheben ist, soweit die Rechtsbeschwerde begründet ist.

Absatz 6 bestimmt die Folgen der Entscheidung, sofern die Rechtsbeschwerde begründet ist. Satz 1 regelt, dass das Rechtsbeschwerdegericht aus Gründen der Verfahrensökonomie regelmäßig in der Sache selbst zu entscheiden hat, soweit die Sache entscheidungsreif ist. Gemäß Satz 2 kann das Beschwerdegericht die Sache dann zurückverweisen, wenn noch Ermittlungen erforderlich sind. Die Vorschrift greift die zum bisherigen FGG vertretene Ansicht auf, dass die Sache an das Beschwerdegericht zurückverwiesen werden kann (Keidel/Kuntze/Winkler-Meyer-Holz, Freiwillige Gerichtsbarkeit, 15. Aufl. 2003, Rn. 58 zu § 27) und regelt dies nunmehr ausdrücklich. Die Vorschrift sieht eine umfassende Möglichkeit der Aufhebung und Zurückverweisung vor. Neben der Verletzung materiellen Rechts kann eine Zurückverweisung auch aufgrund der Verletzung von Verfahrensrecht erfolgen. Bereits auf der Grundlage des bisherigen § 27 FGG wird davon ausgegangen, dass eine Zurückverweisung in der Regel dann geboten ist, wenn schwere Verfahrensmängel vorliegen (Keidel/Kuntze/Winkler-Meyer-Holz, Freiwillige Gerichtsbarkeit, 15. Aufl. 2003, Rn. 58 zu § 27). Durch die weit formulierten Voraussetzungen bleiben diese Möglichkeiten der Aufhebung und Zurückverweisung unverändert eröffnet.

Die Vorschrift bestimmt des Weiteren, dass die Zurückverweisung regelmäßig an das Beschwerdegericht zu erfolgen hat. Darüber hinaus wird dem Rechtsbeschwerdegericht soweit dies aus besonderen Gründen geboten erscheint, die Zurückverweisung auch an das Gericht des ersten Rechtszuges ermöglicht. Bereits auf der Grundlage des geltenden Rechts ist nach allgemeiner Ansicht auch die Zurückverweisung an das erstinstanzliche Gericht statthaft, etwa wenn das Beschwerdegericht bei richtiger Rechtsanwendung die Sache an das erstinstanzliche Gericht hätte zurückverweisen müssen (Keidel/Kuntze/Winkler-Meyer-Holz, Freiwillige Gerichtsbarkeit, 15. Aufl. 2003, Rn. 61 zu § 27). Diese Möglichkeit wird nunmehr durch ausdrückliche gesetzliche Regelung eröffnet. **Satz 3** sieht die Möglichkeit vor, an einen anderen Spruchkörper

II. – FamFG – Buch 1 Allgemeiner Teil

des Beschwerdegerichts zu verweisen. Dies kann dann sachgerecht sein, wenn sich aus der Entscheidung der Eindruck ergibt, das Beschwerdegericht sei in der Beurteilung des Verfahrens bereits so festgelegt, dass die Gefahr einer Voreingenommenheit bestehen kann. **Satz 4** regelt in Übereinstimmung mit der für das Beschwerdeverfahren entsprechenden Regelung des § 69 Abs. 1 Satz 2 die Bindung der Vorinstanz an die rechtliche Beurteilung des Rechtsbeschwerdegerichts.

Begründung Beschlussempfehlung Rechtsausschuss:
Es handelt sich in Absatz 1 um eine Folgeänderung aufgrund der nunmehr vorgesehenen Bindung des Rechtsbeschwerdegerichts an die Zulassung der Rechtsbeschwerde.

Der neue Absatz 7 dient der Entlastung des Bundesgerichtshofs von unnötigem Begründungsaufwand. Wenn eine Begründung keinen Ertrag für die Klärung von Rechtsfragen grundsätzlicher Bedeutung oder für die Fortentwicklung der Rechtsprechung verspricht, kann von ihr abgesehen werden. Die Regelung lehnt sich an § 544 Abs. 4 Satz 2 ZPO an; die für die Nichtzulassungsbeschwerde geltende Einschränkung der Pflicht zur Begründung wird im Bereich des FamFG auch auf Entscheidungen des Bundesgerichtshofs über zugelassene oder nicht zulassungsbedürftige Rechtsbeschwerden erweitert. Die Vorschrift ist sowohl auf die Entscheidung über die Verwerfung einer Rechtsbeschwerde als unzulässig gemäß Absatz 1 als auch auf die Sachentscheidung nach Absatz 6 anwendbar. Aufgrund der mit der Einführung der Rechtsbeschwerde verbundenen Mehrbelastung ist es notwendig, dem Bundesgerichtshof ein solches Instrument an die Hand zu geben.

§ 74a
Zurückweisungsbeschluss

(1) Das Rechtsbeschwerdegericht weist die vom Beschwerdegericht zugelassene Rechtsbeschwerde durch einstimmigen Beschluss ohne mündliche Verhandlung oder Erörterung im Termin zurück, wenn es davon überzeugt ist, dass die Voraussetzungen für die Zulassung der Rechtsbeschwerde nicht vorliegen und die Rechtsbeschwerde keine Aussicht auf Erfolg hat.

(2) Das Rechtsbeschwerdegericht oder der Vorsitzende hat zuvor die Beteiligten auf die beabsichtigte Zurückweisung der Rechtsbeschwerde und die Gründe hierfür hinzuweisen und dem Rechtsbeschwerdeführer binnen einer zu bestimmenden Frist Gelegenheit zur Stellungnahme zu geben.

(3) Der Beschluss nach Absatz 1 ist zu begründen, soweit die Gründe für die Zurückweisung nicht bereits in dem Hinweis nach Absatz 2 enthalten sind.

§ 74a ist mit der Beschlussempfehlung des Rechtsausschusses eingefügt worden.

Begründung Beschlussempfehlung Rechtsausschuss:
Die Vorschrift eröffnet dem Rechtsbeschwerdegericht einen Weg zur erleichterten Erledigung von Rechtsbeschwerden, die zu Unrecht zugelassen wurden und keine Aussicht auf Erfolg haben. Bedarf für eine solche Regelung besteht insbesondere für das familiengerichtliche Rechtsbeschwerdeverfahren, in dem wegen § 74 Abs. 4 vor dem Bundesgerichtshof in der Regel mündlich zu verhandeln ist. Das Verfahren ist dem Zurückweisungsbeschluss in Revisionsverfahren (§ 552a ZPO) nachgebildet, der sich bewährt hat.

Nach § 70 Abs. 2 Satz 2 – neu – wird die Rechtsbeschwerde durch das Beschwerdegericht bindend zugelassen. Dieses entspricht dem Muster der Zulassungsrechtsmittel in den anderen Gerichtsbarkeiten. Infolge der Einführung der Zulassungskompetenz wird die Belastung des Bundesgerichtshofes mit Angelegenheiten der freiwilligen Gerichtsbarkeit nach Inkrafttreten der FGG-Reform gegenüber dem bisherigen Vorlageverfahren nach § 28 Abs. 2 und 3 FGG erheblich zunehmen. Es ist nach den mit der Einführung der Rechtsbeschwerde in der Zivilprozessordnung gemachten Erfahrungen nicht auszuschließen, dass die Rechtsbeschwerde auch in Fällen zugelassen wird, in denen die Voraussetzungen für die Zulassung nicht gegeben sind, weil die Sache entweder keine grundsätzliche Bedeutung hat oder die für grundsätzlich erachtete Rechtsfrage nicht entscheidungserheblich ist. Solche Zulassungen führen dazu, dass der Bundesgerichtshof gegebenenfalls in Sachen einen Termin zur Verhandlung oder Erörterung anberaumen muss, die nach der Zielsetzung der Zulassungsrechtsbeschwerde gerade nicht zugelassen und einer Prüfung durch das Revisionsgericht nicht zugeführt werden sollen.

Außerdem ist damit zu rechnen, dass der Bundesgerichtshof auf Grund des gegenüber dem bisherigen Vorlageverfahren nach § 28 Abs. 2 und 3 FGG erweiterten Zugangs zunehmend mit Rechtsfragen aus dem Betreuungsrecht und anderen Materien der freiwilligen Gerichtsbarkeit befasst sein wird. Zahlreiche Zulassungen durch die Beschwerdegerichte werden – für sich genommen – die Zulassungsvoraussetzungen erfüllen und bei isolierter Betrachtung in der Sache nicht zu beanstanden seien. Die Beschwerdegerichte können indes keinen genauen Überblick darüber haben, welche Fragen dem Bundesgerichtshof bereits zur Klärung vorliegen. Es wird daher wahrscheinlich zu mehrfachen Zulassungen zu ein und derselben Rechtsfrage kommen, die gegebenenfalls mündlich zu erörtern sind. Nach grundsätzlicher Klärung einer Rechtsfrage bedarf es jedoch eines aufwändigen Verfahrens jedenfalls dann nicht mehr, wenn der Bundesgerichtshof die Zulassungsrechtsfrage im Sinne des Beschwerdegerichts beantwortet hat und die Rechtsbeschwerde daher keine Aussicht auf Erfolg hat. Die mündliche Erörterung solcher Fälle bindet Termine und Kräfte, die zur Klärung anderer Rechtsfragen dringend benötigt werden.

Im Einzelnen ist der Zurückweisungsbeschluss in der Rechtsbeschwerdeinstanz nach Absatz 1 an folgende Voraussetzungen geknüpft:

Die Voraussetzungen für die Zulassung der Rechtsbeschwerde gemäß § 70 Abs. 2 dürfen im Zeitpunkt der Beschlussfassung des Revisionsgerichts nicht vorliegen. Ob das Beschwerdegericht die Revision auf der Grundlage der damaligen Rechtslage zu Recht zugelassen hatte, spielt keine Rolle. Es reicht aus, dass der Zulassungsgrund nachträglich – etwa infolge höchstrichterlicher Klärung der Rechtsfrage in einem Parallelverfahren – weggefallen ist.

Die Rechtsbeschwerde muss zudem nach der Überzeugung des Rechtsbeschwerdegerichts insgesamt keine Aussicht auf Erfolg haben. Keine Aussicht auf Erfolg hat die Rechtsbeschwerde, wenn das Rechtsbeschwerdegericht bereits aufgrund des Akteninhalts zu der Überzeugung gelangt, dass die Rechtsbeschwerde unbegründet ist, weil die geltend gemachten Rügen nicht durchgreifen. Mit dem Erfordernis der mangelnden Erfolgsaussicht wird dem Gedanken der Einzelfallgerechtigkeit Rechnung getragen. Die Rechtsbeschwerde darf nicht nach § 74a zurückgewiesen werden, wenn nach der prognostischen Bewertung des Falles die Rechtsbeschwerde nicht von vornherein ohne Aussicht auf Erfolg ist, auch wenn die Zulassungsvoraussetzungen nach der Überzeugung des Rechtsbeschwerdegerichts nicht vorlagen.

Das Vorliegen dieser Voraussetzungen für den Zurückweisungsbeschluss muss das Revisionsgericht einstimmig feststellen.

Die Beschlusszurückweisung ist nach Absatz 2 nur zulässig, wenn das Rechtsbeschwerdegericht oder der Vorsitzende die Beteiligten zuvor auf die in Aussicht genommene Zurückweisung der Rechtsbeschwerde und die Gründe hierfür hingewiesen und dem Rechtsbeschwerdeführer binnen einer zu bestimmenden Frist Gelegenheit zur Stellungnahme gegeben hat. Damit wird der verfassungsmäßige Anspruch des Rechtsbeschwerdeführers auf Gewährung rechtlichen Gehörs gewährleistet. Die Beteiligten werden vor einer überraschenden Verfahrensweise geschützt. Der Rechtsbeschwerdeführer erhält die Möglichkeit, dem Rechtsbeschwerdegericht Gesichtspunkte zu unterbreiten, die seiner Auffassung nach eine Zurückweisung nach § 74a hindern. Kann er solche Gesichtspunkte nicht vorbringen, so hat er die Möglichkeit, die Kosten des Rechtsbeschwerdeverfahrens durch eine Rücknahme möglichst gering zu halten.

Nach Absatz 3 ist der Zurückweisungsbeschluss zu begründen, soweit die Gründe für die Zurückweisung nicht bereits in dem vorherigen Hinweis enthalten sind. Damit ist sichergestellt, dass der unterliegende Rechtsbeschwerdeführer über die wesentlichen Gründe für die Erfolglosigkeit seines Rechtsmittels unterrichtet wird.

II. – FamFG – Buch 1 Allgemeiner Teil

§ 75
Sprungrechtsbeschwerde

(1) Gegen die im ersten Rechtszug erlassenen Beschlüsse, die ohne Zulassung der Beschwerde unterliegen, findet auf Antrag unter Übergehung der Beschwerdeinstanz unmittelbar die Rechtsbeschwerde (Sprungrechtsbeschwerde) statt, wenn

1. die Beteiligten in die Übergehung der Beschwerdeinstanz einwilligen und
2. das Rechtsbeschwerdegericht die Sprungrechtsbeschwerde zulässt.

Der Antrag auf Zulassung der Sprungrechtsbeschwerde und die Erklärung der Einwilligung gelten als Verzicht auf das Rechtsmittel der Beschwerde.

(2) Für das weitere Verfahren gilt § 566 Abs. 2 bis 8 der Zivilprozessordnung entsprechend.

Die Vorschrift entspricht der Fassung des Regierungsentwurfs.

Begründung RegE:
Das geltende Recht sieht eine Sprungrechtsbeschwerde nicht vor. Die Vorschrift führt die Möglichkeit ein, ein Verfahren unter Verzicht auf das Beschwerdeverfahren direkt der Rechtsbeschwerdeinstanz vorzulegen. Die Bestimmung ermöglicht den Beteiligten die möglichst rasche Herbeiführung einer höchstrichterlichen Entscheidung insbesondere in den Fällen, in denen ausschließlich die Klärung von Rechtsfragen beabsichtigt ist. Sie vollzieht die Vorschriften über die Sprungrevision in der Fassung des durch das Gesetz zur Reform des Zivilprozesses vom 27. Juli 2001 (BGBl. I S. 1887) neu gefassten § 566 ZPO nach.

Absatz 1 Satz 1 bestimmt, dass die Sprungrechtsbeschwerde statthaft ist, wenn die Beteiligten eine Entscheidung des Rechtsbeschwerdegerichts anstreben und das Rechtsbeschwerdegericht die Rechtsbeschwerde zulässt. Dieses Erfordernis korrespondiert mit dem eingeführten Erfordernis der Zulassung der Rechtsbeschwerde. Um eine einheitliche Zulassungspraxis zu erreichen, erfolgt die Zulassung indes nicht durch das erstinstanzliche Gericht sondern durch das Rechtsbeschwerdegericht.

Satz 2 entspricht inhaltlich § 566 Abs. 1 Satz 2 ZPO. Die Vorschrift stellt klar, dass die Beteiligten im Falle der Beantragung der Zulassung der Sprungrechtsbeschwerde eine abschließende Entscheidung über das zur Verfügung stehende Rechtsmittel treffen. Wird die Zulassung der Sprungrechtsbeschwerde durch das Rechtsbeschwerdegericht abgelehnt, ist somit den Beteiligten das Rechtsmittel der Beschwerde nicht mehr eröffnet.

Absatz 2 regelt, dass sich das Verfahren nach den hierfür maßgeblichen durch das Gesetz zur Reform des Zivilprozesses vom 27. Juli 2001 (BGBl. I S. 1887) neu gefassten Absätzen 2 bis 6 des § 566 ZPO richtet.

Abschnitt 6
Verfahrenskostenhilfe

§ 76
Voraussetzungen

(1) Auf die Bewilligung von Verfahrenskostenhilfe finden die Vorschriften der Zivilprozessordnung über die Prozesskostenhilfe entsprechende Anwendung, soweit nachfolgend nichts Abweichendes bestimmt ist.

(2) Ein Beschluss, der im Verfahrenskostenhilfeverfahren ergeht, ist mit der sofortigen Beschwerde in entsprechender Anwendung der §§ 567 bis 572, 127 Abs. 2 bis 4 der Zivilprozessordnung anfechtbar.

Die Vorschrift ist mit mit der Beschlussempfehlung des Rechtsausschusses vollständig neu gefasst worden.

Abschnitt 6 – § 76

Frühere Fassung RegE:

(1) In Verfahren, die auf Antrag eingeleitet werden, erhält ein Beteiligter, der nach seinen persönlichen und wirtschaftlichen Verhältnissen die Kosten des Verfahrens nicht, nur zum Teil oder nur in Raten aufbringen kann, auf Antrag Verfahrenskostenhilfe, wenn die beabsichtigte Rechtsverfolgung oder Rechtsverteidigung hinreichende Aussicht auf Erfolg bietet und nicht mutwillig erscheint.

(2) In Verfahren, die von Amts wegen eingeleitet werden, erhält ein Beteiligter, der nach seinen persönlichen und wirtschaftlichen Verhältnissen die Kosten des Verfahrens nicht, nur zum Teil oder nur in Raten aufbringen kann, auf Antrag Verfahrenskostenhilfe, wenn seine Rechte durch den Ausgang des Verfahrens beeinträchtigt werden können und die beabsichtigte Rechtsverfolgung oder Rechtsverteidigung nicht offensichtlich ohne Aussicht auf Erfolg ist und nicht mutwillig erscheint.

Begründung RegE:

Die persönlichen Voraussetzungen für die Gewährung von Verfahrenskostenhilfe in FamFG-Verfahren bestimmen sich in abschließend nach den in der Zivilprozessordnung geregelten Grundsätzen. Besonderheiten sind in FamFG-Verfahren insoweit nicht gegeben. **Absatz 1** entspricht daher, soweit dort auf die persönlichen und wirtschaftlichen Verhältnissen des Beteiligten abgestellt wird, der entsprechenden Bestimmung in § 114 Satz 1 ZPO. Der Einsatz von Einkommen und Vermögen ist wie im Zivilprozess nach § 115 ZPO zu ermitteln. Die Vorschrift ist über § 79 im FamFG-Verfahren anwendbar.

Die sachlichen Voraussetzungen für die Gewährung von Verfahrenskostenhilfe in FamFG-Verfahren werden in § 76 nunmehr eigenständig geregelt. Verfahrenskostenhilfe kann sowohl in Antrags- als auch in Amtsverfahren gewährt werden. Sie wird allerdings auch in Amtsverfahren nur auf Antrag gewährt.

Absatz 1 bestimmt die sachlichen Voraussetzungen für die Gewährung von Verfahrenskostenhilfe für die Beteiligten in Antragsverfahren. Sie entsprechen den Voraussetzungen, die die Parteien im Zivilprozess erfüllen müssen. Ein Beteiligter erhält Verfahrenskostenhilfe, wenn die von ihm beabsichtigte Rechtsverfolgung oder Rechtsverteidigung hinreichende Aussicht auf Erfolg im Sinne von § 114 ZPO bietet. Außerdem darf die Rechtsverfolgung oder Rechtsverteidigung nicht mutwillig im Sinne des § 114 ZPO erscheinen. Es muss also feststehen, dass ein verständiger Antragssteller auch ohne Gewährung von Verfahrenskostenhilfe sein Recht in gleicher Weise verfolgen würde.

Die Vorschrift erfasst den Antragsteller, den Antragsgegner und die vom Gericht hinzugezogenen weiteren Beteiligten, die sich im Verfahren äußern, und zwar unabhängig davon, ob sie einen eigenen Antrag stellen. Antragsteller und Antragsgegner sind grundsätzlich wie Kläger und Beklagte im Zivilprozess zu behandeln. Die aus ihrem Sachantrag erkennbare Rechtsverfolgung bzw. Rechtsverteidigung ist am Kriterium der Erfolgsaussicht zu messen. Lässt das Gesetz allerdings zur Verfahrenseinleitung einen bloßen Verfahrensantrag genügen, der nicht begründet werden muss, ist bei Vorliegen der persönlichen und wirtschaftlichen Voraussetzungen für diese Rechtsverfolgung und auch für die Rechtsverteidigung des Antragsgegners in einem solchen Verfahren stets Verfahrenskostenhilfe zu gewähren.

Durch den Beteiligtenbegriff in § 7, der durch die jeweiligen verfahrensspezifischen Beteiligungskataloge ausgefüllt wird, sind die Beteiligten auch in nichtkontradiktorischen Antragsverfahren wie Nachlass- und Adoptionsverfahren vollständig erfasst. Sonstige Beteiligte in Antragsverfahren, die nicht Antragsteller oder Antragsgegner sind, können allerdings auch nur dann Verfahrenskostenhilfe erhalten, wenn das aus ihrem Vorbringen erkennbare Verfahrensziel Aussicht auf Erfolg hat.

Absatz 2 regelt die Gewährung von Verfahrenskostenhilfe in Verfahren, die von Amts wegen eingeleitet werden. Sie trägt den Besonderheiten der nicht kontradiktorischen Verfahren des FamFG Rechnung. Die Vorschrift stellt auf den Eingriffscharakter der beabsichtigten gerichtlichen Maßnahme und auf die Erfolgsaussichten der Rechtsverfolgung ab. Da die Entscheidung über die Gewährung von Verfahrenskostenhilfe in der Regel am Anfang des Verfahrens steht, muss über die Frage, ob der Beteiligte in seinen Rechten beeinträchtigt werden kann, eine prognostische Entscheidung ergehen. Es genügt, dass unter Zugrundelegung des Vorbringens des Beteiligten eine Beeinträchtigung seiner Rechte durch den Verfahrensausgang hinreichend wahrscheinlich ist. Des Weiteren darf die beabsichtigte Rechtsverteidigung nicht offensichtlich ohne Aussicht auf Erfolg sein. Hierbei ist ein weiter Maßstab anzulegen. Nur wenn die Rechtsverteidigung unter keinem möglichen Aspekt zum Erfolg führen kann, ist die Bewilligung von Verfahrenskostenhilfe abzulehnen.

Die Bewilligung von Verfahrenskostenhilfe kommt indes sowohl in den Fällen des **Absatzes 1** als auch des **Absatzes 2** nur dann in Betracht, wenn der Beteiligte zwecks Verbesserung oder Verteidigung seiner eigenen Rechtsposition Verfahrenskostenhilfe erhalten möchte. Wer sich dagegen aufgrund besonderer persönlicher Nähe im Interesse eines anderen Beteiligten am Verfahren beteiligt (§§ 274 Abs. 4, 315 Abs. 4), kann keine Verfahrenskostenhilfe erhalten. Die Bewilligung von Verfahrenskostenhilfe soll dazu dienen, die Verfolgung eigener Rechte zu gewährleisten. Eine Erstreckung der Verfahrenskostenhilfe auf Personen, die sich aus altruistischer Motivation am Verfahren beteiligen, ist schon deswegen nicht geboten, weil die Verfahren nach dem FamFG dem Amtsermittlungsgrundsatz unterliegen. Es ist Aufgabe des Gerichts, von Amts wegen zu ermitteln und damit auch die Rechte des Betroffenen in Betreuungs- und Unterbringungssachen zu wahren. Außerdem sind die Interessen des Betroffenen erforderlichenfalls durch einen vom Gericht bestellten Verfahrenspfleger wahrzunehmen. Eine Erstreckung der Verfahrenskostenhilfe auf Personen, die die Rechte anderer Beteiligter im Verfahren wahrnehmen, ist auch aufgrund des Gleichheitsgebots des Artikel 3 Abs. 1 GG nicht angezeigt. Der Gesetzgeber hat darauf zu achten, dass die unbemittelten Personen in die Lage versetzt werden, ihre Belange in einer dem Gleichheitsgebot entsprechenden Weise im Rechtsstreit geltend zu machen (vgl. BVerfGE 78, 104, 118). Der allgemeine Gleichheitssatz verbietet jedoch nur die Ungleichbehandlung von wesentlich Gleichem (vgl. BVerfGE 84, 133, 158). Zwischen Verfahrensbeteiligten, die eine Verbesserung oder Verteidigung ihrer eigenen Rechtsposition verfolgen und solchen Personen, die sich aus rein altruistischen Motiven am Verfahren beteiligen, bestehen jedoch so erhebliche Unterschiede, dass diese beiden Gruppen als wesentlich ungleich einzustufen sind.

Stellungnahme Bundesrat:
Zu Nummer 31 (Zu Artikel 1 – § 76 Abs. 1 und 2, § 77 Abs. 2 Satz 2 Nr. 2 FamFG)

Artikel 1 ist wie folgt zu ändern:

a) § 76 ist wie folgt zu ändern:
aa) In Absatz 1 sind die Wörter „In Verfahren, die auf Antrag eingeleitet werden, erhält ein" durch das Wort „Ein" zu ersetzen und nach dem Wort „kann," das Wort „erhält" einzufügen.
bb) Absatz 2 ist wie folgt zu ändern:
aaa) Nach dem Wort „Antrag" sind die Wörter „auch dann" einzufügen.
bbb) Die Wörter „Rechte durch den Ausgang des Verfahrens" sind durch die Wörter „Grundrechte durch den Ausgang des Verfahrens schwerwiegend" zu ersetzen.
ccc) Folgender Satz ist anzufügen:
„Eine schwerwiegende Beeinträchtigung von Grundrechten ist in der Regel anzunehmen bei Maßnahmen der Freiheitsentziehung und bei Maßnahmen nach § 1666 des Bürgerlichen Gesetzbuches."
b) In § 77 Abs. 2 Satz 2 Nr. 2 ist das Wort „Rechten" durch die Wörter „Grundrechten schwerwiegend" zu ersetzen.

Begründung:

Die Voraussetzungen für die Gewährung von Verfahrenskostenhilfe in Amtsverfahren nach § 76 Abs. 2 FamFG-E ist – zu Lasten der Landesjustizhaushalte – zu weit gefasst. Denn nach der Grundnorm des § 7 Abs. 2 Nr. 1 FamFG-E ist Beteiligter derjenige, dessen Recht durch das Verfahren unmittelbar betroffen wird. Da diese Tatbestandsvoraussetzung notwendigerweise Ergebnis einer gewissen Prognoseentscheidung ist, wird die erste Tatbestandsvoraussetzung des § 76 Abs. 2 FamFG-E („Rechte durch den Ausgang des Verfahrens beeinträchtigt werden können") bei nahezu jedem Beteiligten vorliegen; zum Teil ist § 76 Abs. 2 FamFG-E sogar noch weiter gefasst als § 7 Abs. 2 Nr. 1 FamFG-E, da ersterer keine Unmittelbarkeit erfordert. Bei näherer Betrachtung schmilzt daher die erste Tatbestandsvoraussetzung des § 76 Abs. 2 FamFG-E auf die Eigenschaft als Beteiligter weitgehend zusammen.

Zu Buchstabe a Doppelbuchstabe aa:
Im Interesse der Landeshaushalte geboten und sachlich gerechtfertigt ist es hingegen, dass die Tatbestandsvoraussetzungen der Verfahrenkostenhilfe auch in Amtsverfahren ein gewisses Mindestmaß an Erfolgsaussicht der angestrebten Rechtsverteidigung bzw. der Rechtsverfolgung erfordern. Die zweite Tatbestandsvoraussetzung des § 76 Abs. 2 FamFG-E („nicht offensichtlich ohne Aussicht auf Erfolg") ist insofern ein zu grobes Sieb. Im Grundsatz sollte daher in Antragsverfahren wie in Amtsverfahren derselbe Maßstab gelten, nämlich dass „hinreichende Erfolgsaussicht" erforderlich ist.

Zu Buchstabe a Doppelbuchstabe bb:
Lediglich dann, wenn Ziel des Amtsverfahrens ein schwerwiegender Eingriff in Grundrechte des Beteiligten ist, ist eine großzügigere Handhabung gerechtfertigt. Durch die Bildung von Regelbeispielen wird diese Tatbestandsvoraussetzung näher präzisiert.

Zu Buchstabe b:
Der Änderungsvorschlag zu § 77 Abs. 2 Satz 2 Nr. 2 FamFG-E stellt eine Folgeänderung des Änderungsvorschlages zu Buchstabe a Doppelbuchstabe bb dar.

Zu Artikel 1 (§ 76 Abs. 3 – neu – FamFG)
Dem Artikel 1 § 76 ist folgender Absatz 3 anzufügen:
„(3) Mutwillig ist die Rechtsverfolgung oder Rechtsverteidigung, soweit eine nicht Verfahrenskostenhilfe beanspruchende Partei bei verständiger Würdigung aller Umstände trotz hinreichender Aussicht auf Erfolg von dem beabsichtigten Verfahren absehen würde. Dies ist auch dann der Fall, wenn die Kosten des Verfahrens unter Berücksichtigung des erstrebten wirtschaftlichen Vorteils, der Erfolgsaussicht und gegebenenfalls der Aussicht auf Durchsetzbarkeit des erstrebten Titels unverhältnismäßig erscheinen."

Begründung:
Durch die Definition des Merkmals der Mutwilligkeit soll dessen eigenständige Bedeutung betont und gesetzlich klargestellt werden. Die Bestimmung knüpft an den Beschluss des Bundesrates vom 19. Mai 2006 – BR-Drs. 250/06 (Beschluss) – zur Einbringung eines Prozesskostenhilfebegrenzungsgesetzes an. Dort wird eine entsprechende Ergänzung des § 114 ZPO vorgeschlagen, die sich an dem vom Bundesverfassungsgericht in ständiger Rechtsprechung vorgegebenen Maßstab orientiert. Danach ist es verfassungsrechtlich geboten, aber auch hinreichend, den Unbemittelten hinsichtlich seiner Zugangsmöglichkeiten zum Gericht einem solchen Bemittelten gleichzustellen, der seine Prozessaussichten vernünftig abwägt und dabei auch das Kostenrisiko berücksichtigt (vgl. BVerfG, Beschluss vom 13. März 1990 – 2 BvR 94/88 –, BVerfGE 81, 347 <357>; Beschluss vom 24. Januar 1995 – 1 BvR 1229/94 –, NJW 1995, 1415 f.; Beschluss vom 7. Mai 1997 – 1 BvR 296/94 –, NJW 1997, 2745; Beschluss vom 24. Juli 2002 – 2 BvR 2256/99 –, NJW 2003, 576).

Ohne Hinzutreten weiterer Umstände darf der strenge Maßstab für die Verneinung hinreichender Erfolgsaussicht zwar nicht dadurch umgangen werden, dass Mutwilligkeit bereits bei geringer, aber noch hinreichender Erfolgsaussicht angenommen wird. Auch in diesem Fall würde allerdings eine verständige bemittelte Partei von der Prozessführung absehen, soweit die Kosten des Verfahrens unverhältnismäßig sind. Dabei darf nicht allein auf das Verhältnis von Aufwand und wirtschaftlichem Nutzen im Erfolgsfall abgestellt werden, weil das auf die grundsätzliche Versagung von Verfahrenskostenhilfe für Bagatellsachen hinausliefe. Treten allerdings nur schwache Erfolgsaussichten hinzu oder ist absehbar, dass gegebenenfalls die Vollstreckbarkeit aus dem im Erfolgsfall zu erlangenden Titel dauerhaft fraglich ist, so kann diese Sachlage in der Gesamtschau eine verständige bemittelte Partei dazu veranlassen, von der Prozessführung Abstand zu nehmen, was nach dem Maßstab des § 76 Abs. 3 Satz 1 FamFG-E zur Versagung der Verfahrenskostenhilfe führen muss.

Für die damit in Fällen der Rechtsverfolgung wie der Rechtsverteidigung gleichermaßen gebotene Abwägung lassen sich angesichts der Vielgestaltigkeit möglicher Sachverhalte über die genannten Kriterien hinaus keine Vorgaben aufstellen. Um den verfassungsrechtlich gebotenen Zugang Unbemittelter zu den Gerichten sicherzustellen, ist es allerdings Voraussetzung für die Versagung von Verfahrenskostenhilfe,

II. – FamFG – Buch 1 Allgemeiner Teil

dass sich die Kosten der Prozessführung unter Berücksichtigung der Parameter des § 76 Abs. 3 Satz 2 FamFG-E als unverhältnismäßig erweisen. Die gesetzliche Regelung dieser Konstellation erscheint angezeigt, da bislang umstritten ist, ob ein Missverhältnis von Aufwand und Prozessaussichten im dargelegten Sinne zur Versagung von Prozesskostenhilfe wegen Mutwilligkeit führen kann.

Demgegenüber besteht Einigkeit darüber, dass eine Prozessführung mutwillig ist, wenn die Partei sich nicht in zumutbarem Maß um eine gütliche Einigung bemüht hat, ihr aus der Nichterlangung eines Titels voraussichtlich überhaupt kein oder wenigstens auf absehbare Zeit kein nennenswerter wirtschaftlicher Nachteil erwüchse, jegliche Vollstreckungsaussichten fehlen oder die Partei ihr Ziel auf einem kostengünstigeren Weg als durch Klage erreichen kann. Diese Rechtsfolgen ergeben sich ohne Weiteres aus der Definition des § 76 Abs. 3 Satz 1 FamFG-E; ein zusätzlicher Regelungsbedarf besteht insoweit nicht.

Gegenäußerung Bundesregierung:
Zu Nummer 32 (Artikel 1 § 76 Abs. 1 und 2, § 77 Abs. 2 Nr. 2 FamFG)
Die Bundesregierung stimmt dem Vorschlag des Bundesrates nicht zu.

Die Bundesregierung teilt nicht die Einschätzung des Bundesrates, dass die Voraussetzungen für die Bewilligung von Verfahrenskostenhilfe in Amtsverfahren zu weit gefasst sind. Bereits auf der Grundlage des geltenden Rechts wird für die Bewilligung von Prozesskostenhilfe in Amtsverfahren ein anderer Maßstab angelegt als in Antragsverfahren. Die pauschale Verweisung des § 14 FGG auf die Vorschriften über die Prozesskostenhilfe in der Zivilprozessordnung wird für die nicht-kontradiktorischen Verfahren der freiwilligen Gerichtsbarkeit als nur eingeschränkt geeignet angesehen und aus diesem Grund in modifizierter Form angewandt. Das Kriterium der hinreichenden Erfolgsaussicht wird in den vom Amtsermittlungsgrundsatz beherrschten Verfahren der freiwilligen Gerichtsbarkeit bereits dann bejaht, wenn der Antragsteller in diesem Verfahren seine Lage verbessern kann (OLG Brandenburg vom 28. Februar 2005, OLG-NL 2005, 261; OLG Nürnberg vom 23.März 2001, FamRZ 2002, 108). Der Entwurf greift diese in der Rechtsprechung entwickelten Grundsätze auf und regelt die Voraussetzungen für die Verfahrenskostenhilfe nunmehr ausdrücklich abweichend von den Vorschriften des § 114 der Zivilprozessordnung, die ein kontradiktorisches Verfahren voraussetzen.

Mit einer erheblichen zusätzlichen Belastung der Landeshaushalte ist aus Sicht der Bundesregierung nach alldem nicht zu rechnen, weil die Voraussetzungen für die Bewilligung von Verfahrenskostenhilfe gegenüber den von der Rechtsprechung in Amtsverfahren entwickelten Kriterien nicht erweitert, sondern teilweise sogar eingeschränkt werden. So lässt § 76 Abs. 2 FamFG die Schwere des Eingriffs als alleiniges Kriterium für die Bewilligung von Verfahrenskostenhilfe nicht genügen. Der Entwurf regelt vielmehr ausdrücklich einschränkend, dass die Schwere des Eingriffs allein für die Bewilligung von Verfahrenskostenhilfe nicht genügt, wenn die beabsichtigte Rechtsverfolgung gleichwohl keine Aussicht auf Erfolg bietet. Des Weiteren stellt der Entwurf in Anknüpfung an die bisherige Rechtsprechung (OLG Zweibrücken vom 14. Dezember 1998, FamRZ 1999, 1092) klar, dass für eine Rechtswahrnehmung, die nicht im eigenen, sondern im fremden Interesse erfolgt, die Bewilligung von Verfahrenskostenhilfe nicht in Betracht kommt.

Im Übrigen erscheinen die vom Bundesrat vorgeschlagenen Voraussetzungen für die Bewilligung von Verfahrenskostenhilfe nicht geeignet, die bezweckte Eingrenzung der Verfahrenskostenhilfe zu bewirken. Die Beeinträchtigung von Grundrechten ist in den im FamFG geregelten Amtsverfahren im Regelfall zu besorgen. Der Begriff der schwerwiegenden Beeinträchtigung erscheint wenig konkret und im Hinblick auf das Kriterium der Grundrechtsbeeinträchtigung auch kein sachgerechtes Unterscheidungskriterium. Die unter ccc) vom Bundesrat genannten Regelbeispiele benennen zugleich sämtliche wesentlichen Amtsverfahren des FamFG, so dass eine nennenswerte Eingrenzung der Amtsverfahren, die unter die vorgeschlagenen Kriterien des § 76 Abs. 2 FamFG fallen sollen, nicht ersichtlich ist.

32. **Zu Artikel 1** (Artikel 1 § 76 Abs. 3 – neu – FamFG)
Die Bundesregierung stimmt dem Vorschlag des Bundesrates nicht zu.

Sie sieht kein Bedürfnis für eine gesonderte Definition des Kriteriums der Mutwilligkeit im Gesetz über das Verfahren in Familiensachen und in den Angelegenheiten der freiwilligen Gerichtsbarkeit. Das Recht der finanziellen Hilfe für Bedürftige bei der Führung eines Verfahrens der freiwilligen Gerichtsbarkeit ist nach bisherigem Recht (§ 14 FGG) durch einen pauschalen Verweis auf die Vorschriften der Zivilprozessordnung über die Prozesskostenhilfe geregelt. Das Gesetz über das Verfahren in Familiensachen und in den Angelegenheiten der freiwilligen Gerichtsbarkeit sieht eigenständige Regelungen für die Verfahrenskostenhilfe vor. Hintergrund für diese Regelungen war, dass die auf dem kontradiktorischen Charakter des Zivilprozesses beruhenden Verfahren über die Bewilligung von Prozesskostenhilfe sich für Verfahren der freiwilligen Gerichtsbarkeit, an denen mitunter eine Vielzahl von Beteiligten teilnehmen, nur eingeschränkt als geeignet erwiesen haben. Soweit die Vorschriften der Zivilprozessordnung über die Prozesskostenhilfe ein streitiges Rechtsverhältnis zwischen den Parteien voraussetzen, sieht das FamFG im Abschnitt 6 – Verfahrenskostenhilfe – aus diesem Grund abweichende Regelungen vor. Dies betrifft insbesondere die Erfolgsaussichten in der Hauptsache in Amtsverfahren (§ 76 Abs. 2) und das Kriterium der „Waffengleichheit" für die Beiordnung eines Rechtsanwaltes (§ 78). Eine vollständig eigenständige Regelung des Rechts der Verfahrenskostenhilfe sieht der Abschnitt 6 über die Verfahrenskostenhilfe dagegen nicht vor. Soweit abweichende Regelungen aufgrund der unterschiedlichen Verfahrensgrundsätze des Zivilprozesses und der Verfahren der freiwilligen Gerichtsbarkeit nicht geboten waren, wird ergänzend auf die Vorschriften der Zivilprozessordnung verwiesen (§ 79).

Dies betrifft auch eine etwaige Konkretisierung des Begriffs der Mutwilligkeit, der sowohl in § 76 FamFG als auch in § 114 ZPO Verwendung findet. Der Bundesrat hat dem Bundestag mit dem Entwurf eines Gesetzes zur Begrenzung der Aufwendungen für die Prozesskostenhilfe (BT-Drs. 16/1994) neben zahlreichen anderen Änderungen auch die Konkretisierung des Begriffs der Mutwilligkeit mit § 114 Abs. 2 ZPO-E (Artikel 1 Nr. 3) zur Beratung vorgelegt. Die Bundesregierung hat sich in ihrer Stellungnahme grundsätzlich positiv zu diesem Vorschlag geäußert (BT-Drs. 16/1994, S. 40). Die Entscheidung über die Konkretisierung des Begriffs der Mutwilligkeit ist den weiteren Beratungen über das Gesetz zur Begrenzung der Aufwendungen für die Prozesskostenhilfe (PKH-Begrenzungsgesetz) vorzubehalten. Es handelt sich um eine Frage, die den Zivilprozess und die Verfahren der freiwilligen Gerichtsbarkeit gleichermaßen betrifft. Eine besondere Problemlage, die eine eigenständige Regelung im Gesetz über das Verfahren in Familiensachen und in den Angelegenheiten der freiwilligen Gerichtsbarkeit rechtfertigen würde, ist demgegenüber nicht gegeben. Soweit es zu dieser Änderung im PKH-Begrenzungsgesetz kommt, findet die Definition der Mutwilligkeit über die Generalverweisung des § 79 FamFG auch in den Verfahren der freiwilligen Gerichtsbarkeit Anwendung.

Begründung Beschlussempfehlung Rechtsausschuss:

Der Ausschuss ist mit dem Bundesrat (vgl. Nummer 31 der Stellungnahme) der Auffassung, dass die Voraussetzungen für die Gewährung von Verfahrenskostenhilfe zu Lasten der Landesjustizhaushalte bisher zu weit gefasst sind. Verfahrenskostenhilfe darf auch in Amtsverfahren vielmehr nur dann bewilligt werden, wenn die Rechtsverfolgung oder Rechtsverteidigung des Beteiligten hinreichende Aussicht auf Erfolg hat und nicht bereits dann, wenn diese nur nicht offensichtlich ohne Aussicht auf Erfolg ist, wie dies Absatz 2 in der Fassung des Regierungsentwurfs bisher vorsieht. Der Ausschuss hält daher eine eigenständige Regelung über die Voraussetzungen für die Bewilligung von Verfahrenskostenhilfe in Amtsverfahren für nicht angezeigt.

Da für die Gewährung von Verfahrenskostenhilfe in Antragsverfahren gemäß Absatz 1 in der bisherigen Fassung ohnehin auf den Erfolgsmaßstab in § 114 ZPO zurückgegriffen wird und dieser nunmehr auch für die Verfahrenskostenhilfe in Amtsverfahren gelten soll, erübrigt sich eine eigenständige Regelung über die Voraussetzungen für die Bewilligung von Verfahrenskostenhilfe im FamFG insgesamt; es kann vielmehr – wie im bisherigen Recht (§ 14 FGG) – generell auf die Vorschriften der Zivilprozessordnung Bezug genommen werden. Diesen Generalverweis auf §§ 114 bis 127 ZPO enthält nunmehr Absatz 1. Damit bleibt die zum bisherigen Recht ergangene Rechtsprechung zur Bewilligung von Prozesskostenhilfe in Verfahren der freiwilligen Gerichtsbarkeit weiterhin anwendbar. Abweichend von den §§ 114 ff. ZPO sind die auf die Besonderheiten des Verfahrens der freiwilligen Gerichtsbarkeit zugeschnittenen Vorschriften über das Bewilligungsverfahren (§ 77) und über die Beiordnung von Rechtsanwälten (§ 78) anzuwenden. Dieser Vorrang wird in Absatz 1 klarstellend zum Ausdruck gebracht.

Absatz 2 enthält die bisher in § 79 Satz 2 zu findende ausdrückliche Regelung über das statthafte Rechtsmittel gegen einen Beschluss im Verfahrenskostenhilfeverfahren.

§ 77
Bewilligung

(1) Vor der Bewilligung der Verfahrenskostenhilfe kann das Gericht den übrigen Beteiligten Gelegenheit zur Stellungnahme geben. In Antragsverfahren ist dem Antragsgegner vor der Bewilligung Gelegenheit zur Stellungnahme zu geben, wenn dies nicht aus besonderen Gründen unzweckmäßig erscheint.

(2) Die Bewilligung von Verfahrenskostenhilfe für die Vollstreckung in das bewegliche Vermögen umfasst alle Vollstreckungshandlungen im Bezirk des Vollstreckungsgerichts einschließlich des Verfahrens auf Abgabe der Versicherung an Eides statt.

Die Vorschrift entspricht im Hinblick auf Absatz 1 dem Regierungsentwurf; Absatz 2 ist mit der Beschlussempfehlung des Rechtsausschusses entfallen; der bisherige Absatz 3 ist zu Absatz 2 geworden.

Frühere Fassung RegE:

(2) Die Bewilligung der Verfahrenskostenhilfe erfolgt für jeden Rechtszug und jedes Verfahren besonders. Hat ein anderer Beteiligter das Rechtsmittel eingelegt und ist der Rechtsverfolgung oder Rechtsverteidigung in dem vorherigen Rechtszug entsprochen worden, ist in einem höheren Rechtszug nicht zu prüfen, ob

1. *die Rechtsverfolgung oder Rechtsverteidigung hinreichende Aussicht auf Erfolg bietet oder mutwillig erscheint oder*
2. *der Beteiligte durch den Ausgang des Verfahrens in seinen Rechten beeinträchtigt wird und die Rechtsverfolgung oder Rechtsverteidigung nicht offensichtlich ohne Aussicht auf Erfolg ist oder mutwillig erscheint.*

Begründung RegE:

Absatz 1 Satz 1 stellt es grundsätzlich in das freie Ermessen des Gerichts, ob es anderen Beteiligten Gelegenheit zur Stellungnahme gibt. Um das Verfahren möglichst schnell und flexibel auszugestalten, überlässt das Gesetz es gemäß Satz 1 dem Gericht, im Einzelfall zu bestimmen, welche Beteiligten vor der Bewilligung von Verfahrenskostenhilfe gehört werden sollen. In Antragsverfahren, die mit einem zu begründenden Sachantrag eingeleitet werden, ist dem Antragsgegner gemäß Satz 2 indes regelmäßig Gelegenheit zur Stellungnahme zu geben, soweit hiergegen nicht besondere Gründe sprechen. Dies entspricht der Rechtslage im insoweit vergleichbaren Zivilprozess (§ 118 Abs. 1 Satz 1 ZPO) und auch der bisherigen FG-Rechtsprechung (Keidel/Kuntze/Winkler-Zimmermann, Freiwillige Gerichtsbarkeit, 15. Aufl. 2003, Rn. 15 zu § 14).

In sonstigen Antragsverfahren und in Verfahren, die von Amts wegen eingeleitet werden, bedarf es einer Anhörung anderer Beteiligter nur dann, wenn ihre verfahrensrechtliche Stellung durch die Gewährung von Verfahrenskostenhilfe berührt werden würde, so dass sich die Situation insoweit wie in einem kontradiktorischen Verfahren darstellt. Das wird in der Regel nur dann der Fall sein, wenn der andere Beteiligte das Verfahren mit einem den Absichten des Verfahrenskostenhilfe-Antragstellers entgegengesetzten Ziel führt.

Wird anderen Beteiligten Gelegenheit zur Stellungnahme gegeben, richtet sich das weitere Verfahren gemäß § 79 in entsprechender Anwendung der Vorschriften des § 118 Abs. 1 Sätze 2 bis 4 ZPO. Das Gericht kann die Beteiligten zu einem Termin laden, wenn eine Einigung zu erwarten ist; die Anwendung von Zwangsmitteln ist jedoch ausgeschlossen. Eine Erstattung von Kosten, die den anderen Beteiligten entstanden sind, findet nicht statt.

Absatz 2 Satz 1 bestimmt die zeitliche Geltung der Verfahrenskostenhilfe und entspricht im Grundsatz der Vorschrift des § 119 Abs. 1 ZPO. Verfahrenskostenhilfe wird für jeden Rechtszug besonders gewährt. Zusätzlich erfolgt die Bewilligung auch für jedes Verfahren gesondert. Kein neues Verfahren ist die Abhilfe bei Verletzung des Anspruchs auf rechtliches Gehör nach § 44; sie hat vielmehr die Fortführung des alten Verfahrens zum Gegenstand. Die Bewilligung von Verfahrenskostenhilfe wirkt in diesem Verfahren weiter.

Absatz 2 Satz 2 ist der Vorschrift des § 119 Abs. 1 Satz 2 ZPO nachgebildet. In einem höheren Rechtszug ist bei der Bewilligung von Verfahrenskostenhilfe für einen Beteiligten, der im vorherigen Rechtszug Verfahrenskostenhilfe erhalten hat, nicht mehr zu prüfen, ob seine Rechtsverfolgung oder -verteidigung Erfolgsaussichten bietet oder ob – in Amtsverfahren – seine Rechte durch den Ausgang des Verfahrens beeinträchtigt werden können und die Rechtsverteidigung nicht offensichtlich ohne Aussicht auf Erfolg ist, wenn nicht er, sondern ein anderer Beteiligter das Rechtsmittel eingelegt hat.

Gegenüber § 119 Abs. 1 Satz 2 ZPO enthält **Absatz 2 Satz 2** das zusätzliche Erfordernis, dass dem Anliegen des Beteiligten, der Verfahrenskostenhilfe im höheren Rechtszug beantragt, in der vorherigen Instanz entsprochen worden ist. Das Absehen von der erneuten Überprüfung der sachlichen Voraussetzungen für Verfahrenskostenhilfe ist nur insoweit gerechtfertigt, als die Partei oder der Beteiligte in der vorherigen Instanz obsiegt hat. Aufgrund des kontradiktorischen Charakters ist diese Bedingung im Zivilprozesses stets erfüllt, sofern und soweit der Gegner das Rechtsmittel eingelegt hat. Im FamFG-Verfahren stellt sich die Situation indes anders dar. Der Umstand, dass nicht der Verfahrenskostenhilfe-Antragsteller, sondern ein anderer Beteiligter Rechtsmittel eingelegt hat, besagt noch nichts darüber, ob der Antragsteller selbst in der vorherigen Instanz mit seinem Verfahrensziel auch durchgedrungen ist.

Es ist daher im FamFG-Verfahren ausdrücklich festzustellen, dass der Rechtsverfolgung oder Rechtsverteidigung des Antragstellers in der vorherigen Instanz entsprochen wurde. Dies setzt voraus, dass der antragstellende Beteiligte in erster Instanz einen Antrag gestellt oder zumindest Erklärungen abgegeben hat, aus denen sich ein Verfahrensziel entnehmen lässt. War ein Verfahrensziel des Verfahrenskostenhilfe-Antragstellers in der vorherigen Instanz dagegen nicht erkennbar oder ist er am Verfahren gar nicht beteiligt worden, so hat stets eine erneute Prüfung der sachlichen Voraussetzungen für Verfahrenskostenhilfe stattzufinden.

Absatz 3 entspricht wörtlich der Vorschrift des § 119 Abs. 2 ZPO; die Vorschrift wurde zur Klarstellung aufgenommen.

Begründung Beschlussempfehlung Rechtsausschuss:
Es handelt sich um eine Folgeregelung aufgrund der Änderungen des § 76.

§ 78
Beiordnung eines Rechtsanwalts

(1) Ist eine Vertretung durch einen Rechtsanwalt vorgeschrieben, wird dem Beteiligten ein zur Vertretung bereiter Rechtsanwalt seiner Wahl beigeordnet.

(2) Ist eine Vertretung durch einen Rechtsanwalt nicht vorgeschrieben, wird dem Beteiligten auf seinen Antrag ein zur Vertretung bereiter Rechtsanwalt seiner Wahl beigeordnet, wenn wegen der Schwierigkeit der Sach- und Rechtslage die Vertretung durch einen Rechtsanwalt erforderlich erscheint.

(3) Ein nicht in dem Bezirk des Verfahrensgerichts niedergelassener Rechtsanwalt kann nur beigeordnet werden, wenn hierdurch besondere Kosten nicht entstehen.

(4) Wenn besondere Umstände dies erfordern, kann dem Beteiligten auf seinen Antrag ein zur Vertretung bereiter Rechtsanwalt seiner Wahl zur Wahrnehmung eines Termins zur Beweisaufnahme vor dem ersuchten Richter oder zur Vermittlung des Verkehrs mit dem Verfahrensbevollmächtigten beigeordnet werden.

(5) Findet der Beteiligte keinen zur Vertretung bereiten Anwalt, ordnet der Vorsitzende ihm auf Antrag einen Rechtsanwalt bei.

II. – FamFG – Buch 1 Allgemeiner Teil

Die Vorschrift entspricht der Fassung des Regierungsentwurfs.

Begründung RegE:

Absatz 1 enthält den Beiordnungszwang in Verfahren mit Anwaltszwang. Die Vorschrift entspricht § 121 Abs. 1 ZPO.

Absatz 2 regelt die Voraussetzungen für eine Anwaltsbeiordnung in Verfahren ohne Anwaltszwang. Die Erforderlichkeit einer Anwaltsbeiordnung ist nach objektiven Kriterien zu beurteilen. Ausschlaggebend für die Beiordnung eines Rechtsanwalts ist hierbei ausschließlich die Schwierigkeit der Sach- und Rechtslage. Die Schwere des Eingriffs in die Rechte eines Beteiligten erfüllt dagegen die Voraussetzungen für die Beiordnung eines Rechtsanwalts auf Basis der Verfahrenskostenhilfe regelmäßig nicht. Hier sind die Interessen des Beteiligten vielmehr in hinreichendem Umfang durch die Bestellungen eines Verfahrenspflegers (§§ 276, 317) gewährt. Dieser nimmt in rechtlich und tatsächlich einfach und durchschnittlich gelagerten Fällen die Interessen des Betroffenen wahr. Dagegen soll die Beiordnung eines Rechtsanwalts nur dann erfolgen, wenn der Fall rechtlich und tatsächlich so schwierig gelagert ist, dass es erforderlich erscheint, dem Betroffenen zur hinreichenden Wahrung seiner Rechte einen Rechtsanwalt beizuordnen. Liegen diese engen Voraussetzungen für die Beiordnung eines Rechtsanwalts vor, so ist sie gegenüber der Bestellung eines Verfahrenspflegers in Betreuungs- und Unterbringungssachen grundsätzlich vorrangig. Dies ergibt sich nach geltendem Recht aus §§ 67 Abs. 1 Satz 6, 70b Abs. 3 FGG und wird inhaltsgleich im künftigen FamFG-Verfahren gemäß §§ 276 Abs. 4, 317 Abs. 4 fortgeschrieben.

Gemäß **Absatz 2** wird dem Beteiligten ein Rechtsanwalt beigeordnet, wenn dies aufgrund der Schwierigkeit der Sach- und Rechtslage geboten ist. Mit der Vorschrift wird die auf der Grundlage des bisherigen § 14 FGG streitige Frage, ob sich § 121 Abs. 2 ZPO auch in Verfahren der freiwilligen Gerichtsbarkeit Anwendung findet (verneinend auf der Grundlage des bisherigen § 14 FGG BayObLG, Rpfleger 1990, 200; OLG Nürnberg, FamRZ 1995, 371, 372; OLG Hamm, FamRZ 1984, 1245; OLG Zweibrücken, JurBüro 1986, 131; Keidel/Kuntze/Winkler-Zimmermann, Freiwillige Gerichtsbarkeit, 15. Aufl. 2003, Rn. 23 zu § 14; aA Bumiller/Winkler, Freiwillige Gerichtsbarkeit, 8. Aufl. 2006, Rn. 9 zu § 14) gesetzlich geklärt. Die Vorschrift regelt in Abweichung von § 121 Abs. 2 2. Alternative ZPO, dass die Beiordnung eines Anwaltes in den regelmäßig nicht streng kontradiktorisch geprägten Verfahren der freiwilligen Gerichtsbarkeit nicht bereits geboten ist, weil ein anderer Beteiligter anwaltlich vertreten ist. Keine Anwendung findet dieser Rechtsgedanke auf Familienstreitsachen und Ehesachen, auf die gemäß § 113 Abs. 1 die Vorschriften der Zivilprozessordnung über die Prozesskostenhilfe entsprechend anzuwenden sind.

Dagegen ist es in den anderen Verfahren des FamFG nicht automatisch geboten, einem anderen Beteiligten einen Anwalt beizuordnen, weil ein weiterer Beteiligter dieses Verfahrens anwaltlich vertreten ist. Der Grundsatz der prozessualen „Waffengleichheit" in § 121 Abs. 2 ZPO beruht auf den Besonderheiten des Zivilprozesses. Dort beherrschen allein die Parteien das Verfahren. Aus diesem Grund entspricht es im Zivilprozess dem Grundsatz der prozessualen „Waffengleichheit", einer Partei auf Antrag allein schon deshalb einen Rechtsanwalt beizuordnen, weil die Gegenseite fachkundig vertreten ist. Auf das FamFG-Verfahren lässt sich dieses Verständnis nicht übertragen. Wohl enthält auch dieses – jedenfalls im Antragsverfahren – gewisse Elemente des Parteiprozesses; diese Elemente prägen das Verfahren jedoch nicht so entscheidend, dass es seinen besonderen Fürsorgecharakter verlöre. Vielmehr ist das Gericht aufgrund des Amtsermittlungsgrundsatzes des § 26 zur umfassenden Aufklärung des Sachverhaltes verpflichtet. Die Parteien haben keine dem Zivilprozess vergleichbare Verantwortung für die Beibringung der entscheidungsrelevanten Tatsachen.

Dies gilt auch für die Fälle, in denen die Beteiligten entgegengesetzte Ziele verfolgen, wie etwa in Umgangsverfahren. Auch in diesen Verfahren steht nicht die Durchsetzung der Interessen der sich mit entgegengesetzten Anliegen gegenüberstehenden Eltern im Vordergrund, sondern das Finden einer dem Wohl des Kindes angemessenen Lösung. Auf Verfahren des FamFG, an denen sich eine Mehrheit von Personen beteiligen können, wie die Verfahren in Nachlasssachen oder die Verfahren in Betreuungssachen, ist der Gedanke der Waffengleichheit bereits deshalb nicht übertragbar, weil diese Verfahren nicht wesentlich von zwei sich kontradiktorisch gegenüber stehenden Beteiligten geprägt sind.

Absätze 3 bis 5 entsprechen inhaltlich § 121 Abs. 3 bis 5 der Zivilprozessordnung. Sie wurden zur Klarstellung ausdrücklich in die Vorschrift aufgenommen.

§ 79
(entfallen)

Die Vorschrift ist mit mit der Beschlussempfehlung des Rechtsausschusses entfallen.

Frühere Fassung RegE:

§ 79 Anwendung der Zivilprozessordnung

Im Übrigen finden die Vorschriften der Zivilprozessordnung über die Prozesskostenhilfe entsprechende Anwendung. Ein Beschluss, der im Verfahrenskostenhilfeverfahren ergeht, ist mit der sofortigen Beschwerde in entsprechender Anwendung der §§ 567 bis 572, 127 Abs. 2 bis 4 der Zivilprozessordnung anfechtbar.

Begründung RegE:

Satz 1 ordnet die entsprechende und ergänzende Geltung der Vorschriften der Zivilprozessordnung über die Prozesskostenhilfe für FamFG-Verfahren an. Für Familienstreitsachen gelten die Vorschriften der Zivilprozessordnung über die Prozesskostenhilfe kraft der Generalverweisung in § 113 Abs. 1 uneingeschränkt.

Auf Verfahren der freiwilligen Gerichtsbarkeit sind die §§ 114 bis 127 ZPO mit folgenden Maßgaben anzuwenden:

- § 114 ZPO wird durch die Spezialregelung in § 76 verdrängt.
- §§ 115, 116 ZPO gelten ohne Einschränkungen.
- § 117 ZPO gilt – mit Ausnahme von Absatz 2 Satz 2 – entsprechend.
- § 118 Abs. 1 Satz 1 ZPO wird durch § 77 Abs. 1 verdrängt. § 118 Abs. 1 Sätze 2 bis 6, Abs. 2 und 3 ZPO gelten ohne Einschränkungen.
- § 119 Abs. 1 ZPO wird durch § 77 Abs. 2 verdrängt. § 119 Abs. 2 ZPO entspricht § 77 Abs. 3.
- § 120 ZPO gilt ohne Einschränkungen.
- § 121 ZPO wird durch § 78 verdrängt.
- § 122 Abs. 1 ZPO gilt ohne Einschränkungen. § 122 Abs. 2 ZPO gilt, soweit ein Antragsgegner vorhanden ist.
- § 123 ZPO ist anwendbar, soweit ein Antragsgegner vorhanden ist und eine Kostenerstattungsverpflichtung angeordnet worden ist.
- § 124 ZPO gilt ohne Einschränkungen und geht als lex specialis der Abänderungsvorschrift in § 48 Abs. 1 vor.
- §§ 125, 126 ZPO finden auf den Antragsgegner Anwendung.
- § 127 Abs. 1 ZPO gilt ohne Einschränkungen.

Satz 2 stellt klar, dass auch für die Beschwerde in Verfahrenskostenhilfesachen die Vorschriften der Zivilprozessordnung entsprechende Anwendung finden. Das bedeutet im Einzelnen:

- die Statthaftigkeit der sofortigen Beschwerde folgt der Systematik in § 127 Abs. 2 und 3 ZPO.
- Die Zulässigkeit der sofortigen Beschwerde folgt entsprechend § 127 Abs. 2 Satz 2 ZPO dem Konvergenzgedanken, falls nicht das Gericht ausschließlich die persönlichen und wirtschaftlichen Voraussetzungen für die Verfahrenskostenhilfe verneint hat. § 127 Abs. 2 Satz 2 2. Halbsatz ZPO ist im FamFG-Verfahren in entsprechender Weise anzuwenden.
- Die Beschwerdesumme gemäß der in § 127 Abs. 2 Satz 2 ZPO genannten Berufungssumme gemäß § 511 ZPO muss erreicht sein. Eine sofortige Beschwerde gegen Entscheidungen in Verfahrenskostenhilfe-

II. – FamFG – Buch 1 Allgemeiner Teil

Verfahren ist mithin in FamFG-Sachen nicht zulässig, wenn gegen einen Beschluss in der Hauptsache die Beschwerde wegen Nichterreichens der Beschwerdesumme von 600 unzulässig wäre. Für das Verfahren über die Verfahrenskostenhilfe soll kein weitergehender Instanzenzug zur Verfügung stehen als in der Hauptsache, um die Gefahr widersprüchlicher Entscheidungen zu vermeiden.

- Die Frist zur Einlegung der sofortigen Beschwerde in Verfahrenskostenhilfesachen beträgt einen Monat. Die Fristenbestimmungen des § 127 Abs. 2 Satz 3 ZPO und § 127 Abs. 3 Satz 3 ZPO sind im FamFG-Verfahren entsprechend anzuwenden. Auf der Grundlage des bisherigen § 14 FGG herrschte Rechtsunklarheit darüber, ob für Beschwerden in Prozesskostenhilfesachen der freiwilligen Gerichtsbarkeit die einmonatige Beschwerdefrist des § 127 Abs. 2 Satz 3 ZPO (so Decker, NJW 2003, 2291, 2293; Zimmer, FamRZ 2005, 1145) oder die zweiwöchige Frist nach § 22 Abs. 1 FGG gilt (so OLG Zweibrücken FamRZ 2006, 433; OLG Dresden, FamRZ 2005, 1188, 1189; OLG Saarbrücken, OLGR 2003, 450 f.; OLG Celle, FGPrax 2003, 30; BayObLG, NJW 2002, 3262 f.; Keidel/Kuntze/Winkler-Zimmermann, Freiwillige Gerichtsbarkeit, 15. Aufl. 2003, Rn. 34 a zu § 14; Jansen-Baronin von König, Freiwillige Gerichtsbarkeit, 3. Aufl. 2006, Rn. 69 zu § 14). Zu dieser Rechtsfrage hat der Bundesgerichtshof am 12. April 2006 (Az.: – XII ZB 102/04 – NJW 2006, 2122 ff.) Stellung genommen und dahingehend entschieden, dass die Monatsfrist des § 127 Abs. 2 Satz 3 ZPO anzuwenden ist. Dies schreibt die ausdrückliche Regelung des Satzes 2 fort.
- Der Ausschluss der Kostenerstattung im Beschwerdeverfahren gemäß § 127 Abs. 4 ZPO gilt uneingeschränkt.

Begründung Beschlussempfehlung Rechtsausschuss:
Der Regelungsgehalt des bisherigen § 79 findet sich nunmehr in § 76. Der bisherige § 79 kann deswegen entfallen.

Abschnitt 7
Kosten

§ 80
Umfang der Kostenpflicht

Kosten sind die Gerichtskosten (Gebühren und Auslagen) und die zur Durchführung des Verfahrens notwendigen Aufwendungen der Beteiligten. § 91 Abs. 1 Satz 2 der Zivilprozessordnung gilt entsprechend.

Die Vorschrift entspricht der Fassung des Regierungsentwurfs.

Begründung RegE:
Die Vorschrift regelt die Frage, welche Kosten erstattungsfähig sind. **Satz 1** bestimmt, dass Kosten nur die Gerichtskosten und die mit dem Verfahren unmittelbar zusammenhängenden Aufwendungen der Beteiligten, wie etwa die Kosten für den Anwalt, sind. Die Vorschrift ist § 162 Abs. 1 VwGO nachgebildet. **Satz 2** entspricht mit der Bezugnahme auf § 91 Abs.1 Satz 2 ZPO dem bisherigen § 13a Abs. 3 1. Alternative FGG.

§ 81
Grundsatz der Kostenpflicht

(1) Das Gericht kann die Kosten des Verfahrens nach billigem Ermessen den Beteiligten ganz oder zum Teil auferlegen. Es kann auch anordnen, dass von der Erhebung der Kosten abzusehen ist. In Familiensachen ist stets über die Kosten zu entscheiden.

(2) Das Gericht soll die Kosten des Verfahrens ganz oder teilweise einem Beteiligten auferlegen, wenn

1. der Beteiligte durch grobes Verschulden Anlass für das Verfahren gegeben hat;

2. der Antrag des Beteiligten von vornherein keine Aussicht auf Erfolg hatte und der Beteiligte dies erkennen musste;
3. der Beteiligte zu einer wesentlichen Tatsache schuldhaft unwahre Angaben gemacht hat;
4. der Beteiligte durch schuldhaftes Verletzen seiner Mitwirkungspflichten das Verfahren erheblich verzögert hat;
5. der Beteiligte einer richterlichen Anordnung zur Teilnahme an einer Beratung nach § 156 Abs. 1 Satz 4 nicht nachgekommen ist, sofern der Beteiligte dies nicht genügend entschuldigt hat.

(3) Einem minderjährigen Beteiligten können Kosten in Verfahren, die seine Person betreffen, nicht auferlegt werden.

(4) Einem Dritten können Kosten des Verfahrens nur auferlegt werden, soweit die Tätigkeit des Gerichts durch ihn veranlasst wurde und ihn ein grobes Verschulden trifft.

(5) Bundesrechtliche Vorschriften, die die Kostenpflicht abweichend regeln, bleiben unberührt.

Die Vorschrift entspricht der Fassung des Regierungsentwurfs.

Begründung RegE:

Absatz 1 Satz 1 eröffnet dem Gericht die Möglichkeit, den Beteiligten die Kosten des Verfahrens nach billigem Ermessen aufzuerlegen. Das FGG sieht nach dem geltendem § 13a FGG eine einheitliche Entscheidung über die Kosten des Verfahrens nicht vor. § 13a FGG regelt lediglich die Erstattung der außergerichtlichen Kosten; die Erstattung der Gerichtskosten richtet sich derzeit im Grundsatz nach §§ 2 ff. KostO. Diese Vorschriften bestimmen einen Kostenschuldner; dem Gericht ist bei der Verteilung der Kosten regelmäßig kein Ermessen eingeräumt. In Einzelvorschriften – etwa § 20 der Hausratsverordnung (HausratsV) – ist dagegen auch die Erstattung der Gerichtskosten geregelt. § 81 regelt nunmehr allgemein, dass nicht nur die Erstattung der außergerichtlichen Kosten sondern auch die Verteilung der Gerichtskosten nach billigem Ermessen erfolgt. Dem Gericht wird dadurch die Möglichkeit eingeräumt, den Ausgang des Verfahrens auch bei der Verteilung der gerichtlichen Kosten zu berücksichtigen. Eine allgemeine Verpflichtung des Gerichts zur Entscheidung über die Kosten wird hiermit nicht eingeführt. Vielmehr liegt es im pflichtgemäßen Ermessen des Gerichts zu entscheiden, ob und gegebenenfalls in welchem Umfang eine Kostenentscheidung sachgerecht ist. Bei der Ausübung seines Ermessens kann das Gericht auch Konstellationen berücksichtigen, wie sie aufgrund der strengen Bindung an das Obsiegen und Unterliegen im Zivilprozess in den Verfahrensvorschriften über die Prozesskosten der Zivilprozessordnung ausdrücklich geregelt sind. Dies betrifft unter Zugrundelegung des Rechtsgedankens des § 97 Abs. 2 ZPO etwa auch die Überbürdung der Kosten der ersten Instanz auf einen Beteiligten, dessen Anliegen erst im Rechtsmittelzug entsprochen wurde, weil er dem Gericht erst in der Beschwerdeinstanz in hinreichendem Umfang Umstände dargetan hat, die sein Anliegen begründen. Eine Kostenüberbürdung kommt jedoch nur insoweit in Betracht als der Beteiligte diese Tatsachen im Rahmen seiner Mitwirkungspflichten (§ 27) hätte vortragen müssen, nicht jedoch soweit die Ermittlung der Tatsachen Teil der Amtsermittlungspflichten (§ 26) gewesen wäre.

Gemäß Satz 2 kann das Gericht auch anordnen, dass von der Erhebung von Kosten abgesehen wird. Dies wird regelmäßig dann in Betracht kommen, wenn es nach dem Verlauf oder dem Ausgang des Verfahrens unbillig erscheint, die Beteiligten mit den Gerichtskosten des Verfahrens zu belasten. Trifft das Gericht dagegen keine Entscheidung über die Verteilung der Kosten, richtet sich diese unverändert nach den maßgeblichen Vorschriften der Kostenordnung.

Satz 3 sieht für alle Familiensachen, also auch für selbständige Familienverfahren der freiwilligen Gerichtsbarkeit, eine verpflichtende Kostenentscheidung vor. Damit wird den Änderungen des Kostenrechts in Familiensachen Rechnung getragen.

II. – FamFG – Buch 1 Allgemeiner Teil

Absatz 2 regelt Abweichungen vom Grundsatz der Kostenentscheidung nach billigem Ermessen gemäß Absatz 1. Die Vorschrift soll dem Gericht die Möglichkeit eröffnen, die pflichtwidrige Einleitung von Verfahren sowie Verstöße gegen die Mitwirkungspflichten der Beteiligten negativ zu sanktionieren. Hierbei ist dem Gericht ein relativ weitgehendes Ermessen eingeräumt. So besteht grundsätzlich keine strikte Beschränkung der Kostenüberbürdung auf die Verursachungsbeiträge des Beteiligten. Es ist nicht erforderlich, dass durch das Verhalten des Beteiligten zusätzliche Kosten überhaupt erst entstanden sind. Auch ist das Gericht nicht auf die Überbürdung solcher zusätzlichen Kosten beschränkt. Erforderlich ist dagegen ein Zusammenhang zu dem Verfahrensgegenstand, dessen Kosten dem Beteiligten auferlegt werden sollen; dies kommt darin zum Ausdruck, dass die Kosten dem pflichtwidrig handelnden Beteiligten ganz oder zum Teil auferlegt werden sollen. Werden – wie etwa im Verbundverfahren – mehrere Verfahrensgegenstände in einem Verfahren zusammengefasst, so erstreckt sich die Auferlegung der Kosten regelmäßig nur auf den Verfahrensgegenstand, auf den sich die Pflichtwidrigkeit des Beteiligten erstreckt.

Nummer 1 knüpft an den bisherigen § 13a Abs. 1 Satz 2 2. Alternative FGG an, verzichtet jedoch auf das Erfordernis der Verursachung zusätzlicher Kosten. **Nummer 2** regelt einen konkreten Fall groben Verschuldens. Das Stellen eines erkennbar aussichtslosen Antrages kann bereits nach bisheriger Rechtslage ein Fall groben Verschuldens sein (Keidel/Kuntze/Winkler-Zimmermann, Freiwillige Gerichtsbarkeit, 15. Aufl. 2003, Rn. 25 zu § 13a). Die Vorschrift greift diese Auslegung des Begriffs des groben Verschuldens auf und regelt sie nunmehr ausdrücklich. Auch die gemäß **Nummer 3** sanktionierten schuldhaft unwahren Angaben sind ein Fall groben Verschuldens, der bereits auf der Grundlage des geltenden Rechts die Auferlegung von Kosten rechtfertigt (Keidel/Kuntze/Winkler-Zimmermann, Freiwillige Gerichtsbarkeit, 15. Aufl. 2003, Rn. 25 zu § 13a) und nunmehr im Gesetz geregelt wird. **Nummer 4** regelt ein weiteres Beispiel für grobes Verschulden; die Vorschrift knüpft ebenfalls an die bereits nach geltender Rechtslage anerkannte Konkretisierung an, dass unzureichendes oder verspätetes Vorbringen ein Fall groben Verschuldens sein kann (Keidel/Kuntze/Winkler-Zimmermann, Freiwillige Gerichtsbarkeit, 15. Aufl. 2003, Rn. 25 zu § 13a). Diese Erwägungen werden mit der Regelung in Nummer 4 in Ansehung der nunmehr in § 27 geregelten Mitwirkungspflichten systematisiert und verallgemeinert. **Nummer 5** sieht im Interesse des Kindeswohls in Kindschaftssachen die Überbürdung von Kosten auf den Beteiligten vor, der nicht an einer gerichtlich angeordneten Beratung teilnimmt. Mit dieser Regelung soll das Hinwirken auf eine einvernehmliche Regelung der Eltern über das Sorge- und Umgangsrecht befördert werden. Die Kostenfolge tritt nicht ein, wenn der Beteiligte sein Fehlen genügend entschuldigt.

Dagegen rechtfertigt allein die Rücknahme eines Antrages die Auferlegung der Kosten nicht. Vielmehr sind auch die Umstände zu berücksichtigen, die zur Rücknahme des Antrags geführt haben, wie etwa eine zwischenzeitliche außergerichtliche Einigung der Beteiligten. Das Gericht hat gemäß den allgemeinen Vorschriften des Absatzes 1 zu entscheiden, ob es im Einzelfall aufgrund der Rücknahme des Antrags und seiner Umstände billigem Ermessen entspricht, dem Antragsteller die Kosten aufzuerlegen.

Die in Absatz 2 neu eingeführte Orientierung der Kostenentscheidung am Verfahrensverhalten der Beteiligten hat zur Folge, dass das in § 20a Abs. 1 S. 1 FGG ausgesprochene Verbot der isolierten Anfechtung der Kostenentscheidung nicht in das FamFG übernommen werden konnte.

Absatz 3 greift den bisher in § 94 Abs. 3 Satz 2 KostO geregelten Ausschluss der Auferlegung von Kosten gegenüber dem Kind auf; dieser Rechtsgedanke wird mit der Vorschrift verallgemeinert und systematisiert.

Absatz 4 greift die bisher für Betreuungs- und Unterbringungsverfahren vorgesehene Möglichkeit auf, einem nicht am Verfahren beteiligten Dritten die Kosten des Verfahrens aufzuerlegen und verallgemeinert sie für alle FamFG-Verfahren.

Absatz 5 entspricht inhaltlich dem bisherigen § 13a Abs. 4 FGG.

Stellungnahme Bundesrat:

33. **Zu Artikel 1** (Artikel 1 § 81 Abs. 2 Nr. 2 und 2a – neu – FamFG)
Artikel 1 § 81 Abs. 2 ist wie folgt zu ändern:

a) Nummer 2 ist wie folgt zu fassen:
„2. das Verfahren nur auf Antrag des Beteiligten eingeleitet wird, soweit der Beteiligte mit dem Antrag unterliegt; § 92 der Zivilprozessordnung gilt entsprechend;"

b) Nach Nummer 2 ist folgende Nummer 2a einzufügen:
„2a. der Beteiligte Antragsgegner ist, soweit der Antragsteller mit dem Antrag obsiegt; § 92 der Zivilprozessordnung gilt entsprechend;".

Begründung:

Die Kostengrundregelung in § 81 FamFG-E ist wenig klar gefasst; die Frage, wann genau von einer Kostenauferlegung abzusehen ist, ist nur schwer zu beantworten. Zwar ist einzuräumen, dass die Schaffung einer präzisen abstrakt-gesetzlichen Kostengrundregelung in Amtsverfahren auf Schwierigkeiten stößt, weil sich in diesen Verfahren die Zahl und die Art der Beteiligten sowie das Verursachen des Entstehens von Verfahrenskosten durch die Beteiligten kaum abstrakt voraussehen lässt. Anders hingegen ist die Lage in den Antragsverfahren: Hier wird der Antragsteller Verursacher dafür, dass bei anderen Beteiligten Verfahrenskosten entstehen. Es ist daher nicht einzusehen, dass der Antragsteller – anders als unter der Geltung des Erfolgsprinzips der ZPO (§§ 91 f. ZPO) – nicht immer dann für die Kosten der anderen Beteiligten aufkommen soll, wenn er mit seinem Antrag keinen Erfolg hat. Warum er nach § 81 Abs. 2 Nr. 2 FamFG-E nur dann die Kosten tragen soll, wenn sein Antrag „von vornherein keine Aussicht auf Erfolg hatte und der Beteiligte dies erkennen musste", ist nicht verständlich. Ferner ist es in Verfahren, in denen ein Antragsgegner klar zu benennen ist, nicht einzusehen, warum dieser im Fall des Obsiegens des Antragstellers nicht die Kosten des Verfahrens tragen muss, wenn er durch sein Verhalten Anlass zur Antragstellung gegeben hat.

Gegenäußerung Bundesregierung:

Zu Nummer 33 (Artikel 1 § 81 Abs. 2 Nr. 2 und 2a – neu – FamFG)
Die Bundesregierung stimmt dem Vorschlag des Bundesrates nicht zu.

Das bereits dem bisherigen § 13a FGG zugrunde liegende Kriterium des billigen Ermessens für die Kostenentscheidung des Gerichts ist für die Verfahren der freiwilligen Gerichtsbarkeit sachgerecht. Es wird daher in § 81 Abs. 1 FamFG fortgeschrieben. Mit den Absätzen 2 und 4 sind Präzisierungen für die Auferlegung der Kosten gegenüber einem Beteiligten oder Dritten erfolgt. Darüber hinausgehende Konkretisierungen sind nicht angezeigt. Die vom Bundesrat vorgeschlagene Orientierung an den Kostenvorschriften der Zivilprozessordnung in Antragsverfahren ist als Kriterium nicht geeignet. Eine starre Orientierung an den Erfolgsaussichten in Antragsverfahren ist bereits deshalb nicht sachgerecht, weil auch in den FG-Verfahren, die Antragsverfahren sind, zum Teil gleichwohl lediglich ein auf das Verfahren bezogener Antrag, nicht jedoch ein konkreter Sachantrag erforderlich ist. Eine Kostenentscheidung nach dem Obsiegens- oder Unterliegensanteils ist hier ohnehin ausgeschlossen. Des Weiteren berücksichtigt die Orientierung an den kostenrechtlichen Vorschriften der Zivilprozessordnung die strukturellen Unterschiede zwischen Zivilverfahren und den Verfahren der freiwilligen Gerichtsbarkeit nicht hinreichend. Bei den letztgenannten ist erheblich häufiger als in Zivilverfahren eine besondere emotionale Nähe der Beteiligten zum Verfahren gegeben. Hierauf und auf das hieraus resultierende Verhalten im Verfahren kann mit der flexiblen Vorschrift des § 81 FamFG am besten reagiert werden. Steht dagegen allein das Unterliegen und Obsiegen in einem Verfahren der freiwilligen Gerichtsbarkeit im Vordergrund, wird sich das billige Ermessen bei der Kostenentscheidung – wie bisher auch – hieran regelmäßig orientieren.

§ 82
Zeitpunkt der Kostenentscheidung

Ergeht eine Entscheidung über die Kosten, hat das Gericht hierüber in der Endentscheidung zu entscheiden.

Die Vorschrift entspricht der Fassung des Regierungsentwurfs.

Begründung RegE:
Die Vorschrift bestimmt, zu welchem Zeitpunkt eine Kostenentscheidung des Gerichts zu ergehen hat, sofern das Gericht eine ausdrückliche Entscheidung über die Kosten treffen möchte. Dies hat gleichzeitig mit der Endentscheidung zu erfolgen, so dass die Beteiligten mit der Bekanntgabe der Endentscheidung auch Gewissheit über die Verteilung der Kosten haben. Die Vorschrift lehnt sich insoweit an § 161 Abs. 1 VwGO an.

§ 83
Kostenpflicht bei Vergleich, Erledigung und Rücknahme

(1) Wird das Verfahren durch Vergleich erledigt und haben die Beteiligten keine Bestimmung über die Kosten getroffen, fallen die Gerichtskosten jedem Teil zu gleichen Teilen zur Last. Die außergerichtlichen Kosten trägt jeder Beteiligte selbst.

(2) Ist das Verfahren auf sonstige Weise erledigt oder wird der Antrag zurückgenommen, gilt § 81 entsprechend.

Die Vorschrift entspricht der Fassung des Regierungsentwurfs.

Begründung RegE:
Absatz 1 knüpft an § 36 an, der erstmals allgemein die Zulässigkeit eines Vergleichs regelt, und bestimmt dessen Kostenfolgen. **Satz 1** ist an § 160 Satz 1 VwGO angelehnt. **Satz 2** ist § 160 Satz 2 VwGO nachgebildet.

Absatz 2 regelt, dass das Gericht, auch soweit eine Endentscheidung nicht zu treffen ist, über die Kosten nach den Grundsätzen des § 81 entscheiden kann.

§ 84
Rechtsmittelkosten

Das Gericht soll die Kosten eines ohne Erfolg eingelegten Rechtsmittels dem Beteiligten auferlegen, der es eingelegt hat.

Die Vorschrift entspricht der Fassung des Regierungsentwurfs.

Begründung RegE:
Die Vorschrift knüpft inhaltlich an den bisherigen § 13a Abs. 1 Satz 2 FGG an, eröffnet dem Gericht jedoch die Möglichkeit, in besonders gelagerten Fällen die Kosten nicht dem im Ergebnis erfolglosen Rechtsmittelführer aufzuerlegen. Dies betrifft etwa die Rücknahme des Rechtsmittels. Sie zieht für sich genommen die Auferlegung der Kosten nicht zwingend nach sich. Es sind auch die Umstände zu berücksichtigen, die den Rechtsmittelführer zur Rücknahme seines Rechtsmittels veranlasst haben; dies kann z.B. eine außergerichtliche Einigung der Beteiligten sein.

§ 85
Kostenfestsetzung

Die §§ 103 bis 107 der Zivilprozessordnung über die Festsetzung des zu erstattenden Betrags sind entsprechend anzuwenden.

Die Vorschrift entspricht der Fassung des Regierungsentwurfs.

> **Begründung RegE:**
> Die Vorschrift entspricht inhaltlich dem bisherigen § 13a Abs. 3 2. Halbsatz FGG.

Abschnitt 8
Vollstreckung

Unterabschnitt 1
Allgemeine Vorschriften

§ 86
Vollstreckungstitel

(1) Die Vollstreckung findet statt aus
1. gerichtlichen Beschlüssen;
2. gerichtlich gebilligten Vergleichen (§ 156 Abs. 2);
3. weiteren Vollstreckungstiteln im Sinne des § 794 der Zivilprozessordnung, soweit die Beteiligten über den Gegenstand des Verfahrens verfügen können.

(2) Beschlüsse sind mit Wirksamwerden vollstreckbar.

(3) Vollstreckungstitel bedürfen der Vollstreckungsklausel nur, wenn die Vollstreckung nicht durch das Gericht erfolgt, das den Titel erlassen hat.

Die Vorschrift entspricht der Fassung des Regierungsentwurfs.

> **Begründung RegE:**
> **Absatz 1** bestimmt, aus welchen Titeln die Vollstreckung betrieben werden kann. Derzeit fehlt es an einer gesetzlichen Klarstellung der Grundlage der gerichtlichen Vollstreckung (vgl. Gaul, in: Festschrift für Ishikawa [2001], S. 87, 112). Durch die Vorschrift ist nunmehr ausdrücklich geregelt, dass auch in FamFG-Sachen ein vollstreckbarer Titel Grundlage der Vollstreckung ist. Gemäß **Nummer 1** stellen gerichtliche Beschlüsse einen Vollstreckungstitel dar. Die Regelung umfasst sowohl Endentscheidungen als auch solche anderweitigen Beschlüsse mit vollstreckbarem Inhalt, die verfahrensabschließende Entscheidungen enthalten, wie etwa Beschlüsse gemäß §§ 887, 888, 890 ZPO oder Kostenfestsetzungsbeschlüsse. Keine Beschlüsse im Sinne der Nummer 1 sind dagegen verfahrensleitende Verfügungen und Anordnungen, auch wenn sie in Form eines Beschlusses ergehen. Die Vollstreckung dieser Verfügungen und Anordnungen richtet sich ausschließlich nach § 35, der insoweit § 86 Abs. 1 Nr. 1 verdrängt. Auf die Begründung zu § 35 wird ergänzend verwiesen.
>
> **Nummer 2** bestimmt, dass die Vollstreckung in Kindschafssachen neben Titeln gemäß Nummer 1 lediglich aus gerichtlich gebilligten Vergleichen im Sinne des § 156 Abs. 2, nicht jedoch aus bloßen Vereinbarungen der Beteiligten möglich ist. Diese Regelung schreibt die geltende Rechtslage (vgl. Keidel/Kuntze/Winkler-Zimmermann, Freiwillige Gerichtsbarkeit, 15. Aufl. 2003, Rn. 10 zu § 33) fort. Im Hinblick auf die Pflichten des Staates zum Schutz von Ehe und Familie soll es für die Vollstreckung der Herausgabe von Personen auch künftig bei der Beschränkung auf Titel, die das Gericht selbst erlassen hat, verbleiben. Gemäß **Nummer 3** kann die Vollstreckung auch aus weiteren Titeln im Sinne des § 794 ZPO erfolgen. Soweit diese Titel auf Vereinbarungen zwischen den Beteiligten fußen, wie etwa § 794 Abs. 1 Nr. 1 oder Nr. 4b ZPO, kommen diese gleichwohl nur als Vollstreckungstitel in Betracht, soweit die Beteiligten über den Verfahrensgegenstand verfügen können. Dies betrifft etwa das Erbscheinsverfahren, wenn die Beteiligten sich über die Ausübung von Gestaltungsrechten, die die Erbschaft beeinflussen, einigen (vgl. Keidel/Kuntze/Winkler-Meyer-Holz, Freiwillige Gerichtsbarkeit, 15. Aufl. 2003, Rn. 24 vor § 8).
>
> **Absatz 2** bestimmt, dass Beschlüsse in FamFG-Sachen mit Wirksamwerden bereits kraft Gesetzes vollstreckbar sind, ohne dass es hierzu einer Vollstreckbarerklärung des Gerichts bedarf.

Absatz 3 regelt, dass eine Vollstreckungsklausel nur dann erforderlich ist, wenn die Vollstreckung nicht durch das Gericht erfolgt, das den Titel in der Hauptsache erlassen hat. Eine Vollstreckungsklausel ist dann regelmäßig entbehrlich, wenn die Vollstreckung demselben Gericht obliegt wie dem, das den vollstreckbaren Titel erlassen hat (vgl. Gaul, in: Festschrift für Ishikawa, 2001, S. 87, 114). Dieses hat bei der Einleitung von Vollstreckungsmaßnahmen inzident zu prüfen, ob die Vollstreckung aus dem Titel statthaft ist. Erforderlich ist die Klausel dagegen, wenn die Vollstreckung nicht durch das Gericht erfolgt, das den Titel erlassen hat, wie etwa bei der Herausgabe von Personen nach Umzug des Kindes (§ 88 Abs. 1) oder der Vollstreckung von Geldforderungen.

§ 87
Verfahren; Beschwerde

(1) Das Gericht wird in Verfahren, die von Amts wegen eingeleitet werden können, von Amts wegen tätig und bestimmt die im Fall der Zuwiderhandlung vorzunehmenden Vollstreckungsmaßnahmen. Der Berechtigte kann die Vornahme von Vollstreckungshandlungen beantragen; entspricht das Gericht dem Antrag nicht, entscheidet es durch Beschluss.

(2) Die Vollstreckung darf nur beginnen, wenn der Beschluss bereits zugestellt ist oder gleichzeitig zugestellt wird.

(3) Der Gerichtsvollzieher ist befugt, erforderlichenfalls die Unterstützung der polizeilichen Vollzugsorgane nachzusuchen. § 758 Abs. 1 und 2 sowie die §§ 759 bis 763 der Zivilprozessordnung gelten entsprechend.

(4) Ein Beschluss, der im Vollstreckungsverfahren ergeht, ist mit der sofortigen Beschwerde in entsprechender Anwendung der §§ 567 bis 572 der Zivilprozessordnung anfechtbar.

(5) Für die Kostenentscheidung gelten die §§ 80 bis 82 und 84 entsprechend.

Die Vorschrift entspricht der Fassung des Regierungsentwurfs.

Begründung RegE:

Absatz 1 Satz 1 regelt, dass die Vollstreckung dann von Amts wegen vom Gericht veranlasst und durchgeführt wird, wenn auch das Erkenntnisverfahren von Amts wegen eingeleitet werden kann. Das geltende Recht sieht keine Regelung dazu vor, aufgrund wessen Initiative die Vollstreckung in FG-Sachen einzuleiten ist. Diese Unklarheit hat zu Anwendungsproblemen der Vollstreckungsvorschriften geführt (vgl. Gaul, in: Festschrift für Ishikawa, 2001, S. 87, 116 ff.). Die Vorschrift stellt nunmehr klar, dass für die Einleitung und Durchführung des Vollstreckungsverfahrens auf die Art des FG-Verfahrens abzustellen ist. Findet das Erkenntnisverfahren allein auf Antrag statt, so erfordert auch die Vollstreckung einen Antrag des Berechtigten. Kann das Gericht dagegen im Hauptsacheverfahren von Amts wegen tätig werden, so kann auch die Vollstreckung von Amts wegen betrieben werden. Satz 2 enthält darüber hinaus ein ausdrückliches Antragsrecht des Berechtigten in Verfahren, die von Amts wegen eingeleitet werden können. Sofern das Gericht dem Antrag nicht entspricht, hat es den Antrag in Form eines Beschlusses abzulehnen. Der Berechtigte hat damit die Möglichkeit der Einlegung eines Rechtsmittels; die aus Sicht des Gerichts gegen eine Vollstreckung sprechenden Gründe können sodann vom Rechtsmittelgericht überprüft werden.

Absatz 2 bestimmt, dass Voraussetzung der Vollstreckung die Zustellung der Entscheidung ist. Die Vorschrift ist § 750 Abs. 1 Satz 1 ZPO nachgebildet. Abweichungen können sich aus den weiteren Büchern des FamFG ergeben.

Absatz 3 Satz 1 entspricht inhaltlich § 33 Abs. 2 Satz 3 FGG. Satz 2 verweist auf die §§ 758 Abs. 1 und 2, 759 bis 763 ZPO. Die Befugnisse des Gerichtsvollziehers sind derzeit nicht ausdrücklich geregelt. Der Entwurf greift mit der Regelung in Satz 2 Kritik an dem derzeitigen Fehlen einer gesetzlichen Regelung auf, die diese im Hinblick auf den Grundsatz der strengen Gesetzmäßigkeit des Vollstreckungsverfahrens für erforderlich hält (Gaul, in Festschrift für Ishikawa [2001], S. 87, 124). Durch den Verweis ist künftig aus dem Gesetz ersichtlich, welche Befugnisse der Gerichtsvollzieher hat und wie die Vollstreckung durchzuführen ist.

Absatz 4 bestimmt, dass gegen Entscheidungen im Vollstreckungsverfahren die sofortige Beschwerde nach den Vorschriften der ZPO statthaft ist. Durch die entsprechende Anwendung der Beschwerdevorschriften bleibt gemäß § 570 Abs. 1 ZPO auch die aufschiebende Wirkung hinsichtlich der Festsetzung von Zwangsmitteln gewahrt. Eine Nachfolgevorschrift des bisherigen § 24 Abs. 1 FGG ist daher entbehrlich.

Absatz 5 regelt, dass die Kostenentscheidung im Vollstreckungsverfahren sich nach den Grundsätzen richtet, die auch im Hauptsacheverfahren Anwendung finden.

Unterabschnitt 2
Vollstreckung von Entscheidungen über die Herausgabe von Personen und die Regelung des Umgangs

§ 88
Grundsätze

(1) Die Vollstreckung erfolgt durch das Gericht, in dessen Bezirk die Person zum Zeitpunkt der Einleitung der Vollstreckung ihren gewöhnlichen Aufenthalt hat.

(2) Das Jugendamt leistet dem Gericht in geeigneten Fällen Unterstützung.

Die Vorschrift entspricht der Fassung des Regierungsentwurfs.

Begründung RegE:

Absatz 1 bestimmt, dass für die Durchführung der Vollstreckung das Gericht örtlich zuständig ist, in dessen Bezirk die Person zum Zeitpunkt der Einleitung der Vollstreckung seinen gewöhnlichen Aufenthalt hat. Die Regelung trägt der Tatsache Rechnung, dass vor der Festsetzung von Vollstreckungsmaßnahmen in Verfahren, die die Herausgabe von Personen betreffen, nicht selten neue Ermittlungen – etwa zum Verschulden des zur Einhaltung der getroffenen Regelung anzuhaltenden Elternteils – durchgeführt werden müssen, für die dem Gesichtspunkt der Ortsnähe schon im Hinblick auf die Einschaltung der zuständigen Behörde erhebliche Bedeutung zukommen kann (vgl. BGH, FamRZ 1986, 789 f.).

Absatz 2 normiert eine Unterstützungspflicht des Jugendamtes gegenüber dem Gericht bei der Durchsetzung gerichtlicher Entscheidungen, die die Herausgabe, das Sorge- oder Umgangsrecht zum Gegenstand haben. Die Vorschrift greift eine durch das Gesetz zur Aus- und Durchführung bestimmter Rechtsinstrumente auf dem Gebiet des internationalen Familienrechts (Internationales Familienrechtsverfahrensgesetz – IntFamRVG) vom 31. Januar 2005 (BGBl. I, S. 162) in § 9 eingeführte Regelung auf und erstreckt sie auch auf Entscheidungen mit ausschließlich nationalem Bezug. Die Hinzuziehung eines Mitarbeiters des Jugendamts soll, soweit der Fall hierfür geeignet ist, der Vermeidung von Gewaltanwendung dienen und eine das Kindeswohl so wenig wie möglich beeinträchtigende Vollstreckung fördern. Die Unterstützungspflicht des Jugendamts umfasst hierbei auch die Tätigkeit des Gerichtsvollziehers, soweit dieser im Auftrag des Gerichts tätig wird.

Stellungnahme Bundesrat:

34. Zu Artikel 1 (§ 88 ff. FamFG)

Der Bundesrat bittet, im weiteren Verlauf des Gesetzgebungsverfahrens zu prüfen, ob für die Vollstreckung eines Titels zur Herausgabe von Personen und zur Regelung des Umgangs neben den Ordnungsmitteln in § 89 FamFG-E auch die Vollstreckung durch Zwangsgeld bzw. Zwangshaft gemäß dem zurzeit geltenden § 33 Abs. 1 und 3 FGG erhalten bleiben kann.

Begründung:

§ 89 FamFG-E sieht vor, dass die Zuwiderhandlung gegen einen Vollstreckungstitel zur Herausgabe von Personen und zur Regelung des Umgangs mit Ordnungsgeld bzw. Ordnungshaft sanktioniert werden kann. Die Vollstreckung durch Ordnungsmittel hat den Vorteil, dass diese auch Sanktionscharakter haben.

II. – FamFG – Buch 1 Allgemeiner Teil

Ordnungsmittel können auch dann noch festgesetzt und vollstreckt werden, wenn die zu vollstreckende Handlung, Duldung oder Unterlassung selbst nicht mehr vorgenommen werden kann. Auf Grund des Sanktionscharakters ist aber eine Verschuldensprüfung erforderlich, wie sie in § 89 Abs. 4 FamFG-E vorgesehen ist.

Die gerichtliche Praxis befürchtet, dass die Zwangsvollstreckung durch diese Verschuldensprüfung erheblich erschwert wird. Die gemäß der Entwurfsbegründung (BR-Drs. 309/07, S. 481) angestrebte Verbesserung der Effektivität der Vollstreckung ist deswegen nicht gesichert.

Zwangsmittel haben dagegen den Vorteil, dass sie auch im Hinblick auf eine zu erwartende zukünftige Nichterfüllung eingesetzt werden können.

Um eine effektive Zwangsvollstreckung zu erreichen, wäre die alternative Festsetzung von Ordnungsmitteln oder Zwangsmitteln wünschenswert. Den Ordnungsmitteln könnte dabei die Funktion zukommen, die Vollstreckung solcher Handlungspflichten zu bewirken, bei denen dem Zeitmoment eine besondere Rolle zukommt. Gerade Umgangsregelungen erhalten oftmals punktuelle Verpflichtungen für konkrete Tage, die sich nach Zeitablauf unmittelbar erledigen. Insoweit kommt für vergangene Verstöße die Festsetzung von Ordnungsmitteln in Betracht. Zugleich enthält eine Umgangsregelung aber meistens eine dauerhafte Verpflichtung, deren Erfüllung für die Zukunft durchgesetzt werden muss. Insoweit sind Zwangsmittel erforderlich, um die Erfüllung der künftigen Verpflichtungen sicherzustellen. Eine Kombination beider Vollstreckungsmittel würde deshalb zu einer effektiven Vollstreckung führen.

Gegenäußerung Bundesregierung:
Zu Nummer 34 (Artikel 1 – § 88 ff. FamFG)

Die Bundesregierung ist der Auffassung, dass die Verhängung von Zwangsmitteln neben Ordnungsmitteln zur zwangsweisen Durchsetzung von Herausgabe- und Umgangsanordnungen nicht erforderlich ist. Anders als Zwangsmittel dienen Ordnungsmittel nicht ausschließlich der Einwirkung auf den Willen des Verpflichteten, sondern haben daneben Sanktionscharakter. Sie können daher auch dann noch festgesetzt und vollstreckt werden, wenn die zu vollstreckende Handlung wegen Zeitablaufs nicht mehr vorgenommen werden kann. Die dadurch verbesserte Effektivität der Vollstreckung wird durch die nach § 89 Abs. 4 FamFG vorgesehene Prüfung des Verschuldens des Verpflichteten nicht beeinträchtigt, denn es obliegt dem Verpflichteten, die Umstände darzutun, aus denen sich ergibt, dass er die Zuwiderhandlung nicht zu vertreten hat.

§ 89
Ordnungsmittel

(1) Bei der Zuwiderhandlung gegen einen Vollstreckungstitel zur Herausgabe von Personen und zur Regelung des Umgangs kann das Gericht gegenüber dem Verpflichteten Ordnungsgeld und für den Fall, dass dieses nicht beigetrieben werden kann, Ordnungshaft anordnen. Verspricht die Anordnung eines Ordnungsgeldes keinen Erfolg, kann das Gericht Ordnungshaft anordnen. Die Anordnungen ergehen durch Beschluss.

(2) Der Beschluss, der die Herausgabe der Person oder die Regelung des Umgangs anordnet, hat auf die Folgen einer Zuwiderhandlung gegen den Vollstreckungstitel hinzuweisen.

(3) Das einzelne Ordnungsgeld darf den Betrag von 25.000 Euro nicht übersteigen. Für den Vollzug der Haft gelten § 901 Satz 2, die §§ 904 bis 906, 909, 910 und 913 der Zivilprozessordnung entsprechend.

(4) Die Festsetzung eines Ordnungsmittels unterbleibt, wenn der Verpflichtete Gründe vorträgt, aus denen sich ergibt, dass er die Zuwiderhandlung nicht zu vertreten hat. Werden Gründe, aus denen sich das fehlende Vertretenmüssen ergibt, nachträglich vorgetragen, wird die Festsetzung aufgehoben.

Die Vorschrift entspricht hinsichtlich der Absätze 2 bis 4 dem Regierungsentwurf; Absatz 1 ist mit der Beschlussempfehlung des Rechtsausschusses geändert worden:

Frühere Fassung RegE:
(1) Bei der Zuwiderhandlung gegen einen Vollstreckungstitel zur Herausgabe von Personen und zur Regelung des Umgangs soll das Gericht gegenüber dem Verpflichteten Ordnungsgeld und für den Fall, dass dieses nicht beigetrieben werden kann, Ordnungshaft anordnen. Verspricht die Anordnung eines Ordnungsgeldes keinen Erfolg, soll das Gericht Ordnungshaft anordnen. Die Anordnungen ergehen durch Beschluss.

Begründung RegE:
Absatz 1 regelt, dass künftig zur zwangsweisen Durchsetzung von Herausgabe- und Umgangsanordnungen im Regelfall Ordnungsgeld und für den Fall mangelnder Erfolgsaussicht Ordnungshaft anzuordnen sind. Die Vorschrift sieht in Abweichung von dem bisher geltenden § 33 FGG damit nicht mehr die Verhängung von Zwangs-, sondern von Ordnungsmitteln vor. Mit der Verhängung von Ordnungsmitteln soll die Effektivität der Vollstreckung von Umgangs- und Herausgabeentscheidungen künftig erhöht werden. Anders als Zwangsmittel dienen Ordnungsmittel nicht ausschließlich der Einwirkung auf den Willen der pflichtigen Person, sondern haben daneben Sanktionscharakter. Deshalb können sie auch dann noch festgesetzt und vollstreckt werden, wenn die zu vollstreckende Handlung, Duldung oder Unterlassung wegen Zeitablaufs nicht mehr vorgenommen werden kann. Diese Regelung entspricht den Empfehlungen des 16. Deutschen Familiengerichtstags (FamRZ 2005, 1962, 1964, AK 20).

Absatz 2 regelt, dass der Verpflichtete mit der Entscheidung in der Hauptsache auch über die Folgen einer Zuwiderhandlung gegen den Titel zu belehren ist. Die Belehrung ersetzt die nach bisherigem Recht gemäß § 33 Abs. 3 Satz 6 FGG erforderliche Androhung. Mit der Belehrung soll dem Verpflichteten ebenso wie bisher durch die Androhung deutlich gemacht werden, dass der Verstoß gegen den erlassenen Titel die Festsetzung von Vollstreckungsmaßnahmen nach sich zieht. Gleichzeitig soll der bisherige eigenständige Verfahrensschritt der Androhung künftig entfallen. Dies dient der Beschleunigung des Vollstreckungsverfahrens und verhindert zugleich die Verlagerung des Streits über die Hauptsacheentscheidung in das Vollstreckungsverfahren.

Absatz 3 Satz 1 regelt die maximale Höhe des Ordnungsgeldes. Die Vorschrift entspricht hinsichtlich der Höhe des maximal festzusetzenden Betrages dem bisherigen § 33 Abs. 3 Satz 2 FGG. **Satz 2** entspricht dem geltenden § 33 Abs. 3 Satz 5 FGG.

Absatz 4 Satz 1 bestimmt, dass die Festsetzung eines Ordnungsmittels nur dann unterbleibt, wenn der Verpflichtete Gründe vorträgt, aus denen sich ergibt, dass er die Zuwiderhandlung nicht zu vertreten hat. Der Verpflichtete hat die Umstände, die den Grund für das Scheitern der Vollstreckung der Entscheidung darstellen, im Einzelnen darzutun. Diese Umstände liegen regelmäßig in der Sphäre der verpflichteten Person; sie sind daher im Nachhinein objektiven Feststellungen häufig nur eingeschränkt zugänglich. Gelingt es dem Verpflichteten nicht, detailliert zu erläutern, warum er an der Befolgung der gerichtlichen Anordnung gehindert war, kommt ein Absehen von der Festsetzung eines Ordnungsmittels oder die nachträgliche Aufhebung des Ordnungsmittels nicht in Betracht. Beruft sich etwa ein Elternteil nach Zuwiderhandlung gegen eine gerichtliche Umgangsentscheidung auf den entgegenstehenden Willen des Kindes, wird ein fehlendes Vertretenmüssen nur dann anzunehmen sein, wenn er im Einzelnen darlegt, wie er auf das Kind eingewirkt hat, um das Kind zum Umgang zu bewegen. **Satz 2** regelt, dass die Gründe, aus denen sich das fehlende Vertretenmüssen ergibt, auch nachträglich dargetan werden können und die Aufhebung des festgesetzten Ordnungsmittels nach sich ziehen.

Begründung Beschlussempfehlung Rechtsausschuss:
Die Änderung in Absatz 1 wandelt die bisherige Soll-Vorschrift in eine Kann-Vorschrift um. Hierdurch wird die Verhängung von Ordnungsmitteln in das pflichtgemäße Ermessen des Gerichts gestellt. Demgegenüber ließ die bislang vorgesehene Soll-Vorschrift das Absehen von der Verhängung von Ordnungsmitteln nur bei Vorliegen besonderer, atypischer Konstellationen zu.

Die Neufassung reagiert insbesondere auf die Entscheidung des Bundesverfassungsgerichts vom 1. April 2008 (– 1 BvR 1620/04 – NJW 2008, 1287 ff.). Danach ist § 33 Abs. 1 Satz 1 und Abs. 3 FGG dahingehend verfassungskonform auszulegen, dass die zwangsweise Durchsetzung der Umgangspflicht eines umgangsverweigernden Elternteils zu unterbleiben hat, es sei denn, im konkreten Einzelfall liegen hinreichende Anhaltspunkte dafür vor, dass der erzwungene Umgang dem Kindeswohl dient. Dieser verfassungskonformen Auslegung muss auch die Nachfolgevorschrift des § 33 Abs. 1 Satz 1 und Abs. 3 FGG zur Durchsetzung von Umgangsentscheidungen zugänglich sein. Dies ist gewährleistet, wenn Absatz 1 – wie § 33 Abs. 1 Satz 1 FGG – zur Kann-Vorschrift wird, denn die Formulierung der Norm als Kann-Vorschrift ermöglicht dem Gericht eine flexible Handhabung.

Das Gericht wird sich bei der Ausübung des Ermessens in erster Linie davon leiten lassen, dass das Vollstreckungsverfahren der effektiven Durchsetzung einer gerichtlichen Entscheidung dient, die im Erkenntnisverfahren unter umfassender Beachtung der Vorgaben des materiellen Rechts – und mithin auch des Kindeswohls – getroffen wurde. In den meisten Fällen wird sich das Ermessen daher verdichten. Dies wird beispielsweise dann der Fall sein, wenn der Umgang von dem betreuenden Elternteil grundlos verweigert wird, obwohl der räumlich entfernt lebende Umgangsberechtigte zu dessen Wahrnehmung erheblichen zeitlichen und finanziellen Aufwand leistet.

§ 90
Anwendung unmittelbaren Zwanges

(1) Das Gericht kann durch ausdrücklichen Beschluss zur Vollstreckung unmittelbaren Zwang anordnen, wenn

1. die Festsetzung von Ordnungsmitteln erfolglos geblieben ist;
2. die Festsetzung von Ordnungsmitteln keinen Erfolg verspricht;
3. eine alsbaldige Vollstreckung der Entscheidung unbedingt geboten ist.

(2) Anwendung unmittelbaren Zwanges gegen ein Kind darf nicht zugelassen werden, wenn das Kind herausgegeben werden soll, um das Umgangsrecht auszuüben. Im Übrigen darf unmittelbarer Zwang gegen ein Kind nur zugelassen werden, wenn dies unter Berücksichtigung des Kindeswohls gerechtfertigt ist und eine Durchsetzung der Verpflichtung mit milderen Mitteln nicht möglich ist.

Die Vorschrift entspricht der Fassung des Regierungsentwurfs.

Begründung RegE:

Absatz 1 Satz 1 bestimmt, dass der Einsatz unmittelbaren Zwangs zur Vollstreckung stets durch ausdrücklichen Beschluss anzuordnen ist. Die Aufnahme der Anordnung in die Beschlussformel empfiehlt sich. Bei der Anordnung ist der Grundsatz der Verhältnismäßigkeit strikt zu beachten. Die Vorschrift greift den bereits nach geltender Rechtslage anerkannten Grundsatz auf, dass die Anwendung unmittelbaren Zwangs nur dann in Betracht kommt, wenn mildere Mittel zur Vollstreckung der Entscheidung nicht zur Verfügung stehen (BGH, NJW 1977, 150, 151; OLG Brandenburg, FamRZ 2001, 1315, 1316; BayObLG, FamRZ 1985, 520, 521; Keidel/Kuntze/Winkler-Zimmermann, Freiwillige Gerichtsbarkeit, 15. Aufl. 2003, Rn. 43 zu § 33). Gerade bei der Vollstreckung der Herausgabe von Personen ist ein behutsames Vorgehen erforderlich, wenn nicht Gefahr im Verzuge ist. Grundsätzlich sollte daher zunächst das persönliche Gespräch des Familiengerichts mit dem Berechtigten und dem Verpflichteten und gegebenenfalls mit der herauszugebenden Person gesucht werden. Im Anschluss daran kann sich das Familiengericht zur Unterstützung an das Jugendamt wenden. Danach soll regelmäßig zunächst die Verhängung von Ordnungsmitteln erfolgen, bevor die Anwendung unmittelbaren Zwangs angeordnet wird. Unmittelbarer Zwang kann nur unter den in den Nummern 1 bis 3 genannten Voraussetzungen eingesetzt werden. Dies ist gemäß **Nummer 1** der Fall, wenn die aufgezeigten anderen Maßnahmen keinen Erfolg gebracht haben. Nach **Nummer 2** kann im Einzelfall auch unmittelbarer Zwang angeordnet werden, wenn andere Maßnahmen bereits von vorneherein keinen Erfolg versprechen. **Nummer 3** ermöglicht die Anwendung unmittelbaren Zwangs, wenn ein alsbaldiges Einschreiten unbedingt geboten ist.

Absatz 2 Satz 1 entspricht inhaltlich dem bisherigen § 33 Abs. 2 Satz 2 FGG und ist lediglich redaktionell überarbeitet. Gemäß **Satz 2** ist im Übrigen die Vollstreckung mit dem Kindeswohl abzuwägen und der Grundsatz der Verhältnismäßigkeit zu beachten. Bereits nach geltendem Recht ist anerkannt, dass zu prüfen ist, ob die Anwendung unmittelbaren Zwangs gegenüber dem Kind verhältnismäßig ist (BayObLG, FamRZ 1985, 737 ff.; Bassenge/Herbst/Roth-Bassenge, Freiwillige Gerichtsbarkeit, 9. Aufl. 2002, Rn. 34 zu § 33 FGG). Hierbei ist ein wesentliches Kriterium das Alter des sich der Herausgabe widersetzenden Kindes (Keidel/Kuntze/Winkler-Zimmermann, Freiwillige Gerichtsbarkeit, 15. Aufl. 2003, Rn. 42 zu § 33). Dies wird nunmehr ausdrücklich gesetzlich geregelt.

§ 91
Richterlicher Durchsuchungsbeschluss

(1) Die Wohnung des Verpflichteten darf ohne dessen Einwilligung nur aufgrund eines richterlichen Beschlusses durchsucht werden. Dies gilt nicht, wenn der Erlass des Beschlusses den Erfolg der Durchsuchung gefährden würde.

(2) Auf die Vollstreckung eines Haftbefehls nach § 94 in Verbindung mit § 901 der Zivilprozessordnung ist Absatz 1 nicht anzuwenden.

(3) Willigt der Verpflichtete in die Durchsuchung ein oder ist ein Beschluss gegen ihn nach Absatz 1 Satz 1 ergangen oder nach Absatz 1 Satz 2 entbehrlich, haben Personen, die Mitgewahrsam an der Wohnung des Verpflichteten haben, die Durchsuchung zu dulden. Unbillige Härten gegenüber Mitgewahrsamsinhabern sind zu vermeiden.

(4) Der Beschluss nach Absatz 1 ist bei der Vollstreckung vorzulegen.

Die Vorschrift entspricht der Fassung des Regierungsentwurfs.

Begründung RegE:
Absatz 1 regelt, dass die Wohnung eines Verpflichteten ohne dessen Einwilligung nur aufgrund richterlichen Beschlusses durchsucht werden darf. Das geltende Recht sieht derzeit keine ausdrückliche Regelung für den Fall vor, dass im Rahmen der Vollstreckung in das Grundrecht auf die Unverletzlichkeit der Wohnung gemäß Artikel 13 GG eingegriffen wird. Dieses Fehlen einer gesetzlichen Regelung lässt es jedenfalls zweifelhaft erscheinen, ob dadurch die Voraussetzungen für die Durchsuchung einer Wohnung hinreichend benannt sind (vgl. BVerfG, NJW 2000, 943 f.). Die Vorschrift greift die Anregung (Gaul, in: Festschrift für Ishikawa, S. 87, 128) auf, eine § 758a ZPO entsprechende Vorschrift zur richterlichen Durchsuchungsanordnung zu schaffen. **Satz 1** entspricht inhaltlich § 758a Abs. 1 Satz 1 ZPO; **Satz 2** entspricht § 758a Abs. 1 Satz 2 ZPO.

Absatz 2 übernimmt die inhaltlich entsprechende Vorschrift des § 758a Abs. 2 ZPO für das FamFG-Verfahren.

Absatz 3 übernimmt die entsprechende Vorschrift des § 758a Abs. 3 ZPO.

Absatz 4 übernimmt die inhaltlich entsprechende Vorschrift des § 758a Abs. 5 ZPO. Sie bestimmt, dass der Durchsuchungsbeschluss einer duldungspflichtigen Person unaufgefordert vorzuzeigen ist. Hierdurch wird gewährleistet, dass die verpflichtete Person Einsicht in den richterlichen Beschluss nehmen kann, der dem Gerichtsvollzieher das Betreten der Wohnung gestattet.

§ 92
Vollstreckungsverfahren

(1) Vor der Festsetzung von Ordnungsmitteln ist der Verpflichtete zu hören. Dies gilt auch für die Anordnung von unmittelbarem Zwang, es sei denn, dass hierdurch die Vollstreckung vereitelt oder wesentlich erschwert würde.

(2) Dem Verpflichteten sind mit der Festsetzung von Ordnungsmitteln oder der Anordnung von unmittelbarem Zwang die Kosten des Verfahrens aufzuerlegen.

(3) Die vorherige Durchführung eines Verfahrens nach § 165 ist nicht Voraussetzung für die Festsetzung von Ordnungsmitteln oder die Anordnung von unmittelbarem Zwang. Die Durchführung eines solchen Verfahrens steht der Festsetzung von Ordnungsmitteln oder der Anordnung von unmittelbarem Zwang nicht entgegen.

Die Vorschrift entspricht der Fassung des Regierungsentwurfs.

Begründung RegE:
Absatz 1 Satz 1 stellt klar, dass der Verpflichtete vor der Festsetzung von Ordnungsmitteln zu hören ist. Die Vorschrift übernimmt diese klarstellende Regelung gemäß § 891 Abs. 1 Satz 2 ZPO auch für das FamFG-Verfahren. **Satz 2** bestimmt, dass die Anhörung grundsätzlich auch vor der Genehmigung der Anwendung unmittelbaren Zwangs zu erfolgen hat, sofern hierdurch der Vollstreckungserfolg nicht gefährdet wird.

Absatz 2 entspricht inhaltlich dem bisherigen § 33 Abs. 1 Satz 3 FGG und ist lediglich redaktionell überarbeitet.

Absatz 3 Satz 1 bestimmt, dass vor der Festsetzung von Ordnungsmitteln oder der Anordnung von unmittelbarem Zwang ein Vermittlungsverfahren nach § 165 nicht durchgeführt werden muss. Diese Frage ist derzeit nicht ausdrücklich geregelt und ist in der Rechtsprechung streitig (verneinend OLG Bamberg, FamRZ 2001, 169 f.; OLG Rostock, FamRZ 2002, 967 f.; a.A. OLG Zweibrücken, FamRZ 2000, 299 f.). Die Vorschrift stellt nunmehr ausdrücklich klar, dass das Vermittlungsverfahren und das Vollstreckungsverfahren zwei voneinander unabhängige Verfahrensarten sind. Es steht daher im freien Ermessen des Gerichts, zwischen diesen Möglichkeiten diejenigen Maßnahmen zu wählen, die am ehesten geeignet erscheinen, die Umgangs- oder Sorgerechtsentscheidungen effektiv zu vollziehen.

Satz 2 regelt, dass auch die Tatsache, dass ein Vermittlungsverfahren durchgeführt wird, das Gericht nicht hindert, im Interesse einer zügigen Umsetzung der Entscheidung gleichzeitig Vollstreckungsmaßnahmen zu ergreifen. Die Vorschrift stellt es ausdrücklich ins Ermessen des Gerichts, im Einzelfall zu entscheiden, ob es hinreichend wahrscheinlich ist, dass das Ergebnis des bereits begonnenen Vermittlungsverfahrens eine tragfähige Regelung hinsichtlich des Umgangs- oder Sorgerechts sein wird oder es zur effektiven Durchsetzung der Entscheidung geboten ist, auch Vollstreckungsmaßnahmen zu ergreifen.

§ 93
Einstellung der Vollstreckung

(1) Das Gericht kann durch Beschluss die Vollstreckung einstweilen einstellen oder beschränken und Vollstreckungsmaßregeln aufheben, wenn
1. Wiedereinsetzung in den vorigen Stand beantragt wird;
2. Wiederaufnahme des Verfahrens beantragt wird;
3. gegen eine Entscheidung Beschwerde eingelegt wird;
4. die Abänderung einer Entscheidung beantragt wird;
5. die Durchführung eines Vermittlungsverfahrens (§ 165) beantragt wird.

In der Beschwerdeinstanz ist über die einstweilige Einstellung der Vollstreckung vorab zu entscheiden. Der Beschluss ist nicht anfechtbar.

(2) Für die Einstellung oder Beschränkung der Vollstreckung und die Aufhebung von Vollstreckungsmaßregeln gelten die §§ 775 Nr. 1 und 2 und § 776 der Zivilprozessordnung entsprechend.

Die Vorschrift entspricht der Fassung des Regierungsentwurfs.

Begründung RegE:
Absatz 1 bestimmt, unter welchen Voraussetzungen die Vollstreckung einzustellen ist. Die Regelung übernimmt weitgehend den Regelungsgehalt der §§ 707, 719 ZPO, ergänzt diesen jedoch um typische

Fallkonstellationen nach der Entscheidung über einen Antrag in FamFG-Verfahren. **Nummer 1** entspricht inhaltlich § 707 Abs. 1 Satz 1 1. Halbsatz 1. Alternative ZPO. **Nummer 2** entspricht inhaltlich § 707 Abs. 1 Satz 1 1. Halbsatz , 2. Alternative ZPO. **Nummer 3** entspricht inhaltlich § 719 Abs. 1 Satz 1 ZPO. **Nummer 4** eröffnet dem Gericht die Möglichkeit, auch während eines Abänderungsverfahrens die Vollstreckung einzustellen. **Nummer 5** regelt, dass das Gericht auch während eines Vermittlungsverfahrens die einstweilige Einstellung der Vollstreckung anordnen kann.

Absatz 2 bestimmt die Voraussetzungen einer dauerhaften Einstellung der Vollstreckung und verweist insoweit auf die entsprechenden Vorschriften der §§ 775 Nr. 1 und 2, 776 ZPO.

§ 94
Eidesstattliche Versicherung

Wird eine herauszugebende Person nicht vorgefunden, kann das Gericht anordnen, dass der Verpflichtete eine eidesstattliche Versicherung über ihren Verbleib abzugeben hat. § 883 Abs. 2 bis 4, § 900 Abs. 1 und die §§ 901, 902, 904 bis 910 sowie 913 der Zivilprozessordnung gelten entsprechend.

Die Vorschrift entspricht der Fassung des Regierungsentwurfs.

Begründung RegE:

Satz 1 entspricht dem bisherigen § 33 Abs. 2 Satz 5 FGG. **Satz 2** entspricht inhaltlich der Regelung des bisherigen § 33 Abs. 2 Satz 6 FGG.

Unterabschnitt 3
Vollstreckung nach der Zivilprozessordnung

§ 95
Anwendung der Zivilprozessordnung

(1) Soweit in den vorstehenden Unterabschnitten nichts Abweichendes bestimmt ist, sind auf die Vollstreckung

1. wegen einer Geldforderung,
2. zur Herausgabe einer beweglichen oder unbeweglichen Sache,
3. zur Vornahme einer vertretbaren oder nicht vertretbaren Handlung,
4. zur Erzwingung von Duldungen und Unterlassungen oder
5. zur Abgabe einer Willenserklärung

die Vorschriften der Zivilprozessordnung über die Zwangsvollstreckung entsprechend anzuwenden.

(2) An die Stelle des Urteils tritt der Beschluss nach den Vorschriften dieses Gesetzes.

(3) Macht der aus einem Titel wegen einer Geldforderung Verpflichtete glaubhaft, dass die Vollstreckung ihm einen nicht zu ersetzenden Nachteil bringen würde, hat das Gericht auf seinen Antrag die Vollstreckung vor Eintritt der Rechtskraft in der Entscheidung auszuschließen. In den Fällen des § 707 Abs. 1 und des § 719 Abs. 1 der Zivilprozessordnung kann die Vollstreckung nur unter derselben Voraussetzung eingestellt werden.

(4) Ist die Verpflichtung zur Herausgabe oder Vorlage einer Sache oder zur Vornahme einer vertretbaren Handlung zu vollstrecken, so kann das Gericht durch Beschluss neben oder anstelle einer Maßnahme nach den §§ 883, 885 bis 887 der Zivilprozessordnung die in § 888 der Zivilprozessordnung vorgesehenen Maßnahmen anordnen, soweit ein Gesetz nicht etwas anderes bestimmt.

Die Vorschrift entspricht der Fassung des Regierungsentwurfs.

II. – FamFG – Buch 1 Allgemeiner Teil

Begründung RegE:

Absatz 1 regelt, dass die Vollstreckung der dort genannten Pflichten nach der Zivilprozessordnung erfolgt, soweit vorstehend, insbesondere in den Allgemeinen Vorschriften des Unterabschnitts 1, nichts Abweichendes geregelt ist. **Nummer 1** regelt die Vollstreckung von Titeln, die Geldforderungen zum Inhalt haben. Dies betrifft etwa die Vollstreckung der Vergütung des Vormundes gemäß § 168 sowie der Vergütung des Betreuers gemäß § 292 und der bestätigten Dispache (§ 409).

Nummer 2 bestimmt, dass die Vollstreckung von Herausgabeforderungen nach der ZPO erfolgt. Durch die Inbezugnahme der ZPO wird dem Gericht nunmehr die Möglichkeit eröffnet, statt der Festsetzung von Zwangsgeld zur Erwirkung der Herausgabe von Sachen unmittelbar die Herausgabe dieser Sachen zu erwirken. Dies betrifft etwa die bisher in § 50d FGG geregelte Vollstreckung der Herausgabe der zum persönlichen Gebrauch des Kindes bestimmten Sachen oder die Herausgabe von Nachlassgegenständen aufgrund einer bestätigten Auseinandersetzungsvereinbarung (§ 371 Abs. 2).

Gemäß **Nummer 3** erfolgt auch die Vornahme einer vertretbaren oder unvertretbaren Handlung nach den Vorschriften der ZPO. Durch die Verweisung wird dem Gericht bei Nichtvornahme vertretbarer Handlungen die Möglichkeit eröffnet, die Ersatzvornahme anzuordnen. Obgleich auch in Angelegenheiten der freiwilligen Gerichtsbarkeit Verpflichtungen zu vertretbaren Handlungen existieren, mangelt es im bisherigen FGG an entsprechenden Vollstreckungsvorschriften (Gaul, in: Festschrift für Ishikawa [2001], S. 87, 131 f.). Mit der Verweisung auf die ZPO ist nunmehr auch in FG-Verfahren die effektivere Möglichkeit der Ersatzvornahme bei vertretbaren Handlungen eröffnet. Dies betrifft etwa die Räumung einer Wohnung in Gewaltschutz- oder Wohnungszuweisungssachen.

Die Vorschrift verweist des Weiteren hinsichtlich der Vollstreckung nicht vertretbarer Handlungen auf die ZPO. Hierdurch wird die bisherige Vollstreckung durch die Festsetzung von Zwangsgeld für diese Verpflichtungen entsprechend dem bisherigen § 33 FGG fortgeschrieben. In Harmonisierung mit den Vorschriften der Zivilprozessordnung entfällt jedoch gemäß § 888 Abs. 2 ZPO das Erfordernis der Androhung. Des Weiteren wird gemäß § 888 Abs. 1 ZPO die Möglichkeit der Anordnung von Zwangshaft eröffnet. Nicht vertretbare Handlungen im Sinne dieser Vorschrift sind etwa die Verfahren auf Auskunftserteilung gemäß § 132 AktG.

Die **Nummern 4 und 5** verweisen hinsichtlich der Erzwingung von Duldungen und Unterlassungen sowie der Abgabe einer Willenserklärung auf die Vorschriften der Zivilprozessordnung. Eine Unterlassung im Sinne dieser Norm stellt etwa das Unterlassen des Umgangs mit dem Kind außerhalb der vereinbarten Besuchszeiten dar; eine Duldung im Sinne der Vorschrift ist die Duldung der Einsichtnahme in Bücher und Schriften der Aktiengesellschaft durch gerichtlich hierzu ermächtigte Aktionäre und Gläubiger (§ 273 Abs. 3 des Aktiengesetzes [AktG]).

Mit der umfassenden Regelung der nach dieser Vorschrift zu vollstreckenden Verpflichtungen werden die bisherigen Sonderregelungen der §§ 53a Abs. 4, 53 g Abs. 3, 64b Abs. 4 FGG und § 16 Abs. 3 HausratsV entbehrlich.

Absatz 2 ordnet im Interesse der Einheitlichkeit des FamFG-Verfahrens an, dass ungeachtet der Anwendung der vollstreckungsrechtlichen Vorschriften der ZPO die Entscheidung durch Beschluss zu ergehen hat. Dies gilt auch für Entscheidungen über Vollstreckungsabwehrklagen und Drittwiderspruchsklagen. Für den notwendigen Inhalt, die Bekanntgabe, die Berichtigung, die Ergänzung und die Rechtskraft des Beschlusses sowie für die Anhörungsrüge gelten die Vorschriften Abschnitts 3. Diese Vorschriften verdrängen die entsprechenden Regelungen in der Zivilprozessordnung.

Absatz 3 Satz 1 bestimmt, dass bei Titeln, die eine Geldforderung zum Inhalt haben, die Vollstreckung nur dann mit der Entscheidung in der Hauptsache auszuschließen ist, wenn der Verpflichtete glaubhaft macht, dass die Vollstreckung für ihn einen nicht zu ersetzenden Nachteil bringen würde. Die Vorschrift ist § 62 Abs. 1 Satz 2 des Arbeitsgerichtsgesetzes (ArbGG) nachgebildet. Hierdurch soll vermieden werden, dass bei Titeln, die eine Geldforderung zum Inhalt haben, durch die Vollstreckung vor Eintritt der Rechtskraft ein Schaden entsteht, der auch im Fall des Erfolgs eines Rechtsmittels nicht mehr rückgängig gemacht werden kann. **Satz 2** ist § 62 Abs. 1 Satz 3 ArbGG nachgebildet.

Absatz 4 eröffnet dem Gericht die Möglichkeit, bei der Vollstreckung zur Herausgabe oder Vorlage einer Sache sowie einer vertretbaren Handlung auf die Festsetzung von Zwangsmitteln nach § 888 ZPO statt auf die §§ 883, 885, 886, 887 ZPO zurückzugreifen. Hierdurch soll dem Gericht eine nach den Umständen des Einzelfalls möglichst effektive Vollstreckung ermöglicht werden. Das Gericht entscheidet nach pflichtgemäßem Ermessen, ob es die Vollsteckung nach §§ 883, 885, 886, 887 und § 888 ZPO nebeneinander durchführt.

§ 96
Vollstreckung in Verfahren nach dem Gewaltschutzgesetz und in Wohnungszuweisungssachen

(1) Handelt der Verpflichtete einer Anordnung nach § 1 des Gewaltschutzgesetzes zuwider, eine Handlung zu unterlassen, kann der Berechtigte zur Beseitigung einer jeden andauernden Zuwiderhandlung einen Gerichtsvollzieher zuziehen. Der Gerichtsvollzieher hat nach § 758 Abs. 3 und § 759 der Zivilprozessordnung zu verfahren. Die §§ 890 und 891 der Zivilprozessordnung bleiben daneben anwendbar.

(2) Bei einer einstweiligen Anordnung in Gewaltschutzsachen, soweit Gegenstand des Verfahrens Regelungen aus dem Bereich der Wohnungszuweisungssachen sind, und in Wohnungszuweisungssachen ist die mehrfache Einweisung des Besitzes im Sinne des § 885 Abs. 1 der Zivilprozessordnung während der Geltungsdauer möglich. Einer erneuten Zustellung an den Verpflichteten bedarf es nicht.

Die Vorschrift entspricht der Fassung des Regierungsentwurfs.

Begründung RegE:
Absatz 1 entspricht dem bisherigen § 892a ZPO.

Absatz 2 entspricht inhaltlich dem bisherigen § 885 Abs. 1 Satz 3 und 4 ZPO und ist lediglich redaktionell überarbeitet.

§ 96a
Vollstreckung in Abstammungssachen

(1) Die Vollstreckung eines durch rechtskräftigen Beschluss oder gerichtlichen Vergleich titulierten Anspruchs nach § 1598a des Bürgerlichen Gesetzbuchs auf Duldung einer nach den anerkannten Grundsätzen der Wissenschaft durchgeführten Probeentnahme, insbesondere die Entnahme einer Speichel- oder Blutprobe, ist ausgeschlossen, wenn die Art der Probeentnahme der zu untersuchenden Person nicht zugemutet werden kann.

(2) Bei wiederholter unberechtigter Verweigerung der Untersuchung kann auch unmittelbarer Zwang angewendet werden, insbesondere die zwangsweise Vorführung zur Untersuchung angeordnet werden.

Begründung Beschlussempfehlung Rechtsausschuss:
Die Vorschrift übernimmt die im Rahmen des Gesetzes zur Klärung der Vaterschaft unabhängig vom Anfechtungsverfahren vom 26. März 2008 (BGBl. I, S. 441) eingeführte Regelung des § 56 Abs. 4 Sätze 1 und 3 FGG. Eine Nachfolgevorschrift für § 56 Abs. 4 Sätze 2 und 4 FGG ist im Hinblick auf § 38 (Entscheidung durch Beschluss) und § 95 Abs. 1 Nr. 4 , wonach die Vollstreckung von Endentscheidungen, die eine Duldung zum Gegenstand haben, in entsprechender Anwendung des § 890 ZPO erfolgt, entbehrlich. Hiermit wird dem Gericht insbesondere die Möglichkeit eröffnet, zur Erzwingung der Duldung der Probeentnahme Ordnungsgeld und Ordnungshaft zu verhängen.

Abschnitt 9
Verfahren mit Auslandsbezug

Unterabschnitt 1
Verhältnis zu völkerrechtlichen Vereinbarungen und Rechtsakten der Europäischen Gemeinschaft

§ 97
Vorrang und Unberührtheit

(1) Regelungen in völkerrechtlichen Vereinbarungen gehen, soweit sie unmittelbar anwendbares innerstaatliches Recht geworden sind, den Vorschriften dieses Gesetzes vor. Regelungen in Rechtsakten der Europäischen Gemeinschaft bleiben unberührt.

(2) Die zur Umsetzung und Ausführung von Vereinbarungen und Rechtsakten im Sinn des Absatzes 1 erlassenen Bestimmungen bleiben unberührt.

Die Vorschrift entspricht der Fassung des Regierungsentwurfs.

Begründung RegE:
Die Vorschrift stellt das Verhältnis des Entwurfs zu völkerrechtlichen Vereinbarungen und Rechtsakten der Europäischen Gemeinschaft sowie dazu ergangenen Umsetzungs- und Ausführungsbestimmungen klar. Sie hat in erster Linie Hinweis- und Warnfunktion für die Rechtspraxis. Eine Absatz 1 entsprechende Regelung findet sich auch in Artikel 3 Abs. 2 des Einführungsgesetzes zum Bürgerlichen Gesetzbuche (EGBGB) für das Internationale Privatrecht.

Unterabschnitt 2
Internationale Zuständigkeit

§ 98
Ehesachen; Verbund von Scheidungs- und Folgesachen

(1) Die deutschen Gerichte sind für Ehesachen zuständig, wenn
1. ein Ehegatte Deutscher ist oder bei der Eheschließung war;
2. beide Ehegatten ihren gewöhnlichen Aufenthalt im Inland haben;
3. ein Ehegatte Staatenloser mit gewöhnlichem Aufenthalt im Inland ist;
4. ein Ehegatte seinen gewöhnlichen Aufenthalt im Inland hat, es sei denn, dass die zu fällende Entscheidung offensichtlich nach dem Recht keines der Staaten anerkannt würde, denen einer der Ehegatten angehört.

(2) Die Zuständigkeit der deutschen Gerichte nach Absatz 1 erstreckt sich im Fall des Verbunds von Scheidungs- und Folgesachen auf die Folgesachen.

Die Vorschrift entspricht der Fassung des Regierungsentwurfs.

Begründung RegE:
Absatz 1 regelt die internationale Zuständigkeit in Ehesachen und entspricht im Wesentlichen dem § 606a ZPO. Die Vorschrift wurde inhaltlich lediglich insofern geändert, als die ausdrückliche Feststellung, dass es sich bei der internationalen Zuständigkeit nicht um eine ausschließliche handelt, gestrichen worden ist. Diese Feststellung wird für alle Vorschriften des Unterabschnitts 2 von Abschnitt 11 gemeinsam in § 106 getroffen.

Absatz 2 bestimmt für das Verbundverfahren, dass die deutschen Gerichte bei bestehender internationaler Zuständigkeit für die Scheidungssache auch dann für die Folgesachen zuständig sind, wenn für letztere eine isolierte internationale Zuständigkeit nicht gegeben ist. Eine darüber hinausgehende sog. isolierte Verbundzuständigkeit, wonach die deutschen Gerichte für Folgesachen, die getrennt von der Scheidungssache anhängig gemacht werden, auch dann zuständig sind, wenn eine internationale Zuständigkeit für die Scheidungssache gegeben wäre, sieht der Entwurf grundsätzlich nicht vor. Insoweit ist allein die für den jeweiligen Verfahrensgegenstand geltende Zuständigkeitsbestimmung maßgeblich.

§ 99
Kindschaftssachen

(1) Die deutschen Gerichte sind außer in Verfahren nach § 151 Nr. 7 zuständig, wenn das Kind

1. Deutscher ist,
2. seinen gewöhnlichen Aufenthalt im Inland hat oder
3. soweit es der Fürsorge durch ein deutsches Gericht bedarf.

(2) Sind für die Anordnung einer Vormundschaft sowohl die deutschen Gerichte als auch die Gerichte eines anderen Staates zuständig und ist die Vormundschaft in dem anderen Staat anhängig, kann die Anordnung der Vormundschaft im Inland unterbleiben, wenn dies im Interesse des Mündels liegt.

(3) Sind für die Anordnung einer Vormundschaft sowohl die deutschen Gerichte als auch die Gerichte eines anderen Staates zuständig und besteht die Vormundschaft im Inland, kann das Gericht, bei dem die Vormundschaft anhängig ist, sie an den Staat, dessen Gerichte für die Anordnung der Vormundschaft zuständig sind, abgeben, wenn dies im Interesse des Mündels liegt, der Vormund seine Zustimmung erteilt und dieser Staat sich zur Übernahme bereit erklärt. Verweigert der Vormund oder, wenn mehrere Vormünder die Vormundschaft gemeinschaftlich führen, einer von ihnen seine Zustimmung, so entscheidet an Stelle des Gerichts, bei dem die Vormundschaft anhängig ist, das im Rechtszug übergeordnete Gericht. Der Beschluss ist nicht anfechtbar.

(4) Die Absätze 2 und 3 gelten entsprechend für Verfahren nach § 151 Nr. 5 und 6.

Die Vorschrift entspricht der Fassung des Regierungsentwurfs.

Begründung RegE:
Absatz 1 gibt – unter Berücksichtigung der Definition der Kindschaftssachen in § 151 des Entwurfs – den einschlägigen Regelungsgehalt des § 35b Abs. 1 und 2 FGG (i.V.m. § 43 Abs. 1, § 64 Abs. 3 Satz 2, § 70 Abs. 4 FGG) wieder. Die **Absätze 2 bis 4** entsprechen § 47 FGG (i.V.m. § 70 Abs. 4 FGG).

§ 100
Abstammungssachen

Die deutschen Gerichte sind zuständig, wenn das Kind, die Mutter, der Vater oder der Mann, der an Eides statt versichert, der Mutter während der Empfängniszeit beigewohnt zu haben,

1. Deutscher ist oder
2. seinen gewöhnlichen Aufenthalt im Inland hat.

Die Vorschrift entspricht der Fassung des Regierungsentwurfs.

Begründung RegE:
Die Regelung des § 640a Abs. 2 ZPO wird nunmehr von § 100 getroffen. Im Hinblick auf § 106 wurde die Klarstellung, dass die internationale Zuständigkeit nicht ausschließlich ist, gestrichen.

§ 101
Adoptionssachen

Die deutschen Gerichte sind zuständig, wenn der Annehmende, einer der annehmenden Ehegatten oder das Kind

1. Deutscher ist oder
2. seinen gewöhnlichen Aufenthalt im Inland hat.

Die Vorschrift entspricht der Fassung des Regierungsentwurfs.

Begründung RegE:
Die Vorschrift entspricht § 43b Abs. 1 FGG. Die Feststellung, dass die internationale Zuständigkeit nicht ausschließlich ist, wurde einheitlich in § 106 getroffen.

§ 102
Versorgungsausgleichssachen

Die deutschen Gerichte sind zuständig, wenn

1. der Antragsteller oder der Antragsgegner seinen gewöhnlichen Aufenthalt im Inland hat,
2. über inländische Anrechte zu entscheiden ist oder
3. ein deutsches Gericht die Ehe zwischen Antragsteller und Antragsgegner geschieden hat.

Die Vorschrift entspricht der Fassung des Regierungsentwurfs.

Begründung RegE:
Die Vorschrift führt eine ausdrückliche Regelung der internationalen Zuständigkeit für isolierte Versorgungsausgleichssachen neu ein. Bislang hat die Rechtsprechung auch außerhalb des Verbunds mit der Scheidungssache die Zuständigkeit der deutschen Gerichte für Versorgungsausgleichssachen § 606a Abs. 1 ZPO entnommen (BGH FamRZ 1980, 29, 30). Da es sich um eine vermögensrechtliche Entscheidung handelt, erscheint eine Zuständigkeitsbegründung allein aufgrund der Staatsangehörigkeit der Ehegatten (§ 606a Abs. 1 Satz 1 Nr. 1 ZPO) jedoch als zu weitgehend (ebenso Spellenberg in Staudinger, BGB, 14. Auflage, § 606a ZPO, Rn. 278). Im Hinblick auf den unterhaltsähnlichen Charakter des Versorgungsausgleichs sieht der Entwurf in Anlehnung an die §§ 12, 13, 23 und 23a ZPO eine internationale Zuständigkeit vor, wenn der Antragsgegner oder der Antragsteller seinen gewöhnlichen Aufenthalt im Inland hat, oder wenn über inländische Anrechte zu entscheiden ist (vgl. dazu bereits Spellenberg in Staudinger, BGB, 14. Auflage, § 606a ZPO, Rn. 278).

Des Weiteren ist zu bedenken, dass über ausländische Anrechte oftmals nicht im Verbund mit der Scheidung entschieden wird, da dies den Ausspruch der Scheidung verzögern würde. Damit einem Antragsteller, der ebenso wie der Antragsgegner seinen gewöhnlichen Aufenthalt im Ausland hat, der Weg zu den deutschen Gerichten infolge der Abtrennung nicht versperrt wird, soll nach Ziff. 3 die internationale Zuständigkeit für die Versorgungsausgleichssache auch dann bestehen, wenn ein deutsches Gericht die betreffende Ehe geschieden hat. Ein anderes Ergebnis erschiene unbillig, da der Versorgungsausgleich vor einem ausländischen Gericht möglicherweise nicht durchgeführt werden kann.

§ 103
Lebenspartnerschaftssachen

(1) Die deutschen Gerichte sind in Lebenspartnerschaftssachen, die die Aufhebung der Lebenspartnerschaft aufgrund des Lebenspartnerschaftsgesetzes oder die Feststellung des Bestehens oder Nichtbestehens einer Lebenspartnerschaft zum Gegenstand haben, zuständig, wenn

1. ein Lebenspartner Deutscher ist oder bei Begründung der Lebenspartnerschaft war,
2. einer der Lebenspartner seinen gewöhnlichen Aufenthalt im Inland hat oder

3. die Lebenspartnerschaft vor einer zuständigen deutschen Stelle begründet worden ist.

(2) Die Zuständigkeit der deutschen Gerichte nach Absatz 1 erstreckt sich im Falle des Verbundes von Aufhebungs- und Folgesachen auf die Folgesachen.

(3) Die §§ 99, 101, 102 und 105 gelten entsprechend.

Die Vorschrift ist mit der Beschlussempfehlung des Rechtsausschusses neu gefasst worden; die Absätze 2 und 3 sind neu eingefügt worden; die Bezeichnung des Absatzes 1 ist eingefügt und der Absatz geändert worden:

Frühere Fassung RegE:

Die deutschen Gerichte sind zuständig, wenn

1. ein Lebenspartner Deutscher ist oder bei Begründung der Lebenspartnerschaft war,

2. einer der Lebenspartner seinen gewöhnlichen Aufenthalt im Inland hat oder

3. die Lebenspartnerschaft vor einer zuständigen deutschen Stelle begründet worden ist.

Begründung RegE:

§ 103 regelt die internationale Zuständigkeit in Lebenspartnerschaftssachen. Die Vorschrift des § 661 Abs. 3 ZPO ist inhaltlich unverändert geblieben. Der bisherige § 661 Abs. 3 Nr. 1a ZPO hat bestimmt, dass die internationale Zuständigkeit deutscher Gerichte gegeben ist, wenn einer der Lebenspartner seinen gewöhnlichen Aufenthalt im Inland hat, unabhängig davon, ob das Urteil vom Heimatrecht eines der Lebenspartner anerkannt wird. Die Regelung stellt so niedrige Anforderungen für die internationale Zuständigkeit auf, dass bei Vorliegen der Voraussetzungen des § 606a Abs. 1 Satz 1 Nr. 2 ZPO (gewöhnlicher Aufenthalt beider Ehegatten im Inland), § 606a Abs. 1 Satz 1 Nr. 3 ZPO (ein Ehegatte staatenlos mit gewöhnlichem Aufenthalt im Inland) und § 606a Abs. 1 Satz 1 Nr. 4 ZPO (ein Ehegatte mit gewöhnlichem Aufenthalt im Inland und Anerkennung der Entscheidung nach zumindest einem Heimatrecht der Lebenspartner) notwendigerweise gleichzeitig immer die Zuständigkeit nach § 661 Abs. 3 Nr. 1a ZPO eröffnet ist. Durch die Neufassung ist die Vorschrift lediglich kürzer und übersichtlicher geworden.

Begründung Beschlussempfehlung Rechtsausschuss:

Mit der Änderung des Absatzes 1 wird klargestellt, dass die dort geregelte internationale Zuständigkeit sich – wie nach bisheriger Rechtslage gemäß § 661 Abs. 3 ZPO – lediglich auf Lebenspartnerschaftssachen, die die Aufhebung der Lebenspartnerschaft aufgrund des Lebenspartnerschaftsgesetzes oder die Feststellung des Bestehens oder Nichtbestehens einer Lebenspartnerschaft zum Gegenstand haben, erstreckt.

Die Ergänzung des Absatzes 2 bestimmt, dass für Verbundverfahren die deutschen Gerichte auch in Lebenspartnerschaftssachen für Folgesachen zuständig sind, auch wenn für diese eine isolierte internationale Zuständigkeit nicht gegeben ist. Die Vorschrift entspricht inhaltlich der Regelung zur internationalen Zuständigkeit in Ehesachen gemäß § 98 Abs. 2 FamFG.

Mit Absatz 3 wird klargestellt, dass die Vorschriften über die internationale Zuständigkeit für Kindschaftssachen, Adoptionssachen, Versorgungsausgleichssachen und andere Verfahren (§ 269 Abs. 1 Nr. 5, 6 und 8 bis 12) entsprechend in Lebenspartnerschaftssachen Anwendung finden. Die Regelung entspricht inhaltlich im Wesentlichen dem bisherigen § 661 Abs. 2 ZPO. Bei der Regelung der internationalen Zuständigkeit bei Adoptionen handelt es sich um eine verfahrensrechtliche Folgeregelung aufgrund der materiellrechtlichen Regelungen zur Adoption gemäß § 9 Abs. 6 LPartG.

§ 104
Betreuungs- und Unterbringungssachen; Pflegschaft für Erwachsene

(1) Die deutschen Gerichte sind zuständig, wenn der Betroffene oder der volljährige Pflegling

1. Deutscher ist,

2. seinen gewöhnlichen Aufenthalt im Inland hat oder

II. – FamFG – Buch 1 Allgemeiner Teil

3. soweit er der Fürsorge durch ein deutsches Gericht bedarf.

(2) § 99 Abs. 2 und 3 gilt entsprechend.

(3) Die Absätze 1 und 2 sind im Fall einer Unterbringung nach § 312 Nr. 3 nicht anzuwenden.

Die Vorschrift entspricht der Fassung des Regierungsentwurfs.

Begründung RegE:
Die Absätze 1 und 2 geben den Regelungsgehalt des § 35b Abs. 1 und 2, § 69e Abs. 1 Satz 1 und § 70 Abs. 4 FGG wieder. **Absatz 3** schließt entsprechend § 70 Abs. 4 FGG die Fälle der Anordnung einer freiheitsentziehenden Unterbringung nach den Landesgesetzen über die Unterbringung psychisch Kranker vom Anwendungsbereich der Vorschrift aus.

§ 105
Andere Verfahren

In anderen Verfahren nach diesem Gesetz sind die deutschen Gerichte zuständig, wenn ein deutsches Gericht örtlich zuständig ist.

Die Vorschrift entspricht der Fassung des Regierungsentwurfs zum FGG-Reformgesetz.

Begründung RegE:
§ 105 kodifiziert den anerkannten Grundsatz, dass die internationale Zuständigkeit in den gesetzlich nicht geregelten Fällen aus der örtlichen Zuständigkeit abgeleitet wird.

Auch die nicht anderweitig geregelte internationale Zuständigkeit in Nachlass- und Teilungssachen soll sich nach dem Entwurf gemäß § 105 aus der örtlichen Zuständigkeit nach den §§ 343, 344 ergeben. Damit wird der ungeschriebenen sog. Gleichlauftheorie, wonach die deutschen Gerichte für Nachlasssachen nur bei Anwendung deutschen Sachrechts zuständig seien, eine Absage erteilt. Dies hatte bereits der Deutsche Rat für internationales Privatrecht in seinen Reformvorschlägen zum internationalen Erbrecht nahegelegt (vgl. II § A bei Beitzke, Vorschläge und Gutachten zur Reform des deutschen internationalen Personen-, Familien-, und Erbrechts, 1981, S. 14). Auch derzeit sprechen sich Stimmen in der Literatur dafür aus, dass die internationale Zuständigkeit in Nachlasssachen – wie dies der Entwurf vorsieht – aus der örtlichen Zuständigkeit folgt (z.B. Dörner in Staudinger, BGB, 14. Auflage, Art. 25 EGBGB, Rn. 812 m. w. N.).

Die von der Rechtsprechung (vgl. exemplarisch BayObLG NJW 1987, 1148) in Nachlasssachen bislang favorisierte Gleichlauftheorie sieht sich zunehmend berechtigter Kritik durch die Literatur ausgesetzt (vgl. Dörner in Staudinger, BGB, 14. Auflage, Art. 25 EGBGB, Rn. 810; Birk in Münchener Kommentar, BGB, 4. Auflage, Art. 25 EGBGB, Rn. 317 jeweils m. w. N.). Sie stellt letztlich einen Systembruch dar; denn praktisch nirgendwo sonst im Bereich des internationalen Verfahrensrechts wird die Zuständigkeit der deutschen Gerichte an das anwendbare Sachrecht geknüpft (vgl. Sonnenberger in Münchener Kommentar, BGB, 4. Aufl., Einl. IPR, Rn. 464 f.). Zudem kann sie bei Fremdrechtsnachlässen zur Rechtsverweigerung führen. Für die Anwendung der Gleichlauftheorie wird ins Feld geführt, dass in Nachlasssachen das Sach- und Verfahrensrecht besonders eng verzahnt seien (Firsching, RPfleger 1972, 4f.). Probleme, die sich hieraus ergeben können, sind jedoch nach allgemeinen Grundsätzen im Wege der Qualifikation zu bewältigen (vgl. Sonnenberger in Münchener Kommentar, BGB, 4. Aufl., Einl. IPR, Rn. 468; Dörner in Staudinger, BGB, 14. Auflage, Art. 25 EGBGB, Rn. 811). Ein deutsches Nachlassgericht ist zudem nur insoweit zur Anwendung ausländischen Rechts verpflichtet, als ihm dieses keine „wesensfremde" Tätigkeit abverlangt (Schurig in Soergel, BGB, 12. Auflage, Art. 25 EGBGB, Rn. 49). Auch im Hinblick auf die Wahrung des internationalen Entscheidungseinklangs ist die Anwendung der Gleichlauftheorie nicht geboten (vgl. Dörner in Staudinger, BGB, 14. Auflage, Art. 25 EGBGB, Rn. 811).

Durch die – auch für das Erbscheinsverfahren vorgesehene – Ableitung der internationalen von der örtlichen Zuständigkeit kommt es gegenüber der Gleichlauftheorie zwar zu einer Ausweitung der internationalen Zuständigkeit für die Erteilung eines unbeschränkten Fremdrechtserbscheins. Denn gemäß § 105 i.V.m.

§ 343 Abs. 1 sind die deutschen Gerichte insbesondere auch dann für die Erteilung eines unbeschränkten Fremdrechtserbscheins zuständig, wenn ein ausländischer Erblasser zur Zeit des Erbfalls seinen Wohnsitz bzw. Aufenthalt im Inland hatte. Eine Gefährdung der Verkehrsinteressen ergibt sich hieraus nicht, da der Erbschein ohnehin keine Gewähr dafür bietet, dass der ausländische Staat, in dem Nachlassgegenstände belegen sind, die Erbfolge ebenso beurteilt, wie sie im Erbschein ausgewiesen ist. § 2369 BGB soll durch Artikel 49 Nr. 70 dahingehend geändert werden, dass auch nach Aufgabe der Gleichlauftheorie die Erteilung eines Erbscheins möglich ist, der auf im Inland belegene Nachlassgegenstände beschränkt ist.

§ 106
Keine ausschließliche Zuständigkeit

Die Zuständigkeiten in diesem Unterabschnitt sind nicht ausschließlich.

Die Vorschrift entspricht der Fassung des Regierungsentwurfs.

Begründung RegE:

§ 106 regelt klarstellend, dass die internationale Zuständigkeit nicht ausschließlich ist.

Unterabschnitt 3
Anerkennung und Vollstreckbarkeit ausländischer Entscheidungen

§ 107
Anerkennung ausländischer Entscheidungen in Ehesachen

(1) Entscheidungen, durch die im Ausland eine Ehe für nichtig erklärt, aufgehoben, dem Ehebande nach oder unter Aufrechterhaltung des Ehebandes geschieden oder durch die das Bestehen oder Nichtbestehen einer Ehe zwischen den Beteiligten festgestellt worden ist, werden nur anerkannt, wenn die Landesjustizverwaltung festgestellt hat, dass die Voraussetzungen für die Anerkennung vorliegen. Hat ein Gericht oder eine Behörde des Staates entschieden, dem beide Ehegatten zur Zeit der Entscheidung angehört haben, hängt die Anerkennung nicht von einer Feststellung der Landesjustizverwaltung ab.

(2) Zuständig ist die Justizverwaltung des Landes, in dem ein Ehegatte seinen gewöhnlichen Aufenthalt hat. Hat keiner der Ehegatten seinen gewöhnlichen Aufenthalt im Inland, ist die Justizverwaltung des Landes zuständig, in dem eine neue Ehe geschlossen oder eine Lebenspartnerschaft begründet werden soll; die Landesjustizverwaltung kann den Nachweis verlangen, dass die Eheschließung oder die Begründung der Lebenspartnerschaft angemeldet ist. Wenn eine andere Zuständigkeit nicht gegeben ist, ist die Justizverwaltung des Landes Berlin zuständig.

(3) Die Landesregierungen können die den Landesjustizverwaltungen nach dieser Vorschrift zustehenden Befugnisse durch Rechtsverordnung auf einen oder mehrere Präsidenten der Oberlandesgerichte übertragen. Die Landesregierungen können die Ermächtigung nach Satz 1 durch Rechtsverordnung auf die Landesjustizverwaltungen übertragen.

(4) Die Entscheidung ergeht auf Antrag. Den Antrag kann stellen, wer ein rechtliches Interesse an der Anerkennung glaubhaft macht.

(5) Lehnt die Landesjustizverwaltung den Antrag ab, kann der Antragsteller beim Oberlandesgericht die Entscheidung beantragen.

(6) Stellt die Landesjustizverwaltung fest, dass die Voraussetzungen für die Anerkennung vorliegen, kann ein Ehegatte, der den Antrag nicht gestellt hat, beim Oberlandesgericht die Entscheidung beantragen. Die Entscheidung der Landesjustizverwaltung wird mit der Bekanntgabe an den Antragsteller wirksam. Die Landesjustizverwaltung kann jedoch in ihrer Entscheidung bestimmen, dass die Entscheidung erst nach Ablauf einer von ihr bestimmten Frist wirksam wird.

(7) Zuständig ist ein Zivilsenat des Oberlandesgerichts, in dessen Bezirk die Landesjustizverwaltung ihren Sitz hat. Der Antrag auf gerichtliche Entscheidung hat keine aufschiebende Wirkung. Für das Verfahren gelten die Abschnitte 4 und 5 sowie § 14 Abs. 1 und 2 und § 48 Abs. 2 entsprechend.

(8) Die vorstehenden Vorschriften sind entsprechend anzuwenden, wenn die Feststellung begehrt wird, dass die Voraussetzungen für die Anerkennung einer Entscheidung nicht vorliegen.

(9) Die Feststellung, dass die Voraussetzungen für die Anerkennung vorliegen oder nicht vorliegen, ist für Gerichte und Verwaltungsbehörden bindend.

(10) War am 1. November 1941 in einem deutschen Familienbuch (Heiratsregister) auf Grund einer ausländischen Entscheidung die Nichtigerklärung, Aufhebung, Scheidung oder Trennung oder das Bestehen oder Nichtbestehen einer Ehe vermerkt, steht der Vermerk einer Anerkennung nach dieser Vorschrift gleich.

Die Vorschrift entspricht hinsichtlich der Absätze 1 sowie 3–7 dem Regierungsentwurf; Absatz 2 ist mit der Beschlussempfehlung des Rechtsausschusses geändert worden:

Frühere Fassung RegE:
(2) Zuständig ist die Justizverwaltung des Landes, in dem ein Ehegatte seinen gewöhnlichen Aufenthalt hat. Hat keiner der Ehegatten seinen gewöhnlichen Aufenthalt im Inland, ist die Justizverwaltung des Landes zuständig, in dem eine neue Ehe geschlossen werden soll; die Landesjustizverwaltung kann den Nachweis verlangen, dass die Eheschließung angemeldet ist. Wenn eine andere Zuständigkeit nicht gegeben ist, ist die Justizverwaltung des Landes Berlin zuständig.

Begründung RegE:
Die Vorschrift übernimmt weitgehend den Regelungsgehalt des Artikels 7 § 1 des Familienrechtsänderungsgesetzes (FamRÄndG). Der Verzicht auf die Verbürgung der Gegenseitigkeit für die Anerkennung der in Artikel 7 § 1 Abs. 1 Satz 1 FamRÄndG genannten Entscheidungen in Ehesachen (Artikel 7 § 1 Abs. 1 Satz 2 FamRÄndG) ergibt sich aus § 109 Abs. 4. Nach **Absatz 7** ist in Abweichung von der bisherigen Rechtslage der Antrag auf Entscheidung durch das Oberlandesgericht entsprechend § 63 nunmehr fristgebunden. Dadurch kann die Entscheidung der Landesjustizverwaltung rechtskräftig werden, was in derart sensiblen Statusfragen aus Gründen der Rechtssicherheit sachgerecht ist. Durch den Verweis auf § 48 Abs. 2 wird erforderlichenfalls die Wiederaufnahme des Verfahrens ermöglicht. Da der Entwurf auf eine § 28 Abs. 2 FGG entsprechende Divergenzvorlage zum Bundesgerichtshof verzichtet, kann **Absatz 7** – anders als Artikel 7 § 1 Abs. 6 Satz 5 FamRÄndG – nicht die Unanfechtbarkeit der Entscheidung des Oberlandesgerichts vorsehen. Entsprechend §§ 70 ff. besteht die Möglichkeit der Rechtsbeschwerde zum Bundesgerichtshof, wodurch die Wahrung der Rechtseinheit sichergestellt wird. Entsprechend §§ 49 ff. kann das Gericht vor der Entscheidung eine einstweilige Anordnung erlassen.

Stellungnahme Bundesrat:
35. **Zu Artikel 1** (§ 107 Abs. 2 Satz 2 FamFG)

Artikel 1 § 107 Abs. 2 Satz 2 ist wie folgt zu ändern:
a) In Halbsatz 1 sind nach dem Wort „geschlossen" die Wörter „oder eine Lebenspartnerschaft begründet" einzufügen.
b) In Halbsatz 2 sind nach dem Wort „Eheschließung" die Wörter „oder die Begründung der Lebenspartnerschaft" einzufügen.

Begründung:
Diese Ergänzung soll eine durch das Lebenspartnerschaftsgesetz entstandene Rechtsunsicherheit im Zusammenhang mit der Zuständigkeit der Landesjustizverwaltungen für die Anerkennung ausländischer

Entscheidungen in Ehesachen beseitigen. In dem zwar seltenen, in der Praxis (der Länder Berlin und Nordrhein-Westfalen) aber bereits aufgetretenen Fall, dass die Anerkennung der Ehescheidung von beiderseits nicht im Inland ansässigen Ehegatten begehrt wird, um künftig eine Lebenspartnerschaft im Inland einzugehen, ist nach der Fassung des Gesetzentwurfs – der der derzeitigen Rechtslage entspricht – unklar, ob die örtliche Zuständigkeit des § 107 Abs. 2 Satz 2 FamFG-E gegeben ist. Sollte dies zu verneinen sein, würde für derartige Fälle die Auffangzuständigkeit der Justizverwaltung des Landes Berlins nach § 107 Abs. 2 Satz 3 FamFG-E eingreifen. Dies ist sachlich nicht gerechtfertigt. Zuständig soll in diesen Fällen auch die Justizverwaltung desjenigen Landes sein, in dem die Lebenspartnerschaft eingegangen werden soll.

Die vorgeschlagene Regelung entspricht im Übrigen der durch das Personenstandsrechtsreformgesetz vom 19. Februar 2007 kürzlich neu geschaffenen Rechtslage gemäß Artikel 7 § 1 Abs. 2 Satz 2 FamRechtsÄndG (BGBl. I S. 142). Die neue Rechtslage wurde durch das FamFG-E – vermutlich versehentlich – nicht nachvollzogen.

Gegenäußerung Bundesregierung:
Zu Nummer 35 (Artikel 1 – § 107 Abs. 2 Satz 2 FamFG)
Die Bundesregierung stimmt dem Vorschlag des Bundesrates zu.

Begründung Beschlussempfehlung Rechtsausschuss:
Die geänderte Fassung entspricht der Stellungnahme des Bundesrates, der die Bundesregierung in ihrer Gegenäußerung zugestimmt hat. Zur Begründung wird auf Nummer 35 der Stellungnahme des Bundesrates verwiesen.

§ 108
Anerkennung anderer ausländischer Entscheidungen

(1) Abgesehen von Entscheidungen in Ehesachen werden ausländische Entscheidungen anerkannt, ohne dass es hierfür eines besonderen Verfahrens bedarf.

(2) Beteiligte, die ein rechtliches Interesse haben, können eine Entscheidung über die Anerkennung oder Nichtanerkennung einer ausländischen Entscheidung nicht vermögensrechtlichen Inhalts beantragen. § 107 Abs. 9 gilt entsprechend. Für die Anerkennung oder Nichtanerkennung einer Annahme als Kind gelten jedoch die §§ 2, 4 und 5 des Adoptionswirkungsgesetzes, wenn der Angenommene zur Zeit der Annahme das 18. Lebensjahr nicht vollendet hatte.

(3) Für die Entscheidung über den Antrag nach Absatz 2 Satz 1 ist das Gericht örtlich zuständig, in dessen Bezirk zum Zeitpunkt der Antragstellung

1. der Antragsgegner oder die Person, auf die sich die Entscheidung bezieht, sich gewöhnlich aufhält oder
2. bei Fehlen einer Zuständigkeit nach Nummer 1 das Interesse an der Feststellung bekannt wird oder das Bedürfnis der Fürsorge besteht.

Diese Zuständigkeiten sind ausschließlich.

Die Vorschrift entspricht der Fassung des Regierungsentwurfs.

Begründung RegE:
Absatz 1 normiert den aus § 328 ZPO und § 16a FGG bekannten Grundsatz der automatischen Anerkennung.

Durch **Absatz 2 Satz 1** wird für Entscheidungen nicht vermögensrechtlichen Inhalts ein Anerkennungsfeststellungsverfahren neu eingeführt. Über die Frage der Anerkennung einer solchen Entscheidung kann damit isoliert entschieden werden. Da Entscheidungen über einen vermögensrechtlichen Anspruch vor ihrer Vollstreckung der Vollstreckbarerklärung nach § 110 Abs. 2 und 3 bedürfen, konnte das isolierte Anerkennungsverfahren auf Entscheidungen nicht vermögensrechtlichen Inhalts beschränkt werden. Denn neben dem Beschluss über die Vollstreckbarerklärung wird – auch von Seiten des Schuldners – ein weiteres Bedürfnis für einen gerichtlichen Beschluss über die Anerkennung oder Nichtanerkennung der ausländischen Entscheidung regelmäßig nicht bestehen. Durch die Verweisung in **Absatz 2 Satz 2** auf § 107 Abs. 9 wird bestimmt, dass die Entscheidung für Gerichte und Verwaltungsbehörden bindend ist. Das isolierte Anerkennungsverfahren gilt jedoch gemäß **Absatz 2 Satz 3** nicht für ausländische Adoptionsentscheidungen, soweit der Angenommene zur Zeit der Annahme das achtzehnte Lebensjahr nicht vollendet hatte. Denn insoweit ist der Anwendungsbereich des Adoptionswirkungsgesetzes eröffnet, dessen Verfahren auf Anerkennungsfeststellung vorrangig sein soll.

Absatz 3 regelt die örtliche Zuständigkeit für das isolierte Anerkennungsverfahren nach **Absatz 2.** Sie ist ausschließlich. Die internationale Zuständigkeit richtet sich nach den jeweils einschlägigen Bestimmungen des Unterabschnitts 2.

§ 109
Anerkennungshindernisse

(1) Die Anerkennung einer ausländischen Entscheidung ist ausgeschlossen,

1. wenn die Gerichte des anderen Staates nach deutschem Recht nicht zuständig sind;
2. wenn einem Beteiligten, der sich zur Hauptsache nicht geäußert hat und sich hierauf beruft, das verfahrenseinleitende Dokument nicht ordnungsgemäß oder nicht so rechtzeitig mitgeteilt worden ist, dass er seine Rechte wahrnehmen konnte;
3. wenn die Entscheidung mit einer hier erlassenen oder anzuerkennenden früheren ausländischen Entscheidung oder wenn das ihr zugrunde liegende Verfahren mit einem früher hier rechtshängig gewordenen Verfahren unvereinbar ist;
4. wenn die Anerkennung der Entscheidung zu einem Ergebnis führt, das mit wesentlichen Grundsätzen des deutschen Rechts offensichtlich unvereinbar ist, insbesondere wenn die Anerkennung mit den Grundrechten unvereinbar ist.

(2) Der Anerkennung einer ausländischen Entscheidung in einer Ehesache steht § 98 Abs. 1 Nr. 4 nicht entgegen, wenn ein Ehegatte seinen gewöhnlichen Aufenthalt in dem Staat hatte, dessen Gerichte entschieden haben. Wird eine ausländische Entscheidung in einer Ehesache von den Staaten anerkannt, denen die Ehegatten angehören, steht § 98 der Anerkennung der Entscheidung nicht entgegen.

(3) § 103 steht der Anerkennung einer ausländischen Entscheidung in einer Lebenspartnerschaftssache nicht entgegen, wenn der Register führende Staat die Entscheidung anerkennt.

(4) Die Anerkennung einer ausländischen Entscheidung, die

1. Familienstreitsachen,
2. die Verpflichtung zur Fürsorge und Unterstützung in der partnerschaftlichen Lebensgemeinschaft,
3. die Regelung der Rechtsverhältnisse an der gemeinsamen Wohnung und am Hausrat der Lebenspartner,
4. Entscheidungen nach § 6 Satz 2 des Lebenspartnerschaftsgesetzes in Verbindung mit §§ 1382 und 1383 des Bürgerlichen Gesetzbuchs oder
5. Entscheidungen nach § 7 Satz 2 des Lebenspartnerschaftsgesetzes in Verbindung mit §§ 1426, 1430 und 1452 des Bürgerlichen Gesetzbuchs

betrifft, ist auch dann ausgeschlossen, wenn die Gegenseitigkeit nicht verbürgt ist.

(5) Eine Überprüfung der Gesetzmäßigkeit der ausländischen Entscheidung findet nicht statt.

Die Vorschrift entspricht der Fassung des Regierungsentwurfs.

Begründung RegE:

Die Vorschrift übernimmt den Regelungsgehalt der §§ 328 ZPO und 16a FGG.

Absatz 1 enthält die stets zu beachtenden Anerkennungshindernisse.

Absatz 2 spiegelt den Regelungsgehalt des § 606a Abs. 2 ZPO.

Absatz 3 setzt § 661 Abs. 3 Nr. 2 und 3 ZPO um.

Anders als § 16a FGG verlangt § 328 ZPO für die Anerkennung von Entscheidungen in ZPO-Familiensachen grundsätzlich die Verbürgung der Gegenseitigkeit. Dem trägt **Absatz 4** Rechnung. **Absatz 4** berücksichtigt dabei, dass Artikel 7 § 1 Abs. 1 Satz 2 FamRÄndG für die in Artikel 7 § 1 Abs. 1 Satz 1 FamRÄndG genannten Entscheidungen in Ehesachen auf die Verbürgung der Gegenseitigkeit verzichtet.

§ 110
Vollstreckbarkeit ausländischer Entscheidungen

(1) Eine ausländische Entscheidung ist nicht vollstreckbar, wenn sie nicht anzuerkennen ist.

(2) Soweit die ausländische Entscheidung eine in § 95 Abs. 1 genannte Verpflichtung zum Inhalt hat, ist die Vollstreckbarkeit durch Beschluss auszusprechen. Der Beschluss ist zu begründen.

(3) Zuständig für den Beschluss nach Absatz 2 ist das Amtsgericht, bei dem der Schuldner seinen allgemeinen Gerichtsstand hat, und sonst das Amtsgericht, bei dem nach § 23 der Zivilprozessordnung gegen den Schuldner Klage erhoben werden kann. Der Beschluss ist erst zu erlassen, wenn die Entscheidung des ausländischen Gerichts nach dem für dieses Gericht geltenden Recht die Rechtskraft erlangt hat.

Die Vorschrift entspricht der Fassung des Regierungsentwurfs.

Begründung RegE:

Die Vorschrift gibt den derzeitigen Rechtszustand wieder.

Absatz 1 verzichtet grundsätzlich auf ein Vollstreckbarerklärungsverfahren, da dieses auch im FGG nicht vorgesehen ist. Die fehlende Anerkennungsfähigkeit einer ausländischen Entscheidung steht ihrer Vollstreckung entgegen. Die Anerkennung der ausländischen Entscheidung ist damit – wie derzeit im Rahmen der FGG-Vollstreckung – als Vorfrage zu prüfen.

Die **Absätze 2 und 3** übernehmen den Regelungsgehalt der §§ 722, 723 ZPO für die Entscheidungen, die nach der ZPO vollstreckt werden. Dabei kann es sich sowohl um vermögensrechtliche Entscheidungen – wie z.B. eine Entscheidung über Unterhalt – die im nationalen Recht als Familienstreitsachen (§ 112) geregelt sind, als auch etwa um Entscheidungen über die Verteilung des Hausrates handeln. Da nach dem Gesetzentwurf alle Hauptsacheentscheidungen als Beschluss ergehen, entscheidet das Gericht auch über die Vollstreckbarerklärung im Beschlusswege. Der Beschluss ist zu begründen, wobei das Gericht insbesondere zum Vorliegen von Anerkennungshindernissen nach § 109 Stellung nehmen sollte. § 723 Abs. 1 ZPO wurde bereits in § 109 Abs. 5 übernommen.

Buch 2
Verfahren in Familiensachen

Abschnitt 1
Allgemeine Vorschriften

§ 111
Familiensachen

Familiensachen sind

1. Ehesachen,
2. Kindschaftssachen,
3. Abstammungssachen,
4. Adoptionssachen,
5. Wohnungszuweisungs- und Hausratssachen,
6. Gewaltschutzsachen,
7. Versorgungsausgleichssachen,
8. Unterhaltssachen,
9. Güterrechtssachen,
10. sonstige Familiensachen,
11. Lebenspartnerschaftssachen.

Die Vorschrift entspricht der Fassung des Regierungsentwurfs.

Begründung RegE:
Die Vorschrift enthält eine Aufzählung der einzelnen Arten von Familiensachen. Die dabei verwendeten Bezeichnungen werden jeweils in der ersten Vorschrift des entsprechenden Abschnitts näher definiert. Auch soweit andere Gesetze, wie etwa das Gerichtsverfassungsgesetz, künftig den Begriff der Familiensache verwenden, ist § 111 maßgeblich.

Die Aufzählung ersetzt die bislang in § 23b Abs. 1 Satz 2 GVG und § 621 Abs. 1 ZPO enthaltenen Kataloge. Inhaltlich ergibt sich insbesondere durch die Einführung des großen Familiengerichts und die damit verbundene Abschaffung des Vormundschaftsgerichts eine Erweiterung des Kreises der Familiensachen, etwa um die Adoptionssachen und im Bereich der sonstigen Familiensachen. Die Einzelheiten sind bei den Definitionsnormen des jeweiligen Abschnitts näher erläutert.

§ 112
Familienstreitsachen

Familienstreitsachen sind folgende Familiensachen:

1. Unterhaltssachen nach § 231 Abs. 1 und Lebenspartnerschaftssachen nach § 269 Abs. 1 Nr. 7 und 8,
2. Güterrechtssachen nach § 261 Abs. 1 und Lebenspartnerschaftssachen nach § 269 Abs. 1 Nr. 9 sowie
3. sonstige Familiensachen nach § 266 Abs. 1 und Lebenspartnerschaftssachen nach § 269 Abs. 2.

Die Vorschrift entspricht der Fassung des Regierungsentwurfs.

Abschnitt 1 – § 113

Begründung RegE:

Die Vorschrift enthält die Definition des neu eingeführten Begriffs der Familienstreitsachen. Diese Kategorie ist mit den bisherigen „ZPO-Familiensachen" weitgehend, aber nicht vollständig, identisch. Abweichungen ergeben sich insbesondere im Verfahren in Abstammungssachen, das künftig ein einheitliches Verfahren der freiwilligen Gerichtsbarkeit sein soll. Ehesachen sind keine Familienstreitsachen, sondern unterliegen eigenen Verfahrensregeln, die in Abschnitt 2 enthalten sind.

Die Definitionsnormen für Unterhaltssachen (§ 231), Güterrechtssachen (§ 261) und sonstige Familiensachen (§ 269) sind jeweils zweigeteilt: In deren Absatz 1 sind jeweils die Verfahren genannt, die zur Kategorie der Familienstreitsachen gehören, in Absatz 2 die Verfahren, bei denen dies nicht der Fall ist, da sie Verfahren der freiwilligen Gerichtsbarkeit sind.

Die den Unterhaltssachen, Güterrechtssachen und sonstigen Familiensachen jeweils entsprechenden Lebenspartnerschaftssachen sind den einzelnen Ziffern zugeordnet.

§ 113
Anwendung von Vorschriften der Zivilprozessordnung

(1) In Ehesachen und Familienstreitsachen sind die §§ 2 bis 37, 40 bis 48 sowie 76 bis 96 nicht anzuwenden. Es gelten die Allgemeinen Vorschriften der Zivilprozessordnung und die Vorschriften der Zivilprozessordnung über das Verfahren vor den Landgerichten entsprechend.

(2) In Familienstreitsachen gelten die Vorschriften der Zivilprozessordnung über den Urkunden- und Wechselprozess und über das Mahnverfahren entsprechend.

(3) In Ehesachen und Familienstreitsachen ist § 227 Abs. 3 der Zivilprozessordnung nicht anzuwenden.

(4) In Ehesachen sind die Vorschriften der Zivilprozessordnung über

1. die Folgen der unterbliebenen oder verweigerten Erklärung über Tatsachen,
2. die Voraussetzungen einer Klageänderung,
3. die Bestimmung der Verfahrensweise, den frühen ersten Termin, das schriftliche Vorverfahren und die Klageerwiderung,
4. die Güteverhandlung,
5. die Wirkung des gerichtlichen Geständnisses,
6. das Anerkenntnis,
7. die Folgen der unterbliebenen oder verweigerten Erklärung über die Echtheit von Urkunden,
8. den Verzicht auf die Beeidigung des Gegners sowie von Zeugen oder Sachverständigen

nicht anzuwenden.

(5) Bei der Anwendung der Zivilprozessordnung tritt an die Stelle der Bezeichnung

1. Prozess oder Rechtsstreit die Bezeichnung Verfahren,
2. Klage die Bezeichnung Antrag,
3. Kläger die Bezeichnung Antragsteller,
4. Beklagter die Bezeichnung Antragsgegner,
5. Partei die Bezeichnung Beteiligter.

Die Vorschrift entspricht der Fassung des Regierungsentwurfs.

Begründung RegE:

Absatz 1 ordnet für Ehe- und Familienstreitsachen die entsprechende Anwendung der Allgemeinen Vorschriften der ZPO und der Vorschriften der ZPO über das Verfahren vor den Landgerichten an. Diese Vorschriften treten an die Stelle der entsprechenden, ausdrücklich genannten Vorschriften des FamFG.

II. – FamFG – Buch 2 Verfahren in Familiensachen

Absatz 2 ordnet in Familienstreitsachen die Geltung der Vorschriften über den Urkunden- und den Wechselprozess und über das Mahnverfahren an. Zahlungsansprüche können auch in Familienstreitsachen nach den Vorschriften der Zivilprozessordnung über das Mahnverfahren geltend gemacht werden. Gemäß § 690 Abs. 1 Nr. 5 ZPO ist das Amtsgericht – Familiengericht – als das für das streitige Verfahren zuständige Gericht anzugeben, um insbesondere in güterrechtlichen Streitigkeiten und in sonstigen bürgerlichen Rechtsstreitigkeiten, die künftig den Familiengerichten zugewiesen sind, deutlich zu machen, dass eine Zuständigkeit des Amtsgerichts gegeben ist, obwohl der Streitwert die Schwelle für die allgemeine sachliche Zuständigkeit des Amtsgerichts (5.000 €) übersteigt.

Absatz 3 entspricht der Regelung des bisherigen § 227 Abs. 3 Nr. 3 ZPO.

In **Absatz 4** sind die bisher an verschiedenen Stellen geregelten Ausnahmen von der Anwendung zivilprozessualer Vorschriften in einer übersichtlichen Aufzählung zusammengefasst. Inhaltlich ergeben sich gegenüber dem derzeitigen Rechtszustand nur geringfügige Modifikationen.

Nummern 1 und 5 bis 8 entsprechen dem bisherigen § 617 ZPO.

Nummer 2 enthält einen Teil des Regelungsgehalts des bisherigen § 611 Abs. 1 ZPO; im Übrigen ist auf Nummer 6 zu verweisen.

Nummer 3 übernimmt den Inhalt des bisherigen § 611 Abs. 2 ZPO, schließt jedoch darüber hinaus auch die §§ 272 Abs. 1, 2, 275 Abs. 1 Satz 2, Abs. 2 und 277 ZPO von der Anwendung aus. Die diesbezüglichen Regelungen sind im Eheverfahren entbehrlich, zumal §§ 273, 279 Abs. 2, 3 und 282 ZPO weiterhin anwendbar sind.

Nummer 4 trägt der Besonderheit der höchstpersönlichen Verfahrensgegenstände in Ehesachen Rechnung. Zudem besteht angesichts der vorhandenen Sondervorschriften ein Bedürfnis für eine gesonderte Güteverhandlung in Ehesachen nicht.

Absatz 5 ordnet in den Nummern **1 bis 5** an, dass an die Stelle bestimmter zivilprozessualer Bezeichnungen die entsprechenden Bezeichnungen des FamFG-Verfahrens treten. Für Ehesachen ersetzt er den bisherigen § 622 Abs. 3 ZPO. Auf diese Weise soll die Begrifflichkeit innerhalb des neuen Gesetzes vereinheitlicht werden.

§ 114
Vertretung durch einen Rechtsanwalt; Vollmacht

(1) Vor dem Familiengericht und dem Oberlandesgericht müssen sich die Ehegatten in Ehesachen und Folgesachen und die Beteiligten in selbständigen Familienstreitsachen durch einen Rechtsanwalt vertreten lassen.

(2) Vor dem Bundesgerichtshof müssen sich die Beteiligten durch einen bei dem Bundesgerichtshof zugelassenen Rechtsanwalt vertreten lassen.

(3) Behörden und juristische Personen des öffentlichen Rechts einschließlich der von ihnen zur Erfüllung ihrer öffentlichen Aufgaben gebildeten Zusammenschlüsse können sich durch eigene Beschäftigte oder Beschäftigte der zuständigen Aufsichtsbehörde oder des kommunalen Spitzenverbandes des Landes, dem sie angehören, vertreten lassen. Vor dem Bundesgerichtshof müssen die zur Vertretung berechtigten Personen die Befähigung zum Richteramt haben.

(4) Der Vertretung durch einen Rechtsanwalt bedarf es nicht

1. im Verfahren der einstweiligen Anordnung,
2. wenn ein Beteiligter durch das Jugendamt als Beistand vertreten ist,
3. für die Zustimmung zur Scheidung und zur Rücknahme des Scheidungsantrags und für den Widerruf der Zustimmung zur Scheidung,
4. für einen Antrag auf Abtrennung einer Folgesache von der Scheidung,
5. im Verfahren über die Verfahrenskostenhilfe sowie

6. in den Fällen des § 78 Abs. 3 der Zivilprozessordnung.

(5) Der Bevollmächtigte in Ehesachen bedarf einer besonderen auf das Verfahren gerichteten Vollmacht. Die Vollmacht für die Scheidungssache erstreckt sich auch auf die Folgesachen.

Die Vorschrift entspricht der Fassung des Regierungsentwurfs.

Begründung RegE:

Absatz 1 Satz 1 regelt in Anlehnung an den geltenden § 78 ZPO den Anwaltszwang in Familiensachen.

Für Ehesachen und Folgesachen sowie für isolierte Familiensachen, deren Verfahren sich ausschließlich nach dem FamFG richtet (bisherige FGG-Familiensachen), stimmt die Regelung mit dem bisherigen Rechtszustand überein.

Die Regelung führt zu einer Erweiterung des Anwaltszwangs in Familiensachen gegenüber dem geltenden Recht, soweit der Anwaltszwang für erstinstanzliche Unterhaltsstreitigkeiten eingeführt wird. Das Unterhaltsverfahren soll wegen der erheblichen Auswirkungen und häufig existenziellen Folgen sowie der ständig zunehmenden Komplexität des materiellen Rechts nicht mehr allein durch die Beteiligten selbst geführt werden. Die Einführung des Zwangs zur anwaltlichen Vertretung bereits im erstinstanzlichen Verfahren dient auch dem Schutz der Beteiligten, insbesondere des Unterhaltsberechtigten, und zur Gewährleistung von Waffengleichheit.

In der Praxis werden sich die Auswirkungen des Anwaltszwangs in selbständigen Unterhaltssachen in Grenzen halten, weil bereits jetzt in 64,8 % aller Verwandtenunterhaltssachen und 86,0% aller Ehegattenunterhaltssachen beide Parteien anwaltlich vertreten sind. In weiteren 24,0% (Verwandtenunterhalt) bzw. 12,0% (Ehegattenunterhalt) aller Verfahren ist allein der Kläger anwaltlich vertreten (Zahlen aus 2005).

In güterrechtlichen Verfahren besteht bereits heute Anwaltszwang auch im erstinstanzlichen Verfahren. Insoweit ergibt sich keine Veränderung.

Eine gewisse Erweiterung des Anwaltszwangs ergibt sich insoweit, als sonstige Familiensachen (§ 266), soweit sie Familienstreitsachen sind (vgl. § 112 Nr. 3), bisher vor dem Amtsgericht geführt werden. Soweit für diese Zivilverfahren derzeit, wie dies oftmals der Fall ist, das Landgericht sachlich zuständig ist, besteht der Anwaltszwang ebenfalls bereits heute.

Absatz 2 entspricht inhaltlich dem bisherigen § 78 Abs. 1 Satz 5 ZPO in Verbindung mit § 78 Abs. 1 Satz 4 ZPO.

Absatz 3 enthält ein umfassendes Behördenprivileg und entspricht inhaltlich dem bisherigen § 78 Abs. 4 ZPO in der Fassung des Entwurfs eines Gesetzes zur Neuregelung des Rechtsberatungsrechts (BT-Drs. 16/3655).

Absatz 4 enthält Ausnahmen vom Anwaltszwang.

Die **Nummer 1** entspricht der Regelung im geltenden Recht nach § 620a Abs. 2 Satz 2 ZPO in Verbindung mit dem bisherigen § 78 Abs. 5 ZPO.

Nach **Nummer 2** bedarf es keiner anwaltlichen Vertretung, wenn das Kind in einem Unterhaltsverfahren durch das Jugendamt als Beistand vertreten ist (§ 1712 BGB).

Die **Nummer 3** nimmt die Zustimmung zur Scheidung und zur Rücknahme des Scheidungsantrags sowie den Widerruf der Zustimmung zur Scheidung vom Anwaltszwang aus. Wegen der Einzelheiten wird auf die Begründung zu § 134 verwiesen.

Dadurch, dass nach **Nummer 4** Anträge auf Abtrennung vom Anwaltszwang ausgenommen sind, soll vermieden werden, dass ein Anwalt allein aus diesem Grund hinzugezogen werden muss. Die Möglichkeit des Abtrennungsantrags soll für diejenigen Ehegatten, die das Verfahren anwaltsfrei betreiben können, nicht ausgeschlossen sein.

Die **Nummer 5** nimmt das Verfahren über die Verfahrenskostenhilfe vom Anwaltszwang aus.

II. – FamFG – Buch 2 Verfahren in Familiensachen

Nach **Nummer 6** bedarf es keiner anwaltlichen Vertretung in den Fällen des § 78 Abs. 3 ZPO in der Fassung des Entwurfs. Für das vereinfachte Verfahren über den Unterhalt Minderjähriger ist § 257 Satz 1 zu beachten.

Absatz 5 Satz 1 entspricht dem bisherigen § 609 ZPO. **Satz 2** entspricht dem bisherigen § 624 Abs. 1 ZPO.

Stellungnahme Bundesrat:
36. **Zu Artikel 1** (§ 114 Abs. 4 Nr. 7 – neu – und 8 – neu – FamFG)
Artikel 1 § 114 Abs. 4 ist wie folgt zu ändern:
a) In Nummer 5 ist das Wort „sowie" durch ein Komma zu ersetzen.
b) In Nummer 6 ist der abschließende Punkt durch ein Komma zu ersetzen.
c) Folgende Nummern 7 und 8 sind anzufügen:
„7. in Unterhaltssachen nach § 231 Abs. 1 und Lebenspartnerschaftssachen nach § 269 Abs. 1 Nr. 7 und 8 sowie
8. in sonstigen Familiensachen, soweit das Verfahren als Zivilsache in erster Instanz wegen der Höhe des Streitwerts vor einem Amtsgericht geführt werden müsste."

Begründung:

Bislang unterliegen selbständige Unterhaltssachen, die nicht im Scheidungsverbund geltend gemacht werden, keinem Anwaltszwang. Ferner unterliegen die sonstigen Familiensachen im Sinne des § 266 FamFG-E, die bislang noch Zivilsachen sind, derzeit lediglich streitwertabhängig dem Anwaltszwang.

Durch die Einführung des Anwaltszwangs in diesen Verfahren ist ein weiterer Anstieg der Ausgaben für Verfahrenskostenhilfe zu erwarten. Dieser Mehraufwand müsste von den Ländern getragen werden.

Gegenäußerung Bundesregierung:
Zu Nummer 36 (Artikel 1 – § 114 Abs. 4 Nr. 7 – neu – und 8 – neu – FamFG)
Die Bundesregierung stimmt dem Vorschlag des Bundesrates nicht zu.

Der Anwaltszwang in Unterhaltssachen dient dem Interesse der Beteiligten und einer geordneten Rechtspflege. Unterhaltssachen unterliegen als Familienstreitsachen auch weiterhin dem Beibringungsgrundsatz. Die Entscheidungsgrundlage des Gerichts bilden daher nur die von den Beteiligten vorgebrachten Tatsachen. Die Annahme, dass eine Naturpartei in der Lage sei, das Unterhaltsverfahren zu überblicken und alle relevanten Tatsachen vorzutragen, erweist sich in der Praxis häufig als falsch. Darüber hinaus ist die Absicherung des Unterhalts regelmäßig von existenzieller Bedeutung für den Berechtigten. Angesichts der Kompliziertheit der Materie und der weitreichenden Folgen einer Entscheidung (eingeschränkte Abänderbarkeit) erscheint der Anwaltszwang zum Schutz der Beteiligten erforderlich. Dieses Ziel verfolgt die Bundesregierung auch im Rahmen der Reform des materiellen Unterhaltsrechts, indem Unterhaltsvereinbarungen der Ehegatten vor Rechtskraft der Scheidung zukünftig notariell beurkundet werden sollen. Die Aufbereitung des Streitstoffs durch Anwälte bringt zudem eine Erleichterung der Arbeit der Gerichte mit sich.

Der Anwaltszwang in Unterhaltssachen wird nach Auffassung der Bundesregierung allenfalls zu einer geringfügigen Mehrbelastung der Länderhaushalte im Rahmen der Ausgaben für Prozesskostenhilfe führen. Bereits jetzt sind in 64,8% aller Verwandtenunterhaltssachen und 86% aller Ehegattenunterhaltssachen beide Parteien anwaltlich vertreten. In weiteren 24% (Verwandtenunterhalt) bzw. 12% (Ehegattenunterhalt) aller Verfahren ist allein der Kläger anwaltlich vertreten (Quelle: Statistisches Bundesamt, Sonderauswertung zur Familiengerichtsstatistik 2005). Eine Mehrbelastung könnte sich nur dann ergeben, wenn die Regelung zu zusätzlichen Beiordnungen von Rechtsanwälten bei PKH-Berechtigten führt. Diese Beteiligten sind allerdings in aller Regel auch bisher schon anwaltlich vertreten, da die Beiordnung eines Rechtsanwalts auf Antrag in Unterhaltssachen wegen der Schwierigkeit der Sach- und Rechtslage regelmäßig erfolgen muss (vgl. Zöller-Philippi, ZPO, 26. Aufl. 2007, § 121, Rn. 7 m. w. N).

Die vorgeschlagene streitwertabhängige Differenzierung des Anwaltszwangs in sonstigen Familienstreitsachen ist unpraktikabel und zum Schutz der Haushalte der Länder auch nicht erforderlich, da nur eine geringe Zahl von Verfahren mit niedrigem Streitwert betroffen ist und im Übrigen auch hier den PKH-Berechtigten in der Regel schon nach geltendem Recht wegen der Schwierigkeit der Sach- und Rechtslage ein Anwalt beigeordnet wird, so dass die Einführung des Anwaltszwangs nicht zu Mehrkosten führen wird.

§ 115
Zurückweisung von Angriffs- und Verteidigungsmitteln

In Ehesachen und Familienstreitsachen können Angriffs- und Verteidigungsmittel, die nicht rechtzeitig vorgebracht werden, zurückgewiesen werden, wenn ihre Zulassung nach der freien Überzeugung des Gerichts die Erledigung des Verfahrens verzögern würde und die Verspätung auf grober Nachlässigkeit beruht. Im Übrigen sind die Angriffs- und Verteidigungsmittel abweichend von den allgemeinen Vorschriften zuzulassen.

Die Vorschrift entspricht der Fassung des Regierungsentwurfs.

Begründung RegE:
Die Regelung enthält eine Präklusionsvorschrift für verspätet vorgebrachte Angriffs- und Verteidigungsmittel. Sie entspricht inhaltlich den bisherigen §§ 615, 621d ZPO.

§ 116
Entscheidung durch Beschluss; Wirksamkeit

(1) Das Gericht entscheidet in Familiensachen durch Beschluss.

(2) Endentscheidungen in Ehesachen werden mit Rechtskraft wirksam.

(3) Endentscheidungen in Familienstreitsachen werden mit Rechtskraft wirksam. Das Gericht kann die sofortige Wirksamkeit anordnen. Soweit die Endentscheidung eine Verpflichtung zur Leistung von Unterhalt enthält, soll das Gericht die sofortige Wirksamkeit anordnen.

Die Vorschrift entspricht der Fassung des Regierungsentwurfs.

Begründung RegE:
Absatz 1 bringt zum Ausdruck, dass in allen Familiensachen durch Beschluss entschieden wird. Urteile soll es weder in Ehe- noch in Familienstreitsachen geben. Hinsichtlich des Beschlusses gelten – vorbehaltlich besonderer Bestimmungen – die Vorschriften der §§ 38 und 39.

Absatz 2 bestimmt, dass Endentscheidungen in Ehesachen erst mit Rechtskraft wirksam werden. Dies ist vor dem Hintergrund zu sehen, dass es sich bei Entscheidungen in Ehesachen regelmäßig um Entscheidungen mit rechtsgestaltendem Charakter handelt. Soweit es sich nicht um eine Endentscheidung handelt – wie z.B. bei der Aussetzung nach § 136 –, wird die Entscheidung entsprechend § 329 ZPO wirksam.

Absatz 3 Satz 1 bestimmt, dass Endentscheidungen in Familienstreitsachen erst mit Rechtskraft wirksam werden. Im Gegensatz zu Ehesachen kann das Gericht nach Satz 2 die sofortige Wirksamkeit anordnen mit der Folge einer sofortigen Vollstreckbarkeit nach § 120 Abs. 2. Nach Satz 3 soll das Gericht die sofortige Wirksamkeit anordnen, soweit die Entscheidung eine Verpflichtung zur Leistung von Unterhalt enthält. Die Ausgestaltung als Soll-Vorschrift bringt die Bedeutung des Unterhalts zur Sicherung des Lebensbedarfs zum Ausdruck. Auf eine Anordnung der sofortigen Wirksamkeit kann daher teilweise oder vollständig verzichtet werden, wenn z.B. das Jugendamt nach § 33 Abs. 2 Satz 4 des Zweiten Buches Sozialgesetzbuch (SGB II), § 94 Abs. 4 Satz 2 des Zwölften Buches Sozialgesetzbuch (SGB XII) oder § 7 Abs. 4 Satz 1 des Unterhaltsvorschussgesetzes (UhVorschG) übergegangene Ansprüche geltend macht oder wenn neben dem laufenden Unterhalt länger zurückliegende Unterhaltsrückstände verlangt werden.

II. – FamFG – Buch 2 Verfahren in Familiensachen

Durch diese Vorschrift wird das Rechtsinstitut der vorläufigen Vollstreckbarkeit in Familienstreitsachen entbehrlich.

Die Wirksamkeit von Entscheidungen in anderen Familiensachen – den bisherigen FGG-Familiensachen – bestimmt sich nach § 40.

§ 117
Rechtsmittel in Ehe- und Familienstreitsachen

(1) In Ehesachen und Familienstreitsachen hat der Beschwerdeführer zur Begründung der Beschwerde einen bestimmten Sachantrag zu stellen und diesen zu begründen. Die Frist zur Begründung der Beschwerde beträgt zwei Monate und beginnt mit der schriftlichen Bekanntgabe des Beschlusses, spätestens mit Ablauf von fünf Monaten nach Erlass des Beschlusses. § 520 Abs. 2 Satz 2 und 3 sowie § 522 Abs. 1 Satz 1, 2 und 4 der Zivilprozessordnung gelten entsprechend.

(2) Die §§ 514, 524 Abs. 2 Satz 2 und 3, die §§ 528, 538 Abs. 2 und § 539 der Zivilprozessordnung gelten im Beschwerdeverfahren entsprechend. Einer Güteverhandlung bedarf es im Beschwerde- und Rechtsbeschwerdeverfahren nicht.

(3) Beabsichtigt das Beschwerdegericht von einzelnen Verfahrensschritten nach § 68 Abs. 3 Satz 2 abzusehen, hat das Gericht die Beteiligten zuvor darauf hinzuweisen.

(4) Wird die Endentscheidung in dem Termin, in dem die mündliche Verhandlung geschlossen wurde, verkündet, kann die Begründung auch in die Niederschrift aufgenommen werden.

(5) Für die Wiedereinsetzung gegen die Versäumung der Fristen zur Einlegung und Begründung der Beschwerde und Rechtsbeschwerde gelten die §§ 233 und 234 Abs. 1 Satz 2 der Zivilprozessordnung entsprechend.

Die Vorschrift entspricht im Hinblick auf die Absätze 3 bis 5 dem Regierungsentwurf; Absätze 1 und 2 sind mit der Beschlussempfehlung des Rechtsausschusses geändert worden:

Frühere Fassung RegE:

(1) In Ehesachen und Familienstreitsachen hat der Beschwerdeführer zur Begründung der Beschwerde einen bestimmten Sachantrag zu stellen und diesen zu begründen. Die Frist zur Begründung der Beschwerde beträgt zwei Monate und beginnt mit der schriftlichen Bekanntgabe des Beschlusses, spätestens mit Ablauf von fünf Monaten nach Erlass des Beschlusses. § 520 Abs. 2 Satz 2 und 3 der Zivilprozessordnung gilt entsprechend.

(2) Die §§ 514, 528, 538 Abs. 2 und 539 der Zivilprozessordnung gelten im Beschwerdeverfahren entsprechend. Einer Güteverhandlung bedarf es im Beschwerde- und Rechtsbeschwerdeverfahren nicht.

Begründung RegE:

Die Beschwerde ist einheitliches Rechtsmittel auch gegen erstinstanzliche Endentscheidungen in Ehesachen und in Familienstreitsachen. Die Besonderheiten der Familienstreitsachen erlauben es, sie im Rechtsmittelzug trotz ihrer Eigenschaft als Streitsache abweichend von den allgemeinen Zivilsachen zu behandeln. Die allgemeinen Vorschriften der Zivilprozessordnung über Berufung und Revision sind daher nicht anwendbar. Die zivilprozessuale Berufung wird wegen der grundsätzlichen Bindung des Gerichts an erstinstanzliche Feststellungen (§ 529 Abs. 1 ZPO), der Pflicht des Gerichts zur Zurückweisung verspäteten Vorbringens (§ 531 Abs. 2 ZPO), der Einschränkung der Anschlussberufung (§ 524 Abs. 2 ZPO) und wegen des weitgehenden Ausschlusses von Klageänderung, Aufrechnung und Widerklage (§ 533 ZPO) den Bedürfnissen des familiengerichtlichen Verfahrens, die Tatsachenfeststellung an das häufig im Fluss befindliche Geschehen anzupassen, nicht immer gerecht. Diese Vorschriften, denen die Vorstellung zugrunde liegt, dass im Zivilprozess über einen abgeschlossenen Lebenssachverhalt gestritten wird, sind mit der Dynamik eines Trennungsgeschehens häufig nur schwer vereinbar und lassen, etwa in Unterhaltssachen, die Berücksichtigung veränderter Einkommens- und Vermögensverhältnisse nur in eingeschränktem Maße zu. Solche Änderungen sind sinnvollerweise bereits im Rechtsmittelverfahren und nicht erst in einem neuen Verfahren zu berücksichtigen. Bereits aus diesen Erwägungen ergibt sich, dass die Rechtsmittelinstanz in Familienstreitsachen als volle zweite Tatsacheninstanz ausgestaltet werden sollte.

Diese Besonderheiten des familiengerichtlichen Verfahrens haben bereits zu einer Sonderregelung im Bereich der Anschlussberufung geführt. Durch Artikel 1 Nummer 16a des 1. Justizmodernisierungsgesetzes vom 24. August 2004 (BGBl. I S. 2198) ist die Anschlussberufungsfrist gemäß § 524 Abs. 2 ZPO weggefallen, wenn die Anschließung eine Verurteilung zu zukünftig fällig werdenden Leistungen zum Gegenstand hat, um Veränderungen der persönlichen und wirtschaftlichen Verhältnisse des Unterhaltsschuldners noch in der Berufungsinstanz berücksichtigen zu können und ein Abänderungsverfahren zu vermeiden. Diese Sonderregelung wird entbehrlich, wenn das Rechtsmittel in Familiensachen als volle unbeschränkte zweite Tatsacheninstanz ausgestaltet wird. Das Beschwerdeverfahren in Familienstreitsachen wird aber weiterhin als Streitverfahren unter Geltung des Beibringungsgrundsatzes geführt.

Gemäß § 68 Abs. 3 finden auf das weitere Verfahren in der Beschwerdeinstanz die Vorschriften über das Verfahren in erster Instanz Anwendung.

Gegen die Entscheidung des Beschwerdegerichts findet nach Maßgabe der diesbezüglichen Vorschriften des Buchs 1 Abschnitt 5 Unterabschnitt 2 die Rechtsbeschwerde statt. Da die Rechtsbeschwerde den gleichen inhaltlichen und formellen Voraussetzungen wie die Revision nach § 543 ZPO unterliegt, tritt insoweit keine Änderung gegenüber dem geltenden Recht ein. Die Nichtzulassungsbeschwerde, die in diesem Gesetz nicht vorgesehen ist, ist in Familiensachen bereits nach geltendem Recht bis zum 1. Januar 2010 nicht statthaft (§ 26 Nr. 9 des Gesetzes betreffend die Einführung der Zivilprozessordnung [EGZPO]). Für sie besteht auch künftig kein Bedürfnis.

Absatz 1 Satz 1 statuiert abweichend von § 65 eine allgemeine Begründungspflicht für Beschwerden in Familienstreitsachen. Diese Verpflichtung beruht auf der auch in zweiter Instanz grundsätzlich geltenden Parteimaxime. § 68 Abs. 3 verweist für den Gang des weiteren Beschwerdeverfahren auf die erstinstanzlichen Verfahrensvorschriften, in Ehe- und in Familienstreitsachen also grundsätzlich auf die Vorschriften der Zivilprozessordnung. Eine Überprüfung der Entscheidung von Amts wegen findet nicht statt; der Beschwerdeführer muss vielmehr durch den obligatorischen Sachantrag bezeichnen, in welchem Umfang er die erstinstanzliche Entscheidung angreift und welche Gründe er hierfür ins Feld führt.

Nach **Satz 2** beträgt die Frist zur Begründung der Beschwerde zwei Monate. Die Regelung ist angelehnt an § 520 Abs. 2 ZPO, dessen entsprechende Geltung im Übrigen in **Satz 3** angeordnet wird.

Absatz 2 Satz 1 erklärt § 528 ZPO für entsprechend anwendbar. Damit wird klargestellt, dass das Beschwerdegericht in Ehe- und Familienstreitsachen an die Anträge der Beteiligten gebunden ist. Die Zurückverweisung richtet sich in Beschwerden gegen Ehe- und Familiensachen entgegen § 69 Abs. 1 nach § 538 Abs. 2 ZPO. Die Vorschrift über die Statthaftigkeit der Berufung gegen erstinstanzliche Versäumnisurteile (§ 514 ZPO) ist ebenfalls entsprechend anwendbar. Dies ist erforderlich, da ein Versäumnisverfahren auch in erstinstanzlichen Ehesachen und Familienstreitsachen stattfindet. Aus diesem Grund wird auch im Beschwerdeverfahren ein Versäumnisverfahren entsprechend § 539 ZPO zugelassen.

Satz 2 entspricht §§ 525 Satz 2, 555 Abs. 1 Satz 2 ZPO und ergänzt die allgemeinen Vorschriften der §§ 68 Abs. 3, 74 Abs. 4 für den Bereich der Familienstreitsachen.

Absatz 3 bestimmt, dass das Gericht die Beteiligten darauf hinzuweisen hat, sofern es beabsichtigt, von der Durchführung einzelner Verfahrensschritte nach § 68 Abs. 3 Satz 2 abzusehen. Diese Hinweispflicht ist an die durch das Gesetz zur Reform des Zivilprozesses vom 27. Juli 2001 (BGBl. I S. 1887) eingeführte Möglichkeit der Zurückweisung von Berufungen im Beschlussverfahren gemäß § 522 Abs. 2 und Abs. 3 ZPO und die in diesem Rahmen bestehende Hinweispflicht des Gerichts nach § 522 Abs. 2 Satz 2 ZPO angelehnt. Dem Beschwerdeführer wird mit dem Hinweis die Möglichkeit eröffnet, dem Beschwerdegericht weitere Gesichtspunkte zu unterbreiten, die eine erneute Durchführung der mündlichen Verhandlung oder der nicht für erforderlich erachteten Verfahrenshandlungen rechtfertigen.

II. – FamFG – Buch 2 Verfahren in Familiensachen

Absatz 4 bestimmt, dass die gemäß § 69 Abs. 2 erforderlichen Darlegungen der Beschwerdeentscheidung auch in das Protokoll der mündlichen Verhandlung aufgenommen werden können, wenn der Beschluss in dem Termin, in dem die mündliche Verhandlung geschlossen wird, verkündet wird. Die Vorschrift ist an die durch das Gesetz zur Reform des Zivilprozesses vom 27. Juli 2001 (BGBl. I S. 1887) neu gefasste Vorschrift des § 540 Abs. 2 Satz 2 ZPO angelehnt. Sie setzt die Anwendbarkeit der Vorschriften über die Durchführung der mündlichen Verhandlung (§ 128 ZPO) sowie der Vorschriften über die Abfassung des Protokolls (§§ 160 ff. ZPO) voraus und ist aus diesem Grunde auf Ehe- und Familienstreitsachen beschränkt.

Absatz 5 erklärt die §§ 233 und 234 Abs. 1 Satz 2 ZPO für entsprechend anwendbar. Damit wird klargestellt, dass eine Wiedereinsetzung auch bei Versäumung der Frist zur Begründung der Beschwerde möglich ist und die Wiedereinsetzungsfrist in diesem Fall einen Monat beträgt.

Stellungnahme Bundesrat:

37. **Zu Artikel 1** (§ 117 Abs. 1 Satz 3 FamFG)
Artikel 1 § 117 Abs. 1 Satz 3 ist wie folgt zu fassen:
„§ 520 Abs. 2 Satz 2 und 3 sowie § 522 Abs. 1 Satz 1, 2 und 4 der Zivilprozessordnung gelten entsprechend."

Begründung:

Nach § 117 FamFG-E ist das Beschwerdeverfahren in Ehe- und Familienstreitsachen näher an die Berufung des Zivilprozessrechts angelehnt als das allgemeine Beschwerdeverfahren der §§ 58 bis 69 FamFG-E. Insbesondere ist der Beschwerdeführer abweichend von den allgemeinen Regeln verpflichtet, sein Rechtsmittel fristgemäß zu begründen. Das Ausbleiben der Beschwerdebegründung soll die Unzulässigkeit des Rechtsmittels zur Folge haben.

In der gegenwärtigen Fassung des Entwurfs kommt dies nur unvollkommen zum Ausdruck, weil nach allgemeinen Vorschriften die Beschwerde nur dann als unzulässig verworfen werden kann, wenn sie nicht in der gesetzlichen Form und Frist eingelegt worden ist (§ 68 Abs. 2 FamFG-E). Deswegen sollte in § 117 Abs. 1 Satz 3 FamFG-E auch auf § 522 Abs. 1 Satz 1, 2 und 4 ZPO verwiesen werden, um das Beschwerdegericht zu ermächtigen, das Rechtsmittel auch dann als unzulässig zu verwerfen, wenn es nicht form- und fristgerecht begründet wurde.

§ 522 Abs. 1 Satz 3 ZPO kann von der Verweisung ausgenommen werden, weil – anders als im Berufungsverfahren – alle familiengerichtlichen Entscheidungen durch Beschluss ergehen.

Die Geltung von § 522 Abs. 1 Satz 4 ZPO sollte jedoch angeordnet werden, um hier einen Gleichklang mit der Berufung zu erreichen. Ebenso wie die Verwerfung der Berufung soll auch die entsprechende Entscheidung des Beschwerdegerichts in Ehe- und Familienstreitsachen mit der Rechtsbeschwerde angefochten werden können, ohne dass diese zugelassen wurde.

38. **Zu Artikel 1** (§ 117 Abs. 2 Satz 1 FamFG)
In Artikel 1 § 117 Abs. 2 Satz 1 ist nach der Angabe „§§ 514," die Angabe „522 Abs. 2 und 3, §§" einzufügen.

Begründung:

Die Vorschrift des § 522 Abs. 2 ZPO hat sich für Ehe- und Familienstreitsachen bewährt. Es ist nicht nachvollziehbar, warum entgegen den Zielen der letzten ZPO-Reform hiervon im Rahmen des FamFG abgesehen werden soll. § 522 Abs. 2 ZPO ermöglicht nach derzeitiger Rechtslage in allen Verfahren nach der ZPO einschließlich der Ehe- und Familienstreitsachen eine prozess-ökonomische Behandlung von Berufungen, in denen das Berufungsgericht von der offensichtlichen Erfolglosigkeit des Rechtsmittels überzeugt ist. Es sind keine Gründe ersichtlich, warum diese Möglichkeit im Rahmen des Beschlussverfahrens nach dem FamFG-E in Ehe- und Familienstreitsachen nicht mehr zur Verfügung stehen soll.

Systematisch ist der Zurückweisungsbeschluss gemäß § 522 Abs. 2 ZPO durch Ergänzung der Aufzählung in § 117 Abs. 2 Satz 1 FamFG-E einzufügen. Auch der Verweis auf § 522 Abs. 3 ZPO ist erforderlich, um klarzustellen, dass der Zurückweisungsbeschluss nicht anfechtbar ist.

Gegenäußerung Bundesregierung:
Zu Nummer 37 (Artikel 1 – § 117 Abs. 1 Satz 3 FamFG)
Die Bundesregierung stimmt dem Vorschlag des Bundesrates zu.

Zu Nummer 38 (Artikel 1 – § 117 Abs. 2 Satz 1 FamFG)
Die Bundesregierung stimmt dem Vorschlag des Bundesrates nicht zu.

Die Möglichkeit der Zurückweisung einer Berufung als unbegründet durch einstimmigen Beschluss zielt auf eine einfachere Erledigung von vornherein aussichtsloser Berufungen ab, bei denen durch die Vermeidung des Termins richterliche Arbeitskraft eingespart werden kann und der Eintritt der Rechtskraft zugunsten der obsiegenden Partei beschleunigt wird (vgl. die Begründung des Regierungsentwurfs des ZPO-Reformgesetzes, BT-Drs. 14/4722, S. 97). Dieses Ziel wird im Beschwerdeverfahren in einer Familienstreitsache künftig über die §§ 68 Abs. 3 Satz 2, 117 Abs. 3 FamFG erreicht. Danach kann das Gericht nach vorherigem Hinweis von der Durchführung eines Termins, einer mündlichen Verhandlung oder einzelnen Verfahrenshandlungen absehen, wenn diese bereits im ersten Rechtszug vorgenommen wurden und von einer erneuten Vornahme keine zusätzlichen Erkenntnisse zu erwarten sind. Ein Absehen vom Termin wird insbesondere dann in Betracht kommen, wenn die Beschwerde bereits nach dem schriftsätzlichen Vorbringen des Beschwerdeführers aussichtslos erscheint.

Begründung Beschlussempfehlung Rechtsausschuss:
Die geänderte Fassung des Absatzes 1 entspricht der Stellungnahme des Bundesrates, der die Bundesregierung in ihrer Gegenäußerung zugestimmt hat. Zur Begründung wird auf Nummer 37 der Stellungnahme des Bundesrates verwiesen.

Die Änderung des Absatzes 2 geht zurück auf einen Vorschlag des Bundesrates gemäß Nummer 28 der Stellungnahme. Allerdings ist eine Befristung der Anschlussberufung lediglich in Familienstreitsachen sachgerecht. Die Beschwerdevorschriften des FamFG sehen allein für Familienstreitsachen eine Befristung der Beschwerdebegründung vor. Auf die Gegenäußerung der Bundesregierung zur Stellungnahme des Bundesrates gemäß Nummer 28 wird insoweit verwiesen. Demgegenüber ist in den Familienstreitsachen bezüglich der Befristung der Anschlussbeschwerde ein Gleichlauf der Beschwerdevorschriften mit den Berufungsvorschriften der Zivilprozessordnung sachgerecht. Mit der Regelung findet auf einen Teil der Anschlussberufungen in Familienstreitsachen – insbesondere in Güterrechtssachen und in den sonstigen Familiensachen – die Befristung des § 524 Abs. 2 Satz 2 ZPO Anwendung. Keine Anwendung findet die Befristung demgegenüber, wie bereits nach geltender Rechtslage, gemäß § 524 Abs. 2 Satz 3 ZPO bei wiederkehrenden Leistungen, insbesondere also in Unterhaltssachen.

§ 118
Wiederaufnahme
Für die Wiederaufnahme des Verfahrens in Ehesachen und Familienstreitsachen gelten die §§ 578 bis 591 der Zivilprozessordnung entsprechend.

Die Vorschrift entspricht der Fassung des Regierungsentwurfs.

Begründung RegE:
Die Vorschrift ordnet – wie § 48 Abs. 2 für die Verfahren der freiwilligen Gerichtsbarkeit – auch in Ehe- und Familienstreitsachen die Geltung der Wiederaufnahmevorschriften der Zivilprozessordnung an.

§ 119
Einstweilige Anordnung und Arrest

(1) In Familienstreitsachen sind die Vorschriften dieses Gesetzes über die einstweilige Anordnung anzuwenden. In Familienstreitsachen nach § 112 Nr. 2 und 3 gilt § 945 der Zivilprozessordnung entsprechend.

(2) Das Gericht kann in Familienstreitsachen den Arrest anordnen. Die §§ 916 bis 934 und §§ 943 bis 945 der Zivilprozessordnung gelten entsprechend.

Die Vorschrift entspricht der Fassung des Regierungsentwurfs.

Begründung RegE:

Absatz 1 Satz 1 stellt klar, dass die einstweilige Anordnung nach diesem Gesetz auch in Familienstreitsachen statthaft ist. Insofern ist der vorläufige Rechtsschutz für alle Verfahrensgegenstände des Familienrechts einheitlich ausgestaltet. Die Hauptsacheunabhängigkeit der einstweiligen Anordnung führt gegenüber dem geltenden Recht (vgl. den bisherigen § 644 ZPO) auch in Familienstreitsachen zu einer Vereinfachung und Beschleunigung des Verfahrens. Wegen der Einzelheiten wird auf die Begründung zu §§ 49 ff. verwiesen.

Insbesondere in Unterhaltssachen sind Sondervorschriften über die einstweilige Anordnung zu beachten (§§ 246 ff.).

Da das FamFG an keiner Stelle auf die Vorschriften der §§ 935 bis 942 ZPO verweist, ist die einstweilige Verfügung im Anwendungsbereich dieses Gesetzes ausgeschlossen. Der Streit, ob in Unterhaltssachen eine einstweilige Verfügung ausnahmsweise möglich ist, ist damit im verneinenden Sinn entschieden.

Satz 2 ordnet in Übereinstimmung mit der derzeit geltenden Rechtslage in Familienstreitsachen mit Ausnahme der Unterhaltssachen die entsprechende Geltung des § 945 ZPO an. In Unterhaltssachen ist ein entsprechender Schadenersatzanspruch in den bisherigen §§ 644, 620 ff. ZPO nicht vorgesehen; der BGH lehnt auch eine entsprechende Anwendung des § 945 ZPO ab (vgl. BGH NJW 2000, 742, 743).

Absatz 2 Satz 1 sieht – wie im geltenden Recht (vgl. nur Zöller-Vollkommer, ZPO, 27. Aufl., Rn. 8 zu § 916) – vor, dass in Familienstreitsachen neben der einstweiligen Anordnung auch der persönliche oder der dingliche Arrest des Schuldners möglich ist.

Satz 2 ordnet die Geltung der diesbezüglichen Vorschriften der ZPO ausdrücklich an.

§ 120
Vollstreckung

(1) Die Vollstreckung in Ehesachen und Familienstreitsachen erfolgt entsprechend den Vorschriften der Zivilprozessordnung über die Zwangsvollstreckung.

(2) Endentscheidungen sind mit Wirksamwerden vollstreckbar. Macht der Verpflichtete glaubhaft, dass die Vollstreckung ihm einen nicht zu ersetzenden Nachteil bringen würde, hat das Gericht auf seinen Antrag die Vollstreckung vor Eintritt der Rechtskraft in der Endentscheidung einzustellen oder zu beschränken. In den Fällen des § 707 Abs. 1 und des § 719 Abs. 1 der Zivilprozessordnung kann die Vollstreckung nur unter denselben Voraussetzungen eingestellt oder beschränkt werden.

(3) Die Verpflichtung zur Eingehung der Ehe und zur Herstellung des ehelichen Lebens unterliegt nicht der Vollstreckung.

Die Vorschrift entspricht der Fassung des Regierungsentwurfs.

Begründung RegE:

Absatz 1 bestimmt, dass anstelle der Vorschriften über die Vollstreckung in Buch 1 des FamFG die Vorschriften über Zwangsvollstreckung in Buch 8 der ZPO (§§ 704 bis 915h) gelten.

Absatz 2 Satz 1 regelt, dass Beschlüsse mit Wirksamwerden bereits kraft Gesetzes vollstreckbar sind, ohne dass es hierzu einer Vollstreckbarerklärung des Gerichts bedürfte. Die Vorschrift ist § 62 Abs. 1 Satz 1 ArbGG nachgebildet. Dies ist auch bei der entsprechenden Anwendung der weiteren Vorschriften der Zivilprozessordnung zu beachten. §§ 708 bis 713 ZPO sind bei der Vollstreckung von Beschlüssen in FamFG-Sachen nicht anwendbar, §§ 714 bis 720a ZPO nur eingeschränkt (vgl. Germelmann/Matthes/Prütting/Müller-Glöge-Germelmann, Arbeitsgerichtsgesetz, 5. Aufl. 2004, Rn. 3 zu § 62). **Satz 2** bestimmt, dass abweichend von den Vorschriften der Zivilprozessordnung die Vollstreckung nur dann mit der Entscheidung in der Hauptsache auszuschließen ist, wenn der Verpflichtete glaubhaft macht, dass die Vollstreckung für ihn einen nicht zu ersetzenden Nachteil bringen würde. Die Vorschrift ist § 62 Abs. 1 Satz 2 ArbGG nachgebildet. Hierdurch soll vermieden werden, dass durch die Vollstreckung vor Eintritt der Rechtskraft ein Schaden entsteht, der auch im Fall des Erfolgs eines Rechtsmittels nicht mehr rückgängig zu machen ist. **Satz 3** ist § 62 Abs. 1 Satz 3 ArbGG nachgebildet.

Absatz 3 entspricht dem bisherigen § 888 Abs. 3 ZPO mit Ausnahme der Verurteilung zur Leistung von Diensten aus einem Dienstvertrag. Die in der Vorschrift genannten Verpflichtungen sind nach dem FamFG als sonstige Familiensachen nach § 266 Abs. 1 Nr. 1 und 2 zu qualifizieren und nicht vollstreckbar.

Stellungnahme Bundesrat:

39. **Zu Artikel 1** (§ 120 Abs. 2 Satz 1 zweiter Halbsatz – neu – FamFG)
In Artikel 1 § 120 Abs. 2 Satz 1 sind der abschließende Punkt durch ein Semikolon zu ersetzen und folgender Halbsatz anzufügen:

„das gilt nicht für Familienstreitsachen nach § 112 Nr. 1 und 2."

Begründung:

Die im Gesetzentwurf vorgesehene Regelung, wonach auch in Güterrechts- und Unterhaltsverfahren eine Zwangsvollstreckung ohne Sicherheitsleistung bzw. Abwendungsbefugnis ab Wirksamkeit des Beschlusses zulässig ist, bürdet das Risiko der Vollstreckung einer unrichtigen Entscheidung der ersten Instanz dem Vollstreckungsschuldner auf. Dies ist nicht gerechtfertigt. In Familiensachen tritt verschärfend hinzu, dass teilweise sehr hohe Beträge ausgeurteilt werden und bei nicht wenigen Ehegatten auf Grund ihrer emotionalen Verstrickung eine erhöhte Bereitschaft besteht, den jeweils anderen zu ruinieren. Der nach § 120 Abs. 2 Satz 2 FamFG-E mögliche Schutz des Vollstreckungsschuldners ist demgegenüber unzureichend. Denn die diesbezügliche Voraussetzung (Glaubhaftmachung, dass die Vollstreckung dem Schuldner einen nicht zu ersetzenden Nachteil bringen würde) wird in der Praxis eine oftmals nicht zu überwindende Hürde darstellen. Die Vollstreckbarkeit sollte daher – wie bisher – grundsätzlich erst ab formeller Rechtskraft der Endentscheidung eintreten. Zuvor sollte eine Vollstreckung ab einer gewissen Summe gegen Sicherheitsleistung möglich sein.

Für Güterrechtsverfahren ist zudem zu bedenken, dass ein besonderes Bedürfnis, schon vor Eintritt der Rechtskraft ohne Sicherheitsleistung vollstrecken zu können, nicht erkennbar ist. In Unterhaltssachen wird zwar das gegenläufige Interesse des Minderjährigen zu berücksichtigen sein, zeitnahe Unterhaltsleistungen zu erhalten. Jedoch ist dieses Interesse über den Weg des staatlichen Unterhaltsvorschusses weitgehend abgesichert. Zudem besteht in Fällen der Vollstreckung von Minderjährigenunterhalt ein erhöhtes Schutzbedürfnis des Vollstreckungsschuldners. Denn im Fall der Aufhebung des Unterhaltstitels durch die Rechtsmittelinstanz ist die Durchsetzung des Anspruchs auf Rückgewähr der geleisteten Unterhaltszahlungen gegenüber dem – in aller Regel vermögenslosen – Minderjährigen von vornherein aussichtslos. Daher kommt die gesetzliche Anordnung der sofortigen, sicherheitslosen Vollstreckbarkeit erstinstanzlicher Urteile hier einer Unanfechtbarkeit dieser Urteile für die Zeit vor Erlass der Rechtsmittelentscheidung gleich. Dies ist kaum akzeptabel. Folglich sollte es sowohl für Güterrechts- als auch für Unterhaltsverfahren bei der Regelung der §§ 708 ff. ZPO verbleiben, wonach eine Vollstreckung kleinerer Beträge vor Eintritt der formellen Rechtskraft möglich ist – allerdings mit Abwendungsbefugnis des Vollstreckungsschuldners durch Sicherheitsleistung (§ 708 Nr. 11, § 711 ZPO) – und eine Vollstreckung größerer Beträge vor Eintritt der Rechtskraft nur gegen Sicherheitsleistung des Vollstreckungsgläubigers zulässig ist (§ 709 ZPO).

Gegenäußerung Bundesregierung:
Zu Nummer 39 (Artikel 1 – § 120 Abs. 2 Satz 1 FamFG)
Die Bundesregierung stimmt dem Vorschlag des Bundesrates nicht zu.

Der Vorschlag lässt außer Acht, dass sich die Wirksamkeit von Endentscheidungen in Familienstreitsachen – und damit auch in Güterrechts- und Unterhaltssachen – nach § 116 Abs. 3 FamFG bestimmt. Danach werden Endentscheidungen grundsätzlich erst mit Rechtskraft wirksam. Das Gericht kann jedoch die sofortige Wirksamkeit anordnen; in Unterhaltssachen soll es diese anordnen. Bei der Prüfung einer Anordnung der sofortigen Wirksamkeit hat das Gericht im Rahmen der Ermessensprüfung das Interesse des Gläubigers an der Erlangung der Leistung und das Schutzinteresse des Schuldners gegeneinander abzuwägen. Die Ausgestaltung bezüglich des Unterhalts als Soll-Vorschrift bringt die Bedeutung des Unterhalts zur Sicherung des Lebensbedarfs zum Ausdruck. Von dieser Regelung kann das Gericht abweichen, wenn es dieser Sicherung nicht bedarf (z.B. bei der Geltendmachung von Unterhaltsrückständen oder von an das Jugendamt übergegangenen Ansprüchen). Die Regelungen des § 120 Abs. 2 Satz 2 und 3 FamFG ergänzen den § 116 Abs. 3 FamFG zum Schutz des Schuldners in der Vollstreckung. Auch dann, wenn die Abwägung im Rahmen des § 116 Abs. 3 FamFG zur Anordnung der sofortigen Wirksamkeit geführt hat, kann der Schuldner eine Einstellung oder Beschränkung der Zwangsvollstreckung vor Eintritt der Rechtskraft verlangen, wenn ihm die Vollstreckung einen nicht zu ersetzenden Nachteil bringen würde.

Die Bundesregierung ist der Auffassung, dass diese flexiblen Regelungen den Schuldner vor einem Schaden durch eine Vollstreckung des Gläubigers schützen und das Institut der vorläufigen Vollstreckbarkeit insgesamt entbehrlich machen.

Abschnitt 2
Verfahren in Ehesachen; Verfahren in Scheidungssachen und Folgesachen

Unterabschnitt 1
Verfahren in Ehesachen

§ 121
Ehesachen

Ehesachen sind Verfahren
1. auf Scheidung der Ehe (Scheidungssachen),
2. auf Aufhebung der Ehe und
3. auf Feststellung des Bestehens oder Nichtbestehens einer Ehe zwischen den Beteiligten.

Die Vorschrift entspricht der Fassung des Regierungsentwurfs.

Begründung RegE:
Die Vorschrift enthält die gesetzliche Definition der Ehesachen. Sie unterscheidet sich von der im bisherigen § 606 Abs. 1 Satz 1 ZPO enthaltenen Begriffsbestimmung lediglich dadurch, dass Verfahren auf Herstellung des ehelichen Lebens nicht mehr zu den Ehesachen zählen. Die zahlenmäßige und praktische Bedeutung dieser Verfahren ist gering. Die Herstellungsklage wird als Anachronismus empfunden. Wegen des derzeit noch in § 888 Abs. 3 ZPO geregelten Vollstreckungsverbots ist das Rechtsschutzbedürfnis oftmals zweifelhaft. Dies gilt besonders für die als korrespondierende negative Feststellungsklage angesehene Klage auf Feststellung des Rechts zum Getrenntleben.

Die zugrunde liegenden Ansprüche können als sonstige Familiensache (§ 266 Abs. 1 Nr. 2) vor dem Familiengericht weiterhin geltend gemacht werden. Es handelt sich dabei jedoch um eine Familienstreitsache, also um ein Verfahren, für das die Besonderheiten des Verfahrens in Ehesachen, insbesondere der Amtsermittlungsgrundsatz, nicht gelten.

Für die Zuordnung von bestimmten nach ausländischen Rechtsordnungen vorgesehenen Verfahren, wie etwa dem Trennungsverfahren nach italienischem Recht, zu den Ehesachen, ergibt sich keine Veränderung gegenüber dem derzeitigen Rechtszustand.

§ 122
Örtliche Zuständigkeit

Ausschließlich zuständig ist in dieser Rangfolge:

1. das Gericht, in dessen Bezirk einer der Ehegatten mit allen gemeinschaftlichen minderjährigen Kindern seinen gewöhnlichen Aufenthalt hat;
2. das Gericht, in dessen Bezirk einer der Ehegatten mit einem Teil der gemeinschaftlichen minderjährigen Kinder seinen gewöhnlichen Aufenthalt hat, sofern bei dem anderen Ehegatten keine gemeinschaftlichen minderjährigen Kinder ihren gewöhnlichen Aufenthalt haben;
3. das Gericht, in dessen Bezirk die Ehegatten ihren gemeinsamen gewöhnlichen Aufenthalt zuletzt gehabt haben, wenn einer der Ehegatten bei Eintritt der Rechtshängigkeit im Bezirk dieses Gerichts seinen gewöhnlichen Aufenthalt hat;
4. das Gericht, in dessen Bezirk der Antragsgegner seinen gewöhnlichen Aufenthalt hat;
5. das Gericht, in dessen Bezirk der Antragsteller seinen gewöhnlichen Aufenthalt hat;
6. das Amtsgericht Schöneberg in Berlin.

Die Vorschrift entspricht im Hinblick auf Nummer 1 dem Regierungsentwurf; Nummer 2 ist mit der Beschlussempfehlung des Rechtsausschusses neu eingefügt worden; die bisherigen Nummern 2 bis 5 sind zu Nummern 3 bis 6 geworden:

Begründung RegE:

Die Norm enthält eine feste Rangfolge von Anknüpfungskriterien zur Bestimmung des für die Ehesache örtlich zuständigen Gerichts. Zur Erleichterung der Bezugnahme sind die einzelnen Tatbestände mit Nummern versehen. Die Zuständigkeit ist weiterhin als eine ausschließliche ausgestaltet.

Die zuständigkeitsbegründenden Umstände entsprechen den im bisherigen § 606 Abs 1 und 2 ZPO genannten, mit Ausnahme des Kriteriums des gemeinsamen gewöhnlichen Aufenthalts aus § 606 Abs. 1 Satz 1 ZPO. Dieses wird heute dahingehend verstanden, dass die Ehegatten nicht nur ihren jeweiligen gewöhnlichen Aufenthalt im Bezirk desselben Gerichts haben, sondern dass sie einen gemeinsamen gewöhnlichen Aufenthalt haben müssen. Bei Einleitung einer Ehesache leben die Ehegatten jedoch regelmäßig getrennt, so dass auf diesen Gesichtspunkt verzichtet werden kann.

Nummer 1 entspricht dem bisherigen § 606 Abs. 1 Satz 1 ZPO. In Übereinstimmung mit der bisherigen Rechtslage wird klargestellt, dass das Kriterium nur erfüllt ist, wenn sämtliche gemeinschaftlichen minderjährigen Kinder ihren gewöhnlichen Aufenthalt bei demselben Ehegatten haben. Der gewöhnliche Aufenthalt ist dabei wie in den bisherigen §§ 606 ZPO, 45 FGG zu verstehen. Er wird von einer auf längere Dauer angelegten sozialen Eingliederung gekennzeichnet und ist allein von der tatsächlichen – ggf. vom Willen unabhängigen – Situation gekennzeichnet, die den Aufenthaltsort als Mittelpunkt der Lebensführung ausweist (vgl. Schwab/Maurer/Borth, Handbuch des Scheidungsrechts, 5. Aufl. 2004, I Rn. 31). Seinen gewöhnlichen Aufenthalt hat ein Kind bei dem Elternteil, in dessen Obhut es sich befindet.

Nummer 2 entspricht dem bisherigen § 606 Abs. 2 Satz 1 ZPO.

Nummern 3 und 4 entsprechen dem bisherigen § 606 Abs. 2 Satz 2 ZPO.

Nummer 5 entspricht dem bisherigen § 606 Abs. 3 ZPO.

II. – FamFG – Buch 2 Verfahren in Familiensachen

Stellungnahme Bundesrat:
40. **Zu Artikel 1** (§ 122 FamFG)

Der Bundesrat bittet, im weiteren Verlauf des Gesetzgebungsverfahrens zu prüfen, ob im Rahmen des § 122 FamFG-E oder an anderer Stelle die Möglichkeit eröffnet werden kann, eine Ehesache – insbesondere in Ehescheidungs- oder Eheaufhebungsverfahren – in Fällen von Zwangsheirat unabhängig vom Wohnort der Antragstellerin bzw. ihrer Kinder bei dem Gericht anhängig zu machen, in dessen Bezirk der Antragsgegner seinen Aufenthalt hat.

Begründung:

Bislang war es möglich, in Fällen der Zwangsheirat allein schon durch die familiengerichtliche Zuständigkeit etwa in Eheaufhebungsverfahren oder bei einer Ehescheidung den neuen Aufenthaltsort einer von Zwangsheirat Betroffenen oder ihrer Kinder ungefähr zu bestimmen. Das läuft den Bemühungen um Anonymität der Betroffenen zuwider, die ihnen Schutz vor Nachstellungen und Bedrohungen der Ehepartner oder ihrer Familie bieten soll.

Gegenäußerung Bundesregierung:
Zu Nummer 40 (Artikel 1 – § 122 FamFG)

Die Bundesregierung sieht derzeit keine Notwendigkeit, von der ausschließlichen örtlichen Zuständigkeit in Ehesachen Ausnahmen in Fällen von Zwangsheirat zuzulassen.

Eine Abkehr von den im familiengerichtlichen Verfahren vorgesehenen ausschließlichen Zuständigkeiten ist nicht erforderlich, weil das geltende Verfahrensrecht hinreichenden Schutz bietet. Die nach geltendem Recht möglichen Vorkehrungen zur Feststellung des Aufenthaltsortes bzw. zum Schutz der Verfahrensbeteiligten sind ausreichend. So ist die Angabe der Anschrift einer Partei in der Antragsschrift nicht erforderlich, wenn schützenswerte Interessen entgegenstehen (BGH, NJW 1988, 2114 f., OLGR München 1998, 262 f.). Es genügt die Benennung eines Zustellungsbevollmächtigten. Bei der konkreten Gefahr von Gewaltanwendung besteht die Möglichkeit, dem Antragsgegner im Rahmen der nach dem Gewaltschutzgesetz zulässigen Maßnahmen jegliche Form der Kontaktaufnahme zu verbieten. Nach den landesrechtlichen Regelungen stehen der Polizei darüber hinaus verschiedene Schutzmöglichkeiten zur Verfügung.

Im Übrigen ist das mit der Prüfbitte verfolgte Ziel – der Schutz der von einer Zwangsheirat betroffenen Frau – durch eine Änderung der Vorschrift über die örtliche Zuständigkeit in Ehesachen nicht in allen Fällen zuverlässig zu erreichen. Die gerichtliche Auseinandersetzung von Personen, die durch eine Zwangsheirat verbunden worden sind, erschöpft sich oftmals nicht in der Scheidung oder Aufhebung der Ehe. Sind aus der Ehe Kinder hervorgegangen, kommen auch Verfahren in Kindschaftssachen oder auf Kindesunterhalt in Betracht. Auch bei diesen Streitigkeiten besteht – wenn sie außerhalb eines Scheidungsverfahrens geführt werden – eine ausschließliche Zuständigkeit an dem Ort, an welchem das Kind oder der Elternteil, der auf Seiten des Kindes zu handeln befugt ist, seinen gewöhnlichen Aufenthalt hat. Darüber hinaus sind weitere Fälle denkbar, z.B. in Abstammungssachen, die eine Zuständigkeit am Aufenthaltsort des Antragstellers begründen. Das Ziel der Prüfbitte könnte daher nur erreicht werden, wenn in die Zuständigkeitsregelungen der weiteren familiengerichtlichen Verfahren ebenfalls Ausnahmeregelungen aufgenommen werden. Eine derart umfassende Regelung von Ausnahmen der ausschließlichen Zuständigkeit wäre aber nach Auffassung der Bundesregierung kontraproduktiv und missbrauchsanfällig.

Begründung Beschlussempfehlung Rechtsausschuss:
Die Ergänzung in Nummer 2 bewirkt, dass sich die örtliche Zuständigkeit des Gerichts auch in den Fällen an dem gewöhnlichen Aufenthalt der gemeinschaftlichen minderjährigen Kinder orientiert, in denen nur ein Teil der Kinder bei einem Elternteil, der andere Teil jedoch bei Dritten – Großeltern, sonstige Verwandte, Pflegepersonen, etc. – lebt. Die bislang vorgesehene Zuständigkeitsregelung, die den Aufenthaltsort eines Elternteils mit allen gemeinschaftlichen minderjährigen Kindern voraussetzt, führt in

Einzelfällen dazu, dass die Zuständigkeit eines Gerichts begründet wird, in dessen Bezirk sich keines der gemeinschaftlichen Kinder aufhält. Dies ist im Hinblick darauf, dass das Gericht gegebenenfalls auch über eine Kindschaftsfolgesache zu entscheiden hat, keine sachgerechte Lösung.

§ 123
Abgabe bei Anhängigkeit mehrerer Ehesachen

Sind Ehesachen, die dieselbe Ehe betreffen, bei verschiedenen Gerichten im ersten Rechtszug anhängig, sind, wenn nur eines der Verfahren eine Scheidungssache ist, die übrigen Ehesachen von Amts wegen an das Gericht der Scheidungssache abzugeben. Ansonsten erfolgt die Abgabe an das Gericht der Ehesache, die zuerst rechtshängig geworden ist. § 281 Abs. 2 und 3 Satz 1 der Zivilprozessordnung gilt entsprechend.

Die Vorschrift entspricht der Fassung des Regierungsentwurfs.

Begründung RegE:

Die Vorschrift, die bislang keine Entsprechung hat, sieht eine Zusammenführung sämtlicher gleichzeitig bei einem deutschen Gericht im ersten Rechtszug anhängiger Ehesachen vor, die dieselbe Ehe betreffen. Regelungstechnisch ist sie in Anlehnung an den bisherigen § 621 Abs. 3 ZPO konzipiert. Die Abgabe ist unabhängig davon angeordnet, ob die Ehesachen denselben Streitgegenstand haben oder nicht. Bislang steht bei Identität des Gegenstands dem zeitlich nachfolgenden Verfahren der Einwand der anderweitigen Rechtshängigkeit entgegen. Sofern nicht ein Verweisungsantrag gestellt wird, wäre der Antrag also als unzulässig abzuweisen. Durch die vorgesehene Abgabe von Amts wegen werden die bisherigen Regelungen des § 606 Abs. 2 Satz 3, 4 ZPO entbehrlich.

Satz 1 behandelt in der genannten Konstellation die Abgabe von Amts wegen an das Gericht der Scheidungssache, wenn eine der Ehesachen eine Scheidungssache ist, die übrigen jedoch nicht. In diesem Fall soll im Hinblick auf den Verbund dem Scheidungsverfahren stets der Vorrang zukommen, unabhängig davon, welches Verfahren zuerst rechtshängig geworden ist.

Der Einwand der anderweitigen Rechtshängigkeit kann der Scheidungssache, sollte sie das zeitlich nachfolgende Verfahren sein, nicht entgegenstehen, da die übrigen Ehesachen nicht denselben Streitgegenstand haben.

Ist keine der dieselbe Ehe betreffenden im ersten Rechtszug bei einem inländischen Gericht anhängigen Ehesachen eine Scheidungssache, oder ist mehr als eine Scheidungssache in der dargestellten Weise anhängig, ordnet **Satz 2** an, dass die Abgabe von Amts wegen an dasjenige Gericht zu erfolgen hat, bei dem die zuerst rechtshängig gewordene Ehesache noch anhängig ist. Insoweit bleibt es also in der Sache bei dem bekannten Prioritätsprinzip.

Satz 3 erklärt, wie der bisherige § 621 Abs. 3 Satz 2 ZPO, bestimmte Vorschriften der ZPO über die Verweisung auf die Abgabe nach den Sätzen 1 und 2 für entsprechend anwendbar. Insbesondere ist die Abgabe nicht anfechtbar und für das Adressatgericht grundsätzlich bindend.

§ 124
Antrag

Das Verfahren in Ehesachen wird durch Einreichung einer Antragsschrift anhängig. Die Vorschriften der Zivilprozessordnung über die Klageschrift gelten entsprechend.

Die Vorschrift entspricht der Fassung des Regierungsentwurfs.

Begründung RegE:

Satz 1 entspricht inhaltlich dem bisherigen § 622 Abs. 1 ZPO. Abweichend vom bisher geltenden Recht soll die Regelung jedoch nicht nur für Scheidungssachen und Verfahren auf Aufhebung der Ehe, sondern für alle Ehesachen Anwendung finden.

Satz 2 entspricht dem bisherigen § 622 Abs. 2 Satz 2 ZPO.

§ 125
Verfahrensfähigkeit

(1) In Ehesachen ist ein in der Geschäftsfähigkeit beschränkter Ehegatte verfahrensfähig.

(2) Für einen geschäftsunfähigen Ehegatten wird das Verfahren durch den gesetzlichen Vertreter geführt. Der gesetzliche Vertreter bedarf für den Antrag auf Scheidung oder Aufhebung der Ehe der Genehmigung des Familiengerichts.

Die Vorschrift entspricht der Fassung des Regierungsentwurfs.

Begründung RegE:
Die Vorschrift ergänzt für Ehesachen die §§ 52 bis 58 ZPO über die Verfahrensfähigkeit.

Absatz 1 entspricht dem bisherigen § 607 Abs. 1 ZPO. **Absatz 2 Satz 1** entspricht dem bisherigen § 607 Abs. 2 Satz 1 ZPO. Von § 607 Abs. 2 Satz 2 ZPO unterscheidet sich **Satz 2** dadurch, dass Verfahren auf Herstellung des ehelichen Lebens nicht mehr erwähnt werden, da sie keine Ehesachen mehr sind. Für die erforderliche Genehmigung ist künftig nicht mehr das Vormundschaftsgericht, sondern das Familiengericht zuständig.

§ 126
Mehrere Ehesachen; Ehesachen und andere Verfahren

(1) Ehesachen, die dieselbe Ehe betreffen, können miteinander verbunden werden.

(2) Eine Verbindung von Ehesachen mit anderen Verfahren ist unzulässig. § 137 bleibt unberührt.

(3) Wird in demselben Verfahren Aufhebung und Scheidung beantragt und sind beide Anträge begründet, so ist nur die Aufhebung der Ehe auszusprechen.

Die Vorschrift entspricht der Fassung des Regierungsentwurfs.

Begründung RegE:
Absatz 1 ermöglicht die Verbindung sämtlicher Ehesachen, die dieselbe Ehe betreffen. Gegenüber dem bisherigen § 610 Abs. 1 ZPO bedeutet dies eine Erweiterung, da auch Anträge auf Feststellung des Bestehens oder Nichtbestehens einer Ehe zwischen den Beteiligten hiervon umfasst sind. Die Gründe, die bislang für eine Unterteilung der Ehesachen in zwei Gruppen (vgl. die bisherigen §§ 610 Abs. 1, 632 Abs. 2 ZPO) maßgeblich waren, sind heute nicht mehr von Bedeutung. Die Verbindungsmöglichkeit ermöglicht eine effektive Verfahrensführung.

Absatz 2 Satz 1 untersagt eine Verbindung von Ehesachen mit anderen Verfahren und entspricht damit im Wesentlichen dem bisherigen § 610 Abs. 2 Satz 1 ZPO. Die dortige Erwähnung der Widerklage erscheint entbehrlich. Die Vorschrift bezweckt, dass andere Verfahrensgegenstände in das Verfahren einer Ehesache nicht mit einbezogen werden. Hieraus ergibt sich auch, dass ein anderer Verfahrensgegenstand, der, aus welchem Grund auch immer, Teil des Eheverfahrens wurde, nach § 145 ZPO von Amts wegen abzutrennen ist.

Satz 2 macht von dem Verbot des Satzes 1 eine Ausnahme für den Verbund von Scheidungssache und Folgesachen (vgl. den bisherigen § 610 Abs. 2 Satz 2 ZPO).

Absatz 3 entspricht dem bisherigen § 631 Abs. 2 Satz 2 ZPO.

§ 127
Eingeschränkte Amtsermittlung

(1) Das Gericht hat von Amts wegen die zur Feststellung der entscheidungserheblichen Tatsachen erforderlichen Ermittlungen durchzuführen.

(2) In Verfahren auf Scheidung oder Aufhebung der Ehe dürfen von den Beteiligten nicht vorgebrachte Tatsachen nur berücksichtigt werden, wenn sie geeignet sind, der Aufrechterhaltung der Ehe zu dienen oder wenn der Antragsteller einer Berücksichtigung nicht widerspricht.

(3) In Verfahren auf Scheidung kann das Gericht außergewöhnliche Umstände nach § 1568 des Bürgerlichen Gesetzbuchs nur berücksichtigen, wenn sie von dem Ehegatten, der die Scheidung ablehnt, vorgebracht worden sind.

Die Vorschrift entspricht der Fassung des Regierungsentwurfs.

Begründung RegE:
Absatz 1 enthält, entsprechend dem bisherigen § 616 Abs. 1 ZPO, den Grundsatz der Amtsermittlung in Ehesachen. Die Formulierung entspricht § 26.

Absatz 2 enthält die aus dem bisherigen § 616 Abs. 2 ZPO bekannte Einschränkung des Amtsermittlungsgrundsatzes für bestimmte Eheverfahren. Die bisherige Textfassung wurde ohne inhaltliche Änderung umgestellt, um die Verständlichkeit zu erhöhen.

Absatz 3 entspricht dem bisherigen § 616 Abs. 3 ZPO.

§ 128
Persönliches Erscheinen der Ehegatten

(1) Das Gericht soll das persönliche Erscheinen der Ehegatten anordnen und sie anhören. Die Anhörung eines Ehegatten hat in Abwesenheit des anderen Ehegatten stattzufinden, falls dies zum Schutz des anzuhörenden Ehegatten oder aus anderen Gründen erforderlich ist. Das Gericht kann von Amts wegen einen oder beide Ehegatten als Beteiligte vernehmen, auch wenn die Voraussetzungen des § 448 der Zivilprozessordnung nicht gegeben sind.

(2) Sind gemeinschaftliche minderjährige Kinder vorhanden, hat das Gericht die Ehegatten auch zur elterlichen Sorge und zum Umgangsrecht anzuhören und auf bestehende Möglichkeiten der Beratung hinzuweisen.

(3) Ist ein Ehegatte am Erscheinen verhindert oder hält er sich in so großer Entfernung vom Sitz des Gerichts auf, dass ihm das Erscheinen nicht zugemutet werden kann, kann die Anhörung oder Vernehmung durch einen ersuchten Richter erfolgen.

(4) Gegen einen nicht erschienenen Ehegatten ist wie gegen einen im Vernehmungstermin nicht erschienenen Zeugen zu verfahren; die Ordnungshaft ist ausgeschlossen.

Die Vorschrift entspricht im Hinblick auf die Absätze 2 bis 4 dem Regierungsentwurf; Absatz 1 ist mit der Beschlussempfehlung des Rechtsausschusses geändert worden:

Frühere Fassung RegE:
(1) Das Gericht soll das persönliche Erscheinen der Ehegatten anordnen und sie anhören. Es kann von Amts wegen einen oder beide Ehegatten als Beteiligte vernehmen, auch wenn die Voraussetzungen des § 448 der Zivilprozessordnung nicht gegeben sind.

Begründung RegE:
Die Vorschrift enthält im Wesentlichen den Regelungsgehalt des bisherigen § 613 ZPO. Die Aufgliederung in mehrere Absätze soll die Norm besser lesbar machen.

Absatz 1 Satz 1 entspricht dem bisherigen § 613 Abs. 1 Satz 1 1. Halbsatz ZPO.

Satz 2 enthält die aus dem bisherigen § 613 Abs. 1 Satz 1 ZPO bekannte Befugnis des Gerichts, die Ehegatten von Amts wegen als Beteiligte zu vernehmen. Die gewählte Formulierung bringt das Verhältnis zu den Vorschriften der ZPO über die Parteivernehmung deutlicher als bisher zum Ausdruck.

Absatz 2 unterscheidet sich vom bisherigen § 613 Abs. 1 Satz 2 ZPO im Wesentlichen dadurch, dass das Gericht in dem Fall, dass gemeinschaftliche minderjährige Kinder vorhanden sind, die Ehegatten nicht nur wie bisher zur elterlichen Sorge, sondern auch zum Umgangsrecht anhören muss. Diese Erweiterung entspricht dem Anliegen des vorliegenden Entwurfs, die tatsächliche Wahrnehmung von Umgangskontakten zu verbessern. Den Ehegatten soll ihre fortbestehende Verantwortung für die von Trennung und Scheidung betroffenen Kinder deutlich gemacht werden.

II. – FamFG – Buch 2 Verfahren in Familiensachen

Die im zweiten Satzteil enthaltene Formulierung betreffend die Möglichkeiten der Beratung ist gegenüber dem bisherigen § 613 Abs. 1 Satz 2 ZPO gestrafft, ohne dass damit eine inhaltliche Veränderung verbunden wäre.

Absatz 3 entspricht inhaltlich dem bisherigen § 613 Abs. 1 Satz 3 ZPO.

Absatz 4 entspricht dem bisherigen § 613 Abs. 2 ZPO.

Stellungnahme Bundesrat:
41. **Zu Artikel 1** (§ 128 FamFG)

Der Bundesrat bittet, im weiteren Verlauf des Gesetzgebungsverfahrens zu prüfen, ob in die Vorschrift des § 128 FamFG-E eine klarstellende Formulierung aufgenommen werden kann, aus der sich eindeutig ergibt, dass eine getrennte Anhörung der Ehegatten in Ehesachen möglich ist.

Begründung:

Eine getrennte Anhörung der Ehegatten in Ehesachen ist nach ständiger Rechtsprechung bereits nach geltendem Recht (§ 613 ZPO) möglich. Um Bedrohungen und Einschüchterungen der von Zwangsheirat Betroffenen zu unterbinden, kann es wichtig sein, von einer gemeinsamen Anhörung bzw. Vernehmung abzusehen. Dies sollte deshalb im Gesetzeswortlaut zum Ausdruck kommen.

Gegenäußerung Bundesregierung:
Zu Nummer 41 (Artikel 1 – § 128 FamFG)

Die Bundesregierung wird im weiteren Verlauf des Gesetzgebungsverfahrens prüfen, ob die Möglichkeit einer getrennten Anhörung der Ehegatten in den Gesetzestext aufgenommen werden sollte. Sie gibt aber zu bedenken, dass diese Möglichkeit bereits nach geltendem Recht besteht, ohne dass dies im Gesetz ausdrücklich erwähnt wird und ohne dass in der Praxis Probleme bekannt geworden sind.

Begründung Beschlussempfehlung Rechtsausschuss:

Die Einfügung in Absatz 1 Satz 2 geht zurück auf die Prüfbitte des Bundesrates gemäß Nummer 41 der Stellungnahme. Die Ergänzung stellt ausdrücklich klar, dass zum Schutz eines Ehegatten oder aus anderen gleichwertigen Gründen eine getrennte Anhörung der Ehegatten stattzufinden hat. Nach bisherigem Recht ist umstritten, ob ein Ehegatte gegen den Willen des anderen Ehegatten getrennt angehört werden konnte. Teilweise wird ein Anwesenheitsrecht des anderen Ehegatten angenommen (vgl. Zöller-Philippi, ZPO, 26. Aufl. 2007, Rn. 3 zu § 128 m.w.N.). Mit der Ergänzung wird nunmehr ausdrücklich klargestellt, dass ein solches Anwesenheitsrecht des anderen Ehegatten bei Vorliegen der in Absatz 1 Satz 2 bezeichneten Voraussetzungen nicht besteht.

§ 129
Mitwirkung der Verwaltungsbehörde oder dritter Personen

(1) Beantragt die zuständige Verwaltungsbehörde oder bei Verstoß gegen § 1306 des Bürgerlichen Gesetzbuchs die dritte Person die Aufhebung der Ehe, ist der Antrag gegen beide Ehegatten zu richten.

(2) Hat in den Fällen des § 1316 Abs. 1 Nr. 1 des Bürgerlichen Gesetzbuchs ein Ehegatte oder die dritte Person den Antrag gestellt, ist die zuständige Verwaltungsbehörde über den Antrag zu unterrichten. Die zuständige Verwaltungsbehörde kann in diesen Fällen, auch wenn sie den Antrag nicht gestellt hat, das Verfahren betreiben, insbesondere selbständig Anträge stellen oder Rechtsmittel einlegen. Im Fall eines Antrags auf Feststellung des Bestehens oder Nichtbestehens einer Ehe zwischen den Beteiligten gelten die Sätze 1 und 2 entsprechend.

Die Vorschrift entspricht der Fassung des Regierungsentwurfs.

Begründung RegE:
Absatz 1 entspricht dem bisherigen § 631 Abs. 3 ZPO.
Absatz 2 Satz 1 und 2 entspricht dem bisherigen § 631 Abs. 4 ZPO.
Absatz 2 Satz 3 entspricht in der Sache der Regelung des bisherigen § 632 Abs. 3 ZPO.

§ 130
Säumnis der Beteiligten

(1) Die Versäumnisentscheidung gegen den Antragsteller ist dahin zu erlassen, dass der Antrag als zurückgenommen gilt.

(2) Eine Versäumnisentscheidung gegen den Antragsgegner sowie eine Entscheidung nach Aktenlage ist unzulässig.

Die Vorschrift entspricht der Fassung des Regierungsentwurfs.

Begründung RegE:
Die Vorschrift regelt, teilweise abweichend vom bisherigen Rechtszustand, die Folgen der Säumnis eines Beteiligten für sämtliche Ehesachen in gleicher Weise.
Absatz 1 behandelt die Säumnis des Antragsstellers. Für diese Konstellation wird die bislang nach § 632 Abs. 4 ZPO nur für Feststellungsverfahren geltende Regelung, wonach das Versäumnisurteil dahin zu erlassen ist, dass die Klage als zurückgenommen gilt, auf alle Ehesachen erstreckt. Bislang ergeht in Verfahren auf Scheidung oder Aufhebung der Ehe in diesem Fall nach § 330 ZPO ein Versäumnisurteil auf Abweisung des Antrags. Da in Ehesachen ein erhöhtes Interesse an einer materiell richtigen Entscheidung besteht, sollte allein aufgrund des Umstands der Säumnis keine grundsätzlich der materiellen Rechtskraft fähige Entscheidung ergehen. Die Rücknahmefiktion als Inhalt der Versäumnisentscheidung bei Säumnis des Antragstellers ist daher für alle Ehesachen vorzugswürdig.
Absatz 2 beruht auf demselben Gedanken. Bei Säumnis des Antragsgegners ist nach Satz 1, in Übereinstimmung mit der bisherigen ebenfalls für alle Ehesachen geltenden Regelung des § 612 Abs. 4 ZPO, jede Versäumnisentscheidung ausgeschlossen. Dass dies nun auch explizit für eine Entscheidung nach Aktenlage gilt, stellt eine nach dem Sinn der Vorschrift konsequente Erweiterung bzw. Klarstellung dar.

§ 131
Tod eines Ehegatten

Stirbt ein Ehegatte, bevor die Endentscheidung in der Ehesache rechtskräftig ist, gilt das Verfahren als in der Hauptsache erledigt.

Die Vorschrift entspricht der Fassung des Regierungsentwurfs.

Begründung RegE:
Die Vorschrift entspricht dem bisherigen § 619 ZPO. Die sprachlichen Anpassungen führen zu keiner inhaltlichen Veränderung.

§ 132
Kosten bei Aufhebung der Ehe

(1) Wird die Aufhebung der Ehe ausgesprochen, sind die Kosten des Verfahrens gegeneinander aufzuheben. Erscheint dies im Hinblick darauf, dass bei der Eheschließung ein Ehegatte allein die Aufhebbarkeit der Ehe gekannt hat oder ein Ehegatte durch arglistige Täuschung oder widerrechtliche Drohung seitens des anderen Ehegatten oder mit dessen Wissen zur Eingehung der Ehe bestimmt worden ist, als unbillig, kann das Gericht die Kosten nach billigem Ermessen anderweitig verteilen.

(2) Absatz 1 ist nicht anzuwenden, wenn eine Ehe auf Antrag der zuständigen Verwaltungsbehörde oder bei Verstoß gegen § 1306 des Bürgerlichen Gesetzbuchs auf Antrag des Dritten aufgehoben wird.

Die Vorschrift entspricht der Fassung des Regierungsentwurfs.

Begründung RegE:

Absatz 1 Satz 1 entspricht dem bisherigen § 93a Abs. 3 Satz 1 ZPO.

Satz 2 enthält den Regelungsgehalt der zweiten Satzhälfte des bisherigen § 93a Abs. 3 Satz 2 ZPO.

Absatz 2 entspricht dem bisherigen § 93a Abs. 4 ZPO. In diesem Fall gelten die allgemeinen kostenrechtlichen Vorschriften der ZPO.

Unterabschnitt 2
Verfahren in Scheidungssachen und Folgesachen

§ 133
Inhalt der Antragsschrift

(1) Die Antragsschrift muss enthalten:
1. Namen und Geburtsdaten der gemeinschaftlichen minderjährigen Kinder sowie die Mitteilung ihres gewöhnlichen Aufenthalts,
2. die Erklärung, ob die Ehegatten eine Regelung über die elterliche Sorge, den Umgang und die Unterhaltspflicht gegenüber den gemeinschaftlichen minderjährigen Kindern sowie die durch die Ehe begründete gesetzliche Unterhaltspflicht, die Rechtsverhältnisse an der Ehewohnung und am Hausrat getroffen haben, und
3. die Angabe, ob Familiensachen, an denen beide Ehegatten beteiligt sind, anderweitig anhängig sind.

(2) Der Antragsschrift sollen die Heiratsurkunde und die Geburtsurkunden der gemeinschaftlichen minderjährigen Kinder beigefügt werden.

Die Vorschrift entspricht im Hinblick auf Absatz 2 dem Regierungsentwurf; in Absatz 1 ist mit der Beschlussempfehlung des Rechtsausschusses Nr. 2 neu eingefügt worden:

Frühere Fassung RegE:

(1) Die Antragsschrift muss enthalten:

1. Namen und Geburtsdaten der gemeinschaftlichen minderjährigen Kinder sowie die Mitteilung ihres gewöhnlichen Aufenthalts und

2. die Angabe, ob Familiensachen, an denen beide Ehegatten beteiligt sind, anderweitig anhängig sind.

Begründung RegE:

Absatz 1 nennt weitere Umstände, die zum notwendigen Inhalt der Antragsschrift in einer Scheidungssache gehören. Die Norm enthält somit eine Ergänzung zu den Anforderungen des § 124. Gegenüber dem bisherigen § 622 Abs. 2 ZPO ergibt sich eine gewisse Erweiterung und Präzisierung der anzugebenden Umstände. Deren Mitteilung bereits in der Antragsschrift macht Nachfragen entbehrlich und dient der Verfahrensbeschleunigung.

Nach **Nummer 1** sind Namen und Geburtsdaten der gemeinschaftlichen minderjährigen Kinder anzugeben. Dieses Erfordernis besteht, um das Jugendamt gemäß § 17 Abs. 3 des Achten Buches Sozialgesetzbuch (SGB VIII) korrekt benachrichtigen zu können. Die Angabe des persönlichen Aufenthalts der Kinder ermöglicht ein frühzeitiges Erkennen von Problemen bei der örtlichen Zuständigkeit (vgl. § 122).

Abschnitt 2 – § 133

Nummer 2 sieht die Angabe vor, ob Familiensachen, an denen beide Ehegatten beteiligt sind, anderweitig anhängig sind. Die Beschränkung auf Verfahren nach dem bisherigen § 621 Abs. 2 Satz 1 ZPO ist damit entfallen. Sinn der Vorschrift ist nicht nur, ein Hinwirken auf die Überleitung der anderweitig anhängigen Verfahren zur Herstellung des Verbunds zu ermöglichen, sondern die frühzeitige Information des Gerichts über die zwischen den Ehegatten bestehenden Streitpunkte.

Absatz 2 bestimmt, dass die Heiratsurkunde und die Geburtsurkunden der gemeinschaftlichen minderjährigen Kinder der Antragsschrift beigefügt werden sollen und stellt damit eine aus dem eingeschränkten Amtermittlungsgrundsatz resultierende Ausnahme zu dem über § 113 Abs. 1 anwendbaren § 131 Abs. 3 ZPO dar. Dass diese als Sollvorschrift ausgestaltete Verpflichtung nur besteht, wenn dem Antragsteller die Urkunden auch zugänglich sind, versteht sich von selbst. Der Heiratsurkunde kommt für die korrekte Erfassung der Namen und Geburtsdaten der Ehegatten sowie des Datums der standesamtlichen Eheschließung erhebliche praktische Bedeutung bei, zumal inzwischen an zahlreichen Gerichten die Grunddaten bereits bei Anlage der Akte, also zu Beginn des Verfahrens in ein EDV-Programm eingegeben werden müssen. Gleiches gilt für die Geburtsurkunden hinsichtlich der gemeinschaftlichen Kinder, deren Vorlage gegebenenfalls weitere Ermittlungen des Gerichts entbehrlich macht.

Stellungnahme Bundesrat:
42. **Zu Artikel 1** (§ 133 Abs. 2 FamFG)
Artikel 1 § 133 Abs. 2 ist wie folgt zu fassen:

„(2) Der Antragsschrift sind die Heiratsurkunde und die Geburtsurkunde der gemeinschaftlichen minderjährigen Kinder oder andere öffentliche Urkunden über die Eheschließung und die Geburt der Kinder beizufügen."

Begründung:

§ 133 Abs. 2 FamFG-E ist bislang als Sollvorschrift ausgestaltet. Die hierzu gegebene Begründung, die Verpflichtung bestehe nur, wenn dem Antragsteller die Urkunden auch zugänglich sind, ist zwar zutreffend. Dem Antragsteller ist es aber auch dann, wenn er nicht an die Urkunden gelangen kann, unschwer möglich, sich vom Standesamt andere öffentliche Urkunden ausstellen zu lassen, in denen die Eheschließung und die Geburt der gemeinschaftlichen minderjährigen Kinder bescheinigt werden. Da es nicht Aufgabe des Gerichts sein kann, sich diese Urkunden zu beschaffen, ist der Antragsteller durch eine Mussvorschrift dazu zu verpflichten, sie dem Gericht vorzulegen.

Gegenäußerung Bundesregierung:
Zu **Nummer 42** (Artikel 1 – § 133 Abs. 2 FamFG)
Die Bundesregierung stimmt dem Vorschlag des Bundesrates nicht zu.

Zwar teilt die Bundesregierung die Auffassung des Bundesrates, dass sich der Antragsteller in der Regel die aufgeführten Urkunden selbst beschaffen kann. Es sind jedoch Fälle denkbar, in denen es unbillig sein kann, den Antragsteller mit der Beibringung von Urkunden zu belasten, die der Tatsachenfeststellung des Gerichts im Rahmen seiner Amtsermittlungspflicht obliegen. Dies kann zum Beispiel dann der Fall sein, wenn die zu scheidende Ehe im Ausland geschlossen worden ist und der Antragsgegner die Heiratsurkunde im Besitz hat.

Begründung Beschlussempfehlung Rechtsausschuss:
Die Ergänzung in Absatz 1 Nummer 2 erweitert den notwendigen Inhalt eines Scheidungsantrags. Der Antrag hat eine Erklärung des Antragstellers zu enthalten, ob die Eheleute Einvernehmen über die elterliche Sorge, das Umgangsrecht und den Kindesunterhalt sowie über den Ehegattenunterhalt und die Rechtsverhältnisse an Ehewohnung und Hausrat erzielt haben. Hierdurch sollen die Eheleute veranlasst werden, sich vor Einleitung des Scheidungsverfahrens über die bedeutsamen Scheidungsfolgen Klarheit zu verschaffen. Das Gericht kann dann bereits zu Beginn des Verfahrens feststellen, ob und in welchem Ausmaß über die genannten Punkte Streit besteht und den Ehegatten gezielte Hinweise auf entsprechende

II. – FamFG – Buch 2 Verfahren in Familiensachen

Beratungsmöglichkeiten erteilen, um zu einer möglichst ausgewogenen Scheidungsfolgenregelung im Kindesinteresse und im Interesse eines wirtschaftlich schwächeren Ehepartners beizutragen.

Der Ausschuss überträgt mit dieser Änderung den Rechtsgedanken des § 630 Abs. 1 ZPO in das künftige Verfahrensrecht. Derzeit läuft die Norm in der familiengerichtlichen Praxis überwiegend leer, da das Scheitern der Ehe nach dem Vortrag einer zumindest einjährigen Trennungszeit zur Vermeidung unnötiger Formalismen in Fällen unstreitiger Scheidungen schlicht unterstellt wird. Deshalb wird die hinter dieser Vorschrift stehende Absicht, dass die staatlichen Gerichte ihrer Schutzpflicht gegenüber minderjährigen Kindern und dem wirtschaftlich schwächeren Ehegatten gerecht werden müssen, nunmehr dadurch verwirklicht, dass höhere Anforderungen an den notwendigen Inhalt und damit an die Zulässigkeit eines Scheidungsantrags gestellt werden.

Zusätzliche formale Hürden werden durch die Änderung nicht geschaffen, da die Beteiligten das Gericht nicht über den Inhalt einer Einigung informieren müssen. Sollte ein Scheidungsantrag wegen einer unterbliebenen Erklärung über das Vorliegen einer Einigung unzulässig sein, hat das Gericht den Antragsteller hierauf nach § 113 Abs. 1 in Verbindung mit 139 Abs. 3 ZPO hinzuweisen.

§ 134
Zustimmung zur Scheidung und zur Rücknahme; Widerruf

(1) Die Zustimmung zur Scheidung und zur Rücknahme des Scheidungsantrags kann zur Niederschrift der Geschäftsstelle oder in der mündlichen Verhandlung zur Niederschrift des Gerichts erklärt werden.

(2) Die Zustimmung zur Scheidung kann bis zum Schluss der mündlichen Verhandlung, auf die über die Scheidung der Ehe entschieden wird, widerrufen werden. Der Widerruf kann zur Niederschrift der Geschäftsstelle oder in der mündlichen Verhandlung zur Niederschrift des Gerichts erklärt werden.

Die Vorschrift entspricht der Fassung des Regierungsentwurfs.

Begründung RegE:

Absatz 1 Satz 1 1. Alternative betrifft die Zustimmung zur Scheidung. Die Vorschrift entspricht dem bisherigen § 630 Abs. 2 Satz 2 ZPO. Die Regelung wird in ihrem Geltungsbereich über die bisherige einverständliche Scheidung hinaus auf alle Scheidungsverfahren ausgedehnt. Damit wird den Ehegatten eine Möglichkeit gegeben, die mit einer Scheidung verbundenen Verfahrenskosten zu reduzieren, indem der Antragsgegner der Scheidung zu Protokoll der Geschäftsstelle oder in der mündlichen Verhandlung zustimmt. Die Regelung entspricht der bisherigen gerichtlichen Praxis, die § 630 Abs. 2 Satz 2 ZPO in allen Fällen anwendet, in denen beide Ehegatten geschieden werden wollen, aber nur einer anwaltlich vertreten ist (43,7% aller Scheidungspaare (2005)). Anders als beim bisherigen § 630 Abs. 1 ZPO besteht keine Verknüpfung des Verfahrensrechts mit dem materiellen Scheidungsrecht mehr. Damit wird bewirkt, dass eine Regelung über bestimmte Scheidungsfolgen nicht mehr Voraussetzung für das Eingreifen der unwiderlegbaren Vermutung für das Scheitern der Ehe gemäß § 1566 Abs. 1 BGB ist. Die Familiengerichte können in den Fällen, in denen die Ehegatten seit mindestens einem Jahr getrennt leben und beide der Scheidung zustimmen, ohne aber eine Regelung über die Scheidungsfolgen getroffen zu haben, kraft dieser Vermutung das Scheitern der Ehe feststellen und die Scheidung aussprechen. Weitere Feststellungen zum Scheitern der Ehe sind bei beiderseitiger Scheidungswilligkeit nicht mehr erforderlich.

Die **2. Alternative** erweitert die Regelung auf die Zustimmung des Antragsgegners zu einer Antragsrücknahme des Antragstellers nach § 269 ZPO. Dieser kann – auch wenn er nicht anwaltlich vertreten ist – noch nach Beginn der mündlichen Verhandlung der Antragsrücknahme zustimmen.

Absatz 2 betrifft den Widerruf der Zustimmung. **Satz 1** entspricht dem bisherigen § 630 Abs. 2 Satz 1 ZPO. Nach Satz 2 kann auch der Widerruf, wie bisher, zu Protokoll der Geschäftsstelle oder in der mündlichen Verhandlung erfolgen.

§ 135
Außergerichtliche Streitbeilegung über Folgesachen

(1) Das Gericht kann anordnen, dass die Ehegatten einzeln oder gemeinsam an einem kostenfreien Informationsgespräch über Mediation oder eine sonstige Möglichkeit der außergerichtlichen Streitbeilegung anhängiger Folgesachen bei einer von dem Gericht benannten Person oder Stelle teilnehmen und eine Bestätigung hierüber vorlegen. Die Anordnung ist nicht selbständig anfechtbar und nicht mit Zwangsmitteln durchsetzbar.

(2) Das Gericht soll in geeigneten Fällen den Ehegatten eine außergerichtliche Streitbeilegung anhängiger Folgesachen vorschlagen.

Die Vorschrift entspricht der Fassung des Regierungsentwurfs.

Begründung RegE:

Absatz 1 Satz 1 eröffnet in Scheidungssachen dem Familiengericht die Möglichkeit, die Ehegatten zunächst darauf zu verweisen, einzeln oder gemeinsam an einem Informationsgespräch über Mediation oder einer sonstigen Form außergerichtlicher Streitbeilegung teilzunehmen und eine Bestätigung hierüber vorzulegen. Die Vorschrift, die im bisherigen Recht keine Entsprechung hat, ist auch vor dem Hintergrund von Bemühungen auf europäischer Ebene zu sehen, Mediation und sonstige Möglichkeiten außergerichtlicher Streitbeilegung zu fördern und verstärkt zur Anwendung zu bringen.

Die Vorschrift überträgt den Gedanken einer Schlichtung außerhalb des Streitgerichts in das familiengerichtliche Verfahren nach dem Vorbild des § 278 Abs. 5 Satz 2 ZPO. In Familiensachen ergibt sich aus den Besonderheiten der Verfahrensgegenstände und wegen der persönlichen Beziehung der Beteiligten typischerweise ein besonderes Bedürfnis nach Möglichkeiten zur Förderung einverständlicher Konfliktlösungen, die ggf. auch über den konkreten Verfahrensgegenstand hinausreichen. Es erscheint daher angemessen, den Gesichtspunkt der außergerichtlichen Streitbeilegung in diesem Rechtsbereich noch stärker hervorzuheben als im allgemeinen Zivilprozessrecht.

Die Vorschrift gibt dem Gericht keine Kompetenz, die Parteien zur Teilnahme an einem Informationsgespräch oder zur Durchführung einer Mediation zu zwingen. Nach **Satz 2** ist die Anordnung nicht mit Zwangsmitteln nach § 35 durchsetzbar. Kommt ein Beteiligter der Anordnung des Gerichts zur Teilnahme an einem Informationsgespräch nicht nach, kann dies jedoch nach § 150 Abs. 4 Satz 2 kostenrechtliche Folgen nach sich ziehen. Die Anordnung ist als Zwischenentscheidung nicht selbständig anfechtbar. **Satz 2** bestimmt dies zur Klarstellung ausdrücklich.

Die Ehegatten sind und bleiben allerdings in der Entscheidung, ob sie nach der Information einer Mediation nähertreten wollen oder nicht, vollständig frei. Diese Entscheidung sollte aber in Kenntnis der spezifischen Möglichkeiten eines außergerichtlichen Streitbeilegungsverfahrens getroffen werden. Für deren Darstellung erscheinen die Anbieter derartiger Maßnahmen als besonders geeignet.

Ob das Familiengericht eine entsprechende Auflage erteilt, liegt in seinem freien Ermessen. Voraussetzung ist, dass die Wahrnehmung des Informationsgesprächs für die Ehegatten zumutbar ist, was z.B. in Fällen häuslicher Gewalt zu verneinen sein kann. Zumutbar muss für beide Ehegatten auch die Anreise zum Informationsgespräch sein, was bei größerer Entfernung ausgeschlossen sein kann. Weiterhin muss ein kostenfreies Angebot für Informationsgespräche oder Informationsveranstaltungen bestehen. Es ist davon auszugehen, dass aufgrund der vorliegenden Vorschrift die Familiengerichte mit der Zeit eine zunehmend größere Übersicht über das insbesondere ihrem Bezirk vorhandene Angebot an Dienstleistungen der außergerichtlichen Streitbeilegung erhalten. Durch das Erfordernis eines Informationsgesprächs soll die Erörterung über die Möglichkeiten einer außergerichtlichen Streitbeilegung über Folgesachen sichergestellt werden. Durch eine Information etwa in Form eines Merkblatts würde der Zweck der Vorschrift nicht erreicht.

Absatz 2 folgt dem Vorbild des § 278 Abs. 5 Satz 2 ZPO und verdrängt diesen in Folgesachen, die Familienstreitsachen sind. Die Norm ist im Unterschied zu der zivilprozessualen Regelung als Sollvorschrift ausgestaltet. Für eine Übernahme auch des § 278 Abs. 5 Satz 3 ZPO besteht angesichts der Besonderheiten des Verbundverfahrens kein Bedürfnis.

§ 136
Aussetzung des Verfahrens

(1) Das Gericht soll das Verfahren von Amts wegen aussetzen, wenn nach seiner freien Überzeugung Aussicht auf Fortsetzung der Ehe besteht. Leben die Ehegatten länger als ein Jahr getrennt, darf das Verfahren nicht gegen den Widerspruch beider Ehegatten ausgesetzt werden.

(2) Hat der Antragsteller die Aussetzung des Verfahrens beantragt, darf das Gericht die Scheidung der Ehe nicht aussprechen, bevor das Verfahren ausgesetzt war.

(3) Die Aussetzung darf nur einmal wiederholt werden. Sie darf insgesamt die Dauer von einem Jahr, bei einer mehr als dreijährigen Trennung die Dauer von sechs Monaten nicht überschreiten.

(4) Mit der Aussetzung soll das Gericht in der Regel den Ehegatten nahe legen, eine Eheberatung in Anspruch zu nehmen.

Die Vorschrift entspricht der Fassung des Regierungsentwurfs.

Begründung RegE:
Die Vorschrift entspricht dem bisherigen § 614 ZPO. Der Wegfall des Regelungsinhalts des § 614 Abs. 1 sowie die entsprechende Änderung in § 614 Abs. 3 ZPO haben ihren Grund darin, dass die bisherigen Herstellungsklagen keine Ehesachen mehr sind. Die übrigen Anpassungen sind rein sprachlicher Natur.

§ 137
Verbund von Scheidungs- und Folgesachen

(1) Über Scheidung und Folgesachen ist zusammen zu verhandeln und zu entscheiden (Verbund).

(2) Folgesachen sind

1. Versorgungsausgleichssachen,
2. Unterhaltssachen, sofern sie die Unterhaltspflicht gegenüber einem gemeinschaftlichen Kind oder die durch Ehe begründete gesetzliche Unterhaltspflicht betreffen mit Ausnahme des vereinfachten Verfahrens über den Unterhalt Minderjähriger,
3. Wohnungszuweisungs- und Hausratssachen und
4. Güterrechtssachen,

wenn eine Entscheidung für den Fall der Scheidung zu treffen ist und die Familiensache spätestens zwei Wochen vor der mündlichen Verhandlung im ersten Rechtszug in der Scheidungssache von einem Ehegatten anhängig gemacht wird. Für die Durchführung des Versorgungsausgleichs in den Fällen des § 1587b des Bürgerlichen Gesetzbuchs und des § 1 des Gesetzes zur Regelung von Härten im Versorgungsausgleich bedarf es keines Antrags.

(3) Folgesachen sind auch Kindschaftssachen, die die Übertragung oder Entziehung der elterlichen Sorge, das Umgangsrecht oder die Herausgabe eines gemeinschaftlichen Kindes der Ehegatten oder das Umgangsrecht eines Ehegatten mit dem Kind des anderen Ehegatten betreffen, wenn ein Ehegatte vor Schluss der mündlichen Verhandlung im ersten Rechtszug in der Scheidungssache die Einbeziehung in den Verbund beantragt, es sei denn, das Gericht hält die Einbeziehung aus Gründen des Kindeswohls nicht für sachgerecht.

(4) Im Fall der Verweisung oder Abgabe werden Verfahren, die die Voraussetzungen der Absätze 2 oder 3 erfüllen, mit Anhängigkeit bei dem Gericht der Scheidungssache zu Folgesachen.

(5) Abgetrennte Folgesachen nach Absatz 2 bleiben Folgesachen; sind mehrere Folgesachen abgetrennt, besteht der Verbund auch unter ihnen fort. Folgesachen nach Absatz 3 werden nach der Abtrennung als selbständige Verfahren fortgeführt.

Abschnitt 2 – § 137

Die Vorschrift entspricht im Hinblick auf die Absätze 1, 3 bis 5 dem Regierungsentwurf; Absatz 2 ist mit der Beschlussempfehlung des Rechtsausschusses geändert worden:

Frühere Fassung RegE:

(2) Folgesachen sind

1. *Versorgungsausgleichssachen,*
2. *Unterhaltssachen, sofern sie die Unterhaltspflicht gegenüber einem gemeinschaftlichen Kind oder die durch Ehe begründete gesetzliche Unterhaltspflicht betreffen mit Ausnahme des vereinfachten Verfahrens über den Unterhalt Minderjähriger,*
3. *Wohnungszuweisungs- und Hausratssachen und*
4. *Güterrechtssachen,*

wenn eine Entscheidung für den Fall der Scheidung zu treffen ist und die Familiensache vor Schluss der mündlichen Verhandlung im ersten Rechtszug in der Scheidungssache von einem Ehegatten anhängig gemacht wird. Für die Durchführung des Versorgungsausgleichs in den Fällen des § 1587b des Bürgerlichen Gesetzbuchs und des § 1 des Gesetzes zur Regelung von Härten im Versorgungsausgleich bedarf es keines Antrags.

Begründung RegE:

Der Entwurf hält an dem Institut des Verbunds von Scheidungssachen und Folgesachen fest und entspricht damit auch einer Forderung des Arbeitskreises 11 des 16. Deutschen Familiengerichtstags (FamRZ 2005, 1962, 1964). Der Verbund dient dem Schutz des wirtschaftlich schwächeren Ehegatten und wirkt übereilten Scheidungsentschlüssen entgegen. Dennoch erscheint die Vornahme gewisser Modifikationen sachgerecht: Diese betreffen im Wesentlichen die Frage, in welchen Fällen Kindschaftssachen in den Verbund einbezogen werden sowie die Abtrennung von Folgesachen.

Absatz 1 Satz 1 enthält erstmals eine Legaldefinition des Begriffs Verbund.

Absatz 2 legt fest, welche Verfahren Folgesachen sein können.

Die in **Satz 1** unter **Nummern 1 bis 4** aufgezählten Gegenstände entsprechen im Grundsatz den im bisherigen § 623 Abs. 1 Satz 1 ZPO genannten. Eine gewisse Erweiterung kann sich bei Unterhaltssachen und Güterrechtssachen ergeben, da hierzu nunmehr auch die jeweiligen Verfahren der freiwilligen Gerichtsbarkeit gehören (vgl. §§ 231 Abs. 2, 261 Abs. 2). Von einer Aufnahme weiterer Familiensachen, wie etwa der sonstigen Familiensachen (vgl. § 266), in den Katalog der möglichen Folgesachen wurde abgesehen, da eine ansonsten denkbare Überfrachtung des Verbundverfahrens zu einer übermäßigen Verzögerung der Scheidung führen könnte.

Die weiteren Voraussetzungen für eine Folgesache, dass eine Entscheidung für den Fall der Scheidung zu treffen ist und dass die Familiensache vor Schluss der mündlichen Verhandlung des ersten Rechtszugs in der Scheidungssache anhängig gemacht wird, entsprechen bis auf geringfügige Veränderungen in der Formulierung dem geltenden Recht.

Dasselbe gilt für **Satz 2,** wonach es für die Durchführung des öffentlich-rechtlichen Versorgungsausgleichs keines Antrags bedarf.

Absatz 3 bestimmt, unter welchen Voraussetzungen Kindschaftssachen Folgesachen sein können. In Betracht kommen Kindschaftssachen, die die Übertragung oder Entziehung der elterlichen Sorge für ein gemeinschaftliches Kind der Ehegatten betreffen.

Die Einbeziehung einer Kindschaftssache in den Verbund erfolgt nur noch, wenn ein Ehegatte dies vor Schluss der mündlichen Verhandlung im ersten Rechtszug in der Scheidungssache beantragt und Gründe des Kindeswohls nicht gegen eine Einbeziehung sprechen. Anders als bisher sollen Kindschaftssachen daher künftig, auch wenn sie gleichzeitig mit der Scheidungssache anhängig sind, nicht mehr kraft Gesetzes in den Verbund aufgenommen werden. Angesichts der bereits heute bestehenden Möglichkeit des bisherigen § 623 Abs. 2 Satz 2 ZPO, wonach jeder Ehegatte verlangen kann, dass die in den Verbund

II. – FamFG – Buch 2 Verfahren in Familiensachen

einbezogene Kindschaftssache wieder abgetrennt wird, ohne dass hierfür besondere Voraussetzungen vorliegen müssten, ist eine Berechtigung für den dargestellten Automatismus bei der Einbeziehung von Kindschaftssachen in den Verbund nicht mehr gegeben.

Absatz 4 stellt klar, dass es Folgesachen nur beim Gericht der Scheidungssache geben kann. Die Regelung legt im Wesentlichen übereinstimmend mit dem bisherigen § 623 Abs. 5 ZPO fest, dass Verfahren, die die Voraussetzungen der Absätze 2 oder 3 erfüllen, erst mit Anhängigkeit beim Gericht der Scheidungssache zu Folgesachen werden. Abweichend von der bisherigen Regelung gilt dies für sämtliche Fälle der Überleitung entsprechender Verfahren.

Absatz 5 Satz 1 legt fest, dass die Eigenschaft als Folgesache für die Verfahren, die die Voraussetzungen des Absatzes 2 erfüllen, auch nach einer Abtrennung fortbesteht. Für die Abtrennung nach dem bisherigen § 623 Abs. 1 Satz 2 ZPO ist dies bislang umstritten, für den Fall des bisherigen § 628 ZPO überwiegend anerkannt. Die Rechtsfolge ist sachgerecht, da die Abtrennung nichts daran ändert, dass, vorbehaltlich etwa einer zulässigen Antragsänderung, eine Entscheidung für den Fall der Scheidung zu treffen ist. Bedeutsam ist das Fortbestehen der Eigenschaft als Folgesache auch nach Abtrennung etwa für die Frage des Anwaltszwangs sowie in kostenrechtlicher Hinsicht.

Bestehen bleibt auch der Verbund unter mehreren dem Absatz 2 unterfallenden Folgesachen. Dies muss nun nicht mehr aus anderen Vorschriften indirekt erschlossen werden, sondern ist dem Normtext selbst zu entnehmen.

Für Folgesachen nach Absatz 3 wird abweichend hiervon in Satz 2 angeordnet, dass sie nach einer Abtrennung stets als selbstständige Familiensachen weitergeführt werden. Diese bislang in § 623 Abs. 2 Satz 4 ZPO enthaltene Anordnung wird nunmehr auf sämtliche Fälle der Abtrennung von Folgesachen nach Absatz 3 erstreckt.

Stellungnahme Bundesrat:
43. **Zu Artikel 1** (§ 137 Abs. 2 Satz 1 FamFG)
In Artikel 1 § 137 Abs. 2 Satz 1 sind die Wörter „vor Schluss" durch die Wörter „spätestens zwei Wochen vor" zu ersetzen.

Begründung:
Scheidungsfolgesachen sollen künftig nicht mehr auch noch in der mündlichen Verhandlung des ersten Rechtszuges anhängig gemacht werden können. In der bisherigen Praxis wird diese Möglichkeit häufig dazu genutzt, Folgesachen zum spätestmöglichen Zeitpunkt (z.B. durch Übergabe eines Schriftsatzes in der mündlichen Verhandlung) anhängig zu machen, um dadurch „Verhandlungsmasse" zu schaffen und taktische Vorteile zu sichern. Da eine Vorbereitung auf die neuen Streitpunkte zumindest für das Gericht nicht mehr möglich ist, müssen Termine kurzfristig verlegt, aufgehoben oder die Verhandlung vertagt werden. Es ist daher eine Regelung einzuführen, nach der die Möglichkeit zur Anhängigmachung von Verbundsachen bereits vor dem Termin endet. Eine Frist von spätestens zwei Wochen vor dem Termin zur mündlichen Verhandlung erscheint dabei angemessen, um der missbräuchlichen Anhängigmachung von Scheidungsfolgesachen entgegenzuwirken.

Gegenäußerung Bundesregierung:
Zu Nummer 43 (Artikel 1 – § 137 Abs. 2 Satz 1 FamFG)
Die Bundesregierung stimmt dem Vorschlag des Bundesrates zu. Sie weist zugleich darauf hin, dass die 2-Wochen-Frist nicht für Kindschaftssachen nach § 137 Abs. 3 FamFG gilt.

Begründung Beschlussempfehlung Rechtsausschuss:
Die geänderte Fassung entspricht der Stellungnahme des Bundesrates, der die Bundesregierung in ihrer Gegenäußerung zugestimmt hat. Zur Begründung wird auf Nummer 43 der Stellungnahme des Bundesrates verwiesen.

§ 138
Beiordnung eines Rechtsanwalts

(1) Ist in einer Scheidungssache der Antragsgegner nicht anwaltlich vertreten, hat das Gericht ihm für die Scheidungssache und eine Kindschaftssache als Folgesache von Amts wegen zur Wahrnehmung seiner Rechte im ersten Rechtszug einen Rechtsanwalt beizuordnen, wenn diese Maßnahme nach der freien Überzeugung des Gerichts zum Schutz des Beteiligten unabweisbar erscheint; § 78c Abs. 1 und 3 der Zivilprozessordnung gilt entsprechend. Vor einer Beiordnung soll der Beteiligte persönlich angehört und dabei auch darauf hingewiesen werden, dass und unter welchen Voraussetzungen Familiensachen gleichzeitig mit der Scheidungssache verhandelt und entschieden werden können.

(2) Der beigeordnete Rechtsanwalt hat die Stellung eines Beistands.

Die Vorschrift entspricht der Fassung des Regierungsentwurfs.

Begründung RegE:
Absatz 1 entspricht im Ausgangspunkt dem bisherigen § 625 Abs. 1 ZPO. Die Beiordnung kann nach **Satz 1** bezüglich der Scheidungssache selbst und einer Kindschaftsfolgesache erfolgen. Es wird damit nicht mehr wie bisher auf einen bestimmten Antrag abgestellt.

Satz 2 enthält zum Inhalt des anlässlich der Anhörung zu erteilenden Hinweises gegenüber dem bisherigen Recht eine Präzisierung.

Absatz 2 entspricht wörtlich dem bisherigen § 625 Abs. 2 ZPO.

§ 139
Einbeziehung weiterer Beteiligter und dritter Personen

(1) Sind außer den Ehegatten weitere Beteiligte vorhanden, werden vorbereitende Schriftsätze, Ausfertigungen oder Abschriften diesen nur insoweit mitgeteilt oder zugestellt, als der Inhalt des Schriftstücks sie betrifft. Dasselbe gilt für die Zustellung von Entscheidungen an dritte Personen, die zur Einlegung von Rechtsmitteln berechtigt sind.

(2) Die weiteren Beteiligten können von der Teilnahme an der mündlichen Verhandlung insoweit ausgeschlossen werden, als die Familiensache, an der sie beteiligt sind, nicht Gegenstand der Verhandlung ist.

Die Vorschrift entspricht der Fassung des Regierungsentwurfs.

Begründung RegE:
Absatz 1 Satz 1, 2 entspricht bis auf geringfügige Veränderungen der Formulierung des bisherigen § 624 Abs. 4 ZPO.

Bislang nicht im Gesetz enthalten ist die in **Absatz 2** vorgesehene Möglichkeit, die weiteren Beteiligten von der Teilnahme an der mündlichen Verhandlung im Verbund insoweit auszuschließen, als nicht über die sie betreffenden Familiensachen verhandelt wird. Auf diese Weise sollen die Ehegatten davor geschützt werden, dass andere Personen aufgrund der Besonderheiten des Verbunds in weitergehendem Umfang, als dies geboten ist, Einblick in die Scheidungssache oder in andere Folgesachen erhalten.

§ 140
Abtrennung

(1) Wird in einer Unterhaltsfolgesache oder Güterrechtsfolgesache außer den Ehegatten eine weitere Person Beteiligter des Verfahrens, ist die Folgesache abzutrennen.

(2) Das Gericht kann eine Folgesache vom Verbund abtrennen. Dies ist nur zulässig, wenn

1. in einer Versorgungsausgleichsfolgesache oder Güterrechtsfolgesache vor der Auflösung der Ehe eine Entscheidung nicht möglich ist,

2. in einer Versorgungsausgleichsfolgesache das Verfahren ausgesetzt ist, weil ein Rechtsstreit über den Bestand oder die Höhe eines Anrechts vor einem anderen Gericht anhängig ist,
3. in einer Kindschaftsfolgesache das Gericht dies aus Gründen des Kindeswohls für sachgerecht hält oder das Verfahren ausgesetzt ist,
4. seit der Rechtshängigkeit des Scheidungsantrags ein Zeitraum von drei Monaten verstrichen ist, beide Ehegatten die erforderlichen Mitwirkungshandlungen in der Versorgungsausgleichsfolgesache vorgenommen haben und beide übereinstimmend deren Abtrennung beantragen oder
5. wenn sich der Scheidungsausspruch so außergewöhnlich verzögern würde, dass ein weiterer Aufschub unter Berücksichtigung der Bedeutung der Folgesache eine unzumutbare Härte darstellen würde, und ein Ehegatte die Abtrennung beantragt.

(3) Im Fall des Absatzes 2 Nr. 3 kann das Gericht auf Antrag eines Ehegatten auch eine Unterhaltsfolgesache abtrennen, wenn dies wegen des Zusammenhangs mit der Kindschaftsfolgesache geboten erscheint.

(4) In den Fällen des Absatzes 2 Nr. 4 und 5 bleibt der vor Ablauf des ersten Jahres seit Eintritt des Getrenntlebens liegende Zeitraum außer Betracht. Dies gilt nicht, sofern die Voraussetzungen des § 1565 Abs. 2 des Bürgerlichen Gesetzbuchs vorliegen.

(5) Der Antrag auf Abtrennung kann zur Niederschrift der Geschäftsstelle oder in der mündlichen Verhandlung zur Niederschrift des Gerichts gestellt werden.

(6) Die Entscheidung erfolgt durch gesonderten Beschluss; sie ist nicht selbständig anfechtbar.

Die Vorschrift entspricht im Hinblick auf die Absätze 1, 3 bis 6 dem Regierungsentwurf; in Absatz 2 ist mit der Beschlussempfehlung des Rechtsausschusses Nr. 4 geändert worden:

Frühere Fassung RegE:
4. seit Rechtshängigkeit des Scheidungsantrags ein Zeitraum von sechs Monaten verstrichen ist, beide Ehegatten die erforderlichen Mitwirkungshandlungen in der Versorgungsausgleichsfolgesache vorgenommen haben und beide übereinstimmend deren Abtrennung beantragen oder

Begründung RegE:
In dieser Vorschrift sind die bislang an verschiedenen Stellen geregelten wesentlichen Möglichkeiten der Abtrennung einer Folgesache zusammengefasst und weitgehend einheitlich ausgestaltet.

Absatz 1 entspricht dem bisherigen § 623 Abs. 1 Satz 2 ZPO. Das Gericht ist in dem genannten Fall zur Abtrennung verpflichtet. Zwar umfassen die Begriffe Unterhaltssache bzw. Güterrechtssache weitere Verfahren, als die im bisherigen § 623 Abs. 1 Satz 2 ZPO in Bezug genommenen, insbesondere solche der freiwilligen Gerichtsbarkeit, jedoch ist in diesen zusätzlichen Verfahren nicht eine Entscheidung für den Fall der Scheidung zu treffen, so dass sie die Kriterien für eine Folgesache nicht erfüllen. Im Ergebnis erfolgt somit keine Erweiterung der betroffenen Verfahren. Die Rechtsfolgen der Abtrennung sind in § 137 Abs. 5 geregelt.

Absatz 2 Satz 1 enthält die grundsätzliche Befugnis des Gerichts, Folgesachen vom Verbund abzutrennen. Es handelt sich hierbei in Übereinstimmung mit dem einleitenden Satzteil des bisherigen § 628 Satz 1 ZPO um eine Kann-Bestimmung.

Satz 2 enthält die Voraussetzungen, die für eine Abtrennung erfüllt sein müssen.

Nummer 1 entspricht dem bisherigen § 628 Satz 1 Nr. 1 ZPO.

Nummer 2 entspricht dem bisherigen § 628 Satz 1 Nr. 2 ZPO; die Verwendung des Begriffs Anrecht anstelle von Versorgung dient der terminologischen Vereinheitlichung.

Durch **Nummer 3** werden die Abtrennungsvoraussetzungen für Kindschaftsfolgesachen gegenüber dem bisherigen Rechtszustand vollständig neu geregelt. Dieser Tatbestand ersetzt die voraussetzungslose Abtrennung auf Antrag eines Ehegatten nach dem bisherigen § 623 Abs. 2 Satz 2 ZPO, die seit Einführung dieser Vorschrift weitgehend bedeutungslos gewordene Regelung des bisherigen § 627 ZPO sowie § 628 Satz 1 Nr. 3 ZPO.

An erster Stelle steht nunmehr die Beschleunigung der Kindschaftsfolgesachen im Interesse des Kindeswohls. Besteht aus diesem Grund das Bedürfnis für eine schnelle Entscheidung, an der das Gericht wegen fehlender Entscheidungsreife eines anderen Verfahrensgegenstands im Verbund gehindert ist, kommt danach eine Abtrennung in Betracht. Maßgeblich sind jedoch in jedem Fall die konkreten Umstände des Einzelfalls. Es sind auch Fälle denkbar, in denen ein durch die fehlende Entscheidungsreife einer anderen Folgesache nötig werdendes Zuwarten mit der Entscheidung in der Kindschaftsfolgesache dem Kindeswohl eher nützt, etwa weil Anzeichen dafür bestehen, dass sich dadurch die Chancen für eine einvernehmliche Regelung verbessern, und der Umgang vorläufig durch eine einstweilige Anordnung geregelt ist.

An zweiter Stelle in Nummer 3 ist das bereits aus dem bisherigen Recht bekannte Kriterium der Aussetzung der Kindschaftsfolgesache genannt.

Nummer 4 enthält erstmals eine erleichterte Abtrennungsmöglichkeit der Folgesache Versorgungsausgleich.

Voraussetzung ist zunächst, dass die Ehegatten in der Versorgungsausgleichssache die erforderlichen Mitwirkungshandlungen vorgenommen haben und übereinstimmend die Abtrennung beantragen. Darüber hinaus muss eine Frist von sechs Monaten abgelaufen sein. Diese beginnt grundsätzlich mit Rechtshängigkeit des Scheidungsantrags, im Fall eines verfrühten Scheidungsantrags nach Maßgabe des Absatzes 4 jedoch erst mit Ablauf des Trennungsjahres. Die Frist von sechs Monaten ermöglicht die Einholung der erforderlichen Auskünfte im Versorgungsausgleich, insbesondere die Klärung des Versicherungskontos der Ehegatten.

Bei regulärem Verlauf kann somit nach sechs Monaten eine noch offene Versorgungsausgleichsfolgesache abgetrennt und damit die Scheidung selbst entscheidungsreif gemacht werden. Gegenüber einer durchschnittlichen Verfahrensdauer von 10,7 Monaten in den durch Scheidungsurteil beendeten Verfahren (Quelle: Statistisches Bundesamt, Fachserie 10 / Reihe 2.2 Rechtspflege – Familiengerichte – 2005 S. 34) ergibt sich damit eine mögliche Verkürzung der Verfahrensdauer um über 40%.

Nummer 5 enthält in modifizierter Form den bisherigen Abtrennungsgrund des § 628 Satz 1 Nr. 4 ZPO. Die Verzögerung muss nicht durch die Erledigung der betreffenden Folgesache im Verbund bedingt sein, es reichen, wenn im Übrigen das Kriterium der unzumutbaren Härte zu bejahen ist, nunmehr auch andere Verzögerungsgründe, wie etwa eine Überlastung des Gerichts, aus. Durch das bei dieser Vorschrift erstmals vorgesehene Antragserfordernis wird eine Abtrennung von Amts wegen ausgeschlossen.

Die weiteren Kriterien, namentlich dass die Verzögerung außergewöhnlich sein muss und dass ein weiterer Aufschub unter Berücksichtigung der Bedeutung der Folgesache eine unzumutbare Härte darstellen würde, sind in demselben Sinn zu verstehen, wie im geltenden Recht (§ 628 Satz 1 Nr. 4 ZPO). Auf die diesbezügliche Rechtsprechung kann also weiterhin zurückgegriffen werden.

Für die Ermittlung der Verfahrensdauer ergibt sich gegenüber dem bisherigen Rechtszustand eine gewisse Veränderung durch die Vorschrift des Absatzes 4.

Absatz 3 enthält die aus dem bisherigen § 623 Abs. 2 Satz 3 ZPO bekannte Möglichkeit, im Fall der Abtrennung einer Kindschaftsfolgesache auch eine Unterhaltsfolgesache abzutrennen. Allerdings wird für diese Möglichkeit der erweiterten Abtrennung das Kriterium des Zusammenhangs der Unterhaltsfolgesache mit der Kindschaftsfolge eingeführt, um eine Abtrennung von Unterhaltsfolgesachen, welche nicht durch den Zweck der Vorschrift gedeckt ist, zu vermeiden. Das Erfordernis des Zusammenhangs wird im Regelfall zu verneinen sein, wenn sich die Entscheidung in der Kindschaftsfolgesache nicht auf die konkrete Unterhaltsfolgesache auswirken kann.

II. – FamFG – Buch 2 Verfahren in Familiensachen

Hinsichtlich der Folgen einer Abtrennung gilt auch in diesem Fall § 137 Abs. 5, wobei für die Unterhaltsfolgesache dessen Satz 1 und für die Kindschaftssache dessen Satz 2 maßgeblich ist.

Absatz 4 Satz 1 bestimmt, dass bei den in Absatz 2 Nr. 4, 5 enthaltenen Zeitkriterien der vor Ablauf des ersten Jahres des Getrenntlebens liegende Zeitraum außer Betracht bleibt. Dies wirkt sich dahingehend aus, dass im Fall des Absatzes 2 Nr. 4 die Frist von sechs Monaten bei einem vorzeitig gestellten Scheidungsantrag nicht ab Rechtshängigkeit des Scheidungsantrags, sondern erst mit Ablauf des ersten Trennungsjahres beginnt. Im Fall des Absatzes 2 Nr. 5 gilt entsprechendes für das Kriterium der außergewöhnlichen Verzögerung. Mit einer verfrühten Einreichung des Scheidungsantrags wird nicht selten die Vorverlagerung des insbesondere für den Versorgungsausgleich und den Zugewinnausgleich maßgeblichen Berechnungsstichtags zum Nachteil des ausgleichsberechtigten anderen Ehegatten bezweckt. Wird der Scheidungsantrag eingereicht, ohne dass die Voraussetzungen für eine Ehescheidung vorliegen, soll der Zeitraum, um den der Antrag zu früh eingereicht wurde, nicht zur Begründung einer verfahrensrechtlichen Privilegierung oder der Voraussetzungen einer Abtrennung wegen unzumutbarer Härte herangezogen werden können.

Satz 2 sieht eine Ausnahme von Satz 1 in den Fällen vor, in denen die Voraussetzungen einer Härtescheidung vorliegen.

Absatz 6 ordnet an, dass die Entscheidung in einem gesonderten Beschluss erfolgt. Sie kann also nicht wie bisher als Teil der Endentscheidung, mit der die Scheidung ausgesprochen wird, ergehen. Dass der Beschluss nicht selbständig anfechtbar ist, ergibt sich bereits aus seinem Charakter als Zwischenentscheidung; es wird gleichwohl zur Klarstellung im Gesetz noch einmal ausdrücklich bestimmt. Die Nichtanfechtbarkeit entspricht für den Fall, dass eine Abtrennung erfolgt, der bisherigen Rechtslage. Für den Fall, dass einem auf Abtrennung gerichteten Antrag nicht entsprochen wird, ist die Frage der Anfechtbarkeit bislang umstritten; ihre Klärung im verneinende Sinne durch die vorliegende Regelung entspricht dem in diesem Entwurf verfolgten Bestreben, die selbständige Anfechtbarkeit von Zwischenentscheidungen einzuschränken.

Stellungnahme Bundesrat:
44. **Zu Artikel 1** (§ 140 Abs. 2 Satz 2 Nr. 4 FamFG)
In Artikel 1 § 140 Abs. 2 Satz 2 Nr. 4 sind die Wörter „seit Rechtshängigkeit des Scheidungsantrags ein Zeitraum von sechs Monaten verstrichen ist," zu streichen.

Begründung:

Die gerichtliche Praxis hält die in § 140 Abs. 2 Satz 2 Nr. 4 FamFG-E vorgesehene Sechsmonatsfrist für überflüssig. Nach der Begründung des Gesetzentwurfs soll die Frist die Einholung der erforderlichen Auskünfte im Versorgungsausgleich, insbesondere die Klärung des Versicherungskontos der Ehegatten ermöglichen. Da die Abtrennung nach dieser Vorschrift auf übereinstimmenden Antrag der Ehegatten jedoch ohnehin erst erfolgen darf, wenn diese auch die erforderlichen Mitwirkungshandlungen in der Versorgungsausgleichsfolgesache vorgenommen haben, steht – sofern diese Voraussetzungen erfüllt sind – auch einer früheren Abtrennung nichts entgegen. Die im Gesetzentwurf der Bundesregierung vorgesehene Sechsmonatsfrist ist demgegenüber geeignet, zu unnötigen Verfahrensverzögerungen zu führen.

Gegenäußerung Bundesregierung:
Zu Nummer 44 (Artikel 1 – § 140 Abs. 2 Satz 2 Nr. 4 FamFG)
Die Bundesregierung wird im weiteren Verlauf dieses Gesetzgebungsverfahrens bzw. im Zusammenhang mit der bevorstehenden Strukturreform des Versorgungsausgleichs prüfen, ob die Sechs-Monats-Frist zur Abtrennung des Versorgungsausgleichs gestrichen werden kann. Die Bundesregierung gibt jedoch zu bedenken, dass bereits die Prüfung der Vollständigkeit der Auskünfte durch das Gericht und nach Weiterleitung durch die Versorgungsträger einen gewissen Zeitraum in Anspruch nehmen wird. Zudem dürfte davon auszugehen sein, dass ohne die Frist ein Antrag auf Abtrennung regelmäßig bereits mit

Einreichung der Auskunftsformulare zum Versorgungsausgleich gestellt werden würde und durch die erforderliche Nachfrage bei den Gerichten ein Mehraufwand entstehen wird. Zudem steht zu befürchten, dass die weitere Mitwirkung in den abgetrennten Versorgungsausgleichssachen leidet und sich die Erledigung deshalb insgesamt verzögert.

Begründung Beschlussempfehlung Rechtsausschuss:
Die Änderung geht zurück auf einen Vorschlag des Bundesrates gemäß Nummer 44 der Stellungnahme. Allerdings ist die dort vorgeschlagene vollständige Streichung des Fristerfordernisses nicht sachgerecht. Denn auch die Prüfung der Auskünfte durch das Gericht nach deren Weiterleitung durch die Versorgungsträger nimmt einen gewissen Zeitraum in Anspruch. Die Herabsetzung der Frist auf drei Monate erscheint angemessen, um vermeidbare Verfahrensverzögerungen nach Vornahme der Mitwirkungshandlungen durch die Ehegatten auszuschließen, zugleich aber eine der Bedeutung der Folgesache Versorgungsausgleich angemessene, sorgfältige Prüfung der Auskünfte durch das Gericht zu ermöglichen.

§ 141
Rücknahme des Scheidungsantrags

Wird ein Scheidungsantrag zurückgenommen, erstrecken sich die Wirkungen der Rücknahme auch auf die Folgesachen. Dies gilt nicht für Folgesachen, die die Übertragung der elterlichen Sorge oder eines Teils der elterlichen Sorge wegen Gefährdung des Kindeswohls auf einen Elternteil, einen Vormund oder Pfleger betreffen, sowie für Folgesachen, hinsichtlich derer ein Beteiligter vor Wirksamwerden der Rücknahme ausdrücklich erklärt hat, sie fortführen zu wollen. Diese werden als selbständige Familiensachen fortgeführt.

Die Vorschrift entspricht im Hinblick auf die Sätze 1 und 3 dem Regierungsentwurf; Satz 2 ist mit der Beschlussempfehlung des Rechtsausschusses geändert worden:

Frühere Fassung RegE:
Dies gilt nicht für Folgesachen nach § 137 Abs. 3 sowie für Folgesachen, hinsichtlich derer ein Beteiligter vor Wirksamwerden der Rücknahme ausdrücklich erklärt hat, sie fortführen zu wollen.

Begründung RegE:
Satz 1 bestimmt, in der Sache übereinstimmend mit dem bisherigen § 626 Abs. 1 Satz 1 ZPO, dass sich die Wirkungen einer Rücknahme des Scheidungsantrags auch auf die Folgesachen erstrecken.

Die kostenrechtlichen Vorschriften des bisherigen § 626 Abs. 1 Satz 2 ZPO sind nunmehr in § 150 enthalten

Satz 2 nimmt von der Wirkung des Satzes 1 zunächst alle Kindschaftsfolgesachen aus. Es kann nicht davon ausgegangen werden, dass das diesbezügliche Regelungsbedürfnis mit einer Rücknahme des Scheidungsantrags in jedem Fall automatisch mit entfällt, vielmehr sollte dies im jeweiligen Einzelfall besonders geprüft werden.

Ausgenommen sind weiter solche Folgesachen, hinsichtlich derer ein Beteiligter vor Wirksamwerden der Rücknahme ausdrücklich erklärt hat, sie fortsetzen zu wollen. Die Rechtsfolge der Fortsetzung tritt somit nicht mehr, wie bislang, durch eine gerichtliche Entscheidung sondern durch eine Erklärung des Beteiligten selbst ein, was einfacher und in der Sache ausreichend ist.

Satz 3 ordnet an, dass die nach Satz 2 fortzusetzenden Verfahren selbständige Familiensachen sind. Dies entspricht dem bisherigen § 626 Abs. 1 Satz 1, Abs. 2 ZPO.

Stellungnahme Bundesrat:

45. **Zu Artikel 1** (§ 141 Satz 2 FamFG)
In Artikel 1 § 141 Satz 2 sind die Wörter „ nach § 137 Abs. 3" durch die Wörter „, die die Übertragung der elterlichen Sorge oder eines Teils der elterlichen Sorge wegen Gefährdung des Kindeswohls auf einen Elternteil, einen Vormund oder einen Pfleger betreffen," zu ersetzen.

II. – FamFG – Buch 2 Verfahren in Familiensachen

Begründung:

Die in § 141 Satz 2 FamFG-E vorgesehene Regelung, wonach Folgesachen im Sinne von § 137 Abs. 3 FamFG-E (das heißt bestimmte Kindschaftssachen) auch bei Rücknahme des Scheidungsantrages fortzuführen sind, ist unbefriedigend weit gefasst. Denn die Rücknahme des Scheidungsantrags beruht in aller Regel auf einer Versöhnung der Ehegatten oder zumindest auf einer Vereinbarung der Ehegatten, die ihr Verhältnis auf einem für sie akzeptablen Niveau festigen soll. Für den somit erzielten Fortschritt im Verhältnis der Eheleute zueinander dürfte es aber abträglich sein, wenn die Kindschaftssache zwingend fortgesetzt würde. Auch für das Verhältnis zwischen dem Kind und seinen Eltern ist die Durchführung der Kindschaftssache in Fällen, in denen sich die Familienverhältnisse wieder zu stabilisieren beginnen, eher von Nachteil als von Vorteil und sollte daher nicht gegen den Willen der Beteiligten erfolgen. Daher sollten auch Kindschaftssachen im Grundsatz nur dann fortgeführt werden, wenn dies ausdrücklich erklärt wird.

§ 141 Satz 2 FamFG-E ist jedoch andererseits insofern zu eng gefasst, als von der Wirkung der Scheidungsantragsrücknahme (§ 141 Satz 1 FamFG-E) nicht solche Kindschaftsfolgesachen ausgenommen werden, die die Übertragung der elterlichen Sorge wegen Kindeswohlgefährdung zum Gegenstand haben. Denn im Fall der Kindeswohlgefährdung sollte – im Interesse des Kindeswohls – die Durchführung des Verfahrens gerade nicht der Disposition der Ehegatten unterliegen. Dementsprechend sind nach derzeit geltender Rechtslage die genannten Kindschaftssachen von der Wirkungserstreckung der Scheidungsantragsrücknahme ausgenommen (§ 626 Abs. 1 Satz 1 ZPO). Diese Rechtslage sollte erhalten bleiben.

Gegenäußerung Bundesregierung:

Zu **Nummer 45** (Artikel 1 – § 141 Satz 2 FamFG)
Die Bundesregierung stimmt dem Vorschlag des Bundesrates zu.

Begründung Beschlussempfehlung Rechtsausschuss:

Die geänderte Fassung entspricht der Stellungnahme des Bundesrates, der die Bundesregierung in ihrer Gegenäußerung zugestimmt hat. Zur Begründung wird auf Nummer 45 der Stellungnahme des Bundesrates verwiesen.

§ 142
Einheitliche Endentscheidung; Abweisung des Scheidungsantrags

(1) Im Fall der Scheidung ist über sämtliche im Verbund stehenden Familiensachen durch einheitlichen Beschluss zu entscheiden. Dies gilt auch, soweit eine Versäumnisentscheidung zu treffen ist.

(2) Wird der Scheidungsantrag abgewiesen, werden die Folgesachen gegenstandslos. Dies gilt nicht für Folgesachen nach § 137 Abs. 3 sowie für Folgesachen, hinsichtlich derer ein Beteiligter vor der Entscheidung ausdrücklich erklärt hat, sie fortführen zu wollen. Diese werden als selbständige Familiensachen fortgeführt.

Die Vorschrift entspricht der Fassung des Regierungsentwurfs.

Begründung RegE:

Absatz 1 Satz 1 enthält die Grundaussage, dass im Fall der Scheidung hierüber und über sämtliche im Verbund stehenden, also nicht abgetrennten Folgesachen durch einheitlichen Beschluss zu entscheiden ist. Vom bisherigen § 629 Abs. 1 ZPO unterscheidet sich diese Vorschrift nicht in ihrer Grundstruktur, jedoch in der Formulierung und in der Berücksichtigung der im vorliegenden Entwurf vorgesehenen einheitlichen Entscheidungsform des Beschlusses.

Satz 2 entspricht dem bisherigen § 629 Abs. 2 Satz 1 ZPO.

Absatz 2 Satz 1 enthält die im ersten Satzteil des bisherigen § 629 Abs. 3 Satz 1 ZPO enthaltene Regelung, wonach im Fall der Abweisung des Scheidungsantrags die Folgesachen gegenstandslos werden.

Satz 2 macht hiervon eine Ausnahme für Kindschaftsfolgesachen sowie für solche Folgesachen, hinsichtlich derer ein Beteiligter vor der Entscheidung ausdrücklich erklärt hat, sie fortsetzen zu wollen. Die Rechtsfolge tritt auch hier nicht mehr, wie dies bislang in § 629 Abs. 3 ZPO vorgesehen ist, durch eine gerichtliche Entscheidung, sondern durch eine Erklärung des Beteiligten selbst ein.

Dass sämtliche bisherigen Folgesachen, die nach Satz 2 trotz Abweisung des Scheidungsantrags fortzusetzen sind, daraufhin zu selbstständigen Familiensachen werden, ist in Satz 3 ausdrücklich angeordnet. Bislang ergibt sich dies aus der im bisherigen § 629 Abs. 3 Satz 3 ZPO enthaltenen Verweisung.

§ 143
Einspruch

Wird im Fall des § 142 Abs. 1 Satz 2 gegen die Versäumnisentscheidung Einspruch und gegen den Beschluss im Übrigen ein Rechtsmittel eingelegt, ist zunächst über den Einspruch und die Versäumnisentscheidung zu verhandeln und zu entscheiden.

Die Vorschrift entspricht der Fassung des Regierungsentwurfs.

Begründung RegE:
Die Regelung entspricht inhaltlich dem bisherigen § 629 Abs. 2 Satz 2 ZPO.

§ 144
Verzicht auf Anschlussrechtsmittel

Haben die Ehegatten auf Rechtsmittel gegen den Scheidungsausspruch verzichtet, können sie auch auf dessen Anfechtung im Wege der Anschließung an ein Rechtsmittel in einer Folgesache verzichten, bevor ein solches Rechtsmittel eingelegt ist.

Die Vorschrift entspricht der Fassung des Regierungsentwurfs.

Begründung RegE:
Die Regelung entspricht inhaltlich dem bisherigen § 629a Abs. 4 ZPO.

§ 145
Befristung von Rechtsmittelerweiterung und Anschlussrechtsmittel

(1) Ist eine nach § 142 einheitlich ergangene Entscheidung teilweise durch Beschwerde oder Rechtsbeschwerde angefochten worden, können Teile der einheitlichen Entscheidung, die eine andere Familiensache betreffen, durch Erweiterung des Rechtsmittels oder im Wege der Anschließung an das Rechtsmittel nur noch bis zum Ablauf eines Monats nach Zustellung der Rechtsmittelbegründung angefochten werden; bei mehreren Zustellungen ist die letzte maßgeblich.

(2) Erfolgt innerhalb dieser Frist eine solche Erweiterung des Rechtsmittels oder Anschließung an das Rechtsmittel, so verlängert sich die Frist um einen weiteren Monat. Im Fall einer erneuten Erweiterung des Rechtsmittels oder Anschließung an das Rechtsmittel innerhalb der verlängerten Frist gilt Satz 1 entsprechend.

Die Vorschrift entspricht der Fassung des Regierungsentwurfs.

Begründung RegE:
Die Vorschrift enthält den Regelungsgegenstand des bisherigen § 629a Abs. 3 ZPO. Mit der Überarbeitung der Formulierung soll – ohne Veränderung des sachlichen Gehalts – eine Anpassung an die Kategorien des allgemeinen Rechtsmittelrechts bewirkt und die Verständlichkeit der Vorschrift erhöht werden.

Absatz 1 entspricht im Wesentlichen dem bisherigen § 629a Abs. 3 Satz 1 ZPO. Um eine bessere begriffliche Abgrenzung von den verfahrensrechtlichen Regelungen über die Abänderung einer Entscheidung durch das Gericht außerhalb eines Rechtsmittelverfahrens zu erreichen, wird nun ausdrücklich von Erweiterung des Rechtsmittels und Anschließung an das Rechtsmittel gesprochen.

Absatz 2 Satz 1 entspricht dem bisherigen § 629a Abs. 3 Satz 2 ZPO.

Satz 2 enthält die Regelung des bisherigen § 629a Abs. 3 Satz 3 ZPO.

§ 146
Zurückverweisung

(1) Wird eine Entscheidung aufgehoben, durch die der Scheidungsantrag abgewiesen wurde, soll das Rechtsmittelgericht die Sache an das Gericht zurückverweisen, das die Abweisung ausgesprochen hat, wenn dort eine Folgesache zur Entscheidung ansteht. Das Gericht hat die rechtliche Beurteilung, die der Aufhebung zugrunde gelegt wurde, auch seiner Entscheidung zugrunde zu legen.

(2) Das Gericht, an das die Sache zurückverwiesen wurde, kann, wenn gegen die Aufhebungsentscheidung Rechtsbeschwerde eingelegt wird, auf Antrag anordnen, dass über die Folgesachen verhandelt wird.

Die Vorschrift entspricht der Fassung des Regierungsentwurfs.

Begründung RegE:

In **Absatz 1 Satz 1** wird grundsätzlich die Regelung des bisherigen § 629b Abs. 1 Satz 1 ZPO übernommen. Der wesentliche Unterschied liegt darin, dass die bislang zwingende Anordnung der Zurückverweisung nunmehr als Sollvorschrift ausgestaltet ist.

Danach bleibt es, wenn eine Entscheidung, durch die der Scheidungsantrag abgewiesen wurde, aufgehoben wird, zwar im Regelfall dabei, dass die Sache zur Wiederherstellung des Verbunds zurückzuverweisen ist, sofern bei dem Gericht, das die Abweisung ausgesprochen hat, noch eine Folgesache zur Entscheidung ansteht.

Das Gericht kann jedoch nunmehr in begründeten Ausnahmefällen von einer Zurückverweisung auch absehen. Denkbar ist beispielsweise der Fall, dass die anstehende Folgesache durch Abtrennung vom Verbund ohnehin bereits gelöst war oder dass die Folgesache durch eine Vereinbarung oder in sonstiger Weise ohne größeren Verfahrensaufwand vor dem Rechtsmittelgericht zum Abschluss gebracht werden kann. Ein Absehen von der Zurückverweisung wird in der Regel nicht in Betracht kommen, wenn ein Beteiligter auf der Zurückverweisung besteht.

Die Möglichkeit, in Ausnahmefällen von einer Zurückverweisung abzusehen, entspricht einem Bedürfnis der Praxis. Auf diese Weise kann in geeigneten Fällen das Verfahren zeitnah zum Abschluss gebracht werden.

Satz 2 entspricht dem bisherigen § 629b Abs. 1 Satz 2 ZPO.

Absatz 2 entspricht dem bisherigen § 629b Abs. 2 ZPO.

§ 147
Erweiterte Aufhebung

Wird eine Entscheidung auf Rechtsbeschwerde teilweise aufgehoben, kann das Rechtsbeschwerdegericht auf Antrag eines Beteiligten die Entscheidung auch insoweit aufheben und die Sache zur anderweitigen Verhandlung und Entscheidung an das Beschwerdegericht zurückverweisen, als dies wegen des Zusammenhangs mit der aufgehobenen Entscheidung geboten erscheint. Eine Aufhebung des Scheidungsausspruchs kann nur innerhalb eines Monats nach Zustellung der Rechtsmittelbegründung oder des Beschlusses über die Zulassung der Rechtsbeschwerde, bei mehreren Zustellungen bis zum Ablauf eines Monats nach der letzten Zustellung, beantragt werden.

Die Vorschrift entspricht der Fassung des Regierungsentwurfs.

Begründung RegE:

Die Vorschrift entspricht inhaltlich dem bisherigen § 629c ZPO.

§ 148
Wirksamwerden von Entscheidungen in Folgesachen

Vor Rechtskraft des Scheidungsausspruchs werden die Entscheidungen in Folgesachen nicht wirksam.

Die Vorschrift entspricht der Fassung des Regierungsentwurfs.

Begründung RegE:
Die Vorschrift entspricht dem bisherigen § 629d ZPO.

§ 149
Erstreckung der Bewilligung von Prozesskostenhilfe

Die Bewilligung der Prozesskostenhilfe für die Scheidungssache erstreckt sich auf eine Versorgungsausgleichsfolgesache, sofern nicht eine Erstreckung ausdrücklich ausgeschlossen wird.

Die Vorschrift entspricht der Fassung des Regierungsentwurfs.

Begründung RegE:
Die Vorschrift entspricht inhaltlich dem bisherigen § 624 Abs. 2 ZPO.

§ 150
Kosten in Scheidungssachen und Folgesachen

(1) Wird die Scheidung der Ehe ausgesprochen, sind die Kosten der Scheidungssache und der Folgesachen gegeneinander aufzuheben.

(2) Wird der Scheidungsantrag abgewiesen oder zurückgenommen, trägt der Antragsteller die Kosten der Scheidungssache und der Folgesachen. Werden Scheidungsanträge beider Ehegatten zurückgenommen oder abgewiesen oder ist das Verfahren in der Hauptsache erledigt, sind die Kosten der Scheidungssache und der Folgesachen gegeneinander aufzuheben.

(3) Sind in einer Folgesache, die nicht nach § 140 Abs. 1 abzutrennen ist, außer den Ehegatten weitere Beteiligte vorhanden, tragen diese ihre außergerichtlichen Kosten selbst.

(4) Erscheint in den Fällen der Absätze 1 bis 3 die Kostenverteilung insbesondere im Hinblick auf eine Versöhnung der Ehegatten oder auf das Ergebnis einer als Folgesache geführten Unterhaltssache oder Güterrechtssache als unbillig, kann das Gericht die Kosten nach billigem Ermessen anderweitig verteilen. Es kann dabei auch berücksichtigen, ob ein Beteiligter einer richterlichen Anordnung zur Teilnahme an einem Informationsgespräch nach § 135 Abs. 1 nicht nachgekommen ist, sofern der Beteiligte dies nicht genügend entschuldigt hat. Haben die Beteiligten eine Vereinbarung über die Kosten getroffen, soll das Gericht sie ganz oder teilweise der Entscheidung zugrunde legen.

(5) Die Vorschriften der Absätze 1 bis 4 gelten auch hinsichtlich der Folgesachen, über die infolge einer Abtrennung gesondert zu entscheiden ist. Werden Folgesachen als selbständige Familiensachen fortgeführt, sind die hierfür jeweils geltenden Kostenvorschriften anzuwenden.

Die Vorschrift entspricht der Fassung des Regierungsentwurfs.

Begründung RegE:
Die Vorschrift regelt die Kostentragung in Scheidungssachen und Folgesachen. Sie geht als Spezialregelung den allgemeinen Bestimmungen, wie etwa § 243, vor.

Absatz 1 enthält den Grundsatz der Kostenaufhebung im Fall der Scheidung und entspricht damit inhaltlich im Wesentlichen dem bisherigen § 93a Abs. 1 Satz 1 ZPO.

Absatz 2 enthält erstmals eine umfassende Regelung zur Kostenverteilung für den Fall der sonstigen Beendigung des Verfahrens.

Satz 1 bestimmt die Kostentragung des Antragstellers bei Abweisung oder Rücknahme des Scheidungsantrags.

Satz 2 nennt Abweisung oder Zurücknahme der Scheidungsanträge beider Ehegatten oder die Erledigung des Verfahrens in der Hauptsache als Fälle der Kostenaufhebung.

Absatz 3 stellt klar, dass Drittbeteiligte ihre außergerichtlichen Kosten grundsätzlich selbst tragen. Das Gericht kann jedoch nach Absatz 4 eine abweichende Bestimmung treffen.

Absatz 4 Satz 1 enthält die Möglichkeit, für den Fall dass die Kostenverteilung nach den Absätzen 1 bis 3 unbillig wäre, die Kosten nach billigem Ermessen anderweitig zu verteilen. Im Vergleich zum bisherigen § 93a Abs. 1 Satz 2 ZPO entfällt dabei der dort in Nr. 1 genannte Gesichtspunkt der unverhältnismäßigen Beeinträchtigung der Lebensführung, der nur selten praktisch relevant wird. Demgegenüber ist der Aspekt einer Versöhnung der Ehegatten zusätzlich aufgenommen.

Satz 2 regelt die Möglichkeit des Gerichts, auf eine Weigerung eines Beteiligten, an einem nach § 135 Abs. 1 angeordneten Informationsgespräch teilzunehmen, im Rahmen der Kostengrundentscheidung zu reagieren.

Satz 3 liegt die Regelung des bisherigen § 93a Abs. 1 Satz 3 ZPO zugrunde. Die Ausgestaltung als Soll-Vorschrift berücksichtigt eine Vereinbarung der Beteiligten über die Verfahrenskosten stärker als bisher.

Absatz 5 Satz 1 stellt klar, dass Absätze 1 bis 4 hinsichtlich der Folgesachen auch dann gelten, wenn diese abgetrennt wurden.

Satz 2 behandelt den Fall, dass ein Verfahren, das ursprünglich Folgesache war, als selbständige Familiensache fortgeführt wird. Im Gegensatz zur Regelung des vorhergehenden Satzes 1 finden in einem solchen Fall die für eine Familiensache dieser Art allgemein geltenden kostenrechtlichen Vorschriften Anwendung.

Abschnitt 3
Verfahren in Kindschaftssachen

§ 151
Kindschaftssachen

Kindschaftssachen sind die dem Familiengericht zugewiesenen Verfahren, die

1. die elterliche Sorge,
2. das Umgangsrecht,
3. die Kindesherausgabe,
4. die Vormundschaft,
5. die Pflegschaft oder die gerichtliche Bestellung eines sonstigen Vertreters für einen Minderjährigen oder für eine Leibesfrucht,
6. die Genehmigung der freiheitsentziehenden Unterbringung eines Minderjährigen (§§ 1631b, 1800 und 1915 des Bürgerlichen Gesetzbuchs),
7. die Anordnung der freiheitsentziehenden Unterbringung eines Minderjährigen nach den Landesgesetzen über die Unterbringung psychisch Kranker oder
8. die Aufgaben nach dem Jugendgerichtsgesetz

    betreffen.

Die Vorschrift entspricht der Fassung des Regierungsentwurfs.

Begründung RegE:

Die Vorschrift fasst die im bisherigen § 621 Abs. 1 Nr. 1 bis 3 ZPO und teilweise auch die dort unter Nr. 12 genannten Familiensachen sowie weitere bislang überwiegend dem Vormundschaftsgericht zugewiesene Gegenstände unter einer einheitlichen Bezeichnung zusammen.

Zugleich wird der Begriff der Kindschaftssachen neu definiert. Er wird derzeit noch für die in § 640 Abs. 2 ZPO aufgezählten Verfahren, die überwiegend das Abstammungsrecht betreffen, verwendet. Künftig soll er die im vorliegenden Paragrafen aufgezählten Gegenstände umfassen. Diese betreffen im Wesentlichen die Verantwortung für die Person oder das Vermögen eines Minderjährigen oder dessen Vertretung. Durch den Begriff Kindschaftssachen soll der für die überwiegende Zahl der davon umfassten Einzelverfahren gemeinsame Gesichtspunkt, dass das Kind im Zentrum des Verfahrens steht, hervorgehoben werden. Dass damit einem anderweitig besetzten Gesetzesbegriff ein neuer Inhalt gegeben wird, dürfte zu keinen nennenswerten Problemen führen, zumal ein entsprechender Bedeutungswandel des Begriffs in der Praxis bereits heute zu beobachten ist.

Eine wesentliche Neuerung des vorliegenden Entwurfs liegt in der Abschaffung des Vormundschaftsgerichts. Die bisherigen vormundschaftsgerichtlichen Zuständigkeiten aus dem Bereich Betreuung und Unterbringung sollen künftig von dem Betreuungsgericht, das vorbehaltlich spezieller Regelungen, etwa für einzelne Bundesländer, ebenfalls eine Abteilung des Amtsgerichts ist, wahrgenommen werden. Die danach noch verbleibenden Aufgaben sind mit denen des Familiengerichts weitgehend vergleichbar. Beispielsweise sind die Genehmigungstatbestände aus dem Recht der Vormundschaft nach § 1643 BGB zu einem erheblichen Teil auch durch das Familiengericht anzuwenden. Zudem ist die Einrichtung einer Vormundschaft nicht selten Folge einer familiengerichtlichen Entscheidung zur elterlichen Sorge. Es besteht also zwischen beiden Bereichen ein so enger Zusammenhang, dass es sachgerecht erscheint, den bestehenden Dualismus aufzugeben. Dies ermöglicht Vereinfachungen und Vereinheitlichungen bei den Verfahrensvorschriften. Die Problematik der Zuständigkeitsabgrenzung zwischen Familiengericht und Vormundschaftsgericht wird beseitigt.

Nummer 1 erfasst alle Verfahren, die die Bestimmung der Person, der Rechte oder Pflichten des Sorgeberechtigten betreffen. Auch Verfahrensgegenstände, die mit einer solchen Regelung aus sachlichen oder verfahrensrechtlichen Gründen in Zusammenhang stehen, sind mit umfasst.

Sind zugleich auch die Voraussetzungen einer nachfolgenden Nummer erfüllt, so geht letztere als speziellere Vorschrift vor.

Daraus ergibt sich, dass die bisher von § 621 Abs. 1 Nr. 1 ZPO umfassten Verfahren unverändert Kindschaftssachen bleiben. Darüber hinaus erfüllen aber auch noch weitere, bislang anderweitig zugeordnete Verfahrensgegenstände die genannten Kriterien und werden daher ebenfalls von Nummer 1 umfasst:

Zu nennen sind hierbei Verfahren, die die Feststellung des Bestehens oder Nichtbestehens der elterlichen Sorge eines Beteiligten für den anderen zum Gegenstand haben (vgl. den bisherigen § 640 Abs. 2 Nr. 3 ZPO); diese sind nach dem vorliegenden Entwurf keine Abstammungssachen mehr (vgl. § 169).

Entsprechendes gilt für die bislang vom Vormundschaftsgericht und künftig vom Familiengericht zu treffenden Entscheidungen nach § 112 BGB, §§ 2 Abs. 3, 3 Abs. 2 und § 7 RelKErzG, § 2 Abs. 1 NamÄndG, § 16 Abs. 3 VerschG und zahlreichen anderen spezialgesetzlichen Vorschriften, soweit der Minderjährige unter elterlicher Sorge steht.

Unter dieser Voraussetzung sind auch Verfahren nach §§ 1303 Abs. 2 bis 4, 1315 Abs. 1 Satz 1 Nr. 1 BGB Kindschaftssachen nach Nummer 1.

Nummer 2 entspricht dem bisherigen § 621 Abs. 1 Nr. 2 ZPO.

Nummer 3 entspricht dem bisherigen § 621 Abs. 1 Nr. 3 ZPO.

Nummer 4 umfasst sämtliche Verfahren, die die Bestimmung der Person oder der Rechte oder Pflichten des Vormunds betreffen. Insbesondere sind zu nennen die Anordnung und Aufhebung der Vormundschaft, die Auswahl und Bestellung des Vormunds, die Genehmigungen des Vormundschaftsrechts, die Aufsicht über die Tätigkeit des Vormunds und Entscheidungen über die Vergütung.

II. – FamFG – Buch 2 Verfahren in Familiensachen

Erfasst sind nach dem genannten Kriterium aber zudem die bislang vom Vormundschaftsgericht und künftig vom Familiengericht zu treffenden Entscheidungen nach §§ 112, 113 Abs. 3 BGB, §§ 2 Abs. 3, 3 Abs. 2 und § 7 des Gesetzes über die religiöse Kindererziehung (RelKErzG), § 56 SGB VIII, § 2 Abs. 1 des Namensänderungsgesetzes (NamÄndG), § 16 Abs. 3 des Verschollenheitsgesetzes (VerschG), und zahlreichen anderen spezialgesetzlichen Vorschriften, soweit der Minderjährige unter Vormundschaft steht.

Unter dieser Voraussetzung sind auch Verfahren nach §§ 1303 Abs. 2 bis 4, 1315 Abs. 1 Satz 1 Nr. 1 BGB Kindschaftssachen nach Nummer 4.

Nach **Nummer 5** sind Kindschaftssachen auch die dem Familiengericht zugewiesenen Verfahren, welche die Pflegschaft oder die Bestellung eines sonstigen Vertreters für eine minderjährige Person oder für eine Leibesfrucht betreffen. Auch diese Zuweisungsnorm ist im umfassenden Sinne zu verstehen, so dass sämtliche Entscheidungen, die sich auf die Bestimmung der Person des Pflegers oder Vertreters sowie auf dessen Rechte oder Pflichten beziehen, erfasst sind. Als Pflegschaft für eine minderjährige Person kommt in erster Linie die Ergänzungspflegschaft (§ 1909 BGB) in Betracht, es sind aber auch weitere Fälle denkbar. Die Bestellung eines Vertreters ist insbesondere in Spezialregelungen außerhalb des BGB vorgesehen; es kann sich dabei auch die Situation ergeben, dass der Vertretene minderjährig ist. Die Pflegschaft für eine Leibesfrucht ist in § 1912 BGB geregelt.

Nach **Nummern 6 und 7** sind Verfahren, die die Unterbringung Minderjähriger betreffen, ebenfalls Kindschaftssachen. Nach § 167 hat das Familiengericht in diesen Angelegenheiten die für das Verfahren in Unterbringungssachen geltenden Vorschriften anzuwenden.

Nummer 6 nennt die Fälle des bisherigen § 70 Abs. 1 Nr. 1 a) FGG. Es handelt sich um die Genehmigung der mit einer Freiheitsentziehung verbundenen Unterbringung eines Kindes, etwa nach § 1631b BGB.

Nummer 7 erfasst die freiheitsentziehende Unterbringung Minderjähriger, soweit in den Landesgesetzen über die Unterbringung psychisch Kranker eine solche vorgesehen ist. Es handelt sich um einen Ausschnitt der bisher in § 70 Abs. 1 Nr. 3 FGG geregelten Fälle.

Nummer 8 erklärt die aufgrund des Jugendgerichtsgesetzes dem Familiengericht obliegenden Aufgaben zu Kindschaftssachen. Zu nennen ist insbesondere die Festsetzung von Erziehungsmaßregeln (§ 9 des Jugendgerichtsgesetzes [JGG]) durch das Familiengericht (vgl. §§ 53, 104 Abs. 4 JGG) als Rechtsfolge einer Straftat des Jugendlichen. In Betracht kommen beispielsweise auch Entscheidungen nach § 67 Abs. 4 Satz 3 JGG, wonach dem Erziehungsberechtigten oder dem gesetzlichen Vertreter nach dem Entzug ihrer Verfahrensrechte ein Pfleger zu bestellen ist.

§ 152
Örtliche Zuständigkeit

(1) Während der Anhängigkeit einer Ehesache ist unter den deutschen Gerichten das Gericht, bei dem die Ehesache im ersten Rechtszug anhängig ist oder war, ausschließlich zuständig für Kindschaftssachen, sofern sie gemeinschaftliche Kinder der Ehegatten betreffen.

(2) Ansonsten ist das Gericht zuständig, in dessen Bezirk das Kind seinen gewöhnlichen Aufenthalt hat.

(3) Ist die Zuständigkeit eines deutschen Gerichts nach Absatz 1 und 2 nicht gegeben, ist das Gericht zuständig, in dessen Bezirk das Bedürfnis der Fürsorge bekannt wird.

(4) Für die in den §§ 1693 und 1846 des Bürgerlichen Gesetzbuchs und in Artikel 24 Abs. 3 des Einführungsgesetzes zum Bürgerlichen Gesetzbuch bezeichneten Maßnahmen ist auch das Gericht zuständig, in dessen Bezirk das Bedürfnis der Fürsorge bekannt wird. Es soll die angeordneten Maßnahmen dem Gericht mitteilen, bei dem eine Vormundschaft oder Pflegschaft anhängig ist.

Die Vorschrift entspricht der Fassung des Regierungsentwurfs.

Begründung RegE:
Die Vorschrift regelt die örtliche Zuständigkeit für Verfahren in Kindschaftssachen in wesentlichen Punkten neu. An die Stelle der zahlreichen Einzelbestimmungen insbesondere des FGG tritt nunmehr ein übersichtlich gegliederter Paragraf. Die Regelung beschränkt sich auf die drei Anknüpfungspunkte Anhängigkeit der Ehesache, gewöhnlicher Aufenthalt des Kindes und Fürsorgebedürfnis. Auf eine Übernahme weiterer Sonderregelungen zur Zuständigkeit kann angesichts des weit auszulegenden Auffangkriteriums des Fürsorgebedürfnisses verzichtet werden. Im Übrigen kann durch eine Abgabe weiteren, nicht ausdrücklich im Normtext enthaltenen Gesichtspunkten Rechnung getragen werden. So kann der dem bisherigen § 36 Abs. 1 Satz 2 FGG zugrunde liegenden Problematik durch eine Abgabe aus wichtigem Grund nach § 4 begegnet werden.

Der für die Feststellung der örtlichen Zuständigkeit maßgebliche Zeitpunkt bestimmt sich danach, wann das Gericht mit der Sache befasst wurde. In Antragsverfahren ist dies der Fall, wenn ein Antrag mit dem Ziel der Erledigung durch dieses Gericht eingegangen ist. In Amtsverfahren ist ein Gericht mit einer Sache befasst, wenn es amtlich von Tatsachen Kenntnis erlangt, die Anlass zu gerichtlichen Maßnahmen sein können (vgl. Keidel/Kuntze/Winkler-Sternal, Freiwillige Gerichtsbarkeit, 15. Aufl. 2003, Rn. 40 f. zu § 5).

Absatz 1 verwirklicht, wie bisher § 621 Abs. 2 Satz 1 Nr. 1 bis 3 ZPO, die Zuständigkeitskonzentration beim Gericht der Ehesache. Die Vorschrift umfasst alle Kindschaftssachen, die gemeinschaftliche Kinder der Ehegatten betreffen, und damit weitere Verfahren, als die genannten Vorschriften der ZPO.

Der Kreis der von der Zuständigkeitskonzentration erfassten Verfahren ist mit dem der Verfahren, die als Folgesachen in den Verbund einbezogen werden können (Verfahrenskonzentration, vgl. § 137 Abs. 3), wie bereits im bisherigen Recht, nicht identisch.

Absatz 2 stellt auf den gewöhnlichen Aufenthalt des Kindes ab. Soweit eine Ehesache nicht anhängig ist, ist dieser das zentrale Anknüpfungskriterium für die Zuständigkeit. Dieses Kriterium wird nach dem vorliegenden Entwurf nicht mehr durch eine Vielzahl von Spezialregelungen relativiert. Auch auf den zahlreiche normative Elemente enthaltenden Begriff des Wohnsitzes wird, im Gegensatz zum bisherigen § 36 Abs. 1 Satz 1 FGG, nicht mehr abgestellt. Wegen der Definition des gewöhnlichen Aufenthalts wird auf die Begründung zu § 122 verwiesen.

Ist danach die Zuständigkeit eines deutschen Gerichts nicht gegeben, ist nach **Absatz 3** das Gericht zuständig, in dessen Bezirk das Bedürfnis der Fürsorge hervortritt. Die Zuständigkeit ist aufgrund dieses Kriteriums zu bestimmen, wenn sich der Aufenthalt des Kindes noch nicht zu einem gewöhnlichen Aufenthalt verdichtet hat oder wenn ein solcher nicht feststellbar ist oder im Ausland liegt. Aber auch wenn das Kind noch nicht geboren ist, ist auf Satz 2 zurückzugreifen.

Absatz 4 Satz 1 entspricht dem bisherigen § 44 Satz 1 FGG. Maßnahmen nach den dort genannten Vorschriften erfordern oftmals ein schnelles Handeln des Gerichts, weshalb es weiterhin sachgerecht ist, eine entsprechende zusätzliche Zuständigkeit vorzusehen.

Satz 2 entspricht inhaltlich dem bisherigen § 44 Satz 2 FGG.

Stellungnahme Bundesrat:
46. **Zu Artikel 1** (§ 152 Abs. 2 Satz 2 – neu – FamFG)
Dem Artikel 1 § 152 Abs. 2 ist folgender Satz anzufügen:

„Werden Kindschaftssachen für Geschwister bei verschiedenen Gerichten anhängig, sind die Kindschaftssachen für die älteren Geschwister von Amts wegen an das Gericht abzugeben, bei dem die Kindschaftssache für das jüngste der Geschwister anhängig ist."

Begründung:
Bisher besteht in Kindschaftssachen für Geschwisterkinder eine einheitliche Zuständigkeitsregelung in § 36 Abs. 1 Satz 2 i.V.m. § 64 Abs. 1, § 43 Abs. 1 FGG. In der Neuregelung der örtlichen Zuständigkeit (§ 152 FamFG-E) wird diese sinnvolle Regelung nicht übernommen.

II. – FamFG – Buch 2 Verfahren in Familiensachen

Gerade in Kindschaftssachen ist eine einheitliche örtliche Zuständigkeit für alle Geschwisterkinder aber erstrebenswert, um die Interessen der Kinder untereinander zu berücksichtigen und eine einheitliche Entscheidung treffen zu können.

Gegenäußerung Bundesregierung:
Zu Nummer 46 (Artikel 1 – § 152 Abs. 2 Satz 2 – neu – FamFG)
Die Bundesregierung stimmt dem Vorschlag des Bundesrates in der vorliegenden Fassung nicht zu, wird aber im weiteren Verlauf des Gesetzgebungsverfahrens Alternativen prüfen, die das vom Bundesrat verfolgte Regelungsziel in anderer Weise sicherstellen und zugleich den Besonderheiten des Einzelfalls gerecht werden.

Die Bundesregierung gibt zu bedenken, dass die vorgeschlagene automatische Konzentration beim Gericht, bei dem die Kindschaftssache des jüngsten Kinds anhängig ist, nicht allen Fallkonstellationen gerecht werden kann. Wird beispielsweise ein Umgangsverfahren für ein Kind bei einem Gericht anhängig, während bei einem anderen Gericht in einem Umgangsverfahren für ein älteres Geschwisterkind bereits eine einstweilige Anordnung ergangen ist, wird es oftmals nicht sachgerecht sein, dieses Verfahren abzugeben. In diesem Fall erscheint – entsprechend der bisherigen Regelung in § 36 Abs. 1 Satz 2 FGG – eine Abgabe des neueren Verfahrens gemäß § 4 FamFG sachgerecht.

Die Bundesregierung wird in diesem Zusammenhang prüfen, ob eine Übernahme der Regelung des bisherigen § 36 Abs. 1 Satz 2 FGG unter dem Gesichtspunkt erforderlich ist, dass der Abgabe über die Wirkung des § 4 FamFG hinaus eine bindende Wirkung zukommt.

§ 153
Abgabe an das Gericht der Ehesache

Wird eine Ehesache rechtshängig, während eine Kindschaftssache, die ein gemeinschaftliches Kind der Ehegatten betrifft, bei einem anderen Gericht im ersten Rechtszug anhängig ist, ist diese von Amts wegen an das Gericht der Ehesache abzugeben. § 281 Abs. 2 und 3 Satz 1 der Zivilprozessordnung gilt entsprechend.

Die Vorschrift entspricht der Fassung des Regierungsentwurfs.

Begründung RegE:
Die Vorschrift entspricht im Wesentlichen dem bisherigen § 621 Abs. 3 ZPO. Sie findet wegen des weiter gefassten Begriffs der Kindschaftssachen aber künftig auf zusätzliche Verfahren Anwendung und umfasst alle Kindschaftssachen nach § 151, die ein gemeinschaftliches Kind der Ehegatten betreffen.

§ 154
Verweisung bei einseitiger Änderung des Aufenthalts des Kindes

Das nach § 152 Abs. 2 zuständige Gericht kann ein Verfahren an das Gericht des früheren gewöhnlichen Aufenthaltsorts des Kindes verweisen, wenn ein Elternteil den Aufenthalt des Kindes ohne vorherige Zustimmung des anderen geändert hat. Dies gilt nicht, wenn dem anderen Elternteil das Recht der Aufenthaltsbestimmung nicht zusteht oder die Änderung des Aufenthaltsorts zum Schutz des Kindes oder des betreuenden Elternteils erforderlich war.

Die Vorschrift ist mit der Beschlussempfehlung des Rechtsausschusses geändert worden:

Frühere Fassung RegE:
§ 154 *Abgabe* **bei einseitiger Änderung des Aufenthalts des Kindes**
Das nach § 152 Abs. 2 zuständige Gericht kann ein Verfahren an das Gericht des früheren gewöhnlichen Aufenthaltsorts des Kindes abgeben, wenn ein Elternteil den Aufenthalt des Kindes ohne vorherige Zustimmung des anderen geändert hat. Dies gilt nicht, wenn dem anderen Elternteil das Recht der Aufenthaltsbestimmung nicht zusteht.

Begründung RegE:

Die Vorschrift begründet eine Befugnis zur Abgabe einer Kindschaftssache an das Gericht des früheren gewöhnlichen Aufenthalts bei eigenmächtiger Änderung des Aufenthalts des Kindes. Die Vorschrift reagiert damit auf die häufig zu beobachtende Praxis, dass in Konfliktsituationen, die zur Trennung und zum Auszug eines Elternteils führen, beide Partner zu einseitigen Handlungsweisen zum Nachteil des anderen Partners neigen. Hierzu gehört auch der ohne Zustimmung des anderen Elternteils erfolgende Wegzug des betreuenden Elternteils mit dem gemeinsamen Kind. Diese Verhaltensweise erschwert die anschließenden Bemühungen um eine vernünftige Lösung des Konflikts im Interesse des Kindes wegen der plötzlichen räumlichen Distanz zwischen Kind und Umgangsberechtigtem außerordentlich. Sofern diese Verfahrensweise nicht im Ausnahmefall – etwa wegen Gewalt und Drohungen gegen den Ehegatten – gerechtfertigt ist, soll sie dem betreuenden Elternteil nicht auch noch den Vorteil des ortsnahen Gerichts verschaffen.

Ein Elternteil kann nach einem überraschend durchgeführten Wegzug mit dem Kind durch die Einreichung eines vorher vorbereiteten Antrags ohne Weiteres die Zuständigkeit des Gerichts am neuen Aufenthaltsort des Kindes begründen. Diese einseitige Vorgehensweise, die die bisherigen sozialen Bindungen des Kindes nicht berücksichtigt und dem Kindeswohl abträglich ist, wird mit der neuen Vorschrift erschwert. Dem trennungswilligen Elternteil ist – von den genannten Ausnahmefällen abgesehen – zuzumuten, zunächst eine einverständliche Lösung und nach deren Scheitern eine umgehende gerichtliche Regelung bei dem für den gewöhnlichen Aufenthaltsort des Kindes zuständigen Gericht zu suchen. Dieses Ziel wird durch die vorgesehene Befugnis des Gerichts des neuen Aufenthalts, die Sache an das Gericht des früheren gewöhnlichen Aufenthaltsorts des Kindes abzugeben, erreicht. Die Gefahr einer Entstehung von verfahrensverzögernden Zuständigkeitsstreitigkeiten wird durch die Ausgestaltung als Abgabe nach § 4 vermieden. Eine Abgabe an das Gericht des früheren gewöhnlichen Aufenthalts kommt nur dann in Betracht, wenn sich dieses zur Übernahme bereit erklärt hat.

Stellungnahme Bundesrat:

47. **Zu Artikel 1** (§ 154 Satz 1, 2, 3 – neu – FamFG), **Artikel 105** (§§ 86 bis 88 SGB VIII)
a) Artikel 1 § 154 ist wie folgt zu ändern:

aa) In Satz 1 sind das Wort „kann" durch das Wort „gibt" und das Wort „abgeben" durch das Wort „ab" zu ersetzen.

bb) In Satz 2 sind der abschließende Punkt durch ein Komma zu ersetzen und folgende Wörter anzufügen:

„wenn der Wegzug zum Schutze vor Gewalt oder Drohung des anderen Elternteils erforderlich war oder wenn die Abgabe dem Kindeswohl widerspricht."

cc) Folgender Satz ist anzufügen:
„Die Abgabeverfügung ist für das Gericht des früheren gewöhnlichen Aufenthalts bindend; § 4 Satz 1 ist nicht anzuwenden."

b) Der Bundesrat bittet, im weiteren Verlauf des Gesetzgebungsverfahrens zu prüfen, ob vor dem Hintergrund der Regelung des § 154 FamFG-E – sowohl in der Fassung des Gesetzentwurfs der Bundesregierung als auch in der hier vorgeschlagenen Fassung – eine Anpassung der Vorschriften über die örtliche Zuständigkeit der Träger der Jugendhilfe (§§ 86 bis 88 SGB VIII) erforderlich oder zweckmäßig ist.

Begründung:
Zu Buchstabe a:
Die im Gesetzentwurf vorgesehene Regelung ist auf der Voraussetzungsseite zu wenig präzise gefasst („Das Gericht kann ..."); die Umstände, die bei der Ausübung des gerichtlichen Ermessens zu berücksichtigen sind, werden im Entwurfstext nicht genannt. Damit dürften Zuständigkeitsstreitigkeiten zwischen den Eheleuten, mit entsprechenden verfahrensverzögernden und das Kind belastenden Folgen, vorprogrammiert sein. Auch ist in der Sache kaum einzusehen, warum das Gericht lediglich verweisen kann und

nicht zumindest im Grundsatz zu verweisen hat. So wird in der Begründung des Gesetzentwurfs (BR-Drs. 309/07, S. 522) lediglich „Gewalt und Drohung" als Ausnahmefall genannt, in dem der einseitige Wegzug sich zuständigkeitsrechtlich begünstigend für den wegziehenden Ehepartner auswirken soll. Ein weiterer – in der Entwurfsbegründung nicht angesprochener – Grund dafür, dass die Sache nicht an das bisher zuständige Gericht abgegeben werden soll, ist, dass die Abgabe dem Kindeswohl widerspricht. Folglich sollte die Grundregelung in § 154 Satz 1 FamFG-E eindeutiger, andererseits die Ausnahmeregelung in § 154 Satz 2 FamFG-E weiter gefasst werden.

Die im Gesetzentwurf vorgesehene Regelung ist auch insofern unbefriedigend, als das Empfangsgericht an die Abgabeverfügung des abgebenden Gerichts mangels Verweis auf § 3 Abs. 3 FamFG-E nicht gebunden zu sein scheint und dass die Abgabe – wohl – gemäß § 4 Satz 1 FamFG-E gar das Einverständnis des Empfangsgerichtes voraussetzt. Diese Regelung wird zusätzlich Zuständigkeitsstreitigkeiten zwischen den Gerichten zur Folge haben, mit wiederum verfahrensverzögernder, das Kind belastender Folge. Folglich sollte die Abgabe insofern der Regelung des § 3 Abs. 3 FamFG-E bzw. des § 281 Abs. 2 ZPO angenähert werden. Damit wäre zum einen geregelt, dass es des Einverständnisses des Empfangsgerichts nach § 4 Satz 1 FamFG-E nicht bedarf, und dass zum anderen das Empfangsgericht an die Abgabe gebunden ist.

Zu Buchstabe b:

Im Fall der Abgabe stellt sich – unabhängig davon, ob den beteiligten Gerichten bei der Abgabe ein Ermessensspielraum zusteht – die Frage, ob auch eine (Rück-)Verlagerung der örtlichen Zuständigkeit der Träger der Jugendhilfe erforderlich ist oder zumindest zweckmäßig wäre. Dafür könnte sprechen, dass ein Gleichlauf der örtlichen Zuständigkeiten von Familiengerichten und Jugendämtern praktische Vorteile bei der Kommunikation beider Stellen hat. Soweit die Frage bejaht wird, dürften die §§ 86 bis 88 SGB VIII anzupassen sein.

Gegenäußerung Bundesregierung:

Zu Nummer 47 (Artikel 1 – § 154 Satz 1, 2, 3 – neu – FamFG; Artikel 105 – §§ 86 bis 88 SGB VIII)

Die Bundesregierung stimmt dem Vorschlag des Bundesrates insoweit zu, als der Abgabe des Gerichts eine bindende Wirkung zu kommen soll (Buchstabe a) cc)). Die Bundesregierung schlägt vor, § 154 Abs. 1 Satz 1 FamFG wie folgt zu fassen:

„Das nach § 152 Abs. 2 zuständige Gericht kann ein Verfahren an das Gericht des früheren Aufenthaltsorts des Kindes *verweisen,* wenn ein Elternteil den Aufenthalt des Kindes ohne vorherige Zustimmung des anderen geändert hat."

Durch die Änderung der Abgabe in eine Verweisung nach § 3 FamFG wird die bindende Wirkung des Beschlusses klargestellt.

Den weitergehenden Vorschlag des Bundesrates zu § 154 FamFG lehnt die Bundesregierung ab. Die Regelung des Entwurfs stellt die Abgabe an das Gericht des früheren gewöhnlichen Aufenthaltsorts in das pflichtgemäße Ermessen des Gerichts. Sie ist flexibler als die vorgeschlagene Kombination aus zwingender Abgabe und Ausnahmeregelung, da sie auch Fallkonstellationen erfasst, die nicht unter die im Änderungsvorschlag genannten Ausnahmeregelungen fallen (z.B. Zustimmung des Antragsgegners zur Verhandlung am neuen Aufenthaltsort).

Die Bundesregierung wird – der Prüfbitte des Bundesrates folgend – im weiteren Verlauf des Gesetzgebungsverfahrens prüfen, ob vor dem Hintergrund der Regelung des § 154 FamFG eine Anpassung der Vorschriften über die örtliche Zuständigkeit der Träger der Jugendhilfe erforderlich oder zweckmäßig ist.

Begründung Beschlussempfehlung Rechtsausschuss:

Die Änderung in Satz 1 geht zurück auf einen Vorschlag des Bundesrates gemäß Ziffer 47 der Stellungnahme, dem die Bundesregierung in ihrer Gegenäußerung in der Sache zugestimmt hat, soweit der Abgabe des Verfahrens bindende Wirkung zukommen soll. Rechtstechnisch ist dies durch eine Ausgestaltung als Verweisung nach § 3 umzusetzen.

Die Einschränkung der Verweisungsoption in Satz 2 hält der Ausschuss zur Gewährleistung eines effektiven Schutzes für Opfer häuslicher Gewalt für sachgerecht. Das Gericht darf die Sache danach nicht an den früheren Aufenthaltsort der Ehegatten verweisen, wenn der Wegzug aus Gründen des Schutzes des Kindes oder des wegziehenden betreuenden Elternteils erforderlich war.

§ 155
Vorrang- und Beschleunigungsgebot

(1) Kindschaftssachen, die den Aufenthalt des Kindes, das Umgangsrecht oder die Herausgabe des Kindes betreffen, sowie Verfahren wegen Gefährdung des Kindeswohls sind vorrangig und beschleunigt durchzuführen.

(2) Das Gericht erörtert in Verfahren nach Absatz 1 die Sache mit den Beteiligten in einem Termin. Der Termin soll spätestens einen Monat nach Beginn des Verfahrens stattfinden. Das Gericht hört in diesem Termin das Jugendamt an. Eine Verlegung des Termins ist nur aus zwingenden Gründen zulässig. Der Verlegungsgrund ist mit dem Verlegungsgesuch glaubhaft zu machen.

(3) Das Gericht soll das persönliche Erscheinen der verfahrensfähigen Beteiligten zu dem Termin anordnen.

Die Vorschrift entspricht der Fassung des Regierungsentwurfs.

Begründung RegE:

Absatz 1 enthält im Interesse des Kindeswohls ein ausdrückliches und umfassendes Vorrang- und Beschleunigungsgebot für Kindschaftssachen, die den Aufenthalt oder die Herausgabe des Kindes oder das Umgangsrecht sowie Verfahren wegen Gefährdung des Kindeswohls betreffen. Dieses Gebot richtet sich an das jeweils mit der Sache befasste Gericht in allen Rechtszügen. Die Regelung ist der Vorschrift des § 61a Abs. 1 ArbGG, der Kündigungsschutzprozesse betrifft, nachgebildet.

Die Vorschrift soll insbesondere eine Verkürzung der Verfahrensdauer in sorge- und umgangsrechtlichen Verfahren bewirken. Die durchschnittliche Verfahrensdauer ist in diesen Verfahren mit 6,8 Monaten (Umgang) bzw. 7,1 Monaten (Sorgerecht) [Zahlen für das Jahr 2005; Sonderauswertung des Statistischen Bundesamts zur Familiengerichtsstatistik 2005] unter Kindeswohlaspekten noch verbesserungsbedürftig.

Die Vorschrift gilt auch für die einstweilige Anordnung in Umgangssachen. Gerade hier besteht ein besonderes Bedürfnis für eine zeitnahe Entscheidung über einen Antrag zur Regelung des Umgangs nach Trennung der Eltern. In vielen Fällen vermeidet nur eine sofortige Regelung die Gefahr einer für das Kindeswohl abträglichen Unterbrechung von Umgangskontakten zwischen dem Kind und dem nicht betreuenden Elternteil.

Die bevorzugte Erledigung der genannten Kindschaftssachen hat im Notfall auf Kosten anderer anhängiger Sachen zu erfolgen. In der gerichtlichen Praxis werden sich Prioritäten zugunsten von Kindschaftssachen der genannten Art künftig noch deutlicher als bisher herausbilden.

Das Vorranggebot gilt in jeder Lage des Verfahrens. Es ist u.a. bei der Anberaumung von Terminen, bei der Fristsetzung für die Abgabe eines Sachverständigengutachtens (vgl. § 163) und bei der Bekanntgabe von Entscheidungen zu beachten.

Das Beschleunigungsgebot darf allerdings nicht schematisch gehandhabt werden. Im Einzelfall kann – jedenfalls in einem Hauptsacheverfahren – auch einmal ein Zuwarten mit dem Verfahrensabschluss oder ein zeitaufwändiger zusätzlicher Verfahrensschritt erforderlich oder sinnvoll sein. Ebenso kann im Einzelfall von einer frühen Terminierung abgesehen werden, wenn das Kindeswohl eine solche offensichtlich nicht erfordert (z.B. in Umgangsrechtsverfahren, wenn ein bestehender Umgang nur geringfügig erweitert oder geändert werden soll). Der Grundsatz des Kindeswohls prägt und begrenzt zugleich das Beschleunigungsgebot. Dabei hat das Gericht die Verfahren nach Absatz 1 im Zweifelsfall vorrangig und beschleunigt zu bearbeiten. Die übrigen Vorschriften dieses Abschnitts geben dem Gericht in jedem Einzelfall ausreichend Spielraum für eine am Kindeswohl orientierte Verfahrensgestaltung.

II. – FamFG – Buch 2 Verfahren in Familiensachen

Absatz 2 entwickelt die mit dem KindRG vom 16. Dezember 1997 (BGBl. I S. 2942) eingefügte Vorschrift des bisherigen § 52 Abs. 1 FGG weiter.

Um eine einvernehmliche Konfliktlösung zu fördern, begründet **Absatz 2 Satz 1** die Verpflichtung des Familiengerichts, die Sache mit den Beteiligten mündlich in einem Termin zu erörtern. Dieser Termin soll nach **Absatz 2 Satz 2** einen Monat nach Beginn des Verfahrens stattfinden. Wird das Verfahren auf Antrag oder Anregung eines Beteiligten hin eingeleitet, beginnt es – vergleichbar mit der bisherigen Regelung des § 620a Abs. 2 ZPO – mit der Einreichung des Antrags oder dem Eingang der Anregung auch dann, wenn lediglich die Bewilligung von Verfahrenskostenhilfe für ein bestimmtes Verfahren beantragt wird. Das Beschleunigungsgebot gebietet es, Fragen zur Bedürftigkeit des Antragstellers gegebenenfalls im Termin zu klären. Wie in § 61a Abs. 2 ArbGG (Frist von 14 Tagen zur Durchführung der Güteverhandlung) handelt es sich um eine grundsätzlich verpflichtende Zeitvorgabe für das Gericht, die nur in Ausnahmefällen überschritten werden darf. Ein Ausnahmefall kann sowohl in der Sphäre des Gerichts (z.B. öffentliche Zustellung der Antragsschrift, keine Vertretung in Krankheitsfällen) als auch in der Sache selbst begründet sein (z.B. der Hauptsache ist ein Verfahren auf einstweilige Anordnung in derselben Sache mit mündlicher Verhandlung unmittelbar vorausgegangen). Das Vorliegen eines Ausnahmefalls ist vom Gericht jeweils im Einzelfall zu prüfen. Im Zweifel gilt das Beschleunigungsgebot.

Mit einer schnellen Terminierung soll eine Eskalierung des Elternkonflikts vermieden werden. Insbesondere in der ersten Zeit nach der Trennung ist die Kompetenz beider Eltern zu verantwortlichem Handeln oft reduziert, was tendenziell zu einer Zuspitzung der Konflikte führt. Gerade in dieser Situation ist es wichtig, die Eltern nicht längere Zeit allein zu lassen. Der Anspruch des Kindes auf Schutz vor überflüssigen Schädigungen gebietet es vielmehr, dass das Familiengericht so schnell wie möglich versucht, die Eltern im persönlichen Gespräch wieder auf den Weg zur Übernahme gemeinsamer Verantwortung zu bringen.

Absatz 2 Satz 3 sieht vor, dass das Gericht einen Vertreter des Jugendamts im Erörterungstermin persönlich anhört. Die Verpflichtung zur Anhörung des Jugendamts im Termin setzt zum einen voraus, dass das Jugendamt organisatorische Vorkehrungen trifft – beispielsweise durch entsprechende Vertretungsregelungen -, die es ermöglichen, dass ein Sachbearbeiter am Termin teilnehmen kann. Zum anderen ist eine enge Kooperation zwischen Familiengericht und Jugendamt erforderlich, um Terminskollisionen zu vermeiden. Die mündliche Stellungnahme des Jugendamts hat den Vorteil, dass der Jugendamtsvertreter sich zum aktuellen Sachstand äußern kann, so wie er sich im Termin darstellt. Zudem wird vermieden, dass sich ein Elternteil durch einen schriftlichen Bericht in ein schlechtes Licht gesetzt und benachteiligt fühlt und sich als Reaktion noch weiter von der Übernahme gemeinsamer Elternverantwortung entfernt. Dieser Gefahr kann durch eine mündliche Berichterstattung, in der der Vertreter des Jugendamts auf Reaktionen der Beteiligten unmittelbar eingehen kann, wesentlich besser begegnet werden.

Absatz 2 Satz 4 stellt in Ergänzung zu § 32 Abs. 1 Satz 2 klar, dass eine Verlegung des Termins nur aus zwingenden Gründen zulässig ist. Im Gegensatz zu der Regelung in § 32 Abs. 1 Satz 2 in Verbindung mit § 227 Abs. 1 ZPO reichen erhebliche Gründe für eine Verlegung nicht aus. Zwingende Gründe sind nur solche, die eine Teilnahme am Termin tatsächlich unmöglich machen, wie z.B. eine Erkrankung. Kein ausreichender Grund ist das Vorliegen einer Terminskollision für einen Beteiligtenvertreter in einem anderen Verfahren, sofern es sich nicht ebenfalls um eine der in Absatz 1 aufgeführten Angelegenheiten handelt. Dieser hat vielmehr in der anderen Sache einen Verlegungsantrag zu stellen, dem das Gericht wegen des Vorrangs der Kindschaftssache stattzugeben hat.

Ein Verlegungsantrag ist nach **Absatz 2 Satz 5** stets glaubhaft zu machen, um dem Gericht bereits bei Eingang eine Überprüfung zu ermöglichen.

Nach **Absatz 3** soll das Gericht das persönliche Erscheinen der verfahrensfähigen Beteiligten zu dem Termin anordnen. Neben der Aufklärung des Sachverhalts ist es ein wesentliches Ziel des Termins, die der Kindschaftssache zugrunde liegende Problematik mit den Beteiligten gemeinsam zu erörtern. Die Erörterung kann im Hinblick auf die Regelungen nach § 156 Abs. 1 regelmäßig nur dann zu einem sinnvollen Ergebnis führen, wenn sich die Beteiligten im Termin nicht vertreten lassen können. Die Anordnung des persönlichen Erscheinens beschränkt sich auf die verfahrensfähigen Beteiligten, da die Teilnahme des Kindes – das in Umgangsverfahren selbst Beteiligter ist – an dem Termin aus Gründen des Kindeswohls häufig nicht angezeigt ist. Soweit nach § 159 eine Anhörung des Kindes erforderlich ist, entscheidet das Gericht über den Zeitpunkt der Anhörung nach pflichtgemäßem Ermessen.

Die Ausgestaltung als „Soll"-Vorschrift ermöglicht es, besonderen Fallkonstellationen Rechnung zu tragen. So kann das Gericht zum Beispiel in Fällen erkennbarer familiärer Gewalt von der Anordnung des persönlichen Erscheinens zum Termin absehen und z.B. eine getrennte Anhörung der Beteiligten oder eine Anhörung unter bestimmten Sicherheitsvorkehrungen durchführen.

Die Folgen eines unentschuldigten Fernbleibens bestimmen sich nach § 33 Abs. 3.

Stellungnahme Bundesrat:
48. Zu Artikel 1 (§ 155 Abs. 1 FamFG)
Artikel 1 § 155 Abs. 1 ist wie folgt zu fassen:
„(1) Kindschaftssachen, die den Aufenthalt des Kindes, das Umgangsrecht oder die Herausgabe des Kindes betreffen, sowie Verfahren nach den §§ 1666 bis 1667 des Bürgerlichen Gesetzbuches sind vorrangig und beschleunigt einzuleiten. Die Durchführung hat sich neben dem Beschleunigungsgebot am Kindeswohl zu orientieren."

Begründung:

Durch das im Wortlaut des Entwurfs vorbehaltlos propagierte Gebot der vorrangigen und beschleunigten Durchführung des Verfahrens tritt das in erster Linie und in allen Phasen des Verfahrens zu beachtende Gebot der Orientierung am Kindeswohl in den Hintergrund. Der Hinweis in der Begründung, dass das Beschleunigungsgebot nicht schematisch gehandhabt werden dürfe und dass der Grundsatz der Beachtung des Kindeswohls das Beschleunigungsgebot präge und begrenze, genügt nicht. Dies muss im Gesetzeswortlaut selbst zum Ausdruck gebracht werden.

Es ist zwar geboten, Kindschaftssachen vorrangig und beschleunigt einzuleiten: Die weitere Durchführung muss sich jedoch in erster Linie nach dem Kindeswohl richten, was oftmals, nicht jedoch schematisch, beschleunigte Durchführung bedeuten mag und sollte.

49. Zu Artikel 1 (§ 155 Abs. 2 Satz 2 FamFG)
Artikel 1 § 155 Abs. 2 Satz 2 ist wie folgt zu fassen:
„Der Termin soll spätestens einen Monat nach Beginn des Verfahrens stattfinden, es sei denn, das Verfahren erscheint auf Grund konkreter Umstände nicht besonders eilbedürftig oder verlangt vor Durchführung eines Termins nähere Ermittlungen."

Dass die von § 155 FamFG-E erfassten Verfahren stets besonders zügig bearbeitet werden sollten, steht außer Frage. Die bislang von § 155 Abs. 2 Satz 2 FamFG-E gewählte Formulierung für den Anhörungstermin binnen eines Monats verlangt indes eine zu schematische Behandlung der Verfahren und lässt den Gerichten wenig Spielraum für abweichende Verfahrensgestaltungen. In der Entwurfsbegründung wird davon ausgegangen, es könne nur in Ausnahmefällen von der zeitlichen Vorgabe abgewichen werden (vgl. Einzelbegründung zu § 155 Abs. 1 Satz 1 FamFG-E). Dies spiegelt die gerichtliche Praxis indes nicht hinreichend wider. Nicht wenige Verfahren zur Regelung des Umgangs sind nicht besonders eilbedürftig, da es lediglich um eine relativ geringfügige Ausweitung eines bereits praktizierten Umgangs geht. Diese Fälle sollen zwar auch nach der Entwurfsbegründung zu § 155 Abs. 1 FamFG-E von dem Beschleunigungsgebot ausgenommen sein. Da es sich aber nicht nur um seltene Einzelfälle handelt, sollte auch der Gesetzeswortlaut den Ermessensspielraum des Gerichts deutlicher zum Ausdruck bringen.

Gegenäußerung Bundesregierung:
Zu Nummer 48 (Artikel 1 – § 155 Abs. 1 FamFG)
Die Bundesregierung stimmt dem Vorschlag des Bundesrates nicht zu.

II. – FamFG – Buch 2 Verfahren in Familiensachen

Die vorgeschlagene Änderung des Satzes 1 ist nicht zielführend, da eine Regelung zur Beschleunigung der Einleitung eines Kindschaftsverfahrens durch das Gericht nicht erforderlich ist: Bei Antragsverfahren (z.B. nach § 1671 BGB) beginnt das Verfahren mit Eingang des Antrags bei Gericht. Auf die Zuleitung des Antrags durch einen Beteiligten hat das Gericht keinen Einfluss. In Amtsverfahren (z.B. nach § 1666 BGB) wird das Verfahren dadurch eingeleitet, dass das Gericht auf Grund von Tatsachen, die ihm zur Kenntnis gelangt sind und die sein Einschreiten von Amts wegen erfordern können, erkennbar nach außen hin tätig wird, z.B. durch die Aufnahme von Ermittlungen. Auf die Erlangung entsprechender Tatsachen hat das Gericht in der Regel ebenfalls keinen Einfluss.

Die vorgeschlagene Ergänzung des Satzes 2 hat lediglich Appellcharakter. Bereits aus dem materiellen Recht (§ 1697a BGB) ergibt sich der Grundsatz, dass sich das Gericht in allen Verfahren in Kindschaftssachen am Kindeswohl zu orientieren hat. Da das Verfahrensrecht lediglich der Umsetzung der materiell-rechtlichen Wertentscheidungen dient, muss der Grundsatz des Kindeswohls als allgemeiner Rechtsgedanke in der Norm nicht zum Ausdruck gebracht werden.

Zu Nummer 49 (Artikel 1 – § 155 Abs. 2 Satz 2 FamFG)
Die Bundesregierung stimmt dem Vorschlag des Bundesrates nicht zu.

Die Vorschrift erfasst nur Verfahren, die nach Auffassung der Bundesregierung als besonders eilbedürftig anzusehen sind. Durch die Ausgestaltung als Soll-Vorschrift wird dem Gericht ermöglicht, in Sonderfällen – zum Beispiel dann, wenn bereits kurz vor Einleitung eines Hauptsacheverfahrens im Rahmen einer einstweiligen Anordnung ein Termin stattgefunden hat oder lediglich eine geringfügige Erweiterung eines Umgangs verlangt wird – von der Terminierungsfrist abzuweichen. Die zusätzliche Aufnahme eines Ausnahmetatbestands für Verfahren, die dem Gericht als nicht besonders eilbedürftig erscheinen, führt zu Unklarheiten bei der Auslegung der Vorschrift. Der weitere Ausnahmetatbestand – die Erforderlichkeit näherer Ermittlungen – wird von der Bundesregierung bereits dem Grunde nach abgelehnt. Die Terminierung in den genannten Kindschaftssachen dient auch der Ermittlung des Sachverhalts durch Anhörung des Jugendamts. Die Erforderlichkeit weiterer Ermittlungen kann daher gerade kein Absehen von einer frühen Terminierung rechtfertigen.

§ 156
Hinwirken auf Einvernehmen

(1) Das Gericht soll in Kindschaftssachen, die die elterliche Sorge bei Trennung und Scheidung, den Aufenthalt des Kindes, das Umgangsrecht oder die Herausgabe des Kindes betreffen, in jeder Lage des Verfahrens auf ein Einvernehmen der Beteiligten hinwirken, wenn dies dem Kindeswohl nicht widerspricht. Es weist auf Möglichkeiten der Beratung durch die Beratungsstellen und -dienste der Träger der Kinder- und Jugendhilfe insbesondere zur Entwicklung eines einvernehmlichen Konzepts für die Wahrnehmung der elterlichen Sorge und der elterlichen Verantwortung hin. Das Gericht soll in geeigneten Fällen auf die Möglichkeit der Mediation oder der sonstigen außergerichtlichen Streitbeilegung hinweisen. Es kann anordnen, dass die Eltern an einer Beratung nach Satz 2 teilnehmen. Die Anordnung ist nicht selbständig anfechtbar und nicht mit Zwangsmitteln durchsetzbar.

(2) Erzielen die Beteiligten Einvernehmen über den Umgang oder die Herausgabe des Kindes, ist die einvernehmliche Regelung als Vergleich aufzunehmen, wenn das Gericht diese billigt (gerichtlich gebilligter Vergleich). Das Gericht billigt die Umgangsregelung, wenn sie dem Kindeswohl nicht widerspricht.

(3) Kann in Kindschaftssachen, die den Aufenthalt des Kindes, das Umgangsrecht oder die Herausgabe des Kindes betreffen, eine einvernehmliche Regelung im Termin nach § 155 Abs. 2 nicht erreicht werden, hat das Gericht mit den Beteiligten und dem Jugendamt den Erlass einer einstweiligen Anordnung zu erörtern. Wird die Teilnahme an einer Beratung oder eine schriftliche Begutachtung angeordnet, soll das Gericht in Kindschaftssachen, die das Umgangsrecht

betreffen, den Umgang durch einstweilige Anordnung regeln oder ausschließen. **Das Gericht soll das Kind vor dem Erlass einer einstweiligen Anordnung persönlich anhören.**

Die Vorschrift ist mit der Beschlussempfehlung des Rechtsausschusses neu gefasst worden:

Frühere Fassung RegE:

(1) Das Gericht soll in Kindschaftssachen, die die elterliche Sorge bei Trennung und Scheidung, den Aufenthalt des Kindes, das Umgangsrecht oder die Herausgabe des Kindes betreffen, in jeder Lage des Verfahrens auf ein Einvernehmen der Beteiligten hinwirken. Es weist auf Möglichkeiten der Beratung durch die Beratungsstellen und -dienste der Träger der Kinder- und Jugendhilfe insbesondere zur Entwicklung eines einvernehmlichen Konzepts für die Wahrnehmung der elterlichen Sorge und der elterlichen Verantwortung hin. Das Gericht soll in geeigneten Fällen auf die Möglichkeit der Mediation oder der sonstigen außergerichtlichen Streitbeilegung hinweisen. Es kann anordnen, dass die Eltern an einer Beratung nach Satz 2 teilnehmen. Die Anordnung ist nicht selbständig anfechtbar und nicht mit Zwangsmitteln durchsetzbar.

(2) Erzielen die Beteiligten Einvernehmen über den Umgang, ist die Umgangsregelung als Vergleich aufzunehmen, wenn das Gericht diese billigt (gerichtlich gebilligter Vergleich). Das Gericht billigt die Umgangsregelung, wenn sie dem Kindeswohl nicht widerspricht.

(3) Kann in Kindschaftssachen, die den Aufenthalt des Kindes, das Umgangsrecht oder die Herausgabe des Kindes betreffen, eine einvernehmliche Regelung im Termin nach § 155 Abs. 2 nicht erreicht werden, hat das Gericht mit den Beteiligten und dem Jugendamt den Erlass einer einstweiligen Anordnung zu erörtern. Wird die Teilnahme an einer Beratung oder eine schriftliche Begutachtung angeordnet, soll das Gericht in Kindschaftssachen, die das Umgangsrecht betreffen, den Umgang durch einstweilige Anordnung regeln.

Begründung RegE:

Absatz 1 Satz 1 und 2 entspricht im Wesentlichen dem bisherigen § 52 Abs. 1 Sätze 1 und 2 FGG. Die Ausgestaltung als Soll-Vorschrift stellt klar, dass ein Hinwirken auf ein Einvernehmen insbesondere in den Fällen nicht in Betracht kommt, in denen dies dem Kindeswohl nicht entsprechen würde, z.B. in Fällen häuslicher Gewalt. **Satz 3** sieht einen gerichtlichen Hinweis auf die Möglichkeit der Mediation oder der sonstigen außergerichtlichen Streitbeilegung vor. **Satz 4** gibt dem Familiengericht die verbindliche Kompetenz, die Eltern zur Teilnahme an einer Beratung durch die Beratungsstellen und -dienste der Träger der Jugendhilfe zu verpflichten, und entspricht damit auch der Empfehlung des Arbeitskreises 10 des 16. Deutschen Familiengerichtstags (FamRZ 2005, 1962, 1964). Das Familiengericht kann auf diese Weise reagieren, wenn es den Eltern im Termin nicht gelingt, Einvernehmen über die Regelung der sorge- und umgangsrechtlichen Fragen zu erreichen. Das Gericht soll vor Erlass dieser Anordnung dem Jugendamt Gelegenheit zur Stellungnahme geben. Durch die Bezugnahme auf Satz 2 ist klargestellt, dass sich diese Befugnis nicht auf ein Verfahren der Mediation oder der sonstigen außergerichtlichen Streitbeilegung nach Satz 3 erstreckt.

In der Anordnung nach Satz 4 soll das Gericht im Einvernehmen mit dem Jugendamt festlegen, bei welcher Beratungsstelle und binnen welcher Frist die Eltern sich beraten lassen sollen. Die Verpflichtung zur Beratung darf nicht zu einer Verzögerung des Verfahrens führen. Von einer Aussetzung des Verfahrens soll aus diesem Grund abgesehen werden; die Vorschrift des bisherigen § 52 Abs. 2 FGG wurde daher nicht übernommen. Eine Aussetzung des Verfahrens kommt nur nach § 21 in Betracht.

Satz 5 stellt klar, dass die Anordnung als Zwischenentscheidung nicht selbständig anfechtbar ist. Zudem stellt er klar, dass die Beratung nicht mit Zwangsmitteln durchsetzbar ist. Weigert sich ein Elternteil endgültig, an einer angeordneten Beratung teilzunehmen, oder verzögert er erkennbar die Durchführung der Beratung, ist die Sache mit den Beteiligten und dem Jugendamt kurzfristig erneut zu erörtern. Die Weigerung, an der Beratung teilzunehmen, kann Kostennachteile nach sich ziehen (vgl. § 81 Abs. 2 Nr. 5).

II. – FamFG – Buch 2 Verfahren in Familiensachen

Absatz 2 regelt den Vergleich in Umgangsverfahren und enthält eine gesetzliche Definition des gerichtlich gebilligten Vergleichs, der – ebenso wie eine gerichtliche Entscheidung – einen Vollstreckungstitel darstellt (§ 86 Abs. 1 Nr. 2). Die Regelung ist angelehnt an den bisherigen § 52a Abs. 4 Satz 3 FGG, erstreckt sich aber auf alle formell am Verfahren Beteiligten. Damit bedarf es auch einer Zustimmung des Kindes und ggf. des Jugendamts oder des Verfahrensbeistands. Das Gericht billigt die Umgangsregelung, wenn die Vereinbarung der Beteiligten dem Kindeswohl nicht widerspricht. Die Regelung erweitert den Anwendungsbereich des § 36 auf das Umgangsrecht, das nicht zur Disposition der Beteiligten steht.

Absatz 3 Satz 1 begründet für die in § 155 Abs. 1 genannten Verfahren – mit Ausnahme der Verfahren wegen Gefährdung des Kindeswohls, die in § 157 gesondert geregelt werden – die Verpflichtung des Familiengerichts, mit den Beteiligten den Erlass einer einstweiligen Anordnung zu erörtern, um zu verhindern, dass unvermeidliche Verfahrensverzögerungen für das Kindeswohl abträgliche Situationen herbeiführen oder sogar „vollendete Tatsachen" schaffen. Nach §§ 49, 51 Abs. 1 kann das Gericht – abweichend von den bisherigen §§ 620 ff., 621g ZPO – die einstweilige Anordnung von Amts wegen erlassen, sofern das Verfahren von Amts wegen eingeleitet werden kann. Ein Antrag eines Beteiligten auf Erlass einer einstweiligen Anordnung ist daher nur in den Verfahren erforderlich, in denen verfahrenseinleitende Anträge zu stellen sind (z.B. §§ 1632 Abs. 3, 1671 BGB), nicht aber in Verfahren, die von Amts wegen eingeleitet und betrieben werden können (z.B. §§ 1684 Abs. 3 Satz 1, 1685 Abs. 3 BGB).

In umgangsrechtlichen Verfahren wird es insbesondere darum gehen, einer Entfremdung zwischen dem Kind und der den Umgang begehrenden Person während des Laufs des Verfahrens entgegenzuwirken. Dabei soll das Gericht **nach Satz 2** den Umgang vorläufig regeln, wenn es aufgrund einer Beratungsanordnung oder durch eine sachverständige Begutachtung zu einer unvermeidlichen Verfahrensverzögerung kommt. Hiervon kann das Gericht nur absehen, wenn es bereits zum Zeitpunkt der mündlichen Verhandlung absehbar ist, dass die Anordnung nur zu einer unwesentlichen Verzögerung führt. Das Gericht kann den Umgang aber auch im Wege der einstweiligen Anordnung vorläufig ausschließen.

Die Vorschrift erscheint vor dem Hintergrund, dass 37,6 % aller Verfahren über die Regelung des Umgangs länger als sechs Monate (2005) dauern, unter Kindeswohlaspekten dringend erforderlich.

Stellungnahme Bundesrat:

50. **Zu Artikel 1** (§ 156 Abs. 2 FamFG)

Artikel 1 § 156 Abs. 2 ist wie folgt zu ändern:

a) Satz 1 ist wie folgt zu fassen:
„Erzielen die Beteiligten in einer Kindschaftssache nach Absatz 1 eine einvernehmliche Regelung, ist die Regelung als Vergleich aufzunehmen, wenn das Gericht sie billigt (gerichtlich gebilligter Vergleich)."

b) In Satz 2 ist das Wort „Umgangsregelung" durch das Wort „Regelung" zu ersetzen.

Begründung:

Nach § 156 Abs. 1 FamFG-E soll das Gericht in Kindschaftssachen, die die elterliche Sorge bei Trennung und Scheidung, den Aufenthalt des Kindes, das Umgangsrecht oder die Herausgabe des Kindes betreffen, in jeder Lage des Verfahrens auf ein Einvernehmen der Beteiligten hinwirken.

Dieses Hinwirken auf eine einvernehmliche Einigung ist nur dann unproblematisch, wenn das Gericht das Ergebnis der Einigung einer Kontrolle in Bezug auf das Kindeswohl unterziehen kann. Wie die Entwurfsbegründung zu § 156 Abs. 2 FamFG-E zu Recht ausführt, steht das Umgangsrecht nicht zur Disposition der Parteien. Es ist jedoch nicht ersichtlich, warum die Kontrollmöglichkeit des Gerichts auf Umgangsregelungen beschränkt sein sollte. Sie hat der Sache nach für alle Kindschaftssachen des § 156 Abs. 1 FamFG-E zu gelten.

Die Figur des „gerichtlich gebilligten Vergleichs" soll daher auf alle Kindschaftssachen des § 156 Abs. 1 FamFG-E erstreckt werden.

Gegenäußerung Bundesregierung:
Zu Nummer 50 (Artikel 1 – § 156 Abs. 2 FamFG)
Die Bundesregierung stimmt dem Vorschlag des Bundesrates insoweit zu, als er die Möglichkeit eines gerichtlich gebilligten Vergleichs bei der Herausgabe eines Kindes vorsieht.

In Bezug auf die elterliche Sorge und das Aufenthaltsbestimmungsrecht als eines Teilbereichs hieraus ist ein gerichtlich gebilligter Vergleich ausgeschlossen, weil die Beteiligten hierüber nicht disponieren können. Insoweit gelten die Vorschriften des materiellen Rechts, das die Übertragungen der elterlichen Sorge auf einen Elternteil an eine gerichtliche Entscheidung und an bestimmte Voraussetzungen knüpft (§ 1671, § 1672 und § 1680 Abs. 2, 3 BGB).

Anders verhält es sich bei Anträgen auf Herausgabe des Kindes. Über die Herausgabe des Kindes können die Beteiligten grundsätzlich disponieren. So kann ein Elternteil den Antrag des anderen Elternteils auf Herausgabe des Kindes „anerkennen" oder eine Pflegeperson den Herausgabeanspruch der Eltern. Hier ist mithin Raum für einen gerichtlich gebilligten Vergleich, bei dem vor der Billigung Kindeswohlgesichtspunkte zu prüfen sind.

Die Bundesregierung schlägt vor, § 156 Abs. 2 Satz 1 wie folgt zu fassen:

„(2) Erzielen die Beteiligten Einvernehmen über den Umgang oder die Herausgabe des Kindes, ist die einvernehmliche Regelung als Vergleich aufzunehmen, wenn das Gericht diese billigt (gerichtlich gebilligter Vergleich)."

Begründung Beschlussempfehlung Rechtsausschuss:
Die Einfügung des Halbsatzes in Absatz 1 Satz 1 stellt klar, dass das Gericht in den genannten Kindschaftssachen nicht auf ein Einvernehmen der Eltern hinwirken darf, wenn dies dem Kindeswohl widerspricht. Der Ausschuss macht durch diese Änderung deutlich, dass der Grundsatz, die konsensuale und nachhaltige Bereinigung des Elternkonflikts im gerichtlichen Verfahren aktiv zu unterstützen, an Grenzen stoßen kann. Dies betrifft insbesondere Fälle, in denen die Situation des Kindes im Elternkonflikt eine gerichtliche Regelung zwingend erforderlich macht, die von den Eltern in eigener Verantwortung nicht oder nicht ausreichend klar erreicht werden kann. Hier kommen insbesondere Fälle der Traumatisierung des Kindes nach erlebter häuslicher Gewalt in Betracht.

Die Änderung in Absatz 2 entspricht der Stellungnahme des Bundesrates, der die Bundesregierung in ihrer Gegenäußerung zugestimmt hat. Zur Begründung wird auf Nummer 50 der Stellungnahme des Bundesrates verwiesen.

Die Änderung in Absatz 3 Satz 2 bewirkt eine sprachliche Klarstellung dergestalt, dass in Fällen, in denen der Umgang im Hinblick auf die Anordnung einer Beratung oder einer schriftlichen Begutachtung im Wege der einstweiligen Anordnung vorläufig geregelt werden soll, auch ein Umgangsausschluss möglich ist. Hierdurch wird die Änderung des § 52 Abs. 2 FGG durch Artikel 2 Nummer 3 des am 24. April 2008 vom Deutschen Bundestag beschlossenen Gesetzes zur Erleichterung familiengerichtlicher Maßnahmen bei Gefährdung des Kindeswohls (BT-Drs. 16/8914) nachvollzogen. Der angefügte Satz 3 bestimmt schließlich, dass das Gericht vor dem Erlass einer einstweiligen Anordnung das Kind persönlich anhören soll, um sich einen persönlichen Eindruck von ihm zu verschaffen. Dies entspricht der Regelung in §§ 620a Abs. 3, 621g Satz 2 ZPO.

§ 157
Erörterung der Kindeswohlgefährdung; einstweilige Anordnung

(1) In Verfahren nach den §§ 1666 und 1666a des Bürgerlichen Gesetzbuchs soll das Gericht mit den Eltern und in geeigneten Fällen auch mit dem Kind erörtern, wie einer möglichen Gefährdung des Kindeswohls, insbesondere durch öffentliche Hilfen, begegnet werden und welche Folgen die Nichtannahme notwendiger Hilfen haben kann. Das Gericht soll das Jugendamt zu dem Termin laden.

(2) Das Gericht hat das persönliche Erscheinen der Eltern zu dem Termin nach Absatz 1 anzuordnen. Das Gericht führt die Erörterung in Abwesenheit eines Elternteils durch, wenn dies zum Schutz eines Beteiligten oder aus anderen Gründen erforderlich ist.

(3) In Verfahren nach den §§ 1666 und 1666a des Bürgerlichen Gesetzbuchs hat das Gericht unverzüglich den Erlass einer einstweiligen Anordnung zu prüfen.

Die Vorschrift entspricht im Hinblick auf Absatz 1 dem Regierungsentwurf; Absätze 2 und 3 sind mit der Beschlussempfehlung des Rechtsausschusses geändert worden:

Frühere Fassung RegE:
(2) Das Gericht hat das persönliche Erscheinen der Eltern zu dem Termin nach Absatz 1 anzuordnen.

(3) In Verfahren wegen Gefährdung des Kindeswohls hat das Gericht unverzüglich den Erlass einer einstweiligen Anordnung zu prüfen.

Begründung RegE:
Absatz 1 regelt die Erörterung der Kindeswohlgefährdung. Nach der vorgeschlagenen Regelung soll das Gericht in Verfahren nach § 1666 f. BGB mit den Eltern, dem Jugendamt und in geeigneten Fällen auch mit dem Kind persönlich erörtern, wie eine mögliche Gefährdung des Kindeswohls abgewendet werden kann. Die Erörterung der Kindeswohlgefährdung bildet einen eigenen Verfahrensabschnitt, der neben die Pflicht zur persönlichen Anhörung der Eltern nach § 160 Abs. 1 Satz 2 tritt. Während die persönliche Anhörung der Eltern in erster Linie der Feststellung des Sachverhalts und der Gewährung des rechtlichen Gehörs dient, regelt Absatz 2 die Erörterung der Kindeswohlgefährdung in den Fällen der §§ 1666, 1666a BGB. Das Gericht hat die Möglichkeit, die Erörterung nach § 155 Abs. 2 mit dem Gespräch zur Erörterung über die Kindeswohlgefährdung zu verbinden.

Die Regelung in Absatz 2 stellt lediglich auf eine „mögliche" Gefährdung des Kindeswohls ab, da das Jugendamt das Familiengericht bereits dann anzurufen hat, wenn die Eltern bei der Abschätzung des Gefährdungsrisikos nicht mitwirken (§ 8a Abs. 3 Satz 1, zweiter Halbsatz SGB VIII), eine Gefährdung mithin noch nicht sicher feststeht. Das Gespräch kann dann bereits unterhalb der Schwelle zur Kindeswohlgefährdung erfolgen. Die Ausgestaltung als Soll-Vorschrift ermöglicht es, die Erörterung in offensichtlich unbegründeten Verfahren auszuschließen.

Die obligatorische Erörterung der Kindeswohlgefährdung soll dazu beitragen, die Eltern noch stärker als bisher in die Pflicht zu nehmen und auf sie einzuwirken, öffentliche Hilfen in Anspruch zu nehmen und mit dem Jugendamt zu kooperieren. Dabei sollen die Eltern insbesondere darauf hingewiesen werden, welche Folgen die Nichtannahme notwendiger Hilfen haben kann. Ein derartiges Gespräch über die Kindeswohlgefährdung ist schon nach geltendem Recht nicht ausgeschlossen. Die Möglichkeit wird aber in der Praxis nicht in ausreichendem Umfang genutzt.

Ein wesentliches Ziel der Erörterung bei Gericht ist es, die Beteiligten gemeinsam „an einen Tisch" zu bringen. Das Gespräch kann nur dann zu einem sinnvollen Ergebnis führen, wenn die Eltern persönlich teilnehmen müssen, sich also nicht von einem Anwalt vertreten lassen können. Das Gericht hat daher nach **Absatz 2** das persönliche Erscheinen der Eltern zu dem Termin anzuordnen.

In geeigneten Fällen soll auch das Kind an dem Termin teilnehmen. Eine gemeinsame Erörterung mit dem Kind wird in der Regel notwendig sein, wenn die Drogensucht oder wiederholte Straffälligkeit des Kindes bzw. Jugendlichen Anlass zu dem Verfahren gegeben hat, um auf die gefährdeten Kinder einzuwirken.

Das Jugendamt als sozialpädagogische Fachbehörde und Leistungsträger etwaiger Hilfemaßnahmen soll regelmäßig in das Gespräch eingebunden werden. Die Mitwirkung des Jugendamts an dem Gespräch ist von wesentlicher Bedeutung, um die Möglichkeiten einer effektiven Gefahrenabwehr zu erörtern, insbesondere den Hilfebedarf einzuschätzen und die Geeignetheit und Erforderlichkeit einer Hilfe zu beurteilen (§ 27 Abs. 1 SGB VIII). Gleichzeitig können so etwaige Hürden bei der Kooperation der Beteiligten abgebaut werden.

Absatz 3 regelt die Verpflichtung des Gerichts, den Erlass einer einstweiligen Anordnung unverzüglich nach der Verfahrenseinleitung zu prüfen. Die Regelung betrifft alle Verfahren, die wegen einer Gefährdung des Kindeswohls eingeleitet werden können, z.B. auch Verfahren, die auf eine Verbleibensanordnung nach § 1632 Abs. 4 BGB gerichtet sind.

Stellungnahme Bundesrat:

51. **Zu Artikel 1** (§ 155 Abs. 2 Satz 3 und § 157 Abs. 1 Satz 2 FamFG)

Der Bundesrat bittet, im weiteren Verlauf des Gesetzgebungsverfahrens zu prüfen, ob die Formulierungen in § 155 Abs. 2 Satz 3 und § 157 Abs. 1 Satz 2 FamFG-E angeglichen werden können.

Begründung:

Die unterschiedlichen Formulierungen in § 155 Abs. 1 Satz 3 FamFG-E („Das Gericht hört in diesem Termin das Jugendamt an.") und § 157 Abs. 1 Satz 2 FamFG-E („Das Gericht soll das Jugendamt zu dem Termin laden.") erwecken den Eindruck, in Verfahren wegen Gefährdung des Kindeswohls nach § 157 FamFG-E hätte die tatsächliche Beteiligung des Jugendamtes eine geringere Bedeutung als in den Kindschaftssachen nach § 155 FamFG-E, die den Aufenthalt des Kindes, das Umgangsrecht oder die Herausgabe des Kindes betreffen. Zudem entsteht durch die Abstufung in der Formulierung bezüglich der Verfahren wegen Gefährdung des Kindeswohls – die von beiden Regelungen umfasst werden – ein Widerspruch. Nach der Entwurfsbegründung scheinen jedoch beide Regelungen das gleiche Ziel – die Beteiligung des Jugendamtes an einem „runden Tisch" – zu verfolgen.

52. **Zu Artikel 1** (§ 157 Abs. 2 FamFG)

In Artikel 1 § 157 Abs. 2 sind das Wort „hat" durch das Wort „soll" und das Wort „anzuordnen" durch das Wort „anordnen" zu ersetzen.

Begründung:

§ 157 Abs. 2 FamFG-E sieht vor, dass das Gericht das persönliche Erscheinen der Eltern zu dem Erörterungstermin anzuordnen hat. Dieser Regelung liegt die Erwägung zu Grunde, dass das Erörterungsgespräch nur dann zu einem sinnvollen Ergebnis führen kann, wenn die Eltern persönlich teilnehmen müssen und sich nicht durch einen Rechtsanwalt vertreten lassen können. Nicht berücksichtigt wird dabei, dass es Fälle geben kann, in denen beispielsweise auf Grund erkennbarer familiärer Gewalt ein persönliches Erscheinen beider Eltern nicht sinnvoll und sogar mit Gefahren für einen Elternteil oder das Kind verbunden sein kann. Daher sollte dem Gericht die Möglichkeit eingeräumt werden, in entsprechenden Fällen von dem persönlichen Erscheinen eines Elternteils abzusehen. Dies lässt sich durch eine Änderung des § 157 Abs. 2 FamFG-E – entsprechend der Regelung in § 155 Abs. 3 FamFG-E – in eine Soll-Vorschrift erreichen.

Gegenäußerung Bundesregierung:

Zu Nummer 51 (Artikel 1 – § 155 Abs. 2 Satz 3 und § 157 Abs. 1 Satz 2 FamFG)

§ 155 Abs. 2 Satz 3 FamFG regelt die allgemeine Pflicht zur Anhörung des Jugendamts in kindschaftsrechtlichen Verfahren, die bereits das geltende Recht kennt (§ 49a FGG). Dagegen regelt § 157 FamFG den neuen Verfahrensabschnitt der Erörterung der Kindeswohlgefährdung, die eine spezifische Funktion und einen möglichst weiten Teilnehmerkreis hat. Es besteht daher kein Bedürfnis für eine Angleichung der Begriffe.

Zu Nummer 52 (Artikel 1 – § 157 Abs. 2 FamFG)

Die Bundesregierung stimmt dem Vorschlag des Bundesrates nicht zu.

Bei dem Gespräch nach § 157 Abs. 1 FamFG stehen die Eltern und deren Erziehungsverhalten im Mittelpunkt. Der Zweck des Gesprächs, die Eltern stärker in die Pflicht zu nehmen und auf sie einzuwirken, mit dem Jugendamt zu kooperieren und notwendige öffentliche Hilfen in Anspruch zu nehmen, erfordert die persönliche Anwesenheit der Eltern. Eine Vertretung der Eltern in diesem Gespräch scheidet aus. In den

II. – FamFG – Buch 2 Verfahren in Familiensachen

im Änderungsvorschlag angesprochenen Fällen, in denen die Ladung beider Elternteile nicht sinnvoll oder sogar mit Gefahren verbunden ist (zum Beispiel vorangegangene Partnergewalt), kann das Gericht auf die Erörterung der Kindeswohlgefährdung insgesamt verzichten (Absatz 1 ist als Soll-Vorschrift ausgestaltet) und sich auf die – getrennt mögliche – Anhörung der Eltern nach § 160 FamFG beschränken. Gegebenenfalls ist Gefahren für einen Elternteil im Gerichtssaal durch geeignete Maßnahmen (Eingangskontrollen, Wachtmeister im Saal) zu begegnen.

Begründung Beschlussempfehlung Rechtsausschuss:
Der an Absatz 2 angefügte Satz 2 übernimmt die im Rahmen des am 24. April 2008 vom Deutschen Bundestag beschlossenen Gesetzes zur Erleichterung familiengerichtlicher Maßnahmen bei Gefährdung des Kindeswohls (BT-Drs. 16/8914) eingeführte Regelung des § 50f Abs. 2 Satz 2 FGG.
Die Änderung in Absatz 3 ist redaktioneller Art. Sie stellt den sprachlichen Gleichlauf zu der Formulierung in Absatz 1 dar.

§ 158
Verfahrensbeistand

(1) Das Gericht hat dem minderjährigen Kind in Kindschaftssachen, die seine Person betreffen, einen geeigneten Verfahrensbeistand zu bestellen, soweit dies zur Wahrnehmung seiner Interessen erforderlich ist.

(2) Die Bestellung ist in der Regel erforderlich,

1. wenn das Interesse des Kindes zu dem seiner gesetzlichen Vertreter in erheblichem Gegensatz steht,
2. in Verfahren nach den §§ 1666 und 1666a des Bürgerlichen Gesetzbuchs, wenn die teilweise oder vollständige Entziehung der Personensorge in Betracht kommt,
3. wenn eine Trennung des Kindes von der Person erfolgen soll, in deren Obhut es sich befindet,
4. in Verfahren, die die Herausgabe des Kindes oder eine Verbleibensanordnung zum Gegenstand haben, oder
5. wenn der Ausschluss oder eine wesentliche Beschränkung des Umgangsrechts in Betracht kommt.

(3) Der Verfahrensbeistand ist so früh wie möglich zu bestellen. Er wird durch seine Bestellung als Beteiligter zum Verfahren hinzugezogen. Sieht das Gericht in den Fällen des Absatzes 2 von der Bestellung eines Verfahrensbeistands ab, ist dies in der Endentscheidung zu begründen. Die Bestellung eines Verfahrensbeistands oder deren Aufhebung sowie die Ablehnung einer derartigen Maßnahme sind nicht selbständig anfechtbar.

(4) Der Verfahrensbeistand hat das Interesse des Kindes festzustellen und im gerichtlichen Verfahren zur Geltung zu bringen. Er hat das Kind über Gegenstand, Ablauf und möglichen Ausgang des Verfahrens in geeigneter Weise zu informieren. Soweit nach den Umständen des Einzelfalls ein Erfordernis besteht, kann das Gericht dem Verfahrensbeistand die zusätzliche Aufgabe übertragen, Gespräche mit den Eltern und weiteren Bezugspersonen des Kindes zu führen sowie am Zustandekommen einer einvernehmlichen Regelung über den Verfahrensgegenstand mitzuwirken. Das Gericht hat Art und Umfang der Beauftragung konkret festzulegen und die Beauftragung zu begründen. Der Verfahrensbeistand kann im Interesse des Kindes Rechtsmittel einlegen. Er ist nicht gesetzlicher Vertreter des Kindes.

(5) Die Bestellung soll unterbleiben oder aufgehoben werden, wenn die Interessen des Kindes von einem Rechtsanwalt oder einem anderen geeigneten Verfahrensbevollmächtigten angemessen vertreten werden.

(6) Die Bestellung endet, sofern sie nicht vorher aufgehoben wird,

Abschnitt 3 – § 158

1. mit der Rechtskraft der das Verfahren abschließenden Entscheidung oder
2. mit dem sonstigen Abschluss des Verfahrens.

(7) Für den Ersatz von Aufwendungen des nicht berufsmäßigen Verfahrensbeistands gilt § 277 Abs. 1 entsprechend. Wird die Verfahrensbeistandschaft berufsmäßig geführt, erhält der Verfahrensbeistand eine einmalige Vergütung in Höhe von 350 Euro. Im Falle der Übertragung von Aufgaben nach Absatz 4 Satz 3 erhöht sich die Vergütung auf 550 Euro. Die Vergütung gilt auch Ansprüche auf Ersatz anlässlich der Verfahrensbeistandschaft entstandener Aufwendungen sowie die auf die Vergütung anfallende Umsatzsteuer ab. Der Aufwendungsersatz und die Vergütung sind stets aus der Staatskasse zu zahlen. Im Übrigen gilt § 168 Abs. 1 entsprechend.

(8) Dem Verfahrensbeistand sind keine Kosten aufzuerlegen.

Die Vorschrift entspricht im Hinblick auf die Absätze 1, 3, 5, 6 und 8 dem Regierungsentwurf; Absätze 2, 4 und 7 sind mit der Beschlussempfehlung des Rechtsausschusses geändert worden:

Frühere Fassung RegE:

(2) Die Bestellung ist in der Regel erforderlich,

1. **wenn das Kind das 14. Lebensjahr vollendet hat und dies beantragt,**
2. *wenn das Interesse des Kindes zu dem seiner gesetzlichen Vertreter in erheblichem Gegensatz steht,*
3. *in Verfahren nach den §§ 1666 und 1666a des Bürgerlichen Gesetzbuchs, wenn die teilweise oder vollständige Entziehung der Personensorge in Betracht kommt,*
4. *wenn eine Trennung des Kindes von der Person erfolgen soll, in deren Obhut es sich befindet,*
5. *in Verfahren, die die Herausgabe des Kindes oder eine Verbleibensanordnung zum Gegenstand haben, oder*
6. *wenn der Ausschluss oder eine Beschränkung des Umgangsrechts in Betracht kommt.*

(4) Der Verfahrensbeistand hat das Interesse des Kindes festzustellen und im gerichtlichen Verfahren zur Geltung zu bringen. Er hat das Kind über Gegenstand, Ablauf und möglichen Ausgang des Verfahrens in geeigneter Weise zu informieren. **Zur Erfüllung seiner Aufgaben kann er auch Gespräche mit den Eltern und weiteren Bezugspersonen des Kindes führen sowie am Zustandekommen einer einvernehmlichen Regelung über den Verfahrensgegenstand mitwirken.** *Der Verfahrensbeistand kann im Interesse des Kindes Rechtsmittel einlegen. Er ist nicht gesetzlicher Vertreter des Kindes.*

(7) Für den Ersatz von Aufwendungen und die Vergütung des Verfahrensbeistands gilt § 277 entsprechend.

Begründung RegE:

Die Vorschrift behandelt die Rechtsfigur des Verfahrensbeistandes. Diese ersetzt den im bisherigen § 50 FGG vorgesehenen Verfahrenspfleger für minderjährige Kinder.

In anderen Rechtsbereichen, wie etwa im Betreuungs- und Unterbringungsrecht, ist die Verfahrenspflegschaft im vorliegenden Entwurf weiterhin vorgesehen. Die Schaffung zweier auch begrifflich verschiedener Rechtsinstitute unterstreicht die unterschiedliche Ausgestaltung nach den spezifischen Anforderungen der betroffenen Rechtsgebiete. Für Kindschaftssachen ist bei der Ausgestaltung insbesondere Artikel 6 des Grundgesetzes zu berücksichtigen.

Die Bezeichnung „Verfahrensbeistand" bringt Aufgabe und Funktion im Verfahren deutlicher zum Ausdruck als der Begriff des Verfahrenspflegers. Als ein ausschließlich verfahrensrechtliches Institut handelt es sich auch nicht um eine Beistandschaft nach §§ 1712 ff. BGB.

Die Vorschrift verfolgt auch das Ziel, bestimmte wesentliche Streit- und Zweifelsfragen aus dem Bereich des bisherigen § 50 FGG einer gesetzlichen Klärung zuzuführen.

II. – FamFG – Buch 2 Verfahren in Familiensachen

Absatz 1 unterscheidet sich vom bisherigen § 50 Abs. 1 FGG in erster Linie dadurch, dass der Gesetzeswortlaut nicht mehr nur eine Kann-Bestimmung, sondern eine Verpflichtung des Gerichts zur Bestellung eines Verfahrensbeistands enthält, wenn das Kriterium der Erforderlichkeit erfüllt ist. Dies entspricht in der Sache bereits der herrschenden Auffassung zum bisherigen § 50 Abs. 1 FGG (vgl. Keidel/Kuntze/Winkler-Engelhardt, Freiwillige Gerichtsbarkeit, 15. Aufl. 2003, Rn 33 zu § 50 m.w.N.). Dabei soll das Gericht nur eine Person zum Verfahrensbeistand bestimmen, die persönlich und fachlich geeignet ist, das Interesse des Kindes festzustellen und sachgerecht in das Verfahren einzubringen.

Absatz 2 zählt Konstellationen auf, in denen die Bestellung eines Verfahrensbeistands in der Regel erforderlich ist. Soll trotz Vorliegens eines Regelbeispiels von einer Bestellung abgesehen werden, bedarf dies besonderer Gründe, die das Gericht im Einzelnen darzulegen hat. Denkbar ist dies insbesondere bei Entscheidungen von geringer Tragweite, die sich auf die Rechtspositionen der Beteiligten und auf die künftige Lebensgestaltung des Kindes nicht in erheblichem Umfang auswirken. Die Erforderlichkeit kann weiter fehlen, wenn alle beteiligten Personen und Stellen gleichgerichtete Verfahrensziele verfolgen. Aber auch wenn die Interessen des Kindes in anderer Weise ausreichend im Verfahren zur Geltung gebracht werden, kommt ein Absehen von der Bestellung eines Verfahrensbeistands in Betracht. Dies kann z.B. dann der Fall sein, wenn das Kind durch einen Ergänzungspfleger vertreten wird.

Die in Nummern 1 bis 6 enthaltenen Regelbeispiele können auch als Orientierung zur Auslegung des Begriffs der Erforderlichkeit in Absatz 1 dienen.

Nummer 1 sieht erstmals ein Antragsrecht des Kindes vor, welches das 14. Lebensjahr vollendet hat. Ist dieses, ggf. nach einem entsprechenden Hinweis, der Auffassung, dass es der Unterstützung durch einen Verfahrensbeistand bedarf, soll es einen solchen im Regelfall auch erhalten. Diese Bestimmung führt zu einer deutlichen Stärkung der Position des Kindes im Verfahren.

Nummer 2 entspricht dem bisherigen § 50 Abs. 2 Nr. 1 FGG.

Nummer 3 nennt die teilweise oder vollständige Entziehung der Personensorge nach §§ 1666, 1666a des Bürgerlichen Gesetzbuchs. Eine solche Maßnahme hat für das Kind typischerweise erhebliche Auswirkungen. Grundlage für ein Verfahren nach §§ 1666, 1666a BGB ist häufig der Vorwurf eines Fehlverhaltens des betroffenen Elternteils oder beider Elternteile gegenüber dem Kind. In einer derartigen Konfliktsituation benötigt das Kind Unterstützung durch eine geeignete dritte Person, um seinen Willen hinreichend deutlich zum Ausdruck bringen zu können.

Nummer 4 enthält die Konstellation, dass eine Trennung des Kindes von der Person erfolgen soll, in deren Obhut es sich befindet. Dabei ist „Trennung" so zu verstehen, wie in § 1666a Abs. 1 Satz 1 BGB. Der Begriff der „Obhut" wird gleichbedeutend in zahlreichen Vorschriften des Familienrechts im BGB verwendet. Für die Anwendung der Regelung ist es ohne Belang, wer die Trennung anstrebt, insbesondere ob es das Kind selbst, das Jugendamt, ein Elternteil oder ein außenstehender Dritter ist, oder ob das Gericht eine derartige Maßnahme in Betracht zieht.

Der Tatbestand der Nummer 4 ist weiter gefasst als die entsprechende Fallgruppe im bisherigen § 50 Abs. 2 Nr. 2 FGG; insbesondere erfolgt keine Beschränkung auf Verfahren nach §§ 1666, 1666a BGB. Hierfür maßgebend ist die Erwägung, dass es für die Auswirkungen einer entsprechenden Maßnahme ohne Bedeutung ist, auf welcher Rechtsgrundlage sie erfolgt.

Das Bundesverfassungsgericht (Beschluss vom 29.10.1998, NJW 1999, 631, 633) hat zur Begründung des Erfordernisses eines Verfahrenspflegers im konkreten Fall einer Rückführungsentscheidung unter anderem darauf abgestellt, dass die Entscheidung das soziale Umfeld des Kindes bestimmt und zu einer Herauslösung des Kindes aus der unmittelbaren Zuwendung des gegenwärtig betreuenden Elternteils führen kann. Dem trägt die Bestimmung der Nummer 4 Rechnung.

Nummer 5 nennt Verfahren, die die Herausgabe des Kindes oder eine Verbleibensanordnung zum Gegenstand haben. Auch hierbei geht es um den grundsätzlichen Aufenthalt des Kindes. Da die Zuordnung der genannten Verfahren zu Nummer 4 zweifelhaft sein kann, werden diese Fallkonstellationen besonders erwähnt. Auf das Vorliegen der Tatbestandsmerkmale der Nummer 4 kommt es nicht an. Verfahren auf

Herausgabe des Kindes sind in erster Linie solche nach § 1632 Abs. 1, 3 BGB. Eine Verbleibensanordnung regeln §§ 1632 Abs. 4, 1682 BGB.

Nach **Nummer 6** ist ein Verfahrensbeistand in der Regel zu bestellen, wenn ein Ausschluss oder eine Beschränkung des Umgangsrechts (vgl. § 1684 Abs. 4 Satz 1, 2 BGB) in Betracht kommt. Dies ist der Fall, wenn eine solche Maßnahme etwa vom Jugendamt oder einem Verfahrensbeteiligten gefordert oder durch das Gericht ernsthaft erwogen wird. Die Situation ist in einem solchen Fall regelmäßig von einem schweren Grundkonflikt oder von Vorwürfen gegenüber dem Umgangsberechtigten geprägt und mit der Konstellation in Nummer 3 vergleichbar.

Absatz 3 Satz 1 legt ausdrücklich fest, dass die Bestellung des Verfahrensbeistands so früh wie möglich erfolgen soll, wobei zunächst Anfangsermittlungen zur Erforderlichkeit der Bestellung erfolgen müssen. Andererseits sollen der Verfahrensbeistand, bzw. das Kind mit dessen Unterstützung, Einfluss auf die Gestaltung und den Ausgang des Verfahrens nehmen können, weshalb nach dem Zeitpunkt, zu dem das Vorliegen der Voraussetzungen nach Absatz 1 bzw. 2 klar ist, ein weiteres Zuwarten nicht mehr gerechtfertigt ist.

Absatz 3 Satz 2 ordnet an, dass der Verfahrensbeistand mit dem Akt der Bestellung zum Beteiligten wird. Die Regelung entspricht § 274 Abs. 2 und § 315 Abs. 2. Der Verfahrensbeistand hat wie der Verfahrenspfleger die Rechte des Betroffenen wahrzunehmen, ohne an dessen Weisungen gebunden zu sein. Damit hat er im Verfahren eine eigenständige Stellung, die eine formelle Beteiligung erforderlich macht. Mit seiner Hinzuziehung erhält der Verfahrensbeistand alle Rechte und Pflichten eines Beteiligten, mit Ausnahme der Verpflichtung zur Kostentragung **(Absatz 8)**. Er muss daher z.B. einem gerichtlich gebilligten Vergleich nach § 156 Abs. 2 zustimmen. Die Regelung wird ergänzt durch **Absatz 4 Satz 4,** nach dem der Verfahrensbeistand unabhängig von der Beeinträchtigung eigener materieller Rechte im Interesse des Kindes Rechtsmittel einlegen kann.

Absatz 3 Satz 3 entspricht inhaltlich dem bisherigen § 50 Abs. 2 Satz 2 FGG.

Absatz 3 Satz 4 stellt klar, dass die Entscheidung über die Bestellung oder Aufhebung der Bestellung eines Verfahrensbeistands sowie über die Ablehnung einer derartigen Maßnahme nicht selbständig anfechtbar ist. Dass die Entscheidung nicht selbständig anfechtbar ist, ergibt sich bereits aus ihrem Charakter als Zwischenentscheidung; die Unanfechtbarkeit wird gleichwohl zur Klarstellung im Gesetz noch einmal ausdrücklich bestimmt. Damit wird eine Streitfrage, die zu zahlreichen sich widersprechenden Entscheidungen geführt hat, im Gesetz entschieden. Der Ausschluss der Anfechtbarkeit ist umfassend und insbesondere nicht auf eine Anfechtung durch einzelne Personen oder Beteiligte beschränkt. Erfasst ist damit lediglich die isolierte Anfechtbarkeit einer entsprechenden Entscheidung; ein Rechtsmittel gegen die Endentscheidung kann weiterhin auch damit begründet werden, dass das Gericht einen Verfahrensbeistand zu Unrecht bestellt oder abberufen hat oder dass es die Bestellung eines Verfahrensbeistands zu Unrecht unterlassen oder abgelehnt hat.

Der Ausschluss der selbständigen Anfechtbarkeit verhindert Verfahrensverzögerungen durch entsprechende Rechtsmittel. Angesichts der nunmehr gefundenen Ausgestaltung des Rechtsinstituts des Verfahrensbeistands liegt weder in der Bestellung noch im Fall des Unterlassens der Bestellung ein derart schwerwiegender Eingriff in Rechte der Beteiligten vor, dass eine isolierte Anfechtbarkeit geboten wäre. Dies gilt insbesondere für die Eltern des betroffenen Kindes. Diese bleiben im Fall der Bestellung eines Verfahrensbeistands, und anders etwa als bei der Anordnung einer Ergänzungspflegschaft, weiterhin in vollem Umfang zur Vertretung des Kindes berechtigt. Der Gesichtspunkt einer möglichen Kostenbelastung rechtfertigt eine Anfechtbarkeit nicht. Für den Verfahrenspfleger im Betreuungsverfahren hat der BGH durch Beschluss vom 25. Juni 2003 (FamRZ 2003, 1275 ff.) entschieden, dass die Bestellung für den Betroffenen nicht anfechtbar ist.

Absatz 4 enthält erstmals Bestimmungen über Aufgaben und Rechtstellung des Verfahrensbeistands. Eine Klarstellung wurde in der Vergangenheit von der Praxis, insbesondere von den Verfahrenspflegern selbst, vielfach eingefordert. In der Rechtsprechung, die überwiegend im Zusammenhang mit Fragen der Vergütung des Verfahrenspflegers ergangen ist, bestehen diesbezüglich erhebliche Unterschiede und Unklarheiten.

II. – FamFG – Buch 2 Verfahren in Familiensachen

Satz 1 bringt zum Ausdruck, dass auch die Feststellung, also die Ermittlung des Interesses, und dabei in erster Linie des Willens des Kindes von den Pflichten des Verfahrensbeistands umfasst ist. Ein effektives Tätigwerden im Interesse des Kindes wäre sonst kaum möglich. Der Entwurf hält daran fest, dass der Verfahrensbeistand dem Interesse des Kindes verpflichtet ist und nicht allein dem von diesem geäußerten Willen. Zwar hat der Verfahrensbeistand den Kindeswillen in jedem Fall deutlich zu machen und in das Verfahren einzubringen, es steht ihm jedoch frei, darüber hinaus weitere Gesichtspunkte und auch etwaige Bedenken vorzutragen. Der Verfahrensbeistand hat daher bei seiner Stellungnahme sowohl das subjektive Interesse des Kindes (Wille des Kindes) als auch das objektive Interesse des Kindes (Kindeswohl) einzubeziehen. Dieses Verständnis der Aufgaben des Verfahrenspflegers entspricht der Wertung des materiellen Rechts, das vom Zentralbegriff des Kindeswohls geprägt ist (vgl. § 1697a BGB). Es entspricht auch der eigenständigen Stellung des Verfahrensbeistands, der, anders als ein in fremdem Namen handelnder Verfahrensbevollmächtigter, selbst Beteiligter ist. Die Stellungnahme kann sowohl schriftlich als auch mündlich im Termin abgegeben werden. Eine mündliche Stellungnahme wird insbesondere dann in Betracht kommen, wenn die Bestellung zeitnah zu einem Termin nach § 155 Abs. 2 erfolgt.

Schließlich wird aus der Formulierung des Satzes 1 deutlich, dass die Aufgaben des Verfahrensbeistands strikt auf das konkrete Verfahren, für das er bestellt wurde, beschränkt sind.

Satz 2 bestimmt, dass der Verfahrensbeistand das Kind in geeigneter Weise über das Verfahren zu informieren hat. Es handelt sich hierbei um das Gegenstück zur Geltendmachung des Interesses des Kindes. Dieses wäre ohne Unterstützung oftmals nicht in der Lage, die verfahrensmäßigen Abläufe zu verstehen. Eine altersgemäße Information, ggf. auch über den wesentlichen Inhalt der Verfahrensakten, erleichtert dem Kind die Wahrnehmung der eigenen Position.

Satz 3 behandelt weitere Befugnisse des Verfahrensbeistands. Er kann Gespräche mit Eltern und sonstigen Bezugspersonen führen und am Zustandekommen einer einvernehmlichen Regelung über den Verfahrensgegenstand mitwirken. Ob er von diesen Befugnissen Gebrauch macht, entscheidet er selbst. Soweit er sich dafür entscheidet, handelt er im Rahmen seiner – fakultativen – Aufgaben. Die Regelung ist insbesondere vor dem Hintergrund der vergütungsrechtlichen Vorschriften zu sehen.

Satz 4 enthält das Beschwerderecht des Verfahrensbeistands im Interesse des Kindes.

Satz 5 bringt zum Ausdruck, dass eine gesetzliche Vertretungsmacht des Verfahrensbeistandes für das Kind nicht besteht. Die Bestellung ändert an den Vertretungsverhältnissen also nichts. Der Verfahrensbeistand handelt in eigenem Namen und hat nicht die Funktion, rechtliche Willenserklärungen für das Kind abzugeben oder entgegenzunehmen. Auf diese Weise wird der Eingriff in das Elternrecht möglichst gering gehalten und eine sachwidrige Verlagerung von Aufgaben auf den Verfahrensbeistand vermieden. Die Regelung ist erforderlich, da zu dieser Frage für den Verfahrenspfleger nach § 50 FGG bislang unterschiedliche Auffassungen vertreten werden.

Absatz 5 entspricht dem bisherigen § 50 Abs. 3 FGG.

Absatz 6 entspricht dem bisherigen § 50 Abs. 4 FGG.

Absatz 7 entspricht dem bisherigen § 50 Abs. 5 FGG.

Absatz 8 bestimmt, dass dem Verfahrensbeistand keine Verfahrenskosten auferlegt werden können. Dies ist sachgerecht, da er allein im Interesse des Kindes tätig wird. Die Regelung gilt sowohl für das erstinstanzliche Verfahren wie auch für ein Rechtsmittelverfahren.

Stellungnahme Bundesrat:
53. **Zu Artikel 1** (§§ 158 und 174 FamFG)
Artikel 1 ist wie folgt zu ändern:
a) § 158 ist wie folgt zu fassen:
„§ 158 Verfahrensbeistand
(1) Das Gericht bestellt dem minderjährigen Kind in Kindschaftssachen, die seine Person betreffen, einen geeigneten Verfahrensbeistand, soweit dies zur Wahrnehmung seiner Interessen erforderlich ist. Die

Bestellung soll unterbleiben oder aufgehoben werden, wenn die Interessen des Kindes von einem Rechtsanwalt oder einem anderen geeigneten Verfahrensbevollmächtigten angemessen vertreten werden.

(2) Der Verfahrensbeistand ist so früh wie möglich zu bestellen. Er wird durch seine Bestellung als Beteiligter zum Verfahren hinzugezogen. Die Bestellung eines Verfahrensbeistandes oder deren Aufhebung sowie die Ablehnung einer derartigen Maßnahme sind nicht selbständig anfechtbar.

(3) Der Verfahrensbeistand hat das Interesse des Kindes festzustellen und im gerichtlichen Verfahren zur Geltung zu bringen. Er hat das Kind über Gegenstand, Ablauf und möglichen Ausgang des Verfahrens in geeigneter Weise zu informieren. Der Verfahrensbeistand kann im Interesse des Kindes Rechtsmittel einlegen. Er ist nicht gesetzlicher Vertreter des Kindes.

(4) Soweit nach den Umständen des Einzelfalls ein Bedürfnis besteht, kann das Gericht dem Verfahrensbeistand die Aufgabe übertragen, Gespräche mit den Eltern und weiteren Bezugspersonen des Kindes zu führen sowie am Zustandekommen einer einvernehmlichen Regelung über den Verfahrensgegenstand mitzuwirken. Das Gericht hat Art und Umfang der Beauftragung konkret festzulegen.

(5) Die Bestellung endet, sofern sie nicht vorher aufgehoben wird,

1. mit der Rechtskraft der das Verfahren abschließenden Entscheidung oder
2. mit dem sonstigen Abschluss des Verfahrens.

(6) Für den Ersatz von Aufwendungen und die Vergütung des Verfahrensbeistands gilt § 277 entsprechend.

(7) Dem Verfahrensbeistand sind keine Kosten aufzuerlegen."

b) § 174 ist wie folgt zu fassen:

„§ 174 Verfahrensbeistand

Das Gericht bestellt einem minderjährigen Beteiligten in Abstammungssachen, die seine Person betreffen, einen Verfahrensbeistand, soweit dies zur Wahrnehmung seiner Interessen erforderlich ist. Die Bestellung soll unterbleiben oder aufgehoben werden, wenn die Interessen des Kindes von einem Rechtsanwalt oder einem anderen geeigneten Verfahrensbevollmächtigten angemessen vertreten werden. § 158 Abs. 2 bis 7 gilt entsprechend."

Begründung:

Durch § 158 FamFG-E soll die bisherige Regelung des Verfahrenspflegers für minderjährige Kinder (§ 50 FGG) erheblich ausgeweitet werden. Dies betrifft sowohl die Bestellungsgründe als auch den Aufgabenkreis des Verfahrenspflegers, der künftig Verfahrensbeistand heißen soll. Hierdurch sind erhebliche Kosten für die Justizhaushalte der Länder zu erwarten, die nicht durch einen entsprechenden Nutzen aufgewogen werden. Aufwendungsersatz und Vergütung der Verfahrensbeistände sind nach § 158 Abs. 7 i.V.m. § 277 Abs. 5 Satz 1 FamFG-E stets aus der Staatskasse zu bezahlen, d.h. aus den Justizhaushalten.

Bei Einführung des Rechtsinstituts des Verfahrenspflegers im Jahr 1997 war vorgesehen, dass die Bestellung nur in Ausnahmefällen, nämlich bei einem „schwerwiegenden Interessenkonflikt in einer für das weitere Schicksal des Kindes bedeutsamen Angelegenheit" in Frage kommen sollte (vgl. Begründung zu § 50 FGG in BT-Drs. 13/4899, S. 130. Dort auch: „Die Bestellung von Verfahrenspflegern soll nur in solchen Verfahren angeordnet werden, in denen sie auf Grund der konkreten Umstände im Einzelfall notwendig ist, weil sonst die Wahrung der Kindesinteressen nicht gewährleistet ist. Nur in diesem – engen – Rahmen ist wegen des damit verbundenen Eingriffs in das Elternrecht eine Verfahrenspflegerbestellung gerechtfertigt."). Der Gesetzentwurf der Bundesregierung würde diese Ausnahme zur Regel machen.

Die Entwurfsbegründung enthält auch keine Ausführungen dazu, inwieweit sich das erst 1997 eingeführte Institut des Verfahrenspflegers in der Praxis bewährt hat, wie häufig es bislang Anwendung fand und wo Defizite beim Einsatz von Verfahrenspflegern gesehen werden. Bereits bei seiner Einführung wurden begleitende wissenschaftliche Forschungen zu den konkreten Auswirkungen der neuen Rechts-

II. – FamFG – Buch 2 Verfahren in Familiensachen

figur des Verfahrenspflegers für das Kind gefordert (vgl. Salgo, FPR 1999, 313). Bislang fehlen solche Untersuchungsergebnisse, unter anderem auch deswegen, weil das Bundesministerium der Justiz keine Untersuchungen veranlasst hat (vgl. BT-Drs. 15/2399, S. 6; zum Forschungsstand vgl. Salgo, FPR 2006, 7 f.). Erst vor kurzem hat die Wissenschaft mit begleitenden Untersuchungen begonnen, z.B. durch ein im Dezember 2005 angelaufenes Forschungsprojekt der TU Berlin „Innovationsprozesse in Wirtschaft und Gesellschaft – Untersuchungen am Beispiel der Rechtsinstitution – „Anwalt des Kindes" (Lehrstuhl für Sozialrecht und Zivilrecht, Prof. Dr. Münder), wobei Ergebnisse bislang noch nicht vorliegen.

Die Zunahme der Bestellung von Verfahrensbeiständen ist mit erheblichen finanziellen Auswirkungen für die Länder verbunden. Bundesweit wurden im Jahr 2004 7 868 Verfahrenspfleger bestellt (2003: 7 121; 2002: 6 418; 2001: 5 483; hierzu und zum Folgendem Salgo, FPR 2006, 7–11). Die Quote liegt bei bis zu 7 Prozent aller maßgeblichen Familienverfahren mit steigendem Trend, insbesondere auf Grund einer zunehmenden Zahl von Umgangsrechtsverfahren. Beispielsweise wurden in Schleswig-Holstein im Jahr 2005 bei insgesamt 20 466 Eheverfahren oder Folgesachen 239 Verfahrenspfleger bestellt (2004: 230 von 21 744; 2003: 190 von 20 950; 2002: 133 von 21 396). Auf Grund der bisherigen Schätzungen der Literatur ist mit einer deutlichen Steigerung mindestens um das Vierfache zu rechnen. Ausgehend von den bislang an die Verfahrenspfleger gezahlten Vergütungen ist allein für Schleswig-Holstein mit Mehrausgaben von 500 000 bis 1 Million Euro zu rechnen. Hochgerechnet auf die gesamte Bundesrepublik belaufen sich die Mehrausgaben auf 14,5 bis 29 Millionen Euro.

Die Kostensteigerungen allein in diesem Punkt übersteigen jeden vom Bundesministerium der Justiz angekündigten Entlastungseffekt des Gesetzentwurfs.

Der Prüfungsmaßstab des Gesetzentwurfs der Bundesregierung, ob die Bestellung eines Verfahrensbeistandes „zur Wahrnehmung der Interessen des minderjährigen Kindes erforderlich" ist, soll beibehalten werden. Dieser bietet für die Praxis eine geeignete Basis, ohne schematische Vorgaben eine an den konkreten Umständen des Einzelfalls orientierte Entscheidung zu treffen.

§ 158 Abs. 5 FamFG-E wird dem Absatz 1 als Satz 2 angefügt, da diese Gliederung dem logischen Aufbau der Norm und auch der Prüfungsreihenfolge des Gerichts entspricht. § 158 Abs. 5 FamFG-E wird auch in § 174 FamFG-E als Satz 2 eingefügt. Eine ausdrückliche Aufnahme des Normtextes statt einer Verweisung ist aus appellativen Gründen angezeigt.

Anstelle der in § 158 Abs. 2 FamFG-E vorgesehenen Regelbeispiele ist eine Generalklausel ohne Regelbeispiele ausreichend. Als Folgeänderung zur Streichung der Regelbeispiele kann auch § 158 Abs. 3 Satz 3 FamFG-E entfallen. Die Streichung der Regelbeispiele soll aber nicht dazu führen, den Anwendungsbereich der Bestellung eines Verfahrensbeistandes gegenüber der bisherigen Rechtslage zu erweitern.

Das Gericht ist in Kindschaftssachen kraft des Amtsermittlungsgrundsatzes ohnehin gehalten, den Sachverhalt nach allen Richtungen hin zu erforschen und dabei auch die Belange des Kindes zu berücksichtigen. Dies gibt bereits das materielle Recht vor, so zum Beispiel § 1666 Abs. 1 und 2 oder § 1684 Abs. 2 BGB. In Kindschaftssachen stehen die Interessen des Kindes daher ohnehin im Mittelpunkt des gerichtlichen Verfahrens. Auch dem Jugendamt obliegt es nach dem SGB VIII als originäre Aufgabe, die Interessen des minderjährigen Kindes zu fördern. Es ist in Kindschaftssachen nach § 162 FamFG-E zwingend anzuhören. In der Praxis ist daher zu beobachten, dass Verfahrensbeistände eher selten von effektivem Nutzen für das Verfahren und für die Wahrung der Interessen des Kindes sind.

Auch in Abstammungssachen ist das Gericht kraft des Amtsermittlungsgrundsatzes ohnehin gehalten, den Sachverhalt nach allen Richtungen hin zu erforschen und dabei auch die Belange des Kindes zu berücksichtigen. Dies gibt bereits das materielle Recht vor, so zum Beispiel § 1600 Abs. 2 und 3 BGB. In Abstammungssachen sind die Interessen des Kindes daher ohnehin Gegenstand des gerichtlichen Verfahrens. Auch dem Jugendamt obliegt es nach dem SGB VIII als originäre Aufgabe, die Interessen des minderjährigen Kindes zu fördern. Das Jugendamt wird in Kindschaftssachen nach § 176 FamFG-E im Regelfall angehört.

Es gibt keinen empirischen Beleg dafür, dass die Bestellung eines Verfahrensbeistandes gerade in den Fällen der Regelbeispiele besonders förderlich für die Interessen des Kindes wäre.

Augenfällig wird dies an dem Regelbeispiel des § 158 Abs. 2 Nr. 1 FamFG-E, nach dem für ein Kind, das über 14 Jahre alt ist, auf dessen Antrag hin in der Regel ein Verfahrensbeistand bestellt werden soll. Der Entwurf begründet dies mit der „Stärkung der Position des Kindes im Verfahren" (BR-Drs. 309/07, S. 530). Aussagekräftige Argumente und eine nachvollziehbare Darstellung der Tatsachengrundlage, die für die Einführung eines solchen Regelbeispiels sprechen, fehlen in der Entwurfsbegründung. Es ist nicht nachvollziehbar, ob es in der Vergangenheit gerade bei der Interessenvertretung von Kindern über 14 Jahren Defizite gegeben hat, die die regelmäßige Bestellung eines Verfahrensbeistandes erforderlich erscheinen lassen. Die Begründung setzt sich auch nicht mit dem Gesichtspunkt auseinander, dass ein Kind über 14 Jahre in der Regel schon auf Grund seines Alters besser in der Lage sein dürfte, seine Interessen selbst zum Ausdruck zu bringen und wahrzunehmen als ein jüngeres Kind. Der Hinweis auf die „Stärkung der Position des Kindes im Verfahren" bleibt deshalb vage und ist nicht geeignet, die Einführung dieses Regelbeispiels hinreichend zu begründen.

Die Klarstellung der Aufgaben und der Rechtsstellung des Verfahrensbeistandes in § 158 Abs. 4 FamFG-E ist im Grundsatz zu begrüßen. Eine solche gesetzliche Regelung trägt dazu bei, die unübersichtliche Rechtsprechung der Obergerichte zu den Aufgaben des Verfahrensbeistands, die im Zusammenhang mit der Vergütungsfestsetzung ergangen ist, in Zukunft zu vereinheitlichen.

Die Ausweitung der originären Aufgaben eines Verfahrensbeistands durch § 158 Abs. 4 Satz 3 FamFG-E ist jedoch abzulehnen. Eigentliche Aufgabe des Verfahrensbeistandes ist die Wahrnehmung der Interessen des Kindes in einem konkreten familiengerichtlichen Verfahren. Gespräche mit den Eltern und weiteren Bezugspersonen des Kindes sowie die Mitwirkung am Zustandekommen einer einvernehmlichen Regelung über den Verfahrensgegenstand gehören nicht zu den klassischen Aufgaben des Verfahrensbeistandes. Die vorgenannten Aufgaben obliegen originär dem Jugendamt bzw. dem Gericht. Eine Ausweitung der originären Aufgaben des Verfahrensbeistandes würde zu einer unzulässigen Vermischung der den Verfahrensbeteiligten zugedachten Rollen führen. Es muss daher von einer konkreten, nach Art und Umfang präzisierten Beauftragung durch das Gericht im Einzelfall abhängen, ob der Verfahrensbeistand Aufgaben nach § 158 Abs. 4 Satz 3 FamFG-E wahrnehmen darf. Dies wird im neu einzufügenden Absatz 4 der Vorschrift klargestellt.

Gegenäußerung Bundesregierung:
Zu Nummer 53 (Artikel 1 – §§ 158 und 174 FamFG)

Die Bundesregierung stimmt dem Vorschlag des Bundesrates nicht zu, wird aber im weiteren Verlauf des Gesetzgebungsverfahrens prüfen, ob die Vergütungsregelung für den Verfahrensbeistand an diejenige der Rechtsanwälte angeglichen werden kann.

Die Einführung der Institution des Verfahrenspflegers nach § 50 FGG durch das Kindschaftsrechtsreformgesetz vom 16. Dezember 1997 (BGBl. I S. 2942) hat sich als Erfolg erwiesen. Insgesamt ist die Institution heute allgemein als wirksames Mittel zur Wahrnehmung der Rechte des Kindes anerkannt. Die Notwendigkeit der Verfahrenspflegschaft als Interessenvertretung des Kindes zeigt sich an der beständigen Zunahme von Verfahrenspflegerbestellungen. Diese wächst kontinuierlich; nach den jüngsten Zahlen wurden Verfahrenspfleger im Jahr 2005 bundesweit in 8 762 Fällen bestellt (Quelle: Statistisches Bundesamt, Sonderauswertung zur Familiengerichtsstatistik 2005 bzw. Salgo/Stötzel, ZKJ 2007, 243).

Die heute schon vorliegenden rechtstatsächlichen Untersuchungen zeigen eindeutig, dass das Wirken des Verfahrenspflegers allgemein sehr positiv eingeschätzt wird. Der Studie von Proksch (Rechtstatsächliche Untersuchung zur Reform des Kindschaftsrechts [2002], 130, 248) zufolge erachten fast die Hälfte der befragten Eltern den Verfahrenspfleger als eine „gute" oder „sehr gute" Einrichtung; mehr als 60 % der erstinstanzlichen Richter an Familiengerichten schätzen die Verfahrenspflegschaft als „hilfreich". Die Bewertung durch die Jugendämter fällt ebenfalls positiv aus. Die aktuelle, breit angelegte Untersuchung von Stötzel (Wie erlebt das Kind die Verfahrenspflegschaft? Studie zum Qualitätsstand der Institution Verfahrenspflegschaft [gemäß § 50 FGG] unter Berücksichtigung der Perspektive des Kindes [2005]; Kurzfassung in FPR 2006, 17 ff.) hat ergeben, dass die betroffenen Kinder insgesamt froh waren, einen Verfah-

II. – FamFG – Buch 2 Verfahren in Familiensachen

renspfleger gehabt zu haben, und sich diesen auch für andere Kinder wünschen; der Verfahrenspfleger ist, der Studie zufolge, ein unverzichtbares Instrument, um das Kind im gerichtlichen Verfahren mehr in den Mittelpunkt zu stellen. Auch die eingehende, auf einer Umfrage unter hessischen Familienrichtern aufbauende Untersuchung von Gummersbach (Die Subjektstellung des Kindes – die verfahrensrechtliche Neuerung des Anwalts des Kindes in § 50 FGG [2005]; Kurzfassung Grüttner [geb. Gummersbach], ZKJ 2006, 61 ff.) hat ergeben, dass „die Figur des Verfahrenspflegers ... als durchaus chancenreiches Mittel zur Förderung kindeswohlspezifischer Belange" eingestuft wird, „welches jedoch zur erfolgreichen Umsetzung dieser Zielsetzung noch weitergehender Konkretisierungen ... auf der Ebene der Rechtssetzung ... bedarf" (S. 441). Die Bundesregierung tritt daher der Einschätzung des Bundesrates, dass Verfahrensbeistände „eher selten von effektivem Nutzen für das Verfahren und für die Wahrung der Interessen des Kindes sind", ausdrücklich entgegen.

Eines der hauptsächlichen, vielfach kritisierten Defizite des heutigen § 50 FGG ist die Unsicherheit darüber, in welchen Fällen die Bestellung eines Verfahrenspfleger geboten ist. Die praktische Anwendung der derzeitigen Regelung gibt häufig Anlass zu zweifeln, ob die Bestellung eines Verfahrenspflegers erforderlich ist oder nicht; auch das Bundesverfassungsgericht wurde mit dieser Frage bereits befasst (vgl. zuletzt BVerfG, FamRZ 2006, 1261 – zur Notwendigkeit der Bestellung eines Verfahrenspflegers im Rückführungsverfahren nach dem Haager Kindesentführungsübereinkommen). Die im Entwurf gewählte Regelbeispieltechnik, um die Fälle, in denen eine Bestellung im allgemeinen in Erwägung zu ziehen ist, besser zu präzisieren, ist daher sachgerecht; in der Literatur wurde sie bereits begrüßt (vgl. Salgo, FPR 2006, 12, 13).

Dass die geplante Regelung aus sich heraus eine Ausweitung der Verfahrenspflegerbestellungen nach sich zieht, ist eher nicht zu erwarten. Das kontinuierliche Ansteigen der Bestellungszahlen belegt vielmehr, dass die Gerichte – teilweise auch nach entsprechenden Hinweisen des Bundesverfassungsgerichts (vgl. BVerfG, FamRZ 2006, 1261) – mittlerweile mehr und mehr die Notwendigkeit sehen, dem Kind im Verfahren einen Beistand zu bestellen. Die geplante Regelung beschränkt sich im Wesentlichen auf eine Nachzeichnung und Kodifikation der derzeitigen, instanzgerichtlichen Praxis. Eine substantielle Ausweitung der Fälle, in denen eine Bestellung erfolgen sollte, ist damit nicht verbunden; dies ist auch nicht beabsichtigt.

Das Regelbeispiel in Absatz 2 Nr. 1 (Antrag des 14-jährigen Kindes) ist Folge der geänderten Stellung des Minderjährigen im Verfahren: Dieser ist zukünftig in Verfahren, in denen ein eigenes subjektives Recht betroffen ist (z.B. Umgangsverfahren), formell beteiligt. Durch die Bestellung eines Verfahrensbeistands wird es ihm ermöglicht, seine Rechte im Verfahren wahrzunehmen.

Für die Regelung in § 158 Abs. 4 Satz 3 FamFG, die Möglichkeit des Verfahrensbeistands, mit den Eltern Gespräche zu führen und an einvernehmlichen Regelungen mitzuwirken, gilt im Ergebnis nichts anderes; auch hierbei handelt es sich im Wesentlichen nur um die Wiedergabe des derzeitigen, freilich sehr zersplitterten und unübersichtlichen Standes der obergerichtlichen Rechtsprechung. Innerhalb des breiten Meinungsspektrums, das für die derzeitige Rechtsprechung kennzeichnend ist, bezieht der Entwurf eine mittlere Position. Die Regelung des Aufgabenbereiches des Verfahrensbeistands in § 158 Abs. 4 FamFG beschränkt sich im Wesentlichen auf diejenigen Aufgaben, die bereits heute zum Kernbestand der Aktivitäten eines Verfahrenspflegers gerechnet werden. Das gilt auch für die Führung von Gesprächen zwischen Verfahrenspfleger und Eltern oder weiteren Bezugspersonen des Kindes. Nach Ansicht der Rechtsprechung sind derartige Gespräche, soweit es sich um ein Erstgespräch oder um jüngere Kinder handelt, bereits jetzt vom Aufgabenfeld des Verfahrenspflegers erfasst (vgl. etwa OLG Stuttgart, FamRZ 2003, 934; OLG Naumburg, FGPrax 2003, 264; OLG Karlsruhe, Kind-Prax 2004, 64; OLG Dresden, FamRZ 2003, 877).

In Bezug auf eine vermittelnde, streitschlichtende Funktion des Verfahrenspflegers oder gar gegenüber einer Betätigung als Mediator hat sich schon die bisherige obergerichtliche Rechtsprechung äußerst reserviert gezeigt (vgl. etwa OLG Oldenburg, FamRZ 2005, 391; OLG Düsseldorf, FamRZ 2003, 190; OLG Dresden, FamRZ 2003, 877, 879). Auch nach Ansicht maßgeblicher Fachverbände kommt dem Verfahrenspfleger insoweit nur ein sehr eingeschränktes Mandat zu: Den Empfehlungen der Kinderrechtekommission des Deutschen Familiengerichtstages vom 5. August 2005 zufolge steht dem Verfahrenspfleger kein eigener Auftrag zur Vermittlung zu, sondern er kann Vermittlungsbemühungen lediglich unterstützen und Anstöße hierzu geben. Durch den Entwurf soll an dieser Rechtslage nichts geändert werden. Deshalb heißt es im Gesetzestext auch nur, dass der Verfahrenspfleger an einer einvernehmlichen Regelung des Verfahrensgegenstandes „mitwirken" kann. Vor diesem Hintergrund erscheint die beantragte Regelung, dass derartige Aktivitäten nur im Wege einer besonderen Ermächtigung durch das Gericht gestattet sein sollen, insgesamt eher untunlich. Es ist zu befürchten, dass die Gerichte diese Ermächtigung formularmäßig in den Bestellungsbeschluss aufnehmen werden bzw. dass Verfahrensbeistände, wenn sie zur Mitwirkung an einvernehmlichen Regelungen eigens ermächtigt werden, diese in besonderem Maße initiieren oder sich hierbei besonders zeitaufwändig (und damit kostenintensiv) einbringen werden. Im Ergebnis besteht daher kein Anlass, insoweit an der vorgesehenen Regelung Änderungen vorzunehmen.

Der Anregung des Bundesrates, § 158 Abs. 5 FamFG (Unterbleiben einer Bestellung, soweit die Kindesinteressen durch einen Rechtsanwalt wahrgenommen werden) als weiteren Satz dem § 158 Abs. 1 FamFG anzugliedern, stimmt die Bundesregierung zu.

Schließlich kann die Bundesregierung der Auffassung des Bundesrates, dass Aufwendungsersatz und Vergütung stets aus der Staatskasse zu bezahlen seien, nicht folgen; diese Auffassung ergibt sich insbesondere auch nicht aus § 277 Abs. 5 FamFG. Vielmehr gelten die an den Verfahrensbeistand gezahlten Beträge auch nach künftigem Recht als Auslagen des Verfahrens, die von den Beteiligten (in der Regel den Eltern) nach Maßgabe von §§ 137 Abs. 1 Nr. 17 (Nr. 16), 93a Abs. 2 KostO erhoben werden können. Die entsprechenden Aufwendungen verbleiben also nicht in jedem Fall bei den Justizhaushalten, sondern nur dann, wenn eine Beitreibung bei den Eltern scheitert oder diesen Verfahrenskostenhilfe gewährt worden ist (§ 79 FamFG, § 122 Abs. 1 Nr. 1a ZPO). Dabei ist zu beachten, dass derzeit in der überwiegenden Zahl der Verfahren mit Verfahrenspflegerbestellung Prozesskostenhilfe nicht oder nur für eine Partei gewährt wird. Im Jahr 2005 (Quelle: Statistisches Bundesamt, Sonderauswertung zur Familiengerichtsstatistik 2005) wurde in 8 762 Verfahren ein Verfahrenspfleger bestellt. Davon wurde nur in 2 210 Verfahren – also 25,2 % – beiden Parteien Prozesskostenhilfe gewährt.

Begründung Beschlussempfehlung Rechtsausschuss:

Der Ausschuss hält mit dem Bundesrat (vgl. Nummer 53 und 72 der Stellungnahme) eine Beschränkung des Aufgabenkreises des Verfahrensbeistandes und eine Pauschalierung seiner Vergütung für erforderlich, um die Belastung der Länderhaushalte infolge der Ausweitung der Bestellungspflicht in kalkulierbaren Grenzen zu halten. Zudem weist der Ausschuss darauf hin, dass die mit der Ausweitung der Bestellungspflicht intendierte Stärkung der Kinderrechte nur verwirklicht werden kann, wenn das Gericht die Eignung des Verfahrensbeistands in jedem Einzelfall sorgfältig prüft.

Die Streichung des Regelbeispiels in Absatz 1 Nr. 1 betrifft die Bestellung des Verfahrensbeistands für das 14-jährige Kind. Der Ausschuss hält dieses Regelbeispiel für entbehrlich, weil das Aufgabenprofil des Verfahrensbeistands auf die Wahrnehmung der Interessen jüngerer Kinder zugeschnitten ist und in Einzelfällen eine Bestellung eines Verfahrensbeistands für ältere Kinder auf Grund der anderen Regelbeispiele nicht ausgeschlossen ist. Im Übrigen soll einem Kind, das das 14. Lebensjahr erreicht hat, die Wahrnehmung eigener materieller Rechte wie in § 1671 Abs. 2 Nr. 1 BGB im Verfahren unabhängig von seinen gesetzlichen Vertretern durch die Erweiterung seiner Verfahrensfähigkeit gemäß § 9 Abs. 1 Nr. 3 – neu – ermöglicht werden. Zur Unterstützung des verfahrensfähigen Kindes kann diesem gegebenenfalls Verfahrenskostenhilfe bewilligt und ein Rechtsanwalt gemäß § 78 beigeordnet werden.

Durch die Ergänzung in Absatz 2 Nr. 6 wird die Pflicht zur Bestellung eines Verfahrensbeistands auf solche Umgangsverfahren beschränkt, die einen Ausschluss oder eine wesentliche Beschränkung des Umgangsrechts zum Gegenstand haben. Der Regierungsentwurf sah vor, dass bei jeder Beschränkung des Umgangsrechts regelmäßig ein Verfahrensbeistand bestellt werden sollte. Diese Verpflichtung wird nunmehr enger gefasst, um einer finanziellen Überforderung der Länder infolge einer Zunahme von Bestellungen von Verfahrensbeiständen entgegenzuwirken. Durch die Einschränkung in Absatz 2 Nr. 6

braucht in Umgangsverfahren, die nur die einmalige oder vorübergehende Einschränkung des Umgangsrechts zum Gegenstand haben, ein Verfahrensbeistand nicht mehr bestellt zu werden.

Die Änderung in Absatz 4 Sätze 3 und 4 geht zurück auf Nummer 53 der Stellungnahme des Bundesrates. Der Ausschuss teilt die Auffassung des Bundesrates, dass die originäre Aufgabe des Verfahrensbeistands darin besteht, die Interessen des Kindes im familiengerichtlichen Verfahren wahrzunehmen. Die Erweiterung dieses Aufgabenkreises um Gespräche mit Eltern und anderen Bezugspersonen und um die Mitwirkung an der Herstellung von Einvernehmen soll, um eine Vermischung der den Verfahrensbeteiligten zugedachten Rollen möglichst zu vermeiden, von einer nach Art und Umfang präzise festgelegten zusätzlichen Beauftragung durch das Gericht abhängen, deren Notwendigkeit das Gericht begründen muss.

Durch die Änderung in Absatz 7 Sätze 2 bis 4 wird die Vergütung für den berufsmäßig handelnden Verfahrensbeistand auf eine Fallpauschale umgestellt. Der Ausschuss hält eine fallbezogene Vergütung in Höhe von 350 Euro inklusive Aufwendungsersatz und Umsatzsteuer für angemessen. Ordnet das Gericht einen erweiterten Aufgabenkreis nach Absatz 4 Satz 3 an, erhöht sich die fallbezogene Vergütung auf 550 Euro.

Der Ausschuss hat bei der Einführung der Fallpauschale berücksichtigt, dass eine auskömmliche Vergütung des Verfahrensbeistands verfassungsrechtlich geboten ist. Nach dem Beschluss des Bundesverfassungsgerichts vom 9. März 2004 zur Anwendung des § 50 FGG darf der Verfahrenspfleger nicht durch eine unzureichende Vergütung davon abgehalten werden, die für eine effektive, eigenständige Interessenvertretung des Kindes im Verfahren erforderlichen Einzeltätigkeiten zu entfalten.

Der Ausschuss hat daher die Beibehaltung des aufwandsbezogenen Vergütungssystems mit der vom Bundesrat vorgeschlagenen festen Obergrenze abgelehnt, weil es dem Verfahrensbeistand keine Mischkalkulation aus einfach und komplex gelagerten Fällen eröffnet und es sich daher um eine unzureichende Vergütung im Sinne der Rechtsprechung des Bundesverfassungsgerichts handeln könnte. Zudem verbleibt bei dieser Vergütungsform weiterhin – wie nach geltendem Recht – ein hoher Abrechnungs- und Kontrollaufwand.

Dagegen gestaltet sich die Handhabung der Fallpauschale unaufwändig und unbürokratisch. Sie erspart sowohl dem Verfahrensbeistand als auch der Justiz erheblichen Abrechnungs- und Kontrollaufwand und ermöglicht es dem Verfahrensbeistand, sich auf seine eigentliche Tätigkeit, die Wahrnehmung der Kindesinteressen zu konzentrieren. Sie bewirkt zudem eine wünschenswerte Annäherung der Vergütung des Verfahrensbeistands an die gebührenorientierte Vergütung der Rechtsanwälte. Um den verfassungsrechtlichen Vorgaben Genüge zu tun, hält der Ausschuss zudem eine nach dem Umfang der Tätigkeit des Verfahrensbeistands gestaffelte Fallpauschale für angemessen.

Der Ausschuss hat die Höhe der Fallpauschale an den entsprechenden Gebührensätzen für einen in einer Kindschaftssache tätigen Rechtsanwalt unter Zugrundelegung des Regelstreitwerts von 3 000 Euro orientiert. Der Ausschuss hat hierbei berücksichtigt, dass der Bundesrat sich aus fiskalischen Gründen, aber auch, um einen Gleichlauf mit der Vergütung der Rechtsanwälte in Kindschaftssachen herzustellen, für eine Obergrenze der Vergütung in Höhe einer Gebühr mit dem Gebührensatz 2,0 ausgesprochen hat (vgl. Nummer 72 der Stellungnahme des Bundesrates).

§ 159
Persönliche Anhörung des Kindes

(1) Das Gericht hat das Kind persönlich anzuhören, wenn es das 14. Lebensjahr vollendet hat. Betrifft das Verfahren ausschließlich das Vermögen des Kindes, kann von einer persönlichen Anhörung abgesehen werden, wenn eine solche nach der Art der Angelegenheit nicht angezeigt ist.

(2) Hat das Kind das 14. Lebensjahr noch nicht vollendet, ist es persönlich anzuhören, wenn die Neigungen, Bindungen oder der Wille des Kindes für die Entscheidung von Bedeutung sind oder wenn eine persönliche Anhörung aus sonstigen Gründen angezeigt ist.

(3) Von einer persönlichen Anhörung nach Absatz 1 oder Absatz 2 darf das Gericht aus schwerwiegenden Gründen absehen. Unterbleibt eine Anhörung allein wegen Gefahr im Verzug, ist sie unverzüglich nachzuholen.

(4) Das Kind soll über den Gegenstand, Ablauf und möglichen Ausgang des Verfahrens in einer geeigneten und seinem Alter entsprechenden Weise informiert werden, soweit nicht Nachteile für seine Entwicklung, Erziehung oder Gesundheit zu befürchten sind. Ihm ist Gelegenheit zur Äußerung zu geben. Hat das Gericht dem Kind nach § 158 einen Verfahrensbeistand bestellt, soll die persönliche Anhörung in dessen Anwesenheit stattfinden. Im Übrigen steht die Gestaltung der persönlichen Anhörung im Ermessen des Gerichts.

Die Vorschrift entspricht im Hinblick auf die Absätze 1 bis 3 dem Regierungsentwurf; Absatz 4 Satz 3 ist mit der Beschlussempfehlung des Rechtsausschusses neu eingefügt worden:

Frühere Fassung RegE:
(4) Das Kind soll über den Gegenstand, Ablauf und möglichen Ausgang des Verfahrens in einer geeigneten und seinem Alter entsprechenden Weise informiert werden, soweit nicht Nachteile für seine Entwicklung, Erziehung oder Gesundheit zu befürchten sind. Ihm ist Gelegenheit zur Äußerung zu geben. Im Übrigen steht die Gestaltung der persönlichen Anhörung im Ermessen des Gerichts.

Begründung RegE:
Die Vorschrift enthält eine Neuregelung der Kindesanhörung. Vom bisherigen § 50b FGG unterscheidet sie sich in erster Linie durch einen veränderten Aufbau und einige Präzisierungen. Der Grundsatz der Anhörungspflicht wird deutlicher herausgestellt. Die Norm betrifft alle Kinder in Kindschaftssachen, also auch Mündel, was im Gegensatz zum bisherigen Recht nicht mehr eigens ausgesprochen werden muss.

Absatz 1 ordnet an, dass das Gericht das Kind in Verfahren, die seine Person betreffen, persönlich anzuhören hat, wenn es das 14. Lebensjahr vollendet hat. Dieser Grundsatz wird durch seine hervorgehobene Position besonders betont.

Absatz 2 behandelt die persönliche Anhörung des Kindes, welches das 14. Lebensjahr noch nicht vollendet hat. Voraussetzung der Anhörungspflicht ist in diesem Fall, dass die Neigungen, Bindungen oder der Wille des Kindes für die Entscheidung von Bedeutung sind oder eine persönliche Anhörung des Kindes aus sonstigen Gründen, etwa in vermögensrechtlichen Angelegenheiten, angezeigt ist.

Absatz 3 Satz 1 enthält die dem bisherigen § 50b Abs. 3 Satz 1 FGG entsprechende Ausnahme zu der in Absatz 1 und 2 geregelten Anhörungspflicht.

Satz 2 entspricht dem bisherigen § 50b Abs. 3 Satz 2 FGG.

Absatz 4 trifft Bestimmungen zur Durchführung der Anhörung.

Satz 1 entspricht dem bisherigen § 50b Abs. 2 Satz 3 1. Halbsatz FGG.

Satz 2 bestimmt wie der bisherige § 50b Abs. 2 Satz 3 2. Halbsatz FGG nach geltendem Recht, dass dem Kind Gelegenheit zur Äußerung zu geben ist.

Satz 3 stellt im Übrigen die Gestaltung der Anhörung in das pflichtgemäße Ermessen des Gerichts. Dies entspricht der überwiegenden Auffassung zum geltenden Recht. Die Aufnahme in den Gesetzestext ist erforderlich, um einer Einflussnahme von Verfahrensbeteiligten auf die Gestaltung der Anhörung, insbesondere auf die Frage, welche Personen dabei anwesend sind, entgegenwirken zu können. Bei der Ausübung des Ermessens steht der Gesichtspunkt des Kindeswohls an oberster Stelle. Das Gericht soll eine positive und geschützte Gesprächssituation schaffen, die dem Kind ein offenes Artikulieren seiner Wünsche und Bedürfnisse ermöglicht.

Zur Gestaltung der Anhörung gehört auch, ob Geschwister getrennt oder gemeinsam angehört werden, in welchen Räumlichkeiten die Anhörung erfolgt und ob sie in zeitlichem Zusammenhang mit dem Erörterungstermin oder zu einem anderen Zeitpunkt durchgeführt wird.

II. – FamFG – Buch 2 Verfahren in Familiensachen

Stellungnahme Bundesrat:
54. **Zu Artikel 1** (§ 159 Abs. 3 Satz 1 a – neu – FamFG)
In Artikel 1 § 159 Abs. 3 ist nach Satz 1 folgender Satz einzufügen:
„Dies gilt auch, wenn für das Kind ein Verfahrensbeistand bestellt ist."

Begründung:

Die Praxis hat angeregt, von einer persönlichen Anhörung des Kindes auch dann abzusehen, wenn ein Verfahrensbeistand für das Kind bestellt ist. Die persönliche Anhörung eines Kindes ist immer mit einer erheblichen Belastung des Kindes verbunden. Wenn ein Verfahrensbeistand bestellt ist, hat dieser nach § 158 Abs. 4 Satz 1 FamFG-E das Interesse des Kindes festzustellen und im gerichtlichen Verfahren zur Geltung zu bringen. Die zusätzliche persönliche Anhörung durch das – dem Kind fremde – Gericht erscheint zur weiteren Aufklärung dann nicht erforderlich, kann jedoch erheblich zur Belastung des Kindes beitragen. Die Formulierung als Ermessensentscheidung hält die Möglichkeit der persönlichen Anhörung des Kindes trotz Verfahrensbeistandschaft offen.

Gegenäußerung Bundesregierung:
Zu **Nummer 54** (Artikel 1 – § 159 Abs. 3 Satz 1a – neu – FamFG)
Die Bundesregierung stimmt dem Vorschlag des Bundesrates nicht zu.

Die Verpflichtung zur Anhörung des Kindes ist eine besondere Art der Sachaufklärung. Sie entspricht dem verfassungsrechtlichen Gebot, in Kindschaftssachen den Willen des Kindes zu berücksichtigen, soweit dies mit seinem Wohl vereinbar ist.

Eine eventuelle Belastung des Kindes durch die Anhörung ist vom Gericht gegen die Vorteile, die diese Art der Sachverhaltsaufklärung bietet, abzuwägen. Sollten die Belastungsmomente überwiegen, kann die Anhörung bereits nach § 159 Abs. 3 Satz 1 FamFG unterbleiben (Vorliegen eines schwerwiegenden Grundes). Unabhängig hiervon ist zu berücksichtigen, dass es zu den Aufgaben eines Verfahrensbeistands gehört, auf eine kindgemäße Form der Anhörung hinzuwirken, das Kind auf die Anhörung vorzubereiten und dieses gegebenenfalls zu der Anhörung zu begleiten. Belastungsmomente lassen sich auf diese Weise wirksam minimieren. Schließlich ist zu berücksichtigen, dass viele Kinder eine richterliche Anhörung wünschen.

Begründung Beschlussempfehlung Rechtsausschuss:
Die Ergänzung in Absatz 4 Satz 3 – neu – stellt klar, dass im Regelfall ein Anwesenheitsrecht des Verfahrensbeistands bei der persönlichen Anhörung des Kindes besteht. Die Anwesenheit des Verfahrensbeistands soll dem Kind helfen, die für ihn ungewohnte und möglicherweise als bedrohlich empfundene Anhörungssituation zu meistern und sich den Fragen des Gerichts zu öffnen. Insoweit ist das freie Ermessen des Gerichts bei der Gestaltung der persönlichen Anhörung eingeschränkt. Der Verfahrensbeistand ist zu dem Anhörungstermin zu laden.

§ 160
Anhörung der Eltern

(1) In Verfahren, die die Person des Kindes betreffen, soll das Gericht die Eltern persönlich anhören. In Verfahren nach den §§ 1666 und 1666a des Bürgerlichen Gesetzbuchs sind die Eltern persönlich anzuhören.

(2) In sonstigen Kindschaftssachen hat das Gericht die Eltern anzuhören. Dies gilt nicht für einen Elternteil, dem die elterliche Sorge nicht zusteht, sofern von der Anhörung eine Aufklärung nicht erwartet werden kann.

(3) Von der Anhörung darf nur aus schwerwiegenden Gründen abgesehen werden.

(4) Unterbleibt die Anhörung allein wegen Gefahr im Verzug, ist sie unverzüglich nachzuholen.

Die Vorschrift entspricht der Fassung des Regierungsentwurfs.

Begründung RegE:

Absatz 1 betrifft die persönliche Anhörung der Eltern in Verfahren, die die Person des Kindes betreffen. **Satz 1** entspricht im Wesentlichen dem bisherigen § 50a Abs. 1 Satz 2 FGG. Der Verzicht auf die Wörter „in der Regel" macht deutlich, dass das Gericht von einer Anhörung der Eltern nur in besonders gelagerten Ausnahmefällen absehen darf. **Satz 2** entspricht dem bisherigen § 50a Abs. 1 Satz 3 FGG.

Absatz 2 regelt die Anhörung in Kindschaftssachen, die nicht die Person des Kindes betreffen. **Satz 1** verlangt keine persönliche Anhörung. Die Anhörung kann auch schriftlich erfolgen. Die im bisherigen § 50a Abs. 1 Satz 1 FGG enthaltene Beschränkung der Anhörungspflicht auf ein Verfahren, das die Personen- oder Vermögenssorge für ein Kind betrifft, besteht nicht mehr, da eine – zumindest schriftliche – Anhörung der sorgeberechtigten Elternteile zur Gewährleistung des rechtlichen Gehörs in jeder Kindschaftssache geboten ist.

Satz 2 entspricht inhaltlich dem bisherigen § 50a Abs. 2 FGG. Die Regelung gilt auch für die Eltern eines unter Vormundschaft stehenden Kindes, so dass eine dem bisherigen § 50a Abs. 4 FGG entsprechende Regelung nicht mehr erforderlich ist.

Absatz 3 entspricht trotz der veränderten Formulierung inhaltlich vollständig dem bisherigen § 50a Abs. 3 Satz 1 FGG.

Absatz 4 entspricht dem bisherigen § 50 Abs. 3 Satz 2 FGG.

§ 161
Mitwirkung der Pflegeperson

(1) Das Gericht kann in Verfahren, die die Person des Kindes betreffen, die Pflegeperson im Interesse des Kindes als Beteiligte hinzuziehen, wenn das Kind seit längerer Zeit in Familienpflege lebt. Satz 1 gilt entsprechend, wenn das Kind auf Grund einer Entscheidung nach § 1682 des Bürgerlichen Gesetzbuchs bei dem dort genannten Ehegatten, Lebenspartner oder Umgangsberechtigten lebt.

(2) Die in Absatz 1 genannten Personen sind anzuhören, wenn das Kind seit längerer Zeit in Familienpflege lebt.

Die Vorschrift entspricht der Fassung des Regierungsentwurfs.

Begründung RegE:

Absatz 1 sieht vor, dass der im bisherigen § 50c FGG genannte Personenkreis nach § 7 Abs. 3 von Amts wegen hinzugezogen werden kann, wenn dies im Interesse des Kindes liegt. Durch diese Regelung soll die Stellung der Pflegeperson im gerichtlichen Verfahren verbessert werden.

Nach der Rechtsprechung des BGH (vgl. BGH FamRZ 2000, 219 ff. zu den Pflegeeltern) ist eine Pflegeperson nach geltendem Recht in Verfahren, welche die elterliche Sorge für ein Pflegekind betreffen, mangels unmittelbaren Eingriffs in ein subjektives Recht und mangels entsprechender Ausgestaltung des gerichtlichen Verfahrens grundsätzlich weder materiell noch formell verfahrensbeteiligt. Ausnahmen bestehen nur in den Verfahren nach §§ 1630 Abs. 3, 1632 Abs. 4, 1688 Abs. 3 und 4 BGB (vgl. zu Umgangssachen BGH FamRZ 2005, 975 ff.). Dies hat zur Folge, dass sich die Beteiligung der Pflegeperson am Verfahren regelmäßig in der Anhörung erschöpft.

Bei länger andauernden Pflegeverhältnissen kann es im Interesse des Kindes liegen, die Pflegeperson formell am Verfahren zu beteiligen und ihr die mit der Beteiligung verbundenen Rechte und Pflichten aufzuerlegen. Die formelle Beteiligung stellt sicher, dass die Pflegeperson über den Fortgang des Verfahrens und über die Beweisergebnisse informiert wird und aktiv auf den Verlauf des Verfahrens Einfluss nehmen kann. Zugleich kann sie – z.B. bei der Regelung des Umgangs mit einem Kind – unmittelbar in die Entscheidung des Gerichts miteinbezogen werden. Das Ermessen des Gerichts bei der Entscheidung über die Hinzuziehung wird durch das Interesse des Kindes begrenzt. Ein entsprechendes Interesse liegt vor, wenn eine Hinzuziehung dem Kindeswohl dienen kann.

II. – FamFG – Buch 2 Verfahren in Familiensachen

Anders als bei der Mitwirkung des Jugendamts nach § 162 Abs. 3 Satz 2 sieht §161 für die Pflegeperson keine verfahrensrechtliche Beschwerdebefugnis vor. Die Rechtsmittelbefugnis richtet sich – wie im geltenden Recht – allein nach einer Beschwer der Pflegeperson.

Absatz 2 entspricht inhaltlich dem bisherigen § 50c Satz 1 FGG mit der Maßgabe, dass ein Absehen von der Anhörung der Pflegeperson nicht mehr möglich ist. Der Begriff der „längeren Zeit" entspricht der Formulierung in §§ 1630 Abs. 3, 1632 Abs. 4 BGB.

§ 162
Mitwirkung des Jugendamts

(1) Das Gericht hat in Verfahren, die die Person des Kindes betreffen, das Jugendamt anzuhören. Unterbleibt die Anhörung wegen Gefahr im Verzug, ist sie unverzüglich nachzuholen.

(2) Das Jugendamt ist auf seinen Antrag an dem Verfahren zu beteiligen.

(3) Dem Jugendamt sind alle Entscheidungen des Gerichts bekannt zu machen, zu denen es nach Absatz 1 Satz 1 zu hören war. Gegen den Beschluss steht dem Jugendamt die Beschwerde zu.

Die Vorschrift entspricht der Fassung des Regierungsentwurfs.

Begründung RegE:

Absatz 1 Satz 1 sieht die Anhörung des Jugendamts in Verfahren, die die Person des Kindes betreffen, vor. Im Gegensatz zu der im bisherigen § 49a Abs. 1 FGG enthaltenen Aufzählung sind die betroffenen Verfahren nunmehr allgemein bezeichnet. Auch § 50 Abs. 1 Satz 1 SGB VIII ist allgemein gefasst.

Der bisherige § 49a Abs. 1 FGG enthält ohne nachvollziehbaren Grund mehrere Verfahren nicht, obwohl sie mit den aufgezählten Fallkonstellationen vergleichbar sind. Zu nennen sind beispielsweise Verfahren nach §§ 1618 Abs. 1 Satz 4, 1628, 1629 Abs. 2 Satz 3 und 1672 Abs. 2 BGB. Auch Verfahren betreffend Änderung (bislang § 1696 BGB) oder Vollstreckung (bislang § 33 FGG) einer Entscheidung, die die Person des Kindes betrifft, sind nicht ausdrücklich genannt. Die Praxis behilft sich mit einem weiten Verständnis oder mit einer analogen Anwendung der im bisherigen § 49a Abs. 1 FGG genannten Fälle oder begründet eine Anhörungspflicht direkt aus dem Grundsatz der Amtsermittlung. Die Vorschrift des Absatz 1 trägt dem Rechnung.

Verfahren, die die Person des Kindes betreffen, sind nicht nur solche, die die elterliche Sorge oder die Personensorge betreffen, sondern auch alle sonstigen Kindschaftssachen, die das Kind betreffen und nicht ausschließlich vermögensrechtlicher Art sind. Dies können auch Kindschaftssachen nach § 151 Nr. 4 bis 7 sein. Daraus ergibt sich eine gewisse Erweiterung der von der Anhörungspflicht umfassten Verfahren.

Satz 2 entspricht inhaltlich dem bisherigen § 49a Abs. 3 i.V.m. § 49 Abs. 4 Satz 2 FGG.

Absatz 2 regelt die Stellung des Jugendamts als Verfahrensbeteiligter. Die Anhörung macht es noch nicht zum Beteiligten. Ob sich das Jugendamt über die Anhörung hinaus in das Verfahren einschaltet, ist eine Frage des Einzelfalls. Aus diesem Grund soll ihm eine Wahlmöglichkeit eingeräumt werden. Im Fall eines entsprechenden Antrags ist das Gericht zur Hinzuziehung verpflichtet. Stellt das Jugendamt in einem Antragsverfahren einen Sach- oder Verfahrensantrag, ist es schon deshalb Beteiligter.

Für das Jugendamt in allen Kindschaftssachen ausnahmslos die Stellung als Verfahrensbeteiligter vorzusehen, würde die Verfahren schwerfälliger machen und einen unnötigen Arbeitsaufwand für Gerichte und Jugendämter bedeuten.

Absatz 3 Satz 1 entspricht inhaltlich dem bisherigen § 49a Abs. 3 i.V.m. § 49 Abs. 3 FGG; das von Kindschaftssachen nicht betroffene Landesjugendamt wird nicht mehr erwähnt.

Satz 2 enthält die von § 59 unabhängige Beschwerdebefugnis des Jugendamts.

§ 163
Fristsetzung bei schriftlicher Begutachtung; Inhalt des Gutachtenauftrags; Vernehmung des Kindes

(1) Wird schriftliche Begutachtung angeordnet, setzt das Gericht dem Sachverständigen zugleich eine Frist, innerhalb derer er das Gutachten einzureichen hat.

(2) Das Gericht kann in Verfahren, die die Person des Kindes betreffen, anordnen, dass der Sachverständige bei der Erfüllung des Gutachtenauftrags auch auf die Herstellung des Einvernehmens zwischen den Beteiligten hinwirken soll.

(3) Eine Vernehmung des Kindes als Zeuge findet nicht statt.

Die Vorschrift entspricht im Hinblick auf die Absätze 1 und 2 dem Regierungsentwurf; Absatz 3 ist mit der Beschlussempfehlung des Rechtsausschusses neu eingefügt worden.

Begründung RegE:

Absatz 1 legt fest, dass im Fall einer Anordnung der schriftlichen Begutachtung in einer Kindschaftssache dem Sachverständigen zugleich eine Frist für die Einreichung des Gutachtens zu setzen ist. Eine solche Pflicht ist im bisherigen Recht nicht vorgesehen. § 411 Abs. 1 Satz 2 ZPO, der im Fall der Einholung des schriftlichen Sachverständigengutachtens im Wege des Strengbeweises auch in Kindschaftssachen Anwendung findet, sieht lediglich vor, dass das Gericht dem Sachverständigen eine Frist setzen kann.

Die nunmehr vorgesehene Norm beruht auf der Erkenntnis, dass die Einholung eines schriftlichen Sachverständigengutachtens oftmals zu einer erheblichen Verlängerung der Verfahrensdauer führt. An dieser Stelle besteht somit ein besonderes Bedürfnis für Maßnahmen der Verfahrensbeschleunigung.

Die Fristsetzung hat nach dem Wortlaut der Vorschrift zugleich mit der Anordnung der Begutachtung zu erfolgen. Der Sachverständige kann damit sogleich mit Eingang des Auftrags prüfen, ob seine Kapazitäten für eine Erledigung innerhalb der gesetzten Frist voraussichtlich ausreichen werden, und, wenn dies nicht der Fall ist, das Gericht frühzeitig informieren.

Das weitere Vorgehen im Fall der Versäumung einer gesetzten Frist ergibt sich aus § 30 Abs. 1, 2 in Verbindung mit § 411 Abs. 2 ZPO. Danach kann auch dem Umstand Rechnung getragen werden, dass die Versäumung der Frist auf eine unzureichende Mitwirkung der Beteiligten zurückzuführen ist.

Die Verpflichtung der Eltern zur Mitwirkung an der Erstellung eines Gutachtens folgt aus § 27 Abs. 1. Die Mitwirkung ist allerdings – wie im geltenden Recht – nicht erzwingbar. Weigern sich die Eltern, an einer Begutachtung teilzunehmen, können ihnen nach § 81 Abs. 1 und Abs. 2 Nr. 4 Kosten auferlegt werden.

Absatz 2 stellt klar, dass das Familiengericht in Kindschaftsverfahren, die die Person des Kindes betreffen, den Sachverständigen auch damit beauftragen kann, die Eltern zur Erzielung eines Einvernehmens und zur Wahrnehmung ihrer elterlichen Verantwortung bei der Regelung der elterlichen Sorge und des Umgangs zu bewegen.

Der Sachverständige hat sein Gutachten zu den im Beweisbeschluss bezeichneten Punkten zu erstatten (vgl. § 403 ZPO), wobei das Gericht bei streitigem Sachverhalt zu bestimmen hat, welche Tatsachen der Begutachtung zugrunde zu legen sind (§ 404a Abs. 3 ZPO). Herkömmliche Gutachten beantworten die gerichtliche Beweisfrage, welcher Elternteil zur Wahrnehmung der elterlichen Sorge besser geeignet oder in welchem Umfang ein Umgang des Kindes mit dem anderen Elternteil zu empfehlen ist, mit einem mehr oder weniger klaren Entscheidungsvorschlag, der nicht selten mit der Aufforderung an die Eltern verbunden wird, im Interesse der Kinder besser miteinander zu kommunizieren und zu kooperieren. Wie ein solcher Entscheidungsvorschlag bei Fortbestehen der Ablehnung eines Elternteils umgesetzt werden kann, wird dagegen nicht selten nur kursorisch beschrieben.

In der Praxis der Sorge- und Umgangsrechtssachen haben sich derartige Gutachten nicht selten als nur eingeschränkt verwertbar erwiesen. Den Familiengerichten soll durch die neue Bestimmung die Befugnis eingeräumt werden, den Gutachtenauftrag auf die in der Regelung genannten Inhalte zu erstrecken.

II. – FamFG – Buch 2 Verfahren in Familiensachen

Dabei kann der Sachverständige die Eltern zunächst über die negativen psychologischen Auswirkungen einer Trennung auf alle Familienmitglieder aufklären und sodann versuchen, bei den Eltern Verständnis und Feinfühligkeit für die von den Interessen der Erwachsenen abweichenden Bedürfnisse und für die psychische Lage des Kindes zu wecken. Gelingt dies, kann er mit den Eltern ein einvernehmliches Konzept zum zukünftigen Lebensmittelpunkt des Kindes und zur Gestaltung des Umgangs erarbeiten.

Stellungnahme Bundesrat:
55. **Zu Artikel 1** (§ 163 Abs. 1 FamFG)
Artikel 1 § 163 Abs. 1 ist zu streichen.

Begründung:
§ 163 Abs. 1 FamFG-E sieht für die schriftliche Begutachtung vor, dass das Gericht dem Sachverständigen zwingend eine Frist zu setzen hat, innerhalb deren er das Gutachten einzureichen hat. In der Entwurfsbegründung (BR-Drs. 309/07, S. 537) wird hierzu ausgeführt, dies beruhe auf der Erkenntnis, dass die Einholung eines schriftlichen Sachverständigengutachtens oftmals zu einer erheblichen Verlängerung der Verfahrensdauer führe und dass ein besonderes Bedürfnis für Maßnahmen der Verfahrensbeschleunigung bestehe.

Nach Auffassung der gerichtlichen Praxis führt aber eine zwingende Fristsetzung nicht zu einer Verfahrensbeschleunigung, da die Länge der Frist ohnehin den Kapazitäten des gewünschten Sachverständigen angepasst werden muss. In vielen Gerichtsbezirken ist die Zahl der geeigneten Gutachter nicht allzu groß, so dass geeignete Gutachter häufig überlastet sind. Es ist daher in der Praxis unmöglich, allzu kurze Fristen zu setzen. Zudem ist es auch heute schon durchaus üblich, dass das Gericht einem Sachverständigen eine Frist setzt.

§ 411 Abs. 1 ZPO in der Fassung des 2. Justizmodernisierungsgesetzes vom 22. Dezember 2006 (BGBl. I S. 3416) enthält eine Soll-Vorschrift, die auch für Kindschaftssachen sachgerecht ist. Diese Vorschrift findet bei Streichung von § 163 Abs. 1 FamFG-E kraft der Verweisung in § 30 Abs. 1 FamFG-E ohne Weiteres Anwendung.

Gegenäußerung Bundesregierung:
Zu Nummer 55 (Artikel 1 – § 163 Abs. 1 FamFG)
Die Bundesregierung stimmt dem Vorschlag des Bundesrates nicht zu.

Die obligatorische Befristung des Gutachtenauftrags ergänzt das in § 155 FamFG niedergelegte Beschleunigungsgebot. Da die Einholung eines Sachverständigengutachtens in vielen Fällen zu einer erheblichen Verlängerung der Verfahrensdauer führt, ist diese Art der Amtsermittlung in besonderem Maße vom Gericht zu überwachen. Die vorgeschlagene Änderung durch Verweisung auf § 411 Abs. 2 ZPO erscheint nicht ausreichend, da dieser eine Fristsetzung für den Sachverständigen nicht zwingend vorsieht (Soll-Vorschrift).

Begründung Beschlussempfehlung Rechtsausschuss:
Der angefügte Absatz 3 bewirkt, dass die in § 30 Abs. 3 begründete Verpflichtung des Gerichts zur Durchführung einer förmlichen Beweisaufnahme in Kindschaftssachen nicht dazu führt, dass das Kind als Zeuge vernommen wird. Hierdurch soll eine zusätzliche Belastung des Kindes, dessen Anhörung nach § 159 kein Akt der förmlichen Beweisaufnahme ist, durch eine Befragung als Zeuge in Anwesenheit der Eltern und anderer Beteiligter ausgeschlossen werden.

§ 164
Bekanntgabe der Entscheidung an das Kind

Die Entscheidung, gegen die das Kind das Beschwerderecht ausüben kann, ist dem Kind selbst bekannt zu machen, wenn es das 14. Lebensjahr vollendet hat und nicht geschäftsunfähig ist. Eine Begründung soll dem Kind nicht mitgeteilt werden, wenn Nachteile für dessen Entwicklung, Erziehung oder Gesundheit zu befürchten sind. § 38 Abs. 4 Nr. 2 ist nicht anzuwenden.

Die Vorschrift entspricht der Fassung des Regierungsentwurfs.

Begründung RegE:
Die Vorschrift entspricht in **Satz 1 und 2** dem bisherigen § 59 Abs. 2 FGG. Die Entscheidung ist stets zu begründen; gemäß **Satz 3** findet deshalb die Bestimmung des § 38 Abs. 4 Nr. 2 keine Anwendung.

§ 165
Vermittlungsverfahren

(1) Macht ein Elternteil geltend, dass der andere Elternteil die Durchführung einer gerichtlichen Entscheidung oder eines gerichtlich gebilligten Vergleichs über den Umgang mit dem gemeinschaftlichen Kind vereitelt oder erschwert, vermittelt das Gericht auf Antrag eines Elternteils zwischen den Eltern. Das Gericht kann die Vermittlung ablehnen, wenn bereits ein Vermittlungsverfahren oder eine anschließende außergerichtliche Beratung erfolglos geblieben ist.

(2) Das Gericht lädt die Eltern unverzüglich zu einem Vermittlungstermin. Zu diesem Termin ordnet das Gericht das persönliche Erscheinen der Eltern an. In der Ladung weist das Gericht darauf hin, welche Rechtsfolgen ein erfolgloses Vermittlungsverfahren nach Absatz 5 haben kann. In geeigneten Fällen lädt das Gericht auch das Jugendamt zu dem Termin.

(3) In dem Termin erörtert das Gericht mit den Eltern, welche Folgen das Unterbleiben des Umgangs für das Wohl des Kindes haben kann. Es weist auf die Rechtsfolgen hin, die sich ergeben können, wenn der Umgang vereitelt oder erschwert wird, insbesondere darauf, dass Ordnungsmittel verhängt werden können oder die elterliche Sorge eingeschränkt oder entzogen werden kann. Es weist die Eltern auf die bestehenden Möglichkeiten der Beratung durch die Beratungsstellen und -dienste der Träger der Kinder- und Jugendhilfe hin.

(4) Das Gericht soll darauf hinwirken, dass die Eltern Einvernehmen über die Ausübung des Umgangs erzielen. Kommt ein gerichtlich gebilligter Vergleich zustande, tritt dieser an die Stelle der bisherigen Regelung. Wird ein Einvernehmen nicht erzielt, sind die Streitpunkte im Vermerk festzuhalten.

(5) Wird weder eine einvernehmliche Regelung des Umgangs noch Einvernehmen über eine nachfolgende Inanspruchnahme außergerichtlicher Beratung erreicht oder erscheint mindestens ein Elternteil in dem Vermittlungstermin nicht, stellt das Gericht durch nicht anfechtbaren Beschluss fest, dass das Vermittlungsverfahren erfolglos geblieben ist. In diesem Fall prüft das Gericht, ob Ordnungsmittel ergriffen, Änderungen der Umgangsregelung vorgenommen oder Maßnahmen in Bezug auf die Sorge ergriffen werden sollen. Wird ein entsprechendes Verfahren von Amts wegen oder auf einen binnen eines Monats gestellten Antrag eines Elternteils eingeleitet, werden die Kosten des Vermittlungsverfahrens als Teil der Kosten des anschließenden Verfahrens behandelt.

Die Vorschrift entspricht der Fassung des Regierungsentwurfs.

Begründung RegE:
Die Vorschrift übernimmt und erweitert das Vermittlungsverfahren gemäß dem bisherigen § 52a FGG, das durch das KindRG vom 16. Dezember 1997 (BGBl. I S. 2942) in das Gesetz eingefügt worden ist, und passt die Vorschrift an einigen Stellen an die durch das FamFG veränderte Rechtslage an.

Durch eine Ergänzung in **Absatz 1** ist das Vermittlungsverfahren nunmehr auch dann durchführbar, wenn eine Regelung über den Umgang vereitelt oder erschwert wird, die die Eltern im gerichtlichen Verfahren getroffen haben. Diese Fälle werden der gerichtlichen Entscheidung über den Umgang gleichgestellt. Ein Vermittlungsverfahren zwischen den Eltern erscheint auch und gerade dann erfolgversprechend, wenn sie sich zu einem früheren Zeitpunkt bereits über die Durchführung des Umgangs geeinigt hatten. Im Interesse des Wohls des Kindes, dem eine Vollstreckung der Umgangsregelung mit Zwangsmitteln möglichst

II. – FamFG – Buch 2 Verfahren in Familiensachen

erspart werden soll, erscheint es daher geboten, dass das Gericht auf Antrag eines Elternteils auch bei der Vollziehung einer einvernehmlichen Umgangsregelung zwischen den Eltern vermittelt.

Die Vorschrift wurde überdies in **Absatz 2** sprachlich klarer gefasst, in **Absatz 3** und **Absatz 5** an die Einführung von Ordnungsmitteln zur Vollstreckung von Umgangsentscheidungen und in **Absatz 4** an die Vorschrift über den Terminsvermerk (§ 28 Abs. 4) angepasst. Die Regelung des gerichtlich gebilligten Vergleichs findet sich jetzt in § 156 Abs. 2. Absatz 4 konnte daher entsprechend gestrafft werden.

In **Absatz 5 Satz 1** wurde die Formulierung des bisherigen § 52a Abs. 5 Satz 1 FGG beibehalten, da eine einvernehmliche Regelung nicht nur in der Form des Vergleichs erfolgen kann.

Stellungnahme Bundesrat:

56. **Zu Artikel 1** (§ 165 Abs. 2 FamFG)
Der Bundesrat bittet, im weiteren Verlauf des Gesetzgebungsverfahrens zu prüfen, ob die Regelung des § 165 FamFG-E sprachlich vereinfacht und erheblich gestrafft werden kann.

Begründung:

Die Regelung des § 165 FamFG-E (bisher § 52a FGG) ist lang, überaus detailliert und regelt teilweise Selbstverständlichkeiten. Sie gibt das richterliche Verhandeln bis ins Detail vor und signalisiert damit Misstrauen gegenüber den Richtern.

Darüber hinaus suggeriert die Formulierung in Absatz 2, wonach nunmehr die Ladung zum Vermittlungstermin „unverzüglich" zu erfolgen hat (bisher in § 52a Abs. 2 FGG „alsbald") eine Verschärfung der Pflichten des Gerichts, die weder erforderlich noch laut Entwurfsbegründung gewollt ist.

Gegenäußerung Bundesregierung:

Zu Nummer 56 (Artikel 1 – § 165 FamFG)
Die Bundesregierung wird im weiteren Verlauf des Gesetzgebungsverfahrens prüfen, ob die Regelung des § 165 FamFG sprachlich weiter vereinfacht und gestrafft werden kann.

§ 166
Abänderung und Überprüfung von Entscheidungen und gerichtlich gebilligten Vergleichen

(1) Das Gericht ändert eine Entscheidung oder einen gerichtlich gebilligten Vergleich nach Maßgabe des § 1696 des Bürgerlichen Gesetzbuchs.

(2) Eine länger dauernde kindesschutzrechtliche Maßnahme hat das Gericht in angemessenen Zeitabständen zu überprüfen.

(3) Sieht das Gericht von einer Maßnahme nach den §§ 1666 bis 1667 des Bürgerlichen Gesetzbuchs ab, soll es seine Entscheidung in einem angemessenen Zeitabstand, in der Regel nach drei Monaten, überprüfen.

Die Vorschrift entspricht der Fassung des Regierungsentwurfs.

Begründung RegE:

Die Vorschrift übernimmt den verfahrensrechtlichen Gehalt des § 1696 BGB. Sie enthält mit der Verpflichtung zur Abänderung auch eine entsprechende Befugnis des Gerichts und ist daher für den Bereich der Kindschaftssachen als Spezialvorschrift zu den Regelungen des Buchs 1 über die Abänderung gerichtlicher Entscheidungen und gerichtlich gebilligter Vergleiche zu verstehen. Die Vorschrift betrifft die Abänderung von Entscheidungen in der Hauptsache. Die Abänderung einer Entscheidung im Verfahren auf Erlass einer einstweiligen Anordnung richtet sich nach § 54.

Absatz 2 entspricht dem bisherigen § 1696 Abs. 3 BGB. Die Aufnahme der kindesschutzrechtlichen Maßnahmen, die jetzt in § 1696 Abs. 2 BGB definiert sind, soll klarstellen, dass die Überprüfungspflicht des Gerichts für alle länger dauernden Maßnahmen besteht, bei denen die Eingriffsschwelle über die

Abschnitt 3 – § 166

Kindeswohlgefährdung oder die Voraussetzung der Erforderlichkeit der Maßnahme für das Kindeswohl definiert ist.

Absatz 3 verpflichtet das Gericht, einen Beschluss, mit dem es die Anordnung einer Schutzmaßnahme nach §§ 1666 bis 1667 BGB abgelehnt hat, in einem angemessenen zeitlichen Abstand daraufhin zu überprüfen, ob diese Entscheidung noch immer sachgerecht ist. Eine nochmalige Befassung des Gerichts ist aus Kindesschutzgründen in bestimmten Fällen geboten. Durch die Einführung dieser Überprüfungspflicht soll der Gefahr entgegengewirkt werden, dass es – entgegen der Annahme des Gerichts – nicht gelingt, die Gefährdung für das Kind abzuwenden, und das Gericht hiervon nichts erfährt. Gerade wenn das Gericht im Hinblick auf Zusagen der Eltern das Verfahren ohne eine Maßnahme abgeschlossen hat, soll im Interesse des Kindes eine nochmalige Befassung des Gerichts mit dem Fall gewährleistet werden. Dadurch kann der Gefahr vorgebeugt werden, dass Eltern nach einem für sie folgenlosen Gerichtsverfahren nicht mehr mit dem Jugendamt kooperieren und ihrem Kind damit notwendige Hilfen vorenthalten. Nehmen beispielsweise Eltern – entgegen ihrer Zusage im Gerichtstermin – Jugendhilfeleistungen nicht in Anspruch, soll das Gericht zeitnah weitergehende Maßnahmen prüfen. Die Zuständigkeit der Kinder- und Jugendhilfe, das Familiengericht in eigener Verantwortung erneut anzurufen, bleibt davon unberührt. Zum Zweck der Überprüfung kann das Gericht zum Beispiel das Jugendamt um Mitteilung der Ergebnisse der Hilfeplangespräche und der durchgeführten Hilfen bitten. In Betracht kommt auch die Anhörung der Eltern oder des Kindes.

Die Ausgestaltung als Soll-Vorschrift ermöglicht es, eine nochmalige Überprüfung in offensichtlich unbegründeten Fällen auszuschließen, insbesondere, wenn auch das Jugendamt keine gerichtlichen Maßnahmen (mehr) für erforderlich hält.

Stellungnahme Bundesrat:

57. **Zu Artikel 1** (§ 166 Abs. 3 FamFG)

Artikel 1 § 166 Abs. 3 ist wie folgt zu fassen:

„(3) Sieht das Familiengericht von Maßnahmen nach den §§ 1666 bis 1667 des Bürgerlichen Gesetzbuchs ab, bestehen aber hinreichende Anhaltspunkte für die Annahme, dass sich die Verhältnisse zum Nachteil des Kindes verändern können, soll es seine Entscheidung in angemessenem Zeitabstand, spätestens aber nach sechs Monaten, überprüfen."

Begründung:

§ 166 Abs. 3 FamFG-E normiert eine generelle Prüfungspflicht des Familiengerichts nach einem Zeitabstand von in der Regel drei Monaten. Diese starre Bestimmung ist zum einen sachlich nicht geboten und zum anderen geeignet, die Belastung der Familiengerichte und der Justizhaushalte erheblich zu erhöhen. Ein Bedürfnis für eine Überprüfung der Entscheidung, die eine Maßnahme nach den §§ 1666 ff. BGB ablehnt, ist nur dann erforderlich, wenn deutliche Anhaltspunkte für die Annahme bestehen, dass sich die Verhältnisse zum Nachteil des Kindes verändern könnten. In diesen Fällen soll das Gericht seine Entscheidung in angemessenem Zeitabstand überprüfen. Den Zeitpunkt der Überprüfung hat das Gericht an Hand der Umstände des Einzelfalls selbst zu bestimmen. Die Überprüfung muss allerdings zum Schutz des Kindes innerhalb von sechs Monaten erfolgen.

Gegenäußerung Bundesregierung:

Zu Nummer 57 (Artikel 1 – § 166 Abs. 3 FamFG)

Die Bundesregierung stimmt dem Vorschlag des Bundesrates nicht zu.

Die Frist zur Nachprüfung durch das Gericht bei Absehen von Maßnahmen nach den §§ 1666 bis 1667 BGB entspricht einem Ergebnis der vom Bundesministerium der Justiz eingesetzten Arbeitsgruppe „Familiengerichtliche Maßnahmen bei Gefährdung des Kindeswohls", die in dem Entwurf der Bundesregierung für ein Gesetz zur Erleichterung familiengerichtlicher Maßnahmen bei Gefährdung des Kindeswohls umgesetzt worden ist (BR-Drs. 550/07). In diesem Entwurf wird vorgeschlagen, bis zum In-Kraft-Treten des FamFG in § 1696 Abs. 3 BGB zu regeln, dass das Familiengericht, das in Verfahren nach den §§ 1666 bis 1667 BGB von Maßnahmen absieht, diese Entscheidung in angemessenem Zeitabstand, in der Regel nach drei Monaten, überprüfen soll. Die Ausgestaltung als Regelfrist gibt den Familiengerichten die notwendige Flexibilität. Sie dient als Anhaltspunkt für einen im Allgemeinen als angemessen zu erachtenden Überprüfungszeitpunkt, kann jedoch nach den Umständen des Einzelfalls verlängert oder verkürzt werden. Demselben Zweck dient die in § 166 Abs. 3 FamFG vorgesehene Frist: Zwar kann im Einzelfall auch eine frühere oder spätere Überprüfung sachgerecht sein. Aber in den meisten Fällen dürfte eine Zeitspanne von drei Monaten erforderlich, aber auch ausreichend sein, um erkennen zu können, ob die Eltern unter dem Eindruck des gerichtlichen Verfahrens bereit sind, notwendige sozialpädagogische Hilfen anzunehmen und mit dem Jugendamt zu kooperieren.

§ 167
Anwendbare Vorschriften bei Unterbringung Minderjähriger

(1) In Verfahren nach § 151 Nr. 6 sind die für Unterbringungssachen nach § 312 Nr. 1, in Verfahren nach § 151 Nr. 7 die für Unterbringungssachen nach § 312 Nr. 3 geltenden Vorschriften anzuwenden. An die Stelle des Verfahrenspflegers tritt der Verfahrensbeistand.

(2) Ist für eine Kindschaftssache nach Absatz 1 ein anderes Gericht zuständig als dasjenige, bei dem eine Vormundschaft oder eine die Unterbringung erfassende Pflegschaft für den Minderjährigen eingeleitet ist, teilt dieses Gericht dem für das Verfahren nach Absatz 1 zuständigen Gericht die Anordnung und Aufhebung der Vormundschaft oder Pflegschaft, den Wegfall des Aufgabenbereiches Unterbringung und einen Wechsel in der Person des Vormunds oder Pflegers mit; das für das Verfahren nach Absatz 1 zuständige Gericht teilt dem anderen Gericht die Unterbringungsmaßnahme, ihre Änderung, Verlängerung und Aufhebung mit.

(3) Der Betroffene ist ohne Rücksicht auf seine Geschäftsfähigkeit verfahrensfähig, wenn er das 14. Lebensjahr vollendet hat.

(4) In den in Absatz 1 Satz 1 genannten Verfahren sind die Elternteile, denen die Personensorge zusteht, der gesetzliche Vertreter in persönlichen Angelegenheiten sowie die Pflegeeltern persönlich anzuhören.

(5) Das Jugendamt hat die Eltern, den Vormund oder den Pfleger auf deren Wunsch bei der Zuführung zur Unterbringung zu unterstützen.

(6) In Verfahren nach § 151 Nr. 6 und 7 soll der Sachverständige Arzt für Kinder- und Jugendpsychiatrie und -psychotherapie sein. In Verfahren nach § 151 Nr. 6 kann das Gutachten auch durch einen in Fragen der Heimerziehung ausgewiesenen Psychotherapeuten, Psychologen, Pädagogen oder Sozialpädagogen erstattet werden.

Die Vorschrift entspricht der Fassung des Regierungsentwurfs.

Begründung RegE:
Absatz 1 Satz 1 regelt, dass in den Fällen des § 151 Nr. 6 die für Unterbringungssachen geltenden Vorschriften anzuwenden sind. **Satz 2** modifiziert dies insoweit, als an die Stelle des Verfahrenspflegers der Verfahrensbeistand tritt. Ein solcher ist stets zu bestellen, wenn nach den für Unterbringungssachen geltenden Vorschriften ein Verfahrenspfleger zu bestellen ist.

Absatz 2 entspricht im Wesentlichen dem bisherigen § 70 Abs. 7 FGG, soweit er die Unterbringung Minderjähriger betrifft.

Absatz 3 entspricht dem bisherigen § 70a FGG.

Absatz 4 entspricht dem bisherigen § 70d Abs. 2 FGG.

Absatz 5 entspricht im Wesentlichen dem bisherigen § 70g Abs. 5 Satz 1 FGG. Die ausdrückliche Erwähnung des Jugendamts dient der Klarstellung. Die Befugnisse des Jugendamts bei der Zuführung zur Unterbringung richten sich nach § 167 Abs. 1 Satz 1 in Verbindung mit § 326 Abs. 2.

Absatz 6 regelt die Qualifikation des Sachverständigen für die Erstattung eines Gutachtens bei Unterbringungsmaßnahmen abweichend von § 321. Der ärztliche Sachverständige soll danach nicht mehr in der Regel Arzt für Psychiatrie, sondern Arzt für Kinder- und Jugendpsychiatrie und -psychotherapie sein. Dies entspricht ganz überwiegend schon der bisherigen Handhabung in der Praxis.

Abweichend von diesem Regelfall soll das Gutachten in Verfahren nach § 151 Nr. 6 ausnahmsweise auch durch einen in Fragen der Heimerziehung ausgewiesenen Psychotherapeuten, Psychologen, Pädagogen oder Sozialpädagogen erstattet werden können. Zwar handelt es sich gerade bei stark verhaltensauffälligen Kindern, für die eine geschlossene Unterbringung in Betracht kommt, um eine psychiatrische Hochrisikogruppe, für die im Regelfall eine psychiatrische Begutachtung erforderlich ist. In bestimmten Fällen, etwa bei eindeutigen Erziehungsdefiziten, kann aber unter Umständen von vornherein nur eine Unterbringung in einem Heim der Kinder- und Jugendhilfe in Betracht kommen, ohne dass ein psychiatrischer Hintergrund im Raum steht.

Stellungnahme Bundesrat:
58. **Zu Artikel 1** (§ 167 Abs. 6 Satz 1 FamFG)
In Artikel 1 § 167 Abs. 6 Satz 1 sind nach dem Wort „Sachverständige" die Wörter „in der Regel" einzufügen.

Begründung:

Der Abschlussbericht vom 17. November 2006 der im März 2006 eingesetzten Arbeitsgruppe „Familiengerichtliche Maßnahmen bei Gefährdung des Kindeswohls" empfiehlt die Öffnung des geltenden § 70e Abs. 1 FGG auch für Sachverständige, die nicht Ärzte für Psychiatrie sind. Dies geht auf Artikel 2 des in den Bundesrat eingebrachten Entwurfs eines Gesetzes zur Änderung des § 1666 BGB und weiterer Vorschriften zurück (BR-Drs. 296/06). Der Referentenentwurf des Bundesministeriums der Justiz eines Gesetzes zur Erleichterung familiengerichtlicher Maßnahmen bei Gefährdung des Kindeswohls greift die Empfehlung der Arbeitsgruppe in Artikel 2 Nr. 4 Buchstabe b mit einer § 167 Abs. 6 FamFG-E entsprechenden Formulierung auf. Allerdings enthält der Referentenentwurf anknüpfend an die Terminologie des FGG nach dem Wort „Sachverständiger" die Wörter „in der Regel". Ein sachlicher Unterschied sollte mit diesen unterschiedlichen Formulierungen nicht verbunden sein. Es sollte jedoch sichergestellt sein, dass die noch für das FGG zu treffende Neuregelung durch das Gesetz zur Erleichterung familiengerichtlicher Maßnahmen bei Gefährdung des Kindeswohls und das voraussichtlich erst später in Kraft tretende FamFG insoweit keine unterschiedlichen Formulierungen enthalten. Bliebe es dabei, es im einen Gesetz bei der Formulierung „in der Regel" zu belassen und im anderen darauf zu verzichten, wäre mit Unsicherheiten bei der Rechtsanwendung zu rechnen. Ohne einen Gleichlauf der Formulierungen in beiden Gesetzen wäre nicht sichergestellt, dass die Gerichte nicht zu einer jeweils anderen Interpretation der Norm kommen. Dies kann durch die Einfügung der Wörter „in der Regel" in § 167 Abs. 6 Satz 1 FamFG-E vermieden werden.

Gegenäußerung Bundesregierung:
Zu Nummer 58 (Artikel 1 – § 167 Abs. 6 Satz 1 FamFG)
Die Bundesregierung stimmt dem Vorschlag des Bundesrates nicht zu.

Die Formulierung „soll ... in der Regel" führt zu Unklarheiten bei der Rechtsanwendung, da sie eine weitere, neben „kann" und „soll" liegende Form der Ermessensbindung festlegt, die in der Praxis schwer nachvollzogen werden kann und daher die Gefahr einer uneinheitlichen Rechtsanwendung in sich birgt.

§ 168
Beschluss über Zahlungen des Mündels
(1) Das Gericht setzt durch Beschluss fest, wenn der Vormund, Gegenvormund oder Mündel die gerichtliche Festsetzung beantragt oder das Gericht sie für angemessen hält:

II. – FamFG – Buch 2 Verfahren in Familiensachen

1. Vorschuss, Ersatz von Aufwendungen, Aufwandsentschädigung, soweit der Vormund oder Gegenvormund sie aus der Staatskasse verlangen kann (§ 1835 Abs. 4 und § 1835a Abs. 3 des Bürgerlichen Gesetzbuchs) oder ihm nicht die Vermögenssorge übertragen wurde;
2. eine dem Vormund oder Gegenvormund zu bewilligende Vergütung oder Abschlagszahlung (§ 1836 des Bürgerlichen Gesetzbuchs).

Mit der Festsetzung bestimmt das Gericht Höhe und Zeitpunkt der Zahlungen, die der Mündel an die Staatskasse nach den §§ 1836c und 1836e des Bürgerlichen Gesetzbuchs zu leisten hat. Es kann die Zahlungen gesondert festsetzen, wenn dies zweckmäßig ist. Erfolgt keine Festsetzung nach Satz 1 und richten sich die in Satz 1 bezeichneten Ansprüche gegen die Staatskasse, gelten die Vorschriften über das Verfahren bei der Entschädigung von Zeugen hinsichtlich ihrer baren Auslagen sinngemäß.

(2) In dem Antrag sollen die persönlichen und wirtschaftlichen Verhältnisse des Mündels dargestellt werden. § 118 Abs. 2 Satz 1 und 2 sowie § 120 Abs. 2 bis 4 Satz 1 und 2 der Zivilprozessordnung sind entsprechend anzuwenden. Steht nach der freien Überzeugung des Gerichts der Aufwand zur Ermittlung der persönlichen und wirtschaftlichen Verhältnisse des Mündels außer Verhältnis zur Höhe des aus der Staatskasse zu begleichenden Anspruchs oder zur Höhe der voraussichtlich vom Mündel zu leistenden Zahlungen, kann das Gericht ohne weitere Prüfung den Anspruch festsetzen oder von einer Festsetzung der vom Mündel zu leistenden Zahlungen absehen.

(3) Nach dem Tode des Mündels bestimmt das Gericht Höhe und Zeitpunkt der Zahlungen, die der Erbe des Mündels nach § 1836e des Bürgerlichen Gesetzbuchs an die Staatskasse zu leisten hat. Der Erbe ist verpflichtet, dem Gericht über den Bestand des Nachlasses Auskunft zu erteilen. Er hat dem Gericht auf Verlangen ein Verzeichnis der zur Erbschaft gehörenden Gegenstände vorzulegen und an Eides Statt zu versichern, dass er nach bestem Wissen und Gewissen den Bestand so vollständig angegeben habe, als er dazu imstande sei.

(4) Der Mündel ist zu hören, bevor nach Absatz 1 eine von ihm zu leistende Zahlung festgesetzt wird. Vor einer Entscheidung nach Absatz 3 ist der Erbe zu hören.

(5) Auf die Pflegschaft sind die Absätze 1 bis 4 entsprechend anzuwenden.

Die Vorschrift entspricht der Fassung des Regierungsentwurfs.

Begründung RegE:
Die Vorschrift entspricht dem bisherigen § 56g FGG in der Fassung des Zweiten Betreuungsrechtsänderungsgesetzes vom 21. April 2005 (BGBl. I S. 1073), mit Ausnahme der im Hinblick auf den Allgemeinen Teil des FamFG entbehrlichen Absätze 5 und 6.

§ 168a
Mitteilungspflichten des Standesamts

(1) Wird dem Standesamt der Tod einer Person, die ein minderjähriges Kind hinterlassen hat, oder die Geburt eines Kindes nach dem Tod des Vaters oder das Auffinden eines Minderjährigen, dessen Familienstand nicht zu ermitteln ist, angezeigt, hat das Standesamt dies dem Familiengericht mitzuteilen.

(2) Führen Eltern, die gemeinsam für ein Kind sorgeberechtigt sind, keinen Ehenamen und ist von ihnen binnen eines Monats nach der Geburt des Kindes der Geburtsname des Kindes nicht bestimmt worden, teilt das Standesamt dies dem Familiengericht mit.

Die Vorschrift entspricht der Fassung des Regierungsentwurfs.

Begründung RegE:
Die Vorschrift regelt die Pflicht des Standesamts zur Unterrichtung des Familiengerichts.

Absatz 1 entspricht inhaltlich dem bisherigen § 48 FGG. Die Anzeigepflicht des Standesbeamten dient der Prüfung, ob familiengerichtliche Maßnahmen erforderlich sind, z.B. die Bestellung eines Vormunds oder eines Pflegers.

Absatz 2 entspricht inhaltlich dem bisherigen § 64c FGG in der Fassung des Gesetzes zur Reform des Personenstandsrechts vom 19. Februar 2007 (BGBl. I S. 122). Die Anzeigepflicht korrespondiert mit § 1617 Abs. 2 BGB, nach dem das Gericht einem Elternteil das Namensbestimmungsrecht überträgt, wenn die Eltern binnen eines Monats nach der Geburt keine Bestimmung getroffen haben.

Die Einstellung in das FamFG ist durch die vollständige Übernahme der Regelungen des FGG bedingt.

Abschnitt 4
Verfahren in Abstammungssachen

§ 169
Abstammungssachen

Abstammungssachen sind Verfahren

1. auf Feststellung des Bestehens oder Nichtbestehens eines Eltern-Kind-Verhältnisses, insbesondere der Wirksamkeit oder Unwirksamkeit einer Anerkennung der Vaterschaft,
2. auf Ersetzung der Einwilligung in eine genetische Abstammungsuntersuchung und Anordnung der Duldung einer Probeentnahme,
3. auf Einsicht in ein Abstammungsgutachten oder Aushändigung einer Abschrift oder
4. auf Anfechtung der Vaterschaft.

Frühere Fassung RegE:

§ 169 ist mit der Beschlussempfehlung des Rechtsausschusses neu gefasst worden:

Abstammungssachen sind Verfahren

1. *auf Feststellung des Bestehens oder Nichtbestehens eines Eltern-Kind-Verhältnisses, insbesondere der Wirksamkeit oder Unwirksamkeit einer Anerkennung der Vaterschaft,* **oder**
2. *auf Anfechtung der Vaterschaft.*

Begründung RegE:

Die Vorschrift enthält eine Definition des Begriffs Abstammungssachen.

Nummer 1 entspricht § 640 Abs. 2 Nr. 1 ZPO. Einbezogen sind nun auch die bislang von § 1600e Abs. 2 BGB erfassten Feststellungsverfahren.

Nummer 2 entspricht § 640 Abs. 2 Nr. 2 ZPO. Einbezogen sind nun auch die bislang von § 1600e Abs. 2 BGB erfassten Anfechtungsverfahren.

Begründung Beschlussempfehlung Rechtsausschuss:

Die Änderungen nehmen die beiden im Rahmen des Gesetzes zur Klärung der Vaterschaft unabhängig vom Anfechtungsverfahren vom 26. März 2008 (BGBl. I S. 441) in § 640 Abs. 2 Nr. 2 und Nr. 3 ZPO geschaffenen Verfahrensarten in den Katalog der Abstammungssachen auf.

§ 170
Örtliche Zuständigkeit

(1) Ausschließlich zuständig ist das Gericht, in dessen Bezirk das Kind seinen gewöhnlichen Aufenthalt hat.

(2) Ist die Zuständigkeit eines deutschen Gerichts nach Absatz 1 nicht gegeben, ist der gewöhnliche Aufenthalt der Mutter, ansonsten der des Vaters maßgebend.

(3) Ist eine Zuständigkeit nach den Absätzen 1 und 2 nicht gegeben, ist das Amtsgericht Schöneberg in Berlin ausschließlich zuständig.

Die Vorschrift entspricht der Fassung des Regierungsentwurfs.

Begründung RegE:

Absatz 1 entspricht dem bisherigen § 640a Abs. 1 Satz 1 ZPO, wobei jedoch das Kriterium des Wohnsitzes entfällt.

Absatz 2 ersetzt die Regelung des bisherigen § 640a Abs. 1 Satz 2, 3 ZPO durch eine straffere und damit klarere Formulierung. Ist eine Zuständigkeit nach Absatz 1 nicht gegeben, kommt es zunächst auf den gewöhnlichen Aufenthalt der Mutter, wenn auch danach die Zuständigkeit eines deutschen Gerichts nicht gegeben ist, auf den gewöhnlichen Aufenthalt des Vaters an.

Absatz 3 entspricht inhaltlich dem bisherigen § 640a Abs. 1 Satz 4 ZPO.

§ 171
Antrag

(1) Das Verfahren wird durch einen Antrag eingeleitet.

(2) In dem Antrag sollen das Verfahrensziel und die betroffenen Personen bezeichnet werden. In einem Verfahren auf Anfechtung der Vaterschaft nach § 1600 Abs. 1 Nr. 1 bis 4 des Bürgerlichen Gesetzbuchs sollen die Umstände angegeben werden, die gegen die Vaterschaft sprechen, sowie der Zeitpunkt, in dem diese Umstände bekannt wurden. In einem Verfahren auf Anfechtung der Vaterschaft nach § 1600 Abs. 1 Nr. 5 des Bürgerlichen Gesetzbuchs müssen die Umstände angegeben werden, die die Annahme rechtfertigen, dass die Voraussetzungen des § 1600 Abs. 3 des Bürgerlichen Gesetzbuchs vorliegen, sowie der Zeitpunkt, in dem diese Umstände bekannt wurden.

Die Vorschrift entspricht der Fassung des Regierungsentwurfs.

Begründung RegE:

Absatz 1 legt fest, dass das Verfahren nur auf Antrag eingeleitet wird. Die rechtzeitige Einreichung des Antrags bei Gericht bewirkt bei der Anfechtung der Vaterschaft zugleich die Einhaltung der materiellrechtlichen Anfechtungsfrist nach § 1600b Abs. 1 BGB. Durch die Überführung des Abstammungsverfahrens in ein Verfahren der freiwilligen Gerichtsbarkeit kommt es auf eine Klageerhebung – und damit auf die Bekanntgabe des Antrags an die weiteren Beteiligten – nicht mehr an. Zu beachten ist jedoch § 25 Abs. 3 Satz 2, nach dem die Wirkungen einer Verfahrenshandlung bei Vornahme gegenüber einem unzuständigen Gericht erst mit Eingang beim zuständigen Gericht eintreten.

Absatz 2 enthält eine von § 23 Abs. 1 abweichende Bestimmung des Inhalts des Antrags.

Nach **Satz 1** sollen das Verfahrensziel und die betroffenen Personen bezeichnet werden. Es handelt sich hierbei um die für die Abgrenzung des Verfahrensgegenstandes erforderlichen Mindestangaben. Da es sich um eine Soll-Vorschrift handelt, ist der Antrag im Fall von ungenügenden Angaben nicht sofort als unzulässig zurückzuweisen. Das Gericht hat zunächst einen entsprechenden Hinweis zu erteilen. **Satz 2** bestimmt, dass bei einem Verfahren auf Anfechtung der Vaterschaft darüber hinaus die Umstände angegeben werden sollen, die gegen eine Vaterschaft sprechen, d.h. Umstände, die bei objektiver Betrachtung geeignet sind, Zweifel an der Abstammung zu wecken. Der Antragsteller soll in der Antragsbegründung auch den Zeitpunkt der Kenntniserlangung von diesen Umständen darlegen. Hierdurch wird dem Gericht eine Ermittlung der Einhaltung der Anfechtungsfrist nach § 1600b Abs. 1 BGB von Amts wegen ermöglicht. Dies entspricht im Wesentlichen den bisherigen Anforderungen, die die Rechtsprechung an die Schlüssigkeit einer Klage auf Anfechtung der Vaterschaft stellt (vgl. nur BGH NJW 1998, 2976). Das Bundesverfassungsgericht hat in seiner Entscheidung vom 13. Februar 2007 (BVerfG FamRZ 2007, 441) festgestellt, dass diese Auslegung der Anfechtungsvoraussetzungen verfassungsrechtlich nicht zu beanstanden ist. Dabei ist allerdings zu berücksichtigen, dass an die Darlegung derartiger Umstände keine zu hohen Anforderungen gestellt werden dürfen. Es ist nicht erforderlich, dass die vorgetragenen Umstände die Nichtvaterschaft wahrscheinlich oder gar überwiegend wahrscheinlich machen. Es genügt, wenn sie bei objektiver Betrachtung geeignet sind, Zweifel an der Vaterschaft zu wecken und die Möglichkeit einer anderweitigen Abstammung des Kindes als nicht ganz fernliegend erscheinen lassen (vgl. BGH a.a.O.). Werden diese Umstände vorgetragen, hat das Gericht den Sachverhalt einschließlich der Frage, ob die jeweilige Anfechtungsfrist eingehalten worden ist, von Amts wegen aufzuklären. Die Feststellungslast für den Ablauf der Anfechtungsfrist richtet sich dabei nach dem materiellen Recht (§ 1600b Abs. 1 BGB). Soweit nach Ausschöpfen der verfügbaren Beweismittel von Amts wegen noch Zweifel an der Einhaltung der Anfechtungsfrist durch den Antragsteller verbleiben, gehen diese demnach zu Lasten der weiteren Beteiligten an einem Anfechtungsverfahren.

Satz 3 trägt den Besonderheiten der behördlichen Anfechtung Rechnung, wie sie im Entwurf eines Gesetzes zur Ergänzung des Rechts zur Anfechtung der Vaterschaft vorgesehen ist (BT-Drs. 16/3291). Bei den anzugebenden Umständen handelt es sich um die Tatsachen, die den Tatbestand des behördlichen Anfechtungsrechts ergeben: Die Anfechtung nach § 1600 Absatz 1 Nr. 5 BGB-E setzt gemäß § 1600 Abs. 3 BGB-E voraus, dass erstens zwischen dem Kind und dem Anerkennenden keine sozial-familiäre Beziehung besteht oder im Zeitpunkt der Anerkennung oder seines Todes bestanden hat und zweitens durch die Anerkennung rechtliche Voraussetzungen für die erlaubte Einreise oder den erlaubten Aufenthalt des Kindes oder eines Elternteiles geschaffen werden. Diese Tatsachen müssen zusätzlich zur fehlenden biologischen Vaterschaft gegeben sein, um das behördliche Anfechtungsrecht zu begründen. Die anfechtungsberechtigte Behörde muss nur die Tatsachen angeben, die die Annahme rechtfertigen, dass die zusätzlichen Voraussetzungen des § 1600 Abs. 3 BGB vorliegen. Die Darlegung von Zweifeln an der biologischen Abstammung ist der Behörde nicht zumutbar, da diese Umstände zum Kernbereich der Privatsphäre der Betroffenen zählen. Die Darlegungslast dürfte dabei mit Rücksicht auf die Aufklärungsmöglichkeiten der anfechtungsberechtigten Behörde abgestuft sein: Die Behörde muss in der Lage sein, den staatsangehörigkeits- bzw. ausländerrechtlichen Teil des Tatbestands umfassend darzulegen, weil diese Anknüpfung bewusst objektiv gehalten ist (vgl. die Begründung zum Gesetzentwurf, a.a.O. S. 14). Die Behörde kann dagegen mit Rücksicht auf die Privatsphäre der Betroffenen das (Nicht-)Vorliegen einer sozial-familiären Beziehung vielfach nur eingeschränkt ermitteln und darlegen. Hier greifen die vom BGH entwickelten Zumutbarkeitskriterien für die Sachverhaltsdarlegung (a.a.O. S. 14). Die Behörde kann insbesondere das (Nicht-)Vorliegen des Zusammenlebens in häuslicher Gemeinschaft vortragen und diesen Umstand in Beziehung zur ausländerrechtlichen Situation der Beteiligten setzen. Es ist in diesen Fällen Sache von Vater und Kind als den Anfechtungsgegnern, im Einzelnen zu ihrer Beziehung vorzutragen. Die von der Behörde dargelegten Tatsachen sind Ausgangspunkt für die Sachverhaltsermittlung durch das Gericht. Ihm stehen dafür insbesondere die Anhörung von Mutter, rechtlichem Vater, Jugendamt und ggf. dem Kind als Erkenntnisquellen zur Verfügung.

§ 172
Beteiligte

(1) Zu beteiligen sind
1. **das Kind,**
2. **die Mutter,**
3. **der Vater.**

(2) Das Jugendamt ist in den Fällen des § 176 Abs. 1 Satz 1 auf seinen Antrag zu beteiligen.

Die Vorschrift entspricht im Hinblick auf Absatz 2 dem Regierungsentwurf; Absatz 1 Nr. 4 ist mit der Beschlussempfehlung des Rechtsausschusses gestrichen worden:

Frühere Fassung RegE:
4. im Verfahren auf Anfechtung der Vaterschaft der Mann, der an Eides statt versichert, der Mutter während der Empfängniszeit beigewohnt zu haben, und die zuständige Behörde (anfechtungsberechtigte Behörde) in den Fällen des § 1592 Nr. 2 des Bürgerlichen Gesetzbuchs.

II. – FamFG – Buch 2 Verfahren in Familiensachen

Begründung RegE:

Absatz 1 knüpft an § 7 Abs. 2 Nr. 2 an und regelt, wer im Abstammungsverfahren, als Beteiligter hinzuzuziehen ist.

Nummern 1, 2 und 3 nennen das Kind, die Mutter und den Vater. In der Sache handelt es sich dabei um den im bisherigen § 640e Abs. 1 Satz 1 ZPO genannten Personenkreis.

Nach **Nummer 4** ist der Mann, der an Eides statt versichert, der Mutter während der Empfängniszeit beigewohnt zu haben, ebenfalls hinzuzuziehen. Die Formulierung entspricht § 1600 Abs. 1 Nr. 2 BGB. Im Fall des § 1600 Abs. 1 Nr. 5 BGB ist auch die anfechtungsberechtigte Behörde hinzuzuziehen. Entsprechend ist Nummer 4 auf Verfahren beschränkt, die die Anfechtung der Vaterschaft zum Gegenstand haben.

Absatz 2 gibt dem Jugendamt die Möglichkeit, in den Fällen, in denen es anzuhören ist, auch die volle Beteiligtenstellung zu erlangen. Es ist auf seinen Antrag durch das Gericht in den genannten Fällen als Beteiligter hinzuzuziehen.

Begründung Beschlussempfehlung Rechtsausschuss:

Die Änderung streicht aus dem Katalog der zu dem Verfahren hinzuzuziehenden Beteiligten im Verfahren auf Anfechtung der Vaterschaft den Mann, der an Eides statt versichert, der Mutter während der Empfängniszeit beigewohnt zu haben, und die zuständige Behörde in den Fällen des § 1592 Nr. 2 des Bürgerlichen Gesetzbuchs. In beiden Fällen ist die Beteiligung bereits über die allgemeine Regelung in § 7 Abs. 1 sichergestellt.

§ 173
Vertretung eines Kindes durch einen Beistand

Wird das Kind durch das Jugendamt als Beistand vertreten, ist die Vertretung durch den sorgeberechtigten Elternteil ausgeschlossen.

Die Vorschrift entspricht der Fassung des Regierungsentwurfs.

Begründung RegE:

Die Regelung entspricht dem bisherigen § 53a ZPO. Auf schriftlichen Antrag eines Elternteils kann das Jugendamt Beistand des Kindes werden (§ 1712 BGB). Die elterliche Sorge wird durch die Beistandschaft nicht eingeschränkt. Die Regelung dient dazu, im Verfahren gegensätzliche Erklärungen des Jugendamts und des sorgeberechtigten Elternteils zu verhindern, indem dem Jugendamt der Vorrang eingeräumt wird.

Durch die Beistandschaft wird das Jugendamt nicht zum Verfahrensbeteiligten. Die Beteiligung regelt sich allein nach §§ 172 Abs. 2, 176 Abs. 1.

§ 174
Verfahrensbeistand

Das Gericht hat einem minderjährigen Beteiligten in Abstammungssachen einen Verfahrensbeistand zu bestellen, sofern dies zur Wahrnehmung seiner Interessen erforderlich ist. § 158 Abs. 2 Nr. 1 sowie Abs. 3 bis 7 gilt entsprechend.

Die Vorschrift ist mit der Beschlussempfehlung des Rechtsausschusses geändert worden:

Frühere Fassung RegE:

Das Gericht hat einem minderjährigen Beteiligten in Abstammungssachen einen Verfahrensbeistand zu bestellen, sofern dies zur Wahrnehmung seiner Interessen erforderlich ist. § 158 Abs. 2 Nr. 1 und 2 sowie Abs. 3 bis 7 gilt entsprechend.

Begründung RegE:

Satz 1 ermöglicht es dem Gericht nunmehr auch in Abstammungsverfahren dem minderjährigen Kind einen Verfahrensbeistand zu bestellen. Hierfür kann insbesondere im Fall einer Interessenkollision in der Person des gesetzlichen Vertreters ein Bedürfnis bestehen.

Wegen der weiteren Ausgestaltung der Rechtsfigur des Verfahrensbeistands verweist **Satz 2** auf bestimmte Regelungen des § 158.

Begründung Beschlussempfehlung Rechtsausschuss:

Es handelt sich um eine Folgeänderung zur Streichung des Regelbeispiels in § 158 Abs. 2 Nr. 1.

§ 175
Erörterungstermin; persönliche Anhörung

(1) Das Gericht soll vor einer Beweisaufnahme über die Abstammung die Angelegenheit in einem Termin erörtern. Es soll das persönliche Erscheinen der verfahrensfähigen Beteiligten anordnen.

(2) Das Gericht soll vor einer Entscheidung über die Ersetzung der Einwilligung in eine genetische Abstammungsuntersuchung und die Anordnung der Duldung der Probeentnahme (§ 1598a Abs. 2 des Bürgerlichen Gesetzbuchs) die Eltern und ein Kind, das das 14. Lebensjahr vollendet hat, persönlich anhören. Ein jüngeres Kind kann das Gericht persönlich anhören.

Die Vorschrift ist mit der Beschlussempfehlung des Rechtsausschusses neu gefasst worden:

Frühere Fassung RegE:

§ 175 Erörterungstermin

Das Gericht soll vor einer Beweisaufnahme über die Abstammung die Angelegenheit in einem Termin erörtern. Es soll das persönliche Erscheinen der verfahrensfähigen Beteiligten anordnen.

Begründung RegE:

Satz 1 bestimmt als Sollvorschrift, dass die Angelegenheit mit den Beteiligten in einem Termin erörtert wird. Der Termin soll dabei vor einer Beweisaufnahme über die Abstammung erfolgen. Auf diese Weise kann die Frage der Einhaltung der Anfechtungsfrist geklärt werden, bevor etwa eine kostspielige Abstammungsbegutachtung in Auftrag gegeben wird. Von einem Termin in einem Verfahren auf Anfechtung der Vaterschaft kann ausnahmsweise abgesehen werden, wenn sich die Beteiligten schriftlich geäußert haben und keine Anhaltspunkte für den Ablauf der Anfechtungsfrist ersichtlich sind.

Satz 2 bestimmt, dass das Gericht das persönliche Erscheinen der verfahrensfähigen Beteiligten anordnen soll.

Begründung Beschlussempfehlung Rechtsausschuss:

Der angefügte Absatz 2 übernimmt die im Rahmen des Gesetzes zur Klärung der Vaterschaft unabhängig vom Anfechtungsverfahren vom 26. März 2008 (BGBl. I S. 441) eingeführte Regelung des § 56 Abs. 1 FGG.

§ 176
Anhörung des Jugendamts

(1) Das Gericht soll im Fall einer Anfechtung nach § 1600 Abs. 1 Nr. 2 und 5 des Bürgerlichen Gesetzbuchs sowie im Fall einer Anfechtung nach § 1600 Abs. 1 Nr. 4 des Bürgerlichen Gesetzbuchs, wenn die Anfechtung durch den gesetzlichen Vertreter erfolgt, das Jugendamt anhören. Im Übrigen kann das Gericht das Jugendamt anhören, wenn ein Beteiligter minderjährig ist.

(2) Das Gericht hat dem Jugendamt in den Fällen einer Anfechtung nach Absatz 1 Satz 1 sowie einer Anhörung nach Absatz 1 Satz 2 die Entscheidung mitzuteilen. Gegen den Beschluss steht dem Jugendamt die Beschwerde zu.

Die Vorschrift entspricht der Fassung des Regierungsentwurfs.

Begründung RegE:

Absatz 1 regelt die Anhörung des Jugendamts. Eine entsprechende Vorschrift existiert derzeit nur für die im Gesetz zur Ergänzung des Rechts zur Anfechtung der Vaterschaft vorgesehene Anfechtung nach § 1600 Abs. 1 Nr. 5 BGB (vgl. BT-Drs. 16/3291 S. 8).

Nach **Satz 1** ist die Anhörung als Soll-Vorschrift nunmehr auch für den Fall einer Anfechtung nach § 1600 Abs. 1 Nr. 2 und Nr. 4 BGB vorgesehen, im letzteren Fall jedoch nur, soweit die Anfechtung durch den gesetzlichen Vertreter erfolgt. Durch diese Mitwirkung wird die Einschätzung der Fragen, ob eine sozialfamiliäre Beziehung im Sinn des § 1600 Abs. 3 BGB besteht und ob eine Anfechtung im Sinn des § 1600a Abs. 4 BGB dem Wohl des Kindes dient, erleichtert.

Nach **Satz 2** soll das Gericht das Jugendamt anhören können, wenn ein Beteiligter minderjährig ist.

Absatz 2 Satz 1 ordnet an, dass die Entscheidung dem Jugendamt mitzuteilen ist, wenn es angehört wurde. **Satz 2** enthält daran anknüpfend ein von § 59 unabhängiges Beschwerderecht des Jugendamts.

§ 177
Eingeschränkte Amtsermittlung; förmliche Beweisaufnahme

(1) Im Verfahren auf Anfechtung der Vaterschaft dürfen von den beteiligten Personen nicht vorgebrachte Tatsachen nur berücksichtigt werden, wenn sie geeignet sind, dem Fortbestand der Vaterschaft zu dienen, oder wenn der die Vaterschaft Anfechtende einer Berücksichtigung nicht widerspricht.

(2) Über die Abstammung in Verfahren nach § 169 Nr. 1 und 4 hat eine förmliche Beweisaufnahme stattzufinden. Die Begutachtung durch einen Sachverständigen kann durch die Verwertung eines von einem Beteiligten mit Zustimmung der anderen Beteiligten eingeholten Gutachtens über die Abstammung ersetzt werden, wenn das Gericht keine Zweifel an der Richtigkeit und Vollständigkeit der im Gutachten getroffenen Feststellungen hat und die Beteiligten zustimmen.

Die Vorschrift entspricht im Hinblick auf Absatz 1 dem Regierungsentwurf; Absatz 2 ist mit der Beschlussempfehlung des Rechtsausschusses geändert worden:

Frühere Fassung RegE:

(2) Über die Abstammung hat eine förmliche Beweisaufnahme stattzufinden. Die Begutachtung durch einen Sachverständigen kann durch die Verwertung eines von einem Beteiligten mit Zustimmung der anderen Beteiligten eingeholten Gutachtens über die Abstammung ersetzt werden, wenn das Gericht keine Zweifel an der Richtigkeit und Vollständigkeit der im Gutachten getroffenen Feststellungen hat und die Beteiligten zustimmen.

Begründung RegE:

Die Vorschrift des **Absatzes 1** entspricht dem bisherigen § 640d ZPO. Die Formulierung wurde zur Verbesserung der Verständlichkeit sprachlich an § 127 Abs. 2 angepasst; eine inhaltliche Veränderung ist damit nicht verbunden.

Absatz 2 Satz 1 knüpft an § 30 Abs. 2 an und bestimmt, dass eine Beweisaufnahme über die Frage der Abstammung stets als förmliche Beweisaufnahme nach den Vorschriften der Zivilprozessordnung zu erfolgen hat. Der Freibeweis ist insoweit ausgeschlossen. Nach bisherigem Recht ergibt sich dasselbe Ergebnis bereits aus dem Standort der einschlägigen Verfahrensregelungen in der ZPO. Angesichts der besonderen Bedeutung der Frage der Abstammung ist die Beschränkung auf den Strengbeweis grundsätzlich weiterhin gerechtfertigt. **Satz 2** eröffnet dem Gericht demgegenüber die Möglichkeit, im Einverständnis mit den Beteiligten ein privates Abstammungsgutachten zu verwenden, wenn es an den dort getroffenen Feststellungen nicht zweifelt. Das private Abstammungsgutachten muss mit Einwilligung aller Beteiligten eingeholt worden sein. Die Vorschrift dient der Prozessökonomie. Sind alle Beteiligten mit der Verwertung des privat eingeholten Abstammungsgutachtens einverstanden, kann das Gericht dieses Gutachten nach eigenem Ermessen zu Beweiszwecken verwerten. Der Zwang zur Einholung eines gerichtlichen Abstammungsgutachtens wäre in diesen Fällen lediglich ein Kosten verursachender Formalismus, der den Beteiligten nicht zu vermitteln wäre.

Stellungnahme Bundesrat:
59. **Zu Artikel 1** (§ 177 Abs. 1 Satz 2 – neu – FamFG)
Dem Artikel 1 § 177 Abs. 1 ist folgender Satz anzufügen:
„Über die Einhaltung der Anfechtungsfrist führt das Gericht Ermittlungen von Amts wegen nur durch, wenn sich ein Beteiligter auf deren Nichteinhaltung beruft."

Begründung:

In Abstammungssachen gilt grundsätzlich der Amtsermittlungsgrundsatz. Dieser wird eingeschränkt durch § 177 Abs. 1 FamFG-E. Im Anfechtungsverfahren dürfen von den beteiligten Personen nicht vorgebrachte Tatsachen nur berücksichtigt werden, wenn sie geeignet sind, dem Fortbestand der Vaterschaft zu dienen, oder wenn der Anfechtende einer Berücksichtigung nicht widerspricht.

Im Anfechtungsverfahren gilt gemäß § 1600b BGB eine Anfechtungsfrist von zwei Jahren ab Kenntniserlangung. Diese soll der Rechtssicherheit, dem Rechtsfrieden und dem Bestand des Kindschaftsstatus dienen, jedoch im Interesse der Verfahrensbeteiligten. Wenn sich alle Verfahrensbeteiligten über eine Anfechtung trotz Fristablaufs einig sind, besteht kein Grund, Ermittlungen zum Ablauf der Anfechtungsfrist von Amts wegen anzustellen.

Zudem ist zu berücksichtigen, dass die Anfechtungsfrist zwar objektiv mit zwei Jahren für alle Anfechtungsberechtigten gleich lang ist. Subjektiv beginnt sie aber erst mit der Kenntnis der Umstände zu laufen, die gegen die Vaterschaft sprechen. Häufig beginnt die Frist daher für jeden Beteiligten zu einem unterschiedlichen Zeitpunkt. Ob im Einzelfall eine Anfechtung noch möglich ist, hängt daher oftmals von zufälligen Begebenheiten ab.

Die Fristenregelung verfehlt daher in einem erheblichen Maße ihr gesetzgeberisches Ziel, nach einem gewissen Zeitraum Bestandskraft hinsichtlich des Kindschaftsstatus eintreten zu lassen. Wenigstens teilweise können diese Folgen durch eine Einschränkung des Amtsermittlungsgrundsatzes kompensiert werden, wenn sich kein Beteiligter auf die Nichteinhaltung der Anfechtungsfrist beruft.

Gegenäußerung Bundesregierung:
Zu Nummer 59 (Artikel 1 – § 177 Abs. 1 Satz 2 – neu – FamFG)
Die Bundesregierung stimmt dem Vorschlag des Bundesrates nicht zu.

Die Anfechtungsfrist des § 1600b Abs. 1 BGB stellt eine Ausschlussfrist dar, die vom Gericht von Amts wegen zu beachten ist und die nicht zur Disposition der Beteiligten steht. Sie schützt insbesondere das Interesse des Kindes, in den gewohnten sozialen Bindungen seiner Familie aufzuwachsen. Der Änderungsvorschlag des Bundesrates gestaltet demgegenüber die Anfechtungsfrist als Einrede aus und umgeht damit die Wertungen des materiellen Rechts.

Die Einschränkung der Amtsermittlungspflicht des Gerichts wäre darüber hinaus auch systemwidrig. Soweit das geltende Recht in familiengerichtlichen Statusverfahren Einschränkungen der Ermittlungspflicht des Gerichts vorsieht (§§ 616 Abs. 2, 640d ZPO), beziehen sich diese jeweils auf rechtsvernichtende, nicht aber auf rechtserhaltende Tatsachen. Nach dem Änderungsvorschlag wäre die Feststellung der Anfechtungsfrist regelmäßig davon abhängig, ob der gesetzliche Vertreter des Kindes Kenntnis von den Tatsachen hat, die einen Fristablauf begründen.

Begründung Beschlussempfehlung Rechtsausschuss:
Die Änderung in Absatz 2 trägt dem Umstand Rechnung, dass eine durch das Gericht veranlasste Beweisaufnahme nur in den Verfahren auf Feststellung des Bestehens oder Nichtbestehens eines Eltern-Kind-Verhältnisses und auf Anfechtung der Vaterschaft in Betracht kommt. Es handelt sich um eine Fol-

geänderung aufgrund des Gesetzes zur Klärung der Vaterschaft unabhängig vom Anfechtungsverfahren vom 26. März 2008 (BGBl. I S. 441).

§ 178
Untersuchungen zur Feststellung der Abstammung

(1) Soweit es zur Feststellung der Abstammung erforderlich ist, hat jede Person Untersuchungen, insbesondere die Entnahme von Blutproben, zu dulden, es sei denn, dass ihr die Untersuchung nicht zugemutet werden kann.

(2) Die §§ 386 bis 390 der Zivilprozessordnung gelten entsprechend. Bei wiederholter unberechtigter Verweigerung der Untersuchung kann auch unmittelbarer Zwang angewendet, insbesondere die zwangsweise Vorführung zur Untersuchung angeordnet werden.

Die Vorschrift entspricht der Fassung des Regierungsentwurfs.

Begründung RegE:

Absatz 1 entspricht inhaltlich im Wesentlichen § 372a Abs. 1 ZPO. Die Fassung ist demgegenüber jedoch sprachlich deutlich vereinfacht und damit besser verständlich. Insbesondere das Kriterium, das die Untersuchung nach dem anerkannten Grundsatz der Wissenschaft eine Aufklärung des Sachverhalts verspricht, ist entbehrlich, da es infolge seiner weiten Fassung in der praktischen Anwendung nicht einschränkend wirkt.

Absatz 2 Satz 1 entspricht § 372a Abs. 2 Satz 1 ZPO.

Satz 2 entspricht § 372a Abs. 2 Satz 2 ZPO.

Stellungnahme Bundesrat:

60. **Zu Artikel 1** (§ 178 Abs. 2 Satz 3 – neu – FamFG)

Dem Artikel 1 § 178 Abs. 2 ist folgender Satz anzufügen:

„Eine wiederholte unberechtigte Weigerung der Untersuchung im Sinne von Satz 2 liegt auch dann vor, wenn wiederholt Ladungen des beauftragten Sachverständigen unbeachtet geblieben sind."

Begründung:

Die Regelung des § 178 Abs. 2 Satz 1 FamFG-E entspricht im Wesentlichen dem geltenden § 372a ZPO. Gleichwohl besteht Änderungsbedarf. In der Praxis ist es regelmäßig so, dass die Beteiligten zunächst durch den beauftragten Sachverständigen zur Abgabe der Blutprobe oder des DNA-Materials wiederholt geladen werden. Unmittelbarer Zwang oder zwangsweise Vorführung kann aber nach dem bisherigen § 372a ZPO erst dann angeordnet werden, wenn eine wiederholte Ladung durch das Gericht nicht beachtet wurde. Dies führt zu erheblichen Verzögerungen. Deshalb sollte dem Gericht die Anordnung unmittelbaren Zwanges schon dann ermöglicht werden, wenn wiederholt Ladungen des Sachverständigen unbeachtet geblieben sind. Dem trägt der neu anzufügende Satz 3 des § 178 Abs. 2 FamFG-E Rechnung.

Gegenäußerung Bundesregierung:

Zu Nummer 60 (Artikel 1 – § 178 Abs. 2 Satz 3 – neu – FamFG)

Die Bundesregierung stimmt dem Vorschlag des Bundesrates nicht zu.

Ein Sachverständiger lädt die Beteiligten nicht förmlich zum Untersuchungstermin. Daher lässt sich mangels Zustellungsnachweises an ein Nichterscheinen keine Rechtsfolge anknüpfen. Eine zwangsweise Vorführung eines Beteiligten kommt nur in Betracht, wenn dessen Ladung förmlich durch das Gericht erfolgt.

§ 179
Mehrheit von Verfahren

(1) Abstammungssachen, die dasselbe Kind betreffen, können miteinander verbunden werden. Mit einem Verfahren auf Feststellung des Bestehens der Vaterschaft kann eine Unterhaltssache nach § 237 verbunden werden.

(2) Im Übrigen ist eine Verbindung von Abstammungssachen miteinander oder mit anderen Verfahren unzulässig.

Die Vorschrift entspricht der Fassung des Regierungsentwurfs.

Begründung RegE:

Absatz 1 regelt die Fälle einer möglichen Verfahrensverbindung in Abstammungssachen in der Sache vergleichbar wie der bisherige § 640c Abs. 1 ZPO.

Eine Verbindung ist nach **Satz 1** nur zulässig, wenn die verschiedenen Abstammungssachen dasselbe Kind betreffen.

Nach **Satz 2** ist die Verbindung einer Unterhaltssache nach § 237 mit einem Verfahren auf Feststellung des Bestehens der Vaterschaft möglich.

Absatz 2 bestimmt, dass im Übrigen eine Verbindung von Abstammungssachen miteinander oder mit anderen Verfahren unzulässig ist. Auch dies entspricht im Ergebnis dem bisherigen § 640c Abs. 1 ZPO.

§ 180
Erklärungen zur Niederschrift des Gerichts

Die Anerkennung der Vaterschaft, die Zustimmung der Mutter sowie der Widerruf der Anerkennung können auch in einem Erörterungstermin zur Niederschrift des Gerichts erklärt werden. Das Gleiche gilt für die etwa erforderliche Zustimmung des Mannes, der im Zeitpunkt der Geburt mit der Mutter des Kindes verheiratet ist, des Kindes oder eines gesetzlichen Vertreters.

Die Vorschrift entspricht der Fassung des Regierungsentwurfs.

Begründung RegE:

Die Vorschrift entspricht inhaltlich dem bisherigen § 641c ZPO.

§ 181
Tod eines Beteiligten

Stirbt ein Beteiligter vor Rechtskraft der Endentscheidung, hat das Gericht die übrigen Beteiligten darauf hinzuweisen, dass das Verfahren nur fortgesetzt wird, wenn ein Beteiligter innerhalb einer Frist von einem Monat dies durch Erklärung gegenüber dem Gericht verlangt. Verlangt kein Beteiligter innerhalb der vom Gericht gesetzten Frist die Fortsetzung des Verfahrens, gilt dieses als in der Hauptsache erledigt.

Die Vorschrift entspricht der Fassung des Regierungsentwurfs.

Begründung RegE:

Die Vorschrift regelt die Auswirkungen des Todes eines Beteiligten auf das Abstammungsverfahren. Nach bisheriger Rechtslage ist aufgrund der Verweisung des § 640 Abs. 1 ZPO die Vorschrift des § 619 ZPO anzuwenden. Danach ist mit dem Tod einer Partei das Verfahren in der Hauptsache als erledigt anzusehen. Der bisherige § 640g ZPO modifiziert diese Regelung für eine bestimmte Konstellation.

Die neu gestaltete Vorschrift enthält eine neue und einfache Verfahrensweise, die für alle Beteiligten gleichermaßen Anwendung findet.

Satz 1 bestimmt, dass im Fall des Todes eines Beteiligten die übrigen Beteiligten darauf hinzuweisen sind, dass das Verfahren nur fortgesetzt wird, wenn einer von ihnen dies innerhalb eines Monats durch Erklärung gegenüber dem Gericht verlangt. Im Fall eines solchen Verlangens wird dasselbe Verfahren nunmehr ohne den verstorbenen Beteiligten fortgesetzt. Das Sonderverfahren nach dem bisherigen § 1600e Abs. 2 BGB besteht nicht mehr.

Verlangt keiner der Beteiligten innerhalb der Frist die Fortsetzung des Verfahrens, so ist dieses nach **Satz 2** als in der Hauptsache erledigt anzusehen.

II. – FamFG – Buch 2 Verfahren in Familiensachen

§ 182
Inhalt des Beschlusses

(1) Ein rechtskräftiger Beschluss, der das Nichtbestehen einer Vaterschaft nach § 1592 des Bürgerlichen Gesetzbuchs infolge der Anfechtung nach § 1600 Abs. 1 Nr. 2 des Bürgerlichen Gesetzbuchs feststellt, enthält die Feststellung der Vaterschaft des Anfechtenden. Diese Wirkung ist in der Beschlussformel von Amts wegen auszusprechen.

(2) Weist das Gericht einen Antrag auf Feststellung des Nichtbestehens der Vaterschaft ab, weil es den Antragsteller oder einen anderen Beteiligten als Vater festgestellt hat, spricht es dies in der Beschlussformel aus.

Die Vorschrift entspricht der Fassung des Regierungsentwurfs.

Begründung RegE:
Absatz 1 entspricht inhaltlich dem bisherigen § 640h Abs. 2 ZPO.
Absatz 2 entspricht dem bisherigen § 641h ZPO.

§ 183
Kosten bei Anfechtung der Vaterschaft

Hat ein Antrag auf Anfechtung der Vaterschaft Erfolg, tragen die Beteiligten, mit Ausnahme des minderjährigen Kindes, die Gerichtskosten zu gleichen Teilen; die Beteiligten tragen ihre außergerichtlichen Kosten selbst.

Die Vorschrift entspricht der Fassung des Regierungsentwurfs.

Begründung RegE:
Die Vorschrift entspricht inhaltlich dem bisherigen § 93c Satz 1 ZPO. Sie wurde an die Struktur des FamFG-Abstammungsverfahrens, das nunmehr ein Verfahren der freiwilligen Gerichtsbarkeit ist, angepasst.

§ 184
Wirksamkeit des Beschlusses; Ausschluss der Abänderung;
ergänzende Vorschriften über die Beschwerde

(1) Die Endentscheidung in Abstammungssachen wird mit Rechtskraft wirksam. Eine Abänderung ist ausgeschlossen.

(2) Soweit über die Abstammung entschieden ist, wirkt der Beschluss für und gegen alle.

(3) Gegen Endentscheidungen in Abstammungssachen steht auch demjenigen die Beschwerde zu, der an dem Verfahren beteiligt war oder zu beteiligen gewesen wäre.

Die Vorschrift entspricht im Hinblick auf die Absätze 1 und 2 dem Regierungsentwurf; Absatz 3 ist mit der Beschlussempfehlung des Rechtsausschusses neu eingefügt worden:

Frühere Fassung RegE:
§ 184 Wirksamkeit des Beschlusses, Ausschluss der Abänderung

(1) Die Endentscheidung in Abstammungssachen wird mit Rechtskraft wirksam. Eine Abänderung ist ausgeschlossen.

(2) Soweit über die Abstammung entschieden ist, wirkt der Beschluss für und gegen alle.

Begründung RegE:
Absatz 1 Satz 1 bestimmt, dass die Endentscheidung in Abstammungssachen erst mit der Rechtskraft wirksam wird. Dies entspricht inhaltlich der bisherigen Rechtslage nach der ZPO sowie der Regelung des bisherigen § 55b Abs. 2 FGG für das bisherige FG-Abstammungsverfahren.

Satz 2 bezieht sich ebenfalls auf Endentscheidungen in Abstammungssachen und erklärt deren Abänderung für unzulässig. Dies entspricht ebenfalls der bisherigen Rechtslage.

Absatz 2 enthält die Inter-omnes-Wirkung des Beschlusses, soweit über die Abstammung entschieden wird. Die Vorschrift entspricht im Wesentlichen dem bisherigen § 640h Abs. 1 Satz 1 ZPO. Die dort enthaltene Einschränkung auf den Eintritt der Rechtskraft zu Lebzeiten der Parteien kann angesichts der Regelung des § 181 entfallen.

Eine Übernahme des bisherigen § 640h Abs. 1 Satz 2, 3 ZPO erfolgt nicht, da Verfahren auf Feststellung des Bestehens oder Nichtbestehens der elterlichen Sorge künftig keine Abstammungssachen mehr sind und somit Satz 2 der genannten Bestimmung in seinem gesamten verbliebenen Anwendungsbereich durch Satz 3 aufgehoben würde.

Begründung Beschlussempfehlung Rechtsausschuss:

Der angefügte Absatz 3 stellt eine Ergänzung der Beschwerdeberechtigung für Abstammungssachen dar. Hierdurch soll das Beschwerderecht der nach § 172 zu beteiligenden Personen sichergestellt werden. Nach § 59 Abs. 1 steht demjenigen die Beschwerde zu, der durch den Beschluss in seinen Rechten beeinträchtigt ist. Dies sind in der Regel nur der Vater und das Kind. Insbesondere im Hinblick auf die Mutter, die durch den in Abstammungssachen ergangenen Beschluss nicht zwingend unmittelbar in ihren Rechten beeinträchtigt ist, bedeutet der angefügte Absatz 3 daher eine Erweiterung der allgemeinen Regelung nach § 59.

Nicht beschwerdeberechtigt sind hingegen Personen, die durch den Beschluss nur mittelbar in ihren Rechten beeinträchtigt sind, wie etwa die Großeltern im Hinblick auf ein Umgangsrecht mit dem Kind oder Geschwister des Kindes im Hinblick auf einen erhöhten Unterhaltsanspruch gegen den Elternteil.

§ 185
Wiederaufnahme des Verfahrens

(1) Der Restitutionsantrag gegen einen rechtskräftigen Beschluss, in dem über die Abstammung entschieden ist, ist auch statthaft, wenn ein Beteiligter ein neues Gutachten über die Abstammung vorlegt, das allein oder in Verbindung mit den im früheren Verfahren erhobenen Beweisen eine andere Entscheidung herbeigeführt haben würde.

(2) Der Antrag auf Wiederaufnahme kann auch von dem Beteiligten erhoben werden, der in dem früheren Verfahren obsiegt hat.

(3) Für den Antrag ist das Gericht ausschließlich zuständig, das im ersten Rechtszug entschieden hat; ist der angefochtene Beschluss von dem Beschwerdegericht oder dem Rechtsbeschwerdegericht erlassen, ist das Beschwerdegericht zuständig. Wird der Antrag mit einem Nichtigkeitsantrag oder mit einem Restitutionsantrag nach § 580 der Zivilprozessordnung verbunden, ist § 584 der Zivilprozessordnung anzuwenden.

(4) § 586 der Zivilprozessordnung ist nicht anzuwenden.

Die Vorschrift entspricht der Fassung des Regierungsentwurfs.

Begründung RegE:

Die **Absätze 1 bis 3** entsprechen dem bisherigen § 641i Absätze 1 bis 3 ZPO, wobei der Begriff „Vaterschaft" durch „Abstammung" ersetzt wurde.

Absatz 4 erklärt für die Wiederaufnahme in Abstammungssachen die Klagefristen des § 586 ZPO für unanwendbar.

Abschnitt 5
Verfahren in Adoptionssachen

§ 186
Adoptionssachen

Adoptionssachen sind Verfahren, die

1. die Annahme als Kind,
2. die Ersetzung der Einwilligung zur Annahme als Kind,
3. die Aufhebung des Annahmeverhältnisses oder
4. die Befreiung vom Eheverbot des § 1308 Abs. 1 des Bürgerlichen Gesetzbuchs

betreffen.

Die Vorschrift entspricht der Fassung des Regierungsentwurfs.

Begründung RegE:

Die Vorschrift führt die Bezeichnung Adoptionssachen als Gesetzesbegriff ein und enthält eine Aufzählung der darunter fallenden Verfahren.

Nummer 1 nennt Verfahren, die die Annahme als Kind betreffen. Hiervon ist sowohl die Annahme Minderjähriger als auch die Annahme Volljähriger umfasst. Einbezogen ist jeweils das gesamte Verfahren, einschließlich seiner unselbstständigen Teile, wie etwa des Ausspruchs zur Namensführung nach § 1757 BGB. Auch die gerichtliche Genehmigung nach § 1746 Abs. 1 Satz 4 BGB gehört zum Verfahren auf Annahme als Kind.

Das gesonderte Verfahren auf Rückübertragung der elterlichen Sorge nach § 1751 Abs. 3 BGB ist, wie sonstige Verfahren auf Übertragung der elterlichen Sorge auch, eine Kindschaftssache und keine Adoptionssache.

Nummer 2 behandelt Verfahren, die die Ersetzung der Einwilligung zur Annahme als Kind betreffen. Dies sind insbesondere die selbstständigen Verfahren nach §§ 1748, 1749 Abs. 1 Satz 2 BGB.

Nummer 3 erwähnt Verfahren, die die Aufhebung des Annahmeverhältnisses betreffen. Hierzu gehören auch die unselbstständigen Teile eines Aufhebungsverfahrens, wie etwa die Entscheidung zur Namensführung.

Nicht umfasst ist wiederum das selbstständige Verfahren auf Rückübertragung der elterlichen Sorge bzw. Bestellung eines Vormunds oder Pflegers (§ 1764 Abs. 4 BGB). Es handelt sich hierbei um eine Kindschaftssache.

Nach **Nummer 4** sind auch Verfahren, die die Befreiung vom Eheverbot des § 1308 Abs. 1 BGB betreffen, als Adoptionssache anzusehen. Nach dieser Vorschrift kann von dem grundsätzlichen Verbot einer Eheschließung zwischen Personen, deren Verwandtschaft durch Annahme als Kind begründet wurde, Befreiung erteilt werden. Für die Zuordnung ist maßgebend, dass das Verfahren nach § 1308 Abs. 2 BGB zu den Adoptionsverfahren die größte Sachnähe aufweist.

§ 187
Örtliche Zuständigkeit

(1) Für Verfahren nach § 186 Nr. 1 bis 3 ist das Gericht ausschließlich zuständig, in dessen Bezirk der Annehmende oder einer der Annehmenden seinen gewöhnlichen Aufenthalt hat.

(2) Ist die Zuständigkeit eines deutschen Gerichts nach Absatz 1 nicht gegeben, ist der gewöhnliche Aufenthalt des Kindes maßgebend.

(3) Für Verfahren nach § 186 Nr. 4 ist das Gericht ausschließlich zuständig, in dessen Bezirk einer der Verlobten seinen gewöhnlichen Aufenthalt hat.

(4) Ist nach den Absätzen 1 bis 3 eine Zuständigkeit nicht gegeben, ist das Amtsgericht Schöneberg in Berlin zuständig. Es kann die Sache aus wichtigem Grund an ein anderes Gericht verweisen.

Die Vorschrift entspricht im Hinblick auf die Absätze 1 bis 3 dem Regierungsentwurf; Absatz 4 Satz 2 ist mit der Beschlussempfehlung des Rechtsausschusses neu eingefügt worden:

Frühere Fassung RegE:
(4) Ist nach den Absätzen 1 bis 3 eine Zuständigkeit nicht gegeben, ist das Amtsgericht Schöneberg in Berlin zuständig.

Begründung RegE:
Absatz 1 entspricht seinem wesentlichen Inhalt nach dem bisherigen § 43b Abs. 2 Satz 1 FGG. Die Vorschrift ist jedoch knapper gefasst, womit die Übersichtlichkeit verbessert wird. Wegen des für die Zuständigkeit maßgeblichen Zeitpunkts wird auf die Begründung zu § 152 verwiesen. Wegen des Begriffs des gewöhnlichen Aufenthalts wird auf die Begründung zu § 122 Bezug genommen.

Absatz 2 knüpft an Absatz 1 an und entspricht im Wesentlichen dem bisherigen § 43b Abs. 4 Satz 1 FGG.

Absatz 3 entspricht dem bisherigen § 44a Abs. 1 Satz 1 FGG.

Absatz 4 enthält die Auffangzuständigkeit des Amtsgerichts Schöneberg in Berlin. Diese ist bislang in § 43b Abs. 3 und 4 sowie in § 44 Abs. 1 FGG geregelt. Die Befugnis zur Abgabe an ein anderes Gericht soll sich nach § 4 richten.

Stellungnahme Bundesrat:
61. **Zu Artikel 1** (§ 187 Abs. 4 Satz 2 – neu – FamFG)

Dem Artikel 1 § 187 Abs. 4 ist folgender Satz anzufügen:

„Es kann die Sache aus wichtigen Gründen an ein anderes Gericht abgeben; die Abgabeverfügung ist für dieses Gericht bindend."

Begründung:

§ 187 Abs. 4 FamFG-E sieht eine Auffangzuständigkeit des Amtsgerichts Schöneberg wie nach derzeitiger Rechtslage vor (§ 43b Abs. 3 und 4, § 44a Abs. 1 FGG). Allerdings soll das Amtsgericht Schöneberg die Möglichkeit verlieren, die Sache an ein anderes Gericht abzugeben. Die Abgabebefugnis soll sich vielmehr künftig nach den allgemeinen Regeln (§ 4 FamFG-E) richten, wonach nur noch bei „wichtigem Grund" und auch nur dann abgegeben werden kann, wenn sich das Empfangsgericht „zur Übernahme der Sache bereit erklärt hat" (vgl. Begründung, BR-Drs. 309/07, S. 550). Ist Letzteres nicht der Fall, kommt – wie bisher nach § 46 Abs. 2 FGG – eine Bestimmung der Zuständigkeit nach § 5 Abs. 1 Nr. 5 FamFG-E in Betracht.

Die Einschränkung der Abgabemöglichkeiten des Amtsgerichts Schöneberg überzeugt nicht. Vielmehr liegt auf der Hand, dass das Amtsgericht Schöneberg, das ohne sachlichen Anknüpfungspunkt, eher zufällig und durch eine willkürliche Entscheidung des Gesetzgebers als Auffanggericht zuständig ist, in einem weiteren Umfang die Sache abgeben können muss als ein nach allgemeinen Regeln, d.h. mit sachlichem Anknüpfungspunkt, zuständiges Gericht des § 4 FamFG-E. Es bestehen auch keinerlei Anhaltspunkte dafür, dass das Amtsgericht Schöneberg von seiner Abgabemöglichkeit bislang in einer Weise Gebrauch gemacht hat, die Zweifel an einer ermessensfehlerfreien Handhabung der Abgabevorschriften entstehen lassen könnte. Im Übrigen ist die Regelung, wonach das Empfangsgericht der Abgabeverfügung des Amtsgerichts Schöneberg nicht zustimmen muss, in § 343 Abs. 2 Satz 2 FamFG-E auch für die Auffangzuständigkeit dieses Amtsgerichtes in Nachlasssachen vorgesehen (vgl. Begründung, BR-Drs. 309/07, S. 623). Die bisherige Formulierung des § 43b Abs. 3 und 4 FGG sollte daher beibehalten werden.

II. – FamFG – Buch 2 Verfahren in Familiensachen

Gegenäußerung Bundesregierung:
Zu Nummer 61 (Artikel 1 – § 187 Abs. 4 Satz 2 – neu – FamFG)
Die Bundesregierung stimmt dem Vorschlag zu und schlägt vor, Satz 2 wie folgt zu fassen:
„Es kann die Sache aus wichtigen Gründen an ein anderes Gericht verweisen."
Zur Begründung wird auf die Ausführungen zu Nummer 47 der Gegenäußerung Bezug genommen.

Begründung Beschlussempfehlung Rechtsausschuss:
Die Ergänzung in Absatz 4 geht zurück auf die Stellungnahme des Bundesrates, der die Bundesregierung in modifizierter Form zugestimmt hat. Zur Begründung wird auf Nummer 61 der Stellungnahme des Bundesrates und die darauf bezogene Gegenäußerung der Bundesregierung verwiesen.

§ 188
Beteiligte

(1) Zu beteiligen sind
1. in Verfahren nach § 186 Nr. 1
   a) der Annehmende und der Anzunehmende,
   b) die Eltern des Anzunehmenden, wenn dieser entweder minderjährig ist und ein Fall des § 1747 Abs. 2 Satz 2 oder Abs. 4 des Bürgerlichen Gesetzbuchs nicht vorliegt oder im Fall des § 1772 des Bürgerlichen Gesetzbuchs,
   c) der Ehegatte des Annehmenden und der Ehegatte des Anzunehmenden, sofern nicht ein Fall des § 1749 Abs. 3 des Bürgerlichen Gesetzbuchs vorliegt;
2. in Verfahren nach § 186 Nr. 2 derjenige, dessen Einwilligung ersetzt werden soll;
3. in Verfahren nach § 186 Nr. 3
   a) der Annehmende und der Angenommene,
   b) die leiblichen Eltern des minderjährigen Angenommenen;
4. in Verfahren nach § 186 Nr. 4 die Verlobten.

(2) Das Jugendamt und das Landesjugendamt sind auf ihren Antrag zu beteiligen.

Die Vorschrift entspricht der Fassung des Regierungsentwurfs.

Begründung RegE:
Absatz 1 regelt, wer als Beteiligter zum Verfahren hinzuzuziehen ist. Die Aufzählung ist nicht abschließend. Unter den Voraussetzungen des § 7 Abs. 2 Nr. 1 können im Einzelfall weitere Personen hinzuzuziehen sein.

Nummer 1 betrifft Verfahren nach § 186 Nr. 1.

Buchstabe a) nennt den Annehmenden und den Anzunehmenden. Es versteht sich von selbst, dass ein besonderer Hinzuziehungsakt entbehrlich ist, soweit die genannten Personen bereits als Antragsteller nach § 7 Abs. 1 Beteiligte sind.

Buchstabe b) erwähnt die Eltern des Anzunehmenden und ordnet deren Hinzuziehung im Fall der Minderjährigkeit des Anzunehmenden sowie bei einer Volljährigenadoption mit den in § 1772 BGB genannten Wirkungen an. Eine Hinzuziehung ist nicht erforderlich bei einer sogenannten Inkognitoadoption und im Fall des § 1774 Abs. 4 BGB.

Buchstabe c) nennt den Ehegatten des Annehmenden und den Ehegatten des Anzunehmenden.

Nummer 2 betrifft Verfahren nach § 186 Nr. 2, also insbesondere Verfahren nach §§ 1748 und 1749 BGB. Hier ist derjenige hinzuzuziehen, dessen Einwilligung ersetzt werden soll. Auch hier ist für die Frage, welche weiteren Personen hinzuzuziehen sind, ergänzend auf § 7 Abs. 2 Nr. 1 zu verweisen.

Nummer 3 betrifft Verfahren nach § 186 Nr. 3.

Buchstabe a nennt wiederum den Annehmenden und den Angenommenen.

Buchstabe b nennt die leiblichen Eltern des minderjährigen Angenommenen. Für den Fall der Aufhebung des Annahmeverhältnisses kommt eine Rückübertragung der elterlichen Sorge in Betracht, weshalb eine Hinzuziehung bereits im Aufhebungsverfahren erforderlich erscheint.

Nummer 4 regelt die Hinzuziehung beider Verlobter in Verfahren nach § 186 Nr. 4.

Absatz 2 ermöglicht dem Jugendamt und dem Landesjugendamt, eine Hinzuziehung als Beteiligte zu beantragen. Das Gericht hat einem diesbezüglichen Antrag zu entsprechen.

§ 189
Fachliche Äußerung einer Adoptionsvermittlungsstelle

Wird ein Minderjähriger als Kind angenommen, hat das Gericht eine fachliche Äußerung der Adoptionsvermittlungsstelle, die das Kind vermittelt hat, einzuholen, ob das Kind und die Familie des Annehmenden für die Annahme geeignet sind. Ist keine Adoptionsvermittlungsstelle tätig geworden, ist eine fachliche Äußerung des Jugendamts oder einer Adoptionsvermittlungsstelle einzuholen. Die fachliche Äußerung ist kostenlos abzugeben.

Die Vorschrift ist mit der Beschlussempfehlung des Rechtsausschusses neu gefasst worden:

Frühere Fassung RegE:

§ 189 Gutachtliche Äußerung einer Adoptionsvermittlungsstelle

Wird ein Minderjähriger als Kind angenommen, hat das Gericht eine gutachtliche Äußerung der Adoptionsvermittlungsstelle, die das Kind vermittelt hat, einzuholen, ob das Kind und die Familie des Annehmenden für die Annahme geeignet sind. Ist keine Adoptionsvermittlungsstelle tätig geworden, ist eine gutachtliche Äußerung des Jugendamts oder einer Adoptionsvermittlungsstelle einzuholen. Die gutachtliche Äußerung ist kostenlos abzugeben.

Begründung RegE:

Die Vorschrift entspricht dem bisherigen § 56d FGG.

Begründung Beschlussempfehlung Rechtsausschuss:

Die Änderung geht auf den Hinweis eines Sachverständigen zurück. Sie dient der sprachlichen und systematischen Klarheit, da die bisherige Bezeichnung der Äußerung als „gutachtlich" eine irreführende Parallele zur förmlichen Beweisaufnahme zieht.

§ 190
Bescheinigung über den Eintritt der Vormundschaft

Ist das Jugendamt nach § 1751 Abs. 1 Satz 1 und 2 des Bürgerlichen Gesetzbuchs Vormund geworden, hat das Familiengericht ihm unverzüglich eine Bescheinigung über den Eintritt der Vormundschaft zu erteilen; § 1791 des Bürgerlichen Gesetzbuchs ist nicht anzuwenden.

Die Vorschrift entspricht der Fassung des Regierungsentwurfs.

Begründung RegE:

Die Vorschrift entspricht § 1751 Abs. 1 Satz 4 BGB. Sie ist verfahrensrechtlicher Natur, da sie eine Pflicht des Gerichts regelt und nicht das Rechtverhältnis der Beteiligten untereinander. Die Übernahme in die einschlägige verfahrensrechtliche Kodifikation ist daher konsequent. Nachdem die Regelung in einer gesonderten Vorschrift enthalten ist, dürfte sie in der Praxis stärker beachtet werden als bisher.

§ 191
Verfahrensbeistand

Das Gericht hat einem minderjährigen Beteiligten in Adoptionssachen einen Verfahrensbeistand zu bestellen, sofern dies zur Wahrnehmung seiner Interessen erforderlich ist. § 158 Abs. 2 Nr. 1 sowie Abs. 3 bis 7 gilt entsprechend.

II. – FamFG – Buch 2 Verfahren in Familiensachen

Die Vorschrift ist mit der Beschlussempfehlung des Rechtsausschusses geändert worden:

Frühere Fassung RegE:
Das Gericht hat einem minderjährigen Beteiligten in Adoptionssachen einen Verfahrensbeistand zu bestellen, sofern dies zur Wahrnehmung seiner Interessen erforderlich ist. § 158 Abs. 2 Nr. 1 und 2 sowie Abs. 3 bis 7 gilt entsprechend.

Begründung RegE:
Satz 1 ermöglicht es dem Gericht nunmehr auch in Adoptionssachen, einem minderjährigen Beteiligten einen Verfahrensbeistand beizuordnen. § 56f Abs. 2 FGG sieht derzeit die Bestellung eines Verfahrenspflegers nur in einer bestimmten Konstellation im Aufhebungsverfahren vor. Da Interessenkollisionen in der Person des gesetzlichen Vertreters eines Minderjährigen nicht auf die Konstellation des § 56f Abs. 2 FGG begrenzt sind, soll die Möglichkeit der Beiordnung eines Verfahrensbeistands in allen Adoptionssachen eröffnet werden.

Satz 2 erklärt bestimmte Regelungen über den Verfahrensbeistand für entsprechend anwendbar.

Stellungnahme Bundesrat:
62. **Zu Artikel 1** (§ 191 FamFG), Artikel 50 Nr. 50a – neu – (§ 1910 – neu – BGB)

a) Artikel 1 § 191 ist zu streichen.

b) In Artikel 50 ist nach Nummer 50 folgende Nummer 50a einzufügen:

„50a. Nach § 1909 wird folgender § 1910 eingefügt:

‚§ 1910

Ergänzungspflegschaft bei Aufhebung der Adoption

Das Gericht bestellt dem Kind für das Aufhebungsverfahren einen Ergänzungspfleger, wenn es minderjährig oder geschäftsunfähig und der Annehmende sein gesetzlicher Vertreter ist.'"

Begründung:

§ 191 FamFG-E regelt die Einführung des Verfahrensbeistands auch in Adoptionssachen. Hierfür sieht die gerichtliche Praxis kein Bedürfnis, da es im Regelfall an einem Interessengegensatz fehlt und ein Verfahrensbeistand keine sinnvolle Funktion hat. Insbesondere vor dem Hintergrund umfassender Anhörungspflichten (§§ 189 und 192 bis 195 FamFG-E) kann § 191 FamFG-E daher ohne Nachteil in der Sache gestrichen werden.

Die vollständige Streichung des § 191 FamFG-E geht aber in einem Punkt über das bisherige Recht hinaus. Nach § 56f Abs. 2 Satz 1 FGG ist in der speziellen Konstellation der Aufhebung eines Annahmeverhältnisses bei minderjährigem oder geschäftsunfähigem Adoptivkind ein Pfleger zu bestellen. Nach der Kommentierung handelt es sich um eine besondere Art der Ergänzungspflegschaft nach § 1909 Abs. 1 Satz 1 BGB (vgl. Bumiller/Winkler, FGG, 8. Auflage 2006, § 56f Rn. 8). Konsequent ist daher eine Verlagerung der Vorschrift an den systematisch richtigen Ort im Recht der Ergänzungspflegschaft (§§ 1909 ff. BGB), nämlich auf den freien Platz des § 1910 BGB.

Gegenäußerung Bundesregierung:
Zu Nummer 62 (Artikel 1 – § 191 FamFG; Artikel 50 Nr. 50a – neu – § 1910 – neu – BGB)

Die Bundesregierung stimmt dem Vorschlag des Bundesrates nicht zu.

Die Erweiterung der Regelung des bisherigen Verfahrenspflegers auf alle Adoptionssachen erscheint zum Schutz des Kindeswohls angezeigt, da ein Interessenwiderstreit zwischen Kind und Sorgeberechtigtem nicht nur in Aufhebungsverfahren vorliegen kann. Bislang ist jedoch lediglich für diese Verfahren die Bestellung eines Verfahrenspflegers geregelt.

Die Bundesregierung lehnt die vom Bundesrat vorgeschlagene Ergänzung des BGB um einen § 1910 – neu – BGB ab. Die Regelung einer Ergänzungspflegschaft für das Aufhebungsverfahren ist nicht erforderlich. Die bislang in § 56f Abs. 2 FGG vorgesehene Bestellung eines Pflegers für das Aufhebungsverfahren lässt die elterliche Sorge des Sorgeberechtigten unberührt. Damit liegt keine Ergänzungspflegschaft, sondern eine rein verfahrensrechtliche Pflegschaft vor, die systematisch richtig durch den Verfahrensbeistand wahrzunehmen ist.

Begründung Beschlussempfehlung Rechtsausschuss:
Es handelt sich um eine Folgeänderung zur Streichung des Regelbeispiels in § 158 Abs. 2 Nr. 1.

§ 192
Anhörung der Beteiligten

(1) Das Gericht hat in Verfahren auf Annahme als Kind oder auf Aufhebung des Annahmeverhältnisses den Annehmenden und das Kind persönlich anzuhören.

(2) Im Übrigen sollen die beteiligten Personen angehört werden.

(3) Von der Anhörung eines minderjährigen Beteiligten kann abgesehen werden, wenn Nachteile für seine Entwicklung, Erziehung oder Gesundheit zu befürchten sind oder wenn wegen des geringen Alters von einer Anhörung eine Aufklärung nicht zu erwarten ist.

Die Vorschrift entspricht der Fassung des Regierungsentwurfs.

Begründung RegE:
Satz 1 ermöglicht es dem Gericht nunmehr auch in Adoptionssachen, einem minderjährigen Beteiligten einen Verfahrensbeistand beizuordnen. § 56f Abs. 2 FGG sieht derzeit die Bestellung eines Verfahrenspflegers nur in einer bestimmten Konstellation im Aufhebungsverfahren vor. Da Interessenkollisionen in der Person des gesetzlichen Vertreters eines Minderjährigen nicht auf die Konstellation des § 56f Abs. 2 FGG begrenzt sind, soll die Möglichkeit der Beiordnung eines Verfahrensbeistands in allen Adoptionssachen eröffnet werden.

Satz 2 erklärt bestimmte Regelungen über den Verfahrensbeistand für entsprechend anwendbar.

§ 193
Anhörung weiterer Personen

Das Gericht hat in Verfahren auf Annahme als Kind die Kinder des Annehmenden und des Anzunehmenden anzuhören. § 192 Abs. 3 gilt entsprechend.

Die Vorschrift entspricht der Fassung des Regierungsentwurfs.

Begründung RegE:
Während § 192 die Anhörung der Beteiligten regelt, behandelt § 193 die Anhörung sonstiger Personen. Die Kinder des Annehmenden und des Anzunehmenden sind weder in § 186 genannt, noch sind sie im Regelfall Beteiligte aufgrund der allgemeinen Vorschrift des § 7.

Um die in §§ 1745, 1769 BGB vorgesehene Berücksichtigung der Interessen der Abkömmlinge sicherzustellen, schreibt **Satz 1** deren Anhörung vor.

Satz 2 erklärt § 192 Abs. 3 für entsprechend anwendbar. Die Vorschrift ermöglicht unter bestimmten engen Voraussetzungen ein Absehen von der Anhörung.

§ 194
Anhörung des Jugendamts

(1) In Adoptionssachen hat das Gericht das Jugendamt anzuhören, sofern der Anzunehmende oder Angenommene minderjährig ist. Dies gilt nicht, wenn das Jugendamt nach § 189 eine fachliche Äußerung abgegeben hat.

II. – FamFG – Buch 2 Verfahren in Familiensachen

(2) Das Gericht hat dem Jugendamt in den Fällen, in denen dieses angehört wurde oder eine fachliche Äußerung abgegeben hat, die Entscheidung mitzuteilen. Gegen den Beschluss steht dem Jugendamt die Beschwerde zu.

Die Vorschrift ist mit der Beschlussempfehlung des Rechtsausschusses neu gefasst worden:

Frühere Fassung RegE:
*(1) In Adoptionssachen hat das Gericht das Jugendamt anzuhören, sofern der Anzunehmende oder Angenommene minderjährig ist. Dies gilt nicht, wenn das Jugendamt nach § 189 eine **gutachtliche** Äußerung abgegeben hat.*

*(2) Das Gericht hat dem Jugendamt in den Fällen, in denen dieses angehört wurde oder eine **gutachtliche** Äußerung abgegeben hat, die Entscheidung mitzuteilen. Gegen den Beschluss steht dem Jugendamt die Beschwerde zu.*

Begründung RegE:
Absatz 1 Satz 1 ordnet die Anhörung des Jugendamts in Adoptionssachen an, sofern der Anzunehmende oder Angenommene minderjährig ist. Die Vorschrift ersetzt den Katalog des bisherigen § 49 Abs. 1 FGG.

Satz 2 enthält eine Ausnahme für den Fall, dass das Jugendamt bereits nach § 189 eine gutachtliche Äußerung abgegeben hat. Diese Regelung ist bereits im bisherigen § 49 Abs. 1 Nr. 1 FGG enthalten.

Absatz 2 Satz 1 entspricht dem bisherigen § 49 Abs. 3 FGG.

Satz 2 regelt daran anknüpfend ausdrücklich das Beschwerderecht des Jugendamts. Die Vorschrift enthält eine eigenständige, von § 59 unabhängige Beschwerdeberechtigung des Jugendamts.

Begründung Beschlussempfehlung Rechtsausschuss:
Die Änderungen stellen den sprachlichen Gleichklang zu der Neufassung des § 189 her.

§ 195
Anhörung des Landesjugendamts

(1) In den Fällen des § 11 Abs. 1 Nr. 2 und 3 des Adoptionsvermittlungsgesetzes hat das Gericht vor dem Ausspruch der Annahme auch die zentrale Adoptionsstelle des Landesjugendamts anzuhören, die nach § 11 Abs. 2 des Adoptionsvermittlungsgesetzes beteiligt worden ist. Ist eine zentrale Adoptionsstelle nicht beteiligt worden, tritt an seine Stelle das Landesjugendamt, in dessen Bereich das Jugendamt liegt, das nach § 194 Gelegenheit zur Äußerung erhält oder das nach § 189 eine fachliche Äußerung abgegeben hat.

(2) Das Gericht hat dem Landesjugendamt alle Entscheidungen mitzuteilen, zu denen dieses nach Absatz 1 anzuhören war. Gegen den Beschluss steht dem Landesjugendamt die Beschwerde zu.

Die Vorschrift entspricht im Hinblick auf Absatz 2 dem Regierungsentwurf; Absatz 1 ist mit der Beschlussempfehlung des Rechtsausschusses geändert worden:

Frühere Fassung RegE:
*(1) In den Fällen des § 11 Abs. 1 Nr. 2 und 3 des Adoptionsvermittlungsgesetzes hat das Gericht vor dem Ausspruch der Annahme auch die zentrale Adoptionsstelle des Landesjugendamts anzuhören, die nach § 11 Abs. 2 des Adoptionsvermittlungsgesetzes beteiligt worden ist. Ist eine zentrale Adoptionsstelle nicht beteiligt worden, tritt an seine Stelle das Landesjugendamt, in dessen Bereich das Jugendamt liegt, das nach § 194 Gelegenheit zur Äußerung erhält oder das nach § 189 eine **gutachtliche** Äußerung abgegeben hat.*

Begründung RegE:
Absatz 1 entspricht dem bisherigen § 49 Abs. 2 FGG.

Absatz 2 Satz 1 entspricht dem bisherigen § 49 Abs. 3 FGG, soweit sich die Regelung auf das Landesjugendamt bezieht.

Satz 2 enthält eine eigenständige, von § 59 unabhängige Beschwerdeberechtigung des Landesjugendamts.

Begründung Beschlussempfehlung Rechtsausschuss:
Die Änderung in Absatz 1 stellt den sprachlichen Gleichklang zu der Neufassung des § 189 her.

§ 196
Unzulässigkeit der Verbindung
Eine Verbindung von Adoptionssachen mit anderen Verfahren ist unzulässig.

Die Vorschrift entspricht der Fassung des Regierungsentwurfs.

Begründung RegE:
Die Vorschrift schließt eine Verbindung von Adoptionssachen mit anderen Verfahren aus. Sie enthält damit eine Ausnahme zu § 20. Das Verfahren in Adoptionssachen ist durch zahlreiche Besonderheiten gekennzeichnet, nicht zuletzt durch das in § 1758 BGB geregelte Offenbarungs- und Ausforschungsverbot. Die Verbindung eines anderen Verfahrens mit einer Adoptionssache ist damit nicht zu vereinbaren.

§ 197
Beschluss über die Annahme als Kind
(1) In einem Beschluss, durch den das Gericht die Annahme als Kind ausspricht, ist anzugeben, auf welche gesetzlichen Vorschriften sich die Annahme gründet. Wurde die Einwilligung eines Elternteils nach § 1747 Abs. 4 des Bürgerlichen Gesetzbuchs nicht für erforderlich erachtet, ist dies ebenfalls in dem Beschluss anzugeben.

(2) In den Fällen des Absatzes 1 wird der Beschluss mit der Zustellung an den Annehmenden, nach dem Tod des Annehmenden mit der Zustellung an das Kind wirksam.

(3) Der Beschluss ist nicht anfechtbar. Eine Abänderung oder Wiederaufnahme ist ausgeschlossen.

Die Vorschrift entspricht der Fassung des Regierungsentwurfs.

Begründung RegE:
Absatz 1 entspricht dem bisherigen § 56e Satz 1 FGG.
Absatz 2 entspricht dem bisherigen § 56e Satz 2 FGG.
Absatz 3 Satz 1 und **Satz 2** entspricht dem bisherigen § 56e Satz 3 FGG.

§ 198
Beschluss in weiteren Verfahren
(1) Der Beschluss über die Ersetzung einer Einwilligung oder Zustimmung zur Annahme als Kind wird erst mit Rechtskraft wirksam. Bei Gefahr im Verzug kann das Gericht die sofortige Wirksamkeit des Beschlusses anordnen. Der Beschluss wird mit Bekanntgabe an den Antragsteller wirksam. Eine Abänderung oder Wiederaufnahme ist ausgeschlossen.

(2) Der Beschluss, durch den das Gericht das Annahmeverhältnis aufhebt, wird erst mit Rechtskraft wirksam; eine Abänderung oder Wiederaufnahme ist ausgeschlossen.

(3) Der Beschluss, durch den die Befreiung vom Eheverbot nach § 1308 Abs. 1 des Bürgerlichen Gesetzbuchs erteilt wird, ist nicht anfechtbar; eine Abänderung oder Wiederaufnahme ist ausgeschlossen, wenn die Ehe geschlossen worden ist.

Die Vorschrift entspricht im Hinblick auf die Absätze 2 und 3 dem Regierungsentwurf; Absatz 1 ist mit der Beschlussempfehlung des Rechtsausschusses geändert worden:

Frühere Fassung RegE:
(1) Der Beschluss über die Ersetzung einer Einwilligung oder Zustimmung zur Annahme als Kind wird erst mit Rechtskraft wirksam; eine Abänderung oder Wiederaufnahme ist ausgeschlossen.

Begründung RegE:
Absatz 1 regelt den Zeitpunkt des Wirksamkeitseintritts im Fall der Ersetzung einer Einwilligung oder Zustimmung zur Annahme als Kind. Ein derartiger Beschluss wird erst mit Rechtskraft wirksam. Die Vorschrift entspricht dem bisherigen § 53 Abs. 1 Satz 2 FGG.

Für eine dem bisherigen § 53 Abs. 2 FGG entsprechende Möglichkeit, bei Gefahr im Verzug die sofortige Wirksamkeit anzuordnen, besteht im vorliegenden Zusammenhang kein Bedürfnis.

Abänderung und Wiederaufnahme des Verfahrens sind wie bisher ausgeschlossen.

Absatz 2 entspricht im ersten Satzteil dem bisherigen § 56f Abs. 3 FGG, im zweiten Satzteil dem bisherigen § 18 Abs. 2 FGG in Verbindung mit § 60 Abs. 1 Nr. 6 FGG.

Absatz 3 Satz 1 entspricht dem bisherigen § 44a Abs. 2 Satz 1 FGG.

Satz 2 entspricht dem bisherigen § 44a Abs. 2 Satz 2 FGG.

Begründung Beschlussempfehlung Rechtsausschuss:
Es handelt sich um eine Folgeänderung aufgrund der Streichung des § 40 Abs. 3 Satz 2, die die gegenwärtige Rechtslage zweifelsfrei wiederherstellt.

§ 199
Anwendung des Adoptionswirkungsgesetzes
Die Vorschriften des Adoptionswirkungsgesetzes bleiben unberührt.

Die Vorschrift entspricht der Fassung des Regierungsentwurfs.

Begründung RegE:
Die Norm enthält eine Ergänzung zu § 97 Abs. 2 für das Adoptionswirkungsgesetz. Sie ist erforderlich, da dieses Gesetz über die Umsetzung und Ausführung von Rechtsakten nach § 97 Abs. 1 hinausgeht. Die Vorschriften des Adoptionswirkungsgesetzes gehen als Spezialvorschriften denjenigen des FamFG vor.

Abschnitt 6
Verfahren in Wohnungszuweisungssachen und Hausratssachen

§ 200
Wohnungszuweisungssachen; Hausratssachen

(1) Wohnungszuweisungssachen sind Verfahren
1. nach § 1361b des Bürgerlichen Gesetzbuchs,
2. nach den §§ 2 bis 6 der Verordnung über die Behandlung der Ehewohnung und des Hausrats.

(2) Hausratssachen sind Verfahren
1. nach § 1361a des Bürgerlichen Gesetzbuchs,
2. nach den §§ 2 und 8 bis 10 der Verordnung über die Behandlung der Ehewohnung und des Hausrats.

Die Vorschrift entspricht der Fassung des Regierungsentwurfs.

Begründung RegE:
Absatz 1 enthält eine Definition des Begriffs der Wohnungszuweisungssachen.

Nummer 1 knüpft an § 1361b BGB an, der insbesondere die Zuweisung der Ehewohnung während des Getrenntlebens der Ehegatten regelt.

Nummer 2 verweist auf die materiell-rechtlichen Regelungen der HausratsV, die insbesondere die Zuweisung der Ehewohnung für die Zeit nach der Scheidung behandeln.

Absatz 2 enthält eine Definition des Begriffs Hausratssachen.

Nummer 1 nimmt Bezug auf die Regelung des § 1361a BGB über die Hausratsverteilung während des Getrenntlebens der Ehegatten.

Nummer 2 verweist auf die materiell-rechtlichen Regelungen der HausratsV über die Hausratsverteilung nach der Scheidung.

§ 201
Örtliche Zuständigkeit

Ausschließlich zuständig ist in dieser Rangfolge:
1. während der Anhängigkeit einer Ehesache das Gericht, bei dem die Ehesache im ersten Rechtszug anhängig ist oder war;
2. das Gericht, in dessen Bezirk sich die gemeinsame Wohnung der Ehegatten befindet;
3. das Gericht, in dessen Bezirk der Antragsgegner seinen gewöhnlichen Aufenthalt hat;
4. das Gericht, in dessen Bezirk der Antragsteller seinen gewöhnlichen Aufenthalt hat.

Die Vorschrift entspricht der Fassung des Regierungsentwurfs.

Begründung RegE:
Nummer 1 entspricht in der Sache dem bisherigen § 11 Abs. 1 der HausratsV.

Nummer 2 entspricht inhaltlich dem bisherigen § 11 Abs. 2 Satz 1 der HausratsV und regelt den Fall, dass die Ehegatten zum Zeitpunkt der Antragstellung ihren gewöhnlichen Aufenthalt in der Ehewohnung haben.

Nummer 3 stellt, für den Fall, dass eine Zuständigkeit nach einer der vorstehenden Nummern nicht gegeben ist, auf den gewöhnlichen Aufenthalt des Antragsgegners ab.

Hilfsweise ist nach **Nummer 4** der gewöhnliche Aufenthalt des Antragstellers maßgeblich. Diese Abfolge entspricht in der Sache dem bisherigen § 11 Abs. 2 Satz 2 HausratsV in Verbindung mit dem bisherigen § 606 Abs. 2 Satz 2 ZPO. Für die übrigen von der Verweisung in § 11 Abs. 2 Satz 2 der HausratsV umfassten Vorschriften des § 606 Abs. 2, 3 ZPO besteht kein Bedürfnis mehr.

§ 202
Abgabe an das Gericht der Ehesache

Wird eine Ehesache rechtshängig, während eine Wohnungszuweisungssache oder Hausratssache bei einem anderen Gericht im ersten Rechtszug anhängig ist, ist diese von Amts wegen an das Gericht der Ehesache abzugeben. § 281 Abs. 2 und 3 Satz 1 der Zivilprozessordnung gilt entsprechend.

Die Vorschrift entspricht der Fassung des Regierungsentwurfs.

Begründung RegE:
Die Vorschrift verwirklicht die Zuständigkeitskonzentration beim Gericht der Ehesache. Sie entspricht dem bisherigen § 11 Abs. 3 HausratsV und dem bisherigen § 621 Abs. 3 ZPO.

§ 203
Antrag

(1) Das Verfahren wird durch den Antrag eines Ehegatten eingeleitet.

(2) Der Antrag in Hausratssachen soll die Angabe der Gegenstände enthalten, deren Zuteilung begehrt wird. Dem Antrag in Hausratssachen nach § 200 Abs. 2 Nr. 2 soll zudem eine Aufstellung sämtlicher Hausratsgegenstände beigefügt werden, die auch deren genaue Bezeichnung enthält.

(3) Der Antrag in Wohnungszuweisungssachen soll die Angabe enthalten, ob Kinder im Haushalt der Ehegatten leben.

Die Vorschrift entspricht der Fassung des Regierungsentwurfs.

Begründung RegE:

Absatz 1 bestimmt, dass das Verfahren auf Antrag eines Ehegatten eingeleitet wird. Diese Regelung entspricht dem bisherigen § 1 Abs. 1 HausratsV.

Das Vorliegen einer Einigung ist nicht mehr als ausdrückliches Verfahrenshindernis ausgestaltet. Haben sich die Ehegatten bereits ganz oder teilweise wirksam geeinigt, fehlt es insoweit am Regelungsinteresse für ein gerichtliches Verfahren. Einer Erwähnung dieses Umstands im Normtext bedarf es nicht.

Absatz 2 enthält besondere Anforderungen an den Antrag für alle bzw. bestimmte Hausratssachen. Da diese Vorgaben lediglich als Soll-Vorschriften ausgestaltet sind, ist der Antrag, für den Fall, dass sie nicht beachtet werden, nicht als unzulässig zurückzuweisen. Vielmehr hat das Gericht auf eine Nachbesserung hinzuwirken (§ 28). Die Anforderungen an den verfahrenseinleitenden Antrag konkretisieren die Mitwirkungspflicht der Ehegatten im Hausratsverfahren. Die Vorschrift wird ergänzt durch die Regelungen des § 206.

Satz 1 fordert die Angabe der Gegenstände, deren Zuteilung der Antragsteller begehrt. Es handelt sich dabei um eine Präzisierung des Verfahrensziels. Die Vorschrift kommt nur zur Anwendung, wenn der Antragsteller die Zuweisung von Hausratsgegenständen und nicht etwa eine sonstige Regelung, wie etwa eine Nutzungsentschädigung, anstrebt. Die frühzeitige und konkrete Angabe des Verfahrensziels erleichtert eine Begrenzung des Verfahrensstoffs auf die streitigen Punkte und dient damit der Verfahrensökonomie.

Satz 2 enthält darüber hinaus weitere Anforderungen für einen Teil der Hausratssachen, nämlich solche, die die Hausratsverteilung nach der Scheidung betreffen. Die Anforderungen dieses Satzes betreffen die Begründung des Antrags. Sie sollen für den Regelfall bewirken, dass die Klärung des genauen Bestands an Hausratsgegenständen in die vorgerichtliche Phase verlagert wird. Der Umfang etwaiger Nachermittlungen des Gerichts wird dadurch verringert und die Verfahrensdauer verkürzt.

Für eine endgültige Verteilung des Hausrats nach der Scheidung ist es in der Regel erforderlich zu wissen, welche Gegenstände insgesamt zum Hausrat gehört haben. Dies gilt auch für den Fall, dass die Ehegatten einen Teil des Hausrats bereits untereinander verteilt haben. Die Ausgestaltung als Soll-Vorschrift lässt Ausnahmen für atypische Sonderfälle zu.

Die Aufstellung der Hausratsgegenstände muss auch deren genaue Bezeichnung enthalten. Zur Ausfüllung dieses Kriteriums kann auf die Anforderung an die Bestimmtheit eines Vollstreckungstitels zurückgegriffen werden.

Absatz 3 enthält besondere Anforderungen an den Antrag in Wohnungszuweisungssachen. In den Antrag sollen auch die im Haushalt lebenden Kinder aufgenommen werden, um frühzeitig eine sachgerechte Beteiligung des Jugendamts zu gewährleisten.

§ 204
Beteiligte

(1) In Wohnungszuweisungssachen nach § 200 Abs. 1 Nr. 2 sind auch der Vermieter der Wohnung, der Grundstückseigentümer, der Dritte (§ 4 der Verordnung über die Behandlung der

Ehewohnung und des Hausrats) und Personen, mit denen die Ehegatten oder einer von ihnen hinsichtlich der Wohnung in Rechtsgemeinschaft stehen, zu beteiligen.

(2) Das Jugendamt ist in Wohnungszuweisungssachen auf seinen Antrag zu beteiligen, wenn Kinder im Haushalt der Ehegatten leben.

Die Vorschrift entspricht der Fassung des Regierungsentwurfs.

Begründung RegE:

Absatz 1 entspricht inhaltlich dem bisherigen § 7 HausratsV. Wie bisher ist der Anwendungsbereich auf Wohnungszuweisungssachen beschränkt, die eine endgültige Regelung für die Zeit nach der Scheidung beinhalten. Bei den übrigen Veränderungen gegenüber § 7 der HausratsV handelt es sich um sprachliche Anpassungen.

Absatz 1 enthält keine abschließende Regelung der Frage, wer Beteiligter ist. Abgesehen von Absatz 2 kann sich die Beteiligtenstellung insbesondere auch aus § 7 Abs. 2 Nr. 1 ergeben.

Absatz 2 bestimmt, dass das Jugendamt in Wohnungszuweisungssachen auf seinen Antrag als Beteiligter hinzuzuziehen ist, wenn Kinder im Haushalt der Ehegatten leben. Diese auch in anderen Abschnitten des Buchs 2 vorgesehene „Zugriffslösung" ist flexibel und vermeidet unnötigen Verwaltungsaufwand bei den Gerichten und Jugendämtern.

§ 205
Anhörung des Jugendamts in Wohnungszuweisungssachen

(1) In Wohnungszuweisungssachen soll das Gericht das Jugendamt anhören, wenn Kinder im Haushalt der Ehegatten leben. Unterbleibt die Anhörung allein wegen Gefahr im Verzug, ist sie unverzüglich nachzuholen.

(2) Das Gericht hat in den Fällen des Absatzes 1 Satz 1 dem Jugendamt die Entscheidung mitzuteilen. Gegen den Beschluss steht dem Jugendamt die Beschwerde zu.

Die Vorschrift entspricht der Fassung des Regierungsentwurfs.

Begründung RegE:

Absatz 1 bestimmt, dass das Gericht in Wohnungszuweisungssachen das Jugendamt anhören soll, wenn Kinder im Haushalt der Ehegatten leben. Die Bestimmung knüpft an den bisherigen § 49a Abs. 2 FGG an, jedoch ist die Anhörung des Jugendamts unabhängig davon vorgesehen, wie das Verfahren voraussichtlich enden wird. Der eingeschränkten Fassung des bisherigen § 49a Abs. 2 FGG wird dadurch Rechnung getragen, dass die vorliegende Norm, im Gegensatz zu den Regelungen über die Anhörung des Jugendamts in den übrigen Abschnitten des Buches 2, nur als Soll-Vorschrift ausgestaltet ist. Die vorgesehene Neufassung trägt dem Umstand Rechnung, dass die Zuweisung der Wohnung im Regelfall erhebliche Auswirkungen auf das Wohl der betroffenen Kinder hat.

Absatz 2 entspricht dem bisherigen § 49a Abs. 3 FGG in Verbindung mit § 49 Abs. 4 Satz 2 FGG.

Absatz 3 Satz 1 entspricht dem bisherigen § 49a Abs. 3 FGG in Verbindung mit § 49 Abs. 3 FGG und im Wesentlichen auch dem bisherigen § 13 Abs. 4 HausratsV.

Satz 2 enthält die von § 59 unabhängige Beschwerdebefugnis des Jugendamts.

§ 206
Besondere Vorschriften in Hausratssachen

(1) Das Gericht kann in Hausratssachen jedem Ehegatten aufgeben,
1. die Hausratsgegenstände anzugeben, deren Zuteilung er begehrt,
2. eine Aufstellung sämtlicher Hausratsgegenstände einschließlich deren genauer Bezeichnung vorzulegen oder eine vorgelegte Aufstellung zu ergänzen,

3. sich über bestimmte Umstände zu erklären, eigene Angaben zu ergänzen oder zum Vortrag eines anderen Beteiligten Stellung zu nehmen oder
4. bestimmte Belege vorzulegen,

und ihm hierzu eine angemessene Frist setzen.

(2) Umstände, die erst nach Ablauf einer Frist nach Absatz 1 vorgebracht werden, können nur berücksichtigt werden, wenn dadurch nach der freien Überzeugung des Gerichts die Erledigung des Verfahrens nicht verzögert wird oder wenn der Ehegatte die Verspätung genügend entschuldigt.

(3) Kommt ein Ehegatte einer Auflage nach Absatz 1 nicht nach oder sind nach Absatz 2 Umstände nicht zu berücksichtigen, ist das Gericht insoweit zur weiteren Aufklärung des Sachverhalts nicht verpflichtet.

Die Vorschrift entspricht der Fassung des Regierungsentwurfs.

Begründung RegE:

Nach **Absatz 1** kann das Gericht in Hausratssachen den Ehegatten bestimmte Auflagen erteilen. Hierdurch wird die in § 27 allgemein geregelte Mitwirkungspflicht der Beteiligten im Einzelfall konkretisiert. Eine ausdrückliche gesetzliche Regelung schafft Klarheit über die Befugnisse des Gerichts. Dies ist auch angesichts der in den Absätzen 2 und 3 vorgesehenen Rechtsfolgen von Bedeutung.

Für eine stärkere Betonung der Mitwirkungspflichten besteht in Hausratssachen ein besonderes Bedürfnis. Es handelt sich hierbei typischerweise um Verfahren, die eine Vielzahl von Einzelgegenständen betreffen, wobei hinsichtlich jedes Einzelgegenstands wiederum mehrere Punkte, wie etwa der Verbleib, die Eigentumslage, die Umstände der Anschaffung und der Wert streitig sein können.

Das Hausratsverfahren betrifft lediglich vermögensrechtliche Angelegenheiten, hinsichtlich deren kein gesteigertes öffentliches Interesse besteht. Als kontradiktorisches Streitverfahren hat es gewisse Ähnlichkeiten mit einem regulären Zivilprozess. Daher erscheint es sachgerecht, dass nicht allein das Gericht, sondern die Beteiligten für die Beibringung des Tatsachenstoffs verantwortlich sind.

Nummer 1 ermöglicht dem Gericht, auf eine Präzisierung des Verfahrensziels durch die Ehegatten hinzuwirken. Diese Möglichkeit wird insbesondere in den Fällen Bedeutung erlangen, in denen der Antragsteller entgegen § 203 Abs. 2 Satz 1 diesbezügliche Angaben nicht gemacht hat, sowie allgemein für den Antragsgegner, der von dieser Vorschrift nicht erfasst wird. Die Angabe, welche Gegenstände ein Ehegatte verlangt, ermöglicht eine Beschränkung des Verfahrensstoffs auf die streitigen Punkte. Sie ist den Ehegatten auch zumutbar.

Aufgrund der Befugnis nach **Nummer 2** kann das Gericht in allen Hausratssachen, sofern dies erforderlich ist, eine Aufstellung des Hausrats anfordern. Oftmals kann über die Zuweisung eines verbliebenen Teils der Hausratsgegenstände nur sachgerecht entschieden werden, wenn bekannt ist, welche Gegenstände ein Ehegatte bereits erhalten hat. Im Übrigen gilt das zu Nummer 1 Gesagte entsprechend.

Nummer 3 ermöglicht es, den Beteiligten eine Ergänzung ihres Vortrags aufzuerlegen.

Nummer 4 sieht vor, dass das Gericht den Ehegatten die Vorlage bestimmter Belege aufgeben kann. In Betracht kommen beispielsweise Unterlagen über den Kauf von Hausratsgegenständen, die über den Zeitpunkt der Anschaffung, die Person des Käufers und den Anschaffungspreis Auskunft geben können.

Das Gericht kann den Ehegatten eine angemessene Frist zur Erledigung der Auflage setzen.

Absatz 2 enthält für den Fall der Versäumung einer nach Absatz 1 gesetzten Frist eine Präklusionsregelung, die in Anlehnung an § 296 Abs. 1 ZPO ausgestaltet ist. Eine derartige Sanktion ist erforderlich, um die Mitwirkung der Ehegatten sicherzustellen. Eine Fristsetzung ohne Rechtsfolgen wäre hierfür nicht ausreichend.

Der Präklusion unterliegen nur „Umstände", also insbesondere Vortrag und Beweisangebote für bestimmte Tatsachen. Eine Veränderung des Verfahrensziels wird dadurch nicht ausgeschlossen. Die

Ehegatten können insbesondere ihre Angaben dazu, welche Gegenstände sie zugeteilt erhalten möchten, ändern.

Absatz 3 ergänzt die Regelungen der beiden vorhergehenden Absätze. Kommt ein Ehegatte einer Auflage nach Absatz 1 überhaupt nicht oder erst verspätet nach, mit der Folge einer Nichtberücksichtigung gemäß Absatz 2, so besteht insoweit keine weitere Verpflichtung des Gerichts, diese Umstände von Amts wegen aufzuklären. Diese Regelung ist erforderlich, da ansonsten ein Verstoß gegen die Mitwirkungspflicht folgenlos wäre und die Präklusionsregelung nach Absatz 2 wirkungslos bliebe. Die Präklusionswirkung kann nach ihrem Sinn und Zweck nur solche Umstände erfassen, die für den Beteiligten, gegen den sich die Auflage richtet, günstig sind. Betrifft die Auflage hingegen für den Beteiligten nachteilige Umstände, ist die Amtsermittlungspflicht des Gerichts nicht eingeschränkt.

§ 207
Erörterungstermin

Das Gericht soll die Angelegenheit mit den Ehegatten in einem Termin erörtern. Es soll das persönliche Erscheinen der Ehegatten anordnen.

Die Vorschrift entspricht der Fassung des Regierungsentwurfs.

Begründung RegE:

Satz 1 und 2 entsprechen im Wesentlichen dem bisherigen § 13 Abs. 2 HausratsV.

§ 208
Tod eines Ehegatten

Stirbt einer der Ehegatten vor Abschluss des Verfahrens, gilt dieses als in der Hauptsache erledigt.

Die Vorschrift entspricht der Fassung des Regierungsentwurfs.

Begründung RegE:

Die Vorschrift bestimmt in Anlehnung an die für Ehesachen geltende Vorschrift des § 131, dass bei Tod eines Ehegatten vor Abschluss des Verfahrens dieses als in der Hauptsache erledigt zu gelten hat. Eine entsprechende Regelung existiert in Ehewohnungs- und Hausratssachen bislang nicht.

Die Vorschrift trägt dem Umstand Rechnung, dass die Rechte der Ehegatten aus den speziellen Vorschriften über die Zuweisung von Wohnung und Hausrat höchstpersönlich und nicht vererblich sind. Die typischerweise durch das persönliche Verhältnis der Ehegatten geprägten Wohnungszuweisungs- und Hausratsverfahren sollen mit dem Tod eines Ehegatten endgültig abgeschlossen sein (vgl. Johannsen/Henrich-Brudermüller, Eherecht, 4. Aufl. 2003, Hausratsverordnung, Rn. 2 zu § 13).

§ 209
Durchführung der Entscheidung, Wirksamkeit

(1) Das Gericht soll mit der Endentscheidung die Anordnungen treffen, die zu ihrer Durchführung erforderlich sind.

(2) Die Endentscheidung in Wohnungszuweisungs- und Hausratssachen wird mit Rechtskraft wirksam. Das Gericht soll in Wohnungszuweisungssachen nach § 200 Abs. 1 Nr. 1 die sofortige Wirksamkeit anordnen.

(3) Mit der Anordnung der sofortigen Wirksamkeit kann das Gericht auch die Zulässigkeit der Vollstreckung vor der Zustellung an den Antragsgegner anordnen. In diesem Fall tritt die Wirksamkeit in dem Zeitpunkt ein, in dem die Entscheidung der Geschäftsstelle des Gerichts zur Bekanntmachung übergeben wird. Dieser Zeitpunkt ist auf der Entscheidung zu vermerken.

Die Vorschrift entspricht im Hinblick auf die Absätze 1 und 2 dem Regierungsentwurf; Absatz 3 ist mit der Beschlussempfehlung des Rechtsausschusses neu eingefügt worden:

II. – FamFG – Buch 2 Verfahren in Familiensachen

Begründung RegE:
Absatz 1 entspricht inhaltlich dem bisherigen § 15 HausratsV.
Absatz 2 Satz 1 entspricht dem bisherigen § 16 Abs. 1 Satz 1 HausratsV. Für eine Übernahme der in § 16 Abs. 1 Satz 2 und Abs. 2 HausratsV enthaltenen Regelungen besteht kein Bedürfnis.
Satz 2 regelt als Soll-Vorschrift die Möglichkeit des Gerichts, in Wohnungszuweisungssachen nach § 1361b BGB und § 14 des Lebenspartnerschaftsgesetzes (LPartG) die sofortige Wirksamkeit anzuordnen. Diese Möglichkeit besteht nach derzeit geltender Rechtslage nicht. Eine Gleichbehandlung mit den in § 2 des Gewaltschutzgesetzes geregelten Fällen, hinsichtlich deren die sofortige Wirksamkeit angeordnet werden kann, ist wegen der Vergleichbarkeit der Sachverhalte geboten.

Stellungnahme Bundesrat:
63. **Zu Artikel 1** (§ 209 Abs. 3 – neu – FamFG)
Dem Artikel 1 § 209 ist folgender Absatz 3 anzufügen:
„(3) Mit der Anordnung der sofortigen Wirksamkeit kann das Gericht auch die Zulässigkeit der Vollstreckung vor der Zustellung an den Antragsgegner anordnen. In diesem Fall tritt die Wirksamkeit in dem Zeitpunkt ein, in dem die Entscheidung der Geschäftsstelle des Gerichts zur Bekanntmachung übergeben wird. Dieser Zeitpunkt ist auf der Entscheidung zu vermerken."

Begründung:
Nach dem zurzeit in Gewaltschutzsachen anzuwendenden § 64b FGG kann das Gericht in Verfahren nach dem Gewaltschutzgesetz die sofortige Wirksamkeit der gerichtlichen Entscheidung gegen den Antragsgegner anordnen. Diese Regelungen wurden zum besonderen Schutz der Opfer häuslicher Gewalt konzipiert.
Es ergibt sich eine Regelungslücke für verheiratete Opfer häuslicher Gewalt, die Trennungswillen haben: Denn in Rechtsprechung und Literatur wird mehrheitlich vertreten, dass für diese § 1361b BGB lex specialis zu § 2 GewSchG ist. Für Verfahren nach § 1361b BGB gelten aber die besonderen vollstreckungsrechtlichen Schutznormen nicht. Dies kann dazu führen, dass bei verheirateten Gewaltopfern der Antrag nach § 2 GewSchG abgelehnt wird und damit die vollstreckungsrechtlichen Erleichterungen nicht greifen.
Für die Vollstreckung und Zustellung einer einstweiligen Anordnung wird die Gleichstellung von Verfahren nach § 1361b BGB und § 2 GewSchG über § 53 Abs. 2 FamFG-E erreicht. Für die Hauptsacheverfahren gibt es eine entsprechende Regelung nur in § 216 Abs. 2 FamFG-E für Gewaltschutzsachen, nicht aber für Wohnungszuweisungssachen mit Gewalthintergrund.
Um diese Benachteiligung verheirateter gegenüber unverheirateten Opfern von häuslicher Gewalt auszugleichen, sind die Verfahrensregeln für § 1361b BGB und Gewaltschutzsachen inhaltlich anzugleichen. Dafür ist obige Ergänzung des § 209 FamFG-E erforderlich.
Da es sich bei der vorgeschlagenen Ergänzung des § 209 Abs. 3 FamFG-E um eine Kann-Regelung handelt, besteht die Möglichkeit, für Verfahren nach § 1361b BGB ohne Gewalthintergrund anders zu verfahren.

Gegenäußerung Bundesregierung:
Zu Nummer 63 (Artikel 1 – § 209 Abs. 3 – neu – FamFG)
Die Bundesregierung stimmt dem Vorschlag des Bundesrates zu.

Begründung Beschlussempfehlung Rechtsausschuss:
Die Anfügung von Absatz 3 entspricht der Stellungnahme des Bundesrates, der die Bundesregierung in ihrer Gegenäußerung zugestimmt hat. Zur Begründung wird auf Nummer 63 der Stellungnahme des Bundesrates verwiesen.

Abschnitt 7
Verfahren in Gewaltschutzsachen

§ 210
Gewaltschutzsachen
Gewaltschutzsachen sind Verfahren nach den §§ 1 und 2 des Gewaltschutzgesetzes.

Die Vorschrift entspricht der Fassung des Regierungsentwurfs.

Begründung RegE:
Die Vorschrift bestimmt den Begriff der Gewaltschutzsachen durch Bezugnahme auf die §§ 1 und 2 des Gewaltschutzgesetzes. Dieses Anknüpfungskriterium ist aus dem bisherigen § 64b Abs. 1, 2 und 3 FGG bekannt. Die Abgrenzung von Gewaltschutzsachen, insbesondere zu allgemeinen zivilrechtlichen Ansprüchen und zu Wohnungszuweisungssachen, muss wie üblich durch Auslegung des Antrags erfolgen. Zur Verbindung von Gewaltschutzsachen mit anderen Verfahren, ggfs. auch im Wege eines Hilfsantrags, gelten die allgemeinen Grundsätze.

§ 211
Örtliche Zuständigkeit
Ausschließlich zuständig ist nach Wahl des Antragstellers
1. **das Gericht, in dessen Bezirk die Tat begangen wurde,**
2. **das Gericht, in dessen Bezirk sich die gemeinsame Wohnung des Antragstellers und des Antragsgegners befindet oder**
3. **das Gericht, in dessen Bezirk der Antragsgegner seinen gewöhnlichen Aufenthalt hat.**

Die Vorschrift entspricht der Fassung des Regierungsentwurfs.

Begründung RegE:
Die Vorschrift entspricht im Wesentlichen dem bisherigen § 64b Abs. 1 FGG.

Nach **Nummer 1** ist das Gericht zuständig, in dessen Bezirk die Tat begangen wurde. Tatort ist jeder Ort, an dem auch nur eines der wesentlichen Tatbestandsmerkmale verwirklicht wurde, also sowohl der Handlungsort als auch der Erfolgsort.

Haben Antragsteller und Antragsgegner eine gemeinsame Wohnung, so kann nach **Nummer 2** der Antrag auch bei dem hierfür zuständigen Gericht gestellt werden.

Nummer 3 stellt auf den gewöhnlichen Aufenthalt des Antragsgegners ab.

Unter mehreren zuständigen Gerichten hat der Antragsteller die Wahl.

§ 212
Beteiligte
In Verfahren nach § 2 des Gewaltschutzgesetzes ist das Jugendamt auf seinen Antrag zu beteiligen, wenn ein Kind in dem Haushalt lebt.

Die Vorschrift entspricht der Fassung des Regierungsentwurfs.

Begründung RegE:
Die Vorschrift regelt, dass das Jugendamt auf seinen Antrag als Beteiligter hinzuzuziehen ist. Diese Option ist allgemein in Familiensachen, in denen das Jugendamt angehört wird, vorgesehen.

II. – FamFG – Buch 2 Verfahren in Familiensachen

§ 213
Anhörung des Jugendamts

(1) In Verfahren nach § 2 des Gewaltschutzgesetzes soll das Gericht das Jugendamt anhören, wenn Kinder in dem Haushalt leben. Unterbleibt die Anhörung allein wegen Gefahr im Verzug, ist sie unverzüglich nachzuholen.

(2) Das Gericht hat in den Fällen des Absatzes 1 Satz 1 dem Jugendamt die Entscheidung mitzuteilen. Gegen den Beschluss steht dem Jugendamt die Beschwerde zu.

Die Vorschrift entspricht der Fassung des Regierungsentwurfs.

Begründung RegE:

Absatz 1 Satz 1 knüpft an den bisherigen § 49a Abs. 2 FGG an, jedoch ist die Anhörung des Jugendamts unabhängig davon vorgesehen, wie das Verfahren voraussichtlich enden wird. Der eingeschränkten Fassung des bisherigen § 49a Abs. 2 FGG wird dadurch Rechnung getragen, dass die vorliegende Norm, im Gegensatz zu den Regelungen über die Anhörung des Jugendamts in den übrigen Abschnitten des Buchs 2, nur als Soll-Vorschrift ausgestaltet ist. Die vorgesehene Neufassung berücksichtigt insbesondere, dass die Zuweisung der Wohnung im Regelfall erhebliche Auswirkungen auf das Wohl der betroffenen Kinder hat.

Satz 2 entspricht dem bisherigen § 49a Abs. 3 FGG in Verbindung mit § 49 Abs. 4 Satz 2 FGG.

Absatz 2 Satz 1 entspricht dem bisherigen § 49a Abs. 3 FGG in Verbindung mit § 49 Abs. 3 FGG und im Wesentlichen auch dem bisherigen § 13 Abs. 4 HausratsV.

Satz 2 enthält die von § 59 unabhängige Beschwerdebefugnis des Jugendamts.

Stellungnahme Bundesrat:

64. **Zu Artikel 1** (§ 213 FamFG)

Artikel 1 § 213 ist wie folgt zu ändern:
a) Absatz 1 ist wie folgt zu ändern:
aa) In Satz 1 sind nach dem Wort „Gericht" die Wörter „vor einer ablehnenden Entscheidung" einzufügen.
bb) Satz 2 ist zu streichen.
b) Absatz 2 Satz 1 ist wie folgt zu fassen:
„Das Gericht hat dem Jugendamt seine Entscheidungen mitzuteilen."

Nach bisheriger Gesetzeslage (§ 49a Abs. 2 FGG) soll das Familiengericht das Jugendamt in Verfahren nach § 2 GewSchG vor einer ablehnenden Entscheidung anhören, wenn Kinder im Haushalt der Beteiligten leben. § 213 Abs. 1 FamFG-E sieht demgegenüber eine Anhörung des Jugendamts auch dann vor, wenn das Gericht dem Antrag zu entsprechen beabsichtigt. Mit dieser Neufassung soll der Tatsache Rechnung getragen werden, dass die Zuweisung der Wohnung im Regelfall erhebliche Auswirkungen auf das Wohl der betroffenen Kinder hat. Dem ist zuzustimmen. Dennoch ist die Regelung in den eilbedürftigen Gewaltschutzverfahren nicht sachgerecht. Die regelmäßige Anhörung der Jugendämter birgt – insbesondere angesichts ihrer starken Belastung – die Gefahr einer erheblichen Verfahrensverzögerung in sich, die besonders in Gewaltschutzsachen schwerwiegende Konsequenzen für das Opfer haben kann. Die bisherige Regelung des § 49a Abs. 2 FGG soll daher beibehalten werden. Aus der Praxis gibt es hierzu keine negativen Rückmeldungen, so dass kein Anlass besteht, den Regelungsgehalt zu verändern. Das Jugendamt soll zudem von jeder Entscheidung des Gerichts Kenntnis erhalten. So kann es auch bei einer Wohnungszuweisung tätig werden, wenn es dies im Einzelfall für angezeigt hält.

§ 213 Absatz 1 Satz 2 FamFG-E kann dann, wenn die Anhörung nur bei beabsichtigter ablehnender Entscheidung durchzuführen ist, gestrichen werden. Denn dass die Anhörung in solchen Fällen wegen Gefahr im Verzug unterbleibt, ist nicht anzunehmen.

Gegenäußerung Bundesregierung:

Zu Nummer 64 (Artikel 1 – § 213 FamFG)
Die Bundesregierung stimmt dem Vorschlag des Bundesrates nicht zu.

Der Vorschlag sieht eine Anhörung des Jugendamtes in Verfahren nach § 2 GewSchG nur bei einem ablehnenden Antrag vor. Die Bundesregierung ist der Auffassung, dass stattgebende und ablehnende Entscheidungen das Kindeswohl in gleichem Maß berühren. Denn die Zuweisung der Wohnung hat die zwangsläufige Folge, dass ein Elternteil diese verlassen muss. Zudem dient die Anhörung der Vorbereitung der Sachentscheidung. Die Anhörung vom Ergebnis der Entscheidungsfindung abhängig zu machen erscheint daher widersprüchlich.

Die im Antrag geäußerten Bedenken, dass eine Anhörung des Jugendamts zu einer Verzögerung des Verfahrens führt, werden von der Bundesregierung nicht geteilt. § 213 Abs. 1 Satz 2 FamFG sieht vor, dass die Anhörung des Jugendamts bei Gefahr im Verzug auch nachträglich erfolgen kann. Diese Regelung trägt der Tatsache Rechnung, dass es sich bei Gewaltschutzverfahren in der Regel um eilbedürftige Verfahren handelt.

§ 214
Einstweilige Anordnung

(1) Auf Antrag kann das Gericht durch einstweilige Anordnung eine vorläufige Regelung nach § 1 oder § 2 des Gewaltschutzgesetzes treffen. Ein dringendes Bedürfnis für ein sofortiges Tätigwerden liegt in der Regel vor, wenn eine Tat nach § 1 des Gewaltschutzgesetzes begangen wurde oder aufgrund konkreter Umstände mit einer Begehung zu rechnen ist.

(2) Der Antrag auf Erlass der einstweiligen Anordnung gilt im Fall des Erlasses ohne mündliche Erörterung zugleich als Auftrag zur Zustellung durch den Gerichtsvollzieher unter Vermittlung der Geschäftsstelle und als Auftrag zur Vollstreckung; auf Verlangen des Antragstellers darf die Zustellung nicht vor der Vollstreckung erfolgen.

Die Vorschrift entspricht der Fassung des Regierungsentwurfs.

Begründung RegE:

Absatz 1 Satz 1 enthält die Möglichkeit, auf Antrag im Wege der einstweiligen Anordnung eine Regelung nach §§ 1 oder 2 des Gewaltschutzgesetzes zu erlassen. Die Vorschrift dient insoweit der Klarstellung. Vom bisherigen § 64b Abs. 3 Satz 1 FGG unterscheidet sie sich insbesondere dadurch, dass die Anhängigkeit eines Hauptsacheverfahrens oder die Einreichung eines diesbezüglichen Antrags auf Bewilligung von Verfahrenskostenhilfe nicht erforderlich ist. Die Einführung eines hauptsacheunabhängigen einstweiligen Rechtsschutzes entspricht in Gewaltschutzsachen einer Forderung der Praxis (Arbeitskreis 19 [Gewaltschutzgesetz] des 15. Deutschen Familiengerichtstages 2003, Beschluss Nr. 5, Brühler Schriften zum Familienrecht, Band 13, 2004, S. 101).

Satz 2 enthält eine Konkretisierung des Begriffs des dringenden Bedürfnisses für ein sofortiges Tätigwerden in Gewaltschutzsachen. Es soll klargestellt werden, dass in den Fällen des § 1 des Gewaltschutzgesetzes in der Regel ein dringendes Bedürfnis für ein sofortiges Tätigwerden anzunehmen ist. Das Gericht hat dabei nach pflichtgemäßem Ermessen auch zu prüfen, ob aufgrund einer glaubhaft gemachten Gefahrenlage von einer mündlichen Verhandlung vor Erlass des Beschlusses abzusehen ist.

Absatz 2 entspricht inhaltlich dem bisherigen § 64b Abs. 3 Satz 6 FGG.

Stellungnahme Bundesrat:

65. **Zu Artikel 1** (§ 214 Abs. 1 FamFG)
Artikel 1 § 214 Abs. 1 ist wie folgt zu ändern:
a) Satz 1 ist zu streichen.
b) Satz 2 ist wie folgt zu fassen:
„Ein dringendes Bedürfnis für ein sofortiges Tätigwerden (§ 49) liegt in der Regel vor, wenn eine Tat nach

II. – FamFG – Buch 2 Verfahren in Familiensachen

§ 1 Abs. 1 und 2 Satz 1 Nr. 2 des Gewaltschutzgesetzes begangen wurde oder in den Fällen des § 1 Abs. 2 Satz 1 Nr. 1 und des § 2 Abs. 6 des Gewaltschutzgesetzes auf Grund konkreter Umstände mit einer Begehung der angedrohten Tat zu rechnen ist."

Begründung:

§ 214 Abs. 1 Satz 1 FamFG-E erscheint überflüssig, da er lediglich wiederholt, was bereits § 49 FamFG-E aussagt. Durch die Überschrift und einen Verweis auf § 49 FamFG-E ist hinreichend deutlich, dass auch in Gewaltschutzsachen der Erlass von einstweiligen Anordnungen möglich ist.

Absatz 1 Satz 2 ist missverständlich, soweit es ausreichen soll, dass mit der Begehung einer Tat nach § 1 GewSchG zu rechnen ist. Denn sowohl für den Erlass von Schutzanordnungen nach § 1 GewSchG als auch für die Wohnungszuweisung nach § 2 GewSchG ist Voraussetzung, dass eine Tat im Sinne von § 1 GewSchG begangen wurde, und sei es auch in Form einer Bedrohung nach § 1 Abs. 2 Satz 1 Nr. 1 GewSchG. Gemeint ist wohl, dass auch eine Androhung von Gewalt nach § 1 Abs. 2 Satz 1 Nr. 1 GewSchG ausreichen soll, wenn mit der Begehung zu rechnen ist. Dies wird durch die vorgeschlagene Formulierung deutlicher zum Ausdruck gebracht.

Gegenäußerung Bundesregierung:
Zu Nummer 65 (Artikel 1 – § 214 Abs. 1 FamFG)
Die Bundesregierung stimmt dem Vorschlag des Bundesrates nicht zu.

Nach der Entwurfsregelung ist der Erlass einer einstweiligen Anordnung in einer Gewaltschutzsache auch dann möglich, wenn aufgrund konkreter Umstände mit der Begehung einer Tat nach § 1 GewSchG zu rechnen ist. Der Änderungsvorschlag beschränkt diese Möglichkeit auf Fälle, in denen bereits eine Tat begangen worden ist. Nach dem Vorschlag des Bundesrates wäre beispielsweise der Erlass einer einstweiligen Anordnung nicht möglich, wenn ein Antragsgegner angekündigt hat, am nächsten Tag in die Wohnung eines Antragstellers einzudringen, und zu diesem Zweck auch bereits konkrete Vorbereitungen getroffen hat. Dies würde dem Zweck der Sicherungsanordnung widersprechen.

§ 215
Durchführung der Endentscheidung

In Verfahren nach § 2 des Gewaltschutzgesetzes soll das Gericht in der Endentscheidung die zu ihrer Durchführung erforderlichen Anordnungen treffen.

Die Vorschrift entspricht der Fassung des Regierungsentwurfs.

Begründung RegE:
Die Vorschrift entspricht dem bisherigen § 64b Abs. 2 Satz 4 FGG in Verbindung mit dem bisherigen § 15 HausratsV.

§ 216
Wirksamkeit; Vollstreckung vor Zustellung

(1) Die Endentscheidung in Gewaltschutzsachen wird mit Rechtskraft wirksam. Das Gericht soll die sofortige Wirksamkeit anordnen.

(2) Mit der Anordnung der sofortigen Wirksamkeit kann das Gericht auch die Zulässigkeit der Vollstreckung vor der Zustellung an den Antragsgegner anordnen. In diesem Fall tritt die Wirksamkeit in dem Zeitpunkt ein, in dem die Entscheidung der Geschäftsstelle des Gerichts zur Bekanntmachung übergeben wird; dieser Zeitpunkt ist auf der Entscheidung zu vermerken.

Die Vorschrift entspricht im Hinblick auf Absatz 1 dem Regierungsentwurf; Absatz 2 Satz 2 ist mit der Beschlussempfehlung des Rechtsausschusses geändert worden:

Frühere Fassung RegE:
*(2) Mit der Anordnung der sofortigen Wirksamkeit kann das Gericht auch die Zulässigkeit der Vollstreckung vor der Zustellung an den Antragsgegner anordnen. In diesem Fall tritt die Wirksamkeit in dem Zeitpunkt ein, in dem die Entscheidung der **Geschäftsstelle** des Gerichts zur Bekanntmachung übergeben wird; dieser Zeitpunkt ist auf der Entscheidung zu vermerken.*

Begründung RegE:
Absatz 1 Satz 1 entspricht inhaltlich dem bisherigen § 64b Abs. 2 Satz 1 FGG.

Satz 2 ist an den bisherigen § 64b Abs. 2 Satz 2 1. Halbsatz FGG angelehnt. Um eine effektivere Durchsetzbarkeit von Schutzanordnungen nach dem Gewaltschutzgesetz zu gewährleisten, wurde die Vorschrift als Soll-Vorschrift ausgestaltet.

Absatz 2 Satz 1 enthält die im bisherigen § 64b Abs. 2 Satz 2 2. Halbsatz FGG vorgesehene Möglichkeit, die Zulässigkeit der Vollstreckung vor Zustellung an den Antragsgegner anzuordnen.

Satz 2 entspricht dem bisherigen § 64b Abs. 2 Satz 3 FGG.

Begründung Beschlussempfehlung Rechtsausschuss:
Mit der Änderung wird ein redaktioneller Fehler berichtigt.

§ 216a
Mitteilung von Entscheidungen

Das Gericht teilt Anordnungen nach den §§ 1 und 2 des Gewaltschutzgesetzes sowie deren Änderung oder Aufhebung der zuständigen Polizeibehörde und anderen öffentlichen Stellen, die von der Durchführung der Anordnung betroffen sind, unverzüglich mit, soweit nicht schutzwürdige Interessen eines Beteiligten an dem Ausschluss der Übermittlung, das Schutzbedürfnis anderer Beteiligter oder das öffentliche Interesse an der Übermittlung überwiegen. Die Beteiligten sollen über die Mitteilung unterrichtet werden.

§ 216a ist mit der Beschlussempfehlung des Rechtsausschusses neu eingefügt worden.

Stellungnahme Bundesrat:
66. **Zu Artikel 1** (§ 216 Abs. 3 FamFG)
Artikel 1 § 216 ist wie folgt zu ändern:
a) Der Überschrift ist das Wort „, Datenübermittlung" anzufügen.
b) Folgender Absatz 3 ist anzufügen:
„(3) In Gewaltschutzsachen ist bei Erlass einer Schutzanordnung nach § 1 oder einer Wohnungszuweisung nach § 2 des Gewaltschutzgesetzes sowie bei der Änderung oder Aufhebung solcher Entscheidungen die Übermittlung personenbezogener Daten durch das Familiengericht als übermittelnde Stelle an die Polizei zulässig. Die Übermittlung ist von dem Urkundsbeamten der Geschäftsstelle unverzüglich nach Erlass der Entscheidung durch Übersendung einer abgekürzten Ausfertigung der gerichtlichen Entscheidung ohne Entscheidungsgründe zu bewirken."

Begründung:
Mit dem seit Januar 2002 in Kraft getretenen Gewaltschutzgesetz (BGBl. I 2001, 3513) sind zentrale rechtliche Vorschriften zur Bekämpfung von Gewalt im Allgemeinen und häuslicher Gewalt im Besonderen geschaffen worden. Im November 2005 wurden die Ergebnisse einer im Auftrag des Bundesministeriums der Justiz durch das Institut für Familienforschung an der Universität Bamberg erfolgten Untersuchung zum Gewaltschutzgesetz vorgelegt (Dr. Marina Rupp [Hrsg.] „Rechtstatsächliche Untersuchung zum Gewaltschutzgesetz"). Ein Ergebnis der Untersuchung ist, dass in einer Vielzahl der Gewaltschutzverfahren (laut Opferbefragung in rund zwei Dritteln der Fälle) Verstöße gegen die erlassenen Anordnungen erfolgten (Rupp, a.a.O., S. 314). Nur zwei Drittel dieser Übertretungen wurden durch die Opfer gemeldet,

II. – FamFG – Buch 2 Verfahren in Familiensachen

was zeigt, dass hier ein großes Dunkelfeld besteht. Dies führt dazu, dass ein großer Teil der Verstöße trotz entsprechender gerichtlicher Anordnungen nicht wirksam unterbunden oder geahndet werden kann.

In zwei Fachtagungen zu dem Thema „häusliche Gewalt" wurde insbesondere von Seiten der Polizei, der Staatsanwaltschaft und der Frauenhilfseinrichtungen bemängelt, dass nach Erlass einer gerichtlichen Schutzanordnung oder einer Wohnungszuweisung Informationsdefizite zwischen den Beteiligten bestehen. Die – überwiegend – Antragstellerinnen gingen in der Regel davon aus, dass die erlassenen Entscheidungen von dem Familiengericht automatisch der örtlichen Polizei mitgeteilt würden, damit diese bei Verstößen tätig werden könne. Ihnen sei nicht bewusst, dass eine solche Übermittlung nicht erfolge und sie selbst die Polizei über den Erlass der Entscheidung informieren müssten. Nur wenn die Antragstellerinnen anwaltlich vertreten seien, trügen erfahrene Anwälte für eine solche Mitteilung an die Polizei Sorge. In der Praxis komme es häufig zu Polizeieinsätzen, in denen die vor Ort auftretenden Polizisten mangels Mitteilung der Entscheidung an die Polizei keine Information darüber hätten, dass hier gegen eine Schutzanordnung nach § 1 GewSchG oder eine Wohnungszuweisung nach § 2 GewSchG verstoßen werde. Eine solche Mitteilung erfolge zumeist auch nicht durch die Antragstellerin in der aktuellen Situation, da diese davon ausgehe, dass die Polizei sowieso Kenntnis hierüber habe. Dieses Informationsdefizit auf Seiten der Polizei führe dazu, dass sie Verstöße in der aktuellen Einsatzsituation nicht wirksam unterbinden oder der Ahndung zuführen könne.

Durch eine regelmäßige Übermittlung der Entscheidungen durch das Familiengericht an die Polizei soll dieses Informationsdefizit überwunden werden. Auf diese Weise sollen Verstöße gegen Anordnungen nach dem Gewaltschutzgesetz zukünftig noch effektiver unterbunden und geahndet werden. Die Übermittlung der personenbezogenen Daten rechtfertigt sich zudem daraus, dass Verstöße gegen Schutzanordnungen nach § 1 GewSchG gemäß § 4 GewSchG eine Straftat darstellen, und zwar ein Vergehen, das mit Freiheitsstrafe bis zu einem Jahr oder mit Geldstrafe bedroht ist. Verstöße gegen eine Wohnungszuweisung nach § 2 GewSchG können ebenfalls eine Straftat darstellen, nämlich einen auf Antrag zu verfolgenden Hausfriedensbruch gemäß § 123 StGB, ebenfalls ein Vergehen, das mit Freiheitsstrafe bis zu einem Jahr oder mit Geldstrafe bedroht ist.

Die Länder haben bereits die Aufnahme einer entsprechenden Mitteilungspflicht der Familiengerichte in Gewaltschutzsachen in die Anordnung über Mitteilungen in Zivilsachen (Mizi) erörtert. Es bestand aber kein Konsens, ob § 17 Nr. 1 bzw. Nr. 4 EGGVG („Die Übermittlung personenbezogener Daten ist ferner zulässig, wenn die Kenntnis der Daten aus Sicht der übermittelnden Stelle 1. zur Verfolgung von Straftaten oder Ordnungswidrigkeiten … 4. zur Abwehr einer schwerwiegenden Beeinträchtigung der Rechte einer anderen Person … erforderlich ist.") für eine solche Datenübermittlung eine ausreichende Rechtsgrundlage darstellt. Zum Teil haben die Länder eigene Datenübermittlungsnormen in ihren Polizeigesetzen geschaffen, zum Teil haben sie die Mitteilungspflicht der Familiengerichte auf Grundlage des § 17 EGGVG eingeführt, zum Teil erfolgt in den Ländern weiterhin keine Mitteilung der Entscheidungen an die Polizei durch die Familiengerichte. Um bundeseinheitlich einen effektiven Opferschutz zu erreichen, bedarf es deshalb im Hinblick auf die bestehenden Unsicherheiten der Einführung einer konkreten Rechtsgrundlage für die Datenübermittlung.

Zur Information der Polizei ist eine Übermittlung der Entscheidungen des Familiengerichts in abgekürzter Form ausreichend. Die Polizei muss selbstverständlich auch über die Aufhebung oder Änderung solcher Entscheidungen informiert werden. Die Zuständigkeit für die Übermittlung soll bei dem Urkundsbeamten der Geschäftsstelle liegen.

Gegenäußerung Bundesregierung:
Zu Nummer 66 (Artikel 1 – § 216 Abs. 3 FamFG)

Die Bundesregierung stimmt dem Vorschlag des Bundesrates im Grundsatz zu, wird aber im weiteren Verlauf des Gesetzgebungsverfahrens den Standort der Regelung prüfen. Die Regelung gehört systematisch in den Zweiten Abschnitt des EGGVG, in welchem bislang in § 15 EGGVG die Datenübermittlung in Zivilsachen einschließlich der Angelegenheiten der freiwilligen Gerichtsbarkeit geregelt ist.

Begründung Beschlussempfehlung Rechtsausschuss:

Der Ausschuss hält eine bundesgesetzliche Rechtsgrundlage für eine Pflicht zur Mitteilung von Anordnungen nach §§ 1 und 2 des Gewaltschutzgesetzes sowie deren Änderung oder Aufhebung an die zuständigen Polizeibehörden und andere öffentliche Stellen, die von der Durchführung der Anordnung betroffen sind, für erforderlich. Sie wird in Satz 1 geschaffen. Die dort genannten öffentlichen Stellen können insbesondere Schulen, Kindergärten und Jugendhilfeeinrichtungen in öffentlich-rechtlicher Trägerschaft sein. Die Mitteilungspflicht geht insoweit über den Vorschlag in Nummer 66 der Stellungnahme des Bundesrates noch hinaus.

Satz 2 ordnet an, dass die Beteiligten über die Mitteilung in der Regel unterrichtet werden. Hiervon kann im Einzelfall abgesehen werden, insbesondere wenn dem Antragsgegner der Aufenthaltsort des Antragstellers oder betroffener Kinder nicht bekannt gemacht werden soll.

Die konkrete Ausgestaltung der Datenübermittlung bleibt der Anordnung über Mitteilungen in Zivilsachen (MiZi) überlassen.

Im Übrigen wird auf die Begründung zu dem Vorschlag gemäß Nummer 66 der Stellungnahme des Bundesrates Bezug genommen.

Abschnitt 8
Verfahren in Versorgungsausgleichssachen

§ 217
Versorgungsausgleichssachen
Versorgungsausgleichssachen sind Verfahren, die den Versorgungsausgleich betreffen.

Die Vorschrift entspricht der Fassung des Regierungsentwurfs.

Begründung RegE:

Die Vorschrift enthält eine Definition des Begriffs der Versorgungsausgleichssache. Diese entspricht dem bisherigen § 621 Abs. 1 Nr. 6 ZPO. Dass von dieser Begriffsbestimmung Verfahren nicht umfasst werden, die anderen als den Familiengerichten zugewiesen sind, etwa den Sozial-, Verwaltungs- oder Arbeitsgerichten, ergibt sich bereits aus den Vorschriften des Gerichtsverfassungsgesetzes und braucht daher im Normtext nicht eigens erwähnt zu werden.

§ 218
Örtliche Zuständigkeit
Ausschließlich zuständig ist in dieser Rangfolge:

1. während der Anhängigkeit einer Ehesache das Gericht, bei dem die Ehesache im ersten Rechtszug anhängig ist oder war;
2. das Gericht, in dessen Bezirk die Ehegatten ihren gemeinsamen gewöhnlichen Aufenthalt haben oder zuletzt gehabt haben, wenn ein Ehegatte dort weiterhin seinen gewöhnlichen Aufenthalt hat;
3. das Gericht, in dessen Bezirk ein Antragsgegner seinen gewöhnlichen Aufenthalt oder Sitz hat;
4. das Gericht, in dessen Bezirk ein Antragsteller seinen gewöhnlichen Aufenthalt oder Sitz hat;
5. das Amtsgericht Schöneberg in Berlin.

Die Vorschrift entspricht der Fassung des Regierungsentwurfs.

II. – FamFG – Buch 2 Verfahren in Familiensachen

Begründung RegE:
Die Vorschrift regelt die örtliche Zuständigkeit für Versorgungsausgleichssachen.

Nummer 1 entspricht dem bisherigen § 621 Abs. 2 Satz 1 ZPO.

Nummer 2 nennt als Kriterium den gemeinsamen gewöhnlichen Aufenthalt der Ehegatten und entspricht damit im Wesentlichen dem bisherigen § 45 Abs. 1 FGG.

Nummer 3 stellt auf den gewöhnlichen Aufenthalt oder Sitz eines Antragsgegners ab. Dieses Kriterium erscheint gegenüber der Regelung des bisherigen § 45 Abs. 2 Satz 1 FGG vorzugswürdig, da die Prognose, wessen Recht voraussichtlich beeinträchtigt würde, entfällt. In der Sache ist der Unterschied gering, da in einem familienrechtlichen Antragsverfahren derjenige, dessen Recht voraussichtlich beeinträchtigt wird, im Regelfall der Antragsgegner ist.

Nummer 4 stellt auf den gewöhnlichen Aufenthalt oder Sitz eines Antragsstellers ab und entspricht damit dem bisherigen § 45 Abs. 2 Satz 2 FGG.

Nummer 5 enthält, wie bislang § 45 Abs. 4 FGG, die Auffangzuständigkeit des Amtsgerichts Schöneberg in Berlin.

§ 219
Beteiligte

Zu beteiligen sind neben den Ehegatten

1. in den Fällen des Ausgleichs durch Übertragung oder Begründung von Anrechten der Versorgungsträger,
   a) bei dem ein auszugleichendes oder nach § 3b Abs. 1 Nr. 1 des Gesetzes zur Regelung von Härten im Versorgungsausgleich zum Ausgleich heranzuziehendes Anrecht besteht,
   b) auf den ein Anrecht zu übertragen ist,
   c) bei dem ein Anrecht zu begründen ist oder
   d) an den Zahlungen zur Begründung von Anrechten zu leisten sind;
2. in den Fällen des § 3a des Gesetzes zur Regelung von Härten im Versorgungsausgleich
   a) der Versorgungsträger, gegen den der Anspruch gerichtet ist, sowie
   b) bei Anwendung dessen Absatz 1 auch die Witwe oder der Witwer des Verpflichteten;
3. in den Fällen des § 10a des Gesetzes zur Regelung von Härten im Versorgungsausgleich
   a) die Versorgungsträger nach Nummer 1 sowie
   b) die Hinterbliebenen der Ehegatten.

Die Vorschrift entspricht der Fassung des Regierungsentwurfs.

Begründung RegE:
Die Vorschrift knüpft an § 7 Abs. 2 Nr. 2 an und regelt, wen das Gericht als Beteiligten hinzuziehen hat. Es handelt sich hierbei nicht um eine abschließende Regelung. Die Beteiligung weiterer Personen oder Stellen kann sich auch aus § 7 Abs. 2 Nr. 1 ergeben. **Nummer 1** regelt, welche Versorgungsträger in den Fällen des öffentlich-rechtlichen Ausgleichs hinzuziehen sind. Dabei nennt Buchstabe a) den Versorgungsträger, bei dem das sich vermindernde Anrecht besteht, Buchstaben b) bis d) bezeichnen Versorgungsträger, bei denen sich ein Zuwachs an Anrechten ergibt. Diejenigen Versorgungsträger, bei denen ein Anrecht besteht, das nur einen Rechnungsposten im Rahmen der Gesamtsaldierung darstellt, sind nach dieser Aufzählung nicht Beteiligte.

Der Kreis der nach Nummer 1 zu beteiligenden Versorgungsträger entspricht damit im Wesentlichen der bisherigen Rechtslage.

Nummer 2 regelt die Beteiligten im Fall des § 3a des Gesetzes zur Regelung von Härten im Versorgungsausgleich (VAHRG). Nach **Buchstabe a)** ist im Fall des verlängerten schuldrechtlichen Versorgungs-

ausgleichs der Versorgungsträger, gegen den der Anspruch gerichtet ist, als Beteiligter hinzuzuziehen.
Buchstabe b) entspricht dem bisherigen § 3a Abs. 9 Satz 2 1. Halbsatz VAHRG. Auf die Übernahme von § 3a Abs. 9 2. Halbsatz konnte verzichtet werden, da der Berechtigte im Sinne dieser Vorschrift als geschiedener Ehegatte beteiligt ist.

Nummer 3 regelt die Beteiligten im Fall des § 10a VAHRG. Die Verpflichtung zur Hinzuziehung der Hinterbliebenen folgt aus § 10a Abs. 4 und § 10 Satz 2 VAHRG.

§ 220
Verfahrensrechtliche Auskunftspflicht

(1) In Versorgungsausgleichssachen kann das Gericht über Grund und Höhe der Anrechte Auskünfte einholen bei

1. den Ehegatten und ihren Hinterbliebenen,

2. Versorgungsträgern und

3. sonstigen Stellen, die zur Erteilung der Auskünfte in der Lage sind.

Übersendet das Gericht zur Auskunftserteilung ein amtliches Formular, ist dieses zu verwenden.

(2) Das Gericht kann anordnen, dass die Ehegatten oder ihre Hinterbliebenen gegenüber dem Versorgungsträger bestimmte für die Feststellung der in den Versorgungsausgleich einzubeziehenden Anrechte erforderliche Mitwirkungshandlungen zu erbringen haben. Das Gericht kann insbesondere anordnen, dass alle erheblichen Tatsachen anzugeben, die notwendigen Urkunden und Beweismittel beizubringen, die für die Feststellung der einzubeziehenden Anrechte erforderlichen Anträge zu stellen und dass dabei die vorgesehenen Formulare zu verwenden sind.

(3) Die in dieser Vorschrift genannten Personen und Stellen sind verpflichtet, den gerichtlichen Ersuchen und Anordnungen Folge zu leisten.

Die Vorschrift entspricht der Fassung des Regierungsentwurfs.

Begründung RegE:

Absatz 1 Satz 1 enthält die Befugnis des Gerichts, Auskünfte über Grund und Höhe der Anrechte einzuholen, und benennt diejenigen Personen und Stellen, die zur Auskunftserteilung verpflichtet sind. Die Vorschrift fasst die Inhalte der bisherigen § 53b Abs. 2 Satz 2 FGG und § 11 Abs. 2 Satz 1 VAHRG zusammen, dabei wird die Bezeichnung Versorgungsträger verwendet.

Gegenüber dem bisherigen § 53b Abs. 2 Satz 2 FGG ergibt sich eine Änderung so weit, als nunmehr auch die Ehegatten und ihre Hinterbliebenen einbezogen sind, wie bislang bereits in § 11 Abs. 2 VAHRG.

Satz 2 schreibt die Verwendung eines amtlichen Formulars vor, soweit das Gericht dem Auskunftsverpflichteten ein solches übersendet. Auf diese Weise soll eine vollständige und EDV-gerechte Erteilung der Auskünfte sichergestellt werden. Eine entsprechende Vorschrift existiert bislang nicht. Insbesondere betriebliche Versorgungsträger und Versicherungsunternehmen erteilen die Auskunft nicht selten in einer dem amtlichen Formular nicht entsprechenden Weise. Da infolgedessen Unklarheiten entstehen und bestimmte für die Durchführung des Versorgungsausgleichs wesentliche Punkte unbeantwortet bleiben können, werden oftmals Nachfragen durch das Gericht erforderlich, die das Verfahren verzögern.

Ein Formularzwang existiert auch in anderen Rechtsgebieten. Da der Zwang im vorliegenden Fall nur bei Übersendung des Formulars durch das Gericht besteht, ist er den Auskunftsverpflichteten auch zumutbar.

Absatz 2 behandelt einen besonderen Aspekt der Mitwirkungspflicht der Ehegatten und ihrer Hinterbliebenen im Versorgungsausgleich, der von erheblicher praktischer Relevanz ist, und zwar die Mitwirkung gegenüber den Versorgungsträgern mit dem Ziel der Feststellung der in den Versorgungsausgleich einzubeziehenden Anrechte. Hierbei ist in erster Linie aber nicht ausschließlich an die Klärung des Versicherungskontos eines Ehegatten in der gesetzlichen Rentenversicherung zu denken.

Anders als die in § 149 Abs. 4 SGB VI enthaltene Verpflichtung besteht die in Absatz 2 genannte Mitwirkungspflicht direkt gegenüber dem Gericht. Es handelt sich gegenüber den im SGB VI geregelten Mitwirkungspflichten um eine vollkommen eigenständige Verpflichtung. Sie kann daher auch nach § 35 mit Zwangsmitteln durchgesetzt werden.

Satz 1 ermöglicht dem Gericht anzuordnen, dass die Ehegatten oder Hinterbliebenen bestimmte Mitwirkungshandlungen zu erbringen haben.

Satz 2 enthält eine Bezeichnung möglicher Auflagen des Gerichts. Die Aufzählung ist nicht abschließend. In erster Linie kann verlangt werden, dass alle erheblichen Tatsachen angegeben und Urkunden und Beweismittel beigebracht werden. Im Hinblick auf ein besonderes praktisches Bedürfnis ist auch die Verpflichtung zur Stellung der erforderlichen Anträge, etwa eines Antrags auf Kontenklärung, ausdrücklich genannt. Dass eine entsprechende Verpflichtung derzeit nicht angenommen wird (für den Kontenklärungsantrag OLG Brandenburg, FamRZ 1998, 681 f.), ist lediglich eine Folge des derzeitigen Verständnisses des künftig wegfallenden § 11 Abs. 2 Satz 1 VAHRG. Schließlich kann angeordnet werden, dass der Auskunftsverpflichtete die vorgesehenen Formulare insbesondere der Versorgungsträger zu verwenden hat.

Absatz 3 entspricht den bisherigen § 53b Abs. 2 Satz 3 FGG, § 11 Abs. 2 Satz 2 VAHRG.

§ 221
Aussetzung des Verfahrens über den Versorgungsausgleich

(1) Besteht Streit über den Bestand oder die Höhe eines in den Versorgungsausgleich einzubeziehenden Anrechts, kann das Gericht das Verfahren über den Versorgungsausgleich aussetzen und einem oder beiden Ehegatten eine Frist zur Erhebung der Klage bestimmen. Wird die Klage nicht vor Ablauf der bestimmten Frist erhoben, kann das Gericht im weiteren Verfahren das Vorbringen unberücksichtigt lassen, das mit der Klage hätte geltend gemacht werden können.

(2) Das Gericht hat das Verfahren auszusetzen, wenn ein Rechtsstreit über ein in den Versorgungsausgleich einzubeziehendes Anrecht anhängig ist. Ist die Klage erst nach Ablauf der nach Absatz 1 Satz 1 bestimmten Frist erhoben worden, kann das Gericht das Verfahren aussetzen.

Die Vorschrift entspricht der Fassung des Regierungsentwurfs.

Begründung RegE:
Absatz 1 entspricht dem bisherigen § 53c Abs. 1 FGG. Die Anpassung der Formulierung des einleitenden Satzteils dient der Klarstellung. Der Streit über den Bestand oder die Höhe des Anrechts muss nicht zwingend zwischen den Beteiligten des Versorgungsausgleichsverfahrens bestehen. Es genügt auch, wenn der Streit hinsichtlich eines Anrechts besteht, das zwar in den Versorgungsausgleich einzubeziehen ist, jedoch nur als Rechnungsposten im Rahmen der Gesamtsaldierung. Der Versorgungsträger, bei dem ein solches Anrecht besteht, ist im Regelfall nicht Beteiligter des Versorgungsausgleichsverfahrens.

Absatz 2 entspricht dem bisherigen § 53c Abs. 2 FGG. Die veränderte Bezeichnung des betroffenen Anrechts dient der sprachlichen Vereinheitlichung.

§ 222
Erörterungstermin

In den Verfahren nach den §§ 1587b und 1587f des Bürgerlichen Gesetzbuchs und in den Fällen des § 230 soll das Gericht die Angelegenheit mit den Ehegatten in einem Termin erörtern.

Die Vorschrift entspricht der Fassung des Regierungsentwurfs.

Begründung RegE:
Die Norm orientiert sich am bisherigen § 53b FGG, wobei die Sollvorschrift jedoch auf Ehegatten zu beschränken ist. Hinsichtlich anderer Beteiligter bleibt es bei der allgemeinen Kann-Vorschrift des § 32 Abs. 1.

§ 223
Vereinbarung über den Versorgungsausgleich

(1) Ein Versorgungsausgleich durch Übertragung oder Begründung von Anrechten findet insoweit nicht statt, als die Ehegatten den Versorgungsausgleich nach § 1408 Abs. 2 des Bürgerlichen Gesetzbuchs ausgeschlossen oder nach § 1587o des Bürgerlichen Gesetzbuchs eine Vereinbarung geschlossen haben und das Gericht die Vereinbarung genehmigt hat.

(2) Die Verweigerung der Genehmigung ist nicht selbständig anfechtbar.

Die Vorschrift entspricht der Fassung des Regierungsentwurfs.

Begründung RegE:
Absatz 1 entspricht dem bisherigen § 53d Satz 1 FGG. Durch die Formulierung wird klargestellt, dass auch eine Entscheidung nach § 3b VAHRG ausgeschlossen ist.

Absatz 2 entspricht dem bisherigen § 53d Satz 2 FGG.

§ 224
Zahlungen zur Begründung von Rentenanwartschaften

(1) In der Entscheidung nach § 3b Abs. 1 Nr. 2 des Gesetzes zur Regelung von Härten im Versorgungsausgleich ist der Träger der gesetzlichen Rentenversicherung, an den die Zahlung zu leisten ist, zu bezeichnen.

(2) Ist ein Ehegatte auf Grund einer Vereinbarung, die das Gericht nach § 1587o Abs. 2 des Bürgerlichen Gesetzbuchs genehmigt hat, verpflichtet, für den anderen Zahlungen zur Begründung von Rentenanwartschaften in der gesetzlichen Rentenversicherung zu leisten, wird der für die Begründung dieser Rentenanwartschaften erforderliche Betrag gesondert festgesetzt. Absatz 1 gilt entsprechend.

(3) Werden die Berechnungsgrößen geändert, nach denen sich der Betrag errechnet, der in den Fällen der Absätze 1 und 2 zu leisten ist, hat das Gericht den zu leistenden Betrag auf Antrag neu festzusetzen.

Die Vorschrift entspricht der Fassung des Regierungsentwurfs.

Begründung RegE:
Absatz 1 entspricht inhaltlich dem bisherigen § 53e Abs. 1 FGG. An die Stelle der dort genannten für verfassungswidrig erklärten Bestimmung tritt nun die Vorschrift des § 3b Abs. 1 Nr. 2 des VAHRG.

Absatz 2 entspricht dem bisherigen § 53e Abs. 2 FGG.

Absatz 3 entspricht inhaltlich dem bisherigen § 53e Abs. 3 FGG. Die Anpassungen sind sprachlicher Natur.

§ 225
Aufhebung der früheren Entscheidung bei schuldrechtlichem Versorgungsausgleich

Soweit der Versorgungsausgleich nach § 1587f Nr. 3 des Bürgerlichen Gesetzbuchs stattfindet, hat das Gericht die auf § 1587b Abs. 3 des Bürgerlichen Gesetzbuchs oder auf § 3b Abs. 1 Nr. 2 des Gesetzes zur Regelung von Härten im Versorgungsausgleich gegründete Entscheidung aufzuheben.

Die Vorschrift entspricht der Fassung des Regierungsentwurfs.

Begründung RegE:
Die Vorschrift entspricht dem bisherigen § 53f FGG. Zusätzlich eingefügt ist § 3b Abs. 1 Nr. 2 VAHRG, der ebenfalls einen Fall der Beitragszahlung zur Begründung von Anrechten in der gesetzlichen Rentenversicherung betrifft.

§ 226
Einstweilige Anordnung

Das Gericht kann durch einstweilige Anordnung abweichend von § 49 auf Antrag des Berechtigten oder der Witwe oder des Witwers des Verpflichteten die Zahlung der Ausgleichsrente nach § 3a Abs. 1 und 5 des Gesetzes zur Regelung von Härten im Versorgungsausgleich und die an die Witwe oder den Witwer zu zahlende Hinterbliebenenversorgung regeln.

Die Vorschrift entspricht der Fassung des Regierungsentwurfs.

Begründung RegE:
Die Vorschrift entspricht inhaltlich dem bisherigen § 3a Abs. 9 Satz 3 VAHRG und modifiziert gegenüber § 49 die Voraussetzungen für den Erlass einer einstweiligen Anordnung. Insbesondere ist ein dringendes Bedürfnis für ein sofortiges Tätigwerden nicht erforderlich. Auf der Rechtsfolgenseite besteht die in § 49 vorgesehene Begrenzung auf vorläufige Maßnahmen nicht.

Die Aufnahme einer Vorschrift, wonach die Entscheidung nicht anfechtbar ist (vgl. § 3a Abs. 9 Satz 4 VAHRG), konnte im Hinblick auf § 57 Satz 1 unterbleiben.

Im Übrigen bestimmt sich der Erlass einer einstweiligen Anordnung in Versorgungsausgleichssachen nach § 49.

§ 227
Entscheidung über den Versorgungsausgleich

Endentscheidungen, die den Versorgungsausgleich betreffen, werden erst mit Rechtskraft wirksam. Die Entscheidung ist zu begründen.

Die Vorschrift entspricht der Fassung des Regierungsentwurfs.

Begründung RegE:
Satz 1 entspricht dem bisherigen § 53g Abs. 1 FGG. Der dort verwendete Begriff der Entscheidungen ist bereits bislang im Sinne von Endentscheidungen zu verstehen (Keidel/Kuntze/Winkler-Weber, Freiwillige Gerichtsbarkeit, 15. Aufl. 2003, Rn. 2 zu § 53g). Die Anpassung dient der Vereinheitlichung des Sprachgebrauchs.

Satz 2 entspricht dem bisherigen § 53b Abs. 3 FGG. Bei Entscheidungen im Versorgungsausgleich ist eine Begründung stets erforderlich.

§ 228
Zulässigkeit der Beschwerde

In Versorgungsausgleichssachen gilt § 61 nur im Fall der Anfechtung einer Kostenentscheidung.

Die Vorschrift ist mit der Beschlussempfehlung des Rechtsausschusses geändert worden.

Frühere Fassung RegE:
*In Versorgungsausgleichssachen gilt § 61 nur im Fall der Anfechtung einer Kosten- **oder Auslagen**entscheidung.*

Begründung RegE:
Die Regelung bestimmt, dass die Wertgrenze des § 61 für die Beschwerde mit Ausnahme der Anfechtung einer Kosten- oder Auslagenentscheidung nicht anzuwenden ist.

Eine Mindestbeschwer ist in Versorgungsausgleichssachen jedenfalls für Rechtsmittel der Rentenversicherungsträger nicht sachgerecht, da sie im Ergebnis die Interessen der Versichertengemeinschaft wahrnehmen und da sich wegen der Ungewissheit des künftigen Versicherungsverlaufs regelmäßig zunächst noch nicht feststellen lässt, ob sich die getroffene Entscheidung zum Nachteil für den Versorgungsträger auswirkt oder nicht. Um eine Gleichbehandlung zu erreichen, soll die Wertgrenze mit der dargestellten Ausnahme für alle Beteiligten in Versorgungsausgleichssachen nicht gelten.

Begründung Beschlussempfehlung Rechtsausschuss:
Es handelt sich um eine redaktionelle Anpassung an den Sprachgebrauch des § 80.

§ 229
Ausschluss der Rechtsbeschwerde

Gegen Entscheidungen nach den §§ 1587d, 1587g Abs. 3, 1587i Abs. 3 und § 1587l Abs. 3 Satz 3 des Bürgerlichen Gesetzbuchs sowie nach § 224 Abs. 2 und 3 ist die Rechtsbeschwerde ausgeschlossen.

Die Vorschrift entspricht der Fassung des Regierungsentwurfs.

Begründung RegE:
Die Regelung entspricht dem bisherigen § 53g Abs. 2 FGG.

§ 230
Abänderung von Entscheidungen und Vereinbarungen

(1) Das Gericht ändert auf Antrag eine Entscheidung zum Versorgungsausgleich, die nach § 1587b des Bürgerlichen Gesetzbuchs oder nach §§ 1, 3b des Gesetzes zur Regelung von Härten im Versorgungsausgleich getroffen wurde, oder eine Vereinbarung zum Versorgungsausgleich nach Maßgabe des § 10a des Gesetzes zur Regelung von Härten im Versorgungsausgleich ab.

(2) Das Gericht ändert auf Antrag eine Entscheidung zum schuldrechtlichen Versorgungsausgleich nach Maßgabe des § 1587g Abs. 3 und § 1587d Abs. 2 des Bürgerlichen Gesetzbuchs und eine Entscheidung zum verlängerten schuldrechtlichen Versorgungsausgleich nach Maßgabe des § 3a Abs. 6 des Gesetzes zur Regelung von Härten im Versorgungsausgleich in Verbindung mit § 1587d Abs. 2 des Bürgerlichen Gesetzbuchs ab.

(3) Das Gericht ändert auf Antrag eine Entscheidung nach § 1587d Abs. 1, § 1587i des Bürgerlichen Gesetzbuchs und § 3b Abs. 1 Nr. 2 Satz 2 des Gesetzes zur Regelung von Härten im Versorgungsausgleich nach Maßgabe des § 1587d Abs. 2 des Bürgerlichen Gesetzbuchs ab.

Die Vorschrift entspricht der Fassung des Regierungsentwurfs.

Begründung RegE:
Die Vorschrift stellt klar, dass sich die Abänderung von Entscheidungen und Vereinbarungen zum Versorgungsausgleich abweichend von § 48 Abs. 1 entsprechend der bisherigen Rechtslage nach den Regelungen des § 10a VAHRG und des § 1587d Abs. 2 BGB bestimmt.

Absatz 1 regelt die Abänderung von Entscheidungen und Vereinbarungen (§ 10a Abs. 9 VAHRG) zum öffentlich-rechtlichen Versorgungsausgleich durch Verweisung auf § 10a VAHRG. Die Formulierung bringt zum Ausdruck, dass nicht nur Entscheidungen erfasst sind, in denen nach § 1587b Abs. 1 bis 4 BGB, §§ 1, 3 VAHRG eine Übertragung oder Begründung von Anrechten bzw. eine entsprechende Beitrags- oder Kapitalzahlung angeordnet wurde, sondern auch sogenannte Negativentscheidungen, in denen festgestellt wurde, dass mangels ehezeitlichen Erwerbs von Versorgungsanrechten kein Versorgungsausgleich stattfindet oder in denen ein Versorgungsausgleich wegen Geringfügigkeit ausgeschlossen wurde (§ 3c VAHRG a.F.). Soweit die Entscheidung oder Vereinbarung angleichungsdynamische Anrechte oder angleichungsdynamische Anrechte minderer Art umfasst, bleibt die Regelung des § 4 des Gesetzes zur Überleitung des Versorgungsausgleichs auf das Beitrittsgebiet unberührt.

Absatz 2 regelt die Abänderung von Entscheidungen zum schuldrechtlichen und verlängerten schuldrechtlichen Versorgungsausgleich durch Verweisung auf § 1587d Abs. 2 BGB.

Absatz 3 bestimmt, dass die genannten Entscheidungen nach § 1587d Abs. 2 BGB abgeändert werden.

Abschnitt 9
Verfahren in Unterhaltssachen

Unterabschnitt 1
Besondere Verfahrensvorschriften

§ 231
Unterhaltssachen

(1) Unterhaltssachen sind Verfahren, die
1. die durch Verwandtschaft begründete gesetzliche Unterhaltspflicht,
2. die durch Ehe begründete gesetzliche Unterhaltspflicht,
3. die Ansprüche nach § 1615l oder § 1615m des Bürgerlichen Gesetzbuchs

betreffen.

(2) Unterhaltssachen sind auch Verfahren nach § 3 Abs. 2 Satz 3 des Bundeskindergeldgesetzes und § 64 Abs. 2 Satz 3 des Einkommensteuergesetzes. Die §§ 235 bis 245 sind nicht anzuwenden.

Die Vorschrift entspricht der Fassung des Regierungsentwurfs.

Begründung RegE:
Die Vorschrift führt die Bezeichnung Unterhaltssachen als Gesetzesbegriff ein.

Die in Absatz 1 genannten Verfahren gehören zur Kategorie der Familienstreitsachen (§ 112). In diesen Verfahren sind grundsätzlich die Vorschriften der Zivilprozessordnung anzuwenden; das Nähere hierzu ist in §§ 113 ff. geregelt.

Absatz 1 Nr. 1 entspricht dem bisherigen § 621 Abs. 1 Nr. 4 ZPO.

Nummer 2 entspricht dem bisherigen § 621 Abs. 1 Nr. 5 ZPO.

Nummer 3 entspricht dem bisherigen § 621 Abs. 1 Nr. 11 ZPO.

Nach **Absatz 2 Satz 1** sind die nach dem Bundeskindergeldgesetz und dem Einkommensteuergesetz vorgesehenen Verfahren zur Bestimmung der für das Kindergeld bezugsberechtigten Person ebenfalls Unterhaltssachen. Maßgebend hierfür ist der enge tatsächliche und rechtliche Zusammenhang mit Verfahren, die den Unterhalt des Kindes betreffen. Nach § 1612b BGB hat das Kindergeld und damit auch die Frage, wer hierfür bezugsberechtigt ist, unmittelbaren Einfluss auf die Höhe des geschuldeten Unterhalts.

Die in **Absatz 2** genannten Angelegenheiten sind keine Familienstreitsachen. **Satz 2** nimmt daher die §§ 235 bis 245, die für ZPO-Verfahren typische Regelungen enthalten, von der Anwendbarkeit für Unterhaltssachen nach § 231 Abs. 2 aus. Das Verfahren in Unterhaltssachen nach § 231 Abs. 2 richtet sich in erster Linie nach den Vorschriften des Buches 1, hinzu kommen die Vorschriften der §§ 232 bis 234.

§ 232
Örtliche Zuständigkeit

(1) Ausschließlich zuständig ist

1. für Unterhaltssachen, die die Unterhaltspflicht für ein gemeinschaftliches Kind der Ehegatten betreffen, mit Ausnahme des vereinfachten Verfahrens über den Unterhalt Minderjähriger, oder die die durch die Ehe begründete Unterhaltspflicht betreffen, während der Anhängigkeit einer Ehesache das Gericht, bei dem die Ehesache im ersten Rechtszug anhängig ist oder war;
2. für Unterhaltssachen, die die Unterhaltspflicht für ein minderjähriges Kind oder ein nach § 1603 Abs. 2 Satz 2 des Bürgerlichen Gesetzbuchs gleichgestelltes Kind betreffen, das Gericht, in dessen Bezirk das Kind oder der Elternteil, der auf Seiten des minderjährigen Kindes zu handeln befugt ist, seinen gewöhnlichen Aufenthalt hat; dies gilt nicht, wenn das Kind oder ein Elternteil seinen gewöhnlichen Aufenthalt im Ausland hat.

(2) Eine Zuständigkeit nach Absatz 1 geht der ausschließlichen Zuständigkeit eines anderen Gerichts vor.

(3) Sofern eine Zuständigkeit nach Absatz 1 nicht besteht, bestimmt sich die Zuständigkeit nach den Vorschriften der Zivilprozessordnung mit der Maßgabe, dass in den Vorschriften über den allgemeinen Gerichtsstand an die Stelle des Wohnsitzes der gewöhnliche Aufenthalt tritt. Nach Wahl des Antragstellers ist auch zuständig

1. für den Antrag eines Elternteils gegen den anderen Elternteil wegen eines Anspruchs, der die durch Ehe begründete gesetzliche Unterhaltspflicht betrifft, oder wegen eines Anspruchs nach § 1615l des Bürgerlichen Gesetzbuchs das Gericht, bei dem ein Verfahren über den Unterhalt des Kindes im ersten Rechtszug anhängig ist;
2. für den Antrag eines Kindes, durch den beide Eltern auf Erfüllung der Unterhaltspflicht in Anspruch genommen werden, das Gericht, das für den Antrag gegen einen Elternteil zuständig ist;
3. das Gericht, bei dem der Antragsteller seinen gewöhnlichen Aufenthalt hat, wenn der Antragsgegner im Inland keinen Gerichtsstand hat.

Die Vorschrift entspricht der Fassung des Regierungsentwurfs.

Begründung RegE:

Absatz 1 Nummer 1 enthält einen ausschließlichen Gerichtsstand für Unterhaltssachen, die die Unterhaltspflicht für ein gemeinschaftliches Kind der Ehegatten betreffen, sowie für Unterhaltssachen, die die durch die Ehe begründete Unterhaltspflicht betreffen. Zuständig ist das Gericht der Ehesache. Die Vorschrift entspricht inhaltlich weitgehend dem bisherigen Recht. Die im bisherigen § 621 Abs. 2 Satz 1 Nr. 4 ZPO enthaltene Ausnahme für vereinfachte Verfahren „zur Abänderung von Unterhaltstiteln" ist dahingehend geändert, dass sie sich nunmehr auf das vereinfachte Verfahren über den Unterhalt Minderjähriger bezieht. Die bisherige Fassung dürfte auf einem Redaktionsversehen beruhen (Johannsen/Henrich-Sedemund-Treiber, Eherecht, 4. Aufl. 2003, Zivilprozessordnung, Rn. 4a zu § 621).

Nummer 2 sieht für Verfahren, die den Kindesunterhalt betreffen und hinsichtlich deren eine Zuständigkeit nach Nummer 1 nicht gegeben ist, wie bisher die Zuständigkeit des Gerichts vor, in dessen Bezirk das Kind oder der zuständige Elternteil seinen gewöhnlichen Aufenthalt hat.

Eine Veränderung ergibt sich zunächst dadurch, dass nunmehr auch die nach § 1603 Abs. 2 Satz 2 BGB gleichgestellten volljährigen Kinder einbezogen sind. Dies entspricht einem praktischen Bedürfnis.

Weiterhin soll bei der Bezeichnung des Elternteils nicht mehr auf die gesetzliche Vertretung, sondern allgemein auf die Handlungsbefugnis in der Unterhaltsangelegenheit abgestellt werden. Auf diese Weise werden auch die Fälle der Prozessstandschaft nach § 1629 Abs. 3 Satz 1 BGB mit umfasst.

II. – FamFG – Buch 2 Verfahren in Familiensachen

Absatz 2 ordnet den Vorrang der in Absatz 1 vorgesehenen ausschließlichen Zuständigkeit gegenüber anderen ausschließlichen Gerichtsständen an. Die Kollision mehrerer ausschließlicher Gerichtsstände hat in Unterhaltssachen insbesondere im Fall der Vollstreckungsgegenklage praktische Bedeutung. Für diesen Fall wird bislang ein Vorrang des nach §§ 767 Abs. 1, 802 ZPO ausschließlich zuständigen Gerichts des ersten Rechtszugs angenommen. Es erscheint jedoch sachgerecht, angesichts des Gewichts der nach Absatz 1 Nr. 1 und 2 maßgeblichen Anknüpfungskriterien der hierauf gegründeten ausschließlichen Zuständigkeit den Vorrang einzuräumen. Die Fallkenntnis des Gerichts des Vorprozesses ist insbesondere nach Ablauf einer längeren Zeitspanne oder im Fall eines Richterwechsels nicht mehr von ausschlaggebender Bedeutung. Maßgeblich ist in erster Linie der Inhalt der Akten, die von dem nach Absatz 1 zuständigen anderen Gericht ohne Weiteres beigezogen werden können.

Absatz 3 Satz 1 verweist für den Fall, dass eine Zuständigkeit nach Absatz 1 nicht gegeben ist, auf die Vorschriften der Zivilprozessordnung zur örtlichen Zuständigkeit. Aus Gründen der Vereinheitlichung tritt in den Vorschriften über den allgemeinen Gerichtsstand der gewöhnliche Aufenthalt an die Stelle des Wohnsitzes.

Satz 2 Nr. 1 entspricht inhaltlich dem bisherigen § 642 Abs. 3 ZPO.

Nummer 2 entspricht inhaltlich dem bisherigen § 35a ZPO.

Nummer 3 entspricht inhaltlich dem bisherigen § 23a ZPO.

Stellungnahme Bundesrat:
67. **Zu Artikel 1** (§ 232 Abs. 1 Nr. 2 und Abs. 3 FamFG)

Der Bundesrat bittet, im weiteren Verlauf des Gesetzgebungsverfahrens zu prüfen, ob eine einheitliche örtliche Zuständigkeit für die Unterhaltsansprüche mehrerer Kinder gegen einen Unterhaltsschuldner begründet werden kann, wenn minderjährige (bzw. volljährige privilegierte) und volljährige nicht privilegierte Kinder als Unterhaltsgläubiger in Betracht kommen.

Begründung:

§ 232 Abs. 1 Nr. 2 FamFG-E sieht für minderjährige und privilegierte volljährige Kinder eine Zuständigkeitsregel vor, die an den gewöhnlichen Aufenthalt des Unterhaltsgläubigers bzw. der für ihn vertretungsberechtigten Person anknüpft. Demgegenüber gelten für den Unterhaltsanspruch volljähriger Kinder nach § 232 Abs. 3 Satz 1 FamFG-E die allgemeinen Vorschriften der Zivilprozessordnung. In der Regel ist nach den §§ 12 und 13 ZPO der gewöhnliche Aufenthalt des Unterhaltsschuldners maßgeblich.

Bestehen mehrere potenzielle Unterhaltsgläubiger, fallen die Gerichtsstände daher häufig auseinander. Dies kann zu Schwierigkeiten führen, wenn minderjährige (bzw. volljährige privilegierte) und volljährige nicht privilegierte Kinder vorhanden sind. Auch nach gegenwärtigem Rechtszustand besteht keine Verbindungsmöglichkeit, was in der Praxis dazu führt, dass entweder eine Streitverkündung erklärt werden muss oder ein Prozess bis zum Abschluss des anderen ausgesetzt wird.

Es wäre – auch nach dem Votum der gerichtlichen Praxis – wünschenswert, eine Abgabe an das ausschließlich zuständige Gericht nach § 232 Abs. 1 Nr. 2 FamFG-E vorzusehen, d. h. an das Gericht, bei dem ein Verfahren zur Regelung des Unterhalts eines minderjährigen oder volljährigen privilegierten Kindes anhängig ist. Hierdurch würde erreicht, dass die beiderseitigen Ansprüche der Kinder gegenüber einem bzw. beiden Elternteilen in einem Verfahren beurteilt werden könnten.

Gegenäußerung Bundesregierung:
Zu Nummer 67 (Artikel 1 – § 232 Abs. 1 Nr. 2 und Abs. 3 FamFG)

Die Bundesregierung wird im weiteren Verlauf des Gesetzgebungsverfahrens prüfen, ob ein einheitlicher Gerichtsstand für die Unterhaltsansprüche mehrerer Kinder gegen einen Unterhaltsschuldner begründet werden kann, wenn sowohl minderjährige (bzw. volljährige privilegierte) als auch volljährige nicht privilegierte Kinder als Unterhaltsgläubiger in Betracht kommen. Geprüft werden soll insbesondere, ob eine dem

§ 232 Abs. 3 Nr. 1 FamFG entsprechende Regelung für volljährige, nicht privilegierte Kinder geschaffen werden kann. Die Bundesregierung gibt jedoch zu bedenken, ob es angesichts des Nachrangs der volljährigen nicht privilegierten Kinder einer gesonderten Regelung bedarf. Darüber hinaus sind Konstellationen denkbar (Stichwort „Patchwork-Familie"), in denen es unbillig sein kann, eine Verfahrenskonzentration am Gerichtsstand des gewöhnlichen Aufenthaltsortes eines minderjährigen bzw. privilegierten volljährigen Kindes vorzusehen.

§ 233
Abgabe an das Gericht der Ehesache

Wird eine Ehesache rechtshängig, während eine Unterhaltssache nach § 231 Abs. 1 Nr. 1 bei einem anderen Gericht im ersten Rechtszug anhängig ist, ist diese von Amts wegen an das Gericht der Ehesache abzugeben. § 281 Abs. 2 und 3 Satz 1 der Zivilprozessordnung gilt entsprechend.

Die Vorschrift entspricht der Fassung des Regierungsentwurfs.

Begründung RegE:
Die Vorschrift entspricht dem bisherigen § 621 Abs. 3 ZPO.

§ 234
Vertretung eines Kindes durch einen Beistand

Wird das Kind durch das Jugendamt als Beistand vertreten, ist die Vertretung durch den sorgeberechtigten Elternteil ausgeschlossen.

Die Vorschrift entspricht der Fassung des Regierungsentwurfs.

Begründung RegE:
Die Regelung entspricht dem bisherigen § 53a ZPO. Auf die Begründung zu § 173 wird verwiesen.

§ 235
Verfahrensrechtliche Auskunftspflicht der Beteiligten

(1) Das Gericht kann anordnen, dass der Antragsteller und der Antragsgegner Auskunft über ihre Einkünfte, ihr Vermögen und ihre persönlichen und wirtschaftlichen Verhältnisse erteilen sowie bestimmte Belege vorlegen, soweit dies für die Bemessung des Unterhalts von Bedeutung ist. Das Gericht kann anordnen, dass der Antragsteller und der Antragsgegner schriftlich versichern, dass die Auskunft wahrheitsgemäß und vollständig ist; die Versicherung kann nicht durch einen Vertreter erfolgen. Mit der Anordnung nach Satz 1 oder Satz 2 soll das Gericht eine angemessene Frist setzen. Zugleich hat es auf die Verpflichtung nach Absatz 3 und auf die nach den §§ 236 und 243 Satz 2 Nr. 3 möglichen Folgen hinzuweisen.

(2) Das Gericht hat nach Absatz 1 vorzugehen, wenn ein Beteiligter dies beantragt und der andere Beteiligte vor Beginn des Verfahrens einer nach den Vorschriften des bürgerlichen Rechts bestehenden Auskunftspflicht entgegen einer Aufforderung innerhalb angemessener Frist nicht nachgekommen ist.

(3) Antragsteller und Antragsgegner sind verpflichtet, dem Gericht ohne Aufforderung mitzuteilen, wenn sich während des Verfahrens Umstände, die Gegenstand der Anordnung nach Absatz 1 waren, wesentlich verändert haben.

(4) Die Anordnungen des Gerichts nach dieser Vorschrift sind nicht selbständig anfechtbar und nicht mit Zwangsmitteln durchsetzbar.

Die Vorschrift entspricht im Hinblick auf die Absätze 2 bis 4 dem Regierungsentwurf; Absatz 1 Satz 3 ist mit der Beschlussempfehlung des Rechtsausschusses geändert worden.

II. – FamFG – Buch 2 Verfahren in Familiensachen

Frühere Fassung RegE:
(1) [...] Mit der Anordnung nach Satz 1 oder Satz 2 soll das Gericht eine angemessene Frist setzen. Zugleich hat es auf die Verpflichtung nach Absatz 4 und auf die nach §§ 236 und 243 Satz 2 Nr. 3 möglichen Folgen hinzuweisen.

Begründung RegE:
Absatz 1 Satz 1 entspricht inhaltlich im Wesentlichen dem bisherigen § 643 Abs. 1 ZPO. Die gewählte Formulierung macht jedoch deutlich, dass das Gericht Auskunft und die Vorlage von Belegen in jedem Fall nur insoweit verlangen kann, als dies für die Bemessung des Unterhalts von Bedeutung ist.

Satz 2 ermöglicht es dem Gericht, vom Antragsteller oder dem Antragsgegner eine schriftliche Versicherung anzufordern, dass er die Auskunft wahrheitsgemäß und vollständig erteilt hat. Die Versicherung muss durch den Beteiligten selbst abgegeben werden, insbesondere kann er sich hierzu nicht eines Vertreters, auch nicht eines Verfahrensbevollmächtigten, bedienen. Die Möglichkeit, von einem Beteiligten eine ausdrückliche eigenhändige Versicherung über die Richtigkeit der Auskunft zu verlangen, kennt das derzeit geltende Verfahrensrecht nicht. Mit der Neuregelung der Auskunftspflichten im vorliegenden Entwurf wird angestrebt, dass in Unterhaltssachen die zeitintensiven Stufenklagen in möglichst weitgehendem Umfang entbehrlich werden. Daher muss dem Gericht ein Instrumentarium an die Hand gegeben werden, das – wenigstens zum Teil – die Funktion der zweiten Stufe (eidesstattliche Versicherung) einer Stufenklage erfüllt. Da diese zweite Stufe in Unterhaltssachen allerdings oftmals nicht beschritten wird, erscheint es ausreichend, dass das Gericht zunächst schriftliche Versicherung verlangen kann. Diese muss jedoch, wie die eidesstattliche Versicherung auch, vom Verpflichteten selbst und nicht von einem Vertreter abgegeben werden.

Satz 3 bestimmt, dass mit einer Anordnung nach Satz 1 oder 2 eine angemessene Frist gesetzt werden soll. Die Fristsetzung ist insbesondere für die Rechtsfolgen des § 236 für den Fall der Nichterfüllung der Auflagen von Bedeutung. Von der Fristsetzung kann im Ausnahmefall abgesehen werden, etwa wenn feststeht, dass der Beteiligte, an den sich die Auflage richtet, bestimmte Informationen oder Belege ohne eigenes Verschulden nicht kurzfristig erlangen kann.

Satz 4 enthält eine Verpflichtung des Gerichts, auf die Pflicht zur ungefragten Information nach Absatz 4 sowie auf die nach § 236 möglichen Folgen einer Nichterfüllung der gerichtlichen Auflagen hinzuweisen. Die Hinweispflicht ist wegen der geänderten Struktur der Vorschriften über die Auskunftspflicht gegenüber der derzeitigen Regelung des § 643 Abs. 2 Satz 2 ZPO etwas erweitert.

Nach **Absatz 2** ist das Gericht unter bestimmten Voraussetzungen zu einem Vorgehen nach Absatz 1 verpflichtet. Eine entsprechende Regelung existiert bislang nicht. Maßgebend für deren Aufnahme in den vorliegenden Entwurf ist das Bestreben, die zeitaufwendigen Stufenklagen möglichst weitgehend entbehrlich zu machen. Hierzu muss ein aus der Sicht des Beteiligten, der zur Berechnung des Unterhalts Informationen von der Gegenseite benötigt, effektiver Mechanismus vorgehalten werden. Angesichts der oftmals existenziellen Bedeutung von Unterhaltsleistungen für den Berechtigten und angesichts dessen, dass ungenügende Unterhaltszahlungen zu einem erhöhten Bedarf an öffentlichen Leistungen führen können, besteht über das private Interesse des Unterhaltsgläubigers hinaus auch ein öffentliches Interesse an einer sachlich richtigen Entscheidung in Unterhaltsangelegenheiten.

Inhaltliche Voraussetzungen für eine Verpflichtung des Gerichts sind, dass ein Beteiligter einen entsprechenden Antrag stellt und der andere Beteiligte vor Beginn des Verfahrens einer nach den Vorschriften des bürgerlichen Rechts bestehenden Auskunftspflicht entgegen einer Aufforderung innerhalb angemessener Frist nicht nachgekommen ist. Auf diese Weise wird für den Auskunftsberechtigten ein zusätzlicher Anreiz geschaffen, um die benötigten Informationen von der Gegenseite zunächst außergerichtlich zu erhalten.

Absatz 3 sieht eine Verpflichtung des Adressaten einer Auflage nach Absatz 1 vor, das Gericht über wesentliche Veränderungen derjenigen Umstände unaufgefordert zu informieren, die Gegenstand der Auflage waren.

Eine ausdrückliche Verpflichtung zu ungefragten Informationen enthält das Gesetz bislang nicht. Durch die inhaltliche Anknüpfung an den Gegenstand einer gegenüber dem Beteiligten bereits ergangenen Auflage wird der Umfang der Verpflichtung begrenzt, weshalb gegen die Zumutbarkeit keine Bedenken bestehen dürften. Eine Verpflichtung zur unaufgeforderten Information dient der Beschleunigung des Verfahrens.

Absatz 4 erklärt die Entscheidungen des Gerichts nach dieser Vorschrift für nicht selbständig anfechtbar. Dies entspricht der derzeitigen Rechtslage zu § 643 ZPO. Dass die Entscheidung nicht selbständig anfechtbar ist, ergibt sich bereits aus ihrem Charakter als Zwischenentscheidung; es wird gleichwohl zur Klarstellung im Gesetz noch einmal ausdrücklich bestimmt.

Stellungnahme Bundesrat:
68. **Zu Artikel 1** (§ 235 Abs. 2 und 4 Satz 2 – neu –, § 236 Abs. 2 FamFG)
Artikel 1 ist wie folgt zu ändern:

a) § 235 ist wie folgt zu ändern:

aa) Absatz 2 ist zu streichen.

bb) Absatz 4 ist wie folgt zu ändern:

aaa) Die Wörter „und nicht mit Zwangsmitteln durchsetzbar" sind zu streichen.

bbb) Folgender Satz ist anzufügen:

„§ 95 findet entsprechende Anwendung."

b) § 236 Abs. 2 ist zu streichen.

Begründung

Zu Buchstabe a Doppelbuchstabe aa und Buchstabe b:
Auch wenn anzuerkennen ist, dass ungenügende Unterhaltszahlungen zu einem erhöhten Bedarf an öffentlichen Leistungen führen können und daher nicht nur die Interessen der Beteiligten berühren, ist die Pflicht zur Amtsermittlung nach § 235 Abs. 2 und § 236 Abs. 2 FamFG-E sowohl im Hinblick auf die erhebliche Mehrbelastung für die Familiengerichte als auch hinsichtlich ihrer Praktikabilität abzulehnen und daher insgesamt zu streichen. Die Regelungen in § 235 Abs. 1 und § 236 Abs. 1 FamFG-E, die die Einholung von Auskünften und Belegen in das Ermessen des Gerichts stellen, sind ausreichend, um dem Interesse der öffentlichen Hand an effektiver Durchsetzung von Unterhaltszahlungen Rechnung zu tragen. Führt man, wie dies § 114 Abs. 1 FamFG-E vorsieht, Anwaltszwang in allen Unterhaltsverfahren ein, so kann die bisherige Praxis der Stufenklage beibehalten werden, ohne dass dies die Beteiligten übermäßig belastet. Das Gericht zu verpflichten, die Auskunftsstufe für den Unterhaltsbegehrenden zu erledigen, wird dagegen zu einer erheblichen Mehrbelastung der Gerichte führen. Es ist nämlich nicht damit getan, die Auskunft anzufordern. Vielmehr wird das Gericht gezwungen sein, fehlende Belege nachzufordern und auf Lücken der Auskunft hinzuweisen.

Die in § 235 Abs. 2 und § 236 Abs. 2 FamFG-E vorgesehenen Regelungen lassen überdies befürchten, dass sich die Beteiligten häufig damit begnügen werden, bei Gericht veraltete Unterlagen einzureichen, irgendeinen Unterhaltsbetrag geltend zu machen und das Gericht im Übrigen auf die Amtsermittlungspflicht zu verweisen. Die Pflicht zur Auskunftsbeschaffung wird damit in erheblichem Umfang von den Beteiligten auf die Gerichte verlagert. Gründe, die dafür sprechen, auf diese Weise staatliche (das heißt hier gerichtliche) Fürsorgeleistungen zu vermehren, sind nicht ersichtlich. In Zeiten knapper öffentlicher Kassen und allseitiger Bemühungen, den staatlichen Sektor zu verschlanken, ist ohne Not von derartigen Rechtsänderungen Abstand zu nehmen. Zudem ist die gerichtliche Aufklärung des Sachverhaltes dem in Unterhaltssachen seit jeher und auch weiterhin geltenden Beibringungsgrundsatz fremd.

Zu Buchstabe a Doppelbuchstabe bb:

Unverständlich und systemfremd ist, dass gerichtliche Anordnungen nach § 235 Abs. 4 FamFG-E nicht zwangsweise durchgesetzt werden können und dass die bloße Folge der Pflichtverletzung des Beteiligten

II. – FamFG – Buch 2 Verfahren in Familiensachen

die Pflicht des Gerichtes ist, auf Antrag des jeweils anderen Beteiligten die Auskunft selbst einzuholen. Eine Begründung für diese Regelung findet sich in der Entwurfsbegründung (BR-Drs. 309/07, S. 572) nicht. Der über die Kostenregelung nach § 243 Nr. 2 und 3 FamFG-E auf den Auskunftsverpflichteten ausübbare Druck wäre jedenfalls unzureichend. Die selbständige Vollstreckbarkeit der gerichtlichen Anordnung ist durch einen Verweis auf § 95 FamFG-E klarzustellen.

Gegenäußerung Bundesregierung:
Zu Nummer 68 (Artikel 1 – § 235 Abs. 2 und 4 Satz 2 – neu –, § 236 Abs. 2 FamFG)
Die Bundesregierung stimmt dem Vorschlag des Bundesrates nicht zu.
Zu Buchstabe a Doppelbuchstabe aa und Buchstabe b:
Die in §§ 235 Abs. 2 und 236 Abs. 2 FamFG geregelte Pflicht des Gerichts, unter bestimmten Voraussetzungen bei einem Beteiligten bzw. dessen Arbeitgeber und anderen Auskunftspersonen Auskünfte über das Einkommen und das Vermögen des Beteiligten einzuholen, verfolgt zum einen den Zweck, die materielle Richtigkeit der zu treffenden Unterhaltsentscheidung sicherzustellen und zum anderen, Stufenklagen weitestgehend entbehrlich zu machen und damit das Unterhaltsverfahren zu straffen.

Angesichts der Bedeutung von Unterhaltsleistungen für den Berechtigten und angesichts dessen, dass ungenügende Unterhaltszahlungen zu einem erhöhten Bedarf an öffentlichen Leistungen führen können, besteht über das private Interesse des Unterhaltsgläubigers hinaus ein öffentliches Interesse an einer sachlich richtigen Entscheidung in Unterhaltsverfahren. Dieses Interesse gebietet es, den Beibringungsgrundsatz teilweise einzuschränken, wenn der Verpflichtete sich seiner materiell-rechtlichen Auskunftspflicht gegenüber dem Berechtigten zu entziehen versucht. Die durch das Gericht angeordnete Verpflichtung zur Auskunftserteilung wird regelmäßig eine sowohl für den Beteiligten als auch für das Gericht aufwändige Stufenklage entbehrlich machen. Während eine Stufenklage in der Regel zwei Termine erfordert (Auskunft und Zahlung), verlangt die Anordnung der Auskunft nicht zwingend eine mündliche Verhandlung. Die Bundesregierung geht daher davon aus, dass es nicht zu einer Mehrbelastung der Gerichte kommen wird.

Zu Buchstabe a Doppelbuchstabe bb:
Die Bundesregierung teilt die Auffassung des Bundesrates nicht, es sei systemfremd, dass die gerichtliche Anordnung zur Auskunftserteilung nicht mit Zwangsmitteln durchsetzbar sei. Diese Regelung entspricht dem geltenden Recht (§ 643 ZPO). Der Verstoß gegen die Auskunftspflicht hat – neben entsprechenden Kostennachteilen nach § 243 Satz 2 Nr. 2 FamFG – zur Folge, dass es dem Gericht ermöglicht wird, die entsprechenden Angaben vom Arbeitgeber und anderen Auskunftspersonen des Verpflichteten zu verlangen.

Eine Durchsetzung der Auskunft eines Beteiligten mit Zwangsmitteln würde demgegenüber zu einem Mehraufwand bei Gericht und zu einer Verlängerung des Verfahrens führen.

Begründung Beschlussempfehlung Rechtsausschuss:
Mit der Änderung wird ein redaktioneller Fehler berichtigt.

§ 236
Verfahrensrechtliche Auskunftspflicht Dritter

(1) Kommt ein Beteiligter innerhalb der hierfür gesetzten Frist einer Verpflichtung nach § 235 Abs. 1 nicht oder nicht vollständig nach, kann das Gericht, soweit dies für die Bemessung des Unterhalts von Bedeutung ist, über die Höhe der Einkünfte Auskunft und bestimmte Belege anfordern bei

1. Arbeitgebern,
2. Sozialleistungsträgern sowie der Künstlersozialkasse,
3. sonstigen Personen oder Stellen, die Leistungen zur Versorgung im Alter und bei verminderter Erwerbsfähigkeit sowie Leistungen zur Entschädigung und zum Nachteilsausgleich zahlen,

4. Versicherungsunternehmen oder
5. Finanzämtern.

(2) Das Gericht hat nach Absatz 1 vorzugehen, wenn dessen Voraussetzungen vorliegen und der andere Beteiligte dies beantragt.

(3) Die Anordnung nach Absatz 1 ist den Beteiligten mitzuteilen.

(4) Die in Absatz 1 bezeichneten Personen und Stellen sind verpflichtet, der gerichtlichen Anordnung Folge zu leisten. § 390 der Zivilprozessordnung gilt entsprechend, wenn nicht eine Behörde betroffen ist.

(5) Die Anordnungen des Gerichts nach dieser Vorschrift sind für die Beteiligten nicht selbständig anfechtbar.

Die Vorschrift entspricht der Fassung des Regierungsentwurfs.

Begründung RegE:

Absatz 1 enthält die Befugnis des Gerichts, für den Fall, dass ein Beteiligter innerhalb der hierfür gesetzten Frist einer nach § 235 Abs. 1 bestehenden Verpflichtung nicht oder nicht vollständig nachkommt, bestimmte Auskünfte und Belege bei Dritten anzufordern. Die Vorschrift entspricht im Ausgangspunkt dem bisherigen § 643 Abs. 2 Satz 1 ZPO, weist demgegenüber jedoch einige Veränderungen auf.

Die Formulierung des einleitenden Satzteils ist teilweise an § 235 Abs. 1 Satz 1 angeglichen. Eine Abweichung ergibt sich insoweit, als das Vermögen und die persönlichen und wirtschaftlichen Verhältnisse nicht vom Auskunftsrecht des Gerichts gegenüber Dritten umfasst sind. Auf diese Weise soll, auch vor dem Hintergrund des Antragsrechts nach Absatz 2, eine Ausforschung verhindert und der Umfang der Inanspruchnahme der an dem Verfahren nicht beteiligten Dritten begrenzt werden. Der Bestand des Vermögens zu einem bestimmten Stichtag spielt für die Berechnung des Unterhalts nur eine untergeordnete Rolle. Erträge des Vermögens, wie etwa Zinsen, sind vom Begriff der Einkünfte umfasst.

Die zu **Nummern 1 bis 5** genannten Personen und Stellen entsprechen den im bisherigen § 643 Abs. 2 Satz 1 Nr. 1 und 3 ZPO genannten Dritten.

Die bislang bestehende Beschränkung der Auskunftspflicht der Finanzämter auf Rechtsstreitigkeiten, die den Unterhaltsanspruch eines minderjährigen Kindes betreffen, soll nicht aufrechterhalten bleiben.

Der Steuerpflichtige ist in der Regel aufgrund materiellen Rechts zur Auskunftserteilung über seine Einkünfte gegenüber dem Gegner verpflichtet. Wird die Auskunft nicht erteilt, verhält er sich pflichtwidrig und ist daher in geringerem Maße schutzwürdig. Auch das öffentliche Interesse daran, dass der Steuerpflichtige gegenüber den Finanzbehörden alle für die Besteuerung erheblichen Umstände wahrheitsgemäß und umfassend offenbart, damit keine Steuerausfälle eintreten, wird nicht stärker beeinträchtigt als bisher, da der Pflichtige bereits derzeit damit rechnen muss, dass das Finanzamt Auskünfte erteilt. Dabei ist besonders zu berücksichtigen, dass Unterhaltsansprüche der Mutter oftmals mit denen minderjähriger Kinder im selben Verfahren geltend gemacht werden. Zudem werden Unterhaltsansprüche des Kindes in einer Vielzahl von Fällen durch die Mutter in Vertretung des Kindes oder in Prozessstandschaft für dieses geltend gemacht. Die Mutter erhält somit auch nach geltendem Recht vom Ergebnis einer Anfrage an das Finanzamt regelmäßig Kenntnis. Eine Begrenzung der Auskunftsbefugnisse des Gerichts auf Verfahren über Ansprüche bestimmter Unterhaltsgläubiger ist daher nicht sachgerecht.

Für die im bisherigen § 643 Abs. 2 Satz 1 Nr. 2 ZPO genannte Auskunftsmöglichkeit gegenüber der Datenstelle der Rentenversicherungsträger hat sich in Unterhaltssachen kein nennenswertes praktisches Bedürfnis ergeben. Sie wurde daher nicht übernommen.

Nach **Absatz 2** ist das Gericht verpflichtet, gemäß Absatz 1 bestimmte Auskünfte bei Dritten anzufordern, sofern die Voraussetzungen des Absatzes 1 erfüllt sind und der andere Beteiligte des Unterhaltsverfahrens einen entsprechenden Antrag stellt. Es handelt sich hierbei um eine Parallelregelung zu § 235 Abs. 2. Auf die diesbezüglichen Erläuterungen wird verwiesen.

Absatz 3 legt fest, dass eine Anordnung nach Absatz 1 den Beteiligten mitzuteilen ist. Die Vorschrift dient der Information der Beteiligten; auch ein vergleichbarer Beweisbeschluss würde den Beteiligten übermittelt. Die Einholung von Auskünften und Belegen bei Dritten soll nicht ohne gleichzeitige Kenntniserlangung der Beteiligten erfolgen.

Absatz 4 Satz 1 entspricht dem bisherigen § 643 Abs. 3 Satz 1 ZPO.

Satz 2 entspricht im Wesentlichen dem bisherigen § 643 Abs. 3 Satz 2 ZPO. Damit wird klargestellt, dass insbesondere Aussage- bzw. Zeugnisverweigerungsrechte einer Auskunftserteilung nicht entgegengehalten werden können. Im Hinblick auf die bei der Mitwirkung anderer staatlicher Stellen zu beachtende Zuständigkeitsordnung sollen nunmehr allgemein die in § 390 ZPO genannten Folgen nicht zur Anwendung kommen, falls es sich bei dem Adressaten einer Aufforderung nach Absatz 1 um eine Behörde handelt.

Absatz 5 entspricht hinsichtlich der Beteiligten § 235 Abs. 5. Auf die diesbezügliche Begründung wird verwiesen. Der Ausschluss der Anfechtbarkeit gilt ausdrücklich nicht für nicht am Verfahren beteiligte Dritte, da sie nicht die Möglichkeit haben, die Rechtmäßigkeit einer Anordnung nach Absatz 1 inzident im Rechtsmittelzug überprüfen zu lassen.

§ 237
Unterhalt bei Feststellung der Vaterschaft

(1) Ein Antrag, durch den ein Mann auf Zahlung von Unterhalt für ein Kind in Anspruch genommen wird, ist, wenn die Vaterschaft des Mannes nach § 1592 Nr. 1 und 2 oder § 1593 des Bürgerlichen Gesetzbuchs nicht besteht, nur zulässig, wenn das Kind minderjährig und ein Verfahren auf Feststellung der Vaterschaft nach § 1600d des Bürgerlichen Gesetzbuchs anhängig ist.

(2) Ausschließlich zuständig ist das Gericht, bei dem das Verfahren auf Feststellung der Vaterschaft im ersten Rechtszug anhängig ist.

(3) Im Fall des Absatzes 1 kann Unterhalt lediglich in Höhe des Mindestunterhalts und gemäß den Altersstufen nach § 1612a Abs. 1 Satz 3 des Bürgerlichen Gesetzbuchs und unter Berücksichtigung der Leistungen nach § 1612b oder § 1612c des Bürgerlichen Gesetzbuchs beantragt werden. Das Kind kann einen geringeren Unterhalt verlangen. Im Übrigen kann in diesem Verfahren eine Herabsetzung oder Erhöhung des Unterhalts nicht verlangt werden.

(4) Vor Rechtskraft des Beschlusses, der die Vaterschaft feststellt, oder vor Wirksamwerden der Anerkennung der Vaterschaft durch den Mann wird der Ausspruch, der die Verpflichtung zur Leistung des Unterhalts betrifft, nicht wirksam.

Die Vorschrift entspricht der Fassung des Regierungsentwurfs.

Begründung RegE:

Die Vorschrift tritt an die Stelle des bisherigen § 653 ZPO. Gegenüber diesem sind jedoch einige Veränderungen vorgesehen.

Das Verfahren ist nicht mehr notwendigerweise Teil des auf Feststellung der Vaterschaft gerichteten Abstammungsverfahrens, sondern ein selbständiges Verfahren. Nach § 179 Abs. 1 Satz 2 kann ein Unterhaltsverfahren nach § 237 mit dem Verfahren auf Feststellung der Vaterschaft verbunden werden. Es bleibt jedoch auch in diesem Fall eine Unterhaltssache, auf die die hierfür geltenden Verfahrensvorschriften anzuwenden sind und nicht etwa diejenigen des Abstammungsverfahrens.

Absatz 1 regelt die Zulässigkeit eines auf Unterhaltszahlung gerichteten Hauptsacheantrags für den Fall, dass die Vaterschaft des in Anspruch genommenen Mannes nicht festgestellt ist. Der Antrag ist in diesem Fall nur zulässig, wenn zugleich ein Verfahren auf Feststellung der Vaterschaft anhängig ist. Durch die Formulierung wird deutlicher als bisher zum Ausdruck gebracht, dass es sich bei dem Verfahren nach § 237, ähnlich wie bei der einstweiligen Anordnung nach § 248, um eine Durchbrechung des Grundsatzes des

§ 1600d Abs. 4 BGB handelt, wonach die Rechtswirkungen der Vaterschaft grundsätzlich erst von dem Zeitpunkt an geltend gemacht werden können, an dem diese rechtskräftig festgestellt ist.

Nach **Absatz 2** ist für die Unterhaltssache das Gericht, bei dem das Verfahren auf Feststellung der Vaterschaft im ersten Rechtszug anhängig ist, ausschließlich zuständig. Auf diese Weise soll die Verbindung beider Verfahren ermöglicht werden.

Absatz 3 Satz 1 entspricht im Wesentlichen dem bisherigen § 653 Abs. 1 Satz 1 ZPO.

Satz 2 entspricht dem bisherigen § 653 Abs. 1 Satz 2 ZPO.

Satz 3 entspricht dem bisherigen § 653 Abs. 1 Satz 3 ZPO.

Absatz 4 entspricht dem bisherigen § 653 Abs. 2 ZPO, wobei jedoch zusätzlich das Kriterium des Wirksamwerdens der Anerkennung der Vaterschaft aufgenommen wurde. Auch in diesem Fall steht die Vaterschaft in rechtlicher Hinsicht fest, so dass der Eintritt der Wirksamkeit der Unterhaltsverpflichtung gerechtfertigt ist.

§ 238
Abänderung gerichtlicher Entscheidungen

(1) Enthält eine in der Hauptsache ergangene Endentscheidung des Gerichts eine Verpflichtung zu künftig fällig werdenden wiederkehrenden Leistungen, kann jeder Teil die Abänderung beantragen. Der Antrag ist zulässig, sofern der Antragsteller Tatsachen vorträgt, aus denen sich eine wesentliche Veränderung der der Entscheidung zugrunde liegenden tatsächlichen oder rechtlichen Verhältnisse ergibt.

(2) Der Antrag kann nur auf Gründe gestützt werden, die nach Schluss der Tatsachenverhandlung des vorausgegangenen Verfahrens entstanden sind und deren Geltendmachung durch Einspruch nicht möglich ist oder war.

(3) Die Abänderung ist zulässig für die Zeit ab Rechtshängigkeit des Antrags. Ist der Antrag auf Erhöhung des Unterhalts gerichtet, ist er auch zulässig für die Zeit, für die nach den Vorschriften des bürgerlichen Rechts Unterhalt für die Vergangenheit verlangt werden kann. Ist der Antrag auf Herabsetzung des Unterhalts gerichtet, ist er auch zulässig für die Zeit ab dem Ersten des auf ein entsprechendes Auskunfts- oder Verzichtsverlangen des Antragstellers folgenden Monats. Für eine mehr als ein Jahr vor Rechtshängigkeit liegende Zeit kann eine Herabsetzung nicht verlangt werden.

(4) Liegt eine wesentliche Veränderung der tatsächlichen oder rechtlichen Verhältnisse vor, ist die Entscheidung unter Wahrung ihrer Grundlagen anzupassen.

Die Vorschrift entspricht im Hinblick auf die Absätze 1 und 4 dem Regierungsentwurf; die Absätze 2 und 3 sind mit der Beschlussempfehlung des Rechtsausschusses geändert worden.

Frühere Fassung RegE:
(2) Der Antrag kann nur auf Gründe gestützt werden, die nach Schluss der Tatsachenverhandlung des vorausgegangenen Verfahrens entstanden sind und deren Geltendmachung durch Einspruch nicht möglich ist oder war, **es sei denn, eine Nichtberücksichtigung wäre, insbesondere im Hinblick auf das Verhalten des Antragsgegners, grob unbillig.**

(3) Die Abänderung ist zulässig für die Zeit ab Rechtshängigkeit des Antrags. Ist der Antrag auf Erhöhung des Unterhalts gerichtet, ist er auch zulässig für die Zeit, für die nach den Vorschriften des bürgerlichen Rechts Unterhalt für die Vergangenheit verlangt werden kann. Ist der Antrag auf Herabsetzung des Unterhalts gerichtet, ist er auch zulässig für die Zeit ab dem Ersten des auf ein entsprechendes Auskunfts- oder Verzichtsverlangen des Antragstellers folgenden Monats. Für eine mehr als ein Jahr vor Rechtshängigkeit liegende Zeit kann eine Herabsetzung nicht verlangt werden. **Der Abänderungsantrag ist darüber hinaus zulässig für die Zeit, für die die Begrenzung nach den Sätzen 1 bis 4, insbesondere im Hinblick auf das Verhalten des Antragsgegners, grob unbillig wäre.**

II. – FamFG – Buch 2 Verfahren in Familiensachen

Begründung RegE:
Die Vorschrift ist eine Spezialregelung für die Abänderung gerichtlicher Entscheidungen in Unterhaltssachen. Sie basiert auf der Grundstruktur des § 323 ZPO in seiner bisherigen Fassung. Da jedoch für die Abänderung verschiedener Arten von Unterhaltstiteln jeweils unterschiedliche Regeln gelten, soll eine Aufteilung auf mehrere Vorschriften erfolgen. Durch diese Entzerrung soll die Übersichtlichkeit insgesamt erhöht werden. Die Rechtslage soll sich stärker als bisher unmittelbar aus dem Gesetzeswortlaut selbst ergeben.

Die Vorschrift des § 238 ist in vier Absätze gegliedert, wobei Absätze 1 und 3 die Zulässigkeit des Abänderungsantrags betreffen, Absatz 2 die Tatsachenpräklusion für den Antragsteller und Absatz 4 die Begründetheit des Antrags.

Absatz 1 Satz 1 hat im Wesentlichen die Funktion des § 323 Abs. 1 ZPO. Er bezeichnet diejenigen gerichtlichen Entscheidungen, die einer Abänderung zugänglich sind. An die Stelle des Urteils tritt der Begriff der Endentscheidung. Zudem wird ausdrücklich klargestellt, dass Entscheidungen in einstweiligen Anordnungsverfahren nicht der Abänderung nach § 238 unterliegen. Die Abänderbarkeit derartiger Entscheidungen richtet sich nach § 54 Abs. 1.

Satz 2 enthält die aus § 323 Abs. 1 ZPO bekannte Wesentlichkeitsschwelle, jedoch mit leichten sprachlichen Modifizierungen. Insbesondere wird ausdrücklich klargestellt, dass auch eine Veränderung der zugrunde liegenden rechtlichen Verhältnisse, wie etwa der höchstrichterlichen Rechtsprechung, ausreicht. Satz 2 behandelt das Wesentlichkeitskriterium nur unter dem Gesichtspunkt der Zulässigkeit des Abänderungsantrags, für die Begründetheit wird es in Absatz 4 nochmals gesondert erwähnt. Dass ein Abänderungsantrag nur zulässig ist, wenn der Antragsteller Tatsachen vorträgt, aus denen sich eine wesentliche Veränderung ergibt, entspricht der Rechtsprechung des Bundesgerichtshofs (BGH FamRZ 1984, 353, 355; Zöller-Vollkommer, Zivilprozessordnung, 26. Aufl. 2007, Rn. 31 zu § 323). Dabei können naturgemäß nur Tatsachen berücksichtigt werden, die nicht nach Absatz 2 ausgeschlossen sind.

Absatz 2 enthält die aus § 323 Abs. 2 ZPO bekannte Tatsachenpräklusion für den Antragsteller. Um dies klarzustellen, soll auf die Formulierung „die Klage ist nur insoweit zulässig ..." verzichtet werden. Auch die Parallelvorschrift des § 767 Abs. 2 ZPO spricht von der Zulässigkeit von Einwendungen, nicht von der Zulässigkeit der Klage.

Das Abgrenzungskriterium für die präkludierten Alttatsachen entspricht inhaltlich § 323 Abs. 2 ZPO. Mit der etwas veränderten Formulierung soll lediglich eine Präzisierung und Klarstellung erreicht werden.

Neu ist demgegenüber die Einführung einer Härteklausel am Ende des Absatzes. Zur Vermeidung einer groben Unbilligkeit können nunmehr auch Alttatsachen zur Begründung des Abänderungsantrags herangezogen werden. In Betracht kommen hierfür beispielsweise Umstände, die der Gegner des Antragstellers entgegen einer Offenbarungspflicht in betrügerischer Weise verschwiegen hat. Die Einführung der Härteklausel trägt dem Umstand Rechnung, dass die Rechtsprechung im Wege der teleologischen Reduktion verschiedene Einschränkungen der Präklusionsvorschrift entwickelt hat (vgl. hierzu Brudermüller, Festschrift für Rolland (1999), S. 45, 51 ff., 62 ff.).

Absatz 3 behandelt die Zeitgrenze, bis zu der eine rückwirkende Abänderung möglich ist. Gegenüber § 323 Abs. 3 ZPO ergeben sich Veränderungen in mehrfacher Hinsicht.

Satz 1 bestimmt nunmehr ausdrücklich, dass der Abänderungsantrag hinsichtlich des vor dem maßgeblichen Zeitpunkt liegenden Teils unzulässig ist. Im Übrigen entspricht Satz 1 § 323 Abs. 2 Satz 1 ZPO. Maßgeblich ist die Zustellung des Antrags an den Gegner. Weder genügt die Einreichung eines entsprechenden Prozesskostenhilfegesuchs (vgl. BGH NJW 1982, 1050 ff.), noch die bloße Einreichung des Abänderungsantrags bei Gericht.

Satz 2 entspricht in der Sache § 323 Abs. 3 Satz 2 ZPO. Anstelle des Verweises auf zahlreiche Gesetzesbestimmungen wird nunmehr eine zusammenfassende Formulierung gewählt. Im Fall eines auf Erhöhung des Unterhalts gerichteten Antrags ist dieser auch zulässig für die Zeit, für die nach den Vorschriften des bürgerlichen Rechts Unterhalt für die Vergangenheit verlangt werden kann. In Betracht kommen hierbei insbesondere § 1613 Abs. 1 BGB und die hierauf verweisenden sonstigen Vorschriften des materiellen Unterhaltsrechts.

Satz 3, der im bisherigen Recht keine Entsprechung hat, bestimmt für Anträge auf Herabsetzung des Unterhalts, dass diese auch für die Zeit ab dem Ersten des auf ein entsprechendes Auskunfts- oder Verzichtsverlangen des Antragstellers folgenden Monats zulässig sind. Auf diese Weise wird die Gleichbehandlung von Gläubiger und Schuldner erreicht. Dies entspricht einer insbesondere in der Literatur verbreitet erhobenen Forderung. Das auf eine Herabsetzung gerichtete Verlangen unterliegt spiegelbildlich den Voraussetzungen, für die nach den Vorschriften des bürgerlichen Rechts Unterhalt für die Vergangenheit verlangt werden kann. Diese Voraussetzungen ergeben sich nach der Neufassung des § 1585b Abs. 2 BGB durch das Gesetz zur Änderung des Unterhaltsrechts (vgl. BT-Drs. 16/1830) zukünftig einheitlich aus § 1613 Abs. 1 BGB. Erforderlich sind daher entweder ein Auskunftsverlangen mit dem Ziel der Herabsetzung des Unterhalts gegenüber dem Unterhaltsgläubiger oder eine „negative Mahnung" (vgl. Münchener Kommentar-Maurer, Bürgerliches Gesetzbuch, 4. Aufl. 2000, Rn. 21 zu § 1585b), also die Aufforderung an den Unterhaltsgläubiger, teilweise oder vollständig auf den titulierten Unterhalt zu verzichten. Im Übrigen kann auf die Rechtslage bezüglich § 1613 BGB verwiesen werden; insbesondere muss ein entsprechendes Verlangen dem Unterhaltsgläubiger zugehen.

Satz 4 enthält eine zeitliche Einschränkung für die Geltendmachung eines rückwirkenden Herabsetzungsverlangens und ist § 1585b Abs. 3 BGB nachgebildet. Während sich die rückwirkende Erhöhung des Unterhalts nach Satz 2 nach dem materiellen Recht richtet, ist das Herabsetzungsverlangen rein verfahrensrechtlich ausgestaltet, so dass sich z.B. die Frage der Verjährung nicht stellen kann. Zwar kann unter engen Voraussetzungen auch die Verwirkung eines prozessualen Rechts in Betracht kommen (vgl. BVerfGE 32, 305 ff; BAGE 61, 258 ff; Münchener Kommentar-Roth, Bürgerliches Gesetzbuch, 4. Aufl. 2003, Rn. 90 zu § 242). Aus Gründen der Rechtssicherheit erscheint es aber erforderlich, das Herabsetzungsverlangen zeitlich zu begrenzen. Sofern die zeitliche Begrenzung im konkreten Fall grob unbillig sein sollte, kann aufgrund der Verweisung in Satz 5 korrigierend eingegriffen werden.

Satz 5 enthält eine Härteklausel, die gegenüber dem derzeitigen Rechtszustand ebenfalls eine Neuerung darstellt. Der Abänderungsantrag, gleich ob er auf Erhöhung oder Herabsetzung des Unterhalts gerichtet ist, ist auch zulässig für die Zeit, für die eine sich aus den Sätzen 1 bis 3 ergebende Unzulässigkeit grob unbillig wäre. Auf die Erläuterungen zu der entsprechenden Härteklausel des Absatzes 2 wird verwiesen.

Absatz 4 betrifft die Begründetheit des Abänderungsantrags. Hierfür ist insbesondere erforderlich, dass eine wesentliche Veränderung der tatsächlichen oder rechtlichen Verhältnisse tatsächlich vorliegt. Zudem wird der Gesichtspunkt der Bindungswirkung, der bislang in der Formulierung „eine entsprechende Abänderung" des § 323 Abs. 1 ZPO enthalten ist, deutlicher zum Ausdruck gebracht. Eine Veränderung der Rechtslage ist damit nicht verbunden.

Stellungnahme Bundesrat:
69. **Zu Artikel 1** (§ 238 Abs. 2 und 3 Satz 5 FamFG), Artikel 29 Nr. 12 (§ 323 Abs. 2 und 3 Satz 2 ZPO)
a) Artikel 1 § 238 ist wie folgt zu ändern:
aa) In Absatz 2 sind die Wörter „, es sei denn, eine Nichtberücksichtigung wäre, insbesondere im Hinblick auf das Verhalten des Antragsgegners, grob unbillig" zu streichen.
bb) Absatz 3 Satz 5 ist zu streichen.
b) Artikel 29 Nr. 12 § 323 ist wie folgt zu ändern:
aa) In Absatz 2 sind die Wörter „, es sei denn eine Nichtberücksichtigung wäre, insbesondere im Hinblick auf das Verhalten des Beklagten, grob unbillig" zu streichen.
bb) Absatz 3 Satz 2 ist zu streichen.

Begründung:
Die in § 238 Abs. 2 letzter Halbsatz FamFG-E enthaltene Härteklausel, durch die im Fall der groben Unbilligkeit bei der Abänderung gerichtlicher Entscheidungen auch Gründe geltend gemacht werden können, die bereits vor Schluss der Tatsachenverhandlung des vorausgegangenen Verfahrens entstanden sind bzw. deren Geltendmachung durch Einspruch möglich ist oder war, birgt im Vergleich zum geltenden Recht

II. – FamFG – Buch 2 Verfahren in Familiensachen

das Risiko einer erheblichen Erhöhung des Streitpotenzials einhergehend mit einer höheren Belastung der Gerichte und ist daher zu streichen. Die Härteklausel suggeriert dem Rechtsanwender eine Ausweitung der Ausnahmefälle gegenüber der bisherigen Berücksichtigung im Wege der teleologischen Reduktion. Sie wird von den Verfahrensbeteiligten als Einladung verstanden werden, auch hinsichtlich an sich präkludierter Tatsachen eine Argumentation im Sinne einer groben Unbilligkeit vorzutragen. Der bisherige Rechtszustand – mit den von der Rechtsprechung entwickelten Einschränkungen der Präklusion – hat sich bewährt und ist beizubehalten.

Gleiches gilt auch für die in § 238 Abs. 3 Satz 5 FamFG-E enthaltene Härteklausel im Hinblick auf die Zulässigkeit eines Abänderungsantrags über die zeitlichen Beschränkungen des § 238 Abs. 3 Satz 1 bis 4 FamFG-E hinaus.

Die prozessualen Vorschriften in § 323 Abs. 2 und 3 ZPO-E sind entsprechend zu ändern. Zudem wäre die Bezugnahme auf § 238 Abs. 3 Satz 5 FamFG-E in § 240 Abs. 2 Satz 4 FamFG-E zu streichen.

Gegenäußerung Bundesregierung:
Zu Nummer 69 (Artikel 1 – § 238 Abs. 2 und 3 Satz 5 FamFG; Artikel 29 Nr. 12 – § 323 Abs. 2 und 3 Satz 2 ZPO)
Die Bundesregierung stimmt dem Vorschlag des Bundesrates nicht zu.

Im geltenden Verfahrensrecht kann ein gegen ein Urteil gerichtetes Abänderungsbegehren nur auf Tatsachen gestützt werden, die erst nach Schluss der mündlichen Verhandlung in der letzten Tatsacheninstanz des Ausgangsrechtsstreits entstanden sind und weder durch Klageerweiterung oder Erhebung von Einwendungen noch durch Einspruch in diesen eingeführt werden können (§ 323 Abs. 2 ZPO). Dies gilt unabhängig davon, ob der Beteiligte, für dessen Begehren die Tatsachen günstig sind, von diesen Kenntnis hatte oder haben konnte (allgemeine Meinung, vgl. z.B. OLG Bamberg, FamRZ 1990, 187 m.w.N.). Dies kann unbillig sein, wenn die Unkenntnis eines Beteiligten darauf beruht, dass dieser von dem anderen Beteiligten über die entsprechenden Tatsachen getäuscht worden ist oder die Tatsachen entgegen einer bestehenden Auskunftsverpflichtung verschwiegen worden sind. Die Rechtsprechung behilft sich in diesen Fällen mit einer teleologischen Reduktion des § 323 Abs. 2 ZPO. Die Rechtskraftwirkung des Urteils wird aufgrund von Billigkeitserwägungen eingeschränkt, um einen ursprünglichen Fehler zu korrigieren (vgl. hierzu Johannsen/Henrich-Brudermüller, Eherecht, 4. Aufl. 2003, Rn. 109c, 121 zu § 323 ZPO). Diese Einschränkung soll nach der Rechtsprechung des BGH immer dann gelten, wenn die Ablehnung einer Korrektur „auf Unverständnis stoßen müsste" (BGH, FamRZ 1984, 374, 376) oder „zu unerträglichen Ergebnissen führen" würde (BGH, FamRZ 1987, 259, 262).

Dieselbe Problematik besteht auch bei der Frage, ob ein Urteil rückwirkend abgeändert werden kann. Nach § 323 Abs. 3 Satz 1 ZPO darf ein Urteil grundsätzlich nur für die Zeit nach Erhebung der Abänderungsklage abgeändert werden. Dies kann z.B. dann zu ungerechten Ergebnissen führen, wenn auf ein Unterhaltsurteil gezahlt wird und der Begünstigte entgegen einer bestehenden Offenbarungspflicht verschweigt, dass sich seine wirtschaftlichen Verhältnisse geändert haben. In diesen Fällen kann nach der Rechtsprechung hinsichtlich des zuviel gezahlten Unterhalts eine Klage auf Schadensersatz nach § 826 BGB in Betracht kommen (vgl. BGH, FamRZ 1987, 368, 369).

In den aufgeführten Beispielen findet eine Abwägung zwischen der formellen Rechtskraft und der materiellen Richtigkeit eines Urteils statt, die in den Fällen, in denen ein Festhalten an der Rechtskraft einer Entscheidung grob unbillig wäre, zu einer Durchbrechung der Präklusionswirkung führt. Dieses Ergebnis setzt der Entwurf durch die Einführung von Härteklauseln in § 238 Abs. 2 und 3 FamFG um.

Die Befürchtung des Bundesrates, die Einführung der Härteklauseln suggeriere eine Ausweitung der Ausnahmefälle hinsichtlich der Präklusion von Alttatsachen, wird von der Bundesregierung nicht geteilt. Die Problematik besteht in gleicher Weise im geltenden Recht (Vortrag zu einer teleologischen Reduktion des § 323 Abs. 2 ZPO; Vorbringen zu den Voraussetzungen einer sittenwidrigen Schädigung nach § 826 BGB), ohne dass deswegen eine besondere Belastung der Gerichte bekannt geworden wäre. Die Beschränkung der Ausnahmen auf Fälle der „groben" Unbilligkeit stellt klar, dass eine Berücksichtigung von Alttatsachen oder eine rückwirkende Herabsetzung nur in Betracht kommt, wenn die Nichtberücksichtigung dem Gerechtigkeitsempfinden in unerträglicher Weise widersprechen würde; dies kommt damit – wie schon bisher – nur in sehr engen Ausnahmefällen in Betracht.

Begründung Beschlussempfehlung Rechtsausschuss:

Der Ausschuss ist in Übereinstimmung mit Nummer 69 der Stellungnahme des Bundesrates der Auffassung, dass die in Absatz 2 letzter Halbsatz enthaltene Härteklausel, durch die im Fall der groben Unbilligkeit bei der Abänderung gerichtlicher Entscheidungen auch Gründe geltend gemacht werden können, die bereits vor Schluss der Tatsachenverhandlung des vorausgegangenen Verfahrens entstanden sind bzw. deren Geltendmachung durch Einspruch möglich ist oder war, entfallen sollte, weil sie im Vergleich zum geltenden Recht das Risiko einer erheblichen Erhöhung des Streitpotenzials einhergehend mit einer höheren Belastung der Gerichte birgt. Die Härteklausel suggeriert dem Rechtsanwender eine Ausweitung der Ausnahmefälle gegenüber der bisherigen Berücksichtigung im Wege der teleologischen Reduktion. Sie wird von den Verfahrensbeteiligten als Einladung verstanden werden, auch hinsichtlich an sich präkludierter Tatsachen eine Argumentation im Sinne einer groben Unbilligkeit vorzutragen. Der bisherige Rechtszustand – mit den von der Rechtsprechung entwickelten Einschränkungen der Präklusion – hat sich bewährt und ist beizubehalten.

Gleiches gilt für die in Absatz 3 Satz 5 enthaltene Härteklausel, die im Fall der groben Unbilligkeit Ausnahmen von der zeitlichen Begrenzung des Abänderungsantrags zulässt.

§ 239
Abänderung von Vergleichen und Urkunden

(1) Enthält ein Vergleich nach § 794 Abs. 1 Nr. 1 der Zivilprozessordnung oder eine vollstreckbare Urkunde eine Verpflichtung zu künftig fällig werdenden wiederkehrenden Leistungen, kann jeder Teil die Abänderung beantragen. Der Antrag ist zulässig, sofern der Antragsteller Tatsachen vorträgt, die die Abänderung rechtfertigen.

(2) Die weiteren Voraussetzungen und der Umfang der Abänderung richten sich nach den Vorschriften des bürgerlichen Rechts.

Die Vorschrift entspricht der Fassung des Regierungsentwurfs.

Begründung RegE:

Absatz 1 Satz 1 bestimmt, dass Prozessvergleiche nach § 794 Abs. 1 Nr. 1 ZPO und vollstreckbare Urkunden ebenfalls der Abänderung unterliegen, sofern sie eine Verpflichtung zu künftig fällig werdenden wiederkehrenden Leistungen enthalten. Dies entspricht in der Sache dem geltenden Recht (§ 323 Abs. 4 ZPO). Nach der Rechtsprechung des BGH finden die Vorschriften des § 323 Abs. 1, 2 und 3 ZPO bei der Abänderung dieser Titel grundsätzlich keine Anwendung (Zöller-Vollkommer, Zivilprozessordnung, 26. Aufl. 2007, Rn. 44–48 zu § 323 m.w.N.). Die Abänderbarkeit eines Vergleichs unterliegt weder einer Wesentlichkeitsgrenze noch einer zeitlichen Beschränkung. Die Vertragspartner eines Vergleichs können die Kriterien der Abänderbarkeit autonom bestimmen. Einer rückwirkenden Abänderung können nur materiell-rechtliche Gründe entgegenstehen.

Satz 2 entspricht § 238 Abs. 1 Satz 2. Auch bei der Abänderung eines Vergleichs oder einer vollstreckbaren Urkunde muss der Antragsteller Tatsachen vortragen, die – ihre Richtigkeit unterstellt – die Abänderung des Titels tragen. Ansonsten ist der Abänderungsantrag unzulässig. Abweichend von § 238 Abs. 1 Satz 2 bestimmen sich die Abänderungsvoraussetzungen jedoch nicht nach der Wesentlichkeitsschwelle, sondern allein nach dem materiellen Recht; somit primär danach, welche Voraussetzungen die Parteien für eine Abänderung vereinbart haben, im Übrigen nach den Regeln über die Störung bzw. den Wegfall der Geschäftsgrundlage (§ 313 BGB).

Absatz 2 verweist wegen der übrigen Voraussetzungen und wegen des Umfangs der Abänderung auf die Regelungen des bürgerlichen Rechts. Zu nennen sind hierbei in erster Linie die Störung bzw. der Wegfall der Geschäftsgrundlage sowie die Grundsätze über das Schuldanerkenntnis.

II. – FamFG – Buch 2 Verfahren in Familiensachen

§ 240
Abänderung von Entscheidungen nach den §§ 237 und 253

(1) Enthält eine rechtskräftige Endentscheidung nach § 237 oder § 253 eine Verpflichtung zu künftig fällig werdenden wiederkehrenden Leistungen, kann jeder Teil die Abänderung beantragen, sofern nicht bereits ein Antrag auf Durchführung des streitigen Verfahrens nach § 255 gestellt worden ist.

(2) Wird ein Antrag auf Herabsetzung des Unterhalts nicht innerhalb eines Monats nach Rechtskraft gestellt, so ist die Abänderung nur zulässig für die Zeit ab Rechtshängigkeit des Antrags. Ist innerhalb der Monatsfrist ein Antrag des anderen Beteiligten auf Erhöhung des Unterhalts anhängig geworden, läuft die Frist nicht vor Beendigung dieses Verfahrens ab. Der nach Ablauf der Frist gestellte Antrag auf Herabsetzung ist auch zulässig für die Zeit ab dem Ersten des auf ein entsprechendes Auskunfts- oder Verzichtsverlangen des Antragstellers folgenden Monats. § 238 Abs. 3 Satz 4 gilt entsprechend.

Die Vorschrift entspricht im Hinblick auf Absatz 1 dem Regierungsentwurf; Absatz 2 ist mit der Beschlussempfehlung des Rechtsausschusses geändert worden.

Frühere Fassung RegE:
(2) Wird ein Antrag auf Herabsetzung des Unterhalts nicht innerhalb eines Monats nach Rechtskraft gestellt, so ist die Abänderung nur zulässig für die Zeit ab Rechtshängigkeit des Antrags. Ist innerhalb der Monatsfrist ein Antrag des anderen Beteiligten auf Erhöhung des Unterhalts anhängig geworden, läuft die Frist nicht vor Beendigung dieses Verfahrens ab. Der nach Ablauf der Frist gestellte Antrag auf Herabsetzung ist auch zulässig für die Zeit ab dem Ersten des auf ein entsprechendes Auskunfts- oder Verzichtsverlangen des Antragstellers folgenden Monats. § 238 Abs. 3 Satz 4 und 5 gilt entsprechend.

Begründung RegE:
Absatz 1 entspricht inhaltlich dem bisherigen § 654 Abs. 1 ZPO, jedoch mit der Einschränkung, dass ein streitiges Verfahren nach § 255 vorgeht.

Absatz 2 Satz 1 entspricht inhaltlich dem bisherigen § 654 Abs. 2 Satz 1 ZPO.

Satz 2 entspricht inhaltlich dem bisherigen § 654 Abs. 2 Satz 2 ZPO, wobei die Verständlichkeit der Formulierung verbessert wurde (vgl. Zöller-Philippi, Zivilprozessordnung, 26. Aufl. 2007, Rn. 5 zu § 654).

Die in **Satz 3** enthaltene modifizierte Zeitschranke für auf Herabsetzung gerichtete Abänderungsanträge entspricht § 238 Abs. 3 Satz 3.

Satz 4 führt eine § 238 Abs. 3 Satz 4 entsprechende Begrenzung und eine Satz 5 entsprechende Härteklausel auch im vorliegenden Zusammenhang neu ein. Auf die Erläuterungen zu dieser Vorschrift wird verwiesen.

Begründung Beschlussempfehlung Rechtsausschuss:
Es handelt sich um eine Folgeänderung zu der Streichung der Härteklauseln in § 238. Auf die Begründung zu § 238 wird verwiesen.

§ 241
Verschärfte Haftung

Die Rechtshängigkeit eines auf Herabsetzung gerichteten Abänderungsantrags steht bei der Anwendung des § 818 Abs. 4 des Bürgerlichen Gesetzbuchs der Rechtshängigkeit einer Klage auf Rückzahlung der geleisteten Beträge gleich.

Die Vorschrift entspricht der Fassung des Regierungsentwurfs.

Begründung RegE:
Nach derzeitiger Rechtslage führt ein auf Herabsetzung gerichteter Abänderungsantrag bei Rückforderung überzahlter Unterhaltsbeträge nicht zu einer verschärften Bereicherungshaftung des Empfängers. Sofern

der zur Rückzahlung Verpflichtete nicht verschärft haftet, steht ihm oftmals der Entreicherungseinwand nach § 818 Abs. 3 BGB mit der Folge zu, dass ein Bereicherungsanspruch ausscheidet. Zur Herbeiführung der verschärften Haftung ist es derzeit erforderlich, dass zusätzlich zum Abänderungsantrag ein auf Rückzahlung gerichteter gesonderter Leistungsantrag erhoben wird.

Das Erfordernis dieses zweigleisigen Vorgehens bringt mehrere Nachteile mit sich:

Der zusätzlich erforderliche Leistungsantrag wirkt kostenerhöhend. Da der zurückzufordernde Betrag sich mit jedem weiteren Monat, in dem Überzahlungen erfolgen, erhöht, ist eine ständige Anpassung des Rückzahlungsantrags erforderlich. Zudem wird das Erfordernis eines zusätzlichen Leistungsantrags auch von erfahrenen Praktikern des Familienrechts nicht selten übersehen. Andererseits geht das Rechtsschutzziel des auf Herabsetzung antragenden Unterhaltsschuldners im Fall bereits bezahlter Beträge regelmäßig dahin, diese auch zurückzuerlangen. Angesichts dieser Umstände ist die Anordnung der verschärften Haftung mit Rechtshängigkeit des auf Herabsetzung gerichteten Abänderungsantrags gerechtfertigt.

Die vorgesehene Regelung enthält keine Benachteiligung für den Unterhaltsgläubiger, da der Erfolg der verschärften Haftung auch nach derzeit geltender Rechtslage durch einen Leistungsantrag in jedem Fall herbeigeführt werden kann. Die Vorschrift trägt zur Vereinfachung und, soweit für den zusätzlichen Leistungsantrag bislang Prozesskostenhilfe zu bewilligen ist, in gewissem Umfang auch zur Kostenersparnis bei.

§ 242
Einstweilige Einstellung der Vollstreckung

Ist ein Abänderungsantrag auf Herabsetzung anhängig oder hierfür ein Antrag auf Bewilligung von Prozesskostenhilfe eingereicht, gilt § 769 der Zivilprozessordnung entsprechend. Der Beschluss ist nicht anfechtbar.

Die Vorschrift entspricht der Fassung des Regierungsentwurfs.

Begründung RegE:

Satz 1 bestimmt, dass im Fall der Anhängigkeit eines auf Herabsetzung gerichteten Abänderungsantrags oder der Einreichung eines diesbezüglichen Antrags auf Bewilligung von Prozesskostenhilfe § 769 ZPO entsprechend gilt. Die analoge Anwendbarkeit dieser Vorschrift wird in den genannten Fällen von der Rechtsprechung bereits heute ganz überwiegend angenommen.

Satz 2 bestimmt die Unanfechtbarkeit eines diesbezüglichen Beschlusses. Auch insoweit besteht Übereinstimmung mit der Rechtsprechung des BGH (vgl. FamRZ 2004, 1191 ff.).

§ 243
Kostenentscheidung

Abweichend von den Vorschriften der Zivilprozessordnung über die Kostenverteilung entscheidet das Gericht in Unterhaltssachen nach billigem Ermessen über die Verteilung der Kosten des Verfahrens auf die Beteiligten. Es hat hierbei insbesondere zu berücksichtigen:

1. **das Verhältnis von Obsiegen und Unterliegen der Beteiligten, einschließlich der Dauer der Unterhaltsverpflichtung,**
2. **den Umstand, dass ein Beteiligter vor Beginn des Verfahrens einer Aufforderung des Gegners zur Erteilung der Auskunft und Vorlage von Belegen über das Einkommen nicht oder nicht vollständig nachgekommen ist, es sei denn, dass eine Verpflichtung hierzu nicht bestand,**
3. **den Umstand, dass ein Beteiligter einer Aufforderung des Gerichts nach § 235 Abs. 1 innerhalb der gesetzten Frist nicht oder nicht vollständig nachgekommen ist, sowie**
4. **ein sofortiges Anerkenntnis nach § 93 der Zivilprozessordnung.**

Die Vorschrift entspricht der Fassung des Regierungsentwurfs.

Begründung RegE:

Die Vorschrift enthält Sonderregelungen über die Kostenverteilung. Über die Kosten hat das Gericht in Unterhaltssachen künftig nach billigem Ermessen zu entscheiden. Die wesentlichen Gesichtspunkte der ZPO-Kostenvorschriften sind als zu berücksichtigende Gesichtspunkte unter **Nummer 1 bis 4** aufgezählt. Insbesondere kann nunmehr eine unterlassene oder ungenügende Auskunftserteilung stärker als bisher kostenrechtlich sanktioniert werden. Durch das Wort „insbesondere" wird klargestellt, dass die in Nummer 1 bis 4 aufgezählten Gesichtspunkte nicht abschließend sind. So kann z.B. in der Rechtsmittelinstanz auch der Rechtsgedanke des § 97 Abs. 2 ZPO in die Kostenentscheidung einfließen.

Insgesamt soll die Kostenentscheidung in Unterhaltssachen flexibler und weniger formal gehandhabt werden können. Hierzu besteht auch deshalb Anlass, da, anders als bei Verfahren über einmalige Leistungen, in Unterhaltssachen dem Dauercharakter der Verpflichtung bei der Streitwertermittlung nur begrenzt Rechnung getragen werden kann.

§ 244
Unzulässiger Einwand der Volljährigkeit

Wenn der Verpflichtete dem Kind nach Vollendung des 18. Lebensjahres Unterhalt zu gewähren hat, kann gegen die Vollstreckung eines in einem Beschluss oder in einem sonstigen Titel nach § 794 der Zivilprozessordnung festgestellten Anspruchs auf Unterhalt nach Maßgabe des § 1612a des Bürgerlichen Gesetzbuchs nicht eingewandt werden, dass die Minderjährigkeit nicht mehr besteht.

Die Vorschrift entspricht der Fassung des Regierungsentwurfs.

Begründung RegE:

Die Vorschrift entspricht dem bisherigen § 798a ZPO. Es wird klargestellt, dass die Regelung nur Einwände gegen die Vollstreckung aus einem entsprechenden Titel ausschließen will.

§ 245
Bezifferung dynamisierter Unterhaltstitel zur Zwangsvollstreckung im Ausland

(1) Soll ein Unterhaltstitel, der den Unterhalt nach § 1612a des Bürgerlichen Gesetzbuchs als Prozentsatz des Mindestunterhalts festsetzt, im Ausland vollstreckt werden, ist auf Antrag der geschuldete Unterhalt auf dem Titel zu beziffern.

(2) Für die Bezifferung sind die Gerichte, Behörden oder Notare zuständig, denen die Erteilung einer vollstreckbaren Ausfertigung des Titels obliegt.

(3) Auf die Anfechtung der Entscheidung über die Bezifferung sind die Vorschriften über die Anfechtung der Entscheidung über die Erteilung einer Vollstreckungsklausel entsprechend anzuwenden.

Die Vorschrift entspricht der Fassung des Regierungsentwurfs.

Begründung RegE:

Die Vorschrift entspricht dem bisherigen § 790 ZPO in der Fassung des Gesetzes zur Änderung des Unterhaltsrechts (BT-Drs. 16/1830).

Unterabschnitt 2
Einstweilige Anordnung

§ 246
Besondere Vorschriften für die einstweilige Anordnung

(1) Das Gericht kann durch einstweilige Anordnung abweichend von § 49 auf Antrag die Verpflichtung zur Zahlung von Unterhalt oder zur Zahlung eines Kostenvorschusses für ein gerichtliches Verfahren regeln.

(2) Die Entscheidung ergeht auf Grund mündlicher Verhandlung, wenn dies zur Aufklärung des Sachverhalts oder für eine gütliche Beilegung des Verfahrens geboten erscheint.

Die Vorschrift entspricht der Fassung des Regierungsentwurfs.

Begründung RegE:

Absatz 1 enthält die Befugnis des Gerichts, durch einstweilige Anordnung die Verpflichtung zur Zahlung von Unterhalt oder zur Zahlung eines Kostenvorschusses für ein gerichtliches Verfahren (vgl. etwa § 1360a Abs. 4 in Verbindung mit § 1361 Abs. 4 Satz 4 BGB) zu regeln. Die Anhängigkeit einer Ehesache, eines isolierten Unterhaltsverfahrens oder die Einreichung eines entsprechenden Antrags auf Bewilligung von Prozesskostenhilfe ist im Gegensatz zum bisherigen Recht nicht Voraussetzung für das einstweilige Anordnungsverfahren.

Die Vorschrift modifiziert gegenüber § 49 die Voraussetzungen für den Erlass einer Einstweiligen Anordnung. Insbesondere ist ein dringendes Bedürfnis für ein sofortiges Tätigwerden nicht erforderlich. Auf der Rechtsfolgenseite besteht die in § 49 vorgesehene Begrenzung auf vorläufige Maßnahmen nicht, vielmehr kann insbesondere auch die Zahlung angeordnet werden. Wie im geltenden Recht kann daher durch eine einstweilige Anordnung der volle laufende Unterhalt ohne zeitliche Begrenzung zuerkannt werden, soweit die Voraussetzungen dafür glaubhaft gemacht worden sind (vgl. Zöller-Philippi, ZPO, 26. Aufl. 2007, Rn. 59 zu § 620 mwN; Schwab/Maurer/Borth, Handbuch des Scheidungsrechts, 5. Aufl. 2004, I Rn. 878 m.w.N.). Die Interessen des Unterhaltsschuldners werden durch die Möglichkeit zur Erzwingung eines Hauptsacheverfahrens nach § 52 Abs. 2 und durch den Antrag auf Aufhebung oder Änderung der Entscheidung nach § 54 gewahrt. Das Außerkrafttreten der einstweiligen Anordnung bestimmt sich nach § 56.

Absatz 2 regelt, dass die Entscheidung aufgrund mündlicher Verhandlungen ergeht, wenn dies zur Aufklärung des Sachverhalts oder für eine gütliche Streitbeilegung geboten erscheint. Die Vorschrift betont die Bedeutung der mündlichen Verhandlung im Verfahren der einstweiligen Anordnung in Unterhaltssachen und trägt damit dem Umstand Rechnung, dass das Ziel einer Verfahrensbeschleunigung in Unterhaltssachen nicht in der Weise im Vordergrund steht wie in anderen Bereichen des einstweiligen Rechtsschutzes. In der mündlichen Verhandlung können offen gebliebene Gesichtspunkte geklärt und die in Unterhaltssachen nicht selten vorkommenden Rechts- und Einschätzungsfragen erörtert werden. Die Verhandlungssituation erleichtert zudem das Zustandekommen von Vereinbarungen. In einfach gelagerten oder besonders eilbedürftigen Fällen kann die Entscheidung auch ohne mündliche Verhandlung erfolgen.

§ 247
Einstweilige Anordnung vor Geburt des Kindes

(1) Im Wege der einstweiligen Anordnung kann bereits vor der Geburt des Kindes die Verpflichtung zur Zahlung des für die ersten drei Monate dem Kind zu gewährenden Unterhalts sowie des der Mutter nach § 1615l Abs. 1 des Bürgerlichen Gesetzbuchs zustehenden Betrags geregelt werden.

(2) Hinsichtlich des Unterhalts für das Kind kann der Antrag auch durch die Mutter gestellt werden. § 1600d Abs. 2 und 3 des Bürgerlichen Gesetzbuchs gilt entsprechend. In den Fällen des Absatzes 1 kann auch angeordnet werden, dass der Betrag zu einem bestimmten Zeitpunkt vor der Geburt des Kindes zu hinterlegen ist.

II. – FamFG – Buch 2 Verfahren in Familiensachen

Die Vorschrift entspricht der Fassung des Regierungsentwurfs.

Begründung RegE:
Absatz 1 enthält besondere Vorschriften für die Geltendmachung von Unterhalt für das Kind und die Mutter vor Geburt des Kindes. Es handelt sich hierbei um den verfahrensrechtlichen Gehalt der Regelungen des bisherigen § 1615o BGB. Das Grundanliegen der Norm, im Interesse der Mutter und des Kindes die Zahlung des Unterhalts in der besonderen Situation kurz vor und nach der Geburt in einem beschleunigten und möglichst einfach zu betreibenden Verfahren zunächst einmal sicherzustellen, ist nach wie vor aktuell.

Die Regelung legt ausdrücklich fest, dass der Kindesunterhalt für die ersten drei Lebensmonate sowie der Unterhaltsanspruch der Mutter nach § 1615l BGB, der in seinem Tatbestand eine zeitliche Begrenzung enthält, auch vor der Geburt des Kindes geltend gemacht und zugesprochen werden können. Dass das unterhaltsberechtigte Kind noch nicht geboren ist, kann von dem in Anspruch genommenen Mann somit nicht eingewandt werden.

Absatz 2 Satz 1, wonach hinsichtlich des Kindesunterhalts der Antrag auch durch die Mutter gestellt werden kann, erweitert deren Handlungsbefugnis für das einstweilige Anordnungsverfahren auf den Zeitraum vor der Geburt des Kindes. Da die elterliche Sorge erst mit der Geburt beginnt, wäre für den vorliegenden Zeitraum ohne diese Regelung die Bestellung eines Pflegers erforderlich.

Satz 2 ordnet die Geltung der abstammungsrechtlichen Vaterschaftsvermutung auch für die Unterhaltssache an. Dies ist von Bedeutung, wenn die Vaterschaft des in Anspruch genommenen Mannes nicht feststeht. § 248 und damit auch dessen Absatz 3 greifen nicht ein, da vor Geburt des Kindes das dort vorausgesetzte Vaterschaftsfeststellungsverfahren noch nicht in Betracht kommt. Die entsprechende Geltung der Vermutung muss also ausdrücklich festgelegt werden.

Satz 3 ermöglicht dem Gericht die Anordnung, dass der Betrag zu einem bestimmten Zeitpunkt vor der Geburt des Kindes zu hinterlegen ist. Diese Möglichkeit ist bereits im bisherigen § 1615o Abs. 1, 2 BGB vorgesehen. Angesichts des dargestellten Regelungszwecks sollte die Hinterlegung die Ausnahme und die Anordnung der Zahlung der Regelfall sein.

§ 248
Einstweilige Anordnung bei Feststellung der Vaterschaft

(1) Ein Antrag auf Erlass einer einstweiligen Anordnung, durch den ein Mann auf Zahlung von Unterhalt für ein Kind oder dessen Mutter in Anspruch genommen wird, ist, wenn die Vaterschaft des Mannes nach § 1592 Nr. 1 und 2 oder § 1593 des Bürgerlichen Gesetzbuchs nicht besteht, nur zulässig, wenn ein Verfahren auf Feststellung der Vaterschaft nach § 1600d des Bürgerlichen Gesetzbuchs anhängig ist.

(2) Im Fall des Absatzes 1 ist das Gericht zuständig, bei dem das Verfahren auf Feststellung der Vaterschaft im ersten Rechtszug anhängig ist; während der Anhängigkeit beim Beschwerdegericht ist dieses zuständig.

(3) § 1600d Abs. 2 und 3 des Bürgerlichen Gesetzbuchs gilt entsprechend.

(4) Das Gericht kann auch anordnen, dass der Mann für den Unterhalt Sicherheit in bestimmter Höhe zu leisten hat.

(5) Die einstweilige Anordnung tritt auch außer Kraft, wenn der Antrag auf Feststellung der Vaterschaft zurückgenommen oder rechtskräftig zurückgewiesen worden ist. In diesem Fall hat derjenige, der die einstweilige Anordnung erwirkt hat, dem Mann den Schaden zu ersetzen, der ihm aus der Vollziehung der einstweiligen Anordnung entstanden ist.

Die Vorschrift entspricht der Fassung des Regierungsentwurfs.

Begründung RegE:

Absatz 1 ergänzt § 246 durch die Einführung einer zusätzlichen Zulässigkeitsvoraussetzung für bestimmte Fälle von einstweiligen Anordnungen, die den Unterhalt betreffen. Steht die Vaterschaft des im einstweiligen Anordnungsverfahren auf Unterhaltszahlung in Anspruch genommenen Mannes nicht bereits aufgrund anderer Vorschriften fest, ist der einstweilige Anordnungsantrag nur zulässig, wenn ein Verfahren auf Feststellung der Vaterschaft nach § 1600d BGB anhängig ist. Die Vorschrift durchbricht die Sperrwirkung des § 1600d Abs. 4 BGB, wonach die Rechtswirkungen der Vaterschaft grundsätzlich erst vom Zeitpunkt der rechtskräftigen Feststellung an geltend gemacht werden können.

Die Regelung des Absatzes 1 ändert nichts an der Selbstständigkeit beider Verfahren. Das einstweilige Anordnungsverfahren ist, anders als nach bisherigem Recht (§ 641d ZPO), nicht Teil des Verfahrens auf Feststellung der Vaterschaft.

Absatz 2 enthält besondere Vorschriften betreffend die sachliche und örtliche Zuständigkeit für das einstweilige Anordnungsverfahren in den Fällen des Absatzes 1. Zuständig ist das Gericht, bei dem das Verfahren auf Feststellung der Vaterschaft anhängig ist. Während der Anhängigkeit beim Beschwerdegericht ist dieses zuständig. Die Zusammenlegung der Zuständigkeiten ist aus verfahrensökonomischen Gründen sinnvoll.

Die Anordnung der entsprechenden Geltung der Vorschriften des § 1600d Abs. 2, 3 BGB in **Absatz 3** ist erforderlich, da die Vaterschaftsvermutung ausdrücklich nur im Verfahren auf gerichtliche Feststellung der Vaterschaft, also im Abstammungsverfahren anwendbar ist. Hierzu gehört, anders als nach bisherigem Recht, das einstweilige Anordnungsverfahren über den Unterhalt nicht. Die Vorschrift ist erforderlich, um insoweit den bisherigen – sachgerechten – Rechtszustand in der Unterhaltssache aufrecht zu erhalten.

Absatz 4 ermöglicht dem Gericht auch die Anordnung der Sicherheitsleistung in Höhe eines bestimmten Betrages. Diese Möglichkeit ist derzeit in § 641d Abs. 1 Satz 2 ZPO vorgesehen.

Absatz 5 Satz 1 ergänzt § 56 und enthält zwei zusätzliche Fälle des Außerkrafttretens der einstweiligen Anordnung in Unterhaltssachen. Beide Konstellationen haben ihren Grund in der Koppelung der einstweiligen Anordnung an das Abstammungsverfahren. Die Vorschrift entspricht inhaltlich, bis auf das Erfordernis der Rechtskraft im Fall der Abweisung, dem bisherigen § 641f ZPO.

Das Erfordernis der Rechtskraft einer abweisenden Entscheidung über den Antrag auf Vaterschaftsfeststellung ist sachgerecht, da es sich bei der Verknüpfung des einstweiligen Anordnungsverfahrens mit dem Abstammungsverfahren in erster Linie um einen formalen Gesichtspunkt handelt. Die Frage, ob das Bestehen der Vaterschaft auch nach Erlass einer abweisenden Entscheidung in der Abstammungssache noch als hinreichend wahrscheinlich angesehen werden kann, ist im einstweiligen Anordnungsverfahren eigenständig auf der Grundlage des dort maßgeblichen Verfahrensstoffs zu beurteilen.

Satz 2 entspricht inhaltlich dem bisherigen § 641g ZPO.

Unterabschnitt 3
Vereinfachtes Verfahren über den Unterhalt Minderjähriger

§ 249
Statthaftigkeit des vereinfachten Verfahrens

(1) Auf Antrag wird der Unterhalt eines minderjährigen Kindes, das mit dem in Anspruch genommenen Elternteil nicht in einem Haushalt lebt, im vereinfachten Verfahren festgesetzt, soweit der Unterhalt vor Berücksichtigung der Leistungen nach den § 1612b oder § 1612c des Bürgerlichen Gesetzbuchs das 1,2fache des Mindestunterhalts nach § 1612a Abs. 1 des Bürgerlichen Gesetzbuchs nicht übersteigt.

(2) Das vereinfachte Verfahren ist nicht statthaft, wenn zum Zeitpunkt, in dem der Antrag oder eine Mitteilung über seinen Inhalt dem Antragsgegner zugestellt wird, über den Unter-

II. – FamFG – Buch 2 Verfahren in Familiensachen

haltsanspruch des Kindes entweder ein Gericht entschieden hat, ein gerichtliches Verfahren anhängig ist oder ein zur Zwangsvollstreckung geeigneter Schuldtitel errichtet worden ist.

Die Vorschrift entspricht der Fassung des Regierungsentwurfs.

Begründung RegE:
Die Vorschrift entspricht dem bisherigen § 645 ZPO in der Fassung des Gesetzes zur Änderung des Unterhaltsrechts (BT-Drs. 16/1830).

Stellungnahme Bundesrat:
70. **Zu Artikel 1** (§§ 249 ff. FamFG)

Der Bundesrat bittet, im weiteren Verlauf des Gesetzgebungsverfahrens zu prüfen, ob anstelle des vereinfachten Unterhaltsverfahrens ein Verfahren eingeführt werden kann, das weitgehend den Vorschriften des Mahnverfahrens entspricht und eine automatisierte Bearbeitung ermöglicht.

Begründung:

Das vereinfachte Unterhaltsverfahren spielt in der Praxis nur eine untergeordnete Rolle. 2006 standen z.B. in Baden-Württemberg 9 431 selbständigen Verfahren auf Verwandtenunterhalt nur 2 495 vereinfachte Unterhaltsverfahren gegenüber. Dies entspricht einer Quote von nur rund 20 Prozent. Die fehlende Akzeptanz liegt zu einem erheblichen Teil an den komplizierten Regelungen.

Das vereinfachte Unterhaltsverfahren könnte effizienter gestaltet werden, wenn die Bearbeitung der Anträge an das Mahnverfahren gekoppelt und somit eine flächendeckende maschinelle Bearbeitung ermöglicht würde. Dies würde zugleich eine erhebliche Verschlankung der Vorschriften über das vereinfachte Unterhaltsverfahren mit sich bringen.

Dem Bundesministerium der Justiz liegen Vorschläge aus einem Eckpunktepapier des Justizministeriums Baden-Württemberg vor. Dort wird im Wesentlichen Folgendes vorgeschlagen:

- Öffnung des vereinfachten Unterhaltsverfahrens für alle familienrechtlichen Unterhaltsansprüche;
- Streichung der betragsmäßigen Begrenzung;
- weitgehender Verweis auf die Zuständigkeits- und Verfahrensvorschriften des Mahnverfahrens;
- Vollstreckungsbescheid anstelle des Festsetzungsbeschlusses;
- weiterhin erleichterte Abänderbarkeit des Vollstreckungsbescheids in einem Korrekturverfahren;
- keine Beschränkung der Einwendungen des Antragsgegners, sondern Möglichkeit zur Einlegung eines Widerspruchs/Einspruchs (wie im Mahnverfahren);
- keine individuelle Prüfung des Antrags und der Einwendungen durch den Rechtspfleger, sondern vollständige maschinelle Bearbeitung;
- nur bei Prozesskostenhilfe keine automatisierte Bearbeitung, sondern manuelle Vorprüfung (wie bisher schon im Mahnverfahren).

Es wird daher gebeten zu prüfen, ob die §§ 249 ff. FamFG-E im Sinne dieser Eckpunkte überarbeitet und verschlankt werden können.

Gegenäußerung Bundesregierung:
Zu Nummer 70 (Artikel 1 – § 249 ff. FamFG)

Die Bundesregierung steht der Anregung des Bundesrates, anstelle des vereinfachten Unterhaltsverfahrens ein auf alle Unterhaltsansprüche gerichtetes Verfahren einzuführen, das weitgehend den Vorschriften des Mahnverfahrens entspricht und eine automatisierte Bearbeitung ermöglicht, offen gegenüber. Die Bundesregierung hält es jedoch nicht für angezeigt, diese grundlegende Änderung des Verfahrens in das laufende Gesetzgebungsverfahren einzubeziehen.

§ 250
Antrag

(1) Der Antrag muss enthalten:
1. die Bezeichnung der Beteiligten, ihrer gesetzlichen Vertreter und der Verfahrensbevollmächtigten;
2. die Bezeichnung des Gerichts, bei dem der Antrag gestellt wird;
3. die Angabe des Geburtsdatums des Kindes;
4. die Angabe, ab welchem Zeitpunkt Unterhalt verlangt wird;
5. für den Fall, dass Unterhalt für die Vergangenheit verlangt wird, die Angabe, wann die Voraussetzungen des § 1613 Abs. 1 oder Abs. 2 Nr. 2 des Bürgerlichen Gesetzbuchs eingetreten sind;
6. die Angabe der Höhe des verlangten Unterhalts;
7. die Angaben über Kindergeld und andere zu berücksichtigende Leistungen (§ 1612b oder § 1612c des Bürgerlichen Gesetzbuchs);
8. die Erklärung, dass zwischen dem Kind und dem Antragsgegner ein Eltern-Kind-Verhältnis nach den §§ 1591 bis 1593 des Bürgerlichen Gesetzbuchs besteht;
9. die Erklärung, dass das Kind nicht mit dem Antragsgegner in einem Haushalt lebt;
10. die Angabe der Höhe des Kindeseinkommens;
11. eine Erklärung darüber, ob der Anspruch aus eigenem, aus übergegangenem oder rückabgetretenem Recht geltend gemacht wird;
12. die Erklärung, dass Unterhalt nicht für Zeiträume verlangt wird, für die das Kind Hilfe nach dem Zwölften Buch Sozialgesetzbuch, Sozialgeld nach dem Zweiten Buch Sozialgesetzbuch, Hilfe zur Erziehung oder Eingliederungshilfe nach dem Achten Buch Sozialgesetzbuch, Leistungen nach dem Unterhaltsvorschussgesetz oder Unterhalt nach § 1607 Abs. 2 oder Abs. 3 des Bürgerlichen Gesetzbuchs erhalten hat, oder, soweit Unterhalt aus übergegangenem Recht oder nach § 94 Abs. 4 Satz 2 des Zwölften Buches Sozialgesetzbuch, § 33 Abs. 2 Satz 4 des Zweiten Buches Sozialgesetzbuch oder § 7 Abs. 4 Satz 1 des Unterhaltsvorschussgesetzes verlangt wird, die Erklärung, dass der beantragte Unterhalt die Leistung an oder für das Kind nicht übersteigt;
13. die Erklärung, dass die Festsetzung im vereinfachten Verfahren nicht nach § 249 Abs. 2 ausgeschlossen ist.

(2) Entspricht der Antrag nicht den in Absatz 1 und den in § 249 bezeichneten Voraussetzungen, ist er zurückzuweisen. Vor der Zurückweisung ist der Antragsteller zu hören. Die Zurückweisung ist nicht anfechtbar.

(3) Sind vereinfachte Verfahren anderer Kinder des Antragsgegners bei dem Gericht anhängig, hat es die Verfahren zum Zweck gleichzeitiger Entscheidung zu verbinden.

Die Vorschrift entspricht der Fassung des Regierungsentwurfs.

Begründung RegE:
Die Vorschrift entspricht dem bisherigen § 646 ZPO in der Fassung des Gesetzes zur Änderung des Unterhaltsrechts (BT-Drs. 16/1830).

§ 251
Maßnahmen des Gerichts

(1) Erscheint nach dem Vorbringen des Antragstellers das vereinfachte Verfahren zulässig, verfügt das Gericht die Zustellung des Antrags oder einer Mitteilung über seinen Inhalt an den Antragsgegner. Zugleich weist es ihn darauf hin,

1. ab welchem Zeitpunkt und in welcher Höhe der Unterhalt festgesetzt werden kann; hierbei sind zu bezeichnen:
   a) die Zeiträume nach dem Alter des Kindes, für das die Festsetzung des Unterhalts nach dem Mindestunterhalt der ersten, zweiten und dritten Altersstufe in Betracht kommt;
   b) im Fall des § 1612a des Bürgerlichen Gesetzbuchs auch der Prozentsatz des jeweiligen Mindestunterhalts;
   c) die nach § 1612b oder § 1612c des Bürgerlichen Gesetzbuchs zu berücksichtigenden Leistungen;
2. dass das Gericht nicht geprüft hat, ob der verlangte Unterhalt das im Antrag angegebene Kindeseinkommen berücksichtigt;
3. dass über den Unterhalt ein Festsetzungsbeschluss ergehen kann, aus dem der Antragsteller die Zwangsvollstreckung betreiben kann, wenn er nicht innerhalb eines Monats Einwendungen in der vorgeschriebenen Form erhebt;
4. welche Einwendungen nach § 252 Abs. 1 und 2 erhoben werden können, insbesondere, dass der Einwand eingeschränkter oder fehlender Leistungsfähigkeit nur erhoben werden kann, wenn die Auskunft nach § 252 Abs. 2 Satz 3 in Form eines vollständig ausgefüllten Formulars erteilt wird und Belege über die Einkünfte beigefügt werden;
5. dass die Einwendungen, wenn Formulare eingeführt sind, mit einem Formular der beigefügten Art erhoben werden müssen, das auch bei jedem Amtsgericht erhältlich ist.

Ist der Antrag im Ausland zuzustellen, bestimmt das Gericht die Frist nach Satz 2 Nr. 3.

(2) § 167 der Zivilprozessordnung gilt entsprechend.

Die Vorschrift entspricht der Fassung des Regierungsentwurfs.

Begründung RegE:
Die Vorschrift entspricht dem bisherigen § 647 ZPO in der Fassung des Gesetzes zur Änderung des Unterhaltsrechts (BT-Drs. 16/1830).

§ 252
Einwendungen des Antragsgegners

(1) Der Antragsgegner kann Einwendungen geltend machen gegen

1. die Zulässigkeit des vereinfachten Verfahrens;
2. den Zeitpunkt, von dem an Unterhalt gezahlt werden soll;
3. die Höhe des Unterhalts, soweit er geltend macht, dass
   a) die nach dem Alter des Kindes zu bestimmenden Zeiträume, für die der Unterhalt nach dem Mindestunterhalt der ersten, zweiten und dritten Altersstufe festgesetzt werden soll, oder der angegebene Mindestunterhalt nicht richtig berechnet sind,
   b) der Unterhalt nicht höher als beantragt festgesetzt werden darf,
   c) Leistungen der in § 1612b oder § 1612c des Bürgerlichen Gesetzbuchs bezeichneten Art nicht oder nicht richtig berücksichtigt worden sind.

Ferner kann er, wenn er sich sofort zur Erfüllung des Unterhaltsanspruchs verpflichtet, hinsichtlich der Verfahrenskosten geltend machen, dass er keinen Anlass zur Stellung des Antrags gegeben hat. Nicht begründete Einwendungen nach Satz 1 Nr. 1 und 3 weist das Gericht mit dem Festsetzungsbeschluss zurück, ebenso eine Einwendung nach Satz 1 Nr. 2, wenn ihm diese nicht begründet erscheint.

(2) Andere Einwendungen kann der Antragsgegner nur erheben, wenn er zugleich erklärt, inwieweit er zur Unterhaltsleistung bereit ist und dass er sich insoweit zur Erfüllung des Unter-

haltsanspruchs verpflichtet. Den Einwand der Erfüllung kann der Antragsgegner nur erheben, wenn er zugleich erklärt, inwieweit er geleistet hat und dass er sich verpflichtet, einen darüber hinausgehenden Unterhaltsrückstand zu begleichen. Den Einwand eingeschränkter oder fehlender Leistungsfähigkeit kann der Antragsgegner nur erheben, wenn er zugleich unter Verwendung des eingeführten Formulars Auskunft über

1. seine Einkünfte,
2. sein Vermögen und
3. seine persönlichen und wirtschaftlichen Verhältnisse im Übrigen

erteilt und über seine Einkünfte Belege vorlegt.

(3) Die Einwendungen sind nur zu berücksichtigen, solange der Festsetzungsbeschluss nicht verfügt ist.

Die Vorschrift entspricht der Fassung des Regierungsentwurfs.

Begründung RegE:
Die Vorschrift entspricht dem bisherigen § 648 ZPO in der Fassung des Gesetzes zur Änderung des Unterhaltsrechts (BT-Drs. 16/1830).

§ 253
Festsetzungsbeschluss

(1) Werden keine oder lediglich nach § 252 Abs. 1 Satz 3 zurückzuweisende oder nach § 252 Abs. 2 unzulässige Einwendungen erhoben, wird der Unterhalt nach Ablauf der in § 251 Abs. 1 Satz 2 Nr. 3 bezeichneten Frist durch Beschluss festgesetzt. In dem Beschluss ist auszusprechen, dass der Antragsgegner den festgesetzten Unterhalt an den Unterhaltsberechtigten zu zahlen hat. In dem Beschluss sind auch die bis dahin entstandenen erstattungsfähigen Kosten des Verfahrens festzusetzen, soweit sie ohne weiteres ermittelt werden können; es genügt, wenn der Antragsteller die zu ihrer Berechnung notwendigen Angaben dem Gericht mitteilt.

(2) In dem Beschluss ist darauf hinzuweisen, welche Einwendungen mit der sofortigen Beschwerde geltend gemacht werden können und unter welchen Voraussetzungen eine Abänderung verlangt werden kann.

Die Vorschrift entspricht der Fassung des Regierungsentwurfs.

Begründung RegE:
Die Vorschrift entspricht dem bisherigen § 649 ZPO.

§ 254
Mitteilungen über Einwendungen

Sind Einwendungen erhoben worden, die nach § 252 Abs. 1 Satz 3 nicht zurückzuweisen oder die nach § 252 Abs. 2 zulässig sind, teilt das Gericht dem Antragsteller dies mit. Es setzt auf seinen Antrag den Unterhalt durch Beschluss fest, soweit sich der Antragsgegner nach § 252 Abs. 2 Satz 1 und 2 zur Zahlung von Unterhalt verpflichtet hat. In der Mitteilung nach Satz 1 ist darauf hinzuweisen.

Die Vorschrift entspricht der Fassung des Regierungsentwurfs.

Begründung RegE:
Die Vorschrift entspricht dem bisherigen § 650 ZPO.

§ 255
Streitiges Verfahren

(1) Im Fall des § 254 wird auf Antrag einer Partei das streitige Verfahren durchgeführt. Darauf ist in der Mitteilung nach § 254 Satz 1 hinzuweisen.

(2) Beantragt ein Beteiligter die Durchführung des streitigen Verfahrens, ist wie nach Eingang eines Antrags in einer Unterhaltssache weiter zu verfahren. Einwendungen nach § 252 gelten als Erwiderung.

(3) Das Verfahren gilt als mit der Zustellung des Festsetzungsantrags (§ 251 Abs. 1 Satz 1) rechtshängig geworden.

(4) Ist ein Festsetzungsbeschluss nach § 254 Satz 2 vorausgegangen, soll für zukünftige wiederkehrende Leistungen der Unterhalt in einem Gesamtbetrag bestimmt und der Festsetzungsbeschluss insoweit aufgehoben werden.

(5) Die Kosten des vereinfachten Verfahrens werden als Teil der Kosten des streitigen Verfahrens behandelt.

(6) Wird der Antrag auf Durchführung des streitigen Verfahrens nicht vor Ablauf von sechs Monaten nach Zugang der Mitteilung nach § 254 Satz 1 gestellt, gilt der über den Festsetzungsbeschluss nach § 254 Satz 2 oder die Verpflichtungserklärung des Antragsgegners nach § 252 Abs. 2 Satz 1 und 2 hinausgehende Festsetzungsantrag als zurückgenommen.

Die Vorschrift entspricht der Fassung des Regierungsentwurfs.

Begründung RegE:
Die Vorschrift entspricht dem bisherigen § 651 ZPO.

§ 256
Beschwerde

Mit der Beschwerde können nur die in § 252 Abs. 1 bezeichneten Einwendungen, die Zulässigkeit von Einwendungen nach § 252 Abs. 2 sowie die Unrichtigkeit der Kostenentscheidung oder Kostenfestsetzung, sofern sie nach allgemeinen Grundsätzen anfechtbar sind, geltend gemacht werden. Auf Einwendungen nach § 252 Abs. 2, die nicht erhoben waren, bevor der Festsetzungsbeschluss verfügt war, kann die Beschwerde nicht gestützt werden.

Die Vorschrift entspricht der Fassung des Regierungsentwurfs.

Begründung RegE:
Die Vorschrift entspricht dem bisherigen § 652 ZPO.

§ 257
Besondere Verfahrensvorschriften

In vereinfachten Verfahren können die Anträge und Erklärungen vor dem Urkundsbeamten der Geschäftsstelle abgegeben werden. Soweit Formulare eingeführt sind, werden diese ausgefüllt; der Urkundsbeamte vermerkt unter Angabe des Gerichts und des Datums, dass er den Antrag oder die Erklärung aufgenommen hat.

Die Vorschrift entspricht der Fassung des Regierungsentwurfs.

Begründung RegE:
Die Vorschrift entspricht dem bisherigen § 657 ZPO.

§ 258
Sonderregelungen für maschinelle Bearbeitung

(1) In vereinfachten Verfahren ist eine maschinelle Bearbeitung zulässig. § 690 Abs. 3 der Zivilprozessordnung gilt entsprechend.

(2) Bei maschineller Bearbeitung werden Beschlüsse, Verfügungen und Ausfertigungen mit dem Gerichtssiegel versehen; einer Unterschrift bedarf es nicht.

Die Vorschrift entspricht der Fassung des Regierungsentwurfs.

Begründung RegE:
Die Vorschrift entspricht dem bisherigen § 658 ZPO.

§ 259
Formulare

(1) Das Bundesministerium der Justiz wird ermächtigt, zur Vereinfachung und Vereinheitlichung der Verfahren durch Rechtsverordnung mit Zustimmung des Bundesrates Formulare für das vereinfachte Verfahren einzuführen. Für Gerichte, die die Verfahren maschinell bearbeiten, und für Gerichte, die die Verfahren nicht maschinell bearbeiten, können unterschiedliche Formulare eingeführt werden.

(2) Soweit nach Absatz 1 Formulare für Anträge und Erklärungen der Beteiligten eingeführt sind, müssen sich die Beteiligten ihrer bedienen.

Die Vorschrift entspricht der Fassung des Regierungsentwurfs.

Begründung RegE:
Die Vorschrift entspricht dem bisherigen § 659 ZPO.

§ 260
Bestimmung des Amtsgerichts

(1) Die Landesregierungen werden ermächtigt, die vereinfachten Verfahren über den Unterhalt Minderjähriger durch Rechtsverordnung einem Amtsgericht für die Bezirke mehrerer Amtsgerichte zuzuweisen, wenn dies ihrer schnelleren und kostengünstigeren Erledigung dient. Die Landesregierungen können die Ermächtigung durch Rechtsverordnung auf die Landesjustizverwaltungen übertragen.

(2) Bei dem Amtsgericht, das zuständig wäre, wenn die Landesregierung oder die Landesjustizverwaltung das Verfahren nach Absatz 1 nicht einem anderen Amtsgericht zugewiesen hätte, kann das Kind Anträge und Erklärungen mit der gleichen Wirkung einreichen oder anbringen wie bei dem anderen Amtsgericht.

Die Vorschrift entspricht der Fassung des Regierungsentwurfs.

Begründung RegE:
Die Vorschrift entspricht dem bisherigen § 660 ZPO.

Abschnitt 10
Verfahren in Güterrechtssachen

§ 261
Güterrechtssachen

(1) Güterrechtssachen sind Verfahren, die Ansprüche aus dem ehelichen Güterrecht betreffen, auch wenn Dritte an dem Verfahren beteiligt sind.

(2) Güterrechtssachen sind auch Verfahren nach § 1365 Abs. 2, § 1369 Abs. 2 und den §§ 1382, 1383, 1426, 1430 und 1452 des Bürgerlichen Gesetzbuchs.

Die Vorschrift entspricht der Fassung des Regierungsentwurfs.

Begründung RegE:

Absatz 1 enthält den ersten Teil der Definition des neu eingeführten Gesetzesbegriffs der Güterrechtssachen. Diese umfassen Verfahren, die Ansprüche aus dem ehelichen Güterrecht betreffen, auch wenn Dritte an dem Verfahren beteiligt sind. Die Formulierung entspricht dem bisherigen § 621 Abs. 1 Nr. 8 ZPO.

Güterrechtssachen nach Absatz 1 gehören zur Kategorie der Familienstreitsachen (§ 112 Nr. 2). In diesen Verfahren sind grundsätzlich die Vorschriften der Zivilprozessordnung anzuwenden; das Nähere hierzu ist in Abschnitt 1 dieses Buchs geregelt.

Absatz 2 bezieht weitere Verfahrensgegenstände in den Begriff der Güterrechtssachen ein.

Dies sind zunächst die gerichtlichen Zuständigkeiten bei Gesamtvermögensgeschäften im gesetzlichen Güterstand (§§ 1365 Abs. 2, 1369 Abs. 2 BGB).

Weiterhin sind einbezogen die Verfahren nach §§ 1382, 1383 BGB, dies entspricht dem bisherigen § 621 Abs. 1 Nr. 9 ZPO.

Schließlich sind Güterrechtssachen auch Verfahren nach §§ 1426, 1430 und 1452 BGB. Es handelt sich hierbei um bestimmte gerichtliche Aufgaben bei der Gütergemeinschaft.

Demgegenüber sind insbesondere Verfahren nach §§ 1411, 1491 Abs. 3, 1492 Abs. 3 und 1493 Abs. 2 BGB keine Güterrechtssachen, da in diesen Fällen das Wohl des Minderjährigen bzw. Betreuten im Vordergrund steht. In der Sache geht es um die Reichweite der Befugnisse des Sorgeberechtigten, Vormunds oder Betreuers, so dass diese Angelegenheiten als Kindschaftssachen bzw. Betreuungssachen zu definieren sind.

Güterrechtssachen nach Absatz 2 sind keine Familienstreitsachen, sondern Verfahren der freiwilligen Gerichtsbarkeit.

§ 262
Örtliche Zuständigkeit

(1) Während der Anhängigkeit einer Ehesache ist das Gericht ausschließlich zuständig, bei dem die Ehesache im ersten Rechtszug anhängig ist oder war. Diese Zuständigkeit geht der ausschließlichen Zuständigkeit eines anderen Gerichts vor.

(2) Im Übrigen bestimmt sich die Zuständigkeit nach der Zivilprozessordnung mit der Maßgabe, dass in den Vorschriften über den allgemeinen Gerichtsstand an die Stelle des Wohnsitzes der gewöhnliche Aufenthalt tritt.

Die Vorschrift entspricht der Fassung des Regierungsentwurfs.

Begründung RegE:

Absatz 1 Satz 1 entspricht für die bisherigen Familiensachen nach § 621 Abs. 1 Nr. 8 und 9 ZPO der Vorschrift des bisherigen § 621 Abs. 2 Satz 1 ZPO. Die Vorschrift verwirklicht die Zuständigkeitskonzentration beim Gericht der Ehesache.

Satz 2 bestimmt, dass die ausschließliche Zuständigkeit nach Satz 1 anderen ausschließlichen Gerichtsständen vorgeht. Hierbei ist insbesondere an die Vollstreckungsgegenklage zu denken (§§ 767 Abs. 1, 802 ZPO).

Absatz 2 verweist im Übrigen auf die Zuständigkeitsvorschriften der ZPO, jedoch mit der Maßgabe, dass in den Vorschriften über den allgemeinen Gerichtsstand an die Stelle des Wohnsitzes der gewöhnliche Aufenthalt tritt.

Die Zuständigkeitsvorschriften des § 262 gelten sowohl für Güterrechtssachen nach § 261 Abs. 1 als auch für solche nach § 261 Abs. 2. Insoweit kann sich eine Abweichung von der bisherigen Zuständigkeitsregelung des § 45 FGG ergeben.

§ 263
Abgabe an das Gericht der Ehesache

Wird eine Ehesache rechtshängig, während eine Güterrechtssache bei einem anderen Gericht im ersten Rechtszug anhängig ist, ist diese von Amts wegen an das Gericht der Ehesache abzugeben. § 281 Abs. 2 und 3 Satz 1 der Zivilprozessordnung gilt entsprechend.

Die Vorschrift entspricht der Fassung des Regierungsentwurfs.

Begründung RegE:

Satz 1 entspricht inhaltlich dem bisherigen § 621 Abs. 3 Satz 1 ZPO.

Satz 2 entspricht dem bisherigen § 621 Abs. 3 Satz 2 ZPO.

§ 264
Verfahren nach den §§ 1382 und 1383 des Bürgerlichen Gesetzbuchs

(1) In den Verfahren nach den §§ 1382 und 1383 des Bürgerlichen Gesetzbuchs wird die Entscheidung des Gerichts erst mit der Rechtskraft wirksam. Eine Abänderung oder Wiederaufnahme ist ausgeschlossen.

(2) In dem Beschluss, in dem über den Antrag auf Stundung der Ausgleichsforderung entschieden wird, kann das Gericht auf Antrag des Gläubigers auch die Verpflichtung des Schuldners zur Zahlung der Ausgleichsforderung aussprechen.

Die Vorschrift entspricht der Fassung des Regierungsentwurfs.

Begründung RegE:

Absatz 1 Satz 1 entspricht dem bisherigen § 53a Abs. 2 Satz 1 FGG. Satz 2 schließt in Übereinstimmung mit der bisherigen Rechtslage die Abänderung und Wiederaufnahme in diesen Verfahren aus; maßgeblich ist allein die spezielle Regelung des § 1382 Abs. 6 BGB.

Absatz 2 entspricht dem bisherigen § 53a Abs. 2 Satz 2 FGG.

§ 265
Einheitliche Entscheidung

Wird in einem Verfahren über eine güterrechtliche Ausgleichsforderung ein Antrag nach § 1382 Abs. 5 oder § 1383 Abs. 3 des Bürgerlichen Gesetzbuchs gestellt, ergeht die Entscheidung durch einheitlichen Beschluss.

Die Vorschrift entspricht der Fassung des Regierungsentwurfs.

Begründung RegE:

Die Vorschrift entspricht dem bisherigen § 621a Abs. 2 Satz 1 ZPO.

Abschnitt 11
Verfahren in sonstigen Familiensachen

§ 266
Sonstige Familiensachen

(1) Sonstige Familiensachen sind Verfahren, die

1. Ansprüche zwischen miteinander verlobten oder ehemals verlobten Personen im Zusammenhang mit der Beendigung des Verlöbnisses sowie in den Fällen der §§ 1298 und 1299 des Bürgerlichen Gesetzbuchs zwischen einer solchen und einer dritten Person,
2. aus der Ehe herrührende Ansprüche,
3. Ansprüche zwischen miteinander verheirateten oder ehemals miteinander verheirateten Personen oder zwischen einer solchen und einem Elternteil im Zusammenhang mit Trennung oder Scheidung oder Aufhebung der Ehe,
4. aus dem Eltern-Kind-Verhältnis herrührende Ansprüche oder
5. aus dem Umgangsrecht herrührende Ansprüche

betreffen, sofern nicht die Zuständigkeit der Arbeitsgerichte gegeben ist oder das Verfahren eines der in § 348 Abs. 1 Satz 2 Nr. 2 Buchstabe a bis k der Zivilprozessordnung genannten Sachgebiete, das Wohnungseigentumsrecht oder das Erbrecht betrifft und sofern es sich nicht bereits nach anderen Vorschriften um eine Familiensache handelt.

(2) Sonstige Familiensachen sind auch Verfahren über einen Antrag nach § 1357 Abs. 2 Satz 1 des Bürgerlichen Gesetzbuchs.

Die Vorschrift entspricht der Fassung des Regierungsentwurfs.

Begründung RegE:

Absatz 1 enthält eine Aufzählung bestimmter zivilgerichtlicher Verfahren, die nunmehr zu Familiensachen werden sollen, mit der Folge einer Zuständigkeit des Familiengerichts. Für diese Verfahren wird der Begriff der sonstigen Familiensachen verwendet. Absatz 2 enthält weitere Fälle sonstiger Familiensachen.

Sonstige Familiensachen nach Absatz 1 gehören zur Kategorie der Familienstreitsachen (vgl. § 112 Nr. 3). In diesen Verfahren sind grundsätzlich die Vorschriften der Zivilprozessordnung anzuwenden; das Nähere hierzu ist in §§ 113 ff. geregelt.

Nummer 1 umfasst Streitigkeiten zwischen miteinander verlobten oder ehemals verlobten Personen oder zwischen einer solchen und einer dritten Person. Dabei muss in allen Fällen zudem ein Zusammenhang mit der Beendigung des Verlöbnisses bestehen. Dritte Personen sind nur beteiligt, sofern Ansprüche aus den §§ 1298 und 1299 BGB geltend gemacht werden. Diesbezügliche Verfahren sind zahlenmäßig zwar eher selten, jedoch empfiehlt sich eine Aufnahme in die Zuständigkeit des Familiengerichts aus Gründen der Abrundung des Zuständigkeitskatalogs. Streitigkeiten der genannten Art sind, ähnlich wie bei Ehegatten, in erster Linie durch einen persönlichen Grundkonflikt der beteiligten Personen geprägt. Als Beispiele können etwa Verfahren auf Rückgabe von Geschenken oder sonstigen Zuwendungen genannt werden.

Nummer 2 nennt die aus der Ehe herrührenden Ansprüche, wobei es nicht darauf ankommt, gegen wen sie sich richten.

Hierunter fallen in erster Linie die aus § 1353 BGB herzuleitenden Ansprüche, etwa auf Mitwirkung bei der gemeinsamen steuerlichen Veranlagung. Weiter gehören dazu Ansprüche, die das absolute Recht (§ 823 Abs. 1 BGB) zur ehelichen Lebensgemeinschaft verwirklichen, wie etwa Abwehr- und Unterlassungsansprüche gegen Störungen des räumlich-gegenständlichen Bereichs der Ehe gegenüber dem anderen Ehegatten oder einem Dritten (sog. Ehestörungsklagen). Auch diesbezügliche Schadenersatzansprüche fallen darunter.

Nummer 3 erwähnt Ansprüche zwischen miteinander verheirateten oder ehemals verheirateten Personen oder zwischen einer solchen und einem Elternteil. In jedem Fall muss ein Zusammenhang mit Trennung,

Scheidung oder Aufhebung der Ehe bestehen. Auf diese Weise soll insbesondere die vermögensrechtliche Auseinandersetzung zwischen den Ehegatten außerhalb des Güterrechts (sog. Nebengüterrecht) den Familiengerichten zugewiesen werden. Hierzu gehört auch die Auseinandersetzung zwischen einem Ehegatten und dessen Eltern oder den Eltern des anderen Ehegatten aus Anlass der Trennung, Scheidung oder Aufhebung der Ehe. Zu nennen sind weiterhin die Rückabwicklung von Zuwendungen der Schwiegereltern, die nach der Rechtsprechung des BGH nach denselben Grundsätzen wie ehebedingte Zuwendungen unter Ehegatten zu behandeln sein können. Im Übrigen sind beispielhaft Verfahren wegen Auseinandersetzung einer Miteigentumsgemeinschaft oder Auflösung einer Innengesellschaft der Ehegatten, über Streitigkeiten wegen Gesamtschuldnerausgleich oder Rückgewähr von Zuwendungen oder über die Aufteilung von Steuerguthaben zu nennen.

Nummer 4 erwähnt die aus dem Eltern-Kind-Verhältnis herrührenden Ansprüche. Neben Verlöbnis und Ehe handelt es sich bei dem Eltern-Kind-Verhältnis um ein weiteres spezifisch familienrechtliches Rechtsverhältnis. Als Ergänzung zur Zuständigkeit für Kindschaftssachen soll das Familiengericht auch für sonstige zivilrechtliche Ansprüche aus dem Eltern-Kind-Verhältnis zuständig sein. Zu nennen sind etwa Streitigkeiten wegen der Verwaltung des Kindesvermögens, auch, soweit es sich um Schadenersatzansprüche handelt. Der Anspruch muss im Eltern-Kind-Verhältnis selbst seine Grundlage haben, ein bloßer Zusammenhang hierzu genügt nicht.

Nummer 5 nennt aus dem Umgangsrecht herrührende Ansprüche. Dass hierzu nicht Verfahren wegen des Umgangsrechts selbst gehören, die als Kindschaftssachen anzusehen sind, ergibt sich bereits daraus, dass Absatz 1 nur bislang zivilgerichtliche Streitigkeiten enthält. Zu nennen ist insbesondere die Konstellation eines Schadenersatzanspruches wegen Nichteinhalten der Umgangsregelung (BGH NJW 2002, 2566 ff.). Für einen derartigen Anspruch ist nach Auffassung des BGH bislang das Zivilgericht zuständig. Aus Gründen des Sachzusammenhangs sollte dies geändert werden.

In den in **Nummern 1 bis 5** genannten Fällen ist eine sonstige Familiensache und damit die Zuständigkeit des Familiengerichts nicht gegeben, sofern die Arbeitsgerichte zuständig sind, das Verfahren eines der in § 348 Abs. 1 Satz 2, Nr. 2 a) bis k) ZPO genannten Sachgebiete, das Wohnungseigentumsrecht oder das Erbrecht betrifft. Hierbei handelt es sich jeweils um Rechtsgebiete, für deren Bearbeitung spezielle Kenntnisse erforderlich sind. Die Familiengerichte sollen nicht mit diesbezüglichen Verfahren befasst werden. Der Gesichtspunkt der Spezialität setzt sich hier gegenüber den für die Zuständigkeit des Familiengerichts maßgeblichen Kriterien durch.

Eine sonstige Familiensache ist auch dann nicht gegeben, wenn es sich bei dem Verfahren bereits nach anderen Vorschriften um eine Familiensache handelt. Diese Regelung stellt das Verhältnis zu den Bestimmungen über Familiensachen anderer Art ausdrücklich klar.

Absatz 2 bestimmt, dass auch Verfahren über einen Antrag nach § 1357 Abs. 2 Satz 1 BGB sonstige Familiensachen sind. Die Regelung des § 1357 BGB behandelt eine allgemeine Ehewirkung und ist somit güterstandsunabhängig, weshalb eine Zuordnung diesbezüglicher Verfahren zu den Güterrechtssachen ausscheidet.

Das Verfahren nach §§ 1357 Abs. 2 Satz 1 BGB gehört nicht zur Kategorie der Familienstreitsachen.

§ 267
Örtliche Zuständigkeit

(1) Während der Anhängigkeit einer Ehesache ist das Gericht ausschließlich zuständig, bei dem die Ehesache im ersten Rechtszug anhängig ist oder war. Diese Zuständigkeit geht der ausschließlichen Zuständigkeit eines anderen Gerichts vor.

(2) Im Übrigen bestimmt sich die Zuständigkeit nach der Zivilprozessordnung mit der Maßgabe, dass in den Vorschriften über den allgemeinen Gerichtsstand an die Stelle des Wohnsitzes der gewöhnliche Aufenthalt tritt.

Die Vorschrift entspricht der Fassung des Regierungsentwurfs.

II. – FamFG – Buch 2 Verfahren in Familiensachen

Begründung RegE:
Die Vorschrift entspricht der für Güterrechtssachen geltenden Regelung des § 262. Sie ist auf alle sonstigen Familiensachen nach § 266 anzuwenden.

Absatz 1 Satz 1 enthält eine Zuständigkeitskonzentration beim Gericht der Ehesache, wie sie auch in anderen Familiensachen vorgesehen ist.

Satz 2 bestimmt, dass die nach Satz 1 bestehende ausschließliche Zuständigkeit der ausschließlichen Zuständigkeit eines anderen Gerichts vorgeht.

Absatz 2 verweist im Übrigen also, soweit eine Zuständigkeit nach Absatz 1 nicht gegeben ist, auf die diesbezüglichen Vorschriften der ZPO mit der Maßgabe, dass in den Vorschriften über den allgemeinen Gerichtsstand an die Stelle des Wohnsitzes der gewöhnliche Aufenthalt tritt.

§ 268
Abgabe an das Gericht der Ehesache

Wird eine Ehesache rechtshängig, während eine sonstige Familiensache bei einem anderen Gericht im ersten Rechtszug anhängig ist, ist diese von Amts wegen an das Gericht der Ehesache abzugeben. § 281 Abs. 2 und 3 Satz 1 der Zivilprozessordnung gilt entsprechend.

Die Vorschrift entspricht der Fassung des Regierungsentwurfs.

Begründung RegE:
Für alle sonstigen Familiensachen nach § 266 wird mit dieser Vorschrift eine dem bisherigen § 621 Absatz 3 ZPO entsprechende Möglichkeit zur Verwirklichung der Zuständigkeitskonzentration beim Gericht der Ehesache geschaffen.

Abschnitt 12
Verfahren in Lebenspartnerschaftssachen

§ 269
Lebenspartnerschaftssachen

(1) Lebenspartnerschaftssachen sind Verfahren, welche zum Gegenstand haben:

1. die Aufhebung der Lebenspartnerschaft aufgrund des Lebenspartnerschaftsgesetzes,
2. die Feststellung des Bestehens oder Nichtbestehens einer Lebenspartnerschaft,
3. die elterliche Sorge, das Umgangsrecht oder die Herausgabe in Bezug auf ein gemeinschaftliches Kind,
4. die Annahme als Kind und die Ersetzung der Einwilligung zur Annahme als Kind,
5. Wohnungszuweisungssachen nach § 14 oder § 18 des Lebenspartnerschaftsgesetzes,
6. Hausratssachen nach § 13 oder § 19 des Lebenspartnerschaftsgesetzes,
7. den Versorgungsausgleich der Lebenspartner,
8. die gesetzliche Unterhaltspflicht für ein gemeinschaftliches minderjähriges Kind der Lebenspartner,
9. die durch die Lebenspartnerschaft begründete gesetzliche Unterhaltspflicht,
10. Ansprüche aus dem lebenspartnerschaftlichen Güterrecht, auch wenn Dritte an dem Verfahren beteiligt sind,
11. Entscheidungen nach § 6 des Lebenspartnerschaftsgesetzes in Verbindung mit § 1365 Abs. 2, § 1369 Abs. 2 und den §§ 1382 und 1383 des Bürgerlichen Gesetzbuchs,
12. Entscheidungen nach § 7 des Lebenspartnerschaftsgesetzes in Verbindung mit den §§ 1426, 1430 und 1452 des Bürgerlichen Gesetzbuchs.

(2) Sonstige Lebenspartnerschaftssachen sind Verfahren, welche zum Gegenstand haben:
1. Ansprüche nach § 1 Abs. 3 Satz 2 des Lebenspartnerschaftsgesetzes in Verbindung mit den §§ 1298 bis 1301 des Bürgerlichen Gesetzbuchs,
2. Ansprüche aus der Lebenspartnerschaft,
3. Ansprüche zwischen Personen, die miteinander eine Lebenspartnerschaft führen oder geführt haben, oder zwischen einer solchen Person und einem Elternteil im Zusammenhang mit der Trennung oder Aufhebung der Lebenspartnerschaft,

sofern nicht die Zuständigkeit der Arbeitsgerichte gegeben ist oder das Verfahren eines der in § 348 Abs. 1 Satz 2 Nr. 2 Buchstabe a bis k der Zivilprozessordnung genannten Sachgebiete, das Wohnungseigentumsrecht oder das Erbrecht betrifft und sofern es sich nicht bereits nach anderen Vorschriften um eine Lebenspartnerschaftssache handelt.

(3) Sonstige Lebenspartnerschaftssachen sind auch Verfahren über einen Antrag nach § 8 Abs. 2 des Lebenspartnerschaftsgesetzes in Verbindung mit § 1357 Abs. 2 Satz 1 des Bürgerlichen Gesetzbuchs.

Die Vorschrift entspricht im Hinblick auf die Absätze 2 und 3 dem Regierungsentwurf; Absatz 1 Ziffer 4 ist mit der Beschlussempfehlung des Rechtsausschusses eingefügt worden; die bisherigen Ziffern 4 bis 11 sind zu Ziffern 5 bis 12 geworden.

Begründung RegE:

Absatz 1 entspricht inhaltlich der bisherigen Regelung der Lebenspartnerschaftssachen in § 661 Abs. 1 ZPO unter Berücksichtigung der im FamFG neu geregelten Struktur der Familiensachen und der neu eingeführten Gesetzesbegriffe der Wohnungszuweisungs-, Hausrats- und Güterrechtssachen. Die Regelung des bisherigen § 661 Abs. 1 Nr. 3 ZPO wurde nicht übernommen. Klagen, die die Verpflichtung zur Fürsorge und Unterstützung in der partnerschaftlichen Lebensgemeinschaft zum Gegenstand haben, werden künftig als sonstige Lebenspartnerschaftssachen nach Absatz 2 Nr. 2 behandelt. Darüber hinaus wird in Absatz 2 und 3 die Schaffung des großen Familiengerichts auch für den Bereich der Rechtsverhältnisse, die die Lebenspartnerschaft betreffen, nachvollzogen. Ergänzend wird auf die Begründung zu Abschnitt 11 des zweiten Buchs verwiesen.

Absatz 1 Nr. 1 entspricht dem bisherigen § 661 Abs. 1 Nr. 1 ZPO.

Absatz 1 Nr. 2 entspricht dem bisherigen § 661 Abs. 1 Nr. 2 ZPO.

Absatz 1 Nr. 3 entspricht dem bisherigen § 661 Abs. 1 Nr. 3a bis c ZPO.

Absatz 1 Nr. 4 und 5 entspricht inhaltlich dem bisherigen § 661 Abs. 1 Nr. 5 ZPO.

Absatz 1 Nr. 6 entspricht dem bisherigen § 661 Abs. 1 Nr. 4a ZPO.

Absatz 1 Nr. 7 entspricht dem bisherigen § 661 Abs. 1 Nr. 3d ZPO.

Absatz 1 Nr. 8 entspricht dem bisherigen § 661 Abs. 1 Nr. 4 ZPO.

Absatz 1 Nr. 9 bis 11 entspricht dem bisherigen § 661 Abs. 1 Nr. 6 und 7 ZPO. Die Güterrechtssachen werden systematisch in gleicher Weise geregelt wie im Fall der Ehe. Einbezogen werden daher auch Verfahren nach § 7 des Lebenspartnerschaftsgesetzes in Verbindung mit den §§ 1426, 1430 und 1452 BGB.

Absatz 2 regelt die sonstigen Lebenspartnerschaftssachen. Er enthält eine Aufzählung bestimmter zivilgerichtlicher Verfahren, die nunmehr als Lebenspartnerschaftssachen in die Zuständigkeit des Familiengerichts fallen sollen. Die in Absatz 2 geregelten Verfahren gehören zur Kategorie der Familienstreitsachen nach § 112 Nr. 3.

Absatz 3 ergänzt die sonstigen Lebenspartnerschaftssachen um das Verfahren nach § 8 Abs. 2 des Lebenspartnerschaftsgesetzes in Verbindung mit § 1357 Abs. 2 Satz 1 des BGB.

Begründung Beschlussempfehlung Rechtsausschuss:
Bei der Änderung handelt es sich um eine Folgeänderung aufgrund der materiell-rechtlichen Regelungen zur Adoption durch Lebenspartner gemäß § 9 Abs. 6 LPartG.

§ 270
Anwendbare Vorschriften

(1) In Lebenspartnerschaftssachen nach § 269 Abs. 1 Nr. 1 sind die für Verfahren auf Scheidung geltenden Vorschriften, in Lebenspartnerschaftssachen nach § 269 Abs. 1 Nr. 2 die für Verfahren auf Feststellung des Bestehens oder Nichtbestehens einer Ehe zwischen den Beteiligten geltenden Vorschriften entsprechend anzuwenden. In den Lebenspartnerschaftssachen nach § 269 Abs. 1 Nr. 3 bis 11 sind die in Familiensachen nach § 111 Nr. 2, 4, 5 und 7 bis 9 jeweils geltenden Vorschriften entsprechend anzuwenden.

(2) In sonstigen Lebenspartnerschaftssachen nach § 269 Abs. 2 und 3 sind die in sonstigen Familiensachen nach § 111 Nr. 10 geltenden Vorschriften entsprechend anzuwenden.

Die Vorschrift entspricht im Hinblick auf Absatz 1 dem Regierungsentwurf; Absatz 2 ist mit der Beschlussempfehlung des Rechtsausschusses geändert worden.

Frühere Fassung RegE:
In den Lebenspartnerschaftssachen nach § 269 Abs. 1 Nr. 3 bis 11 sind die in Familiensachen nach § 111 Nr. 2, 5 und 7 bis 9 jeweils geltenden Vorschriften entsprechend anzuwenden.

Begründung RegE:
Die Vorschrift regelt, welche Bestimmungen für Familiensachen in Lebenspartnerschaftssachen entsprechend anwendbar sind. Verfahrensrechtlich werden die Lebenspartnerschaftssachen wie die ihnen jeweils entsprechenden Familiensachen im Fall der Ehe behandelt. Die Verweisung bezieht sich auf sämtliche in den entsprechenden Familiensachen anwendbaren Vorschriften, das heißt auch solche aus Buch 1 oder anderen Gesetzen.

Begründung Beschlussempfehlung Rechtsausschuss:
Bei der Änderung handelt es sich um eine Folgeänderung aufgrund der materiell-rechtlichen Regelungen zur Adoption durch Lebenspartner gemäß § 9 Abs. 6 LPartG.

Buch 3
Verfahren in Betreuungs- und Unterbringungssachen

Abschnitt 1
Verfahren in Betreuungssachen

§ 271
Betreuungssachen

Betreuungssachen sind

1. Verfahren zur Bestellung eines Betreuers und zur Aufhebung der Betreuung,
2. Verfahren zur Anordnung eines Einwilligungsvorbehalts sowie
3. sonstige Verfahren, die die rechtliche Betreuung eines Volljährigen (§§ 1896 bis 1908i des Bürgerlichen Gesetzbuchs) betreffen, soweit es sich nicht um eine Unterbringungssache handelt.

Die Vorschrift entspricht der Fassung des Regierungsentwurfs.

Begründung RegE:
Die Vorschrift enthält eine Definition der Betreuungssachen. Zunächst sind dies nach **Nummer 1** Verfahren über die Bestellung eines Betreuers und die Aufhebung der Betreuung sowie nach **Nummer 2** Verfahren auf Anordnung eines Einwilligungsvorbehaltes. Diese Verfahrensgegenstände sind von besonderer Bedeutung. Die überwiegende Zahl der Verfahrensvorschriften bezieht sich auf die Bestellung eines Betreuers und die Anordnung eines Einwilligungsvorbehaltes. Diese Gegenstände werden daher an erster Stelle genannt. Betreuungssachen sind ferner gemäß **Nummer 3** Verfahren über die rechtliche Betreuung von Volljährigen, wie sie im Bürgerlichen Gesetzbuch in Buch 4 Abschnitt 3 Titel 2 beschrieben werden. Ausgenommen ist die Unterbringung des Betreuten nach § 1906 BGB. Insoweit gilt das Verfahren in Unterbringungssachen.

§ 272
Örtliche Zuständigkeit

(1) Ausschließlich zuständig ist in dieser Rangfolge:
1. das Gericht, bei dem die Betreuung anhängig ist, wenn bereits ein Betreuer bestellt ist;
2. das Gericht, in dessen Bezirk der Betroffene seinen gewöhnlichen Aufenthalt hat;
3. das Gericht, in dessen Bezirk das Bedürfnis der Fürsorge hervortritt;
4. das Amtsgericht Schöneberg in Berlin, wenn der Betroffene Deutscher ist.

(2) Für einstweilige Anordnungen nach § 300 oder vorläufige Maßregeln ist auch das Gericht zuständig, in dessen Bezirk das Bedürfnis der Fürsorge bekannt wird. Es soll die angeordneten Maßregeln dem nach Absatz 1 Nr. 1, 2 oder Nr. 4 zuständigen Gericht mitteilen.

Die Vorschrift entspricht im Hinblick auf Absatz 1 dem Regierungsentwurf; Absatz 2 ist mit der Beschlussempfehlung des Rechtsausschusses geändert worden.

Frühere Fassung RegE:
(2) Für einstweilige Anordnungen nach § 300 oder vorläufige Maßregeln ist auch das Gericht zuständig, in dessen Bezirk das Bedürfnis der Fürsorge **hervortritt**. Es soll die angeordneten Maßregeln dem nach Absatz 1 Nr. 1, Nr. 2 oder Nr. 4 zuständigen Gericht mitteilen.

II. – FamFG – Buch 3 Verfahren in Betreuungs- und Unterbringungssachen

Begründung RegE:

Absatz 1 knüpft an den bisherigen § 65 Abs. 1 bis 4 FGG an. Änderungen gegenüber dieser Vorschrift sind redaktioneller und sprachlicher Art und durch eine Anpassung an den Allgemeinen Teil bedingt. Nicht aufgenommen wurde in Absatz 1 die Anknüpfung an eine Erstbefassung gemäß § 65 Abs. 1 FGG, da diese bereits in § 2 Abs. 1 enthalten ist. Die seit Inkrafttreten des Zweiten Gesetzes zur Änderung des Betreuungsrechts vom 21. April 2005 (BGBl. I, S. 1073) geltende Bestimmung, nach der ein Proberichter im ersten Jahr nicht in Betreuungssachen tätig sein darf (§ 65 Abs. 6 FGG), ist nunmehr in § 23c Abs. 2 Satz 2 GVG geregelt.

Absatz 2 beschreibt die gerichtliche Zuständigkeit in Eilsachen. Die Vorschrift entspricht inhaltlich dem bisherigen § 65 Abs. 5 FGG und enthält sprachliche Änderungen. Eilsachen werden nun abstrakt beschrieben. Vorläufige Maßregeln sind, wie derzeit in § 65 Abs. 5 FGG aufgeführt, solche nach Artikel 24 Abs. 3 EGBGB sowie Maßregeln nach § 1908i Abs. 1 Satz 1 in Verbindung mit § 1846 BGB.

Begründung Beschlussempfehlung Rechtsausschuss:
Bei der Änderung handelt es sich um eine sprachliche Anpassung an §§ 50 Abs. 2, 313 Abs. 2.

§ 273
Abgabe bei Änderung des gewöhnlichen Aufenthalts

Als wichtiger Grund für eine Abgabe im Sinne des § 4 Satz 1 ist es in der Regel anzusehen, wenn sich der gewöhnliche Aufenthalt des Betroffenen geändert hat und die Aufgaben des Betreuers im Wesentlichen am neuen Aufenthaltsort des Betroffenen zu erfüllen sind. Der Änderung des gewöhnlichen Aufenthalts steht ein tatsächlicher Aufenthalt von mehr als einem Jahr an einem anderen Ort gleich.

Die Vorschrift entspricht der Fassung des Regierungsentwurfs.

Begründung RegE:

Die Vorschrift übernimmt den bisherigen § 65a Abs. 1 Satz 2 FGG. § 65a Abs. 1 Satz 1 und Abs. 2 FGG ist wegen der Anordnungen über die Abgabe an ein anderes Gericht in § 4 obsolet. Auf dessen Begründung wird verwiesen.

Die bisher in § 65a Abs. 1 Satz 3 FGG vorgesehene Möglichkeit, das nur einen Betreuer betreffende Verfahren bei Vorliegen eines wichtigen Grundes abzugeben, wenn mehrere Betreuer für unterschiedliche Aufgabenkreise bestellt sind, ist in § 273 nicht übernommen worden. Zwar ist denkbar, dass eine Aufspaltung des Verfahrens im Einzelfall vertretbar erscheint, wenn etwa im Fall eines Umzugs des Betroffenen seine vermögensrechtlichen Angelegenheiten weiterhin an seinem bisherigen Aufenthaltsort geregelt werden können. Die Gefahr widerstreitender Entscheidungen gebietet jedoch auch hier eine Konzentration des Betreuungsverfahrens bei einem einzigen Gericht.

§ 274
Beteiligte

(1) Zu beteiligen sind
1. der Betroffene,
2. der Betreuer, sofern sein Aufgabenkreis betroffen ist,
3. der Bevollmächtigte im Sinne des § 1896 Abs. 2 Satz 2 des Bürgerlichen Gesetzbuchs, sofern sein Aufgabenkreis betroffen ist.

(2) Der Verfahrenspfleger wird durch seine Bestellung als Beteiligter zum Verfahren hinzugezogen.

(3) Die zuständige Behörde ist auf ihren Antrag als Beteiligte in Verfahren über
1. die Bestellung eines Betreuers oder die Anordnung eines Einwilligungsvorbehalts,

2. Umfang, Inhalt oder Bestand von Entscheidungen der in Nummer 1 genannten Art hinzuzuziehen.

(4) Beteiligt werden können

1. in den in Absatz 3 genannten Verfahren im Interesse des Betroffenen dessen Ehegatte oder Lebenspartner, wenn die Ehegatten oder Lebenspartner nicht dauernd getrennt leben, sowie dessen Eltern, Pflegeeltern, Großeltern, Abkömmlinge, Geschwister und eine Person seines Vertrauens,
2. der Vertreter der Staatskasse, soweit das Interesse der Staatskasse durch den Ausgang des Verfahrens betroffen sein kann.

Die Vorschrift entspricht der Fassung des Regierungsentwurfs.

Begründung RegE:

Eine Neuerung zum geltenden Betreuungsverfahrensrecht stellt die Beschreibung der am Verfahren Beteiligten dar. Diese Vorschrift knüpft an den Beteiligtenbegriff des Allgemeinen Teils an. Auf die Begründung zu § 7 wird zunächst verwiesen. § 274 beschreibt ergänzend die Fälle, in denen bestimmte Personen aufgrund dieses Gesetzes nach § 7 Abs. 2 Nr. 2 zu beteiligen sind oder gemäß § 7 Abs. 3 Satz 1 beteiligt werden können. Dessen ungeachtet kann sich die Notwendigkeit einer Beteiligung aus der Betroffenheit in eigenen Rechten nach § 7 Abs. 2 Nr. 1 selbst ergeben.

Absatz 1 enthält im Sinne des § 7 Abs. 2 Nr. 2 eine Aufzählung der Muss-Beteiligten, also derjenigen, die in jedem Fall von Amts wegen als Beteiligte zum Verfahren hinzuzuziehen sind. Die obligatorische Beteiligung nach § 7 Abs. 2 Nr. 1 bleibt von den Regelungen in Absatz 1 unberührt. Da die in § 274 Abs. 1 aufgeführten Personen in einem Betreuungsverfahren in ihren Rechten betroffen sein können, kann sich die Notwendigkeit ihrer Hinzuziehung daher zugleich aus § 7 Abs. 2 Nr. 1 ergeben.

Muss-Beteiligter nach **Absatz 1 Nr. 1** ist zunächst der Betroffene. Obligatorisch zu beteiligen ist nach **Absatz 1 Nr. 2** außerdem der Betreuer, jedoch nur, soweit sein Aufgabenkreis betroffen ist. Diese Einschränkung kann beispielsweise dann zum Tragen kommen, wenn mehrere Betreuer für verschiedene Aufgabenkreise bestellt wurden und im Verfahren der einem bestimmten Betreuer zugewiesene Aufgabenkreis nicht berührt ist. Auch die Erweiterung oder Einschränkung des Aufgabenkreises eines Betreuers wird von Absatz 1 Nr. 2 erfasst, denn auch in diesem Fall ist sein Aufgabenkreis betroffen. Die Beteiligung eines künftigen Betreuers, dessen mögliche Bestellung den Gegenstand des Verfahrens bildet, folgt hingegen bereits aus § 7 Abs. 2 Nr. 1. Seine Beteiligung kann etwa erforderlich sein, wenn die Notwendigkeit einer Betreuerbestellung bereits feststeht und sich die Betreuerauswahl auf eine bestimmte Person konzentriert. Muss-Beteiligter ist nach **Absatz 1 Nr. 3** schließlich der Bevollmächtigte im Sinne des § 1896 Abs. 2 Satz 2 BGB im Rahmen seines Aufgabenkreises. In einem Betreuungsverfahren wird ein solcher Bevollmächtigter, sofern sein Aufgabenkreis erfasst ist, nicht unerheblich in seinen Rechten betroffen sein, sei es, dass der Widerruf seiner Bevollmächtigung droht, sei es, dass Gegenstand des Verfahrens die Bestellung eines Kontrollbetreuers nach § 1896 Abs. 3 BGB ist.

Absatz 2 ist eine Sondervorschrift über die Beteiligung des Verfahrenspflegers. Sofern er nach § 276 Abs. 1 im Interesse des Betroffenen bestellt wird, ist er zugleich Beteiligter. Absatz 2 ordnet an, dass der Verfahrenspfleger bereits mit dem Akt seiner Bestellung, sofern diese nach § 276 erforderlich ist, zum Beteiligten wird. Ein weiterer Hinzuziehungsakt ist nicht notwendig.

Mit seiner Hinzuziehung zum Verfahren erhält der Verfahrenspfleger alle Rechte und Pflichten eines Beteiligten, etwa ein Akteneinsichtsrecht nach § 13 oder eine Mitwirkungspflicht im Sinne des § 27. Ausgenommen ist nach § 276 Abs. 7 jedoch eine Pflicht zur Kostentragung. Diese Konzeption entspricht der des Verfahrenspflegers nach dem bisher geltenden FGG. Danach war die Beteiligung des Verfahrenspflegers an allen Verfahrenshandlungen notwendig (so bereits die Begründung des Gesetzes über die Betreuung Volljähriger vom 12.9.1990, BT-Drs. 11/4528, S. 171; vgl. auch Bienwald, Verfahrenspflegschaftsrecht 2002, Rn. 436 ff.). Korrespondierend zu seiner Beteiligung in erster Instanz steht dem Verfahrenspfleger

II. – FamFG – Buch 3 Verfahren in Betreuungs- und Unterbringungssachen

nach § 303 Abs. 3 wie bislang im Interesse des Betroffenen ein Recht zur Beschwerde zu (vgl. Bienwald, a.a.O., Rn. 436; Damrau/Zimmermann, Betreuungsrecht, 3. Aufl. 2001, Rn. 30 zu § 67).

Die Stellung des Verfahrenspflegers entspricht auch im Übrigen der bisher im Rahmen des FGG geltenden (siehe dazu die Begründung des Gesetzes über die Betreuung Volljähriger vom 12.9.1990, BT-Drs. 11/4528, S. 171). Der Verfahrenspfleger soll die Belange des Betroffenen im Verfahren wahren. Er hat seinen Willen zu beachten, ist aber nicht an seine Weisungen gebunden, sondern hat die objektiven Interessen des Betroffenen wahrzunehmen. Er ist ein Pfleger eigener Art.

Absatz 3 ist eine Sondervorschrift über die Beteiligung der zuständigen Behörde. In den hier genannten Fällen ist sie zum Verfahren hinzuzuziehen. Erfasst werden davon die Verfahrensgegenstände, in denen ihr gemäß § 303 Abs. 1 ein Recht zur Beschwerde zusteht. Das sind solche Gegenstände, in denen die Behörde bereits nach den bisherigen Regelungen in §§ 69g Abs. 1, 69i Abs. 3, 5 und 8 FGG zur Beschwerde befugt war. Umfasst werden davon entsprechend dem bisherigen § 69g Abs. 1 FGG zunächst die Bestellung eines Betreuers und die Anordnung eines Einwilligungsvorbehaltes. Die in den bisherigen Regelungen des § 69i Abs. 3, 5 und 8 FGG genannten Verfahrensgegenstände werden nun in § 274 Abs. 3 **Nr. 2** als Entscheidungen über Umfang, Inhalt und Bestand der Bestellung eines Betreuers und die Anordnung eines Einwilligungsvorbehaltes beschrieben. Es sind dies die Aufhebung der Betreuung, die Einschränkung des Aufgabenkreises des Betreuten, die Aufhebung eines Einwilligungsvorbehaltes oder des Kreises der einwilligungsbedürftigen Willenserklärungen, die Bestellung eines neuen Betreuers nach § 1908b BGB, ferner im Falle der Erweiterung des Aufgabenkreises die Bestellung eines weiteren Betreuers nach § 1899 BGB. Als Entscheidung über den Bestand der Betreuerbestellung ist darüber hinaus die Entlassung des Betreuers im Sinne des § 1908b BGB anzusehen. Auch die Verlängerung der Betreuung oder eines Einwilligungsvorbehaltes ist eine Entscheidung über den Bestand einer solchen Maßnahme. Die vorstehende Aufzählung ist nicht abschließend. Als Entscheidung über Umfang, Inhalt und Bestand der Bestellung eines Betreuers und die Anordnung eines Einwilligungsvorbehaltes kommen grundsätzlich weitere Verfahrensgegenstände in Betracht.

Die Beteiligung der Behörde erfolgt nicht von Amts wegen. Sie ist lediglich dann zum Verfahren hinzuzuziehen, wenn sie es begehrt. Nur in diesem Fall ist ihre Hinzuziehung obligatorisch. Durch das Antragserfordernis sollen unnötige Beteiligungen und dadurch bedingte Zustellungen, Anhörungen oder sonstige Verfahrenshandlungen vermieden werden. Von dieser Vorschrift unberührt bleibt freilich die im Rahmen der Amtsermittlung des Gerichts nach § 26 bestehende Pflicht, die zuständige Behörde anzuhören, wenn dies im Einzelfall geboten erscheint.

In **Absatz 4** werden diejenigen beschrieben, die nach § 7 Abs. 3 Satz 1 als Beteiligte hinzugezogen werden können. Das sind Personen, die nicht oder nicht zwingend in ihren Rechten betroffen werden, deren Hinzuziehung jedoch geboten sein kann, weil sie etwa als Angehörige ein schützenswertes ideelles Interesse haben. Einem Antrag auf Hinzuziehung der in in diesem Absatz Genannten muss das Gericht nicht entsprechen. Gegen eine Ablehnung ihres Antrags ist jedoch nach § 7 Abs. 3 Satz 3 die sofortige Beschwerde möglich.

Nach der **Nummer 1** können die Angehörigen des Betroffenen in seinem Interesse beteiligt werden. Es handelt sich um eine altruistische Beteiligung. Es soll vermieden werden, dass Verwandte ohne ein Betroffensein in eigenen Rechten auch dann Einfluss auf das Verfahren nehmen können, wenn dies den Interessen des Betroffenen zuwiderläuft. Das Interesse des Betroffenen ist aus seiner Sicht zu beurteilen. Seine Wünsche und Belange hat das Gericht damit schon zum Zeitpunkt der Beteiligung der Verwandten zu berücksichtigen. Anders als nach der bisherigen Regelung in § 68a Satz 3 FGG kann der Betroffene einer Anhörung seiner Angehörigen nämlich nicht mehr widersprechen, sobald sie zum Verfahren hinzugezogen wurden (siehe die Begründung zu § 279 Abs. 1). Läuft der subjektive Wille des Betroffenen seinen objektiven Interessen jedoch zuwider und liegen keine erheblichen Gründe vor, die gegen eine Hinzuziehung der Verwandten sprechen, kommt deren Beteiligung ausnahmsweise gegen den Willen des Betroffenen in Betracht. Ein Widerspruchsrecht steht dem Betroffenen auch nach bisherigem § 68a Satz 3 FGG nur bei Vorliegen erheblicher Gründe zu.

Der Kreis der Angehörigen ist enger gefasst als bisher nach § 69g Abs. 1 FGG. Eine weitere Einschränkung folgt aus dem Verweis auf Absatz 3: Nur in Verfahren über die dort genannten Gegenstände ist die Hinzuziehung der Angehörigen des Betroffenen unabhängig von ihrem Betroffensein in eigenen Rechten möglich. Erfasst werden davon die Verfahrensgegenstände, in denen auch die zuständige Behörde auf ihren Antrag zu beteiligen ist. Auf obige Begründung wird verwiesen. In diesen Fällen wurden die Angehörigen auch nach den bisherigen Regelungen der §§ 69g Abs. 1, 69i Abs. 3, 5 und 8 FGG privilegiert und hatten ohne eigene Rechtsverletzung ein Recht zur Beschwerde. Dadurch wird eine Kongruenz zwischen erster und zweiter Instanz geschaffen und sichergestellt, dass die Angehörigen in diesen Verfahren bereits von dem Erstgericht beteiligt werden können.

Im Interesse des Betroffenen kann auch eine Person seines Vertrauens am Verfahren beteiligt werden. Diese Regelung ermöglicht es dem Gericht, im Einzelfall auch entferntere Anghörige, einen getrennt lebenden Ehegatten oder Lebenspartner sowie sonstige Personen hinzuzuziehen, wenn sie mit dem Betroffenen eng verbunden sind.

Absatz 4 Nr. 2 nennt weiter den Vertreter der Staatskasse als fakultativen Beteiligten im Sinne des § 7 Abs. 3 Satz 1. Er verfolgt fiskalische Interessen. Seine Hinzuziehung kommt nur in Betracht, wenn die Belange der Staatskasse betroffen sein können. Die Nummer 2 stellt dies ausdrücklich klar. Auf diese Weise wird das dem Gericht eingeräumte Ermessen konkretisiert. Unnötige Beteiligungen und damit verbundener zusätzlicher Verfahrensaufwand werden vermieden.

§ 275
Verfahrensfähigkeit

In Betreuungssachen ist der Betroffene ohne Rücksicht auf seine Geschäftsfähigkeit verfahrensfähig.

Die Vorschrift entspricht der Fassung des Regierungsentwurfs.

Begründung RegE:

§ 9 regelt die Verfahrensfähigkeit allgemein. § 275 bestimmt die Verfahrensfähigkeit des geschäftsunfähigen Betroffenen. Die Vorschrift entspricht § 66 FGG.

§ 276
Verfahrenspfleger

(1) Das Gericht hat dem Betroffenen einen Verfahrenspfleger zu bestellen, wenn dies zur Wahrnehmung der Interessen des Betroffenen erforderlich ist. Die Bestellung ist in der Regel erforderlich, wenn

1. **von der persönlichen Anhörung des Betroffenen nach § 278 Abs. 4 in Verbindung mit § 34 Abs. 2 abgesehen werden soll oder**
2. **Gegenstand des Verfahrens die Bestellung eines Betreuers zur Besorgung aller Angelegenheiten des Betroffenen oder die Erweiterung des Aufgabenkreises hierauf ist; dies gilt auch, wenn der Gegenstand des Verfahrens die in § 1896 Abs. 4 und § 1905 des Bürgerlichen Gesetzbuchs bezeichneten Angelegenheiten nicht erfasst.**

(2) Von der Bestellung kann in den Fällen des Absatzes 1 Satz 2 abgesehen werden, wenn ein Interesse des Betroffenen an der Bestellung des Verfahrenspflegers offensichtlich nicht besteht. Die Nichtbestellung ist zu begründen.

(3) Wer Verfahrenspflegschaften im Rahmen seiner Berufsausübung führt, soll nur dann zum Verfahrenspfleger bestellt werden, wenn keine andere geeignete Person zur Verfügung steht, die zur ehrenamtlichen Führung der Verfahrenspflegschaft bereit ist.

(4) Die Bestellung eines Verfahrenspflegers soll unterbleiben oder aufgehoben werden, wenn die Interessen des Betroffenen von einem Rechtsanwalt oder einem anderen geeigneten Verfahrensbevollmächtigten vertreten werden.

II. – FamFG – Buch 3 Verfahren in Betreuungs- und Unterbringungssachen

(5) Die Bestellung endet, sofern sie nicht vorher aufgehoben wird, mit der Rechtskraft der Endentscheidung oder mit dem sonstigen Abschluss des Verfahrens.

(6) Die Bestellung eines Verfahrenspflegers oder deren Aufhebung sowie die Ablehnung einer derartigen Maßnahme sind nicht selbständig anfechtbar.

(7) Dem Verfahrenspfleger sind keine Kosten aufzuerlegen.

Die Vorschrift entspricht der Fassung des Regierungsentwurfs.

Begründung RegE:
Wegen der Stellung des Verfahrenspflegers wird zunächst auf die Begründung zu § 274 Abs. 2 verwiesen.

Die **Absätze 1 und 2** entsprechen dem bisherigen § 67 Abs. 1 Satz 1 bis 4 FGG. Änderungen sind sprachlicher und redaktioneller Art.

Absatz 3 entspricht der seit Inkrafttreten des Zweiten Gesetzes zur Änderung des Betreuungsrechts vom 21. April 2005 (BGBl. I S. 1073) bisherigen Regelung des § 67 Abs. 1 Satz 6 FGG. Danach galt für die Bestellung eines Verfahrenspflegers § 1897 Abs. 6 Satz 1 BGB entsprechend. Absatz 3 enthält den Text dieser Vorschrift unmittelbar.

Absatz 4 entspricht dem bisherigen § 67 Abs. 1 Satz 7 FGG.

Absatz 5 enthält eine inhaltliche Neuerung. Nach dem bisherigen § 67 Abs. 2 FGG war der Verfahrenspfleger für jeden Rechtszug gesondert zu bestellen. Seine Bestellung endete demnach mit der das Verfahren abschließenden Entscheidung. Diese zeitliche Begrenzung war nach dem FGG erforderlich, denn das Rechtsmittel der Beschwerde war grundsätzlich nicht befristet. Das Ende der Bestellung zum Verfahrenspfleger musste bereits deshalb feststehen, um dem Verfahrenspfleger die Geltendmachung einer etwaigen Vergütung oder eines Aufwendungsersatzes ab einem bestimmten Zeitpunkt zu ermöglichen. Da das Rechtsmittel der Beschwerde nunmehr gemäß §§ 58, 63 grundsätzlich befristet ist, bedarf es keiner zeitlichen Begrenzung der Bestellung zum Verfahrenspfleger mehr. Sie wird daher in Absatz 5 aufgehoben, der dem bisherigen § 70b Abs. 4 FGG in dem Verfahren in Unterbringungssachen entspricht. Im Beschwerdeverfahren ist es fortan nicht notwendig, einen Verfahrenspfleger in einem gesonderten Beschluss erneut zu bestellen.

Absatz 6 ordnet nunmehr generell an, dass eine Entscheidung über die Bestellung eines Verfahrenspflegers einschließlich deren Ablehnung nicht selbständig anfechtbar ist. Dies entspricht jedenfalls für die Bestellung eines Verfahrenspflegers bisheriger höchstrichterlicher Rechtsprechung (BGH vom 25. Juni 2003, Az.: – XII ZB 169/99 – FamRZ 2003, 1275 ff.). Auch die Aufhebung oder die Ablehnung einer Verfahrenspflegerbestellung stellen den Rechtszug nicht abschließende Zwischenentscheidungen dar. Sie greifen wie auch die Bestellung des Verfahrenspflegers nicht in einem Maße in die Rechtssphäre des Betroffenen ein, das ihre selbständige Anfechtbarkeit notwendig macht.

Absatz 7 bestimmt, dass der Verfahrenspfleger nicht mit Verfahrenskosten belegt werden kann. Das ist sachgerecht, da er allein im Interesse des Betroffenen tätig wird und dessen Rechte wahrnimmt. Verursacht ein Verfahrenspfleger im Einzelfall wider Erwarten nicht gerechtfertigte Kosten, kann das Gericht reagieren und ihn als Pfleger entlassen.

§ 67 Abs. 1 Satz 5 FGG ist nunmehr in § 297 Abs. 5 geregelt.

Stellungnahme Bundesrat:
71. **Zu Artikel 1** (§ 276 FamFG)
Artikel 1 § 276 FamFG ist wie folgt zu fassen:
„§ 276
Verfahrenspfleger

(1) Das Gericht bestellt dem Betroffenen einen Verfahrenspfleger, wenn dies zur Wahrnehmung seiner Interessen erforderlich ist. Die Bestellung eines Verfahrenspflegers soll unterbleiben oder aufgehoben

werden, wenn die Interessen des Betroffenen von einem Rechtsanwalt oder einem anderen geeigneten Verfahrensbevollmächtigten vertreten werden.

(2) Wer Verfahrenspflegschaften im Rahmen seiner Berufsausübung führt, soll nur dann zum Verfahrenspfleger bestellt werden, wenn keine andere geeignete Person zur Verfügung steht, die zur ehrenamtlichen Führung der Verfahrenspflegschaft bereit ist.

(3) Die Bestellung endet, sofern sie nicht vorher aufgehoben wird,

1. mit der Rechtskraft der Endentscheidung oder

2. mit dem sonstigen Abschluss des Verfahrens.

(4) Die Bestellung eines Verfahrenspflegers oder deren Aufhebung sowie die Ablehnung einer derartigen Maßnahme sind nicht selbständig anfechtbar.

(5) Dem Verfahrenspfleger sind keine Kosten aufzuerlegen."

Begründung:
Der Prüfungsmaßstab des Gesetzentwurfs, ob die Bestellung eines Verfahrenspflegers zur Wahrnehmung der Interessen des Betroffenen erforderlich ist, soll beibehalten werden. Dieser bietet für die Praxis eine geeignete Basis, ohne schematische Vorgaben eine an den konkreten Umständen des Einzelfalls orientierte Entscheidung zu treffen.

§ 276 Abs. 4 FamFG-E wird dem Absatz 1 als Satz 2 angefügt, da diese Gliederung dem logischen Aufbau der Norm und auch der Prüfungsreihenfolge des Gerichts entspricht.

Anstelle der im Gesetzentwurf (§ 276 Abs. 1 Satz 2 FamFG-E) vorgesehenen Regelbeispiele ist eine Generalklausel ohne Regelbeispiele ausreichend.

Das Gericht ist in Betreuungssachen kraft des Amtsermittlungsgrundsatzes ohnehin gehalten, den Sachverhalt nach allen Richtungen hin zu erforschen und dabei auch die Belange des Betroffenen zu berücksichtigen. Dies gibt bereits das materielle Recht vor, so zum Beispiel § 1896 Abs. 1a oder § 1897 Abs. 4 BGB. In Betreuungssachen stehen die Interessen des Betroffenen daher ohnehin im Mittelpunkt des gerichtlichen Verfahrens. Vor einschneidenden Maßnahmen hat das Gericht ferner nach § 280 FamFG-E im Wege des Strengbeweises ein Sachverständigengutachten einzuholen. Auch im Rahmen der Begutachtung erfährt das Gericht vom objektiven Interesse und von den subjektiven Wünschen des Betreuten. In der Praxis ist daher zu beobachten, dass Verfahrenspfleger eher selten von effektivem Nutzen für das Verfahren und für die Wahrung der Interessen des Betroffenen sind.

Es gibt keinen empirischen Beleg dafür, dass die Bestellung eines Verfahrenspflegers gerade in den Fällen der Regelbeispiele besonders förderlich für die Interessen des Betroffenen wäre.

§ 276 Abs. 1 Satz 2 Nr. 1 FamFG-E legt fest, dass in der Regel ein Verfahrenpfleger zu bestellen ist, wenn nach § 278 Abs. 4 in Verbindung mit § 34 Abs. 2 FamFG-E von einer persönlichen Anhörung des Betroffenen abgesehen werden soll. In diesem Fall dürfte es auch für einen Verfahrenspfleger schwirig sein, mit dem Betroffenen zu kommunizieren, um auf dieser Grundlage seine Interessen wahrzunehmen. Einen persönlichen Eindruck vom Betroffenen hat sich stets auch der Richter gemäß § 278 Abs. 1 Satz 1 und 2 FamFG-E zu verschaffen, auch wenn keine Anhörung erfolgt.

§ 276 Abs. 1 Satz 2 Nr. 2 FamFG-E ordnet für bestimmte schwerwiegende Maßnahmen an, dass in der Regel ein Verfahrenpfleger zu bestellen ist, darunter auch für die Bestellung eines Betreuers zur Besorgung aller Angelegenheiten. Es gibt viele Fälle, in denen es für alle Beteiligten völlig offensichtlich ist, dass eine solche umfassende Betreuerbestellung erforderlich ist und der Betroffene sich dieser in keiner Weise widersetzt. Die Bestellung eines Verfahrenspflegers ist in solchen Fällen eine bloße Förmelei.

Gegenäußerung Bundesregierung:
Zu Nummer 71 (Artikel 1 – § 276 FamFG)

Die Bundesregierung stimmt dem Vorschlag des Bundesrates nicht zu.

II. – FamFG – Buch 3 Verfahren in Betreuungs- und Unterbringungssachen

§ 276 Abs. 1 FamFG entspricht dem bisherigen § 67 Abs. 1 FGG. Der vorgeschlagene Verzicht auf die Regelbeispiele zur Bestellung eines Verfahrensbeistands wäre ein Rückschritt gegenüber der bisherigen Regelung in § 67 Abs. 1 FGG. Es müsste dann in jedem Einzelfall geprüft werden, ob die Bestellung eines Verfahrenspflegers zur Wahrnehmung der Interessen des Betroffenen erforderlich ist. Die mit den Regelbeispielen verbundene Erleichterung für die richterliche Prüfung und für die Vorhersehbarkeit der Pflegerbestellung entfiele.

Wird der Betroffene nicht angehört oder umfasst die Bestellung des Betreuers die Besorgung aller Angelegenheiten, dann ist ihm ein Verfahrenspfleger zur Wahrnehmung seiner Rechte im Verfahren zu bestellen. Dies wird in den Regelbeispielen nachvollziehbar zum Ausdruck gebracht. Die in der Stellungnahme zum Ausdruck kommende Auffassung des Bundesrates, in den Fällen, in denen von einer Anhörung des Betroffenen abgesehen wird, sei die Bestellung eines Verfahrenspflegers wegen der bestehenden Kommunikationsschwierigkeiten oftmals nicht hilfreich, wird von der Bundesregierung nicht geteilt. Sie übersieht, dass in diesen Fällen die Bestellung eines Verfahrenspflegers in aller Regel die einzige Möglichkeit ist, um den Grundsatz des rechtlichen Gehörs gegenüber dem Betroffenen zu verwirklichen.

Der Anregung des Bundesrates, § 276 Abs. 4 FamFG (Unterbleiben einer Bestellung, soweit die Interessen des Betroffenen durch einen Rechtsanwalt wahrgenommen werden) als weiteren Satz dem § 276 Abs. 1 FamFG anzugliedern, stimmt die Bundesregierung zu.

§ 277
Vergütung und Aufwendungsersatz des Verfahrenspflegers

(1) Der Verfahrenspfleger erhält Ersatz seiner Aufwendungen nach § 1835 Abs. 1 bis 2 des Bürgerlichen Gesetzbuchs. Vorschuss kann nicht verlangt werden. Eine Behörde oder ein Verein erhalten als Verfahrenspfleger keinen Aufwendungsersatz.

(2) § 1836 Abs. 1 und 3 des Bürgerlichen Gesetzbuchs gilt entsprechend. Wird die Verfahrenspflegschaft ausnahmsweise berufsmäßig geführt, erhält der Verfahrenspfleger neben den Aufwendungen nach Absatz 1 eine Vergütung in entsprechender Anwendung der §§ 1, 2 und 3 Abs. 1 und 2 des Vormünder- und Betreuervergütungsgesetzes.

(3) Anstelle des Aufwendungsersatzes und der Vergütung nach den Absätzen 1 und 2 kann das Gericht dem Verfahrenspfleger einen festen Geldbetrag zubilligen, wenn die für die Führung der Pflegschaftsgeschäfte erforderliche Zeit vorhersehbar und ihre Ausschöpfung durch den Verfahrenspfleger gewährleistet ist. Bei der Bemessung des Geldbetrags ist die voraussichtlich erforderliche Zeit mit den in § 3 Abs. 1 des Vormünder- und Betreuervergütungsgesetzes bestimmten Stundensätzen zuzüglich einer Aufwandspauschale von 3 Euro je veranschlagter Stunde zu vergüten. In diesem Fall braucht der Verfahrenspfleger die von ihm aufgewandte Zeit und eingesetzten Mittel nicht nachzuweisen; weitergehende Aufwendungsersatz- und Vergütungsansprüche stehen ihm nicht zu.

(4) Ist ein Mitarbeiter eines anerkannten Betreuungsvereins als Verfahrenspfleger bestellt, stehen der Aufwendungsersatz und die Vergütung nach den Absätzen 1 bis 3 dem Verein zu. § 7 Abs. 1 Satz 2 und Abs. 3 des Vormünder- und Betreuervergütungsgesetzes sowie § 1835 Abs. 5 Satz 2 des Bürgerlichen Gesetzbuchs gelten entsprechend. Ist ein Bediensteter der Betreuungsbehörde als Verfahrenspfleger für das Verfahren bestellt, erhält die Betreuungsbehörde keinen Aufwendungsersatz und keine Vergütung.

(5) Der Aufwendungsersatz und die Vergütung des Verfahrenspflegers sind stets aus der Staatskasse zu zahlen. Im Übrigen gilt § 168 Abs. 1 entsprechend.

Die Vorschrift entspricht der Fassung des Regierungsentwurfs.

Begründung RegE:
Diese Vorschrift entspricht dem seit Inkrafttreten des Zweiten Gesetzes zur Änderung des Betreuungsrechts vom 21. April 2005 (BGBl. I, S. 1073) bisher geltenden § 67a FGG und regelt die Vergütung

und den Aufwendungsersatz des Verfahrenspflegers. Der Verweis in der bisherigen Regelung des § 67a Abs. 5 FGG auf § 56g Abs. 1 FGG über die gerichtliche Festsetzung der Vergütung wurde in **Absatz 5** durch den Verweis auf § 168 Abs. 1 ersetzt, welcher dem bisherigen § 56g Abs. 1 FGG entspricht. Einer Inbezugnahme von § 56g Abs. 5 FGG und der darin geregelten Anfechtbarkeit der gerichtlichen Festsetzung bedarf es nicht, da die neue Regelung eine gegenständliche Begrenzung des Beschwerderechts des Verfahrenspflegers nicht vorsieht. Die betragsmäßige Beschränkung der Beschwerdemöglichkeit folgt nun aus § 61 Abs. 1 und beläuft sich auf 600 Euro. Gemäß § 61 Abs. 3 ist jedoch die Zulassung der Beschwerde wegen grundsätzlicher Bedeutung, Fortbildung des Rechts oder Sicherung einer einheitlichen Rechtsprechung auch bei einem Beschwerdewert bis 600 Euro möglich. Auf die Begründung zu § 61 wird ergänzend verwiesen.

Stellungnahme Bundesrat:
72. **Zu Artikel 1** (§ 277 Abs. 2 Satz 3 – neu – und Abs. 3 Satz 4 – neu – FamFG)

Artikel 1 § 277 ist wie folgt zu ändern:
a) Dem Absatz 2 ist folgender Satz anzufügen:
„Die Vergütung wird höchstens in Höhe eines Betrages gewährt, der der für den Verfahrensteil anfallenden Gebühr nach § 2 Abs. 1, § 13 des Rechtsanwaltsvergütungsgesetzes mit einem Gebührensatz von 2,0 entspricht."
b) Dem Absatz 3 ist folgender Satz anzufügen:
„Absatz 2 Satz 3 gilt entsprechend."

Begründung:

Die Vergütung eines berufsmäßigen Verfahrensbeistands bzw. -pflegers ergibt sich aus § 277 Abs. 2 FamFG-E (bisher § 67a Abs. 2 FGG). Diese Vergütung wird nach den konkret aufgewandten Stunden berechnet, wobei der Stundensatz dem eines Berufsvormunds (§ 3 Abs. 1 VBVG) entspricht. Benötigt ein Verfahrensbeistand bzw. -pfleger auf Grund seiner individuellen Arbeitsweise für die Bearbeitung des Verfahrens außergewöhnlich viel Zeit, wird er diese nach der derzeitigen Fassung des § 277 FamFG-E vollständig abrechnen können, soweit er die „Erforderlichkeit" i. S. d. § 3 Abs. 1 Satz 1 VBVG begründen kann.

Die Bestellung eines Verfahrensbeistands soll regelmäßig unterbleiben, wenn die Interessen des Betroffenen von einem Rechtsanwalt oder von einem anderen geeigneten Verfahrenbevollmächtigen angemessen vertreten werden. Dies ergibt sich aus § 158 Abs. 5 FamFG-E, auf den auch § 174 Satz 2 und § 191 Satz 2 Bezug nehmen. Gleiches gilt für den Verfahrenspfleger nach § 276 Abs. 4 und § 317 Abs. 4 FamFG-E. Eine anwaltliche Vertretung des Betroffenen schließt daher die Bestellung eines Verfahrensbeistandes bzw. -pflegers in aller Regel aus.

Einem Rechtsanwalt stehen Vergütungsansprüche nach dem Rechtsanwaltsvergütungsgesetz, hier insbesondere nach Teil 3, Abschnitt 1 der Anlage 1 zu § 2 Abs. 2 RVG (Nr. 3100 ff.) zu. Es handelt sich um feste Gebührensätze, die sich nach dem Gegenstandswert des Verfahrens und der Art der Tätigkeit (Vertretung in einem Termin, Bewirkung einer Einigung) richten, anstatt von den konkret aufgewandten Stunden abzuhängen. Benötigt ein Rechtsanwalt für die Bearbeitung eines Verfahrens überdurchschnittlich viel Zeit, kann er den Mehraufwand folglich nicht abrechnen.

Nicht einzusehen ist, dass einem Verfahrensbeistand bzw. -pfleger bei entsprechender Stundenzahl eine insgesamt höhere Vergütung bewilligt wird als einem Rechtsanwalt. Das Gesetz geht davon aus, dass ein Rechtsanwalt die Aufgaben des Verfahrensbeistandes bzw. -pflegers ausfüllt. Daher ist es sachgerecht, für die Vergütung des Verfahrensbeistandes bzw. -pflegers eine Höchstgrenze vorzusehen, die sich an den typischerweise relevanten Gebührentatbeständen des RVG orientiert. Das sind regelmäßig die Verfahrensgebühr von 1,3 (Nr. 3100 VV RVG) und die Terminsgebühr von 1,2 (Nr. 3104 VV RVG). Die sich danach ergebende Gebühr von 2,5 ist allerdings maßvoll auf 2,0 Gebühren zu reduzieren, da der Rechtsanwalt als Verfahrensbevollmächtigter für diese Aufgabe besonders qualifiziert ist. Für die berufsmäßige Tätigkeit

II. – FamFG – Buch 3 Verfahren in Betreuungs- und Unterbringungssachen

von Verfahrensbeiständen oder -pflegern ist eine entsprechend hohe Qualifikation jedoch weder Voraussetzung noch kann sie regelmäßig für das Verfahren nutzbar gemacht werden.

Grundlage der Gebührenberechnung ist nach § 2 Abs. 1 RVG der Gegenstandswert, der für den vom Verfahrensbeistand oder -pfleger begleiteten Verfahrensteil maßgeblich ist. Insbesondere, wenn der Verfahrensbeistand oder -pfleger in Verbundverfahren tätig wird, ist als Gegenstandswert dennoch nur der Teil zu Grunde zu legen, für den die Bestellung erfolgte.

Gegenäußerung Bundesregierung:
Zu Nummer 72 (Artikel 1 – § 277 Abs. 2 Satz 3 – neu – und Abs. 3 Satz 4 – neu – FamFG)
Die Bundesregierung stimmt dem Vorschlag des Bundesrates nicht zu.

Die Einziehung einer Obergrenze für die Vergütung ist in der Praxis weder erforderlich noch sinnvoll. Die Möglichkeit einer Begrenzung des Aufwendungsersatzes und der Vergütung ist bereits nach § 277 Abs. 3 Satz 1 FamFG zulässig. Die Regelung gibt dem Gericht die Möglichkeit, in Verfahren, in denen sich der erforderliche Zeitaufwand absehen lässt, einen Pauschalbetrag und damit eine Höchstgrenze für die Vergütung zu vereinbaren.

Die Bundesregierung wird aber im weiteren Verlauf des Gesetzgebungsverfahrens prüfen, ob die Vergütungsregelung für den Verfahrensbeistand (§§ 158, 174 FamFG) an diejenige der Rechtsanwälte angeglichen werden kann.

§ 278
Anhörung des Betroffenen

(1) Das Gericht hat den Betroffenen vor der Bestellung eines Betreuers oder der Anordnung eines Einwilligungsvorbehalts persönlich anzuhören. Es hat sich einen persönlichen Eindruck von dem Betroffenen zu verschaffen. Diesen persönlichen Eindruck soll sich das Gericht in dessen üblicher Umgebung verschaffen, wenn es der Betroffene verlangt oder wenn es der Sachaufklärung dient und der Betroffene nicht widerspricht.

(2) Das Gericht unterrichtet den Betroffenen über den möglichen Verlauf des Verfahrens. In geeigneten Fällen hat es den Betroffenen auf die Möglichkeit der Vorsorgevollmacht, deren Inhalt sowie auf die Möglichkeit ihrer Registrierung bei dem zentralen Vorsorgeregister nach § 78a Abs. 1 Bundesnotarordnung hinzuweisen. Das Gericht hat den Umfang des Aufgabenkreises und die Frage, welche Person oder Stelle als Betreuer in Betracht kommt, mit dem Betroffenen zu erörtern.

(3) Verfahrenshandlungen nach Absatz 1 dürfen nur dann im Wege der Rechtshilfe erfolgen, wenn anzunehmen ist, dass die Entscheidung ohne eigenen Eindruck von dem Betroffenen getroffen werden kann.

(4) Soll eine persönliche Anhörung nach § 34 Abs. 2 unterbleiben, weil hiervon erhebliche Nachteile für die Gesundheit des Betroffenen zu besorgen sind, darf diese Entscheidung nur auf Grundlage eines ärztlichen Gutachtens getroffen werden.

(5) Das Gericht kann den Betroffenen durch die zuständige Behörde vorführen lassen, wenn er sich weigert, an Verfahrenshandlungen nach Absatz 1 mitzuwirken.

Die Vorschrift entspricht der Fassung des Regierungsentwurfs.

Begründung RegE:
Absatz 1 enthält die bisherigen Regelungen der § 68 Abs. 1 Satz 1 und 2 FGG. Die neue Vorschrift unterscheidet weiterhin zwischen der Anhörung und der Verschaffung eines persönlichen Eindruckes (nach bisherigem § 68 Abs. 1 Satz 1 FGG *unmittelbarer* Eindruck). Änderungen sind sprachlicher Art. Die Anhörung und Verschaffung eines persönlichen Eindruckes durch das Gericht konkretisieren die Amtsermittlungspflicht des Gerichts nach § 26, bilden eigene Erkenntnisquellen und gehen damit über die Pflicht zur Gewährung rechtlichen Gehörs nach Art. 103 GG hinaus.

Absatz 2 entspricht in **Satz 1 und 2** inhaltlich dem bisherigen § 68 Abs. 1 Satz 3 FGG. Ergänzt wurde die Vorschrift um den fakultativen Hinweis des Gerichts auf die Möglichkeit der Registrierung einer Vorsorgevollmacht bei dem bei der Bundesnotarkammer geführten zentralen Vorsorgeregister. **Satz 3** ist aus der bisherigen Regelung in § 68 Abs. 5 FGG hervorgegangen, welcher das sog. Schlussgespräch regelte. Die Neuregelung verzichtet auf eine gesonderte Bestimmung darüber. Soweit das Schlussgespräch nach bisherigem § 68 Abs. 5 FGG der Gewährung rechtlichen Gehörs diente und sicherstellen sollte, dass das Ergebnis der Beweisaufnahme vor Erlass einer Entscheidung dem Betroffenen mitgeteilt wird, ergeben sich diese Anforderungen bereits aus § 37 Abs. 2 und § 34 Abs. 1. § 37 Abs. 2 bestimmt, dass das Gericht seine Entscheidung nur auf Feststellungen stützen darf, zu denen sich die Beteiligten äußern konnten. Der in dem bisherigen § 68 Abs. 5 Satz 1 FGG enthaltenen Anordnung, das Ergebnis der Anhörung mit dem Betroffenen persönlich zu erörtern, trägt der Allgemeine Teil Rechnung: Aus § 34 Abs. 1 folgt, dass die Gewährung rechtlichen Gehörs, sofern geboten, in einem persönlichen Gespräch mit dem Betroffenen zu erfolgen hat. Soweit das Schlussgespräch nach bisherigem § 68 Abs. 5 Satz 1 FGG darüber hinaus der Sachverhaltsaufklärung diente, wird dieser Zweck bereits durch die allgemeine Amtsermittlungspflicht des Gerichts aus § 26 erreicht. Im Einzelfall kann sie einen gesonderten Termin zur Erörterung der gewonnenen Erkenntnisse erforderlich machen. Die Regelung eines Schlussgespräches in einem eigenen Verfahrensabschnitt ist im Übrigen verzichtbar. Dieses konnte auch nach bisherigem § 68 Abs. 5 Satz 2 FGG in einem Termin mit der Anhörung und Verschaffung eines unmittelbaren Eindruckes erfolgen. Das entsprach der weit überwiegenden Handhabung in der Praxis.

Absatz 3 enthält mit sprachlichen Änderungen die Vorschrift des bisherigen § 68 Abs. 1 Satz 4 FGG und regelt die Anhörung des Betroffenen und die Verschaffung eines persönlichen Eindruckes im Wege der Rechtshilfe.

Absatz 4 entspricht dem bisherigen § 68 Abs. 2 FGG und enthält die Möglichkeit, unter bestimmten Voraussetzungen in Ausnahmefällen von einer persönlichen Anhörung abzusehen. Die Vorschrift hat eine redaktionelle Anpassung an den Allgemeinen Teil erfahren. Eine inhaltliche Neuausrichtung ist damit nicht verbunden. Für das nach Absatz 4 einzuholende Gutachten gilt § 29.

Absatz 5 entspricht dem bisherigen § 68 Abs. 3 FGG. Keinen Eingang in die Neuregelung hat § 68 Abs. 4 FGG gefunden. Die Möglichkeit der Hinzuziehung eines Sachverständigen zum Anhörungstermin gemäß dem bisherigen § 68 Abs. 4 Satz 1 FGG ist entbehrlich. Da nach § 280 Abs. 2 der Sachverständige den Betroffenen persönlich zu untersuchen und zu befragen hat und außerdem für die Einholung eines Sachverständigengutachtens nach dieser Vorschrift das Strengbeweisverfahren gilt, kann das Gericht den Sachverständigen schon zum Anhörungstermin bestellen. Der bisherige § 68 Abs. 4 Satz 2 FGG, der die Möglichkeit der Anwesenheit einer Vertrauensperson des Betroffenen regelte, ist im Hinblick auf § 12 entbehrlich, denn der Betroffene kann jederzeit mit einer ihm vertrauten Person als Beistand erscheinen. Die bisherige Regelung des § 68 Abs. 4 Satz 3 FGG hat nunmehr Eingang in § 170 GVG gefunden. Die Anwesenheit Dritter als Ausnahme von der Nichtöffentlichkeit ist systematisch dort anzusiedeln.

§ 279
Anhörung der sonstigen Beteiligten, der Betreuungsbehörde und des gesetzlichen Vertreters

(1) Das Gericht hat die sonstigen Beteiligten vor der Bestellung eines Betreuers oder der Anordnung eines Einwilligungsvorbehalts anzuhören.

(2) Das Gericht hat die zuständige Behörde vor der Bestellung eines Betreuers oder der Anordnung eines Einwilligungsvorbehalts anzuhören, wenn es der Betroffene verlangt oder es der Sachaufklärung dient.

(3) Auf Verlangen des Betroffenen hat das Gericht eine ihm nahestehende Person anzuhören, wenn dies ohne erhebliche Verzögerung möglich ist.

II. – FamFG – Buch 3 Verfahren in Betreuungs- und Unterbringungssachen

(4) Das Gericht hat im Falle einer Betreuerbestellung oder der Anordnung eines Einwilligungsvorbehalts für einen Minderjährigen (§ 1908a des Bürgerlichen Gesetzbuchs) den gesetzlichen Vertreter des Betroffenen anzuhören.

Die Vorschrift entspricht der Fassung des Regierungsentwurfs.

Begründung RegE:

Diese Vorschrift ist aus dem bisherigen § 68a FGG hervorgegangen. Es wurden einige Anpassungen an den Allgemeinen Teil und redaktionelle Änderungen vorgenommen. Der Regelungsgehalt des bisherigen § 68a FGG wurde weitgehend übernommen.

Absatz 1 ordnet die Anhörung der zum Verfahren hinzugezogenen Beteiligten im Sinne des § 274 an. Dieses Erfordernis folgt bereits aus Art. 103 GG. Die Regelung erfasst auch die Anhörung von Angehörigen des Betroffenen, sofern sie nach § 274 Abs. 4 Nr. 1 oder der allgemeinen Vorschrift des § 7 Abs. 2 Nr. 1 zum Verfahren hinzugezogen wurden.

Das bislang in § 68a Satz 3 FGG geregelte Widerspruchsrecht des Betroffenen gegen eine Anhörung eines Angehörigen wurde nicht aufgenommen. Das Spannungsverhältnis zwischen der Anhörung der Verwandten und einem möglichen entgegenstehenden Willen des Betroffenen wird nunmehr über den Beteiligtenbegriff gelöst. Die Verwandten können, sofern sie nicht in eigenen Rechten betroffen sind, nur im Interesse des Betroffenen beteiligt werden. Bei der Beurteilung des Interesses des Betroffenen muss das Gericht grundsätzlich dessen Willen beachten. Auf die Begründung zu § 274 Abs. 4 Nr. 1 wird verwiesen. Eines darüber hinausgehenden Widerspruchsrechts bedarf es nicht. Bereits nach bisherigem § 68a Satz 3 FGG erfordert ein Widerspruch das Vorliegen eines erheblichen Grundes. Ein solcher Grund, der die Versagung rechtlichen Gehörs gegenüber einem Beteiligten rechtfertigen könnte, ist kaum denkbar. Zu dem bisher typischerweise genannten Fall der Anhörung des dauernd getrennt lebenden Ehegatten oder Lebenspartners gegen den Willen des Betroffenen kann es nur in der theoretischen Situation kommen, dass der getrennt lebende Ehegatte oder Lebenspartner nach § 7 Abs. 2 Nr. 1 wegen eines Betroffenseins in eigenen Rechten beteiligt wird. In diesem Fall wäre es nicht gerechtfertigt, seine Anhörung dem Willen des Betroffenen unterzuordnen. Da der getrennt lebende Ehegatte oder Lebenspartner nach § 274 Abs. 4 Nr. 1 im Übrigen nicht aus altruistischen Gründen beteiligt werden kann, stellt sich das Problem bei ihm nur eingeschränkt.

Absatz 2 entspricht mit sprachlichen Änderungen dem bisherigen § 68a Satz 1 FGG.

Absatz 3 entspricht weitgehend dem bisherigen § 68a Satz 4 FGG. Da die Angehörigen des Betroffenen, soweit sie von Absatz 1 erfasst werden, nicht mehr wie bisher in § 68a Satz 3 FGG nur in der Regel, sondern stets anzuhören sind, ist ihre Nennung in Absatz 3 nicht mehr erforderlich. Dem Betroffenen nahestehende Personen im Sinne des Absatzes 3, deren Anhörung er verlangen kann, können auch die in § 274 Abs. 4 Nr. 1 genannten Verwandten sein, wenn sie im Einzelfall nicht als Beteiligte zum Verfahren hinzugezogen wurden und daher von Absatz 1 nicht erfasst werden.

Absatz 4 entspricht inhaltlich dem bisherigen § 68a Satz 2 FGG.

§ 280
Einholung eines Gutachtens

(1) Vor der Bestellung eines Betreuers oder der Anordnung eines Einwilligungsvorbehalts hat eine förmliche Beweisaufnahme durch Einholung eines Gutachtens über die Notwendigkeit der Maßnahme stattzufinden. Der Sachverständige soll Arzt für Psychiatrie oder Arzt mit Erfahrung auf dem Gebiet der Psychiatrie sein.

(2) Der Sachverständige hat den Betroffenen vor der Erstattung des Gutachtens persönlich zu untersuchen oder zu befragen.

(3) Das Gutachten hat sich auf folgende Bereiche zu erstrecken:

1. das Krankheitsbild einschließlich der Krankheitsentwicklung,

2. die durchgeführten Untersuchungen und die diesen zugrunde gelegten Forschungserkenntnisse,
3. den körperlichen und psychiatrischen Zustand des Betroffenen,
4. den Umfang des Aufgabenkreises und
5. die voraussichtliche Dauer der Maßnahme.

Die Vorschrift ist mit der Beschlussempfehlung des Rechtsausschusses neu gefasst worden.

Frühere Fassung RegE:
(1) Vor der Bestellung eines Betreuers oder der Anordnung eines Einwilligungsvorbehaltes hat eine förmliche Beweisaufnahme durch Einholung eines Gutachtens über die Notwendigkeit der Maßnahme stattzufinden.

*(2) Der Sachverständige hat den Betroffenen vor der Erstattung des Gutachtens persönlich zu untersuchen oder zu befragen. Das Gutachten hat sich **auch** auf den Umfang des Aufgabenkreises und die voraussichtliche Dauer der Maßnahme zu erstrecken.*

Begründung RegE:
Die §§ 280 bis 284 sind aus § 68b FGG hervorgegangen.

Die Vorschrift entspricht dem bisherigen § 68b Abs. 1 Satz 1, 4 und 5 FGG. **Absatz 1** stellt klar, dass die Einholung eines Sachverständigengutachtens durch förmliche Beweisaufnahme erfolgt (§ 30). Danach gelten die Vorschriften der ZPO über den Beweis durch Sachverständige entsprechend. Das ist bereits nach bisher geltendem Recht grundsätzlich der Fall. Eine entsprechende Anwendung der ZPO erfordert keine schematische Übertragung aller Beweisregelungen und -grundsätze, sondern es verbleibt Spielraum im Einzelfall. So wird beispielsweise eine im Zivilprozess übliche mündliche Erörterung des Sachverständigengutachtens auf das Betreuungsverfahren nicht ohne Weiteres übertragbar sein. Änderungen zu dem bisherigen § 68b Abs. 1 Satz 1, 4 und 5 FGG sind im Übrigen sprachlicher Art.

Begründung Beschlussempfehlung Rechtsausschuss:
Mit der Ergänzung der Vorschrift werden die Anforderungen an die Qualifikation des Sachverständigen in Betreuungsverfahren und den Inhalt des zu erstellenden Gutachtens gesetzlich geregelt. Die Vorschriften dienen der Sicherung der Qualität der Gutachten, die der Anordnung der Betreuung zugrunde gelegt werden.

Der eingefügte Absatz 1 Satz 2 bestimmt, dass der Sachverständige in Betreuungsverfahren Arzt für Psychiatrie oder Arzt mit Erfahrung auf dem Gebiet der Psychiatrie sein soll. Mit dieser Regelung wird die zur Qualifikation des Sachverständigen entwickelte Rechtsprechung aufgegriffen und systematisiert. Soweit neurologische Erkrankungen zu untersuchen sind, wird auch auf der Grundlage des geltenden Rechts davon ausgegangen, dass als Sachverständiger regelmäßig ein Facharzt für Psychiatrie oder Neurologie bestellt werden soll; jedenfalls soll der Sachverständige ein in der Psychiatrie erfahrener Arzt sein (BayObLG vom 07. Juli 1997 – 3Z BR 343/96 – NJW-RR 1997, 1501 f.; BayObLG vom 04.Februar 1993 – 3Z BR 11/93 – FamRZ 1993, 851 m.w.N.; vgl. auch Jansen-Sonnenfeld, FGG, Rn. 14 zu § 68b; KKW-Kayser, FGG, Rn. 7 zu § 68b; Damrau/Zimmermann, Betreuungsrecht, Rn. 7 zu § 68b FGG). Mit der Ausgestaltung dahingehend, dass der Sachverständige Facharzt oder Arzt mit Erfahrung auf diesem Gebiet sein soll, trägt die Regelung auch den Konstellationen Rechnung, in denen nicht neurologische Erkrankungen, sondern andere Krankheitsbilder im Vordergrund stehen. In diesem Fall eröffnet die Ausgestaltung als Soll-Vorschrift dem Gericht die Möglichkeit, einen Facharzt aus einem anderen Fachgebiet oder einen Arzt mit Erfahrung auf einem anderen Fachgebiet als Sachverständigen zu bestellen.

Der eingefügte Absatz 3 bestimmt, welchen Inhalt das zu erstellende Gutachten zu haben hat. Bisher waren die Anforderungen an den Inhalt des Gutachtens gemäß § 68b Abs. 1 Satz 5 FGG nur zum Teil gesetzlich geregelt. Die obergerichtliche Rechtsprechung hat indes aus dem Erfordernis, ein medizinisches Sachverständigengutachten einzuholen, weitere inhaltliche Anforderungen abgeleitet. Das Gutachten muss daher erkennen lassen, von welchen Anknüpfungstatsachen es ausgeht, welche Tests und Forschungsergebnisse angewandt wurden und welcher Befund erhoben wurde (BayObLG vom 28. März 2001 – 3Z BR 71/01 – FamRZ 2001, 1403 f.; KG vom 20. Dezember 1994 – 1 W 6687/94 – FamRZ 1995, 1379 ff.; Brandenburgisches Oberlandesgericht vom 31. März 2000 – 9 AR 8/00 – FamRZ 2001, 38 f.). Der Ausschuss hält es zur Wahrung der Qualität betreuungsrechtlicher Sachverständigengutachten für sachgerecht, diese Rechtsprechung aufzugreifen und die von ihr entwickelten Voraussetzungen gesetzlich zu regeln.

§ 281
Ärztliches Zeugnis; Entbehrlichkeit eines Gutachtens

(1) Anstelle der Einholung eines Sachverständigengutachtens nach § 280 genügt ein ärztliches Zeugnis, wenn

1. **der Betroffene die Bestellung eines Betreuers beantragt und auf die Begutachtung verzichtet hat und die Einholung des Gutachtens insbesondere im Hinblick auf den Umfang des Aufgabenkreises des Betreuers unverhältnismäßig wäre oder**
2. **ein Betreuer nur zur Geltendmachung von Rechten des Betroffenen gegenüber seinem Bevollmächtigten bestellt wird.**

   (2) § 280 Abs. 2 gilt entsprechend.

Die Vorschrift entspricht der Fassung des Regierungsentwurfs.

Begründung RegE:

Diese Vorschrift entspricht dem bisherigen § 68b Abs. 1 Satz 2 und 3 FGG. Als Ausnahme von der Notwendigkeit der Durchführung einer förmlichen Beweisaufnahme durch Einholung eines Sachverständigengutachtens nach § 280 benennt § 281 die Fälle, in denen ein ärztliches Zeugnis ausreichend ist. Änderungen zu dem bisherigen § 68b Abs. 1 Satz 2 und 3 FGG sind sprachlicher Art.

Stellungnahme Bundesrat:

73. **Zu Artikel 1** (§ 281 Abs. 1 Nr. 3 – neu – FamFG)

Artikel 1 § 281 Abs. 1 ist wie folgt zu ändern:
a) In Nummer 1 ist das Wort „oder" durch ein Komma und in Nummer 2 der abschließende Punkt durch das Wort „oder" zu ersetzen.
b) Folgende Nummer 3 ist anzufügen:
„3. wenn die diagnostizierte Krankheit oder Behinderung unveränderlich ist, von Geburt an besteht und das Vorliegen der Voraussetzungen der Betreuung unabhängig vom Einzelfall zu den zwingenden Merkmalen dieser Krankheit oder Behinderung gehört und mindestens in zwei früheren und von verschiedenen Ärzten erstellten Attesten bestätigt worden ist."

Begründung:

Die Praxis hat immer wieder einen Verzicht auf die Einholung eines Sachverständigengutachtens gefordert, wenn medizinisch eindeutig die Voraussetzungen der Betreuung vorliegen. Gründe der Kostenersparnis, aber auch der Vermeidung weiterer Begutachtungen im Interesse des Betroffenen werden genannt. Nach Vorstellung der Praxis soll in Fällen etwa der Minderbegabung, des Down-Syndroms und der fortgeschrittenen Demenz die Einholung eines Sachverständigengutachtens entbehrlich sein.

Die Entbehrlichkeit des Gutachtens gilt für eindeutige Fälle, insbesondere solche, in denen von Geburt an eine Krankheit oder eine Behinderung besteht, und die Feststellung der Voraussetzungen der Betreuung allein durch die Diagnose der Krankheit oder Behinderung möglich ist.

Erfasst werden von der Neuregelung nur die Fälle, zu deren zwingender Voraussetzung unabhängig vom Einzelfall das Vorliegen der Betreuung gehört. Zu diesen Fällen gehören z.B. die Trisomie 21 und vergleichbare Fälle, etwa genetisch bedingte oder durch den Geburtsprozess entstandene Hirnschädigungen, die von Geburt an bestehen.

Um Fehleinschätzungen auszuschalten ist es erforderlich, dass mindestens zwei frühere ärztliche Atteste die Krankheit oder Behinderung bestätigen.

Gegenäußerung Bundesregierung:

Zu Nummer 73 (Artikel 1 – § 281 Abs. 1 Nr. 3 – neu – FamFG)
Die Bundesregierung stimmt dem Vorschlag des Bundesrates nicht zu.

Die Forderung, zur Kostenersparnis und Verfahrensvereinfachung an Stelle eines Sachverständigengutachtens ein ärztliches Attest ausreichen zu lassen, wurde bereits im Rahmen der Bund-Länder-Arbeitsgruppe „Betreuungsrecht" ausführlich diskutiert und letztlich im Interesse des Betroffenen abgelehnt (siehe Abschlussbericht zur 74. Konferenz der Justizministerinnen und -minister vom 11. bis 12. Juni 2003 in: Betrifft: Betreuung – Band 6, Recklinghausen, Vormundschaftsgerichtstag e.V. 2003). Für den Betroffenen geht es bei der Bestellung eines Betreuers um eine erheblich in seinen Rechtskreis eingreifende Entscheidung. Deshalb sollte in seinem Interesse nur in den eng begrenzten Ausnahmefällen, die durch das 2. Betreuungsrechtsänderungsgesetz eingeführt wurden, von einer erneuten Begutachtung durch einen Sachverständigen abgesehen werden. Gerade in den im Antrag geschilderten Fallgruppen kann ein Gutachten auch helfen, das von Hausärzten möglicherweise nicht erkannte Potential des Betroffenen zur Eigenverantwortung zu erkennen.

§ 282
Vorhandene Gutachten des Medizinischen Dienstes der Krankenversicherung

(1) Das Gericht kann im Verfahren zur Bestellung eines Betreuers von der Einholung eines Gutachtens nach § 280 Abs. 1 absehen, soweit durch die Verwendung eines bestehenden ärztlichen Gutachtens des Medizinischen Dienstes der Krankenversicherung nach § 18 des Elften Buches Sozialgesetzbuch festgestellt werden kann, inwieweit bei dem Betroffenen infolge einer psychischen Krankheit oder einer geistigen oder seelischen Behinderung die Voraussetzungen für die Bestellung eines Betreuers vorliegen.

(2) Das Gericht darf dieses Gutachten einschließlich dazu vorhandener Befunde zur Vermeidung weiterer Gutachten bei der Pflegekasse anfordern. Das Gericht hat in seiner Anforderung anzugeben, für welchen Zweck das Gutachten und die Befunde verwendet werden sollen. Das Gericht hat übermittelte Daten unverzüglich zu löschen, wenn es feststellt, dass diese für den Verwendungszweck nicht geeignet sind.

(3) Kommt das Gericht zu der Überzeugung, dass das eingeholte Gutachten und die Befunde im Verfahren zur Bestellung eines Betreuers geeignet sind, eine weitere Begutachtung ganz oder teilweise zu ersetzen, hat es vor einer weiteren Verwendung die Einwilligung des Betroffenen oder des Pflegers für das Verfahren einzuholen. Wird die Einwilligung nicht erteilt, hat das Gericht die übermittelten Daten unverzüglich zu löschen.

(4) Das Gericht kann unter den Voraussetzungen der Absätze 1 bis 3 von der Einholung eines Gutachtens nach § 280 insgesamt absehen, wenn die sonstigen Voraussetzungen für die Bestellung eines Betreuers zur Überzeugung des Gerichts feststehen.

Die Vorschrift entspricht der Fassung des Regierungsentwurfs.

Begründung RegE:

Die Vorschrift entspricht dem bisherigen § 68b Abs. 1a FGG, der durch das Zweite Gesetz zur Änderung des Betreuungsrechts vom 21. April 2005 (BGBl. I, S. 1073) eingeführt worden ist. Die Bildung von Absätzen ist neu. **Absatz 4** enthält sprachliche Änderungen.

II. – FamFG – Buch 3 Verfahren in Betreuungs- und Unterbringungssachen

§ 283
Vorführung zur Untersuchung

(1) Das Gericht kann anordnen, dass der Betroffene zur Vorbereitung eines Gutachtens untersucht und durch die zuständige Behörde zu einer Untersuchung vorgeführt wird. Der Betroffene soll vorher persönlich angehört werden.

(2) Gewalt darf die Behörde nur anwenden, wenn das Gericht dies aufgrund einer ausdrücklichen Entscheidung angeordnet hat. Die zuständige Behörde ist befugt, erforderlichenfalls die Unterstützung der polizeilichen Vollzugsorgane nachzusuchen.

(3) Die Wohnung des Betroffenen darf ohne dessen Einwilligung nur betreten werden, wenn das Gericht dies aufgrund einer ausdrücklichen Entscheidung angeordnet hat. Bei Gefahr im Verzug findet Satz 1 keine Anwendung.

Die Vorschrift entspricht im Hinblick auf Absatz 2 dem Regierungsentwurf; Absatz 1 ist mit der Beschlussempfehlung des Rechtsausschusses geändert worden; Absatz 3 ist neu eingefügt worden.

Frühere Fassung RegE:

(1) Das Gericht kann anordnen, dass der Betroffene zur Vorbereitung eines Gutachtens untersucht und durch die zuständige Behörde zu einer Untersuchung vorgeführt wird. Die Anordnung ist nicht anfechtbar. Der Betroffene soll vorher persönlich angehört werden. […]

Begründung RegE:

Absatz 1 entspricht dem bisherigen § 68b Abs. 3 FGG. Die Vorführung zur Untersuchung kann angeordnet werden, wenn der Betroffene nicht bereits freiwillig zum Untersuchungstermin erscheint. Im Gegensatz zur Untersuchung selbst kann sie gegen den Willen des Betroffenen erfolgen. Die Anwendung unmittelbaren Zwangs kann dabei mit ihr einhergehen. Zur Sicherung der Verfahrensrechte des Betroffenen soll er vor der Vorführung persönlich angehört werden. **Absatz 2 Satz 1** stellt nun sicher, dass die Anwendung von Gewalt in jedem Fall einer Entscheidung des Gerichts bedarf. Die Vorschrift entspricht § 326 Abs. 2, der für die Zuführung zur Unterbringung unter Gewaltanwendung ebenfalls eine eigene richterliche Entscheidung verlangt. Bislang war nicht erklärlich, wieso bei einer Zuführung zur Unterbringung die Anwendung von Gewalt nur im Fall richterlicher Anordnung zulässig war, während die Vorführung zur Untersuchung und die Unterbringung zur Begutachtung im Betreuungsverfahren bereits ohne richterliche Prüfung mittels Gewalt vollzogen werden konnten. Dieser Widerspruch wird nun beseitigt. Zur Schonung des Betroffenen soll die Vorführung zur Untersuchung von der zuständigen Betreuungsbehörde vorgenommen werden. Es ist anzunehmen, dass diese über hinreichend geschultes Personal verfügt. Die Unterstützung durch polizeiliche Vollzugsorgane nach **Absatz 2 Satz 2** ist nur als Ultima Ratio zulässig.

Stellungnahme Bundesrat:

74. **Zu Artikel 1** (§ 283 Abs. 1 Satz 1a – neu – FamFG)

In Artikel 1 § 283 Abs. 1 ist nach Satz 1 folgender Satz einzufügen:

„Die Wohnung des Betroffenen darf zur Feststellung seines Aufenthaltsortes geöffnet und betreten werden."

Begründung:

§ 283 Abs. 1 FamFG-E ist dahin gehend zu ergänzen, dass im Zusammenhang mit den genannten Zwangsmaßnahmen eine Durchsuchung der Wohnung des Betroffenen – also ein Öffnen und Betreten – zulässig ist. Ebenso wie die Vorgängervorschrift § 68b Abs. 3 FGG (vgl. KG Berlin, Beschluss vom 14. Mai 1996 – 1 W 2379/96, 1 W 2380/96 –, NJW 1997, 400) ermächtigt § 283 Abs. 1 FamFG-E das Gericht nicht nur zur Anordnung der Vorführung, sondern auch dazu, die Anordnungen zu treffen, die zur Durchführung der Vorführung erforderlich sind. Die Zulässigkeit der zwangsweisen Zuführung zur Begutachtung kann häufig nur gelingen, wenn es der zuständigen Behörde gestattet ist, die Wohnung des Betroffenen zu betreten und notfalls gewaltsam zu öffnen. Angesichts der besonderen Eingriffsschwere (Artikel 13 Abs. 2 GG) ist aus rechtsstaatlichen Gründen eine ausdrückliche Klarstellung geboten.

75. **Zu Artikel 1** (§ 283 Abs. 1 Satz 2, § 284 Abs. 3 Satz 2 – neu – FamFG)
Artikel 1 ist wie folgt zu ändern:
a) § 283 Abs. 1 Satz 2 ist zu streichen.
b) Dem § 284 Abs. 3 ist folgender Satz anzufügen:
„Gegen Anordnungen nach den Absätzen 1 und 2 findet die sofortige Beschwerde nach den §§ 567 bis 572 der Zivilprozessordnung statt."

Begründung:
Die Anordnung der Untersuchung des Betroffenen und seine Vorführung zur Untersuchung wird in § 283 Abs. 1 Satz 2 FamFG-E für nicht anfechtbar erklärt. Dies entspricht zwar der bisherigen Regelung in § 68b Abs. 3 Satz 2, Abs. 4 Satz 5 FGG, ist aber vor dem Hintergrund, dass nach § 58 Abs. 1 FamFG-E nur Endentscheidungen anfechtbar sind und Entscheidungen über Verfahrensfragen nur dann, wenn im FamFG-E die Vorschriften über die sofortige Beschwerde der ZPO – §§ 567 ff. ZPO – für anwendbar erklärt werden (so ausdrücklich die Begründung, BR-Drs. 309/07, S. 448), überflüssig. Denn Untersuchungs- und Vorführanordnungen sind fraglos Entscheidungen über Verfahrensfragen und keine Endentscheidungen.

Umgekehrt findet sich in § 284 FamFG-E keine Regelung dahin gehend, dass die Anordnung der Unterbringung anfechtbar sein soll. Vor dem Hintergrund, dass zum einen Entscheidungen über Verfahrensfragen nur bei einem Verweis auf die §§ 567 ff. ZPO anfechtbar sind und zum anderen § 284 Abs. 3 FamFG-E auf § 283 FamFG-E – und damit auch auf § 283 Abs. 1 Satz 2 FamFG-E („Die Anordnung ist nicht anfechtbar.") – verweist, wären Unterbringungsanordnungen nicht anfechtbar. Dies wäre sachlich kaum zu rechtfertigen; derart stark in die Rechte des Betroffenen eingreifende Entscheidungen müssen – selbstverständlich – anfechtbar sein. Die Anfechtbarkeit entspräche zudem der derzeitigen Rechtslage nach § 68b Abs. 4 FGG (vgl. BayObLG, Beschluss vom 20. Januar 1994 – 3Z BR 316/93, 3Z BR 317/93, 3Z BR 320/93 –, FamRZ 1994, 1190; Kayser, in: Keidel/Kuntze/Winkler, Freiwillige Gerichtsbarkeit, 15. Aufl. 2003, § 68b Rnr. 17). Zwar erwähnt diese Vorschrift nicht ausdrücklich die Anfechtbarkeit. Das ist jedoch im System des FGG – anders als im System des beabsichtigten FamFG – nicht nötig, weil nach § 19 Abs. 1 FGG jegliche „Verfügung", d.h. auch die Entscheidung über Verfahrensfragen, mit der Beschwerde angreifbar ist. Daher ist in § 284 FamFG-E – anders als in § 68 Abs. 4 FGG – eine ausdrückliche Anordnung der Anfechtbarkeit aufzunehmen, um den derzeitigen Rechtszustand zu erhalten.

Gegenäußerung Bundesregierung:
Zu Nummer 74 (Artikel 1 – § 283 Abs. 1 Satz 1a – neu – FamFG)
Die Bundesregierung stimmt dem Vorschlag des Bundesrates im Grundsatz zu. Im Hinblick auf Artikel 13 GG hält sie indes eine richterliche Anordnung zum Betreten der Wohnung für erforderlich. Eine Definition des Zwecks des Betretens der Wohnung hält sie demgegenüber für nicht erforderlich; dieser ist bereits aus dem in § 283 Abs. 1 FamFG definierten Zweck der Vorführung, der Vorbereitung eines ärztlichen Gutachtens, definiert.

Die Bundesregierung schlägt daher vor, § 283 um folgenden Absatz 3 zu ergänzen:

„(3) Die Wohnung des Betroffenen darf ohne dessen Einwilligung nur betreten werden, wenn das Gericht dies aufgrund einer ausdrücklichen Entscheidung angeordnet hat. Dies gilt nicht, wenn der Erlass des Beschlusses den Erfolg der Vorführung gefährden würde."

Die Bundesregierung hält darüber hinaus eine entsprechende Ergänzung des § 326 FamFG für notwendig. Auch die Zuführung zur Unterbringung kann ein Betreten der Wohnung des Betroffenen erforderlich machen.

Zu Nummer 75 (Artikel 1 – § 283 Abs. 1 Satz 2, § 284 Abs. 3 Satz 2 – neu – FamFG)
Die Bundesregierung stimmt dem Vorschlag des Bundesrates zu.

II. – FamFG – Buch 3 Verfahren in Betreuungs- und Unterbringungssachen

Begründung Beschlussempfehlung Rechtsausschuss:
Die Änderung des Absatzes 1 entspricht der Stellungnahme des Bundesrates, der die Bundesregierung in ihrer Gegenäußerung zugestimmt hat. Zur Begründung wird auf Nummer 75 der Stellungnahme des Bundesrates verwiesen.

Die Einfügung des Absatzes 3 geht zurück auf den Vorschlag gemäß Nummer 74 der Stellungnahme des Bundesrates, dem die Bundesregierung in modifizierter Form zugestimmt hat. Der Ausschuss hält es darüber hinaus für erforderlich, dass das Gericht das Betreten der Wohnung des Betroffenen aufgrund einer ausdrücklichen Entscheidung anordnet. Damit wird sichergestellt, dass das Gericht diesen Grundrechtseingriff – ebenso wie die Anwendung von Gewalt gemäß Absatz 2 – ausdrücklich anordnen muss. Außerdem wird in Satz 3 klargestellt, dass von einer ausdrücklichen gerichtlichen Entscheidung nur bei Gefahr im Verzug abgesehen werden darf.

§ 284
Unterbringung zur Begutachtung

(1) Das Gericht kann nach Anhörung eines Sachverständigen beschließen, dass der Betroffene auf bestimmte Dauer untergebracht und beobachtet wird, soweit dies zur Vorbereitung des Gutachtens erforderlich ist. Der Betroffene ist vorher persönlich anzuhören.

(2) Die Unterbringung darf die Dauer von sechs Wochen nicht überschreiten. Reicht dieser Zeitraum nicht aus, um die erforderlichen Erkenntnisse für das Gutachten zu erlangen, kann die Unterbringung durch gerichtlichen Beschluss bis zu einer Gesamtdauer von drei Monaten verlängert werden.

(3) § 283 Abs. 2 und 3 gilt entsprechend. Gegen Beschlüsse nach den Absätzen 1 und 2 findet die sofortige Beschwerde nach den §§ 567 bis 572 der Zivilprozessordnung statt.

Die Vorschrift ist mit der Beschlussempfehlung des Rechtsausschusses geändert worden.

Frühere Fassung RegE:
*(1) Das Gericht kann nach Anhörung eines Sachverständigen **anordnen,** dass der Betroffene auf bestimmte Dauer untergebracht und beobachtet wird, soweit dies zur Vorbereitung des Gutachtens erforderlich ist. Der Betroffene ist vorher persönlich anzuhören.*

(2) Die Unterbringung darf die Dauer von sechs Wochen nicht überschreiten. Reicht dieser Zeitraum nicht aus, um die erforderlichen Erkenntnisse für das Gutachten zu erlangen, kann die Unterbringung bis zu einer Gesamtdauer von drei Monaten verlängert werden.

(3) § 283 gilt entsprechend.

Begründung RegE:
Diese Regelung entspricht dem bisherigen § 68b Abs. 4 FGG. Die Bildung von Absätzen ist neu. Der Verweis in der bisherigen Regelung des § 68b Abs. 4 Satz 5 FGG folgt nun aus dem Verweis auf § 283. Damit ist zugleich sichergestellt, dass die Anwendung von Gewalt bei der Unterbringung zur Begutachtung nur aufgrund richterlicher Entscheidung zulässig ist. Auf die Begründung zu § 283 Abs. 2 wird verwiesen.

Begründung Beschlussempfehlung Rechtsausschuss:
Mit der Änderung des Absatzes 3 Satz 1 wird ein redaktioneller Fehler berichtigt.

Die Einfügung des Absatzes 3 Satz 2 entspricht der Stellungnahme des Bundesrates, der die Bundesregierung in ihrer Gegenäußerung zugestimmt hat. Zur Begründung wird auf Nummer 75 der Stellungnahme des Bundesrates verwiesen.

§ 285
Herausgabe einer Betreuungsverfügung oder der Abschrift einer Vorsorgevollmacht

In den Fällen des § 1901a des Bürgerlichen Gesetzbuchs erfolgt die Anordnung der Ablieferung oder Vorlage der dort genannten Schriftstücke durch Beschluss.

Abschnitt 1 – § 286

Die Vorschrift entspricht der Fassung des Regierungsentwurfs.

Begründung RegE:
Diese Vorschrift ist aus dem bisherigen § 69e Abs. 1 Satz 2 und 3 FGG hervorgegangen. Auf die Ablieferung oder die Vorlage der Schriftstücke, die in § 1901a BGB in seiner mit Inkrafttreten des Zweiten Gesetzes zur Änderung des Betreuungsrechts vom 21. April 2005 (BGBl. I, S. 1073) geltenden Fassung aufgeführt werden, findet die allgemeine Vollstreckungsvorschriften des § 35 Anwendung.

§ 286
Inhalt der Beschlussformel

(1) Die Beschlussformel enthält im Fall der Bestellung eines Betreuers auch
1. die Bezeichnung des Aufgabenkreises des Betreuers;
2. bei Bestellung eines Vereinsbetreuers die Bezeichnung als Vereinsbetreuer und die des Vereins;
3. bei Bestellung eines Behördenbetreuers die Bezeichnung als Behördenbetreuer und die der Behörde;
4. bei Bestellung eines Berufsbetreuers die Bezeichnung als Berufsbetreuer.

(2) Die Beschlussformel enthält im Fall der Anordnung eines Einwilligungsvorbehalts die Bezeichnung des Kreises der einwilligungsbedürftigen Willenserklärungen.

(3) Der Zeitpunkt, bis zu dem das Gericht über die Aufhebung oder Verlängerung einer Maßnahme nach Absatz 1 oder Absatz 2 zu entscheiden hat, ist in der Beschlussformel zu bezeichnen.

Die Vorschrift entspricht der Fassung des Regierungsentwurfs.

Begründung RegE:
Diese Vorschrift entspricht im Wesentlichen dem bisherigen § 69 FGG. Sie enthält redaktionelle Änderungen aufgrund der Anpassung an den Allgemeinen Teil.

Absatz 1 knüpft systematisch an die in § 38 Abs. 2 Nr. 3 genannte Beschlussformel an und enthält entsprechend dem bisherigen § 69 FGG eine Aufzählung ihres Inhaltes, soweit sich dieser nicht bereits aus den Vorschriften des Allgemeinen Teils ergibt. Der ausdrücklichen Aufzählung des Betroffenen entsprechend dem bisherigen § 69 Abs. 1 Nr. 1 FGG bedarf es nicht mehr, da er bereits als Beteiligter gemäß § 38 Abs. 2 Nr. 1 im Beschluss aufzuführen ist. Die Pflicht zur Erteilung einer Rechtsmittelbelehrung nach dem bislang geltenden § 69 Abs. 1 Nr. 6 FGG folgt bereits aus § 39.

Die obligatorische Pflicht zur Begründung der Entscheidung nach dem bisherigen § 69 Abs. 2 FGG ist nicht aufgenommen worden. Sie ergibt sich aus § 38.

Absatz 1 entspricht mit sprachlichen und systematischen Änderungen in **Nummer 1** dem bislang geltenden § 69 Abs. 1 Nr. 2 FGG, in seinen **Nummern 2 und 3** dem bisherigen § 69 Abs. 1 Nr. 3 FGG. Neu ist die in **Nummer 4** genannte Verpflichtung, den Berufsbetreuer als solchen in der Beschlussformel zu bezeichnen. Die Feststellung der berufsmäßigen Betreuung, die Voraussetzung für eine Vergütung des Betreuers ist, muss das Gericht nach § 1836 Abs. 1 Satz 2 BGB in Verbindung mit § 1 Abs. 1 Satz 1 Vormünder- und Betreuungsvergütungsgesetz (VBVG) bereits bei der Bestellung des Betreuers treffen. Dies wird nun sichergestellt.

Nummer 4 dient außerdem der Klarstellung des Vorliegens dieser Voraussetzung für einen etwaigen Vergütungsanspruch.

Absatz 2 entspricht dem bisherigen § 69 Abs. 1 Nr. 4 FGG.

Absatz 3 entspricht dem bisherigen § 69 Abs. 1 Nr. 5 1. Halbsatz FGG. Die bisherige Regelung des § 69 Abs. 1 Nr. 5 2. Halbsatz FGG ist nun in § 294 Abs. 3 und § 295 Abs. 2 geregelt, da er dort systematisch anzusiedeln ist.

II. – FamFG – Buch 3 Verfahren in Betreuungs- und Unterbringungssachen

§ 287
Wirksamwerden von Beschlüssen

(1) Beschlüsse über Umfang, Inhalt oder Bestand der Bestellung eines Betreuers, über die Anordnung eines Einwilligungsvorbehalts oder über den Erlass einer einstweiligen Anordnung nach § 300 werden mit der Bekanntgabe an den Betreuer wirksam.

(2) Ist die Bekanntgabe an den Betreuer nicht möglich oder ist Gefahr im Verzug, kann das Gericht die sofortige Wirksamkeit des Beschlusses anordnen. In diesem Fall wird er wirksam, wenn der Beschluss und die Anordnung seiner sofortigen Wirksamkeit

1. dem Betroffenen oder dem Verfahrenspfleger bekannt gegeben werden oder
2. der Geschäftsstelle zum Zweck der Bekanntgabe nach Nummer 1 übergeben werden.

Der Zeitpunkt der sofortigen Wirksamkeit ist auf dem Beschluss zu vermerken.

Die Vorschrift entspricht im Hinblick auf Absatz 1 dem Regierungsentwurf; Absatz 2 ist mit der Beschlussempfehlung des Rechtsausschusses geändert worden.

Frühere Fassung RegE:
(2) Ist die Bekanntgabe an den Betreuer nicht möglich oder ist Gefahr im Verzug, kann das Gericht die sofortige Wirksamkeit des Beschlusses anordnen. In diesem Fall wird er wirksam, wenn

1. der Beschluss und die Anordnung seiner sofortigen Wirksamkeit dem Betroffenen oder dem Verfahrenspfleger bekannt gegeben oder

*2. der Geschäftsstelle zum Zweck der **Bekanntmachung** nach Nummer 1 übergeben werden.*

Der Zeitpunkt der sofortigen Wirksamkeit ist auf dem Beschluss zu vermerken.

Begründung RegE:
Die Regelungen in § 287 und § 288 entstammen dem bisherigen § 69a FGG, der die Bekanntgabe und die Wirksamkeit von Entscheidungen regelt.

Absatz 1 ist aus § 69a Abs. 3 Satz 1 FGG hervorgegangen. Danach werden Entscheidungen in Betreuungssachen abweichend vom bisherigen § 16 Abs. 1 FGG mit der Bekanntgabe an den Betreuer wirksam, um etwa bei Krankheiten oder Behinderungen des Betroffenen Zweifel am Eintritt der Wirksamkeit auszuschließen (vgl. die Begründung des Gesetzes über die Betreuung Volljähriger vom 12.9.1990, BT-Drs. 11/4528, S. 175). Dieser Grundsatz besteht fort. In Absatz 1 werden lediglich die Beschlüsse, die mit Bekanntgabe an den Betreuer wirksam werden, näher beschrieben. Dies sind jedenfalls das Verfahren abschließende Entscheidungen. Es ist sachgerecht, andere Beschlüsse, wie etwa eine Vorführungsanordnung nach § 283, mit der Bekanntgabe an den Betroffenen wirksam werden zu lassen. Insoweit greift die Grundregel des § 40 Abs. 1. Sie ordnet an, dass Beschlüsse mit der Bekanntgabe an den Beteiligten, für welchen sie ihrem wesentlichen Inhalt nach bestimmt sind, wirksam werden. § 40 Abs. 1 gilt ferner bei der Genehmigung eines Rechtsgeschäfts des Bevollmächtigten des Betroffenen, etwa in Fällen des § 1904 Abs. 2 BGB: Die Genehmigung der Einwilligung in eine ärztliche Maßnahme nach dieser Vorschrift wird mit Bekanntgabe an den Bevollmächtigten wirksam, denn die Einwilligung ist eine Willenserklärung des Bevollmächtigten selbst. Deren Genehmigung richtet sich an ihn. Auch die Sonderregelung des § 40 Abs. 2 bleibt unberührt, denn die in § 40 Abs. 2 genannten Maßnahmen werden nicht von § 287 erfasst. Auf die Begründung zu § 40 Abs. 2 wird ergänzend verwiesen.

Absatz 2 entspricht mit sprachlichen Änderungen dem bisherigen § 69a Abs. 3 Satz 2 und 3 FGG.

Begründung Beschlussempfehlung Rechtsausschuss:
Es handelt sich um eine sprachliche Harmonisierung mit den Regelungen über die Bekanntgabe von Dokumenten gemäß § 15.

§ 288
Bekanntgabe

(1) Von der Bekanntgabe der Gründe eines Beschlusses an den Betroffenen kann abgesehen werden, wenn dies nach ärztlichem Zeugnis erforderlich ist, um erhebliche Nachteile für seine Gesundheit zu vermeiden.

(2) Das Gericht hat der zuständigen Behörde den Beschluss über die Bestellung eines Betreuers oder die Anordnung eines Einwilligungsvorbehalts oder Beschlüsse über Umfang, Inhalt oder Bestand einer solchen Maßnahme stets bekannt zu geben. Andere Beschlüsse sind der zuständigen Behörde bekannt zu geben, wenn sie vor deren Erlass angehört wurde.

Die Vorschrift entspricht der Fassung des Regierungsentwurfs.

Begründung RegE:

Absatz 1 entspricht dem bisherigen § 69a Abs. 1 Satz 2 FGG. Der bisherige § 69a Abs. 1 Satz 1 FGG ist im Hinblick auf §§ 40 Abs. 1, 41 Abs. 1 obsolet, weil daraus folgt, dass dem Betroffenen als Subjekt des Verfahrens der Beschluss stets selbst bekannt zu machen ist.

Absatz 2 entspricht dem bisherigen § 69a Abs. 2 FGG. Neu ist die ausdrückliche Anordnung, der zuständigen Behörde die dort aufgeführten Beschlüsse bekannt zu geben. Gegen solche Entscheidungen steht ihr gemäß § 303 auch ein Recht zur Beschwerde zu. Die Erweiterung der Bekanntgabepflicht soll sicherstellen, dass die Frist zur Einlegung der Beschwerde der zuständigen Behörde gegenüber auch dann zu laufen beginnt, wenn sie in erster Instanz mangels dahingehenden Antrags nicht beteiligt wurde. Die weiteren Änderungen sind sprachlicher Art.

§ 289
Verpflichtung des Betreuers

(1) Der Betreuer wird mündlich verpflichtet und über seine Aufgaben unterrichtet. Das gilt nicht für Vereinsbetreuer, Behördenbetreuer, Vereine, die zuständige Behörde und Personen, die die Betreuung im Rahmen ihrer Berufsausübung führen, sowie nicht für ehrenamtliche Betreuer, die mehr als eine Betreuung führen oder in den letzten zwei Jahren geführt haben.

(2) In geeigneten Fällen führt das Gericht mit dem Betreuer und dem Betroffenen ein Einführungsgespräch.

Die Vorschrift entspricht der Fassung des Regierungsentwurfs.

Begründung RegE:

§ 289 und § 290 sind aus dem bisherigen § 69b FGG hervorgegangen.

Absatz 1 entspricht mit sprachlichen Änderungen dem bisherigen § 69b Abs. 1 FGG. Ergänzt wurde Absatz 1 Satz 2 um den Berufsbetreuer sowie den erfahrenen ehrenamtlichen Betreuer, denn sie bedürfen aufgrund ihrer Tätigkeit keiner mündlichen Verpflichtung oder Unterrichtung über ihre Aufgaben. Rechtsanwälte werden von dieser Regelung erfasst, soweit sie die Betreuung berufsmäßig führen.

Absatz 2 entspricht dem bisherigen § 69b Abs. 3 FGG.

§ 290
Bestellungsurkunde

Der Betreuer erhält eine Urkunde über seine Bestellung. Die Urkunde soll enthalten

1. die Bezeichnung des Betroffenen und des Betreuers;
2. bei Bestellung eines Vereinsbetreuers oder Behördenbetreuers diese Bezeichnung und die Bezeichnung des Vereins oder der Behörde;
3. den Aufgabenkreis des Betreuers;

4. bei Anordnung eines Einwilligungsvorbehalts die Bezeichnung des Kreises der einwilligungsbedürftigen Willenserklärungen;
5. bei der Bestellung eines vorläufigen Betreuers durch einstweilige Anordnung das Ende der einstweiligen Maßnahme.

Die Vorschrift entspricht der Fassung des Regierungsentwurfs.

Begründung RegE:
Diese Vorschrift entspricht dem bisherigen § 69b Abs. 2 FGG. Neu ist das Erfordernis der Angabe des Endes einer im vorläufigen Rechtsschutz angeordneten Betreuung.

§ 291
Überprüfung der Betreuerauswahl

Der Betroffene kann verlangen, dass die Auswahl der Person, der ein Verein oder eine Behörde die Wahrnehmung der Betreuung übertragen hat, durch gerichtliche Entscheidung überprüft wird. Das Gericht kann dem Verein oder der Behörde aufgeben, eine andere Person auszuwählen, wenn einem Vorschlag des Betroffenen, dem keine wichtigen Gründe entgegenstehen, nicht entsprochen wurde oder die bisherige Auswahl dem Wohl des Betroffenen zuwiderläuft. § 35 ist nicht anzuwenden.

Die Vorschrift entspricht der Fassung des Regierungsentwurfs.

Begründung RegE:
Diese Regelung entspricht mit sprachlichen Änderungen dem bisherigen § 69c FGG.

§ 292
Zahlungen an den Betreuer

(1) In Betreuungsverfahren gilt § 168 entsprechend.

(2) Die Landesregierungen werden ermächtigt, durch Rechtsverordnung für Anträge und Erklärungen auf Ersatz von Aufwendungen und Bewilligung von Vergütung Formulare einzuführen. Soweit Formulare eingeführt sind, müssen sich Personen, die die Betreuung im Rahmen der Berufsausübung führen, ihrer bedienen und sie als elektronisches Dokument einreichen, wenn dieses für die automatische Bearbeitung durch das Gericht geeignet ist. Andernfalls liegt keine ordnungsgemäße Geltendmachung im Sinne von § 1836 Abs. 1 Satz 2 des Bürgerlichen Gesetzbuchs in Verbindung mit § 1 des Vormünder- und Betreuungsvergütungsgesetzes vor. Die Landesregierungen können die Ermächtigung nach Satz 1 durch Rechtsverordnung auf die Landesjustizverwaltungen übertragen.

Die Vorschrift entspricht der Fassung des Regierungsentwurfs.

Begründung RegE:
Absatz 1 entspricht in seinem Regelungsgehalt dem bisherigen § 69e Abs. 1 FGG. Die bisherige Bezugnahme auf § 56g FGG wurde ersetzt durch die Verweisung auf die wortgleiche Vorschrift des § 168. Die Regelungsgegenstände der übrigen Verweise des bisherigen § 69e Abs. 1 Satz 1 FGG wurden im Allgemeinen Teil berücksichtigt. Die Regelung des bisherigen § 69e Abs. 1 Satz 2 und 3 FGG geht in §§ 35 und § 285 auf. **Absatz 2** entspricht dem bisherigen § 69e Abs. 2 FGG.

Stellungnahme Bundesrat:
76. Zu Artikel 1 (§ 292 Abs. 1 Satz 2 – neu – FamFG)
Dem Artikel 1 § 292 Abs. 1 ist folgender Satz anzufügen:
„Von der Anhörung gemäß § 168 Abs. 4 kann abgesehen werden, wenn sich hinsichtlich der Berechnung des Stundenansatzes gegenüber der vorherigen Festsetzung keinerlei Änderungen ergeben und der Betroffene bei der erstmaligen Anhörung auf diesen Umstand hingewiesen worden ist."

Begründung:

Über § 292 Abs. 1 FamFG-E gilt für Zahlungen an den Betreuer § 168 FamFG-E entsprechend. Gemäß § 168 Abs. 4 FamFG-E wäre der Betroffene somit vor der Festsetzung einer von ihm zu leistenden Zahlung stets zu hören. Da sich die Höhe der Vergütung aber auf Grund der am 1. Juli 2005 eingeführten Pauschvergütung nach Ablauf des ersten Betreuungsjahres in vielen Fällen nicht mehr ändert, erscheint die ausnahmslose Anhörungspflicht unangemessen. Sie sollte auf die Fälle beschränkt werden, in denen eine Änderung der für die Vergütungsfestsetzung maßgeblichen Parameter eingetreten ist (Dauer der Betreuung, Wohnform etc.) und das Gericht den Betroffenen bei der erstmaligen Anhörung auf diesen Umstand hingewiesen hat.

Gegenäußerung Bundesregierung:

Zu Nummer 76 (Artikel 1 – § 292 Abs. 1 Satz 2 – neu – FamFG)
Die Bundesregierung stimmt dem Vorschlag des Bundesrates nicht zu.

Es besteht kein Regelungsbedarf. In einfach gelagerten Fällen, in denen sich die Vergütung nicht ändert, ist keine gerichtliche Festsetzung erforderlich. § 168 Abs. 1 Satz 4 FamFG ermöglicht die Festsetzung der Vergütung des Betreuers nach dem Justizvergütungs- und -entschädigungsgesetz durch den Urkundsbeamten der Geschäftsstelle. In diesem Verfahren ist eine Anhörung des Betreuten nicht notwendig. Die Forderung des Betreuers wird lediglich von der Anweisungsstelle geprüft und zur Auszahlung angewiesen (vgl. zum geltenden Recht: Keidel/Kuntze/Winkler-Engelhardt, Freiwillige Gerichtsbarkeit, 15. Aufl. 2003, Rn. 4 zu § 56g).

§ 293
Erweiterung der Betreuung oder des Einwilligungsvorbehalts

(1) Für die Erweiterung des Aufgabenkreises des Betreuers und die Erweiterung des Kreises der einwilligungsbedürftigen Willenserklärungen gelten die Vorschriften über die Anordnung dieser Maßnahmen entsprechend.

(2) Einer persönlichen Anhörung nach § 278 Abs. 1 sowie der Einholung eines Gutachtens oder ärztlichen Zeugnisses (§§ 280 und 281) bedarf es nicht,

1. wenn diese Verfahrenshandlungen nicht länger als sechs Monate zurückliegen oder
2. die beabsichtigte Erweiterung nach Absatz 1 nicht wesentlich ist.

Eine wesentliche Erweiterung des Aufgabenkreises des Betreuers liegt insbesondere vor, wenn erstmals ganz oder teilweise die Personensorge oder eine der in § 1896 Abs. 4 oder den §§ 1904 bis 1906 des Bürgerlichen Gesetzbuchs genannten Aufgaben einbezogen wird.

(3) Ist mit der Bestellung eines weiteren Betreuers nach § 1899 des Bürgerlichen Gesetzbuchs eine Erweiterung des Aufgabenkreises verbunden, gelten die Absätze 1 und 2 entsprechend.

Die Vorschrift entspricht der Fassung des Regierungsentwurfs zum FGG-Reformgesetz.

Begründung RegE:

Absatz 1 entspricht mit sprachlichen Änderungen dem bisherigen § 69i Abs. 1 Satz 1 und Abs. 2 FGG.

Absatz 2 entspricht dem bisherigen § 69i Abs. 1 Satz 2 FGG. Änderungen sind sprachlicher und redaktioneller Art. Die Anordnung der Gewährung rechtlichen Gehörs nach dem bislang geltenden § 69i Abs. 1 Satz 2 2. Halbsatz FGG ist unterblieben, da diese in § 34 Abs. 1 Nr. 1 statuiert ist.

Absatz 3 entspricht mit sprachlichen und redaktionellen Änderungen dem bisherigen § 69i Abs. 5 FGG. Einer dem Verweis auf die bisherige Regelung des § 69g Abs. 1 FGG entsprechenden Bestimmung bedarf es nicht, da die Beschwerdebefugnis in § 303 systematisch neu geregelt ist. Auf die Begründung zu dieser Vorschrift wird verwiesen.

II. – FamFG – Buch 3 Verfahren in Betreuungs- und Unterbringungssachen

§ 294
Aufhebung und Einschränkung der Betreuung oder des Einwilligungsvorbehalts

(1) Für die Aufhebung der Betreuung oder der Anordnung eines Einwilligungsvorbehalts und für die Einschränkung des Aufgabenkreises des Betreuers oder des Kreises der einwilligungsbedürftigen Willenserklärungen gelten die §§ 279 und 288 Abs. 2 Satz 1 entsprechend.

(2) Hat das Gericht nach § 281 Abs. 1 Nr. 1 von der Einholung eines Gutachtens abgesehen, ist dies nachzuholen, wenn ein Antrag des Betroffenen auf Aufhebung der Betreuung oder Einschränkung des Aufgabenkreises erstmals abgelehnt werden soll.

(3) Über die Aufhebung der Betreuung oder des Einwilligungsvorbehalts hat das Gericht spätestens sieben Jahre nach der Anordnung dieser Maßnahmen zu entscheiden.

Die Vorschrift entspricht der Fassung des Regierungsentwurfs.

Begründung RegE:

Absatz 1 entspricht mit sprachlichen Änderungen dem bisherigen § 69i Abs. 3 FGG und sieht entsprechend dieser Regelung Verfahrenserleichterungen für die Aufhebung und die Einschränkung der Betreuung oder des Einwilligungsvorbehalts vor. Insbesondere bedarf es grundsätzlich keiner erneuten Anhörung des Betroffenen. Aus der Amtsermittlungspflicht des Gerichts nach § 26 kann jedoch auch bei diesen Verfahrensgegenständen die Notwendigkeit einer persönlichen Anhörung des Betroffenen resultieren. Des Verweises auf den bisherigen § 69g Abs. 1 FGG bedarf es aus den gleichen Gründen wie im Fall des § 293 Abs. 3 nicht. Auf die dortige Begründung wird verwiesen.

Absatz 2 entspricht dem bisherigen § 69i Abs. 4 FGG. Änderungen sind sprachlicher und redaktioneller Art.

Absatz 3 entspricht dem bisherigen § 69 Abs. 1 Nr. 5 2. Halbsatz FGG in der mit Inkrafttreten des Zweiten Gesetzes zur Änderung des Betreuungsrechts vom 21. April 2005 (BGBl. I, S. 1073) geltenden Fassung in Bezug auf die Aufhebung der Betreuung oder eines Einwilligungsvorbehalts.

§ 295
Verlängerung der Betreuung oder des Einwilligungsvorbehalts

(1) Für die Verlängerung der Bestellung eines Betreuers oder der Anordnung eines Einwilligungsvorbehalts gelten die Vorschriften über die erstmalige Anordnung dieser Maßnahmen entsprechend. Von der erneuten Einholung eines Gutachtens kann abgesehen werden, wenn sich aus der persönlichen Anhörung des Betroffenen und einem ärztlichen Zeugnis ergibt, dass sich der Umfang der Betreuungsbedürftigkeit offensichtlich nicht verringert hat.

(2) Über die Verlängerung der Betreuung oder des Einwilligungsvorbehalts hat das Gericht spätestens sieben Jahre nach der Anordnung dieser Maßnahmen zu entscheiden.

Die Vorschrift entspricht der Fassung des Regierungsentwurfs.

Begründung RegE:

Absatz 1 entspricht dem bisherigen § 69i Abs. 6 FGG.

Absatz 2 entspricht dem bisherigen § 69 Abs. 1 Nr. 5 2. Halbsatz FGG in der mit Inkrafttreten des Zweiten Gesetzes zur Änderung des Betreuungsrechts vom 21. April 2005 (BGBl. I, S. 1073) geltenden Fassung in Bezug auf die Verlängerung der Betreuung oder eines Einwilligungsvorbehaltes.

Stellungnahme Bundesrat:

77. Zu Artikel 1 (§ 295 Abs. 1 Satz 2 FamFG)
In Artikel 1 § 295 Abs. 1 Satz 2 ist das Wort „und" durch das Wort „oder" zu ersetzen.

Begründung:
Bei der Verlängerung einer Betreuung, insbesondere einer solchen, die wegen irreversibler Schäden angeordnet worden ist, kann neben der Einholung eines ärztlichen Gutachtens häufig auch auf eine erneute Anhörung des Betroffenen oder auf die Einholung eines ärztlichen Zeugnisses verzichtet werden. Dies gilt insbesondere in den Fällen, in denen der Erstgutachter bereits eine dauerhafte Betreuungsbedürftigkeit festgestellt hat. § 295 Abs. 1 Satz 2 FamFG-E sollte daher so ausgestaltet werden, dass von der Einholung eines erneuten Gutachtens abgesehen werden kann, wenn sich aus der persönlichen Anhörung des Betroffenen oder einem ärztlichen Zeugnis ergibt, dass sich der Umfang der Betreuungsbedürftigkeit offensichtlich nicht verringert hat. Eine Kumulation der beiden Voraussetzungen ist nicht sachgerecht und führt in vielen Fällen zu einem unnötigen Verfahrensaufwand und damit zusätzlichen Kosten.

Gegenäußerung Bundesregierung:
Zu Nummer 77 (Artikel 1 – § 295 Abs. 1 Satz 2 FamFG)
Die Bundesregierung stimmt dem Vorschlag des Bundesrates nicht zu.

Die Verlängerung der Bestellung eines Betreuers ist eine Maßnahme, die erheblich in den Rechtskreis des Betreuten eingreift. Deshalb soll von einem Sachverständigengutachten im Interesse des Betreuten nur in eng begrenzten Ausnahmefällen abgesehen werden können. Das kann nur die persönliche Anhörung und ein ärztliches Attest rechtfertigen. Kostenersparnis und Verfahrensvereinfachung können im Interesse des Betroffenen hier keine tragenden Argumente sein.

§ 296
Entlassung des Betreuers und Bestellung eines neuen Betreuers

(1) Das Gericht hat den Betroffenen und den Betreuer persönlich anzuhören, wenn der Betroffene einer Entlassung des Betreuers (§ 1908b des Bürgerlichen Gesetzbuchs) widerspricht.

(2) Vor der Bestellung eines neuen Betreuers (§ 1908c des Bürgerlichen Gesetzbuchs) hat das Gericht den Betroffenen persönlich anzuhören. Das gilt nicht, wenn der Betroffene sein Einverständnis mit dem Betreuerwechsel erklärt hat. § 279 gilt entsprechend.

Die Vorschrift entspricht der Fassung des Regierungsentwurfs.

Begründung RegE:
Absatz 1 entspricht dem bisherigen § 69i Abs. 7 Satz 1 FGG. Einer dem Verweis in Satz 2 entsprechenden Bestimmung bedarf es im Hinblick auf § 34 Abs. 2 nicht mehr.

Absatz 2 entspricht dem bisherigen § 69i Abs. 8 FGG. Einer § 69d Abs. 1 Satz 3 FGG entsprechenden Bestimmung bedarf es wegen § 34 Abs. 2 nicht mehr. Der Verweis auf den bisherigen § 69g Abs. 1 FGG ist aus den gleichen Gründen wie im Fall des § 293 Abs. 3 überflüssig. Auf die dortige Begründung wird verwiesen.

§ 297
Sterilisation

(1) Das Gericht hat den Betroffenen vor der Genehmigung einer Einwilligung des Betreuers in eine Sterilisation (§ 1905 Absatz 2 des Bürgerlichen Gesetzbuchs) persönlich anzuhören und sich einen persönlichen Eindruck von ihm zu verschaffen. Es hat den Betroffenen über den möglichen Verlauf des Verfahrens zu unterrichten.

(2) Das Gericht hat die zuständige Behörde anzuhören, wenn es der Betroffene verlangt oder es der Sachaufklärung dient.

(3) Das Gericht hat die sonstigen Beteiligten anzuhören. Auf Verlangen des Betroffenen hat das Gericht eine ihm nahestehende Person anzuhören, wenn dies ohne erhebliche Verzögerung möglich ist.

(4) Verfahrenshandlungen nach den Absätzen 1 bis 3 können nicht durch den ersuchten Richter vorgenommen werden.

(5) Die Bestellung eines Verfahrenspflegers ist stets erforderlich, sofern sich der Betroffene nicht von einem Rechtsanwalt oder einem anderen geeigneten Verfahrensbevollmächtigten vertreten lässt.

(6) Die Genehmigung darf erst erteilt werden, nachdem durch förmliche Beweisaufnahme Gutachten von Sachverständigen eingeholt sind, die sich auf die medizinischen, psychologischen, sozialen, sonderpädagogischen und sexualpädagogischen Gesichtspunkte erstrecken. Die Sachverständigen haben den Betroffenen vor Erstattung des Gutachtens persönlich zu untersuchen oder zu befragen. Sachverständiger und ausführender Arzt dürfen nicht personengleich sein.

(7) Die Genehmigung wird wirksam mit der Bekanntgabe an den für die Entscheidung über die Einwilligung in die Sterilisation bestellten Betreuer und

1. an den Verfahrenspfleger oder
2. den Verfahrensbevollmächtigten, wenn ein Verfahrenspfleger nicht bestellt wurde.

(8) Die Entscheidung über die Genehmigung ist dem Betroffenen stets selbst bekannt zu machen. Von der Bekanntgabe der Gründe an den Betroffenen kann nicht abgesehen werden. Der zuständigen Behörde ist die Entscheidung stets bekannt zu geben.

Die Vorschrift entspricht der Fassung des Regierungsentwurfs.

Begründung RegE:
Die Vorschriften über die Verfahren, die eine Sterilisation nach § 1905 Abs. 2 BGB zum Gegenstand haben, waren im FGG an unterschiedlichen Stellen geregelt. § 297 führt sie zusammen. Für die Genehmigung einer Einwilligung eines Betreuers in eine Sterilisation gelten wie schon nach bisherigem FGG die strengsten Verfahrensgarantien. Die Vorschrift stellt nun klar, dass für die Einholung eines Sachverständigengutachtens nach § 30 Abs. 2 das Strengbeweisverfahren durchzuführen ist. Im Fall der persönlichen Anhörung des Betroffenen verbleibt es bei der Grundregel des § 30 Abs. 1: Über die Notwendigkeit der Durchführung des Strengbeweisverfahrens bei der zumindest auch der Sachverhaltsaufklärung dienenden Anhörung entscheidet das Gericht nach pflichtgemäßem Ermessen.

Absatz 1 entspricht mit sprachlichen Änderungen dem Verweis in dem bisherigen § 69d Abs. 3 Satz 1 FGG auf § 68 Abs. 1 Satz 1 und 3 FGG. Der weitere Verweis auf § 68 Abs. 5 FGG ist nicht übernommen worden, da diese Vorschrift über das Schlussgespräch keine gesonderte Regelung mehr erfahren hat. Auf die Begründung zu § 278 wird insoweit verwiesen.

Die **Absätze 2 und 3** entsprechen dem Verweis in dem bisherigen § 69d Abs. 3 Satz 1 FGG auf § 68a FGG. Es sind sprachliche Änderungen vorgenommen worden. Ferner ergeben sich Neuerungen aufgrund einer Anpassung an § 279. Auf die Begründung zu dieser Vorschrift wird verwiesen.

Absatz 4 entspricht dem bisherigen § 69d Abs. 3 Satz 2 FGG.

Absatz 5 entspricht mit sprachlichen und redaktionellen Änderungen dem bisherigen § 67 Abs. 1 Satz 5 FGG.

Absatz 6 entspricht dem bisherigen § 69d Abs. 3 Satz 3 bis 5 FGG. Die Geltung des Strengbeweisverfahrens bei der Einholung der Sachverständigengutachten nach § 30 Abs. 2 wird klargestellt.

Absatz 7 entspricht mit sprachlichen und redaktionellen Änderungen dem bisherigen § 69a Abs. 4 FGG.

Absatz 8 entspricht dem Verweis in dem bisherigen § 69d Abs. 3 Satz 1 FGG auf § 69a Abs. 2 Satz 2 FGG. Änderungen sind sprachlicher Art. Der Verweis in dem bisherigen § 69d Abs. 3 Satz 1 FGG auf § 69a Abs. 1 Satz 1 FGG ist wegen der Bestimmungen in § 40 Abs. 1 obsolet.

§ 298
Verfahren in Fällen des § 1904 des Bürgerlichen Gesetzbuchs

(1) Das Gericht darf die Einwilligung eines Betreuers oder eines Bevollmächtigten in eine Untersuchung des Gesundheitszustandes, eine Heilbehandlung oder einen ärztlichen Eingriff (§ 1904 des Bürgerlichen Gesetzbuchs) nur genehmigen, wenn es den Betroffenen zuvor persönlich angehört hat. Das Gericht soll die sonstigen Beteiligten anhören. Auf Verlangen des Betroffenen hat das Gericht eine ihm nahestehende Person anzuhören, wenn dies ohne erhebliche Verzögerung möglich ist.

(2) Vor der Genehmigung ist ein Sachverständigengutachten einzuholen. Der Sachverständige soll nicht auch der ausführende Arzt sein.

Die Vorschrift entspricht der Fassung des Regierungsentwurfs.

Begründung RegE:

Die Vorschriften über die Genehmigung der Einwilligung eines Betreuers oder eines Bevollmächtigten in eine Untersuchung des Gesundheitszustandes, eine Heilbehandlung oder einen ärztlichen Eingriff nach § 1904 BGB waren im FGG an verschiedenen Stellen geregelt. § 298 führt sie zusammen. Für die Sachverhaltsaufklärung gilt der Grundsatz des § 30 Abs. 1. Das Gericht entscheidet nach pflichtgemäßem Ermessen, ob es die persönliche Anhörung des Betroffenen oder die Einholung des Sachverständigengutachtens im Strengbeweisverfahren durchführt.

Absatz 1 Satz 1 entspricht dem bisherigen § 69d Abs. 1 Satz 2 FGG. **Satz 2 und 3** sind aus dem Verweis in dem bisherigen § 69d Abs. 2 Satz 3 FGG auf § 68a Satz 3 und 4 FGG hervorgegangen. Die Anhörung der Angehörigen des Betroffenen und ihm nahe stehender Personen nach dem bisherigen § 68a Satz 3 und 4 FGG ist in § 291 neu geregelt. Satz 2 und 3 sind diesen Änderungen redaktionell angepasst. Auf die Begründung zu § 291 wird verwiesen.

Absatz 2 entspricht mit sprachlichen Änderungen dem bisherigen § 69d Abs. 2 Satz 1 und 2 FGG.

§ 299
Verfahren in anderen Entscheidungen

Das Gericht soll den Betroffenen vor einer Entscheidung nach § 1908i Abs. 1 Satz 1 in Verbindung mit den §§ 1821, 1822 Nr. 1 bis 4, 6 bis 13 sowie den §§ 1823 und 1825 des Bürgerlichen Gesetzbuchs persönlich anhören. Vor einer Entscheidung nach § 1907 Abs. 1 und 3 des Bürgerlichen Gesetzbuchs hat das Gericht den Betroffenen persönlich anzuhören.

Die Vorschrift entspricht der Fassung des Regierungsentwurfs.

Begründung RegE:

Die Regelung entspricht dem bisherigen § 69d Abs. 1 Satz 1 und 2 FGG und bestimmt, dass der Betroffene vor wichtigen Entscheidungen des Betreuungsgerichts persönlich anzuhören ist. Der Katalog ist wie bereits nach FGG nicht abschließend (siehe die Begründung des Gesetzes über die Betreuung Volljähriger vom 12.9.1990, BT-Drs. 11/4528, S. 176).

Satz 1 dieser Regelung entspricht dem bisherigen § 69d Abs. 1 Satz 1 FGG. Satz 2 entspricht dem bisherigen § 69d Abs. 1 Satz 2 FGG. Eine Einbeziehung von § 1904 BGB ist unterblieben, da diese Vorschrift bereits in § 298 geregelt ist.

§ 300
Einstweilige Anordnung

(1) Das Gericht kann durch einstweilige Anordnung einen vorläufigen Betreuer bestellen oder einen vorläufigen Einwilligungsvorbehalt anordnen, wenn

1. dringende Gründe für die Annahme bestehen, dass die Voraussetzungen für die Bestellung eines Betreuers oder die Anordnung eines Einwilligungsvorbehalts gegeben sind und ein dringendes Bedürfnis für ein sofortiges Tätigwerden besteht,
2. ein ärztliches Zeugnis über den Zustand des Betroffenen vorliegt,
3. im Fall des § 276 ein Verfahrenspfleger bestellt und angehört worden ist und
4. der Betroffene persönlich angehört worden ist.

Eine Anhörung des Betroffenen im Wege der Rechtshilfe ist abweichend von § 278 Abs. 3 zulässig.

(2) Das Gericht kann durch einstweilige Anordnung einen Betreuer entlassen, wenn dringende Gründe für die Annahme bestehen, dass die Voraussetzungen für die Entlassung vorliegen und ein dringendes Bedürfnis für ein sofortiges Tätigwerden besteht.

Die Vorschrift entspricht der Fassung des Regierungsentwurfs.

Begründung RegE:

Das Verfahren zum Erlass einer einstweiligen Anordnung ist nunmehr in den §§ 300 bis 302 geregelt, die aus der bisherigen Regelung des § 69f FGG hervorgegangen sind. Die Voraussetzungen zum Erlass einer einstweiligen Anordnung wurden beibehalten. Die Bestimmungen wurden neu strukturiert und übersichtlicher gestaltet. Bereits § 69f FGG kannte zwei Arten der einstweiligen Anordnung (Damrau/Zimmermann, Betreuungsrecht, 3. Aufl. 2001, Rn. 6, 12 zu § 69f; Bienwald-Sonnenfeld, Betreuungsrecht, 4. Aufl. 2005, Rn. 15, 23 zu § 69f): Die sog. „gewöhnliche einstweilige Anordnung" nach § 69f Abs. 1 Nr. 1 FGG verlangte als Anordnungsgrund, dass mit dem Aufschub Gefahr verbunden ist. Eine sog. „eilige einstweilige Anordnung" gemäß § 69f Abs. 1 Satz 4 und 5 FGG konnte darüber hinaus bei Gefahr im Verzug unter erleichterten Voraussetzungen erlassen werden. Diese Unterscheidung wird in § 300 und § 301 weiterhin vollzogen. § 300 regelt die gewöhnliche einstweilige Anordnung. Anstelle des Anordnungsgrundes, mit dem Aufschub sei Gefahr verbunden, wird die gewöhnliche Eilbedürftigkeit fortan mit einem dringenden Bedürfnis für ein sofortiges Tätigwerden beschrieben. Eine inhaltliche Neuausrichtung ist damit nicht verbunden. Gefahr im Verzug als gesteigerte Form der Dringlichkeit wurde in die eigene Norm des § 301 aufgenommen.

Eine wesentliche Neuerung des Verfahrens zum Erlass einer einstweiligen Anordnung folgt aus dem Allgemeinen Teil. Während nach bisher geltendem FGG das Eilverfahren nach allgemeinem Verständnis hauptsacheabhängig ausgestaltet war und die einstweilige Anordnung als vorläufige Regelung in einem von Amts wegen einzuleitenden Hauptsacheverfahren durch eine endgültige Maßnahme zu ersetzen war (Damrau/Zimmermann, Betreuungsrecht, Rn. 2 zu § 69f), ist die einstweilige Anordnung nunmehr auch bei Anhängigkeit der Hauptsache ein selbständiges Verfahren. Auf die Begründung zu § 51 wird ergänzend verwiesen. Der durch eine einstweilige Anordnung beschwerte Betroffene kann nach § 52 Abs. 1 jedoch die Durchführung eines Hauptsacheverfahrens erzwingen, wenn das Gericht dieses nicht bereits von Amts wegen einleitet.

Absatz 1 enthält eine Aufzählung der Verfahrensschritte zum Erlass einer einstweiligen Anordnung in Verfahren über die Bestellung eines Betreuers oder die Anordnung eines Einwilligungsvorbehalts. Inhaltlich entspricht die Regelung dem bisherigen § 69f Abs. 1 Satz 1 und 2 FGG. Nicht aufgenommen wurde der Verweis in dem bisherigen § 69f Abs. 1 Satz 3 FGG auf § 69d Abs. 1 Satz 3 FGG, denn dieser ist aufgrund der Regelung in § 34 Abs. 2 obsolet.

Absatz 2 entspricht dem bisherigen § 69f Abs. 3 FGG.

§ 301
Einstweilige Anordnung bei gesteigerter Dringlichkeit

(1) Bei Gefahr im Verzug kann das Gericht eine einstweilige Anordnung nach § 300 bereits vor Anhörung des Betroffenen sowie vor Anhörung und Bestellung des Verfahrenspflegers erlassen. Diese Verfahrenshandlungen sind unverzüglich nachzuholen.

(2) Das Gericht ist bei Gefahr im Verzug bei der Auswahl des Betreuers nicht an § 1897 Abs. 4 und 5 des Bürgerlichen Gesetzbuchs gebunden.

Die Vorschrift entspricht der Fassung des Regierungsentwurfs.

Begründung RegE:
Die Vorschrift regelt die sog. „eilige einstweilige Anordnung", die in Fällen gesteigerter Dringlichkeit unter erleichterten Voraussetzungen erlassen werden kann. Bereits das bislang geltende FGG unterscheidet zwischen einer sog. „gewöhnlichen einstweiligen Anordnung" und einer sog. „eiligen einstweiligen Anordnung". Auf die Begründung zu § 300 wird verwiesen. **Absatz 1** entspricht dem bisherigen § 69f Abs. 1 Satz 4 FGG. **Absatz 2** ist aus dem bisherigen § 69f Abs. 1 Satz 5 FGG hervorgegangen.

§ 302
Dauer der einstweiligen Anordnung

Eine einstweilige Anordnung tritt, sofern das Gericht keinen früheren Zeitpunkt bestimmt, nach sechs Monaten außer Kraft. Sie kann jeweils nach Anhörung eines Sachverständigen durch weitere einstweilige Anordnungen bis zu einer Gesamtdauer von einem Jahr verlängert werden.

Die Vorschrift entspricht der Fassung des Regierungsentwurfs.

Begründung RegE:
Diese Vorschrift entspricht mit sprachlichen Änderungen dem bisherigen § 69f Abs. 2 FGG. Die begrenzte Geltungsdauer der einstweiligen Anordnung in Betreuungsverfahren ist beibehalten worden. Diese ausdrückliche Bestimmung ist erforderlich, denn eine einstweilige Anordnung würde in diesen Verfahren sonst gemäß § 56 Abs. 1 bis zum Wirksamwerden einer anderen Regelung gelten. Da der Erlass einer einstweiligen Anordnung in Betreuungsverfahren jedoch unter erleichterten Voraussetzungen möglich ist, soll das Gericht nach einer bestimmten Zeit aufgrund erneuter Prüfung gezwungen sein, eine neue Entscheidung zu erlassen.

§ 303
Ergänzende Vorschriften über die Beschwerde

(1) Das Recht der Beschwerde steht der zuständigen Behörde gegen Entscheidungen über
1. die Bestellung eines Betreuers oder die Anordnung eines Einwilligungsvorbehalts,
2. Umfang, Inhalt oder Bestand einer in Nummer 1 genannten Maßnahme

zu.

(2) Das Recht der Beschwerde gegen eine von Amts wegen ergangene Entscheidung steht im Interesse des Betroffenen

1. dessen Ehegatten oder Lebenspartner, wenn die Ehegatten oder Lebenspartner nicht dauernd getrennt leben, sowie den Eltern, Großeltern, Pflegeeltern, Abkömmlingen und Geschwistern des Betroffenen sowie
2. einer Person seines Vertrauens

zu, wenn sie im ersten Rechtszug beteiligt worden sind.

(3) Das Recht der Beschwerde steht dem Verfahrenspfleger zu.

(4) Der Betreuer oder der Vorsorgebevollmächtigte kann gegen eine Entscheidung, die seinen Aufgabenkreis betrifft, auch im Namen des Betroffenen Beschwerde einlegen. Führen mehrere Betreuer oder Vorsorgebevollmächtigte ihr Amt gemeinschaftlich, kann jeder von ihnen für den Betroffenen selbständig Beschwerde einlegen.

Die Vorschrift entspricht im Hinblick auf die Absätze 1 bis 3 dem Regierungsentwurf; Absatz 4 ist mit der Beschlussempfehlung des Rechtsausschusses geändert worden.

Frühere Fassung RegE:
(4) Der Betreuer kann gegen eine Entscheidung, die seinen Aufgabenkreis betrifft, auch im Namen des Betroffenen Beschwerde einlegen. Führen mehrere Betreuer ihr Amt gemeinschaftlich, kann jeder von ihnen für den Betroffenen selbständig Beschwerde einlegen.

Begründung RegE:
Die Neuerungen, die das Rechtsmittelrecht im Allgemeinen Teil erfahren hat, bedingen eine Reihe von Änderungen im Beschwerderecht des Betreuungsverfahrens. Auf die Begründung zu §§ 58 ff. und §§ 70 ff. wird Bezug genommen. Die §§ 303 bis 306 enthalten spezielle Regelungen über die Beschwerde in Betreuungssachen.

Die Vorschrift ergänzt die Regelungen des Allgemeinen Teils über die Beschwerdeberechtigung nach § 59. Nach **Absatz 1** hat die zuständige Behörde eine Beschwerdebefugnis in den Fällen, in denen sie bereits in erster Instanz auf ihren Antrag zu beteiligen war. Erfasst werden davon die Verfahrensgegenstände, in denen der zuständigen Behörde nach den bisherigen § 69g Abs. 1 FGG und § 69i Abs. 3, 5 und 8 FGG ein Recht zur Beschwerde eingeräumt wurde. Auf die Begründung zu § 274 Abs. 3 wird verwiesen. Im Gegensatz zur bisherigen Rechtslage nach § 69g Abs. 1 FGG kann die zuständige Behörde nach Absatz 1 auch Beschwerde einlegen, wenn die Entscheidung nicht von Amts wegen, sondern auf Antrag des Betroffenen ergangen ist. Ihr steht ein Beschwerderecht damit auch gegen den Willen des Betroffenen zu. Das ist sachgerecht, um kostenintensive Betreuungsverfahren einzudämmen, in denen der Betroffene zur Regelung seiner Angelegenheiten entgegen seines eigenen Antrages tatsächlich in der Lage ist. Die Neuregelung eröffnet der zuständigen Behörde die Möglichkeit, eine Überprüfung solcher Betreuungen zu veranlassen.

Absatz 2 Nr. 1 beschreibt die Beschwerdebefugnis der Angehörigen des Betroffenen. Deren Kreis deckt sich mit dem der Verwandten, die in erster Instanz nach § 275 Abs. 4 Nr. 1 am Verfahren beteiligt werden können und ist enger gefasst als in der bisherigen Regelung des § 69g Abs. 1 FGG. Das Recht zur Beschwerde steht den Angehörigen des Betroffenen zunächst gemäß § 59 Abs. 1 bei einer Beeinträchtigung eigener Rechte zu. Unabhängig davon können sie nach Absatz 2 Nr. 1 als Beteiligte gemäß § 7 Abs. 3 in Verbindung mit § 274 Abs. 4 gegen solche Entscheidungen Beschwerde einlegen, in denen auch nach der bisherigen Regelung des § 69g Abs. 1 FGG und § 69i Abs. 3, 5 und 8 FGG eine Beschwerdebefugnis der privilegierten Verwandten und der zuständigen Behörde gegeben war. Voraussetzung dieses Beschwerderechts ist, dass der betreffende Angehörige des Betroffenen in erster Instanz beteiligt wurde. Dadurch sollen altruistische Beschwerden solcher Angehöriger vermieden werden, die am Verfahren erster Instanz kein Interesse gezeigt haben. Wie bisher nach § 69g Abs. 1 FGG gewährt Absatz 2 Nr. 1 den Angehörigen des Betroffenen ein Beschwerderecht nur, sofern die Entscheidung von Amts wegen ergangen ist.

Ein Recht zur Beschwerde hat nach **Absatz 2 Nr. 2** auch eine Vertrauensperson des Betroffenen, wenn sie in seinem Interesse bereits in erster Instanz zum Verfahren hinzugezogen wurde.

Absatz 3 nennt weiter den Verfahrenspfleger. Da er gemäß § 276 zur Wahrnehmung der Interessen des Betroffenen bestellt wird, steht ihm eine Beschwerdebefugnis nach dieser Vorschrift zu, um diesen Interessen Geltung zu verschaffen. Unabhängig davon kann er als Beteiligter in eigenen Rechten verletzt sein und gemäß § 59 Abs. 1 ein eigenes Recht zur Beschwerde haben.

Absatz 4 entspricht dem bisherigen § 69g Abs. 2 FGG. Die in **Satz 1** genannte Beschwerdebefugnis des Betreuers im Namen des Betreuten folgt bereits aus seiner umfassenden Vertretungsbefugnis nach § 1902 BGB. Satz 1 ist daher deklaratorischer Natur. Für die gemeinschaftliche Mitbetreuung bestimmt **Satz 2,** dass es keiner gemeinschaftlichen Beschwerdeeinlegung durch die Betreuer bedarf, sondern ein jeder Betreuer selbständig im Namen des Betroffenen Beschwerde einlegen kann.

Stellungnahme Bundesrat:
78. Zu Artikel 1 (§ 303 Abs. 3, § 335 Abs. 2 FamFG)
In Artikel 1 § 303 Abs. 3 und § 335 Abs. 2 sind jeweils nach dem Wort „Verfahrenspfleger" die Wörter „sowie dem Bevollmächtigten im Sinne des § 1896 Abs. 2 Satz 2 des Bürgerlichen Gesetzbuchs, sofern sein Aufgabenkreis betroffen ist," einzufügen.

Begründung:
Ein Beschwerderecht des Vorsorgebevollmächtigten im Betreuungsverfahren ist ausdrücklich im FamFG-E zu normieren. Mit der Vorsorgevollmacht verfolgt der Betroffene regelmäßig das Ziel, die Bestellung eines Betreuers wenn irgend möglich überflüssig zu machen. Deshalb sollte bei einer gerichtlichen Entscheidung, durch die gleichwohl ein Betreuer bestellt wird, jedenfalls die praktische Möglichkeit einer Überprüfung vorhanden sein. Ist, wie häufig, der Betroffene auf Grund seines Zustands nicht mehr in der Lage, diese Überprüfung aus eigenem Recht zu bewirken, sollte wenigstens derjenige, dem der Betroffene in Zeiten seiner Handlungsfähigkeit vertraut hat, handeln können. Dies trägt auch zur Stärkung des Instituts der Vorsorgevollmacht insgesamt bei und korrespondiert mit dem Recht des Betroffenen auf autonome Entscheidung zur Vorsorge für Unfall, Krankheit und Alter.

Die bisherige Konzeption des FamFG-E lässt die Frage offen, ob dem Vorsorgebevollmächtigten ein Beschwerderecht zusteht. Vorsorgebevollmächtigte sind gemäß § 274 Abs. 1 Nr. 3 FamFG-E zwar zwingend am Verfahren zu beteiligen, in § 303 FamFG-E wird jedoch kein eigenes Beschwerderecht geregelt. Ob ein Beschwerderecht aus der allgemeinen Vorschrift des § 59 Abs. 1 FamFG-E folgt, ist zweifelhaft, da die Frage, ob die Stellung als Vorsorgebevollmächtigter ein eigenes Recht ist, mit guten Gründen verneint werden kann. Eine Beschwerdebefugnis des Vorsorgebevollmächtigten wird in der Rechtsprechung nach geltendem Recht überwiegend verneint (vgl. Bassenge, in: Bassenge/Herbst/Roth, FGG/RPflG, 10. Auflage 2004, Rnr. 3 zu § 69g FGG m.w.N.), so dass viele Gerichte ein Schweigen des Gesetzgebers im FamFG-E so interpretieren werden, dass eine Änderung der Rechtslage nicht beabsichtigt ist. Eine ausdrückliche Regelung des Beschwerderechts ist daher zwingend erforderlich.

Als Regelungsort ist eine Ergänzung von § 303 Abs. 3 FamFG-E zu wählen. Da die Vorsorgevollmacht ein spezifisches Rechtsinstitut des Betreuungsrechts ist, lässt sich das Beschwerderecht des Bevollmächtigten am besten den ergänzenden Spezialvorschriften zur Beschwerde in Betreuungssachen nach § 303 FamFG-E zuordnen. Eine Aufnahme des Bevollmächtigten in § 303 Abs. 2 FamFG-E ist systematisch abzulehnen, da dort lediglich „Kann-Beteiligte" nach § 274 Abs. 4 FamFG-E aufgeführt werden und daher der Halbsatz „soweit sie im ersten Rechtszug beteiligt worden sind" in § 303 Abs. 2 FamFG-E für den Vorsorgebevollmächtigten, der nach § 274 Abs. 1 Nr. 3 FamFG-E „Muss-Beteiligter" ist, nicht passt. Zu bevorzugen ist daher eine Ergänzung des § 303 Abs. 3 FamFG-E, da der Verfahrenspfleger gemäß § 274 Abs. 2 FamFG-E automatisch zum Verfahren hinzugezogen wird und damit insoweit eine ähnliche Stellung wie ein „Muss-Beteiligter" hat.

Eine ähnliche Interessenlage wie im Betreuungsverfahren liegt auch im Unterbringungsverfahren vor. Auch hier schweigt § 335 FamFG-E dazu, ob dem Bevollmächtigten ein Beschwerderecht zusteht. Zur Klarstellung ist daher eine Ergänzung in § 335 Abs. 2 FamFG-E vorzunehmen. Ein Beschwerderecht soll aber wie im Betreuungsverfahren nur dann bestehen, wenn der Bevollmächtigte in seinem Aufgabenkreis betroffen ist. Die weitergehende Formulierung des § 315 Abs. 1 Nr. 3 FamFG-E bei der Beteiligtenstellung ist daher nicht auf das Beschwerderecht zu übertragen.

II. – FamFG – Buch 3 Verfahren in Betreuungs- und Unterbringungssachen

Gegenäußerung Bundesregierung:
Zu Nummer 78 (Artikel 1 – § 303 Abs. 3, § 335 Abs. 2 FamFG)
Die Bundesregierung wird im weiteren Verlauf des Gesetzgebungsverfahrens prüfen, welche Maßnahmen erforderlich sind, um ein Beschwerderecht des Vorsorgebevollmächtigten sicherzustellen. Dabei ist auch zu berücksichtigen, dass ein wirksames Beschwerderecht des Vorsorgevollmächtigten voraussetzt, dass die Beschwerdebefugnis erhalten bleibt, wenn ein bestellter Betreuer die Vollmacht des Vorsorgebevollmächtigten widerruft.

Begründung Beschlussempfehlung Rechtsausschuss:
Die Ergänzung des Absatzes 4 geht zurück auf einen Vorschlag des Bundesrates. Zur Begründung wird zunächst auf Nummer 78 der Stellungnahme des Bundesrates verwiesen. Der Ausschuss stimmt dem Anliegen des Bundesrates in der Sache zu und greift den Vorschlag des Bundesrates in modifizierter Form auf. Mit der Ergänzung des Absatzes 4 um den Vorsorgebevollmächtigten wird der Gleichlauf mit der Beschwerdeberechtigung des Betreuers gewährleistet.

§ 304
Beschwerde der Staatskasse

(1) Das Recht der Beschwerde steht dem Vertreter der Staatskasse zu, soweit die Interessen der Staatskasse durch den Beschluss betroffen sind. Hat der Vertreter der Staatskasse geltend gemacht, der Betreuer habe eine Abrechnung falsch erteilt oder der Betreute könne anstelle eines nach § 1897 Abs. 6 des Bürgerlichen Gesetzbuchs bestellten Betreuers durch eine oder mehrere andere geeignete Personen außerhalb einer Berufsausübung betreut werden, steht ihm gegen einen die Entlassung des Betreuers ablehnenden Beschluss die Beschwerde zu.

(2) Die Frist zur Einlegung der Beschwerde durch den Vertreter der Staatskasse beträgt drei Monate und beginnt mit der formlosen Mitteilung (§ 15 Abs. 3) an ihn.

Die Vorschrift entspricht der Fassung des Regierungsentwurfs.

Begründung RegE:
Absatz 1 Satz 1 regelt als Gegenstück zur Beteiligung des Vertreters der Staatskasse nach § 286 Abs. 4 Nr. 2 sein Beschwerderecht. **Satz 2** entspricht dem bisherigen § 69g Abs. 1 Satz 2 FGG in der seit dem Zweiten Gesetz zur Änderung des Betreuungsrechts vom 21. April 2005 (BGBl. I, S. 1073) geltenden Fassung. Die Änderungen sind sprachlicher Art. Soweit die Interessen der Staatskasse im Falle einer falschen Abrechnung des Betreuers nach § 1908b Abs. 1 Satz 2 BGB oder einem nicht vollzogenen Betreuerwechsel gemäß § 1908b Abs. 1 Satz 3 BGB betroffen sind, hat die Regelung nur deklaratorische Wirkung.

Absatz 2 stellt sicher, dass die Bezirksrevisoren ihre bisherige Praxis beibehalten und in regelmäßigen Abständen Revisionen vornehmen können. Der Lauf der Beschwerdefrist beginnt ihnen gegenüber daher in Abweichung zu § 63 Abs. 3 mit ihrer tatsächlichen Kenntnisnahme von der Entscheidung. Die Frist beträgt drei Monate. Nach dieser Zeitspanne soll Rechtskraft eintreten.

§ 305
Beschwerde des Untergebrachten

Ist der Betroffene untergebracht, kann er Beschwerde auch bei dem Amtsgericht einlegen, in dessen Bezirk er untergebracht ist.

Die Vorschrift entspricht der Fassung des Regierungsentwurfs.

Begründung RegE:
Diese Vorschrift entspricht mit sprachlichen Änderungen dem bisherigen § 69g Abs. 3 FGG.

§ 306
Aufhebung des Einwilligungsvorbehalts

Wird ein Beschluss, durch den ein Einwilligungsvorbehalt angeordnet worden ist, als ungerechtfertigt aufgehoben, bleibt die Wirksamkeit der von oder gegenüber dem Betroffenen vorgenommenen Rechtsgeschäfte unberührt.

Die Vorschrift entspricht der Fassung des Regierungsentwurfs.

Begründung RegE:
Diese Vorschrift entspricht mit sprachlichen Änderungen dem bisherigen § 69h FGG.

§ 307
Kosten in Betreuungssachen

In Betreuungssachen kann das Gericht die Auslagen des Betroffenen, soweit sie zur zweckentsprechenden Rechtsverfolgung notwendig waren, ganz oder teilweise der Staatskasse auferlegen, wenn eine Betreuungsmaßnahme nach den §§ 1896 bis 1908i des Bürgerlichen Gesetzbuchs abgelehnt, als ungerechtfertigt aufgehoben, eingeschränkt oder das Verfahren ohne Entscheidung über eine solche Maßnahme beendet wird.

Die Vorschrift entspricht der Fassung des Regierungsentwurfs.

Begründung RegE:
Die Vorschrift regelt die Entscheidung über Auslagen des Betroffenen in Betreuungssachen. Sie entspricht insoweit dem bisherigen § 13a Abs. 2 Satz 1 FGG. Die Möglichkeit der Anfechtung dieser Entscheidung folgt bereits aus dem Allgemeinen Teil, denn danach ist die isolierte Anfechtung einer Kostenentscheidung möglich. Einer dem bisherigen § 20a Abs. 1 Satz 2 FGG entsprechenden Regelung bedarf es daher nicht.

§ 308
Mitteilung von Entscheidungen

(1) Entscheidungen teilt das Gericht anderen Gerichten, Behörden oder sonstigen öffentlichen Stellen mit, soweit dies unter Beachtung berechtigter Interessen des Betroffenen erforderlich ist, um eine erhebliche Gefahr für das Wohl des Betroffenen, für Dritte oder für die öffentliche Sicherheit abzuwenden.

(2) Ergeben sich im Verlauf eines gerichtlichen Verfahrens Erkenntnisse, die eine Mitteilung nach Absatz 1 vor Abschluss des Verfahrens erfordern, hat diese Mitteilung über die bereits gewonnenen Erkenntnisse unverzüglich zu erfolgen.

(3) Das Gericht unterrichtet zugleich mit der Mitteilung den Betroffenen, seinen Verfahrenspfleger und seinen Betreuer über Inhalt und Empfänger der Mitteilung. Die Unterrichtung des Betroffenen unterbleibt, wenn

1. der Zweck des Verfahrens oder der Zweck der Mitteilung durch die Unterrichtung gefährdet würde,
2. nach ärztlichem Zeugnis hiervon erhebliche Nachteile für die Gesundheit des Betroffenen zu besorgen sind oder
3. der Betroffene nach dem unmittelbaren Eindruck des Gerichts offensichtlich nicht in der Lage ist, den Inhalt der Unterrichtung zu verstehen.

Sobald die Gründe nach Satz 2 entfallen, ist die Unterrichtung nachzuholen.

(4) Der Inhalt der Mitteilung, die Art und Weise ihrer Übermittlung, ihr Empfänger, die Unterrichtung des Betroffenen oder im Fall ihres Unterbleibens deren Gründe sowie die Unterrichtung des Verfahrenspflegers und des Betreuers sind aktenkundig zu machen.

II. – FamFG – Buch 3 Verfahren in Betreuungs- und Unterbringungssachen

Die Vorschrift entspricht der Fassung des Regierungsentwurfs.

Begründung RegE:
Diese Vorschrift entspricht mit sprachlichen Änderungen dem bisherigen § 69k FGG.

§ 309
Besondere Mitteilungen

(1) Wird beschlossen, einem Betroffenen zur Besorgung aller seiner Angelegenheiten einen Betreuer zu bestellen oder den Aufgabenkreis hierauf zu erweitern, so hat das Gericht dies der für die Führung des Wählerverzeichnisses zuständigen Behörde mitzuteilen. Das gilt auch, wenn die Entscheidung die in § 1896 Abs. 4 und § 1905 des Bürgerlichen Gesetzbuchs bezeichneten Angelegenheiten nicht erfasst. Eine Mitteilung hat auch dann zu erfolgen, wenn eine Betreuung nach den Sätzen 1 und 2 auf andere Weise als durch den Tod des Betroffenen endet oder wenn sie eingeschränkt wird.

(2) Wird ein Einwilligungsvorbehalt angeordnet, der sich auf die Aufenthaltsbestimmung des Betroffenen erstreckt, so hat das Gericht dies der Meldebehörde unter Angabe des Betreuers mitzuteilen. Eine Mitteilung hat auch zu erfolgen, wenn der Einwilligungsvorbehalt nach Satz 1 aufgehoben wird oder ein Wechsel in der Person des Betreuers eintritt.

Die Vorschrift entspricht der Fassung des Regierungsentwurfs.

Begründung RegE:
Diese Vorschrift entspricht mit sprachlichen Änderungen dem bisherigen § 69l FGG.

§ 310
Mitteilungen während einer Unterbringung

Während der Dauer einer Unterbringungsmaßnahme hat das Gericht dem Leiter der Einrichtung, in der der Betroffene untergebracht ist, die Bestellung eines Betreuers, die sich auf die Aufenthaltsbestimmung des Betroffenen erstreckt, die Aufhebung einer solchen Betreuung und jeden Wechsel in der Person des Betreuers mitzuteilen.

Die Vorschrift entspricht der Fassung des Regierungsentwurfs.

Begründung RegE:
Diese Vorschrift entspricht mit sprachlichen Änderungen dem bisherigen § 69m FGG.

§ 311
Mitteilungen zur Strafverfolgung

Außer in den sonst in diesem Gesetz, in § 16 des Einführungsgesetzes zum Gerichtsverfassungsgesetz sowie in § 70 Satz 2 und 3 des Jugendgerichtsgesetzes genannten Fällen darf das Gericht Entscheidungen oder Erkenntnisse aus dem Verfahren, aus denen die Person des Betroffenen erkennbar ist, von Amts wegen nur zur Verfolgung von Straftaten oder Ordnungswidrigkeiten anderen Gerichten oder Behörden mitteilen, soweit nicht schutzwürdige Interessen des Betroffenen an dem Ausschluss der Übermittlung überwiegen. § 308 Abs. 3 und 4 gilt entsprechend.

Die Vorschrift entspricht der Fassung des Regierungsentwurfs.

Begründung RegE:
Diese Vorschrift entspricht dem bisherigen § 69n FGG.

Abschnitt 2
Verfahren in Unterbringungssachen

§ 312
Unterbringungssachen

Unterbringungssachen sind Verfahren, die

1. die Genehmigung einer freiheitsentziehenden Unterbringung eines Betreuten (§ 1906 Abs. 1 bis 3 des Bürgerlichen Gesetzbuchs) oder einer Person, die einen Dritten zu ihrer freiheitsentziehenden Unterbringung bevollmächtigt hat (§ 1906 Abs. 5 des Bürgerlichen Gesetzbuchs),
2. die Genehmigung einer freiheitsentziehenden Maßnahme nach § 1906 Abs. 4 des Bürgerlichen Gesetzbuchs oder
3. eine freiheitsentziehende Unterbringung eines Volljährigen nach den Landesgesetzen über die Unterbringung psychisch Kranker

betreffen.

Die Vorschrift entspricht der Fassung des Regierungsentwurfs.

Begründung RegE:

Die Vorschrift knüpft an den bisherigen § 70 Abs. 1 FGG an. Sie stellt nunmehr ausdrücklich klar, dass Unterbringungssachen alle Verfahren sind, die die Unterbringung oder unterbringungsähnliche Maßnahmen betreffen. Dies entspricht dem allgemeinen Verständnis der Vorschrift (Keidel/Kuntze/Winkler-Kayser, Freiwillige Gerichtsbarkeit, 15. Aufl. 2003, Rn. 2 zu § 70; Damrau/Zimmermann, Betreuungsrecht, 3. Aufl. 2001, Rn. 10 zu § 70), kam aber im Gesetzeswortlaut bisher nicht hinreichend zum Ausdruck. Dieses weite Verständnis der Vorschrift wird nunmehr in den Gesetzeswortlaut übernommen.

Nummer 1 regelt die zivilrechtliche Unterbringung, soweit ein Volljähriger untergebracht werden soll. Die Vorschrift entspricht insoweit inhaltlich dem bisherigen § 70 Abs. 1 Satz 2 Nr. 1 b) FGG. **Nummer 2** definiert Verfahren über die Genehmigung unterbringungsähnlicher Maßnahmen als Unterbringungssachen. Die Vorschrift entspricht inhaltlich dem bisherigen § 70 Abs. 1 Satz 2 Nr. 2 FGG. **Nummer 3** regelt die öffentlich-rechtliche Unterbringung, soweit ein Volljähriger untergebracht werden soll. Die Vorschrift entspricht insoweit dem bisherigen § 70 Abs. 1 Satz 2 Nr. 3 FGG.

Die Unterbringung Minderjähriger wird dagegen künftig im Abschnitt über die Kindschaftssachen (§ 151 Nr. 6 und 7, § 167) geregelt. Die betrifft sowohl die zivilrechtliche Unterbringung Minderjähriger gemäß dem bisherigen § 70 Abs. 1 Satz 2 Nr. 1 a) FGG als auch die öffentlich-rechtliche Unterbringung Minderjähriger gemäß dem bisherigen § 70 Abs. 1 Satz 2 Nr. 3 FGG.

§ 313
Örtliche Zuständigkeit

(1) Ausschließlich zuständig für Unterbringungssachen nach § 312 Nr. 1 und 2 ist in dieser Rangfolge

1. das Gericht, bei dem ein Verfahren zur Bestellung eines Betreuers eingeleitet oder das Betreuungsverfahren anhängig ist;
2. das Gericht, in dessen Bezirk der Betroffene seinen gewöhnlichen Aufenthalt hat;
3. das Gericht, in dessen Bezirk das Bedürfnis für die Unterbringungsmaßnahme hervortritt;
4. das Amtsgericht Schöneberg in Berlin, wenn der Betroffene Deutscher ist.

(2) Für einstweilige Anordnungen oder einstweilige Maßregeln ist auch das Gericht zuständig, in dessen Bezirk das Bedürfnis für die Unterbringungsmaßnahme bekannt wird. In den Fällen

II. – FamFG – Buch 3 Verfahren in Betreuungs- und Unterbringungssachen

einer einstweiligen Anordnung oder einstweiligen Maßregel soll es dem nach Absatz 1 Nr. 1 oder Nr. 2 zuständigen Gericht davon Mitteilung machen.

(3) Ausschließlich zuständig für Unterbringungen nach § 312 Nr. 3 ist das Gericht, in dessen Bezirk das Bedürfnis für die Unterbringungsmaßnahme hervortritt. Befindet sich der Betroffene bereits in einer Einrichtung zur freiheitsentziehenden Unterbringung, ist das Gericht ausschließlich zuständig, in dessen Bezirk die Einrichtung liegt.

(4) Ist für die Unterbringungssache ein anderes Gericht zuständig als dasjenige, bei dem ein die Unterbringung erfassendes Verfahren zur Bestellung eines Betreuers eingeleitet ist, teilt dieses Gericht dem für die Unterbringungssache zuständigen Gericht die Aufhebung der Betreuung, den Wegfall des Aufgabenbereiches Unterbringung und einen Wechsel in der Person des Betreuers mit. Das für die Unterbringungssache zuständige Gericht teilt dem anderen Gericht die Unterbringungsmaßnahme, ihre Änderung, Verlängerung und Aufhebung mit.

Die Vorschrift entspricht der Fassung des Regierungsentwurfs.

Begründung RegE:
Absatz 1 regelt die örtliche Zuständigkeit bei zivilrechtlichen Unterbringungen. Die Vorschrift entspricht im Wesentlichen dem bisherigen § 70 Abs. 2 FGG. **Nummer 1** knüpft an den bisherigen § 70 Abs. 2 Satz 1 FGG an. Die sprachlich neu gefasste Vorschrift stellt nunmehr klar, dass die örtliche Zuständigkeit eines Gerichts bereits begründet ist, sobald bei diesem Gericht ein Verfahren zur Bestellung eines Betreuers eingeleitet ist. Auf der Grundlage des bisherigen Rechts war streitig, ob es genügt, dass ein Betreuungsverfahren eingeleitet ist (so Damrau/Zimmermann, Betreuungsrecht, 3. Aufl. 2001, Rn. 17 zu § 70) oder bereits ein (vorläufiger) Betreuer bestellt sein muss (so Keidel/Kuntze/Winkler-Kayser, Freiwillige Gerichtsbarkeit, 15. Aufl. 2003, Rn. 12 zu § 70). Die örtliche Zuständigkeit des Gerichts, bei dem ein Betreuungsverfahren eingeleitet ist, dient der möglichst effizienten Behandlung dieser Betreuungs- und Unterbringungsverfahren. Die Ermittlungen im Zusammenhang mit der Einrichtung der Betreuung werden regelmäßig jedenfalls teilweise auch für die Ermittlungen im Zusammenhang mit dem Unterbringungsverfahren verwertbare Erkenntnisse erbringen. **Nummer 2** entspricht inhaltlich dem bisherigen § 70 Abs. 2 Satz 2 FGG in Verbindung mit § 65 Abs. 1 FGG. **Nummer 3** entspricht inhaltlich dem bisherigen § 70 Abs. 2 Satz 2 FGG in Verbindung mit § 65 Abs. 2 FGG. **Nummer 4** entspricht inhaltlich dem bisherigen § 70 Abs. 2 Satz 2 FGG in Verbindung mit § 65 Abs. 3 FGG. Die Vorschriften sind lediglich redaktionell überarbeitet und mit den betreuungsrechtlichen Bestimmungen betreffend die örtliche Zuständigkeit gemäß § 272 Abs. 1 harmonisiert. Auf die Begründung zu § 272 Abs. 1 wird verwiesen.

Absatz 2 regelt die Zuständigkeit in Eilsachen. Die Vorschrift entspricht inhaltlich dem bisherigen § 70 Abs. 2 Satz 3 FGG in Verbindung mit § 65 Abs. 5 FGG. Die Vorschrift ist redaktionell überarbeitet und mit der betreuungsrechtlichen Bestimmung betreffend die örtliche Zuständigkeit in Eilsachen gemäß § 272 Abs. 2 harmonisiert. Auf die Begründung zu § 272 Abs. 2 wird verwiesen.

Absatz 3 regelt die örtliche Zuständigkeit für öffentlich-rechtliche Unterbringungen. Die Vorschrift entspricht inhaltlich dem bisherigen § 70 Abs. 5 FGG. Die Regelung stellt klar, dass die Zuständigkeiten nach dieser Vorschrift ausschließliche sind. Dies entspricht dem Verständnis des § 70 Abs. 5 FGG (Keidel/Kuntze/Winkler-Kayser, Freiwillige Gerichtsbarkeit, 15. Aufl. 2003, Rn. 14 zu § 70) und wird nunmehr ausdrücklich geregelt.

Absatz 4 entspricht inhaltlich dem bisherigen § 70 Abs. 7 FGG, soweit er die Unterbringung Volljähriger betrifft.

Die bisher in § 70 Abs. 6 FGG geregelte Ermächtigung der Landesregierungen, die Unterbringungssachen bei einem Amtsgericht zu konzentrieren, wird aus systematischen Gründen künftig in § 23d GVG-E (Artikel 22 Nr. 10) geregelt. Auf die Begründung hierzu wird verwiesen.

§ 314
Abgabe der Unterbringungssache

Das Gericht kann die Unterbringungssache abgeben, wenn der Betroffene sich im Bezirk des anderen Gerichts aufhält und die Unterbringungsmaßnahme dort vollzogen werden soll, sofern sich dieses zur Übernahme des Verfahrens bereit erklärt hat.

Die Vorschrift entspricht der Fassung des Regierungsentwurfs.

Begründung RegE:

Die Vorschrift entspricht dem bisherigen Regelungsinhalt des § 70 Abs. 3 Satz 1 1. Halbsatz FGG. Sie ist eine Sonderregelung zu § 4.

§ 315
Beteiligte

(1) Zu beteiligen sind
1. der Betroffene,
2. der Betreuer,
3. der Bevollmächtigte im Sinne des § 1896 Abs. 2 Satz 2 des Bürgerlichen Gesetzbuchs.

(2) Der Verfahrenspfleger wird durch seine Bestellung als Beteiligter zum Verfahren hinzugezogen.

(3) Die zuständige Behörde ist auf ihren Antrag als Beteiligte hinzuzuziehen.

(4) Beteiligt werden können im Interesse des Betroffenen
1. dessen Ehegatte oder Lebenspartner, wenn die Ehegatten oder Lebenspartner nicht dauernd getrennt leben, sowie dessen Eltern und Kinder, wenn der Betroffene bei diesen lebt oder bei Einleitung des Verfahrens gelebt hat, sowie die Pflegeeltern,
2. eine von ihm benannte Person seines Vertrauens,
3. der Leiter der Einrichtung, in der der Betroffene lebt.

Das Landesrecht kann vorsehen, dass weitere Personen und Stellen beteiligt werden können.

Die Vorschrift entspricht der Fassung des Regierungsentwurfs.

Begründung RegE:

Die Vorschrift regelt, welche Personen im Unterbringungsverfahren zu beteiligen sind, sowie welche Personen beteiligt werden können. Sie knüpft an die Regelung des Beteiligtenbegriffs in § 7 an.

Absatz 1 enthält eine exemplarische Benennung der Personen, die stets von Amts wegen am Unterbringungsverfahren zu beteiligen sind. Sie entspricht im Wesentlichen dem im Betreuungsverfahren gemäß § 274 Abs. 1 zu beteiligenden Personenkreis. Auf die Begründung zu § 274 Abs. 1 wird insoweit verwiesen. Abweichend von § 274 Abs. 1 ist die Beteiligung des Betreuers und des Bevollmächtigten im Sinne des § 1896 Abs. 2 Satz 2 BGB nicht auf die Fälle beschränkt, in denen ihr Aufgabenkreis durch das Verfahren betroffen ist. Bereits auf der Grundlage des bisherigen Rechts wurde davon ausgegangen, dass der Betreuer und der Vorsorgebevollmächtigte durch eine Unterbringungsmaßnahme auch dann in ihren eigenen Rechten betroffen sind, wenn ihr Aufgabenkreis die Unterbringung nicht umfasst, weil sie als gesetzliche Vertreter durch eine Unterbringungsmaßnahme stets in ihrer Tätigkeit beschränkt werden, unabhängig davon, welchen Aufgabenkreis sie haben (Damrau/Zimmermann, Betreuungsrecht, 3. Aufl. 2001, Rn. 18 zu § 70m). Von einer § 274 Abs. 1 entsprechenden Einschränkung der Beteiligung des Betreuers und des Vorsorgebevollmächtigten ist außerdem abzusehen, da eine Erfassung der Aufgabenkreise, die von einer Unterbringungsmaßnahme betroffen sein können, nicht möglich ist.

II. – FamFG – Buch 3 Verfahren in Betreuungs- und Unterbringungssachen

Absatz 2 entspricht der Vorschrift über die Hinzuziehung des Verfahrenspflegers in Betreuungssachen gemäß § 274 Abs. 2. Auf die Begründung zu § 274 Abs. 2 wird verwiesen.

Absatz 3 regelt die Hinzuziehung der zuständigen Behörde. Sie knüpft an den bisherigen § 70d Abs. 1 Nr. 6 FGG an und ist mit der betreuungsrechtlichen Vorschrift über die Beteiligung der zuständigen Behörde gemäß § 274 Abs. 3 harmonisiert. Auf die Begründung zu § 274 Abs. 3 wird insoweit verwiesen.

Absatz 4 Satz 1 enthält eine Aufzählung der Personen, die gemäß § 7 Abs. 3 zu dem Unterbringungsverfahren hinzugezogen werden können. Die Vorschrift benennt die Angehörigen des Betroffenen. Die Aufzählung der **Nummern 1 und 2** entspricht hinsichtlich der einzubeziehenden Angehörigen inhaltlich dem bisherigen § 70d Abs. 1 Nr. 1, 1a und 2 FGG. Ergänzt wurde sie um die Pflegeeltern. Dies ist der Personenkreis, der zwar im Regelfall nicht selbst in seinen Rechten verletzt ist, dessen ideelles Interesse am Verfahren jedoch besonders gesetzlich geschützt werden soll. Auf die Begründung zu § 274 Abs. 4 wird insoweit verwiesen. **Nummer 3** entspricht hinsichtlich der hinzuzuziehenden Person inhaltlich dem bisherigen § 70d Abs. 1 Nr. 5 FGG und ist lediglich redaktionell überarbeitet. Durch diese Neufassung soll deutlicher zum Ausdruck gebracht werden, dass der Leiter der Einrichtung, in der sich der Betroffene üblicherweise aufhält, nicht jedoch der Leiter der Unterbringungsabteilung beteiligt werden kann. Dies entspricht dem Verständnis der bisherigen Vorschrift (Bassenge/Herbst/Roth – Bassenge, Freiwillige Gerichtsbarkeit, 9. Aufl. 2002, Rn. 7 zu § 70d).

Eine Hinzuziehung wegen der Betroffenheit eigener Rechte bleibt durch die Hinzuziehungsmöglichkeit nach Satz 1 unberührt.

Satz 2 entspricht dem bisherigen § 70d Abs. 1 Satz 2 FGG.

Stellungnahme Bundesrat:

79. **Zu Artikel 1** (§ 315 Abs. 1 Nr. 2 FamFG)
Dem Artikel 1 § 315 Abs. 1 Nr. 2 sind die Wörter „sofern sein Aufgabenkreis betroffen ist," anzufügen.

Begründung:

Es ist nicht einzusehen, warum im Unterbringungsverfahren nach § 315 Abs. 1 Nr. 2 FamFG-E – anders als im Betreuungsverfahren nach § 274 Abs. 1 Nr. 2 FamFG-E – auch derjenige Betreuer beteiligt werden soll, dessen Aufgabenkreis von der Unterbringung nicht betroffen ist. Das in der Begründung des Gesetzentwurfs (BR-Drs. 309/07, S. 613) angeführte Argument, dass durch die Unterbringungsmaßnahme der Betreuer unabhängig von seinem Aufgabenkreis stets „in seinen Rechten betroffen" werde, weil er dadurch in seiner Tätigkeit beschränkt werde, überzeugt nicht. Denn ein Betreuer, dem z.B. die Vermögenssorge übertragen wurde, kann wie bisher die Bankkonten, das Immobilienvermögen oder die Wertpapiere des Betreuten verwalten, auch wenn der Betreute nunmehr an einem anderen Ort untergebracht ist. Für diesen Betreuer stellt sich die Unterbringungsmaßnahme praktisch wie ein Umzug des Betreuten dar, vor dessen Durchführung der Betreuer ebenso wenig zu hören ist. Im Übrigen wird das Verfahren schwerfällig, wenn es ohne Not durch zusätzliche Beteiligte aufgebläht wird.

80. **Zu Artikel 1** (§ 315 Abs. 4 FamFG)
Artikel 1 § 315 Abs. 4 ist wie folgt zu ändern:
a) Das Wort „können" ist durch das Wort „sollen" zu ersetzen.
b) Nummer 3 ist zu streichen.
c) Folgender Satz ist anzufügen:
„Im Interesse des Betroffenen kann der Leiter der Einrichtung beteiligt werden, in der der Betroffene lebt."

Begründung:

§ 315 Abs. 4 Nr. 1 und 2 FamFG-E sollte zu einer Sollvorschrift ausgestaltet werden. Die Beteiligung naher Angehöriger ist ein wichtiges Instrument der Amtsaufklärung im Interesse des Betroffenen. Die Beteiligung naher Angehöriger wird damit dem Richter als Regelfall nahe gelegt. Auf diese Weise wird die Beteiligung naher Angehöriger nicht vollständig in das Belieben des Richters gestellt. An der bisherige Regelung in § 70d Abs. 1 Nr. 1, 1a, 2 und 4 FGG wird damit festgehalten, ohne sie aber als Mussvorschrift zu übernehmen, was unter Umständen eine Verfahrensbelastung darstellen kann.

Diese Regelung ist zur Ergänzung der Vorschrift des § 7 Abs. 3 FamFG-E erforderlich, wonach das Gericht von Amts wegen oder auf Antrag weitere Personen als Beteiligte hinzuziehen kann, soweit dies in diesem oder einem anderen Gesetz vorgesehen ist.

Die Beteiligung des Leiters der Einrichtung, in der der Betroffene lebt, nach Nummer 3 sollte weiterhin Kannvorschrift bleiben.

Gegenäußerung Bundesregierung:

Zu Nummer 79 (Artikel 1 – § 315 Abs. 1 Nr. 2 FamFG)
Die Bundesregierung stimmt dem Vorschlag des Bundesrates nicht zu.

Der Vorschlag berücksichtigt nicht, dass der Betreuer eine persönliche Beziehung zu dem Betreuten aufzubauen hat. Auf diese Beziehung hat eine Freiheitsbeschränkung des Betreuten wesentlichen Einfluss. Sie ist daher nicht mit einem schlichten Wohnsitzwechsel zu vergleichen.

Zu Nummer 80 (Artikel 1 – § 315 Abs. 4 FamFG)
Die Bundesregierung stimmt dem Vorschlag des Bundesrates nicht zu.

§ 7 FamFG unterscheidet zwischen Beteiligten, die zwingend zum Verfahren hinzugezogen werden müssen (Muss-Beteiligte), und solchen, die das Gericht von Amts wegen oder auf Antrag hinzuziehen kann (Kann-Beteiligte). Diese Grundstruktur wird durch spezielle Beteiligtenkataloge in den weiteren Büchern des FamFG ergänzt. Die Schaffung einer weiteren Kategorie von Soll-Beteiligten ist nicht erforderlich und birgt die Gefahr der Entstehung von Auslegungsproblemen in sich.

§ 316
Verfahrensfähigkeit

In Unterbringungssachen ist der Betroffene ohne Rücksicht auf seine Geschäftsfähigkeit verfahrensfähig.

Die Vorschrift entspricht der Fassung des Regierungsentwurfs.

Begründung RegE:
Die Vorschrift entspricht inhaltlich dem bisherigen § 70a FGG, soweit sie die Unterbringung Volljähriger betrifft. Redaktionell ist sie mit der Vorschrift über die Verfahrensfähigkeit in Betreuungssachen gemäß § 275 harmonisiert.

§ 317
Verfahrenspfleger

(1) Das Gericht hat dem Betroffenen einen Verfahrenspfleger zu bestellen, wenn dies zur Wahrnehmung der Interessen des Betroffenen erforderlich ist. Die Bestellung ist insbesondere erforderlich, wenn von einer Anhörung des Betroffenen abgesehen werden soll.

(2) Bestellt das Gericht dem Betroffenen keinen Verfahrenspfleger, ist dies in der Entscheidung, durch die eine Unterbringungsmaßnahme genehmigt oder angeordnet wird, zu begründen.

(3) Wer Verfahrenspflegschaften im Rahmen seiner Berufsausübung führt, soll nur dann zum Verfahrenspfleger bestellt werden, wenn keine andere geeignete Person zur Verfügung steht, die zur ehrenamtlichen Führung der Verfahrenspflegschaft bereit ist.

(4) Die Bestellung eines Verfahrenspflegers soll unterbleiben oder aufgehoben werden, wenn die Interessen des Betroffenen von einem Rechtsanwalt oder einem anderen geeigneten Verfahrensbevollmächtigten vertreten werden.

(5) Die Bestellung endet, sofern sie nicht vorher aufgehoben wird, mit der Rechtskraft der Endentscheidung oder mit dem sonstigen Abschluss des Verfahrens.

(6) Die Bestellung eines Verfahrenspflegers oder deren Aufhebung sowie die Ablehnung einer derartigen Maßnahme sind nicht selbständig anfechtbar.

(7) Dem Verfahrenspfleger sind keine Kosten aufzuerlegen.

Die Vorschrift entspricht der Fassung des Regierungsentwurfs.

Begründung RegE:
Absatz 1 Satz 1 entspricht inhaltlich dem bisherigen § 70b Abs. 1 Satz 1 FGG. Die Vorschrift ist lediglich redaktionell neu gefasst und mit der entsprechenden Vorschrift über die Bestellung eines Verfahrenspflegers gemäß § 276 Abs. 1 Satz 1 harmonisiert. Satz 2 entspricht inhaltlich dem bisherigen § 70b Abs. 1 Satz 2 FGG. Die Vorschrift ist redaktionell im Hinblick auf den Allgemeinen Teil überarbeitet. Von der Anhörung des Betroffenen kann unter den Voraussetzungen des § 34 Abs. 2 in Verbindung mit § 319 Abs. 3 abgesehen werden.

Absatz 2 entspricht inhaltlich dem bisherigen § 70 b Abs. 2 FGG und ist lediglich redaktionell neu gefasst.

Absatz 3 entspricht § 276 Abs. 3 und ordnet entsprechend der Regelungen über das Betreuungsverfahren den Vorrang der Bestellung eines ehrenamtlichen Verfahrenspflegers an.

Absatz 4 entspricht inhaltlich dem bisherigen § 70b Abs. 3 FGG. Die Vorschrift ist redaktionell neu gefasst und mit der Vorschrift zur Bestellung eines Verfahrenspflegers bei Vertretung durch einen Bevollmächtigten in Betreuungssachen gemäß § 276 Abs. 4 harmonisiert. Auf die Begründung zu § 288 Abs. 4 wird verwiesen.

Absatz 5 entspricht inhaltlich dem bisherigen § 70b Abs. 4 FGG und ist lediglich redaktionell neu gefasst.

Absatz 6 bestimmt, dass die Entscheidungen im Zusammenhang mit der Bestellung eines Verfahrenspflegers nicht anfechtbar sind. Die Vorschrift entspricht § 276 Abs. 6. Auf dessen Begründung wird verwiesen.

Absatz 7 nimmt in Übereinstimmung mit der Regelung der Einbeziehung des Verfahrenspflegers in die Kostenentscheidung in Betreuungssachen gemäß § 276 Abs. 7 den Verfahrenspfleger von der Kostenentscheidung aus. Auf die Begründung zu § 276 Abs. 7 wird verwiesen.

Stellungnahme Bundesrat:
81. Zu Artikel 1 (§ 317 FamFG)
Artikel 1 § 317 ist wie folgt zu fassen:
„§ 317 Verfahrenspfleger
(1) Das Gericht bestellt dem Betroffenen einen Verfahrenspfleger, wenn dies zur Wahrnehmung seiner Interessen erforderlich ist. Die Bestellung eines Verfahrenspflegers soll unterbleiben oder aufgehoben werden, wenn die Interessen des Betroffenen von einem Rechtsanwalt oder einem anderen geeigneten Verfahrensbevollmächtigten vertreten werden.

(2) Bestellt das Gericht dem Betroffenen keinen Verfahrenspfleger, ist dies in der Entscheidung, durch die eine Unterbringungsmaßnahme genehmigt oder angeordnet wird, zu begründen.

(3) Wer Verfahrenspflegschaften im Rahmen seiner Berufsausübung führt, soll nur dann zum Verfahrenspfleger bestellt werden, wenn keine andere geeignete Person zur Verfügung steht, die zur ehrenamtlichen Führung der Verfahrenspflegschaft bereit ist.

(4) Die Bestellung endet, sofern sie nicht vorher aufgehoben wird,

1. mit der Rechtskraft der Endentscheidung oder

2. mit dem sonstigen Abschluss des Verfahrens.

(5) Die Bestellung eines Verfahrenspflegers oder deren Aufhebung sowie die Ablehnung einer derartigen Maßnahme sind nicht selbständig anfechtbar.

(6) Dem Verfahrenspfleger sind keine Kosten aufzuerlegen."

Begründung:

Der Prüfungsmaßstab des Gesetzentwurfs der Bundesregierung, ob die Bestellung eines Verfahrenspflegers „zur Wahrnehmung der Interessen des Betroffenen erforderlich" ist, soll beibehalten werden. Dieser bietet für die Praxis eine geeignete Basis, ohne schematische Vorgaben eine an den konkreten Umständen des Einzelfalls orientierte Entscheidung zu treffen.

§ 317 Abs. 4 FamFG-E wird dem Absatz 1 als Satz 2 angefügt, da diese Gliederung dem logischen Aufbau der Norm und auch der Prüfungsreihenfolge des Gerichts entspricht.

Anstelle des in § 317 Abs. 1 Satz 2 FamFG-E vorgesehenen Regelbeispiels ist eine Generalklausel ohne Regelbeispiele ausreichend.

Das Gericht ist in Unterbringungssachen kraft des Amtsermittlungsgrundsatzes ohnehin gehalten, den Sachverhalt nach allen Richtungen hin zu erforschen und dabei auch die Belange des Betroffenen zu berücksichtigen. Vor einer Unterbringungsmaßnahme hat das Gericht nach § 321 FamFG-E in der Regel im Wege des Strengbeweises ein Sachverständigengutachten einzuholen. Auch im Rahmen der Begutachtung erfährt das Gericht vom objektiven Interesse und von den subjektiven Wünschen des Betroffenen. In der Praxis ist daher zu beobachten, dass Verfahrenspfleger eher selten von effektivem Nutzen für das Verfahren und für die Wahrung der Interessen des Betroffenen sind.

Es gibt keinen empirischen Beleg dafür, dass die Bestellung eines Verfahrenspflegers gerade in den Fällen des Regelbeispiels besonders förderlich für die Interessen des Betroffenen wäre. § 317 Abs. 1 Satz 2 FamFG-E legt fest, dass in der Regel ein Verfahrenpfleger zu bestellen ist, wenn von einer persönlichen Anhörung des Betroffenen abgesehen werden soll. In diesem Fall dürfte es aber auch für einen Verfahrenspfleger schwierig sein, mit dem Betroffenen zu kommunizieren, um auf dieser Grundlage seine Interessen wahrzunehmen. Einen persönlichen Eindruck vom Betroffenen hat sich auch der Richter gemäß § 319 Abs. 1 Satz 1 FamFG-E stets zu verschaffen, auch wenn keine Anhörung erfolgt.

Gegenäußerung Bundesregierung:

Zu Nummer 81 (Artikel 1 – § 317 FamFG)

Die Bundesregierung stimmt dem Vorschlag des Bundesrates nicht zu. Auf die Ausführungen zu Nummer 71 wird Bezug genommen.

Der Anregung des Bundesrates, § 317 Abs. 4 FamFG (Unterbleiben einer Bestellung, soweit die Interessen des Betroffenen durch einen Rechtsanwalt wahrgenommen werden) als weiteren Satz dem § 317 Abs. 1 FamFG anzugliedern, stimmt die Bundesregierung zu.

§ 318
Vergütung und Aufwendungsersatz des Verfahrenspflegers

Für die Vergütung und den Aufwendungsersatz des Verfahrenspflegers gilt § 277 entsprechend.

Die Vorschrift entspricht der Fassung des Regierungsentwurfs.

Begründung RegE:

Die Vorschrift entspricht inhaltlich dem bisherigen § 70b Abs. 1 Satz 3 FGG und verweist auf die Regelung über die Vergütung eines Verfahrenspflegers in Betreuungssachen.

II. – FamFG – Buch 3 Verfahren in Betreuungs- und Unterbringungssachen

§ 319
Anhörung des Betroffenen

(1) Das Gericht hat den Betroffenen vor einer Unterbringungsmaßnahme persönlich anzuhören und sich einen persönlichen Eindruck von ihm zu verschaffen. Den persönlichen Eindruck verschafft sich das Gericht, soweit dies erforderlich ist, in der üblichen Umgebung des Betroffenen.

(2) Das Gericht unterrichtet den Betroffenen über den möglichen Verlauf des Verfahrens.

(3) Soll eine persönliche Anhörung nach § 34 Abs. 2 unterbleiben, weil hiervon erhebliche Nachteile für die Gesundheit des Betroffenen zu besorgen sind, darf diese Entscheidung nur auf Grundlage eines ärztlichen Gutachtens getroffen werden.

(4) Verfahrenshandlungen nach Absatz 1 sollen nicht im Wege der Rechtshilfe erfolgen.

(5) Das Gericht kann den Betroffenen durch die zuständige Behörde vorführen lassen, wenn er sich weigert, an Verfahrenshandlungen nach Absatz 1 mitzuwirken.

Die Vorschrift entspricht im Hinblick auf die Absätze 1 bis 3 dem Regierungsentwurf; Absatz 4 ist mit der Beschlussempfehlung des Rechtsausschusses geändert worden.

Frühere Fassung RegE:
*(4) Verfahrenshandlungen nach Absatz 1 sollen nicht **durch einen ersuchten Richter** erfolgen.*

Begründung RegE:
Absatz 1 entspricht inhaltlich dem bisherigen § 70c Abs. 1 Satz 1 FGG und Satz 2 FGG. Sie ist redaktionell neu gefasst und sprachlich mit der Vorschrift zur Anhörung des Betroffenen im Betreuungsverfahren gemäß § 278 Abs. 1 harmonisiert. Auf die Begründung zu § 278 Abs. 1 wird insoweit verwiesen.

Absatz 2 entspricht dem bisherigen § 70c Satz 3 FGG.

Absatz 3 entspricht inhaltlich dem bisherigen § 70c Satz 5 in Verbindung mit § 68 Abs. 2 FGG. Sie ist redaktionell neu gefasst und ist wortgleich mit der Vorschrift über das Absehen von der Anhörung des Betroffenen in Betreuungssachen gemäß § 278 Abs. 4. Für das nach **Absatz 3** einzuholende Gutachten gilt § 29. Auf die Begründung zu § 278 Abs. 4 wird verwiesen.

Absatz 4 entspricht inhaltlich dem bisherigen § 70c Satz 4 FGG.

Absatz 5 entspricht inhaltlich dem bisherigen § 70c Satz 5 FGG in Verbindung mit § 68 Abs. 3 FGG und ist wortgleich mit der Vorschrift über die Vorführung des Betroffenen in Betreuungssachen nach § 278 Abs. 5. Auf die Begründung zu § 278 Abs. 5 wird verwiesen.

Stellungnahme Bundesrat:
82. Zu Artikel 1 (§ 319 Abs. 4 FamFG)
In Artikel 1 § 319 Abs. 4 sind nach der Angabe „Absatz 1" die Wörter „, die Unterbringungsmaßnahmen nach § 312 Nr. 1 und 3 betreffen," einzufügen.

Begründung:
Die Anordnung von Unterbringungsmaßnahmen erfordert in der Regel eine persönliche Kontaktaufnahme des entscheidenden Richters mit dem Betroffenen. Bei der Feststellung der Notwendigkeit freiheitsbeschränkender Maßnahmen (Fixierungen) steht dagegen nicht die Klärung persönlichkeitsbezogener Fragen im Vordergrund. Die persönliche Kontaktaufnahme des entscheidenden Richters ist dafür nicht erforderlich. Im Zusammenhang mit freiheitsentziehenden Maßnahmen erforderliche Verfahrenshandlungen nach § 319 Abs. 1 FamFG-E können daher auch im Wege der Rechtshilfe erfolgen.

Gegenäußerung der Bundesregierung:
Zu Nummer 82 (Artikel 1 – § 319 Abs. 4 FamFG)
Die Bundesregierung stimmt dem Vorschlag des Bundesrates nicht zu.

Die Regelung stellt sicher, dass der Richter den für seine Entscheidung in der Regel unerlässlichen persönlichen Eindruck vom Betroffenen erhält. Nach Auffassung der Bundesregierung können an die Sachverhaltsermittlung bei freiheitsentziehenden und freiheitsbeschränkenden Maßnahmen keine unterschiedlichen Maßstäbe angelegt werden. Denn die rechtlichen Voraussetzungen für die Anordnung einer freiheitsbeschränkenden Maßnahme unterscheiden sich nicht von denen einer freiheitsentziehenden Maßnahme (§ 1906 Abs. 4 BGB verweist auf die Voraussetzungen der Unterbringung nach § 1904 Abs. 1 bis 3 BGB). Die persönliche Kontaktaufnahme ist daher auch bei der Feststellung der Notwendigkeit freiheitsbeschränkender Maßnahmen erforderlich. Es besteht kein Grund, hier hinter geltendes Recht zurückzugehen.

Begründung Beschlussempfehlung Rechtsausschuss:
Bei der Änderung in Absatz 4 handelt es sich um eine sprachliche Anpassung an §§ 278 Abs. 3, 331 Nr. 4.

§ 320
Anhörung der sonstigen Beteiligten und der zuständigen Behörde
Das Gericht hat die sonstigen Beteiligten anzuhören. Es soll die zuständige Behörde anhören.

Die Vorschrift entspricht der Fassung des Regierungsentwurfs.

Begründung RegE:
Die Vorschrift knüpft an den bisherigen § 70d FGG an. Er ist redaktionell neu gefasst und mit der Vorschrift über die Anhörung der sonstigen Beteiligten, der Betreuungsbehörde und des gesetzlichen Vertreters in Betreuungssachen gemäß § 279 Abs. 1 und Abs. 2 weitgehend harmonisiert. Auf die dortige Begründung wird ergänzend verwiesen.

Die bisher in § 70d Abs. 2 FGG vorgesehenen notwendigen Anhörungen, soweit der Betroffene minderjährig ist, werden künftig im Abschnitt über die Kindschaftssachen geregelt (§ 167 Abs. 4).

Stellungnahme Bundesrat:
83. **Zu Artikel 1** (§ 320 Satz 2 FamFG)
In Artikel 1 § 320 Satz 2 sind der abschließende Punkt durch ein Komma zu ersetzen und folgende Wörter anzufügen: „soweit diese Beteiligte des Verfahrens ist."

Im Gegensatz zu öffentlich-rechtlichen Unterbringungsverfahren ist die zuständige Behörde in zivilrechtlichen Unterbringungsverfahren nach § 1906 BGB in der Regel nicht Beteiligte des Verfahrens. Sie ist lediglich auf ihren Antrag als Beteiligte hinzuzuziehen – § 315 Abs. 3 FamFG-E. Bleibt sie unbeteiligt, wird ihre Anhörung in der Regel entbehrlich sein.

Gegenäußerung Bundesregierung:
Zu Nummer 83 (Artikel 1 – § 320 Satz 2 FamFG)
Die Bundesregierung stimmt dem Vorschlag des Bundesrates nicht zu.

Auch wenn die Behörde eine Beteiligung nicht beantragt, soll das Gericht sie im Verfahren anhören. Damit kann das Gericht sich einen Eindruck über sonstige Umstände – auch mildere Mittel als die Unterbringung – verschaffen. Die Anhörung von einem Antrag der Behörde auf Beteiligung im Verfahren abhängig zu machen, widerspricht dem Sinn des im Interesse des Betroffenen durchzuführenden Verfahrens. Die vorgeschlagene Regelung entspricht darüber hinaus auch nicht der Systematik des FamFG, nach der eine formelle Beteiligung keine Voraussetzung einer Anhörung ist.

II. – FamFG – Buch 3 Verfahren in Betreuungs- und Unterbringungssachen

§ 321
Einholung eines Gutachtens

(1) Vor einer Unterbringungsmaßnahme hat eine förmliche Beweisaufnahme durch Einholung eines Gutachtens über die Notwendigkeit der Maßnahme stattzufinden. Der Sachverständige hat den Betroffenen vor der Erstattung des Gutachtens persönlich zu untersuchen oder zu befragen. Das Gutachten soll sich auch auf die voraussichtliche Dauer der Unterbringung erstrecken. Der Sachverständige soll Arzt für Psychiatrie sein; er muss Arzt mit Erfahrung auf dem Gebiet der Psychiatrie sein.

(2) Für eine Maßnahme nach § 312 Nr. 2 genügt ein ärztliches Zeugnis.

Die Vorschrift entspricht der Fassung des Regierungsentwurfs.

Begründung RegE:

Die Vorschrift knüpft an den bisherigen § 70e Abs. 1 Satz 1 FGG an. Sie ist dem Allgemeinen Teil angepasst.

Absatz 1 Satz 1 und 2 entsprechen der neu gefassten Vorschrift über die Einholung eines Gutachtens in Betreuungssachen gemäß § 280. Auf die Begründung zu § 280 wird insoweit verwiesen. Neu ist, dass sich das Gutachten auch auf die voraussichtliche Dauer der Unterbringung zu erstrecken hat. Dies bildet eine Entscheidungshilfe für das Gericht, welches nach § 323 Nr. 2 in dem Beschluss das Ende der Unterbringungsmaßnahme bezeichnen muss. **Satz 3** entspricht inhaltlich dem bisherigen § 70e Abs. 1 Satz 2 FGG und ist lediglich redaktionell überarbeitet.

Absatz 2 entspricht inhaltlich dem bisherigen § 70e Abs. 1 Satz 3 FGG und ist lediglich redaktionell überarbeitet.

§ 322
Vorführung zur Untersuchung; Unterbringung zur Begutachtung

Für die Vorführung zur Untersuchung und die Unterbringung zur Begutachtung gelten die §§ 283 und 284 entsprechend.

Die Vorschrift entspricht der Fassung des Regierungsentwurfs.

Begründung RegE:
Die Vorschrift entspricht inhaltlich dem bisherigen § 70e Abs. 2 FGG.

§ 323
Inhalt der Beschlussformel

Die Beschlussformel enthält im Fall der Genehmigung oder Anordnung einer Unterbringungsnahme auch

1. die nähere Bezeichnung der Unterbringungsmaßnahme sowie
2. den Zeitpunkt, zu dem die Unterbringungsmaßnahme endet.

Die Vorschrift entspricht der Fassung des Regierungsentwurfs.

Begründung RegE:

Die Vorschrift entspricht inhaltlich dem bisherigen § 70f FGG. Sie ist im Hinblick auf die Regelungen des Allgemeinen Teils redaktionell geändert. Die Vorschrift knüpft nunmehr an die in § 38 Abs. 2 geregelte Beschlussformel an und benennt ihren Inhalt in Unterbringungssachen. Die Bezeichnung des Betroffenen gemäß dem bisherigen § 70f Abs. 1 Nr. 1 FGG ist entbehrlich; dieser ist künftig als Beteiligter im Beschluss bereits nach § 38 Abs. 2 Nr. 1 aufzuführen. Das bisher in § 70f Abs. 1 Nr. 4 FGG vorgesehene Erfordernis zur Rechtsmittelbelehrung ist im Hinblick auf die allgemeine Vorschrift über die Erforderlichkeit einer Rechtsmittelbelehrung gemäß § 39 entbehrlich.

Einer besonderen Regelung zum Begründungserfordernis, wie sie bisher in § 70f Abs. 2 FGG enthalten ist, bedarf es im Hinblick auf die allgemeine Regelung des § 38 Abs. 3 nicht mehr.
Nummer 1 entspricht dem bisherigen § 70f Abs. 1 Nr. 2 FGG. **Nummer 2** entspricht dem bisherigen § 70f Abs. 1 Nr. 3 1. Halbsatz FGG. § 70f Abs. 1 Nr. 3 2. Halbsatz FGG ist aus systematischen Erwägungen nunmehr in § 329 Abs. 1 geregelt.

§ 324
Wirksamwerden von Beschlüssen

(1) Beschlüsse über die Genehmigung oder die Anordnung einer Unterbringungsmaßnahme werden mit Rechtskraft wirksam.

(2) Das Gericht kann die sofortige Wirksamkeit des Beschlusses anordnen. In diesem Fall wird er wirksam, wenn der Beschluss und die Anordnung seiner sofortigen Wirksamkeit

1. dem Betroffenen, dem Verfahrenspfleger, dem Betreuer oder dem Bevollmächtigten im Sinne des § 1896 Abs. 2 Satz 2 des Bürgerlichen Gesetzbuchs bekannt gegeben werden,
2. einem Dritten zum Zweck des Vollzugs des Beschlusses mitgeteilt werden oder
3. der Geschäftsstelle des Gerichts zum Zweck der Bekanntgabe übergeben werden.

Der Zeitpunkt der sofortigen Wirksamkeit ist auf dem Beschluss zu vermerken.

Die Vorschrift entspricht der Fassung des Regierungsentwurfs.

Begründung RegE:

Absatz 1 entspricht inhaltlich dem bisherigen § 70g Abs. 3 Satz 1 FGG und ist lediglich redaktionell neu gefasst.

Absatz 2 entspricht inhaltlich weitgehend dem bisherigen § 70g Abs. 3 Satz 2 und 3 FGG. Klarstellend ergänzt wurde die Vorschrift um die Bekanntgabe gegenüber dem Bevollmächtigten im Sinne des § 1896 Abs. 2 Satz 2 BGB.

§ 325
Bekanntgabe

(1) Von der Bekanntgabe der Gründe eines Beschlusses an den Betroffenen kann abgesehen werden, wenn dies nach ärztlichem Zeugnis erforderlich ist, um erhebliche Nachteile für seine Gesundheit zu vermeiden.

(2) Der Beschluss, durch den eine Unterbringungsmaßnahme genehmigt oder angeordnet wird, ist auch dem Leiter der Einrichtung, in der der Betroffene untergebracht werden soll, bekannt zu geben. Das Gericht hat der zuständigen Behörde die Entscheidung, durch die eine Unterbringungsmaßnahme genehmigt, angeordnet oder aufgehoben wird, bekannt zu geben.

Die Vorschrift entspricht der Fassung des Regierungsentwurfs.

Begründung RegE:

Absatz 1 entspricht dem bisherigen § 70g Abs. 1 Satz 2 FGG und ist wortgleich mit der Bekanntgabe von Beschlüssen in Betreuungssachen gemäß § 288 Abs. 1. Auf die Begründung zu § 288 Abs. 1 wird ergänzend verwiesen.

Absatz 2 Satz 1 knüpft an den bisherigen Regelungsgehalt des § 70g Abs. 2 Satz 1 FGG an. Eine ausdrückliche Fortschreibung der Bekanntgabe des Beschlusses an den bisher in § 70d FGG genannten Personenkreis ist im Hinblick auf die Regelungen zum Beteiligtenbegriff in § 315 nunmehr entbehrlich. **Satz 2** entspricht inhaltlich dem bisherigen § 70g Abs. 2 Satz 2 FGG und ist lediglich redaktionell neu gefasst. Mit der Neufassung wird klargestellt, dass der zuständigen Behörde der Beschluss stets bekannt zu geben ist, nachdem sie in Unterbringungssachen gemäß § 320 angehört werden soll.

§ 326
Zuführung zur Unterbringung

(1) Die zuständige Behörde hat den Betreuer oder den Bevollmächtigten im Sinne des § 1896 Abs. 2 Satz 2 des Bürgerlichen Gesetzbuchs auf deren Wunsch bei der Zuführung zur Unterbringung nach § 312 Nr. 1 zu unterstützen.

(2) Gewalt darf die zuständige Behörde nur anwenden, wenn das Gericht dies auf Grund einer ausdrücklichen Entscheidung angeordnet hat. Die zuständige Behörde ist befugt, erforderlichenfalls die Unterstützung der polizeilichen Vollzugsorgane nachzusuchen.

(3) Die Wohnung des Betroffenen darf ohne dessen Einwilligung nur betreten werden, wenn das Gericht dies aufgrund einer ausdrücklichen Entscheidung angeordnet hat. Bei Gefahr im Verzug findet Satz 1 keine Anwendung.

Die Vorschrift entspricht im Hinblick auf die Absätze 1 und 2 dem Regierungsentwurf; Absatz 3 ist mit der Beschlussempfehlung des Rechtsausschusses neu eingefügt worden.

Begründung RegE:

Absatz 1 entspricht inhaltlich weitgehend dem bisherigen § 70g Abs. 5 Satz 1 FGG, soweit die Unterbringung eines Volljährigen vollzogen werden soll. Die Vorschrift stellt nunmehr klar, dass die zuständige Behörde auch den Bevollmächtigten im Sinne des § 1896 Abs. 2 Satz 2 BGB bei der Zuführung zur Unterbringung zu unterstützen hat. Die Vorschriften im Zusammenhang mit der Unterbringung Minderjähriger sind nunmehr im Abschnitt über die Kindschaftssachen (§ 167) geregelt.

Absatz 2 Satz 1 entspricht inhaltlich dem bisherigen § 70g Abs. 5 Satz 2 FGG. Sie ist redaktionell im Hinblick auf die Vollstreckungsvorschriften des Allgemeinen Teils überarbeitet. Satz 2 entspricht dem bisherigen § 70g Abs. 5 Satz 3 FGG.

Begründung Beschlussempfehlung Rechtsausschuss:

Die Einfügung des Absatzes 3 geht zurück auf den Vorschlag in Nummer 74 der Stellungnahme des Bundesrates zu § 283. Die Bundesregierung hat in ihrer Gegenäußerung zu Recht darauf hingewiesen, dass eine entsprechende Ergänzung auch im Unterbringungsverfahren angezeigt ist, da die Zuführung zur Unterbringung ein Betreten der Wohnung des Betroffenen erforderlich machen kann.

Der Ausschuss hält es darüber hinaus für erforderlich, dass die gerichtliche Anordnung zum Betreten der Wohnung des Betroffenen in einer ausdrücklichen Entscheidung ergeht. Außerdem wird in Satz 3 klargestellt, dass von einer ausdrücklichen gerichtlichen Entscheidung nur bei Gefahr im Verzug abgewichen werden darf.

§ 327
Vollzugsangelegenheiten

(1) Gegen eine Maßnahme zur Regelung einzelner Angelegenheiten im Vollzug der Unterbringung nach § 312 Nr. 3 kann der Betroffene eine Entscheidung des Gerichts beantragen. Mit dem Antrag kann auch die Verpflichtung zum Erlass einer abgelehnten oder unterlassenen Maßnahme begehrt werden.

(2) Der Antrag ist nur zulässig, wenn der Betroffene geltend macht, durch die Maßnahme, ihre Ablehnung oder Unterlassung in seinen Rechten verletzt zu sein.

(3) Der Antrag hat keine aufschiebende Wirkung. Das Gericht kann die aufschiebende Wirkung anordnen.

(4) Der Beschluss ist nicht anfechtbar.

Die Vorschrift entspricht der Fassung des Regierungsentwurfs.

Begründung RegE:

Absatz 1 Satz 1 entspricht inhaltlich dem bisherigen § 70l Abs. 1 Satz 1 FGG. Satz 2 entspricht dem bisherigen § 70l Abs. 1 Satz 2 FGG.

Absatz 2 entspricht dem bisherigen § 70l Abs. 2 FGG. Die Vorschrift konkretisiert nunmehr die Mitwirkungspflichten der Beteiligten gemäß § 27.

Absatz 3 entspricht dem bisherigen § 70l Abs. 3 FGG.

Absatz 4 entspricht inhaltlich dem bisherigen § 70l Abs. 4 FGG. Sprachlich ist die Vorschrift an den Allgemeinen Teil angepasst.

§ 328
Aussetzung des Vollzugs

(1) Das Gericht kann die Vollziehung einer Unterbringung nach § 312 Nr. 3 aussetzen. Die Aussetzung kann mit Auflagen versehen werden. Die Aussetzung soll sechs Monate nicht überschreiten; sie kann bis zu einem Jahr verlängert werden.

(2) Das Gericht kann die Aussetzung widerrufen, wenn der Betroffene eine Auflage nicht erfüllt oder sein Zustand dies erfordert.

Die Vorschrift entspricht der Fassung des Regierungsentwurfs.

Begründung RegE:

Absatz 1 entspricht inhaltlich dem bisherigen § 70k Abs. 1 FGG und ist lediglich redaktionell überarbeitet.

Absatz 2 entspricht dem bisherigen § 70k Abs. 2 FGG.

Eine Nachfolgevorschrift des bisherigen § 70k Abs. 3 FGG, der die Anhörung der bisher in § 70d FGG bezeichneten Personen im Fall der Aussetzung der Vollziehung der Unterbringung sowie deren Widerruf regelt, ist im Hinblick auf den weiter gefassten Begriff der Unterbringungssachen gemäß § 312 sowie die Regelung zum Beteiligtenbegriff nach § 315 entbehrlich. Eine inhaltliche Änderung des Aussetzungsverfahrens oder dessen Widerruf ist hiermit nicht verbunden.

§ 329
Dauer und Verlängerung der Unterbringung

(1) Die Unterbringung endet spätestens mit Ablauf eines Jahres, bei offensichtlich langer Unterbringungsbedürftigkeit spätestens mit Ablauf von zwei Jahren, wenn sie nicht vorher verlängert wird.

(2) Für die Verlängerung der Genehmigung oder Anordnung einer Unterbringungsmaßnahme gelten die Vorschriften für die erstmalige Anordnung oder Genehmigung entsprechend. Bei Unterbringungen mit einer Gesamtdauer von mehr als vier Jahren soll das Gericht keinen Sachverständigen bestellen, der den Betroffenen bisher behandelt oder begutachtet hat oder in der Einrichtung tätig ist, in der der Betroffene untergebracht ist.

Die Vorschrift entspricht der Fassung des Regierungsentwurfs.

Begründung RegE:

Absatz 1 entspricht inhaltlich dem bisherigen § 70f Abs. 1 Nr. 3 2. Halbsatz FGG.

Absatz 2 entspricht inhaltlich dem bisherigen § 70i Abs. 2 FGG und ist lediglich redaktionell überarbeitet.

§ 330
Aufhebung der Unterbringung

Die Genehmigung oder Anordnung der Unterbringungsmaßnahme ist aufzuheben, wenn ihre Voraussetzungen wegfallen. Vor der Aufhebung einer Unterbringungsmaßnahme nach § 312 Nr. 3 soll das Gericht die zuständige Behörde anhören, es sei denn, dass dies zu einer nicht nur geringen Verzögerung des Verfahrens führen würde.

Die Vorschrift entspricht der Fassung des Regierungsentwurfs.

Begründung RegE:
Satz 1 entspricht inhaltlich dem bisherigen § 70i Abs. 1 Satz 1 FGG. **Satz 2** entspricht inhaltlich dem bisherigen § 70i Abs. 1 Satz 2 FGG. Die Vorschrift ist redaktionell neu gefasst.

Eine Nachfolgevorschrift des bisherigen § 70i Abs. 1 Satz 3 FGG konnte vor dem Hintergrund der allgemeinen Bekanntgabevorschrift des § 325 Abs. 2 Satz 2 entfallen.

§ 331
Einstweilige Anordnung

Das Gericht kann durch einstweilige Anordnung eine vorläufige Unterbringungsmaßnahme anordnen oder genehmigen, wenn

1. dringende Gründe für die Annahme bestehen, dass die Voraussetzungen für die Genehmigung oder Anordnung einer Unterbringungsmaßnahme gegeben sind und ein dringendes Bedürfnis für ein sofortiges Tätigwerden besteht,
2. ein ärztliches Zeugnis über den Zustand des Betroffenen vorliegt,
3. im Fall des § 317 ein Verfahrenspfleger bestellt und angehört worden ist und
4. der Betroffene persönlich angehört worden ist.

Eine Anhörung des Betroffenen im Wege der Rechtshilfe ist abweichend von § 319 Abs. 4 zulässig.

Die Vorschrift entspricht der Fassung des Regierungsentwurfs.

Begründung RegE:
Die Vorschrift ersetzt den bisherigen § 70h Abs. 1 Satz 1 in Verbindung mit § 69f Abs. 1 FGG. Die Regelung ist mit den Vorschriften über den Erlass einer einstweiligen Anordnung in Betreuungssachen gemäß § 300 harmonisiert. Auf die Begründung zu § 300 wird insoweit verwiesen. Einer dem Verweis des bisherigen § 70h Abs. 1 Satz 2 FGG auf § 70d FGG entsprechenden Vorschrift bedarf es nicht mehr. Rechtliches Gehör ist den in dem bisherigen § 70d FGG Genannten dann zu gewähren, wenn sie als Beteiligte zum Verfahren hinzugezogen wurden. Die Vorschrift berührt diese Notwendigkeit der Gehörsgewährung nicht.

Nachfolgevorschriften für § 70h Abs. 1 Satz 2 und Satz 3 1. Halbsatz waren im Hinblick auf § 51 Abs. 2, der bestimmt, dass das Verfahren sich im Grundsatz nach den Vorschriften eines entsprechenden Hauptsacheverfahrens richtet, entbehrlich.

§ 332
Einstweilige Anordnung bei gesteigerter Dringlichkeit

Bei Gefahr im Verzug kann das Gericht eine einstweilige Anordnung nach § 331 bereits vor Anhörung des Betroffenen sowie vor Anhörung und Bestellung des Verfahrenspflegers erlassen. Diese Verfahrenshandlungen sind unverzüglich nachzuholen.

Die Vorschrift entspricht der Fassung des Regierungsentwurfs.

Abschnitt 2 – § 335

Begründung RegE:
Die Vorschrift ersetzt den bisherigen § 70h Abs. 1 Satz 3 2. Halbsatz FGG. Sie ist wortgleich mit der Vorschrift über den Erlass einer einstweiligen Anordnung in Betreuungssachen gemäß § 301. Auf die Begründung zu § 301 wird verwiesen.

§ 333
Dauer der einstweiligen Anordnung

Die einstweilige Anordnung darf die Dauer von sechs Wochen nicht überschreiten. Reicht dieser Zeitraum nicht aus, kann sie nach Anhörung eines Sachverständigen durch eine weitere einstweilige Anordnung verlängert werden. Die mehrfache Verlängerung ist unter den Voraussetzungen der Sätze 1 und 2 zulässig. Sie darf die Gesamtdauer von drei Monaten nicht überschreiten. Eine Unterbringung zur Vorbereitung eines Gutachtens (§ 322) ist in diese Gesamtdauer einzubeziehen.

Die Vorschrift entspricht der Fassung des Regierungsentwurfs.

Begründung RegE:
Satz 1 entspricht dem bisherigen § 70h Abs. 2 Satz 1 FGG. **Satz 2** und **Satz 4** entsprechen inhaltlich dem bisherigen § 70h Abs. 2 Satz 2 FGG und sind lediglich redaktionell neu gefasst. Mit **Satz 3** wird klargestellt, dass auch eine mehrfache Verlängerung der einstweiligen Anordnung bis zum Erreichen der Gesamtdauer von drei Monaten gemäß Satz 4 zulässig ist. **Satz 5** entspricht inhaltlich dem bisherigen § 70h Abs. 2 Satz 3 FGG.

§ 334
Einstweilige Maßregeln

Die §§ 331, 332 und 333 gelten entsprechend, wenn nach § 1846 des Bürgerlichen Gesetzbuchs eine Unterbringungsmaßnahme getroffen werden soll.

Die Vorschrift entspricht der Fassung des Regierungsentwurfs.

Begründung RegE:
Die Vorschrift entspricht inhaltlich dem bisherigen § 70h Abs. 3 FGG.

§ 335
Ergänzende Vorschriften über die Beschwerde

(1) Das Recht der Beschwerde steht im Interesse des Betroffenen
1. dessen Ehegatten oder Lebenspartner, wenn die Ehegatten oder Lebenspartner nicht dauernd getrennt leben, sowie dessen Eltern und Kindern, wenn der Betroffene bei diesen lebt oder bei Einleitung des Verfahrens gelebt hat, den Pflegeeltern,
2. einer von dem Betroffenen benannten Person seines Vertrauens sowie
3. dem Leiter der Einrichtung, in der der Betroffene lebt,

zu, wenn sie im ersten Rechtszug beteiligt worden sind.

(2) Das Recht der Beschwerde steht dem Verfahrenspfleger zu.

(3) Der Betreuer oder der Vorsorgebevollmächtigte kann gegen eine Entscheidung, die seinen Aufgabenkreis betrifft, auch im Namen des Betroffenen Beschwerde einlegen.

(4) Das Recht der Beschwerde steht der zuständigen Behörde zu.

Die Vorschrift entspricht im Hinblick auf die Absätze 1, 2 und 4 dem Regierungsentwurf; Absatz 3 ist mit der Beschlussempfehlung des Rechtsausschusses geändert worden.

II. – FamFG – Buch 3 Verfahren in Betreuungs- und Unterbringungssachen

Frühere Fassung RegE:
(3) Der Betreuer kann gegen eine Entscheidung, die seinen Aufgabenkreis betrifft, auch im Namen des Betroffenen Beschwerde einlegen.

Begründung RegE:
Die Vorschrift ersetzt den bisherigen § 70m Abs. 2 FGG. Sie trägt den Änderungen des Rechtsmittelrechts im Allgemeinen Teil Rechnung.

Absatz 1 beschreibt das Beschwerderecht der Personen, die im Interesse des Betroffenen Beschwerde einlegen können. Dieser Kreis ist gleichlautend mit dem Personenkreis, der gemäß § 315 am Verfahren der ersten Instanz beteiligt werden kann. Der Zweck und die Reichweite der Beschwerdeberechtigung entsprechen inhaltlich der Beschwerdeberechtigung im Interesse des Betroffenen im Betreuungsverfahren gemäß § 303 Abs. 2. Auf die Begründung zu § 303 Abs. 2 wird insoweit verwiesen.

Absatz 2 entspricht der korrespondierenden Vorschrift über das Beschwerderecht des Verfahrenspflegers in Betreuungssachen gemäß § 303 Abs. 3. Auf die Begründung zu § 303 Abs. 3 wird verwiesen.

Absatz 3 entspricht der korrespondierenden Vorschrift über das Beschwerderecht des Betreuers gemäß § 303 Abs. 4 Satz 1. Auf dortige Begründung wird verwiesen. Von der Regelung einer selbständigen Beschwerdeberechtigung im Falle einer gemeinschaftlichen Mitbetreuung durch mehrere Betreuer entsprechend § 303 Abs. 4 Satz 2 wurde abgesehen. In Unterbringungssachen soll der Betroffene nach einer Entscheidung des Gerichts, insbesondere nach seiner Entlassung, unbelastet weiterleben können (siehe bereits das Gesetz über die Betreuung Volljähriger vom 12.9.1990, BT-Drs. 11/4528, S. 187). Eine mehrfache Beschwerde unterschiedlicher Betreuer ist daher zu vermeiden.

Absatz 4 regelt das Beschwerderecht der zuständigen Behörde. Dieses entspricht inhaltlich dem bisherigen § 70m Abs. 2 FGG in Verbindung mit § 70d Abs. 1 Nr. 6 FGG.

Begründung Beschlussempfehlung Rechtsausschuss:
Die Ergänzung des Absatzes 3 geht zurück auf einen Vorschlag des Bundesrates. Zur Begründung wird zunächst auf Nummer 78 der Stellungnahme des Bundesrates verwiesen. Der Ausschuss stimmt dem Anliegen des Bundesrates in der Sache zu und greift den Vorschlag des Bundesrates in modifizierter Form auf. Mit der Ergänzung des Absatzes 3 um den Vorsorgebevollmächtigten wird der Gleichlauf mit der Beschwerdeberechtigung des Betreuers gewährleistet.

§ 336
Einlegung der Beschwerde durch den Betroffenen

Der Betroffene kann die Beschwerde auch bei dem Amtsgericht einlegen, in dessen Bezirk er untergebracht ist.

Die Vorschrift entspricht der Fassung des Regierungsentwurfs.

Begründung RegE:
Die Vorschrift entspricht inhaltlich dem bisherigen § 70m Abs. 3 FGG in Verbindung mit § 69g Abs. 3 FGG und ist lediglich redaktionell neu gefasst.

§ 337
Kosten in Unterbringungssachen

(1) In Unterbringungssachen kann das Gericht die Auslagen des Betroffenen, soweit sie zur zweckentsprechenden Rechtsverfolgung notwendig waren, ganz oder teilweise der Staatskasse auferlegen, wenn eine Unterbringungsmaßnahme nach § 312 Nr. 1 und 2 abgelehnt, als ungerechtfertigt aufgehoben, eingeschränkt oder das Verfahren ohne Entscheidung über eine Maßnahme beendet wird.

(2) Wird ein Antrag auf eine Unterbringungsmaßnahme nach den Landesgesetzen über die Unterbringung psychisch Kranker nach § 312 Nr. 3 abgelehnt oder zurückgenommen und hat

das Verfahren ergeben, dass für die zuständige Verwaltungsbehörde ein begründeter Anlass, den Unterbringungsantrag zu stellen, nicht vorgelegen hat, hat das Gericht die Auslagen des Betroffenen der Körperschaft aufzuerlegen, der die Verwaltungsbehörde angehört.

Die Vorschrift entspricht der Fassung des Regierungsentwurfs.

Begründung RegE:

Absatz 1 entspricht inhaltlich dem bisherigen § 13a Abs. 2 Satz 1 FGG, soweit er die Kostenverteilung in Unterbringungssachen regelt. Die Kostenverteilung in Betreuungssachen ist nunmehr im Abschnitt Betreuungssachen (§ 307) geregelt. Die Möglichkeit der Anfechtung der Kostenentscheidung folgt bereits aus dem Allgemeinen Teil, denn danach ist die isolierte Anfechtung einer Kostenentscheidung möglich. Einer dem bisherigen § 20a Abs. 1 Satz 2 FGG entsprechenden Regelung bedarf es daher nicht.

Absatz 2 entspricht dem bisherigen § 13a Abs. 2 Satz 3 FGG.

§ 338
Mitteilung von Entscheidungen

Für Mitteilungen gelten die §§ 308 und 311 entsprechend. Die Aufhebung einer Unterbringungsmaßnahme nach § 330 Satz 1 und die Aussetzung der Unterbringung nach § 328 Abs. 1 Satz 1 sind dem Leiter der Einrichtung, in der der Betroffene lebt, mitzuteilen.

Die Vorschrift entspricht der Fassung des Regierungsentwurfs.

Begründung RegE:

Satz 1 entspricht inhaltlich dem bisherigen § 70n Satz 1 FGG. **Satz 2** entspricht inhaltlich dem bisherigen § 70n Satz 2 FGG.

§ 339
Benachrichtigung von Angehörigen

Von der Anordnung oder Genehmigung der Unterbringung und deren Verlängerung hat das Gericht einen Angehörigen des Betroffenen oder eine Person seines Vertrauens unverzüglich zu benachrichtigen.

Die Vorschrift entspricht der Fassung des Regierungsentwurfs.

Begründung RegE:

Die Vorschrift übernimmt die Vorgabe des Art. 104 Abs. 4 GG, wonach von jeder richterlichen Entscheidung über die Anordnung oder Fortdauer der Freiheitsentziehung unverzüglich ein Angehöriger des Festgehaltenen oder eine Person seines Vertrauens zu benachrichtigen ist.

Werden bereits nach § 315 Abs. 4 ein Angehöriger des Betroffenen oder eine Person seines Vertrauens am Verfahren beteiligt, so wird der Benachrichtigungspflicht damit in der Regel Genüge getan sein.

Abschnitt 3
Verfahren in betreuungsgerichtlichen Zuweisungssachen

§ 340
Betreuungsgerichtliche Zuweisungssachen

Betreuungsgerichtliche Zuweisungssachen sind

1. Verfahren, die die Pflegschaft mit Ausnahme der Pflegschaft für Minderjährige oder für eine Leibesfrucht betreffen,
2. Verfahren, die die gerichtliche Bestellung eines sonstigen Vertreters für einen Volljährigen betreffen sowie

II. – FamFG – Buch 3 Verfahren in Betreuungs- und Unterbringungssachen

3. sonstige dem Betreuungsgericht zugewiesene Verfahren,
soweit es sich nicht um Betreuungssachen oder Unterbringungssachen handelt.

Die Vorschrift entspricht der Fassung des Regierungsentwurfs.

Begründung RegE:

Die Vorschrift führt mit der Bezeichnung „Betreuungsgerichtliche Zuweisungssachen" einen Sammelbegriff für weitere Zuständigkeiten des Betreuungsgerichts außerhalb der Betreuungs- und Unterbringungssachen ein. Es handelt sich dabei überwiegend um Verfahren, für die bislang das Vormundschaftsgericht zuständig war, die aber nach dessen Auflösung nicht dem Familiengericht, sondern dem Betreuungsgericht übertragen werden sollen.

Dabei ergänzen die **Nummern 1 und 2** der Vorschrift die Regelung des § 151 Nr. 5. **Nummer 3** entspricht in seiner Auffangfunktion strukturell den sonstigen Familiensachen.

Sofern ein Verfahren nach der jeweiligen Definitionsnorm bereits Betreuungssache oder Unterbringungssache ist, geht diese Zuordnung vor.

Nummer 1 nennt Verfahren, die die Pflegschaft mit Ausnahme der Pflegschaft für Minderjährige oder für eine Leibesfrucht betreffen. Hierunter fallen insbesondere Pflegschaften nach §§ 1911, 1914 BGB, sowie nach § 1913 BGB oder § 17 des Gesetzes zur Sachenrechtsbereinigung im Beitrittsgebiet (SachenRBerG), soweit nicht positiv feststeht, dass der Beteiligte minderjährig oder noch nicht geboren ist. In diesen Fällen wäre nach § 151 Nr. 5 das Familiengericht zuständig.

Nummer 2 umfasst Verfahren, die die gerichtliche Bestellung eines Vertreters, der kein Pfleger ist, für einen Volljährigen betreffen. Hierunter fallen beispielsweise Vertreterbestellungen nach § 16 des Verwaltungsverfahrensgesetzes (VwVfG), § 207 des Baugesetzbuchs (BauGB), § 119 des Flurbereinigungsgesetzes (FlurbG) oder § 15 SGB X. Auch die weiteren Entscheidungen, die das Vertreterverhältnis betreffen, sind, vorbehaltlich anderweitiger spezialgesetzlicher Regelungen, als Verfahren kraft Sachzusammenhangs von Nummer 2 mit erfasst. Es gilt insoweit im Ergebnis dasselbe wie bei der Pflegschaft.

Durch die Formulierung „gerichtliche Bestellung" wird vorsorglich klargestellt, dass die rechtsgeschäftliche Erteilung von Vertretungsmacht durch den Vertretenen selbst oder durch dessen Organe nicht unter die Nummer 2 fällt.

Nummer 3 ermöglicht die Zuweisung einzelner weiterer Aufgaben an das Betreuungsgericht.

§ 341
Örtliche Zuständigkeit

Die Zuständigkeit des Gerichts bestimmt sich in betreuungsgerichtlichen Zuweisungssachen nach § 272.

Die Vorschrift entspricht der Fassung des Regierungsentwurfs.

Begründung RegE:

§ 341 regelt die örtliche Zuständigkeit in betreuungsgerichtlichen Zuweisungssachen. Sie bestimmt sich nach § 272. In den meisten Fällen wird danach das Gericht des gewöhnlichen Aufenthaltes gemäß § 272 Abs. 1 Nr. 2 örtlich zuständig sein. Bei Verfahren mit Auslandsbezug ist § 104 für die internationale Zuständigkeit maßgeblich. Die sachliche Zuständigkeit der Amtsgerichte für diese sonstigen Angelegenheiten folgt aus § 23a Nr. 2 GVG-E (Artikel 22 Nr. 7).

Buch 7
Verfahren in Freiheitsentziehungssachen

§ 415
Freiheitsentziehungssachen

(1) Freiheitsentziehungssachen sind Verfahren, die die auf Grund von Bundesrecht angeordnete Freiheitsentziehung betreffen, soweit das Verfahren bundesrechtlich nicht abweichend geregelt ist.

(2) Eine Freiheitsentziehung liegt vor, wenn einer Person gegen ihren Willen oder im Zustand der Willenlosigkeit insbesondere in einer abgeschlossenen Einrichtung, wie einem Gewahrsamsraum oder einem abgeschlossenen Teil eines Krankenhauses, die Freiheit entzogen wird.

Die Vorschrift entspricht der Fassung des Regierungsentwurfs.

Begründung RegE:

Die Vorschrift enthält eine Definition der Freiheitsentziehungssachen. Sie ist der Diktion anderer Vorschriften des Entwurfs angepasst worden.

Absatz 1 knüpft an den bisherigen § 1 des Freiheitsentziehungsgesetzes (FrhEntzG) an, wonach der Gegenstand der Verfahrensregelungen Freiheitsentziehungen sind, die auf Grund von Bundesrecht angeordnet werden, soweit das Verfahren bundesrechtlich nicht abweichend geregelt ist.

Bei einer abweichenden Regelung des Verfahrens sind die Vorschriften dieses Abschnitts nicht anwendbar. Hierzu gehören die freiheitsentziehenden Verfahren der zivilrechtlichen und öffentlich-rechtlichen Unterbringung (wie z.B. die Genehmigung der zivilrechtlichen Unterbringung durch den Betreuer oder Bevollmächtigten nach § 312 Nr. 1, die Unterbringung eines Volljährigen nach den Landesgesetzen über die Unterbringung psychisch Kranker nach § 312 Nr. 3), die Freiheitsentziehung im Rahmen der Strafrechtspflege (u.a. Untersuchungshaft, Freiheitsstrafe, Jugendstrafe, freiheitsentziehende Maßregeln der Besserung, Sicherungshaft) sowie die Zivilhaft (Ordnungs-, Sicherungs-, Zwangs- und Erzwingungshaft).

Absatz 2 knüpft an den bisherigen § 2 Abs. 1 FrhEntzG an.

In der Definition der Freiheitsentziehung wird auf den Begriff „Unterbringung" verzichtet, um den systematischen Unterschied zu den Unterbringungssachen nach § 312 hervorzuheben. Inhaltlich soll sich mit dieser Definition gegenüber dem bisherigen Zustand des Einsperrens bzw. Einschließens der Person in einer abgeschlossenen Einrichtung grundsätzlich nichts ändern. Sehr kurzfristige, von vornherein als vorübergehend angesehene polizeiliche Maßnahmen des unmittelbaren Zwangs, die zu einer Freiheitsbeschränkung führen, sollen nach wie vor davon nicht erfasst sein. Längerfristige, über mehrere Stunden dauernde Ingewahrsamnahmen außerhalb einer Einrichtung, die von der Intensität her einem Einschließen in einem abgeschlossenen Raum gleichkommen, können unter Umständen ebenfalls eine Freiheitsentziehung darstellen. Dies soll durch die Einfügung „insbesondere" vor den Worten „in einer abgeschlossenen Einrichtung" klargestellt werden.

Die Einführung des Oberbegriffs „abgeschlossene Einrichtung" tritt an die Stelle der Aufzählung in dem bisherigen § 2 Abs. 1 FrhEntzG, wo es heißt „in einer Justizvollzugsanstalt, einem Haftraum, einer abgeschlossen Verwahranstalt, einer abgeschlossenen Anstalt der Fürsorge, einer abgeschlossenen Krankenanstalt oder einem abgeschlossenen Teil einer Krankenanstalt". Mit dem Verzicht auf die Aufzählung der zum Teil veralteten Begrifflichkeiten und der Einführung des Oberbegriffs „abgeschlossene Einrichtung" sind Änderungen in der praktischen Anwendung nicht beabsichtigt. Zur Klarstellung werden zwei typische abgeschlossene Einrichtungen genannt: der Gewahrsamsraum und der abgeschlossene Teil eines Krankenhauses.

Fälle von Freiheitsentziehungssachen sind beispielsweise die Abschiebungshaft nach § 62 des Aufenthaltsgesetzes (AufenthG), die Inhaftnahme nach § 59 Abs. 2 i.V.m § 89 Abs. 2 des Asylverfahrensgesetzes (AsylvfG) und die Freiheitsentziehung nach § 30 des Infektionsschutzgesetzes (IfSG). In diesen Bereichen

II. – FamFG – Buch 7 Verfahren in Freiheitsentziehungssachen

fallen Freiheitsentziehungen aufgrund der Ermächtigungen in § 23 Abs. 3 Satz 4, § 25 Abs. 3, § 39 Abs. 1 und 2 und § 43 Abs. 5 des Bundespolizeigesetzes (BPolG) sowie Ingewahrsamnahmen nach § 21 Abs. 7 des Bundeskriminalamtgesetzes (BKAG) und durch das Zollkriminalamt nach § 23 Abs. 1 Satz 2 Nr. 8 des Zollfahndungsdienstgesetzes (ZFdG) an.

Die Vorschriften über das Verfahren in Freiheitsentziehungssachen sind ebenfalls anwendbar im Fall einer ausdrücklichen Verweisung im Landesrecht. Die Polizeigesetze der Länder verweisen für das gerichtliche Verfahren bei Freiheitsentziehungen nahezu durchweg auf das Freiheitsentziehungsgesetz. Sie müssen zukünftig auf dieses Buch verweisen.

§ 416
Örtliche Zuständigkeit

Zuständig ist das Gericht, in dessen Bezirk die Person, der die Freiheit entzogen werden soll, ihren gewöhnlichen Aufenthalt hat, sonst das Gericht, in dessen Bezirk das Bedürfnis für die Freiheitsentziehung entsteht. Befindet sich die Person bereits in Verwahrung einer abgeschlossenen Einrichtung, ist das Gericht zuständig, in dessen Bezirk die Einrichtung liegt.

Die Vorschrift entspricht der Fassung des Regierungsentwurfs.

Begründung RegE:

Die Vorschrift knüpft inhaltlich an den bisherigen § 4 Abs. 1 FrhEntzG an. Änderungen sind sprachlicher und redaktioneller Art.

Der Gerichtsstand des Satzes 2 ist aus Gründen der Zweckmäßigkeit in der Regel vorrangig gegenüber denen des Satzes 1 (OLG Hamm, FGPrax 2006, 183, 184; Saage/Göppinger, Freiheitsentziehung und Unterbringung, 2. Aufl. 1975, Rn. 8 zu § 8).

Die Vorschrift ist auf Fälle der nachträglichen Feststellung der Rechtswidrigkeit einer Freiheitsentziehung entsprechend anwendbar.

Die Regelung des bisherigen § 4 Abs. 2 FrhEntzG ist aufgrund von § 50 Abs. 2 nicht mehr notwendig. Der bisherige § 4 Abs. 3 FrhEntzG ist aufgrund von Artikel 22 Nr. 10 nicht mehr notwendig. Die „sachliche Förderung" von Verfahren gemäß § 23d GVG-E (bisher § 23c GVG) umfasst auch eine „schnellere Erledigung" von Verfahren wie im bisherigen § 4 Abs. 3 FrhEntzG.

§ 417
Antrag

(1) Die Freiheitsentziehung darf das Gericht nur auf Antrag der zuständigen Verwaltungsbehörde anordnen.

(2) Der Antrag ist zu begründen. Die Begründung hat folgende Tatsachen zu enthalten:

1. die Identität des Betroffen,
2. den gewöhnlichen Aufenthaltsort des Betroffenen,
3. die Erforderlichkeit der Freiheitsentziehung,
4. die erforderliche Dauer der Freiheitsentziehung sowie
5. in Verfahren der Abschiebungs-, Zurückschiebungs- und Zurückweisungshaft die Verlassenspflicht des Betroffenen sowie die Voraussetzungen und die Durchführbarkeit der Abschiebung, Zurückschiebung und Zurückweisung.

Die Behörde soll in Verfahren der Abschiebungshaft mit der Antragstellung die Akte des Betroffenen vorlegen.

Die Vorschrift ist mit der Beschlussempfehlung des Rechtsausschusses geändert worden; Absatz 2 ist neu eingefügt worden; der bisherige Inhalt des § 417 ist zu dessen Absatz 1 geworden.

Begründung RegE:
Die Vorschrift entspricht inhaltlich der Regelung des bisherigen § 3 Satz 1 FrhEntzG. Änderungen sind redaktioneller Art. Die Anordnung einer Freiheitsentziehung darf nicht von Amts wegen, sondern nur auf Antrag der zuständigen Verwaltungsbehörde erfolgen. Die richterliche Anordnung hat der Freiheitsentziehung vorauszugehen. Nur im Falle des § 428 ist die richterliche Entscheidung unverzüglich nachzuholen. § 23 Abs. 1 bestimmt den Mindestinhalt eines verfahrenseinleitenden Antrags; danach hat die Verwaltungsbehörde die zur Begründung dienenden Tatsachen und Beweismittel anzugeben. Nach § 23 Abs. 2 soll das Gericht den Antrag an die übrigen Beteiligten übermitteln.

Begründung Beschlussempfehlung Rechtsausschuss:
Mit der Einfügung des Absatzes 2 – neu – werden die Anforderungen an die Begründung eines Freiheitsentziehungsantrages und die durch die antragstellende Behörde zu übersendenden Unterlagen gesetzlich geregelt.

Bereits auf der Grundlage des geltenden Rechts hat die antragstellende Behörde den Antrag zu begründen und die für die Freiheitsentziehung maßgeblichen Tatsachen darzulegen (Marschner/Volckart – Volckart, Freiheitsentziehung und Unterbringung, 4. Aufl. 2001, Abschnitt F, Rn. 6 zu § 3). Diese umfassen die Identität des Betroffenen, die Erforderlichkeit der Freiheitsentziehung, die notwendige Dauer der Freiheitsentziehung, die Verlassenspflicht in Verfahren der Abschiebungshaft sowie die Voraussetzungen und die Durchführbarkeit der Abschiebung, Zurückschiebung und Zurückweisung in Verfahren der Abschiebungs-, Zurückschiebungs- und Zurückweisungshaft (vgl. BayObLG vom 14.08.1991 – BReg 3 Z 122/91 – InfAuslR 1991, 345 ff.). Der Ausschuss hält es für sachgerecht, diese Anforderungen gesetzlich zu regeln. Hierdurch soll dem Gericht bereits durch den Inhalt des Freiheitsentziehungsantrages eine hinreichende Tatsachengrundlage für die Einleitung weiterer Ermittlung bzw. die gerichtliche Entscheidung zugänglich gemacht werden. Die Mitteilung dieser Tatsachen ist aus Sicht des Ausschusses für die Einleitung weiterer Ermittlungen unverzichtbar. Die Begründung im Sinne des Absatzes 2 Satz 1 – neu – ist daher Voraussetzung für die Zulässigkeit des Antrags auf Freiheitsentziehung. Ist der Antrag unvollständig, hat das Gericht zunächst auf eine entsprechende Ergänzung der Antragsbegründung hinzuwirken (BayObLG vom 14.08.1991 – BReg 3 Z 122/91 – InfAuslR 1991, 345 ff.). Erfolgt diese nicht, ist der Antrag als unzulässig zurückzuweisen.

Gemäß Absatz 2 Satz 3 – neu – soll die antragstellende Behörde in Abschiebehaftsachen die Akte des Betroffenen übersenden. Der Ausschuss hält dies für sachgerecht, denn aus dem Inhalt der Akte ergeben sich häufig weitere wesentliche Informationen für die Ermittlungen und die Entscheidung des Gerichts. Ist dies indes aufgrund der Umstände des Einzelfalls ausnahmsweise nicht zu erwarten, sichert die Ausgestaltung der Norm der antragstellenden Behörde die Möglichkeit, von der Übersendung abzusehen. Aus diesem Grund ist die Übersendung auch keine Voraussetzung für die Zulässigkeit des Freiheitsentziehungsantrags.

§ 418
Beteiligte

(1) Zu beteiligen sind die Person, der die Freiheit entzogen werden soll (Betroffener), und die Verwaltungsbehörde, die den Antrag auf Freiheitsentziehung gestellt hat.

(2) Der Verfahrenspfleger wird durch seine Bestellung als Beteiligter zum Verfahren hinzugezogen.

(3) Beteiligt werden können im Interesse des Betroffenen

1. dessen Ehegatte oder Lebenspartner, wenn die Ehegatten oder Lebenspartner nicht dauernd getrennt leben, sowie dessen Eltern und Kinder, wenn der Betroffene bei diesen lebt oder bei Einleitung des Verfahrens gelebt hat, die Pflegeeltern sowie
2. eine von ihm benannte Person seines Vertrauens.

Die Vorschrift entspricht der Fassung des Regierungsentwurfs.

II. – FamFG – Buch 7 Verfahren in Freiheitsentziehungssachen

Begründung RegE:

Die Vorschrift regelt, welche Personen im Freiheitsentziehungsverfahren zu beteiligen sind sowie welche Personen beteiligt werden können. Sie knüpft an die allgemeine Regelung des Beteiligtenbegriffs in § 7 und an die Bestimmung der Beteiligten in Betreuungs- und Unterbringungssachen in §§ 274 und 315 an.

In **Absatz 1** werden diejenigen benannt, die stets von Amts wegen am Verfahren zu beteiligen sind. Das ist zunächst die Person, deren Recht auf Freiheit durch den Ausgang des Verfahrens unmittelbar beeinträchtigt wird. Sie wird als Betroffener bezeichnet. Zum anderen ist es die Verwaltungsbehörde als Antragstellerin.

Absatz 2 entspricht den Vorschriften über die Hinzuziehung des Verfahrenspflegers in Betreuungssachen gemäß § 274 Abs. 2 und in Unterbringungssachen gemäß § 315 Abs. 2. Auf die Begründung zu §§ 274 Abs. 2 und 315 Abs. 2 wird verwiesen.

Absatz 3 enthält eine Aufzählung der Personen, die gemäß § 7 Abs. 3 Satz 1 als Beteiligte hinzugezogen werden können. **Nummern 1 und 2** entsprechen denen des § 315 Abs. 4 Satz 1 Nr. 1 und 2, auf deren Begründung insoweit verwiesen wird.

§ 419
Verfahrenspfleger

(1) Das Gericht hat dem Betroffenen einen Verfahrenspfleger zu bestellen, wenn dies zur Wahrnehmung seiner Interessen erforderlich ist. Die Bestellung ist insbesondere erforderlich, wenn von einer Anhörung des Betroffenen abgesehen werden soll.

(2) Die Bestellung eines Verfahrenspflegers soll unterbleiben oder aufgehoben werden, wenn die Interessen des Betroffenen von einem Rechtsanwalt oder einem anderen geeigneten Verfahrensbevollmächtigten vertreten werden.

(3) Die Bestellung endet, wenn sie nicht vorher aufgehoben wird, mit der Rechtskraft des Beschlusses über die Freiheitsentziehung oder mit dem sonstigen Abschluss des Verfahrens.

(4) Die Bestellung eines Verfahrenspflegers oder deren Aufhebung sowie die Ablehnung einer derartigen Maßnahme sind nicht selbständig anfechtbar.

(5) Für die Vergütung und den Aufwendungsersatz des Verfahrenspflegers gilt § 277 entsprechend. Dem Verfahrenspfleger sind keine Kosten aufzuerlegen.

Die Vorschrift entspricht der Fassung des Regierungsentwurfs.

Begründung RegE:

Die Vorschrift regelt die Bestellung und Funktion des Verfahrenspflegers in Anlehnung an § 317 bzw. an den bisherigen § 70b FGG. Die Bestellung ist nach **Absatz 1 Satz 2** insbesondere erforderlich, wenn von der Anhörung des Betroffenen abgesehen werden soll. Von der Anhörung kann unter den Voraussetzungen des § 34 Abs. 2 und § 420 Abs. 2 abgesehen werden. In ähnlicher Weise ist dies bisher in § 5 Abs. 2 FrhEntzG geregelt. Wird gemäß § 68 Abs. 3 Satz 2 in der Beschwerdeinstanz von einer Anhörung abgesehen, so dient es der Verfahrenseffizienz und führt nicht zu einer zwingenden Verfahrenspflegerbestellung. Über diesen begrenzten Anwendungsbereich hinaus ist wegen der Schwere des Grundrechtseingriffs ein Verfahrenspfleger auch in sonstigen Fällen zu bestellen, wenn der Betroffene seine Verfahrensrechte selbst nicht sachgerecht wahrnehmen kann (vgl. Marschner/Volckart – Marschner, Freiheitsentziehung und Unterbringung, 4. Aufl. 2001, Abschnitt F Rn. 8 zu § 5; EGMR, NJW 1992, 2945; Gusy, NJW 1992, 457, 462). Dem trägt nunmehr die umfassende Regelung in **Absatz 1 Satz 1** Rechnung.

Die Notwendigkeit der Bestellung eines Verfahrenspflegers in Freiheitsentziehungssachen stellt sich jedoch anders dar als in Unterbringungs- und Betreuungssachen. Bei dem weit überwiegenden Teil der Freiheitsentziehungssachen befinden sich die Betroffenen im Vollbesitz ihrer geistigen Kräfte: so bei Freiheitsentziehungen nach dem Aufenthalts- und Asylverfahrensgesetz, der Ingewahrsamnahme zur Verhinderung einer Straftat (z.B. gem. § 39 Abs. 1 Nr. 2 BPolG) oder bei der Ingewahrsamnahme zur Durchsetzung eines

Platzverweises (z.B. nach § 39 Abs. 1 Nr. 2 BPolG). Auch kann es sein, dass ein gerichtliches Verfahren ohnehin unterbleibt, weil der die freie Willensbildung ausschließende Zustand oder die sonst hilflose Lage nur von kurzfristiger Dauer sind (so bei der Ingewahrsamnahme z.B. nach § 39 Abs. 1 Nr. 1 BPolG). Nur ausnahmsweise ist es in solchen Fällen oder in Fällen der Ingewahrsamnahme nach § 30 Abs. 2 des Infektionsschutzgesetzes denkbar, dass die Bestellung eines Verfahrenspflegers erforderlich wird. Wegen des Ausnahmecharakters der Vorschrift ist auch die Regelung des § 317 Abs. 2 über die Begründungspflicht des Richters bei Nichtbestellung in Freiheitsentziehungssachen nicht übernommen worden.

Absatz 2 entspricht §§ 276 Abs. 4, § 317 Abs. 4.

Absatz 3 ist § 317 Abs. 5 nachgebildet.

Absatz 4 entspricht den Regelungen in §§ 276 Abs. 6, 317 Abs. 6. Diese Regelung dient lediglich der Klarstellung.

Absatz 5 Satz 1 erklärt die Regelung des § 277 über die Vergütung und den Aufwendungsersatz des Verfahrenspflegers für entsprechend anwendbar. **Satz 2** stellt klar, dass dem Verfahrenspfleger Kosten des Verfahrens nicht auferlegt werden können.

Stellungnahme Bundesrat:

98. **Zu Artikel 1** (§ 419 FamFG)

Artikel 1 § 419 ist wie folgt zu ändern:

a) Die Absätze 1 bis 3 sind durch folgende Absätze 1 und 2 zu ersetzen:

„(1) Das Gericht bestellt dem Betroffenen einen Verfahrenspfleger, wenn dies zur Wahrnehmung seiner Interessen erforderlich ist. Die Bestellung eines Verfahrenspflegers soll unterbleiben oder aufgehoben werden, wenn die Interessen des Betroffenen von einem Rechtsanwalt oder einem anderen geeigneten Verfahrensbevollmächtigten vertreten werden.

(2) Die Bestellung endet, sofern sie nicht vorher aufgehoben wird,

1. mit der Rechtskraft des Beschlusses über die Freiheitsentziehung oder

2. mit dem sonstigen Abschluss des Verfahrens."

b) Die bisherigen Absätze 4 und 5 werden Absätze 3 und 4.

Begründung:

Der Prüfungsmaßstab des Gesetzentwurfs der Bundesregierung, ob die Bestellung eines Verfahrenspflegers „zur Wahrnehmung der Interessen des Betroffenen erforderlich" ist, soll beibehalten werden. Dieser bietet für die Praxis eine geeignete Basis, ohne schematische Vorgaben an eine den konkreten Umständen des Einzelfalls orientierte Entscheidung zu treffen.

§ 419 Abs. 2 FamFG-E wird dem Absatz 1 als Satz 2 angefügt, da dies dem logischen Aufbau der Norm und auch der Prüfungsreihenfolge des Gerichts entspricht.

Anstelle des in § 419 Abs. 1 Satz 2 FamFG-E vorgesehenen Regelbeispiels ist eine Generalklausel ohne Regelbeispiele ausreichend.

Das Gericht ist in Freiheitsentziehungssachen kraft des Amtsermittlungsgrundsatzes ohnehin gehalten, den Sachverhalt nach allen Richtungen hin zu erforschen und dabei auch die Belange des Betroffenen zu berücksichtigen. In der Praxis ist es zu beobachten, dass Verfahrenspfleger eher selten von effektivem Nutzen für das Verfahren und für die Wahrung der Interessen des Betroffenen sind.

Es gibt keinen empirischen Beleg dafür, dass die Bestellung eines Verfahrenspflegers gerade in den Fällen des Regelbeispiels besonders förderlich für die Interessen des Betroffenen wäre. § 419 Abs. 1 Satz 2 FamFG-E legt fest, dass in der Regel ein Verfahrenspfleger zu bestellen ist, wenn von einer persönlichen Anhörung des Betroffenen abgesehen werden soll. In diesem Fall dürfte es aber auch für einen Verfahrenspfleger schwierig sein, mit dem Betroffenen zu kommunizieren, um auf dieser Grundlage seine Interessen wahrzunehmen.

II. – FamFG – Buch 7 Verfahren in Freiheitsentziehungssachen

Dies gilt insbesondere vor dem Hintergrund des § 420 Abs. 2 FamFG-E, nach dem eine persönliche Anhörung unterbleiben kann, wenn nach ärztlichem Gutachten durch eine Anhörung erhebliche Nachteile für die Gesundheit des Betroffenen notwendig sind oder wenn er an einer übertragbaren Krankheit im Sinne des Infektionsschutzgesetzes leidet. Gerade in den geschilderten Fällen dürften auch die Möglichkeiten eines Verfahrenspflegers gering sein.

Gegenäußerung Bundesregierung:
Zu Nummer 98 (Artikel 1 § 419 FamFG)

Die Bundesregierung stimmt dem Vorschlag des Bundesrates nicht zu. Auf die Anmerkung zu Nummer 71 wird Bezug genommen.

Der Anregung des Bundesrates, § 419 Abs. 2 FamFG (Unterbleiben einer Bestellung, soweit die Interessen des Betroffenen durch einen Rechtsanwalt wahrgenommen werden) als weiteren Satz dem § 419 Abs. 1 FamFG anzugliedern, stimmt die Bundesregierung zu.

§ 420
Anhörung; Vorführung

(1) Das Gericht hat den Betroffenen vor der Anordnung der Freiheitsentziehung persönlich anzuhören. Erscheint er zu dem Anhörungstermin nicht, kann abweichend von § 33 Abs. 3 seine sofortige Vorführung angeordnet werden. Das Gericht entscheidet hierüber durch nicht anfechtbaren Beschluss.

(2) Die persönliche Anhörung des Betroffenen kann unterbleiben, wenn nach ärztlichem Gutachten hiervon erhebliche Nachteile für seine Gesundheit zu besorgen sind oder wenn er an einer übertragbaren Krankheit im Sinn des Infektionsschutzgesetzes leidet.

(3) Das Gericht hat die sonstigen Beteiligten anzuhören. Die Anhörung kann unterbleiben, wenn sie nicht ohne erhebliche Verzögerung oder nicht ohne unverhältnismäßige Kosten möglich ist.

(4) Die Freiheitsentziehung in einem abgeschlossenen Teil eines Krankenhauses darf nur nach Anhörung eines ärztlichen Sachverständigen angeordnet werden. Die Verwaltungsbehörde, die den Antrag auf Freiheitsentziehung gestellt hat, soll ihrem Antrag ein ärztliches Gutachten beifügen.

Die Vorschrift entspricht der Fassung des Regierungsentwurfs.

Begründung RegE:
Die Vorschrift regelt die Anhörung des Betroffenen und der sonstigen Beteiligten sowie die Anhörung eines ärztlichen Sachverständigen, wenn dem Betroffenen in einem abgeschlossenen Teil eines Krankenhauses die Freiheit entzogen werden soll. Zudem regelt sie die sofortige Vorführung, falls der Betroffene zu dem Anhörungstermin nicht erscheint.

Absatz 1 Satz 1 entspricht inhaltlich dem bisherigen § 5 Abs. 1 Satz 1 FrhEntzG. Die Änderungen sind sprachlicher Art und an den Wortlaut der §§ 278 Abs. 1 Satz 1 und 319 Abs. 1 Satz 1 angepasst.

Satz 2 entspricht inhaltlich weitgehend dem bisherigen § 5 Abs. 1 Satz 2 FrhEntzG. Die Wörter „abweichend von § 33 Abs. 3" und „sofortige" sind eingefügt worden, weil eine Vorführung sonst nur unter den Voraussetzungen des § 33 Abs. 3 möglich wäre. Die Vorführung zur Anhörung in diesen Verfahren ist aber in der Regel eilbedürftig und soll nicht durch das aufwendige Verfahren nach § 33 Abs. 3 verzögert werden. Änderungen sind im Übrigen redaktioneller Art.

Nach **Satz 3** ist ein Rechtsmittel gegen die Vorführung zur Anhörung aufgrund der regelmäßig vorliegenden Eilbedürftigkeit nicht gegeben.

Absatz 2 entspricht der Regelung des bisherigen § 5 Abs. 2 Satz 1 FrhEntzG. Änderungen sind lediglich redaktioneller Art. Das Gericht hat die Entscheidung über das Unterbleiben der Anhörung nach pflichtgemäßem Ermessen zu treffen. Unterbleibt die Anhörung des Betroffenen, so hat das Gericht ihm nach

§ 419 Abs. 1 Satz 2 einen Verfahrenspfleger zu bestellen. Sind für das Gericht ausreichende Möglichkeiten zum Schutz der Gesundheit der anhörenden Person verfügbar, so wird von einer persönlichen Anhörung auch bei einer an einer übertragbaren Krankheit leidenden Person grundsätzlich nicht abgesehen werden können.

Absatz 3 Satz 1 ordnet die Anhörung der zum Verfahren hinzugezogenen sonstigen Beteiligten im Sinne des § 418 an. Erfasst werden auch die Angehörigen und eine Vertrauensperson des Betroffenen, soweit sie nach § 418 Abs. 3 Nr. 1 und 2 oder der allgemeinen Vorschrift des § 7 Abs. 3 Satz 1 zum Verfahren hinzugezogen wurden.

Satz 2 entspricht dem bisherigen § 5 Abs. 3 Satz 4 FrhEntzG.

Absatz 4 entspricht weitgehend dem bisherigen § 5 Abs. 4 FrhEntzG. Als Anwendungsbereich kommt in erster Linie die Freiheitsentziehung nach dem Infektionsschutzgesetz in Betracht.

§ 421
Inhalt der Beschlussformel

Die Beschlussformel zur Anordnung einer Freiheitsentziehung enthält auch

1. die nähere Bezeichnung der Freiheitsentziehung sowie
2. den Zeitpunkt, zu dem die Freiheitsentziehung endet.

Die Vorschrift entspricht der Fassung des Regierungsentwurfs.

Begründung RegE:

Die Vorschrift knüpft inhaltlich an § 323 an. Änderungen sind demgegenüber lediglich im Hinblick auf die Art des Verfahrens veranlasst. Auf die Begründung zu § 323 wird verwiesen.

§ 422
Wirksamwerden von Beschlüssen

(1) Der Beschluss, durch den eine Freiheitsentziehung angeordnet wird, wird mit Rechtskraft wirksam.

(2) Das Gericht kann die sofortige Wirksamkeit des Beschlusses anordnen. In diesem Fall wird er wirksam, wenn der Beschluss und die Anordnung der sofortigen Wirksamkeit

1. dem Betroffenen, der zuständigen Verwaltungsbehörde oder dem Verfahrenspfleger bekannt gegeben werden oder
2. der Geschäftsstelle des Gerichts zum Zweck der Bekanntgabe übergeben werden.

Der Zeitpunkt der sofortigen Wirksamkeit ist auf dem Beschluss zu vermerken.

(3) Der Beschluss, durch den eine Freiheitsentziehung angeordnet wird, wird von der zuständigen Verwaltungsbehörde vollzogen.

(4) Wird Zurückweisungshaft (§ 15 des Aufenthaltsgesetzes) oder Abschiebungshaft (§ 62 des Aufenthaltsgesetzes) im Wege der Amtshilfe in Justizvollzugsanstalten vollzogen, gelten die §§ 171, 173 bis 175 und 178 Abs. 3 des Strafvollzugsgesetzes entsprechend.

Die Vorschrift entspricht der Fassung des Regierungsentwurfs.

Begründung RegE:

Absatz 1 entspricht inhaltlich dem bisherigen § 8 Abs. 1 Satz 1 FrhEntzG. Danach wird ein Beschluss, durch den eine Freiheitsentziehung angeordnet wird, mit Rechtskraft wirksam. Diese Vorschrift stellt eine Ausnahme von § 40 dar. Die Wirksamkeit des Beschlusses tritt ein, wenn er durch alle beschwerdeberechtigten Personen nicht mehr angefochten werden kann. Für alle sonstigen Entscheidungen, die in Freiheitsentziehungssachen ergehen, verbleibt es bei dem Grundsatz des § 40; sie werden mit der Bekanntgabe an denjenigen, für welchen sie ihrem Inhalt nach bestimmt sind, wirksam, z.B. bei der Bestellung des Verfahrenspflegers an diesen.

II. – FamFG – Buch 7 Verfahren in Freiheitsentziehungssachen

Absatz 2 Satz 1 entspricht dem bisherigen § 8 Abs. 1 Satz 2 1. Halbsatz FrhEntzG. Diese Regelung gibt dem Gericht die Möglichkeit, die sofortige Wirksamkeit des Beschlusses anzuordnen. In diesem Fall kann die für die Vollstreckung der Haft allein zuständige Verwaltungsbehörde die Haft auch vor Rechtskraft des Beschlusses vollziehen. Bei Anordnung der Abschiebungshaft kann die Anordnung der sofortigen Wirksamkeit geboten sein, wenn der betroffene Ausländer sich in Freiheit befindet oder wenn seine Freilassung aus der Untersuchungs- oder Strafhaft zu einem nahen, nicht genau bestimmbaren Zeitpunkt zu erwarten ist; bei Freiheitsentziehungen nach dem Infektionsschutzgesetz dann, wenn wegen der von dem Betroffenen ausgehenden Gefahren die Freiheitsentziehung dringend geboten ist.

Sätze 2 und 3 sind an § 324 Abs. 2 Satz 2 und 3 angelehnt, aber im Hinblick auf die notwendige Bekanntgabe an die Verwaltungsbehörde ergänzt. Der Zeitpunkt der sofortigen Wirksamkeit ist auf dem Beschluss zu vermerken.

Absatz 3 entspricht inhaltlich dem bisherigen § 8 Abs. 1 Satz 3 FrhEntzG. Die Freiheitsentziehung ist nicht durch die Justiz, sondern von der zuständigen Verwaltungsbehörde zu vollziehen.

Absatz 4 entspricht dem bisherigen § 8 Abs. 2 FrhEntzG mit den Ergänzungen in der Fassung des Regierungsentwurfs zur Umsetzung aufenthalts- und asylrechtlicher Richtlinien der Europäischen Union (BR-Drs. 224/07). Die Vorschrift umfasst die Abschiebungshaft in Form der Vorbereitungshaft (§ 62 Abs. 1 AufenthG), der Sicherungshaft (§ 62 Abs. 2, 3 AufenthG) und der Zurückschiebungshaft (§ 57 Abs. 3 in Verbindung mit § 62 AufenthG) sowie die Zurückweisungshaft (§ 15 Abs. 5, 6 AufenthG), auf die die Bestimmungen des Strafvollzugsgesetzes so wie bisher anzuwenden sind.

§ 423
Absehen von der Bekanntgabe

Von der Bekanntgabe der Gründe eines Beschlusses an den Betroffenen kann abgesehen werden, wenn dies nach ärztlichem Zeugnis erforderlich ist, um erhebliche Nachteile für seine Gesundheit zu vermeiden.

Die Vorschrift entspricht der Fassung des Regierungsentwurfs.

Begründung RegE:

Die Vorschrift knüpft an den bisherigen § 6 Abs. 4 Satz 1 FrhEntzG an. Wie in § 288 Abs. 1 und § 325 Abs. 1 kann nunmehr jedoch lediglich von der Bekanntgabe der Gründe der Entscheidung abgesehen werden, wofür ein ärztliches Zeugnis ausreicht. Ein Fall, in dem von der Bekanntgabe der Entscheidung selbst abgesehen werden kann, ist praktisch nicht denkbar. Auf die Begründung zu §§ 288 Abs. 1 und 325 Abs. 1 wird Bezug genommen. Im Hinblick auf § 41 in Verbindung mit den Vorschriften über die Beteiligten (§ 418, § 7) ist eine ausdrückliche Regelung der Bekanntgabe des Beschlusses an die einzelnen Personen oder die Verwaltungsbehörde wie im bisherigen § 6 Abs. 2 FrhEntzG nicht mehr erforderlich.

§ 424
Aussetzung des Vollzugs

(1) Das Gericht kann die Vollziehung der Freiheitsentziehung aussetzen. Es hat die Verwaltungsbehörde und den Leiter der Einrichtung vorher anzuhören. Für Aussetzungen bis zu einer Woche bedarf es keiner Entscheidung des Gerichts. Die Aussetzung kann mit Auflagen versehen werden.

(2) Das Gericht kann die Aussetzung widerrufen, wenn der Betroffene eine Auflage nicht erfüllt oder sein Zustand dies erfordert.

Die Vorschrift entspricht der Fassung des Regierungsentwurfs.

Begründung RegE:

Die Vorschrift ist an § 328 angelehnt. Sie ersetzt den bisherigen § 10 Abs. 3 FrhEntzG, der die Möglichkeit der Beurlaubung regelt. Eine Beurlaubung fällt nunmehr unter die Aussetzung der Vollziehung nach **Absatz 1 Satz 1.**

Nach **Satz 2** sind gegenüber dem bisherigen § 10 Abs. 3 Satz 1 2. Halbsatz FrhEntzG die Verwaltungsbehörde und der Leiter der Einrichtung als maßgebliche Stellen zwingend anzuhören.

Satz 3 entspricht inhaltlich dem bisherigen § 10 Abs. 3 Satz 2 FrhEntzG. Die zuständige Verwaltungsbehörde hat über Aussetzungen bis zu einer Woche zu entscheiden.

Satz 4 entspricht § 328 Abs. 1 Satz 2. Einer Befristung der Aussetzung wie in § 328 Abs.1 Satz 3 bedarf es im Hinblick auf die Höchstdauer der Freiheitsentziehung nicht.

Absatz 2 entspricht § 328 Abs. 2.

§ 425
Dauer und Verlängerung der Freiheitsentziehung

(1) In dem Beschluss, durch den eine Freiheitsentziehung angeordnet wird, ist eine Frist für die Freiheitsentziehung bis zur Höchstdauer eines Jahres zu bestimmen, soweit nicht in einem anderen Gesetz eine kürzere Höchstdauer der Freiheitsentziehung bestimmt ist.

(2) Wird nicht innerhalb der Frist die Verlängerung der Freiheitsentziehung durch richterlichen Beschluss angeordnet, ist der Betroffene freizulassen. Dem Gericht ist die Freilassung mitzuteilen.

(3) Für die Verlängerung der Freiheitsentziehung gelten die Vorschriften über die erstmalige Anordnung entsprechend.

Die Vorschrift entspricht hinsichtlich der Absätze 2 und 3 dem Regierungsentwurf; Absatz 1 ist mit der Beschlussempfehlung des Rechtsausschusses geändert worden.

Frühere Fassung RegE:
(1) In dem Beschluss, durch den eine Freiheitsentziehung angeordnet wird, ist eine Frist für die Freiheitsentziehung bis zur Höchstdauer eines Jahres zu bestimmen.

Begründung RegE:
Die Vorschrift bestimmt als Auffangregelung die Dauer der Freiheitsentziehung und die Möglichkeit ihrer Verlängerung. In dem Beschluss, der die Freiheitsentziehung anordnet, ist eine Frist festzulegen, vor deren Ablauf über die Fortdauer der Freiheitsentziehung zu entscheiden ist. Dabei ist der Fristablauf kalendermäßig festzulegen. Bei der Jahresfrist handelt es sich um eine Höchstfrist, die nur ausnahmsweise ausgeschöpft werden darf. Vielmehr ist die Frist für die Freiheitsentziehung entsprechend der spezialgesetzlichen Eingriffsermächtigung einzelfallbezogen festzulegen und zu begründen. Bei der Unterbringung nach dem Infektionsschutzgesetz hat sich die Höchstdauer an der voraussichtlichen Behandlungsdauer bezogen auf den Wegfall der Ansteckungsgefahr zu orientieren. Für die Abschiebungshaft ist die Befristung in § 62 AufenthG besonders geregelt. Erfolgt innerhalb der festgesetzten Frist keine Entscheidung über die Fortdauer der Freiheitsentziehung, ist der Betroffene von der zuständigen Behörde, oder falls diese nicht tätig wird, von der Einrichtung, in der dem Betroffenen die Freiheit entzogen ist, in eigener Verantwortung zu entlassen.

Absätze 1 und 2 entsprechen weitgehend dem bisherigen § 9 Abs. 1 und 2 FrhEntzG.

Durch die Streichung der Wörter „von Amts wegen" in Absatz 1 wird nunmehr bestimmt, dass das Gericht nur auf Antrag über die Verlängerung der Freiheitsentziehung entscheidet.

Absatz 3 regelt, dass für die Verlängerung der Freiheitsentziehung die Vorschriften über die erstmalige Anordnung, u.a.also auch die Vorschriften über die Beteiligten und die Anhörung, entsprechend gelten. Er schließt inhaltlich an § 329 Abs. 2 Satz 1 an. Eine Änderung gegenüber § 12 FrhEntzG ergibt sich auch daraus, dass eine praktische Rechtfertigung für die dort ausgenommenen Vorschriften nicht besteht.

Begründung Beschlussempfehlung Rechtsausschuss:
Mit der Einfügung des Absatzes 1 2. Halbsatz soll der Auffangcharakter der Vorschrift im Normtext deutlicher hervorgehoben werden. Der Regierungsentwurf hat den Regelungsgehalt des bisherigen § 9

Abs. 1 FEVG übernommen; hiernach handelt es sich bei der Jahresfrist um eine Höchstgrenze, die nur ausnahmsweise ausgeschöpft werden kann. Insbesondere ist der Vorrang spezialgesetzlich geregelter Höchstgrenzen zu beachten (vgl. BT 16/6308, S. 293). Nachdem ein wesentlicher Bereich der Freiheitsentziehung, die Abschiebehaft, in § 62 AufenthG eine abweichende Regelung vorsieht, soll dieser Vorrang auch im Gesetzestext klarer zum Ausdruck kommen.

§ 426
Aufhebung

(1) Der Beschluss, durch den eine Freiheitsentziehung angeordnet wird, ist vor Ablauf der nach § 425 Abs. 1 festgesetzten Frist von Amts wegen aufzuheben, wenn der Grund für die Freiheitsentziehung weggefallen ist. Vor der Aufhebung hat das Gericht die zuständige Verwaltungsbehörde anzuhören.

(2) Die Beteiligten können die Aufhebung der Freiheitsentziehung beantragen. Das Gericht entscheidet über den Antrag durch Beschluss.

Die Vorschrift ist mit der Beschlussempfehlung des Rechtsausschusses geändert worden; Absatz 2 ist neu eingefügt worden; der bisherige Inhalt des § 426 ist zu dessen Absatz 1 geworden.

Begründung RegE:

Die Vorschrift regelt die Aufhebung der Freiheitsentziehung vor Fristablauf.

Satz 1 entspricht der bisherigen Vorschrift des § 10 Abs. 1 FrhEntzG. Änderungen sind redaktioneller Art.

Satz 2 ist an die Vorschrift des § 330 Satz 2 angelehnt. Die vorherige Anhörung der Verwaltungsbehörde hat aufgrund ihrer Stellung im Verfahren hier jedoch eine größere Bedeutung, so dass das Gericht die Verwaltungsbehörde zwingend anzuhören hat.

Der bisherige § 10 Abs. 2 FrhEntzG und damit das darin enthaltene förmliche Antragsrecht der Beteiligten sind weggefallen. Das Gericht hat trotzdem weiterhin von Amts wegen die Aufhebung der Freiheitsentziehung zu prüfen, wenn sich Anhaltspunkte dafür ergeben. Es ist jedoch im Verfahrensablauf freier als zuvor.

Begründung Beschlussempfehlung Rechtsausschuss:

Das bisher in § 10 Abs. 2 FEVG geregelte Antragsrecht der Beteiligten auf Überprüfung eines freiheitsentziehenden Beschlusses ist im Regierungsentwurf eines FamFG nicht mehr enthalten, weil das Gericht auch unabhängig von einem formellen Antragsrecht zur Überprüfung der Aufhebung der Freiheitsentziehung verpflichtet ist, wenn sich Anhaltspunkte für eine Aufhebung ergeben (vgl. BT 16/6308, S. 293). Durch eine Nachfolgevorschrift des § 10 Abs. 2 FEVG in Absatz 2 – neu – soll nunmehr ausdrücklich geregelt werden, dass die Beteiligten ein förmliches Antragsrecht und damit auch ein Recht auf Bescheidung ihres Antrags haben.

§ 427
Einstweilige Anordnung

(1) Das Gericht kann durch einstweilige Anordnung eine vorläufige Freiheitsentziehung anordnen, wenn dringende Gründe für die Annahme bestehen, dass die Voraussetzungen für die Anordnung einer Freiheitsentziehung gegeben sind und ein dringendes Bedürfnis für ein sofortiges Tätigwerden besteht. Die vorläufige Freiheitsentziehung darf die Dauer von sechs Wochen nicht überschreiten.

(2) Bei Gefahr im Verzug kann das Gericht eine einstweilige Anordnung bereits vor der persönlichen Anhörung des Betroffenen sowie vor Bestellung und Anhörung des Verfahrenspflegers erlassen; die Verfahrenshandlungen sind unverzüglich nachzuholen.

Die Vorschrift entspricht der Fassung des Regierungsentwurfs.

Begründung RegE:
Absatz 1 Satz 1 knüpft inhaltlich an die §§ 300 Abs. 1 und 331 an. Der sich aus § 51 Abs. 3 Satz 1 ergebende Grundsatz der Selbständigkeit des einstweiligen Anordnungsverfahrens vom Hauptsacheverfahren gilt auch hier. Eine Regelung über entsprechend anzuwendende Vorschriften wie bisher in § 11 Abs. 2 Satz 1 FrhEntzG ist aufgrund von § 51 Abs. 2 Satz 1 nicht mehr notwendig. Demnach richtet sich das Verfahren über die einstweilige Anordnung grundsätzlich nach den Vorschriften, die für eine entsprechende Hauptsache gelten. Dies bedeutet auch, dass der Betroffene persönlich angehört werden und ggf. ein Verfahrenspfleger bestellt werden muss.

Die in Satz 2 festgelegte Höchstdauer von sechs Wochen für eine einstweilige Anordnung entspricht der in § 333 Satz 1.

Absatz 2 schließt sich inhaltlich an den bisherigen § 11 Abs. 2 Satz 2 FrhEntzG an. Die Vorschrift regelt darüber hinaus, dass bei Gefahr im Verzug neben der Anhörung des Betroffenen auch die Bestellung und Anhörung des Verfahrenspflegers vorerst unterbleiben kann. Die Anhörung ist bei Gefahr im Verzug zeitaufwendig und wird der Eilbedürftigkeit der Situation nicht gerecht. Es ist auch der Fall erfasst, dass ein Verfahrenspfleger zwar bestellt ist, aus Zeitgründen aber auf seine Anhörung verzichtet wird. Mit der Vorgabe, die Verfahrenshandlungen unverzüglich nachzuholen, gestattet die Vorschrift aber nur eine zeitliche Verzögerung dieser Verfahrenshandlungen.

§ 428
Verwaltungsmaßnahme; richterliche Prüfung

(1) Bei jeder Verwaltungsmaßnahme, die eine Freiheitsentziehung darstellt und nicht auf richterlicher Anordnung beruht, hat die zuständige Verwaltungsbehörde die richterliche Entscheidung unverzüglich herbeizuführen. Ist die Freiheitsentziehung nicht bis zum Ablauf des ihr folgenden Tages durch richterliche Entscheidung angeordnet, ist der Betroffene freizulassen.

(2) Wird eine Maßnahme der Verwaltungsbehörde nach Absatz 1 Satz 1 angefochten, ist auch hierüber im gerichtlichen Verfahren nach den Vorschriften dieses Buches zu entscheiden.

Die Vorschrift entspricht der Fassung des Regierungsentwurfs.

Begründung RegE:
Die Vorschrift entspricht dem bisherigen § 13 FrhEntzG. Änderungen sind lediglich redaktioneller Art.

§ 429
Ergänzende Vorschriften über die Beschwerde

(1) Das Recht der Beschwerde steht der zuständigen Behörde zu.

(2) Das Recht der Beschwerde steht im Interesse des Betroffenen

1. dessen Ehegatten oder Lebenspartner, wenn die Ehegatten oder Lebenspartner nicht dauernd getrennt leben, sowie dessen Eltern und Kindern, wenn der Betroffene bei diesen lebt oder bei Einleitung des Verfahrens gelebt hat, den Pflegeeltern sowie

2. einer von ihm benannten Person seines Vertrauens

zu, wenn sie im ersten Rechtszug beteiligt worden sind.

(3) Das Recht der Beschwerde steht dem Verfahrenspfleger zu.

(4) Befindet sich der Betroffene bereits in einer abgeschlossenen Einrichtung, kann die Beschwerde auch bei dem Gericht eingelegt werden, in dessen Bezirk die Einrichtung liegt.

Die Vorschrift entspricht der Fassung des Regierungsentwurfs.

Begründung RegE:
Diese Vorschrift regelt die ergänzenden Vorschriften über die Beschwerde. Sie knüpft an die Regelungen über die Beschwerde im Allgemeinen Teil (§§ 58 ff.) an.

II. – FamFG – Buch 7 Verfahren in Freiheitsentziehungssachen

Absatz 1 regelt das Beschwerderecht der zuständigen Behörde.

Absatz 2 regelt das eingeschränkte Beschwerderecht der Personen, die nur im Interesse des Betroffenen Beschwerde einlegen können. Der Kreis ist gleichlautend mit dem Personenkreis, der gemäß § 418 Abs. 3 am Verfahren beteiligt werden kann. Voraussetzung dieses Beschwerderechts ist, dass die betreffende Person im erstinstanzlichen Verfahren beteiligt worden ist.

Absatz 3 regelt die Beschwerdebefugnis des Verfahrenspflegers.

Absatz 4 entspricht dem bisherigen § 7 Abs. 4 FrhEntzG. Änderungen sind redaktioneller Art. Beibehalten wird somit eine vom Grundsatz des § 64 Abs. 1 abweichende Beschwerderegelung.

§ 430
Auslagenersatz

Wird ein Antrag der Verwaltungsbehörde auf Freiheitsentziehung abgelehnt oder zurückgenommen und hat das Verfahren ergeben, dass ein begründeter Anlass zur Stellung des Antrags nicht vorlag, hat das Gericht die Auslagen des Betroffenen, soweit sie zur zweckentsprechenden Rechtsverfolgung notwendig waren, der Körperschaft aufzuerlegen, der die Verwaltungsbehörde angehört.

Die Vorschrift entspricht der Fassung des Regierungsentwurfs.

Begründung RegE:

Die Vorschrift entspricht inhaltlich dem bisherigen § 16 FrhEntzG. Die Bestimmung soll auch angewendet werden, wenn die Behörde ihren Antrag in der Rechtsmittelinstanz zurücknimmt und das Verfahren sich dadurch in der Hauptsache erledigt (Marschner/Volckart – Volckart, Freiheitsentziehung und Unterbringung, 4. Aufl. 2001, Abschnitt F, Rn. 2 § 16). Für den Fall der Erledigung der Hauptsache finden die §§ 83 Abs. 2, 81 Anwendung. Im Übrigen sind Änderungen lediglich sprachlicher und redaktioneller Art.

Die Kostenvorschrift des bisherigen § 14 FrhEntzG sowie die Regelung über die Kostenschuldnerschaft im bisherigen § 15 FrhEntzG wurden in die Kostenordnung (KostO) übernommen (Artikel 47 Abs. 2 Nr. 27).

§ 431
Mitteilung von Entscheidungen

Für Mitteilungen von Entscheidungen gelten die §§ 308 und 311 entsprechend, wobei an die Stelle des Betreuers die Verwaltungsbehörde tritt. Die Aufhebung einer Freiheitsentziehungsmaßnahme nach § 426 Satz 1 und die Aussetzung ihrer Vollziehung nach § 424 Abs. 1 Satz 1 sind dem Leiter der abgeschlossenen Einrichtung, in sich der Betroffene befindet, mitzuteilen.

Die Vorschrift entspricht der Fassung des Regierungsentwurfs zum FGG-Reformgesetz.

Begründung RegE:

Die Vorschrift regelt die Mitteilungen an Gerichte und Behörden, wie sie auch in Betreuungs- und Unterbringungssachen vorgesehen sind. **Satz 1** erklärt daher die §§ 308 und 311 für entsprechend anwendbar.

Satz 2 ist an die Regelung in § 338 Satz 2 angelehnt.

Auf die Begründung zu §§ 308, 311 und 338 wird verwiesen.

§ 432
Benachrichtigung von Angehörigen

Von der Anordnung der Freiheitsentziehung und deren Verlängerung hat das Gericht einen Angehörigen des Betroffenen oder eine Person seines Vertrauens unverzüglich zu benachrichtigen.

Die Vorschrift entspricht der Fassung des Regierungsentwurfs.

Begründung RegE:

Die Vorschrift übernimmt wie in Unterbringungssachen die Vorgabe des Artikels 104 Abs. 4 des Grundgesetzes; auf die Begründung zu § 339 wird verwiesen.

Artikel 111
Übergangsvorschrift

Auf Verfahren, die bis zum Inkrafttreten des Gesetzes zur Reform des Verfahrens in Familiensachen und in den Angelegenheiten der freiwilligen Gerichtsbarkeit eingeleitet worden sind oder deren Einleitung bis zum Inkrafttreten des Gesetzes zur Reform des Verfahrens in Familiensachen und in den Angelegenheiten der freiwilligen Gerichtsbarkeit beantragt wurde, sind weiter die vor Inkrafttreten des Gesetzes zur Reform des Verfahrens in Familiensachen und in den Angelegenheiten der freiwilligen Gerichtsbarkeit geltenden Vorschriften anzuwenden. Auf Abänderungs-, Verlängerungs- und Aufhebungsverfahren finden die vor Inkrafttreten des Gesetzes zur Reform des Verfahrens in Familiensachen und in den Angelegenheiten der freiwilligen Gerichtsbarkeit geltenden Vorschriften Anwendung, wenn die Abänderungs-, Verlängerungs- und Aufhebungsverfahren bis zum Inkrafttreten des Gesetzes zur Reform des Verfahrens in Familiensachen und in den Angelegenheiten der freiwilligen Gerichtsbarkeit eingeleitet worden sind oder deren Einleitung bis zum Inkrafttreten des Gesetzes zur Reform des Verfahrens in Familiensachen und in den Angelegenheiten der freiwilligen Gerichtsbarkeit beantragt wurde.

Die Vorschrift entspricht hinsichtlich des Satzes 1 dem Regierungsentwurf; Satz 2 ist mit der Beschlussempfehlung des Rechtsausschusses eingefügt worden.

Begründung RegE:

Die Vorschrift regelt den Übergang von der Anwendung der bisher geltenden Bestimmungen zu sämtlichen mit dem FGG-Reformgesetz in Kraft tretenden Vorschriften. Die Vorschrift gilt für alle Verfahren, die in dem FGG-Reformgesetz geregelt werden. Die Übergangsregelung bezieht sich also nicht allein auf das neue Stammgesetz, das Gesetz über das Verfahren in Familiensachen und in den Angelegenheiten der freiwilligen Gerichtsbarkeit (FamFG), sondern auch auf die in den weiteren Artikeln des FGG-Reformgesetzes enthaltenen Vorschriften.

Mit der Übergangsregelung soll gewährleistet werden, dass sich Gerichte und Beteiligte auf die geänderte Rechtslage einstellen können. Wegen der grundlegenden verfahrensrechtlichen Neuerungen durch das FGG-Reformgesetz – insbesondere auch im Hinblick auf den Rechtsmittelzug – soll das mit der Reform in Kraft getretene Recht auf bereits eingeleitete Verfahren sowie Verfahren, deren Einleitung bereits beantragt wurde, keine Anwendung finden.

Die Übergangsregelung erstreckt sich einheitlich auf die Durchführung des Verfahrens in allen Instanzen gleichermaßen. Ist das Verfahren in erster Instanz noch nach dem bisherigen Recht eingeleitet worden, so erfolgt auch die Durchführung des Rechtsmittelverfahrens nach dem bisher geltenden Recht. Dies betrifft auch den nach bisherigem Recht geltenden Instanzenzug. Ausschließlich soweit auch bereits das erstinstanzliche Verfahren nach den Vorschriften des FGG-Reformgesetzes durchzuführen war, richtet sich auch die Durchführung des Rechtsmittelverfahrens nach den Regelungen des FGG-Reformgesetzes.

Die bisherige Unselbständigkeit der einstweiligen Anordnungen wirkt sich auch auf das nach der Übergangsregelung anzuwendende Recht aus. Wird in einem Verfahren nach bisherigem Recht ein einstweiliges Anordnungsverfahren gleichzeitig mit der Hauptsache eingeleitet oder dessen Einleitung beantragt und das Hauptsacheverfahren sodann erst nach Inkrafttreten des FGG-Reformgesetzes betrieben, so ist gleichwohl auf das Hauptsacheverfahren nicht das neue Recht anzuwenden. Für die Anwendung des Rechts ist vielmehr allein darauf abzustellen, dass es sich bei einstweiliger Anordnung und Hauptsache nach bisherigem Recht um ein Verfahren handelt, so dass auf die einstweilige Anordnung und die Hauptsache einheitlich noch das bisher geltende Recht anzuwenden ist.

Als neue Verfahren im Sinne dieser Regelung sind auch alle solche Verfahren anzusehen, die sich auf die Abänderung, Verlängerung oder Aufhebung einer gerichtlichen Entscheidung beziehen. Wird ein

II. – FamFG – Artikel 111 Übergangsvorschrift

Verfahren zur Abänderung eines Titels in Unterhaltssachen oder einer Entscheidung einer Sorge- und Umgangssache, die noch nach altem Recht erlassen wurde, nach Inkrafttreten des FGG-Reformgesetzes eingeleitet bzw. dessen Einleitung beantragt, so richtet sich die Abänderung der Unterhaltssache nach §§ 238, 239 FamFG, die Abänderung in Kindschaftssachen nach § 166 FamFG. Auch auf Verfahren, die die Verlängerung, Aufhebung oder Abänderung bereits vor Inkrafttreten des FGG-Reformgesetzes begründeter Betreuungen sowie erlassener Unterbringungs- oder Freiheitsentziehungsmaßnahmen betreffen, findet das neue Recht Anwendung, wenn das FGG-Reformgesetz bereits vor Einleitung des Verlängerungs-, Aufhebungs- oder Abänderungsverfahrens in Kraft getreten ist.

Stellungnahme Bundesrat:
123. **Zu Artikel 111** (Übergangsvorschrift)
Der Bundesrat bittet, im weiteren Verlauf des Gesetzgebungsverfahrens zu prüfen, ob die Beschränkung der Anwendbarkeit alten Rechts für Verfahren auf Abänderung, Verlängerung oder Aufhebung einer gerichtlichen Entscheidung zur Klarstellung ausdrücklich in den Wortlaut der Vorschrift aufgenommen werden sollte.

Begründung:

Artikel 111 bestimmt, dass auf Verfahren, die bis zum Inkrafttreten des Reformgesetzes eingeleitet worden sind oder deren Einleitung beantragt wurde, weiterhin das bisherige Recht Anwendung findet.

Ausweislich der Begründung zu Artikel 111 soll dies jedoch nicht für solche Verfahren gelten, die sich auf Abänderung, Verlängerung oder Aufhebung einer gerichtlichen Entscheidung beziehen. So sollen etwa auch Verfahren, die die Verlängerung, Aufhebung oder Abänderung bereits vor Inkrafttreten des FGG-Reformgesetzes begründeter Betreuungen oder erlassener Unterbringungs- oder Freiheitsentziehungsmaßnahmen betreffen, nach neuem Recht abgewickelt werden.

Da in der gerichtlichen Praxis von erheblicher Bedeutung ist, nach welchen Vorschriften derartige Verfahren zu führen sind, sollte erwogen werden, ob zur Schaffung von Rechtssicherheit nicht doch eine entsprechende Ergänzung des Textes von Artikel 111 vorgenommen werden sollte.

Gegenäußerung Bundesregierung:
Zu Nummer 123 (Artikel 111 Übergangsvorschrift)
Die Bundesregierung wird im weiteren Verlauf des Gesetzgebungsverfahrens prüfen, ob – der Prüfbitte des Bundesrates entsprechend – die Tatsache, dass auch Abänderungs-, Aufhebungs-, und Verlängerungsverfahren regelmäßig neue Verfahren sind, im Text des Artikels 111 deutlicher zum Ausdruck gebracht werden soll.

Begründung Beschlussempfehlung Rechtsausschuss:
Die Anfügung des Satzes 2 geht zurück auf eine Prüfbitte des Bundesrates gemäß Nummer 123 der Stellungnahme. Durch die Ergänzung wird im Gesetzestext ausdrücklich klargestellt, dass Abänderungs-, Verlängerungs- und Aufhebungsverfahren eigenständige Verfahren sind und es daher dafür, welche Vorschriften anzuwenden sind, nicht auf das zuvor eingeleitete Verfahren ankommt, in dem bereits eine gerichtliche Entscheidung ergangen ist, sondern ausschließlich auf die Einleitung bzw. die Beantragung der Einleitung des Abänderungs-, Verlängerungs- oder Aufhebungsverfahrens. Durch die Anfügung wird die notwendige Rechtssicherheit bei der Handhabung des Übergangsrechts hergestellt.

Artikel 112
Inkrafttreten, Außerkrafttreten

(1) Dieses Gesetz tritt, mit Ausnahme von Artikel 110a Abs. 2 und 3, am 1. September 2009 in Kraft; gleichzeitig treten das Gesetz über die Angelegenheiten der freiwilligen Gerichtsbarkeit in der im Bundesgesetzblatt Teil III, Gliederungsnummer 315-1, veröffentlichten bereinigten Fassung, zuletzt geändert durch Artikel 2 des Gesetzes vom 4. Juli 2008 (BGBl. I S. 1188), und das Gesetz über das gerichtliche Verfahren bei Freiheitsentziehungen in der im Bundesgesetzblatt Teil III, Gliederungsnummer 316-1, veröffentlichten bereinigten Fassung, zuletzt geändert durch Artikel 6 Abs. 6 des Gesetzes vom 19. August 2007 (BGBl. I S. 1970), außer Kraft.

(2) Artikel 110a Abs. 2 und 3 tritt an dem Tag in Kraft, an dem das Gesetz zur Umsetzung des Haager Übereinkommens vom 13. Januar 2000 über den internationalen Schutz von Erwachsenen vom 17. März 2007 (BGBl. I S. 314) nach seinem Artikel 3 in Kraft tritt, wenn dieser Tag auf den 1. September 2009 fällt oder vor diesem Zeitpunkt liegt.

Die Vorschrift ist mit der Beschlussempfehlung des Rechtsausschusses geändert worden; Absatz 2 ist neu eingefügt worden.

Frühere Fassung RegE:

*Dieses Gesetz tritt am ... **(einsetzen: erster Tag des zwölften auf die Verkündung folgenden Kalendermonats)** in Kraft; gleichzeitig treten das Gesetz über die Angelegenheiten der freiwilligen Gerichtsbarkeit in der im Bundesgesetzblatt Teil III, Gliederungsnummer 315-1, veröffentlichten bereinigten Fassung, zuletzt geändert durch..., und das Gesetz über das gerichtliche Verfahren bei Freiheitsentziehungen in der im Bundesgesetzblatt Teil III, Gliederungsnummer 316-1, veröffentlichten bereinigten Fassung, zuletzt geändert durch..., außer Kraft.*

Begründung RegE:

Die Vorschrift regelt das Inkrafttreten dieses Gesetzes und das Außerkrafttreten des FGG und des Gesetzes über das gerichtliche Verfahren in Freiheitsentziehungssachen.

Der Termin für das Inkrafttreten wurde wegen der notwendigen Anpassungen der Landesgesetzgebung, die auf das bisherige FGG Bezug nimmt, weiträumig gefasst. Den Ländern wird hierfür ein Zeitraum von einem Jahr ab Verkündung dieses Gesetzes im Bundesgesetzblatt eingeräumt.

Der Regelungsgehalt des bisherigen FGG wird vollumfänglich vom Gesetz in Artikel 1 des Entwurfs (FamFG) übernommen. Das Buch 7 FamFG regelt das Verfahren in Freiheitsentziehungssachen und tritt an die Stelle des Gesetzes über das gerichtliche Verfahren bei Freiheitsentziehungen, welches daher aufgehoben werden kann.

Stellungnahme Bundesrat:

124. **Zu Artikel 112** (Inkrafttreten)

a) In Artikel 112 Halbsatz 1 ist die Angabe „zwölften" durch die Angabe „24." zu ersetzen.

b) Der Bundesrat bittet, im weiteren Verlauf des Gesetzgebungsverfahrens die Regelung zum Inkrafttreten des FGG-Reformgesetzes dahin gehend zu ergänzen, dass an die Landesregierungen gerichtete Verordnungsermächtigungen bereits am Tag der Verkündung des Gesetzes in Kraft treten (insbesondere die Ermächtigungen in § 14 Abs. 4, § 107 Abs. 3, § 260 Abs. 1, § 292 Abs. 2, § 347 Abs. 4 bis 6, § 376 Abs. 2, § 387 Abs. 1 FamFG-E, § 71 Abs. 4 GVG-E (Artikel 22 Nr. 11) und § 148 Abs. 2 AktG-E (Artikel 74 Nr. 15).

II. – FamFG – Artikel 112 Inkrafttreten, Außerkrafttreten

Begründung:

Eine zweijährige Frist zwischen Verkündung und Inkrafttreten des FGG-Reformgesetzes ist notwendig, um dessen reibungslose Einführung zu gewährleisten. In den EDV-Fachanwendungen der Länder sind umfangreiche Arbeiten zur Anpassung an die neue Rechtslage notwendig. Das FGG-Reformgesetz bringt in einigen Bereichen einen Systemwechsel mit sich, so dass der Änderungsbedarf über redaktionelle Anpassungen weit hinausgeht.

Die erforderlichen Anpassungen können sinnvollerweise erst dann konzipiert werden, wenn die endgültige, vom Bundestag und Bundesrat verabschiedete Fassung des Gesetzes feststeht. Anschließend müssen die erforderlichen Anpassungen programmiert und getestet werden, um einen reibungslosen Einsatz in der gerichtlichen Praxis sicherzustellen.

Das vorgezogene Inkrafttreten der an die Landesregierungen gerichteten Verordnungsermächtigungen ist notwendig, um die Verordnungen bereits vor Inkrafttreten des FGG-Reformgesetzes erlassen zu können und ein zeitgleiches Inkrafttreten zu ermöglichen.

Gegenäußerung Bundesregierung:
Zu Nummer 124 (Artikel 112 Inkrafttreten)
Die Bundesregierung stimmt dem Vorschlag des Bundesrates nicht zu.

Sie teilt nicht die Einschätzung des Bundesrates, dass zwischen Veröffentlichung und Inkrafttreten des Gesetzes ein Zeitraum von zwei Jahren erforderlich ist. In Artikel 112 des FGG-Reformgesetzes ist die Frist für das Inkrafttreten nach Veröffentlichung des Gesetzes mit einem Jahr bereits sehr großzügig gefasst. In diesem Zeitraum dürften bei normalem Verlauf sowohl die Umstellung der EDV als auch etwaige Testläufe problemlos durchzuführen sein. Die vom Bundesrat angeführten möglichen, aber nicht näher genannten Probleme bei der technischen Umsetzung der Gesetzesänderungen binnen eines Jahres vermag die Bundesregierung nicht zu erkennen. Insbesondere vermag sie nicht nachzuvollziehen, auf welchen Erwägungen die nunmehr vom Bundesrat vorgeschlagene Frist von zwei Jahren beruht.

Ein Bedürfnis für ein früheres Inkrafttreten der vom Bundesrat aufgelisteten Verordnungsermächtigungen wird ebenfalls nicht gesehen. Die Vorschriften übernehmen und modifizieren bereits bestehende Verordnungsermächtigungen, aufgrund derer die Länder Konzentrationsermächtigungen erlassen haben. Ein regelungsloser Zustand zwischen dem Inkrafttreten des FGG-Reformgesetzes und der Verabschiedung neuer Konzentrationsermächtigungen der Länder ist aus diesem Grund nicht zu befürchten. Das nachträgliche Fortfallen der Ermächtigungsgrundlage ist für den Bestand ordnungsgemäß erlassener Rechtsverordnungen regelmäßig ohne Einfluss (BVerfGE 78, 179, 198). Die Länder können sich daher noch auf die alten Verordnungen stützen, bis sie gegebenenfalls neue erlassen haben.

Begründung Beschlussempfehlung Rechtsausschuss:
Der Ausschuss hält ein Inkrafttreten des Reformgesetzes am 1. September 2009 für sachgerecht. Ein Zeitraum von mehr als einem Jahr – gerechnet von dem Gesetzesbeschluss des Deutschen Bundestages – gibt der Praxis genügend Zeit, um sich mit den Neuregelungen des Gesetzes vertraut zu machen und die notwendigen organisatorischen Umstellungen durchzuführen.

III. Arbeitshilfen

1. Musterbeschlüsse

a) Musterbeschluss Ehescheidung

Az.:
Erlassen am:[1]

Amtsgericht XY
– Familiengericht –

Beschluss[2]

In der Familiensache

xy

– Antragsteller/in[3] –

Verfahrensbevollm.:[4]

gegen

xy

– Antragsgegner/in[5] –

Verfahrensbevollm.:

wegen Ehescheidung

weitere Beteiligte:[6]

hat das Amtsgericht XY – Familiengericht – auf die mündliche Verhandlung vom[7] ... durch Richter/in am Amtsgericht XY beschlossen:[8]

1. Die am ... vor dem Standesbeamten des Standesamtes XY geschlossene Ehe der Antragstellerin und des Antragsgegners[9] wird geschieden.

---

[1] §§ 38 Abs. 3 Satz 2, 113 Abs. 1 FamFG, § 329 Abs. 1 ZPO. Nach der Terminologie des FamFG wird der auf eine mündliche Verhandlung ergehende Beschluss nicht mehr verkündet, sondern erlassen. Der Erlass erfolgt – wie die bisherige Verkündung – durch Verlesen der Entscheidungsformel.
[2] §§ 116 Abs. 1, 38 FamFG. Endentscheidungen ergehen nach dem FamFG einheitlich in Form des Beschlusses.
[3] § 113 Abs. 5 Nr. 3 FamFG.
[4] § 114 Abs. 1 FamFG. Die Vertretung des Antragstellers/der Antragstellerin durch einen Rechtsanwalt ist zwingend. Die Zustimmung des Antragsgegners/der Antragsgegnerin zur Scheidung kann ohne Anwalt erteilt werden (§ 114 Abs. 4 Nr. 3 FamFG).
[5] § 113 Abs. 5 Nr. 4 FamFG.
[6] Z.B. Träger der Rentenversicherung in der Folgesache Versorgungsausgleich (§ 219 FamFG).
[7] Die Bezeichnung des Tages, an dem die mündliche Verhandlung geschlossen worden ist, ergibt sich nicht aus § 38 FamFG. Sie ist aber wegen des sich aus der entsprechenden Anwendung des § 128 Abs. 1 ZPO ergebenden Mündlichkeitsprinzips erforderlich (die Regelung des § 128 Abs. 4 ZPO ist nicht einschlägig, da der Beschluss die bisherige Entscheidung durch Urteil ersetzt).
[8] §§ 116 Abs. 1, 38 Abs. 2 Nr. 2 FamFG.
[9] Die konkrete Bezeichnung der Beteiligten ist erforderlich, da nicht mehr zwischen den Ehegatten als Parteien und

III. – Arbeitshilfen

2. Vom Versicherungskonto Nr. ... des Antragsgegners bei der Deutschen Rentenversicherung Bund werden Rentenanwartschaften in Höhe von ... Euro monatlich, bezogen auf den ..., auf das Versicherungskonto Nr. ... der Antragstellerin bei der Deutschen Rentenversicherung Bund übertragen.
Der Monatsbetrag der zu übertragenden Rentenanwartschaften ist in Entgeltpunkte umzurechnen.
3. Die Kosten werden gegeneinander aufgehoben.[10]

Gründe:[11]

I. Die Antragstellerin und der Antragsgegner haben am ... vor dem Standesbeamten des Standesamtes XY die Ehe geschlossen. Aus der Ehe ist die am ... geborene Tochter ... hervorgegangen, die bei der Antragstellerin lebt.

Die Antragstellerin beantragt,

> die Ehe zu scheiden.

Der Antragsgegner hat dem Scheidungsantrag zugestimmt.

II. Der zulässige Scheidungsantrag ist begründet. Die Ehe der Antragstellerin und des Antragsgegners kann nach §§ 1565 Abs. 1, 1566 Abs. 1 BGB geschieden werden, denn sie ist gescheitert. Das Gericht hat sich bei der persönlichen Anhörung der Ehegatten nach § 128 FamFG davon überzeugt, dass sie seit ... – somit mehr als ein Jahr – getrennt leben und mit der Wiederherstellung der ehelichen Lebensgemeinschaft nicht gerechnet werden kann.

III. Versorgungsausgleich

...

IV. Kosten

Die Kostenentscheidung beruht auf § 151 Abs. 1 FamFG.

Rechtsbehelfsbelehrung[12]

Gegen diesen Beschluss ist das Rechtsmittel der Beschwerde zulässig.[13] Diese muss binnen einer Frist von einem Monat[14] durch Einreichung einer von einem Rechtsanwalt[15] unterzeichneten Beschwerdeschrift bei dem Amtsgericht XY eingelegt werden.[16] Die Frist beginnt mit der schriftlichen Bekanntgabe dieses Beschlusses, spätestens mit Ablauf von fünf Monaten nach Erlass dieses Beschlusses.[17] Der Beschwerdeführer hat zur Begründung der Beschwerde einen bestimmten Sachantrag zu stellen und diesen zu begründen. Die Frist zur Begründung der Beschwerde beträgt zwei Monate und beginnt mit der schriftlichen Bekanntmachung dieses Beschlusses, spätestens mit Ablauf von fünf Monaten nach Erlass dieses Beschlusses.[18]

---

den weiteren Beteiligten unterschieden wird.
[10] § 150 Abs. 1 FamFG.
[11] §§ 116 Abs. 1, 38 Abs. 3 Satz 1 FamFG.
[12] §§ 116 Abs. 1, 39 FamFG.
[13] §§ 113 Abs. 1 Satz 1, 58 Abs. 1 FamFG.
[14] §§ 117 Abs. 1, 63 Abs. 1 FamFG.
[15] § 114 Abs. 1 FamFG.
[16] §§ 117 Abs. 1, 64 Abs. 1 FamFG.
[17] §§ 117 Abs. 1, 63 Abs. 3 FamFG.
[18] § 117 Abs. 1 BGB.

b) Musterbeschluss Unterhalt

Az.:
Erlassen am:[19]

Amtsgericht XY
– Familiengericht –

Beschluss[20]

In der Unterhaltssache[21]

A

– Antragsteller/in[22] –

Verfahrensbevollm.:[23]

gegen

B

– Antragsgegner/in[24] –

Verfahrensbevollm.:

wegen Kindesunterhalt und Trennungsunterhalt

hat das Amtsgericht XY – Familiengericht – auf die mündliche Verhandlung vom[25] ... durch Richter am Amtsgericht XY beschlossen:[26]

1. Der Antragsgegner ist verpflichtet[27], an die Antragstellerin ... zu zahlen.
2. Im Übrigen wird der Antrag zurückgewiesen.
3. Die Kosten des Verfahrens trägt die Antragstellerin zu ... und der Antragsgegner zu ...

---

19 §§ 38 Abs. 3 Satz 2, 113 Abs. 1 FamFG, § 329 Abs. 1 ZPO. Nach der Terminologie des FamFG wird der auf eine mündliche Verhandlung ergehende Beschluss nicht mehr verkündet, sondern erlassen. Der Erlass erfolgt – wie die bisherige Verkündung – durch Verlesen der Entscheidungsformel.
20 §§ 116 Abs. 1, 38 FamFG. Endentscheidungen ergehen nach dem FamFG einheitlich in Form des Beschlusses.
21 § 231 FamFG.
22 § 113 Abs. 5 Nr. 3 FamFG.
23 § 114 Abs. 1 FamFG. Die Vertretung des Antragstellers/der Antragstellerin durch einen Rechtsanwalt ist zwingend.
24 § 113 Abs. 5 Nr. 4 FamFG.
25 Die Bezeichnung des Tages, an dem die mündliche Verhandlung geschlossen worden ist, ergibt sich nicht aus § 38 FamFG. Sie ist aber wegen des sich aus der entsprechenden Anwendung des § 128 Abs. 1 ZPO ergebenden Mündlichkeitsprinzips erforderlich. Sie ist weiter notwendig, um den Schluss der Tatsachenverhandlung zu bestimmen; etwa für die Feststellung der Präklusion nach § 238 Abs. 2 FamFG bei der Abänderung des Titels.
26 §§ 116 Abs. 1, 38 Abs. 2 Nr. 2 FamFG.
27 Da nunmehr durch Beschluss entschieden wird, ist der Tenor entsprechend anzupassen. Eine „Verurteilung" kann nicht mehr erfolgen.

III. – Arbeitshilfen

4. Soweit der Antragsgegner verpflichtet ist, ab ... laufenden Kindes- und Trennungsunterhalt zu zahlen, wird die sofortige Wirksamkeit angeordnet.[28]

Gründe:[29]

I. (Sachverhalt)

II. (Gründe)

III. Nebenentscheidungen

Rechtsbehelfsbelehrung[30]
Gegen diesen Beschluss ist das Rechtsmittel der Beschwerde zulässig.[31] Diese muss binnen einer Frist von einem Monat[32] durch Einreichung einer von einem Rechtsanwalt[33] unterzeichneten Beschwerdeschrift bei dem Amtsgericht XY eingelegt werden.[34] Die Frist beginnt mit der schriftlichen Bekanntgabe dieses Beschlusses, spätestens mit Ablauf von fünf Monaten nach Erlass dieses Beschlusses.[35] Der Beschwerdeführer hat zur Begründung der Beschwerde einen bestimmten Sachantrag zu stellen und diesen zu begründen. Die Frist zur Begründung der Beschwerde beträgt zwei Monate und beginnt mit der schriftlichen Bekanntmachung dieses Beschlusses, spätestens mit Ablauf von fünf Monaten nach Erlass dieses Beschlusses.[36]

---

[28] § 116 Abs. 3 FamFG. Die Anordnung der sofortigen Wirksamkeit ermöglicht nach § 120 Abs. 2 FamFG die Vollstreckung vor Eintritt der Rechtskraft ohne Leistung einer Sicherheit durch den Unterhaltsgläubiger. Dies entspricht im Grundsatz der bisherigen Regelung nach § 708 Nr. 8 ZPO. Die Neuregelung ist jedoch flexibler, da sie z.B. bezüglich des rückständigen Unterhalts nicht an einen festgelegten Zeitraum anknüpft.
Der Unterhaltsschuldner kann eine Einstellung oder Beschränkung verlangen, wenn er geltend machen kann, dass ihm die Vollstreckung einen nicht zu ersetzenden Nachteil bringt (§ 120 Abs. 2 Satz 2 FamFG). Eine Einstellung oder Beschränkung der Vollstreckung wird im Ausgangsverfahren regelmäßig nicht in Betracht kommen, sondern erst in einem Abänderungsverfahren als vorläufige Einstellung der Zwangsvollstreckung.
§ 116 Abs. 3 FamFG sieht die regelhafte Anordnung der sofortigen Wirksamkeit bei einer Verpflichtung zur Zahlung von Unterhalt vor („soll"). Die Vorschrift bringt die Bedeutung des Unterhalts zur Sicherung des Lebensbedarfs zum Ausdruck. Von der Anordnung der sofortigen Wirksamkeit kann daher ganz oder teilweise abgesehen werden, wenn länger zurückliegende Rückstände oder Unterhalt aus übergegangenem Recht verlangt werden.
[29] §§ 116 Abs. 1, 38 Abs. 3 Satz 1 FamFG.
[30] §§ 116 Abs. 1, 39 FamFG.
[31] §§ 113 Abs. 1 Satz 1, 58 Abs. 1 FamFG.
[32] §§ 117 Abs. 1, 63 Abs. 1 FamFG.
[33] § 114 Abs. 1 FamFG.
[34] §§ 117 Abs. 1, 64 Abs. 1 FamFG.
[35] §§ 117 Abs. 1, 63 Abs. 3 FamFG.
[36] § 117 Abs. 1 BGB.

c) Musterbeschluss über die Bestellung eines Betreuers

Amtsgericht XXX
Az.:

Beschluss[37]
über die Bestellung eines Betreuers

In dem Betreuungsverfahren

XXXX, geb. am XXXX,
wohnhaft: X-Str.,
– Betroffener und Beteiligter zu 1. – [38]

Pflegerin für das Verfahren: Rechtsanwältin X, X-Str.,
– Beteiligte zu 2. – [39]

Betreuungsamt für den Kreis XXX,
– Beteiligte zu 3. – [40]

XXXX, X-Str.,
– Beteiligte zu 4. – [41]

hat das Amtsgericht XXX – Betreuungsgericht – durch den Richter XXXX am XXXX beschlossen[42]:

1. XXXX, X-Str., wird als Berufsbetreuer zum Betreuer bestellt.

2. Als Aufgabenkreise werden bestimmt:
   – **die Gesundheitssorge,**
   – **die Aufenthaltsbestimmung,**
   – **die Vermögenssorge.**

3. Für den Aufgabenkreis der Vermögenssorge wird ein **Einwilligungsvorbehalt** angeordnet.

4. Das Gericht wird spätestens bis zum XXXX über eine Aufhebung oder Verlängerung der Betreuung und des Einwilligungsvorbehaltes beschließen.[43]

5. Die Entscheidung ist sofort wirksam.[44]

---

[37] Die einheitliche Entscheidungsform durch Beschluss ergibt sich aus § 38 FamFG.
[38] Die zwingende Beteiligung des Betroffenen ergibt sich aus §§ 7 Abs. 2 Nr. 1, 274 Abs. 1 Nr. 1 FamFG.
[39] Die Beteiligtenstellung des Verfahrenspflegers ergibt sich aus §§ 7 Abs. 2 Nr. 2, 274 Abs. 2 FamFG.
[40] Die Beteiligtenstellung der Betreuungsbehörde ergibt sich aus §§ 7 Abs. 2 Nr. 2, 274 Abs. 3 FamFG; sie ist auf ihren Antrag hinzuzuziehen.
[41] Die nahen Angehörigen des Betroffenen können gemäß §§ 7 Abs. 3, 274 Abs. 4 FamFG auf ihren Antrag oder von Amts wegen nach pflichtgemäßem Ermessen zum Verfahren hinzugezogen werden.
[42] Der Inhalt der Beschlussformel ergibt sich aus §§ 38 Abs. 2, 286 FamFG.
[43] § 294 Abs. 3 FamFG.
[44] § 287 Abs. 2 FamFG.

III. – Arbeitshilfen

Gründe[45]:

Es ist erforderlich, für den Betroffenen einen Betreuer mit dem im Tenor näher umschriebenen Aufgabenkreis zu bestellen. Er ist aufgrund einer der in § 1896 Abs. 1 Satz 1 BGB aufgeführten Krankheiten bzw. Behinderungen auf unabsehbare Zeit nicht in der Lage, diese Angelegenheiten selbst zu besorgen. Dies folgt aus dem Ergebnis der gerichtlichen Ermittlungen, insbesondere aus dem Gutachten des psychiatriererfahrenen Arztes/Facharztes für Psychiatrie[46] XXX vom YY.YY.YY, der persönlichen Anhörung des Betroffenen am YY.YY.YY[47] sowie dem persönlichen Eindruck des Gerichts, den es sich in der üblichen Umgebung des Betroffenen verschafft hat[48].

Bei der Auswahl des Betreuers ist das Gericht dem bedenkenfreien Vorschlag des Betroffenen gefolgt.

Bei der Festsetzung der Frist für die Entscheidung über eine Aufhebung oder Verlängerung der angeordneten Maßnahmen (§ 294 Abs. 3 FamFG) ist das Gericht dem Gutachten gefolgt.

Die Anordnung der sofortigen Wirksamkeit beruht auf § 287 Abs. 2 FamFG.

Rechtsmittelbelehrung[49]:

Gegen diese Entscheidung ist das Rechtsmittel der Beschwerde zulässig. Sie ist binnen einer Frist von einem Monat[50] nach der schriftlichen Bekanntgabe dieses Beschlusses[51] einzulegen.

Die Beschwerde ist beim Amtsgericht XXX einzulegen[52]. Die Einlegung erfolgt durch Einreichung einer Beschwerdeschrift oder durch Erklärung zu Protokoll der Geschäftsstelle eines der genannten Gerichte[53]. Eine bereits untergebrachte Person kann die Beschwerde auch bei dem für den Unterbringungsort zuständigen Amtsgericht einlegen[54]. Die Beschwerde kann darüber hinaus auch zu Protokoll der Geschäftsstelle eines anderen Amtsgerichts erklärt werden[55].

---

[45] Die Begründung der Entscheidung ist zwingend, § 38 Abs. 3 und 5 FamFG.
[46] § 280 Abs. 1 Satz 2 FamFG; der Arzt soll Facharzt für Psychiatrie oder Arzt mit Erfahrung auf dem Gebiet der Psychiatrie sein.
[47] § 278 Abs. 1 Satz 1 FamFG.
[48] § 278 Abs. 1 Sätze 2 und 3 FamFG.
[49] § 39 FamFG; jeder Beschluss in FamFG-Sachen hat eine Rechtsbehelfsbelehrung zu enthalten.
[50] § 63 Abs. 1 FamFG.
[51] § 63 Abs. 3 Satz 1 FamFG.
[52] Die Beschwerde ist bei dem Gericht einzulegen, dessen Entscheidung angefochten wird, § 64 Abs. 1 FamFG.
[53] § 64 Abs. 2 FamFG.
[54] § 305 FamFG.
[55] § 25 Abs. 2 FamFG.

d) Musterbeschluss Unterbringung

Amtsgericht XXX
Az.:

B e s c h l u s s
über die Genehmigung zur Unterbringung

In dem Unterbringungsverfahren

XXXX, geb. am XXXX,
wohnhaft: X-Str.,

– Betroffener und Beteiligter zu 1. – [56]

Pflegerin für das Verfahren: Rechtsanwältin X, X-Str.,

– Beteiligte zu 2. – [57]

Betreuer: XXX

– Beteiligter zu 3. – [58]

Betreuungsamt für den Kreis XXX,

– Beteiligte zu 4. – [59]

XXXX, X-Str.,

– Beteiligte zu 5. – [60]

hat das Amtsgericht XXX – Betreuungsgericht – durch den Richter XXXX am YY.YY.YY beschlossen[61]:

> Die Unterbringung des Betroffenen in einer geschlossenen Einrichtung wird längstens bis zum
>
> YY.YY.YY
>
> g e r i c h t l i c h   genehmigt.
>
> Wirkt die zuständige Behörde bei der Zuführung zur Unterbringung mit, darf sie – erforderlichenfalls mit Hilfe der polizeilichen Vollzugsorgane – Gewalt anwenden[62].
>
> Die Entscheidung ist sofort wirksam[63].

---

[56] §§ 7 Abs. 2 Nr. 1, 315 Abs. 1 Nr. 1 FamFG.
[57] §§ 7 Abs. 2 Nr. 2, 315 Abs. 2 FamFG.
[58] §§ 7 Abs. 2 Nr. 2, 315 Abs. 1 Nr. 2 FamFG.
[59] §§ 7 Abs. 2 Nr. 2, 315 Abs. 3 FamFG; die zuständige Behörde ist auf ihren Antrag hinzuzuziehen.
[60] Die nahen Angehörigen des Betroffenen können gemäß §§ 7 Abs. 3, 315 Abs. 4 FamFG auf ihren Antrag oder von Amts wegen nach pflichtgemäßem Ermessen zum Verfahren hinzugezogen werden.
[61] Der Inhalt der Beschlussformel ergibt sich aus §§ 38 Abs. 2, 323 FamFG.
[62] § 326 Abs. 2 FamFG.
[63] § 324 Abs. 2 FamFG

III. – Arbeitshilfen

Gründe:

Für den Betroffenen ist mit dem Beschluss des Amtsgerichtes XXX vom YY.YY.YY eine Betreuung eingerichtet und XXX als Berufsbetreuer zum Betreuer bestellt worden.

Es ist zu dessen Wohl erforderlich, den Betroffenen in einer geschlossenen Einrichtung unterzubringen (§ 1906 Abs. 1 BGB).

Es besteht die Gefahr, dass der Betroffene sich erheblichen gesundheitlichen Schaden zufügt (§ 1906 Abs. 1 Ziff. 1 BGB). Es bestehen Phasen der Unruhe, in denen der Betroffene versucht, die Wohnung zu verlassen. Außerhalb derselben wäre er allerdings nicht in der Lage, sich zu orientieren. Er würde sich verirren und könnte nicht zurückfinden. Neben den hierdurch gegebenen Gefahren für seine Gesundheit durch Stürze und Temperaturschwankungen bestünden Verletzungsgefahren durch die nicht mehr gewährleistete sichere Teilnahme am Straßenverkehr. Diese Maßnahme kann ohne Unterbringung nicht durchgeführt werden. Der Betroffene kann die Notwendigkeit der Maßnahme nicht erkennen beziehungsweise nicht einsichtsgemäß handeln.

Dies folgt aus dem Ergebnis der gerichtlichen Ermittlungen, insbesondere aus dem Gutachten des gerichtsbekannt psychiatriererfahrenen Arztes/Facharztes für Psychiatrie XXX vom YY.YY.YY[64], der Anhörung des Betroffenen am YY.YY.YY[65] sowie dem unmittelbaren Eindruck des Gerichts, den es sich in der üblichen Umgebung des Betroffenen verschafft hat[66].

Bei der Festsetzung der Dauer der Unterbringung ist das Gericht dem ärztlichen Gutachten gefolgt.

Die Entscheidung über die Gewaltanwendung beruht auf § 326 Abs. 2 FamFG.

Die Entscheidung über die sofortige Wirksamkeit beruht auf § 324 Abs. 2 FamFG.

Rechtsmittelbelehrung:

Gegen diese Entscheidung ist das Rechtsmittel der Beschwerde zulässig. Sie ist binnen einer Frist von einem Monat[67] nach der schriftlichen Bekanntgabe dieses Beschlusses[68] einzulegen.

Die Beschwerde ist beim Amtsgericht XXX einzulegen[69]. Die Einlegung erfolgt durch Einreichung einer Beschwerdeschrift oder durch Erklärung zu Protokoll der Geschäftsstelle eines der genannten Gerichte[70]. Die Beschwerde kann auch bei dem Amtsgericht eingelegt werden, in dessen Bezirk der Betroffene untergebracht ist[71]. Die Beschwerde kann darüber hinaus auch zu Protokoll der Geschäftsstelle eines anderen Amtsgerichts erklärt werden[72].

---

[64] § 321 Abs. 1 FamFG.
[65] § 319 Abs. 1 Satz 1 FamFG.
[66] § 319 Abs. 1 Satz 1 und Satz 2 FamFG.
[67] § 63 Abs. 1 FamFG.
[68] § 63 Abs. 3 Satz 1 FamFG.
[69] Die Beschwerde ist bei dem Gericht einzulegen, dessen Entscheidung angefochten wird, § 64 Abs. 1 FamFG.
[70] § 64 Abs. 2 FamFG.
[71] § 336 FamFG.
[72] § 25 Abs. 2 FamFG.

e) Musterbeschluss Erbschein

Amtsgericht XXX
– Abteilung für Nachlasssachen –
Az.:

B e s c h l u s s[73]

In dem Erbscheinsverfahren

XXXX, geb. am XXXX,
wohnhaft: X-Str.,

– Antragstellerin und Beteiligte zu 1. – [74]

XXXX, geb. am XXXX,
wohnhaft: X-Str.,

– Beteiligte zu 2. – [75]

betreffend den Nachlass
des am XXX mit letztem Wohnsitz in XXX verstorbenen XXX (Erblasser),

hat das Amtsgericht XXX durch den Richter am Amtsgericht XXXX am XXXX beschlossen[76]:

1. Die Tatsachen, die zur Begründung des Antrags der Beteiligten zu 1. vom XXX erforderlich sind, werden für festgestellt erachtet. Der beantragte Erbschein wird erteilt[77].

2. Die sofortige Wirksamkeit wird ausgesetzt.[78]

Gründe[79]:

I. Am XX.XX.XX ist im Krankenhaus YYY der am XX.XX.XX geborene Herr XXX verstorben.

Die Antragstellerin und Beteiligte zu 1. war mit dem Erblasser verheiratet. Die Beteiligte zu 2. ist die Nichte des Erblassers.

---

[73] § 38 FamFG.
[74] Die zwingende Beteiligung des Antragstellers ergibt sich aus §§ 7 Abs. 2 Nr. 1, 345 Abs. 1 Satz 1 Nr. 1 FamFG.
[75] § 345 Abs. 1 Satz 1 Nrn 2–5 und Satz 2 FamFG; die weiteren Erbprätendenten können vom Gericht hinzugezogen werden. Auf ihren Antrag sind sie hinzuzuziehen.
[76] § 38 Abs. 2 FamFG.
[77] § 352 Abs. 1 Satz 1 FamFG. Der Inhalt des zu erteilenden Erbscheins muss nicht im Tenor des Beschluss wiedergegeben werden; es ist dem Gericht gleichwohl unbenommen, den Inhalt zur Klarstellung in den Tenor aufzunehmen.
[78] § 352 Abs. 2 Satz 2 FamFG. Widerspricht der Beschluss dem erklärten Willen eines Beteiligten, ist die sofortige Wirksamkeit des Beschlusses auszusetzen.
[79] Der Beschluss ist zu begründen, § 38 Abs. 3 Satz 1 FamFG; die Absehensmöglichkeiten gemäß § 38 Abs. 4 FamFG sind nicht einschlägig.

III. – Arbeitshilfen

Am XX.XX.1993 haben der Erblasser und die Beteiligte zu 1. getrennte, handschriftliche Testamente aufgesetzt, in denen sie gleichlautend jeweils den anderen Ehegatten zum „alleinigen Erben" eingesetzt haben. Die Testamente sind auf identischem Briefpapier abgefasst und in einem gemeinsamen Briefumschlag verwahrt worden. Des Weiteren haben der Erblasser und die Beteiligte zu 1. am XX.YY.1993 einen gemeinsamen „Zusatz zum Testament vom XX.XX.1993" verfasst. Hierin haben sie bestimmt, dass „im Falle unseres gemeinsamen Todes" ihre Geschwister nicht Erben des Nachlasses werden sollten.

Der Erblasser hat am XX.XX.2003 ein Testament aufgesetzt, worin er die Beteiligte zu 2 als Erbin eingesetzt hat.

Die Beteiligte zu 1. hat am XX.XX.XX Antrag auf Erteilung eines Erbscheins als Alleinerbin gestellt. Die Beteiligte zu 2. hat der Erteilung des Erbscheins widersprochen. Sie vertritt die Auffassung, es handle es sich bei den Erklärungen des Erblassers nicht um ein gemeinschaftliches Testament, sondern um voneinander unabhängige Testamente, die nicht aufeinander Bezug nähmen.

II. Der zulässige Antrag der Beteiligten zu 1. auf Erteilung eines Erbscheins ist begründet.

1. Der Erblasser und die Beteiligte zu 1. haben ein gemeinschaftliches Testament mit wechselbezüglichen Verfügungen verfasst. Hierfür spricht bereits, dass die Testamente identisch formuliert sind. Des Weiteren war zu berücksichtigen, dass die Testamente auf identischem Briefpapier geschrieben und in einem Umschlag verwahrt worden sind. Der Erblasser und die Beteiligte zu 1. haben somit in Absprache und Kenntnis des Testierwillens des jeweils anderen gehandelt. Schließlich haben der Erblasser und die Beteiligte zu 1. durch den „Zusatz zum Testament vom XX.XX.1993" eine Verbindung zwischen den beiden gesondert errichteten Einzelurkunden hergestellt und mit dem Inhalt dieses Zusatzes zum Ausdruck gebracht, dass die Urkunden nicht voneinander unabhängige unterschiedliche Fallgestaltungen regeln sollen, sondern als Einheit zu sehen sind.

2. Ein Widerruf dieses gemeinschaftlichen Testaments ist daher nur nach Maßgabe des § 2271 BGB statthaft. Dessen Voraussetzungen liegen nicht vor. Eine entsprechende Erklärung in notarieller Form (§ 2296 Abs. 2 S. 2 BGB) hat der Erblasser nicht abgegeben. Der Errichtung eines neuen gültigen Testamentes am XX.XX.2003 stand daher das fortbestehende gemeinschaftliche Testament entgegen.

III. Die Aussetzung der sofortigen Wirksamkeit beruht auf § 352 Abs. 2 Satz 2 FamFG.

Rechtsmittelbelehrung[80]:

Gegen diese Entscheidung ist das Rechtsmittel der Beschwerde zulässig. Sie ist binnen einer Frist von einem Monat[81] nach der schriftlichen Bekanntgabe dieses Beschlusses[82] einzulegen.

Die Beschwerde ist beim Amtsgericht XXX einzulegen[83]. Die Einlegung erfolgt durch Einreichung einer Beschwerdeschrift oder durch Erklärung zu Protokoll der Geschäftsstelle eines der genannten Gerichte[84]. Die Beschwerde kann darüber auch zu Protokoll der Geschäftsstelle eines anderen Amtsgerichts erklärt werden[85].

---

[80] § 39 FamFG; jeder Beschluss in FamFG-Sachen hat eine Rechtsbehelfsbelehrung zu enthalten.
[81] § 63 Abs. 1 FamFG.
[82] §§ 63 Abs. 3 Satz 1 FamFG; 352 Abs. 2 Satz 1 FamFG. Der Beschluss ist den Beteiligten bekanntzugeben, wenn er dem erklärten Willen eines Beteiligten nicht entspricht.
[83] Die Beschwerde ist bei dem Gericht einzulegen, dessen Entscheidung angefochten wird, § 64 Abs. 1 FamFG.
[84] § 64 Abs. 2 FamFG.
[85] § 25 Abs. 2 FamFG.

2. Übersicht: Neuverteilung der vormundschaftsgerichtlichen Zuständigkeiten

Zusammenstellung der bisherigen Zuständigkeiten des Vormundschaftsgerichts und der Neuverteilung der Zuständigkeiten

Die Zusammenstellung enthält die sich aus den Artikeln 3 bis 109 FGG-RG ergebenden Veränderungen der sachlichen Zuständigkeit aufgrund der Abschaffung des Vormundschaftsgerichts durch das FamFG. Die linke Spalte enthält die Angabe der Norm, ggf. die amtliche Überschrift und eine Zusammenfassung des jeweiligen Regelungsgegenstands.

Nicht aufgeführt sind die sich aus der Aufhebung des FGG ergebenden verfahrensrechtlichen Änderungen. Diese können der Konkordanzliste (S 425 ff.) entnommen werden.

Bisherige Zuständigkeit des Vormundschaftsgerichts (Gesetzesangabe und Regelungsgegenstand)	Zuständigkeit neu
§ 19 Abs. 1, 2 StAG Genehmigung eines Antrags des gesetzlichen Vertreters auf Entlassung eines Minderjährigen aus der Staatsangehörigkeit	Familiengericht
§ 15 Abs. 2 StAngRegG Entscheidung bei fehlender Einigung zwischen Vormund und personensorgeberechtigten Eltern	Familiengericht
§ 16 Abs. 1, 2 VwVfG (Bestellung eines Vertreters von Amts wegen) Bestellung eines Vertreters für einen Beteiligten eines Verwaltungsverfahrens	Betreuungsgericht, für einen minderjährigen Beteiligten das Familiengericht
§ 3 Abs. 1 TSG (Verfahrensfähigkeit, Beteiligte) Genehmigung eines Antrags des gesetzlichen Vertreters eines Antragstellers auf Änderung des Vornamens nach § 1 TSG	Familiengericht
§ 207 BauGB (Von Amts wegen bestellter Vertreter) Bestellung eines Vertreters für einen Beteiligten eines Verfahrens nach dem BauGB in bestimmten Fallkonstellationen	Betreuungsgericht, für einen minderjährigen Beteiligten das Familiengericht
§ 12 Abs. 3 AsylVfG (Handlungsfähigkeit Minderjähriger) Entscheidung über Vertretungsbefugnis eines Elternteils	Familiengericht
§ 35 Abs. 4 RPflG (Vorbehalt für Baden-Württemberg landesrechtlich geregelte Zuständigkeit für die Abänderung einer Entscheidung des Rechtspflegers in Vormundschaftssachen	Betreuungsgericht
§ 78a Abs. 2 BNotO Einholung einer Auskunft aus dem Zentralen Vorsorgeregister	Gericht
§ 6 Abs. 2 VReGV (Auskunft an die Vormundschaftsgerichte und die Landgerichte als Beschwerdegerichte) Einholung einer Auskunft aus dem Zentralen Vorsorgeregister	Betreuungsgericht

III. – Arbeitshilfen

§ 181 Abs. 2 ZVG Genehmigung des Antrags eines Vormunds oder Betreuers eines Miteigentümers auf Zwangsversteigerung eines Grundstücks, Schiffs, Schiffbauwerks oder Luftfahrzeugs	Familiengericht; im Falle der Betreuung eines Miteigentümers das Betreuungsgericht
§ 61 Abs. 1 Nr. 2 BZRG (Auskunft aus dem Erziehungsregister) Einholung einer Auskunft aus dem Erziehungsregister	Familiengericht
§ 7 Abs. 1, 2 und 3 ErwSÜAG (Zuständigkeitskonzentration für andere Betreuungssachen) Zuständigkeit in Verfahren nach dem ErwSÜAG	Betreuungsgericht
§ 112 Abs. 1, 2 BGB (Selbständiger Betrieb eines Erwerbsgeschäfts) Genehmigung zum selbständigen Betrieb eines Erwerbsgeschäftes durch einen Minderjährigen	Familiengericht
§ 113 Abs. 3 BGB (Dienst- oder Arbeitsverhältnis) Ersetzung der Ermächtigung des gesetzlichen Vertreters eines Minderjährigen zur Eingehung eines Dienst- oder Arbeitsverhältnisses	Familiengericht
§ 1357 Abs. 2 BGB (Geschäfte zur Deckung des Lebensbedarfs) Entscheidung über die Aufhebung der Beschränkung oder Ausschließung der Schlüsselgewalt	Familiengericht
§ 1365 Abs. 2 BGB (Verfügung über Vermögen im Ganzen) Ersetzung der Zustimmung des anderen Ehegatten zur Verfügung über das Vermögen im Ganzen	Familiengericht
§ 1366 Abs. 3 Satz 3 BGB (Genehmigung von Verträgen) Ersetzung der Genehmigung des anderen Ehegatten zu einem Vertrag, den ein Ehegatte ohne die erforderliche Einwilligung des anderen geschlossen hat	Familiengericht
§ 1369 Abs. 2 BGB (Verfügung über Haushaltsgegenstände) Ersetzung der Zustimmung des anderen Ehegatten zur Verfügung über Haushaltsgegenstände	Familiengericht
§ 1411 BGB (Eheverträge beschränkt Geschäftsfähiger und Geschäftsunfähiger) Genehmigung eines Ehevertrags	Familiengericht; im Falle einer Betreuung das Betreuungsgericht
§ 1426 BGB (Ersetzung der Zustimmung des anderen Ehegatten) Ersetzung der Zustimmung des anderen Ehegatten bei Rechtsgeschäften nach §§ 1423, 1424 BGB	Familiengericht
§ 1430 BGB (Ersetzung der Zustimmung des Verwalters) Ersetzung der Zustimmung des verwaltenden Ehegatten zu einem Rechtsgeschäft	Familiengericht
§ 1452 Abs. 1 BGB (Ersetzung der Zustimmung) Ersetzung der Zustimmung des anderen Ehegatten bei gemeinschaftlicher Verwaltung	Familiengericht

2. Neuverteilung der vormundschaftsgerichtlichen Zuständigkeiten

§ 1484 Abs. 2 BGB (Ablehnung der fortgesetzten Gütergemeinschaft) Genehmigung der Ablehnung der fortgesetzten Gütergemeinschaft eines minderjährigen oder unter Betreuung stehenden Ehegatten	Familiengericht; im Falle einer Betreuung das Betreuungsgericht
§ 1491 Abs. 3 BGB (Verzicht eines Abkömmlings) Genehmigung des Verzichts eines Abkömmlings auf seinen Anteil am Gesamtgut	Familiengericht; im Falle einer Betreuung das Betreuungsgericht
§ 1492 Abs. 1, 3 BGB (Aufhebung durch den überlebenden Ehegatten) Genehmigung der Aufhebung der fortgesetzten Gütergemeinschaft, wenn überlebender Ehegatte unter elterlicher Sorge, Vormundschaft oder Betreuung steht.	Familiengericht; im Falle einer Betreuung das Betreuungsgericht
§ 1493 Abs. 2 BGB (Wiederverheiratung oder Begründung einer neuen Lebenspartnerschaft des überlebenden Ehegatten) Anzeige der Wiederverheiratung und Gestattung der späteren Auseinandersetzung	Familiengericht; im Falle einer Betreuung das Betreuungsgericht
§ 1596 Abs. 1 Satz 3 BGB (Anerkennung und Zustimmung bei fehlender oder beschränkter Geschäftsfähigkeit) Genehmigung der Anerkennung der Vaterschaft bei einem Geschäftsunfähigen	Familiengericht; im Falle einer Betreuung das Betreuungsgericht
§ 1696 Abs. 1 BGB (Abänderung und Überprüfung gerichtlicher Anordnungen)	Familiengericht
§ 1746 Abs. 1, 2, 3 BGB (Einwilligung des Kindes) Genehmigung der Einwilligung des Kindes in die Annahme; Ersetzung der Einwilligung oder Zustimmung des Vormunds oder Pflegers	Familiengericht
§ 1748 Abs. 1, 4 BGB (Ersetzung der Einwilligung eines Elternteils) Ersetzung der Einwilligung eines Elternteils in die Annahme	Familiengericht
§ 1749 Abs. 1 BGB (Einwilligung des Ehegatten) Ersetzung der Einwilligung des anderen Ehegatten bei der Annahme durch einen Ehegatten allein	Familiengericht
§ 1750 Abs. 1 BGB (Einwilligungserklärung) Entgegennahme der Erklärungen nach §§ 1746, 1747 und 1749 BGB	Familiengericht
§ 1751 Abs. 1 Satz 4 BGB (Wirkung der elterlichen Einwilligung) Erteilung einer Bescheinigung über den Eintritt der Vormundschaft	Familiengericht (Regelung in § 190 FamFG)
§ 1752 Abs. 1 BGB (Beschluss des Vormundschaftsgerichts, Antrag) Beschluss über die Annahme als Kind	Familiengericht
§ 1753 Abs. 2 BGB (Annahme nach dem Tode) Entgegennahme des Antrags	Familiengericht

III. – Arbeitshilfen

§ 1757 Abs. 2, 3, 4 BGB (Name des Kindes) Entgegennahme der Erklärungen über den Namen des Kindes; Entscheidung über Änderung des Vornamens des Kindes und über Voranstellung/Anfügung des bisherigen Familiennamens;	Familiengericht
§ 1758 Abs. 2 BGB (Offenbarungs- und Ausforschungsverbot) Anordnung der Wirksamkeit des Ausforschungsverbots	Familiengericht
§ 1760 Abs. 1 BGB (Aufhebung wegen fehlender Erklärungen) Aufhebung des Annahmeverhältnisses wegen fehlender Erklärungen	Familiengericht
§ 1763 Abs. 1 BGB (Aufhebung von Amts wegen) Aufhebung des Annahmeverhältnisses aus Gründen des Kindeswohls	Familiengericht
§ 1764 Abs. 4 BGB (Wirkung der Aufhebung) Rückübertragung der elterlichen Sorge auf leibliche Eltern nach Aufhebung, Bestellung eines Vormunds oder Pflegers	Familiengericht
§ 1765 Abs. 2, 3 BGB (Name des Kindes nach der Aufhebung) Entscheidung über den Familiennamen des Kindes	Familiengericht
§ 1768 Abs. 1 BGB (Antrag) Entscheidung über die Annahme eines Volljährigen	Familiengericht
§ 1771 BGB (Aufhebung des Annahmeverhältnisses) Aufhebung des Annahmeverhältnisses aus wichtigem Grund	Familiengericht
§ 1772 Abs. 1 BGB (Annahme mit den Wirkungen der Minderjährigenannahme) Entscheidung über die Annahme eines Volljährigen mit den Wirkungen der Minderjährigenannahme	Familiengericht
§ 1774 BGB (Anordnung von Amts wegen) Anordnung der Vormundschaft	Familiengericht
§ 1775 BGB (Mehrere Vormünder) Entscheidung über Zahl der Vormünder	Familiengericht
§ 1778 Abs. 2 BGB (Übergehen des benannten Vormunds) Bestellung des übergangenen Vormunds nach Wegfall des Bestellungshindernisses	Familiengericht
§ 1779 Abs. 1, 2, 3 BGB (Auswahl durch das Vormundschaftsgericht) Auswahl des Vormunds	Familiengericht
§ 1786 Abs. 2 BGB (Ablehnungsrecht) Entgegennahme des Antrags auf Ablehnung	Familiengericht
§ 1787 Abs. 2 BGB (Folgen der unbegründeten Ablehnung) Entscheidung über die Ablehnung der Vormundschaft	Familiengericht
§ 1788 Abs. 1 BGB (Zwangsgeld) Festsetzung von Zwangsgeld	Familiengericht

2. Neuverteilung der vormundschaftsgerichtlichen Zuständigkeiten

§ 1789 BGB (Bestellung durch das Vormundschaftsgericht) Bestellung des Vormunds	Familiengericht
§ 1791a Abs. 2, 4 BGB (Vereinsvormundschaft) Bestellung eines Vereinsvormunds; Anhörung des Vereins bei Mit-/Gegenvormund	Familiengericht
§ 1791b Abs. 2 BGB (Bestellte Amtsvormundschaft des Jugendamts) Entscheidung über Bestellung des Jugendamts zum Amtsvormund	Familiengericht
§ 1791c Abs. 3 BGB (Gesetzliche Amtsvormundschaft des Jugendamts) Erteilung einer Bescheinigung über den Eintritt der Vormundschaft	Familiengericht
§ 1796 Abs. 1 BGB (Entziehung der Vertretungsmacht) Entscheidung über die Entziehung der Vertretungsmacht des Vormunds	Familiengericht
§ 1797 Abs. 1, 2, 3 BGB (Mehrere Vormünder) Verteilung der Vormundschaft auf mehrere Vormünder; Entscheidung bei Meinungsverschiedenheiten der Vormünder	Familiengericht
§ 1798 BGB (Meinungsverschiedenheiten) Entscheidung bei Meinungsverschiedenheiten bei getrennter Vormundschaft über Person und Vermögen	Familiengericht
§ 1799 Abs. 1 Satz 2 BGB (Pflichten und Rechte des Gegenvormunds) Entgegennahme der Anzeige des Gegenvormunds	Familiengericht
§ 1801 Abs. 1 BGB (Religiöse Erziehung) Entscheidung über Entziehung der Sorge für die religiöse Erziehung	Familiengericht
§ 1802 Abs. 3 BGB (Vermögensverzeichnis) Anordnung eines Vermögensverzeichnisses	Familiengericht
§ 1803 Abs. 2, 3 BGB (Vermögensverwaltung bei Erbschaft oder Schenkung) Genehmigung der Abweichung von Anordnungen des Erblassers oder eines Dritten durch den Vormund; Ersetzung der Zustimmung eines Dritten	Familiengericht
§ 1810 BGB (Mitwirkung von Gegenvormund und Vormundschaftsgericht) Ersetzung der Genehmigung des Gegenvormunds bei Anlegung nach §§ 1806, 1807 BGB; Genehmigung der Anlegung	Familiengericht
§ 1811 BGB (Andere Anlegung) Genehmigung einer anderen Anlegung als nach § 1807 BGB	Familiengericht
§ 1812 Abs. 2, 3 BGB (Verfügungen über Forderungen und Wertpapiere) Ersetzung der Genehmigung des Gegenvormunds bei Verfügung über ein Wertpapier; Genehmigung der Verfügung	Familiengericht

III. – Arbeitshilfen

§ 1815 BGB Abs. 2 (Umschreibung und Umwandlung von Inhaberpapieren) Anordnung der Umwandlung von Inhaberpapieren in Schuldbuchforderungen	Familiengericht
§ 1817 Abs. 1, 2 BGB (Befreiung) Entscheidung über die Befreiung des Vormunds von den Verpflichtungen nach §§ 1806 bis 1816	Familiengericht
§ 1818 BGB (Anordnung der Hinterlegung) Anordnung der Hinterlegung von Wertpapieren und Kostbarkeiten des Mündels	Familiengericht
§ 1819 BGB (Genehmigung bei Hinterlegung) Genehmigung der Verfügung über hinterlegte Wertpapiere und Kostbarkeiten; Genehmigung der Eingehung einer Verpflichtung	Familiengericht
§ 1820 Abs. 1 BGB (Genehmigung nach Umschreibung und Umwandlung) Genehmigung der Eingehung von Verpflichtungen oder Verfügungen nach Umschreibung oder Umwandlung	Familiengericht
§ 1821 Abs. 1 BGB (Genehmigung für Geschäfte über Grundstücke, Schiffe und Schiffsbauwerke) Genehmigung der Eingehung von Verpflichtungen oder Verfügung über Grundstücke, Schiffe und Schiffsbauwerke	Familiengericht
§ 1822 BGB (Genehmigung für sonstige Geschäfte) Genehmigung für bestimmte Rechtsgeschäfte	Familiengericht
§ 1823 BGB (Genehmigung bei einem Erwerbsgeschäft des Mündels) Genehmigung für Beginn oder Auflösung eines Erwerbsgeschäfts	Familiengericht
§ 1825 BGB (Allgemeine Ermächtigung) Entscheidung über allgemeine Ermächtigung zu Geschäften nach §§ 1812, 1822 Nr. 8 bis 10 BGB	Familiengericht
§ 1826 BGB (Anhörung des Gegenvormunds vor Erteilung der Genehmigung)	Familiengericht
§ 1828 BGB (Erklärung der Genehmigung) Erklärung der Genehmigung gegenüber dem Vormund	Familiengericht
§ 1829 Abs. 1 BGB (Nachträgliche Genehmigung) Nachträgliche Genehmigung eines ohne die erforderliche Zustimmung geschlossenen Rechtsgeschäfts	Familiengericht
§ 1835 Abs. 1, 1a BGB (Aufwendungsersatz) Entscheidung über Aufwendungsersatz des Vormunds	Familiengericht
§ 1835a Abs. 4 BGB (Aufwandsentschädigung) Entscheidung über Aufwendungsentschädigung des Vormunds	Familiengericht

2. Neuverteilung der vormundschaftsgerichtlichen Zuständigkeiten

§ 1837 Abs. 1, 2, 3 BGB (Beratung und Aufsicht) Beratung und Überwachung des Vormunds; Durchsetzung der Anordnungen	Familiengericht
§ 1839 BGB (Auskunftspflicht des Vormunds) Anordnung einer Pflicht zur Auskunftserteilung	Familiengericht
§ 1840 Abs. 1–4 BGB (Bericht und Rechnungslegung) Bestimmung des Rechnungsjahrs; Bestimmung der Zeitdauer zwischen den Rechnungslegungen	Familiengericht
§ 1841 Abs. 2 BGB (Inhalt der Rechnungslegung) Anordnung der Vorlegung der Bücher und sonstiger Belege	Familiengericht
§ 1843 Abs. 1 BGB (Prüfung durch das Vormundschaftsgericht) Prüfung der Rechnung; Herbeiführung der Berichtigung und Ergänzung	Familiengericht
§ 1846 BGB (Einstweilige Maßregeln des Vormundschaftsgerichts) Entscheidung über einstweilige Maßnahmen vor der Bestellung eines Vormunds oder bei Verhinderung eines Vormunds	Familiengericht
§ 1847 BGB (Anhörung von Angehörigen) Anhörung von Verwandten oder Verschwägerten des Mündels in wichtigen Angelegenheiten	Familiengericht
§ 1851 Abs. 1 BGB (Mitteilungspflichten) Mitteilung von Anordnung, Wechsel und Beendigung der Vormundschaft an Jugendamt	Familiengericht
§ 1854 Abs. 2 BGB (Befreiung von der Rechnungslegungspflicht) Entscheidung über Zeitraum zur Einreichung einer Übersicht über den Bestand des Mündelvermögens	Familiengericht
§ 1857 BGB (Aufhebung der Befreiung durch das Vormundschaftsgericht) Aufhebung der Befreiung nach den §§ 1852 bis 1855 BGB	Familiengericht
§ 1884 Abs. 1 BGB (Verschollenheit und Todeserklärung des Mündels) Aufhebung der Vormundschaft bei Verschollenheit und Todeserklärung des Mündels	Familiengericht
§ 1886 BGB (Entlassung des Einzelvormunds) Entlassung des Einzelvomunds bei Gefährdung der Interessen des Mündels oder aus den Gründen des § 1781 BGB	Familiengericht
§ 1887 Abs. 1, 3 BGB (Entlassung des Jugendamts oder Vereins) Entlassung des Jugendamts oder Vereins zugunsten eines anderen Vormunds; Anhörung	Familiengericht
§ 1888 BGB (Entlassung von Beamten und Religionsdienern) Entlassung eines Beamten oder Religionsdieners, wenn die erforderliche Erlaubnis versagt oder zurückgenommen wird	Familiengericht

III. – Arbeitshilfen

§ 1889 Abs. 1, 2 BGB (Entlassung auf eigenen Antrag) Entlassung des Vormunds auf eigenen Antrag	Familiengericht
§ 1892 BGB (Rechnungsprüfung und -anerkennung) Prüfung der Rechnung; Beurkundung des Anerkenntnisses der Richtigkeit	Familiengericht
§ 1893 Abs. 2 BGB (Fortführung der Geschäfte nach Beendigung der Vormundschaft, Rückgabe von Urkunden) Entgegennahme der Bestallungsurkunde bzw. der Bescheinigung über den Eintritt der Vormundschaft	Familiengericht
§ 1896 Abs. 1 BGB (Voraussetzungen) Entscheidung über die Bestellung eines Betreuers	Betreuungsgericht
§ 1897 Abs. 1, 7 BGB (Bestellung einer natürlichen Person) Bestellung einer natürlichen Person; Anhörung der zuständigen Behörde	Betreuungsgericht
§ 1899 Abs. 1 BGB (Mehrere Betreuer) Bestellung mehrerer Betreuer	Betreuungsgericht
§ 1900 Abs. 1 BGB (Betreuung durch Verein oder Behörde) Bestellung eines Vereins oder der zuständigen Behörde zum Betreuer	Betreuungsgericht
§ 1901 Abs. 5 BGB (Umfang der Betreuung, Pflichten des Betreuers) Entgegennahme der Mitteilung des Betreuers	Betreuungsgericht
§ 1901a Satz 3 BGB (Schriftliche Betreuungswünsche, Vorsorgevollmacht) Anordnung der Vorlage einer Abschrift schriftlicher Betreuungswünsche oder einer Vorsorgevollmacht	Betreuungsgericht
§ 1903 Abs. 1 BGB (Einwilligungsvorbehalt) Anordnung eines Einwilligungsvorbehalts	Betreuungsgericht
§ 1904 Abs. 1 BGB (Genehmigung des Vormundschaftsgerichts bei ärztlichen Maßnahmen) Genehmigung der Einwilligung des Betreuers in ärztlichen Maßnahmen	Betreuungsgericht
§ 1905 Abs. 2 BGB (Sterilisation) Genehmigung der Einwilligung des Betreuers in eine Sterilisation	Betreuungsgericht
§ 1906 Abs. 2, 3 BGB (Genehmigung des Vormundschaftsgerichts bei der Unterbringung) Genehmigung einer Unterbringung des Betreuten	Betreuungsgericht
§ 1907 Abs. 1, 2, 3 BGB (Genehmigung des Vormundschaftsgerichts bei der Aufgabe der Mietwohnung) Genehmigung der Eingehung oder Beendigung eines Miet- oder Pachtverhältnisses	Betreuungsgericht

2. Neuverteilung der vormundschaftsgerichtlichen Zuständigkeiten

§ 1908 BGB (Genehmigung des Vormundschaftsgerichts bei der Ausstattung) Genehmigung einer Ausstattung aus dem Vermögen des Betreuten	Betreuungsgericht
§ 1908b Abs. 1, 4 BGB (Entlassung des Betreuers) Entscheidung über die Entlassung eines Betreuers	Betreuungsgericht
§ 1908i Abs. 2 Satz 2 BGB (Entsprechend anwendbare Vorschriften) Entscheidung über die Befreiung	Betreuungsgericht
§ 1909 Abs. 2, 3 BGB (Ergänzungspflegschaft) Anordnung einer Ergänzungspflegschaft	Familiengericht
§ 1911 BGB (Abwesenheitspflegschaft) Bestellung eines Pflegers für einen volljährigen Abwesenden	Betreuungsgericht
§ 1912 Abs. 1 BGB (Pflegschaft für eine Leibesfrucht) Bestellung eines Pflegers für eine Leibesfrucht	Familiengericht
§ 1913 BGB (Pflegschaft für unbekannte Beteiligte) Bestellung eines Pflegers für einen unbekannten Beteiligten	Familiengericht bei Pflegschaft für Minderjährige oder eine Leibesfrucht; i.Ü. Betreuungsgericht
§ 1915 Abs. 1 BGB (Anwendung des Vormundschaftsrechts) Entscheidungen des Gerichts über die Pflegschaft	Familiengericht bei Pflegschaft für Minderjährige oder eine Leibesfrucht; i.Ü. Betreuungsgericht
§ 1917 Abs. 2, 3 BGB (Ernennung des Ergänzungspflegers durch Erblasser und Dritte) Entscheidung über die Außerkraftsetzung von Anordnungen durch letztwillige Verfügung; Entscheidung über die Ersetzung der Zustimmung des Zuwendenden	Familiengericht
§ 1919 BGB (Aufhebung der Pflegschaft bei Wegfall des Grundes)	Familiengericht bei Pflegschaft für Minderjährige oder eine Leibesfrucht; i.Ü. Betreuungsgericht
§ 1921 Abs. 1, 2 BGB (Aufhebung der Abwesenheitspflegschaft) Entscheidung über die Aufhebung der Vormundschaft bei Wegfall der Verhinderung oder Tod des Abwesenden	Betreuungsgericht
§ 2275 Abs. 2 BGB (Voraussetzungen) Genehmigung eines Erbvertrags	Familiengericht
§ 2282 Abs. 2 BGB (Vertretung, Form der Anfechtung) Genehmigung der Anfechtung	Familiengericht, sofern Erblasser unter elterlicher Sorge oder Vormundschaft steht; Betreuungsgericht, sofern Erblasser unter Betreuung steht

III. – Arbeitshilfen

§ 2290 Abs. 3 BGB (Aufhebung durch Vertrag) Genehmigung zur Aufhebung eines Erbvertrags	Familiengericht; im Falle einer Betreuung das Betreuungsgericht
§ 2347 Abs. 1, 2 BGB (Persönliche Anforderungen, Vertretung) Genehmigung eines Erbverzichts	Familiengericht; im Falle einer Betreuung das Betreuungsgericht
§ 1 Abs. 1, 2 VBVG (Feststellung der Berufsmäßigkeit und Vergütungsbewilligung) Feststellung der Berufsmäßigkeit nach § 1836 Abs. 1 Satz 2 BGB	Familiengericht
§ 3 Abs. 2, 3 VBVG (Stundensatz des Vormunds) Entscheidung über den Stundensatz des Vormunds	Familiengericht
§ 10 Abs. 3 VBVG (Mitteilung an die Betreuungsbehörde) Aufforderung der Betreuungsbehörde zur Mitteilung	Betreuungsgericht
§ 2 Abs. 1, 2 NamÄndG Genehmigung eines Antrags zur Namensänderung; Anhörung des Antragstellers	Familiengericht; im Falle einer Betreuung das Betreuungsgericht
§ 16 Abs. 3 VerschG Genehmigung eines Aufgebotsantrags	Familiengericht; im Falle einer Betreuung das Betreuungsgericht
§ 17 Abs. 2, 3 SachenRBerG (Pfleger für Grundstückseigentümer und Inhaber dinglicher Rechte) Bestellung eines Pflegers für den Grundstückseigentümer in den Fällen des § 17 Abs. 1 SachenRBerG	Familiengericht; im Falle einer Betreuung das Betreuungsgericht
§ 2 Abs. 3 KErzG Entscheidung bei Meinungsverschiedenheit der Eltern	Familiengericht
§ 7 KErzG Sachliche Zuständigkeit für Verfahren nach dem KErzG	Familiengericht
Art. 12 § 10a Abs. 2 NEhelG Genehmigung einer Vereinbarung zum anwendbaren Recht durch Betreuer	Betreuungsgericht
§ 8 Satz 3 BtBG Aufforderung der Betreuungsbehörde zur Benennung einer als Betreuer oder Verfahrenspfleger geeigneten Person	Betreuungsgericht
§ 2 Abs. 1, 3 AdWirkG (Anerkennungs- und Wirkungsfeststellung) Feststellung der Anerkennung einer Annahme als Kind; Entscheidung über Annahme	Familiengericht
§ 3 Abs. 1 AdWirkG (Umwandlungsausspruch) Entscheidung über Umwandlung	Familiengericht
§ 5 Abs. 1, 2, 3 AdWirkG (Zuständigkeit und Verfahren) Sachliche Zuständigkeit für Verfahren nach dem AdWirkG	Familiengericht

2. Neuverteilung der vormundschaftsgerichtlichen Zuständigkeiten

§ 53 Satz 2 JGG (Überweisung an den Familien- oder Vormundschaftsrichter) Anordnung einer Erziehungsmaßregel	Familiengericht
§ 67 Abs. 4 Satz 3 JGG (Stellung des Erziehungsberechtigten und des gesetzlichen Vertreters) Bestellung eines Pflegers zur Wahrnehmung der Interessen des Beschuldigten im Verfahren	Familiengericht
§ 70 JGG (Mitteilungen) Benachrichtigung der Staatsanwaltschaft über andere Strafverfahren und familiengerichtliche Maßnahmen	Familiengericht
§ 104 Abs. 4 JGG (Verfahren gegen Jugendliche) Anordnung einer Erziehungsmaßregel	Familiengericht
§ 6 KastrG (Genehmigung des Vormundschaftsgerichts) Genehmigung der Einwilligung in Kastration; Anhörung des Betroffenen	Betreuungsgericht
§ 85 Abs. 2 WDO (Verhandlungsunfähigkeit des Soldaten) Bestellung eines Betreuers oder Pflegers zur Wahrnehmung der Rechte des Soldaten im Verfahren	Betreuungsgericht, für minderjährige Soldaten Familiengericht
§ 29a Abs. 1, 2 LBG Bestellung eines Vertreters für das Verfahren	Betreuungsgericht, für einen minderjährigen Beteiligten Familiengericht
§ 81 Abs. 1, 2 AO (Bestellung eines Vertreters von Amts wegen) Bestellung eines Vertreters für das Verfahren	Betreuungsgericht, für einen minderjährigen Beteiligten Familiengericht
§ 64 Abs. 2 Satz 3 EStG (Zusammentreffen mehrerer Ansprüche) Bestimmung des Bezugsberechtigten für das Kindergeld	Familiengericht
§ 20 Abs. 6 WiPrO (Rücknahme und Widerruf der Bestellung) Bestellung eines Betreuers für das Verfahren	Betreuungsgericht
§ 1 Abs. 6 Satz 2, 3 HöfeO (Begriff des Hofes) Genehmigung von Erklärungen des gesetzlichen Vertreters des Eigentümers nach § 1 Abs. 2 bis 5 HöfeO	Betreuungsgericht, für einen minderjährigen Beteiligten Familiengericht
§ 3 Abs. 3 Satz 3 BKGG (Zusammentreffen mehrerer Ansprüche) Bestimmung des Bezugsberechtigten für das Kindergeld und den Kinderzuschlag	Familiengericht
§ 53 Abs. 1, Abs. 3 Satz 4 und 5 SGB 8 (Beratung und Unterstützung von Pflegern und Vormündern) Entgegennahme von Vorschlägen und Mitteilungen des Jugendamts	Familiengericht

III. – Arbeitshilfen

§ 56 Abs. 3 Satz 3 SGB 8 (Führung der Beistandschaft, der Amtspflegschaft und der Amtsvormundschaft) Genehmigung der Anlage von Mündelgeld auf Sammelkonto des Jugendamts	Familiengericht
§ 57 SGB 8 (Mitteilungspflicht des Jugendamts) Entgegennahme von Mitteilungen des Jugendamts	Familiengericht
§ 87c Abs. 2 Satz 4, Abs. 3 Satz 3 SGB 8 (Örtliche Zuständigkeit für die Beistandschaft, die Amtspflegschaft, Amtsvormundschaft und die Auskunft nach § 58a) Entscheidung über den Übergang der Vormundschaft bei Ablehnung des anderen Jugendamts; Entscheidung über Entlassung des Jugendamts als Vormund	Familiengericht
§ 15 Abs. 1, 2 SGB X (Bestellung eines Vertreters von Amts wegen) Bestellung eines Vertreters für einen Beteiligten	Betreuungsgericht, für einen minderjährigen Beteiligten Familiengericht
§ 94 Abs. 2 Satz 2 SGB 11 (Personenbezogene Daten bei den Pflegekassen) Einholung einer Auskunft bei der Pflegekasse	Betreuungsgericht
§ 119 Abs. 1, 2 FlurbG Bestellung eines Vertreters für einen Beteiligten	Betreuungsgericht, für einen minderjährigen Beteiligten Familiengericht

3. Checkliste
für Kindschaftssachen, die den Aufenthalt des Kindes, das Umgangsrecht oder die Herausgabe des Kindes betreffen[86]

1. Beginn des Verfahrens

Bei Gericht geht ein Antrag (z.B. auf Übertragung der alleinigen elterlichen Sorge nach § 1671 BGB) oder eine Anregung auf Einleitung eines Verfahrens (z.B. zum Zwecke der Regelung des Umgangsrechts nach § 1684 BGB) ein.

2. Prüfung der Zuständigkeit

Das Gericht prüft seine örtliche Zuständigkeit:

– In erster Linie richtet sich die örtliche Zuständigkeit nach § 152 FamFG:
 maßgeblich ist zunächst, ob eine Ehesache im ersten Rechtszug bei einem anderen Gericht anhängig ist (Absatz 1). Ansonsten ist das Gericht zuständig, in dessen Bezirk das Kind seinen gewöhnlichen Aufenthalt hat (Absatz 2).
– Wird während der Anhängigkeit der Kindschaftssache eine Ehesache bei einem anderen Gericht im ersten Rechtszug rechtshängig, ist die Kindschaftssache von Amts wegen an das Gericht der Ehesache abzugeben, § 153 FamFG.
– Hat ein Elternteil den Aufenthalt des Kindes ohne vorherige Zustimmung des anderen Elternteils geändert, kann das nach § 152 Abs. 2 FamFG zuständige Gericht das Verfahren an das Gericht des früheren gewöhnlichen Aufenthaltsorts des Kindes verweisen, § 154 FamFG. Dies gilt nicht, wenn dem anderen Elternteil das Aufenthaltsbestimmungsrecht nicht zusteht oder die Änderung des Aufenthaltsorts zum Schutz des Kindes oder des betreuenden Elternteils – etwa vor von dem anderen Elternteil ausgeübter oder angedrohter häuslicher Gewalt – erforderlich war.
– Liegt ein wichtiger Grund für die Abgabe der Sache an ein anderes Gericht vor und hat sich dieses zur Übernahme bereit erklärt, kann das Verfahren an das andere Gericht abgegeben werden, § 4 FamFG.[87]

3. Bestimmung des Termins

a. Vorfragen

Vor der Anberaumung eines Termins stellen sich die folgenden Vorfragen:

– Hat das Gericht dem Kind nach § 158 FamFG einen Verfahrensbeistand zu bestellen?
– Hat das Gericht das Kind nach § 159 FamFG persönlich anzuhören?

b. Anberaumung des Termins

Der Termin soll spätestens einen Monat nach Beginn des Verfahrens stattfinden, § 155 Abs. 2 Satz 2 FamFG; gegebenenfalls ist ein bereits anberaumter Termin in einer anderen Sache zu verlegen.

Eine Verlegung des Termins ist nur aus zwingenden Gründen zulässig, die in dem Verlegungsgesuch glaubhaft zu machen sind, § 155 Abs. 2 Satz 4 und 5 FamFG.

---

[86] Auch Verfahren wegen Gefährdung des Kindeswohls unterliegen nach § 155 FamFG dem Vorrang- und Beschleunigungsgebot. § 157 FamFG regelt zudem, dass das Gericht mit den Eltern und in geeigneten Fällen auch mit dem Kind erörtern soll, wie einer möglichen Gefährdung des Kindeswohls begegnet werden kann. § 166 Abs. 2 und 3 FamFG trifft schließlich eine Regelung über die amtswegige Überprüfung familiengerichtlicher Entscheidungen, wobei erstmals auch eine Überprüfung vorgesehen ist, wenn das Gericht von einer Maßnahme nach §§ 1666 bis 1667 BGB absieht.
[87] Ein wichtiger Grund kann zum Beispiel die vorherige Rechtshängigkeit einer Kindschaftssache bei einem anderen Gericht sein, die ein Geschwisterkind betrifft, also die bisher von § 36 Abs. 1 Satz 2 FGG geregelten Fälle.

III. – Arbeitshilfen

c. Wer nimmt an dem Termin teil?
Das Gericht erörtert die Sache mit den Beteiligten[88] in dem Termin und hört das Jugendamt an, § 155 Abs. 2 Satz 1 und 3 FamFG. Das Gericht soll nach § 155 Abs. 3 FamFG das persönliche Erscheinen der verfahrensfähigen Beteiligten zu dem Termin anordnen.

4. Gestaltung des Termins
Nach § 156 Abs. 1 FamFG soll das Gericht in Kindschaftssachen, die die elterliche Sorge bei Trennung und Scheidung, den Aufenthalt des Kindes, das Umgangsrecht oder die Herausgabe des Kindes betreffen, in jeder Lage des Verfahrens auf ein Einvernehmen der Beteiligten hinwirken, wenn dies dem Kindeswohl nicht widerspricht.

Konkret bedeutet dies:
– Das Gericht weist auf die Möglichkeiten der Beratung durch die Beratungsstellen und -dienste der Träger der Kinder- und Jugendhilfe hin; es kann anordnen, dass die Eltern an einer solchen Beratung teilnehmen, § 156 Abs. 1 Satz 4 FamFG.[89]
– In geeigneten Fällen soll das Gericht auf die Möglichkeit der Mediation oder der sonstigen außergerichtlichen Streitbeilegung hinweisen, § 156 Abs. 1 Satz 3 FamFG.

a. Erzielen von Einvernehmen
Wenn die Beteiligten Einvernehmen über den Umgang oder die Herausgabe des Kindes erzielen, ist die einvernehmliche Regelung als Vergleich aufzunehmen, wenn das Gericht diese billigt (gerichtlich gebilligter Vergleich), § 156 Abs. 2 Satz 1 FamFG[90]. Das Verfahren ist hiermit beendet.

b. Einvernehmen kann nicht erzielt werden
Kann im Termin kein Einvernehmen erzielt werden, gilt Folgendes:
– Das Gericht erörtert mit den Beteiligten und dem Jugendamt den Erlass einer einstweiligen Anordnung, § 156 Abs. 3 Satz 1 FamFG.
– Ordnet das Gericht die Teilnahme an einer Beratung nach § 156 Abs. 1 Satz 2 FamFG oder eine schriftliche Begutachtung an, soll das Gericht in Kindschaftssachen, die das Umgangsrecht betreffen, den Umgang durch einstweilige Anordnung regeln oder ausschließen, § 156 Abs. 3 Satz 2 FamFG.[91]

5. Nach dem Termin
Nach dem Termin, in dem eine einvernehmliche Regelung nicht erzielt werden konnte, erlässt das Gericht, wenn die Sache bereits zur Entscheidung reif ist, eine Endentscheidung durch Beschluss.

Ordnet das Gericht eine schriftliche Begutachtung an, setzt das Gericht dem Sachverständigen zugleich eine Frist, innerhalb derer er das Gutachten einzureichen hat, § 163 Abs. 1 FamFG.

In Verfahren, die die Person des Kindes betreffen, kann das Gericht anordnen, dass der Sachverständige bei der Erstellung des Gutachtenauftrags auch auf die Herstellung des Einvernehmens zwischen den Beteiligten hinwirken soll, § 163 Abs. 2 FamFG.

---

[88] Dies werden in der Regel die Eltern sein; bei Vorhandensein von Pflegepersonen ist § 161 FamFG zu beachten. Der Verfahrensbeistand wird nach § 158 Abs. 3 Satz 2 FamFG als Beteiligter zum Verfahren hinzugezogen.
Zu beachten ist, dass zukünftig, z.B. in Umgangsrechts-Sachen, auch das Kind selbst Beteiligter kraft Hinzuziehung ist. Es ist daher auch grundsätzlich vom Termin zu benachrichtigen. Sein persönliches Erscheinen kann aber nicht angeordnet werden (§ 155 Abs. 3 FamFG). Das Gericht hat nach pflichtgemäßem Ermessen zu entscheiden, ob das Kind im Termin oder außerhalb des Termins angehört wird. Im Hinblick auf die Regelung des § 156 Abs. 3 FamFG wird es regelmäßig angezeigt sein, das Kind vor bzw. im Termin anzuhören.

[89] Das Gericht soll die Kosten des Verfahrens nach § 81 Abs. 2 Nr. 5 FamFG ganz oder teilweise einem Beteiligten auferlegen, wenn der Beteiligte der Anordnung nicht nachgekommen ist, sofern dies nicht hinreichend entschuldigt wird.

[90] Da die elterliche Sorge und Teilaspekte hiervon nicht zur Disposition der Beteiligten stehen, können die Eltern keine für das Gericht bindende Vereinbarung zum Aufenthalt des Kindes treffen. Soweit die Beteiligten im Termin eine Einigung über den gewöhnlichen Aufenthalt des Kindes erzielen, kann eine Entscheidung des Gerichts in der Sache entbehrlich werden. Dies stellt das Gericht durch Beschluss fest.

[91] Vor Erlass der einstweiligen Anordnung soll das Gericht das Kind persönlich anhören, § 156 Abs. 3 Satz 3 FamFG.

IV. Konkordanzliste

– Gegenüberstellung geltendes und künftiges Recht –

Hinweise:

Diese Synopse stellt das geltende Recht der freiwilligen Gerichtsbarkeit sowie der Bücher 6 und 9 der Zivilprozessordnung (linke Spalte), der Hausratsverordnung, dem Freiheitsentziehungsgesetz und das künftige Recht der den alten Vorschriften entsprechenden Nachfolgevorschriften gegenüber.

Änderungen sind unterstrichen. Kennzeichnungen in der linken Spalte bedeuten, dass die entsprechende Passage durch das Gesetz zur Reform des **Verfahrens in Familiensachen und in den Angelegenheiten der freiwilligen Gerichtsbarkeit** aufgehoben bzw. gestrichen wird. Kennzeichnungen in der rechten Spalte weisen auf die jeweilige Neufassung hin.

Aus Platzgründen nicht aufgenommen sind die durch Artikel 2 ff. des FGG-Reformgesetzes erfolgten Folgeänderungen sowie die Änderungen des Kostenrechts.

IV. – Konkordanzliste

Geltendes Recht	Künftiges Recht gemäß FGG-RG
Gesetz über die Angelegenheiten der freiwilligen Gerichtsbarkeit	**Artikel 1** Gesetz über das Verfahren in Familiensachen und in den Angelegenheiten der freiwilligen Gerichtsbarkeit
Erster Abschnitt Allgemeine Vorschriften	**Buch 1** Allgemeiner Teil
§ 1 Für diejenigen Angelegenheiten der freiwilligen Gerichtsbarkeit, welche durch Reichsgesetz den Gerichten übertragen sind, gelten, soweit nicht ein anderes bestimmt ist, die nachstehenden allgemeinen Vorschriften.	§ 1 Anwendungsbereich Dieses Gesetz gilt für das Verfahren in Familiensachen sowie in den Angelegenheiten der freiwilligen Gerichtsbarkeit, soweit sie durch Bundesgesetz den Gerichten zugewiesen sind.
§ 2 Die Gerichte haben sich Rechtshilfe zu leisten. Die § 158 bis 169 des Gerichtsverfassungsgesetzes finden Anwendung.	(weggefallen)
§ 3 (1) Soweit für die örtliche Zuständigkeit der Gerichte der Wohnsitz eines Beteiligten maßgebend ist, bestimmt sich für Deutsche, die das Recht der Exterritorialität genießen, sowie für Beamte des Reichs oder eines Bundesstaats, die im Ausland angestellt sind, der Wohnsitz nach den Vorschriften des § 15 der Zivilprozeßordnung. (2) Ist der für den Wohnsitz einer Militärperson maßgebende Garnisonsort in mehrere Gerichtsbezirke geteilt, so wird der als Wohnsitz geltende Bezirk von der Landesjustizverwaltung durch allgemeine Anordnung bestimmt.	(weggefallen)
§ 4 Unter mehreren zuständigen Gerichten gebührt demjenigen der Vorzug, welches zuerst in der Sache tätig geworden ist.	§ 2 Örtliche Zuständigkeit (1) Unter mehreren örtlich zuständigen Gerichten ist das Gericht zuständig, das zuerst mit der Angelegenheit befasst ist. (…)
§ 5 (1) Besteht Streit oder Ungewißheit darüber, welches von mehreren Gerichten örtlich zuständig ist, so wird das zuständige Gericht durch das gemeinschaftliche obere Gericht und, falls dieses der Bundesgerichtshof ist, durch dasjenige Oberlandesgericht bestimmt, zu dessen Bezirk das zuerst mit der Sache befaßte Gericht gehört. Ist das zuständige Gericht in einem einzelnen Fall an der Ausübung des Richteramts rechtlich oder tatsächlich verhindert, so erfolgt die Bestimmung durch das ihm im Instanzenzug vorgeordnete Gericht. (2) Eine Anfechtung der Entscheidung findet nicht statt.	§ 5 Gerichtliche Bestimmung der Zuständigkeit (1) Das zuständige Gericht wird durch das nächsthöhere gemeinsame Gericht bestimmt: 1. wenn das an sich zuständige Gericht in einem einzelnen Fall an der Ausübung der Gerichtsbarkeit rechtlich oder tatsächlich verhindert ist; 2. wenn es mit Rücksicht auf die Grenzen verschiedener Gerichtsbezirke oder aus sonstigen tatsächlichen Gründen ungewiss ist, welches Gericht für das Verfahren zuständig ist; 3. wenn verschiedene Gerichte sich rechtskräftig für zuständig erklärt haben; 4. wenn verschiedene Gerichte, von denen eines für das Verfahren zuständig ist, sich rechtskräftig für unzuständig erklärt haben; 5. wenn eine Abgabe aus wichtigem Grund (§ 4) erfolgen soll, die Gerichte sich jedoch nicht einigen können. (2) Ist das nächsthöhere gemeinsame Gericht der Bundesgerichtshof, wird das zuständige Gericht durch das Oberlandesgericht bestimmt, zu dessen Bezirk das zuerst mit der Sache befaßte Gericht gehört. (3) Der Beschluss, der das zuständige Gericht bestimmt, ist nicht anfechtbar.

Gegenüberstellung geltendes und künftiges Recht

Geltendes Recht	Künftiges Recht gemäß FGG-RG
§ 6 (1) Ein Richter ist von der Ausübung des Richteramts kraft Gesetzes ausgeschlossen: 1. in Sachen, in denen er selbst beteiligt ist oder in denen er zu einem Beteiligten in dem Verhältnis eines Mitberechtigten oder Mitverpflichteten steht; 2. in Sachen seines Ehegatten, auch wenn die Ehe nicht mehr besteht; 2a. in Sachen seines Lebenspartners, auch wenn die Lebenspartnerschaft nicht mehr besteht; 3. in Sachen einer Person, mit der er in gerader Linie oder im zweiten Grad der Seitenlinie verwandt oder verschwägert ist oder war; 4. in Sachen, in denen er als Vertreter eines Beteiligten bestellt oder als gesetzlicher Vertreter eines solchen aufzutreten berechtigt ist. (2) Ein Richter kann sich der Ausübung seines Amtes wegen Befangenheit enthalten.	§ 6 Ausschließung und Ablehnung der Gerichtspersonen (1) Für die Ausschließung und Ablehnung der Gerichtspersonen gelten die §§ 41 bis 49 der Zivilprozessordnung entsprechend. Ausgeschlossen ist auch, wer bei einem vorausgegangenen Verwaltungsverfahren mitgewirkt hat. (…)
§ 7 Gerichtliche Handlungen sind nicht aus dem Grund unwirksam, weil sie von einem örtlich unzuständigen Gericht <u>oder von einem Richter</u> vorgenommen sind<u>, der von der Ausübung des Richteramts kraft Gesetzes ausgeschlossen ist</u>.	§ 2 Örtliche Zuständigkeit (…) (3) Gerichtliche Handlungen sind nicht <u>deswegen</u> unwirksam, weil sie von einem örtlich unzuständigen Gericht vorgenommen worden sind.
§ 8 <u>Auf das gerichtliche Verfahren finden die Vorschriften des Gerichtsverfassungsgesetzes über die Gerichtssprache, über die Sitzungspolizei und über die Beratung und Abstimmung entsprechende Anwendung, die Vorschriften über die Gerichtssprache mit den sich aus dem § 9 ergebenden Abweichungen.</u>	(weggefallen)
	Artikel 22 **Änderung des Gerichtsverfassungsgesetzes**
§ 9 Der Zuziehung eines Dolmetschers bedarf es nicht, wenn der Richter der Sprache, in der sich die beteiligten Personen erklären, mächtig ist; <u>die Beeidigung des Dolmetschers ist nicht erforderlich, wenn die beteiligten Personen darauf verzichten. Auf den Dolmetscher finden die Vorschriften des § 6 entsprechende Anwendung.</u>	§ 185 (…) (3) In Familiensachen und in Angelegenheiten der freiwilligen Gerichtsbarkeit <u>ist</u> die Beeidigung des Dolmetschers <u>nicht erforderlich</u>, wenn die beteiligten Personen darauf verzichten.
§ 10 (weggefallen)	
	Artikel 1 **Gesetz über das Verfahren in Familiensachen und in den Angelegenheiten der freiwilligen Gerichtsbarkeit**
§ 11 Anträge und Erklärungen können zu Protokoll der Geschäftsstelle des zuständigen Gerichts oder der Geschäftsstelle eines Amtsgerichts erfolgen.	§ 25 <u>Anträge und Erklärungen zur Niederschrift der Geschäftsstelle</u> (1) Die Beteiligten können Anträge und Erklärungen gegenüber dem zuständigen Gericht schriftlich oder zur Niederschrift der Geschäftsstelle abgeben, <u>soweit eine Vertretung durch einen Rechtsanwalt nicht notwendig ist.</u> (2) Anträge und Erklärungen, deren Abgabe vor dem Urkundsbeamten der Geschäftsstelle zulässig ist, können vor der Geschäftsstelle eines jeden Amtsgerichts zur Niederschrift abgegeben werden. (3) Die Geschäftsstelle hat die Niederschrift unverzüglich an das Gericht zu übermitteln, an das der Antrag oder die Erklärung gerichtet ist. Die Wirkung einer Verfahrenshandlung tritt nicht ein, bevor die Niederschrift dort eingeht.

IV. – Konkordanzliste

Geltendes Recht	Künftiges Recht gemäß FGG-RG
§ 12 Das Gericht hat von Amts wegen die zur Feststellung der Tatsachen erforderlichen Ermittlungen zu veranstalten und die geeignet erscheinenden Beweise aufzunehmen.	§ 26 Ermittlung von Amts wegen Das Gericht hat von Amts wegen die zur Feststellung der entscheidungserheblichen Tatsachen erforderlichen Ermittlungen durchzuführen. § 29 Beweiserhebung (1) Das Gericht erhebt die erforderlichen Beweise in geeigneter Form. Es ist hierbei an das Vorbringen der Beteiligten nicht gebunden. (2) Die Vorschriften der Zivilprozessordnung über die Vernehmung bei Amtsverschwiegenheit und das Recht zur Zeugnisverweigerung gelten für die Befragung von Auskunftspersonen entsprechend. (3) Das Gericht hat die Ergebnisse der Beweiserhebung aktenkundig zu machen.
§ 13 Die Beteiligten können mit Beiständen erscheinen. Sie können sich, soweit nicht das Gericht das persönliche Erscheinen anordnet, auch durch Bevollmächtigte vertreten lassen. Die Bevollmächtigten haben auf Anordnung des Gerichts oder auf Verlangen eines Beteiligten die Bevollmächtigung durch eine öffentlich beglaubigte Vollmacht nachzuweisen.	§ 10 Bevollmächtigte (1) Soweit eine Vertretung durch Rechtsanwälte nicht geboten ist, können die Beteiligten das Verfahren selbst betreiben. (2) Die Beteiligten können sich durch einen Rechtsanwalt als Bevollmächtigten vertreten lassen. Darüber hinaus sind als Bevollmächtigte, soweit eine Vertretung durch Rechtsanwälte nicht geboten ist, vertretungsbefugt nur 1. Beschäftigte des Beteiligten oder eines mit ihm verbundenen Unternehmens (§ 15 des Aktiengesetzes); Behörden und juristische Personen des öffentlichen Rechts einschließlich der von ihnen zur Erfüllung ihrer öffentlichen Aufgaben gebildeten Zusammenschlüsse können sich auch durch Beschäftigte der zuständigen Aufsichtsbehörde oder des kommunalen Spitzenverbandes des Landes, dem sie angehören, vertreten lassen; 2. volljährige Familienangehörige (§ 15 der Abgabenordnung, § 11 des Lebenspartnerschaftsgesetzes), Personen mit Befähigung zum Richteramt und die Beteiligten, wenn die Vertretung nicht im Zusammenhang mit einer entgeltlichen Tätigkeit steht; 3. Notare. (3) Das Gericht weist Bevollmächtigte, die nicht nach Maßgabe des Absatzes 2 vertretungsbefugt sind, durch unanfechtbaren Beschluss zurück. Verfahrenshandlungen, die ein nicht vertretungsbefugter Bevollmächtigter bis zu seiner Zurückweisung vorgenommen hat, und Zustellungen oder Mitteilungen an diesen Bevollmächtigten sind wirksam. Das Gericht kann den in Absatz 2 Satz 2 Nr. 1 und 2 bezeichneten Bevollmächtigten durch unanfechtbaren Beschluss die weitere Vertretung untersagen, wenn sie nicht in der Lage sind, das Sach- und Streitverhältnis sachgerecht darzustellen. (4) Vor dem Bundesgerichtshof müssen sich die Beteiligten, außer im Verfahren über die Ausschließung und Ablehnung von Gerichtspersonen und im Verfahren über die Verfahrenskostenhilfe, durch einen beim Bundesgerichtshof zugelassenen Rechtsanwalt vertreten lassen. Behörden und juristische Personen des öffentlichen Rechts einschließlich der von ihnen zur Erfüllung ihrer öffentlichen Aufgaben gebildeten Zusammenschlüsse können sich durch eigene Beschäftigte mit Befähigung zum Richteramt oder durch Beschäftigte mit Befähigung zum Richteramt der zuständigen Aufsichtsbehörde oder des jeweiligen kommunalen Spitzenverbandes des Landes, dem sie angehören, vertreten lassen. Für die Beiordnung eines

Geltendes Recht	Künftiges Recht gemäß FGG-RG
	Notanwaltes gelten die §§ 78b und 78c der Zivilprozessordnung entsprechend. (5) Richter dürfen nicht als Bevollmächtigte vor dem Gericht auftreten, dem sie angehören. § 11 Verfahrensvollmacht Die Vollmacht ist schriftlich zu den Gerichtsakten einzureichen. Sie kann nachgereicht werden; hierfür kann das Gericht eine Frist bestimmen. Der Mangel der Vollmacht kann in jeder Lage des Verfahrens geltend gemacht werden. Das Gericht hat den Mangel der Vollmacht von Amts wegen zu berücksichtigen, wenn nicht als Bevollmächtigter ein Rechtsanwalt oder Notar auftritt. Im Übrigen gelten die §§ 81 bis 87 und 89 der Zivilprozessordnung entsprechend. § 12 Beistand Im Termin können die Beteiligten mit Beiständen erscheinen. Beistand kann sein, wer in Verfahren, in denen die Beteiligten das Verfahren selbst betreiben können, als Bevollmächtigter zur Vertretung befugt ist. Das Gericht kann andere Personen als Beistand zulassen, wenn dies sachdienlich ist und hierfür nach den Umständen des Einzelfalls ein Bedürfnis besteht. § 10 Abs. 3 Satz 1 und 3 und Abs. 5 gilt entsprechend. Das von dem Beistand Vorgetragene gilt als von dem Beteiligten vorgebracht, soweit es nicht von diesem sofort widerrufen oder berichtigt wird.
§ 13a (1) Sind an einer Angelegenheit mehrere Personen beteiligt, so kann das Gericht anordnen, daß die Kosten, die zur zweckentsprechenden Erledigung der Angelegenheit notwendig waren, von einem Beteiligten ganz oder teilweise zu erstatten sind, wenn dies der Billigkeit entspricht. Hat ein Beteiligter Kosten durch ein unbegründetes Rechtsmittel oder durch grobes Verschulden veranlaßt, so sind ihm die Kosten aufzuerlegen.	§ 80 Umfang der Kostenpflicht Kosten sind die Gerichtskosten (Gebühren und Auslagen) und die zur Durchführung des Verfahrens notwendigen Aufwendungen der Beteiligten. (…) § 81 Grundsatz der Kostenpflicht (1) Das Gericht kann die Kosten des Verfahrens nach billigem Ermessen den Beteiligten ganz oder zum Teil auferlegen. Es kann auch anordnen, dass von der Erhebung der Kosten abzusehen ist. In Familiensachen ist stets über die Kosten zu entscheiden. (2) Das Gericht soll die Kosten des Verfahrens ganz oder teilweise einem Beteiligten auferlegen, wenn 1. der Beteiligte durch grobes Verschulden Anlass für das Verfahren gegeben hat; 2. der Antrag des Beteiligten von vornherein keine Aussicht auf Erfolg hatte und der Beteiligte dies erkennen musste; 3. der Beteiligte zu einer wesentlichen Tatsache schuldhaft unwahre Angaben gemacht hat; 4. der Beteiligte durch schuldhaftes Verletzen seiner Mitwirkungspflichten das Verfahren erheblich verzögert hat; 5. der Beteiligte einer richterlichen Anordnung zur Teilnahme an einer Beratung nach § 156 Abs. 1 Satz 4 nicht nachgekommen ist, sofern der Beteiligte dies nicht genügend entschuldigt hat. (3) Einem minderjährigen Beteiligten können Kosten in Verfahren, die seine Person betreffen, nicht auferlegt werden. (4) Einem Dritten können Kosten des Verfahrens nur auferlegt werden, soweit die Tätigkeit des Gerichts durch ihn veranlasst wurde und ihn ein grobes Verschulden trifft. (…)

IV. – Konkordanzliste

Geltendes Recht	Künftiges Recht gemäß FGG-RG
	§ 84 Rechtsmittelkosten Das Gericht soll die Kosten eines ohne Erfolg eingelegten Rechtsmittels dem Beteiligten auferlegen, der es eingelegt hat.
(2) In Betreuungs- und Unterbringungssachen kann das Gericht die Auslagen des Betroffenen, soweit sie zur zweckentsprechenden Rechtsverfolgung notwendig waren, ganz oder teilweise der Staatskasse auferlegen, wenn eine Betreuungsmaßnahme nach den §§ 1896 bis 1908i des Bürgerlichen Gesetzbuchs oder einer Unterbringungsmaßnahme nach § 70 Abs. 1 Satz 2 Nr. 1 und 2 abgelehnt, als ungerechtfertigt aufgehoben, eingeschränkt oder das Verfahren ohne Entscheidung über eine Maßnahme beendet wird. Wird in den Fällen des Satzes 1 die Tätigkeit des Gerichts von einem am Verfahren nicht beteiligten Dritten veranlaßt und trifft diesen ein grobes Verschulden, so können ihm die Kosten des Verfahrens ganz oder teilweise auferlegt werden. Wird ein Antrag auf eine Unterbringungsmaßnahme nach § 70 Abs. 1 Satz 2 Nr. 3 abgelehnt oder zurückgenommen und hat das Verfahren ergeben, daß für die zuständige Verwaltungsbehörde ein begründeter Anlaß, den Unterbringungsantrag zu stellen, nicht vorgelegen hat, so hat das Gericht die Auslagen des Betroffenen der Körperschaft, der die Verwaltungsbehörde angehört, aufzuerlegen.	§ 307 Kosten in Betreuungssachen In Betreuungssachen kann das Gericht die Auslagen des Betroffenen, soweit sie zur zweckentsprechenden Rechtsverfolgung notwendig waren, ganz oder teilweise der Staatskasse auferlegen, wenn eine Betreuungsmaßnahme nach den §§ 1896 bis 1908i des Bürgerlichen Gesetzbuchs abgelehnt, als ungerechtfertigt aufgehoben, eingeschränkt oder das Verfahren ohne Entscheidung über eine solche Maßnahme beendet wird. § 337 Kosten in Unterbringungssachen (1) In Unterbringungssachen kann das Gericht die Auslagen des Betroffenen, soweit sie zur zweckentsprechenden Rechtsverfolgung notwendig waren, ganz oder teilweise der Staatskasse auferlegen, wenn eine Unterbringungsmaßnahme nach § 312 Nr. 1 und 2 abgelehnt, als ungerechtfertigt aufgehoben, eingeschränkt oder das Verfahren ohne Entscheidung über eine Maßnahme beendet wird. (2) Wird ein Antrag auf eine Unterbringungsmaßnahme nach den Landesgesetzen über die Unterbringung psychisch Kranker nach § 312 Nr. 3 abgelehnt oder zurückgenommen und hat das Verfahren ergeben, dass für die zuständige Verwaltungsbehörde ein begründeter Anlass, den Unterbringungsantrag zu stellen, nicht vorgelegen hat, hat das Gericht die Auslagen des Betroffenen der Körperschaft aufzuerlegen, der die Verwaltungsbehörde angehört.
(3) Die Vorschriften des § 91 Abs. 1 Satz 2 und der § 103 bis 107 der Zivilprozeßordnung gelten entsprechend.	§ 80 Umfang der Kostenpflicht (...) § 91 Abs. 1 Satz 2 der Zivilprozessordnung gilt entsprechend. § 85 Kostenfestsetzung Die §§ 103 bis 107 der Zivilprozessordnung über die Festsetzung des zu erstattenden Betrags sind entsprechend anzuwenden.
	§ 81 Grundsatz der Kostenpflicht (...)
(4) Unberührt bleiben bundesrechtliche Vorschriften, die die Kostenerstattung abweichend regeln.	(5) Bundesrechtliche Vorschriften, die die Kostenpflicht abweichend regeln, bleiben unberührt.
§ 14 Die Vorschriften der Zivilprozeßordnung über die Prozeßkostenhilfe finden entsprechende Anwendung.	§ 76 Voraussetzungen (1) Auf die Bewilligung von Verfahrenskostenhilfe finden die Vorschriften der Zivilprozessordnung über die Prozesskostenhilfe entsprechende Anwendung, soweit nachfolgend nichts Abweichendes bestimmt ist. (2) Ein Beschluss, der im Verfahrenskostenhilfeverfahren ergeht, ist mit der sofortigen Beschwerde in entsprechender Anwendung der §§ 567 bis 572, 127 Abs. 2 bis 4 der Zivilprozessordnung anfechtbar.

Gegenüberstellung geltendes und künftiges Recht

Geltendes Recht	Künftiges Recht gemäß FGG-RG
	§ 77 Bewilligung (1) Vor der Bewilligung der Verfahrenskostenhilfe kann das Gericht den übrigen Beteiligten Gelegenheit zur Stellungnahme geben. In Antragsverfahren ist dem Antragsgegner vor der Bewilligung Gelegenheit zur Stellungnahme zu geben, wenn dies nicht aus besonderen Gründen unzweckmäßig erscheint. (2) Die Bewilligung von Verfahrenskostenhilfe für die Vollstreckung in das bewegliche Vermögen umfasst alle Vollstreckungshandlungen im Bezirk des Vollstreckungsgerichts einschließlich des Verfahrens auf Abgabe der Versicherung an Eides statt.
	§ 78 Beiordnung eines Rechtsanwalts (1) Ist eine Vertretung durch einen Rechtsanwalt vorgeschrieben, wird dem Beteiligten ein zur Vertretung bereiter Rechtsanwalt seiner Wahl beigeordnet. (2) Ist eine Vertretung durch einen Rechtsanwalt nicht vorgeschrieben, wird dem Beteiligten auf seinen Antrag ein zur Vertretung bereiter Rechtsanwalt seiner Wahl beigeordnet, wenn wegen der Schwierigkeit der Sach- und Rechtslage die Vertretung durch einen Rechtsanwalt erforderlich erscheint. (3) Ein nicht in dem Bezirk des Verfahrensgerichts niedergelassener Rechtsanwalt kann nur beigeordnet werden, wenn hierdurch besondere Kosten nicht entstehen. (4) Wenn besondere Umstände dies erfordern, kann dem Beteiligten auf seinen Antrag ein zur Vertretung bereiter Rechtsanwalt seiner Wahl zur Wahrnehmung eines Termins zur Beweisaufnahme vor dem ersuchten Richter oder zur Vermittlung des Verkehrs mit dem Verfahrensbevollmächtigten beigeordnet werden. (5) Findet der Beteiligte keinen zur Vertretung bereiten Anwalt, ordnet der Vorsitzende ihm auf Antrag einen Rechtsanwalt bei.
§ 15 (1) Die Vorschriften der Zivilprozeßordnung über den Beweis durch Augenschein, über den Zeugenbeweis, über den Beweis durch Sachverständige und über das Verfahren bei der Abnahme von Eiden finden entsprechende Anwendung. Über die Beeidigung eines Zeugen oder Sachverständigen entscheidet jedoch, unbeschadet der § 393, 402 der Zivilprozeßordnung, das Ermessen des Gerichts.	§ 30 Förmliche Beweisaufnahme (1) Das Gericht entscheidet nach pflichtgemäßem Ermessen, ob es die entscheidungserheblichen Tatsachen durch eine förmliche Beweisaufnahme entsprechend der Zivilprozessordnung feststellt. (2) Eine förmliche Beweisaufnahme hat stattzufinden, wenn es in diesem Gesetz vorgesehen ist. (3) Eine förmliche Beweisaufnahme über die Richtigkeit einer Tatsachenbehauptung soll stattfinden, wenn das Gericht seine Entscheidung maßgeblich auf die Feststellung dieser Tatsache stützen will und die Richtigkeit von einem Beteiligten ausdrücklich bestritten wird. (4) Den Beteiligten ist Gelegenheit zu geben, zum Ergebnis einer förmlichen Beweisaufnahme Stellung zu nehmen, soweit dies zur Aufklärung des Sachverhalts oder zur Gewährung rechtlichen Gehörs erforderlich ist.
(2) Behufs der Glaubhaftmachung einer tatsächlichen Behauptung kann ein Beteiligter zur Versicherung an Eides Statt zugelassen werden.	§ 31 Glaubhaftmachung (1) Wer eine tatsächliche Behauptung glaubhaft zu machen hat, kann sich aller Beweismittel bedienen, auch zur Versicherung an Eides Statt zugelassen werden. (…)

IV. – Konkordanzliste

Geltendes Recht	Künftiges Recht gemäß FGG-RG
§ 16 (1) Gerichtliche Verfügungen werden mit der Bekanntmachung an denjenigen, für welchen sie ihrem Inhalt nach bestimmt sind, wirksam. (2) Die Bekanntmachung erfolgt, wenn mit ihr der Lauf einer Frist beginnt, durch Zustellung nach den für die Zustellung von Amts wegen geltenden Vorschriften der Zivilprozeßordnung; durch die Landesjustizverwaltung kann jedoch für Zustellungen im Ausland eine einfachere Art der Zustellung angeordnet werden. In denjenigen Fällen, in welchen mit der Bekanntmachung nicht der Lauf einer Frist beginnt, soll in den Akten vermerkt werden, in welcher Weise, an welchem Ort und an welchem Tag die Bekanntmachung zur Ausführung gebracht ist; durch die Landesjustizverwaltung kann näher bestimmt werden, in welcher Weise in diesen Fällen die Bekanntmachung zur Ausführung gebracht werden soll. (3) Einem Anwesenden kann die Verfügung zu Protokoll bekanntgemacht werden. Auf Verlangen ist ihm eine Abschrift der Verfügung zu erteilen.	§ 40 Wirksamwerden (1) Der Beschluss wird wirksam mit Bekanntgabe an den Beteiligten, für den er seinem wesentlichen Inhalt nach bestimmt ist. (2) Ein Beschluss, der die Genehmigung eines Rechtsgeschäfts zum Gegenstand hat, wird erst mit Rechtskraft wirksam. Dies ist mit der Entscheidung auszusprechen. (…) § 15 Bekanntgabe; formlose Mitteilung (1) Dokumente, deren Inhalt eine Termins- oder Fristbestimmung enthält oder den Lauf einer Frist auslöst, sind den Beteiligten bekannt zu geben. (2) Die Bekanntgabe kann durch Zustellung nach den §§ 166 bis 195 der Zivilprozessordnung oder dadurch bewirkt werden, dass das Schriftstück unter der Anschrift des Adressaten zur Post gegeben wird. Soll die Bekanntgabe im Inland bewirkt werden, gilt das Schriftstück drei Tage nach Aufgabe zur Post als bekannt gegeben, wenn nicht der Beteiligte glaubhaft macht, dass ihm das Schriftstück nicht oder erst zu einem späteren Zeitpunkt zugegangen ist. (3) Ist eine Bekanntgabe nicht geboten, können Dokumente den Beteiligten formlos mitgeteilt werden. § 41 Bekanntgabe des Beschlusses (1) Der Beschluss ist den Beteiligten bekannt zu geben. Ein anfechtbarer Beschluss ist demjenigen zuzustellen, dessen erklärtem Willen er nicht entspricht. (2) Anwesenden kann der Beschluss auch durch Verlesen der Beschlussformel bekannt gegeben werden. Dies ist in den Akten zu vermerken. In diesem Fall ist die Begründung des Beschlusses unverzüglich nachzuholen. Der Beschluss ist im Fall des Satzes 1 auch schriftlich bekannt zu geben. (…)
§ 16a Die Anerkennung einer ausländischen Entscheidung ist ausgeschlossen: 1. wenn die Gerichte des anderen Staates nach deutschem Recht nicht zuständig sind; 2. wenn einem Beteiligten, der sich zur Hauptsache nicht geäußert hat und sich hierauf beruft, das verfahrenseinleitende Schriftstück nicht ordnungsmäßig oder nicht so rechtzeitig mitgeteilt worden ist, daß er seine Rechte wahrnehmen konnte; 3. wenn die Entscheidung mit einer hier erlassenen oder anzuerkennenden früheren ausländischen Entscheidung oder wenn das ihr zugrunde liegende Verfahren mit einem früher hier rechtshängig gewordenen Verfahren unvereinbar ist; 4. wenn die Anerkennung der Entscheidung zu einem Ergebnis führt, das mit wesentlichen Grundsätzen des deutschen Rechts offensichtlich unvereinbar ist, insbesondere wenn die Anerkennung mit den Grundrechten unvereinbar ist.	§ 109 Anerkennungshindernisse (1) Die Anerkennung einer ausländischen Entscheidung ist ausgeschlossen, 1. wenn die Gerichte des anderen Staates nach deutschem Recht nicht zuständig sind; 2. wenn einem Beteiligten, der sich zur Hauptsache nicht geäußert hat und sich hierauf beruft, das verfahrenseinleitende Dokument nicht ordnungsgemäß oder nicht so rechtzeitig mitgeteilt worden ist, dass er seine Rechte wahrnehmen konnte; 3. wenn die Entscheidung mit einer hier erlassenen oder anzuerkennenden früheren ausländischen Entscheidung oder wenn das ihr zugrunde liegende Verfahren mit einem früher hier rechtshängig gewordenen Verfahren unvereinbar ist; 4. wenn die Anerkennung der Entscheidung zu einem Ergebnis führt, das mit wesentlichen Grundsätzen des deutschen Rechts offensichtlich unvereinbar ist, insbesondere wenn die Anerkennung mit den Grundrechten unvereinbar ist. (…)
§ 17 (1) Für die Berechnung der Fristen gelten die Vorschriften des Bürgerlichen Gesetzbuchs. (2) Fällt das Ende der Frist auf einen Sonntag, einen allgemeinen Feiertag oder einen Sonnabend, so endet die Frist mit dem Ablauf des nächsten Werktages.	§ 16 Fristen (1) Der Lauf einer Frist beginnt, soweit nichts anderes bestimmt ist, mit der Bekanntgabe. (2) Für die Fristen gelten die §§ 222 und 224 Abs. 2 und 3 sowie § 225 der Zivilprozessordnung entsprechend.

Gegenüberstellung geltendes und künftiges Recht

Geltendes Recht	Künftiges Recht gemäß FGG-RG
§ 18 (1) Erachtet das Gericht eine von ihm erlassene Verfügung nachträglich für ungerechtfertigt, so ist es berechtigt, sie zu ändern; soweit eine Verfügung nur auf Antrag erlassen werden kann und der Antrag zurückgewiesen worden ist, darf die Änderung nur auf Antrag erfolgen. (2) Zu der Änderung einer Verfügung, die der sofortigen Beschwerde unterliegt, ist das Gericht nicht befugt	**§ 48** **Abänderung und Wiederaufnahme** (1) Das Gericht des ersten Rechtszugs kann eine rechtskräftige Endentscheidung mit Dauerwirkung aufheben oder ändern, wenn sich die zugrunde liegende Sach- oder Rechtslage nachträglich wesentlich geändert hat. In Verfahren, die nur auf Antrag eingeleitet werden, erfolgt die Aufhebung oder Abänderung nur auf Antrag. (2) Ein rechtskräftig beendetes Verfahren kann in entsprechender Anwendung der Vorschriften des Buches 4 der Zivilprozessordnung wiederaufgenommen werden. (…) **§ 68** **Gang des Beschwerdeverfahrens** (1) Hält das Gericht, dessen Beschluss angefochten wird, die Beschwerde für begründet, hat es ihr abzuhelfen; anderenfalls ist die Beschwerde unverzüglich dem Beschwerdegericht vorzulegen. Das Gericht ist zur Abhilfe nicht befugt, wenn die Beschwerde sich gegen eine Endentscheidung in einer Familiensache richtet.
§ 19 (1) Gegen die Verfügungen des Gerichts erster Instanz findet das Rechtsmittel der Beschwerde statt. (2) Über die Beschwerde entscheidet das Landgericht.	**§ 58** **Statthaftigkeit der Beschwerde** (1) Die Beschwerde findet gegen die im ersten Rechtszug ergangenen Endentscheidungen der Amtsgerichte und Landgerichte in Angelegenheiten nach diesem Gesetz statt, sofern durch Gesetz nichts anderes bestimmt ist. (2) Der Beurteilung des Beschwerdegerichts unterliegen auch die nicht selbständig anfechtbaren Entscheidungen, die der Endentscheidung vorausgegangen sind. **Artikel 22** **Änderung des Gerichtsverfassungsgesetzes** **§ 72** (1) (…) Die Landgerichte sind ferner die Beschwerdegerichte in Freiheitsentziehungssachen und in den von den Betreuungsgerichten entschiedenen Sachen. **§ 119** (1) Die Oberlandesgerichte sind in Zivilsachen zuständig für die Verhandlung und Entscheidung über die Rechtsmittel: 1. der Beschwerde gegen Entscheidungen der Amtsgerichte a) (…) b) in den Angelegenheiten der freiwilligen Gerichtsbarkeit mit Ausnahme der Freiheitsentziehungssachen und der von den Betreuungsgerichten entschiedenen Sachen;
	Artikel 1 **Gesetz über das Verfahren in Familiensachen und in den Angelegenheiten der freiwilligen Gerichtsbarkeit**
§ 20 (1) Die Beschwerde steht jedem zu, dessen Recht durch die Verfügung beeinträchtigt ist. (2) Soweit eine Verfügung nur auf Antrag erlassen werden kann und der Antrag zurückgewiesen worden ist, steht die Beschwerde nur dem Antragsteller zu.	**§ 59** **Beschwerdeberechtigte** (1) Die Beschwerde steht demjenigen zu, der durch den Beschluss in seinen Rechten beeinträchtigt ist. (2) Wenn ein Beschluss nur auf Antrag erlassen werden kann und der Antrag zurückgewiesen worden ist, steht die Beschwerde nur dem Antragsteller zu. (…)

IV. – Konkordanzliste

Geltendes Recht	Künftiges Recht gemäß FGG-RG
§ 20a (1) Die Anfechtung der Entscheidung über den Kostenpunkt ist unzulässig, wenn nicht gegen die Entscheidung in der Hauptsache ein Rechtsmittel eingelegt wird. Gegen die Auslagenentscheidung nach § 13a Abs. 2 findet jedoch die sofortige Beschwerde der Staatskasse, des Betroffenen, des Dritten oder der Körperschaft, deren Verwaltungsbehörde den Antrag auf eine Unterbringungsmaßnahme nach § 70 Abs. 1 Satz 2 Nr. 3 gestellt hat, statt, wenn der Wert des Beschwerdegegenstandes 100 Euro übersteigt. (2) Ist eine Entscheidung in der Hauptsache nicht ergangen, so findet gegen die Entscheidung über den Kostenpunkt die sofortige Beschwerde statt, wenn der Wert des Beschwerdegegenstandes 100 Euro übersteigt.	(weggefallen)
§ 21 (1) Die Beschwerde kann bei dem Gericht, dessen Verfügung angefochten wird, oder bei dem Beschwerdegericht eingelegt werden. (2) Die Einlegung erfolgt durch Einreichung einer Beschwerdeschrift oder durch Erklärung zu Protokoll der Geschäftsstelle desjenigen Gerichts, dessen Verfügung angefochten wird, oder der Geschäftsstelle des Beschwerdegerichts. Die Beschwerde kann auch entsprechend den Regelungen der Zivilprozessordnung betreffend die Übermittlung von Anträgen und Erklärungen als elektronisches Dokument eingelegt werden. (3) Die Bundesregierung und die Landesregierungen bestimmen für ihren Bereich durch Rechtsverordnung den Zeitpunkt, von dem an elektronische Dokumente bei den Gerichten eingereicht werden können, sowie die für die Bearbeitung der Dokumente geeignete Form. Die Landesregierungen können die Ermächtigung durch Rechtsverordnung auf die Landesjustizverwaltungen übertragen. Die Zulassung der elektronischen Form kann auf einzelne Gerichte oder Verfahren beschränkt werden.	§ 64 Einlegung der Beschwerde (1) Die Beschwerde ist bei dem Gericht einzulegen, dessen Beschluss angefochten wird. (2) Die Beschwerde wird durch Einreichung einer Beschwerdeschrift oder zur Niederschrift der Geschäftsstelle eingelegt. Die Beschwerde muss die Bezeichnung des angefochtenen Beschlusses sowie die Erklärung enthalten, dass Beschwerde gegen diesen Beschluss eingelegt wird. Sie ist von dem Beschwerdeführer oder seinem Bevollmächtigten zu unterzeichnen. § 14 Elektronische Akte; elektronisches Dokument (…). (4) Die Bundesregierung und die Landesregierungen bestimmen für ihren Bereich durch Rechtsverordnung den Zeitpunkt, von dem an elektronische Akten geführt und elektronische Dokumente bei Gericht eingereicht werden können. Die Bundesregierung und die Landesregierungen bestimmen für ihren Bereich durch Rechtsverordnung die geltenden organisatorisch-technischen Rahmenbedingungen für die Bildung, Führung und Aufbewahrung der elektronischen Akten und die für die Bearbeitung der Dokumente geeignete Form. Die Landesregierungen können die Ermächtigung durch Rechtsverordnung auf die jeweils zuständige oberste Landesbehörde übertragen. Die Zulassung der elektronischen Akte und der elektronischen Form kann auf einzelne Gerichte oder Verfahren beschränkt werden.
§ 22 (1) Die sofortige Beschwerde ist binnen einer Frist von zwei Wochen einzulegen. Die Frist beginnt mit dem Zeitpunkt, in welchem die Verfügung dem Beschwerdeführer bekanntgemacht worden ist.	§ 63 Beschwerdefrist (1) Die Beschwerde ist, soweit gesetzlich keine andere Frist bestimmt ist, binnen einer Frist von einem Monat einzulegen. (2) Die Beschwerde ist binnen einer Frist von zwei Wochen einzulegen, wenn sie sich gegen 1. eine einstweilige Anordnung oder 2. einen Beschluss, der die Genehmigung eines Rechtsgeschäfts zum Gegenstand hat, richtet. (3) Die Frist beginnt jeweils mit der schriftlichen Bekanntgabe des Beschlusses an die Beteiligten. Kann die schriftliche Bekanntgabe an einen Beteiligten nicht bewirkt werden, beginnt die Frist spätestens mit Ablauf von fünf Monaten nach Erlass des Beschlusses.

Gegenüberstellung geltendes und künftiges Recht

Geltendes Recht	Künftiges Recht gemäß FGG-RG
(2) Einem Beschwerdeführer, der ohne sein Verschulden verhindert war, die Frist einzuhalten, ist auf Antrag von dem Beschwerdegericht die Wiedereinsetzung in den vorigen Stand zu erteilen, wenn er die Beschwerde binnen zwei Wochen nach der Beseitigung des Hindernisses einlegt und die Tatsachen, welche die Wiedereinsetzung begründen, glaubhaft macht. Eine Versäumung der Frist, die in dem Verschulden eines Vertreters ihren Grund hat, wird als eine unverschuldete nicht angesehen. Gegen die Entscheidung über den Antrag findet die sofortige weitere Beschwerde statt. Nach dem Ablauf eines Jahres, von dem Ende der versäumten Frist an gerechnet, kann die Wiedereinsetzung nicht mehr beantragt werden.	§ 17 Wiedereinsetzung in den vorigen Stand (1) War jemand ohne sein Verschulden verhindert, eine gesetzliche Frist für die Einlegung eines Rechtsbehelfs einzuhalten, ist ihm auf Antrag Wiedereinsetzung in den vorigen Stand zu gewähren. § 18 Antrag auf Wiedereinsetzung (1) Der Antrag auf Wiedereinsetzung ist binnen zwei Wochen nach Wegfall des Hindernisses zu stellen. (2) Die Form des Antrags auf Wiedereinsetzung richtet sich nach den Vorschriften, die für die versäumte Verfahrenshandlung gelten. (3) Die Tatsachen zur Begründung des Antrags sind bei der Antragstellung oder im Verfahren über den Antrag glaubhaft zu machen. Innerhalb der Antragsfrist ist die versäumte Rechtshandlung nachzuholen. Ist dies geschehen, kann die Wiedereinsetzung auch ohne Antrag gewährt werden. § 19 Entscheidung über die Wiedereinsetzung (...). (2) Die Wiedereinsetzung ist nicht anfechtbar. (3) Die Versagung der Wiedereinsetzung ist nach den Vorschriften anfechtbar, die für die versäumte Rechtshandlung gelten. § 18 Antrag auf Wiedereinsetzung (...) (3) Nach Ablauf eines Jahres, von dem Ende der versäumten Frist an gerechnet, kann Wiedereinsetzung nicht mehr beantragt oder ohne Antrag bewilligt werden.
§ 23 Die Beschwerde kann auf neue Tatsachen und Beweise gestützt werden.	§ 65 Beschwerdebegründung (...) (3) Die Beschwerde kann auf neue Tatsachen und Beweismittel gestützt werden.
§ 24 (1) Die Beschwerde hat nur dann aufschiebende Wirkung, wenn sie gegen eine Verfügung gerichtet ist, durch die ein Ordnungs- oder Zwangsmittel festgesetzt wird. Bei der Anordnung von Zwangshaft (§ 33 Abs. 1) hat die Beschwerde keine aufschiebende Wirkung. (2) Das Gericht, dessen Verfügung angefochten wird, kann anordnen, daß die Vollziehung auszusetzen ist. (3) Das Beschwerdegericht kann vor der Entscheidung eine einstweilige Anordnung erlassen; es kann insbesondere anordnen, daß die Vollziehung der angefochtenen Verfügung auszusetzen ist.	(weggefallen) § 64 Einlegung der Beschwerde (...) (3) Das Beschwerdegericht kann vor der Entscheidung eine einstweilige Anordnung erlassen; es kann insbesondere anordnen, dass die Vollziehung des angefochtenen Beschlusses auszusetzen ist.
§ 25 Die Entscheidung des Beschwerdegerichts ist mit Gründen zu versehen.	§ 69 Beschwerdeentscheidung (..) (2) Der Beschluss des Beschwerdegerichts ist zu begründen.

IV. – Konkordanzliste

Geltendes Recht	Künftiges Recht gemäß FGG-RG
§ 26 Die Entscheidung des Beschwerdegerichts wird in den Fällen, in welchen die sofortige weitere Beschwerde stattfindet, erst mit der Rechtskraft wirksam. Das Beschwerdegericht kann jedoch die sofortige Wirksamkeit der Entscheidung anordnen.	(weggefallen)
§ 27 (1) Gegen die Entscheidung des Beschwerdegerichts ist das Rechtsmittel der weiteren Beschwerde zulässig, wenn die Entscheidung auf einer Verletzung des Rechts beruht. Die Vorschriften des § 546, 547, 559, 561 der Zivilprozeßordnung finden entsprechende Anwendung. (2) In den Fällen des § 20a Abs. 1 Satz 2, Abs. 2 gilt Absatz 1 nur, wenn das Beschwerdegericht erstmals eine Entscheidung über den Kostenpunkt getroffen hat.	§ 70 Statthaftigkeit der Rechtsbeschwerde (1) Die Rechtsbeschwerde eines Beteiligten ist statthaft, wenn sie das Beschwerdegericht oder das Oberlandesgericht im ersten Rechtszug in dem Beschluss zugelassen hat. (2) Die Rechtsbeschwerde ist zuzulassen, wenn 1. die Rechtssache grundsätzliche Bedeutung hat oder 2. die Fortbildung des Rechts oder die Sicherung einer einheitlichen Rechtsprechung eine Entscheidung des Rechtsbeschwerdegerichts erfordert. Das Rechtsbeschwerdegericht ist an die Zulassung nicht gebunden. (3) Die Rechtsbeschwerde gegen einen Beschluss des Beschwerdegerichts ist ohne Zulassung statthaft in 1. Betreuungssachen zur Bestellung eines Betreuers, zur Aufhebung einer Betreuung, zur Anordnung oder Aufhebung eines Einwilligungsvorbehaltes, 2. Unterbringungssachen sowie 3. Freiheitsentziehungssachen. (4) Gegen einen Beschluss im Verfahren über die Anordnung, Abänderung oder Aufhebung einer einstweiligen Anordnung oder eines Arrests findet die Rechtsbeschwerde nicht statt.
	Artikel 22 **Änderung des Gerichtsverfassungsgesetzes**
§ 28 (1) Über die weitere Beschwerde entscheidet das Oberlandesgericht. (2) Will das Oberlandesgericht bei der Auslegung einer reichsgesetzlichen Vorschrift, welche eine der im § 1 bezeichneten Angelegenheiten betrifft, von der auf weitere Beschwerde ergangenen Entscheidung eines anderen Oberlandesgerichts, falls aber über die Rechtsfrage bereits eine Entscheidung des Bundesgerichtshofs ergangen ist, von dieser abweichen, so hat es die weitere Beschwerde unter Begründung seiner Rechtsauffassung dem Bundesgerichtshof vorzulegen. Der Beschluß über die Vorlegung ist dem Beschwerdeführer bekanntzumachen. (3) In den Fällen des Absatzes 2 entscheidet über die weitere Beschwerde der Bundesgerichtshof.	§ 133 In Zivilsachen ist der Bundesgerichtshof zuständig für die Verhandlung und Entscheidung über die Rechtsmittel der Revision, der Sprungrevision, der Rechtsbeschwerde und der Sprungrechtsbeschwerde.
	Artikel 1 **Gesetz über das Verfahren in Familiensachen und in den Angelegenheiten der freiwilligen Gerichtsbarkeit**
§ 29 (1) Die weitere Beschwerde kann bei dem Gericht erster Instanz, bei dem Landgericht oder bei dem Oberlandesgericht eingelegt werden.	§ 71 Frist und Form der Rechtsbeschwerde (1) Die Rechtsbeschwerde ist binnen einer Frist von einem Monat nach der schriftlichen Bekanntgabe des Beschlusses durch Einreichen einer Beschwerdeschrift bei dem Rechtsbeschwerdegericht einzulegen. (…)

Gegenüberstellung geltendes und künftiges Recht

Geltendes Recht	Künftiges Recht gemäß FGG-RG
	§ 10 Bevollmächtigte (...) (4) Vor dem Bundesgerichtshof müssen sich die Beteiligten, außer im Verfahren über die Ausschließung und Ablehnung von Gerichtspersonen und im Verfahren über die Verfahrenskostenhilfe, durch einen beim Bundesgerichtshof zugelassenen Rechtsanwalt vertreten lassen. Behörden und juristische Personen des öffentlichen Rechts einschließlich der von ihnen zur Erfüllung ihrer öffentlichen Aufgaben gebildeten Zusammenschlüsse können sich durch eigene Beschäftigte mit Befähigung zum Richteramt oder durch Beschäftigte mit Befähigung zum Richteramt der zuständigen Aufsichtsbehörde oder des jeweiligen kommunalen Spitzenverbandes des Landes, dem sie angehören, vertreten lassen. Für die Beiordnung eines Notanwaltes gelten die §§ 78b und 78c der Zivilprozessordnung entsprechend. (...)
Erfolgt die Einlegung durch Einreichung einer Beschwerdeschrift, so muß diese von einem Rechtsanwalt unterzeichnet sein. Der Zuziehung eines Rechtsanwalts bedarf es nicht, wenn die Beschwerde von einer Behörde oder von einem Notar eingelegt wird, der in der Angelegenheit für den Beschwerdeführer einen Antrag bei dem Gericht erster Instanz gestellt hat.	
(2) Soweit eine Verfügung der sofortigen Beschwerde unterliegt, findet auch gegen die Entscheidung des Beschwerdegerichts die sofortige weitere Beschwerde statt. (3) Das Gericht erster Instanz und das Landgericht sind nicht befugt, der weiteren Beschwerde abzuhelfen. (4) Im übrigen finden die Vorschriften über die Beschwerde entsprechende Anwendung.	§ 74 Entscheidung über die Rechtsbeschwerde (...) (4) Auf das weitere Verfahren sind, soweit sich nicht Abweichungen aus den Vorschriften dieses Unterabschnitts ergeben, die im ersten Rechtszug geltenden Vorschriften entsprechend anzuwenden. (...)
§ 29a (1) Auf die Rüge eines durch eine gerichtliche Entscheidung beschwerten Beteiligten ist das Verfahren fortzuführen, wenn 1. ein Rechtsmittel oder ein anderer Rechtsbehelf gegen die Entscheidung oder eine andere Abänderungsmöglichkeit nicht gegeben ist und 2. das Gericht den Anspruch dieses Beteiligten auf rechtliches Gehör in entscheidungserheblicher Weise verletzt hat. Gegen eine der Endentscheidung vorausgehende Entscheidung findet die Rüge nicht statt. (2) Die Rüge ist innerhalb von zwei Wochen nach Kenntnis von der Verletzung des rechtlichen Gehörs zu erheben; der Zeitpunkt der Kenntniserlangung ist glaubhaft zu machen. Nach Ablauf eines Jahres seit der Bekanntgabe der angegriffenen Entscheidung an diesen Beteiligten kann die Rüge nicht mehr erhoben werden. Formlos mitgeteilte Entscheidungen gelten mit dem dritten Tage nach Aufgabe zur Post als bekannt gegeben. Die Rüge ist schriftlich oder zu Protokoll der Geschäftsstelle bei dem Gericht zu erheben, dessen Entscheidung angegriffen wird. § 29 Abs. 1 Satz 2 und 3 findet entsprechende Anwendung, soweit die Entscheidung eines Oberlandesgerichts angegriffen wird. Die Rüge muss die angegriffene Entscheidung bezeichnen und das Vorliegen der in Absatz 1 Satz 1 Nr. 2 genannten Voraussetzungen darlegen. (3) Den übrigen Beteiligten ist, soweit erforderlich, Gelegenheit zur Stellungnahme zu geben. (4) Ist die Rüge nicht in der gesetzlichen Form oder Frist erhoben, so ist sie als unzulässig zu verwerfen. Ist die Rüge unbegründet, weist das Gericht sie zurück. Die Entscheidung ergeht durch unanfechtbaren Beschluss. Der Beschluss soll kurz begründet werden. (5) Ist die Rüge begründet, so hilft ihr das Gericht ab, indem es das Verfahren fortführt, soweit dies aufgrund der Rüge geboten ist.	§ 44 Abhilfe bei Verletzung des Anspruchs auf rechtliches Gehör (1) Auf die Rüge eines durch eine Entscheidung beschwerten Beteiligten ist das Verfahren fortzuführen, wenn 1. ein Rechtsmittel oder ein Rechtsbehelf gegen die Entscheidung oder eine andere Abänderungsmöglichkeit nicht gegeben ist und 2. das Gericht den Anspruch dieses Beteiligten auf rechtliches Gehör in entscheidungserheblicher Weise verletzt hat. Gegen eine der Endentscheidung vorausgehende Entscheidung findet die Rüge nicht statt. (2) Die Rüge ist innerhalb von zwei Wochen nach Kenntnis von der Verletzung des rechtlichen Gehörs zu erheben; der Zeitpunkt der Kenntniserlangung ist glaubhaft zu machen. Nach Ablauf eines Jahres seit der Bekanntgabe der angegriffenen Entscheidung an diesen Beteiligten kann die Rüge nicht mehr erhoben werden. Die Rüge ist schriftlich oder zur Niederschrift bei dem Gericht zu erheben, dessen Entscheidung angegriffen wird. Die Rüge muss die angegriffene Entscheidung bezeichnen und das Vorliegen der in Absatz 1 Satz 1 Nr. 2 genannten Voraussetzungen darlegen. (3) Den übrigen Beteiligten ist, soweit erforderlich, Gelegenheit zur Stellungnahme zu geben. (4) Ist die Rüge nicht in der gesetzlichen Form oder Frist erhoben, ist sie als unzulässig zu verwerfen. Ist die Rüge unbegründet, weist das Gericht sie zurück. Die Entscheidung ergeht durch nicht anfechtbaren Beschluss. Der Beschluss soll kurz begründet werden. (5) Ist die Rüge begründet, hilft ihr das Gericht ab, indem es das Verfahren fortführt, soweit dies auf Grund der Rüge geboten ist.

IV. – Konkordanzliste

Geltendes Recht	Künftiges Recht gemäß FGG-RG
§ 30 (1) Die Entscheidungen über Beschwerden erfolgen bei den Landgerichten durch eine Zivilkammer, bei den Oberlandesgerichten und bei dem Bundesgerichtshof durch einen Zivilsenat. Ist bei einem Landgericht eine Kammer für Handelssachen gebildet, so tritt für Handelssachen diese Kammer an die Stelle der Zivilkammer. Entscheidet über die Beschwerde die Zivilkammer des Landgerichts, findet § 526 der Zivilprozessordnung entsprechende Anwendung. (2) Die Vorschriften des § 137 des Gerichtsverfassungsgesetzes finden entsprechende Anwendung.	§ 68 Gang des Beschwerdeverfahrens (...) (4) Das Beschwerdegericht kann die Beschwerde durch Beschluss einem seiner Mitglieder zur Entscheidung als Einzelrichter übertragen; § 526 der Zivilprozessordnung gilt mit der Maßgabe entsprechend, dass eine Übertragung auf einen Richter auf Probe ausgeschlossen ist. (weggefallen)
§ 31 Zeugnisse über die Rechtskraft einer Verfügung sind von der Geschäftsstelle des Gerichts erster Instanz zu erteilen. § 48 des Internationalen Familienrechtsverfahrensgesetzes vom 26. Januar 2005 (BGBl. I S. 162) bleibt unberührt.	§ 46 Rechtskraftzeugnis Das Zeugnis über die Rechtskraft eines Beschlusses ist auf Grund der Verfahrensakten von der Geschäftsstelle des Gerichts des ersten Rechtszugs zu erteilen. Solange das Verfahren in einem höheren Rechtszug anhängig ist, erteilt die Geschäftsstelle des Gerichts dieses Rechtszugs das Zeugnis. (...)
§ 32 Ist eine Verfügung, durch die jemand die Fähigkeit oder die Befugnis zur Vornahme eines Rechtsgeschäfts oder zur Entgegennahme einer Willenserklärung erlangt, ungerechtfertigt, so hat, sofern nicht die Verfügung wegen Mangels der sachlichen Zuständigkeit des Gerichts unwirksam ist, die Aufhebung der Verfügung auf die Wirksamkeit der inzwischen von ihm oder ihm gegenüber vorgenommenen Rechtsgeschäfte keinen Einfluß.	§ 47 Wirksam bleibende Rechtsgeschäfte Ist ein Beschluss ungerechtfertigt, durch den jemand die Fähigkeit oder die Befugnis erlangt, ein Rechtsgeschäft vorzunehmen oder eine Willenserklärung entgegenzunehmen, hat die Aufhebung des Beschlusses auf die Wirksamkeit der inzwischen von ihm oder ihm gegenüber vorgenommenen Rechtsgeschäfte keinen Einfluss, soweit der Beschluss nicht von Anfang an unwirksam ist.
§ 33 (1) Ist jemandem durch eine Verfügung des Gerichts die Verpflichtung auferlegt, eine Handlung vorzunehmen, die ausschließlich von seinem Willen abhängt, oder eine Handlung zu unterlassen oder die Vornahme einer Handlung zu dulden, so kann ihn das Gericht, soweit sich nicht aus dem Gesetz ein anderes ergibt, zur Befolgung seiner Anordnung durch Festsetzung von Zwangsgeld anhalten.	§ 35 Zwangsmittel (1) Ist auf Grund einer gerichtlichen Anordnung die Verpflichtung zur Vornahme oder Unterlassung einer Handlung durchzusetzen, kann das Gericht, sofern ein Gesetz nicht etwas anderes bestimmt, gegen den Verpflichteten durch Beschluss Zwangsgeld festsetzen. Das Gericht kann für den Fall, dass dieses nicht beigetrieben werden kann, Zwangshaft anordnen. Verspricht die Anordnung eines Zwangsgeldes keinen Erfolg, soll das Gericht Zwangshaft anordnen. (...) (...) (4) Ist die Verpflichtung zur Herausgabe oder Vorlage einer Sache oder zur Vornahme einer vertretbaren Handlung zu vollstrecken, so kann das Gericht, soweit ein Gesetz nicht etwas anderes bestimmt, durch Beschluss neben oder anstelle einer Maßnahme nach den Absätzen 1, 2 die in §§ 883, 886, 887 der Zivilprozessordnung vorgesehenen Maßnahmen anordnen. Die §§ 891 und 892 gelten entsprechend. § 86 Vollstreckungstitel (1) Die Vollstreckung findet statt aus 1. gerichtlichen Beschlüssen; 2. gerichtlich gebilligten Vergleichen (§ 156 Abs. 2); 3. weiteren Vollstreckungstiteln im Sinne des § 794 der Zivilprozessordnung, soweit die Beteiligten über den Gegenstand des Verfahrens verfügen können. (...)

Gegenüberstellung geltendes und künftiges Recht

Geltendes Recht	Künftiges Recht gemäß FGG-RG
	§ 89 **Ordnungsmittel** (1) Bei der Zuwiderhandlung gegen einen Vollstreckungstitel zur Herausgabe von Personen und zur Regelung des Umgangs kann das Gericht gegenüber dem Verpflichteten Ordnungsgeld und für den Fall, dass dieses nicht beigetrieben werden kann, Ordnungshaft anordnen. Verspricht die Anordnung eines Ordnungsgeldes keinen Erfolg, kann das Gericht Ordnungshaft anordnen. Die Anordnungen ergehen durch Beschluss. (...) (4) Die Festsetzung eines Ordnungsmittels unterbleibt, wenn der Verpflichtete Gründe vorträgt, aus denen sich ergibt, dass er die Zuwiderhandlung nicht zu vertreten hat. Werden Gründe, aus denen sich das fehlende Vertretenmüssen ergibt, nachträglich vorgetragen, wird die Festsetzung aufgehoben.
	§ 95 **Anwendung der Zivilprozessordnung** (1) Soweit in den vorstehenden Unterabschnitten nichts Abweichendes bestimmt ist, sind auf die Vollstreckung 1. wegen einer Geldforderung, 2. zur Herausgabe einer beweglichen oder unbeweglichen Sache, 3. zur Vornahme einer vertretbaren oder nicht vertretbaren Handlung, 4. zur Erzwingung von Duldungen und Unterlassungen oder 5. zur Abgabe einer Willenserklärung die Vorschriften der Zivilprozessordnung über die Zwangsvollstreckung entsprechend anzuwenden. (...) (4) Ist die Verpflichtung zur Herausgabe oder Vorlage einer Sache oder zur Vornahme einer vertretbaren Handlung zu vollstrecken, so kann das Gericht durch Beschluss neben oder anstelle einer Maßnahme nach den §§ 883, 885 bis 887 der Zivilprozessordnung die in § 888 der Zivilprozessordnung vorgesehenen Maßnahmen anordnen, soweit ein Gesetz nicht etwas anderes bestimmt.
Ist eine Person herauszugeben, kann das Gericht unabhängig von der Festsetzung eines Zwangsgeldes die Zwangshaft anordnen.	**§ 89** **Ordnungsmittel** (1) Bei der Zuwiderhandlung gegen einen Vollstreckungstitel zur Herausgabe von Personen und zur Regelung des Umgangs soll das Gericht gegenüber dem Verpflichteten Ordnungsgeld und für den Fall, dass dieses nicht beigetrieben werden kann, Ordnungshaft anordnen. Verspricht die Anordnung eines Ordnungsgeldes keinen Erfolg, soll das Gericht Ordnungshaft anordnen. Die Anordnungen ergehen durch Beschluss. (...) (4) Die Festsetzung eines Ordnungsmittels unterbleibt, wenn der Verpflichtete Gründe vorträgt, aus denen sich ergibt, dass er die Zuwiderhandlung nicht zu vertreten hat. Werden Gründe, aus denen sich das fehlende Vertretenmüssen ergibt, nachträglich vorgetragen, wird die Festsetzung aufgehoben.
Bei Festsetzung des Zwangsmittels sind dem Beteiligten zugleich die Kosten des Verfahrens aufzuerlegen.	**§ 35** **Zwangsmittel** (...) (3) (...) Mit der Festsetzung des Zwangsmittels sind dem Verpflichteten zugleich die Kosten dieses Verfahrens aufzuerlegen. (...)

IV. – Konkordanzliste

Geltendes Recht	Künftiges Recht gemäß FGG-RG
(2) Soll eine Sache oder eine Person herausgegeben oder eine Sache vorgelegt werden oder ist eine Anordnung ohne Gewalt nicht durchzuführen, so kann auf Grund einer besonderen Verfügung des Gerichts unabhängig von den gemäß Absatz 1 festgesetzten Zwangsmitteln auch Gewalt gebraucht werden. Eine Gewaltanwendung gegen ein Kind darf nicht zugelassen werden, wenn das Kind herausgegeben werden soll, um das Umgangsrecht auszuüben.	§ 90 Anwendung unmittelbaren Zwanges (1) Das Gericht kann durch ausdrücklichen Beschluss zur Vollstreckung unmittelbaren Zwang anordnen, wenn 1. die Festsetzung von Ordnungsmitteln erfolglos geblieben ist; 2. die Festsetzung von Ordnungsmitteln keinen Erfolg verspricht; 3. eine alsbaldige Vollstreckung der Entscheidung unbedingt geboten ist. (2) Anwendung unmittelbaren Zwangs gegen ein Kind darf nicht zugelassen werden, wenn das Kind herausgegeben werden soll, um das Umgangsrecht auszuüben. Im Übrigen darf unmittelbarer Zwang gegen ein Kind nur zugelassen werden, wenn dies unter Berücksichtigung des Kindeswohls gerechtfertigt ist und eine Durchsetzung der Verpflichtung mit milderen Mitteln nicht möglich ist.
Der Vollstreckungsbeamte ist befugt, erforderlichenfalls die Unterstützung der polizeilichen Vollzugsorgane nachzusuchen.	§ 87 Verfahren; Beschwerde (…) (3) Der Gerichtsvollzieher ist befugt, erforderlichenfalls die Unterstützung der polizeilichen Vollzugsorgane nachzusuchen. (…)
Die Kosten fallen dem Verpflichteten zur Last.	§ 92 Vollstreckungsverfahren (…) (2) Dem Verpflichteten sind mit der Festsetzung von Ordnungsmitteln oder der Anordnung von unmittelbarem Zwang die Kosten des Verfahrens aufzuerlegen.
Wird die Sache oder die Person nicht vorgefunden, so kann das Gericht den Verpflichteten anhalten, eine eidesstattliche Versicherung über ihren Verbleib abzugeben. Der § 883 Abs. 2 bis 4, der § 900 Abs. 1 und die 901, 902, 904 bis 910, 913 der Zivilprozeßordnung sind entsprechend anzuwenden.	§ 94 Eidesstattliche Versicherung Wird eine herauszugebende Person nicht vorgefunden, kann das Gericht anordnen, dass der Verpflichtete eine eidesstattliche Versicherung über ihren Verbleib abzugeben hat. § 883 Abs. 2 bis 4, § 900 Abs. 1 und die §§ 901, 902, 904 bis 910 sowie 913 der Zivilprozessordnung gelten entsprechend.
(3) Das Zwangsgeld (Absatz 1) muß, bevor es festgesetzt wird, angedroht werden. Das einzelne Zwangsgeld darf den Betrag von fünfundzwanzigtausend Euro nicht übersteigen. Die Festsetzung der Zwangshaft (Absatz 1) soll angedroht werden, wenn nicht die Durchsetzung der gerichtlichen Anordnung besonders eilbedürftig ist oder die Befürchtung besteht, daß die Vollziehung der Haft vereitelt wird. Die besondere Eilbedürftigkeit ist namentlich dann anzunehmen, wenn andernfalls die Anordnung im Ausland vollstreckt werden müßte. Für den Vollzug der Haft gelten die § 901, 904 bis 906, 909 Abs. 1 und 2, § 910, 913 der Zivilprozeßordnung entsprechend. Die besondere Verfügung (Absatz 2) soll in der Regel, bevor sie erlassen wird, angedroht werden.	§ 35 Zwangsmittel (…) (2) Die gerichtliche Entscheidung, die die Verpflichtung zur Vornahme oder Unterlassung einer Handlung anordnet, hat auf die Folgen einer Zuwiderhandlung gegen die Entscheidung hinzuweisen. (3) Das einzelne Zwangsgeld darf den Betrag von 25 000 Euro nicht übersteigen. (…) Für den Vollzug der Haft gelten die §§ 901 Satz 2, 904 bis 906, 909, 910 und 913 der Zivilprozessordnung entsprechend. § 89 Ordnungsmittel (2) Der Beschluss, der die Herausgabe der Person oder die Regelung des Umgangs anordnet, hat auf die Folgen einer Zuwiderhandlung gegen den Vollstreckungstitel hinzuweisen. (3) Das einzelne Ordnungsgeld darf den Betrag von 25.000 Euro nicht übersteigen. Für den Vollzug der Haft gelten § 901 Satz 2, die §§ 904 bis 906, 909, 910 und 913 der Zivilprozessordnung entsprechend.

Gegenüberstellung geltendes und künftiges Recht

Geltendes Recht	Künftiges Recht gemäß FGG-RG
§ 34 (1) Die Einsicht der Gerichtsakten kann jedem insoweit gestattet werden, als er ein berechtigtes Interesse glaubhaft macht. Das gleiche gilt von der Erteilung einer Abschrift; die Abschrift ist auf Verlangen von der Geschäftsstelle zu beglaubigen. (2) Die Einsicht der Akten und die Erteilung von Abschriften ist insoweit zu versagen, als § 1758 des Bürgerlichen Gesetzbuchs entgegensteht.	**§ 13** Akteneinsicht (1) Die Beteiligten können die Gerichtsakten auf der Geschäftsstelle einsehen, soweit nicht schwerwiegende Interessen eines Beteiligten oder eines Dritten entgegenstehen. (2) Personen, die an dem Verfahren nicht beteiligt sind, kann Einsicht nur gestattet werden, soweit sie ein berechtigtes Interesse glaubhaft machen und schutzwürdige Interessen eines Beteiligten oder eines Dritten nicht entgegenstehen. Die Einsicht ist zu versagen, wenn ein Fall des § 1758 des Bürgerlichen Gesetzbuches vorliegt. (3) Soweit Akteneinsicht gewährt wird, können die Berechtigten sich auf ihre Kosten durch die Geschäftsstelle Ausfertigungen, Auszüge und Abschriften erteilen lassen. Die Abschrift ist auf Verlangen zu beglaubigen. (4) Einem Rechtsanwalt, einem Notar oder einer beteiligten Behörde kann das Gericht die Akten in die Amts- oder Geschäftsräume überlassen. Ein Recht auf Überlassung von Beweisstücken in die Amts- oder Geschäftsräume besteht nicht. Die Entscheidung nach Satz 1 ist nicht anfechtbar. (…)
Zweiter Abschnitt **Vormundschafts-, Familien-, Betreuungs- und Unterbringungssachen**	
I. **Allgemeine Vorschriften**	
	Artikel 22 **Änderung des Gerichtsverfassungsgesetzes**
§ 35 Für die dem Vormundschaftsgericht obliegenden Verrichtungen sind die Amtsgerichte zuständig.	**§ 23a** (1) Die Amtsgerichte sind ferner zuständig für 1. Familiensachen; 2. Angelegenheiten der freiwilligen Gerichtsbarkeit. (2) Angelegenheiten der freiwilligen Gerichtsbarkeit sind 1. Betreuungssachen, Unterbringungssachen sowie betreuungsgerichtliche Zuweisungssachen, (…)
§ 35a Wird infolge eines gerichtlichen Verfahrens eine Tätigkeit des Vormundschaftsgerichts erforderlich, so hat das Gericht dem Vormundschaftsgericht Mitteilung zu machen. Im übrigen dürfen Gerichte und Behörden dem Vormundschafts- oder Familiengericht personenbezogene Daten übermitteln, wenn deren Kenntnis aus ihrer Sicht für vormundschafts- oder familiengerichtliche Maßnahmen erforderlich ist, soweit nicht für die übermittelnde Stelle erkennbar ist, daß schutzwürdige Interessen des Betroffenen an dem Ausschluß der Übermittlung das Schutzbedürfnis eines Minderjährigen oder Betreuten oder das öffentliche Interesse an der Übermittlung überwiegen. Die Übermittlung unterbleibt, wenn ihr eine besondere bundes- oder entsprechende landesgesetzliche Verwendungsregelung entgegensteht. § 7 des Betreuungsbehördengesetzes bleibt unberührt.	**§ 22a** Mitteilungen an die Familien- und Betreuungsgerichte (1) Wird infolge eines gerichtlichen Verfahrens eine Tätigkeit des Familien- oder Betreuungsgerichts erforderlich, hat das Gericht dem Familien- oder Betreuungsgericht Mitteilung zu machen. (2) Im Übrigen dürfen Gerichte und Behörden dem Familien- oder Betreuungsgericht personenbezogene Daten übermitteln, wenn deren Kenntnis aus ihrer Sicht für familien- oder betreuungsgerichtliche Maßnahmen erforderlich ist, soweit nicht für die übermittelnde Stelle erkennbar ist, dass schutzwürdige Interessen des Betroffenen an dem Ausschluss der Übermittlung das Schutzbedürfnis eines Minderjährigen oder Betreuten oder das öffentliche Interesse an der Übermittlung überwiegen. Die Übermittlung unterbleibt, wenn ihr eine besondere bundes- oder entsprechende landesgesetzliche Verwendungsregelung entgegensteht.

IV. – Konkordanzliste

Geltendes Recht	Künftiges Recht gemäß FGG-RG
II. **Vormundschafts - und Familiensachen**	
	Artikel 1 **Gesetz über das Verfahren in Familiensachen und in den Angelegenheiten der freiwilligen Gerichtsbarkeit**
§ 35b (1) Für Verrichtungen, die eine Vormundschaft oder Pflegschaft betreffen, sind die deutschen Gerichte zuständig, wenn der Mündel oder Pflegling 1. Deutscher ist oder 2. seinen gewöhnlichen Aufenthalt im Inland hat. (2) Die deutschen Gerichte sind ferner zuständig, soweit der Mündel oder Pflegling der Fürsorge durch ein deutsches Gericht bedarf.	**§ 99** **Kindschaftssachen** (1) Die deutschen Gerichte sind außer in Verfahren nach § 151 Nr. 7 zuständig, wenn das Kind 1. Deutscher ist, 2. seinen gewöhnlichen Aufenthalt im Inland hat oder 3. soweit es der Fürsorge durch ein deutsches Gericht bedarf.
(3) Die Zuständigkeit nach den Absätzen 1 und 2 ist nicht ausschließlich.	**§ 106** **Keine ausschließliche Zuständigkeit** Die Zuständigkeiten in diesem Unterabschnitt sind nicht ausschließlich.
§ 36 (1) Für die Vormundschaft ist das Gericht zuständig, in dessen Bezirk der Mündel zu der Zeit, in der die Anordnung der Vormundschaft erforderlich wird oder in der die Vormundschaft kraft Gesetzes eintritt, seinen Wohnsitz oder bei Fehlen eines inländischen Wohnsitzes seinen Aufenthalt hat. Wird die Anordnung einer Vormundschaft über Geschwister erforderlich, die in den Bezirken verschiedener Vormundschaftsgerichte ihren Wohnsitz oder ihren Aufenthalt haben, so ist, wenn für einen der Mündel schon eine Vormundschaft anhängig ist, das für diese zuständige Gericht, anderenfalls dasjenige Gericht, in dessen Bezirk der jüngste Mündel seinen Wohnsitz oder seinen Aufenthalt hat, für alle Geschwister maßgebend. (2) Ist der Mündel Deutscher und hat er im Inland weder Wohnsitz noch Aufenthalt, so ist das Amtsgericht Schöneberg in Berlin-Schöneberg zuständig.	**§ 152** **Örtliche Zuständigkeit** (1) Während der Anhängigkeit einer Ehesache ist unter den deutschen Gerichten das Gericht, bei dem die Ehesache im ersten Rechtszug anhängig ist oder war, ausschließlich zuständig für Kindschaftssachen, sofern sie gemeinschaftliche Kinder der Ehegatten betreffen. (2) Ansonsten ist das Gericht zuständig, in dessen Bezirk das Kind seinen gewöhnlichen Aufenthalt hat.
Es kann die Sache aus wichtigen Gründen an ein anderes Gericht abgeben; die Abgabeverfügung ist für dieses Gericht bindend.	**§ 4** **Abgabe an ein anderes Gericht** Das Gericht kann die Sache aus wichtigem Grund an ein anderes Gericht abgeben, wenn sich dieses zur Übernahme der Sache bereit erklärt hat. Vor der Abgabe sollen die Beteiligten angehört werden.
(3) Ist der Mündel nicht Deutscher und ist eine Zuständigkeit nach Absatz 1 nicht begründet, so ist das Gericht zuständig, in dessen Bezirk das Bedürfnis der Fürsorge hervortritt.	**§ 152** **Örtliche Zuständigkeit** (...) (3) Ist die Zuständigkeit eines deutschen Gerichts nach Absatz 1 und 2 nicht gegeben, ist das Gericht zuständig, in dessen Bezirk das Bedürfnis der Fürsorge bekannt wird.
(4) Für die Vormundschaft über einen Minderjährigen, dessen Familienstand nicht zu ermitteln ist, ist das Gericht zuständig, in dessen Bezirk der Minderjährige aufgefunden wurde. (5) (weggefallen)	(weggefallen)

Gegenüberstellung geltendes und künftiges Recht

Geltendes Recht	Künftiges Recht gemäß FGG-RG
§ 36a Für die Bestellung eines Vormunds vor der Geburt des Kindes (§ 1774 Satz 2 des Bürgerlichen Gesetzbuchs) ist das Gericht zuständig, in dessen Bezirk die Mutter zu der Zeit, zu der das Gericht mit der Angelegenheit befaßt wird, ihren Wohnsitz oder bei Fehlen eines inländischen Wohnsitzes ihren Aufenthalt hat. § 36 Abs. 2 ist entsprechend anzuwenden.	(weggefallen)
§ 36b Ist eine Vormundschaft kraft Gesetzes eingetreten, so ist bis zum Eingreifen des nach § 36 zuständigen Vormundschaftsgerichts auch das Gericht, in dessen Bezirk das Kind geboren ist, für die erforderlichen Maßregeln zuständig. Das Gericht soll von den angeordneten Maßregeln dem nach § 36 zuständigen Vormundschaftsgericht Mitteilung machen.	(weggefallen)
§ 37 (1) Soll jemand nach § 1909 des Bürgerlichen Gesetzbuchs einen Pfleger erhalten, so ist, wenn bei einem inländischen Gericht eine Vormundschaft für ihn anhängig ist, für die Pflegschaft dieses Gericht zuständig. Im übrigen finden auf die Pflegschaft die Vorschriften des § 36 Anwendung. (2) Für die Pflegschaft über einen Ausländer, für den bei einem inländischen Gericht eine Vormundschaft nicht anhängig ist und der im Inland weder Wohnsitz noch Aufenthalt hat, ist das Gericht zuständig, in dessen Bezirk das Bedürfnis der Fürsorge hervortritt.	(weggefallen)
§ 38 (aufgehoben)	
§ 39 (1) Für die Pflegschaft über einen Abwesenden ist das Gericht zuständig, in dessen Bezirk der Abwesende seinen Wohnsitz hat. (2) Hat der Abwesende im Inland keinen Wohnsitz, so finden die Vorschriften des § 36 Abs. 2 und des § 37 Abs. 2 entsprechende Anwendung.	(weggefallen)
§ 40 Für die Pflegschaft über eine Leibesfrucht ist das Gericht zuständig, welches für die Vormundschaft zuständig sein würde, falls das Kind zu der Zeit, zu welcher das Bedürfnis der Fürsorge hervortritt, geboren wäre.	(weggefallen)
§ 41 Wird im Falle des § 1913 des Bürgerlichen Gesetzbuchs die Anordnung einer Pflegschaft für den bei einer Angelegenheit Beteiligten erforderlich, so ist das Gericht zuständig, in dessen Bezirk das Bedürfnis der Fürsorge hervortritt.	**§ 341** Örtliche Zuständigkeit Die Zuständigkeit des Gerichts bestimmt sich in betreuungsgerichtlichen Zuweisungssachen nach § 272.
§ 42 Für die Pflegschaft zum Zwecke der Verwaltung und Verwendung eines durch öffentliche Sammlung zusammengebrachten Vermögens ist das Gericht des Ortes zuständig, an welchem bisher die Verwaltung geführt wurde.	(weggefallen)

IV. – Konkordanzliste

Geltendes Recht	Künftiges Recht gemäß FGG-RG
§ 43 (1) Die Zuständigkeit für eine Verrichtung des Vormundschaftsgerichts, die nicht eine Vormundschaft oder Pflegschaft betrifft, bestimmt sich, soweit sich nicht aus dem Gesetz ein anderes ergibt, nach den Vorschriften der § 35b, 36 Abs. 1 bis 3; maßgebend ist für jede einzelne Angelegenheit der Zeitpunkt, in welchem das Gericht mit ihr befaßt wird. (2) Steht die Person, deretwegen das Vormundschaftsgericht tätig werden muß, unter Vormundschaft, Betreuung oder Pflegschaft, so ist das Gericht zuständig, bei dem die Vormundschaft, Betreuung oder Pflegschaft anhängig ist.	(weggefallen)
§ 43a (weggefallen)	
§ 43b (1) Für Angelegenheiten, welche die Annahme eines Kindes betreffen, sind die deutschen Gerichte zuständig, wenn der Annehmende, einer der annehmenden Ehegatten oder das Kind 1. Deutscher ist oder 2. seinen gewöhnlichen Aufenthalt im Inland hat. Diese Zuständigkeit ist nicht ausschließlich. (2) Zuständig ist das Gericht, in dessen Bezirk der Annehmende oder einer der annehmenden Ehegatten seinen Wohnsitz oder, falls ein solcher im Inland fehlt, seinen Aufenthalt hat; maßgebend ist der Wohnsitz oder Aufenthalt in dem Zeitpunkt, in dem der Antrag oder eine Erklärung eingereicht oder im Falle des § 1753 Abs. 2 des Bürgerlichen Gesetzbuchs der Notar mit der Einreichung betraut wird. Kommen ausländische Sachvorschriften zur Anwendung, so gilt ergänzend § 5 Abs. 1 Satz 1 und Abs. 2 des Adoptionswirkungsgesetzes vom 5. November 2001 (BGBl. I S. 2950, 2953). (3) Ist der Annehmende oder einer der annehmenden Ehegatten Deutscher und hat er im Inland weder Wohnsitz noch Aufenthalt, so ist das Amtsgericht Schöneberg in Berlin-Schöneberg zuständig. Es kann die Sache aus wichtigen Gründen an ein anderes Gericht abgeben; die Abgabeverfügung ist für dieses Gericht bindend.	§ 101 Adoptionssachen Die deutschen Gerichte sind zuständig, wenn der Annehmende, einer der annehmenden Ehegatten oder das Kind 1. Deutscher ist oder 2. seinen gewöhnlichen Aufenthalt im Inland hat. § 106 Keine ausschließliche Zuständigkeit Die Zuständigkeiten in diesem Unterabschnitt sind nicht ausschließlich. § 187 Örtliche Zuständigkeit (1) Für Verfahren nach § 186 Nr. 1 bis 3 ist das Gericht ausschließlich zuständig, in dessen Bezirk der Annehmende oder einer der Annehmenden seinen gewöhnlichen Aufenthalt hat. (…) § 187 Örtliche Zuständigkeit (…) (4) Ist nach den Absätzen 1 bis 3 eine Zuständigkeit nicht gegeben, ist das Amtsgericht Schöneberg in Berlin zuständig. Es kann die Sache aus wichtigem Grund an ein anderes Gericht verweisen. § 4 Abgabe an ein anderes Gericht Das Gericht kann die Sache aus wichtigem Grund an ein anderes Gericht abgeben, wenn sich dieses zur Übernahme der Sache bereit erklärt hat. Vor der Abgabe sollen die Beteiligten angehört werden.

Gegenüberstellung geltendes und künftiges Recht

Geltendes Recht	Künftiges Recht gemäß FGG-RG
(4) Hat der Annehmende oder einer der annehmenden Ehegatten im Inland weder Wohnsitz noch Aufenthalt, so ist das Gericht zuständig, in dessen Bezirk das Kind seinen Wohnsitz oder, falls ein solcher im Inland fehlt, seinen Aufenthalt hat. Ist das Kind Deutscher und hat es im Inland weder Wohnsitz noch Aufenthalt, so ist das Amtsgericht Schöneberg in Berlin-Schöneberg zuständig.	§ 187 Örtliche Zuständigkeit (…) (2) Ist die Zuständigkeit eines deutschen Gerichts nach Absatz 1 nicht gegeben, ist der gewöhnliche Aufenthalt des Kindes maßgebend. (…) (4) Ist nach den Absätzen 1 bis 3 eine Zuständigkeit nicht gegeben, ist das Amtsgericht Schöneberg in Berlin zuständig. Es kann die Sache aus wichtigem Grund an ein anderes Gericht verweisen.
Es kann die Sache aus wichtigen Gründen an ein anderes Gericht abgeben; die Abgabeverfügung ist für dieses Gericht bindend.	§ 4 Abgabe an ein anderes Gericht Das Gericht kann die Sache aus wichtigem Grund an ein anderes Gericht abgeben, wenn sich dieses zur Übernahme der Sache bereit erklärt hat. Vor der Abgabe sollen die Beteiligten angehört werden.
§ 44 Für die in den § 1693, 1846 des Bürgerlichen Gesetzbuchs und im Artikel 24 Abs. 3 des Einführungsgesetzes zum Bürgerlichen Gesetzbuch bezeichneten Maßregeln ist auch das Gericht zuständig, in dessen Bezirk das Bedürfnis der Fürsorge hervortritt. Das Gericht soll, wenn eine Vormundschaft oder Pflegschaft anhängig ist, von den angeordneten Maßregeln dem nach § 43 Abs. 2 zuständigen Gericht Mitteilung machen.	§ 152 Örtliche Zuständigkeit (…) (4) Für die in den §§ 1693 und 1846 des Bürgerlichen Gesetzbuchs und in Artikel 24 Abs. 3 des Einführungsgesetzes zum Bürgerlichen Gesetzbuch bezeichneten Maßnahmen ist auch das Gericht zuständig, in dessen Bezirk das Bedürfnis der Fürsorge bekannt wird. Es soll die angeordneten Maßnahmen dem Gericht mitteilen, bei dem eine Vormundschaft oder Pflegschaft anhängig ist.
§ 44a (1) Für die Befreiung vom Eheverbot wegen der durch die Annahme als Kind begründeten Verwandtschaft in der Seitenlinie ist das Gericht zuständig, in dessen Bezirk einer der Verlobten seinen gewöhnlichen Aufenthalt hat. Hat keiner von ihnen seinen gewöhnlichen Aufenthalt im Inland, so ist das Amtsgericht Schöneberg in Berlin-Schöneberg zuständig. Es kann die Sache aus wichtigen Gründen an ein anderes Gericht abgeben; die Abgabeverfügung ist für dieses Gericht bindend. (2) Die Verfügung, durch die das Gericht die Befreiung erteilt, ist unanfechtbar. Das Gericht darf sie nicht mehr ändern, wenn die Ehe geschlossen worden ist.	§ 187 Örtliche Zuständigkeit (…) (3) Für Verfahren nach § 186 Nr. 4 ist das Gericht ausschließlich zuständig, in dessen Bezirk einer der Verlobten seinen gewöhnlichen Aufenthalt hat. (4) Ist nach den Absätzen 1 bis 3 eine Zuständigkeit nicht gegeben, ist das Amtsgericht Schöneberg in Berlin zuständig. Es kann die Sache aus wichtigem Grund an ein anderes Gericht verweisen. § 4 Abgabe an ein anderes Gericht Das Gericht kann die Sache aus wichtigem Grund an ein anderes Gericht abgeben, wenn sich dieses zur Übernahme der Sache bereit erklärt hat. Vor der Abgabe sollen die Beteiligten angehört werden. § 198 Beschluss in weiteren Verfahren (…) (3) Der Beschluss, durch den die Befreiung vom Eheverbot nach § 1308 Abs. 1 des Bürgerlichen Gesetzbuchs erteilt wird, ist nicht anfechtbar; eine Abänderung oder Wiederaufnahme ist ausgeschlossen, wenn die Ehe geschlossen worden ist.

IV. – Konkordanzliste

Geltendes Recht	Künftiges Recht gemäß FGG-RG
§ 45 (1) Wird in einer Angelegenheit, welche die persönlichen Rechtsbeziehungen der Ehegatten oder der geschiedenen Ehegatten zueinander, das eheliche Güterrecht oder den Versorgungsausgleich betrifft, eine Tätigkeit des Vormundschaftsgerichts oder des Familiengerichts erforderlich, so ist das Gericht zuständig, in dessen Bezirk die Ehegatten ihren gemeinsamen gewöhnlichen Aufenthalt haben oder zuletzt gehabt haben. (2) Hat keiner der Ehegatten im Bezirk dieses Gerichts seinen gewöhnlichen Aufenthalt oder haben sie einen gemeinsamen gewöhnlichen Aufenthalt im Inland nicht gehabt, so ist das Gericht zuständig, in dessen Bezirk der Ehegatte seinen gewöhnlichen Aufenthalt hat, dessen Recht durch die beantragte Verfügung beeinträchtigt würde. Hat dieser seinen gewöhnlichen Aufenthalt nicht im Inland oder läßt sich sein gewöhnlicher Aufenthalt im Inland nicht feststellen, so ist das Gericht zuständig, in dessen Bezirk der Antragsteller seinen gewöhnlichen Aufenthalt hat. (3) Ist ein Ehegatte verstorben, so ist das Gericht zuständig, in dessen Bezirk der überlebende Ehegatte seinen gewöhnlichen Aufenthalt hat oder zuletzt gehabt hat. (4) Ist die Zuständigkeit eines Gerichts nach den vorstehenden Vorschriften nicht begründet, so ist das Amtsgericht Schöneberg in Berlin-Schöneberg zuständig. (5) Für die Zuständigkeit ist in jeder einzelnen Angelegenheit der Zeitpunkt maßgebend, in dem das Gericht mit ihr befaßt wird. (6) Die vorstehenden Regelungen gelten für Lebenspartnerschaften entsprechend.	(weggefallen)
§ 46 (1) Das Vormundschaftsgericht kann die Vormundschaft aus wichtigen Gründen an ein anderes Vormundschaftsgericht abgeben, wenn sich dieses zur Übernahme der Vormundschaft bereit erklärt; hat der Mündel bereits einen Vormund erhalten, so ist jedoch dessen Zustimmung erforderlich. Als ein wichtiger Grund ist es in der Regel anzusehen, wenn ein unter Vormundschaft stehender Minderjähriger wegen einer Straftat vor einem anderen Gericht angeklagt ist. (2) Einigen sich die Gerichte nicht oder verweigert der Vormund oder, wenn mehrere Vormünder die Vormundschaft gemeinschaftlich führen, einer von ihnen seine Zustimmung, so entscheidet das gemeinschaftliche obere Gericht, und, falls dieses der Bundesgerichtshof ist, dasjenige Oberlandesgericht, zu dessen Bezirk das Gericht gehört, an welches die Vormundschaft abgegeben werden soll. Eine Anfechtung der Entscheidung findet nicht statt. (3) Diese Vorschriften sind auf die Pflegschaft und die im § 43 bezeichneten Angelegenheiten entsprechend anzuwenden.	§ 4 Abgabe an ein anderes Gericht Das Gericht kann die Sache aus wichtigem Grund an ein anderes Gericht abgeben, wenn sich dieses zur Übernahme der Sache bereit erklärt hat. Vor der Abgabe sollen die Beteiligten angehört werden. § 5 Gerichtliche Bestimmung der Zuständigkeit (1) Das zuständige Gericht wird durch das nächsthöhere gemeinsame Gericht bestimmt: (...) 5. wenn eine Abgabe aus wichtigem Grund (§ 4) erfolgen soll, die Gerichte sich jedoch nicht einigen können. (weggefallen)

Gegenüberstellung geltendes und künftiges Recht

Geltendes Recht	Künftiges Recht gemäß FGG-RG
§ 46a Vor einer Entscheidung, durch die einem Elternteil das Bestimmungsrecht nach § 1617 Abs. 2 des Bürgerlichen Gesetzbuchs übertragen wird, soll das Familiengericht beide Eltern anhören und auf eine einvernehmliche Bestimmung hinwirken. Die Entscheidung des Familiengerichts bedarf keiner Begründung; sie ist unanfechtbar.	**§ 160** Anhörung der Eltern (...) (2) In sonstigen Kindschaftssachen hat das Gericht die Eltern anzuhören. Dies gilt nicht für einen Elternteil, dem die elterliche Sorge nicht zusteht, sofern von der Anhörung eine Aufklärung nicht erwartet werden kann. (weggefallen)
§ 47 (1) Sind für die Anordnung einer Vormundschaft sowohl die deutschen Gerichte wie die Gerichte eines anderen Staates zuständig und ist die Vormundschaft in dem anderen Staat anhängig, so kann die Anordnung der Vormundschaft im Inland unterbleiben, wenn dies im Interesse des Mündels liegt. (2) Sind für die Anordnung einer Vormundschaft sowohl die deutschen Gerichte wie die Gerichte eines anderen Staates zuständig und besteht die Vormundschaft im Inland, so kann das Gericht, bei dem die Vormundschaft anhängig ist, sie an den Staat, dessen Gerichte für die Anordnung der Vormundschaft zuständig sind, abgeben, wenn dies im Interesse des Mündels liegt, der Vormund seine Zustimmung erteilt und dieser Staat sich zur Übernahme bereit erklärt. Verweigert der Vormund oder, wenn mehrere Vormünder die Vormundschaft gemeinschaftlich führen, einer von ihnen seine Zustimmung, so entscheidet an Stelle des Gerichts, bei dem die Vormundschaft anhängig ist, das im Instanzenzug vorgeordnete Gericht. Eine Anfechtung der Entscheidung findet nicht statt. (3) Diese Vorschriften gelten auch für die Pflegschaft.	**§ 99** Kindschaftssachen (...) (2) Sind für die Anordnung einer Vormundschaft sowohl die deutschen Gerichte als auch die Gerichte eines anderen Staates zuständig und ist die Vormundschaft in dem anderen Staat anhängig, kann die Anordnung der Vormundschaft im Inland unterbleiben, wenn dies im Interesse des Mündels liegt. (3) Sind für die Anordnung einer Vormundschaft sowohl die deutschen Gerichte als auch die Gerichte eines anderen Staates zuständig und besteht die Vormundschaft im Inland, kann das Gericht, bei dem die Vormundschaft anhängig ist, sie an den Staat, dessen Gerichte für die Anordnung der Vormundschaft zuständig sind, abgeben, wenn dies im Interesse des Mündels liegt, der Vormund seine Zustimmung erteilt und dieser Staat sich zur Übernahme bereit erklärt. Verweigert der Vormund oder, wenn mehrere Vormünder die Vormundschaft gemeinschaftlich führen, einer von ihnen seine Zustimmung, so entscheidet an Stelle des Gerichts, bei dem die Vormundschaft anhängig ist, das im Rechtszug übergeordnete Gericht. Der Beschluss ist nicht anfechtbar. (4) Die Absätze 2 und 3 gelten entsprechend für Verfahren nach § 151 Nr. 5 und 6.
§ 48 Wird einem Standesamt der Tod einer Person, die ein minderjähriges Kind hinterlassen hat, oder die Geburt eines Kindes nach dem Tode des Vaters oder die Auffindung eines Minderjährigen, dessen Familienstand nicht zu ermitteln ist, angezeigt, so hat das Standesamt dies dem Vormundschaftsgericht mitzuteilen.	**§ 168a** Mitteilungspflichten des Standesamts (1) Wird dem Standesamt der Tod einer Person, die ein minderjähriges Kind hinterlassen hat, oder die Geburt eines Kindes nach dem Tod des Vaters oder das Auffinden eines Minderjährigen, dessen Familienstand nicht zu ermitteln ist, angezeigt, hat das Standesamt dies dem Familiengericht mitzuteilen.
§ 49 (1) Das Vormundschaftsgericht hört das Jugendamt vor einer Entscheidung nach folgenden Vorschriften des Bürgerlichen Gesetzbuchs: 1. Annahme als Kind (1741), sofern das Jugendamt nicht eine gutachtliche Äußerung nach § 56d abgegeben hat, 2. Ersetzung der Einwilligung eines Elternteils in die Annahme als Kind (1748), 3. Aufhebung des Annahmeverhältnisses (1760 und 1763), 4. Rückübertragung der elterlichen Sorge (1751 Abs. 3, § 1764 Abs. 4)	**§ 194** Anhörung des Jugendamts (1) In Adoptionssachen hat das Gericht das Jugendamt anzuhören, sofern der Anzunehmende oder Angenommene minderjährig ist. Dies gilt nicht, wenn das Jugendamt nach § 189 eine gutachtliche Äußerung abgegeben hat.

IV. – Konkordanzliste

Geltendes Recht	Künftiges Recht gemäß FGG-RG
(2) In den Fällen des § 11 Abs. 1 Nr. 2 und 3 des Adoptionsvermittlungsgesetzes hört das Vormundschaftsgericht vor dem Ausspruch der Annahme außerdem die zentrale Adoptionsstelle des Landesjugendamts, die nach § 11 Abs. 2 des Adoptionsvermittlungsgesetzes beteiligt worden ist. Ist eine zentrale Adoptionsstelle nicht beteiligt worden, so tritt an seine Stelle das Landesjugendamt, in dessen Bereich das Jugendamt liegt, das nach Absatz 1 Gelegenheit zur Äußerung erhält oder das eine gutachtliche Äußerung nach § 56d abgegeben hat.	§ 195 Anhörung des Landesjugendamts (1) In den Fällen des § 11 Abs. 1 Nr. 2 und 3 des Adoptionsvermittlungsgesetzes hat das Gericht vor dem Ausspruch der Annahme auch die zentrale Adoptionsstelle des Landesjugendamts anzuhören, die nach § 11 Abs. 2 des Adoptionsvermittlungsgesetzes beteiligt worden ist. Ist eine zentrale Adoptionsstelle nicht beteiligt worden, tritt an seine Stelle das Landesjugendamt, in dessen Bereich das Jugendamt liegt, das nach § 194 Gelegenheit zur Äußerung erhält oder das nach § 189 eine gutachtliche Äußerung abgegeben hat.
(3) Dem Jugendamt und dem Landesjugendamt sind alle Entscheidungen des Gerichts bekannt zu machen, zu denen sie nach dieser Vorschrift zu hören waren.	§ 194 Anhörung des Jugendamts (2) Das Gericht hat dem Jugendamt in den Fällen, in denen dieses angehört wurde oder eine gutachtliche Äußerung abgegeben hat, die Entscheidung mitzuteilen. Gegen den Beschluss steht dem Jugendamt die Beschwerde zu.
(4) Bei Gefahr im Verzuge kann das Vormundschaftsgericht einstweilige Anordnungen schon vor Anhörung des Jugendamts treffen. Die Anhörung ist unverzüglich nachzuholen.	
§ 49a (1) Das Familiengericht hört das Jugendamt vor einer Entscheidung nach folgenden Vorschriften des Bürgerlichen Gesetzbuchs: 1. Befreiung vom Erfordernis der Volljährigkeit (§ 1303 Abs. 2), 2. Ersetzung der Zustimmung zur Bestätigung der Ehe (§ 1315 Abs. 1 Satz 3 zweiter Halbsatz) 3. Übertragung von Angelegenheiten der elterlichen Sorge auf die Pflegeperson (§ 1630 Abs. 3), 4. Unterstützung der Eltern bei der Ausübung der Personensorge (§ 1631 Abs. 3), 5. Unterbringung, die mit Freiheitsentziehung verbunden ist (§§ 1631b, 1800, 1915), 6. Herausgabe des Kindes, Wegnahme von der Pflegeperson (§ 1632 Abs. 1, 4) oder von dem Ehegatten oder Umgangsberechtigten (§ 1682), 7. Umgang mit dem Kind (§ 1632 Abs. 2, §§ 1684, 1685), 8. Gefährdung des Kindeswohls (§ 1666), 9. Sorge bei Getrenntleben der Eltern (§ 1671, 1672 Abs. 1 des Bürgerlichen Gesetzbuchs, Artikel 224 § 2 Abs. 3 des Einführungsgesetzes zum Bürgerlichen Gesetzbuche) 10. Ruhen der elterlichen Sorge (§ 1678 Abs. 2), 11. elterliche Sorge nach Tod eines Elternteils (§ 1680 Abs. 2, § 1681), 12. elterliche Sorge nach Entziehung (§ 1680 Abs. 3)	§ 162 Mitwirkung des Jugendamts (1) Das Gericht hat in Verfahren, die die Person des Kindes betreffen, das Jugendamt anzuhören. (…)
(2) Das Familiengericht soll das Jugendamt in Verfahren über die Überlassung der Ehewohnung (§ 1361b des Bürgerlichen Gesetzbuchs) oder nach § 2 des Gewaltschutzgesetzes vor einer ablehnenden Entscheidung anhören, wenn Kinder im Haushalt der Beteiligten leben.	§ 205 Anhörung des Jugendamts in Wohnungszuweisungssachen (1) In Wohnungszuweisungssachen soll das Gericht das Jugendamt anhören, wenn Kinder im Haushalt der Ehegatten leben. (…) § 213 Anhörung des Jugendamts (1) In Verfahren nach § 2 des Gewaltschutzgesetzes soll das Gericht das Jugendamt anhören, wenn Kinder in dem Haushalt leben. (…)
(3) § 49 Abs. 3 und 4 gilt entsprechend.	

Gegenüberstellung geltendes und künftiges Recht

Geltendes Recht	Künftiges Recht gemäß FGG-RG
§ 50	§ 158 Verfahrensbeistand
(1) Das Gericht kann dem minderjährigen Kind einen Pfleger für ein seine Person betreffendes Verfahren bestellen, soweit dies zur Wahrnehmung seiner Interessen erforderlich ist.	(1) Das Gericht hat dem minderjährigen Kind in Kindschaftssachen, die seine Person betreffen, einen geeigneten Verfahrensbeistand zu bestellen, soweit dies zur Wahrnehmung seiner Interessen erforderlich ist.
(2) Die Bestellung ist in der Regel erforderlich, wenn 1. das Interesse des Kindes zu dem seiner gesetzlichen Vertreter in erheblichem Gegensatz steht, 2. Gegenstand des Verfahrens Maßnahmen wegen Gefährdung des Kindeswohls sind, mit denen die Trennung des Kindes von seiner Familie oder die Entziehung der gesamten Personensorge verbunden ist (§§ 1666, 1666a des Bürgerlichen Gesetzbuchs), oder 3. Gegenstand des Verfahrens die Wegnahme des Kindes von der Pflegeperson (§ 1632 Abs. 4 des Bürgerlichen Gesetzbuchs) oder von dem Ehegatten, dem Lebenspartner oder Umgangsberechtigten (§ 1682 des Bürgerlichen Gesetzbuchs) ist.	(2) Die Bestellung ist in der Regel erforderlich, 1. wenn das Interesse des Kindes zu dem seiner gesetzlichen Vertreter in erheblichem Gegensatz steht, 2. in Verfahren nach den §§ 1666 und 1666a des Bürgerlichen Gesetzbuchs, wenn die teilweise oder vollständige Entziehung der Personensorge in Betracht kommt, 3. wenn eine Trennung des Kindes von der Person erfolgen soll, in deren Obhut es sich befindet, 4. in Verfahren, die die Herausgabe des Kindes oder eine Verbleibensanordnung zum Gegenstand haben oder (…)
Sieht das Gericht in diesen Fällen von der Bestellung eines Pflegers für das Verfahren ab, so ist dies in der Entscheidung zu begründen, die die Person des Kindes betrifft.	(3) (…) Sieht das Gericht in den Fällen des Absatzes 2 von der Bestellung eines Verfahrensbeistands ab, ist dies in der Endentscheidung zu begründen. (…)
(3) Die Bestellung soll unterbleiben oder aufgehoben werden, wenn die Interessen des Kindes von einem Rechtsanwalt oder einem anderen geeigneten Verfahrensbevollmächtigten angemessen vertreten werden.	(5) Die Bestellung soll unterbleiben oder aufgehoben werden, wenn die Interessen des Kindes von einem Rechtsanwalt oder einem anderen geeigneten Verfahrensbevollmächtigten angemessen vertreten werden.
(4) Die Bestellung endet, sofern sie nicht vorher aufgehoben wird, 1. mit der Rechtskraft der das Verfahren abschließenden Entscheidung oder 2. mit dem sonstigen Abschluß des Verfahrens.	(6) Die Bestellung endet, sofern sie nicht vorher aufgehoben wird, 1. mit der Rechtskraft der das Verfahren abschließenden Entscheidung oder 2. mit dem sonstigen Abschluss des Verfahrens.
(5) Der Ersatz von Aufwendungen und die Vergütung des Pflegers bestimmen sich entsprechend § 67a.	(7) Für den Ersatz von Aufwendungen des nicht berufsmäßigen Verfahrensbeistands gilt § 277 Abs. 1 entsprechend. Wird die Verfahrensbeistandschaft berufsmäßig geführt, erhält der Verfahrensbeistand eine einmalige Vergütung in Höhe von 350 Euro. Im Falle der Übertragung von Aufgaben nach Absatz 4 Satz 3 erhöht sich die Vergütung auf 550 Euro. Die Vergütung gilt auch Ansprüche auf Ersatz anlässlich der Verfahrensbeistandschaft entstandener Aufwendungen sowie die auf die Vergütung anfallende Umsatzsteuer ab. Der Aufwendungsersatz und die Vergütung sind stets aus der Staatskasse zu zahlen. Im Übrigen gilt § 168 Abs. 1 entsprechend. (…)

IV. – Konkordanzliste

Geltendes Recht	Künftiges Recht gemäß FGG-RG
§ 50a (1) Das Gericht hört in einem Verfahren, das die <u>Personen- oder Vermögenssorge</u> für ein Kind betrifft, die Eltern an. In Angelegenheiten der <u>Personensorge</u> soll das Gericht die Eltern in der Regel persönlich anhören. In <u>den Fällen der</u> §§ 1666 und 1666a des Bürgerlichen Gesetzbuchs sind die Eltern <u>stets</u> persönlich anzuhören, <u>um mit ihnen zu klären, wie die Gefährdung des Kindeswohls abgewendet werden kann.</u> (2) Einen Elternteil, dem die Sorge nicht zusteht, hört das Gericht an, <u>es sei denn,</u> daß von der Anhörung eine Aufklärung nicht erwartet werden kann. (3) <u>Das Gericht darf</u> von der Anhörung nur aus schwerwiegenden Gründen absehen. Unterbleibt die Anhörung allein wegen Gefahr im Verzug, so ist sie unverzüglich nachzuholen. (4) <u>Die Absätze 2 und 3 gelten für die Eltern des Mündels entsprechend.</u>	§ 160 Anhörung der Eltern (1) In Verfahren, die die <u>Person</u> des Kindes betreffen, <u>soll</u> das Gericht die Eltern persönlich anhören. In <u>Verfahren nach den</u> §§ 1666 und 1666a des Bürgerlichen Gesetzbuchs sind die Eltern persönlich anzuhören. (2) In <u>sonstigen Kindschaftssachen</u> hat das Gericht die Eltern anzuhören. <u>Dies gilt nicht für</u> einen Elternteil, dem die elterliche Sorge nicht zusteht, <u>sofern</u> von der Anhörung eine Aufklärung nicht erwartet werden kann. (3) Von der Anhörung darf nur aus schwerwiegenden Gründen <u>abgesehen werden.</u> (4) Unterbleibt die Anhörung allein wegen Gefahr im Verzug, ist sie unverzüglich nachzuholen.
§ 50b (1) Das Gericht hört in einem Verfahren, das die Personen- oder Vermögenssorge betrifft, das Kind persönlich an, wenn die Neigungen, Bindungen oder der Wille des Kindes für die Entscheidung von Bedeutung sind oder wenn es zur Feststellung des Sachverhalts angezeigt erscheint, daß sich das Gericht von dem Kind einen unmittelbaren Eindruck verschafft. (2) Hat ein Kind das vierzehnte Lebensjahr vollendet und ist es nicht geschäftsunfähig, so hört das Gericht in einem Verfahren, das die Personensorge betrifft, das Kind stets persönlich an. In vermögensrechtlichen Angelegenheiten soll das Kind persönlich angehört werden, wenn dies nach der Art der Angelegenheit angezeigt erscheint. Bei der Anhörung soll das Kind, soweit nicht Nachteile für seine Entwicklung oder Erziehung zu befürchten sind, über den Gegenstand und möglichen Ausgang des Verfahrens in geeigneter Weise unterrichtet werden; ihm ist Gelegenheit zur Äußerung zu geben. (3) In den Fällen des Absatzes 1 und des Absatzes 2 Satz 1 darf das Gericht von der Anhörung nur aus schwerwiegenden Gründen absehen. Unterbleibt die Anhörung allein wegen Gefahr im Verzug, so ist sie unverzüglich nachzuholen. (4) <u>Die Absätze 1 bis 3 gelten für Mündel entsprechend.</u>	§ 159 Persönliche Anhörung des Kindes (1) Das Gericht <u>hat</u> das Kind persönlich <u>anzuhören, wenn es das 14. Lebensjahr vollendet hat. Betrifft das Verfahren ausschließlich das Vermögen des Kindes, kann von einer persönlichen Anhörung abgesehen werden, wenn eine solche nach der Art der Angelegenheit nicht angezeigt ist.</u> (2) <u>Hat das Kind das 14. Lebensjahr noch nicht vollendet, ist es persönlich anzuhören, wenn die Neigungen, Bindungen oder der Wille des Kindes für die Entscheidung von Bedeutung sind oder wenn eine persönliche Anhörung aus sonstigen Gründen angezeigt ist.</u> (4) Das Kind soll über den Gegenstand, Ablauf und möglichen Ausgang des Verfahrens in einer geeigneten Weise und seinem Alter entsprechenden Weise informiert werden, soweit nicht Nachteile für seine Entwicklung, Erziehung oder Gesundheit zu befürchten sind. Ihm ist Gelegenheit zur Äußerung zu geben. <u>Im Übrigen steht die Gestaltung der persönlichen Anhörung im Ermessen des Gerichts.</u> (3) Von einer persönlichen Anhörung nach Absatz 1 oder Absatz 2 darf das Gericht aus schwerwiegenden Gründen absehen. Unterbleibt eine Anhörung allein wegen Gefahr im Verzug, ist sie unverzüglich nachzuholen.
§ 50c Lebt ein Kind seit längerer Zeit in Familienpflege, so hört das Gericht in allen die Person des Kindes betreffenden <u>Angelegenheiten</u> auch die Pflegeperson an, <u>es sei denn, daß davon eine Aufklärung nicht erwartet werden kann.</u> Satz 1 gilt entsprechend, wenn das Kind auf Grund einer Entscheidung nach § 1682 des Bürgerlichen Gesetzbuchs bei dem dort genannten Ehegatten, Lebenspartner oder Umgangsberechtigten lebt.	§ 161 Mitwirkung der Pflegeperson (1) Das Gericht <u>kann in Verfahren,</u> die die Person des Kindes betreffen, die Pflegeperson im Interesse des Kindes <u>als Beteiligte hinzuziehen,</u> wenn das Kind seit längerer Zeit in Familienpflege lebt. Satz 1 gilt entsprechend, wenn das Kind auf Grund einer Entscheidung nach § 1682 des Bürgerlichen Gesetzbuchs bei dem dort genannten Ehegatten, Lebenspartner oder Umgangsberechtigten lebt. (2) Die in Absatz 1 genannten Personen sind anzuhören, wenn das Kind seit längerer Zeit in Familienpflege lebt.

Gegenüberstellung geltendes und künftiges Recht

Geltendes Recht	Künftiges Recht gemäß FGG-RG
§ 50d Ordnet das Gericht die Herausgabe eines Kindes an, so kann es die Herausgabe der zum persönlichen Gebrauch des Kindes bestimmten Sachen durch einstweilige Anordnung regeln.	(weggefallen)
§ 51 (1) Eine Verfügung, durch die von dem Familiengericht festgestellt wird, daß ein Elternteil auf längere Zeit an der Ausübung der elterlichen Sorge tatsächlich verhindert ist, wird mit der Bekanntmachung an den anderen Elternteil wirksam, wenn dieser die elterliche Sorge während der Verhinderung kraft Gesetzes allein ausübt, anderenfalls mit der Übertragung der Ausübung der elterlichen Sorge auf ihn oder mit der Bestellung des Vormundes. (2) Eine Verfügung, durch die von dem Familiengericht festgestellt wird, daß der Grund für das Ruhen der elterlichen Sorge eines Elternteils nicht mehr besteht, wird mit der Bekanntmachung an diesen wirksam.	(weggefallen)
§ 52 (1) In einem die Person eines Kindes betreffenden Verfahren soll das Gericht so früh wie möglich und in jeder Lage des Verfahrens auf ein Einvernehmen der Beteiligten hinwirken. Es soll die Beteiligten so früh wie möglich anhören und auf bestehende Möglichkeiten der Beratung durch die Beratungsstellen und -dienste der Träger der Jugendhilfe insbesondere zur Entwicklung eines einvernehmlichen Konzepts für die Wahrnehmung der elterlichen Sorge und der elterlichen Verantwortung hinweisen. (2) Soweit dies nicht zu einer für das Kindeswohl nachteiligen Verzögerung führt, soll das Gericht das Verfahren aussetzen, wenn 1. die Beteiligten bereit sind, außergerichtliche Beratung in Anspruch zu nehmen, oder 2. nach freier Überzeugung des Gerichts Aussicht auf ein Einvernehmen der Beteiligten besteht; in diesem Fall soll das Gericht den Beteiligten nahelegen, eine außergerichtliche Beratung in Anspruch zu nehmen. (3) Im Fall des Absatzes 2 kann das Gericht eine einstweilige Anordnung über den Verfahrensgegenstand von Amts wegen erlassen.	**§ 156** Hinwirken auf Einvernehmen (1) Das Gericht soll in Kindschaftssachen, die die elterliche Sorge bei Trennung und Scheidung, den Aufenthalt des Kindes, das Umgangsrecht oder die Herausgabe des Kindes betreffen, in jeder Lage des Verfahrens auf ein Einvernehmen der Beteiligten hinwirken, wenn dies dem Kindeswohl nicht widerspricht. Es weist auf Möglichkeiten der Beratung durch die Beratungsstellen und -dienste der Träger der Kinder- und Jugendhilfe insbesondere zur Entwicklung eines einvernehmlichen Konzepts für die Wahrnehmung der elterlichen Sorge und der elterlichen Verantwortung hin. Das Gericht soll in geeigneten Fällen auf die Möglichkeit der Mediation oder der sonstigen außergerichtlichen Streitbeilegung hinweisen. Es kann anordnen, dass die Eltern an einer Beratung nach Satz 2 teilnehmen. Die Anordnung ist nicht selbständig anfechtbar und nicht mit Zwangsmitteln durchsetzbar. (…) (3) Kann in Kindschaftssachen, die den Aufenthalt des Kindes, das Umgangsrecht oder die Herausgabe des Kindes betreffen, eine einvernehmliche Regelung im Termin nach § 155 Abs. 2 nicht erreicht werden, hat das Gericht mit den Beteiligten und dem Jugendamt den Erlass einer einstweiligen Anordnung zu erörtern. Wird die Teilnahme an einer Beratung oder eine schriftliche Begutachtung angeordnet, soll das Gericht in Kindschaftssachen, die das Umgangsrecht betreffen, den Umgang durch einstweilige Anordnung regeln oder ausschließen. Das Gericht soll das Kind vor dem Erlass einer einstweiligen Anordnung persönlich anhören.

IV. – Konkordanzliste

Geltendes Recht	Künftiges Recht gemäß FGG-RG
§ 52a	§ 165 Vermittlungsverfahren
(1) Macht ein Elternteil geltend, daß der andere Elternteil die Durchführung einer gerichtlichen Verfügung über den Umgang mit dem gemeinschaftlichen Kind vereitelt oder erschwert, <u>so</u> vermittelt das Familiengericht auf Antrag eines Elternteils zwischen den Eltern. Das Gericht kann die Vermittlung ablehnen, wenn bereits ein Vermittlungsverfahren oder eine anschließende außergerichtliche Beratung erfolglos geblieben ist.	(1) Macht ein Elternteil geltend, dass der andere Elternteil die Durchführung einer gerichtlichen Entscheidung oder eines gerichtlich gebilligten Vergleichs über den Umgang mit dem gemeinschaftlichen Kind vereitelt oder erschwert, vermittelt das Gericht auf Antrag eines Elternteils zwischen den Eltern. Das Gericht kann die Vermittlung ablehnen, wenn bereits ein Vermittlungsverfahren oder eine anschließende außergerichtliche Beratung erfolglos geblieben ist.
(2) Das Gericht <u>hat</u> die Eltern <u>alsbald</u> zu einem Vermittlungstermin <u>zu laden</u>. Zu diesem Termin <u>soll</u> das Gericht das persönliche Erscheinen der Eltern <u>anordnen</u>. In der Ladung weist das Gericht auf die möglichen Rechtsfolgen eines erfolglosen Vermittlungsverfahrens nach Absatz 5 hin. In geeigneten Fällen <u>bittet</u> das Gericht das Jugendamt <u>um Teilnahme</u> an dem Termin.	(2) Das Gericht <u>lädt</u> die Eltern <u>unverzüglich</u> zu einem Vermittlungstermin. Zu diesem Termin <u>ordnet</u> das Gericht das persönliche Erscheinen der Eltern <u>an</u>. In der Ladung weist das Gericht darauf hin, welche Rechtsfolgen ein erfolgloses Vermittlungsverfahren nach Absatz 5 haben kann. In geeigneten Fällen <u>lädt</u> das Gericht auch das Jugendamt zu dem Termin.
(3) In dem Termin erörtert das Gericht mit den Eltern, welche Folgen das Unterbleiben des Umgangs für das Wohl des Kindes haben kann. Es weist auf die Rechtsfolgen hin, die sich aus einer Vereitelung oder Erschwerung des Umgangs ergeben können<u>, insbesondere auf die Möglichkeiten der Durchsetzung mit Zwangsmitteln nach § 33 oder der Einschränkung und des Entzugs der Sorge unter den Voraussetzungen der § 1666, 1671 und 1696 des Bürgerlichen Gesetzbuchs</u>. Es weist die Eltern auf die bestehenden Möglichkeiten der Beratung durch die Beratungsstellen und -dienste der Träger der Jugendhilfe hin.	(3) In dem Termin erörtert das Gericht mit den Eltern, welche Folgen das Unterbleiben des Umgangs für das Wohl des Kindes haben kann. Es weist auf die Rechtsfolgen hin, die sich ergeben können, wenn der Umgang vereitelt oder erschwert wird, <u>insbesondere darauf, dass Ordnungsmittel verhängt werden können oder die elterliche Sorge eingeschränkt oder entzogen werden kann.</u> Es weist die Eltern auf die bestehenden Möglichkeiten der Beratung durch die Beratungsstellen und -dienste der Träger der Kinder- und Jugendhilfe hin.
(4) Das Gericht soll darauf hinwirken, daß die Eltern Einvernehmen über die Ausübung des Umgangs erzielen<u>. Das Ergebnis der Vermittlung ist im Protokoll festzuhalten. Soweit die Eltern Einvernehmen über eine von der gerichtlichen Verfügung abweichende Regelung des Umgangs erzielen und diese dem Wohl des Kindes nicht widerspricht, ist die Umgangsregelung als Vergleich zu protokollieren; dieser tritt an die Stelle der bisherigen gerichtlichen Verfügung.</u> Wird ein Einvernehmen nicht erzielt, sind die Streitpunkte <u>im Protokoll</u> festzuhalten.	(4) Das Gericht soll darauf hinwirken, dass die Eltern Einvernehmen über die Ausübung des Umgangs erzielen. <u>Kommt ein gerichtlich gebilligter Vergleich zustande, tritt dieser an die Stelle der bisherigen Regelung.</u> Wird ein Einvernehmen nicht erzielt, sind die Streitpunkte <u>im Vermerk</u> festzuhalten. § 156 Hinwirken auf Einvernehmen <u>(2) Erzielen die Beteiligten Einvernehmen über den Umgang, ist die Umgangsregelung als Vergleich aufzunehmen, wenn das Gericht diese billigt (gerichtlich gebilligter Vergleich). Das Gericht billigt die Umgangsregelung, wenn sie dem Kindeswohl nicht widerspricht.</u> § 165 Vermittlungsverfahren (…)
(5) Wird weder eine einvernehmliche Regelung des Umgangs noch Einvernehmen über eine nachfolgende Inanspruchnahme außergerichtlicher Beratung erreicht oder erscheint mindestens ein Elternteil in dem Vermittlungstermin nicht, so stellt das Gericht durch nicht anfechtbaren Beschluß fest, daß das Vermittlungsverfahren erfolglos geblieben ist. In diesem Fall prüft das Gericht, ob <u>Zwangsmittel</u> ergriffen, Änderungen der Umgangsregelung vorgenommen oder Maßnahmen in bezug auf die Sorge ergriffen werden sollen. Wird ein entsprechendes Verfahren von Amts wegen oder auf einen binnen eines Monats gestellten Antrag eines Elternteils eingeleitet, so werden die Kosten des Vermittlungsverfahrens als Teil der Kosten des anschließenden Verfahrens behandelt.	(5) Wird weder eine einvernehmliche Regelung des Umgangs noch Einvernehmen über eine nachfolgende Inanspruchnahme außergerichtlicher Beratung erreicht oder erscheint mindestens ein Elternteil in dem Vermittlungstermin nicht, stellt das Gericht durch nicht anfechtbaren Beschluss fest, dass das Vermittlungsverfahren erfolglos geblieben ist. In diesem Fall prüft das Gericht, ob <u>Ordnungsmittel</u> ergriffen, Änderungen der Umgangsregelung vorgenommen oder Maßnahmen in Bezug auf die Sorge ergriffen werden sollen. Wird ein entsprechendes Verfahren von Amts wegen oder auf einen binnen eines Monats gestellten Antrag eines Elternteils eingeleitet, werden die Kosten des Vermittlungsverfahrens als Teil der Kosten des anschließenden Verfahrens behandelt.

Gegenüberstellung geltendes und künftiges Recht

Geltendes Recht	Künftiges Recht gemäß FGG-RG
§ 53	§ 40 Wirksamwerden (...) (3) Ein Beschluss, durch den auf Antrag die Ermächtigung oder die Zustimmung eines anderen zu einem Rechtsgeschäft ersetzt oder die Beschränkung oder Ausschließung der Berechtigung des Ehegatten oder Lebenspartners, Geschäfte mit Wirkung für den anderen Ehegatten oder Lebenspartner zu besorgen (§ 1357 Abs. 2 Satz 1 des Bürgerlichen Gesetzbuchs, auch in Verbindung mit § 8 Abs. 2 des Lebenspartnerschaftsgesetzes), aufgehoben wird, wird erst mit Rechtskraft wirksam. Bei Gefahr im Verzug kann das Gericht die sofortige Wirksamkeit des Beschlusses anordnen. Der Beschluss wird mit Bekanntgabe an den Antragsteller wirksam. § 198 Beschluss in weiteren Verfahren (1) Der Beschluss über die Ersetzung einer Einwilligung oder Zustimmung zur Annahme als Kind wird erst mit Rechtskraft wirksam. Bei Gefahr im Verzug kann das Gericht die sofortige Wirksamkeit des Beschlusses anordnen. Der Beschluss wird mit Bekanntgabe an den Antragsteller wirksam.
(1) Eine Verfügung, durch die auf Antrag die Ermächtigung oder die Zustimmung eines anderen zu einem Rechtsgeschäft ersetzt oder die Beschränkung oder Ausschließung der Berechtigung des Ehegatten oder Lebenspartners, Geschäfte mit Wirkung für den anderen Ehegatten oder Lebenspartner zu besorgen (§ 1357 Abs. 2 Satz 1 des Bürgerlichen Gesetzbuchs) auch in Verbindung mit § 8 Abs. 2 des Lebenspartnerschaftsgesetzes) aufgehoben wird, wird erst mit der Rechtskraft wirksam. Das gleiche gilt von einer Verfügung, durch die die Einwilligung oder Zustimmung eines Elternteils, des Vormundes oder Pflegers oder eines Ehegatten zu einer Annahme als Kind ersetzt wird. (2) Bei Gefahr im Verzug kann das Gericht die sofortige Wirksamkeit der Verfügung anordnen. Die Verfügung wird mit der Bekanntmachung an den Antragsteller wirksam.	
§ 53a	§ 36 Vergleich (1) Die Beteiligten können einen Vergleich schließen, soweit sie über den Gegenstand des Verfahrens verfügen können. Das Gericht soll außer in Gewaltschutzsachen auf eine gütliche Einigung der Beteiligten hinwirken. (2) Kommt eine Einigung im Termin zustande, ist hierüber eine Niederschrift anzufertigen. Die Vorschriften der Zivilprozessordnung über die Niederschrift des Vergleichs sind entsprechend anzuwenden. § 264 Verfahren nach den §§ 1382 und 1383 des Bürgerlichen Gesetzbuchs (1) In den Verfahren nach den §§ 1382 und 1383 des Bürgerlichen Gesetzbuchs wird die Entscheidung des Gerichts erst mit der Rechtskraft wirksam. Eine Abänderung oder Wiederaufnahme ist ausgeschlossen. (2) In dem Beschluss, in dem über den Antrag auf Stundung der Ausgleichsforderung entschieden wird, kann das Gericht auf Antrag des Gläubigers auch die Verpflichtung des Schuldners zur Zahlung der Ausgleichsforderung aussprechen. § 49 Einstweilige Anordnung (1) Das Gericht kann durch einstweilige Anordnung eine vorläufige Maßnahme treffen, soweit dies nach den für das Rechtsverhältnis maßgebenden Vorschriften gerechtfertigt ist und ein dringendes Bedürfnis für ein sofortiges Tätigwerden besteht. § 95 Anwendung der Zivilprozessordnung (1) Soweit in den vorstehenden Unterabschnitten nichts Abweichendes bestimmt ist, sind auf die Vollstreckung
(1) In den Verfahren nach den §§ 1382, 1383 des Bürgerlichen Gesetzbuchs soll das Gericht mit den Beteiligten mündlich verhandeln und darauf hinwirken, daß sie sich gütlich einigen. Kommt eine Einigung zustande, so ist hierüber eine Niederschrift aufzunehmen; die Vorschriften, die für die Niederschrift über einen Vergleich in bürgerlichen Rechtsstreitigkeiten gelten, sind entsprechend anzuwenden. Der Vergleich kann auch die Verpflichtung des Schuldners zur Zahlung der Ausgleichsforderung enthalten. (2) Die Verfügung des Gerichts wird erst mit der Rechtskraft wirksam. In der Verfügung, in der über den Antrag auf Stundung der Ausgleichsforderung entschieden wird, kann das Gericht auf Antrag des Gläubigers auch die Verpflichtung des Schuldners zur Zahlung der Ausgleichsforderung aussprechen. (3) Das Gericht kann einstweilige Anordnungen treffen, wenn hierfür ein Bedürfnis besteht. Die Anordnungen können nur mit der Endentscheidung angefochten werden. (4) Rechtskräftige Entscheidungen, gerichtliche Vergleiche und einstweilige Anordnungen werden nach den Vorschriften der Zivilprozeßordnung vollstreckt.	

IV. – Konkordanzliste

Geltendes Recht	Künftiges Recht gemäß FGG-RG
	1. wegen einer Geldforderung, (…) 3. zur Vornahme einer vertretbaren oder nicht vertretbaren Handlung, (…) die Vorschriften der Zivilprozessordnung über die Zwangsvollstreckung entsprechend anzuwenden.
§ 53b (1) In den Verfahren nach § 1587b und nach § 1587f des Bürgerlichen Gesetzbuchs soll das Gericht mit den Beteiligten mündlich verhandeln.	§ 222 Erörterungstermin In den Verfahren nach den §§ 1587b und 1587f des Bürgerlichen Gesetzbuchs und in den Fällen des § 230 soll das Gericht die Angelegenheit mit den Ehegatten in einem Termin erörtern.
(2) In den Fällen des § 1587b Abs. 1, 2 des Bürgerlichen Gesetzbuchs hat das Gericht die Träger der gesetzlichen Rentenversicherungen, in den Fällen des § 1587b Abs. 2 des Bürgerlichen Gesetzbuchs auch die Träger der Versorgungslast zu beteiligen.	§ 219 Beteiligte Zu beteiligen sind neben den Ehegatten 1. in den Fällen des Ausgleichs durch Übertragung oder Begründung von Anrechten der Versorgungsträger, a) bei dem ein auszugleichendes oder nach § 3b Abs. 1 Nr. 1 des Gesetzes zur Regelung von Härten im Versorgungsausgleich zum Ausgleich heranzuziehendes Anrecht besteht, b) auf den ein Anrecht zu übertragen ist, c) bei dem ein Anrecht zu begründen ist oder d) an den Zahlungen zur Begründung von Anrechten zu leisten sind. (…)
Im Verfahren über den Versorgungsausgleich kann das Gericht über Grund und Höhe der Versorgungsanwartschaften bei den hierfür zuständigen Behörden, Rentenversicherungsträgern, Arbeitgebern, Versicherungsgesellschaften und sonstigen Stellen Auskünfte einholen. Die in Satz 2 bezeichneten Stellen sind verpflichtet, den gerichtlichen Ersuchen Folge zu leisten.	§ 220 Verfahrensrechtliche Auskunftspflicht (1) In Versorgungsausgleichssachen kann das Gericht über Grund und Höhe der Anrechte Auskünfte einholen bei (…) 2. Versorgungsträgern und 3. sonstigen Stellen, die zur Erteilung der Auskünfte in der Lage sind. (….) (3) Die in dieser Vorschrift genannten Personen und Stellen sind verpflichtet, den gerichtlichen Ersuchen und Anordnungen Folge zu leisten.
(3) Die Entscheidung des Gerichts über den Versorgungsausgleich ist zu begründen.	§ 227 Entscheidung über den Versorgungsausgleich (…) Die Entscheidung ist zu begründen.
(4) Kommt eine Vereinbarung zustande, so ist hierüber eine Niederschrift aufzunehmen; die Vorschriften, die für die Niederschrift über einen Vergleich in bürgerlichen Rechtsstreitigkeiten gelten, sind entsprechend anzuwenden.	§ 36 Vergleich (…) (2) Kommt eine Einigung im Termin zustande, ist hierüber eine Niederschrift anzufertigen. Die Vorschriften der Zivilprozessordnung über die Niederschrift des Vergleichs sind entsprechend anzuwenden.

Gegenüberstellung geltendes und künftiges Recht

Geltendes Recht	Künftiges Recht gemäß FGG-RG
§ 53c	§ 221 Aussetzung des Verfahrens über den Versorgungsausgleich
(1) Besteht Streit unter den Beteiligten über den Bestand oder die Höhe einer Anwartschaft oder einer Aussicht auf eine Versorgung, so kann das Gericht das Verfahren über den Versorgungsausgleich aussetzen und einem oder beiden Ehegatten eine Frist zur Erhebung der Klage bestimmen. Wird die Klage nicht vor Ablauf der bestimmten Frist erhoben, so kann das Gericht im weiteren Verfahren das Vorbringen eines Beteiligten, das er mit einer Klage hätte geltend machen können, unberücksichtigt lassen. (2) Das Gericht hat das Verfahren auszusetzen, wenn ein Rechtsstreit über eine Anwartschaft oder eine Aussicht auf eine Versorgung anhängig ist. Ist die Klage erst nach Ablauf der nach Absatz 1 Satz 1 bestimmten Frist erhoben worden, so steht die Aussetzung im Ermessen des Gerichts.	(1) Besteht Streit über den Bestand oder die Höhe eines in den Versorgungsausgleich einzubeziehenden Anrechts, kann das Gericht das Verfahren über den Versorgungsausgleich aussetzen und einem oder beiden Ehegatten eine Frist zur Erhebung der Klage bestimmen. Wird die Klage nicht vor Ablauf der bestimmten Frist erhoben, kann das Gericht im weiteren Verfahren das Vorbringen unberücksichtigt lassen, das mit der Klage hätte geltend gemacht werden können. (2) Das Gericht hat das Verfahren auszusetzen, wenn ein Rechtsstreit über ein in den Versorgungsausgleich einzubeziehendes Anrecht anhängig ist. Ist die Klage erst nach Ablauf der nach Absatz 1 Satz 1 bestimmten Frist erhoben worden, kann das Gericht das Verfahren aussetzen.
§ 53d	§ 223 Vereinbarung über den Versorgungsausgleich
Eine Entscheidung über den Versorgungsausgleich nach § 1587b des Bürgerlichen Gesetzbuchs findet insoweit nicht statt, als die Ehegatten den Versorgungsausgleich nach § 1408 Abs. 2 des Bürgerlichen Gesetzbuchs ausgeschlossen oder nach § 1587o des Bürgerlichen Gesetzbuchs eine Vereinbarung geschlossen haben und das Gericht die Vereinbarung genehmigt hat. Die Verweigerung der Genehmigung ist nicht selbständig anfechtbar.	(1) Ein Versorgungsausgleich durch Übertragung oder Begründung von Anrechten findet insoweit nicht statt, als die Ehegatten den Versorgungsausgleich nach § 1408 Abs. 2 des Bürgerlichen Gesetzbuchs ausgeschlossen oder nach § 1587o des Bürgerlichen Gesetzbuchs eine Vereinbarung geschlossen haben und das Gericht die Vereinbarung genehmigt hat. (2) Die Verweigerung der Genehmigung ist nicht selbständig anfechtbar.
§ 53e	§ 224 Zahlungen zur Begründung von Rentenanwartschaften
(1) In der Entscheidung nach § 1587b Abs. 3 Satz 1 erster Halbsatz des Bürgerlichen Gesetzbuchs ist der Träger der gesetzlichen Rentenversicherung, an den die Zahlung zu leisten ist, zu bezeichnen. (2) Ist ein Ehegatte auf Grund einer Vereinbarung, die das Gericht nach § 1587o Abs. 2 des Bürgerlichen Gesetzbuchs genehmigt hat, verpflichtet, für den anderen Zahlungen zur Begründung von Rentenanwartschaften in einer gesetzlichen Rentenversicherung zu leisten, so wird der für die Begründung dieser Rentenanwartschaften erforderliche Betrag gesondert festgesetzt. Absatz 1 gilt entsprechend. (3) Werden die Berechnungsgrößen geändert, nach denen sich der Betrag, der nach § 1587b Abs. 3 Satz 1 erster Halbsatz des Bürgerlichen Gesetzbuchs oder nach Absatz 2 Satz 1 zu leisten ist, errechnet, so wird der zu leistende Betrag auf Antrag neu festgesetzt.	(1) In der Entscheidung nach § 3b Abs. 1 Nr. 2 des Gesetzes zur Regelung von Härten im Versorgungsausgleich ist der Träger der gesetzlichen Rentenversicherung, an den die Zahlung zu leisten ist, zu bezeichnen. (2) Ist ein Ehegatte auf Grund einer Vereinbarung, die das Gericht nach § 1587o Abs. 2 des Bürgerlichen Gesetzbuchs genehmigt hat, verpflichtet, für den anderen Zahlungen zur Begründung von Rentenanwartschaften in der gesetzlichen Rentenversicherung zu leisten, wird der für die Begründung dieser Rentenanwartschaften erforderliche Betrag gesondert festgesetzt. Absatz 1 gilt entsprechend. (3) Werden die Berechnungsgrößen geändert, nach denen sich der Betrag errechnet, der in den Fällen der Absätze 1 und 2 zu leisten ist, hat das Gericht den zu leistenden Betrag auf Antrag neu festzusetzen.
§ 53f	§ 225 Aufhebung der früheren Entscheidung bei schuldrechtlichem Versorgungsausgleich
Soweit der Versorgungsausgleich nach § 1587f Nr. 3 des Bürgerlichen Gesetzbuchs stattfindet, hebt das Gericht die auf § 1587b Abs. 3 des Bürgerlichen Gesetzbuchs gegründete Entscheidung auf.	Soweit der Versorgungsausgleich nach § 1587f Nr. 3 des Bürgerlichen Gesetzbuchs stattfindet, hat das Gericht die auf § 1587b Abs. 3 des Bürgerlichen Gesetzbuchs oder auf § 3b Abs. 1 Nr. 2 des Gesetzes zur Regelung von Härten im Versorgungsausgleich gegründete Entscheidung aufzuheben.

IV. – Konkordanzliste

Geltendes Recht	Künftiges Recht gemäß FGG-RG
§ 53g (1) Entscheidungen, die den Versorgungsausgleich betreffen, werden erst mit der Rechtskraft wirksam. (2) Gegen Entscheidungen nach § 1587d, § 1587g Abs. 3, § 1587i Abs. 3, § 1587l Abs. 3 Satz 3 des Bürgerlichen Gesetzbuchs sowie nach § 53e Abs. 2, 3 ist die Rechtsbeschwerde ausgeschlossen. (3) Rechtskräftige Entscheidungen und gerichtliche Vergleiche, die den Versorgungsausgleich betreffen, werden nach den Vorschriften der Zivilprozeßordnung vollstreckt.	§ 227 Entscheidung über den Versorgungsausgleich Endentscheidungen, die den Versorgungsausgleich betreffen, werden erst mit Rechtskraft wirksam. (…) § 229 Ausschluss der Rechtsbeschwerde Gegen Entscheidungen nach den §§ 1587d, 1587g Abs. 3, 1587i Abs. 3 und § 1587l Abs. 3 Satz 3 des Bürgerlichen Gesetzbuchs sowie nach § 224 Abs. 2 und 3 ist die Rechtsbeschwerde ausgeschlossen. § 95 Anwendung der Zivilprozessordnung (1) Soweit in den vorstehenden Unterabschnitten nichts Abweichendes bestimmt ist, sind auf die Vollstreckung 1. wegen einer Geldforderung, (…) 3. zur Vornahme einer vertretbaren oder nicht vertretbaren Handlung, (…) die Vorschriften der Zivilprozessordnung über die Zwangsvollstreckung entsprechend anzuwenden.
§ 54 (aufgehoben)	
§ 55 Eine Verfügung, durch welche die Genehmigung zu einem Rechtsgeschäft erteilt oder verweigert wird, kann von dem Vormundschaftsgericht insoweit nicht mehr geändert werden, als die Genehmigung oder deren Verweigerung einem Dritten gegenüber wirksam geworden ist.	§ 48 Abänderung und Wiederaufnahme (…) (3) Gegen einen Beschluss, durch den die Genehmigung für ein Rechtsgeschäft erteilt oder verweigert wird, findet eine Wiedereinsetzung in den vorigen Stand, eine Rüge nach § 44, eine Abänderung oder eine Wiederaufnahme nicht statt, wenn die Genehmigung oder deren Verweigerung einem Dritten gegenüber wirksam geworden ist.
§ 55a (aufgehoben)	
§ 55b (1) In dem Verfahren, das die Feststellung des Vaters eines Kindes zum Gegenstand hat, hat das Gericht die Mutter des Kindes sowie, wenn der Mann gestorben ist, dessen Ehefrau, Lebenspartner, Eltern und Kinder zu hören. Das Gericht darf von der Anhörung einer Person nur absehen, wenn diese zur Abgabe einer Erklärung dauernd außerstande oder ihr Aufenthalt dauernd unbekannt ist. (2) Eine Verfügung, durch die das Familiengericht über den Antrag auf Feststellung der Vaterschaft entscheidet, wird erst mit der Rechtskraft wirksam. (3) Gegen die Verfügung, durch die das Familiengericht die Vaterschaft feststellt, steht den nach Absatz 1 zu hörenden Personen und dem Kind die Beschwerde zu.	§ 192 Anhörung der Beteiligten (1) Das Gericht hat in Verfahren auf Annahme als Kind oder auf Aufhebung des Annahmeverhältnisses den Annehmenden und das Kind persönlich anzuhören. (2) Im Übrigen sollen die beteiligten Personen angehört werden. § 184 Wirksamkeit des Beschlusses, Ausschluss der Abänderung (1) Die Endentscheidung in Abstammungssachen wird mit Rechtskraft wirksam. (…) (3) Gegen Endentscheidungen in Abstammungssachen steht auch demjenigen die Beschwerde zu, der an dem Verfahren beteiligt war oder zu beteiligen gewesen wäre.

Gegenüberstellung geltendes und künftiges Recht

Geltendes Recht	Künftiges Recht gemäß FGG-RG
§ 55c In Verfahren, die die Annahme eines Minderjährigen als Kind betreffen, gelten für die Anhörung eines minderjährigen Kindes die Vorschriften des § 50b Abs. 1, 2 Satz 1, Abs. 3 entsprechend.	§ 192 Anhörung der Beteiligten (1) Das Gericht hat in Verfahren auf Annahme als Kind oder auf Aufhebung des Annahmeverhältnisses den Annehmenden und das Kind persönlich anzuhören.
§§ 56–56b (weggefallen)	
§ 56c (1) Eine Verfügung, durch die das Familiengericht über die Anfechtung der Vaterschaft entscheidet, wird erst mit der Rechtskraft wirksam. (2) Ist die Anfechtung gleichzeitig Gegenstand eines Rechtsstreits nach den Vorschriften der Zivilprozeßordnung, so ist das Verfahren vor dem Vormundschaftsgericht bis zur Erledigung des Rechtsstreits auszusetzen.	§ 184 Wirksamkeit des Beschlusses, Ausschluss der Abänderung (1) Die Endentscheidung in Abstammungssachen wird mit Rechtskraft wirksam. (…)
§ 56d Wird ein Minderjähriger als Kind angenommen, so hat das Gericht eine gutachtliche Äußerung der Adoptionsvermittlungsstelle, die das Kind vermittelt hat, einzuholen, ob das Kind und die Familie des Annehmenden für die Annahme geeignet sind. Ist keine Adoptionsvermittlungsstelle tätig geworden, ist eine gutachtliche Äußerung des Jugendamts oder einer Adoptionsvermittlungsstelle einzuholen. Die gutachtliche Äußerung ist kostenlos zu erstatten.	§ 189 Gutachtliche Äußerung einer Adoptionsvermittlungsstelle Wird ein Minderjähriger als Kind angenommen, hat das Gericht eine gutachtliche Äußerung der Adoptionsvermittlungsstelle, die das Kind vermittelt hat, einzuholen, ob das Kind und die Familie des Annehmenden für die Annahme geeignet sind. Ist keine Adoptionsvermittlungsstelle tätig geworden, ist eine gutachtliche Äußerung des Jugendamts oder einer Adoptionsvermittlungsstelle einzuholen. Die gutachtliche Äußerung ist kostenlos abzugeben.
§ 56e In einem Beschluß, durch den das Gericht die Annahme als Kind ausspricht, ist anzugeben, auf welche Gesetzesvorschriften sich die Annahme gründet; wenn die Einwilligung eines Elternteils nach § 1747 Abs. 4 des Bürgerlichen Gesetzbuchs nicht für erforderlich erachtet wurde, ist dies ebenfalls in dem Beschluß anzugeben. Der Beschluß wird mit der Zustellung an den Annehmenden, nach dem Tod des Annehmenden mit der Zustellung an das Kind wirksam. Er ist unanfechtbar; das Gericht kann ihn nicht ändern.	§ 197 Beschluss über die Annahme als Kind (1) In einem Beschluss, durch den das Gericht die Annahme als Kind ausspricht, ist anzugeben, auf welche gesetzlichen Vorschriften sich die Annahme gründet. Wurde die Einwilligung eines Elternteils nach § 1747 Abs. 4 des Bürgerlichen Gesetzbuchs nicht für erforderlich erachtet, ist dies ebenfalls in dem Beschluss anzugeben. (2) In den Fällen des Absatzes 1 wird der Beschluss mit der Zustellung an den Annehmenden, nach dem Tod des Annehmenden mit der Zustellung an das Kind wirksam. (3) Der Beschluss ist nicht anfechtbar. Eine Abänderung oder Wiederaufnahme ist ausgeschlossen.
§ 56f (1) In einem Verfahren, das die Aufhebung eines Annahmeverhältnisses betrifft, soll das Gericht die Sache in einem Termin erörtern, zu dem der Antragsteller sowie der Annehmende, das Kind und, falls das Kind noch minderjährig ist, auch das Jugendamt zu laden sind. (2) Ist das Kind minderjährig oder geschäftsunfähig und ist der Annehmende sein gesetzlicher Vertreter, so hat das Gericht dem Kind für das Aufhebungsverfahren einen Pfleger zu bestellen. § 50 Abs. 3 bis 5 gilt entsprechend. (3) Der Beschluß, durch den das Gericht das Annahmeverhältnis aufhebt, wird erst mit der Rechtskraft wirksam.	§ 32 Termin (1) Das Gericht kann, wenn es dies für sachdienlich hält, die Sache mit den Beteiligten in einem Termin erörtern. Die §§ 219, 227 Abs. 1, 2 und 4 der Zivilprozessordnung gelten entsprechend. § 191 Verfahrensbeistand Das Gericht hat einem minderjährigen Beteiligten in Adoptionssachen einen Verfahrensbeistand zu bestellen, soweit dies zur Wahrnehmung seiner Interessen erforderlich ist. § 158 Abs. 2 Nr. 1 und 2 sowie Abs. 3 bis 8 gilt entsprechend. § 198 Beschluss in weiteren Verfahren (…) (2) Der Beschluss, durch den das Gericht das Annahmeverhältnis aufhebt, wird erst mit Rechtskraft wirksam; eine Abänderung oder Wiederaufnahme ist ausgeschlossen.

IV. – Konkordanzliste

Geltendes Recht	Künftiges Recht gemäß FGG-RG
§ 56g	§ 168 Beschluss über Zahlungen des Mündels
(1) Das <u>Vormundschaftsgericht</u> setzt durch <u>gerichtlichen</u> Beschluß fest, wenn der Vormund, Gegenvormund oder Mündel die gerichtliche Festsetzung beantragt oder das Gericht sie für angemessen hält:	(1) Das <u>Gericht</u> setzt durch Beschluss fest, wenn der Vormund, Gegenvormund oder Mündel die gerichtliche Festsetzung beantragt oder das Gericht sie für angemessen hält:
1. Vorschuß, Ersatz von Aufwendungen, Aufwandsentschädigung, soweit der Vormund oder Gegenvormund sie aus der Staatskasse verlangen kann (§ 1835 Abs. 4, § 1835a Abs. 3 des Bürgerlichen Gesetzbuchs) oder ihm nicht die Vermögenssorge übertragen wurde;	1. Vorschuss, Ersatz von Aufwendungen, Aufwandsentschädigung, soweit der Vormund oder Gegenvormund sie aus der Staatskasse verlangen kann (§ 1835 Abs. 4 <u>und</u> § 1835a Abs. 3 des Bürgerlichen Gesetzbuchs) oder ihm nicht die Vermögenssorge übertragen wurde;
2. eine dem Vormund oder Gegenvormund zu bewilligende Vergütung oder Abschlagszahlung (§ 1836 des Bürgerlichen Gesetzbuchs).	2. eine dem Vormund oder Gegenvormund zu bewilligende Vergütung oder Abschlagszahlung (§ 1836 des Bürgerlichen Gesetzbuchs).
Mit der Festsetzung bestimmt das Gericht Höhe und Zeitpunkt der Zahlungen, die der Mündel an die Staatskasse nach den §§ 1836c, 1836e des Bürgerlichen Gesetzbuchs zu leisten hat. Es kann die Zahlungen gesondert festsetzen, wenn dies zweckmäßig ist. Erfolgt keine Festsetzung nach Satz 1 und richten sich die in Satz 1 bezeichneten Ansprüche gegen die Staatskasse, gelten die Vorschriften über das Verfahren bei der Entschädigung von Zeugen hinsichtlich ihrer baren Auslagen sinngemäß.	Mit der Festsetzung bestimmt das Gericht Höhe und Zeitpunkt der Zahlungen, die der Mündel an die Staatskasse nach den §§ 1836c <u>und</u> 1836e des Bürgerlichen Gesetzbuchs zu leisten hat. Es kann die Zahlungen gesondert festsetzen, wenn dies zweckmäßig ist. Erfolgt keine Festsetzung nach Satz 1 und richten sich die in Satz 1 bezeichneten Ansprüche gegen die Staatskasse, gelten die Vorschriften über das Verfahren bei der Entschädigung von Zeugen hinsichtlich ihrer baren Auslagen sinngemäß.
(2) In dem Antrag sollen die persönlichen und wirtschaftlichen Verhältnisse des Mündels dargestellt werden. § 118 Abs. 2 Satz 1 und 2 und § 120 Abs. 2, 3 und Abs. 4 Satz 1 und 2 der Zivilprozeßordnung sind entsprechend anzuwenden. Steht nach der freien Überzeugung des Gerichts der Aufwand zur Ermittlung der persönlichen und wirtschaftlichen Verhältnisse des Mündels außer Verhältnis zur Höhe des aus der Staatskasse zu begleichenden Anspruchs oder zur Höhe der voraussichtlich vom Mündel zu leistenden Zahlungen, so kann das Gericht ohne weitere Prüfung den Anspruch festsetzen oder von einer Festsetzung der vom Mündel zu leistenden Zahlungen absehen.	(2) In dem Antrag sollen die persönlichen und wirtschaftlichen Verhältnisse des Mündels dargestellt werden. § 118 Abs. 2 Satz 1 und 2 sowie § 120 Abs. 2 bis 4 Satz 1 und 2 der Zivilprozessordnung sind entsprechend anzuwenden. Steht nach der freien Überzeugung des Gerichts der Aufwand zur Ermittlung der persönlichen und wirtschaftlichen Verhältnisse des Mündels außer Verhältnis zur Höhe des aus der Staatskasse zu begleichenden Anspruchs oder zur Höhe der voraussichtlich vom Mündel zu leistenden Zahlungen, kann das Gericht ohne weitere Prüfung den Anspruch festsetzen oder von einer Festsetzung der vom Mündel zu leistenden Zahlungen absehen.
(3) Nach dem Tode des Mündels bestimmt das Gericht Höhe und Zeitpunkt der Zahlungen, die der Erbe des Mündels nach § 1836e des Bürgerlichen Gesetzbuchs an die Staatskasse zu leisten hat. Der Erbe ist verpflichtet, dem Gericht über den Bestand des Nachlasses Auskunft zu erteilen. Er hat dem Gericht auf Verlangen ein Verzeichnis der zur Erbschaft gehörenden Gegenstände vorzulegen und an Eides Statt zu versichern, daß er nach bestem Wissen und Gewissen den Bestand so vollständig angegeben habe, als er dazu imstande sei.	(3) Nach dem Tode des Mündels bestimmt das Gericht Höhe und Zeitpunkt der Zahlungen, die der Erbe des Mündels nach § 1836e des Bürgerlichen Gesetzbuchs an die Staatskasse zu leisten hat. Der Erbe ist verpflichtet, dem Gericht über den Bestand des Nachlasses Auskunft zu erteilen. Er hat dem Gericht auf Verlangen ein Verzeichnis der zur Erbschaft gehörenden Gegenstände vorzulegen und an Eides Statt zu versichern, dass er nach bestem Wissen und Gewissen den Bestand so vollständig angegeben habe, als er dazu imstande sei.
(4) Der Mündel ist zu hören, bevor gemäß Absatz 1 eine von ihm zu leistende Zahlung festgesetzt wird. Vor einer Entscheidung nach Absatz 3 ist der Erbe zu hören.	(4) Der Mündel ist zu hören, bevor nach Absatz 1 eine von ihm zu leistende Zahlung festgesetzt wird. Vor einer Entscheidung nach Absatz 3 ist der Erbe zu hören.
	§ 61 Beschwerdewert; Zulassungsbeschwerde
<u>(5) Gegen die Entscheidungen nach Absatz 1 Satz 1 bis 3 und den Absätzen 2 und 3 findet die sofortige Beschwerde statt, wenn der Wert des Beschwerdegegenstandes 150 Euro übersteigt oder das Gericht sie wegen der grundsätzlichen Bedeutung der Rechtssache zuläßt. Die weitere Beschwerde (§ 27) ist statthaft, wenn das Beschwerdegericht sie wegen der grundsätzlichen Bedeutung der zur Entscheidung stehenden Frage zugelassen hat.</u>	(1) <u>In vermögensrechtlichen Angelegenheiten ist die Beschwerde nur zulässig, wenn der Wert des Beschwerdegegenstandes sechshundert Euro übersteigt.</u>
	§ 86 Vollstreckungstitel
<u>(6) Aus einem nach Absatz 1 Satz 1 gegen den Mündel ergangenen Festsetzungsbeschluß findet die Zwangsvollstreckung nach den Vorschriften der Zivilprozeßordnung statt.</u>	(1) Die Vollstreckung findet statt aus 1. <u>gerichtlichen Beschlüssen;</u> (…)

458

Geltendes Recht	Künftiges Recht gemäß FGG-RG
	§ 95 Anwendung der Zivilprozessordnung (1) Soweit in den vorstehenden Unterabschnitten nichts Abweichendes bestimmt ist, sind auf die Vollstreckung 1. wegen einer Geldforderung, (...) die Vorschriften der Zivilprozessordnung über die Zwangsvollstreckung entsprechend anzuwenden. § 168 Beschluss über Zahlungen des Mündels
(7) Auf die Pflegschaft sind die Absätze 1 bis <u>6</u> entsprechend anzuwenden.	(5) Auf die Pflegschaft sind die Absätze 1 bis <u>4</u> entsprechend anzuwenden.
§ 57 (1) Die Beschwerde steht, unbeschadet der Vorschriften des § 20, zu: 1. gegen eine Verfügung, durch welche die Anordnung einer Vormundschaft abgelehnt oder eine Vormundschaft aufgehoben wird, jedem, der ein rechtliches Interesse an der Änderung der Verfügung hat, sowie dem Ehegatten, den Verwandten und Verschwägerten des Mündels; 2. (weggefallen) 3. gegen eine Verfügung, durch welche die Anordnung einer Pflegschaft abgelehnt oder eine Pflegschaft aufgehoben wird, jedem, der ein rechtliches Interesse an der Änderung der Verfügung hat, im Falle des § 1909 des Bürgerlichen Gesetzbuchs auch dem Ehegatten sowie den Verwandten und Verschwägerten des Pflegebefohlenen; 4. (weggefallen) 5. (weggefallen) 6. gegen eine Verfügung, durch die ein Antrag des Gegenvormundes zurückgewiesen wird, gegen den gesetzlichen Vertreter wegen pflichtwidrigen Verhaltens einzuschreiten oder den Vormund oder den Pfleger aus einem im § 1886 des Bürgerlichen Gesetzbuchs bezeichneten Gründe zu entlassen, dem Antragsteller; 7. gegen eine Verfügung, durch die dem Vormund oder Pfleger eine Vergütung bewilligt wird, dem Gegenvormund; 8. gegen eine Verfügung, durch welche die Anordnung einer der in § 1640 Abs. 4, §§ 1666, 1666a, 1667 oder in § 1693 des Bürgerlichen Gesetzbuchs vorgesehenen Maßnahmen abgelehnt oder eine solche Maßnahme aufgehoben wird, den Verwandten und Verschwägerten des Kindes; 9. gegen eine Verfügung, die eine Entscheidung über eine die Sorge für die Person des Kindes oder des Mündels betreffende Angelegenheit enthält, jedem, der ein berechtigtes Interesse hat, diese Angelegenheit wahrzunehmen. (2) Die Vorschrift des Absatzes 1 Nr. 8 und 9 findet auf die sofortige Beschwerde keine Anwendung.	§ 59 Beschwerdeberechtigte (1) Die Beschwerde steht demjenigen zu, der durch den Beschluss in seinen Rechten beeinträchtigt ist. (2) Wenn ein Beschluss nur auf Antrag erlassen werden kann und der Antrag zurückgewiesen worden ist, steht die Beschwerde nur dem Antragsteller zu. (3) Die Beschwerdeberechtigung von Behörden bestimmt sich nach den besonderen Vorschriften dieses oder eines anderen Gesetzes.
§ 57a (aufgehoben)	
§ 58 (1) Führen mehrere Vormünder oder Pfleger ihr Amt gemeinschaftlich, so kann jeder von ihnen für den Mündel oder das Kind das Beschwerderecht selbständig ausüben. (2) Diese Vorschrift findet in den Fällen der §§ 1630 Abs. 2, 1798 des Bürgerlichen Gesetzbuchs entsprechende Anwendung.	(weggefallen)

IV. – Konkordanzliste

Geltendes Recht	Künftiges Recht gemäß FGG-RG
§ 59 (1) Ein Kind, für das die elterliche Sorge besteht, oder ein unter Vormundschaft stehender Mündel kann in allen seine Person betreffenden Angelegenheiten ohne Mitwirkung seines gesetzlichen Vertreters das Beschwerderecht ausüben. Das gleiche gilt in sonstigen Angelegenheiten, in denen das Kind oder der Mündel vor einer Entscheidung des Gerichts gehört werden soll. (2) Die Entscheidung, gegen die das Kind oder der Mündel das Beschwerderecht ausüben kann, ist dem Kind oder Mündel auch selbst bekanntzumachen. Eine Begründung soll dem Kind oder Mündel nicht mitgeteilt werden, wenn Nachteile für dessen Entwicklung, Erziehung oder Gesundheitszustand zu befürchten sind; die Entscheidung hierüber ist nicht anfechtbar. (3) Diese Vorschriften finden auf Personen, die geschäftsunfähig sind oder bei Verkündung der Entscheidung das vierzehnte Lebensjahr nicht vollendet haben, keine Anwendung. Wird die Entscheidung nicht verkündet, so tritt an die Stelle der Verkündung der Zeitpunkt, in dem die von dem Richter unterschriebene Entscheidung der Geschäftsstelle übergeben wird.	§ 60 Beschwerderecht Minderjähriger Ein Kind, für das die elterliche Sorge besteht, oder ein unter Vormundschaft stehender Mündel kann in allen seine Person betreffenden Angelegenheiten ohne Mitwirkung seines gesetzlichen Vertreters das Beschwerderecht ausüben. Das Gleiche gilt in sonstigen Angelegenheiten, in denen das Kind oder der Mündel vor einer Entscheidung des Gerichts gehört werden soll. (…) § 164 Bekanntgabe der Entscheidung an das Kind Die Entscheidung, gegen die das Kind das Beschwerderecht ausüben kann, ist dem Kind selbst bekannt zu machen, wenn es das 14. Lebensjahr vollendet hat und nicht geschäftsunfähig ist. Eine Begründung soll dem Kind nicht mitgeteilt werden, wenn Nachteile für dessen Entwicklung, Erziehung oder Gesundheit zu befürchten sind. § 38 Abs. 4 Nr. 2 ist nicht anzuwenden § 60 Beschwerderecht Minderjähriger (…) Dies gilt nicht für Personen, die geschäftsunfähig sind oder bei Erlass der Entscheidung das 14. Lebensjahr nicht vollendet haben.
§ 60 (1) Die sofortige Beschwerde findet statt: 1. gegen eine Verfügung, durch die ein als Vormund, Pfleger oder Gegenvormund Berufener übergangen wird; 2. gegen eine Verfügung, durch welche die Weigerung, eine Vormundschaft, Pflegschaft oder Gegenvormundschaft zu übernehmen, zurückgewiesen wird; 3. gegen eine Verfügung, durch die ein Vormund, Pfleger oder Gegenvormund gegen seinen Willen entlassen wird; 4. (weggefallen) 5. (weggefallen) 6. gegen Verfügungen, die erst mit der Rechtskraft wirksam werden. (2) Die Frist beginnt in den Fällen des Absatzes 1 Nr. 1 mit dem Zeitpunkt, in welchem der Beschwerdeführer von seiner Übergehung Kenntnis erlangt.	§ 58 Statthaftigkeit der Beschwerde (1) Die Beschwerde findet gegen die im ersten Rechtszug ergangenen Endentscheidungen der Amtsgerichte und Landgerichte in Angelegenheiten nach diesem Gesetz statt, sofern durch Gesetz nichts Anderes bestimmt ist. (2) Der Beurteilung des Beschwerdegerichts unterliegen auch die nicht selbstständig anfechtbaren Entscheidungen, die der Endentscheidung vorausgegangen sind.
§ 61 (aufgehoben)	
§ 62 Soweit eine Verfügung nach § 55 von dem Vormundschaftsgericht nicht mehr geändert werden kann, ist auch das Beschwerdegericht nicht berechtigt, sie zu ändern.	(weggefallen)
§ 63 Auf die weitere Beschwerde finden die Vorschriften der § 57 bis 62 entsprechende Anwendung.	(weggefallen)

Gegenüberstellung geltendes und künftiges Recht

Geltendes Recht	Künftiges Recht gemäß FGG-RG
	Artikel 22 **Änderung des Gerichtsverfassungsgesetzes**
	§ 23a (1) Die Amtsgerichte sind ferner zuständig für 1. Familiensachen; (...)
	Artikel 1 **Gesetz über das Verfahren in Familiensachen und in den Angelegenheiten der freiwilligen Gerichtsbarkeit**
§ 64 (1) Für die dem Familiengericht obliegenden Verrichtungen sind die Amtsgerichte zuständig. (2) Wird eine Ehesache rechtshängig, so gibt das Familiengericht im ersten Rechtszug bei ihm anhängige Verfahren der in § 621 Abs. 1 Nr. 9, Abs. 2 Nr. 1 bis 3 der Zivilprozeßordnung bezeichneten Art von Amts wegen an das Gericht der Ehesache ab. § 281 Abs. 2, 3 Satz 1 der Zivilprozeßordnung gilt entsprechend. (3) In Angelegenheiten, die vor das Familiengericht gehören, gelten die Vorschriften im Buch 6 Abschnitt 2 und 3 der Zivilprozessordnung; über die Beschwerde entscheidet das Oberlandesgericht, über die Rechtsbeschwerde der Bundesgerichtshof. Soweit § 621a der Zivilprozeßordnung vorsieht, daß Vorschriften des Gesetzes über die Angelegenheiten der freiwilligen Gerichtsbarkeit anzuwenden sind, tritt an die Stelle des Vormundschaftsgerichts das Familiengericht. § 57 Abs. 2 dieses Gesetzes gilt entsprechend für die Beschwerde nach den §§ 621e, 629a Abs. 2 der Zivilprozeßordnung, steht jedoch der Beschwerdeberechtigung des Jugendamts nicht entgegen. In den Fällen des § 57 Abs. 1 Nr. 1 und 3 steht die Beschwerde nur dem Ehegatten des Mündels oder Pflegebefohlenen zu.	§ 153 Abgabe an das Gericht der Ehesache Wird eine Ehesache rechtshängig, während eine Kindschaftssache, die ein gemeinschaftliches Kind der Ehegatten betrifft, bei einem anderen Gericht im ersten Rechtszug anhängig ist, ist diese von Amts wegen an das Gericht der Ehesache abzugeben. § 281 Abs. 2 und 3 Satz 1 der Zivilprozessordnung gilt entsprechend. § 263 Abgabe an das Gericht der Ehesache Wird eine Ehesache rechtshängig, während eine Güterrechtssache bei einem anderen Gericht im ersten Rechtszug anhängig ist, ist diese von Amts wegen an das Gericht der Ehesache abzugeben. § 281 Abs. 2 und 3 Satz 1 der Zivilprozessordnung gilt entsprechend.
§ 64a (weggefallen)	
§ 64b (1) Soweit Verfahren nach den §§ 1 und 2 des Gewaltschutzgesetzes den Familiengerichten zugewiesen sind, gelten die §§ 12 bis 16, 32 und 35 der Zivilprozessordnung entsprechend; zuständig ist darüber hinaus das Familiengericht, in dessen Bezirk sich die gemeinsame Wohnung der Beteiligten befindet. (2) Entscheidungen des Familiengerichts in Verfahren nach den §§ 1 und 2 des Gewaltschutzgesetzes werden erst mit der Rechtskraft wirksam. Das Gericht kann jedoch die sofortige Wirksamkeit und die Zulässigkeit der Vollstreckung vor der Zustellung an den Antragsgegner anordnen. In diesem Falle werden die Entscheidungen auch in dem Zeitpunkt wirksam, in	§ 211 Örtliche Zuständigkeit Ausschließlich zuständig ist nach Wahl des Antragstellers 1. das Gericht, in dessen Bezirk die Tat begangen wurde, 2. das Gericht, in dessen Bezirk sich die gemeinsame Wohnung des Antragstellers und des Antragsgegners befindet oder 3. das Gericht, in dessen Bezirk der Antragsgegner seinen gewöhnlichen Aufenthalt hat. § 216 Wirksamkeit, Vollstreckung vor Zustellung (1) Die Endentscheidung in Gewaltschutzsachen wird mit Rechtskraft wirksam. Das Gericht soll die sofortige Wirksamkeit anordnen. (2) Mit der Anordnung der sofortigen Wirksamkeit kann das Gericht auch die Zulässigkeit der Vollstreckung vor der Zustellung an den Antragsgegner anordnen. In diesem Fall tritt die

IV. – Konkordanzliste

Geltendes Recht	Künftiges Recht gemäß FGG-RG
dem sie der Geschäftsstelle des Gerichts zur Bekanntmachung übergeben werden; dieser Zeitpunkt ist auf der Entscheidung zu vermerken.	Wirksamkeit in dem Zeitpunkt ein, in dem die Entscheidung der Geschäftsstelle des Gerichts zur Bekanntmachung übergeben wird; dieser Zeitpunkt ist auf der Entscheidung zu vermerken.
	§ 215 Durchführung der Endentscheidung
In Verfahren nach § 2 des Gewaltschutzgesetzes gelten § 13 Abs. 1, 3 und 4, §§ 15, 17 Abs. 1 Satz 1 und Abs. 2 der Verordnung über die Behandlung der Ehewohnung und des Hausrats entsprechend.	In Verfahren nach § 2 des Gewaltschutzgesetzes soll das Gericht in der Endentscheidung die zu ihrer Durchführung erforderlichen Anordnungen treffen.
	§ 214 Einstweilige Anordnung
(3) Ist ein Verfahren nach den §§ 1 und 2 des Gewaltschutzgesetzes anhängig oder ist ein Antrag auf Bewilligung von Prozesskostenhilfe für ein solches Verfahren eingereicht, kann das Familiengericht auf Antrag im Wege einer einstweiligen Anordnung vorläufige Regelungen erlassen. Die §§ 620a bis 620g der Zivilprozessordnung gelten entsprechend. Das Gericht kann anordnen, dass die Vollziehung der einstweiligen Anordnung vor ihrer Zustellung an den Antragsgegner zulässig ist. Im Falle des Erlasses der einstweiligen Anordnung ohne mündliche Verhandlung wird die Anordnung auch mit Übergabe an die Geschäftsstelle zum Zwecke der Bekanntmachung wirksam. Das Gericht hat den Zeitpunkt der Übergabe auf der Entscheidung zu vermerken.	(1) Auf Antrag kann das Gericht durch einstweilige Anordnung eine vorläufige Regelung nach § 1 oder § 2 des Gewaltschutzgesetzes treffen. Ein dringendes Bedürfnis für ein sofortiges Tätigwerden liegt in der Regel vor, wenn eine Tat nach § 1 des Gewaltschutzgesetzes begangen wurde oder aufgrund konkreter Umstände mit einer Begehung zu rechnen ist.
Der Antrag auf Erlass der einstweiligen Anordnung gilt im Falle des Erlasses ohne mündliche Verhandlung als Auftrag zur Zustellung durch den Gerichtsvollzieher unter Vermittlung der Geschäftsstelle und zur Vollziehung; auf Verlangen des Antragstellers darf die Zustellung nicht vor der Vollziehung erfolgen.	(2) Der Antrag auf Erlass der einstweiligen Anordnung gilt im Fall des Erlasses ohne mündliche Erörterung zugleich als Auftrag zur Zustellung durch den Gerichtsvollzieher unter Vermittlung der Geschäftsstelle und als Auftrag zur Vollstreckung; auf Verlangen des Antragstellers darf die Zustellung nicht vor der Vollstreckung erfolgen.
	§ 86 Vollstreckungstitel (1) Die Vollstreckung findet statt aus 1. gerichtlichen Beschlüssen; (…)
(4) Aus rechtskräftigen Entscheidungen nach Absatz 2 Satz 1, für sofort wirksam erklärten Entscheidungen nach Absatz 2 Satz 2, gerichtlichen Vergleichen und einstweiligen Anordnungen findet die Zwangsvollstreckung nach den Vorschriften der Zivilprozessordnung, insbesondere nach §§ 885, 890, 891 und 892a der Zivilprozessordnung statt.	
	§ 95 Anwendung der Zivilprozessordnung (1) Soweit in den vorstehenden Unterabschnitten nichts Abweichendes bestimmt ist, sind auf die Vollstreckung (…) 4. zur Erzwingung von Duldungen und Unterlassungen oder (…) die Vorschriften der Zivilprozessordnung über die Zwangsvollstreckung entsprechend anzuwenden.
§ 64c	§ 168a Mitteilungspflichten des Standesamts (…)
Führen Eltern, die gemeinsam für ein Kind sorgeberechtigt sind, keinen Ehenamen und ist von ihnen binnen eines Monats nach der Geburt des Kindes der Geburtsname des Kindes nicht bestimmt worden, so teilt das Standesamt dies dem für den Wohnsitz oder gewöhnlichen Aufenthalt des Kindes zuständigen Familiengericht mit.	(2) Führen Eltern, die gemeinsam für ein Kind sorgeberechtigt sind, keinen Ehenamen und ist von ihnen binnen eines Monats nach der Geburt des Kindes der Geburtsname des Kindes nicht bestimmt worden, teilt das Standesamt dies dem Familiengericht mit.

Gegenüberstellung geltendes und künftiges Recht

Geltendes Recht	Künftiges Recht gemäß FGG-RG
III. **Betreuungssachen**	**Buch 3** **Verfahren in Betreuungs- und Unterbringungssachen** **Abschnitt 1** **Verfahren in Betreuungssachen**
§ 65 (1) Für Verrichtungen, die die Betreuung betreffen, ist das Gericht zuständig, in dessen Bezirk der Betroffene zu der Zeit, zu der das Gericht mit der Angelegenheit befaßt wird, seinen gewöhnlichen Aufenthalt hat.	**§ 272** **Örtliche Zuständigkeit** (1) Ausschließlich zuständig ist in dieser Rangfolge: (…) 2. das Gericht, in dessen Bezirk der Betroffene seinen gewöhnlichen Aufenthalt hat; (…)
(2) Hat der Betroffene im Inland keinen gewöhnlichen Aufenthalt oder ist ein solcher nicht feststellbar, so ist das Gericht zuständig, in dessen Bezirk das Bedürfnis der Fürsorge hervortritt.	**§ 272** **Örtliche Zuständigkeit** (1) Ausschließlich zuständig ist in dieser Rangfolge: (…) 3. das Gericht, in dessen Bezirk das Bedürfnis der Fürsorge hervortritt; (…)
(3) Ist der Betroffene Deutscher und ergibt sich die Zuständigkeit weder aus Absatz 1 noch aus Absatz 2, so ist das Amtsgericht Schöneberg in Berlin-Schöneberg zuständig.	**§ 272** **Örtliche Zuständigkeit** (1) Ausschließlich zuständig ist in dieser Rangfolge: (…) 4. das Amtsgericht Schöneberg in Berlin, wenn der Betroffene Deutscher ist. (…)
(4) Ist für den Betroffenen bereits ein Betreuer bestellt, so ist das Gericht, bei dem die Betreuung anhängig ist, auch für weitere die Betreuung betreffende Verrichtungen zuständig.	**§ 272** **Örtliche Zuständigkeit** (1) Ausschließlich zuständig ist in dieser Rangfolge: 1. das Gericht, bei dem die Betreuung anhängig ist, wenn bereits ein Betreuer bestellt ist; (…)
(5) Für vorläufige Maßregeln nach Artikel 24 Abs. 3 des Einführungsgesetzes zum Bürgerlichen Gesetzbuche sowie Maßregeln nach § 1908i Abs. 1 Satz 1 in Verbindung mit § 1846 des Bürgerlichen Gesetzbuchs und einstweilige Anordnungen nach § 69f ist auch das Gericht zuständig, in dessen Bezirk das Bedürfnis der Fürsorge hervortritt. Das Gericht soll von den angeordneten Maßregeln dem nach den Absätzen 1, 3 und 4 zuständigen Gericht Mitteilung machen.	(2) Für einstweilige Anordnungen nach § 300 oder vorläufige Maßregeln ist auch das Gericht zuständig, in dessen Bezirk das Bedürfnis der Fürsorge hervortritt. Es soll die angeordneten Maßregeln dem nach Absatz 1 Nr. 1, Nr. 2 oder Nr. 4 zuständigen Gericht mitteilen.
	Artikel 22 **Änderung des Gerichtsverfassungsgesetzes** **§ 23c** (…)
(6) Ein Richter auf Probe darf im ersten Jahr nach seiner Ernennung nicht in Betreuungssachen tätig sein.	(2) (…) Ein Richter auf Probe darf im ersten Jahr nach seiner Ernennung Geschäfte des Betreuungsrichters nicht wahrnehmen.
	Artikel 1 **Gesetz über das Verfahren in Familiensachen und in den Angelegenheiten der freiwilligen Gerichtsbarkeit**
§ 65a (1) Für die Abgabe an ein anderes Vormundschaftsgericht gelten § 46 Abs. 1 erster Halbsatz, Abs. 2 Satz 1 erste Alternative und Abs. 2 Satz 2, § 36 Abs. 2 Satz 2 entsprechend.	**§ 4** **Abgabe an ein anderes Gericht** Das Gericht kann die Sache aus wichtigem Grund an ein anderes Gericht abgeben, wenn sich dieses zur Übernahme der Sache bereit erklärt hat. (…)

IV. – Konkordanzliste

Geltendes Recht	Künftiges Recht gemäß FGG-RG
Als <u>ein</u> wichtiger Grund für die Abgabe ist es in der Regel anzusehen, wenn sich der gewöhnliche Aufenthalt des Betroffenen geändert hat und die Aufgaben des Betreuers im wesentlichen am neuen Aufenthaltsort zu erfüllen sind; der Änderung des gewöhnlichen Aufenthalts steht ein tatsächlicher Aufenthalt von mehr als einem Jahr an einem anderen Ort gleich. <u>Sind mehrere Betreuer für unterschiedliche Aufgabenkreise bestellt, so kann das Gericht aus wichtigem Grund auch das nur einen Betreuer betreffende Verfahren abgeben.</u> (2) Vor der Abgabe ist dem Betroffenen und dem Betreuer, sofern der Betroffene einen solchen bereits erhalten hat, Gelegenheit zur Äußerung zu geben.	§ 273 Abgabe bei Änderung des gewöhnlichen Aufenthalts Als wichtiger Grund für eine Abgabe <u>im Sinne des § 4 Satz 1</u> ist es in der Regel anzusehen, wenn sich der gewöhnliche Aufenthalt des Betroffenen geändert hat und die Aufgaben des Betreuers im Wesentlichen am neuen Aufenthaltsort des Betroffenen zu erfüllen sind. Der Änderung des gewöhnlichen Aufenthalts steht ein tatsächlicher Aufenthalt von mehr als einem Jahr an einem anderen Ort gleich. § 4 Abgabe an ein anderes Gericht (…) Vor der Abgabe <u>sollen die Beteiligten angehört werden.</u>
§ 66 In Verfahren, die die Betreuung betreffen, ist der Betroffene ohne Rücksicht auf seine Geschäftsfähigkeit verfahrensfähig.	§ 275 Verfahrensfähigkeit <u>In Betreuungssachen</u> ist der Betroffene ohne Rücksicht auf seine Geschäftsfähigkeit verfahrensfähig.
§ 67 (1) Soweit dies zur Wahrnehmung der Interessen des Betroffenen erforderlich ist, bestellt das Gericht dem Betroffenen einen Pfleger für das Verfahren. Die Bestellung ist in der Regel erforderlich, wenn 1. nach § 68 Abs. 2 von der persönlichen Anhörung des Betroffenen abgesehen werden soll, 2. Gegenstand des Verfahrens die Bestellung eines Betreuers zur Besorgung aller Angelegenheiten des Betroffenen oder die Erweiterung des Aufgabenkreises hierauf ist; dies gilt auch, wenn der Gegenstand des Verfahrens die in § 1896 Abs. 4 und § 1905 des Bürgerlichen Gesetzbuchs bezeichneten Angelegenheiten nicht erfaßt. Von der Bestellung kann in den Fällen des Satzes 2 abgesehen werden, wenn ein Interesse des Betroffenen an der Bestellung des Verfahrenspflegers offensichtlich nicht besteht. Die Nichtbestellung ist zu begründen. Die Bestellung ist stets erforderlich, wenn Gegenstand des Verfahrens die Genehmigung einer Einwilligung des Betreuers in die Sterilisation (§ 1905 Abs. 2 des Bürgerlichen Gesetzbuchs) ist. § 1897 Abs. 6 Satz 1 des Bürgerlichen Gesetzbuchs gilt entsprechend.	§ 276 Verfahrenspfleger <u>(1) Das Gericht hat dem Betroffenen einen Verfahrenspfleger zu bestellen,</u> wenn dies zur Wahrnehmung der Interessen des Betroffenen erforderlich ist. Die Bestellung ist in der Regel erforderlich, wenn 1. von der persönlichen Anhörung des Betroffenen <u>nach § 278 Abs. 4 in Verbindung mit § 34 Abs. 2</u> abgesehen werden soll oder 2. Gegenstand des Verfahrens die Bestellung eines Betreuers zur Besorgung aller Angelegenheiten des Betroffenen oder die Erweiterung des Aufgabenkreises hierauf ist; dies gilt auch, wenn der Gegenstand des Verfahrens die in § 1896 Abs. 4 und § 1905 des Bürgerlichen Gesetzbuchs bezeichneten Angelegenheiten nicht erfasst. <u>(2)</u> Von der Bestellung kann in den Fällen des <u>Absatzes 1 Satz 2</u> abgesehen werden, wenn ein Interesse des Betroffenen an der Bestellung des Verfahrenspflegers offensichtlich nicht besteht. Die Nichtbestellung ist zu begründen. (…) § 297 Sterilisation (…) <u>(5) Die Bestellung eines Verfahrenspflegers</u> ist stets erforderlich, <u>sofern sich der Betroffene nicht von einem Rechtsanwalt oder einem anderen geeigneten Verfahrensbevollmächtigten vertreten lässt.</u> § 276 Verfahrenspfleger (…) <u>(3) Wer Verfahrenspflegschaften im Rahmen seiner Berufsausübung führt, soll nur dann zum Verfahrenspfleger bestellt werden, wenn keine andere geeignete Person zur Verfügung steht, die zur ehrenamtlichen Führung der Verfahrenspflegschaft bereit ist.</u>

Gegenüberstellung geltendes und künftiges Recht

Geltendes Recht	Künftiges Recht gemäß FGG-RG
Die Bestellung soll unterbleiben oder aufgehoben werden, wenn der Betroffene von einem Rechtsanwalt oder von einem anderen geeigneten Verfahrensbevollmächtigten vertreten wird. (2) Die Bestellung erfolgt für jeden Rechtszug gesondert, erfaßt jedoch auch die Einlegung und Begründung eines Rechtsmittels.	(4) Die Bestellung eines Verfahrenspflegers soll unterbleiben oder aufgehoben werden, wenn die Interessen des Betroffenen von einem Rechtsanwalt oder einem anderen geeigneten Verfahrensbevollmächtigten vertreten werden. (5) Die Bestellung endet, sofern sie nicht vorher aufgehoben wird, mit der Rechtskraft der Endentscheidung oder mit dem sonstigen Abschluss des Verfahrens. (…)
§ 67a	§ 277 Vergütung und Aufwendungsersatz des Verfahrenspflegers
(1) Der Pfleger für das Verfahren erhält Ersatz seiner Aufwendungen nach § 1835 Abs. 1 bis 2 des Bürgerlichen Gesetzbuchs. Vorschuss kann nicht verlangt werden. Eine Behörde und ein Verein als Pfleger erhalten keinen Aufwendungsersatz. (2) § 1836 Abs. 1 und 3 des Bürgerlichen Gesetzbuchs gilt entsprechend. Wird die Pflegschaft ausnahmsweise berufsmäßig geführt, erhält der Pfleger neben den Aufwendungen nach Absatz 1 eine Vergütung in entsprechender Anwendung der §§ 1 bis 3 Abs. 1 und 2 des Vormünder- und Betreuervergütungsgesetzes. (3) Anstelle des Aufwendungsersatzes und der Vergütung nach den Absätzen 1 und 2 kann das Vormundschaftsgericht dem Pfleger einen festen Geldbetrag zubilligen, wenn die für die Führung der Pflegschaftsgeschäfte erforderliche Zeit vorhersehbar und ihre Ausschöpfung durch den Pfleger gewährleistet ist. Bei der Bemessung des Geldbetrags ist die voraussichtlich erforderliche Zeit mit den in § 3 Abs. 1 des Vormünder- und Betreuervergütungsgesetzes bestimmten Stundensätzen zuzüglich einer Aufwandspauschale von 3 Euro je veranschlagter Stunde zu vergüten. Einer Nachweisung der vom Pfleger aufgewandten Zeit und der tatsächlichen Aufwendungen bedarf es in diesem Fall nicht; weitergehende Aufwendungsersatz- und Vergütungsansprüche des Pflegers sind ausgeschlossen. (4) Ist ein Mitarbeiter eines anerkannten Betreuungsvereins als Pfleger für das Verfahren bestellt, stehen der Aufwendungsersatz und die Vergütung nach den Absätzen 1 bis 3 dem Verein zu. § 7 Abs. 1 Satz 2 und Abs. 3 des Vormünder- und Betreuervergütungsgesetzes sowie § 1835 Abs. 5 Satz 2 des Bürgerlichen Gesetzbuchs gelten entsprechend. Ist ein Bediensteter der Betreuungsbehörde als Pfleger für das Verfahren bestellt, erhält die Betreuungsbehörde keinen Aufwendungsersatz und keine Vergütung. (5) Der Aufwendungsersatz und die Vergütung des Pflegers sind stets aus der Staatskasse zu zahlen. Im Übrigen gilt § 56g Abs. 1 und 5 entsprechend.	(1) Der Verfahrenspfleger erhält Ersatz seiner Aufwendungen nach § 1835 Abs. 1 bis 2 des Bürgerlichen Gesetzbuchs. Vorschuss kann nicht verlangt werden. Eine Behörde oder ein Verein erhalten als Verfahrenspfleger keinen Aufwendungsersatz. (2) § 1836 Abs. 1 und 3 des Bürgerlichen Gesetzbuchs gilt entsprechend. Wird die Verfahrenspflegschaft ausnahmsweise berufsmäßig geführt, erhält der Verfahrenspfleger neben den Aufwendungen nach Absatz 1 eine Vergütung in entsprechender Anwendung der §§ 1, 2 und 3 Abs. 1 und 2 des Vormünder- und Betreuervergütungsgesetzes. (3) Anstelle des Aufwendungsersatzes und der Vergütung nach den Absätzen 1 und 2 kann das Gericht dem Verfahrenspfleger einen festen Geldbetrag zubilligen, wenn die für die Führung der Pflegschaftsgeschäfte erforderliche Zeit vorhersehbar und ihre Ausschöpfung durch den Verfahrenspfleger gewährleistet ist. Bei der Bemessung des Geldbetrags ist die voraussichtlich erforderliche Zeit mit den in § 3 Abs. 1 des Vormünder- und Betreuervergütungsgesetzes bestimmten Stundensätzen zuzüglich einer Aufwandspauschale von 3 Euro je veranschlagter Stunde zu vergüten. In diesem Fall braucht der Verfahrenspfleger die von ihm aufgewandte Zeit und eingesetzten Mittel nicht nachzuweisen; weitergehende Aufwendungsersatz- und Vergütungsansprüche stehen ihm nicht zu. (4) Ist ein Mitarbeiter eines anerkannten Betreuungsvereins als Verfahrenspfleger bestellt, stehen der Aufwendungsersatz und die Vergütung nach den Absätzen 1 bis 3 dem Verein zu. § 7 Abs. 1 Satz 2 und Abs. 3 des Vormünder- und Betreuervergütungsgesetzes sowie § 1835 Abs. 5 Satz 2 des Bürgerlichen Gesetzbuchs gelten entsprechend. Ist ein Bediensteter der Betreuungsbehörde als Verfahrenspfleger für das Verfahren bestellt, erhält die Betreuungsbehörde keinen Aufwendungsersatz und keine Vergütung. (5) Der Aufwendungsersatz und die Vergütung des Verfahrenspflegers sind stets aus der Staatskasse zu zahlen. Im Übrigen gilt § 168 Abs. 1 entsprechend.
§ 68	§ 278 Anhörung des Betroffenen
(1) Vor der Bestellung eines Betreuers oder der Anordnung eines Einwilligungsvorbehalts hat das Gericht den Betroffenen persönlich anzuhören und sich einen unmittelbaren Eindruck von ihm zu verschaffen. Den unmittelbaren Eindruck soll sich das Gericht in der üblichen Umgebung des Betroffenen verschaffen, wenn dieser es verlangt oder wenn es der Sachaufklärung dient und der Betroffene nicht widerspricht. Das Gericht unterrichtet ihn über den möglichen Verlauf des Verfahrens; es weist in geeigneten Fällen den Betroffenen auf die Möglichkeit der Vorsorgevollmacht und deren Inhalt hin.	(1) Das Gericht hat den Betroffenen vor der Bestellung eines Betreuers oder der Anordnung eines Einwilligungsvorbehalts persönlich anzuhören. Es hat sich einen persönlichen Eindruck von dem Betroffenen zu verschaffen. Diesen persönlichen Eindruck soll sich das Gericht in dessen üblicher Umgebung verschaffen, wenn es der Betroffene verlangt oder wenn es der Sachaufklärung dient und der Betroffene nicht widerspricht. (2) Das Gericht unterrichtet den Betroffenen über den möglichen Verlauf des Verfahrens. In geeigneten Fällen hat es den Betroffenen auf die Möglichkeit der Vorsorgevollmacht, deren Inhalt sowie auf die Möglichkeit ihrer Registrierung bei dem zentralen Vorsorgeregister nach § 78a Abs. 1 Bundesnotarordnung hinzuweisen. (…)

IV. – Konkordanzliste

Geltendes Recht	Künftiges Recht gemäß FGG-RG
Verfahrenshandlungen nach Satz 1 dürfen nur dann durch einen ersuchten Richter erfolgen, wenn von vornherein anzunehmen ist, daß das entscheidende Gericht das Ergebnis der Ermittlungen auch ohne eigenen Eindruck von dem Betroffenen zu würdigen vermag. Hat der Betroffene seinen Aufenthalt nicht nur vorübergehend im Ausland, so erfolgen Verfahrenshandlungen nach Satz 1 bis 3 im Wege der internationalen Rechtshilfe.	(3) Verfahrenshandlungen nach Absatz 1 dürfen nur dann im Wege der Rechtshilfe erfolgen, wenn anzunehmen ist, dass die Entscheidung ohne eigenen Eindruck von dem Betroffenen getroffen werden kann.
(2) Die persönliche Anhörung des Betroffenen kann unterbleiben, wenn 1. nach ärztlichem Gutachten hiervon erhebliche Nachteile für die Gesundheit des Betroffenen zu besorgen sind oder 2. der Betroffene nach dem unmittelbaren Eindruck des Gerichts offensichtlich nicht in der Lage ist, seinen Willen kundzutun.	(4) Soll eine persönliche Anhörung nach § 34 Abs. 2 unterbleiben, weil hiervon erhebliche Nachteile für die Gesundheit des Betroffenen zu besorgen sind, darf diese Entscheidung nur auf Grundlage eines ärztlichen Gutachtens getroffen werden.
(3) Das Gericht kann den Betroffenen durch die zuständige Behörde vorführen lassen, wenn er sich weigert, an Verfahrenshandlungen nach Absatz 1 Satz 1 mitzuwirken.	(5) Das Gericht kann den Betroffenen durch die zuständige Behörde vorführen lassen, wenn er sich weigert, an Verfahrenshandlungen nach Absatz 1 mitzuwirken.
(4) Das Gericht kann einen Sachverständigen hinzuziehen, wenn es den Betroffenen persönlich anhört und sich einen unmittelbaren Eindruck von ihm verschafft.	(weggefallen)
	Artikel 22 **Änderung des Gerichtsverfassungsgesetzes** § 170
Auf Verlangen des Betroffenen ist einer Person seines Vertrauens die Anwesenheit zu gestatten. Anderen Personen kann das Gericht die Anwesenheit gestatten, jedoch nicht gegen den Willen des Betroffenen.	Verhandlungen, Erörterungen und Anhörungen in Familiensachen sowie in Angelegenheiten der freiwilligen Gerichtsbarkeit sind nicht öffentlich. Das Gericht kann die Öffentlichkeit zulassen, jedoch nicht gegen den Willen eines Beteiligten. In Betreuungs- und Unterbringungssachen ist auf Verlangen des Betroffenen einer Person seines Vertrauens die Anwesenheit zu gestatten.
	Artikel 1 **Gesetz über das Verfahren in Familiensachen und in den Angelegenheiten der freiwilligen Gerichtsbarkeit** § 278 Anhörung des Betroffenen (…)
(5) Das Ergebnis der Anhörung, das Gutachten des Sachverständigen oder das ärztliche Zeugnis, der etwaige Umfang des Aufgabenkreises und die Frage, welche Person oder Stelle als Betreuer in Betracht kommt, sind mit dem Betroffenen mündlich zu erörtern, soweit dies zur Gewährung des rechtlichen Gehörs oder zur Sachaufklärung erforderlich ist (Schlußgespräch). Die Verfahrenshandlungen nach Absatz 1 Satz 1 und das Schlußgespräch können in einem Termin stattfinden. Absatz 4 Satz 2 und 3 gilt entsprechend.	(2) (…) Das Gericht hat den Umfang des Aufgabenkreises und die Frage, welche Person oder Stelle als Betreuer in Betracht kommt, mit dem Betroffenen zu erörtern. (…)

Gegenüberstellung geltendes und künftiges Recht

Geltendes Recht	Künftiges Recht gemäß FGG-RG
§ 68a Vor der Bestellung eines Betreuers oder der Anordnung eines Einwilligungsvorbehalts gibt das Gericht der zuständigen Behörde Gelegenheit zur Äußerung, wenn es der Betroffene verlangt oder wenn es der Sachaufklärung dient. Im Falle des § 1908a des Bürgerlichen Gesetzbuchs gibt das Gericht auch dem gesetzlichen Vertreter des Betroffenen Gelegenheit zur Äußerung. In der Regel ist auch dem Ehegatten des Betroffenen, seinem Lebenspartner, seinen Eltern, Pflegeeltern und Kindern Gelegenheit zur Äußerung zu geben, <u>es sei denn, der Betroffene widerspricht mit erheblichen Gründen.</u> Auf Verlangen des Betroffenen ist einer ihm nahestehenden Person und den in Satz 3 genannten Personen Gelegenheit zur Äußerung zu geben, wenn dies ohne erhebliche Verzögerung möglich ist.	§ 279 <u>Anhörung der sonstigen Beteiligten, der Betreuungsbehörde und des gesetzlichen Vertreters</u> (…) (2) <u>Das Gericht hat</u> die zuständige Behörde <u>vor der Bestellung eines Betreuers oder der Anordnung eines Einwilligungsvorbehalts anzuhören,</u> wenn es der Betroffene verlangt oder es der Sachaufklärung dient. (…) (4) <u>Das Gericht hat im Falle einer Betreuerbestellung oder der Anordnung eines Einwilligungsvorbehalts für einen Minderjährigen</u> (§ 1908a des Bürgerlichen Gesetzbuchs<u>) den</u> gesetzlichen Vertreter des Betroffenen <u>anzuhören.</u> (…) <u>(1) Das Gericht hat die sonstigen Beteiligten vor der Bestellung eines Betreuers oder der Anordnung eines Einwilligungsvorbehalts anzuhören.</u> (…) (…) (3) Auf Verlangen <u>des Betroffenen hat das Gericht eine</u> ihm <u>nahestehende</u> Person <u>anzuhören,</u> wenn dies ohne erhebliche Verzögerung möglich ist. (…)
§ 68b (1) Ein Betreuer darf erst bestellt werden, nachdem das Gutachten eines Sachverständigen über die Notwendigkeit der Betreuung eingeholt worden ist. Für die Bestellung eines Betreuers auf Antrag des Betroffenen genügt ein ärztliches Zeugnis, wenn der Betroffene auf die Begutachtung verzichtet hat und die Einholung des Gutachtens insbesondere im Hinblick auf den Umfang des Aufgabenkreises des Betreuers unverhältnismäßig wäre. Ein ärztliches Zeugnis genügt auch, wenn ein Betreuer nur zur Geltendmachung von Rechten des Betroffenen gegenüber seinem Bevollmächtigten bestellt wird. Der Sachverständige hat den Betroffenen vor Erstattung des Gutachtens persönlich zu untersuchen oder zu befragen. Kommt nach Auffassung des Sachverständigen die Bestellung eines Betreuers in Betracht, so hat sich das Gutachten auch auf den Umfang des Aufgabenkreises und die voraussichtliche Dauer der Betreuungsbedürftigkeit zu erstrecken.	§ 280 Einholung eines Gutachtens <u>(1) Vor der Bestellung eines Betreuers</u> (…) <u>hat eine förmliche Beweisaufnahme durch Einholung eines Gutachtens</u> über die Notwendigkeit <u>der Maßnahme stattzufinden.</u> (…) § 281 Ärztliches Zeugnis; Entbehrlichkeit eines Gutachtens (1) <u>Anstelle der Einholung eines Sachverständigengutachtens nach § 280</u> genügt ein ärztliches Zeugnis, wenn 1. der Betroffene die Bestellung eines Betreuers beantragt und auf die Begutachtung verzichtet hat und die Einholung des Gutachtens insbesondere im Hinblick auf den Umfang des Aufgabenkreises des Betreuers unverhältnismäßig wäre oder 2. ein Betreuer nur zur Geltendmachung von Rechten des Betroffenen gegenüber seinem Bevollmächtigten bestellt wird. (2) <u>§ 280 Abs. 2 gilt entsprechend.</u> § 280 Einholung eines Gutachtens (2) Der Sachverständige hat den Betroffenen vor der Erstattung des Gutachtens persönlich zu untersuchen oder zu befragen. (3) Das Gutachten hat sich <u>auf folgende Bereiche zu erstrecken: 1. das Krankheitsbild einschließlich der Krankheitsentwicklung, 2. die durchgeführten Untersuchungen und die diesen zugrunde gelegten Forschungserkenntnisse, 3. den körperlichen und psychiatrischen Zustand des Betroffenen, 4. den Umfang des Aufgabenkreises und 5. die voraussichtliche Dauer der Maßnahme.</u>

IV. – Konkordanzliste

Geltendes Recht	Künftiges Recht gemäß FGG-RG
(1a) Das Gericht kann von der Einholung eines Gutachtens nach Absatz 1 Satz 1 absehen, soweit durch die Verwendung eines bestehenden ärztlichen Gutachtens des Medizinischen Dienstes der Krankenversicherung nach § 18 des Elften Buches Sozialgesetzbuch festgestellt werden kann, inwieweit bei dem Betroffenen infolge einer psychischen Krankheit oder einer geistigen oder seelischen Behinderung die Voraussetzungen für die Bestellung eines Betreuers vorliegen. Das Gericht darf dieses Gutachten einschließlich dazu vorhandener Befunde zur Vermeidung weiterer Gutachten bei der Pflegekasse anfordern. Das Gericht hat in seiner Anforderung anzugeben, für welchen Zweck das Gutachten und die Befunde verwendet werden sollen. Das Gericht hat übermittelte Daten unverzüglich zu löschen, wenn es feststellt, dass diese für den Verwendungszweck nicht geeignet sind. Kommt das Gericht zu der Überzeugung, dass das eingeholte Gutachten und die Befunde im Verfahren zur Bestellung eines Betreuers geeignet sind, eine weitere Begutachtung ganz oder teilweise zu ersetzen, so hat es vor einer weiteren Verwendung die Einwilligung des Betroffenen oder des Pflegers für das Verfahren einzuholen. Wird die Einwilligung nicht erteilt, hat das Gericht die übermittelten Daten unverzüglich zu löschen. Das Gericht kann unter den vorgenannten Voraussetzungen auf eine Begutachtung insgesamt verzichten, wenn die sonstigen Voraussetzungen für die Bestellung eines Betreuers zweifellos festgestellt werden können.	§ 282 Vorhandene Gutachten des Medizinischen Dienstes der Krankenversicherung (1) Das Gericht kann im Verfahren zur Bestellung eines Betreuers von der Einholung eines Gutachtens nach § 280 Abs. 1 absehen, soweit durch die Verwendung eines bestehenden ärztlichen Gutachtens des Medizinischen Dienstes der Krankenversicherung nach § 18 des Elften Buches Sozialgesetzbuch festgestellt werden kann, inwieweit bei dem Betroffenen infolge einer psychischen Krankheit oder einer geistigen oder seelischen Behinderung die Voraussetzungen für die Bestellung eines Betreuers vorliegen. (2) Das Gericht darf dieses Gutachten einschließlich dazu vorhandener Befunde zur Vermeidung weiterer Gutachten bei der Pflegekasse anfordern. Das Gericht hat in seiner Anforderung anzugeben, für welchen Zweck das Gutachten und die Befunde verwendet werden sollen. Das Gericht hat übermittelte Daten unverzüglich zu löschen, wenn es feststellt, dass diese für den Verwendungszweck nicht geeignet sind. (3) Kommt das Gericht zu der Überzeugung, dass das eingeholte Gutachten und die Befunde im Verfahren zur Bestellung eines Betreuers geeignet sind, eine weitere Begutachtung ganz oder teilweise zu ersetzen, hat es vor einer weiteren Verwendung die Einwilligung des Betroffenen oder des Pflegers für das Verfahren einzuholen. Wird die Einwilligung nicht erteilt, hat das Gericht die übermittelten Daten unverzüglich zu löschen. (4) Das Gericht kann unter den Voraussetzungen der Absätze 1 bis 3 von der Einholung eines Gutachtens nach § 280 insgesamt absehen, wenn die sonstigen Voraussetzungen für die Bestellung eines Betreuers zur Überzeugung des Gerichts feststehen.
(2) Für die Anordnung eines Einwilligungsvorbehalts gilt Absatz 1 Satz 1, 4 und 5 entsprechend.	§ 280 Einholung eines Gutachtens (1) Vor der (…) Anordnung eines Einwilligungsvorbehalts hat eine förmliche Beweisaufnahme durch Einholung eines Gutachtens über die Notwendigkeit der Maßnahme stattzufinden. (2) Der Sachverständige hat den Betroffenen vor der Erstattung des Gutachtens persönlich zu untersuchen oder zu befragen. Das Gutachten hat sich auch auf den Umfang des Aufgabenkreises und die voraussichtliche Dauer der Maßnahme zu erstrecken.
(3) Das Gericht kann anordnen, daß der Betroffene zur Vorbereitung eines Gutachtens untersucht und durch die zuständige Behörde zu einer Untersuchung vorgeführt wird. Die Anordnung ist nicht anfechtbar.	§ 283 Vorführung zur Untersuchung (1) Das Gericht kann anordnen, dass der Betroffene zur Vorbereitung eines Gutachtens untersucht und durch die zuständige Behörde zu einer Untersuchung vorgeführt wird. Die Anordnung ist nicht anfechtbar. Der Betroffene soll vorher persönlich angehört werden. (2) Gewalt darf die Behörde nur anwenden, wenn das Gericht dies aufgrund einer ausdrücklichen Entscheidung angeordnet hat. Die zuständige Behörde ist befugt, erforderlichenfalls die Unterstützung der polizeilichen Vollzugsorgane nachzusuchen.

Gegenüberstellung geltendes und künftiges Recht

Geltendes Recht	Künftiges Recht gemäß FGG-RG
(4) Das Gericht kann nach Anhörung eines Sachverständigen anordnen, daß der Betroffene auf bestimmte Dauer untergebracht und beobachtet wird, soweit dies zur Vorbereitung des Gutachtens erforderlich ist. Der Betroffene ist vorher persönlich anzuhören. Die Unterbringung darf die Dauer von sechs Wochen nicht überschreiten. Reicht dieser Zeitraum nicht aus, um die erforderlichen Erkenntnisse für das Gutachten zu erlangen, so kann die Unterbringung bis zu einer Gesamtdauer von drei Monaten verlängert werden. Für die Vorführung gilt Absatz 3 entsprechend.	§ 284 Unterbringung zur Begutachtung (1) Das Gericht kann nach Anhörung eines Sachverständigen beschließen, dass der Betroffene auf bestimmte Dauer untergebracht und beobachtet wird, soweit dies zur Vorbereitung des Gutachtens erforderlich ist. Der Betroffene ist vorher persönlich anzuhören. (2) Die Unterbringung darf die Dauer von sechs Wochen nicht überschreiten. Reicht dieser Zeitraum nicht aus, um die erforderlichen Erkenntnisse für das Gutachten zu erlangen, kann die Unterbringung bis zu einer Gesamtdauer von drei Monaten verlängert werden. (3) § 283 Abs. 2 und 3 gilt entsprechend. Gegen Beschlüsse nach den Absätzen 1 und 2 findet die sofortige Beschwerde nach den §§ 567 bis 572 der Zivilprozessordnung statt.
§ 69 (1) Die Entscheidung, durch die ein Betreuer bestellt oder ein Einwilligungsvorbehalt angeordnet wird, muß enthalten 1. die Bezeichnung des Betroffenen, 2. bei Bestellung eines Betreuers die Bezeichnung a) des Betreuers, b) seines Aufgabenkreises, 3. bei Bestellung eines Vereinsbetreuers oder Behördenbetreuers zusätzlich die Bezeichnung a) als Vereinsbetreuer oder Behördenbetreuer, b) des Vereins oder der Behörde, 4. bei Anordnung eines Einwilligungsvorbehalts die Bezeichnung des Kreises der einwilligungsbedürftigen Willenserklärungen, 5. den Zeitpunkt, zu dem das Gericht spätestens über die Aufhebung oder Verlängerung der Maßnahme zu entscheiden hat;	§ 286 Inhalt der Beschlussformel (1) Die Beschlussformel enthält im Fall der Bestellung eines Betreuers auch 1. die Bezeichnung des Aufgabenkreises des Betreuers; 2. bei Bestellung eines Vereinsbetreuers die Bezeichnung als Vereinsbetreuer und die des Vereins; 3. bei Bestellung eines Behördenbetreuers die Bezeichnung als Behördenbetreuer und die der Behörde; 4. bei Bestellung eines Berufsbetreuers die Bezeichnung als Berufsbetreuer. (2) Die Beschlussformel enthält im Fall der Anordnung eines Einwilligungsvorbehalts die Bezeichnung des Kreises der einwilligungsbedürftigen Willenserklärungen. (3) Der Zeitpunkt, bis zu dem das Gericht über die Aufhebung oder Verlängerung einer Maßnahme nach Absatz 1 oder Absatz 2 zu entscheiden hat, ist in der Beschlussformel zu bezeichnen.
dieser Zeitpunkt darf höchstens sieben Jahre nach Erlaß der Entscheidung liegen,	§ 294 Aufhebung und Einschränkung der Betreuung oder des Einwilligungsvorbehalts (...) (3) Über die Aufhebung der Betreuung oder des Einwilligungsvorbehalts hat das Gericht spätestens sieben Jahre nach der Anordnung dieser Maßnahmen zu entscheiden. § 295 Verlängerung der Betreuung oder des Einwilligungsvorbehalts (...) (2) Über die Verlängerung der Betreuung oder des Einwilligungsvorbehalts hat das Gericht spätestens sieben Jahre nach der Anordnung dieser Maßnahmen zu entscheiden.
6. eine Rechtsmittelbelehrung.	§ 39 Rechtsbehelfsbelehrung Jeder Beschluss hat eine Belehrung über das statthafte Rechtsmittel, den Einspruch, den Widerspruch oder die Erinnerung sowie das Gericht, bei dem diese Rechtsbehelfe einzulegen sind, dessen Sitz und die einzuhaltende Form und Frist zu enthalten.

IV. – Konkordanzliste

Geltendes Recht	Künftiges Recht gemäß FGG-RG
(2) Die Entscheidung ist auch im Falle der Ablehnung einer Maßnahme zu begründen.	§ 38 Entscheidung durch Beschluss (…) (3) Der Beschluss ist zu begründen. (…) (4) Einer Begründung bedarf es nicht, soweit (…) (5) Absatz 4 ist nicht anzuwenden (…) 3. in Betreuungssachen, (…)
§ 69a (1) Entscheidungen sind dem Betroffenen stets selbst bekanntzumachen. Von der Bekanntmachung der Entscheidungsgründe an den Betroffenen kann abgesehen werden, wenn dies nach ärztlichem Zeugnis wegen erheblicher Nachteile für seine Gesundheit erforderlich ist. (2) Die Entscheidung, durch die ein Betreuer bestellt oder ein Einwilligungsvorbehalt angeordnet wird, ist auch der zuständigen Behörde bekanntzumachen. Entscheidungen sind ihr auch dann bekanntzumachen, wenn ihr das Gericht im Verfahren Gelegenheit zur Äußerung gegeben hatte. (3) Entscheidungen werden mit der Bekanntmachung an den Betreuer wirksam. Ist die Bekanntmachung an den Betreuer nicht möglich oder ist Gefahr im Verzug, so kann das Gericht die sofortige Wirksamkeit anordnen. In diesem Falle wird die Entscheidung in dem Zeitpunkt wirksam, in dem sie und die Anordnung der sofortigen Wirksamkeit dem Betroffenen oder dem Pfleger für das Verfahren bekanntgemacht oder der Geschäftsstelle des Gerichts zur Bekanntmachung übergeben werden; der Zeitpunkt ist auf der Entscheidung zu vermerken. (4) Die Genehmigung der Einwilligung eines Betreuers in eine Sterilisation (§ 1905 Abs. 2 des Bürgerlichen Gesetzbuchs) wird mit der Bekanntmachung an den Verfahrenspfleger oder im Falle des § 67 Abs. 1 Satz 6 an den Verfahrensbevollmächtigten sowie an den für die Entscheidung über die Einwilligung in eine Sterilisation bestellten Betreuer wirksam.	§ 288 Bekanntgabe (1) Von der Bekanntgabe der Gründe eines Beschlusses an den Betroffenen kann abgesehen werden, wenn dies nach ärztlichem Zeugnis erforderlich ist, um erhebliche Nachteile für seine Gesundheit zu vermeiden. (…) (2) Das Gericht hat der zuständigen Behörde den Beschluss über die Bestellung eines Betreuers oder die Anordnung eines Einwilligungsvorbehalts oder Beschlüsse über Umfang, Inhalt oder Bestand einer solchen Maßnahme stets bekannt zu geben. Andere Beschlüsse sind der zuständigen Behörde bekannt zu geben, wenn sie vor deren Erlass angehört wurde. § 287 Wirksamwerden von Beschlüssen (1) Beschlüsse über Umfang, Inhalt oder Bestand der Bestellung eines Betreuers, über die Anordnung eines Einwilligungsvorbehalts (…) werden mit der Bekanntgabe an den Betreuer wirksam. (2) Ist die Bekanntgabe an den Betreuer nicht möglich oder ist Gefahr im Verzug, kann das Gericht die sofortige Wirksamkeit des Beschlusses anordnen. In diesem Fall wird er wirksam, wenn der Beschluss und die Anordnung seiner sofortigen Wirksamkeit 1. dem Betroffenen oder dem Verfahrenspfleger bekannt gegeben werden oder 2. der Geschäftsstelle zum Zweck der Bekanntgabe nach Nummer 1 übergeben werden. Der Zeitpunkt der sofortigen Wirksamkeit ist auf dem Beschluss zu vermerken. § 297 Sterilisation (…) (7) Die Genehmigung wird wirksam mit der Bekanntgabe an den für die Entscheidung über die Einwilligung in die Sterilisation bestellten Betreuer und 1. an den Verfahrenspfleger oder 2. den Verfahrensbevollmächtigten, wenn ein Verfahrenspfleger nicht bestellt wurde. (…)
§ 69b (1) Der Betreuer wird mündlich verpflichtet. Er ist über seine Aufgaben zu unterrichten. Die Sätze 1 und 2 gelten nicht für Vereinsbetreuer, Behördenbetreuer, Vereine und die zuständige Behörde.	§ 289 Verpflichtung des Betreuers (1) Der Betreuer wird mündlich verpflichtet und über seine Aufgaben unterrichtet. Das gilt nicht für Vereinsbetreuer, Behördenbetreuer, Vereine, die zuständige Behörde und Personen, die die Betreuung im Rahmen ihrer Berufsausübung führen, sowie nicht für ehrenamtliche Betreuer, die mehr als eine Betreuung führen oder in den letzten zwei Jahren geführt haben. (…)

Gegenüberstellung geltendes und künftiges Recht

Geltendes Recht	**Künftiges Recht gemäß FGG-RG**
(2) Der Betreuer erhält eine Urkunde über seine Bestellung. Die Urkunde soll enthalten 1. die Bezeichnung des Betroffenen und des Betreuers, 2. bei Bestellung eines Vereinsbetreuers oder Behördenbetreuers diese Bezeichnung und die Bezeichnung des Vereins oder der Behörde, 3. den Aufgabenkreis des Betreuers, 4. bei Anordnung eines Einwilligungsvorbehalts die Bezeichnung des Kreises der einwilligungsbedürftigen Willenserklärungen.	§ 290 Bestellungsurkunde Der Betreuer erhält eine Urkunde über seine Bestellung. Die Urkunde soll enthalten 1. die Bezeichnung des Betroffenen und des Betreuers; 2. bei Bestellung eines Vereinsbetreuers oder Behördenbetreuers diese Bezeichnung und die Bezeichnung des Vereins oder der Behörde; 3. den Aufgabenkreis des Betreuers; 4. bei Anordnung eines Einwilligungsvorbehalts die Bezeichnung des Kreises der einwilligungsbedürftigen Willenserklärungen; 5. bei der Bestellung eines vorläufigen Betreuers durch einstweilige Anordnung das Ende der einstweiligen Maßnahme.
	§ 289 Verpflichtung des Betreuers (...)
(3) In geeigneten Fällen führt das Gericht mit dem Betreuer und dem Betroffenen ein Einführungsgespräch.	(2) In geeigneten Fällen führt das Gericht mit dem Betreuer und dem Betroffenen ein Einführungsgespräch.
§ 69c (1) Gegen die Auswahl der Person, der ein Verein die Wahrnehmung der Betreuung übertragen hat, kann der Betroffene gerichtliche Entscheidung beantragen. Das Vormundschaftsgericht kann dem Verein aufgeben, eine andere Person auszuwählen, wenn einem Vorschlag des Betroffenen, dem keine wichtigen Gründe entgegenstehen, nicht entsprochen wurde oder die bisherige Auswahl dem Wohl des Betroffenen zuwiderläuft. § 33 ist nicht anzuwenden. (2) Ist die zuständige Behörde zum Betreuer bestellt, so gilt Absatz 2 entsprechend.	§ 291 Überprüfung der Betreuerauswahl Der Betroffene kann verlangen, dass die Auswahl der Person, der ein Verein oder eine Behörde die Wahrnehmung der Betreuung übertragen hat, durch gerichtliche Entscheidung überprüft wird. Das Gericht kann dem Verein oder der Behörde aufgeben, eine andere Person auszuwählen, wenn einem Vorschlag des Betroffenen, dem keine wichtigen Gründe entgegenstehen, nicht entsprochen wurde oder die bisherige Auswahl dem Wohl des Betroffenen zuwiderläuft. § 35 ist nicht anzuwenden.
§ 69d (1) Das Gericht soll den Betroffenen vor einer Entscheidung nach § 1908i Abs. 1 Satz 1 in Verbindung mit den §§ 1821, 1822 Nr. 1 bis 4, 6 bis 13, §§ 1823 und 1825 des Bürgerlichen Gesetzbuchs persönlich anhören. Vor einer Entscheidung nach den §§ 1904, 1907 Abs. 1 und 3 des Bürgerlichen Gesetzbuchs hat das Gericht den Betroffenen persönlich anzuhören. Die persönliche Anhörung kann unterbleiben, wenn hiervon erhebliche Nachteile für die Gesundheit des Betroffenen zu besorgen sind oder der Betroffene offensichtlich nicht in der Lage ist, seinen Willen kundzutun.	§ 299 Verfahren in anderen Entscheidungen Das Gericht soll den Betroffenen vor einer Entscheidung nach § 1908i Abs. 1 Satz 1 in Verbindung mit den §§ 1821, 1822 Nr. 1 bis 4, 6 bis 13 sowie den §§ 1823 und 1825 des Bürgerlichen Gesetzbuchs persönlich anhören. § 298 Verfahren in Fällen des § 1904 des Bürgerlichen Gesetzbuchs (1) Das Gericht darf die Einwilligung eines Betreuers oder eines Bevollmächtigten in eine Untersuchung des Gesundheitszustandes, eine Heilbehandlung oder einen ärztlichen Eingriff (§ 1904 des Bürgerlichen Gesetzbuchs) nur genehmigen, wenn es den Betroffenen zuvor persönlich angehört hat. (...) (weggefallen)

IV. – Konkordanzliste

Geltendes Recht	Künftiges Recht gemäß FGG-RG
(2) Vor der Genehmigung der Einwilligung eines Betreuers oder Bevollmächtigten in eine Untersuchung des Gesundheitszustandes, eine Heilbehandlung oder einen ärztlichen Eingriff (§ 1904 des Bürgerlichen Gesetzbuchs) hat das Gericht das Gutachten eines Sachverständigen einzuholen. Sachverständiger und ausführender Arzt sollen in der Regel nicht personengleich sein.	§ 298 Verfahren in Fällen des § 1904 des Bürgerlichen Gesetzbuchs (…) (2) Vor der Genehmigung ist ein Sachverständigengutachten einzuholen. Der Sachverständige soll nicht auch der ausführende Arzt sein.
§ 68a Satz 3 und 4 gilt entsprechend.	§ 298 Verfahren in Fällen des § 1904 des Bürgerlichen Gesetzbuchs (1) (…) Das Gericht soll die sonstigen Beteiligten anhören. Auf Verlangen des Betroffenen hat das Gericht eine ihm nahestehende Person anzuhören, wenn dies ohne erhebliche Verzögerung möglich ist. (…)
(3) Für die Genehmigung der Einwilligung eines Betreuers in eine Sterilisation (§ 1905 Abs. 2 des Bürgerlichen Gesetzbuchs) gelten § 68 Abs. 1 Satz 1 und 3, Abs. 5, §§ 68a und 69a Abs. 1 Satz 1, Abs. 2 Satz 2 entsprechend.	§ 297 Sterilisation (1) Das Gericht hat den Betroffenen vor der Genehmigung einer Einwilligung des Betreuers in eine Sterilisation (§ 1905 Absatz 2 des Bürgerlichen Gesetzbuchs) persönlich anzuhören und sich einen persönlichen Eindruck von ihm zu verschaffen. Es hat den Betroffenen über den möglichen Verlauf des Verfahrens zu unterrichten. (2) Das Gericht hat die zuständige Behörde anzuhören, wenn es der Betroffene verlangt oder es der Sachaufklärung dient. (3) Das Gericht hat die sonstigen Beteiligten anzuhören. Auf Verlangen des Betroffenen hat das Gericht eine ihm nahestehende Person anzuhören, wenn dies ohne erhebliche Verzögerung möglich ist. (…) (8) Die Entscheidung über die Genehmigung ist dem Betroffenen stets selbst bekannt zu machen. Von der Bekanntgabe der Gründe an den Betroffenen kann nicht abgesehen werden. Der zuständigen Behörde ist die Entscheidung stets bekannt zu geben.
Verfahrenshandlungen durch den ersuchten Richter sind ausgeschlossen.	§ 297 Sterilisation (…) (4) Verfahrenshandlungen nach den Absätzen 1 bis 3 können nicht durch den ersuchten Richter vorgenommen werden. (…)
Die Genehmigung darf erst erteilt werden, nachdem Gutachten von Sachverständigen eingeholt sind, die sich auf die medizinischen, psychologischen, sozialen, sonderpädagogischen und sexualpädagogischen Gesichtspunkte erstrecken. Die Sachverständigen haben den Betroffenen vor Erstattung des Gutachtens persönlich zu untersuchen oder zu befragen. Sachverständiger und ausführender Arzt dürfen nicht personengleich sein.	§ 297 Sterilisation (…) (6) Die Genehmigung darf erst erteilt werden, nachdem durch förmliche Beweisaufnahme Gutachten von Sachverständigen eingeholt sind, die sich auf die medizinischen, psychologischen, sozialen, sonderpädagogischen und sexualpädagogischen Gesichtspunkte erstrecken. Die Sachverständigen haben den Betroffenen vor Erstattung des Gutachtens persönlich zu untersuchen oder zu befragen. Sachverständiger und ausführender Arzt dürfen nicht personengleich sein. (…)

Gegenüberstellung geltendes und künftiges Recht

Geltendes Recht	Künftiges Recht gemäß FGG-RG
§ 69e (1) Im übrigen sind §§ 35b, 47, 53 Abs. 1 Satz 2, Abs. 2, §§ 55, 56g und 62 entsprechend anzuwenden. Das Vormundschaftsgericht kann im Fall des § 1901a des Bürgerlichen Gesetzbuchs den Besitzer einer Betreuungsverfügung durch Festsetzung von Zwangsgeld zur Ablieferung der Betreuungsverfügung anhalten. Im übrigen gilt § 83 Abs. 2 entsprechend. (2) Die Landesregierungen werden ermächtigt, durch Rechtsverordnung für Anträge und Erklärungen auf Ersatz von Aufwendungen und Bewilligung von Vergütung Vordrucke einzuführen. Soweit Vordrucke eingeführt sind, müssen sich Personen, die die Betreuung innerhalb der Berufsausübung führen, ihrer bedienen und als elektronisches Dokument einreichen, wenn dieses für die automatische Bearbeitung durch das Gericht geeignet ist. Andernfalls liegt keine ordnungsgemäße Geltendmachung im Sinne von § 1836 Abs. 2 Satz 4 des Bürgerlichen Gesetzbuchs vor. Die Landesregierungen können die Ermächtigung durch Rechtsverordnung auf die Landesjustizverwaltungen übertragen.	§ 104 Betreuungs- und Unterbringungssachen; Pflegschaft für Erwachsene (1) Die deutschen Gerichte sind zuständig, wenn der Betroffene oder der volljährige Pflegling 1. Deutscher ist, 2. seinen gewöhnlichen Aufenthalt im Inland hat oder 3. soweit er der Fürsorge durch ein deutsches Gericht bedarf. (2) § 99 Abs. 2 und 3 gilt entsprechend. (3) Die Absätze 1 und 2 sind im Fall einer Unterbringung nach § 312 Nr. 3 nicht anzuwenden. § 292 Zahlungen an den Betreuer (1) In Betreuungsverfahren gilt § 168 entsprechend. (…) § 285 Herausgabe einer Betreuungsverfügung oder der Abschrift einer Vorsorgevollmacht In den Fällen des § 1901a des Bürgerlichen Gesetzbuchs erfolgt die Anordnung der Ablieferung oder Vorlage der dort genannten Schriftstücke durch Beschluss. § 292 Zahlungen an den Betreuer (2) Die Landesregierungen werden ermächtigt, durch Rechtsverordnung für Anträge und Erklärungen auf Ersatz von Aufwendungen und Bewilligung von Vergütung Formulare einzuführen. Soweit Formulare eingeführt sind, müssen sich Personen, die die Betreuung im Rahmen der Berufsausübung führen, ihrer bedienen und sie als elektronisches Dokument einreichen, wenn dieses für die automatische Bearbeitung durch das Gericht geeignet ist. Andernfalls liegt keine ordnungsgemäße Geltendmachung im Sinne von § 1836 Abs. 1 Satz 2 des Bürgerlichen Gesetzbuchs in Verbindung mit § 1 des Vormünder- und Betreuungsvergütungsgesetzes vor. Die Landesregierungen können die Ermächtigung nach Satz 1 durch Rechtsverordnung auf die Landesjustizverwaltungen übertragen.
§ 69f (1) Das Gericht kann durch einstweilige Anordnung einen vorläufigen Betreuer bestellen oder einen vorläufigen Einwilligungsvorbehalt anordnen, wenn 1. dringende Gründe für die Annahme bestehen, daß die Voraussetzungen für die Bestellung eines Betreuers oder der Anordnung eines Einwilligungsvorbehalts gegeben sind und mit dem Aufschub Gefahr verbunden wäre, 2. ein ärztliches Zeugnis über den Zustand des Betroffenen vorliegt, 3. im Falle des § 67 ein Pfleger für das Verfahren bestellt worden ist und 4. der Betroffene persönlich angehört worden ist. Die Anhörung des Betroffenen kann auch durch einen ersuchten Richter erfolgen. § 69d Abs. 1 Satz 3 gilt entsprechend.	§ 300 Einstweilige Anordnung (1) Das Gericht kann durch einstweilige Anordnung einen vorläufigen Betreuer bestellen oder einen vorläufigen Einwilligungsvorbehalt anordnen, wenn 1. dringende Gründe für die Annahme bestehen, dass die Voraussetzungen für die Bestellung eines Betreuers oder die Anordnung eines Einwilligungsvorbehalts gegeben sind und ein dringendes Bedürfnis für ein sofortiges Tätigwerden besteht, 2. ein ärztliches Zeugnis über den Zustand des Betroffenen vorliegt, 3. im Fall des § 276 ein Verfahrenspfleger bestellt und angehört worden ist und 4. der Betroffene persönlich angehört worden ist. Eine Anhörung des Betroffenen im Wege der Rechtshilfe ist abweichend von § 278 Abs. 3 zulässig.

IV. – Konkordanzliste

Geltendes Recht	Künftiges Recht gemäß FGG-RG
Bei Gefahr im Verzug kann das Gericht die einstweilige Anordnung bereits vor der persönlichen Anhörung des Betroffenen sowie vor Bestellung und Anhörung des Pflegers für das Verfahren erlassen; die Verfahrenshandlungen sind unverzüglich nachzuholen. Bei Gefahr im Verzug kann das Gericht den vorläufigen Betreuer auch abweichend von § 1897 Abs. 4 und 5 des Bürgerlichen Gesetzbuchs bestellen. (2) Eine einstweilige Anordnung darf die Dauer von sechs Monaten nicht überschreiten; sie kann nach Anhörung eines Sachverständigen durch weitere einstweilige Anordnungen bis zu einer Gesamtdauer von einem Jahr verlängert werden. (3) Das Gericht kann durch einstweilige Anordnung einen Betreuer entlassen, wenn dringende Gründe für die Annahme bestehen, daß die Voraussetzungen für die Entlassung vorliegen und mit dem Aufschub Gefahr verbunden wäre. (4) Die einstweilige Anordnung wird auch mit der Übergabe an die Geschäftsstelle zum Zwecke der Bekanntmachung wirksam. Das Gericht hat den Zeitpunkt der Übergabe auf der Entscheidung zu vermerken.	§ 301 Einstweilige Anordnung bei gesteigerter Dringlichkeit (1) Bei Gefahr im Verzug kann das Gericht eine einstweilige Anordnung nach § 300 bereits vor Anhörung des Betroffenen sowie vor Anhörung und Bestellung des Verfahrenspflegers erlassen. Diese Verfahrenshandlungen sind unverzüglich nachzuholen. (2) Das Gericht ist bei Gefahr im Verzug bei der Auswahl des Betreuers nicht an § 1897 Abs. 4 und 5 des Bürgerlichen Gesetzbuchs gebunden. § 302 Dauer der einstweiligen Anordnung Eine einstweilige Anordnung tritt, sofern das Gericht keinen früheren Zeitpunkt bestimmt, nach sechs Monaten außer Kraft. Sie kann jeweils nach Anhörung eines Sachverständigen durch weitere einstweilige Anordnungen bis zu einer Gesamtdauer von einem Jahr verlängert werden. § 300 Einstweilige Anordnung (2) Das Gericht kann durch einstweilige Anordnung einen Betreuer entlassen, wenn dringende Gründe für die Annahme bestehen, dass die Voraussetzungen für die Entlassung vorliegen und ein dringendes Bedürfnis für ein sofortiges Tätigwerden besteht. § 287 Wirksamwerden von Beschlüssen (1) Beschlüsse über (…) den Erlass einer einstweiligen Anordnung nach § 300 werden mit der Bekanntgabe an den Betreuer wirksam. (2) Ist die Bekanntgabe an den Betreuer nicht möglich oder ist Gefahr im Verzug, kann das Gericht die sofortige Wirksamkeit des Beschlusses anordnen. In diesem Fall wird er wirksam, wenn 1. der Beschluss und die Anordnung seiner sofortigen Wirksamkeit dem Betroffenen oder dem Verfahrenspfleger bekannt gegeben oder 2. der Geschäftsstelle zum Zweck der Bekanntgabe nach Nummer 1 übergeben werden. Der Zeitpunkt der sofortigen Wirksamkeit ist auf dem Beschluss zu vermerken. (…)
§ 69g (1) Die Beschwerde gegen die Bestellung eines Betreuers von Amts wegen, die Anordnung eines Einwilligungsvorbehalts und eine Entscheidung, durch die die Bestellung eines Betreuers oder die Anordnung eines Einwilligungsvorbehalts abgelehnt wird, steht unbeschadet des § 20 dem Ehegatten des Betroffenen, dem Lebenspartner des Betroffenen, denjenigen, die mit dem Betroffenen in gerader Linie verwandt oder verschwägert, in der Seitenlinie bis zum dritten Grad verwandt sind, sowie der zuständigen Behörde zu.	§ 303 Ergänzende Vorschriften über die Beschwerde (1) Das Recht der Beschwerde steht der zuständigen Behörde gegen Entscheidungen über 1. die Bestellung eines Betreuers oder die Anordnung eines Einwilligungsvorbehalts, 2. Umfang, Inhalt oder Bestand einer in Nummer 1 genannten Maßnahme zu. (2) Das Recht der Beschwerde gegen eine von Amts wegen ergangene Entscheidung steht im Interesse des Betroffenen 1. dessen Ehegatten oder Lebenspartner, wenn die Ehegatten oder Lebenspartner nicht dauernd getrennt leben, sowie den Eltern, Großeltern, Pflegeeltern, Abkömmlingen und Geschwistern des Betroffenen sowie 2. einer Person seines Vertrauens zu, wenn sie im ersten Rechtszug beteiligt worden sind. (…)

Gegenüberstellung geltendes und künftiges Recht

Geltendes Recht	**Künftiges Recht gemäß FGG-RG**
Macht der Vertreter der Staatskasse geltend, der Betreuer habe eine Abrechnung vorsätzlich falsch erteilt oder der Betreute könne anstelle eines nach § 1897 Abs. 6 Satz 1 des Bürgerlichen Gesetzbuchs bestellten Betreuers durch eine oder mehrere andere geeignete Personen außerhalb einer Berufsausübung betreut werden, so steht ihm gegen einen die Entlassung des Betreuers ablehnenden Beschluß die Beschwerde zu.	§ 304 Beschwerde der Staatskasse (1) (…) <u>Hat</u> der Vertreter der Staatskasse <u>geltend gemacht</u>, der Betreuer habe eine Abrechnung falsch erteilt oder der Betreute könne anstelle eines nach § 1897 Abs. 6 des Bürgerlichen Gesetzbuchs bestellten Betreuers durch eine oder mehrere andere geeignete Personen außerhalb einer Berufsausübung betreut werden, steht ihm gegen einen die Entlassung des Betreuers ablehnenden Beschluss die Beschwerde zu. (…)
(2) Der Betreuer kann gegen eine Entscheidung, die seinen Aufgabenkreis betrifft, auch im Namen des Betreuten Beschwerde einlegen. Führen mehrere Betreuer ihr Amt gemeinschaftlich, <u>so</u> kann jeder von ihnen für den Betroffenen selbständig Beschwerde einlegen.	§ 303 Ergänzende Vorschriften über die Beschwerde (4) Der Betreuer <u>oder der Vorsorgebevollmächtigte</u> kann gegen eine Entscheidung, die seinen Aufgabenkreis betrifft, auch im Namen des Betroffenen Beschwerde einlegen. Führen mehrere Betreuer <u>oder Vorsorgebevollmächtigte</u> ihr Amt gemeinschaftlich, kann jeder von ihnen für den Betroffenen selbständig Beschwerde einlegen.
(3) Der Betroffene kann, wenn er untergebracht ist, die Beschwerde auch bei dem Amtsgericht einlegen, in dessen Bezirk er untergebracht ist.	§ 305 Beschwerde des Untergebrachten <u>Ist der Betroffene untergebracht, kann er</u> Beschwerde auch bei dem Amtsgericht einlegen, in dessen Bezirk er untergebracht ist.
<u>(4) Die sofortige Beschwerde findet statt gegen Entscheidungen, 1. durch die ein Einwilligungsvorbehalt angeordnet oder abgelehnt wird, 2. durch die die Weigerung, sich zum Betreuer bestellen zu lassen, zurückgewiesen worden ist, 3. durch die ein Betreuer gegen seinen Willen entlassen worden ist. Die Beschwerdefrist beginnt mit dem Zeitpunkt, in dem die Entscheidung dem Betreuer bekanntgemacht worden ist. Im Falle der Nummer 1 beginnt für den Betroffenen die Frist nicht vor der Bekanntmachung an ihn selbst, spätestens jedoch mit Ablauf von fünf Monaten nach Bekanntmachung an den Betreuer.</u>	
(5) Für das Beschwerdeverfahren gelten die Vorschriften über den ersten Rechtszug entsprechend.	§ 68 Gang des Beschwerdeverfahrens (…) <u>(3) Das Beschwerdeverfahren bestimmt sich im Übrigen nach den Vorschriften über das Verfahren im ersten Rechtszug.</u> (…)
<u>Verfahrenshandlungen nach § 68 Abs. 1 Satz 1 dürfen nur dann durch einen beauftragten Richter vorgenommen werden, wenn von vornherein anzunehmen ist, daß das Beschwerdegericht das Ergebnis der Ermittlungen auch ohne eigenen Eindruck von dem Betroffenen zu würdigen vermag.</u>	(weggefallen)
Das Beschwerdegericht kann von solchen Verfahrenshandlungen absehen, wenn diese bereits im ersten Rechtszug vorgenommen worden und von einer erneuten Vornahme keine zusätzlichen Erkenntnisse zu erwarten sind. <u>Das Beschwerdegericht kann seine Entscheidung auf im ersten Rechtszug eingeholte Gutachten oder vorgelegte ärztliche Zeugnisse stützen.</u>	(3) (…) Das Beschwerdegericht <u>kann von der Durchführung eines Termins, einer mündlichen Verhandlung oder einzelner</u> Verfahrenshandlungen absehen, wenn diese bereits im ersten Rechtszug vorgenommen wurden und von einer erneuten Vornahme keine zusätzlichen Erkenntnisse zu erwarten sind.

IV. – Konkordanzliste

Geltendes Recht	Künftiges Recht gemäß FGG-RG
§ 69h Wird eine Entscheidung, durch die ein Einwilligungsvorbehalt angeordnet worden ist, als ungerechtfertigt aufgehoben, so kann die Wirksamkeit der von oder gegenüber dem Betroffenen vorgenommenen Rechtsgeschäfte nicht auf Grund dieses Einwilligungsvorbehalts in Frage gestellt werden.	**§ 306** Aufhebung des Einwilligungsvorbehalts Wird <u>ein Beschluss</u>, durch <u>den</u> ein Einwilligungsvorbehalt angeordnet worden ist, als ungerechtfertigt aufgehoben, <u>bleibt</u> die Wirksamkeit der von oder gegenüber dem Betroffenen vorgenommenen Rechtsgeschäfte <u>unberührt.</u>
§ 69i (1) Für die Erweiterung des Aufgabenkreises des Betreuers gelten die Vorschriften über die Bestellung des Betreuers entsprechend. Wird der Aufgabenkreis nur unwesentlich erweitert oder liegen Verfahrenshandlungen nach § 68 Abs. 1 und § 68b nicht länger als sechs Monate zurück, so kann das Gericht von einer erneuten Vornahme dieser Verfahrenshandlungen absehen; <u>in diesem Falle muß es den Betroffenen anhören.</u> Eine unwesentliche Erweiterung liegt insbesondere dann nicht vor, wenn erstmals ganz oder teilweise die Personensorge oder <u>wenn</u> eine der in § 1896 Abs. 4, §§ 1904 bis 1906 des Bürgerlichen Gesetzbuchs genannten Aufgaben in den Aufgabenkreis einbezogen wird. (2) Für die Erweiterung des Kreises der einwilligungsbedürftigen Willenserklärungen gilt Absatz 1 entsprechend. (3) Für die Aufhebung der Betreuung, die Einschränkung des Aufgabenkreises des Betreuers, die Aufhebung eines Einwilligungsvorbehalts oder die Einschränkung des Kreises der einwilligungsbedürftigen Willenserklärungen gelten §§ 68a, 69h Abs. 2 Satz 1 und § 69g Abs. 1, 4 entsprechend. (4) Hat das Gericht nach § 68b Abs. 1 Satz 2 von der Einholung eines Gutachtens abgesehen, so ist die Begutachtung nachzuholen, wenn ein Antrag des Betroffenen auf Aufhebung der Betreuung oder auf Einschränkung des Aufgabenkreises des Betreuers erstmals abgelehnt werden soll. (5) Für die Bestellung eines weiteren Betreuers nach § 1899 des Bürgerlichen Gesetzbuchs gilt Absatz 1, soweit damit eine Erweiterung des Aufgabenkreises verbunden ist; im übrigen gelten §§ 68a und <u>69g Abs. 1</u> entsprechend. (6) Für die Verlängerung der Bestellung eines Betreuers oder der Anordnung eines Einwilligungsvorbehalts gelten die Vorschriften für die erstmalige Entscheidung entsprechend. Von der erneuten Einholung eines Gutachtens kann abgesehen werden, wenn sich aus der persönlichen Anhörung des Betroffenen und einem ärztlichen Zeugnis ergibt, daß sich der Umfang der Betreuungsbedürftigkeit offensichtlich nicht verringert hat.	**§ 293** Erweiterung der Betreuung oder des Einwilligungsvorbehalts (1) Für die Erweiterung des Aufgabenkreises des Betreuers <u>(...)</u> gelten die Vorschriften über die <u>Anordnung dieser Maßnahmen</u> entsprechend. <u>(2) Einer persönlichen Anhörung nach § 278 Abs. 1 sowie der Einholung eines Gutachtens oder ärztlichen Zeugnisses (§§ 280 und 281) bedarf es nicht,</u> 1. <u>wenn diese Verfahrenshandlungen</u> nicht länger als sechs Monate <u>zurückliegen oder</u> 2. <u>die beabsichtigte Erweiterung nach Absatz 1 nicht wesentlich ist.</u> Eine wesentliche Erweiterung des Aufgabenkreises des Betreuers liegt insbesondere vor, wenn erstmals ganz oder teilweise die Personensorge oder eine der in § 1896 Abs. 4 <u>oder den</u> §§ 1904 bis 1906 des Bürgerlichen Gesetzbuchs genannten Aufgaben einbezogen wird. **§ 293** Erweiterung der Betreuung oder des Einwilligungsvorbehalts <u>(1) Für (...)</u> die Erweiterung des Kreises der einwilligungsbedürftigen Willenserklärungen <u>gelten die Vorschriften über die Anordnung dieser Maßnahmen entsprechend.</u> **§ 294** Aufhebung und Einschränkung der Betreuung oder des Einwilligungsvorbehalts (1) Für die Aufhebung der Betreuung <u>oder</u> der Anordnung eines Einwilligungsvorbehalts <u>und</u> für die Einschränkung des Aufgabenkreises des Betreuers oder des Kreises der einwilligungsbedürftigen Willenserklärungen gelten die <u>§§ 279 und 288 Abs. 2 Satz 1</u> entsprechend. (2) Hat das Gericht nach <u>§ 281 Abs. 1 Nr. 1</u> von der Einholung eines Gutachtens abgesehen, ist dies nachzuholen, wenn ein Antrag des Betroffenen auf Aufhebung der Betreuung oder Einschränkung des Aufgabenkreises erstmals abgelehnt werden soll. <u>(3) Ist mit der</u> Bestellung eines weiteren Betreuers nach § 1899 des Bürgerlichen Gesetzbuchs <u>eine Erweiterung des Aufgabenkreises verbunden, gelten die Absätze 1 und 2 entsprechend.</u> **§ 295** Verlängerung der Betreuung oder des Einwilligungsvorbehalts (1) Für die Verlängerung der Bestellung eines Betreuers oder der Anordnung eines Einwilligungsvorbehalts gelten die Vorschriften über die erstmalige Anordnung <u>dieser Maßnahmen</u> entsprechend. Von der erneuten Einholung eines Gutachtens kann abgesehen werden, wenn sich aus der persönlichen Anhörung des Betroffenen und einem ärztlichen Zeugnis ergibt, dass sich der Umfang der Betreuungsbedürftigkeit offensichtlich nicht verringert hat.

Gegenüberstellung geltendes und künftiges Recht

Geltendes Recht	Künftiges Recht gemäß FGG-RG
(7) Widerspricht der Betroffene der Entlassung des Betreuers (§ 1908b des Bürgerlichen Gesetzbuchs), so hat das Gericht den Betroffenen und den Betreuer persönlich anzuhören. § 69d Abs. 1 Satz 3 gilt entsprechend. (8) Vor der Bestellung eines neuen Betreuers nach § 1908c des Bürgerlichen Gesetzbuchs ist der Betroffene persönlich anzuhören, es sei denn, der Betroffene hat sein Einverständnis mit dem Betreuerwechsel erklärt; im übrigen gelten die §§ 68a, 69d Abs. 1 Satz 3 und § 69g Abs. 1 entsprechend.	§ 296 Entlassung des Betreuers und Bestellung eines neuen Betreuers (1) Das Gericht hat den Betroffenen und den Betreuer persönlich anzuhören, wenn der Betroffene einer Entlassung des Betreuers (§ 1908b des Bürgerlichen Gesetzbuchs) widerspricht. (2) Vor der Bestellung eines neuen Betreuers (§ 1908c des Bürgerlichen Gesetzbuchs) hat das Gericht den Betroffenen persönlich anzuhören. Das gilt nicht, wenn der Betroffene sein Einverständnis mit dem Betreuerwechsel erklärt hat. § 279 gilt entsprechend.
§ 69k (1) Entscheidungen teilt das Vormundschaftsgericht anderen Gerichten, Behörden oder sonstigen öffentlichen Stellen mit, soweit dies unter Beachtung berechtigter Interessen des Betroffenen nach den Erkenntnissen im gerichtlichen Verfahren erforderlich ist, um eine erhebliche Gefahr für das Wohl des Betroffenen, für Dritte oder für die öffentliche Sicherheit abzuwenden. (2) Ergeben sich im Verlauf eines gerichtlichen Verfahrens Erkenntnisse, die eine Mitteilung nach Absatz 1 vor Abschluß des Verfahrens erfordern, so hat das Gericht unverzüglich Mitteilung zu machen. (3) Das Vormundschaftsgericht unterrichtet zugleich mit der Mitteilung den Betroffenen, seinen Pfleger für das Verfahren und seinen Betreuer über deren Inhalt und über den Empfänger. Die Unterrichtung des Betroffenen unterbleibt, wenn 1. der Zweck des Verfahrens oder der Zweck der Mitteilung durch die Unterrichtung gefährdet würde, 2. nach ärztlichem Zeugnis hiervon erhebliche Nachteile für die Gesundheit des Betroffenen zu besorgen sind oder 3. der Betroffene nach dem unmittelbaren Eindruck des Gerichts offensichtlich nicht in der Lage ist, den Inhalt der Unterrichtung zu verstehen. Sobald die Gründe nach Satz 2 entfallen, ist die Unterrichtung nachzuholen. (4) Der Inhalt der Mitteilung, die Art und Weise ihrer Übermittlung, der Empfänger, die Unterrichtung des Betroffenen oder die Gründe für das Unterbleiben dieser Unterrichtung sowie die Unterrichtung des Pflegers für das Verfahren und des Betreuers sind aktenkundig zu machen. (5) u. (6) (weggefallen)	§ 308 Mitteilung von Entscheidungen (1) Entscheidungen teilt das Gericht anderen Gerichten, Behörden oder sonstigen öffentlichen Stellen mit, soweit dies unter Beachtung berechtigter Interessen des Betroffenen erforderlich ist, um eine erhebliche Gefahr für das Wohl des Betroffenen, für Dritte oder für die öffentliche Sicherheit abzuwenden. (2) Ergeben sich im Verlauf eines gerichtlichen Verfahrens Erkenntnisse, die eine Mitteilung nach Absatz 1 vor Abschluss des Verfahrens erfordern, hat diese Mitteilung über die bereits gewonnenen Erkenntnisse unverzüglich zu erfolgen. (3) Das Gericht unterrichtet zugleich mit der Mitteilung den Betroffenen, seinen Verfahrenspfleger und seinen Betreuer über Inhalt und Empfänger der Mitteilung. Die Unterrichtung des Betroffenen unterbleibt, wenn 1. der Zweck des Verfahrens oder der Zweck der Mitteilung durch die Unterrichtung gefährdet würde, 2. nach ärztlichem Zeugnis hiervon erhebliche Nachteile für die Gesundheit des Betroffenen zu besorgen sind oder 3. der Betroffene nach dem unmittelbaren Eindruck des Gerichts offensichtlich nicht in der Lage ist, den Inhalt der Unterrichtung zu verstehen. Sobald die Gründe nach Satz 2 entfallen, ist die Unterrichtung nachzuholen. (4) Der Inhalt der Mitteilung, die Art und Weise ihrer Übermittlung, ihr Empfänger, die Unterrichtung des Betroffenen oder im Fall ihres Unterbleibens deren Gründe sowie die Unterrichtung des Verfahrenspflegers und des Betreuers sind aktenkundig zu machen.

IV. – Konkordanzliste

Geltendes Recht	Künftiges Recht gemäß FGG-RG
§ 69l (1) Wird einem Betroffenen ausweislich der Entscheidung nach § 69 Abs. 1 oder nach § 69i Abs. 1 zur Besorgung aller seiner Angelegenheiten ein Betreuer bestellt oder der Aufgabenkreis hierauf erweitert, so teilt das Vormundschaftsgericht dies der für die Führung des Wählerverzeichnisses zuständigen Behörde mit. Dies gilt auch, wenn die Entscheidung die in § 1896 Abs. 4 und § 1905 des Bürgerlichen Gesetzbuchs bezeichneten Angelegenheiten nicht erfaßt. Eine Mitteilung hat auch dann zu erfolgen, wenn eine Betreuung nach den Sätzen 1 und 2 auf andere Weise als durch den Tod des Betroffenen endet oder wenn sie eingeschränkt wird. (2) Wird ein Einwilligungsvorbehalt angeordnet, der sich auf die Aufenthaltsbestimmung des Betroffenen erstreckt, so teilt das Vormundschaftsgericht dies der Meldebehörde unter Angabe des Betreuers mit. Eine Mitteilung hat auch zu erfolgen, wenn der Einwilligungsvorbehalt nach Satz 1 aufgehoben wird oder ein Wechsel in der Person des Betreuers eintritt. (3) (weggefallen)	§ 309 Besondere Mitteilungen (1) Wird beschlossen, einem Betroffenen zur Besorgung aller seiner Angelegenheiten einen Betreuer zu bestellen oder den Aufgabenkreis hierauf zu erweitern, so hat das Gericht dies der für die Führung des Wählerverzeichnisses zuständigen Behörde mitzuteilen. Das gilt auch, wenn die Entscheidung die in § 1896 Abs. 4 und § 1905 des Bürgerlichen Gesetzbuchs bezeichneten Angelegenheiten nicht erfasst. Eine Mitteilung hat auch dann zu erfolgen, wenn eine Betreuung nach den Sätzen 1 und 2 auf andere Weise als durch den Tod des Betroffenen endet oder wenn sie eingeschränkt wird. (2) Wird ein Einwilligungsvorbehalt angeordnet, der sich auf die Aufenthaltsbestimmung des Betroffenen erstreckt, so hat das Gericht dies der Meldebehörde unter Angabe des Betreuers mitzuteilen. Eine Mitteilung hat auch zu erfolgen, wenn der Einwilligungsvorbehalt nach Satz 1 aufgehoben wird oder ein Wechsel in der Person des Betreuers eintritt.
§ 69m (1) Während der Dauer einer Unterbringungsmaßnahme sind die Bestellung eines Betreuers, die sich auf die Aufenthaltsbestimmung des Betroffenen erstreckt, die Aufhebung einer solchen Betreuung und jeder Wechsel in der Person des Betreuers dem Leiter der Einrichtung mitzuteilen, in der der Betroffene lebt. (2) (weggefallen)	§ 310 Mitteilungen während einer Unterbringung Während der Dauer einer Unterbringungsmaßnahme hat das Gericht dem Leiter der Einrichtung, in der der Betroffene untergebracht ist, die Bestellung eines Betreuers, die sich auf die Aufenthaltsbestimmung des Betroffenen erstreckt, die Aufhebung einer solchen Betreuung und jeden Wechsel in der Person des Betreuers mitzuteilen.
§ 69n Außer in den sonst in diesem Gesetz, in § 16 des Einführungsgesetzes zum Gerichtsverfassungsgesetz sowie in § 70 Satz 2 und 3 des Jugendgerichtsgesetzes genannten Fällen darf das Vormundschaftsgericht Entscheidungen oder Erkenntnisse aus dem Verfahren, aus denen die Person des Betroffenen erkennbar ist, von Amts wegen nur zur Verfolgung von Straftaten oder Ordnungswidrigkeiten an Gerichte oder Behörden mitteilen, soweit nicht für die übermittelnde Stelle erkennbar ist, daß schutzwürdige Interessen des Betroffenen an dem Ausschluß der Übermittlung überwiegen. § 69k Abs. 3 und 4 gilt entsprechend.	§ 311 Mitteilungen zur Strafverfolgung Außer in den sonst in diesem Gesetz, in § 16 des Einführungsgesetzes zum Gerichtsverfassungsgesetz sowie in § 70 Satz 2 und 3 des Jugendgerichtsgesetzes genannten Fällen darf das Gericht Entscheidungen oder Erkenntnisse aus dem Verfahren, aus denen die Person des Betroffenen erkennbar ist, von Amts wegen nur zur Verfolgung von Straftaten oder Ordnungswidrigkeiten anderen Gerichten oder Behörden mitteilen, soweit nicht schutzwürdige Interessen des Betroffenen an dem Ausschluss der Übermittlung überwiegen. § 308 Abs. 3 und 4 gilt entsprechend.
§ 69o Für Mitteilungen nach den §§ 69k bis 69n gelten die §§ 19 und 20 des Einführungsgesetzes zum Gerichtsverfassungsgesetz. Betreffen Mitteilungen nach den §§ 69k oder 69n eine andere Person als den Betroffenen, so gilt auch § 21 des Einführungsgesetzes zum Gerichtsverfassungsgesetz.	(weggefallen)
IV. Unterbringungssachen	Abschnitt 2 Verfahren in Unterbringungssachen
§ 70 (1) Die folgenden Vorschriften gelten für Verfahren über Unterbringungsmaßnahmen. Unterbringungsmaßnahmen sind 1. die Genehmigung einer Unterbringung, die mit Freiheitsentziehung verbunden ist,	§ 312 Unterbringungssachen Unterbringungssachen sind Verfahren, die 1. die Genehmigung einer freiheitsentziehenden Unterbringung (…)

Gegenüberstellung geltendes und künftiges Recht

Geltendes Recht	Künftiges Recht gemäß FGG-RG
a) eines Kindes (§§ 1631b, 1800, 1915 des Bürgerlichen Gesetzbuchs) und	§ 151 Kindschaftssachen Kindschaftssachen sind die dem Familiengericht zugewiesenen Verfahren, die (...) 6. die Genehmigung der freiheitsentziehenden Unterbringung eines Minderjährigen (§§ 1631b, 1800 und 1915 des Bürgerlichen Gesetzbuchs), (...) betreffen.
b) eines Betreuten (§ 1906 Abs. 1 bis 3 des Bürgerlichen Gesetzbuchs) oder einer Person, die einen Dritten zu ihrer Unterbringung, die mit Freiheitsentziehung verbunden ist, bevollmächtigt hat (§ 1906 Abs. 5 des Bürgerlichen Gesetzbuchs); 2. die Genehmigung einer Maßnahme nach § 1906 Abs. 4 des Bürgerlichen Gesetzbuchs und 3. die Anordnung einer freiheitsentziehenden Unterbringung nach den Landesgesetzen über die Unterbringung psychisch Kranker.	1. (...) eines Betreuten (§ 1906 Abs. 1 bis 3 des Bürgerlichen Gesetzbuchs) oder einer Person, die einen Dritten zu ihrer freiheitsentziehenden Unterbringung bevollmächtigt hat (§ 1906 Abs. 5 des Bürgerlichen Gesetzbuchs), 2. die Genehmigung einer freiheitsentziehenden Maßnahme nach § 1906 Abs. 4 des Bürgerlichen Gesetzbuchs oder 3. eine freiheitsentziehende Unterbringung eines Volljährigen nach den Landesgesetzen über die Unterbringung psychisch Kranker betreffen.
	§ 151 Kindschaftssachen Kindschaftssachen sind die dem Familiengericht zugewiesenen Verfahren, die (...) 7. die Anordnung der freiheitsentziehenden Unterbringung eines Minderjährigen nach den Landesgesetzen über die Unterbringung psychisch Kranker (...) betreffen.
	Artikel 22 **Änderung des Gerichtsverfassungsgesetzes** § 23c (1) Bei den Amtsgerichten werden Abteilungen für Betreuungssachen, Unterbringungssachen und betreuungsgerichtliche Zuweisungssachen (Betreuungsgerichte) gebildet.
Für Unterbringungsmaßnahmen mit Ausnahme solcher nach § 1631b des Bürgerlichen Gesetzbuchs sind die Vormundschaftsgerichte zuständig.	**Artikel 1** **Gesetz über das Verfahren in Familiensachen und in den Angelegenheiten der freiwilligen Gerichtsbarkeit** § 313 Örtliche Zuständigkeit
(2) Für Unterbringungsmaßnahmen nach Absatz 1 Satz 2 Nr. 1 und 2 ist das Gericht zuständig, bei dem eine Vormundschaft oder eine Betreuung oder Pflegschaft, deren Aufgabenbereich die Unterbringung umfaßt, anhängig ist. Ist ein solches Verfahren nicht anhängig, so findet § 65 Abs. 1 bis 3 entsprechende Anwendung.	(1) Ausschließlich zuständig für Unterbringungssachen nach § 312 Nr. 1 und 2 ist in dieser Rangfolge 1. das Gericht, bei dem ein Verfahren zur Bestellung eines Betreuers eingeleitet oder das Betreuungsverfahren anhängig ist; 2. das Gericht, in dessen Bezirk der Betroffene seinen gewöhnlichen Aufenthalt hat; 3. das Gericht, in dessen Bezirk das Bedürfnis für die Unterbringungsmaßnahme hervortritt; 4. das Amtsgericht Schöneberg in Berlin, wenn der Betroffene Deutscher ist.

IV. – Konkordanzliste

Geltendes Recht	Künftiges Recht gemäß FGG-RG
In den Fällen der Sätze 1 und 2 gilt für vorläufige Maßregeln § 65 Abs. 5 entsprechend.	(2) Für einstweilige Anordnungen oder einstweilige Maßregeln ist auch das Gericht zuständig, in dessen Bezirk das Bedürfnis für die Unterbringungsmaßnahme bekannt wird. In den Fällen einer einstweiligen Anordnung oder einstweiligen Maßregel soll es dem nach Absatz 1 Nr. 1 oder Nr. 2 zuständigen Gericht davon Mitteilung machen. (…)
(3) Das Vormundschaftsgericht kann das Verfahren über die Unterbringungsmaßnahme nach Anhörung des gesetzlichen Vertreters und des Betroffenen an das Gericht abgeben, in dessen Bezirk sich der Betroffene aufhält und die Unterbringungsmaßnahme vollzogen werden soll, wenn sich das Gericht zur Übernahme des Verfahrens bereit erklärt hat; § 46 Abs. 2 Satz 1 erste Alternative gilt entsprechend. Wird das gemeinschaftliche obere Gericht angerufen, so ist das Gericht, an das das Verfahren abgegeben werden soll, von dem Eingang der Akten bei ihm an bis zur Entscheidung des gemeinschaftlichen oberen Gerichts für eine vorläufige Maßregel zuständig. Eine weitere Abgabe ist zulässig. Das nach der Abgabe zuständige Gericht ist auch für die Verlängerung einer Unterbringungsmaßnahme zuständig.	§ 314 Abgabe der Unterbringungssache Das Gericht kann die Unterbringungssache abgeben, wenn der Betroffene sich im Bezirk des anderen Gerichts aufhält und die Unterbringungsmaßnahme dort vollzogen werden soll, sofern sich dieses zur Übernahme des Verfahrens bereit erklärt hat.
(4) Für Unterbringungsmaßnahmen nach Absatz 1 Satz 2 Nr. 1 und 2 gelten die §§ 35b und 47 entsprechend.	§ 104 Betreuungs- und Unterbringungssachen; Pflegschaft für Erwachsene (1) Die deutschen Gerichte sind zuständig, wenn der Betroffene oder der volljährige Pflegling 1. Deutscher ist, 2. seinen gewöhnlichen Aufenthalt im Inland hat oder 3. soweit er der Fürsorge durch ein deutsches Gericht bedarf. (2) § 99 Abs. 2 und 3 gilt entsprechend. (3) Die Absätze 1 und 2 sind im Fall einer Unterbringung nach § 312 Nr. 3 nicht anzuwenden.
	§ 313 Örtliche Zuständigkeit (…)
(5) Für eine Unterbringungsmaßnahme nach Absatz 1 Satz 2 Nr. 3 ist das Gericht zuständig, in dessen Bezirk das Bedürfnis für die Unterbringung hervortritt. Befindet sich der Betroffene bereits in einer Einrichtung zur freiheitsentziehenden Unterbringung, ist das Gericht zuständig, in dessen Bezirk die Einrichtung liegt.	(3) Ausschließlich zuständig für Unterbringungen nach § 312 Nr. 3 ist das Gericht, in dessen Bezirk das Bedürfnis für die Unterbringungsmaßnahme hervortritt. Befindet sich der Betroffene bereits in einer Einrichtung zur freiheitsentziehenden Unterbringung, ist das Gericht ausschließlich zuständig, in dessen Bezirk die Einrichtung liegt. (…)
	Artikel 22 Änderung des Gerichtsverfassungsgesetzes § 23 d (…)
(6) Die Landesregierungen werden ermächtigt, zur sachdienlichen Förderung oder schnelleren Erledigung die Verfahren über Unterbringungsmaßnahmen nach Absatz 1 Satz 2 Nr. 3 durch Rechtsverordnung einem Amtsgericht für die Bezirke mehrerer Amtsgerichte zuzuweisen. Die Landesregierungen können die Ermächtigung auf die Landesjustizverwaltungen übertragen.	Die Landesregierungen werden ermächtigt, durch Rechtsverordnung einem Amtsgericht für die Bezirke mehrerer Amtsgerichte die Familiensachen sowie ganz oder teilweise die Handelssachen und die Angelegenheiten der freiwilligen Gerichtsbarkeit zuzuweisen, sofern die Zusammenfassung der sachlichen Förderung der Verfahren dient oder zur Sicherung einer einheitlichen Rechtsprechung geboten erscheint. Die Landesregierungen können die Ermächtigungen auf die Landesjustizverwaltungen übertragen.

Geltendes Recht	Künftiges Recht gemäß FGG-RG
	Artikel 1 **Gesetz über das Verfahren in Familiensachen und in den Angelegenheiten der freiwilligen Gerichtsbarkeit** § 167 Anwendbare Vorschriften bei Unterbringung Minderjähriger (…)
(7) Ist für die Unterbringungsmaßnahme ein anderes Gericht zuständig als dasjenige, bei dem eine Vormundschaft oder eine die Unterbringung erfassende Betreuung oder Pflegschaft anhängig ist, so teilt dieses Gericht dem für die Unterbringungsmaßnahme zuständigen Gericht die Aufhebung der Vormundschaft, Betreuung oder Pflegschaft, den Wegfall des Aufgabenbereiches Unterbringung und einen Wechsel in der Person des Vormunds, Betreuers oder Pflegers mit; das für die Unterbringungsmaßnahme zuständige Gericht teilt dem anderen Gericht die Unterbringungsmaßnahme, ihre Änderung, Verlängerung und Aufhebung mit.	(2) Ist für eine Kindschaftssache nach Absatz 1 ein anderes Gericht zuständig als dasjenige, bei dem eine Vormundschaft oder eine die Unterbringung erfassende Pflegschaft für den Minderjährigen eingeleitet ist, teilt dieses Gericht dem für das Verfahren nach Absatz 1 zuständigen Gericht die Anordnung und Aufhebung der Vormundschaft oder Pflegschaft, den Wegfall des Aufgabenbereiches Unterbringung und einen Wechsel in der Person des Vormunds oder Pflegers mit; das für das Verfahren nach Absatz 1 zuständige Gericht teilt dem anderen Gericht die Unterbringungsmaßnahme, ihre Änderung, Verlängerung und Aufhebung mit. (…) § 313 Örtliche Zuständigkeit (…) (4) Ist für die Unterbringungssache ein anderes Gericht zuständig als dasjenige, bei dem ein die Unterbringung erfassendes Verfahren zur Bestellung eines Betreuers eingeleitet ist, teilt dieses Gericht dem für die Unterbringungssache zuständigen Gericht die Aufhebung der Betreuung, den Wegfall des Aufgabenbereiches Unterbringung und einen Wechsel in der Person des Betreuers mit. Das für die Unterbringungssache zuständige Gericht teilt dem anderen Gericht die Unterbringungsmaßnahme, ihre Änderung, Verlängerung und Aufhebung mit.
§ 70a Der Betroffene ist ohne Rücksicht auf seine Geschäftsfähigkeit verfahrensfähig, wenn er das vierzehnte Lebensjahr vollendet hat.	§ 167 Anwendbare Vorschriften bei Unterbringung Minderjähriger (…) (3) Der Betroffene ist ohne Rücksicht auf seine Geschäftsfähigkeit verfahrensfähig, wenn er das 14. Lebensjahr vollendet hat. (…) § 316 Verfahrensfähigkeit In Unterbringungssachen ist der Betroffene ohne Rücksicht auf seine Geschäftsfähigkeit verfahrensfähig.

IV. – Konkordanzliste

Geltendes Recht	Künftiges Recht gemäß FGG-RG
§ 70b (1) Soweit dies zur Wahrnehmung der Interessen des Betroffenen erforderlich ist, bestellt das Gericht dem Betroffenen einen Pfleger für das Verfahren. Die Bestellung ist insbesondere erforderlich, wenn <u>nach § 68 Abs. 2</u> von <u>der persönlichen</u> Anhörung des Betroffenen abgesehen werden soll. <u>§ 67a gilt entsprechend.</u> (2) Bestellt das Gericht dem Betroffenen keine Pfleger für das Verfahren, so ist dies in der Entscheidung, durch die eine Unterbringungsmaßnahme getroffen wird, zu begründen. (3) Die Bestellung soll unterbleiben oder aufgehoben werden, wenn der Betroffene von einem Rechtsanwalt oder einem anderen geeigneten Verfahrensbevollmächtigten vertreten wird. (4) Die Bestellung endet, sofern sie nicht vorher aufgehoben wird, 1. mit der Rechtskraft der das Verfahren abschließenden Entscheidung oder 2. mit dem sonstigen Abschluß des Verfahrens.	§ 317 Verfahrenspfleger <u>(1) Das Gericht hat dem Betroffenen einen Verfahrenspfleger zu bestellen, wenn</u> dies zur Wahrnehmung der Interessen des Betroffenen erforderlich ist. Die Bestellung ist insbesondere erforderlich, wenn von <u>einer</u> Anhörung des Betroffenen abgesehen werden soll. (2) Bestellt das Gericht dem Betroffenen keinen <u>Verfahrenspflegers</u>, ist dies in der Entscheidung, durch die eine Unterbringungsmaßnahme <u>genehmigt oder angeordnet</u> wird, zu begründen. (…) (4) Die Bestellung <u>eines Verfahrenspflegers</u> soll unterbleiben oder aufgehoben werden, wenn <u>die Interessen des Betroffenen</u> von einem Rechtsanwalt oder einem anderen geeigneten Verfahrensbevollmächtigten vertreten <u>werden.</u> (5) Die Bestellung endet, sofern sie nicht vorher aufgehoben wird, mit der Rechtskraft der Endentscheidung oder mit dem sonstigen Abschluss des Verfahrens. (…)
§ 70c Vor einer Unterbringungsmaßnahme hat das Gericht den Betroffenen persönlich anzuhören und sich einen unmittelbaren Eindruck von ihm zu verschaffen. Den unmittelbaren Eindruck verschafft sich das Gericht, soweit dies erforderlich ist, in der üblichen Umgebung des Betroffenen. Das Gericht unterrichtet ihn über den möglichen Verlauf des Verfahrens. Verfahrenshandlungen nach Satz 1 sollen nicht durch einen ersuchten Richter erfolgen. Im übrigen gilt § 68 Abs. 1 Satz 5, Abs. 2 bis 5 entsprechend.	§ 319 Anhörung des Betroffenen (1) Das Gericht <u>hat</u> den Betroffenen vor einer Unterbringungsmaßnahme persönlich anzuhören und sich einen <u>persönlichen</u> Eindruck von ihm zu verschaffen. Den persönlichen Eindruck verschafft sich das Gericht, soweit dies erforderlich ist, in der üblichen Umgebung des Betroffenen. <u>(2)</u> Das Gericht unterrichtet <u>den Betroffenen</u> über den möglichen Verlauf des Verfahrens. (…) <u>(4)</u> Verfahrenshandlungen nach <u>Absatz 1</u> sollen nicht <u>im Wege der Rechtshilfe</u> erfolgen. (…) § 319 Anhörung des Betroffenen (…) <u>(3) Soll eine persönliche Anhörung nach § 34 Abs. 2 unterbleiben, weil hiervon erhebliche Nachteile für die Gesundheit des Betroffenen zu besorgen sind, darf diese Entscheidung nur auf Grundlage eines ärztlichen Gutachtens getroffen werden.</u> (…) <u>(5) Das Gericht kann den Betroffenen durch die zuständige Behörde vorführen lassen, wenn er sich weigert, an Verfahrenshandlungen nach Absatz 1 mitzuwirken.</u>
§ 70d (1) Vor einer Unterbringungsmaßnahme gibt das Gericht Gelegenheit zur Äußerung 1. dem Ehegatten des Betroffenen, wenn die Ehegatten nicht dauernd getrennt leben, 1a. dem Lebenspartner des Betroffenen, wenn die Lebenspartner nicht dauernd getrennt leben, 2. jedem Elternteil und Kind, bei dem der Betroffene lebt oder bei Einleitung des Verfahrens gelebt hat, 3. dem Betreuer des Betroffenen, 4. einer von dem Betroffenen benannten Person seines Vertrauens, 5. dem Leiter der Einrichtung, in der der Betroffene lebt, und 6. der zuständigen Behörde.	§ 320 Anhörung der sonstigen Beteiligten und der zuständigen Behörde <u>Das Gericht hat die sonstigen Beteiligten anzuhören. Es soll die zuständige Behörde anhören.</u>

Gegenüberstellung geltendes und künftiges Recht

Geltendes Recht	Künftiges Recht gemäß FGG-RG
Das Landesrecht kann vorsehen, daß weiteren Personen und Stellen Gelegenheit zur Äußerung zu geben ist.	§ 315 Beteiligte (4) (...) Das Landesrecht kann vorsehen, dass <u>weitere</u> Personen und Stellen <u>beteiligt werden können.</u>
(2) Ist der Betroffene minderjährig, sind die Elternteile, denen die Personensorge zusteht, der gesetzliche Vertreter in persönlichen Angelegenheiten und die Pflegeeltern persönlich anzuhören.	§ 167 Anwendbare Vorschriften bei Unterbringung Minderjähriger (...) (4) In den in Absatz 1 Satz 1 genannten Verfahren sind die Elternteile, denen die Personensorge zusteht, der gesetzliche Vertreter in persönlichen Angelegenheiten sowie die Pflegeeltern persönlich anzuhören.
§ 70e (1) Vor einer Unterbringungsmaßnahme <u>nach § 70 Abs. 1 Satz 2 Nr. 1 und 3</u> hat das Gericht das Gutachten eines Sachverständigen einzuholen, der den Betroffenen persönlich zu untersuchen oder zu befragen hat. Der Sachverständige soll <u>in der Regel</u> Arzt für Psychiatrie sein; <u>in jedem Fall</u> muß er Arzt mit Erfahrungen auf dem Gebiet der Psychiatrie sein. Für eine Unterbringungsmaßnahme nach § 70 Abs. 1 Satz 2 Nr. 2 genügt ein ärztliches Zeugnis.	§ 321 Einholung eines Gutachtens (1) Vor einer Unterbringungsmaßnahme hat <u>eine förmliche Beweisaufnahme durch Einholung eines</u> Gutachtens <u>über die Notwendigkeit der Maßnahme stattzufinden. Der Sachverständige</u> hat den Betroffenen vor der Erstattung des Gutachtens persönlich zu untersuchen oder zu befragen. <u>Das Gutachten soll sich auch auf die voraussichtliche Dauer der Unterbringung erstrecken.</u> Der Sachverständige soll Arzt für Psychiatrie sein; <u>er muss</u> Arzt mit Erfahrung auf dem Gebiet der Psychiatrie sein. (2) Für eine Maßnahme nach <u>§ 312 Nr. 2</u> genügt ein ärztliches Zeugnis.
	§ 322 Vorführung zur Untersuchung; Unterbringung zur Begutachtung Für die Vorführung zur Untersuchung und die Unterbringung zur Begutachtung gelten die §§ 283 und 284 entsprechend.
(2) § 68b Abs. 3 und 4 gilt entsprechend.	
§ 70f (1) Die Entscheidung, durch die eine Unterbringungsmaßnahme getroffen wird, muß enthalten 1. die Bezeichnung des Betroffenen, 2. die nähere Bezeichnung der Unterbringungsmaßnahme, 3. den Zeitpunkt, zu dem die Unterbringungsmaßnahme endet, wenn sie nicht vorher verlängert wird; dieser Zeitpunkt darf höchstens ein Jahr, bei offensichtlich langer Unterbringungsbedürftigkeit höchstens zwei Jahre nach Erlaß der Entscheidung liegen,	§ 323 Inhalt der Beschlussformel Die Beschlussformel enthält im Fall der Genehmigung oder Anordnung einer Unterbringungsnahme auch 1. die nähere Bezeichnung der Unterbringungsmaßnahme sowie 2. den Zeitpunkt, zu dem die Unterbringungsmaßnahme endet. § 329 Dauer und Verlängerung der Unterbringung (1) Die Unterbringung endet spätestens mit Ablauf eines Jahres, bei offensichtlich langer Unterbringungsbedürftigkeit spätestens mit Ablauf von zwei Jahren, wenn sie nicht vorher verlängert wird.
4. eine Rechtsmittelbelehrung.	§ 39 Rechtsbehelfsbelehrung Jeder Beschluss hat eine Belehrung über das statthafte Rechtsmittel, den Einspruch, den Widerspruch oder die Erinnerung sowie das Gericht, bei dem diese Rechtsbehelfe einzulegen sind, dessen Sitz und die einzuhaltende Form und Frist zu enthalten.
(2) Die Entscheidung ist auch im Falle der Ablehnung zu begründen.	§ 38 Entscheidung durch Beschluss (3) Der Beschluss ist zu begründen. (...)

IV. – Konkordanzliste

Geltendes Recht	Künftiges Recht gemäß FGG-RG
§ 70g (1) <u>Entscheidungen sind dem Betroffenen stets selbst bekanntzumachen.</u> Von der Bekanntmachung der Entscheidungsgründe an den Betroffenen kann abgesehen werden, wenn dies nach ärztlichem Zeugnis wegen erheblicher Nachteile für seine Gesundheit erforderlich ist. (2) Die Entscheidung, durch die eine Unterbringungsmaßnahme getroffen wird, ist auch <u>den in § 70d genannten Personen und Stellen sowie</u> dem Leiter der Einrichtung, in der der Betroffene untergebracht werden soll, bekanntzumachen. Der zuständigen Behörde sind die Entscheidungen stets bekanntzumachen, wenn ihr das Gericht im Verfahren Gelegenheit zur Äußerung gegeben hatte. (3) Die Entscheidung, durch die eine Unterbringungsmaßnahme getroffen oder abgelehnt wird, wird <u>erst</u> mit Rechtskraft wirksam. Das Gericht kann <u>jedoch</u> die sofortige Wirksamkeit anordnen. In diesem Falle wird die Entscheidung in dem Zeitpunkt wirksam, in dem sie und die Anordnung der sofortigen Wirksamkeit dem Betroffenen, dem Pfleger für das Verfahren <u>oder</u> dem Betreuer bekanntgemacht, der Geschäftsstelle des Gerichts zur Bekanntmachung übergeben oder einem Dritten zum Zweck des Vollzugs der Entscheidung mitgeteilt werden; der Zeitpunkt ist auf der Entscheidung zu vermerken. (4) <u>Eine Vorführung auf Anordnung des Gerichts ist von der zuständigen Behörde durchzuführen.</u> (5) Die zuständige Behörde hat den Betreuer, die Eltern, den Vormund oder den Pfleger auf ihren Wunsch bei der Zuführung zur Unterbringung <u>nach § 70 Abs. 1 Satz 2 Nr. 1</u> zu unterstützen. Gewalt darf die zuständige Behörde nur auf Grund besonderer gerichtlicher Entscheidung anwenden. Die zuständige Behörde ist befugt, erforderlichenfalls die Unterstützung der polizeilichen Vollzugsorgane nachzusuchen.	§ 325 Bekanntgabe (1) Von der <u>Bekanntgabe der Gründe eines Beschlusses</u> an den Betroffenen kann abgesehen werden, wenn dies nach ärztlichem Zeugnis <u>erforderlich ist, um erhebliche Nachteile für seine Gesundheit zu vermeiden.</u> (2) <u>Der Beschluss</u>, durch <u>den</u> eine Unterbringungsmaßnahme <u>genehmigt oder angeordnet</u> wird, ist auch dem Leiter der Einrichtung, in der Betroffene untergebracht werden soll, bekannt zu geben. <u>Das Gericht hat der zuständigen</u> Behörde die Entscheidung, <u>durch die eine Unterbringungsmaßnahme genehmigt, angeordnet oder aufgehoben wird, bekannt zu geben.</u> § 324 Wirksamwerden von Beschlüssen (1) <u>Beschlüsse über die Genehmigung oder die Anordnung</u> <u>einer</u> Unterbringungsmaßnahme <u>werden</u> mit Rechtskraft wirksam. (2) Das Gericht kann die sofortige Wirksamkeit des Beschlusses anordnen. In diesem Fall wird <u>er</u> wirksam, <u>wenn der Beschluss</u> und die Anordnung <u>seiner</u> sofortigen Wirksamkeit 1. dem Betroffenen, dem <u>Verfahrenspfleger</u>, dem Betreuer <u>oder dem Bevollmächtigten im Sinne des § 1896 Abs. 2 Satz 2 des Bürgerlichen Gesetzbuchs bekannt gegeben</u> werden, 2. einem Dritten zum Zweck des Vollzugs des Beschlusses mitgeteilt werden <u>oder</u> 3. der Geschäftsstelle des Gerichts zum Zweck der Bekanntgabe übergeben werden<u>.</u> Der Zeitpunkt <u>der sofortigen Wirksamkeit</u> ist auf <u>dem Beschluss</u> zu vermerken. § 167 Anwendbare Vorschriften bei Unterbringung Minderjähriger (1) In Verfahren nach § 151 Nr. 6 sind die für Unterbringungssachen nach § 312 Nr. 1, in Verfahren nach § 151 Nr. 7 die für Unterbringungssachen nach § 312 Nr. 3 geltenden Vorschriften anzuwenden. (…) (…) (5) Das Jugendamt hat die Eltern, den Vormund oder den Pfleger auf <u>deren</u> Wunsch bei der Zuführung zur Unterbringung zu unterstützen. (…) § 326 Zuführung zur Unterbringung (1) Die zuständige Behörde hat den Betreuer <u>oder den Bevollmächtigten im Sinne des § 1896 Abs. 2 Satz 2 des Bürgerlichen Gesetzbuchs</u> auf <u>deren</u> Wunsch bei der Zuführung zur Unterbringung nach <u>§ 312 Nr. 1</u> zu unterstützen. (2) Gewalt darf die zuständige Behörde nur <u>anwenden, wenn das Gericht dies auf Grund einer ausdrücklichen Entscheidung angeordnet hat.</u> Die zuständige Behörde ist befugt, erforderlichenfalls die Unterstützung der polizeilichen Vollzugsorgane nachzusuchen.

Gegenüberstellung geltendes und künftiges Recht

Geltendes Recht	Künftiges Recht gemäß FGG-RG
§ 70h	§ 331 Einstweilige Anordnung
(1) Durch einstweilige Anordnung kann eine vorläufige Unterbringungsmaßnahme getroffen werden. § 69f Abs. 1 und § 70g gelten entsprechend.	Das Gericht kann durch einstweilige Anordnung eine vorläufige Unterbringungsmaßnahme anordnen oder genehmigen, wenn 1. dringende Gründe für die Annahme bestehen, dass die Voraussetzungen für die Genehmigung oder Anordnung einer Unterbringungsmaßnahme gegeben sind und ein dringendes Bedürfnis für ein sofortiges Tätigwerden besteht, 2. ein ärztliches Zeugnis über den Zustand des Betroffenen vorliegt, 3. im Fall des § 317 ein Verfahrenspfleger bestellt und angehört worden ist und 4. der Betroffene persönlich angehört worden ist. Eine Anhörung des Betroffenen im Wege der Rechtshilfe ist abweichend von § 319 Abs. 4 zulässig.
	§ 332 Einstweilige Anordnung bei gesteigerter Dringlichkeit
§ 70d gilt entsprechend, sofern nicht Gefahr im Verzug ist.	Bei Gefahr im Verzug kann das Gericht eine einstweilige Anordnung nach § 331 bereits vor Anhörung des Betroffenen sowie vor Anhörung und Bestellung des Verfahrenspflegers erlassen. Diese Verfahrenshandlungen sind unverzüglich nachzuholen.
	§ 333 Dauer der einstweiligen Anordnung
(2) Die einstweilige Anordnung darf die Dauer von sechs Wochen nicht überschreiten. Reicht dieser Zeitraum nicht aus, so kann sie nach Anhörung eines Sachverständigen durch eine weitere einstweilige Anordnung bis zu einer Gesamtdauer von drei Monaten verlängert werden. Eine Unterbringung zur Vorbereitung eines Gutachtens (§ 70e Abs. 2) ist in diese Gesamtdauer einzubeziehen.	Die einstweilige Anordnung darf die Dauer von sechs Wochen nicht überschreiten. Reicht dieser Zeitraum nicht aus, kann sie nach Anhörung eines Sachverständigen durch eine weitere einstweilige Anordnung verlängert werden. Die mehrfache Verlängerung ist unter den Voraussetzungen der Sätze 1 und 2 zulässig. Sie darf die Gesamtdauer von drei Monaten nicht überschreiten. Eine Unterbringung zur Vorbereitung eines Gutachtens (§ 322) ist in diese Gesamtdauer einzubeziehen.
	§ 334 Einstweilige Maßregeln
(3) Die Absätze 1 und 2 gelten entsprechend, wenn gemäß § 1846 des Bürgerlichen Gesetzbuchs eine Unterbringungsmaßnahme getroffen werden soll.	Die §§ 331, 332 und 333 gelten entsprechend, wenn nach § 1846 des Bürgerlichen Gesetzbuchs eine Unterbringungsmaßnahme getroffen werden soll.
§ 70i	§ 330 Aufhebung der Unterbringung
(1) Die Unterbringungsmaßnahme ist aufzuheben, wenn ihre Voraussetzungen wegfallen. Vor der Aufhebung einer Unterbringungsmaßnahme nach § 70 Abs. 1 Satz 2 Nr. 3 gibt das Gericht der zuständigen Behörde Gelegenheit zur Äußerung, es sei denn, daß dies zu einer nicht nur geringen Verzögerung des Verfahrens führen würde. Die Aufhebung einer solchen Unterbringungsmaßnahme ist der zuständigen Behörde stets bekanntzumachen.	Die Genehmigung oder Anordnung der Unterbringungsmaßnahme ist aufzuheben, wenn ihre Voraussetzungen wegfallen. Vor der Aufhebung einer Unterbringungsmaßnahme nach § 312 Nr. 3 soll das Gericht die zuständige Behörde anhören, es sei denn, dass dies zu einer nicht nur geringen Verzögerung des Verfahrens führen würde.
	§ 329 Dauer und Verlängerung der Unterbringung (...)
(2) Für die Verlängerung einer Unterbringungsmaßnahme gelten die Vorschriften für die erstmalige Maßnahme entsprechend. Bei Unterbringungen mit einer Gesamtdauer von mehr als vier Jahren soll das Gericht in der Regel keinen Sachverständigen bestellen, der den Betroffenen bisher behandelt oder begutachtet hat oder der Einrichtung angehört, in der der Betroffene untergebracht ist.	(2) Für die Verlängerung der Genehmigung oder Anordnung einer Unterbringungsmaßnahme gelten die Vorschriften für die erstmalige Anordnung oder Genehmigung entsprechend. Bei Unterbringungen mit einer Gesamtdauer von mehr als vier Jahren soll das Gericht keinen Sachverständigen bestellen, der den Betroffenen bisher behandelt oder begutachtet hat oder in der Einrichtung tätig ist, in der der Betroffene untergebracht ist.

IV. – Konkordanzliste

Geltendes Recht	Künftiges Recht gemäß FGG-RG
§ 70k	§ 328 Aussetzung des Vollzugs
(1) Das Gericht kann die Vollziehung einer Unterbringung nach § 70 Abs. 1 Satz 2 Nr. 3 aussetzen. Die Aussetzung kann mit Auflagen verbunden werden. Die Aussetzung soll <u>in der Regel</u> sechs Monate nicht überschreiten; sie kann bis zu einem Jahr verlängert werden. (2) Das Gericht kann die Aussetzung widerrufen, wenn der Betroffene eine Auflage nicht erfüllt oder sein Zustand dies erfordert. <u>(3) Für die Verfahren über die Aussetzung und ihren Widerruf gilt § 70d entsprechend.</u>	(1) Das Gericht kann die Vollziehung einer Unterbringung nach <u>§ 312 Nr. 3</u> aussetzen. Die Aussetzung kann mit Auflagen versehen werden. Die Aussetzung soll sechs Monate nicht überschreiten; sie kann bis zu einem Jahr verlängert werden. (2) Das Gericht kann die Aussetzung widerrufen, wenn der Betroffene eine Auflage nicht erfüllt oder sein Zustand dies erfordert.
§ 70l	§ 327 Vollzugsangelegenheiten
(1) Gegen eine Maßnahme zur Regelung einzelner Angelegenheiten im Vollzug der Unterbringung nach § 70 Abs. 1 Satz 2 Nr. 3 kann der Betroffene gerichtliche Entscheidung beantragen. Mit dem Antrag kann auch die Verpflichtung zum Erlaß einer abgelehnten oder unterlassenen Maßnahme begehrt werden. (2) Der Antrag ist nur zulässig, wenn der Betroffene geltend macht, durch die Maßnahme, ihre Ablehnung oder ihre Unterlassung in seinen Rechten verletzt zu sein. (3) Der Antrag hat keine aufschiebende Wirkung. Das Gericht kann die aufschiebende Wirkung anordnen. (4) Die Entscheidung des Gerichts ist unanfechtbar.	(1) Gegen eine Maßnahme zur Regelung einzelner Angelegenheiten im Vollzug der Unterbringung nach <u>§ 312 Nr. 3</u> kann der Betroffene <u>eine Entscheidung des Gerichts</u> beantragen. Mit dem Antrag kann auch die Verpflichtung zum Erlass einer abgelehnten oder unterlassenen Maßnahme begehrt werden. (2) Der Antrag ist nur zulässig, wenn der Betroffene geltend macht, durch die Maßnahme, ihre Ablehnung oder Unterlassung in seinen Rechten verletzt zu sein. (3) Der Antrag hat keine aufschiebende Wirkung. Das Gericht kann die aufschiebende Wirkung anordnen. (4) <u>Der Beschluss ist nicht anfechtbar.</u>
§ 70m <u>(1) Die sofortige Beschwerde findet gegen Entscheidungen statt, die erst mit Rechtskraft wirksam werden.</u> (2) Die Beschwerde gegen Unterbringungsmaßnahmen, vorläufige Unterbringungsmaßnahmen oder die Ablehnung der Aufhebung solcher Maßnahmen steht unbeschadet des § 20 den in § 70d bezeichneten Personen oder Stellen zu. (3) § 69g Abs. 3 und 5 gilt entsprechend.	§ 335 Ergänzende Vorschriften über die Beschwerde (1) Das Recht der Beschwerde steht <u>im Interesse des Betroffenen</u> 1. dessen Ehegatten oder Lebenspartner, wenn die Ehegatten oder Lebenspartner nicht dauernd getrennt leben, sowie dessen Eltern und Kindern, wenn der Betroffene bei diesen lebt oder bei Einleitung des Verfahrens gelebt hat, den Pflegeeltern, 2. einer von dem Betroffenen benannten Person seines Vertrauens sowie 3. dem Leiter der Einrichtung, in der der Betroffene lebt, zu, wenn sie im ersten Rechtszug beteiligt worden sind. (2) Das Recht der Beschwerde steht dem Verfahrenspfleger zu. (3) Der Betreuer oder der Vorsorgebevollmächtigte kann gegen eine Entscheidung, die seinen Aufgabenkreis betrifft, auch im Namen des Betroffenen Beschwerde einlegen. (4) Das Recht der Beschwerde steht der zuständigen Behörde zu. § 336 Einlegung der Beschwerde durch den Betroffenen Der Betroffene kann die Beschwerde auch bei dem Amtsgericht einlegen, in dessen Bezirk er untergebracht ist.
§ 70n	§ 338 Mitteilung von Entscheidungen
Für Mitteilungen gelten die §§ 69k, 69n und 69o entsprechend. Die Aufhebung einer Unterbringungsmaßnahme nach § 70i Abs. 1 Satz 1 und die Aussetzung einer Unterbringung nach § 70k Abs. 1 Satz 1 ist dem Leiter der Einrichtung, in der der Betroffene lebt, mitzuteilen.	Für Mitteilungen gelten die <u>§§ 308 und 311</u> entsprechend. Die Aufhebung einer Unterbringungsmaßnahme nach <u>§ 330 Satz 1</u> und die Aussetzung <u>der</u> Unterbringung nach <u>§ 328</u> Abs. 1 Satz 1 <u>sind</u> dem Leiter der Einrichtung, in der der Betroffene lebt, mitzuteilen.

Gegenüberstellung geltendes und künftiges Recht

Geltendes Recht	Künftiges Recht gemäß FGG-RG
Dritter Abschnitt **(weggefallen)**	
Vierter Abschnitt **Personenstand**	
§ 71 Sind Vorgänge, die auf Antrag eines Beteiligten in dem Standesregister am Rand einer Eintragung zu vermerken sind, von einem Notar beurkundet, so gilt dieser als ermächtigt, im Namen des Beteiligten, dessen Erklärung beurkundet ist, die Eintragung des Vermerks in das Standesregister zu beantragen.	(weggefallen)
Fünfter Abschnitt **Nachlaß- und Teilungssachen**	**Buch 4** Verfahren in Nachlass- und Teilungssachen
	Artikel 22 **Änderung des Gerichtsverfassungsgesetzes**
§ 72 Für die dem Nachlaßgericht obliegenden Verrichtungen sind die Amtsgerichte zuständig.	**§ 23a** (1) Die Amtsgerichte sind ferner zuständig für (...) 2. Angelegenheiten der freiwilligen Gerichtsbarkeit. (2) Angelegenheiten der freiwilligen Gerichtsbarkeit sind (...) 2. Nachlass- und Teilungssachen, (...)
	Artikel 1 **Gesetz über das Verfahren in Familiensachen und in den Angelegenheiten der freiwilligen Gerichtsbarkeit**
§ 73 (1) Die örtliche Zuständigkeit bestimmt sich nach dem Wohnsitz, den der Erblasser zur Zeit des Erbfalls hatte; in Ermangelung eines inländischen Wohnsitzes ist das Gericht zuständig, in dessen Bezirk der Erblasser zur Zeit des Erbfalls seinen Aufenthalt hatte. (2) Ist der Erblasser Deutscher und hatte er zur Zeit des Erbfalls im Inland weder Wohnsitz noch Aufenthalt, so ist das Amtsgericht Schöneberg in Berlin-Schöneberg zuständig. Es kann die Sache aus wichtigen Gründen an ein anderes Gericht abgeben; die Abgabeverfügung ist für dieses Gericht bindend. (3) Ist der Erblasser ein Ausländer und hatte er zur Zeit des Erbfalls im Inland weder Wohnsitz noch Aufenthalt, so ist jedes Gericht, in dessen Bezirk sich Nachlaßgegenstände befinden, in Ansehung aller im Inland befindlichen Nachlaßgegenstände zuständig. Die Vorschriften des § 2369 Abs. 2 des Bürgerlichen Gesetzbuchs finden Anwendung. (4) Für die besondere amtliche Verwahrung von Testamenten ist zuständig: 1. wenn das Testament vor einem Notar errichtet ist, das Gericht, in dessen Bezirk der Notar seinen Amtssitz hat; 2. wenn das Testament vor dem Bürgermeister einer Gemeinde errichtet ist, das Gericht, zu dessen Bezirk die Gemeinde gehört; 3. wenn das Testament nach § 2247 des Bürgerlichen Gesetzbuchs errichtet ist, jedes Amtsgericht. (5) Der Erblasser kann jederzeit die Verwahrung bei einem anderen Amtsgericht verlangen.	**§ 343** Örtliche Zuständigkeit (1) Die örtliche Zuständigkeit bestimmt sich nach dem Wohnsitz, den der Erblasser zur Zeit des Erbfalls hatte; fehlt ein inländischer Wohnsitz, ist das Gericht zuständig, in dessen Bezirk der Erblasser zur Zeit des Erbfalls seinen Aufenthalt hatte. (2) Ist der Erblasser Deutscher und hatte er zur Zeit des Erbfalls im Inland weder Wohnsitz noch Aufenthalt, ist das Amtsgericht Schöneberg in Berlin zuständig. Es kann die Sache aus wichtigen Gründen an ein anderes Gericht verweisen. (3) Ist der Erblasser ein Ausländer und hatte er zur Zeit des Erbfalls im Inland weder Wohnsitz noch Aufenthalt, ist jedes Gericht, in dessen Bezirk sich Nachlassgegenstände befinden, für alle Nachlassgegenstände zuständig. **§ 344** Besondere örtliche Zuständigkeit (1) Für die besondere amtliche Verwahrung von Testamenten ist zuständig, 1. wenn das Testament vor einem Notar errichtet ist, das Gericht, in dessen Bezirk der Notar seinen Amtssitz hat; 2. wenn das Testament vor dem Bürgermeister einer Gemeinde errichtet ist, das Gericht, zu dessen Bezirk die Gemeinde gehört; 3. wenn das Testament nach § 2247 des Bürgerlichen Gesetzbuchs errichtet ist, jedes Gericht. Der Erblasser kann jederzeit die Verwahrung bei einem nach Satz 1 örtlich nicht zuständigen Gericht verlangen.

IV. – Konkordanzliste

Geltendes Recht	Künftiges Recht gemäß FGG-RG
§ 74 Für die Sicherung des Nachlasses ist jedes Amtsgericht zuständig, in dessen Bezirk das Bedürfnis der Fürsorge hervortritt. Das Gericht soll von den angeordneten Maßregeln dem nach § 73 zuständigen Nachlaßgericht Mitteilung machen.	§ 344 Besondere örtliche Zuständigkeit (…) (4) Für die Sicherung des Nachlasses ist jedes Gericht zuständig, in dessen Bezirk das Bedürfnis für die Sicherung besteht. **Artikel 22** **Änderung des Gerichtsverfassungsgesetzes** § 23a (1) Die Amtsgerichte sind ferner zuständig für (…) 2. Angelegenheiten der freiwilligen Gerichtsbarkeit. (2) Angelegenheiten der freiwilligen Gerichtsbarkeit sind (…) 2. Nachlass- und Teilungssachen, (…) **Artikel 1** **Gesetz über das Verfahren in Familiensachen und in den Angelegenheiten der freiwilligen Gerichtsbarkeit** § 356 Mitteilungspflichten (…) (2) Hat ein Gericht nach § 344 Abs. 4 Maßnahmen zur Sicherung des Nachlasses angeordnet, soll es das nach § 343 zuständige Gericht hiervon unterrichten.
§ 74a Erhält das Nachlaßgericht Kenntnis davon, daß ein Kind Vermögen von Todes wegen erworben hat, das nach § 1640 Abs. 1 Satz 1, Abs. 2 des Bürgerlichen Gesetzbuchs zu verzeichnen ist, so teilt das Nachlaßgericht dem Vormundschaftsgericht den Vermögenserwerb mit.	§ 356 Mitteilungspflichten (1) Erhält das Gericht Kenntnis davon, dass ein Kind Vermögen von Todes wegen erworben hat, das nach § 1640 Abs. 1 Satz 1 und Abs. 2 des Bürgerlichen Gesetzbuchs zu verzeichnen ist, teilt es dem Familiengericht den Vermögenserwerb mit. (…)
§ 75 Auf die Nachlaßpflegschaft finden die für Vormundschaftssachen geltenden Vorschriften dieses Gesetzes Anwendung. Unberührt bleiben die Vorschriften über die Zuständigkeit des Nachlaßgerichts; das Nachlaßgericht kann jedoch die Pflegschaft nach Maßgabe des § 46 an ein anderes Nachlaßgericht abgeben.	(weggefallen)
§ 76 (1) Gegen eine Verfügung, durch die dem Antrag des Erben, die Nachlaßverwaltung anzuordnen, stattgegeben wird, ist die Beschwerde unzulässig. (2) Gegen eine Verfügung, durch die dem Antrag eines Nachlaßgläubigers, die Nachlaßverwaltung anzuordnen, stattgegeben wird, findet die sofortige Beschwerde statt. Die Beschwerde steht nur dem Erben, bei Miterben jedem Erben, sowie dem Testamentsvollstrecker zu, welcher zur Verwaltung des Nachlasses berechtigt ist.	§ 359 Nachlassverwaltung (1) Der Beschluss, durch den dem Antrag des Erben, die Nachlassverwaltung anzuordnen, stattgegeben wird, ist nicht anfechtbar. (2) Gegen den Beschluss, durch den dem Antrag eines Nachlassgläubigers, die Nachlassverwaltung anzuordnen, stattgegeben wird, steht die Beschwerde nur dem Erben, bei Miterben jedem Erben, sowie dem Testamentsvollstrecker zu, der zur Verwaltung des Nachlasses berechtigt ist.

Gegenüberstellung geltendes und künftiges Recht

Geltendes Recht	Künftiges Recht gemäß FGG-RG
§ 77 (1) Gegen eine Verfügung, durch die dem Erben eine Inventarfrist bestimmt wird, findet die sofortige Beschwerde statt. (2) Das gleiche gilt von einer Verfügung, durch die über die Bestimmung einer neuen Inventarfrist oder über den Antrag des Erben, die Inventarfrist zu verlängern, entschieden wird. (3) In den Fällen der Absätze 1, 2 beginnt die Frist zur Einlegung der Beschwerde für jeden Nachlaßgläubiger mit dem Zeitpunkt, in welchem die Verfügung demjenigen Nachlaßgläubiger bekannt gemacht wird, welcher den Antrag auf die Bestimmung der Inventarfrist gestellt hat.	**§ 360** Bestimmung einer Inventarfrist (1) Die Frist zur Einlegung einer Beschwerde gegen den Beschluss, durch den dem Erben eine Inventarfrist bestimmt wird, beginnt für jeden Nachlassgläubiger mit dem Zeitpunkt, in dem der Beschluss dem Nachlassgläubiger bekannt gemacht wird, der den Antrag auf die Bestimmung der Inventarfrist gestellt hat. (2) Absatz 1 gilt entsprechend für die Beschwerde gegen einen Beschluss, durch den über die Bestimmung einer neuen Inventarfrist oder über den Antrag des Erben, die Inventarfrist zu verlängern, entschieden wird.
§ 78 (1) Hat das Nachlaßgericht nach § 1964 des Bürgerlichen Gesetzbuchs festgestellt, daß ein anderer Erbe als der Fiskus nicht vorhanden ist, so steht die Einsicht der dieser Feststellung vorausgegangenen Ermittlungen jedem zu, der ein berechtigtes Interesse glaubhaft macht. Das gleiche gilt von der Einsicht einer Verfügung, welche die Bestimmung einer Inventarfrist oder die Ernennung oder die Entlassung eines Testamentsvollstreckers betrifft, eines Protokolls über die Abgabe der im § 79 bezeichneten eidesstattlichen Versicherung sowie von der Einsicht eines Erbscheins und eines der in den §§ 1507, 2368 des Bürgerlichen Gesetzbuchs und den §§ 37, 38 der Grundbuchordnung vorgesehenen gerichtlichen Zeugnisse. (2) Von den Schriftstücken, deren Einsicht gestattet ist, kann eine Abschrift gefordert werden; die Abschrift ist auf Verlangen zu beglaubigen.	(weggefallen)
§ 79 Verlangt ein Nachlaßgläubiger von dem Erben die Abgabe der im § 2006 des Bürgerlichen Gesetzbuchs vorgesehenen eidesstattlichen Versicherung, so kann die Bestimmung des Termins zur Abgabe der eidesstattlichen Versicherung sowohl von dem Nachlaßgläubiger als von dem Erben beantragt werden. Zu dem Termin sind beide Teile zu laden. Die Anwesenheit des Gläubigers ist nicht erforderlich. Die Vorschriften der §§ 478 bis 480, 483 der Zivilprozeßordnung gelten entsprechend.	**§ 361** Eidesstattliche Versicherung Verlangt ein Nachlassgläubiger von dem Erben die Abgabe der in § 2006 des Bürgerlichen Gesetzbuchs vorgesehenen eidesstattlichen Versicherung, kann die Bestimmung des Termins zur Abgabe der eidesstattlichen Versicherung sowohl von dem Nachlassgläubiger als auch von dem Erben beantragt werden. Zu dem Termin sind beide Teile zu laden. Die Anwesenheit des Gläubigers ist nicht erforderlich. Die §§ 478 bis 480 und 483 der Zivilprozessordnung gelten entsprechend.
§ 80 Gegen eine Verfügung, durch die nach den §§ 2151, 2153 bis 2155, 2192, 2193 und dem § 2198 Abs. 2 des Bürgerlichen Gesetzbuchs dem Beschwerten oder einem Dritten eine Frist zur Erklärung bestimmt wird, findet die sofortige Beschwerde statt.	**§ 355** Testamentsvollstreckung (1) Ein Beschluss, durch den das Nachlassgericht einem Dritten eine Frist zur Erklärung nach § 2198 Abs. 2 des Bürgerlichen Gesetzbuchs (…) eine Frist zur Annahme des Amtes bestimmt, ist mit der sofortigen Beschwerde in entsprechender Anwendung der §§ 567 bis 572 der Zivilprozessordnung anfechtbar. (…)

IV. – Konkordanzliste

Geltendes Recht	Künftiges Recht gemäß FGG-RG
§ 81 (1) Gegen eine Verfügung, durch die von dem Nachlaßgericht ein Testamentsvollstrecker ernannt oder einem zum Testamentsvollstrecker Ernannten eine Frist <u>zur Erklärung über die</u> Annahme des Amtes bestimmt wird, findet die sofortige Beschwerde statt. (2) <u>Das gleiche gilt von einer Verfügung, durch die ein Testamentsvollstrecker gegen seinen Willen entlassen wird.</u>	§ 355 Testamentsvollstreckung <u>(1) Ein Beschluss, durch den das Nachlassgericht</u> (…) <u>einer</u> zum Testamentsvollstrecker <u>ernannten Person</u> eine Frist <u>zur</u> Annahme des Amtes bestimmt, <u>ist mit der sofortigen</u> Beschwerde in entsprechender Anwendung der §§ 567 bis 572 der Zivilprozessordnung anfechtbar. (…)
§ 82 (1) Führen mehrere Testamentsvollstrecker das Amt gemeinschaftlich, <u>so</u> steht gegen eine Verfügung, durch die das Nachlaßgericht Anordnungen des Erblassers für die Verwaltung des Nachlasses außer Kraft setzt oder bei einer Meinungsverschiedenheit zwischen den Testamentsvollstreckern entscheidet, jedem Testamentsvollstrecker die Beschwerde selbständig zu. (2) Auf eine Verfügung, durch die bei einer Meinungsverschiedenheit zwischen den Testamentsvollstreckern über die Vornahme eines Rechtsgeschäfts das Nachlaßgericht entscheidet, finden die Vorschriften des § 53 und des § 60 Abs. 1 Nr. 6 entsprechende Anwendung.	§ 355 Testamentsvollstreckung (…) (3) Führen mehrere Testamentsvollstrecker das Amt gemeinschaftlich, steht <u>die Beschwerde gegen einen Beschluss</u>, durch <u>den</u> das <u>Gericht</u> Anordnungen des Erblassers für die Verwaltung des Nachlasses außer Kraft setzt, <u>sowie gegen einen Beschluss, durch den das Gericht über</u> Meinungsverschiedenheiten zwischen den Testamentsvollstreckern <u>entscheidet, jedem Testamentsvollstrecker selbständig zu.</u> § 355 Testamentsvollstreckung (…) (2) <u>Auf einen Beschluss</u>, durch <u>den das Gericht</u> bei einer Meinungsverschiedenheit zwischen mehreren Testamentsvollstreckern über die Vornahme eines Rechtsgeschäfts entscheidet, <u>ist § 40 Abs. 3 entsprechend anzuwenden; die Beschwerde ist binnen einer Frist von zwei Wochen einzulegen.</u> (…)
§ 82a (1) Die Annahme zur Verwahrung sowie die Herausgabe des Testaments ist von dem Richter anzuordnen und von ihm und dem Urkundsbeamten der Geschäftsstelle gemeinschaftlich zu bewirken. (2) Die Verwahrung erfolgt unter gemeinschaftlichem Verschluss des Richters und des Urkundsbeamten der Geschäftsstelle. (3) Dem Erblasser soll über das in Verwahrung genommene Testament ein Hinterlegungsschein erteilt werden. <u>Der Hinterlegungsschein ist von dem Richter und dem Urkundsbeamten der Geschäftsstelle zu unterschreiben und mit dem Dienstsiegel zu versehen.</u>	§ 346 <u>Verfahren bei besonderer amtlicher Verwahrung</u> (1) Die Annahme <u>einer Verfügung von Todes wegen in besondere amtliche Verwahrung sowie deren</u> Herausgabe ist von dem Richter anzuordnen und von ihm und dem Urkundsbeamten der Geschäftsstelle gemeinschaftlich zu bewirken. (2) Die Verwahrung erfolgt unter gemeinschaftlichem Verschluss des Richters und des Urkundsbeamten der Geschäftsstelle. (3) Dem Erblasser soll über <u>die in Verwahrung genommene Verfügung von Todes wegen</u> ein Hinterlegungsschein erteilt werden; <u>bei einem gemeinschaftlichen Testament erhält jeder Erblasser einen eigenen Hinterlegungsschein, bei einem Erbvertrag jeder Vertragsschließende.</u>

Gegenüberstellung geltendes und künftiges Recht

Geltendes Recht	Künftiges Recht gemäß FGG-RG
(4) Über jedes in Verwahrung genommene Testament ist das für den Geburtsort des Erblassers zuständige Standesamt schriftlich zu unterrichten. Hat der Erblasser keinen inländischen Geburtsort, ist die Mitteilung an das Amtsgericht Schöneberg in Berlin zu richten. Bei den Standesämtern und beim Amtsgericht Schöneberg in Berlin werden Verzeichnisse über die in amtlicher Verwahrung befindlichen Testamente geführt. Erhält die das Testamentsverzeichnis führende Stelle Nachricht vom Tod des Erblassers, so teilt sie dies dem Nachlassgericht schriftlich mit, von dem die Mitteilung nach Satz 1 stammt. Die Mitteilungspflichten der Standesämter bestimmen sich nach dem Personenstandsgesetz. (5) Absatz 4 gilt entsprechend für ein gemeinschaftliches Testament, das nicht in besondere amtliche Verwahrung genommen worden ist, wenn es nach dem Tod des Erstverstorbenen eröffnet worden ist und nicht ausschließlich Anordnungen enthält, die sich auf den mit dem Tod des verstorbenen Ehegatten eingetretenen Erbfall beziehen. (6) Die Landesregierungen haben durch Rechtsverordnung Vorschriften über Art und Umfang der Mitteilungen nach den Absätzen 4 und 5 sowie § 34a des Beurkundungsgesetzes, über den Inhalt der Testamentsverzeichnisse sowie über die Löschung der in den Testamentsverzeichnissen gespeicherten Daten zu erlassen. Die Erhebung und Verwendung personenbezogener Daten ist auf das für das Wiederauffinden der letztwilligen Verfügung Unerlässliche zu beschränken. Der das Testamentsverzeichnis führenden Stelle dürfen nur die Identifizierungsdaten des Erblassers, die Art der letztwilligen Verfügung sowie das Datum der Inverwahrnahme mitgeteilt werden. Die Fristen für die Löschung der Daten dürfen die Dauer von fünf Jahren seit dem Tod des Erblassers nicht überschreiten; ist der Erblasser für tot erklärt oder der Todeszeitpunkt gerichtlich festgelegt worden, sind die Daten spätestens nach 30 Jahren zu löschen. (7) Die Mitteilungen nach den Absätzen 4 und 5 sowie § 34a des Beurkundungsgesetzes können elektronisch erfolgen. Die Landesregierungen bestimmen durch Rechtsverordnung den Zeitpunkt, von dem an Mitteilungen in ihrem Bereich elektronisch erteilt und eingereicht werden können, sowie die für die Bearbeitung der Dokumente geeignete Form. (8) Die Landesregierungen können Ermächtigungen nach Absatz 6 Satz 1 und Absatz 7 Satz 2 durch Rechtsverordnung auf die Landesjustizverwaltungen übertragen.	§ 347 Mitteilung über die Verwahrung (1) Über jede in besondere amtliche Verwahrung genommene Verfügung von Todes wegen ist das für den Geburtsort des Erblassers zuständige Standesamt schriftlich zu unterrichten. Hat der Erblasser keinen inländischen Geburtsort, ist die Mitteilung an das Amtsgericht Schöneberg in Berlin zu richten. Bei den Standesämtern und beim Amtsgericht Schöneberg in Berlin werden Verzeichnisse über die in amtlicher Verwahrung befindlichen Verfügungen von Todes wegen geführt. Erhält die das Testamentsverzeichnis führende Stelle Nachricht vom Tod des Erblassers, teilt sie dies dem Gericht schriftlich mit, von dem die Mitteilung nach Satz 1 stammt. Die Mitteilungspflichten der Standesämter bestimmen sich nach dem Personenstandsgesetz. (2) Absatz 1 gilt entsprechend für ein gemeinschaftliches Testament, das nicht in besondere amtliche Verwahrung genommen worden ist, wenn es nach dem Tod des Erstverstorbenen eröffnet worden ist und nicht ausschließlich Anordnungen enthält, die sich auf den mit dem Tod des verstorbenen Ehegatten oder des verstorbenen Lebenspartners eingetretenen Erbfall beziehen. (4) Die Landesregierungen erlassen durch Rechtsverordnung Vorschriften über Art und Umfang der Mitteilungen nach den Absätzen 1 bis 3 sowie § 34a des Beurkundungsgesetzes, über den Inhalt der Testamentsverzeichnisse sowie die Löschung der in den Testamentsverzeichnissen gespeicherten Daten. Die Erhebung und Verwendung der Daten ist auf das für die Wiederauffindung der Verfügung von Todes wegen unumgänglich Notwendige zu beschränken. Der das Testamentsverzeichnis führenden Stelle dürfen nur die Identifizierungsdaten des Erblassers, die Art der Verfügung von Todes wegen sowie das Datum der Inverwahrnahme mitgeteilt werden. Die Fristen für die Löschung der Daten dürfen die Dauer von fünf Jahren seit dem Tod des Erblassers nicht überschreiten; ist der Erblasser für tot erklärt oder der Todeszeitpunkt gerichtlich festgelegt worden, sind die Daten spätestens nach 30 Jahren zu löschen. (5) Die Mitteilungen nach den Absätzen 1 bis 3 sowie § 34a des Beurkundungsgesetzes können elektronisch erfolgen. Die Landesregierungen bestimmen durch Rechtsverordnung den Zeitpunkt, von dem an Mitteilungen in ihrem Bereich elektronisch erteilt und eingereicht werden können, sowie die für die Bearbeitung der Dokumente geeignete Form. (6) Die Landesregierungen können die Ermächtigungen nach Absatz 4 Satz 1 und Absatz 5 Satz 2 durch Rechtsverordnung auf die Landesjustizverwaltungen übertragen.
§ 82b (1) § 73 Abs. 4 und 5 sowie § 82a gelten entsprechend für die amtliche Verwahrung von Erbverträgen. Ein Hinterlegungsschein soll jedem der Vertragsschließenden ausgehändigt werden. (2) Für Erbverträge, die nicht in besondere amtliche Verwahrung genommen worden sind, sowie für gerichtliche oder notariell beurkundete Erklärungen, nach deren Inhalt die Erbfolge geändert worden ist, gilt § 82a Abs. 4 entsprechend; in diesen Fällen obliegt die Mitteilungspflicht der Stelle, die die Erklärungen beurkundet hat.	§ 347 Mitteilung über die Verwahrung (…) (3) Für Erbverträge, die nicht in besondere amtliche Verwahrung genommen worden sind, sowie für gerichtliche oder notariell beurkundete Erklärungen, nach denen die Erbfolge geändert worden ist, gilt Absatz 1 entsprechend; in diesen Fällen obliegt die Mitteilungspflicht der Stelle, die die Erklärungen beurkundet hat. (…)

IV. – Konkordanzliste

Geltendes Recht	Künftiges Recht gemäß FGG-RG
§ 83 (1) Das Nachlaßgericht kann im Falle des § 2259 Abs. 1 des Bürgerlichen Gesetzbuchs den Besitzer des Testaments durch Festsetzung von Zwangsgeld zur Ablieferung des Testaments anhalten. (2) Besteht Grund zu der Annahme, daß jemand ein Testament in Besitz hat, zu dessen Ablieferung er nach § 2259 Abs. 1 des Bürgerlichen Gesetzbuchs verpflichtet ist, so kann er von dem Nachlaßgericht zur Abgabe einer eidesstattlichen Versicherung über den Verbleib angehalten werden; die Vorschriften des § 883 Abs. 2 bis 4, des § 900 Abs. 1 und der §§ 901, 902, 904 bis 910, 912, 913 der Zivilprozeßordnung finden entsprechende Anwendung.	§ 358 Zwang zur Ablieferung von Testamenten In den Fällen des § 2259 Abs. 1 des Bürgerlichen Gesetzbuchs erfolgt die Anordnung der Ablieferung des Testaments durch Beschluss.
§ 83a Für das Verfahren, das die Stundung eines Pflichtteilsanspruchs zum Gegenstand hat (§ 2331a in Verbindung mit § 1382 des Bürgerlichen Gesetzbuchs), gilt § 53a entsprechend.	§ 362 Stundung des Pflichtteilsanspruchs Für das Verfahren über die Stundung eines Pflichtteilsanspruchs (§ 2331a in Verbindung mit § 1382 des Bürgerlichen Gesetzbuchs) gilt § 264 entsprechend.
§ 84 Gegen einen Beschluß, durch den ein Erbschein für kraftlos erklärt wird, findet die Beschwerde nicht statt. Das gleiche gilt von einem Beschluß, durch den eines der in den §§ 1507, 2368 des Bürgerlichen Gesetzbuchs und den §§ 37, 38 der Grundbuchordnung vorgesehenen gerichtlichen Zeugnisse für kraftlos erklärt wird.	§ 353 Einziehung oder Kraftloserklärung von Erbscheinen (…) (3) Ein Beschluss, durch den ein Erbschein für kraftlos erklärt wird, ist nicht mehr anfechtbar, nachdem der Beschluss öffentlich bekannt gemacht ist (§ 2361 Abs. 2 Satz 2 des Bürgerlichen Gesetzbuchs).
§ 85 Wer ein rechtliches Interesse glaubhaft macht, kann verlangen, daß ihm von dem Gericht eine Ausfertigung des Erbscheins erteilt wird. Das gleiche gilt in Ansehung der im § 84 Satz 2 bezeichneten Zeugnisse sowie in Ansehung der gerichtlichen Verfügungen, die sich auf die Ernennung oder die Entlassung eines Testamentsvollstreckers beziehen.	§ 357 Einsicht in eine eröffnete Verfügung von Todes wegen; Ausfertigung eines Erbscheins oder anderen Zeugnisses (…) (2) Wer ein rechtliches Interesse glaubhaft macht, kann verlangen, dass ihm von dem Gericht eine Ausfertigung des Erbscheins erteilt wird. Das Gleiche gilt für die nach § 354 erteilten gerichtlichen Zeugnisse sowie für die Beschlüsse, die sich auf die Ernennung oder die Entlassung eines Testamentsvollstreckers beziehen.
§ 86 (1) Hinterläßt ein Erblasser mehrere Erben, so hat das Nachlaßgericht auf Antrag die Auseinandersetzung in Ansehung des Nachlasses zwischen den Beteiligten zu vermitteln, sofern nicht ein zur Bewirkung der Auseinandersetzung berechtigter Testamentsvollstrecker vorhanden ist. (2) Antragsberechtigt ist jeder Miterbe, der Erwerber eines Erbteils sowie derjenige, welchem ein Pfandrecht oder ein Nießbrauch an einem Erbteil zusteht.	§ 363 Antrag (1) Bei mehreren Erben hat das Gericht auf Antrag die Auseinandersetzung des Nachlasses zwischen den Beteiligten zu vermitteln; das gilt nicht, wenn ein zur Auseinandersetzung berechtigter Testamentsvollstrecker vorhanden ist. (2) Antragsberechtigt ist jeder Miterbe, der Erwerber eines Erbteils sowie derjenige, welchem ein Pfandrecht oder ein Nießbrauch an einem Erbteil zusteht. (…)

Gegenüberstellung geltendes und künftiges Recht

Geltendes Recht	Künftiges Recht gemäß FGG-RG
§ 87 (1) In dem Antrag sollen die Beteiligten und die Teilungsmasse bezeichnet werden. (2) Hält das Gericht vor der Verhandlung mit den Beteiligten eine weitere Aufklärung für angemessen, so hat es den Antragsteller zur Ergänzung des Antrags, insbesondere zur Angabe der den einzelnen Beteiligten in Ansehung des Nachlasses zustehenden Ansprüche, zu veranlassen. Es kann dem Antragsteller auch die Beschaffung der Unterlagen aufgeben.	§ 363 Antrag (...) (3) In dem Antrag sollen die Beteiligten und die Teilungsmasse bezeichnet werden. (weggefallen)
§ 88 Einem abwesenden Beteiligten kann, wenn die Voraussetzungen der Abwesenheitspflegschaft vorliegen und eine Pflegschaft über ihn nicht bereits anhängig ist, für das Auseinandersetzungsverfahren von dem Nachlaßgericht ein Pfleger bestellt werden. Für die Pflegschaft tritt an die Stelle des Vormundschaftsgerichts das Nachlaßgericht.	§ 364 Pflegschaft für abwesende Beteiligte Das Nachlassgericht kann einem abwesenden Beteiligten für das Auseinandersetzungsverfahren einen Pfleger bestellen, wenn die Voraussetzungen der Abwesenheitspflegschaft vorliegen. Für die Pflegschaft tritt an die Stelle des Betreuungsgerichts das Nachlassgericht.
§ 89 Das Gericht hat den Antragsteller und die übrigen Beteiligten, diese unter Mitteilung des Antrags, zu einem Verhandlungstermin zu laden. Die Ladung durch öffentliche Zustellung ist unzulässig. Die Ladung soll den Hinweis darauf enthalten, daß ungeachtet des Ausbleibens eines Beteiligten über die Auseinandersetzung verhandelt werden würde und daß, falls der Termin vertagt oder ein neuer Termin zur Fortsetzung der Verhandlung anberaumt werden sollte, die Ladung zu dem neuen Termin unterbleiben könne. Sind Unterlagen für die Auseinandersetzung vorhanden, so ist in der Ladung zu bemerken, daß die Unterlagen auf der Geschäftsstelle eingesehen werden können.	§ 365 Ladung (1) Das Gericht hat den Antragsteller und die übrigen Beteiligten zu einem Verhandlungstermin zu laden. Die Ladung durch öffentliche Zustellung ist unzulässig. (2) Die Ladung soll den Hinweis darauf enthalten, dass ungeachtet des Ausbleibens eines Beteiligten über die Auseinandersetzung verhandelt wird und dass die Ladung zu dem neuen Termin unterbleiben kann, falls der Termin vertagt oder ein neuer Termin zur Fortsetzung der Verhandlung anberaumt werden sollte. Sind Unterlagen für die Auseinandersetzung vorhanden, ist in der Ladung darauf hinzuweisen, dass die Unterlagen auf der Geschäftsstelle eingesehen werden können.
§ 90 (1) Die Frist zwischen der Ladung und dem Termin muß mindestens zwei Wochen betragen. (2) Diese Vorschrift findet auf eine Vertagung sowie auf einen Termin zur Fortsetzung der Verhandlung keine Anwendung. In diesen Fällen kann die Ladung der zu dem früheren Termin geladenen Beteiligten durch die Verkündung des neuen Termins ersetzt werden.	(weggefallen)

IV. – Konkordanzliste

Geltendes Recht	Künftiges Recht gemäß FGG-RG
§ 91 (1) Treffen die erschienenen Beteiligten vor der Auseinandersetzung eine Vereinbarung <u>über vorbereitende Maßregeln</u>, insbesondere über die Art der Teilung, so hat das Gericht die Vereinbarung zu beurkunden. Das gleiche gilt, wenn nur ein Beteiligter erschienen ist, in Ansehung der von diesem gemachten Vorschläge. (2) Sind die Beteiligten sämtlich erschienen, <u>so</u> hat das Gericht die von ihnen getroffene Vereinbarung zu bestätigen. Dasselbe gilt, wenn die nicht erschienenen Beteiligten ihre Zustimmung zu gerichtlichem Protokoll oder in einer öffentlich beglaubigten Urkunde erteilen. (3) Ist ein Beteiligter nicht erschienen, so hat das Gericht, sofern er nicht nach Absatz 2 Satz 2 zugestimmt hat, ihm den Inhalt der Urkunde, soweit dieser ihn betrifft, bekanntzumachen und ihn gleichzeitig zu benachrichtigen, daß er die Urkunde auf der Geschäftsstelle einsehen und eine Abschrift der Urkunde fordern könne. Die Bekanntmachung muß den Hinweis darauf enthalten, daß, wenn der Beteiligte nicht innerhalb einer von dem Gericht zu bestimmenden Frist die Anberaumung eines neuen Termins beantrage oder wenn er in dem neuen Termin nicht erscheine, sein Einverständnis mit dem Inhalt der Urkunde angenommen werden würde. Beantragt der Beteiligte rechtzeitig die Anberaumung eines neuen Termins und erscheint er in diesem Termin, <u>so</u> ist die Verhandlung fortzusetzen. Anderenfalls hat das Gericht die Vereinbarung zu bestätigen.	**§ 366** Außergerichtliche Vereinbarung (1) Treffen die erschienenen Beteiligten vor der Auseinandersetzung eine Vereinbarung, insbesondere über die Art der Teilung, hat das Gericht die Vereinbarung zu beurkunden. Das Gleiche gilt <u>für Vorschläge eines Beteiligten, wenn nur dieser erschienen ist.</u> (2) Sind alle Beteiligten erschienen, hat das Gericht die von ihnen getroffene Vereinbarung zu bestätigen. Dasselbe gilt, wenn die nicht erschienenen Beteiligten ihre Zustimmung zu <u>einer gerichtlichen Niederschrift</u> oder in einer öffentlich beglaubigten Urkunde erteilen. (3) Ist ein Beteiligter nicht erschienen, hat das Gericht, wenn er nicht nach Absatz 2 Satz 2 zugestimmt hat, ihm den <u>ihn betreffenden</u> Inhalt der Urkunde bekannt zu <u>geben</u> und ihn gleichzeitig zu benachrichtigen, dass er die Urkunde auf der Geschäftsstelle einsehen und eine Abschrift der Urkunde fordern <u>kann</u>. Die Bekannt<u>gabe</u> muss den Hinweis enthalten, dass sein Einverständnis mit dem Inhalt der Urkunde angenommen wird, <u>wenn er nicht innerhalb einer von dem Gericht zu bestimmenden Frist die Anberaumung eines neuen Termins beantragt oder wenn er in dem neuen Termin nicht erscheint.</u> (4) Beantragt der Beteiligte rechtzeitig die Anberaumung eines neuen Termins und erscheint er in diesem Termin, ist die Verhandlung fortzusetzen; anderenfalls hat das Gericht die Vereinbarung zu bestätigen.
§ 92 War im Falle des § 91 der Beteiligte ohne sein Verschulden verhindert, die Anberaumung eines neuen Termins rechtzeitig zu beantragen oder in dem neuen Termin zu erscheinen, <u>so ist ihm auf Antrag von dem Gericht die Wiedereinsetzung in den vorigen Stand zu erteilen, wenn er binnen zwei Wochen nach der Beseitigung des Hindernisses die Anberaumung eines neuen Termins beantragt und die Tatsachen, welche die Wiedereinsetzung begründen, glaubhaft macht. Eine Versäumung, die in dem Verschulden eines Vertreters ihren Grund hat, wird als eine unverschuldete nicht angesehen. Nach dem Ablauf eines Jahres, von dem Ende der versäumten Frist an gerechnet, kann die Wiedereinsetzung nicht mehr beantragt werden.</u>	**§ 367** Wiedereinsetzung War im Fall des <u>§ 366</u> der Beteiligte ohne sein Verschulden verhindert, die Anberaumung eines neuen Termins rechtzeitig zu beantragen oder in dem neuen Termin zu erscheinen, <u>gelten die Vorschriften über die Wiedereinsetzung in den vorigen Stand (§§ 17, 18 und 19 Abs. 1) entsprechend.</u>
§ 93 (1) Sobald nach Lage der Sache die Auseinandersetzung stattfinden kann, hat das Gericht einen Auseinandersetzungsplan anzufertigen. Sind die erschienenen Beteiligten mit dem Inhalt des Planes einverstanden, <u>so</u> hat das Gericht die Auseinandersetzung zu beurkunden. Sind die Beteiligten sämtlich erschienen, <u>so</u> hat das Gericht die Auseinandersetzung zu bestätigen; dasselbe gilt, wenn die nicht erschienenen Beteiligten ihre Zustimmung zu gerichtlichem Protokoll oder in einer öffentlich beglaubigten Urkunde erteilen. (2) Ist ein Beteiligter nicht erschienen, so hat das Gericht nach § 91 Abs. 3 zu verfahren. Die Vorschriften des § 92 finden entsprechende Anwendung.	**§ 368** Auseinandersetzungsplan; Bestätigung (1) Sobald nach Lage der Sache die Auseinandersetzung stattfinden kann, hat das Gericht einen Auseinandersetzungsplan anzufertigen. Sind die erschienenen Beteiligten mit dem Inhalt des Plans einverstanden, hat das Gericht die Auseinandersetzung zu beurkunden. Sind <u>alle</u> Beteiligten erschienen, hat das Gericht die Auseinandersetzung zu bestätigen; dasselbe gilt, wenn die nicht erschienenen Beteiligten ihre Zustimmung zu gerichtlichem Protokoll oder in einer öffentlich beglaubigten Urkunde erteilen. (2) Ist ein Beteiligter nicht erschienen, hat das Gericht nach <u>§ 366 Abs. 3 und 4 zu verfahren. § 367 ist entsprechend anzuwenden.</u>

Gegenüberstellung geltendes und künftiges Recht

Geltendes Recht	Künftiges Recht gemäß FGG-RG
§ 94 Ist vereinbart, daß eine Verteilung durch das Los geschehen soll, so wird das Los, sofern nicht ein anderes bestimmt ist, für die nicht erschienenen Beteiligten von einem durch das Gericht zu bestellenden Vertreter gezogen.	**§ 369** Verteilung durch das Los Ist eine Verteilung durch das Los vereinbart, wird das Los, wenn nicht ein anderes bestimmt ist, für die nicht erschienenen Beteiligten von einem durch das Gericht zu bestellenden Vertreter gezogen.
§ 95 Ergeben sich bei den Verhandlungen Streitpunkte, so ist ein Protokoll darüber aufzunehmen und das Verfahren bis zur Erledigung der Streitpunkte auszusetzen. Soweit bezüglich der unstreitigen Punkte die Aufnahme einer Urkunde ausführbar ist, hat das Gericht nach den §§ 91, 93 zu verfahren.	**§ 370** Aussetzung bei Streit Ergeben sich bei den Verhandlungen Streitpunkte, ist darüber eine Niederschrift aufzunehmen und das Verfahren bis zur Erledigung der Streitpunkte auszusetzen. Soweit unstreitige Punkte beurkundet werden können, hat das Gericht nach den §§ 366 und 368 Abs. 1 und 2 zu verfahren.
§ 96 Gegen den Beschluß, durch welchen eine vorgängige Vereinbarung oder eine Auseinandersetzung bestätigt, sowie gegen den Beschluß, durch welchen über den Antrag auf Wiedereinsetzung in den vorigen Stand entschieden wird, findet die sofortige Beschwerde statt. Die Beschwerde gegen den Bestätigungsbeschluß kann nur darauf gegründet werden, daß die Vorschriften über das Verfahren nicht beobachtet seien.	**§ 372** Rechtsmittel (1) Ein Beschluss, durch den eine Frist nach § 366 Abs. 3 bestimmt wird, und ein Beschluss, durch den über die Wiedereinsetzung entschieden wird, ist mit der sofortigen Beschwerde in entsprechender Anwendung der §§ 567 bis 572 der Zivilprozessordnung anfechtbar. (2) Die Beschwerde gegen den Bestätigungsbeschluss kann nur darauf gegründet werden, dass die Vorschriften über das Verfahren nicht beachtet wurden.
§ 97 (1) Eine vorgängige Vereinbarung sowie eine Auseinandersetzung ist nach dem Eintritt der Rechtskraft des Bestätigungsbeschlusses für alle Beteiligten in gleicher Weise verbindlich wie eine vertragsmäßige Vereinbarung oder Auseinandersetzung. (2) Bedarf ein Beteiligter zur Vereinbarung oder zur Auseinandersetzung der Genehmigung des Vormundschaftsgerichts, so ist, wenn er im Inland keinen Vormund, Betreuer, Pfleger oder Beistand hat, für die Erteilung oder die Verweigerung der Genehmigung an Stelle des Vormundschaftsgerichts das Nachlaßgericht zuständig.	**§ 371** Wirkung der bestätigten Vereinbarung und Auseinandersetzung; Vollstreckung (1) Vereinbarungen nach § 366 Abs. 1 sowie Auseinandersetzungen nach § 368 werden mit Rechtskraft des Bestätigungsbeschlusses wirksam und für alle Beteiligten in gleicher Weise verbindlich wie eine vertragliche Vereinbarung oder Auseinandersetzung. (…) **§ 368** Auseinandersetzungsplan; Bestätigung (…) (3) Bedarf ein Beteiligter zur Vereinbarung nach § 366 Abs. 1 oder zur Auseinandersetzung der Genehmigung des Familien- oder Betreuungsgerichts, ist, wenn er im Inland keinen Vormund, Betreuer oder Pfleger hat, für die Erteilung oder die Verweigerung der Genehmigung anstelle des Familien- oder des Betreuungsgerichts das Nachlassgericht zuständig.
§ 98 Aus einer vorgängigen Vereinbarung sowie aus einer Auseinandersetzung findet nach dem Eintritt der Rechtskraft des Bestätigungsbeschlusses die Zwangsvollstreckung statt. Die Vorschriften der §§ 795, 797 der Zivilprozeßordnung finden Anwendung.	**§ 371** Wirkung der bestätigten Vereinbarung und Auseinandersetzung; Vollstreckung (…) (2) Aus der Vereinbarung nach § 366 Abs. 1 sowie aus der Auseinandersetzung findet nach deren Wirksamwerden die Vollstreckung statt. Die Vorschriften der §§ 795, 797 der Zivilprozessordnung sind anzuwenden.
§ 99 (1) Nach der Beendigung der ehelichen oder der fortgesetzten Gütergemeinschaft sind auf die Auseinandersetzung über das Gesamtgut die Vorschriften der § 86 bis 98 entsprechend anzuwenden.	**§ 373** Auseinandersetzung einer Gütergemeinschaft (1) Auf die Auseinandersetzung des Gesamtguts nach der Beendigung der ehelichen, lebenspartnerschaftlichen oder der fortgesetzten Gütergemeinschaft sind die Vorschriften dieses Abschnitts entsprechend anzuwenden.

IV. – Konkordanzliste

Geltendes Recht	Künftiges Recht gemäß FGG-RG
(2) Für die Auseinandersetzung ist, falls ein Anteil an dem Gesamtgut zu einem Nachlaß gehört, das Amtsgericht zuständig, das für die Auseinandersetzung über den Nachlaß zuständig ist. Im übrigen bestimmt sich die Zuständigkeit nach den Vorschriften des § 45.	§ 344 Besondere örtliche Zuständigkeit (…) (5) Für die Auseinandersetzung des Gesamtguts einer Gütergemeinschaft ist, falls ein Anteil an dem Gesamtgut zu einem Nachlass gehört, das Gericht zuständig, das für die Auseinandersetzung über den Nachlass zuständig ist. Im Übrigen bestimmt sich die Zuständigkeit nach § 122. **Artikel 22** **Änderung des Gerichtsverfassungsgesetzes** § 23a (1) Die Amtsgerichte sind ferner zuständig für (…) 2. Angelegenheiten der freiwilligen Gerichtsbarkeit. (2) Angelegenheiten der freiwilligen Gerichtsbarkeit sind (…) 2. Nachlass- und Teilungssachen, (…)
Sechster Abschnitt. Schiffspfandrecht §§ 100 bis 124 (aufgehoben)	(weggefallen)
	Artikel 1 **Gesetz über das Verfahren in Familiensachen und in den Angelegenheiten der freiwilligen Gerichtsbarkeit**
Siebenter Abschnitt **Handelssachen**	
§ 125 (1) Für die Führung des Landelsregisters ist das Amtsgericht, in dessen Bezirk ein Landgericht seinen Sitz hat, für den Bezirk dieses Landgerichts zuständig. (2) Die Landesregierungen werden ermächtigt, durch Rechtsverordnung 1. die Führung des Landelsregisters anderen oder zusätzlichen Amtsgerichten zu übertragen und die Bezirke der Registergerichte abweichend von Absatz 1 festzulegen, wenn dies einer schnelleren und rationelleren Führung des Handelsregisters dient, 2. zu bestimmen, dass die Daten des bei einem Amtsgericht geführten Handelsregisters auch bei anderen Amtsgerichten zur Einsicht und zur Erteilung von Ausdrucken zugänglich sind. Die Landesregierungen können die Ermächtigung nach Satz 1 durch Rechtsverordnung auf die Landesjustizverwaltungen übertragen. Mehrere Länder können die Zuständigkeit eines Amtsgerichts über die Landesgrenzen hinaus vereinbaren. Sie können auch vereinbaren, dass die bei den Amtsgerichten eines Landes geführten Daten des Handelsregisters auch bei den Amtsgerichten des anderen Landes zur Einsicht und zur Erteilung von Ausdrucken zugänglich sind.	§ 376 Besondere Zuständigkeitsregelungen (1) Für Verfahren nach § 374 Nr. 1 und 2 sowie § 375 Nr. 1 und 3 bis 14 ist das Gericht, in dessen Bezirk ein Landgericht seinen Sitz hat, für den Bezirk dieses Landgerichts zuständig. (2) Die Landesregierungen werden ermächtigt, durch Rechtsverordnung die Aufgaben nach § 374 Nr. 1 bis 3 sowie § 375 Nr. 1 und 3 bis 14 anderen oder zusätzlichen Amtsgerichten zu übertragen und die Bezirke der Gerichte abweichend von Absatz 1 festzulegen. Sie können die Ermächtigung nach Satz 1 durch Rechtsverordnung auf die Landesjustizverwaltungen übertragen. Mehrere Länder können die Zuständigkeit eines Gerichts für Verfahren nach § 374 Nr. 1 bis 3 über die Landesgrenzen hinaus vereinbaren. § 387 Ermächtigungen (1) Die Landesregierungen werden ermächtigt, durch Rechtsverordnung zu bestimmen, dass die Daten des bei einem Gericht geführten Handels-, Genossenschafts-, Partnerschafts- oder Vereinsregisters auch bei anderen Amtsgerichten zur Einsicht und zur Erteilung von Ausdrucken zugänglich sind. Die Landesregierungen können diese Ermächtigung durch Rechtsverordnung auf die Landesjustizverwaltungen übertragen. Mehrere Länder können auch vereinbaren, dass die bei den Gerichten eines Landes geführten Registerdaten auch bei den Amtsgerichten des anderen Landes zur Einsicht und zur Erteilung von Ausdrucken zugänglich sind.

Gegenüberstellung geltendes und künftiges Recht

Geltendes Recht	Künftiges Recht gemäß FGG-RG
(3) Das Bundesministerium der Justiz wird ermächtigt, durch Rechtsverordnung mit Zustimmung des Bundesrates die näheren Bestimmungen über die Einrichtung und Führung des Handelsregisters, die Übermittlung der Daten an das Unternehmensregister, die Aktenführung in Beschwerdeverfahren, die Einsicht in das Handelsregister, die Einzelheiten der elektronischen Übermittlung nach § 9 des Handelsgesetzbuchs und das Verfahren bei Anmeldungen, Eintragungen und Bekanntmachungen zu treffen. Dabei kann auch vorgeschrieben werden, daß das Geburtsdatum von in das Handelsregister einzutragenden Personen zur Eintragung in das Handelsregister anzumelden sowie die Anschrift der einzutragenden Unternehmen und Zweigniederlassungen bei dem Gericht einzureichen ist; soweit in der Rechtsverordnung solche Angaben vorgeschrieben werden, findet § 14 des Handelsgesetzbuchs entsprechende Anwendung. (4) Durch Rechtsverordnung nach Absatz 3 können auch die näheren Bestimmungen über die Mitwirkung der in § 126 bezeichneten Organe im Verfahren vor den Registergerichten getroffen werden. Dabei kann insbesondere auch bestimmt werden, daß diesen Organen laufend oder in regelmäßigen Abständen die zur Erfüllung ihrer gesetzlichen Aufgaben erforderlichen Daten aus dem Handelsregister und den zum Handelsregister eingereichten Dokumenten mitgeteilt werden. Die mitzuteilenden Daten sind in der Rechtsverordnung festzulegen. Die Empfänger dürfen die übermittelten personenbezogenen Daten nur für den Zweck verwenden, zu dessen Erfüllung sie ihnen übermittelt worden sind.	(2) Das Bundesministerium der Justiz wird ermächtigt, durch Rechtsverordnung mit Zustimmung des Bundesrates die näheren Bestimmungen über die Einrichtung und Führung des Handels-, Genossenschafts- und Partnerschaftsregisters, die Übermittlung der Daten an das Unternehmensregister und die Aktenführung in Beschwerdeverfahren, die Einsicht in das Register, die Einzelheiten der elektronischen Übermittlung nach § 9 des Handelsgesetzbuchs und das Verfahren bei Anmeldungen, Eintragungen und Bekanntmachungen zu treffen. Dabei kann auch vorgeschrieben werden, dass das Geburtsdatum von in das Register einzutragenden Personen zur Eintragung anzumelden sowie die Anschrift der einzutragenden Unternehmen und Zweigniederlassungen bei dem Gericht einzureichen ist; soweit in der Rechtsverordnung solche Angaben vorgeschrieben werden, ist § 14 des Handelsgesetzbuchs entsprechend anzuwenden. (3) Durch Rechtsverordnung nach Absatz 2 können auch die näheren Bestimmungen über die Mitwirkung der in § 380 bezeichneten Organe im Verfahren vor den Registergerichten getroffen werden. Dabei kann insbesondere auch bestimmt werden, dass diesen Organen laufend oder in regelmäßigen Abständen die zur Erfüllung ihrer gesetzlichen Aufgaben erforderlichen Daten aus dem Handels- oder Partnerschaftsregister und den zu diesen Registern eingereichten Dokumenten mitgeteilt werden. Die mitzuteilenden Daten sind in der Rechtsverordnung festzulegen. Die Empfänger dürfen die übermittelten personenbezogenen Daten nur für den Zweck verwenden, zu dessen Erfüllung sie ihnen übermittelt worden sind. (4) Des Weiteren können durch Rechtsverordnung nach Absatz 2 nähere Bestimmungen über die Einrichtung und Führung des Vereinsregister, insbesondere über das Verfahren bei Anmeldungen, Eintragungen und Bekanntmachungen sowie über die Einsicht in das Register, und über die Aktenführung im Beschwerdeverfahren erlassen werden.
(5) Die elektronische Datenverarbeitung zur Führung des Handelsregisters kann im Auftrag des zuständigen Amtsgerichts auf den Anlagen einer anderen staatlichen Stelle oder auf den Anlagen einer juristischen Person des öffentlichen oder privaten Rechts vorgenommen werden, wenn die ordnungsgemäße Erledigung der Registersachen sichergestellt ist.	(5) Die elektronische Datenverarbeitung zur Führung des Handels-, Genossenschafts-, Partnerschafts- oder Vereinsregisters kann im Auftrag des zuständigen Gerichts auf den Anlagen einer anderen staatlichen Stelle oder auf den Anlagen eines Dritten vorgenommen werden, wenn die ordnungsgemäße Erledigung der Registersachen sichergestellt ist.
§ 125a (1) Die Gerichte, die Beamten der Staatsanwaltschaft, die Polizei- und Gemeindebehörden sowie die Notare haben von den zu ihrer amtlichen Kenntnis gelangenden Fällen einer unrichtigen, unvollständigen oder unterlassenen Anmeldung zum Handelsregister dem Registergericht Mitteilung zu machen. (2) Die Steuerbehörden haben den Registergerichten Auskunft über die steuerlichen Verhältnisse von Kaufleuten oder Unternehmungen, insbesondere auf dem Gebiet der Gewerbe- und Umsatzsteuer, zu erteilen, soweit diese Auskunft zur Verhütung unrichtiger Eintragungen im Handelsregister sowie zur Berichtigung und Vervollständigung des Handelsregisters benötigt wird. Die Auskünfte unterliegen nicht der Akteneinsicht (§ 34).	§ 379 Mitteilungspflichten der Behörden (1) Die Gerichte, die Staatsanwaltschaften, die Polizei- und Gemeindebehörden sowie die Notare haben die ihnen amtlich zur Kenntnis gelangenden Fälle einer unrichtigen, unvollständigen oder unterlassenen Anmeldung zum Handels-, Genossenschafts-, Vereins- oder Partnerschaftsregister dem Registergericht mitzuteilen. (2) Die Finanzbehörden haben den Registergerichten Auskunft über die steuerlichen Verhältnisse von Kaufleuten oder Unternehmen, insbesondere auf dem Gebiet der Gewerbe- und Umsatzsteuer, zu erteilen, soweit diese Auskunft zur Verhütung unrichtiger Eintragungen im Handels- oder Partnerschaftsregister sowie zur Berichtigung, Vervollständigung oder Löschung von Eintragungen im Register benötigt wird. Die Auskünfte unterliegen nicht der Akteneinsicht (§ 13).

IV. – Konkordanzliste

Geltendes Recht	Künftiges Recht gemäß FGG-RG
§ 126 Die Organe des Handelsstandes sowie außer ihnen – soweit es sich um die Eintragung von Handwerkern handelt – die Organe des Handwerksstandes und – soweit es sich um die Eintragung von Land- oder Forstwirten handelt – die Organe des land- und forstwirtschaftlichen Berufsstandes sind verpflichtet, die Registergerichte bei der Verhütung unrichtiger Eintragungen, bei der Berichtigung und Vervollständigung des Handelsregisters sowie beim Einschreiten gegen unzulässigen Firmengebrauch zu unterstützen; sie sind berechtigt, zu diesem Zweck Anträge bei den Registergerichten zu stellen und gegen Verfügungen der Registergerichte das Rechtsmittel der Beschwerde einzulegen.	§ 380 Beteiligung der berufsständischen Organe; Beschwerderecht (1) Die Registergerichte werden bei der Vermeidung unrichtiger Eintragungen, der Berichtigung und Vervollständigung des Handels- und Partnerschaftsregisters, der Löschung von Eintragungen in diesen Registern und beim Einschreiten gegen unzulässigen Firmengebrauch oder unzulässigen Gebrauch eines Partnerschaftsnamens von 1. den Organen des Handelsstandes, 2. den Organen des Handwerksstandes, soweit es sich um die Eintragung von Handwerkern handelt, 3. den Organen des land- und forstwirtschaftlichen Berufsstandes, soweit es sich um die Eintragung von Land- oder Forstwirten handelt, 4. den berufsständischen Organen der freien Berufe, soweit es sich um die Eintragung von Angehörigen dieser Berufe handelt, (berufsständische Organe) unterstützt. (...) (5) Gegen einen Beschluss steht den berufsständischen Organen die Beschwerde zu.
§ 127 Das Registergericht kann, wenn eine von ihm zu erlassende Verfügung von der Beurteilung eines streitigen Rechtsverhältnisses abhängig ist, die Verfügung aussetzen, bis über das Verhältnis im Wege des Rechtsstreits entschieden ist. Es kann, wenn der Rechtsstreit nicht anhängig ist, einem der Beteiligten eine Frist zur Erhebung der Klage bestimmen.	§ 381 Aussetzung des Verfahrens Das Registergericht kann, wenn die sonstigen Voraussetzungen des § 21 Abs. 1 vorliegen, das Verfahren auch aussetzen, wenn ein Rechtsstreit nicht anhängig ist. Es hat in diesem Fall einem der Beteiligten eine Frist zur Erhebung der Klage zu bestimmen.
§ 128 (aufgehoben)	
§ 129 Ist die zu einer Eintragung erforderliche Erklärung von einem Notar beurkundet oder beglaubigt, so gilt dieser als ermächtigt, im Namen des zur Anmeldung Verpflichteten die Eintragung zu beantragen. § 29 Abs. 1 Satz 3 gilt entsprechend.	§ 378 Antragsrecht der Notare Ist die zu einer Eintragung erforderliche Erklärung von einem Notar beurkundet oder beglaubigt, gilt dieser als ermächtigt, im Namen des zur Anmeldung Berechtigten die Eintragung zu beantragen.
§ 130 (1) Jede Eintragung soll den Tag, an welchem sie erfolgt ist, angeben und mit der Unterschrift des zuständigen Beamten versehen werden. (2) Jede Eintragung soll demjenigen, welcher sie beantragt hat, bekanntgemacht werden. Auf die Bekanntmachung kann verzichtet werden.	§ 382 Entscheidung über Eintragungsanträge (1) (...) (2) Die Eintragung soll den Tag, an welchem sie vollzogen worden ist, angeben; sie ist mit der Unterschrift oder der elektronischen Signatur des zuständigen Richters oder Beamten zu versehen. (...) § 383 Bekanntgabe; Anfechtbarkeit (1) Die Eintragung ist den Beteiligten bekannt zu geben; auf die Bekanntgabe kann verzichtet werden. (...)
§ 131 (aufgehoben)	

Gegenüberstellung geltendes und künftiges Recht

Geltendes Recht	Künftiges Recht gemäß FGG-RG
§ 132 (1) Sobald das Registergericht von einem sein Einschreiten nach den §§ 14, 37a Abs. 4, § 125a Abs. 2 des Handelsgesetzbuchs, §§ 407, 408 des Aktiengesetzes, § 79 Abs. 1 des Gesetzes betreffend die Gesellschaften mit beschränkter Haftung, § 316 des Umwandlungsgesetzes oder § 12 des Gesetzes zur Ausführung der EWG-Verordnung über die Europäische wirtschaftliche Interessenvereinigung rechtfertigenden Sachverhalt glaubhafte Kenntnis erhält, hat es dem Beteiligten unter Androhung eines Zwangsgeldes aufzugeben, innerhalb einer bestimmten Frist seiner gesetzlichen Verpflichtung nachzukommen oder die Unterlassung mittels Einspruchs gegen die Verfügung zu rechtfertigen. (2) <u>Die Beschwerde gegen diese Verfügung ist unzulässig.</u>	**§ 388** Androhung (1) Sobald das Registergericht von einem Sachverhalt, der sein Einschreiten nach den §§ 14, 37a Abs. 4 und § 125a Abs. 2 des Handelsgesetzbuchs, auch in Verbindung mit § 5 Abs. 2 des Partnerschaftsgesellschaftsgesetzes, den §§ 407 und 408 des Aktiengesetzes, § 79 Abs. 1 des Gesetzes betreffend die Gesellschaften mit beschränkter Haftung, § 316 des Umwandlungsgesetzes oder § 12 des EWIV-Ausführungsgesetzes rechtfertigt, glaubhafte Kenntnis erhält, hat es dem Beteiligten unter Androhung eines Zwangsgeldes aufzugeben, innerhalb einer bestimmten Frist seiner gesetzlichen Verpflichtung nachzukommen oder die Unterlassung mittels Einspruchs zu rechtfertigen. (...)
§ 133 (1) Wird innerhalb der bestimmten Frist weder der gesetzlichen Verpflichtung genügt noch Einspruch erhoben, so ist das angedrohte Zwangsgeld festzusetzen und zugleich die frühere Verfügung unter Androhung eines erneuten Zwangsgeldes zu wiederholen. (2) In gleicher Weise ist fortzufahren, bis der gesetzlichen Verpflichtung genügt oder Einspruch erhoben wird.	**§ 389** Festsetzung (1) Wird innerhalb der bestimmten Frist weder der gesetzlichen Verpflichtung genügt noch Einspruch erhoben, ist das angedrohte Zwangsgeld durch Beschluss festzusetzen und zugleich die Aufforderung nach § 388 unter Androhung eines erneuten Zwangsgelds zu wiederholen. (...) (3) In gleicher Weise ist fortzufahren, bis der gesetzlichen Verpflichtung genügt oder Einspruch erhoben wird.
§ 134 (1) Wird rechtzeitig Einspruch erhoben, so hat das Gericht, wenn sich der Einspruch nicht ohne weiteres als begründet ergibt, zur Erörterung der Sache den Beteiligten zu einem Termin zu laden. (2) Das Gericht kann, auch wenn der Beteiligte nicht erscheint, nach Lage der Sache entscheiden.	**§ 390** Verfahren bei Einspruch (1) Wird rechtzeitig Einspruch erhoben, <u>soll</u> das Gericht, wenn sich der Einspruch nicht ohne weiteres als begründet erweist, den Beteiligten zur Erörterung der Sache zu einem Termin laden. (2) Das Gericht kann, auch wenn der Beteiligte zum Termin nicht erscheint, in der Sache entscheiden. (...)
§ 135 (1) Wird der Einspruch für begründet erachtet, <u>so</u> ist die erlassene Verfügung aufzuheben. (2) Andernfalls hat das Gericht den Einspruch zu verwerfen und das angedrohte Zwangsgeld festzusetzen. Das Gericht kann, wenn die Umstände es rechtfertigen, von der Festsetzung eines Zwangsgeldes absehen oder ein geringeres als das angedrohte Zwangsgeld festsetzen. (3) Im Falle der Verwerfung des Einspruchs hat das Gericht zugleich eine erneute Verfügung nach § 132 zu erlassen. Die in dieser Verfügung bestimmte Frist beginnt mit dem Eintritt der Rechtskraft der Verwerfung des Einspruchs.	**§ 390** Verfahren bei Einspruch (...) (3) Wird der Einspruch für begründet erachtet, ist die getroffene Entscheidung aufzuheben. (4) Andernfalls hat das Gericht den Einspruch durch Beschluss zu verwerfen und das angedrohte Zwangsgeld festzusetzen. Das Gericht kann, wenn die Umstände es rechtfertigen, von der Festsetzung eines Zwangsgelds absehen oder ein geringeres als das angedrohte Zwangsgeld festsetzen. (5) Im Fall der Verwerfung des Einspruchs hat das Gericht zugleich eine erneute Aufforderung nach <u>§ 388</u> zu erlassen. Die in dieser <u>Entscheidung</u> bestimmte Frist beginnt mit dem Eintritt der Rechtskraft der Verwerfung des Einspruchs. (...)
§ 136 Wird im Falle des § 133 gegen die wiederholte Verfügung Einspruch erhoben und dieser für begründet erachtet, so kann das Gericht, wenn die Umstände es rechtfertigen, zugleich ein früher festgesetztes Zwangsgeld aufheben oder an dessen Stelle ein geringeres Zwangsgeld festsetzen.	**§ 390** Verfahren bei Einspruch (...) (6) Wird im Fall des <u>§ 389</u> gegen die wiederholte Androhung Einspruch erhoben und dieser für begründet erachtet, kann das Gericht, wenn die Umstände es rechtfertigen, zugleich ein früher festgesetztes Zwangsgeld aufheben oder an dessen Stelle ein geringeres Zwangsgeld festsetzen.

IV. – Konkordanzliste

Geltendes Recht	Künftiges Recht gemäß FGG-RG
§ 137 Gegen die Versäumung der Einspruchsfrist ist auf Antrag nach Maßgabe des § 22 Abs. 2 die Wiedereinsetzung in den vorigen Stand zu erteilen.	§ 17 Wiedereinsetzung in den vorigen Stand (1) War jemand ohne sein Verschulden verhindert, eine gesetzliche Frist einzuhalten, ist ihm auf Antrag Wiedereinsetzung in den vorigen Stand zu gewähren. (...)
§ 138 Bei der Festsetzung des Zwangsgeldes sind dem Beteiligten zugleich die Kosten des Verfahrens aufzuerlegen.	§ 389 Festsetzung (...) (2) Mit der Festsetzung des Zwangsgelds sind dem Beteiligten zugleich die Kosten des Verfahrens aufzuerlegen. (...)
§ 139 (1) Gegen den Beschluß, durch welchen das Zwangsgeld festgesetzt oder der Einspruch verworfen wird, findet die sofortige Beschwerde statt. (2) Ist das Zwangsgeld nach Maßgabe des § 133 festgesetzt, so kann die Beschwerde nicht darauf gestützt werden, daß die Verfügung, durch welche das Zwangsgeld angedroht worden ist, nicht gerechtfertigt gewesen sei.	§ 391 Beschwerde (1) Der Beschluss, durch den das Zwangsgeld festgesetzt oder der Einspruch verworfen wird, ist mit der Beschwerde anfechtbar. (2) Ist das Zwangsgeld nach § 389 festgesetzt, kann die Beschwerde nicht darauf gestützt werden, dass die Androhung des Zwangsgelds nicht gerechtfertigt gewesen sei.
§ 140 Soll nach § 37 Abs. 1 des Handelsgesetzbuchs gegen eine Person eingeschritten werden, die eine ihr nicht zustehende Firma gebraucht, so finden die Vorschriften der §§ 132 bis 139 mit der Maßgabe Anwendung, daß 1. in der nach § 132 zu erlassenden Verfügung dem Beteiligten unter Androhung eines Ordnungsgeldes aufgegeben wird, sich des Gebrauchs der Firma zu enthalten oder binnen bestimmter Frist den Gebrauch der Firma mittels Einspruchs gegen die Verfügung zu rechtfertigen; 2. das Ordnungsgeld festgesetzt wird, falls kein Einspruch erhoben oder der erhobene Einspruch rechtskräftig verworfen ist und der Beteiligte nach der Bekanntmachung der Verfügung dieser zuwidergehandelt hat.	§ 392 Verfahren bei unbefugtem Firmengebrauch (1) Soll nach § 37 Abs. 1 des Handelsgesetzbuchs gegen eine Person eingeschritten werden, die eine ihr nicht zustehende Firma gebraucht, sind die §§ 388 bis 391 anzuwenden, wobei 1. dem Beteiligten unter Androhung eines Ordnungsgelds aufgegeben wird, sich des Gebrauchs der Firma zu enthalten oder binnen einer bestimmten Frist den Gebrauch der Firma mittels Einspruchs zu rechtfertigen; 2. das Ordnungsgeld festgesetzt wird, falls kein Einspruch erhoben oder der erhobene Einspruch rechtskräftig verworfen ist und der Beteiligte nach der Bekanntmachung des Beschlusses diesem zuwidergehandelt hat.
§ 141 (1) Soll nach § 31 Abs. 2 des Handelsgesetzbuchs das Erlöschen einer Firma von Amts wegen in das Handelsregister eingetragen werden, so hat das Registergericht den eingetragenen Inhaber der Firma oder dessen Rechtsnachfolger von der beabsichtigten Löschung zu benachrichtigen und ihm zugleich eine angemessene Frist zur Geltendmachung eines Widerspruchs zu bestimmen. Die Frist darf nicht weniger als drei Monate betragen. (2) Sind die bezeichneten Personen oder deren Aufenthalt nicht bekannt, so erfolgt die Benachrichtigung und die Bestimmung der Frist durch Bekanntmachung in dem für die Bekanntmachung der Eintragungen in das Handelsregister bestimmten elektronischen Informations- und Kommunikationssystem nach § 10 des Handelsgesetzbuchs. (3) Wird Widerspruch erhoben, so entscheidet über ihn das Gericht. Gegen die den Widerspruch zurückweisende Verfügung findet die sofortige Beschwerde statt. (4) Die Löschung darf nur erfolgen, wenn Widerspruch nicht erhoben oder wenn die den Widerspruch zurückweisende Verfügung rechtskräftig geworden ist.	§ 393 Löschung einer Firma (1) Das Erlöschen einer Firma ist gemäß § 31 Abs. 2 des Handelsgesetzbuchs von Amts wegen oder auf Antrag der berufsständischen Organe in das Handelsregister einzutragen. Das Gericht hat den eingetragenen Inhaber der Firma oder dessen Rechtsnachfolger von der beabsichtigten Löschung zu benachrichtigen und ihm zugleich eine angemessene Frist zur Geltendmachung eines Widerspruchs zu bestimmen. (2) Sind die bezeichneten Personen oder deren Aufenthalt nicht bekannt, erfolgt die Benachrichtigung und die Bestimmung der Frist durch Bekanntmachung in dem für die Bekanntmachung der Eintragungen in das Handelsregister bestimmten elektronischen Informations- und Kommunikationssystem nach § 10 des Handelsgesetzbuchs. (3) Das Gericht entscheidet durch Beschluss, wenn es einem Antrag auf Einleitung des Löschungsverfahrens nicht entspricht oder Widerspruch gegen die Löschung erhoben wird. Der Beschluss ist mit der Beschwerde anfechtbar. (...) (5) Die Löschung darf nur erfolgen, wenn kein Widerspruch erhoben oder wenn der den Widerspruch zurückweisende Beschluss rechtskräftig geworden ist.

Gegenüberstellung geltendes und künftiges Recht

Geltendes Recht	Künftiges Recht gemäß FGG-RG
§ 141a (1) Eine Aktiengesellschaft, Kommanditgesellschaft auf Aktien <u>oder eine</u> Gesellschaft mit beschränkter Haftung, die kein Vermögen besitzt, kann von Amts wegen oder auf Antrag auch der Steuerbehörde gelöscht werden. Sie ist von Amts wegen zu löschen, wenn das Insolvenzverfahren über das Vermögen der Gesellschaft durchgeführt worden ist und keine Anhaltspunkte dafür vorliegen, daß die Gesellschaft noch Vermögen besitzt. Vor der Löschung sind die in § 126 bezeichneten Organe zu hören. (2) Das Gericht hat die Absicht der Löschung den gesetzlichen Vertretern der Gesellschaft, soweit solche vorhanden sind und ihre Person und ihr inländischer Aufenthalt bekannt ist, <u>nach den für die Zustellung von Amts wegen geltenden Vorschriften der Zivilprozeßordnung</u> bekanntzumachen und ihnen zugleich eine angemessene Frist zur Geltendmachung des Widerspruchs zu bestimmen. Das Gericht kann anordnen, auch wenn eine Pflicht zur Bekanntmachung und Fristbestimmung nach Satz 1 nicht besteht, daß die Bekanntmachung und die Bestimmung der Frist durch Bekanntmachung in dem für die Bekanntmachung der Eintragungen in das Handelsregister bestimmten elektronischen Informations- und Kommunikationssystem nach § 10 des Handelsgesetzbuchs erfolgt; in diesem Fall ist jeder zur Erhebung des Widerspruchs berechtigt, der an der Unterlassung der Löschung ein berechtigtes Interesse hat. Die Vorschriften des § 141 Abs. 3 und 4 gelten entsprechend. (3) Die Absätze 1 und 2 finden entsprechende Anwendung auf offene Handelsgesellschaften und Kommanditgesellschaften, bei denen kein persönlich haftender Gesellschafter eine natürliche Person ist. Eine solche Gesellschaft kann jedoch nur gelöscht werden, wenn die zur Vermögenslosigkeit geforderten Voraussetzungen sowohl bei der Gesellschaft als auch bei den persönlich haftenden Gesellschaftern vorliegen. Die Sätze 1 und 2 gelten nicht, wenn zu den persönlich haftenden Gesellschaftern eine andere offene Handelsgesellschaft oder Kommanditgesellschaft gehört, bei der ein persönlich haftender Gesellschafter eine natürliche Person ist.	**§ 394** <u>Löschung vermögensloser Gesellschaften und Genossenschaften</u> (1) Eine Aktiengesellschaft, Kommanditgesellschaft auf Aktien, Gesellschaft mit beschränkter Haftung <u>oder Genossenschaft</u>, die kein Vermögen besitzt, kann von Amts wegen oder auf Antrag der <u>Finanzbehörde oder der berufsständischen Organe</u> gelöscht werden. Sie ist von Amts wegen zu löschen, wenn das Insolvenzverfahren über das Vermögen der Gesellschaft durchgeführt worden ist und keine Anhaltspunkte dafür vorliegen, dass die Gesellschaft noch Vermögen besitzt. (2) (...) Vor der Löschung sind die in <u>§ 380</u> bezeichneten Organe<u>, im Fall einer Genossenschaft der Prüfungsverband,</u> zu hören. (2) Das Gericht hat die Absicht der Löschung den gesetzlichen Vertretern der Gesellschaft <u>oder Genossenschaft</u>, soweit solche vorhanden sind und ihre Person und ihr inländischer Aufenthalt bekannt ist, bekannt zu machen und ihnen zugleich eine angemessene Frist zur Geltendmachung des Widerspruchs zu bestimmen. <u>Auch</u> wenn eine Pflicht zur Bekanntmachung und Fristbestimmung nach Satz 1 nicht besteht, <u>kann das Gericht anordnen</u>, dass die Bekanntmachung und die Bestimmung der Frist durch Bekanntmachung in dem für die Bekanntmachung der Eintragungen in das Handelsregister bestimmten elektronischen Informations- und Kommunikationssystem nach § 10 des Handelsgesetzbuchs erfolgt; in diesem Fall ist jeder zur Erhebung des Widerspruchs berechtigt, der an der Unterlassung der Löschung ein berechtigtes Interesse hat. (...) <u>(3) Für das weitere Verfahren gilt § 393 Abs. 3 bis 5</u> entsprechend. (4) Die Absätze 1 bis 3 sind entsprechend anzuwenden auf offene Handelsgesellschaften und Kommanditgesellschaften, bei denen <u>keiner der</u> persönlich <u>haftenden</u> Gesellschafter eine natürliche Person ist. Eine solche Gesellschaft kann jedoch nur gelöscht werden, wenn die für die Vermögenslosigkeit geforderten Voraussetzungen sowohl bei der Gesellschaft als auch bei den persönlich haftenden Gesellschaftern vorliegen. Die Sätze 1 und 2 gelten nicht, wenn zu den persönlich haftenden Gesellschaftern eine andere offene Handelsgesellschaft oder Kommanditgesellschaft gehört, bei der <u>eine natürliche Person persönlich haftender Gesellschafter</u> ist.
§ 142 (1) Ist eine Eintragung im Register wegen des Mangels einer wesentlichen Voraussetzung unzulässig, kann das Registergericht sie von Amts wegen oder auf Antrag der berufsständischen Organe löschen. Die Löschung geschieht durch Eintragung eines Vermerkes. (2) Das Gericht hat den Beteiligten von der beabsichtigten Löschung zu benachrichtigen und ihm zugleich eine angemessene Frist zur Geltendmachung eines Widerspruchs zu bestimmen. § 141a Abs. 2 Satz 1 und Satz 2 gilt entsprechend. (3) Auf das weitere Verfahren finden die Vorschriften des § 141 Abs. 3, 4 Anwendung.	**§ 395** <u>Löschung unzulässiger Eintragungen</u> (1) Ist eine Eintragung im Register wegen des Mangels einer wesentlichen Voraussetzung unzulässig, kann das Registergericht sie von Amts wegen <u>oder auf Antrag der berufsständischen Organe</u> löschen. Die Löschung geschieht durch Eintragung eines Vermerks. (2) Das Gericht hat den Beteiligten von der beabsichtigten Löschung zu benachrichtigen und ihm zugleich eine angemessene Frist zur Geltendmachung eines Widerspruchs zu bestimmen. § 394 Abs. 2 Satz 1 und 2 gilt entsprechend. (3) <u>Für das weitere Verfahren gilt § 393 Abs. 3 bis 5 entsprechend.</u>

IV. – Konkordanzliste

Geltendes Recht	Künftiges Recht gemäß FGG-RG
§ 143 (1) Die Löschung einer Eintragung kann gemäß den Vorschriften des § 142 auch von dem Landgericht verfügt werden, welches dem Registergericht im Instanzenzug vorgeordnet ist. Die Vorschrift des § 30 Abs. 1 Satz 2 findet Anwendung. (2) Gegen die einen Widerspruch zurückweisende Verfügung des Landgerichts findet die sofortige Beschwerde an das Oberlandesgericht mit der Maßgabe statt, daß die Vorschriften des § 28 Abs. 2, 3 zur entsprechenden Anwendung kommen. Die weitere Beschwerde ist ausgeschlossen.	(weggefallen)
§ 144 (1) Eine in das Handelsregister eingetragene Aktiengesellschaft oder Kommanditgesellschaft auf Aktien kann nach den §§ 142, 143 als nichtig gelöscht werden, wenn die Voraussetzungen vorliegen, unter denen nach den §§ 275, 276 des Aktiengesetzes die Klage auf Nichtigerklärung erhoben werden kann. Das gleiche gilt für eine in das Handelsregister eingetragene Gesellschaft mit beschränkter Haftung, wenn die Voraussetzungen vorliegen, unter denen nach den §§ 75, 76 des Gesetzes, betreffend die Gesellschaften mit beschränkter Haftung, die Nichtigkeitsklage erhoben werden kann. (2) Ein in das Handelsregister eingetragener Beschluß der Hauptversammlung oder Versammlung der Gesellschafter einer der im Absatz 1 bezeichneten Gesellschaften kann gemäß den Vorschriften der §§ 142, 143 als nichtig gelöscht werden, wenn er durch seinen Inhalt zwingende Vorschriften des Gesetzes verletzt und seine Beseitigung im öffentlichen Interesse erforderlich erscheint. (3) In den Fällen der Absätze 1, 2 soll die nach § 142 Abs. 2 zu bestimmende Frist mindestens drei Monate betragen.	§ 397 Löschung nichtiger Gesellschaften und Genossenschaften Eine in das Handelsregister eingetragene Aktiengesellschaft oder Kommanditgesellschaft auf Aktien kann nach § 395 als nichtig gelöscht werden, wenn die Voraussetzungen vorliegen, unter denen nach den §§ 275 und 276 des Aktiengesetzes die Klage auf Nichtigerklärung erhoben werden kann. Das Gleiche gilt für eine in das Handelsregister eingetragene Gesellschaft mit beschränkter Haftung, wenn die Voraussetzungen vorliegen, unter denen nach den §§ 75 und 76 des Gesetzes betreffend die Gesellschaften mit beschränkter Haftung die Nichtigkeitsklage erhoben werden kann, sowie für eine in das Genossenschaftsregister eingetragene Genossenschaft, wenn die Voraussetzungen vorliegen, unter denen nach den §§ 94 und 95 des Genossenschaftsgesetzes die Nichtigkeitsklage erhoben werden kann. § 398 Löschung nichtiger Beschlüsse Ein in das Handelsregister eingetragener Beschluss der Hauptversammlung oder Versammlung der Gesellschafter einer der in § 397 bezeichneten Gesellschaften sowie ein in das Genossenschaftsregister eingetragener Beschluss der Generalversammlung einer Genossenschaft kann nach § 395 als nichtig gelöscht werden, wenn er durch seinen Inhalt zwingende gesetzliche Vorschriften verletzt und seine Beseitigung im öffentlichen Interesse erforderlich erscheint.
§ 144a (1) Enthält die Satzung einer in das Handelsregister eingetragenen Aktiengesellschaft oder einer Kommanditgesellschaft auf Aktien eine der nach § 23 Abs. 3 Nr. 1, 4, 5 oder 6 des Aktiengesetzes wesentlichen Bestimmungen nicht oder ist eine dieser Bestimmungen oder die Bestimmung nach § 23 Abs. 3 Nr. 3 des Aktiengesetzes nichtig, so hat das Registergericht die Gesellschaft aufzufordern, innerhalb einer bestimmten Frist eine Satzungsänderung, die den Mangel der Satzung behebt, zur Eintragung in das Handelsregister anzumelden oder die Unterlassung durch Widerspruch gegen die Verfügung zu rechtfertigen. Das Gericht hat in der Verfügung darauf hinzuweisen, daß ein nicht behobener Mangel nach Absatz 2 festzustellen ist und daß die Gesellschaft dadurch nach § 262 Abs. 1 Nr. 5, § 289 Abs. 2 Nr. 2 des Aktiengesetzes aufgelöst wird.	§ 399 Auflösung wegen Mangels der Satzung (1) Enthält die Satzung einer in das Handelsregister eingetragenen Aktiengesellschaft oder einer Kommanditgesellschaft auf Aktien eine der nach § 23 Abs. 3 Nr. 1, 4, 5 oder Nr. 6 des Aktiengesetzes wesentlichen Bestimmungen nicht oder ist eine dieser Bestimmungen oder die Bestimmung nach § 23 Abs. 3 Nr. 3 des Aktiengesetzes nichtig, hat das Registergericht die Gesellschaft von Amts wegen oder auf Antrag der berufsständischen Organe aufzufordern, innerhalb einer bestimmten Frist eine Satzungsänderung, die den Mangel der Satzung behebt, zur Eintragung in das Handelsregister anzumelden oder die Unterlassung durch Widerspruch gegen die Aufforderung zu rechtfertigen. Das Gericht hat gleichzeitig darauf hinzuweisen, dass andernfalls ein nicht behobener Mangel im Sinn des Absatzes 2 festzustellen ist und dass die Gesellschaft dadurch nach § 262 Abs. 1 Nr. 5 oder § 289 Abs. 2 Nr. 2 des Aktiengesetzes aufgelöst wird.

Gegenüberstellung geltendes und künftiges Recht

Geltendes Recht	Künftiges Recht gemäß FGG-RG
(2) Wird innerhalb der nach Absatz 1 bestimmten Frist weder der Aufforderung genügt noch Widerspruch erhoben oder ist ein Widerspruch zurückgewiesen worden, <u>so</u> hat das Gericht den Mangel der Satzung festzustellen. Die Feststellung kann mit der Zurückweisung des Widerspruchs verbunden werden. (3) Gegen Verfügungen, durch welche eine Feststellung nach Absatz 2 getroffen oder ein Widerspruch zurückgewiesen wird, findet die sofortige Beschwerde statt. (4) Diese Vorschriften gelten sinngemäß, wenn der Gesellschaftsvertrag einer in das Handelsregister eingetragenen Gesellschaft mit beschränkter Haftung eine der nach § 3 Abs. 1 Nr. 1 oder 4 des Gesetzes betreffend die Gesellschaften mit beschränkter Haftung wesentlichen Bestimmungen nicht enthält oder eine dieser Bestimmungen oder die Bestimmung nach § 3 Abs. 1 Nr. 3 des Gesetzes betreffend die Gesellschaften mit beschränkter Haftung nichtig ist.	(2) Wird innerhalb der nach Absatz 1 bestimmten Frist weder der Aufforderung genügt noch Widerspruch erhoben oder ist ein Widerspruch zurückgewiesen worden, hat das Gericht den Mangel der Satzung festzustellen. Die Feststellung kann mit der Zurückweisung des Widerspruchs verbunden werden. (...) (3) Der Beschluss, durch den eine Feststellung nach Absatz 2 getroffen, **ein Antrag** oder ein Widerspruch zurückgewiesen wird, ist mit der Beschwerde anfechtbar. (4) <u>Die Absätze 1 bis 3</u> gelten <u>entsprechend</u>, wenn der Gesellschaftsvertrag einer in das Handelsregister eingetragenen Gesellschaft mit beschränkter Haftung eine der nach § 3 Abs. 1 Nr. 1 oder Nr. 4 des Gesetzes betreffend die Gesellschaften mit beschränkter Haftung wesentlichen Bestimmungen nicht enthält oder eine dieser Bestimmungen oder die Bestimmung nach § 3 Abs. 1 Nr. 3 des Gesetzes betreffend die Gesellschaften mit beschränkter Haftung nichtig ist.
§ 144c Führt eine von Amts wegen einzutragende Tatsache zur Unrichtigkeit anderer in diesem Registerblatt eingetragener Tatsachen, ist dies von Amts wegen in geeigneter Weise kenntlich zu machen.	§ 384 Von Amts wegen vorzunehmende Eintragungen (...) <u>(2)</u> Führt eine von Amts wegen einzutragende Tatsache zur Unrichtigkeit anderer in diesem Registerblatt eingetragener Tatsachen, ist dies von Amts wegen in geeigneter Weise kenntlich zu machen.
§ 145 (1) Die Amtsgerichte sind zuständig für die nach § 146 Abs. 2, §§ 147, 157 Abs. 2, § 166 Abs. 3, § 233 Abs. 3, § 318 Abs. 3 bis 5, §§ 522, 590, 729 Abs. 1, § 884 Nr. 4 des Handelsgesetzbuchs, die nach § 33 Abs. 3, §§ 35, 73 Abs. 1, §§ 85, 103 Abs. 3, §§ 104, 122 Abs. 3, § 147 Abs. 2, <u>§ 258 Abs. 1,</u> § 265 Abs. 3 und 4, § 270 Abs. 3, § 273 Abs. 2 bis 4 des Aktiengesetzes, nach Artikel 55 Abs. 3 der Verordnung (EG) Nr. 2157/2001 des Rates vom 8. Oktober 2001 über das Statut der Europäischen Gesellschaft (SE) (ABl. EG Nr. L 294 S. 1), nach Artikel 54 Abs. 2 der Verordnung (EG) Nr. 1435/2003 des Rates vom 22. Juli 2003 über das Statut der Europäischen Genossenschaft (SCE) (ABl. EU Nr. L 207 S. 1), die nach § 26 Abs. 1 und 4, § 206 Satz 2 und 3 des Umwandlungsgesetzes, nach § 71 Abs. 3 des Gesetzes betreffend die Gesellschaften mit beschränkter Haftung, die nach § 2 Abs. 3, § 12 Abs. 3 des Gesetzes über die Rechnungslegung von bestimmten Unternehmen und Konzernen, die nach § 11 Abs. 3 des Montan-Mitbestimmungsgesetzes und die nach § 2c Abs. 2 Satz 4 bis 7, § 22o, § 45a Abs. 2 Satz 1, 3, 4 und 6, § 46a Abs. 2 Satz 1, Abs. 4 und 5 des Kreditwesengesetzes, die nach § 2 Abs. 4, § 30 Abs. 2 Satz 1 und Abs. 5 Satz 1, § 31 Abs. 1, 2 und 4 des Pfandbriefgesetzes sowie nach § 104 Abs. 2 Satz 5 bis 8 des Versicherungsaufsichtsgesetzes vom Gericht zu erledigenden Angelegenheiten.	§ 375 Unternehmensrechtliche Verfahren Unternehmensrechtliche Verfahren sind die nach <u>1.</u> § 146 Abs. 2, den §§ 147, 157 Abs. 2, § 166 Abs. 3, § 233 Abs. 3 und § 318 Abs. 3 bis 5 des Handelsgesetzbuchs, (...) <u>3.</u> § 33 Abs. 3, den §§ 35 und 73 Abs. 1, den §§ 85 und 103 Abs. 3, den §§ 104 und 122 Abs. 3, § 147 Abs. 2, § 265 Abs. 3 und 4, § 270 Abs. 3 sowie § 273 Abs. 2 bis 4 des Aktiengesetzes, <u>4.</u> Artikel 55 Abs. 3 der Verordnung (EG) Nr. 2157/2001 des Rates vom 8. Oktober 2001 über das Statut der Europäischen Gesellschaft (SE) (ABl. EG Nr. L 294 S. 1) sowie § 29 Abs. 3, § 30 Abs. 1, 2 und 4, § 45 des SE-Ausführungsgesetzes, <u>5.</u> § 26 Abs. 1 und 4 sowie § 206 Satz 2 und 3 des Umwandlungsgesetzes, (...) <u>8.</u> Artikel 54 Abs. 2 der Verordnung (EG) Nr. 1435/2003 des Rates vom 22. Juli 2003 über das Statut der Europäischen Genossenschaft (SCE) (ABl. EU Nr. L 207 S. 1), <u>9.</u> § 2 Abs. 3 und § 12 Abs. 3 des Publizitätsgesetzes, <u>10.</u> § 11 Abs. 3 des Gesetzes über die Mitbestimmung der Arbeitnehmer in den Aufsichtsräten und Vorständen der Unternehmen des Bergbaus und der Eisen und Stahl erzeugenden Industrie, <u>11.</u> § 2c Abs. 2 Satz 4 bis 7, den §§ 22o, 38 Abs. 2 Satz 2, § 45a Abs. 2 Satz 1, 3, 4 und 6 sowie § 46a Abs. 2 Satz 1, Abs. 4 und 5 des Kreditwesengesetzes, <u>12.</u> § 2 Abs. 4, § 30 Abs. 2 Satz 1 und Abs. 5 Satz 1 sowie § 31 Abs. 1, 2 und 4 des Pfandbriefgesetzes, (...)

IV. – Konkordanzliste

Geltendes Recht	Künftiges Recht gemäß FGG-RG
(2) Ist die Führung des Handelsregisters für mehrere Amtsgerichtsbezirke einem Amtsgericht übertragen worden, so gehören zur Zuständigkeit dieses Amtsgerichts auch die im Absatz 1 bezeichneten Angelegenheiten, mit Ausnahme derjenigen Geschäfte, welche den Gerichten nach § 522, §§ 590, 685, § 729 Abs. 1 des Handelsgesetzbuchs obliegen.	§ 375 Unternehmensrechtliche Verfahren Unternehmensrechtliche Verfahren sind die nach (…) 2. den §§ 522, 590 und 729 Abs. 1, § 884 Nr. 4 des Handelsgesetzbuchs und § 11 des Binnenschifffahrtsgesetzes sowie die in Ansehung der nach dem Handelsgesetzbuch oder dem Binnenschifffahrtsgesetz aufzumachenden Dispache geltenden Vorschriften, (…) § 376 Besondere Zuständigkeitsregelungen (1) Für Verfahren nach § 374 Nr. 1 und 2 sowie § 375 Nr. 1 und 3 bis 14 ist das Gericht, in dessen Bezirk ein Landgericht seinen Sitz hat, für den Bezirk dieses Landgerichts zuständig. **Artikel 22** **Änderung des Gerichtsverfassungsgesetzes** § 23a (1) Die Amtsgerichte sind ferner zuständig für (…) 2. Angelegenheiten der freiwilligen Gerichtsbarkeit. (2) Angelegenheiten der freiwilligen Gerichtsbarkeit sind (…) 4. unternehmensrechtliche Verfahren nach § 375 des Gesetzes über das Verfahren in Familiensachen und in den Angelegenheiten der freiwilligen Gerichtsbarkeit, (…)
	Artikel 1 **Gesetz über das Verfahren in Familiensachen und in den Angelegenheiten der freiwilligen Gerichtsbarkeit**
§ 145a Die Landesregierungen werden ermächtigt, durch Rechtsverordnung die Geschäfte der Verklarung nach § 522 des Handelsgesetzbuchs und der Beweisaufnahme nach § 11 des Gesetzes betreffend die privatrechtlichen Verhältnisse der Binnenschifffahrt einem Amtsgericht für die Bezirke mehrerer Amtsgerichte zuzuweisen, wenn dies einer sachlichen Förderung oder schnelleren Erledigung der Verfahren dient. Die Landesregierungen können die Ermächtigung auf die Landesjustizverwaltungen übertragen.	§ 376 Besondere Zuständigkeitsregelungen (1) Für Verfahren nach § 374 Nr. 1 und 2 sowie § 375 Nr. 1 und 3 bis 14 ist das Gericht, in dessen Bezirk ein Landgericht seinen Sitz hat, für den Bezirk dieses Landgerichts zuständig. (2) Die Landesregierungen werden ermächtigt, durch Rechtsverordnung die Aufgaben nach § 374 Nr. 1 bis 3 sowie § 375 Nr. 1 und 3 bis 14 anderen oder zusätzlichen Amtsgerichten zu übertragen und die Bezirke der Gerichte abweichend von Absatz 1 festzulegen. Sie können die Ermächtigung nach Satz 1 durch Rechtsverordnung auf die Landesjustizverwaltungen übertragen. (…) **Artikel 22** **Änderung des Gerichtsverfassungsgesetzes** § 23a (1) Die Amtsgerichte sind ferner zuständig für (…) 2. Angelegenheiten der freiwilligen Gerichtsbarkeit. (2) Angelegenheiten der freiwilligen Gerichtsbarkeit sind (…) 4. unternehmensrechtliche Verfahren nach § 375 des Gesetzes über das Verfahren in Familiensachen und in den Angelegenheiten der freiwilligen Gerichtsbarkeit, (…)

Gegenüberstellung geltendes und künftiges Recht

Geltendes Recht	Künftiges Recht gemäß FGG-RG
	Artikel 1 **Gesetz über das Verfahren in Familiensachen und in den Angelegenheiten der freiwilligen Gerichtsbarkeit**
§ 146 (1) Soweit in den im § 145 bezeichneten Angelegenheiten ein Gegner des Antragstellers vorhanden ist, hat ihn das Gericht, wenn tunlich, zu hören. (2) Gegen die Verfügung, durch welche über den Antrag entschieden wird, findet die sofortige Beschwerde statt. Die Vorschriften des Aktiengesetzes und des Gesetzes über die Rechnungslegung von bestimmten Unternehmen und Konzernen vom 15. August 1969 (Bundesgesetzbl. I S. 1189) über die Beschwerde bleiben unberührt. (3) Eine Anfechtung der Verfügung, durch welche einem nach § 522, §§ 685, 729 Abs. 1 des Handelsgesetzbuchs gestellten Antrag stattgegeben wird, ist ausgeschlossen.	**§ 402** Anfechtbarkeit (1) Der Beschluss des Gerichts, durch den über Anträge nach § 375 entschieden wird, ist mit der Beschwerde anfechtbar. (...) (3) Die Vorschriften des Handelsgesetzbuchs, des Aktiengesetzes und des Publizitätsgesetzes über die Beschwerde bleiben unberührt. (...) (2) Eine Anfechtung des Beschlusses, durch den einem Antrag nach den §§ 522, 729 Abs. 1 und § 884 Nr. 4 des Handelsgesetzbuchs sowie den §§ 11 und 87 Abs. 2 des Binnenschifffahrtsgesetzes stattgegeben wird, ist ausgeschlossen.
§ 147 (1) Auf das Genossenschaftsregister findet § 125 Abs. 2 Satz 1 Nr. 2, Satz 2 und 4 sowie Abs. 5 entsprechende Anwendung. Die Vorschrift des § 125a Abs. 1 findet auf die dem Registergericht zu machenden Mitteilungen, die Vorschriften der §§ 127, 129, 130, 141a bis 143 und 144c finden auf die Eintragungen in das Genossenschaftsregister entsprechende Anwendung.	**§ 378** Antragsrecht der Notare Ist die zu einer Eintragung erforderliche Erklärung von einem Notar beurkundet oder beglaubigt, gilt dieser als ermächtigt, im Namen des zur Anmeldung Berechtigten die Eintragung zu beantragen. **§ 379** Mitteilungspflichten der Behörden (1) Die Gerichte, die Staatsanwaltschaften, die Polizei- und Gemeindebehörden sowie die Notare haben die ihnen amtlich zur Kenntnis gelangenden Fälle einer unrichtigen, unvollständigen oder unterlassenen Anmeldung zum Handels-, Genossenschafts-, Vereins- oder Partnerschaftsregister dem Registergericht mitzuteilen. **§ 381** Aussetzung des Verfahrens Das Registergericht kann, wenn die sonstigen Voraussetzungen des § 21 Abs. 1 vorliegen, das Verfahren auch aussetzen, wenn ein Rechtsstreit nicht anhängig ist. Es hat in diesem Fall einem der Beteiligten eine Frist zur Erhebung der Klage zu bestimmen. **§ 387** Ermächtigungen (1) Die Landesregierungen werden ermächtigt, durch Rechtsverordnung zu bestimmen, dass die Daten des bei einem Gericht geführten Handels-, Genossenschafts-, Partnerschafts- oder Vereinsregisters auch bei anderen Amtsgerichten zur Einsicht und zur Erteilung von Ausdrucken zugänglich sind. Die Landesregierungen können diese Ermächtigung durch Rechtsverordnung auf die Landesjustizverwaltungen übertragen. Mehrere Länder können auch vereinbaren, dass die bei den Gerichten eines Landes geführten Registerdaten auch bei den Amtsgerichten des anderen Landes zur Einsicht und zur Erteilung von Ausdrucken zugänglich sind. (...) (5) Die elektronische Datenverarbeitung zur Führung des Handels-, Genossenschafts-, Partnerschafts- oder Vereinsregisters kann im Auftrag des zuständigen Gerichts auf den Anlagen einer anderen staatlichen Stelle oder auf den Anlagen eines Dritten vorgenommen werden, wenn die ordnungsgemäße Erledigung der Registersachen sichergestellt ist.

IV. – Konkordanzliste

Geltendes Recht	Künftiges Recht gemäß FGG-RG
	§ 394 Löschung vermögensloser Gesellschaften und Genossenschaften (1) Eine Aktiengesellschaft, Kommanditgesellschaft auf Aktien, Gesellschaft mit beschränkter Haftung oder Genossenschaft, die kein Vermögen besitzt, kann von Amts wegen oder auf Antrag der Finanzbehörde oder der berufsständischen Organe gelöscht werden. Sie ist von Amts wegen zu löschen, wenn das Insolvenzverfahren über das Vermögen der Gesellschaft durchgeführt worden ist und keine Anhaltspunkte dafür vorliegen, dass die Gesellschaft noch Vermögen besitzt. (2) Das Gericht hat die Absicht der Löschung den gesetzlichen Vertretern der Gesellschaft oder Genossenschaft, soweit solche vorhanden sind und ihre Person und ihr inländischer Aufenthalt bekannt ist, bekannt zu machen und ihnen zugleich eine angemessene Frist zur Geltendmachung des Widerspruchs zu bestimmen. Auch wenn eine Pflicht zur Bekanntmachung und Fristbestimmung nach Satz 1 nicht besteht, kann das Gericht anordnen, dass die Bekanntmachung und die Bestimmung der Frist durch Bekanntmachung in dem für die Bekanntmachung der Eintragungen in das Handelsregister bestimmten elektronischen Informations- und Kommunikationssystem nach § 10 des Handelsgesetzbuchs erfolgt; in diesem Fall ist jeder zur Erhebung des Widerspruchs berechtigt, der an der Unterlassung der Löschung ein berechtigtes Interesse hat. (…) (3) Für das weitere Verfahren gilt § 393 Abs. 3 bis 5 entsprechend. (4) Die Absätze 1 bis 3 sind entsprechend anzuwenden auf offene Handelsgesellschaften und Kommanditgesellschaften, bei denen keiner der persönlich haftenden Gesellschafter eine natürliche Person ist. Eine solche Gesellschaft kann jedoch nur gelöscht werden, wenn die für die Vermögenslosigkeit geforderten Voraussetzungen sowohl bei der Gesellschaft als auch bei den persönlich haftenden Gesellschaftern vorliegen. Die Sätze 1 und 2 gelten nicht, wenn zu den persönlich haftenden Gesellschaftern eine andere offene Handelsgesellschaft oder Kommanditgesellschaft gehört, bei der eine natürliche Person persönlich haftender Gesellschafter ist. § 395 Löschung unzulässiger Eintragungen (1) Ist eine Eintragung im Register wegen des Mangels einer wesentlichen Voraussetzung unzulässig, kann das Registergericht sie von Amts wegen oder auf Antrag der berufsständischen Organe löschen. Die Löschung geschieht durch Eintragung eines Vermerkes. (2) Das Gericht hat den Beteiligten von der beabsichtigten Löschung zu benachrichtigen und ihm zugleich eine angemessene Frist zur Geltendmachung eines Widerspruchs zu bestimmen. § 394 Abs. 2 Satz 1 und 2 gilt entsprechend. (3) Für das weitere Verfahren gilt § 393 Abs. 3 bis 5 entsprechend.
(2) Im Falle des § 141a Abs. 1 tritt der Prüfungsverband an die Stelle der in § 126 bezeichneten Organe.	§ 394 Löschung vermögensloser Gesellschaften und Genossenschaften (2) Vor der Löschung sind die in § 380 bezeichneten Organe, im Fall einer Genossenschaft der Prüfungsverband, zu hören.

Gegenüberstellung geltendes und künftiges Recht

Geltendes Recht	Künftiges Recht gemäß FGG-RG
(3) Eine in das Genossenschaftsregister eingetragene Genossenschaft kann gemäß den Vorschriften der §§ 142, 143 als nichtig gelöscht werden, wenn die Voraussetzungen vorliegen, unter denen nach den §§ 94 und 95 des Genossenschaftsgesetzes die Nichtigkeitsklage erhoben werden kann.	§ 397 Löschung nichtiger Gesellschaften und Genossenschaften Eine in das Handelsregister eingetragene Aktiengesellschaft oder Kommanditgesellschaft auf Aktien kann nach § 395 als nichtig gelöscht werden, wenn die Voraussetzungen vorliegen, unter denen nach den §§ 275 und 276 des Aktiengesetzes die Klage auf Nichtigerklärung erhoben werden kann. Das Gleiche gilt für eine in das Handelsregister eingetragene Gesellschaft mit beschränkter Haftung, wenn die Voraussetzungen vorliegen, unter denen nach den §§ 75 und 76 des Gesetzes betreffend die Gesellschaften mit beschränkter Haftung die Nichtigkeitsklage erhoben werden kann, sowie für eine in das Genossenschaftsregister eingetragene Genossenschaft, wenn die Voraussetzungen vorliegen, unter denen nach den §§ 94 und 95 des Genossenschaftsgesetzes die Nichtigkeitsklage erhoben werden kann.
(4) Ein in das Genossenschaftsregister eingetragener Beschluß der Generalversammlung einer Genossenschaft kann gemäß den Vorschriften der §§ 142, 143 als nichtig gelöscht werden, wenn er durch seinen Inhalt zwingende Vorschriften des Gesetzes verletzt und seine Beseitigung im öffentlichen Interesse erforderlich erscheint. (5) In den Fällen der Absätze 3, 4 soll die nach § 142 Abs. 2 zu bestimmende Frist mindestens drei Monate betragen.	§ 398 Löschung nichtiger Beschlüsse Ein in das Handelsregister eingetragener Beschluss der Hauptversammlung oder Versammlung der Gesellschafter einer der in § 397 bezeichneten Gesellschaften sowie ein in das Genossenschaftsregister eingetragener Beschluss der Generalversammlung einer Genossenschaft kann nach § 395 als nichtig gelöscht werden, wenn er durch seinen Inhalt zwingende gesetzliche Vorschriften verletzt und seine Beseitigung im öffentlichen Interesse erforderlich erscheint.
§ 148 (1) Die Vorschriften des § 146 Abs. 1, 2 finden auf die nach § 45 Abs. 3, § 83 Abs. 3 und 4 sowie § 93 des Genossenschaftsgesetzes und nach § 66 Abs. 2, 3, § 74 Abs. 2 und 3 des Gesetzes, betreffend die Gesellschaften mit beschränkter Haftung, von dem Registergericht zu erledigenden Angelegenheiten Anwendung. (2) Gegen die Verfügung, durch welche der im § 11 des Binnenschiffahrtsgesetzes, bezeichnete Antrag auf Beweisaufnahme oder der im § 87 Abs. 2 des genannten Gesetzes bezeichnete Antrag auf Bestellung eines Dispacheurs zurückgewiesen wird, findet die sofortige Beschwerde statt. Eine Anfechtung der Verfügung, durch welche einem solchen Antrag stattgegeben wird, ist ausgeschlossen.	§ 375 Unternehmensrechtliche Verfahren Unternehmensrechtliche Verfahren sind die nach (…) 6. § 66 Abs. 2, 3 und 5, § 71 Abs. 3 sowie § 74 Abs. 2 und 3 des Gesetzes betreffend die Gesellschaften mit beschränkter Haftung, 7. § 45 Abs. 3, den §§ 64b, 83 Abs. 3, 4 und 5 sowie § 93 des Genossenschaftsgesetzes, (…) § 402 Anfechtbarkeit (1) Der Beschluss des Gerichts, durch den über Anträge nach § 375 entschieden wird, ist mit der Beschwerde anfechtbar. (2) Eine Anfechtung des Beschlusses, durch den einem Antrag nach den §§ 522, 729 Abs. 1 und § 884 Nr. 4 des Handelsgesetzbuchs sowie den §§ 11 und 87 Abs. 2 des Binnenschifffahrtsgesetzes stattgegeben wird, ist ausgeschlossen. (…)
§ 149 Für die Verrichtungen, welche den Gerichten in Ansehung der nach dem Handelsgesetzbuch oder nach dem Gesetz, betreffend die privatrechtlichen Verhältnisse der Binnenschiffahrt, aufzumachenden Dispache obliegen, ist das Amtsgericht des Ortes zuständig, an welchem die Verteilung der Havereischäden zu erfolgen hat. § 145a gilt entsprechend.	§ 377 Örtliche Zuständigkeit (…) (2) Für die Angelegenheiten, die den Gerichten in Ansehung der nach dem Handelsgesetzbuch oder nach dem Binnenschifffahrtsgesetz aufzumachenden Dispache zugewiesen sind, ist das Gericht des Ortes zuständig, an dem die Verteilung der Havereischäden zu erfolgen hat. (…)

IV. – Konkordanzliste

Geltendes Recht	Künftiges Recht gemäß FGG-RG
	Artikel 22 **Änderung des Gerichtsverfassungsgesetzes** § 23a (1) Die Amtsgerichte sind ferner zuständig für (…) 2. Angelegenheiten der freiwilligen Gerichtsbarkeit. (2) Angelegenheiten der freiwilligen Gerichtsbarkeit sind (…) 4. unternehmensrechtliche Verfahren nach § 375 des Gesetzes über das Verfahren in Familiensachen und in den Angelegenheiten der freiwilligen Gerichtsbarkeit, (…)
	Artikel 1 **Gesetz über das Verfahren in Familiensachen und in den Angelegenheiten der freiwilligen Gerichtsbarkeit**
§ 150 Lehnt der Dispacheur den Auftrag eines Beteiligten zur Aufmachung der Dispache aus dem Grund ab, weil ein Fall der großen Haverei nicht vorliege, so entscheidet über die Verpflichtung des Dispacheurs auf Antrag des Beteiligten das Gericht. Gegen die Verfügung findet die sofortige Beschwerde statt.	§ 403 Weigerung des Dispacheurs (1) Lehnt der Dispacheur den Auftrag eines Beteiligten zur Aufmachung der Dispache aus dem Grund ab, weil ein Fall der großen Haverei nicht vorliege, entscheidet über die Verpflichtung des Dispacheurs auf Antrag des Beteiligten das Gericht. (2) Der Beschluss ist mit der Beschwerde anfechtbar.
§ 151 Auf Antrag des Dispacheurs kann das Gericht einem Beteiligten unter Androhung von Zwangsgeld aufgeben, dem Dispacheur die in seinem Besitz befindlichen Schriftstücke, zu deren Mitteilung er gesetzlich verpflichtet ist, auszuhändigen.	§ 404 Aushändigung von Schriftstücken; Einsichtsrecht (1) Auf Antrag des Dispacheurs kann das Gericht einen Beteiligten verpflichten, dem Dispacheur die in seinem Besitz befindlichen Schriftstücke, zu deren Mitteilung er gesetzlich verpflichtet ist, auszuhändigen. (…)
§ 152 Der Dispacheur ist verpflichtet, jedem Beteiligten Einsicht in die Dispache zu gewähren und ihm auf Verlangen eine Abschrift gegen Erstattung der Kosten zu erteilen. Das gleiche gilt, wenn die Dispache nach dem Gesetz, betreffend die privatrechtlichen Verhältnisse der Binnenschiffahrt, von dem Schiffer aufgemacht worden ist, für diesen.	§ 404 Aushändigung von Schriftstücken; Einsichtsrecht (…) (2) Der Dispacheur ist verpflichtet, jedem Beteiligten Einsicht in die Dispache zu gewähren und ihm auf Verlangen eine Abschrift gegen Erstattung der Kosten zu erteilen. Das Gleiche gilt, wenn die Dispache nach dem Binnenschifffahrtsgesetz von dem Schiffer aufgemacht worden ist, für diesen.
§ 153 (1) Jeder Beteiligte ist befugt, bei dem Gericht eine Verhandlung über die von dem Dispacheur aufgemachte Dispache zu beantragen. In dem Antrag sind diejenigen Beteiligten zu bezeichnen, welche zu dem Verfahren zugezogen werden sollen. (2) Wird ein Antrag auf gerichtliche Verhandlung gestellt, so hat das Gericht die Dispache und deren Unterlagen von dem Dispacheur einzuziehen und, wenn nicht offensichtlich die Voraussetzungen der großen Haverei fehlen, den Antragsteller sowie die von ihm bezeichneten Beteiligten zu einem Termin zu laden. Mehrere Anträge können von dem Gericht zum Zwecke der gleichzeitigen Verhandlung verbunden werden. (3) Die Ladung muß den Hinweis darauf enthalten, daß, wenn der Geladene weder in dem Termin erscheine noch vorher Widerspruch gegen die Dispache bei dem Gericht anmelde, sein Einverständnis mit der Dispache angenommen werden würde. In der Ladung ist zu bemerken, daß die Dispache und deren Unterlagen auf der Geschäftsstelle eingesehen werden können. (4) Die Frist zwischen der Ladung und dem Termin muß wenigstens zwei Wochen betragen.	§ 405 Termin; Ladung (1) Jeder Beteiligte ist befugt, bei dem Gericht eine mündliche Verhandlung über die von dem Dispacheur aufgemachte Dispache zu beantragen. In dem Antrag sind diejenigen Beteiligten zu bezeichnen, welche zu dem Verfahren hinzugezogen werden sollen. (2) Wird ein Antrag auf mündliche Verhandlung gestellt, hat das Gericht die Dispache und deren Unterlagen von dem Dispacheur einzuziehen und, wenn nicht offensichtlich die Voraussetzungen der großen Haverei fehlen, den Antragsteller sowie die von ihm bezeichneten Beteiligten zu einem Termin zu laden. (3) Die Ladung muss den Hinweis darauf enthalten, dass, wenn der Geladene weder in dem Termin erscheint noch vorher Widerspruch gegen die Dispache bei dem Gericht anmeldet, sein Einverständnis mit der Dispache angenommen wird. In der Ladung ist zu bemerken, dass die Dispache und deren Unterlagen auf der Geschäftsstelle eingesehen werden können. (4) Die Frist zwischen der Ladung und dem Termin muss mindestens zwei Wochen betragen. (…)

Gegenüberstellung geltendes und künftiges Recht

Geltendes Recht	Künftiges Recht gemäß FGG-RG
§ 154 Erachtet das Gericht eine Vervollständigung der Unterlagen der Dispache für notwendig, so hat es die Beibringung der erforderlichen Belege anzuordnen. Die Vorschriften des § 151 finden entsprechende Anwendung.	**§ 405** Termin; Ladung (...) (5) Erachtet das Gericht eine Vervollständigung der Unterlagen der Dispache für notwendig, hat es die Beibringung der erforderlichen Belege anzuordnen. § 404 Abs. 1 gilt entsprechend.
§ 155 (1) In dem Termin ist mit den Erschienenen über die Dispache zu verhandeln. (2) Wird ein Widerspruch gegen die Dispache nicht erhoben und ist ein solcher auch vorher nicht angemeldet, so hat das Gericht die Dispache gegenüber den an dem Verfahren Beteiligten zu bestätigen. (3) Liegt ein Widerspruch vor, so haben sich die Beteiligten, deren Rechte durch ihn betroffen werden, zu erklären. Wird der Widerspruch als begründet anerkannt oder kommt anderweit eine Einigung zustande, so ist die Dispache demgemäß zu berichtigen. Erledigt sich der Widerspruch nicht, so ist die Dispache insoweit zu bestätigen, als sie durch den Widerspruch nicht berührt wird. (4) Werden durch den Widerspruch die Rechte eines in dem Termin nicht erschienenen Beteiligten betroffen, so wird angenommen, daß dieser den Widerspruch nicht als begründet anerkenne.	**§ 406** Verfahren im Termin (1) Wird im Termin ein Widerspruch gegen die Dispache nicht erhoben und ist ein solcher auch vorher nicht angemeldet, hat das Gericht die Dispache gegenüber den an dem Verfahren Beteiligten zu bestätigen. (2) Liegt ein Widerspruch vor, haben sich die Beteiligten, deren Rechte durch ihn betroffen werden, zu erklären. Wird der Widerspruch als begründet anerkannt oder kommt anderweitig eine Einigung zustande, ist die Dispache entsprechend zu berichtigen. Erledigt sich der Widerspruch nicht, so ist die Dispache insoweit zu bestätigen, als sie durch den Widerspruch nicht berührt wird. (3) Werden durch den Widerspruch die Rechte eines in dem Termin nicht erschienenen Beteiligten betroffen, wird angenommen, dass dieser den Widerspruch nicht als begründet anerkennt.
§ 156 (1) Soweit ein Widerspruch nicht gemäß § 155 Abs. 3 erledigt wird, hat ihn der Widersprechende durch Erhebung der Klage gegen diejenigen an dem Verfahren Beteiligten, deren Rechte durch den Widerspruch betroffen werden, zu verfolgen. Die das Verteilungsverfahren betreffenden Vorschriften der §§ 878, 879 der Zivilprozeßordnung finden mit der Maßgabe entsprechende Anwendung, daß das Gericht einem Beteiligten auf seinen Antrag, wenn erhebliche Gründe glaubhaft gemacht werden, die Frist zur Erhebung der Klage verlängern kann und daß an die Stelle der Ausführung des Verteilungsplans die Bestätigung der Dispache tritt. (2) Ist der Widerspruch durch rechtskräftiges Urteil oder in anderer Weise erledigt, so wird die Dispache bestätigt, nachdem sie erforderlichenfalls von dem Amtsgericht nach Maßgabe der Erledigung der Einwendungen berichtigt ist.	**§ 407** Verfolgung des Widerspruchs (1) Soweit ein Widerspruch nicht nach § 406 Abs. 2 erledigt wird, hat ihn der Widersprechende durch Erhebung der Klage gegen diejenigen an dem Verfahren Beteiligten, deren Rechte durch den Widerspruch betroffen werden, zu verfolgen. Die §§ 878 und 879 der Zivilprozessordnung sind mit der Maßgabe entsprechend anzuwenden, dass das Gericht einem Beteiligten auf seinen Antrag, wenn erhebliche Gründe glaubhaft gemacht werden, die Frist zur Erhebung der Klage verlängern kann und dass an die Stelle der Ausführung des Verteilungsplans die Bestätigung der Dispache tritt. (2) Ist der Widerspruch durch rechtskräftiges Urteil oder in anderer Weise erledigt, so wird die Dispache bestätigt, nachdem sie erforderlichenfalls von dem Amtsgericht nach Maßgabe der Erledigung der Einwendungen berichtigt ist.
§ 157 (1) Gegen die Verfügung, durch welche ein nach § 153 gestellter Antrag auf gerichtliche Verhandlung zurückgewiesen oder über die Bestätigung der Dispache entschieden wird, findet die sofortige Beschwerde statt. (2) Einwendungen gegen die Dispache, welche mittels Widerspruchs geltend zu machen sind, können nicht im Wege der Beschwerde geltend gemacht werden.	**§ 408** Beschwerde (1) Der Beschluss, durch den ein nach § 405 gestellter Antrag auf gerichtliche Verhandlung zurückgewiesen, über die Bestätigung der Dispache entschieden oder ein Beteiligter nach § 404 zur Herausgabe von Schriftstücken verpflichtet wird, ist mit der Beschwerde anfechtbar. (2) Einwendungen gegen die Dispache, die mittels Widerspruchs geltend zu machen sind, können nicht mit der Beschwerde geltend gemacht werden.

IV. – Konkordanzliste

Geltendes Recht	Künftiges Recht gemäß FGG-RG
§ 158 (1) Die Bestätigung der Dispache ist nur für das gegenseitige Verhältnis der an dem Verfahren Beteiligten wirksam. (2) Aus der rechtskräftig bestätigten Dispache findet die Zwangsvollstreckung nach den Vorschriften der Zivilprozeßordnung statt. (3) Für Klagen auf Erteilung der Vollstreckungsklausel sowie für Klagen, durch welche Einwendungen gegen die in der Dispache festgestellten Ansprüche geltend gemacht werden oder die bei der Erteilung der Vollstreckungsklausel als eingetreten angenommene Rechtsnachfolge bestritten wird, ist das Amtsgericht zuständig, welches die Dispache bestätigt hat. Gehört der Anspruch nicht vor die Amtsgerichte, so sind die Klagen bei dem zuständigen Landgericht zu erheben.	§ 409 Wirksamkeit; Vollstreckung (1) Die Bestätigung der Dispache ist nur für das gegenseitige Verhältnis der an dem Verfahren Beteiligten wirksam. (...) (3) Für Klagen auf Erteilung der Vollstreckungsklausel sowie für Klagen, durch welche Einwendungen gegen die in der Dispache festgestellten Ansprüche geltend gemacht werden oder die bei der Erteilung der Vollstreckungsklausel als eingetreten angenommene Rechtsnachfolge bestritten wird, ist das <u>Gericht</u> zuständig, das die Dispache bestätigt hat. Gehört der Anspruch nicht vor die Amtsgerichte, sind die Klagen bei dem zuständigen Landgericht zu erheben. **Artikel 22** **Änderung des Gerichtsverfassungsgesetzes** § 23a (1) Die Amtsgerichte sind ferner zuständig für (...) 2. Angelegenheiten der freiwilligen Gerichtsbarkeit. (2) Angelegenheiten der freiwilligen Gerichtsbarkeit sind (...) 4. unternehmensrechtliche Verfahren nach § 375 des Gesetzes über das Verfahren in Familiensachen und in den Angelegenheiten der freiwilligen Gerichtsbarkeit, (...)
	Artikel 1 **Gesetz über das Verfahren in Familiensachen und in den Angelegenheiten der freiwilligen Gerichtsbarkeit**
Achter Abschnitt **Vereinssachen. Partnerschaftssachen. Güterrechtsregister**	
§ 159 (1) Auf das in maschineller Form als automatisierte Datei geführte Vereinsregister findet § 125 Abs. 2 Satz 1 Nr. 2 und Satz 2 sowie Abs. 5 entsprechende Anwendung.	§ 387 Ermächtigungen (1) Die Landesregierungen werden ermächtigt, durch Rechtsverordnung zu bestimmen, dass die Daten des bei einem Gericht geführten Handels-, Genossenschafts-, Partnerschafts- oder Vereinsregisters auch bei anderen Amtsgerichten zur Einsicht und zur Erteilung von Ausdrucken zugänglich sind. Die Landesregierungen können diese Ermächtigung durch Rechtsverordnung auf die Landesjustizverwaltungen übertragen. Mehrere Länder können auch vereinbaren, dass die bei den Gerichten eines Landes geführten Registerdaten auch bei den Amtsgerichten des anderen Landes zur Einsicht und zur Erteilung von Ausdrucken zugänglich sind. (...) (5) Die elektronische Datenverarbeitung zur Führung des Handels-, Genossenschafts-, Partnerschafts- oder Vereinsregisters kann im Auftrag des zuständigen Gerichts auf den Anlagen einer anderen staatlichen Stelle oder auf den Anlagen eines Dritten vorgenommen werden, wenn die ordnungsgemäße Erledigung der Registersachen sichergestellt ist.

Gegenüberstellung geltendes und künftiges Recht

Geltendes Recht	Künftiges Recht gemäß FGG-RG
Auf die Eintragungen in das Vereinsregister finden die Vorschriften der §§ 127 bis 130, 142, 143, auf das Verfahren bei der Verhängung von Zwangsgeld gegen Mitglieder des Vorstandes oder Liquidatoren eines eingetragenen Vereins finden die Vorschriften der §§ 127, 132 bis 139 entsprechende Anwendung.	**§ 381** *Aussetzung des Verfahrens* Das Registergericht kann, <u>wenn die sonstigen Voraussetzungen des § 21 Abs. 1 vorliegen, das Verfahren auch aussetzen,</u> wenn ein Rechtsstreit nicht anhängig ist. Es hat in diesem Fall einem der Beteiligten eine Frist zur Erhebung der Klage zu bestimmen. **§ 378** *Antragsrecht der Notare* Ist die zu einer Eintragung erforderliche Erklärung von einem Notar beurkundet oder beglaubigt, gilt dieser als ermächtigt, im Namen des zur Anmeldung <u>Berechtigten</u> die Eintragung zu beantragen. **§ 382** *Entscheidung über Eintragungsanträge* (1) (…) <u>(2)</u> Die Eintragung soll den Tag, an welchem sie vollzogen worden ist, angeben; sie ist mit der Unterschrift o<u>der der elektronischen Signatur</u> des zuständigen <u>Richters oder</u> Beamten zu versehen. (…) § 383 <u>Bekanntgabe; Anfechtbarkeit</u> (1) <u>Die</u> Eintragung <u>ist den Beteiligten bekannt zu geben</u>; auf die <u>Bekanntgabe</u> kann verzichtet werden. (…) **§ 395** *Löschung unzulässiger Eintragungen* (1) Ist eine Eintragung im Register wegen des Mangels einer wesentlichen Voraussetzung unzulässig, kann das Registergericht sie von Amts wegen <u>oder auf Antrag der berufsständischen Organe</u> löschen. Die Löschung geschieht durch Eintragung eines Vermerkes. (2) Das Gericht hat den Beteiligten von der beabsichtigten Löschung zu benachrichtigen und ihm zugleich eine angemessene Frist zur Geltendmachung eines Widerspruchs zu bestimmen. <u>§ 394</u> Abs. 2 Satz 1 und 2 gilt entsprechend. (3) <u>Für das weitere Verfahren gilt § 393 Abs. 3 bis 5 entsprechend.</u> **§ 388** *Androhung* <u>(1) Sobald das Registergericht von einem Sachverhalt, der sein Einschreiten nach den §§ 14, 37a Abs. 4 und § 125a Abs. 2 des Handelsgesetzbuchs, auch in Verbindung mit § 5 Abs. 2 des Partnerschaftsgesellschaftsgesetzes, den §§ 407 und 408 des Aktiengesetzes, § 79 Abs. 1 des Gesetzes betreffend die Gesellschaften mit beschränkter Haftung, § 316 des Umwandlungsgesetzes oder § 12 des EWIV-Ausführungsgesetzes rechtfertigt, glaubhafte Kenntnis erhält, hat es dem Beteiligten unter Androhung eines Zwangsgelds aufzugeben, innerhalb einer bestimmten Frist seiner gesetzlichen Verpflichtung nachzukommen oder die Unterlassung mittels Einspruchs zu rechtfertigen.</u>

IV. – Konkordanzliste

Geltendes Recht	Künftiges Recht gemäß FGG-RG
(2) Das Amtsgericht hat die Eintragung eines Vereins oder einer Satzungsänderung der zuständigen Verwaltungsbehörde mitzuteilen, wenn Anhaltspunkte bestehen, daß es sich um einen Ausländerverein oder eine organisatorische Einrichtung eines ausländischen Vereins gemäß den §§ 14 und 15 des Vereinsgesetzes handelt.	§ 400 Mitteilungspflichten Das Gericht hat die Eintragung eines Vereins oder einer Satzungsänderung der zuständigen Verwaltungsbehörde mitzuteilen, wenn Anhaltspunkte bestehen, dass es sich um einen Ausländerverein oder eine organisatorische Einrichtung eines ausländischen Vereins nach den §§ 14 und 15 des Vereinsgesetzes handelt.
§ 160 Im Falle des § 37 des Bürgerlichen Gesetzbuchs soll das Gericht vor der Verfügung, durch welche über das Verlangen, eine Mitgliederversammlung zu berufen, entschieden wird, soweit tunlich den Vorstand des Vereins hören. Gegen die Verfügung findet die sofortige Beschwerde statt.	(weggefallen)
§ 160a (1) Gegen die Verfügung, durch welche die Anmeldung eines Vereins oder einer Satzungsänderung zur Eintragung in das Vereinsregister zurückgewiesen wird, findet die sofortige Beschwerde statt. (2) Die Verfügung, durch die dem Verein die Rechtsfähigkeit auf Grund des § 73 des Bürgerlichen Gesetzbuchs entzogen wird, ist dem Vorstand bekanntzumachen. Gegen sie findet die sofortige Beschwerde statt. Die Verfügung wird erst mit der Rechtskraft wirksam.	§ 401 Entziehung der Rechtsfähigkeit Der Beschluss, durch den einem Verein nach § 73 des Bürgerlichen Gesetzbuchs die Rechtsfähigkeit entzogen wird, wird erst mit Rechtskraft wirksam.
§ 160b (1) Für die Führung des Partnerschaftsregisters sind die Amtsgerichte zuständig. Auf das Partnerschaftsregister finden § 125 Abs. 2 bis 5, § 125a und die §§ 127 bis 130, auf das Einschreiten des Registergerichts die §§ 132 bis 140 und auf Löschungen die §§ 141 bis 143 und 144c entsprechende Anwendung. § 126 findet mit der Maßgabe Anwendung, daß an die Stelle der Organe des Handelsstandes die Organe des Berufsstandes treten.	§ 17 Wiedereinsetzung in den vorigen Stand (1) War jemand ohne sein Verschulden verhindert, eine gesetzliche Frist einzuhalten, ist ihm auf Antrag Wiedereinsetzung in den vorigen Stand zu gewähren. (...) § 376 Besondere Zuständigkeitsregelungen (...) (2) Die Landesregierungen werden ermächtigt, durch Rechtsverordnung die Aufgaben nach § 374 Nr. 1 bis 3 sowie § 375 Nr. 1 und 3 bis 14 anderen oder zusätzlichen Amtsgerichten zu übertragen und die Bezirke der Gerichte abweichend von Absatz 1 festzulegen. Sie können die Ermächtigung nach Satz 1 durch Rechtsverordnung auf die Landesjustizverwaltungen übertragen. Mehrere Länder können die Zuständigkeit eines Gerichts für Verfahren nach § 374 Nr. 1 bis 3 über die Landesgrenzen hinaus vereinbaren. § 378 Antragsrecht der Notare Ist die zu einer Eintragung erforderliche Erklärung von einem Notar beurkundet oder beglaubigt, gilt dieser als ermächtigt, im Namen des zur Anmeldung Berechtigten die Eintragung zu beantragen. § 379 Mitteilungspflichten der Behörden (1) Die Gerichte, die Staatsanwaltschaften, die Polizei- und Gemeindebehörden sowie die Notare haben die ihnen amtlich zur Kenntnis gelangenden Fälle einer unrichtigen, unvollständigen oder unterlassenen Anmeldung zum Handels-, Genossenschafts-, Vereins- oder Partnerschaftsregister dem Registergericht mitzuteilen.

Gegenüberstellung geltendes und künftiges Recht

Geltendes Recht	Künftiges Recht gemäß FGG-RG
	(2) Die Finanzbehörden haben den Registergerichten Auskunft über die steuerlichen Verhältnisse von Kaufleuten oder Unternehmen, insbesondere auf dem Gebiet der Gewerbe- und Umsatzsteuer, zu erteilen, soweit diese Auskunft zur Verhütung unrichtiger Eintragungen im Handels- oder Partnerschaftsregister sowie zur Berichtigung, Vervollständigung oder Löschung von Eintragungen im Register benötigt wird. Die Auskünfte unterliegen nicht der Akteneinsicht (§ 13). § 380 Beteiligung der berufsständischen Organe; Beschwerderecht (1) Die Registergerichte werden bei der Vermeidung unrichtiger Eintragungen, der Berichtigung und Vervollständigung des Handels- und Partnerschaftsregisters, der Löschung von Eintragungen in diesen Registern und beim Einschreiten gegen unzulässigen Firmengebrauch oder unzulässigen Gebrauch eines Partnerschaftsnamens von 1. den Organen des Handelsstandes, 2. den Organen des Handwerksstandes, soweit es sich um die Eintragung von Handwerkern handelt, 3. den Organen des land- und forstwirtschaftlichen Berufsstandes, soweit es sich um die Eintragung von Land- oder Forstwirten handelt, 4. den berufsständischen Organen der freien Berufe, soweit es sich um die Eintragung von Angehörigen dieser Berufe handelt, (berufsständische Organe) unterstützt. § 381 Aussetzung des Verfahrens Das Registergericht kann, wenn die sonstigen Voraussetzungen des § 21 Abs. 1 vorliegen, das Verfahren auch aussetzen, wenn ein Rechtsstreit nicht anhängig ist. Es hat in diesem Fall einem der Beteiligten eine Frist zur Erhebung der Klage zu bestimmen. § 382 Entscheidung über Eintragungsanträge (1) (...) (2) Die Eintragung soll den Tag, an welchem sie vollzogen worden ist, angeben; sie ist mit der Unterschrift oder der elektronischen Signatur des zuständigen Richters oder Beamten zu versehen. (...) § 383 Bekanntgabe; Anfechtbarkeit (1) Die Eintragung ist den Beteiligten bekannt zu geben; auf die Bekanntgabe kann verzichtet werden. § 384 Von Amts wegen vorzunehmende Eintragungen (...) (2) Führt eine von Amts wegen einzutragende Tatsache zur Unrichtigkeit anderer in diesem Registerblatt eingetragener Tatsachen, ist dies von Amts wegen in geeigneter Weise kenntlich zu machen. § 387 Ermächtigungen (1) Die Landesregierungen werden ermächtigt, durch Rechtsverordnung zu bestimmen, dass die Daten des bei einem Gericht geführten Handels-, Genossenschafts-, Partnerschafts-

IV. – Konkordanzliste

Geltendes Recht	Künftiges Recht gemäß FGG-RG
	oder Vereinsregisters auch bei anderen Amtsgerichten zur Einsicht und zur Erteilung von Ausdrucken zugänglich sind. Die Landesregierungen können diese Ermächtigung durch Rechtsverordnung auf die Landesjustizverwaltungen übertragen. Mehrere Länder können auch vereinbaren, dass die bei den Gerichten eines Landes geführten Registerdaten auch bei den Amtsgerichten des anderen Landes zur Einsicht und zur Erteilung von Ausdrucken zugänglich sind. (2) Das Bundesministerium der Justiz wird ermächtigt, durch Rechtsverordnung mit Zustimmung des Bundesrates die näheren Bestimmungen über die Einrichtung und Führung des Handels-, Genossenschafts- und Partnerschaftsregisters, die Übermittlung der Daten an das Unternehmensregister und die Aktenführung in Beschwerdeverfahren, die Einsicht in das Register, die Einzelheiten der elektronischen Übermittlung nach § 9 des Handelsgesetzbuchs und das Verfahren bei Anmeldungen, Eintragungen und Bekanntmachungen zu treffen. Dabei kann auch vorgeschrieben werden, dass das Geburtsdatum von in das Register einzutragenden Personen zur Eintragung anzumelden sowie die Anschrift der einzutragenden Unternehmen und Zweigniederlassungen bei dem Gericht einzureichen ist; soweit in der Rechtsverordnung solche Angaben vorgeschrieben werden, ist § 14 des Handelsgesetzbuchs entsprechend anzuwenden. (3) Durch Rechtsverordnung nach Absatz 2 können auch die näheren Bestimmungen über die Mitwirkung der in § 380 bezeichneten Organe im Verfahren vor den Registergerichten getroffen werden. Dabei kann insbesondere auch bestimmt werden, dass diesen Organen laufend oder in regelmäßigen Abständen die zur Erfüllung ihrer gesetzlichen Aufgaben erforderlichen Daten aus dem Handels- oder Partnerschaftsregister und den zu diesen Registern eingereichten Dokumenten mitgeteilt werden. Die mitzuteilenden Daten sind in der Rechtsverordnung festzulegen. Die Empfänger dürfen die übermittelten personenbezogenen Daten nur für den Zweck verwenden, zu dessen Erfüllung sie ihnen übermittelt worden sind. (...) (5) Die elektronische Datenverarbeitung zur Führung des Handels-, Genossenschafts-, Partnerschafts- oder Vereinsregisters kann im Auftrag des zuständigen Gerichts auf den Anlagen einer anderen staatlichen Stelle oder auf den Anlagen eines Dritten vorgenommen werden, wenn die ordnungsgemäße Erledigung der Registersachen sichergestellt ist. § 388 Androhung (1) Sobald das Registergericht von einem Sachverhalt, der sein Einschreiten nach den §§ 14, 37a Abs. 4 und § 125a Abs. 2 des Handelsgesetzbuchs, auch in Verbindung mit § 5 Abs. 2 des Partnerschaftsgesellschaftsgesetzes, den §§ 407 und 408 des Aktiengesetzes, § 79 Abs. 1 des Gesetzes betreffend die Gesellschaften mit beschränkter Haftung, § 316 des Umwandlungsgesetzes oder § 12 des EWIV-Ausführungsgesetzes rechtfertigt, glaubhafte Kenntnis erhält, hat es dem Beteiligten unter Androhung eines Zwangsgeldes aufzugeben, innerhalb einer bestimmten Frist seiner gesetzlichen Verpflichtung nachzukommen oder die Unterlassung mittels Einspruchs zu rechtfertigen. (...)

Gegenüberstellung geltendes und künftiges Recht

Geltendes Recht	Künftiges Recht gemäß FGG-RG
	§ 389 Festsetzung (1) Wird innerhalb der bestimmten Frist weder der gesetzlichen Verpflichtung genügt noch Einspruch erhoben, ist das angedrohte Zwangsgeld durch Beschluss festzusetzen und zugleich die Aufforderung nach § 388 unter Androhung eines erneuten Zwangsgelds zu wiederholen. (...) (3) In gleicher Weise ist fortzufahren, bis der gesetzlichen Verpflichtung genügt oder Einspruch erhoben wird. § 390 Verfahren bei Einspruch (1) Wird rechtzeitig Einspruch erhoben, soll das Gericht, wenn sich der Einspruch nicht ohne weiteres als begründet erweist, den Beteiligten zur Erörterung der Sache zu einem Termin laden. (2) Das Gericht kann, auch wenn der Beteiligte zum Termin nicht erscheint, in der Sache entscheiden. (3) Wird der Einspruch für begründet erachtet, ist die getroffene Entscheidung aufzuheben. (4) Andernfalls hat das Gericht den Einspruch durch Beschluss zu verwerfen und das angedrohte Zwangsgeld festzusetzen. Das Gericht kann, wenn die Umstände es rechtfertigen, von der Festsetzung eines Zwangsgelds absehen oder ein geringeres als das angedrohte Zwangsgeld festsetzen. (5) Im Fall der Verwerfung des Einspruchs hat das Gericht zugleich eine erneute Aufforderung nach § 388 zu erlassen. Die in dieser Entscheidung bestimmte Frist beginnt mit dem Eintritt der Rechtskraft der Verwerfung des Einspruchs. (6) Wird im Fall des § 389 gegen die wiederholte Androhung Einspruch erhoben und dieser für begründet erachtet, kann das Gericht, wenn die Umstände es rechtfertigen, zugleich ein früher festgesetztes Zwangsgeld aufheben oder an dessen Stelle ein geringeres Zwangsgeld festsetzen. § 391 Beschwerde (1) Der Beschluss, durch den das Zwangsgeld festgesetzt oder der Einspruch verworfen wird, ist mit der Beschwerde anfechtbar. (2) Ist das Zwangsgeld nach § 389 festgesetzt, kann die Beschwerde nicht darauf gestützt werden, dass die Androhung des Zwangsgelds nicht gerechtfertigt gewesen sei. § 392 Verfahren bei unbefugtem Firmengebrauch (1) Soll nach § 37 Abs. 1 des Handelsgesetzbuchs gegen eine Person eingeschritten werden, die eine ihr nicht zustehende Firma gebraucht, sind die §§ 388 bis 391 anzuwenden, wobei 1. dem Beteiligten unter Androhung eines Ordnungsgelds aufgegeben wird, sich des Gebrauchs der Firma zu enthalten oder binnen einer bestimmten Frist den Gebrauch der Firma mittels Einspruchs zu rechtfertigen; 2. das Ordnungsgeld festgesetzt wird, falls kein Einspruch erhoben oder der erhobene Einspruch rechtskräftig verworfen ist und der Beteiligte nach der Bekanntmachung des Beschlusses diesem zuwidergehandelt hat.

IV. – Konkordanzliste

Geltendes Recht	Künftiges Recht gemäß FGG-RG
	§ 393 Löschung einer Firma (1) Das Erlöschen einer Firma ist gemäß § 31 Abs. 2 des Handelsgesetzbuchs von Amts wegen oder auf Antrag der berufsständischen Organe in das Handelsregister einzutragen. Das Gericht hat den eingetragenen Inhaber der Firma oder dessen Rechtsnachfolger von der beabsichtigten Löschung zu benachrichtigen und ihm zugleich eine angemessene Frist zur Geltendmachung eines Widerspruchs zu bestimmen. (2) Sind die bezeichneten Personen oder deren Aufenthalt nicht bekannt, erfolgt die Benachrichtigung und die Bestimmung der Frist durch Bekanntmachung in dem für die Bekanntmachung der Eintragungen in das Handelsregister bestimmten elektronischen Informations- und Kommunikationssystem nach § 10 des Handelsgesetzbuchs. (3) Das Gericht entscheidet durch Beschluss, wenn es einem Antrag auf Einleitung des Löschungsverfahrens nicht entspricht oder Widerspruch gegen die Löschung erhoben wird. Der Beschluss ist mit der Beschwerde anfechtbar. (…) (5) Die Löschung darf nur erfolgen, wenn kein Widerspruch erhoben oder wenn der den Widerspruch zurückweisende Beschluss rechtskräftig geworden ist. § 395 Löschung unzulässiger Eintragungen (1) Ist eine Eintragung im Register wegen des Mangels einer wesentlichen Voraussetzung unzulässig, kann das Registergericht sie von Amts wegen oder auf Antrag der berufsständischen Organe löschen. Die Löschung geschieht durch Eintragung eines Vermerkes. (2) Das Gericht hat den Beteiligten von der beabsichtigten Löschung zu benachrichtigen und ihm zugleich eine angemessene Frist zur Geltendmachung eines Widerspruchs zu bestimmen. § 394 Abs. 2 Satz 1 und 2 gilt entsprechend. (3) Für das weitere Verfahren gilt § 393 Abs. 3 bis 5 entsprechend.
(2) Die Amtsgerichte sind ferner zuständig für die nach § 10 Abs. 1 des Partnerschaftsgesellschaftsgesetzes vom 25. Juli 1994 (BGBl. I S. 1744) in Verbindung mit § 146 Abs. 2, §§ 147, 157 Abs. 2 des Handelsgesetzbuchs vom Gericht zu erledigenden Angelegenheiten. Für das Verfahren ist § 146 Abs. 1, Abs. 2 Satz 1 entsprechend anzuwenden.	§ 375 Unternehmensrechtliche Verfahren Unternehmensrechtliche Verfahren sind die nach (…) 15. § 10 des Partnerschaftsgesellschaftsgesetzes in Verbindung mit § 146 Abs. 2 und den §§ 147 und 157 Abs. 2 des Handelsgesetzbuchs vom Gericht zu erledigenden Angelegenheiten.
	Artikel 22 Änderung des Gerichtsverfassungsgesetzes § 23a (1) Die Amtsgerichte sind ferner zuständig für (…) 2. Angelegenheiten der freiwilligen Gerichtsbarkeit. (2) Angelegenheiten der freiwilligen Gerichtsbarkeit sind (…) 4. unternehmensrechtliche Verfahren nach § 375 des Gesetzes über das Verfahren in Familiensachen und in den Angelegenheiten der freiwilligen Gerichtsbarkeit, (…)

Geltendes Recht	Künftiges Recht gemäß FGG-RG
	Artikel 1 **Gesetz über das Verfahren in Familiensachen und in den Angelegenheiten der freiwilligen Gerichtsbarkeit**
§ 161 (1) Auf die Eintragungen in das Güterrechtsregister finden die Vorschriften der § 127 bis 130, 142, 143 entsprechende Anwendung.	**§ 381** Aussetzung des Verfahrens Das Registergericht kann, wenn die sonstigen Voraussetzungen des § 21 Abs. 1 vorliegen, das Verfahren auch aussetzen, wenn ein Rechtsstreit nicht anhängig ist. Es hat in diesem Fall einem der Beteiligten eine Frist zur Erhebung der Klage zu bestimmen. **§ 378** Antragsrecht der Notare Ist die zu einer Eintragung erforderliche Erklärung von einem Notar beurkundet oder beglaubigt, gilt dieser als ermächtigt, im Namen des zur Anmeldung Berechtigten die Eintragung zu beantragen. **§ 382** Entscheidung über Eintragungsanträge (1) (...) (2) Die Eintragung soll den Tag, an welchem sie vollzogen worden ist, angeben; sie ist mit der Unterschrift oder der elektronischen Signatur des zuständigen Richters oder Beamten zu versehen. (...) **§ 383** Bekanntgabe; Anfechtbarkeit (1) Die Eintragung ist den Beteiligten bekannt zu geben; auf die Bekanntgabe kann verzichtet werden. (...) **§ 395** Löschung unzulässiger Eintragungen (1) Ist eine Eintragung im Register wegen des Mangels einer wesentlichen Voraussetzung unzulässig, kann das Registergericht sie von Amts wegen oder auf Antrag der berufsständischen Organe löschen. Die Löschung geschieht durch Eintragung eines Vermerkes. (2) Das Gericht hat den Beteiligten von der beabsichtigten Löschung zu benachrichtigen und ihm zugleich eine angemessene Frist zur Geltendmachung eines Widerspruchs zu bestimmen. § 394 Abs. 2 Satz 1 und 2 gilt entsprechend. (3) Für das weitere Verfahren gilt § 393 Abs. 3 bis 5 entsprechend.
(2) Von einer Eintragung sollen in allen Fällen beide Ehegatten benachrichtigt werden.	
§ 162 Das Amtsgericht hat auf Verlangen eine Bescheinigung darüber zu erteilen, daß bezüglich des Gegenstandes einer Eintragung weitere Eintragungen in das Vereins- oder Güterrechtsregister nicht vorhanden sind oder daß eine bestimmte Eintragung in das Register nicht erfolgt ist.	**§ 386** Bescheinigungen Das Registergericht hat auf Verlangen eine Bescheinigung darüber zu erteilen, dass bezüglich des Gegenstands einer Eintragung weitere Eintragungen in das Register nicht vorhanden sind oder dass eine bestimmte Eintragung in das Register nicht erfolgt ist.

IV. – Konkordanzliste

Geltendes Recht	Künftiges Recht gemäß FGG-RG
Neunter Abschnitt **Eidesstattliche Versicherung. Untersuchung und Verwahrung von Sachen. Pfandverkauf**	**Buch 6** **Verfahren in weiteren Angelegenheiten der freiwilligen Gerichtsbarkeit**
§ 163 Ist in den Fällen der §§ 259, 260, 2028, 2057 des Bürgerlichen Gesetzbuchs die eidesstattliche Versicherung nicht vor dem Vollstreckungsgericht abzugeben, so finden die Vorschriften des § 79 entsprechende Anwendung.	§ 410 Weitere Angelegenheiten der freiwilligen Gerichtsbarkeit Weitere Angelegenheiten der freiwilligen Gerichtsbarkeit sind 1. die Abgabe einer nicht vor dem Vollstreckungsgericht zu erklärenden eidesstattlichen Versicherung nach den §§ 259, 260, 2028 und 2057 des Bürgerlichen Gesetzbuchs, (…) § 412 Beteiligte Als Beteiligte sind hinzuzuziehen: 1. in Verfahren nach § 410 Nr. 1 derjenige, der zur Abgabe der eidesstattlichen Versicherung verpflichtet ist, und der Berechtigte; (…) § 413 Eidesstattliche Versicherung In Verfahren nach § 410 Nr. 1 kann sowohl der Verpflichtete als auch der Berechtigte die Abgabe der eidesstattlichen Versicherung beantragen. Das Gericht hat das persönliche Erscheinen des Verpflichteten anzuordnen. Die §§ 478 bis 480 und 483 der Zivilprozessordnung gelten entsprechend.
§ 164 (1) In den Fällen, in denen nach den Vorschriften des bürgerlichen Rechtes jemand den Zustand oder den Wert einer Sache durch Sachverständige feststellen lassen kann, ist für die Ernennung, Beeidigung und Vernehmung der Sachverständigen das Amtsgericht zuständig, in dessen Bezirk sich die Sache befindet. Durch eine ausdrückliche Vereinbarung der Beteiligten kann die Zuständigkeit eines anderen Amtsgerichts begründet werden. (2) Eine Anfechtung der Verfügung, durch welche dem Antrag stattgegeben wird, ist ausgeschlossen. (3) Bei dem Verfahren ist der Gegner soweit tunlich zu hören.	§ 410 Weitere Angelegenheiten der freiwilligen Gerichtsbarkeit Weitere Angelegenheiten der freiwilligen Gerichtsbarkeit sind (…) 2. die Ernennung, Beeidigung und Vernehmung des Sachverständigen in den Fällen, in denen jemand nach den Vorschriften des bürgerlichen Rechts den Zustand oder den Wert einer Sache durch einen Sachverständigen feststellen lassen kann, (…) § 411 Örtliche Zuständigkeit (…) (2) In Verfahren nach § 410 Nr. 2 ist das Gericht zuständig, in dessen Bezirk sich die Sache befindet. Durch eine ausdrückliche Vereinbarung derjenigen, um deren Angelegenheit es sich handelt, kann die Zuständigkeit eines anderen Amtsgerichts begründet werden. (…) § 414 Unanfechtbarkeit Die Entscheidung, durch die in Verfahren nach § 410 Nr. 2 dem Antrag stattgegeben wird, ist nicht anfechtbar. (weggefallen)

Gegenüberstellung geltendes und künftiges Recht

Geltendes Recht	Künftiges Recht gemäß FGG-RG
§ 165 (1) In den Fällen der §§ 432, 1217, 1281, 2039 des Bürgerlichen Gesetzbuchs ist für die Bestellung des Verwahrers das Amtsgericht zuständig, in dessen Bezirk sich die Sache befindet.	§ 410 Weitere Angelegenheiten der freiwilligen Gerichtsbarkeit Weitere Angelegenheiten der freiwilligen Gerichtsbarkeit sind (…) 3. die Bestellung des Verwahrers in den Fällen der §§ 432, 1217, 1281 und 2039 des Bürgerlichen Gesetzbuchs sowie in Festsetzung der von ihm beanspruchten Vergütung und seiner Aufwendungen, (…) § 411 Örtliche Zuständigkeit (…). (3) In Verfahren nach § 410 Nr. 3 ist das Gericht zuständig, in dessen Bezirk sich die Sache befindet.
(2) Über eine von dem Verwahrer beanspruchte Vergütung entscheidet das Amtsgericht.	(weggefallen)
(3) Vor der Bestellung des Verwahrers und vor der Entscheidung über die Vergütung sind die Beteiligten soweit tunlich zu hören.	(weggefallen)
§ 166 (1) Im Falle des § 1246 Abs. 2 des Bürgerlichen Gesetzbuchs ist für die Entscheidung des Gerichts das Amtsgericht des Ortes zuständig, an welchem das Pfand aufbewahrt wird. (2) Vor der Entscheidung sind die Beteiligten soweit tunlich zu hören.	§ 410 Weitere Angelegenheiten der freiwilligen Gerichtsbarkeit Weitere Angelegenheiten der freiwilligen Gerichtsbarkeit sind (…) 4. eine abweichende Art des Pfandverkaufs im Fall des § 1246 Abs. 2 des Bürgerlichen Gesetzbuchs. § 411 Örtliche Zuständigkeit (…) (4) In Verfahren nach § 410 Nr. 4 ist das Gericht zuständig, in dessen Bezirk das Pfand aufbewahrt wird.
Elfter Abschnitt **Schlußbestimmungen**	**Buch 9** **Schlussvorschriften**
	Artikel 112 **Inkrafttreten, Außerkrafttreten**
§ 185 (1) Dieses Gesetz tritt gleichzeitig mit dem Bürgerlichen Gesetzbuch in Kraft.	Dieses Gesetz tritt am … (einsetzen: erster Tag des zwölften auf die Verkündung folgenden Kalendermonats) in Kraft; (…)
	§ 485 Verhältnis zu anderen Gesetzen
(2) Die Artikel 1 Abs. 2, Artikel 2, 50 des Einführungsgesetzes zum Bürgerlichen Gesetzbuch finden entsprechende Anwendung.	Artikel 1 Abs. 2 und die Artikel 2 und 50 des Einführungsgesetzes zum Bürgerlichen Gesetzbuche sind entsprechend anzuwenden.
(3) § 140a ist erstmals auf Jahresabschlüsse, Konzernabschlüsse und Lageberichte sowie auf sonstige beim Handelsregister zum Zweck der Offenlegung einzureichende Unterlagen für das nach dem 31. Dezember 1998 beginnende Geschäftsjahr anzuwenden; bei offenen Handelsgesellschaften und Kommanditgesellschaften im Sinne des § 264a des Handelsgesetzbuchs tritt an die Stelle des 31. Dezember 1998 der 31. Dezember 1999.	(weggefallen)
§ 186 bis 188 (Aufhebungs- und Änderungsvorschriften)	(weggefallen)

IV. – Konkordanzliste

Geltendes Recht	Künftiges Recht gemäß FGG-RG
§ 189 Soweit im Einführungsgesetz zum Bürgerlichen Gesetzbuch zu Gunsten der Landesgesetze Vorbehalte gemacht sind, gelten sie auch für die Vorschriften der Landesgesetze über diejenigen Angelegenheiten der freiwilligen Gerichtsbarkeit, welche Gegenstand dieses Gesetzes sind.	§ 486 Landesrechtliche Vorbehalte; Ergänzungs- und Ausführungsbestimmungen (1) Soweit das Einführungsgesetz zum Bürgerlichen Gesetzbuche Rechtsgebiete der Landesgesetzgebung vorbehält, gilt dieser Vorbehalt auch für die entsprechenden Verfahrensvorschriften, soweit sie Gegenstand dieses Gesetzes sind. (…)
§§ 190, 191 (aufgehoben)	
§ 192 Unberührt bleiben die landesgesetzlichen Vorschriften, nach welchen, wenn die Auseinandersetzung in Ansehung eines Nachlasses nicht binnen einer bestimmten Frist bewirkt ist, das Nachlaßgericht die Auseinandersetzung von Amts wegen zu vermitteln hat; auf die Auseinandersetzung finden die Vorschriften der § 88 bis 98 Anwendung.	§ 487 Nachlassauseinandersetzung; Auseinandersetzung einer Gütergemeinschaft (1) Unberührt bleiben die landesrechtlichen Vorschriften, nach denen 1. das Nachlassgericht die Auseinandersetzung eines Nachlasses von Amts wegen zu vermitteln hat, wenn diese nicht binnen einer bestimmten Frist erfolgt ist; (…) (2) Auf die Auseinandersetzung nach Absatz 1 Nr. 1 sind die §§ 364 bis 372 anzuwenden.
§ 193 Unberührt bleiben die landesgesetzlichen Vorschriften, nach welchen für die gemäß § 99 den Amtsgerichten obliegenden Verrichtungen andere als gerichtliche Behörden zuständig sind, sowie die landesgesetzlichen Vorschriften, nach welchen in den Fällen der §§ 86, 99 an Stelle der Gerichte oder neben diesen die Notare die Auseinandersetzung zu vermitteln haben.	§ 487 Nachlassauseinandersetzung, Auseinandersetzung einer Gütergemeinschaft (1) Unberührt bleiben die landesrechtlichen Vorschriften, nach denen (…) 2. für die den Amtsgerichten nach § 373 obliegenden Aufgaben andere als gerichtliche Behörden zuständig sind; 3. In den Fällen der §§ 363 und 373 anstelle der Gerichte oder neben diesen Notare die Auseinandersetzung zu vermitteln haben.
§ 194 (1) Sind für die im § 1 bezeichneten Angelegenheiten nach Landesgesetz andere als gerichtliche Behörden zuständig, so gelten die in dem ersten Abschnitt für die Gerichte gegebenen Vorschriften auch für die anderen Behörden. (2) Als gemeinschaftliches oberes Gericht im Sinne der §§ 5, 46 gilt dasjenige Gericht, welches das gemeinschaftliche obere Gericht für die Amtsgerichte ist, in deren Bezirk die Behörden ihren Sitz haben. Durch Landesgesetz kann jedoch bestimmt werden, daß, wenn die Behörden in dem Bezirk desselben Amtsgerichts ihren Sitz haben, dieses als gemeinschaftliches oberes Gericht zuständig ist. (3) Die Vorschriften des § 8 über die Sitzungspolizei und über die Beratung und Abstimmung sowie die Vorschriften der §§ 6, 11, des § 16 Abs. 2 und des § 31 finden keine Anwendung. (4) Durch die Vorschrift des Absatzes 1 wird die Verpflichtung der gerichtlichen Behörden, gemäß § 2 Rechtshilfe zu leisten, nicht berührt.	§ 488 Verfahren vor landesgesetzlich zugelassenen Behörden (1) Sind für die in § 1 genannten Angelegenheiten nach Landesgesetz andere als gerichtliche Behörden zuständig, gelten die Vorschriften des Buches 1 mit Ausnahme der §§ 6, 15 Abs. 2, der §§ 25, 41 Abs. 1 und des § 46 auch für diese Behörden. (2) Als nächsthöheres gemeinsames Gericht nach § 5 gilt das Gericht, welches das nächsthöhere gemeinsame Gericht für die Amtsgerichte ist, in deren Bezirk die Behörden ihren Sitz haben. Durch Landesgesetz kann bestimmt werden, dass, wenn die Behörden in dem Bezirk desselben Amtsgerichts ihren Sitz haben, dieses als nächsthöheres gemeinsames Gericht zuständig ist. (…) § 488 Verfahren vor landesgesetzlich zugelassenen Behörden (1) Sind für die in § 1 genannten Angelegenheiten nach Landesgesetz andere als gerichtliche Behörden zuständig, gelten die Vorschriften des Buches 1 mit Ausnahme der §§ 6, 15 Abs. 2 und 25, des § 41 Abs. 1 und des § 46 auch für diese Behörden. (…) (3) Die Vorschriften des Gerichtsverfassungsgesetzes über die Gerichtssprache, die Verständigung mit dem Gericht sowie zur Rechtshilfe sind entsprechend anzuwenden. Die Verpflichtung der Gerichte, Rechtshilfe zu leisten, bleibt unberührt.

Gegenüberstellung geltendes und künftiges Recht

Geltendes Recht	Künftiges Recht gemäß FGG-RG
§ 195 (1) Durch die Gesetzgebung eines Bundesstaats, in dem für die dem Vormundschaftsgericht oder dem Nachlaßgericht obliegenden Verrichtungen andere Behörden als die Amtsgerichte zuständig sind, kann bestimmt werden, daß die Abänderung einer Entscheidung einer solchen Behörde bei dem Amtsgericht nachzusuchen ist, in dessen Bezirk die Behörde ihren Sitz hat. In diesem Fall finden auf das Verfahren die Vorschriften der §§ 20 bis 25 entsprechende Anwendung. (2) Die Beschwerde findet gegen die Entscheidung des Amtsgerichts statt.	§ 489 Rechtsmittel (1) Sind für die in § 1 genannten Angelegenheiten nach Landesgesetz anstelle der Gerichte Behörden zuständig, kann durch Landesgesetz bestimmt werden, dass für die Abänderung einer Entscheidung dieser Behörde das Amtsgericht zuständig ist, in dessen Bezirk die Behörde ihren Sitz hat. Auf das Verfahren sind die §§ 59 bis 69 entsprechend anzuwenden. (2) Gegen die Entscheidung des Amtsgerichts findet die Beschwerde statt.
§§ 196 bis 198 (aufgehoben bzw. gegenstandslos)	
§ 199 (1) Durch die Gesetzgebung eines Bundesstaats, in dem mehrere Oberlandesgerichte errichtet sind, kann die Entscheidung über das Rechtsmittel der weiteren Beschwerde einem der mehreren Oberlandesgerichte oder an Stelle eines solchen Oberlandesgerichts dem obersten Landesgericht zugewiesen werden. (2) Das Gericht, dem nach Absatz 1 die Entscheidung zugewiesen wird, tritt zugleich für die Beschwerde gegen eine Verfügung des Landgerichts an die Stelle des nach § 143 Abs. 2 zuständigen Oberlandesgerichts. Auch gilt es im Sinne der §§ 5, 46 als gemeinschaftliches oberes Gericht für alle Gerichte des Landes; es tritt ferner in diesen Fällen an die Stelle des Oberlandesgerichts, das die Zuständigkeit zu bestimmen oder über die Übernahme zu entscheiden hat, ohne gemeinschaftliches oberes Gericht zu sein.	(weggefallen)
§ 200 Durch Landesgesetz können Vorschriften zur Ergänzung und Ausführung dieses Gesetzes, mit Einschluß der erforderlichen Übergangsvorschriften, auch insoweit erlassen werden, als dieses Gesetz Vorbehalte für die Landesgesetzgebung nicht enthält.	§ 486 Landesrechtliche Vorbehalte, Ergänzungs- und Ausführungsbestimmungen (...) (2) Durch Landesgesetz können Vorschriften zur Ergänzung und Ausführung dieses Gesetzes, einschließlich der erforderlichen Übergangsvorschriften erlassen werden. Dies gilt auch, soweit keine Vorbehalte für die Landesgesetzgebung bestehen.
Buch 6 der Zivilprozessordnung	Artikel 1 Gesetz über das Verfahren in Familiensachen und in den Angelegenheiten der freiwilligen Gerichtsbarkeit
Abschnitt 1 Allgemeine Vorschriften für Verfahren in Ehesachen	Buch 2 Verfahren in Familiensachen
§ 606 Zuständigkeit (1) Für Verfahren auf Scheidung oder Aufhebung einer Ehe, auf Feststellung des Bestehens oder Nichtbestehens einer Ehe zwischen den Parteien oder auf Herstellung des ehelichen Lebens (Ehesachen) ist das Familiengericht ausschließlich zuständig, in dessen Bezirk die Ehegatten ihren gemeinsamen gewöhnlichen Aufenthalt haben. Fehlt es bei Eintritt der Rechtshängigkeit an einem solchen Aufenthalt im Inland, so ist das Familiengericht ausschließlich zuständig, in dessen Bezirk einer der Ehegatten mit den gemeinsamen minderjährigen Kindern den gewöhnlichen Aufenthalt hat.	§ 121 Ehesachen Ehesachen sind Verfahren 1. auf Scheidung der Ehe (Scheidungssachen), 2. auf Aufhebung der Ehe und 3. auf Feststellung des Bestehens oder Nichtbestehens einer Ehe zwischen den Beteiligten.

IV. – Konkordanzliste

Geltendes Recht	Künftiges Recht gemäß FGG-RG
(2) Ist eine Zuständigkeit nach Absatz 1 nicht gegeben, so ist das Familiengericht ausschließlich zuständig, in dessen Bezirk die Ehegatten ihren gemeinsamen gewöhnlichen Aufenthalt zuletzt gehabt haben, wenn einer der Ehegatten bei Eintritt der Rechtshängigkeit im Bezirk dieses Gerichts seinen gewöhnlichen Aufenthalt hat. Fehlt ein solcher Gerichtsstand, so ist das Familiengericht ausschließlich zuständig, in dessen Bezirk der gewöhnliche Aufenthaltsort des Beklagten oder, falls ein solcher im Inland fehlt, der gewöhnliche Aufenthaltsort des Klägers gelegen ist. Haben beide Ehegatten das Verfahren rechtshängig gemacht, so ist von den Gerichten, die nach Satz 2 zuständig wären, das Gericht ausschließlich zuständig, bei dem das Verfahren zuerst rechtshängig geworden ist; dies gilt auch, wenn die Verfahren nicht miteinander verbunden werden können. Sind die Verfahren am selben Tag rechtshängig geworden, so ist § 36 entsprechend anzuwenden. (3) Ist die Zuständigkeit eines Gerichts nach diesen Vorschriften nicht begründet, so ist das Familiengericht beim Amtsgericht Schöneberg in Berlin ausschließlich zuständig.	§ 122 Örtliche Zuständigkeit Ausschließlich zuständig ist in dieser Rangfolge: 1. das Gericht, in dessen Bezirk einer der Ehegatten mit allen gemeinschaftlichen minderjährigen Kindern seinen gewöhnlichen Aufenthalt hat; 2. das Gericht, in dessen Bezirk einer der Ehegatten mit einem Teil der gemeinschaftlichen minderjährigen Kinder seinen gewöhnlichen Aufenthalt hat, sofern bei dem anderen Ehegatten keine gemeinschaftlichen minderjährigen Kinder ihren gewöhnlichen Aufenthalt haben; 3. das Gericht, in dessen Bezirk die Ehegatten ihren gemeinsamen gewöhnlichen Aufenthalt zuletzt gehabt haben, wenn einer der Ehegatten bei Eintritt der Rechtshängigkeit im Bezirk dieses Gerichts seinen gewöhnlichen Aufenthalt hat; 4. das Gericht, in dessen Bezirk der Antragsgegner seinen gewöhnlichen Aufenthalt hat; 5. das Gericht, in dessen Bezirk der Antragsteller seinen gewöhnlichen Aufenthalt hat; 6. das Amtsgericht Schöneberg in Berlin. § 123 Abgabe bei Anhängigkeit mehrerer Ehesachen Sind Ehesachen, die dieselbe Ehe betreffen, bei verschiedenen Gerichten im ersten Rechtszug anhängig, sind, wenn nur eines der Verfahren eine Scheidungssache ist, die übrigen Ehesachen von Amts wegen an das Gericht der Scheidungssache abzugeben. Ansonsten erfolgt die Abgabe an das Gericht der Ehesache, die zuerst rechtshängig geworden ist. § 281 Abs. 2 und 3 Satz 1 der Zivilprozessordnung gilt entsprechend.
§ 606a Internationale Zuständigkeit (1) Für Ehesachen sind die deutschen Gerichte zuständig, 1. wenn ein Ehegatte Deutscher ist oder bei der Eheschließung war, 2. wenn beide Ehegatten ihren gewöhnlichen Aufenthalt im Inland haben, 3. wenn ein Ehegatte Staatenloser mit gewöhnlichem Aufenthalt im Inland ist oder 4. wenn ein Ehegatte seinen gewöhnlichen Aufenthalt im Inland hat, es sei denn, dass die zu fällende Entscheidung offensichtlich nach dem Recht keines der Staaten anerkannt würde, denen einer der Ehegatten angehört. Diese Zuständigkeit ist nicht ausschließlich. (2) Der Anerkennung einer ausländischen Entscheidung steht Absatz 1 Satz 1 Nr. 4 nicht entgegen, wenn ein Ehegatte seinen gewöhnlichen Aufenthalt in dem Staat hatte, dessen Gerichte entschieden haben. Wird eine ausländische Entscheidung von den Staaten anerkannt, denen die Ehegatten angehören, so steht Absatz 1 der Anerkennung der Entscheidung nicht entgegen.	§ 98 Ehesachen; Verbund von Scheidungs- und Folgesachen (1) Die deutschen Gerichte sind für Ehesachen zuständig, wenn 1. ein Ehegatte Deutscher ist oder bei der Eheschließung war; 2. beide Ehegatten ihren gewöhnlichen Aufenthalt im Inland haben; 3. ein Ehegatte Staatenloser mit gewöhnlichem Aufenthalt im Inland ist; 4. ein Ehegatte seinen gewöhnlichen Aufenthalt im Inland hat, es sei denn, dass die zu fällende Entscheidung offensichtlich nach dem Recht keines der Staaten anerkannt würde, denen einer der Ehegatten angehört. (…) § 106 Keine ausschließliche Zuständigkeit Die Zuständigkeiten in diesem Unterabschnitt sind nicht ausschließlich. § 109 Anerkennungshindernisse (…) (2) Der Anerkennung einer ausländischen Entscheidung in einer Ehesache steht § 98 Abs. 1 Nr. 4 nicht entgegen, wenn ein Ehegatte seinen gewöhnlichen Aufenthalt in dem Staat hatte, dessen Gerichte entschieden haben. Wird eine ausländische Entscheidung in einer Ehesache von den Staaten anerkannt, denen die Ehegatten angehören, steht § 98 der Anerkennung der Entscheidung nicht entgegen. (…)

Gegenüberstellung geltendes und künftiges Recht

Geltendes Recht	Künftiges Recht gemäß FGG-RG
§ 606b (weggefallen)	
§ 607 Prozessfähigkeit; gesetzliche Vertretung (1) In Ehesachen ist ein in der Geschäftsfähigkeit beschränkter Ehegatte prozessfähig. (2) Für einen geschäftsunfähigen Ehegatten wird das Verfahren durch den gesetzlichen Vertreter geführt. Der gesetzliche Vertreter ist jedoch zur Erhebung der Klage auf Herstellung des ehelichen Lebens nicht befugt; für den Antrag auf Scheidung oder Aufhebung der Ehe bedarf er der Genehmigung des Vormundschaftsgerichts.	§ 125 Verfahrensfähigkeit (1) In Ehesachen ist ein in der Geschäftsfähigkeit beschränkter Ehegatte verfahrensfähig. (2) Für einen geschäftsunfähigen Ehegatten wird das Verfahren durch den gesetzlichen Vertreter geführt. Der gesetzliche Vertreter bedarf für den Antrag auf Scheidung oder Aufhebung der Ehe der Genehmigung des Familiengerichts.
§ 608 Anzuwendende Vorschriften Für Ehesachen gelten im ersten Rechtszug die Vorschriften über das Verfahren vor den Landgerichten entsprechend.	§ 113 Anwendung von Vorschriften der Zivilprozessordnung (1) In Ehesachen und Familienstreitsachen sind die §§ 2 bis 37, 40 bis 48 sowie 76 bis 96 nicht anzuwenden. Es gelten die Allgemeinen Vorschriften der Zivilprozessordnung und die Vorschriften der Zivilprozessordnung über das Verfahren vor den Landgerichten entsprechend. (…) (…) (4) In Ehesachen sind die Vorschriften der Zivilprozessordnung über 1. die Folgen der unterbliebenen oder verweigerten Erklärung über Tatsachen, 2. die Voraussetzungen einer Klageänderung, 3. die Bestimmung der Verfahrensweise, den frühen ersten Termin, das schriftliche Vorverfahren und die Klageerwiderung, 4. die Güteverhandlung, 5. die Wirkung des gerichtlichen Geständnisses, 6. das Anerkenntnis, 7. die Folgen der unterbliebenen oder verweigerten Erklärung über die Echtheit von Urkunden, 8. den Verzicht auf die Beeidigung des Gegners sowie von Zeugen oder Sachverständigen nicht anzuwenden. (5) Bei der Anwendung der Zivilprozessordnung tritt an die Stelle der Bezeichnung 1. Prozess oder Rechtsstreit die Bezeichnung Verfahren, 2. Klage die Bezeichnung Antrag, 3. Kläger die Bezeichnung Antragsteller, 4. Beklagter die Bezeichnung Antragsgegner, 5. Partei die Bezeichnung Beteiligter.
§ 609 Besondere Prozessvollmacht Der Bevollmächtigte bedarf einer besonderen, auf das Verfahren gerichteten Vollmacht.	§ 114 Vertretung durch einen Rechtsanwalt; Vollmacht (…) (5) Der Bevollmächtigte in Ehesachen bedarf einer besonderen auf das Verfahren gerichteten Vollmacht. (…)
§ 610 Verbindung von Verfahren; Widerklage (1) Die Verfahren auf Herstellung des ehelichen Lebens, auf Scheidung und auf Aufhebung können miteinander verbunden werden. (2) Die Verbindung eines anderen Verfahrens mit den erwähnten Verfahren, insbesondere durch die Erhebung einer Widerklage anderer Art, ist unstatthaft. § 623 bleibt unberührt.	§ 126 Mehrere Ehesachen; Ehesachen und andere Verfahren (1) Ehesachen, die dieselbe Ehe betreffen, können miteinander verbunden werden. (2) Eine Verbindung von Ehesachen mit anderen Verfahren ist unzulässig. § 137 bleibt unberührt. (3) Wird in demselben Verfahren Aufhebung und Scheidung beantragt und sind beide Anträge begründet, so ist nur die Aufhebung der Ehe auszusprechen.

IV. – Konkordanzliste

Geltendes Recht	Künftiges Recht gemäß FGG-RG
§ 611 Neues Vorbringen; Ausschluss des schriftlichen Vorverfahrens (1) Bis zum Schluss der mündlichen Verhandlung, auf die das Urteil ergeht, können andere Gründe, als in dem das Verfahren einleitenden Schriftsatz vorgebracht worden sind, geltend gemacht werden. (2) Die Vorschriften des § 275 Abs. 1 Satz 1, Abs. 3, 4 und des § 276 sind nicht anzuwenden.	§ 113 Anwendung von Vorschriften der Zivilprozessordnung (…) (4) In Ehesachen sind die Vorschriften der Zivilprozessordnung über (…) 3. die Bestimmung der Verfahrensweise, den frühen ersten Termin, das schriftliche Vorverfahren und die Klageerwiderung, (…) nicht anzuwenden. (…)
§ 612 Termine; Ladungen; Versäumnisurteil (1) Die Vorschrift des § 272 Abs. 3 ist nicht anzuwenden. (2) Der Beklagte ist zu jedem Termin, der nicht in seiner Gegenwart anberaumt wurde, zu laden. (3) Die Vorschrift des Absatzes 2 ist nicht anzuwenden, wenn der Beklagte durch öffentliche Zustellung geladen, aber nicht erschienen ist. (4) Ein Versäumnisurteil gegen den Beklagten ist unzulässig. (5) Die Vorschriften der Absätze 2 bis 4 sind auf den Widerbeklagten entsprechend anzuwenden.	§ 130 Säumnis der Beteiligten (1) Die Versäumnisentscheidung gegen den Antragsteller ist dahin zu erlassen, dass der Antrag als zurückgenommen gilt. (2) Eine Versäumnisentscheidung gegen den Antragsgegner sowie eine Entscheidung nach Aktenlage ist unzulässig.
§ 613 Persönliches Erscheinen der Ehegatten; Parteivernehmung (1) Das Gericht soll das persönliche Erscheinen der Ehegatten anordnen und sie anhören; es kann sie als Parteien vernehmen. Sind gemeinschaftliche minderjährige Kinder vorhanden, hört das Gericht die Ehegatten auch zur elterlichen Sorge an und weist auf bestehende Möglichkeiten der Beratung durch die Beratungsstellen und Dienste der Träger der Jugendhilfe hin. Ist ein Ehegatte am Erscheinen vor dem Prozessgericht verhindert oder hält er sich in so großer Entfernung von dessen Sitz auf, dass ihm das Erscheinen nicht zugemutet werden kann, so kann er durch einen ersuchten Richter angehört oder vernommen werden. (2) Gegen einen zur Anhörung oder zur Vernehmung nicht erschienenen Ehegatten ist wie gegen einen im Vernehmungstermin nicht erschienenen Zeugen zu verfahren; auf Ordnungshaft darf nicht erkannt werden.	§ 128 Persönliches Erscheinen der Ehegatten (1) Das Gericht soll das persönliche Erscheinen der Ehegatten anordnen und sie anhören. Die Anhörung eines Ehegatten hat in Abwesenheit des anderen Ehegatten stattzufinden, falls dies zum Schutz des anzuhörenden Ehegatten oder aus anderen Gründen erforderlich ist. Das Gericht kann von Amts wegen einen oder beide Ehegatten als Beteiligte vernehmen, auch wenn die Voraussetzungen des § 448 der Zivilprozessordnung nicht gegeben sind. (2) Sind gemeinschaftliche minderjährige Kinder vorhanden, hat das Gericht die Ehegatten auch zur elterlichen Sorge und zum Umgangsrecht anzuhören und auf bestehende Möglichkeiten der Beratung hinzuweisen. (3) Ist ein Ehegatte am Erscheinen verhindert oder hält er sich in so großer Entfernung vom Sitz des Gerichts auf, dass ihm das Erscheinen nicht zugemutet werden kann, kann die Anhörung oder Vernehmung durch einen ersuchten Richter erfolgen. (4) Gegen einen nicht erschienenen Ehegatten ist wie gegen einen im Vernehmungstermin nicht erschienenen Zeugen zu verfahren; die Ordnungshaft ist ausgeschlossen.

Gegenüberstellung geltendes und künftiges Recht

Geltendes Recht	Künftiges Recht gemäß FGG-RG
§ 614 Aussetzung des Verfahrens (1) Das Gericht soll das Verfahren auf Herstellung des ehelichen Lebens von Amts wegen aussetzen, wenn es zur gütlichen Beilegung des Verfahrens zweckmäßig ist. (2) Das Verfahren auf Scheidung soll das Gericht von Amts wegen aussetzen, wenn nach seiner freien Überzeugung Aussicht auf Fortsetzung der Ehe besteht. Leben die Ehegatten länger als ein Jahr getrennt, so darf das Verfahren nicht gegen den Widerspruch beider Ehegatten ausgesetzt werden. (3) Hat der Kläger die Aussetzung des Verfahrens beantragt, so darf das Gericht über die Herstellungsklage nicht entscheiden oder auf Scheidung nicht erkennen, bevor das Verfahren ausgesetzt war. (4) Die Aussetzung darf nur einmal wiederholt werden. Sie darf insgesamt die Dauer von einem Jahr, bei einer mehr als dreijährigen Trennung die Dauer von sechs Monaten nicht überschreiten. (5) Mit der Aussetzung soll das Gericht in der Regel den Ehegatten nahelegen, eine Eheberatungsstelle in Anspruch zu nehmen.	§ 136 Aussetzung des Verfahrens (1) Das Gericht soll das Verfahren von Amts wegen aussetzen, wenn nach seiner freien Überzeugung Aussicht auf Fortsetzung der Ehe besteht. Leben die Ehegatten länger als ein Jahr getrennt, darf das Verfahren nicht gegen den Widerspruch beider Ehegatten ausgesetzt werden. (2) Hat der Antragsteller die Aussetzung des Verfahrens beantragt, darf das Gericht die Scheidung der Ehe nicht aussprechen, bevor das Verfahren ausgesetzt war. (3) Die Aussetzung darf nur einmal wiederholt werden. Sie darf insgesamt die Dauer von einem Jahr, bei einer mehr als dreijährigen Trennung die Dauer von sechs Monaten nicht überschreiten. (4) Mit der Aussetzung soll das Gericht in der Regel den Ehegatten nahe legen, eine Eheberatung in Anspruch zu nehmen.
§ 615 Zurückweisung von Angriffs- und Verteidigungsmitteln (1) Angriffs- und Verteidigungsmittel, die nicht rechtzeitig vorgebracht werden, können zurückgewiesen werden, wenn ihre Zulassung nach der freien Überzeugung des Gerichts die Erledigung des Rechtsstreits verzögern würde und die Verspätung auf grober Nachlässigkeit beruht. (2) Im Übrigen sind die Angriffs- und Verteidigungsmittel abweichend von den allgemeinen Vorschriften zuzulassen.	§ 115 Zurückweisung von Angriffs- und Verteidigungsmittel In Ehesachen und Familienstreitsachen können Angriffs- und Verteidigungsmittel, die nicht rechtzeitig vorgebracht werden, zurückgewiesen werden, wenn ihre Zulassung nach der freien Überzeugung des Gerichts die Erledigung des Verfahrens verzögern würde und die Verspätung auf grober Nachlässigkeit beruht. Im Übrigen sind die Angriffs- und Verteidigungsmittel abweichend von den allgemeinen Vorschriften zuzulassen.
§ 616 Untersuchungsgrundsatz (1) Das Gericht kann auch von Amts wegen die Aufnahme von Beweisen anordnen und nach Anhörung der Ehegatten auch solche Tatsachen berücksichtigen, die von ihnen nicht vorgebracht sind. (2) Im Verfahren auf Scheidung oder Aufhebung der Ehe oder auf Herstellung des ehelichen Lebens kann das Gericht gegen den Widerspruch des die Auflösung der Ehe begehrenden oder ihre Herstellung verweigernden Ehegatten Tatsachen, die nicht vorgebracht sind, nur insoweit berücksichtigen, als sie geeignet sind, der Aufrechterhaltung der Ehe zu dienen. (3) Im Verfahren auf Scheidung kann das Gericht außergewöhnliche Umstände nach § 1568 des Bürgerlichen Gesetzbuchs nur berücksichtigen, wenn sie von dem Ehegatten, der die Scheidung ablehnt, vorgebracht sind.	§ 127 Eingeschränkte Amtsermittlung (1) Das Gericht hat von Amts wegen die zur Feststellung der entscheidungserheblichen Tatsachen erforderlichen Ermittlungen durchzuführen. (2) In Verfahren auf Scheidung oder Aufhebung der Ehe dürfen von den Beteiligten nicht vorgebrachte Tatsachen nur berücksichtigt werden, wenn sie geeignet sind, der Aufrechterhaltung der Ehe zu dienen oder wenn der Antragsteller einer Berücksichtigung nicht widerspricht. (3) In Verfahren auf Scheidung kann das Gericht außergewöhnliche Umstände nach § 1568 des Bürgerlichen Gesetzbuchs nur berücksichtigen, wenn sie von dem Ehegatten, der die Scheidung ablehnt, vorgebracht worden sind.
§ 617 Einschränkung der Parteiherrschaft Die Vorschriften über die Wirkung eines Anerkenntnisses, über die Folgen der unterbliebenen oder verweigerten Erklärung über Tatsachen oder über die Echtheit von Urkunden, die Vorschriften über den Verzicht der Partei auf die Beeidigung der Gegenpartei oder von Zeugen und Sachverständigen und die Vorschriften über die Wirkung eines gerichtlichen Geständnisses sind nicht anzuwenden.	§ 113 Anwendung von Vorschriften der Zivilprozessordnung (…) (4) In Ehesachen sind die Vorschriften der Zivilprozessordnung über 1. die Folgen der unterbliebenen oder verweigerten Erklärung über Tatsachen, (…) 5. die Wirkung des gerichtlichen Geständnisses, 6. das Anerkenntnis, 7. die Folgen der unterbliebenen oder verweigerten Erklärung über die Echtheit von Urkunden, 8. den Verzicht auf die Beeidigung des Gegners sowie von Zeugen oder Sachverständigen nicht anzuwenden.

IV. – Konkordanzliste

Geltendes Recht	Künftiges Recht gemäß FGG-RG
§ 618 Zustellung von Urteilen § 317 Abs. 1 Satz 3 gilt nicht für Urteile in Ehesachen.	
§ 619 Tod eines Ehegatten Stirbt einer der Ehegatten, bevor das Urteil rechtskräftig ist, so ist das Verfahren in der Hauptsache als erledigt anzusehen.	§ 131 Tod eines Ehegatten Stirbt ein Ehegatte, bevor die Endentscheidung in der Ehesache rechtskräftig ist, gilt das Verfahren als in der Hauptsache erledigt.
§ 620 Einstweilige Anordnungen Das Gericht kann im Wege der einstweiligen Anordnung auf Antrag regeln: 1. die elterliche Sorge für ein gemeinschaftliches Kind; 2. den Umgang eines Elternteils mit dem Kind; 3. die Herausgabe des Kindes an den anderen Elternteil; 4. die Unterhaltspflicht gegenüber einem minderjährigen Kind; 5. das Getrenntleben der Ehegatten; 6. den Unterhalt eines Ehegatten; 7. die Benutzung der Ehewohnung und des Hausrats; 8. die Herausgabe oder Benutzung der zum persönlichen Gebrauch eines Ehegatten oder eines Kindes bestimmten Sachen; 9. die Maßnahmen nach den §§ 1 und 2 des Gewaltschutzgesetzes, wenn die Beteiligten einen auf Dauer angelegten gemeinsamen Haushalt führen oder innerhalb von sechs Monaten vor Antragstellung geführt haben; 10. die Verpflichtung zur Leistung eines Kostenvorschusses für die Ehesache und Folgesachen.	§ 49 Einstweilige Anordnung (1) Das Gericht kann durch einstweilige Anordnung eine vorläufige Maßnahme treffen, soweit dies nach den für das Rechtsverhältnis maßgebenden Vorschriften gerechtfertigt ist und ein dringendes Bedürfnis für ein sofortiges Tätigwerden besteht. (2) Die Maßnahme kann einen bestehenden Zustand sichern oder vorläufig regeln. Einem Beteiligten kann eine Handlung geboten oder verboten, insbesondere die Verfügung über einen Gegenstand untersagt werden. Das Gericht kann mit der einstweiligen Anordnung auch die zu ihrer Durchführung erforderlichen Anordnungen treffen.
§ 620a Verfahren bei einstweiliger Anordnung (1) Das Gericht entscheidet durch Beschluss. (2) Der Antrag ist zulässig, sobald die Ehesache anhängig oder ein Antrag auf Bewilligung der Prozesskostenhilfe eingereicht ist. Der Antrag kann zu Protokoll der Geschäftsstelle erklärt werden. Der Antragsteller soll die Voraussetzungen für die Anordnung glaubhaft machen. (3) Vor einer Anordnung nach § 620 Satz 1 Nr. 1, 2 oder 3 sollen das Kind und das Jugendamt angehört werden. Ist dies wegen der besonderen Eilbedürftigkeit nicht möglich, so soll die Anhörung unverzüglich nachgeholt werden.	§ 51 Verfahren (1) Die einstweilige Anordnung wird nur auf Antrag erlassen, wenn ein entsprechendes Hauptsacheverfahren nur auf Antrag eingeleitet werden kann. Der Antragsteller hat den Antrag zu begründen und die Voraussetzungen für die Anordnung glaubhaft zu machen. (2) Das Verfahren richtet sich nach den Vorschriften, die für eine entsprechende Hauptsache gelten, soweit sich nicht aus den Besonderheiten des einstweiligen Rechtsschutzes etwas anderes ergibt. Das Gericht kann ohne mündliche Verhandlung entscheiden. Eine Versäumnisentscheidung ist ausgeschlossen. (3) Das Verfahren der einstweiligen Anordnung ist ein selbständiges Verfahren, auch wenn eine Hauptsache anhängig ist. Das Gericht kann von einzelnen Verfahrenshandlungen im Hauptsacheverfahren absehen, wenn diese bereits im Verfahren der einstweiligen Anordnung vorgenommen wurden und von einer erneuten Vornahme keine zusätzlichen Erkenntnisse zu erwarten sind. (…) § 156 Hinwirken auf Einvernehmen (…) (3) Kann in Kindschaftssachen, die den Aufenthalt des Kindes, das Umgangsrecht oder die Herausgabe des Kindes betreffen, eine einvernehmliche Regelung im Termin nach § 155 Abs. 2 nicht erreicht werden, hat das Gericht mit den Beteiligten und dem Jugendamt den Erlass einer einstweiligen Anordnung zu erörtern. Wird die Teilnahme an einer Beratung oder eine schriftliche Begutachtung angeordnet, soll das Gericht

Gegenüberstellung geltendes und künftiges Recht

Geltendes Recht	Künftiges Recht gemäß FGG-RG
	in Kindschaftssachen, die das Umgangsrecht betreffen, den Umgang durch einstweilige Anordnung regeln oder ausschließen. Das Gericht soll das Kind vor dem Erlass einer einstweiligen Anordnung persönlich anhören.
(4) Zuständig ist das Gericht des ersten Rechtszuges, wenn die Ehesache in der Berufungsinstanz anhängig ist, das Berufungsgericht. Ist eine Folgesache im zweiten oder dritten Rechtszug anhängig, deren Gegenstand dem des Anordnungsverfahrens entspricht, so ist das Berufungs- oder Beschwerdegericht der Folgesache zuständig. Satz 2 gilt entsprechend, wenn ein Kostenvorschuss für eine Ehesache oder Folgesache begehrt wird, die im zweiten oder dritten Rechtszug anhängig ist oder dort anhängig gemacht werden soll.	§ 50 Zuständigkeit (1) Zuständig ist das Gericht, das für die Hauptsache im ersten Rechtszug zuständig wäre. Ist eine Hauptsache anhängig, ist das Gericht des ersten Rechtszugs, während der Anhängigkeit beim Beschwerdegericht das Beschwerdegericht zuständig. (2) In besonders dringenden Fällen kann auch das Amtsgericht entscheiden, in dessen Bezirk das Bedürfnis für ein gerichtliches Tätigwerden bekannt wird oder sich die Person oder die Sache befindet, auf die sich die einstweilige Anordnung bezieht. Es hat das Verfahren unverzüglich von Amts wegen an das nach Absatz 1 zuständige Gericht abzugeben.
§ 620b Aufhebung und Änderung des Beschlusses (1) Das Gericht kann auf Antrag den Beschluss aufheben oder ändern. Das Gericht kann von Amts wegen entscheiden, wenn die Anordnung die elterliche Sorge für ein gemeinschaftliches Kind betrifft oder wenn eine Anordnung nach § 620 Nr. 2 oder 3 ohne vorherige Anhörung des Jugendamts erlassen worden ist. (2) Ist der Beschluss oder die Entscheidung nach Absatz 1 ohne mündliche Verhandlung ergangen, so ist auf Antrag auf Grund mündlicher Verhandlung erneut zu beschließen. (3) Für die Zuständigkeit gilt § 620a Abs. 4 entsprechend. Das Rechtsmittelgericht ist auch zuständig, wenn das Gericht des ersten Rechtszuges die Anordnung oder die Entscheidung nach Absatz 1 erlassen hat.	§ 54 Aufhebung oder Änderung der Entscheidung (1) Das Gericht kann die Entscheidung in der einstweiligen Anordnungssache aufheben oder ändern. Die Aufhebung oder Änderung erfolgt nur auf Antrag, wenn ein entsprechendes Hauptsacheverfahren nur auf Antrag eingeleitet werden kann. Dies gilt nicht, wenn die Entscheidung ohne vorherige Durchführung einer nach dem Gesetz notwendigen Anhörung erlassen wurde. (2) Ist die Entscheidung in einer Familiensache ohne mündliche Verhandlung ergangen, ist auf Antrag aufgrund mündlicher Verhandlung erneut zu entscheiden. (3) Zuständig ist das Gericht, das die einstweilige Anordnung erlassen hat. Hat es die Sache an ein anderes Gericht abgegeben oder verwiesen, ist dieses zuständig. (4) Während eine einstweilige Anordnungssache beim Beschwerdegericht anhängig ist, ist die Aufhebung oder Änderung der angefochtenen Entscheidung durch das erstinstanzliche Gericht unzulässig.
§ 620c Sofortige Beschwerde; Unanfechtbarkeit Hat das Gericht des ersten Rechtszuges auf Grund mündlicher Verhandlung die elterliche Sorge für ein gemeinschaftliches Kind geregelt, die Herausgabe des Kindes an den anderen Elternteil angeordnet, über einen Antrag nach den §§ 1 und 2 des Gewaltschutzgesetzes oder über einen Antrag auf Zuweisung der Ehewohnung entschieden, so findet die sofortige Beschwerde statt. Im Übrigen sind die Entscheidungen nach den §§ 620, 620b unanfechtbar.	§ 57 Rechtsmittel Entscheidungen in Verfahren der einstweiligen Anordnung in Familiensachen sind nicht anfechtbar. Dies gilt nicht, wenn das Gericht des ersten Rechtszugs aufgrund mündlicher Erörterung 1. über die elterliche Sorge für ein Kind, 2. über die Herausgabe des Kindes an den anderen Elternteil, 3. über einen Antrag auf Verbleiben eines Kindes bei einer Pflege- oder Bezugsperson, 4. über einen Antrag nach den §§ 1 und 2 des Gewaltschutzgesetzes oder 5. in einer Wohnungszuweisungssache über einen Antrag auf Zuweisung der Wohnung entschieden hat.
§ 620d Begründung der Anträge und Entscheidungen In den Fällen der §§ 620b, 620c sind die Anträge und die Beschwerde zu begründen; die Beschwerde muss innerhalb der Beschwerdefrist begründet werden. Das Gericht entscheidet durch begründeten Beschluss.	§ 65 Beschwerdebegründung (1) Die Beschwerde soll begründet werden. (2) Das Gericht kann dem Beschwerdeführer eine Frist zur Begründung der Beschwerde einräumen. (...) § 69 Beschwerdeentscheidung (...) (2) Der Beschluss des Beschwerdegerichts ist zu begründen. (...)

IV. – Konkordanzliste

Geltendes Recht	Künftiges Recht gemäß FGG-RG
§ 620e Aussetzung der Vollziehung Das Gericht kann in den Fällen der §§ 620b, 620c vor seiner Entscheidung die Vollziehung einer einstweiligen Anordnung aussetzen.	§ 55 Aussetzung der Vollstreckung (1) In den Fällen des § 53 kann das Gericht, im Fall des § 57 das Rechtsmittelgericht, die Vollstreckung einer einstweiligen Anordnung aussetzen oder beschränken. Der Beschluss ist nicht anfechtbar. (2) Wenn ein hierauf gerichteter Antrag gestellt wird, ist über diesen vorab zu entscheiden.
§ 620f Außerkrafttreten der einstweiligen Anordnung (1) Die einstweilige Anordnung tritt beim Wirksamwerden einer anderweitigen Regelung sowie dann außer Kraft, wenn der Antrag auf Scheidung oder Aufhebung der Ehe oder die Klage zurückgenommen wird oder rechtskräftig abgewiesen ist oder wenn das Eheverfahren nach § 619 in der Hauptsache als erledigt anzusehen ist. Auf Antrag ist dies durch Beschluss auszusprechen. Gegen die Entscheidung findet die sofortige Beschwerde statt. (2) Zuständig für die Entscheidung nach Absatz 1 Satz 2 ist das Gericht, das die einstweilige Anordnung erlassen hat.	§ 56 Außerkrafttreten (1) Die einstweilige Anordnung tritt, sofern nicht das Gericht einen früheren Zeitpunkt bestimmt hat, bei Wirksamwerden einer anderweitigen Regelung außer Kraft. Ist dies eine Endentscheidung in einer Familienstreitsache, ist deren Rechtskraft maßgebend, soweit nicht die Wirksamkeit zu einem späteren Zeitpunkt eintritt. (2) Die einstweilige Anordnung tritt in Verfahren, die nur auf Antrag eingeleitet werden, auch dann außer Kraft, wenn 1. der Antrag in der Hauptsache zurückgenommen wird, 2. der Antrag in der Hauptsache rechtskräftig abgewiesen ist, 3. die Hauptsache übereinstimmend für erledigt erklärt wird oder 4. die Erledigung der Hauptsache anderweitig eingetreten ist. (3) Auf Antrag hat das Gericht, das in der einstweiligen Anordnungssache im ersten Rechtszug zuletzt entschieden hat, die in den Absätzen 1 und 2 genannte Wirkung durch Beschluss auszusprechen. Gegen den Beschluss findet die Beschwerde statt.
§ 620g Kosten einstweiliger Anordnungen Die im Verfahren der einstweiligen Anordnung entstehenden Kosten gelten für die Kostenentscheidung als Teil der Kosten der Hauptsache; § 96 gilt entsprechend.	§ 51 Verfahren (…) (4) Für die Kosten des Verfahrens der einstweiligen Anordnung gelten die allgemeinen Vorschriften.
Abschnitt 2 **Allgemeine Vorschriften für Verfahren in anderen Familiensachen**	
§ 621 Zuständigkeit des Familiengerichts; Verweisung oder Abgabe an Gericht der Ehesache (1) Für Familiensachen, die 1. die elterliche Sorge für ein Kind, soweit nach den Vorschriften des Bürgerlichen Gesetzbuchs hierfür das Familiengericht zuständig ist, 2. die Regelung des Umgangs mit einem Kind, soweit nach den Vorschriften des Bürgerlichen Gesetzbuchs hierfür das Familiengericht zuständig ist, 3. die Herausgabe eines Kindes, für das die elterliche Sorge besteht, 4. die durch Verwandtschaft begründete gesetzliche Unterhaltspflicht, 5. die durch Ehe begründete gesetzliche Unterhaltpflicht, 6. den Versorgungsausgleich, 7. Regelungen nach der Verordnung über die Behandlung der Ehewohnung und des Hausrats, 8. Ansprüche aus dem ehelichen Güterrecht, auch wenn Dritte am Verfahren beteiligt sind, 9. Verfahren nach den §§ 1382 und 1383 des Bürgerlichen Gesetzbuchs,	§ 111 Familiensachen Familiensachen sind 1. Ehesachen, 2. Kindschaftssachen, 3. Abstammungssachen, 4. Adoptionssachen, 5. Wohnungszuweisungs- und Hausratssachen, 6. Gewaltschutzsachen, 7. Versorgungsausgleichssachen, 8. Unterhaltssachen, 9. Güterrechtssachen, 10. sonstige Familiensachen, 11. Lebenspartnerschaftssachen.

Gegenüberstellung geltendes und künftiges Recht

Geltendes Recht	Künftiges Recht gemäß FGG-RG
10. Kindschaftssachen, 11. Ansprüche nach den §§ 1615l, 1615m des Bürgerlichen Gesetzbuchs, 12. Verfahren nach § 1303 Abs. 2 bis 4, § 1308 Abs. 2 und § 1315 Abs. 1 Satz 1 Nr. 1, Satz 3 des Bürgerlichen Gesetzbuchs, 13. Maßnahmen nach den §§ 1 und 2 des Gewaltschutzgesetzes, wenn die Beteiligten einen auf Dauer angelegten gemeinsamen Haushalt führen oder innerhalb von sechs Monaten vor Antragstellung geführt haben, betreffen, ist das Familiengericht ausschließlich zuständig. (2) Während der Anhängigkeit einer Ehesache ist unter den deutschen Gerichten das Gericht, bei dem die Ehesache im ersten Rechtszug anhängig ist oder war, ausschließlich zuständig für Familiensachen nach Absatz 1 Nr. 5 bis 9; für Familiensachen nach Absatz 1 Nr. 1 bis 4 und 13 gilt dies nur, soweit sie betreffen 1. in den Fällen der Nummer 1 die elterliche Sorge für ein gemeinschaftliches Kind einschließlich der Übertragung der elterlichen Sorge oder eines Teils der elterlichen Sorge wegen Gefährdung des Kindeswohls auf einen Elternteil, Vormund oder Pfleger, 2. in den Fällen der Nummer 2 die Regelung des Umgangs mit einem gemeinschaftlichen Kind der Ehegatten nach den §§ 1684 und 1685 des Bürgerlichen Gesetzbuchs oder des Umgangs eines Ehegatten mit einem Kind des anderen Ehegatten nach § 1685 Abs. 2 des Bürgerlichen Gesetzbuchs, 3. in den Fällen der Nummer 3 die Herausgabe eines Kindes an den anderen Elternteil, 4. in den Fällen der Nummer 4 die Unterhaltspflicht gegenüber einem gemeinschaftlichen Kind mit Ausnahme von Vereinfachten Verfahren zur Abänderung von Unterhaltstiteln, 5. in den Fällen der Nummer 13 Anordnungen gegenüber dem anderen Ehegatten. Ist eine Ehesache nicht anhängig, so richtet sich die örtliche Zuständigkeit nach den allgemeinen Vorschriften. (3) Wird eine Ehesache rechtshängig, während eine Familiensache der in Absatz 2 Satz 1 genannten Art bei einem anderen Gericht im ersten Rechtszug anhängig ist, so ist diese von Amts wegen an das Gericht der Ehesache zu verweisen oder abzugeben. § 281 Abs. 2, 3 Satz 1 gilt entsprechend.	§ 152 Örtliche Zuständigkeit (1) Während der Anhängigkeit einer Ehesache ist unter den deutschen Gerichten das Gericht, bei dem die Ehesache im ersten Rechtszug anhängig ist oder war, ausschließlich zuständig für Kindschaftssachen, sofern sie gemeinschaftliche Kinder der Ehegatten betreffen. (2) Ansonsten ist das Gericht zuständig, in dessen Bezirk das Kind seinen gewöhnlichen Aufenthalt hat. (3) Ist die Zuständigkeit eines deutschen Gerichts nach den Absätzen 1 und 2 nicht gegeben, ist das Gericht zuständig, in dessen Bezirk das Bedürfnis der Fürsorge bekannt wird. (4) Für die in den §§ 1693 und 1846 des Bürgerlichen Gesetzbuchs und in Artikel 24 Abs. 3 des Einführungsgesetzes zum Bürgerlichen Gesetzbuche bezeichneten Maßnahmen ist auch das Gericht zuständig, in dessen Bezirk das Bedürfnis der Fürsorge bekannt wird. Es soll die angeordneten Maßnahmen dem Gericht mitteilen, bei dem eine Vormundschaft oder Pflegschaft anhängig ist. § 153 Abgabe an das Gericht der Ehesache Wird eine Ehesache rechtshängig, während eine Kindschaftssache, die ein gemeinschaftliches Kind der Ehegatten betrifft, bei einem anderen Gericht im ersten Rechtszug anhängig ist, ist diese von Amts wegen an das Gericht der Ehesache abzugeben. § 281 Abs. 2 und 3 Satz 1 der Zivilprozessordnung gilt entsprechend. § 201 Örtliche Zuständigkeit Ausschließlich zuständig ist in dieser Rangfolge: 1. während der Anhängigkeit einer Ehesache das Gericht, bei dem die Ehesache im ersten Rechtszug anhängig ist oder war; 2. das Gericht, in dessen Bezirk sich die gemeinsame Wohnung der Ehegatten befindet; 3. das Gericht, in dessen Bezirk der Antragsgegner seinen gewöhnlichen Aufenthalt hat; 4. das Gericht, in dessen Bezirk der Antragsteller seinen gewöhnlichen Aufenthalt hat.

IV. – Konkordanzliste

Geltendes Recht	Künftiges Recht gemäß FGG-RG
	§ 202 Abgabe an das Gericht der Ehesache Wird eine Ehesache rechtshängig, während eine Wohnungszuweisungssache oder Hausratssache bei einem anderen Gericht im ersten Rechtszug anhängig ist, ist diese von Amts wegen an das Gericht der Ehesache abzugeben. § 281 Abs. 2 und 3 Satz 1 der Zivilprozessordnung gilt entsprechend. § 211 Örtliche Zuständigkeit Ausschließlich zuständig ist nach Wahl des Antragstellers 1. das Gericht, in dessen Bezirk die Tat begangen wurde, 2. das Gericht, in dessen Bezirk sich die gemeinsame Wohnung des Antragstellers und des Antragsgegners befindet oder 3. das Gericht, in dessen Bezirk der Antragsgegner seinen gewöhnlichen Aufenthalt hat. § 218 Örtliche Zuständigkeit Ausschließlich zuständig ist in dieser Rangfolge: 1. während der Anhängigkeit einer Ehesache das Gericht, bei dem die Ehesache im ersten Rechtszug anhängig ist oder war; 2. das Gericht, in dessen Bezirk die Ehegatten ihren gemeinsamen gewöhnlichen Aufenthalt haben oder zuletzt gehabt haben, wenn ein Ehegatte dort weiterhin seinen gewöhnlichen Aufenthalt hat; 3. das Gericht, in dessen Bezirk ein Antragsgegner seinen gewöhnlichen Aufenthalt oder Sitz hat; 4. das Gericht, in dessen Bezirk ein Antragsteller seinen gewöhnlichen Aufenthalt oder Sitz hat, 5. das Amtsgericht Schöneberg in Berlin. § 232 Örtliche Zuständigkeit (1) Ausschließlich zuständig ist 1. für Unterhaltssachen, die die Unterhaltspflicht für ein gemeinschaftliches Kind der Ehegatten betreffen, mit Ausnahme des vereinfachten Verfahrens über den Unterhalt Minderjähriger, oder die die durch die Ehe begründete Unterhaltspflicht betreffen, während der Anhängigkeit einer Ehesache das Gericht, bei dem die Ehesache im ersten Rechtszug anhängig ist oder war; 2. für Unterhaltssachen, die die Unterhaltspflicht für ein minderjähriges Kind oder ein nach § 1603 Abs. 2 Satz 2 des Bürgerlichen Gesetzbuchs gleichgestelltes Kind betreffen, das Gericht, in dessen Bezirk das Kind oder der Elternteil, der auf Seiten des minderjährigen Kindes zu handeln befugt ist, seinen gewöhnlichen Aufenthalt hat; dies gilt nicht, wenn das Kind oder ein Elternteil seinen gewöhnlichen Aufenthalt im Ausland hat. (2) Eine Zuständigkeit nach Absatz 1 geht der ausschließlichen Zuständigkeit eines anderen Gerichts vor. (3) Sofern eine Zuständigkeit nach Absatz 1 nicht besteht, bestimmt sich die Zuständigkeit nach den Vorschriften der Zivilprozessordnung mit der Maßgabe, dass in den Vorschriften über den allgemeinen Gerichtsstand an die Stelle des Wohnsitzes der gewöhnliche Aufenthalt tritt. Nach Wahl des Antragstellers ist auch zuständig

Geltendes Recht	Künftiges Recht gemäß FGG-RG
	1. für den Antrag eines Elternteils gegen den anderen Elternteil wegen eines Anspruchs, der die durch Ehe begründete gesetzliche Unterhaltspflicht betrifft, oder wegen eines Anspruchs nach § 1615l des Bürgerlichen Gesetzbuchs das Gericht, bei dem ein Verfahren über den Unterhalt des Kindes im ersten Rechtszug anhängig ist; 2. für den Antrag eines Kindes, durch den beide Eltern auf Erfüllung der Unterhaltspflicht in Anspruch genommen werden, das Gericht, das für den Antrag gegen einen Elternteil zuständig ist; 3. das Gericht, bei dem der Antragsteller seinen gewöhnlichen Aufenthalt hat, wenn der Antragsgegner im Inland keinen Gerichtsstand hat. § 233 Abgabe an das Gericht der Ehesache Wird eine Ehesache rechtshängig, während eine Unterhaltssache nach § 231 Abs. 1 Nr. 1 bei einem anderen Gericht im ersten Rechtszug anhängig ist, ist diese von Amts wegen an das Gericht der Ehesache abzugeben. § 281 Abs. 2 und 3 Satz 1 der Zivilprozessordnung gilt entsprechend. § 262 Örtliche Zuständigkeit (1) Während der Anhängigkeit einer Ehesache ist das Gericht ausschließlich zuständig, bei dem die Ehesache im ersten Rechtszug anhängig ist oder war. Diese Zuständigkeit geht der ausschließlichen Zuständigkeit eines anderen Gerichts vor. (2) Im Übrigen bestimmt sich die Zuständigkeit nach der Zivilprozessordnung mit der Maßgabe, dass in den Vorschriften über den allgemeinen Gerichtsstand an die Stelle des Wohnsitzes der gewöhnliche Aufenthalt tritt. § 263 Abgabe an das Gericht der Ehesache Wird eine Ehesache rechtshängig, während eine Güterrechtssache bei einem anderen Gericht im ersten Rechtszug anhängig ist, ist diese von Amts wegen an das Gericht der Ehesache abzugeben. § 281 Abs. 2 und 3 Satz 1 der Zivilprozessordnung gilt entsprechend. § 267 Örtliche Zuständigkeit (1) Während der Anhängigkeit einer Ehesache ist das Gericht ausschließlich zuständig, bei dem die Ehesache im ersten Rechtszug anhängig ist oder war. Diese Zuständigkeit geht der ausschließlichen Zuständigkeit eines anderen Gerichts vor. (2) Im Übrigen bestimmt sich die Zuständigkeit nach der Zivilprozessordnung mit der Maßgabe, dass in den Vorschriften über den allgemeinen Gerichtsstand an die Stelle des Wohnsitzes der gewöhnliche Aufenthalt tritt. § 268 Abgabe an das Gericht der Ehesache Wird eine Ehesache rechtshängig, während eine sonstige Familiensache bei einem anderen Gericht im ersten Rechtszug anhängig ist, ist diese von Amts wegen an das Gericht der Ehesache abzugeben. § 281 Abs. 2 und 3 Satz 1 der Zivilprozessordnung gilt entsprechend.

IV. – Konkordanzliste

Geltendes Recht	Künftiges Recht gemäß FGG-RG
§ 621a Anzuwendende Verfahrensvorschriften (1) Für die Familiensachen des § 621 Abs. 1 Nr. 1 bis 3, 6, 7, 9, 10 in Verfahren nach § 1600e Abs. 2 des Bürgerlichen Gesetzbuchs, Nr. 12 sowie 13 bestimmt sich, soweit sich aus diesem Gesetz oder dem Gerichtsverfassungsgesetz nichts Besonderes ergibt, das Verfahren nach den Vorschriften des Gesetzes über die Angelegenheiten der freiwilligen Gerichtsbarkeit und nach den Vorschriften der Verordnung über die Behandlung der Ehewohnung und des Hausrats. An die Stelle der §§ 2 bis 6, 8 bis 11, 13, 16 Abs. 2, 3 und des § 17 des Gesetzes über die Angelegenheiten der freiwilligen Gerichtsbarkeit treten die für das zivilprozessuale Verfahren maßgeblichen Vorschriften. (2) Wird in einem Rechtsstreit über eine güterrechtliche Ausgleichsforderung ein Antrag nach § 1382 Abs. 5 oder nach § 1383 Abs. 3 des Bürgerlichen Gesetzbuchs gestellt, so ergeht die Entscheidung einheitlich durch Urteil. § 629a Abs. 2 gilt entsprechend.	§ 112 Familienstreitsachen Familienstreitsachen sind folgende Familiensachen: 1. Unterhaltssachen nach § 231 Abs. 1 und Lebenspartnerschaftssachen nach § 269 Abs. 1 Nr. 7 und 8, 2. Güterrechtssachen nach § 261 Abs. 1 und Lebenspartnerschaftssachen nach § 269 Abs. 1 Nr. 9 sowie 3. sonstige Familiensachen nach § 266 Abs. 1 und Lebenspartnerschaftssachen nach § 269 Abs. 2. § 113 Anwendung von Vorschriften der Zivilprozessordnung (1) In Ehesachen und Familienstreitsachen sind die §§ 2 bis 37, 40 bis 48 sowie 76 bis 96 nicht anzuwenden. Es gelten die Allgemeinen Vorschriften der Zivilprozessordnung und die Vorschriften der Zivilprozessordnung über das Verfahren vor den Landgerichten entsprechend. (2) In Familienstreitsachen gelten die Vorschriften der Zivilprozessordnung über den Urkunden- und Wechselprozess und über das Mahnverfahren entsprechend. (3) In Ehesachen und Familienstreitsachen ist § 227 Abs. 3 der Zivilprozessordnung nicht anzuwenden. (4) In Ehesachen sind die Vorschriften der Zivilprozessordnung über 1. die Folgen der unterbliebenen oder verweigerten Erklärung über Tatsachen, 2. die Voraussetzungen einer Klageänderung, 3. die Bestimmung der Verfahrensweise, den frühen ersten Termin, das schriftliche Vorverfahren und die Klageerwiderung, 4. die Güteverhandlung, 5. die Wirkung des gerichtlichen Geständnisses, 6. das Anerkenntnis, 7. die Folgen der unterbliebenen oder verweigerten Erklärung über die Echtheit von Urkunden, 8. den Verzicht auf die Beeidigung des Gegners sowie von Zeugen oder Sachverständigen nicht anzuwenden. (5) Bei der Anwendung der Zivilprozessordnung tritt an die Stelle der Bezeichnung 1. Prozess oder Rechtsstreit die Bezeichnung Verfahren, 2. Klage die Bezeichnung Antrag, 3. Kläger die Bezeichnung Antragsteller, 4. Beklagter die Bezeichnung Antragsgegner, 5. Partei die Bezeichnung Beteiligter.
§ 621b Güterrechtliche Streitigkeiten In Familiensachen des § 621 Abs. 1 Nr. 8 gelten die Vorschriften über das Verfahren vor den Landgerichten entsprechend.	§ 112 Familienstreitsachen Familienstreitsachen sind folgende Familiensachen: (…) 2. Güterrechtssachen nach § 261 Abs. 1 und Lebenspartnerschaftssachen nach § 269 Abs. 1 Nr. 9 sowie (…) § 113 Anwendung von Vorschriften der Zivilprozessordnung (1) In Ehesachen und Familienstreitsachen sind die §§ 2 bis 37, 40 bis 48 sowie 76 bis 96 nicht anzuwenden. Es gelten die Allgemeinen Vorschriften der Zivilprozessordnung und die Vorschriften der Zivilprozessordnung über das Verfahren vor den Landgerichten entsprechend.

Gegenüberstellung geltendes und künftiges Recht

Geltendes Recht	Künftiges Recht gemäß FGG-RG
	(2) In Familienstreitsachen gelten die Vorschriften der Zivilprozessordnung über den Urkunden- und Wechselprozess und über das Mahnverfahren entsprechend. (3) In Ehesachen und Familienstreitsachen ist § 227 Abs. 3 der Zivilprozessordnung nicht anzuwenden. (...) (5) Bei der Anwendung der Zivilprozessordnung tritt an die Stelle der Bezeichnung 1. Prozess oder Rechtsstreit die Bezeichnung Verfahren, 2. Klage die Bezeichnung Antrag, 3. Kläger die Bezeichnung Antragsteller, 4. Beklagter die Bezeichnung Antragsgegner, 5. Partei die Bezeichnung Beteiligter.
§ 621c Zustellung von Endentscheidungen § 317 Abs. 1 Satz 3 ist auf Endentscheidungen in Familiensachen nicht anzuwenden.	
§ 621d Zurückweisung von Angriffs- und Verteidigungsmitteln In Familiensachen des § 621 Abs. 1 Nr. 4, 5, 8 und 11 können Angriffs- und Verteidigungsmittel, die nicht rechtzeitig vorgebracht werden, zurückgewiesen werden, wenn ihre Zulassung nach der freien Überzeugung des Gerichts die Erledigung des Rechtsstreits verzögern würde und die Verspätung auf grober Nachlässigkeit beruht. Im Übrigen sind die Angriffs- und Verteidigungsmittel abweichend von den allgemeinen Vorschriften zuzulassen.	§ 115 Zurückweisung von Angriffs- und Verteidigungsmitteln In Ehesachen und Familienstreitsachen können Angriffs- und Verteidigungsmittel, die nicht rechtzeitig vorgebracht werden, zurückgewiesen werden, wenn ihre Zulassung nach der freien Überzeugung des Gerichts die Erledigung des Verfahrens verzögern würde und die Verspätung auf grober Nachlässigkeit beruht. Im Übrigen sind die Angriffs- und Verteidigungsmittel abweichend von den allgemeinen Vorschriften zuzulassen.
§ 621e Befristete Beschwerde; Rechtsbeschwerde (1) Gegen die im ersten Rechtszug ergangenen Endentscheidungen über Familiensachen des § 621 Abs. 1 Nr. 1 bis 3, 6, 7, 9, 10 in Verfahren nach § 1600e Abs. 2 des Bürgerlichen Gesetzbuchs, Nr. 12 sowie 13 findet die Beschwerde statt. (2) In den Familiensachen des § 621 Abs. 1 Nr. 1 bis 3, 6 und 10 in Verfahren nach § 1600e Abs. 2 des Bürgerlichen Gesetzbuchs sowie Nr. 12 findet die Rechtsbeschwerde statt, wenn sie 1. das Beschwerdegericht in dem Beschluss oder 2. auf Beschwerde gegen die Nichtzulassung durch das Beschwerdegericht das Rechtsbeschwerdegericht zugelassen hat; § 543 Abs. 2 und § 544 gelten entsprechend. Die Rechtsbeschwerde kann nur darauf gestützt werden, dass die Entscheidung auf einer Verletzung des Rechts beruht. (3) Die Beschwerde wird durch Einreichung der Beschwerdeschrift bei dem Beschwerdegericht eingelegt. Die §§ 318, 517, 518, 520 Abs. 1, 2 und 3 Satz 1, Abs. 4, §§ 521, 522 Abs. 1, §§ 526, 527, 548 und 551 Abs. 1, 2 und 4 gelten entsprechend. (4) Die Beschwerde kann nicht darauf gestützt werden, dass das Gericht des ersten Rechtszuges seine Zuständigkeit zu Unrecht angenommen hat. Die Rechtsbeschwerde kann nicht darauf gestützt werden, dass das Gericht des ersten Rechtszuges seine Zuständigkeit zu Unrecht angenommen oder verneint hat.	

IV. – Konkordanzliste

Geltendes Recht	Künftiges Recht gemäß FGG-RG
§ 621f Kostenvorschuss (1) In einer Familiensache des § 621 Abs. 1 Nr. 1 bis 3, 6 bis 9 sowie 13 kann das Gericht auf Antrag durch einstweilige Anordnung die Verpflichtung zur Leistung eines Kostenvorschusses für dieses Verfahren regeln. (2) Die Entscheidung nach Absatz 1 ist unanfechtbar. Im Übrigen gelten die §§ 620a bis 620g entsprechend.	§ 246 Besondere Vorschriften für die einstweilige Anordnung (1) Das Gericht kann durch einstweilige Anordnung abweichend von § 49 auf Antrag die Verpflichtung zur Zahlung von Unterhalt oder zur Zahlung eines Kostenvorschusses für ein gerichtliches Verfahren regeln. (2) Die Entscheidung ergeht auf Grund mündlicher Verhandlung, wenn dies zur Aufklärung des Sachverhalts oder für eine gütliche Beilegung des Verfahrens geboten erscheint.
§ 621g Einstweilige Anordnungen Ist ein Verfahren nach § 621 Abs. 1 Nr. 1, 2, 3 oder 7 anhängig oder ist ein Antrag auf Bewilligung von Prozesskostenhilfe für ein solches Verfahren eingereicht, kann das Gericht auf Antrag Regelungen im Wege der einstweiligen Anordnung treffen. Die §§ 620a bis 620g gelten entsprechend.	§ 49 Einstweilige Anordnung (1) Das Gericht kann durch einstweilige Anordnung eine vorläufige Maßnahme treffen, soweit dies nach den für das Rechtsverhältnis maßgebenden Vorschriften gerechtfertigt ist und ein dringendes Bedürfnis für ein sofortiges Tätigwerden besteht. (2) Die Maßnahme kann einen bestehenden Zustand sichern oder vorläufig regeln. Einem Beteiligten kann eine Handlung geboten oder verboten, insbesondere die Verfügung über einen Gegenstand untersagt werden. Das Gericht kann mit der einstweiligen Anordnung auch die zu ihrer Durchführung erforderlichen Anordnungen treffen.
Abschnitt 3 Verfahren in Scheidungs- und Folgesachen	
§ 622 Scheidungsantrag (1) Das Verfahren auf Scheidung wird durch Einreichung einer Antragsschrift anhängig. (2) Die Antragsschrift muss vorbehaltlich des § 630 Angaben darüber enthalten, ob 1. gemeinschaftliche minderjährige Kinder vorhanden sind, 2. Familiensachen der in § 621 Abs. 2 Satz 1 bezeichneten Art anderweitig anhängig sind. Im Übrigen gelten die Vorschriften über die Klageschrift entsprechend. (3) Bei der Anwendung der allgemeinen Vorschriften treten an die Stelle der Bezeichnungen Kläger und Beklagter die Bezeichnungen Antragsteller und Antragsgegner.	§ 124 Antrag Das Verfahren in Ehesachen wird durch Einreichung einer Antragsschrift anhängig. Die Vorschriften der Zivilprozessordnung über die Klageschrift gelten entsprechend. § 133 Inhalt der Antragsschrift (1) Die Antragsschrift muss enthalten: 1. Namen und Geburtsdaten der gemeinschaftlichen minderjährigen Kinder sowie die Mitteilung ihres gewöhnlichen Aufenthalts, 2. die Erklärung, ob die Ehegatten eine Regelung über die elterliche Sorge, den Umgang und die Unterhaltspflicht gegenüber den gemeinschaftlichen minderjährigen Kindern sowie die durch die Ehe begründete gesetzliche Unterhaltspflicht, die Rechtsverhältnisse an der Ehewohnung und am Hausrat getroffen haben, und 3. die Angabe, ob Familiensachen, an denen beide Ehegatten beteiligt sind, anderweitig anhängig sind. (2) Der Antragsschrift sollen die Heiratsurkunde und die Geburtsurkunden der gemeinschaftlichen minderjährigen Kinder beigefügt werden.
§ 623 Verbund von Scheidungs- und Folgesachen (1) Soweit in Familiensachen des § 621 Abs. 1 Nr. 5 bis 9 und Abs. 2 Satz 1 Nr. 4 eine Entscheidung für den Fall der Scheidung zu treffen ist und von einem Ehegatten rechtzeitig begehrt wird, ist hierüber gleichzeitig und zusammen mit der Scheidungssache zu verhandeln und, sofern dem Scheidungsantrag stattgegeben wird, zu entscheiden (Folgesachen). Wird bei einer Familiensache des § 621 Abs. 1 Nr. 5 und 8 und Abs. 2 Satz 1 Nr. 4 ein Dritter Verfahrensbeteiligter, so wird diese Familiensache abgetrennt. Für die Durchführung des Versorgungsausgleichs in den Fällen	§ 137 Verbund von Scheidungs- und Folgesachen (1) Über Scheidung und Folgesachen ist zusammen zu verhandeln und zu entscheiden (Verbund). (2) Folgesachen sind 1. Versorgungsausgleichssachen, 2. Unterhaltssachen, sofern sie die Unterhaltspflicht gegenüber einem gemeinschaftlichen Kind oder die durch Ehe begründete gesetzliche Unterhaltspflicht betreffen mit Ausnahme des vereinfachten Verfahrens über den Unterhalt Minderjähriger, 3. Wohnungszuweisungs- und Hausratssachen und 4. Güterrechtssachen,

Gegenüberstellung geltendes und künftiges Recht

Geltendes Recht	Künftiges Recht gemäß FGG-RG
des § 1587b des Bürgerlichen Gesetzbuchs bedarf es keines Antrags. (2) Folgesachen sind auch rechtzeitig von einem Ehegatten anhängig gemachte Familiensachen nach 1. § 621 Abs. 2 Satz 1 Nr. 1 im Fall eines Antrags nach § 1671 Abs. 1 des Bürgerlichen Gesetzbuchs, 2. § 621 Abs. 2 Satz 1 Nr. 2, soweit deren Gegenstand der Umgang eines Ehegatten mit einem gemeinschaftlichen Kind oder einem Kind des anderen Ehegatten ist, und 3. § 621 Abs. 2 Satz 1 Nr. 3. Auf Antrag eines Ehegatten trennt das Gericht eine Folgesache nach den Nummern 1 bis 3 von der Scheidungssache ab. Ein Antrag auf Abtrennung einer Folgesache nach Nummer 1 kann mit einem Antrag auf Abtrennung einer Folgesache nach § 621 Abs. 1 Nr. 5 und Abs. 2 Satz 1 Nr. 4 verbunden werden. Im Fall der Abtrennung wird die Folgesache als selbständige Familiensache fortgeführt; § 626 Abs. 2 Satz 2 gilt entsprechend. (3) Folgesachen sind auch rechtzeitig eingeleitete Verfahren betreffend die Übertragung der elterlichen Sorge oder eines Teils der elterlichen Sorge wegen Gefährdung des Kindeswohls auf einen Elternteil, einen Vormund oder einen Pfleger. Das Gericht kann anordnen, dass ein Verfahren nach Satz 1 von der Scheidungssache abgetrennt wird. Absatz 2 Satz 3 gilt entsprechend. (4) Das Verfahren muss bis zum Schluss der mündlichen Verhandlung erster Instanz in der Scheidungssache anhängig gemacht oder eingeleitet sein. Satz 1 gilt entsprechend, wenn die Scheidungssache nach § 629b an das Gericht des ersten Rechtszuges zurückverwiesen ist. (5) Die vorstehenden Vorschriften gelten auch für Verfahren der in den Absätzen 1 bis 3 genannten Art, die nach § 621 Abs. 3 an das Gericht der Ehesache übergeleitet worden sind. In den Fällen des Absatzes 1 gilt dies nur, soweit eine Entscheidung für den Fall der Scheidung zu treffen ist.	wenn eine Entscheidung für den Fall der Scheidung zu treffen ist und die Familiensache spätestens zwei Wochen vor der mündlichen Verhandlung im ersten Rechtszug in der Scheidungssache von einem Ehegatten anhängig gemacht wird. Für die Durchführung des Versorgungsausgleichs in den Fällen des § 1587b des Bürgerlichen Gesetzbuchs und des § 1 des Gesetzes zur Regelung von Härten im Versorgungsausgleich bedarf es keines Antrags. (3) Folgesachen sind auch Kindschaftssachen, die die Übertragung oder Entziehung der elterlichen Sorge, das Umgangsrecht oder die Herausgabe eines gemeinschaftlichen Kindes der Ehegatten oder das Umgangsrecht eines Ehegatten mit dem Kind des anderen Ehegatten betreffen, wenn ein Ehegatte vor Schluss der mündlichen Verhandlung im ersten Rechtszug in der Scheidungssache die Einbeziehung in den Verbund beantragt, es sei denn, das Gericht hält die Einbeziehung aus Gründen des Kindeswohls nicht für sachgerecht. (4) Im Fall der Verweisung oder Abgabe werden Verfahren, die die Voraussetzungen des Absatzes 2 oder des Absatzes 3 erfüllen, mit Anhängigkeit bei dem Gericht der Scheidungssache zu Folgesachen. (5) Abgetrennte Folgesachen nach Absatz 2 bleiben Folgesachen; sind mehrere Folgesachen abgetrennt, besteht der Verbund auch unter ihnen fort. Folgesachen nach Absatz 3 werden nach der Abtrennung als selbständige Verfahren fortgeführt. § 140 Abtrennung (1) Wird in einer Unterhaltsfolgesache oder Güterrechtsfolgesache außer den Ehegatten eine weitere Person Beteiligter des Verfahrens, ist die Folgesache abzutrennen. (2) … (3) Im Fall des Absatzes 2 Nr. 3 kann das Gericht auf Antrag eines Ehegatten auch eine Unterhaltsfolgesache abtrennen, wenn dies wegen des Zusammenhangs mit der Kindschaftsfolgesache geboten erscheint. (…)
§ 624 Besondere Verfahrensvorschriften (1) Die Vollmacht für die Scheidungssache erstreckt sich auf die Folgesachen. (2) Die Bewilligung der Prozesskostenhilfe für die Scheidungssache erstreckt sich auf Folgesachen nach § 621 Abs. 1 Nr. 6, soweit sie nicht ausdrücklich ausgenommen werden.	§ 114 Vertretung durch einen Rechtsanwalt; Vollmacht (…) (5) Der Bevollmächtigte in Ehesachen bedarf einer besonderen auf das Verfahren gerichteten Vollmacht. Die Vollmacht für die Scheidungssache erstreckt sich auch auf die Folgesachen. § 149 Erstreckung der Bewilligung von Prozesskostenhilfe Die Bewilligung der Prozesskostenhilfe für die Scheidungssache erstreckt sich auf eine Versorgungsausgleichsfolgesache, sofern nicht eine Erstreckung ausdrücklich ausgeschlossen wird.

IV. – Konkordanzliste

Geltendes Recht	Künftiges Recht gemäß FGG-RG
(3) Die Vorschriften über das Verfahren vor den Landgerichten gelten entsprechend, soweit in diesem Titel nichts Besonderes bestimmt ist.	§ 113 Anwendung von Vorschriften der Zivilprozessordnung (1) In Ehesachen und Familienstreitsachen sind die §§ 2 bis 37, 40 bis 48 sowie 76 bis 96 nicht anzuwenden. Es gelten die Allgemeinen Vorschriften der Zivilprozessordnung und die Vorschriften der Zivilprozessordnung über das Verfahren vor den Landgerichten entsprechend. (…)
(4) Vorbereitende Schriftsätze, Ausfertigungen oder Abschriften werden am Verfahren beteiligten Dritten nur insoweit mitgeteilt oder zugestellt, als das mitzuteilende oder zuzustellende Dokument sie betrifft. Dasselbe gilt für die Zustellung von Entscheidungen an Dritte, die zur Einlegung von Rechtsmitteln berechtigt sind.	§ 139 Einbeziehung weiterer Beteiligter und dritter Personen (1) Sind außer den Ehegatten weitere Beteiligte vorhanden, werden vorbereitende Schriftsätze, Ausfertigungen oder Abschriften diesen nur insoweit mitgeteilt oder zugestellt, als der Inhalt des Schriftstücks sie betrifft. Dasselbe gilt für die Zustellung von Entscheidungen an dritte Personen, die zur Einlegung von Rechtsmitteln berechtigt sind. (2) Die weiteren Beteiligten können von der Teilnahme an der mündlichen Verhandlung insoweit ausgeschlossen werden, als die Familiensache, an der sie beteiligt sind, nicht Gegenstand der Verhandlung ist.
§ 625 Beiordnung eines Rechtsanwalts (1) Hat in einer Scheidungssache der Antragsgegner keinen Rechtsanwalt als Bevollmächtigten bestellt, so ordnet das Prozessgericht ihm von Amts wegen zur Wahrnehmung seiner Rechte im ersten Rechtszug hinsichtlich des Scheidungsantrags und eines Antrags nach § 1671 Abs. 1 des Bürgerlichen Gesetzbuchs einen Rechtsanwalt bei, wenn diese Maßnahme nach der freien Überzeugung des Gerichts zum Schutz des Antragsgegners unabweisbar erscheint; § 78c Abs. 1, 3 gilt sinngemäß. Vor einer Beiordnung soll der Antragsgegner persönlich gehört und dabei besonders darauf hingewiesen werden, dass die Familiensachen des § 621 Abs. 1 gleichzeitig mit der Scheidungssache verhandelt und entschieden werden können. (2) Der beigeordnete Rechtsanwalt hat die Stellung eines Beistandes.	§ 138 Beiordnung eines Rechtsanwalts (1) Ist in einer Scheidungssache der Antragsgegner nicht anwaltlich vertreten, hat das Gericht ihm für die Scheidungssache und eine Kindschaftssache als Folgesache von Amts wegen zur Wahrnehmung seiner Rechte im ersten Rechtszug einen Rechtsanwalt beizuordnen, wenn diese Maßnahme nach der freien Überzeugung des Gerichts zum Schutz des Beteiligten unabweisbar erscheint; § 78c Abs. 1 und 3 der Zivilprozessordnung gilt entsprechend. Vor einer Beiordnung soll der Beteiligte persönlich angehört und dabei auch darauf hingewiesen werden, dass und unter welchen Voraussetzungen Familiensachen gleichzeitig mit der Scheidungssache verhandelt und entschieden werden können. (2) Der beigeordnete Rechtsanwalt hat die Stellung eines Beistands.
§ 626 Zurücknahme des Scheidungsantrags (1) Wird ein Scheidungsantrag zurückgenommen, so gilt § 269 Abs. 3 bis 5 auch für die Folgesachen, soweit sie nicht die Übertragung der elterlichen Sorge oder eines Teils der elterlichen Sorge wegen Gefährdung des Kindeswohls auf einen Elternteil, einen Vormund oder einen Pfleger betreffen; in diesem Fall wird die Folgesache als selbständige Familiensache fortgeführt. Erscheint die Anwendung des § 269 Abs. 3 Satz 2 im Hinblick auf den bisherigen Sach- und Streitstand in den Folgesachen der in § 621 Abs. 1 Nr. 4, 5, 8 bezeichneten Art als unbillig, so kann das Gericht die Kosten anderweitig verteilen. Das Gericht spricht die Wirkungen der Zurücknahme auf Antrag eines Ehegatten aus. (2) Auf Antrag einer Partei ist ihr durch Beschluss vorzubehalten, eine Folgesache als selbständige Familiensache fortzuführen. In der selbständigen Familiensache wird über die Kosten besonders entschieden.	§ 141 Rücknahme des Scheidungsantrags Wird ein Scheidungsantrag zurückgenommen, erstrecken sich die Wirkungen der Rücknahme auch auf die Folgesachen. Dies gilt nicht für Folgesachen, die die Übertragung der elterlichen Sorge oder eines Teils der elterlichen Sorge wegen Gefährdung des Kindeswohls auf einen Elternteil, einen Vormund oder Pfleger betreffen, sowie für Folgesachen, hinsichtlich derer ein Beteiligter vor Wirksamwerden der Rücknahme ausdrücklich erklärt hat, sie fortführen zu wollen. Diese werden als selbständige Familiensachen fortgeführt.

Gegenüberstellung geltendes und künftiges Recht

Geltendes Recht	Künftiges Recht gemäß FGG-RG
§ 627 Vorwegentscheidung über elterliche Sorge (1) Beabsichtigt das Gericht, von dem Antrag eines Ehegatten nach § 1671 Abs. 1 des Bürgerlichen Gesetzbuchs, dem der andere Ehegatte zustimmt, abzuweichen, so ist die Entscheidung vorweg zu treffen. (2) Über andere Folgesachen und die Scheidungssache wird erst nach Rechtskraft des Beschlusses entschieden.	§ 140 Abtrennung (…) (2) Das Gericht kann eine Folgesache vom Verbund abtrennen. Dies ist nur zulässig, wenn 1. (…) 2. (…) 3. in einer Kindschaftsfolgesache das Gericht dies aus Gründen des Kindeswohls für sachgerecht hält oder das Verfahren ausgesetzt ist, 4. (…) 5. (…) (…)
§ 628 Scheidungsurteil vor Folgesachenentscheidung Das Gericht kann dem Scheidungsantrag vor der Entscheidung über eine Folgesache stattgeben, soweit 1. in einer Folgesache nach § 621 Abs. 1 Nr. 6 oder 8 vor der Auflösung der Ehe eine Entscheidung nicht möglich ist, 2. in einer Folgesache nach § 621 Abs. 1 Nr. 6 das Verfahren ausgesetzt ist, weil ein Rechtsstreit über den Bestand oder die Höhe einer auszugleichenden Versorgung vor einem anderen Gericht anhängig ist, 3. in einer Folgesache nach § 623 Abs. 2 Satz 1 Nr. 1 und 2 das Verfahren ausgesetzt ist, oder 4. die gleichzeitige Entscheidung über die Folgesache den Scheidungsausspruch so außergewöhnlich verzögern würde, dass der Aufschub auch unter Berücksichtigung der Bedeutung der Folgesache eine unzumutbare Härte darstellen würde. Hinsichtlich der übrigen Folgesachen bleibt § 623 anzuwenden.	§ 140 Abtrennung (1) Wird in einer Unterhaltsfolgesache oder Güterrechtsfolgesache außer den Ehegatten eine weitere Person Beteiligter des Verfahrens, ist die Folgesache abzutrennen. (2) Das Gericht kann eine Folgesache vom Verbund abtrennen. Dies ist nur zulässig, wenn 1. in einer Versorgungsausgleichsfolgesache oder Güterrechtsfolgesache vor der Auflösung der Ehe eine Entscheidung nicht möglich ist, 2. in einer Versorgungsausgleichsfolgesache das Verfahren ausgesetzt ist, weil ein Rechtsstreit über den Bestand oder die Höhe eines Anrechts vor einem anderen Gericht anhängig ist, 3. in einer Kindschaftsfolgesache das Gericht dies aus Gründen des Kindeswohls für sachgerecht hält oder das Verfahren ausgesetzt ist, 4. seit der Rechtshängigkeit des Scheidungsantrags ein Zeitraum von drei Monaten verstrichen ist, beide Ehegatten die erforderlichen Mitwirkungshandlungen in der Versorgungsausgleichsfolgesache vorgenommen haben und beide übereinstimmend deren Abtrennung beantragen oder 5. sich der Scheidungsausspruch so außergewöhnlich verzögern würde, dass ein weiterer Aufschub unter Berücksichtigung der Bedeutung der Folgesache eine unzumutbare Härte darstellen würde, und ein Ehegatte die Abtrennung beantragt. (3) Im Fall des Absatzes 2 Nr. 3 kann das Gericht auf Antrag eines Ehegatten auch eine Unterhaltsfolgesache abtrennen, wenn dies wegen des Zusammenhangs mit der Kindschaftsfolgesache geboten erscheint. (4) In den Fällen des Absatzes 2 Nr. 4 und 5 bleibt der vor Ablauf des ersten Jahres seit Eintritt des Getrenntlebens liegende Zeitraum außer Betracht. Dies gilt nicht, sofern die Voraussetzungen des § 1565 Abs. 2 des Bürgerlichen Gesetzbuchs vorliegen. (5) Der Antrag auf Abtrennung kann zur Niederschrift der Geschäftsstelle oder in der mündlichen Verhandlung zur Niederschrift des Gerichts gestellt werden. (6) Die Entscheidung erfolgt durch gesonderten Beschluss; sie ist nicht selbständig anfechtbar.

IV. – Konkordanzliste

Geltendes Recht	Künftiges Recht gemäß FGG-RG
§ 629 Einheitliche Endentscheidung; Vorbehalt bei abgewiesenem Scheidungsantrag (1) Ist dem Scheidungsantrag stattzugeben und gleichzeitig über Folgesachen zu entscheiden, so ergeht die Entscheidung einheitlich durch Urteil. (2) Absatz 1 gilt auch, soweit es sich um ein Versäumnisurteil handelt. Wird hiergegen Einspruch und auch gegen das Urteil im Übrigen ein Rechtsmittel eingelegt, so ist zunächst über den Einspruch und das Versäumnisurteil zu verhandeln und zu entscheiden. (3) Wird ein Scheidungsantrag abgewiesen, so werden die Folgesachen gegenstandslos, soweit sie nicht die Übertragung der elterlichen Sorge oder eines Teils der elterlichen Sorge wegen Gefährdung des Kindeswohls auf einen Elternteil, einen Pfleger oder einen Vormund betreffen; in diesem Fall wird die Folgesache als selbständige Familiensache fortgeführt. Im Übrigen ist einer Partei auf ihren Antrag in dem Urteil vorzubehalten, eine Folgesache als selbständige Familiensache fortzusetzen. § 626 Abs. 2 Satz 2 gilt entsprechend.	§ 142 Einheitliche Endentscheidung; Abweisung des Scheidungsantrags (1) Im Fall der Scheidung ist über sämtliche im Verbund stehenden Familiensachen durch einheitlichen Beschluss zu entscheiden. Dies gilt auch, soweit eine Versäumnisentscheidung zu treffen ist. (2) Wird der Scheidungsantrag abgewiesen, werden die Folgesachen gegenstandslos. Dies gilt nicht für Folgesachen nach § 137 Abs. 3 sowie für Folgesachen, hinsichtlich derer ein Beteiligter vor der Entscheidung ausdrücklich erklärt hat, sie fortführen zu wollen. Diese werden als selbständige Familiensachen fortgeführt.
§ 629a Rechtsmittel (1) Gegen Urteile des Berufungsgerichts ist die Revision nicht zulässig, soweit darin über Folgesachen der in § 621 Abs. 1 Nr. 7 oder 9 bezeichneten Art erkannt ist. (2) Soll ein Urteil nur angefochten werden, soweit darin über Folgesachen der in § 621 Abs. 1 Nr. 1 bis 3, 6, 7, 9 bezeichneten Art erkannt ist, so ist § 621e entsprechend anzuwenden. Wird nach Einlegung der Beschwerde auch Berufung oder Revision eingelegt, so ist über das Rechtsmittel einheitlich als Berufung oder Revision zu entscheiden. Im Verfahren vor dem Rechtsmittelgericht gelten für Folgesachen § 623 Abs. 1 und die §§ 627 bis 629 entsprechend. (3) Ist eine nach § 629 Abs. 1 einheitlich ergangene Entscheidung teilweise durch Berufung, Beschwerde, Revision oder Rechtsbeschwerde angefochten worden, so kann eine Änderung von Teilen der einheitlichen Entscheidung, die eine andere Familiensache betreffen, nur noch bis zum Ablauf eines Monats nach Zustellung der Rechtsmittelbegründung, bei mehreren Zustellungen bis zum Ablauf eines Monats nach der letzten Zustellung beantragt werden. Wird in dieser Frist eine Abänderung beantragt, so verlängert sich die Frist um einen weiteren Monat. Satz 2 gilt entsprechend, wenn in der verlängerten Frist erneut eine Abänderung beantragt wird. Die §§ 517, 548 und 621e Abs. 3 Satz 2 in Verbindung mit den §§ 517 und 548 bleiben unberührt. (4) Haben die Ehegatten auf Rechtsmittel gegen den Scheidungsausspruch verzichtet, so können sie auf dessen Anfechtung im Wege der Anschließung an ein Rechtsmittel in einer Folgesache verzichten, bevor ein solches Rechtsmittel eingelegt ist.	 § 145 Befristung von Rechtsmittelerweiterung und Anschlussrechtsmittel (1) Ist eine nach § 142 einheitlich ergangene Entscheidung teilweise durch Beschwerde oder Rechtsbeschwerde angefochten worden, können Teile der einheitlichen Entscheidung, die eine andere Familiensache betreffen, durch Erweiterung des Rechtsmittels oder im Wege der Anschließung an das Rechtsmittel nur noch bis zum Ablauf eines Monats nach Zustellung der Rechtsmittelbegründung angefochten werden; bei mehreren Zustellungen ist die letzte maßgeblich. (2) Erfolgt innerhalb dieser Frist eine solche Erweiterung des Rechtsmittels oder Anschließen an das Rechtsmittel, so verlängert sich die Frist um einen weiteren Monat. Im Fall einer erneuten Erweiterung des Rechtsmittels oder Anschließung an das Rechtsmittel innerhalb der verlängerten Frist gilt Satz 1 entsprechend. § 144 Verzicht auf Anschlussrechtsmittel Haben die Ehegatten auf Rechtsmittel gegen den Scheidungsausspruch verzichtet, können sie auch auf dessen Anfechtung im Wege der Anschließung an ein Rechtsmittel in einer Folgesache verzichten, bevor ein solches Rechtsmittel eingelegt ist.

Gegenüberstellung geltendes und künftiges Recht

Geltendes Recht	**Künftiges Recht gemäß FGG-RG**
§ 629b Zurückverweisung (1) Wird ein Urteil aufgehoben, durch das der Scheidungsantrag abgewiesen ist, so ist die Sache an das Gericht zurückzuverweisen, das die Abweisung ausgesprochen hat, wenn bei diesem Gericht eine Folgesache zur Entscheidung ansteht. Dieses Gericht hat die rechtliche Beurteilung, die der Aufhebung zugrunde gelegt ist, auch seiner Entscheidung zugrunde zu legen. (2) Das Gericht, an das die Sache zurückverwiesen ist, kann, wenn gegen das Aufhebungsurteil Revision oder Beschwerde gegen die Nichtzulassung der Revision eingelegt wird, auf Antrag anordnen, dass über die Folgesachen verhandelt wird.	**§ 146** Zurückverweisung (1) Wird eine Entscheidung aufgehoben, durch die der Scheidungsantrag abgewiesen wurde, soll das Rechtsmittelgericht die Sache an das Gericht zurückverweisen, das die Abweisung ausgesprochen hat, wenn dort eine Folgesache zur Entscheidung ansteht. Das Gericht hat die rechtliche Beurteilung, die der Aufhebung zugrunde gelegt wurde, auch seiner Entscheidung zugrunde zu legen. (2) Das Gericht, an das die Sache zurückverwiesen wurde, kann, wenn gegen die Aufhebungsentscheidung Rechtsbeschwerde eingelegt wird, auf Antrag anordnen, dass über die Folgesachen verhandelt wird.
§ 629c Erweiterte Aufhebung Wird eine Entscheidung auf Revision oder Rechtsbeschwerde teilweise aufgehoben, so kann das Gericht auf Antrag einer Partei die Entscheidung auch insoweit aufheben und die Sache zur anderweitigen Verhandlung und Entscheidung an das Berufungs- oder Beschwerdegericht zurückverweisen, als dies wegen des Zusammenhangs mit der aufgehobenen Entscheidung geboten erscheint. Eine Aufhebung des Scheidungsausspruchs kann nur innerhalb eines Monats nach Zustellung der Rechtsmittelbegründung oder des Beschlusses über die Zulassung der Revision oder der Rechtsbeschwerde, bei mehreren Zustellungen bis zum Ablauf eines Monats nach der letzten Zustellung beantragt werden.	**§ 147** Erweiterte Aufhebung Wird eine Entscheidung auf Rechtsbeschwerde teilweise aufgehoben, kann das Rechtsbeschwerdegericht auf Antrag eines Beteiligten die Entscheidung auch insoweit aufheben und die Sache zur anderweitigen Verhandlung und Entscheidung an das Beschwerdegericht zurückverweisen, als dies wegen des Zusammenhangs mit der aufgehobenen Entscheidung geboten erscheint. Eine Aufhebung des Scheidungsausspruchs kann nur innerhalb eines Monats nach Zustellung der Rechtsmittelbegründung oder des Beschlusses über die Zulassung der Rechtsbeschwerde, bei mehreren Zustellungen bis zum Ablauf eines Monats nach der letzten Zustellung, beantragt werden.
§ 629d Wirksamwerden der Entscheidungen in Folgesachen Vor der Rechtskraft des Scheidungsausspruchs werden die Entscheidungen in Folgesachen nicht wirksam.	**§ 148** Wirksamwerden von Entscheidungen in Folgesachen Vor Rechtskraft des Scheidungsausspruchs werden die Entscheidungen in Folgesachen nicht wirksam.
§ 630 Einverständliche Scheidung (1) Für das Verfahren auf Scheidung nach § 1565 in Verbindung mit § 1566 Abs. 1 des Bürgerlichen Gesetzbuchs muss die Antragsschrift eines Ehegatten auch enthalten: 1. die Mitteilung, dass der andere Ehegatte der Scheidung zustimmen oder in gleicher Weise die Scheidung beantragen wird; 2. entweder übereinstimmende Erklärungen der Ehegatten, dass Anträge zur Übertragung der elterlichen Sorge oder eines Teils der elterlichen Sorge für die Kinder auf einen Elternteil und zur Regelung des Umgangs der Eltern mit den Kindern nicht gestellt werden, weil sich die Ehegatten über das Fortbestehen der Sorge und über den Umgang einig sind, oder, soweit eine gerichtliche Regelung erfolgen soll, die entsprechenden Anträge und jeweils die Zustimmung des anderen Ehegatten hierzu; 3. die Einigung der Ehegatten über die Regelung der Unterhaltspflicht gegenüber einem Kind, die durch die Ehe begründete gesetzliche Unterhaltspflicht sowie die Rechtsverhältnisse an der Ehewohnung und am Hausrat. (2) Die Zustimmung zur Scheidung kann bis zum Schluss der mündlichen Verhandlung, auf die das Urteil ergeht, widerrufen werden. Die Zustimmung und der Widerruf können zu Protokoll der Geschäftsstelle oder in der mündlichen Verhandlung zur Niederschrift des Gerichts erklärt werden. (3) Das Gericht soll dem Scheidungsantrag erst stattgeben, wenn die Ehegatten über die in Absatz 1 Nr. 3 bezeichneten Gegenstände einen vollstreckbaren Schuldtitel herbeigeführt haben.	**§ 133** Inhalt der Antragsschrift (1) Die Antragsschrift muss enthalten: 1. Namen und Geburtsdaten der gemeinschaftlichen minderjährigen Kinder sowie die Mitteilung ihres gewöhnlichen Aufenthalts, 2. die Erklärung, ob die Ehegatten eine Regelung über die elterliche Sorge, den Umgang und die Unterhaltspflicht gegenüber den gemeinschaftlichen minderjährigen Kindern sowie die durch die Ehe begründete gesetzliche Unterhaltspflicht, die Rechtsverhältnisse an der Ehewohnung und am Hausrat getroffen haben, und 3. die Angabe, ob Familiensachen, an denen beide Ehegatten beteiligt sind, anderweitig anhängig sind. (2) Der Antragsschrift sollen die Heiratsurkunde und die Geburtsurkunden der gemeinschaftlichen minderjährigen Kinder beigefügt werden. **§ 134** Zustimmung zur Scheidung und zur Rücknahme; Widerruf (1) Die Zustimmung zur Scheidung und zur Rücknahme des Scheidungsantrags kann zur Niederschrift der Geschäftsstelle oder in der mündlichen Verhandlung zur Niederschrift des Gerichts erklärt werden. (2) Die Zustimmung zur Scheidung kann bis zum Schluss der mündlichen Verhandlung, auf die über die Scheidung der Ehe entschieden wird, widerrufen werden. Der Widerruf kann zur Niederschrift der Geschäftsstelle oder in der mündlichen Verhandlung zur Niederschrift des Gerichts erklärt werden.

IV. – Konkordanzliste

Geltendes Recht	Künftiges Recht gemäß FGG-RG
Abschnitt 4 **Verfahren auf Aufhebung und auf Feststellung des Bestehens oder Nichtbestehens einer Ehe**	
§ 631 Aufhebung einer Ehe (1) Für das Verfahren auf Aufhebung einer Ehe gelten die nachfolgenden besonderen Vorschriften.	§ 121 Ehesachen Ehesachen sind Verfahren 1. (…) 2. auf Aufhebung der Ehe und 3. (…)
(2) Das Verfahren wird durch Einreichung einer Antragsschrift anhängig. § 622 Abs. 2 Satz 2, Abs. 3 gilt entsprechend. Wird in demselben Verfahren Aufhebung und Scheidung beantragt, und sind beide Anträge begründet, so ist nur auf Aufhebung der Ehe zu erkennen.	§ 124 Antrag Das Verfahren in Ehesachen wird durch Einreichung einer Antragsschrift anhängig. Die Vorschriften der Zivilprozessordnung über die Klageschrift gelten entsprechend. § 126 Mehrere Ehesachen; Ehesachen und andere Verfahren (…) (3) Wird in demselben Verfahren Aufhebung und Scheidung beantragt und sind beide Anträge begründet, so ist nur die Aufhebung der Ehe auszusprechen.
(3) Beantragt die zuständige Verwaltungsbehörde oder bei Verstoß gegen § 1306 des Bürgerlichen Gesetzbuchs der Dritte die Aufhebung der Ehe, so ist der Antrag gegen beide Ehegatten zu richten. (4) Hat in den Fällen des § 1316 Abs. 1 Nr. 1 des Bürgerlichen Gesetzbuchs ein Ehegatte oder die dritte Person den Antrag gestellt, so ist die zuständige Verwaltungsbehörde über den Antrag zu unterrichten. Die zuständige Verwaltungsbehörde kann in diesen Fällen, auch wenn sie den Antrag nicht gestellt hat, das Verfahren betreiben, insbesondere selbständig Anträge stellen oder Rechtsmittel einlegen.	§ 129 Mitwirkung der Verwaltungsbehörde oder dritter Personen (1) Beantragt die zuständige Verwaltungsbehörde oder bei Verstoß gegen § 1306 des Bürgerlichen Gesetzbuchs die dritte Person die Aufhebung der Ehe, ist der Antrag gegen beide Ehegatten zu richten. (2) Hat in den Fällen des § 1316 Abs. 1 Nr. 1 des Bürgerlichen Gesetzbuchs ein Ehegatte oder die dritte Person den Antrag gestellt, ist die zuständige Verwaltungsbehörde über den Antrag zu unterrichten. Die zuständige Verwaltungsbehörde kann in diesen Fällen, auch wenn sie den Antrag nicht gestellt hat, das Verfahren betreiben, insbesondere selbständig Anträge stellen oder Rechtsmittel einlegen. Im Fall eines Antrags auf Feststellung des Bestehens oder Nichtbestehens einer Ehe zwischen den Beteiligten gelten die Sätze 1 und 2 entsprechend.
(5) In den Fällen, in denen die als Partei auftretende zuständige Verwaltungsbehörde unterliegt, ist die Staatskasse zur Erstattung der dem obsiegenden Gegner erwachsenen Kosten nach den Vorschriften der §§ 91 bis 107 zu verurteilen.	§ 132 Kosten bei Aufhebung der Ehe (1) Wird die Aufhebung der Ehe ausgesprochen, sind die Kosten des Verfahrens gegeneinander aufzuheben. Erscheint dies im Hinblick darauf, dass bei der Eheschließung ein Ehegatte allein die Aufhebbarkeit der Ehe gekannt hat oder ein Ehegatte durch arglistige Täuschung oder widerrechtliche Drohung seitens des anderen Ehegatten oder mit dessen Wissen zur Eingehung der Ehe bestimmt worden ist, als unbillig, kann das Gericht die Kosten nach billigem Ermessen anderweitig verteilen. (2) Absatz 1 ist nicht anzuwenden, wenn eine Ehe auf Antrag der zuständigen Verwaltungsbehörde oder bei Verstoß gegen § 1306 des Bürgerlichen Gesetzbuchs auf Antrag des Dritten aufgehoben wird.

Gegenüberstellung geltendes und künftiges Recht

Geltendes Recht	Künftiges Recht gemäß FGG-RG
§ 632 Feststellung des Bestehens oder Nichtbestehens einer Ehe (1) Für eine Klage, welche die Feststellung des Bestehens oder Nichtbestehens einer Ehe zwischen den Parteien zum Gegenstand hat, gelten die nachfolgenden besonderen Vorschriften. (2) Eine Widerklage ist nur statthaft, wenn sie eine Feststellungsklage der in Absatz 1 bezeichneten Art ist. (3) § 631 Abs. 4 gilt entsprechend. (4) Das Versäumnisurteil gegen den im Termin zur mündlichen Verhandlung nicht erschienenen Kläger ist dahin zu erlassen, dass die Klage als zurückgenommen gilt.	§ 121 Ehesachen Ehesachen sind Verfahren 1 (...) 2 (...) 3. auf Feststellung des Bestehens oder Nichtbestehens einer Ehe zwischen den Beteiligten. § 129 Mitwirkung der Verwaltungsbehörde oder dritter Personen (...) (2) Hat in den Fällen des § 1316 Abs. 1 Nr. 1 des Bürgerlichen Gesetzbuchs ein Ehegatte oder die dritte Person den Antrag gestellt, ist die zuständige Verwaltungsbehörde über den Antrag zu unterrichten. Die zuständige Verwaltungsbehörde kann in diesen Fällen, auch wenn sie den Antrag nicht gestellt hat, das Verfahren betreiben, insbesondere selbständig Anträge stellen oder Rechtsmittel einlegen. Im Fall eines Antrags auf Feststellung des Bestehens oder Nichtbestehens einer Ehe zwischen den Beteiligten gelten die Sätze 1 und 2 entsprechend. § 130 Säumnis der Beteiligten (1) Die Versäumnisentscheidung gegen den Antragsteller ist dahin zu erlassen, dass der Antrag als zurückgenommen gilt. (2) Eine Versäumnisentscheidung gegen den Antragsgegner sowie eine Entscheidung nach Aktenlage ist unzulässig.
§§ 633 bis 639 (weggefallen)	
Abschnitt 5 **Verfahren in Kindschaftssachen**	
§ 640 Kindschaftssachen (1) Die Vorschriften dieses Abschnitts sind in Kindschaftssachen mit Ausnahme der Verfahren nach § 1600e Abs. 2 des Bürgerlichen Gesetzbuchs anzuwenden; die §§ 609, 611 Abs. 2, die §§ 612, 613, 615, 616 Abs. 1 und die §§ 617, 618, 619 und 632 Abs. 4 sind entsprechend anzuwenden. (2) Kindschaftssachen sind Verfahren, welche zum Gegenstand haben 1. die Feststellung des Bestehens oder Nichtbestehens eines Eltern-Kind-Verhältnisses; hierunter fällt auch die Feststellung der Wirksamkeit oder Unwirksamkeit einer Anerkennung der Vaterschaft, 2. die Anfechtung der Vaterschaft oder 3. die Feststellung des Bestehens oder Nichtbestehens der elterlichen Sorge der einen Partei für die andere.	§ 169 Abstammungssachen Abstammungssachen sind Verfahren 1. auf Feststellung des Bestehens oder Nichtbestehens eines Eltern-Kind-Verhältnisses, insbesondere der Wirksamkeit oder Unwirksamkeit einer Anerkennung der Vaterschaft, 2. auf Ersetzung der Einwilligung in eine genetische Abstammungsuntersuchung und Anordnung der Duldung einer Probeentnahme, 3. auf Einsicht in ein Abstammungsgutachten oder Aushändigung einer Abschrift oder 4. auf Anfechtung der Vaterschaft.

IV. – Konkordanzliste

Geltendes Recht	Künftiges Recht gemäß FGG-RG
§ 640a Zuständigkeit (1) Ausschließlich zuständig ist das Gericht, in dessen Bezirk das Kind seinen Wohnsitz oder bei Fehlen eines inländischen Wohnsitzes seinen gewöhnlichen Aufenthalt hat. Erhebt die Mutter die Klage, so ist auch das Gericht zuständig, in dessen Bezirk die Mutter ihren Wohnsitz oder bei Fehlen eines inländischen Wohnsitzes ihren gewöhnlichen Aufenthalt hat. Haben das Kind und die Mutter im Inland keinen Wohnsitz oder gewöhnlichen Aufenthalt, so ist der Wohnsitz oder bei Fehlen eines inländischen Wohnsitzes der gewöhnliche Aufenthalt des Mannes maßgebend. Ist eine Zuständigkeit eines Gerichts nach diesen Vorschriften nicht begründet, so ist das Familiengericht beim Amtsgericht Schöneberg in Berlin ausschließlich zuständig. Die Vorschriften sind auf Verfahren nach § 1615o des Bürgerlichen Gesetzbuchs entsprechend anzuwenden. (2) Die deutschen Gerichte sind zuständig, wenn eine der Parteien 1. Deutscher ist oder 2. ihren gewöhnlichen Aufenthalt im Inland hat. Diese Zuständigkeit ist nicht ausschließlich.	§ 170 Örtliche Zuständigkeit (1) Ausschließlich zuständig ist das Gericht, in dessen Bezirk das Kind seinen gewöhnlichen Aufenthalt hat. (2) Ist die Zuständigkeit eines deutschen Gerichts nach Absatz 1 nicht gegeben, ist der gewöhnliche Aufenthalt der Mutter, ansonsten der des Vaters maßgebend. (3) Ist eine Zuständigkeit nach den Absätzen 1 und 2 nicht gegeben, ist das Amtsgericht Schöneberg in Berlin ausschließlich zuständig. § 100 Abstammungssachen Die deutschen Gerichte sind zuständig, wenn das Kind, die Mutter, der Vater oder der Mann, der an Eides statt versichert, der Mutter während der Empfängniszeit beigewohnt zu haben, 1. Deutscher ist oder 2. seinen gewöhnlichen Aufenthalt im Inland hat. § 106 Keine ausschließliche Zuständigkeit Die Zuständigkeiten in diesem Unterabschnitt sind nicht ausschließlich.
§ 640b Prozessfähigkeit bei Anfechtungsklagen In einem Rechtsstreit, der die Anfechtung der Vaterschaft zum Gegenstand hat, sind die Parteien prozessfähig, auch wenn sie in der Geschäftsfähigkeit beschränkt sind; dies gilt nicht für das minderjährige Kind. Ist eine Partei geschäftsunfähig oder ist das Kind noch nicht volljährig, so wird der Rechtsstreit durch den gesetzlichen Vertreter geführt.	
§ 640c Klagenverbindung; Widerklage (1) Mit einer der im § 640 bezeichneten Klagen kann eine Klage anderer Art nicht verbunden werden. Eine Widerklage anderer Art kann nicht erhoben werden. § 653 Abs. 1 bleibt unberührt. (2) Während der Dauer der Rechtshängigkeit einer der in § 640 bezeichneten Klagen kann eine entsprechende Klage nicht anderweitig anhängig gemacht werden.	§ 179 Mehrheit von Verfahren (1) Abstammungssachen, die dasselbe Kind betreffen, können miteinander verbunden werden. Mit einem Verfahren auf Feststellung des Bestehens der Vaterschaft kann eine Unterhaltssache nach § 237 verbunden werden. (2) Im Übrigen ist eine Verbindung von Abstammungssachen miteinander oder mit anderen Verfahren unzulässig.
§ 640d Einschränkung des Untersuchungsgrundsatzes Ist die Vaterschaft angefochten, so kann das Gericht gegen den Widerspruch des Anfechtenden Tatsachen, die von den Parteien nicht vorgebracht sind, nur insoweit berücksichtigen, als sie geeignet sind, der Anfechtung entgegengesetzt zu werden.	§ 177 Eingeschränkte Amtsermittlung; förmliche Beweisaufnahme (1) Im Verfahren auf Anfechtung der Vaterschaft dürfen von den beteiligten Personen nicht vorgebrachte Tatsachen nur berücksichtigt werden, wenn sie geeignet sind, dem Fortbestand der Vaterschaft zu dienen, oder wenn der die Vaterschaft Anfechtende einer Berücksichtigung nicht widerspricht. (2) Über die Abstammung in Verfahren nach § 169 Nr. 1 und 4 hat eine förmliche Beweisaufnahme stattzufinden. Die Begutachtung durch einen Sachverständigen kann durch die Verwertung eines von einem Beteiligten mit Zustimmung der anderen Beteiligten eingeholten Gutachtens über die Abstammung ersetzt werden, wenn das Gericht keine Zweifel an der Richtigkeit und Vollständigkeit der im Gutachten getroffenen Feststellungen hat und die Beteiligten zustimmen.

Gegenüberstellung geltendes und künftiges Recht

Geltendes Recht	Künftiges Recht gemäß FGG-RG
§ 640e Beiladung; Streitverkündung (1) Ist an dem Rechtsstreit ein Elternteil oder das Kind nicht als Partei beteiligt, so ist der Elternteil oder das Kind unter Mitteilung der Klage zum Termin zur mündlichen Verhandlung zu laden. Der Elternteil oder das Kind kann der einen oder anderen Partei zu ihrer Unterstützung beitreten. (2) Ein Kind, das für den Fall des Unterliegens in einem von ihm geführten Rechtsstreit auf Feststellung der Vaterschaft einen Dritten als Vater in Anspruch nehmen zu können glaubt, kann ihm bis zur rechtskräftigen Entscheidung des Rechtsstreits gerichtlich den Streit verkünden. Die Vorschrift gilt entsprechend für eine Klage der Mutter.	
§ 640f Aussetzung des Verfahrens Kann ein Gutachten, dessen Einholung beschlossen ist, wegen des Alters des Kindes noch nicht erstattet werden, so hat das Gericht, wenn die Beweisaufnahme im Übrigen abgeschlossen ist, das Verfahren von Amts wegen auszusetzen. Die Aufnahme des ausgesetzten Verfahrens findet statt, sobald das Gutachten erstattet werden kann.	
§ 640g Tod der klagenden Partei im Anfechtungsprozess Hat das Kind oder die Mutter die Klage auf Anfechtung oder Feststellung der Vaterschaft erhoben und stirbt die klagende Partei vor Rechtskraft des Urteils, so ist § 619 nicht anzuwenden, wenn der andere Klageberechtigte das Verfahren aufnimmt. Wird das Verfahren nicht binnen eines Jahres aufgenommen, so ist der Rechtsstreit in der Hauptsache als erledigt anzusehen.	**§ 181** Tod eines Beteiligten Stirbt ein Beteiligter vor Rechtskraft der Endentscheidung, hat das Gericht die übrigen Beteiligten darauf hinzuweisen, dass das Verfahren nur fortgesetzt wird, wenn ein Beteiligter innerhalb einer Frist von einem Monat dies durch Erklärung gegenüber dem Gericht verlangt. Verlangt kein Beteiligter innerhalb der vom Gericht gesetzten Frist die Fortsetzung des Verfahrens, gilt dieses als in der Hauptsache erledigt.
§ 640h Wirkungen des Urteils (1) Das Urteil wirkt, sofern es bei Lebzeiten der Parteien rechtskräftig wird, für und gegen alle. Ein Urteil, welches das Bestehen des Eltern-Kind-Verhältnisses oder der elterlichen Sorge feststellt, wirkt jedoch gegenüber einem Dritten, der das elterliche Verhältnis oder die elterliche Sorge für sich in Anspruch nimmt, nur dann, wenn er an dem Rechtsstreit teilgenommen hat. Satz 2 ist auf solche rechtskräftigen Urteile nicht anzuwenden, die das Bestehen der Vaterschaft nach § 1600d des Bürgerlichen Gesetzbuchs feststellen. (2) Ein rechtskräftiges Urteil, welches das Nichtbestehen einer Vaterschaft nach § 1592 des Bürgerlichen Gesetzbuchs infolge der Anfechtung nach § 1600 Abs. 1 Nr. 2 des Bürgerlichen Gesetzbuchs feststellt, beinhaltet die Feststellung der Vaterschaft des Anfechtenden. Diese Wirkung ist im Tenor des Urteils von Amts wegen auszusprechen.	**§ 184** Wirksamkeit des Beschlusses; Ausschluss der Abänderung; ergänzende Vorschriften über die Beschwerde (1) Die Endentscheidung in Abstammungssachen wird mit Rechtskraft wirksam. Eine Abänderung ist ausgeschlossen. (2) Soweit über die Abstammung entschieden ist, wirkt der Beschluss für und gegen alle. (3) Gegen Endentscheidungen in Abstammungssachen steht auch demjenigen die Beschwerde zu, der an dem Verfahren beteiligt war oder zu beteiligen gewesen wäre. **§ 182** Inhalt des Beschlusses (1) Ein rechtskräftiger Beschluss, der das Nichtbestehen einer Vaterschaft nach § 1592 des Bürgerlichen Gesetzbuchs infolge der Anfechtung nach § 1600 Abs. 1 Nr. 2 des Bürgerlichen Gesetzbuchs feststellt, enthält die Feststellung der Vaterschaft des Anfechtenden. Diese Wirkung ist in der Beschlussformel von Amts wegen auszusprechen. (2) …
§§ 641 bis 641b (weggefallen)	

IV. – Konkordanzliste

Geltendes Recht	Künftiges Recht gemäß FGG-RG
§ 641c Beurkundung Die Anerkennung der Vaterschaft, die Zustimmung der Mutter sowie der Widerruf der Anerkennung können auch in der mündlichen Verhandlung zur Niederschrift des Gerichts erklärt werden. Das Gleiche gilt für die etwa erforderliche Zustimmung des Mannes, der im Zeitpunkt der Geburt mit der Mutter des Kindes verheiratet ist, des Kindes oder eines gesetzlichen Vertreters.	§ 180 Erklärungen zur Niederschrift des Gerichts Die Anerkennung der Vaterschaft, die Zustimmung der Mutter sowie der Widerruf der Anerkennung können auch in einem Erörterungstermin zur Niederschrift des Gerichts erklärt werden. Das Gleiche gilt für die etwa erforderliche Zustimmung des Mannes, der im Zeitpunkt der Geburt mit der Mutter des Kindes verheiratet ist, des Kindes oder eines gesetzlichen Vertreters.
§ 641d Einstweilige Anordnung (1) Sobald ein Rechtsstreit auf Feststellung des Bestehens der Vaterschaft nach § 1600d des Bürgerlichen Gesetzbuchs anhängig oder ein Antrag auf Bewilligung der Prozesskostenhilfe eingereicht ist, kann das Gericht auf Antrag des Kindes seinen Unterhalt und auf Antrag der Mutter ihren Unterhalt durch eine einstweilige Anordnung regeln. Das Gericht kann bestimmen, dass der Mann Unterhalt zu zahlen oder für den Unterhalt Sicherheit zu leisten hat, und die Höhe des Unterhalts regeln. (2) Der Antrag ist zulässig, sobald die Klage eingereicht ist. Er kann vor der Geschäftsstelle zu Protokoll erklärt werden. Der Anspruch und die Notwendigkeit einer einstweiligen Anordnung sind glaubhaft zu machen. Die Entscheidung ergeht auf Grund mündlicher Verhandlung durch Beschluss. Zuständig ist das Gericht des ersten Rechtszuges und, wenn der Rechtsstreit in der Berufungsinstanz schwebt, das Berufungsgericht. (3) Gegen einen Beschluss, den das Gericht des ersten Rechtszuges erlassen hat, findet die sofortige Beschwerde statt. Schwebt der Rechtsstreit in der Berufungsinstanz, so ist die Beschwerde bei dem Berufungsgericht einzulegen. (4) Die entstehenden Kosten eines von einer Partei beantragten Verfahrens der einstweiligen Anordnung gelten für die Kostenentscheidung als Teil der Kosten der Hauptsache, diejenigen eines vom Nebenintervenienten beantragten Verfahrens der einstweiligen Anordnung als Teil der Kosten der Nebenintervention; § 96 gilt insoweit sinngemäß.	§ 248 Einstweilige Anordnung bei Feststellung der Vaterschaft (1) Ein Antrag auf Erlass einer einstweiligen Anordnung, durch den ein Mann auf Zahlung von Unterhalt für ein Kind oder dessen Mutter in Anspruch genommen wird, ist, wenn die Vaterschaft des Mannes nach § 1592 Nr. 1 und 2 oder § 1593 des Bürgerlichen Gesetzbuchs nicht besteht, nur zulässig, wenn ein Verfahren auf Feststellung der Vaterschaft nach § 1600d des Bürgerlichen Gesetzbuchs anhängig ist. (2) Im Fall des Absatzes 1 ist das Gericht zuständig, bei dem das Verfahren auf Feststellung der Vaterschaft im ersten Rechtszug anhängig ist; während der Anhängigkeit beim Beschwerdegericht ist dieses zuständig. (3) § 1600d Abs. 2 und 3 des Bürgerlichen Gesetzbuchs gilt entsprechend. (4) Das Gericht kann auch anordnen, dass der Mann für den Unterhalt Sicherheit in bestimmter Höhe zu leisten hat. (5) (…)
§ 641e Außerkrafttreten und Aufhebung der einstweiligen Anordnung Die einstweilige Anordnung tritt, wenn sie nicht vorher aufgehoben wird, außer Kraft, sobald derjenige, der die Anordnung erwirkt hat, gegen den Mann einen anderen Schuldtitel über den Unterhalt erlangt, der nicht nur vorläufig vollstreckbar ist.	
§ 641f Außerkrafttreten bei Klagerücknahme oder Klageabweisung Die einstweilige Anordnung tritt ferner außer Kraft, wenn die Klage zurückgenommen wird oder wenn ein Urteil ergeht, das die Klage abweist.	§ 248 Einstweilige Anordnung bei Feststellung der Vaterschaft (…) Die einstweilige Anordnung tritt auch außer Kraft, wenn der Antrag auf Feststellung der Vaterschaft zurückgenommen oder rechtskräftig zurückgewiesen worden ist. In diesem Fall hat derjenige, der die einstweilige Anordnung erwirkt hat, dem Mann den Schaden zu ersetzen, der ihm aus der Vollziehung der einstweiligen Anordnung entstanden ist.

Gegenüberstellung geltendes und künftiges Recht

Geltendes Recht	Künftiges Recht gemäß FGG-RG
§ 641g Schadensersatzpflicht des Klägers Ist die Klage auf Feststellung des Bestehens der Vaterschaft zurückgenommen oder rechtskräftig abgewiesen, so hat derjenige, der die einstweilige Anordnung erwirkt hat, dem Mann den Schaden zu ersetzen, der ihm aus der Vollziehung der einstweiligen Anordnung entstanden ist.	**§ 248** Einstweilige Anordnung bei Feststellung der Vaterschaft (…) (5) Die einstweilige Anordnung tritt auch außer Kraft, wenn der Antrag auf Feststellung der Vaterschaft zurückgenommen oder rechtskräftig zurückgewiesen worden ist. In diesem Fall hat derjenige, der die einstweilige Anordnung erwirkt hat, dem Mann den Schaden zu ersetzen, der ihm aus der Vollziehung der einstweiligen Anordnung entstanden ist.
§ 641h Inhalt der Urteilsformel Weist das Gericht eine Klage auf Feststellung des Nichtbestehens der Vaterschaft ab, weil es den Kläger oder den Beklagten als Vater festgestellt hat, so spricht es dies in der Urteilsformel aus.	**§ 182** Inhalt des Beschlusses (1) (…) (2) Weist das Gericht einen Antrag auf Feststellung des Nichtbestehens der Vaterschaft ab, weil es den Antragsteller oder einen anderen Beteiligten als Vater festgestellt hat, spricht es dies in der Beschlussformel aus.
§ 641i Restitutionsklage (1) Die Restitutionsklage gegen ein rechtskräftiges Urteil, in dem über die Vaterschaft entschieden ist, findet außer in den Fällen des § 580 statt, wenn die Partei ein neues Gutachten über die Vaterschaft vorlegt, das allein oder in Verbindung mit den in dem früheren Verfahren erhobenen Beweisen eine andere Entscheidung herbeigeführt haben würde. (2) Die Klage kann auch von der Partei erhoben werden, die in dem früheren Verfahren obsiegt hat. (3) Für die Klage ist das Gericht ausschließlich zuständig, das im ersten Rechtszug erkannt hat; ist das angefochtene Urteil von dem Berufungs- oder Revisionsgericht erlassen, so ist das Berufungsgericht zuständig. Wird die Klage mit einer Nichtigkeitsklage oder mit einer Restitutionsklage nach § 580 verbunden, so bewendet es bei § 584. (4) § 586 ist nicht anzuwenden.	**§ 185** Wiederaufnahme des Verfahrens (1) Der Restitutionsantrag gegen einen rechtskräftigen Beschluss, in dem über die Abstammung entschieden ist, ist auch statthaft, wenn ein Beteiligter ein neues Gutachten über die Abstammung vorlegt, das allein oder in Verbindung mit den im früheren Verfahren erhobenen Beweisen eine andere Entscheidung herbeigeführt haben würde. (2) Der Antrag auf Wiederaufnahme kann auch von dem Beteiligten erhoben werden, der in dem früheren Verfahren obsiegt hat. (3) Für den Antrag ist das Gericht ausschließlich zuständig, das im ersten Rechtszug entschieden hat; ist der angefochtene Beschluss von dem Beschwerdegericht oder dem Rechtsbeschwerdegericht erlassen, ist das Beschwerdegericht zuständig. Wird der Antrag mit einem Nichtigkeitsantrag oder mit einem Restitutionsantrag nach § 580 der Zivilprozessordnung verbunden, ist § 584 der Zivilprozessordnung anzuwenden. (4) § 586 der Zivilprozessordnung ist nicht anzuwenden.
§ 641k (weggefallen)	
Abschnitt 6 **Verfahren über den Unterhalt**	
Titel 1 **Allgemeine Vorschriften**	
	§ 231 Unterhaltssachen (1) Unterhaltssachen sind Verfahren, die 1. die durch Verwandtschaft begründete gesetzliche Unterhaltspflicht, 2. die durch Ehe begründete gesetzliche Unterhaltspflicht, 3. die Ansprüche nach § 1615l oder § 1615m des Bürgerlichen Gesetzbuchs betreffen. (2) Unterhaltssachen sind auch Verfahren nach § 3 Abs. 2 Satz 3 des Bundeskindergeldgesetzes und § 64 Abs. 2 Satz 3 des Einkommensteuergesetzes. Die §§ 235 bis 245 sind nicht anzuwenden.

IV. – Konkordanzliste

Geltendes Recht	Künftiges Recht gemäß FGG-RG
§ 642 Zuständigkeit (1) Für Verfahren, die die gesetzliche Unterhaltspflicht eines Elternteils oder beider Elternteile gegenüber einem minderjährigen Kind betreffen, ist das Gericht ausschließlich zuständig, bei dem das Kind oder der Elternteil, der es gesetzlich vertritt, seinen allgemeinen Gerichtsstand hat. Dies gilt nicht, wenn das Kind oder ein Elternteil seinen allgemeinen Gerichtsstand im Ausland hat. (2) § 621 Abs. 2, 3 ist anzuwenden. Für das vereinfachte Verfahren über den Unterhalt (§§ 645 bis 660) gilt dies nur im Falle einer Überleitung in das streitige Verfahren. (3) Die Klage eines Elternteils gegen den anderen Elternteil wegen eines Anspruchs, der die durch Ehe begründete gesetzliche Unterhaltspflicht betrifft, oder wegen eines Anspruchs nach § 1615l des Bürgerlichen Gesetzbuchs kann auch bei dem Gericht erhoben werden, bei dem ein Verfahren über den Unterhalt des Kindes im ersten Rechtszug anhängig ist.	§ 232 Örtliche Zuständigkeit (1) Ausschließlich zuständig ist 1. für Unterhaltssachen, die die Unterhaltspflicht für ein gemeinschaftliches Kind der Ehegatten betreffen, mit Ausnahme des vereinfachten Verfahrens über den Unterhalt Minderjähriger, oder die durch die Ehe begründete Unterhaltspflicht betreffen, während der Anhängigkeit einer Ehesache das Gericht, bei dem die Ehesache im ersten Rechtszug anhängig ist oder war, 2. für Unterhaltssachen, die die Unterhaltspflicht für ein minderjähriges Kind oder ein nach § 1603 Abs. 2 Satz 2 des Bürgerlichen Gesetzbuchs gleichgestelltes Kind betreffen, das Gericht, in dessen Bezirk das Kind oder der Elternteil, der auf Seiten des minderjährigen Kindes zu handeln befugt ist, seinen gewöhnlichen Aufenthalt hat; dies gilt nicht, wenn das Kind oder ein Elternteil seinen gewöhnlichen Aufenthalt im Ausland hat. (2) Eine Zuständigkeit nach Absatz 1 geht der ausschließlichen Zuständigkeit eines anderen Gerichts vor. (3) Sofern eine Zuständigkeit nach Absatz 1 nicht besteht, bestimmt sich die Zuständigkeit nach den Vorschriften der Zivilprozessordnung mit der Maßgabe, dass in den Vorschriften über den allgemeinen Gerichtsstand an die Stelle des Wohnsitzes der gewöhnliche Aufenthalt tritt. Nach Wahl des Antragstellers ist auch zuständig 1. für den Antrag eines Elternteils gegen den anderen Elternteil wegen eines Anspruchs, der die durch Ehe begründete gesetzliche Unterhaltspflicht betrifft, oder wegen eines Anspruchs nach § 1615l des Bürgerlichen Gesetzbuchs das Gericht, bei dem ein Verfahren über den Unterhalt des Kindes im ersten Rechtszug anhängig ist, 2. für den Antrag eines Kindes, durch den beide Eltern auf Erfüllung der Unterhaltspflicht in Anspruch genommen werden, das Gericht, das für den Antrag gegen einen Elternteil zuständig ist, 3. das Gericht, bei dem der Antragsteller seinen gewöhnlichen Aufenthalt hat, wenn der Antragsgegner im Inland keinen Gerichtsstand hat.
§ 643 Auskunftsrecht des Gerichts (1) Das Gericht kann den Parteien in Unterhaltsstreitigkeiten des § 621 Abs. 1 Nr. 4, 5 und 11 aufgeben, unter Vorlage entsprechender Belege Auskunft zu erteilen über ihre Einkünfte und, soweit es für die Bemessung des Unterhalts von Bedeutung ist, über ihr Vermögen und ihre persönlichen und wirtschaftlichen Verhältnisse.	§ 235 Verfahrensrechtliche Auskunftspflicht der Beteiligten (1) Das Gericht kann anordnen, dass der Antragsteller und der Antragsgegner Auskunft über ihre Einkünfte, ihr Vermögen und ihre persönlichen und wirtschaftlichen Verhältnisse erteilen sowie bestimmte Belege vorlegen, soweit dies für die Bemessung des Unterhalts von Bedeutung ist. Das Gericht kann anordnen, dass der Antragsteller und der Antragsgegner schriftlich versichern, dass die Auskunft wahrheitsgemäß und vollständig ist; die Versicherung kann nicht durch einen Vertreter erfolgen. Mit der Anordnung nach Satz 1 oder Satz 2 soll das Gericht eine angemessene Frist setzen. Zugleich hat es auf die Verpflichtung nach Absatz 3 und auf die nach den §§ 236 und 243 Satz 2 Nr. 3 möglichen Folgen hinzuweisen. (2) Das Gericht hat nach Absatz 1 vorzugehen, wenn ein Beteiligter dies beantragt und der andere Beteiligte vor Beginn des Verfahrens einer nach den Vorschriften des bürgerlichen Rechts bestehenden Auskunftspflicht entgegen einer Aufforderung innerhalb angemessener Frist nicht nachgekommen ist. (3) Antragsteller und Antragsgegner sind verpflichtet, dem Gericht ohne Aufforderung mitzuteilen, wenn sich während des Verfahrens Umstände, die Gegenstand der Anordnung nach Absatz 1 waren, wesentlich verändert haben.

Gegenüberstellung geltendes und künftiges Recht

Geltendes Recht	Künftiges Recht gemäß FGG-RG
	(4) Die Anordnungen des Gerichts nach dieser Vorschrift sind nicht selbständig anfechtbar und nicht mit Zwangsmitteln durchsetzbar. § 236 Verfahrensrechtliche Auskunftspflicht Dritter
(2) Kommt eine Partei der Aufforderung des Gerichts nach Absatz 1 nicht oder nicht vollständig nach, so kann das Gericht, soweit es zur Aufklärung erforderlich ist, Auskunft einholen 1. über die Höhe der Einkünfte bei a) Arbeitgebern, b) Sozialleistungsträgern sowie der Künstlersozialkasse, c) sonstigen Personen oder Stellen, die Leistungen zur Versorgung im Alter und bei verminderter Erwerbsfähigkeit sowie Leistungen zur Entschädigung oder zum Nachteilsausgleich zahlen, und d) Versicherungsunternehmen, 2. über den zuständigen Rentenversicherungsträger und die Versicherungsnummer bei der Datenstelle der Rentenversicherungsträger, 3. in Rechtsstreitigkeiten, die den Unterhaltsanspruch eines minderjährigen Kindes betreffen, über die Höhe der Einkünfte und das Vermögen bei Finanzämtern. Das Gericht hat die Partei hierauf spätestens bei der Aufforderung hinzuweisen. (3) Die in Absatz 2 bezeichneten Personen und Stellen sind verpflichtet, den gerichtlichen Ersuchen Folge zu leisten. § 390 gilt in den Fällen des § 643 Abs. 2 Nr. 1 und 2 entsprechend. (4) Die allgemeinen Vorschriften des Buches 1 und 2 bleiben unberührt.	(1) Kommt ein Beteiligter innerhalb der hierfür gesetzten Frist einer Verpflichtung nach § 235 Abs. 1 nicht oder nicht vollständig nach, kann das Gericht, soweit dies für die Bemessung des Unterhalts von Bedeutung ist, über die Höhe der Einkünfte Auskunft und bestimmte Belege anfordern bei 1. Arbeitgebern, 2. Sozialleistungsträgern sowie der Künstlersozialkasse, 3. sonstigen Personen oder Stellen, die Leistungen zur Versorgung im Alter und bei verminderter Erwerbsfähigkeit sowie Leistungen zur Entschädigung und zum Nachteilsausgleich zahlen, 4. Versicherungsunternehmen oder 5. Finanzämtern. (2) Das Gericht hat nach Absatz 1 vorzugehen, wenn dessen Voraussetzungen vorliegen und der andere Beteiligte dies beantragt. (3) Die Anordnung nach Absatz 1 ist den Beteiligten mitzuteilen. (4) Die in Absatz 1 bezeichneten Personen und Stellen sind verpflichtet, der gerichtlichen Anordnung Folge zu leisten. § 390 der Zivilprozessordnung gilt entsprechend, wenn nicht eine Behörde betroffen ist. (5) Die Anordnungen des Gerichts nach dieser Vorschrift sind für die Beteiligten nicht selbständig anfechtbar.
§ 644 Einstweilige Anordnung Ist eine Klage nach § 621 Abs. 1 Nr. 4, 5 oder 11 anhängig oder ist ein Antrag auf Bewilligung von Prozesskostenhilfe für eine solche Klage eingereicht, kann das Gericht den Unterhalt auf Antrag durch einstweilige Anordnung regeln. Die §§ 620a bis 620g gelten entsprechend.	§ 246 Besondere Vorschriften für die einstweilige Anordnung (1) Das Gericht kann durch einstweilige Anordnung abweichend von § 49 auf Antrag die Verpflichtung zur Zahlung von Unterhalt oder zur Zahlung eines Kostenvorschusses für ein gerichtliches Verfahren regeln. (2) Die Entscheidung ergeht aufgrund mündlicher Verhandlung, wenn dies zur Aufklärung des Sachverhalts oder für eine gütliche Beilegung des Verfahrens geboten erscheint. § 247 Einstweilige Anordnung vor Geburt des Kindes (1) Im Wege der einstweiligen Anordnung kann bereits vor der Geburt des Kindes die Verpflichtung zur Zahlung des für die ersten drei Monate dem Kind zu gewährenden Unterhalts sowie des der Mutter nach § 1615l Abs. 1 des Bürgerlichen Gesetzbuchs zustehenden Betrags geregelt werden. (2) Hinsichtlich des Unterhalts für das Kind kann der Antrag auch durch die Mutter gestellt werden. § 1600d Abs. 2 und 3 des Bürgerlichen Gesetzbuchs gilt entsprechend. In den Fällen des Absatzes 1 kann auch angeordnet werden, dass der Betrag zu einem bestimmten Zeitpunkt vor der Geburt des Kindes zu hinterlegen ist.

IV. – Konkordanzliste

Geltendes Recht	Künftiges Recht gemäß FGG-RG
Titel 2 **Vereinfachte Verfahren über den Unterhalt Minderjähriger**	
§ 645 Statthaftigkeit des vereinfachten Verfahrens (1) Auf Antrag wird der Unterhalt eines minderjährigen Kindes, das mit dem in Anspruch genommenen Elternteil nicht in einem Haushalt lebt, im vereinfachten Verfahren festgesetzt, soweit der Unterhalt <u>vor Anrechnung der nach §§ 1612b, 1612c des Bürgerlichen Gesetzbuchs zu berücksichtigenden Leistungen das Eineinhalbfache des Regelbetrages nach der Regelbetrag-Verordnung</u> nicht übersteigt. (2) Das vereinfachte Verfahren findet nicht statt, wenn zum Zeitpunkt der Zustellung des Antrags oder einer Mitteilung über seinen Inhalt an den Antragsgegner ein Gericht über den Unterhaltsanspruch des Kindes entschieden hat, ein gerichtliches Verfahren anhängig ist oder ein zur Zwangsvollstreckung geeigneter Schuldtitel errichtet worden ist.	**§ 249** Statthaftigkeit des vereinfachten Verfahrens (1) Auf Antrag wird der Unterhalt eines minderjährigen Kindes, das mit dem in Anspruch genommenen Elternteil nicht in einem Haushalt lebt, im vereinfachten Verfahren festgesetzt, soweit der Unterhalt <u>vor Berücksichtigung der Leistungen nach § 1612b oder § 1612c des Bürgerlichen Gesetzbuchs das 1,2fache des Mindestunterhalts nach § 1612a Abs. 1 des Bürgerlichen Gesetzbuchs</u> nicht übersteigt. (2) Das vereinfachte Verfahren ist nicht statthaft, wenn zum Zeitpunkt, in dem der Antrag oder eine Mitteilung über seinen Inhalt dem Antragsgegner zugestellt wird, über den Unterhaltsanspruch des Kindes entweder ein Gericht entschieden hat, ein gerichtliches Verfahren anhängig ist oder ein zur Zwangsvollstreckung geeigneter Schuldtitel errichtet worden ist.
§ 646 Antrag (1) Der Antrag muss enthalten: 1. die Bezeichnung der Parteien, ihrer gesetzlichen Vertreter und der Prozessbevollmächtigten; 2. die Bezeichnung des Gerichts, bei dem der Antrag gestellt wird; 3. die Angabe des Geburtsdatums des Kindes; 4. die Angabe, ab welchem Zeitpunkt Unterhalt verlangt wird; 5. für den Fall, dass Unterhalt für die Vergangenheit verlangt wird, die Angabe, wann die Voraussetzungen des § 1613 Abs. 1 oder 2 Nr. 2 des Bürgerlichen Gesetzbuchs eingetreten sind; 6. die Angabe der Höhe des verlangten Unterhalts; 7. die Angaben über Kindergeld und andere <u>anzurechnende</u> Leistungen (§§ 1612b, 1612c des Bürgerlichen Gesetzbuchs); 8. die Erklärung, dass zwischen dem Kind und dem Antragsgegner ein Eltern-Kind-Verhältnis nach den §§ 1591 bis 1593 des Bürgerlichen Gesetzbuchs besteht; 9. die Erklärung, dass das Kind nicht mit dem Antragsgegner in einem Haushalt lebt; 10. die Angabe der Höhe des Kindeseinkommens; 11. die Erklärung, das der Anspruch aus eigenem, aus übergegangenem oder rückabgetretenem Recht geltend gemacht wird; 12. die Erklärung, dass Unterhalt nicht für Zeiträume verlangt wird, für die das Kind Hilfe nach dem Zwölften Buch Sozialgesetzbuch, Sozialgeld nach dem Zweiten Buch Sozialgesetzbuch, Hilfe zur Erziehung oder Eingliederungshilfe nach dem Achten Buch Sozialgesetzbuch, Leistungen nach dem Unterhaltsvorschussgesetz oder Unterhalt nach § 1607 Abs. 2 oder 3 des Bürgerlichen Gesetzbuchs erhalten hat, oder, soweit Unterhalt aus übergegangenem Recht oder nach § 94 Abs. 4 Satz 2 des Zwölften Buches Sozialgesetzbuch, § 33 Abs. 2 Satz 4 des Zweiten Buches Sozialgesetzbuch oder § 7 Abs. 4 Satz 1 des Unterhaltsvorschussgesetzes verlangt wird, die Erklärung, dass der beantragte Unterhalt die Leistung an oder für das Kind nicht übersteigt; 13. die Erklärung, dass die Festsetzung im vereinfachten Verfahren nicht nach § 645 Abs. 2 ausgeschlossen ist.	**§ 250** Antrag (1) Der Antrag muss enthalten: 1. die Bezeichnung der Beteiligten, ihrer gesetzlichen Vertreter und der Verfahrensbevollmächtigten; 2. die Bezeichnung des Gerichts, bei dem der Antrag gestellt wird; 3. die Angabe des Geburtsdatums des Kindes; 4. die Angabe, ab welchem Zeitpunkt Unterhalt verlangt wird; 5. für den Fall, dass Unterhalt für die Vergangenheit verlangt wird, die Angabe, wann die Voraussetzungen des § 1613 Abs. 1 oder Abs. 2 Nr. 2 des Bürgerlichen Gesetzbuchs eingetreten sind; 6. die Angabe der Höhe des verlangten Unterhalts; 7. die Angaben über Kindergeld und andere <u>zu berücksichtigende</u> Leistungen (§ 1612b oder § 1612c des Bürgerlichen Gesetzbuchs); 8. die Erklärung, dass zwischen dem Kind und dem Antragsgegner ein Eltern-Kind-Verhältnis nach den §§ 1591 bis 1593 des Bürgerlichen Gesetzbuchs besteht; 9. die Erklärung, dass das Kind nicht mit dem Antragsgegner in einem Haushalt lebt; 10. die Angabe der Höhe des Kindeseinkommens; 11. eine Erklärung darüber, ob der Anspruch aus eigenem, aus übergegangenem oder rückabgetretenem Recht geltend gemacht wird; 12. die Erklärung, dass Unterhalt nicht für Zeiträume verlangt wird, für die das Kind Hilfe nach dem Zwölften Buch Sozialgesetzbuch, Sozialgeld nach dem Zweiten Buch Sozialgesetzbuch, Hilfe zur Erziehung oder Eingliederungshilfe nach dem Achten Buch Sozialgesetzbuch, Leistungen nach dem Unterhaltsvorschussgesetz oder Unterhalt nach § 1607 Abs. 2 oder Abs. 3 des Bürgerlichen Gesetzbuchs erhalten hat, oder, soweit Unterhalt aus übergegangenem Recht oder nach § 94 Abs. 4 Satz 2 des Zwölften Buches Sozialgesetzbuch, § 33 Abs. 2 Satz 4 des Zweiten Buches Sozialgesetzbuch oder § 7 Abs. 4 Satz 1 des Unterhaltsvorschussgesetzes verlangt wird, die Erklärung, dass der beantragte Unterhalt die Leistung an oder für das Kind nicht übersteigt; 13. die Erklärung, dass die Festsetzung im vereinfachten Verfahren nicht nach § 249 Abs. 2 ausgeschlossen ist.

Gegenüberstellung geltendes und künftiges Recht

Geltendes Recht	Künftiges Recht gemäß FGG-RG
(2) Entspricht der Antrag nicht diesen und den in § 645 bezeichneten Voraussetzungen, ist er zurückzuweisen. Vor der Zurückweisung ist der Antragsteller zu hören. Die Zurückweisung ist nicht anfechtbar. (3) Sind vereinfachte Verfahren anderer Kinder des Antragsgegners bei dem Gericht anhängig, so ordnet es die Verbindung zum Zweck gleichzeitiger Entscheidung an.	(2) Entspricht der Antrag nicht den in Absatz 1 und den in § 249 bezeichneten Voraussetzungen, ist er zurückzuweisen. Vor der Zurückweisung ist der Antragsteller zu hören. Die Zurückweisung ist nicht anfechtbar. (3) Sind vereinfachte Verfahren anderer Kinder des Antragsgegners bei dem Gericht anhängig, hat es die Verfahren zum Zweck gleichzeitiger Entscheidung zu verbinden.
§ 647 Maßnahmen des Gerichts (1) Erscheint nach dem Vorbringen des Antragstellers das vereinfachte Verfahren zulässig, so verfügt das Gericht die Zustellung des Antrags oder einer Mitteilung über seinen Inhalt an den Antragsgegner. Zugleich weist es ihn darauf hin, 1. von wann an und in welcher Höhe der Unterhalt festgesetzt werden kann; hierbei sind zu bezeichnen a) die Zeiträume nach dem Alter des Kindes, für die die Festsetzung des Unterhalts nach den Regelbeträgen der ersten, zweiten und dritten Altersstufe in Betracht kommt; b) im Fall des § 1612a des Bürgerlichen Gesetzbuchs auch der Vomhundertsatz des jeweiligen Regelbetrages; c) die nach den §§ 1612b, 1612c des Bürgerlichen Gesetzbuchs anzurechnenden Leistungen; 2. dass das Gericht nicht geprüft hat, ob der verlangte Unterhalt das im Antrag angegebene Kindeseinkommen berücksichtigt; 3. dass über den Unterhalt ein Festsetzungsbeschluss ergehen kann, aus dem der Antragsteller die Zwangsvollstreckung betreiben kann, wenn er nicht innerhalb eines Monats Einwendungen in der vorgeschriebenen Form erhebt; 4. welche Einwendungen nach § 648 Abs. 1 und 2 erhoben werden können, insbesondere, dass der Einwand eingeschränkter oder fehlender Leistungsfähigkeit nur erhoben werden kann, wenn die Auskunft nach § 648 Abs. 2 Satz 3 in Form eines vollständig ausgefüllten Formulars erteilt wird und Belege über die Einkünfte beigefügt werden; 5. dass die Einwendungen, wenn Formulare eingeführt sind, mit einem Formular der beigefügten Art erhoben werden müssen, das auch bei jedem Amtsgericht erhältlich ist. Ist der Antrag im Ausland zuzustellen, so bestimmt das Gericht die Frist nach Satz 2 Nr. 3. (2) § 167 gilt entsprechend.	§ 251 Maßnahmen des Gerichts (1) Erscheint nach dem Vorbringen des Antragstellers das vereinfachte Verfahren zulässig, verfügt das Gericht die Zustellung des Antrags oder einer Mitteilung über seinen Inhalt an den Antragsgegner. Zugleich weist es ihn darauf hin, 1. ab welchem Zeitpunkt und in welcher Höhe der Unterhalt festgesetzt werden kann; hierbei sind zu bezeichnen: a) die Zeiträume nach dem Alter des Kindes, für das die Festsetzung des Unterhalts nach dem Mindestunterhalt der ersten, zweiten und dritten Altersstufe in Betracht kommt; b) im Fall des § 1612a des Bürgerlichen Gesetzbuchs auch der Prozentsatz des jeweiligen Mindestunterhalts; c) die nach § 1612b oder § 1612c des Bürgerlichen Gesetzbuchs zu berücksichtigenden Leistungen; 2. dass das Gericht nicht geprüft hat, ob der verlangte Unterhalt das im Antrag angegebene Kindeseinkommen berücksichtigt; 3. dass über den Unterhalt ein Festsetzungsbeschluss ergehen kann, aus dem der Antragsteller die Zwangsvollstreckung betreiben kann, wenn er nicht innerhalb eines Monats Einwendungen in der vorgeschriebenen Form erhebt; 4. welche Einwendungen nach § 252 Abs. 1 und 2 erhoben werden können, insbesondere, dass der Einwand eingeschränkter oder fehlender Leistungsfähigkeit nur erhoben werden kann, wenn die Auskunft nach § 252 Abs. 2 Satz 3 in Form eines vollständig ausgefüllten Formulars erteilt wird und Belege über die Einkünfte beigefügt werden; 5. dass die Einwendungen, wenn Formulare eingeführt sind, mit einem Formular der beigefügten Art erhoben werden müssen, das auch bei jedem Amtsgericht erhältlich ist. Ist der Antrag im Ausland zuzustellen, bestimmt das Gericht die Frist nach Satz 2 Nr. 3. (2) § 167 der Zivilprozessordnung gilt entsprechend.
§ 648 Einwendungen des Antragsgegners (1) Der Antragsgegner kann Einwendungen geltend machen gegen 1. die Zulässigkeit des vereinfachten Verfahrens, 2. den Zeitpunkt, von dem an Unterhalt gezahlt werden soll, 3. die Höhe des Unterhalts, soweit er geltend macht, dass a) die nach dem Alter des Kindes zu bestimmenden Zeiträume, für die der Unterhalt nach den Regelbeträgen der ersten, zweiten und dritten Altersstufe festgesetzt werden soll, nicht richtig berechnet sind oder die angegebenen Regelbeträge von denen der Regelbetrag-Verordnung abweichen; b) der Unterhalt nicht höher als beantragt festgesetzt werden darf; c) Leistungen der in den §§ 1612b, 1612c des Bürgerlichen Gesetzbuchs bezeichneten Art nicht oder nicht richtig angerechnet sind.	§ 252 Einwendungen des Antragsgegners (1) Der Antragsgegner kann Einwendungen geltend machen gegen 1. die Zulässigkeit des vereinfachten Verfahrens; 2. den Zeitpunkt, von dem an Unterhalt gezahlt werden soll; 3. die Höhe des Unterhalts, soweit er geltend macht, dass a) die nach dem Alter des Kindes zu bestimmenden Zeiträume, für die der Unterhalt nach dem Mindestunterhalt der ersten, zweiten und dritten Altersstufe festgesetzt werden soll, oder der angegebene Mindestunterhalt nicht richtig berechnet sind, b) der Unterhalt nicht höher als beantragt festgesetzt werden darf; c) Leistungen der in § 1612b oder § 1612c des Bürgerlichen Gesetzbuchs bezeichneten Art nicht oder nicht richtig berücksichtigt worden sind.

IV. – Konkordanzliste

Geltendes Recht	Künftiges Recht gemäß FGG-RG
Ferner kann er, wenn er sich sofort zur Erfüllung des Unterhaltsanspruchs verpflichtet, hinsichtlich der Verfahrenskosten geltend machen, dass er keinen Anlass zur Stellung des Antrags gegeben hat (§ 93). Nicht begründete Einwendungen nach Satz 1 Nr. 1 und 3 weist das Gericht mit dem Festsetzungsbeschluss zurück, desgleichen eine Einwendung nach Satz 1 Nr. 2, wenn ihm diese nicht begründet erscheint. (2) Andere Einwendungen kann der Antragsgegner nur erheben, wenn er zugleich erklärt, inwieweit er zur Unterhaltsleistung bereit ist und dass er sich insoweit zur Erfüllung des Unterhaltsanspruchs verpflichtet. Den Einwand der Erfüllung kann der Antragsgegner nur erheben, wenn er zugleich erklärt, inwieweit er geleistet hat und dass er sich verpflichtet, einen darüber hinausgehenden Unterhaltsrückstand zu begleichen. Den Einwand eingeschränkter oder fehlender Leistungsfähigkeit kann der Antragsgegner nur erheben, wenn er zugleich unter Verwendung des eingeführten Formulars Auskunft über 1. seine Einkünfte, 2. sein Vermögen und 3. seine persönlichen und wirtschaftlichen Verhältnisse im Übrigen erteilt und über seine Einkünfte Belege vorlegt. (3) Die Einwendungen sind zu berücksichtigen, solange der Festsetzungsbeschluss nicht verfügt ist.	Ferner kann er, wenn er sich sofort zur Erfüllung des Unterhaltsanspruchs verpflichtet, hinsichtlich der Verfahrenskosten geltend machen, dass er keinen Anlass zur Stellung des Antrags gegeben hat. Nicht begründete Einwendungen nach Satz 1 Nr. 1 und 3 weist das Gericht mit dem Festsetzungsbeschluss zurück, ebenso eine Einwendung nach Satz 1 Nr. 2, wenn ihm diese nicht begründet erscheint. (2) Andere Einwendungen kann der Antragsgegner nur erheben, wenn er zugleich erklärt, inwieweit er zur Unterhaltsleistung bereit ist und dass er sich insoweit zur Erfüllung des Unterhaltsanspruchs verpflichtet. Den Einwand der Erfüllung kann der Antragsgegner nur erheben, wenn er zugleich erklärt, inwieweit er geleistet hat und dass er sich verpflichtet, einen darüber hinausgehenden Unterhaltsrückstand zu begleichen. Den Einwand eingeschränkter oder fehlender Leistungsfähigkeit kann der Antragsgegner nur erheben, wenn er zugleich unter Verwendung des eingeführten Formulars Auskunft über 1. seine Einkünfte, 2. sein Vermögen und 3. seine persönlichen und wirtschaftlichen Verhältnisse im Übrigen erteilt und über seine Einkünfte Belege vorlegt. (3) Die Einwendungen sind <u>nur</u> zu berücksichtigen, solange der Festsetzungsbeschluss nicht verfügt ist.
§ 649 Festsetzungsbeschluss (1) Werden keine oder lediglich nach § 648 Abs. 1 Satz 3 zurückzuweisende oder nach § 648 Abs. 2 unzulässige Einwendungen erhoben, wird der Unterhalt nach Ablauf der in § 647 Abs. 1 Satz 2 Nr. 3 bezeichneten Frist durch Beschluss festgesetzt. In dem Beschluss ist auszusprechen, dass der Antragsgegner den festgesetzten Unterhalt an den Unterhaltsberechtigten zu zahlen hat. In dem Beschluss sind auch die bis dahin entstandenen erstattungsfähigen Kosten des Verfahrens festzusetzen, soweit sie ohne weiteres ermittelt werden können; es genügt, wenn der Antragsteller die zu ihrer Berechnung notwendigen Angaben dem Gericht mitteilt. (2) In dem Beschluss ist darauf hinzuweisen, welche Einwendungen mit der sofortigen Beschwerde geltend gemacht werden können und unter welchen Voraussetzungen eine Abänderung im Wege der Klage nach § 654 verlangt werden kann.	§ 253 Festsetzungsbeschluss (1) Werden keine oder lediglich nach § 252 Abs. 1 Satz 3 zurückzuweisende oder nach § 252 Abs. 2 unzulässige Einwendungen erhoben, wird der Unterhalt nach Ablauf der in § 251 Abs. 1 Satz 2 Nr. 3 bezeichneten Frist durch Beschluss festgesetzt. In dem Beschluss ist auszusprechen, dass der Antragsgegner den festgesetzten Unterhalt an den Unterhaltsberechtigten zu zahlen hat. In dem Beschluss sind auch die bis dahin entstandenen erstattungsfähigen Kosten des Verfahrens festzusetzen, soweit sie ohne weiteres ermittelt werden können; es genügt, wenn der Antragsteller die zu ihrer Berechnung notwendigen Angaben dem Gericht mitteilt. (2) In dem Beschluss ist darauf hinzuweisen, welche Einwendungen mit der sofortigen Beschwerde geltend gemacht werden können und unter welchen Voraussetzungen eine Abänderung verlangt werden kann.
§ 650 Mitteilung über Einwendungen Sind Einwendungen erhoben, die nach § 648 Abs. 1 Satz 3 nicht zurückzuweisen oder die nach § 648 Abs. 2 zulässig sind, teilt das Gericht dem Antragsteller dies mit. Es setzt auf seinen Antrag den Unterhalt durch Beschluss fest, soweit sich der Antragsgegner nach § 648 Abs. 2 Satz 1 und 2 zur Zahlung von Unterhalt verpflichtet hat. In der Mitteilung nach Satz 1 ist darauf hinzuweisen.	§ 254 Mitteilungen über Einwendungen Sind Einwendungen erhoben worden, die nach § 252 Abs. 1 Satz 3 nicht zurückzuweisen oder die nach § 252 Abs. 2 zulässig sind, teilt das Gericht dem Antragsteller dies mit. Es setzt auf seinen Antrag den Unterhalt durch Beschluss fest, soweit sich der Antragsgegner nach § 252 Abs. 2 Satz 1 und 2 zur Zahlung von Unterhalt verpflichtet hat. In der Mitteilung nach Satz 1 ist darauf hinzuweisen.

Gegenüberstellung geltendes und künftiges Recht

Geltendes Recht	Künftiges Recht gemäß FGG-RG
§ 651 Streitiges Verfahren (1) Im Falle des § 650 wird auf Antrag einer Partei das streitige Verfahren durchgeführt. Darauf ist in der Mitteilung nach § 650 hinzuweisen. (2) Beantragt eine Partei die Durchführung des streitigen Verfahrens, so ist wie nach Eingang einer Klage weiter zu verfahren. Einwendungen nach § 648 gelten als Klageerwiderung. (3) Der Rechtsstreit gilt als mit der Zustellung des Festsetzungsantrags (§ 647 Abs. 1 Satz 1) rechtshängig geworden. (4) Ist ein Festsetzungsbeschluss nach § 650 Satz 2 vorausgegangen, soll für zukünftige wiederkehrende Leistungen der Unterhalt in einem Gesamtbetrag bestimmt und der Festsetzungsbeschluss insoweit aufgehoben werden. (5) Die Kosten des vereinfachten Verfahrens werden als Teil der Kosten des streitigen Verfahrens behandelt. (6) Wird der Antrag auf Durchführung des streitigen Verfahrens nicht vor Ablauf von sechs Monaten nach Zugang der Mitteilung nach § 650 Satz 1 gestellt, gilt der über den Festsetzungsbeschluss gemäß § 650 Satz 2 oder die Verpflichtungserklärung des Antragsgegners gemäß § 648 Abs. 2 Satz 1 und 2 hinausgehende Festsetzungsantrag als zurückgenommen.	§ 255 Streitiges Verfahren (1) Im Fall des § 254 wird auf Antrag einer Partei das streitige Verfahren durchgeführt. Darauf ist in der Mitteilung nach § 254 Satz 1 hinzuweisen. (2) Beantragt ein Beteiligter die Durchführung des streitigen Verfahrens, ist wie nach Eingang eines Antrags in einer Unterhaltssache weiter zu verfahren. Einwendungen nach § 252 gelten als Erwiderung. (3) Das Verfahren gilt als mit der Zustellung des Festsetzungsantrags (§ 251 Abs. 1 Satz 1) rechtshängig geworden. (4) Ist ein Festsetzungsbeschluss nach § 254 Satz 2 vorausgegangen, soll für zukünftige wiederkehrende Leistungen der Unterhalt in einem Gesamtbetrag bestimmt und der Festsetzungsbeschluss insoweit aufgehoben werden. (5) Die Kosten des vereinfachten Verfahrens werden als Teil der Kosten des streitigen Verfahrens behandelt. (6) Wird der Antrag auf Durchführung des streitigen Verfahrens nicht vor Ablauf von sechs Monaten nach Zugang der Mitteilung nach § 254 Satz 1 gestellt, gilt der über den Festsetzungsbeschluss nach § 254 Satz 2 oder die Verpflichtungserklärung des Antragsgegners nach § 252 Abs. 2 Satz 1 und 2 hinausgehende Festsetzungsantrag als zurückgenommen.
§ 652 Sofortige Beschwerde (1) Gegen den Festsetzungsbeschluss findet die sofortige Beschwerde statt. (2) Mit der sofortigen Beschwerde können nur die in § 648 Abs. 1 bezeichneten Einwendungen, die Zulässigkeit von Einwendungen nach § 648 Abs. 2 sowie die Unrichtigkeit der Kostenentscheidung oder Kostenfestsetzung, sofern sie nach allgemeinen Grundsätzen anfechtbar sind, geltend gemacht werden. Auf Einwendungen nach § 648 Abs. 2, die nicht erhoben waren, bevor der Festsetzungsbeschluss verfügt war, kann die sofortige Beschwerde nicht gestützt werden.	§ 256 Beschwerde Mit der Beschwerde können nur die in § 252 Abs. 1 bezeichneten Einwendungen, die Zulässigkeit von Einwendungen nach § 252 Abs. 2 sowie die Unrichtigkeit der Kostenentscheidung oder Kostenfestsetzung, sofern sie nach allgemeinen Grundsätzen anfechtbar sind, geltend gemacht werden. Auf Einwendungen nach § 252 Abs. 2, die nicht erhoben waren, bevor der Festsetzungsbeschluss verfügt war, kann die Beschwerde nicht gestützt werden.
§ 653 Unterhalt bei Vaterschaftsfeststellung (1) Wird auf Klage des Kindes die Vaterschaft festgestellt, so hat das Gericht auf Antrag den Beklagten zugleich zu verurteilen, dem Kind Unterhalt in Höhe der Regelbeträge und gemäß den Altersstufen der Regelbetrag-Verordnung, vermindert oder erhöht um die nach den §§ 1612b, 1612c des Bürgerlichen Gesetzbuchs anzurechnenden Leistungen, zu zahlen. Das Kind kann einen geringeren Unterhalt verlangen. Im Übrigen kann in diesem Verfahren eine Herabsetzung oder Erhöhung des Unterhalts nicht verlangt werden. (2) Vor Rechtskraft des Urteils, das die Vaterschaft feststellt, wird die Verurteilung zur Leistung des Unterhalts nicht wirksam.	§ 237 Unterhalt bei Feststellung der Vaterschaft (1) Ein Antrag, durch den ein Mann auf Zahlung von Unterhalt für ein Kind in Anspruch genommen wird, ist, wenn die Vaterschaft des Mannes nach § 1592 Nr. 1 und 2 oder § 1593 des Bürgerlichen Gesetzbuchs nicht besteht, nur zulässig, wenn das Kind minderjährig und ein Verfahren auf Feststellung der Vaterschaft nach § 1600d des Bürgerlichen Gesetzbuchs anhängig ist. (2) Ausschließlich zuständig ist das Gericht, bei dem das Verfahren auf Feststellung der Vaterschaft im ersten Rechtszug anhängig ist. (3) Im Fall des Absatzes 1 kann Unterhalt lediglich in Höhe des Mindestunterhalts und gemäß den Altersstufen nach § 1612a Abs. 1 Satz 3 des Bürgerlichen Gesetzbuchs und unter Berücksichtigung der Leistungen nach § 1612b oder § 1612c des Bürgerlichen Gesetzbuchs beantragt werden. Das Kind kann einen geringeren Unterhalt verlangen. Im Übrigen kann in diesem Verfahren eine Herabsetzung oder Erhöhung des Unterhalts nicht verlangt werden. (4) Vor Rechtskraft des Beschlusses, der die Vaterschaft feststellt, oder vor Wirksamwerden der Anerkennung der Vaterschaft durch den Mann wird der Ausspruch, der die Verpflichtung zur Leistung des Unterhalts betrifft, nicht wirksam.

IV. – Konkordanzliste

Geltendes Recht	Künftiges Recht gemäß FGG-RG
§ 654 Abänderungsklage (1) Ist die Unterhaltsfestsetzung nach § 649 Abs. 1 oder § 653 Abs. 1 rechtskräftig, können die Parteien im Wege einer Klage auf Abänderung der Entscheidung verlangen, dass auf höheren Unterhalt oder auf Herabsetzung des Unterhalts erkannt wird. (2) Wird eine Klage auf Herabsetzung des Unterhalts nicht innerhalb eines Monats nach Rechtskraft der Unterhaltsfestsetzung erhoben, darf die Abänderung nur für die Zeit nach Erhebung der Klage erfolgen. Ist innerhalb dieser Frist ein Verfahren nach Absatz 1 anhängig geworden, so läuft die Frist für den Gegner nicht vor Beendigung dieses Verfahrens ab. (3) Sind Klagen beider Parteien anhängig, so ordnet das Gericht die Verbindung zum Zweck gleichzeitiger Verhandlung und Entscheidung an.	
§ 655 Abänderung des Titels bei wiederkehrenden Unterhaltsleistungen (1) Auf wiederkehrende Unterhaltsleistungen gerichtete Vollstreckungstitel, in denen ein Betrag der nach den §§ 1612b, 1612c des Bürgerlichen Gesetzbuchs anzurechnenden Leistungen festgelegt ist, können auf Antrag im vereinfachten Verfahren durch Beschluss abgeändert werden, wenn sich ein für die Berechnung dieses Betrags maßgebender Umstand ändert. (2) Dem Antrag ist eine Ausfertigung des abzuändernden Titels, bei Urteilen des in vollständiger Form abgefassten Urteils, beizufügen. Ist ein Urteil in abgekürzter Form abgefasst, so genügt es, wenn außer der Ausfertigung eine von dem Urkundsbeamten der Geschäftsstelle des Prozessgerichts beglaubigte Abschrift der Klageschrift beigefügt wird. Der Vorlage des abzuändernden Titels bedarf es nicht, wenn dieser von dem angerufenen Gericht auf maschinellem Weg erstellt worden ist; das Gericht kann dem Antragsteller die Vorlage des Titels aufgeben. (3) Der Antragsgegner kann nur Einwendungen gegen die Zulässigkeit des vereinfachten Verfahrens, gegen den Zeitpunkt der Abänderung oder gegen die Berechnung des Betrags der nach den §§ 1612b, 1612c des Bürgerlichen Gesetzbuchs anzurechnenden Leistungen geltend machen. Ferner kann er, wenn er sich sofort zur Erfüllung des Anspruchs verpflichtet, hinsichtlich der Verfahrenskosten geltend machen, dass er keinen Anlass zur Stellung des Antrags gegeben hat (§ 93). (4) Ist eine Abänderungsklage anhängig, so kann das Gericht das Verfahren bis zur Erledigung der Abänderungsklage aussetzen. (5) Gegen den Beschluss findet die sofortige Beschwerde statt. Mit der sofortigen Beschwerde können nur die in Absatz 3 bezeichneten Einwendungen sowie die Unrichtigkeit der Kostenfestsetzung geltend gemacht werden. (6) Im Übrigen sind auf das Verfahren § 323 Abs. 2, § 646 Abs. 1 Nr. 1 bis 5 und 7, Abs. 2 und 3, die §§ 647 und 648 Abs. 3 und § 649 entsprechend anzuwenden.	

Gegenüberstellung geltendes und künftiges Recht

Geltendes Recht	Künftiges Recht gemäß FGG-RG
§ 656 Klage gegen Abänderungsbeschluss (1) Führt die Abänderung des Schuldtitels nach § 655 zu einem Unterhaltsbetrag, der wesentlich von dem Betrag abweicht, der der Entwicklung der besonderen Verhältnisse der Parteien Rechnung trägt, so kann jede Partei im Wege der Klage eine entsprechende Abänderung des ergangenen Beschlusses verlangen. (2) Die Klage ist nur zulässig, wenn sie innerhalb eines Monats nach Zustellung des Beschlusses erhoben wird. § 654 Abs. 2 Satz 2 und Abs. 3 gilt entsprechend. (3) Die Kosten des vereinfachten Verfahrens werden als Teil der Kosten des Rechtsstreits über die Abänderungsklage behandelt	
§ 657 Besondere Verfahrensvorschriften In vereinfachten Verfahren können die Anträge und Erklärungen vor dem Urkundsbeamten der Geschäftsstelle abgegeben werden. Soweit Formulare eingeführt sind, werden diese ausgefüllt; der Urkundsbeamte vermerkt unter Angabe des Gerichts und des Datums, dass er den Antrag oder die Erklärung aufgenommen hat.	§ 257 Besondere Verfahrensvorschriften In vereinfachten Verfahren können die Anträge und Erklärungen vor dem Urkundsbeamten der Geschäftsstelle abgegeben werden. Soweit Formulare eingeführt sind, werden diese ausgefüllt; der Urkundsbeamte vermerkt unter Angabe des Gerichts und des Datums, dass er den Antrag oder die Erklärung aufgenommen hat.
§ 658 Sonderregelungen für maschinelle Bearbeitung (1) In vereinfachten Verfahren ist eine maschinelle Bearbeitung zulässig. § 690 Abs. 3 Satz 1 und 3 gilt entsprechend. (2) Bei maschineller Bearbeitung werden Beschlüsse, Verfügungen und Ausfertigungen mit dem Gerichtssiegel versehen; einer Unterschrift bedarf es nicht.	§ 258 Sonderregelungen für maschinelle Bearbeitung (1) In vereinfachten Verfahren ist eine maschinelle Bearbeitung zulässig. § 690 Abs. 3 der Zivilprozessordnung gilt entsprechend. (2) Bei maschineller Bearbeitung werden Beschlüsse, Verfügungen und Ausfertigungen mit dem Gerichtssiegel versehen; einer Unterschrift bedarf es nicht.
§ 659 Formulare (1) Das Bundesministerium der Justiz wird ermächtigt, zur Vereinfachung und Vereinheitlichung der Verfahren durch Rechtsverordnung mit Zustimmung des Bundesrates Formulare für die vereinfachten Verfahren einzuführen. Für Gerichte, die die Verfahren maschinell bearbeiten, und für Gerichte, die die Verfahren nicht maschinell bearbeiten, können unterschiedliche Formulare eingeführt werden. (2) Soweit nach Absatz 1 Formulare für Anträge und Erklärungen der Parteien eingeführt sind, müssen sich die Parteien ihrer bedienen.	§ 259 Formulare (1) Das Bundesministerium der Justiz wird ermächtigt, zur Vereinfachung und Vereinheitlichung der Verfahren durch Rechtsverordnung mit Zustimmung des Bundesrates Formulare für das vereinfachte Verfahren einzuführen. Für Gerichte, die die Verfahren maschinell bearbeiten, und für Gerichte, die die Verfahren nicht maschinell bearbeiten, können unterschiedliche Formulare eingeführt werden. (2) Soweit nach Absatz 1 Formulare für Anträge und Erklärungen der Beteiligten eingeführt sind, müssen sich die Beteiligten ihrer bedienen.
§ 660 Bestimmung des Amtsgerichts (1) Die Landesregierungen werden ermächtigt, die vereinfachten Verfahren über den Unterhalt Minderjähriger durch Rechtsverordnung einem Amtsgericht für die Bezirke mehrerer Amtsgerichte zuzuweisen, wenn dies ihrer schnelleren und rationelleren Erledigung dient. Die Landesregierungen können die Ermächtigung durch Rechtsverordnung auf die Landesjustizverwaltungen übertragen. (2) Bei dem Amtsgericht, das zuständig wäre, wenn die Landesregierung oder die Landesjustizverwaltung das Verfahren nach Absatz 1 nicht einem anderen Amtsgericht zugewiesen hätte, kann das Kind Anträge und Erklärungen mit der gleichen Wirkung einreichen oder anbringen wie bei dem anderen Amtsgericht.	§ 260 Bestimmung des Amtsgerichts (1) Die Landesregierungen werden ermächtigt, die vereinfachten Verfahren über den Unterhalt Minderjähriger durch Rechtsverordnung einem Amtsgericht für die Bezirke mehrerer Amtsgerichte zuzuweisen, wenn dies ihrer schnelleren und kostengünstigeren Erledigung dient. Die Landesregierungen können die Ermächtigung durch Rechtsverordnung auf die Landesjustizverwaltungen übertragen. (2) Bei dem Amtsgericht, das zuständig wäre, wenn die Landesregierung oder die Landesjustizverwaltung das Verfahren nach Absatz 1 nicht einem anderen Amtsgericht zugewiesen hätte, kann das Kind Anträge und Erklärungen mit der gleichen Wirkung einreichen oder anbringen wie bei dem anderen Amtsgericht.

IV. – Konkordanzliste

Geltendes Recht	Künftiges Recht gemäß FGG-RG
Abschnitt 7 **Verfahren in Lebenspartnerschaftssachen**	
§ 661 Lebenspartnerschaftssachen (1) Lebenspartnerschaftssachen sind Verfahren, welche zum Gegenstand haben 1. die Aufhebung der Lebenspartnerschaft auf Grund des Lebenspartnerschaftsgesetzes, 2. die Feststellung des Bestehens oder Nichtbestehens einer Lebenspartnerschaft, 3. <u>die Verpflichtung zur Fürsorge und Unterstützung in der partnerschaftlichen Lebensgemeinschaft,</u> 3a. die elterliche Sorge für ein gemeinschaftliches Kind, soweit nach den Vorschriften des Bürgerlichen Gesetzbuchs hierfür das Familiengericht zuständig ist, 3b. die Regelungen des Umgangs mit einem gemeinschaftlichen Kind, soweit nach den Vorschriften des Bürgerlichen Gesetzbuchs hierfür das Familiengericht zuständig ist, 3c. die Herausgabe eines gemeinschaftlichen Kindes, für das die elterliche Sorge besteht, 3d. die gesetzliche Unterhaltspflicht für ein gemeinschaftliches minderjähriges Kind, 4. die durch die Lebenspartnerschaft begründete gesetzliche Unterhaltspflicht, 4a. den Versorgungsausgleich der Lebenspartner, 5. die Regelung der Rechtsverhältnisse an der gemeinsamen Wohnung und am Hausrat der Lebenspartner, 6. Ansprüche aus dem lebenspartnerschaftlichen Güterrecht, auch wenn Dritte an dem Verfahren beteiligt sind, 7. Entscheidungen nach § 6 des Lebenspartnerschaftsgesetzes in Verbindung mit §§ 1382 und 1383 des Bürgerlichen Gesetzbuchs. (2) <u>In Lebenspartnerschaftssachen finden die für Verfahren auf Scheidung, auf Feststellung des Bestehens oder Nichtbestehens einer Ehe zwischen den Parteien oder auf Herstellung des ehelichen Lebens und für Verfahren in anderen Familiensachen nach § 621 Abs. 1 Nr. 1 bis 9 geltenden Vorschriften jeweils entsprechende Anwendung.</u>	§ 269 Lebenspartnerschaftssachen (1) Lebenspartnerschaftssachen sind Verfahren, welche zum Gegenstand haben: 1. die Aufhebung der Lebenspartnerschaft aufgrund des Lebenspartnerschaftsgesetzes, 2. die Feststellung des Bestehens oder Nichtbestehens einer Lebenspartnerschaft, 3. die elterliche Sorge, das Umgangsrecht oder die Herausgabe in Bezug auf ein gemeinschaftliches Kind, 4. die Annahme als Kind und die Ersetzung der Einwilligung zur Annahme als Kind, 5. Wohnungszuweisungssachen nach § 14 oder § 18 des Lebenspartnerschaftsgesetzes, 6. Hausratssachen nach § 13 oder § 19 des Lebenspartnerschaftsgesetzes, 7. den Versorgungsausgleich der Lebenspartner, 8. die gesetzliche Unterhaltspflicht für ein gemeinschaftliches minderjähriges Kind der Lebenspartner, 9. die durch die Lebenspartnerschaft begründete gesetzliche Unterhaltspflicht, 10. Ansprüche aus dem lebenspartnerschaftlichen Güterrecht, auch wenn Dritte an dem Verfahren beteiligt sind, 11. Entscheidungen nach § 6 des Lebenspartnerschaftsgesetzes in Verbindung mit § 1365 Abs. 2, § 1369 Abs. 2 und den §§ 1382 und 1383 des Bürgerlichen Gesetzbuchs, 12. Entscheidungen nach § 7 des Lebenspartnerschaftsgesetzes in Verbindung mit den §§ 1426, 1430 und 1452 des Bürgerlichen Gesetzbuchs. (2) Sonstige Lebenspartnerschaftssachen sind Verfahren, welche zum Gegenstand haben: 1. Ansprüche nach § 1 Abs. 3 Satz 2 des Lebenspartnerschaftsgesetzes in Verbindung mit den §§ 1298 bis 1301 des Bürgerlichen Gesetzbuchs, 2. Ansprüche aus der Lebenspartnerschaft, 3. Ansprüche zwischen Personen, die miteinander eine Lebenspartnerschaft führen oder geführt haben, oder zwischen einer solchen Person und einem Elternteil im Zusammenhang mit der Trennung oder Aufhebung der Lebenspartnerschaft, sofern nicht die Zuständigkeit der Arbeitsgerichte gegeben ist oder das Verfahren eines der in § 348 Abs. 1 Satz 2 Nr. 2 Buchstabe a bis k der Zivilprozessordnung genannten Sachgebiete, das Wohnungseigentumsrecht oder das Erbrecht betrifft und sofern es sich nicht bereits nach anderen Vorschriften um eine Lebenspartnerschaftssache handelt. (3) Sonstige Lebenspartnerschaftssachen sind auch Verfahren über einen Antrag nach § 8 Abs. 2 des Lebenspartnerschaftsgesetzes in Verbindung mit § 1357 Abs. 2 Satz 1 des Bürgerlichen Gesetzbuchs. § 270 Anwendbare Vorschriften (1) <u>In Lebenspartnerschaftssachen nach § 269 Abs. 1 Nr. 1 sind die für Verfahren auf Scheidung geltenden Vorschriften, in Lebenspartnerschaftssachen nach § 269 Abs. 1 Nr. 2 die für Verfahren auf Feststellung des Bestehens oder Nichtbestehens einer Ehe zwischen den Beteiligten geltenden Vorschriften entsprechend anzuwenden. In den Lebenspartnerschaftssachen</u>

Gegenüberstellung geltendes und künftiges Recht

Geltendes Recht	**Künftiges Recht gemäß FGG-RG**
	nach § 269 Abs. 1 Nr. 3 bis 11 sind die in Familiensachen nach § 111 Nr. 2, 4, 5 und 7 bis 9 jeweils geltenden Vorschriften entsprechend anzuwenden. (2) In sonstigen Lebenspartnerschaftssachen nach § 269 Abs. 2 und 3 sind die in sonstigen Familiensachen nach § 111 Nr. 10 geltenden Vorschriften entsprechend anzuwenden.
(3) § 606a gilt mit den folgenden Maßgaben entsprechend: 1. Die deutschen Gerichte sind auch dann zuständig, wenn a) einer der Lebenspartner seinen gewöhnlichen Aufenthalt im Inland hat, die Voraussetzungen des Absatzes 1 Satz 1 Nr. 4 jedoch nicht erfüllt sind, oder b) die Lebenspartnerschaft vor einem deutschen Standesbeamten begründet worden ist. 2. Absatz 2 Satz 1 findet keine Anwendung. 3. In Absatz 2 Satz 2 tritt an die Stelle der Staaten, denen die Ehegatten angehören, der Register führende Staat.	§ 103 Lebenspartnerschaftssachen (1) Die deutschen Gerichte sind in Lebenspartnerschaftssachen, die die Aufhebung der Lebenspartnerschaft aufgrund des Lebenspartnerschaftsgesetzes oder die Feststellung des Bestehens oder Nichtbestehens einer Lebenspartnerschaft zum Gegenstand haben, zuständig, wenn 1. ein Lebenspartner Deutscher ist oder bei Begründung der Lebenspartnerschaft war, 2. einer der Lebenspartner seinen gewöhnlichen Aufenthalt im Inland hat oder 3. die Lebenspartnerschaft vor einer zuständigen deutschen Stelle begründet worden ist. (2) Die Zuständigkeit der deutschen Gerichte nach Absatz 1 erstreckt sich im Falle des Verbundes von Aufhebungs- und Folgesachen auf die Folgesachen. (3) Die §§ 99, 101, 102 und 105 gelten entsprechend.
Hausratsverordnung	
1. Abschnitt Allgemeine Vorschriften	
§ 1 Aufgabe des Richters (1) Können sich die Ehegatten anläßlich der Scheidung nicht darüber einigen, wer von ihnen die Ehewohnung künftig bewohnen und wer die Wohnungseinrichtung und den sonstigen Hausrat erhalten soll, so regelt auf Antrag der Richter die Rechtsverhältnisse an der Wohnung und am Hausrat. (2) Die in Absatz 1 genannten Streitigkeiten werden nach den Vorschriften dieser Verordnung und den Vorschriften des Zweiten und des Dritten Abschnitts im Sechsten Buch der Zivilprozeßordnung behandelt und entschieden.	(weggefallen)
§ 2 Grundsätze für die rechtsgestaltende Entscheidung Soweit der Richter nach dieser Verordnung Rechtsverhältnisse zu gestalten hat, entscheidet er nach billigem Ermessen. Dabei hat er alle Umstände des Einzelfalls, insbesondere das Wohl der Kinder und die Erfordernisse des Gemeinschaftslebens, zu berücksichtigen.	(unverändert)
2. Abschnitt Besondere Vorschriften für die Wohnung	
§ 3 Wohnung im eigenen Haus eines Ehegatten (1) Ist einer der Ehegatten allein oder gemeinsam mit einem Dritten Eigentümer des Hauses, in dem sich die Ehewohnung befindet, so soll der Richter die Wohnung dem anderen Ehegatten nur zuweisen, wenn dies notwendig ist, um eine unbillige Härte zu vermeiden. (2) Das gleiche gilt, wenn einem Ehegatten allein oder gemeinsam mit einem Dritten der Nießbrauch, das Erbbaurecht oder ein dingliches Wohnrecht an dem Grundstück zusteht, auf dem sich die Ehewohnung befindet.	(unverändert)

IV. – Konkordanzliste

Geltendes Recht	Künftiges Recht gemäß FGG-RG
§ 4 Dienst- und Werkwohnung Eine Wohnung, die die Ehegatten auf Grund eines Dienst- oder Arbeitsverhältnisses innehaben, das zwischen einem von ihnen und einem Dritten besteht, soll der Richter dem anderen Ehegatten nur zuweisen, wenn der Dritte einverstanden ist.	(unverändert)
§ 5 Gestaltung der Rechtsverhältnisse (1) Für eine Mietwohnung kann der Richter bestimmen, daß ein von beiden Ehegatten eingegangenes Mietverhältnis von einem Ehegatten allein fortgesetzt wird oder daß ein Ehegatte an Stelle des anderen in ein von diesem eingegangenes Mietverhältnis eintritt. Der Richter kann den Ehegatten gegenüber Anordnungen treffen, die geeignet sind, die aus dem Mietverhältnis herrührenden Ansprüche des Vermieters zu sichern. (2) Besteht kein Mietverhältnis an der Ehewohnung, so kann der Richter zugunsten eines Ehegatten ein Mietverhältnis an der Wohnung begründen. Hierbei setzt der Richter die Miete fest.	(unverändert)
§ 6 Teilung der Wohnung (1) Ist eine Teilung der Wohnung möglich und zweckmäßig, so kann der Richter auch anordnen, daß die Wohnung zwischen den Ehegatten geteilt wird. Dabei kann er bestimmen, wer die Kosten zu tragen hat, die durch die Teilung und ihre etwaige spätere Wiederbeseitigung entstehen. (2) Für die Teilwohnungen kann der Richter neue Mietverhältnisse begründen, die, wenn ein Mietverhältnis schon bestand, an dessen Stelle treten. § 5 Abs. 2 Sätze 2 und 3 gelten sinngemäß.	(unverändert)
§ 7 Beteiligte Außer den Ehegatten sind im gerichtlichen Verfahren auch der Vermieter der Ehewohnung, der Grundstückseigentümer, der Dienstherr (§ 4) und Personen, mit denen die Ehegatten oder einer von ihnen hinsichtlich der Wohnung in Rechtsgemeinschaft stehen, Beteiligte.	Artikel 1 Gesetz über das Verfahren in Familiensachen und in den Angelegenheiten der freiwilligen Gerichtsbarkeit § 204 Beteiligte (1) In Wohnungszuweisungssachen nach § 200 Abs. 1 Nr. 2 sind auch der Vermieter der Wohnung, der Grundstückseigentümer, der Dritte (§ 4 der Verordnung über die Behandlung der Ehewohnung und des Hausrats) und Personen, mit denen die Ehegatten oder einer von ihnen hinsichtlich der Wohnung in Rechtsgemeinschaft stehen, zu beteiligen. (2) Das Jugendamt ist in Wohnungszuweisungssachen auf seinen Antrag zu beteiligen, wenn Kinder im Haushalt der Ehegatten leben.
4. Abschnitt Verfahrensvorschriften	
§ 11 Zuständigkeit (1) Zuständig ist das Gericht der Ehesache des ersten Rechtszugs (Familiengericht). (2) Ist eine Ehesache nicht anhängig, so ist das Familiengericht zuständig, in dessen Bezirk sich die gemeinsame Wohnung der Ehegatten befindet. § 606 Abs. 2, 3 der Zivilprozeßordnung gilt entsprechend.	§ 201 Örtliche Zuständigkeit Ausschließlich zuständig ist in dieser Rangfolge: 1. während der Anhängigkeit einer Ehesache das Gericht, bei dem die Ehesache im ersten Rechtszug anhängig ist oder war, 2. das Gericht, in dessen Bezirk sich die gemeinsame Wohnung der Ehegatten befindet, 3. das Gericht, in dessen Bezirk der Antragsgegner seinen gewöhnlichen Aufenthalt hat, 4. das Gericht, in dessen Bezirk der Antragsteller seinen gewöhnlichen Aufenthalt hat.

Gegenüberstellung geltendes und künftiges Recht

Geltendes Recht	Künftiges Recht gemäß FGG-RG
(3) Wird, nachdem ein Antrag bei dem nach Absatz 2 zuständigen Gericht gestellt worden ist, eine Ehesache bei einem anderen Familiengericht rechtshängig, so gibt das Gericht im ersten Rechtszug das bei ihm anhängige Verfahren von Amts wegen an das Gericht der Ehesache ab. § 281 Abs. 2, 3 Satz 1 der Zivilprozeßordnung gilt entsprechend.	§ 202 Abgabe an das Gericht der Ehesache Wird eine Ehesache rechtshängig, während eine Wohnungszuweisungssache oder Hausratsache bei einem anderen Gericht im ersten Rechtszug anhängig ist, ist diese von Amts wegen an das Gericht der Ehesache abzugeben. § 281 Abs. 2 und 3 Satz 1 der Zivilprozessordnung gilt entsprechend.
	Artikel 62 **Änderung der Verordnung über die Behandlung der Ehewohnung und des Hausrats**
§ 12 Zeitpunkt der Antragstellung Wird der Antrag auf Auseinandersetzung über die Ehewohnung später als ein Jahr nach Rechtskraft des Scheidungsurteils gestellt, so darf der Richter in die Rechte des Vermieters oder eines anderen Drittbeteiligten nur eingreifen, wenn dieser einverstanden ist.	§ 12 Zeitpunkt der Antragstellung Wird der Antrag auf Auseinandersetzung über die Ehewohnung später als ein Jahr nach Rechtskraft der richterlichen Entscheidung über die Scheidung gestellt, so darf der Richter in die Rechte des Vermieters oder eines anderen Drittbeteiligten nur eingreifen, wenn dieser einverstanden ist.
§ 13 Allgemeine Verfahrensvorschriften (1) Das Verfahren ist unbeschadet der besonderen Vorschrift des § 621a der Zivilprozeßordnung eine Angelegenheit der freiwilligen Gerichtsbarkeit. (2) Der Richter soll mit den Beteiligten in der Regel mündlich verhandeln und hierbei darauf hinwirken, daß sie sich gütlich einigen. (3) Kommt eine Einigung zustande, so ist hierüber eine Niederschrift aufzunehmen, und zwar nach den Vorschriften, die für die Niederschrift über einen Vergleich im bürgerlichen Rechtsstreit gelten. (4) Lebt ein Kind in einer Wohnung, die Gegenstand einer Entscheidung über die Zuweisung ist, teilt der Richter dem Jugendamt, in dessen Bereich sich die Wohnung befindet, die Entscheidung mit. (5) (gegenstandslos)	**Artikel 1** **Gesetz über das Verfahren in Familiensachen und in den Angelegenheiten der freiwilligen Gerichtsbarkeit** § 207 Erörterungstermin Das Gericht soll die Angelegenheit mit den Ehegatten in einem Termin erörtern. (…) § 205 Anhörung des Jugendamts in Wohnungszuweisungssachen (…) (2) Das Gericht hat in den Fällen des Absatzes 1 Satz 1 dem Jugendamt die Entscheidung mitzuteilen. (…)
§ 14 Rechtsmittel Eine Beschwerde nach § 621e der Zivilprozeßordnung, die sich lediglich gegen die Entscheidung über den Hausrat richtet, ist nur zulässig, wenn der Wert des Beschwerdegegenstandes 600 Euro übersteigt.	(weggefallen)
§ 15 Durchführung der Entscheidung Der Richter soll in seiner Entscheidung die Anordnungen treffen, die zu ihrer Durchführung nötig sind.	§ 209 Durchführung der Entscheidung, Wirksamkeit (1) Das Gericht soll mit der Endentscheidung die Anordnungen treffen, die zu ihrer Durchführung erforderlich sind.
§ 16 Rechtskraft und Vollstreckbarkeit (1) Die Entscheidungen des Richters werden mit der Rechtskraft wirksam. Sie binden Gerichte und Verwaltungsbehörden. (2) Die Änderung und die Begründung von Mietverhältnissen durch den Richter bedarf nicht der nach anderen Vorschriften etwa notwendigen Genehmigung. (3) Aus rechtskräftigen Entscheidungen, gerichtlichen Vergleichen und einstweiligen Anordnungen findet die Zwangsvollstreckung nach den Vorschriften der Zivilprozessordnung statt.	§ 209 Durchführung der Entscheidung, Wirksamkeit (…) (2) Die Endentscheidung in Wohnungszuweisungs- und Hausratssachen wird mit Rechtskraft wirksam. (…)

IV. – Konkordanzliste

Geltendes Recht	Künftiges Recht gemäß FGG-RG
§ 17 Änderung der Entscheidung (1) Haben sich die tatsächlichen Verhältnisse wesentlich geändert, so kann der Richter seine Entscheidung ändern, soweit dies notwendig ist, um eine unbillige Härte zu vermeiden. In Rechte Dritter darf der Richter durch die Änderung der Entscheidung nur eingreifen, wenn diese einverstanden sind. (2) Haben die Beteiligten einen gerichtlichen Vergleich (§ 13 Abs. 3) geschlossen, so gilt Absatz 1 sinngemäß. (3) Will der Richter auf Grund der Absätze 1 oder 2 eine Wohnungsteilung (§ 6) wieder beseitigen, so soll er vorher die Gemeinde hören.	
	Artikel 62 **Änderung der Verordnung über die Behandlung der Ehewohnung und des Hausrats**
§ 18 Rechtsstreit über Ehewohnung und Hausrat (1) Macht ein Beteiligter Ansprüche hinsichtlich der Ehewohnung oder des Hausrats (§ 1) in einem Rechtsstreit geltend, so hat das Prozeßgericht die Sache insoweit an das nach § 11 zuständige Familiengericht abzugeben. Der Abgabebeschluß kann nach Anhörung der Parteien auch ohne mündliche Verhandlung ergehen. Er ist für das in ihm bezeichnete Gericht bindend. (2) Im Falle des Absatzes 1 ist für die Berechnung der in § 12 bestimmten Frist der Zeitpunkt der Klageerhebung maßgebend.	§ 18 Rechtsstreit über Ehewohnung und Hausrat (1) Macht ein Beteiligter Ansprüche hinsichtlich der Ehewohnung oder des Hausrats in einem Rechtsstreit geltend, so hat das Prozeßgericht die Sache insoweit an das zuständige Familiengericht abzugeben. Der Abgabebeschluß kann nach Anhörung der Parteien auch ohne mündliche Verhandlung ergehen. Er ist für das in ihm bezeichnete Gericht bindend. (2) Im Falle des Absatzes 1 ist für die Berechnung der in § 12 bestimmten Frist der Zeitpunkt der Klageerhebung maßgebend.
§ 18a Getrenntleben der Ehegatten Die vorstehenden Verfahrensvorschriften sind sinngemäß auf die Verteilung des Hausrats im Falle des § 1361a und auf Entscheidungen nach § 1361b des Bürgerlichen Gesetzbuchs anzuwenden.	
§ 19 (aufgehoben)	
5. Abschnitt Kostenvorschriften	
§ 20 Kostenentscheidung Welcher Beteiligte die Gerichtskosten zu tragen hat, bestimmt der Richter nach billigem Ermessen. Dabei kann der Richter auch bestimmen, daß die außergerichtlichen Kosten ganz oder teilweise zu erstatten sind.	(weggefallen)
§ 21 (aufgehoben)	
§ 22 (aufgehoben)	
§ 23 Kosten des Verfahrens vor dem Prozeßgericht Gibt das Prozeßgericht die Sache nach § 18 an das nach dieser Verordnung zuständige Familiengericht ab, so ist das bisherige Verfahren vor dem Prozeßgericht für die Erhebung der Gerichtskosten als Teil des Verfahrens vor dem übernehmenden Gericht zu behandeln.	(weggefallen)

Gegenüberstellung geltendes und künftiges Recht

Geltendes Recht	Künftiges Recht gemäß FGG-RG
6. Abschnitt **Schlußvorschriften**	
	Artikel 62 **Änderung der Verordnung über die Behandlung der Ehewohnung und des Hausrats**
§ 25 Aufhebung und Nichtigerklärung der Ehe Wird eine Ehe aufgehoben, so gelten die §§ 1 bis 23 sinngemäß.	**§ 25** Aufhebung und Nichtigerklärung der Ehe Wird eine Ehe aufgehoben, so gelten die vorstehenden Vorschriften sinngemäß.
§ 27 Inkrafttreten (1) Diese Verordnung tritt am 1. November 1944 in Kraft. (...)	
Freiheitsentziehungsgesetz	**Buch 7** **Verfahren in Freiheitsentziehungssachen**
§ 1 Das gerichtliche Verfahren bei Freiheitsentziehungen, die auf Grund Bundesrechts angeordnet werden, bestimmt sich nach diesem Gesetz, soweit das Bundesrecht das Verfahren nicht abweichend regelt.	**§ 415** Freiheitsentziehungssachen (1) Freiheitsentziehungssachen sind Verfahren, die die auf Grund von Bundesrecht angeordnete Freiheitsentziehung betreffen, soweit das Verfahren bundesrechtlich nicht abweichend geregelt ist.
§ 2 (1) Freiheitsentziehung ist die Unterbringung einer Person gegen ihren Willen oder im Zustand der Willenlosigkeit in einer Justizvollzugsanstalt, einem Haftraum, einer abgeschlossenen Verwahranstalt, einer abgeschlossenen Anstalt der Fürsorge, einer abgeschlossenen Krankenanstalt oder einem abgeschlossenen Teil einer Krankenanstalt. (2) Das Gesetz findet keine Anwendung, wenn eine Person auf Grund des Aufenthaltsbestimmungsrechts ihres gesetzlichen Vertreters untergebracht wird.	(2) Eine Freiheitsentziehung liegt vor, wenn einer Person gegen ihren Willen oder im Zustand der Willenlosigkeit insbesondere in einer abgeschlossenen Einrichtung, wie einem Gewahrsamsraum oder einem abgeschlossenen Teil eines Krankenhauses, die Freiheit entzogen wird.
§ 3 Die Freiheitsentziehung kann nur das Amtsgericht auf Antrag der zuständigen Verwaltungsbehörde anordnen. Für das Verfahren gelten die Vorschriften des Gesetzes über die Angelegenheiten der freiwilligen Gerichtsbarkeit, soweit sich aus den folgenden Vorschriften nichts anderes ergibt.	**§ 417** Antrag Die Freiheitsentziehung darf das Gericht nur auf Antrag der zuständigen Verwaltungsbehörde anordnen.
§ 4 (1) Örtlich zuständig ist das Amtsgericht, in dessen Bezirk die Person, der die Freiheit entzogen werden soll, ihren gewöhnlichen Aufenthalt hat; hat sie keinen gewöhnlichen Aufenthalt im Geltungsbereich dieses Gesetzes oder ist der gewöhnliche Aufenthalt nicht feststellbar, so ist das Amtsgericht zuständig, in dessen Bezirk das Bedürfnis für die Freiheitsentziehung entsteht. Befindet sich die Person bereits in Verwahrung einer Anstalt, so ist das Amtsgericht zuständig, in dessen Bezirk die Anstalt liegt. (2) Für eilige auf Grund dieses Gesetzes zu treffende Anordnungen ist neben dem nach Absatz 1 zuständigen Gericht auch das Gericht einstweilen zuständig, in dessen Bezirk das Bedürfnis der Anordnung entsteht. Das Gericht hat dem nach Absatz 1 zuständigen Gericht die Anordnung mitzuteilen. Mit dem Eingang der Mitteilung geht die Zuständigkeit auf das nach Absatz 1 zuständige Gericht über.	**§ 416** Örtliche Zuständigkeit Zuständig ist das Gericht, in dessen Bezirk die Person, der die Freiheit entzogen werden soll, ihren gewöhnlichen Aufenthalt hat, sonst das Gericht, in dessen Bezirk das Bedürfnis für die Freiheitsentziehung entsteht. Befindet sich die Person bereits in Verwahrung einer abgeschlossenen Einrichtung, ist das Gericht zuständig, in dessen Bezirk die Einrichtung liegt.

IV. – Konkordanzliste

Geltendes Recht	Künftiges Recht gemäß FGG-RG
	Artikel 22 **Änderung des Gerichtsverfassungsgesetzes** **§ 23 d** (...) Die Landesregierungen werden ermächtigt, durch Rechtsverordnung einem Amtsgericht für die Bezirke mehrerer Amtsgerichte die Familiensachen sowie ganz oder teilweise die <u>Handelssachen und die Angelegenheiten der freiwilligen Gerichtsbarkeit</u> zuzuweisen, sofern die Zusammenfassung der sachlichen Förderung der Verfahren dient oder zur Sicherung einer einheitlichen Rechtsprechung geboten erscheint. Die Landesregierungen können die Ermächtigungen auf die Landesjustizverwaltungen übertragen.
(3) Die Landesregierungen werden ermächtigt, durch Rechtsverordnung einem Amtsgericht für die Bezirke mehrerer Amtsgerichte die Verfahren nach diesem Gesetz ganz oder teilweise zuzuweisen, sofern die Zusammenfassung für eine sachdienliche Förderung oder schnellere Erledigung der Verfahren zweckmäßig ist. Die Landesregierungen können die Ermächtigung durch Rechtsverordnung auf die Landesjustizverwaltungen übertragen.	
	Artikel 1 **Gesetz über das Verfahren in Familiensachen und in den Angelegenheiten der freiwilligen Gerichtsbarkeit**
§ 5 (1) Das Gericht hat die Person, der die Freiheit entzogen werden soll, mündlich zu hören. Erscheint sie auf Vorladung nicht, so kann ihre Vorführung angeordnet werden. (2) Die Anhörung kann unterbleiben, wenn sie nach ärztlichem Gutachten nicht ohne Nachteile für den Gesundheitszustand des Anzuhörenden ausführbar ist oder wenn der Anzuhörende an einer übertragbaren Krankheit im Sinne des Infektionsschutzgesetzes vom 20. Juli 2000 (BGBl. I S. 1045) leidet.	**§ 420** Anhörung; Vorführung (1) Das Gericht hat <u>den Betroffenen vor der Anordnung der Freiheitsentziehung persönlich anzuhören. Erscheint er zu dem Anhörungstermin nicht, kann abweichend von § 33 Abs. 3 seine sofortige Vorführung angeordnet werden. Das Gericht entscheidet hierüber durch nicht anfechtbaren Beschluss.</u> (2) Die <u>persönliche</u> Anhörung des Betroffenen kann unterbleiben, wenn nach ärztlichem Gutachten <u>hiervon erhebliche Nachteile für seine Gesundheit zu besorgen sind</u> oder wenn <u>er</u> an einer übertragbaren Krankheit im Sinn des Infektionsschutzgesetzes leidet.
In diesen Fällen ist dem Anzuhörenden, wenn er keinen gesetzlichen Vertreter in den persönlichen Angelegenheiten hat und auch nicht durch einen Rechtsanwalt vertreten wird, durch das nach § 4 zuständige Gericht ein Pfleger für das Verfahren zu bestellen. <u>Eine einstweilige Anordnung (§ 11) kann bereits ergehen, bevor dem Unterzubringenden ein Pfleger bestellt ist.</u>	**§ 419** Verfahrenspfleger <u>(1) Das Gericht hat dem Betroffenen einen Verfahrenspfleger zu bestellen, wenn dies zur Wahrnehmung seiner Interessen erforderlich ist. Die Bestellung ist insbesondere erforderlich, wenn von einer Anhörung des Betroffenen abgesehen werden soll. (2) Die Bestellung eines Verfahrenspflegers soll unterbleiben oder aufgehoben werden, wenn die Interessen des Betroffenen von einem Rechtsanwalt oder einem anderen geeigneten Verfahrensbevollmächtigten vertreten werden. (3) Die Bestellung endet, wenn sie nicht vorher aufgehoben wird, mit der Rechtskraft des Beschlusses über die Freiheitsentziehung oder mit dem sonstigen Abschluss des Verfahrens. (4) Die Bestellung eines Verfahrenspflegers oder deren Aufhebung sowie die Ablehnung einer derartigen Maßnahme sind nicht selbständig anfechtbar. (5) Für die Vergütung und den Aufwendungsersatz des Verfahrenspflegers gilt § 277 entsprechend. Dem Verfahrenspfleger sind keine Kosten aufzuerlegen.</u>

Gegenüberstellung geltendes und künftiges Recht

Geltendes Recht	**Künftiges Recht gemäß FGG-RG**
(3) Hat die Person, der die Freiheit entzogen werden soll, einen gesetzlichen Vertreter in den persönlichen Angelegenheiten, so ist auch dieser, bei Personen, die unter elterlicher Sorge stehen, jeder Elternteil zu hören. Ist die Person, der die Freiheit entzogen werden soll, verheiratet, so ist, sofern die Ehegatten nicht dauernd getrennt leben, auch der Ehegatte zu hören. Gleiches gilt für den Lebenspartner. Die Anhörung kann unterbleiben, wenn sie nicht ohne erhebliche Verzögerung oder nicht ohne unverhältnismäßige Kosten möglich ist. (4) Die Unterbringung in einer abgeschlossenen Krankenanstalt oder einer abgeschlossenen Krankenabteilung darf nur nach Anhörung eines ärztlichen Sachverständigen angeordnet werden. Die Verwaltungsbehörde, die den Antrag auf Unterbringung stellt, soll ihrem Antrag ein ärztliches Gutachten beifügen.	(3) Das Gericht hat die sonstigen Beteiligten anzuhören. Die Anhörung kann unterbleiben, wenn sie nicht ohne erhebliche Verzögerung oder nicht ohne unverhältnismäßige Kosten möglich ist. (4) Die Freiheitsentziehung in einem abgeschlossenen Teil eines Krankenhauses darf nur nach Anhörung eines ärztlichen Sachverständigen angeordnet werden. Die Verwaltungsbehörde, die den Antrag auf Freiheitsentziehung gestellt hat, soll ihrem Antrag ein ärztliches Gutachten beifügen.
§ 6 (1) Das Gericht entscheidet über die Freiheitsentziehung durch einen mit Gründen versehenen Beschluß.	§ 38 Entscheidung durch Beschluss (…) (3) Der Beschluss ist zu begründen. (…) § 421 Inhalt der Beschlussformel Die Beschlussformel zur Anordnung einer Freiheitsentziehung enthält auch 1. die nähere Bezeichnung der Freiheitsentziehung sowie 2. den Zeitpunkt, zu dem die Freiheitsentziehung endet.
2) Die Entscheidung, durch welche die Freiheitsentziehung angeordnet wird, ist bekanntzumachen a) der Person, der die Freiheit entzogen werden soll; b) den nach § 5 Abs. 3 Satz 1 bis 3 zu hörenden Personen; c) einer Person, die das Vertrauen des Unterzubringenden genießt, sofern die Entscheidung nicht bereits nach Buchstabe b einem Angehörigen bekanntzumachen ist; d) der Verwaltungsbehörde, die den Antrag auf Freiheitsentziehung gestellt hat. (3) Die Entscheidung, durch welche der Antrag der Verwaltungsbehörde abgelehnt wird, ist der Verwaltungsbehörde und der Person, deren Unterbringung beantragt war, bekanntzumachen.	§ 41 Bekanntgabe des Beschlusses (1) Der Beschluss ist den Beteiligten bekannt zu geben. (…)
(4) Ist die Bekanntmachung an die Person, der die Freiheit entzogen werden soll, nach ärztlichem Gutachten nicht ohne Nachteile für ihren Gesundheitszustand ausführbar, so kann sie unterbleiben. Das Gericht entscheidet hierüber durch unanfechtbaren Beschluß. § 5 Abs. 2 Satz 2 gilt entsprechend.	§ 423 Absehen von der Bekanntgabe Von der Bekanntgabe der Gründe eines Beschlusses an den Betroffenen kann abgesehen werden, wenn dies nach ärztlichem Zeugnis erforderlich ist, um erhebliche Nachteile für seine Gesundheit zu vermeiden.
§ 7 (1) Gegen die Entscheidung des Amtsgerichts findet die sofortige Beschwerde statt. (2) Gegen eine Entscheidung, durch welche die Freiheitsentziehung angeordnet wird, steht die Beschwerde den in § 6 Abs. 2 genannten Beteiligten zu; gegen eine Entscheidung, durch welche der Antrag der Verwaltungsbehörde abgelehnt wird, steht nur dieser die Beschwerde zu. (3) (…)	

IV. – Konkordanzliste

Geltendes Recht	Künftiges Recht gemäß FGG-RG
(4) Befindet sich die Person, der die Freiheit entzogen werden soll, bereits in Verwahrung einer Anstalt, so kann die weitere Beschwerde auch bei dem Amtsgericht eingelegt werden, in dessen Bezirk die Anstalt liegt. (5) Im Verfahren über die weitere Beschwerde ist eine Anhörung gemäß § 5 nicht erforderlich.	§ 429 Ergänzende Vorschriften über die Beschwerde (…) (4) Befindet sich der Betroffene bereits in einer abgeschlossenen Einrichtung, kann die Beschwerde auch bei dem Gericht eingelegt werden, in dessen Bezirk die Einrichtung liegt.
§ 8 (1) Die eine Freiheitsentziehung anordnende Entscheidung wird erst mit der Rechtskraft wirksam. Das Gericht kann jedoch die sofortige Wirksamkeit der Entscheidung anordnen; § 24 Abs. 3 des Gesetzes über die Angelegenheiten der freiwilligen Gerichtsbarkeit gilt entsprechend. Die Entscheidung wird von der zuständigen Verwaltungsbehörde vollzogen. (2) Wird Zurückweisungshaft (§ 15 des Aufenthaltsgesetzes) oder Abschiebungshaft (§ 62 des Aufenthaltsgesetzes) im Wege der Amtshilfe in Justizvollzugsanstalten vollzogen, so gelten die §§ 171, 173 bis 175 und 178 Abs. 3 des Strafvollzugsgesetzes entsprechend.	§ 422 Wirksamwerden von Beschlüssen (1) Der Beschluss, durch den eine Freiheitsentziehung angeordnet wird, wird mit Rechtskraft wirksam. (2) Das Gericht kann die sofortige Wirksamkeit des Beschlusses anordnen. In diesem Fall wird er wirksam, wenn der Beschluss und die Anordnung der sofortigen Wirksamkeit 1. dem Betroffenen, der zuständigen Verwaltungsbehörde oder dem Verfahrenspfleger bekannt gegeben werden oder 2. der Geschäftsstelle des Gerichts zum Zweck der Bekanntgabe übergeben werden. Der Zeitpunkt der sofortigen Wirksamkeit ist auf dem Beschluss zu vermerken. (3) Der Beschluss, durch den eine Freiheitsentziehung angeordnet wird, wird von der zuständigen Verwaltungsbehörde vollzogen. (4) Wird Zurückweisungshaft (§ 15 des Aufenthaltsgesetzes) oder Abschiebungshaft (§ 62 des Aufenthaltsgesetzes) im Wege der Amtshilfe in Justizvollzugsanstalten vollzogen, gelten die §§ 171, 173 bis 175 und 178 Abs. 3 des Strafvollzugsgesetzes entsprechend.
§ 9 (1) In der Entscheidung, durch die eine Freiheitsentziehung angeordnet wird, ist eine Frist bis zur Höchstdauer eines Jahres zu bestimmen, vor deren Ablauf über die Fortdauer der Freiheitsentziehung von Amts wegen zu entscheiden ist. (2) Wird nicht innerhalb der Frist die Fortdauer der Freiheitsentziehung durch richterliche Entscheidung angeordnet, so ist der Untergebrachte freizulassen. Das Gericht ist von der Freilassung zu benachrichtigen.	§ 425 Dauer und Verlängerung der Freiheitsentziehung (1) In dem Beschluss, durch den eine Freiheitsentziehung angeordnet wird, ist eine Frist für die Freiheitsentziehung bis zur Höchstdauer eines Jahres zu bestimmen, soweit nicht in einem anderen Gesetz eine kürzere Höchstdauer der Freiheitsentziehung bestimmt ist. (2) Wird nicht innerhalb der Frist die Verlängerung der Freiheitsentziehung durch richterlichen Beschluss angeordnet, ist der Betroffene freizulassen. Dem Gericht ist die Freilassung mitzuteilen. (…)
§ 10 (1) Die Entscheidung, durch die eine Freiheitsentziehung angeordnet wird, ist vor Ablauf der nach § 9 Abs. 1 festgesetzten Frist von Amts wegen aufzuheben, wenn der Grund für die Freiheitsentziehung weggefallen ist. (2) Anträge der nach § 6 Abs. 2 am Verfahren Beteiligten auf Aufhebung der Freiheitsentziehung sind in jedem Fall zu prüfen und zu bescheiden.	§ 426 Aufhebung (1) Der Beschluss, durch den eine Freiheitsentziehung angeordnet wird, ist vor Ablauf der nach § 425 Abs. 1 festgesetzten Frist von Amts wegen aufzuheben, wenn der Grund für die Freiheitsentziehung weggefallen ist. (…) (2) Die Beteiligten können die Aufhebung der Freiheitsentziehung beantragen. Das Gericht entscheidet über den Antrag durch Beschluss.
(3) Das Gericht kann den Untergebrachten beurlauben; es soll die Verwaltungsbehörde und den Leiter der Anstalt (§ 2 Abs. 1) vorher hören. Für Beurlaubungen bis zu einer Woche bedarf es keiner Entscheidung des Gerichts. Die Beurlaubung kann von Auflagen abhängig gemacht werden; sie ist jederzeit widerruflich.	§ 424 Aussetzung des Vollzugs (1) Das Gericht kann die Vollziehung der Freiheitsentziehung aussetzen. Es hat die Verwaltungsbehörde und den Leiter der Einrichtung vorher anzuhören. Für Aussetzungen bis zu einer Woche bedarf es keiner Entscheidung des Gerichts. Die Aussetzung kann mit Auflagen versehen werden. (2) Das Gericht kann die Aussetzung widerrufen, wenn der Betroffene eine Auflage nicht erfüllt oder sein Zustand dies erfordert.

Gegenüberstellung geltendes und künftiges Recht

Geltendes Recht	Künftiges Recht gemäß FGG-RG
§ 11 (1) Ist ein Antrag auf Freiheitsentziehung gestellt, so kann das Gericht eine einstweilige Freiheitsentziehung anordnen, sofern dringende Gründe für die Annahme vorhanden sind, daß die Voraussetzungen für die Unterbringung vorliegen, und über die endgültige Unterbringung nicht rechtzeitig entschieden werden kann. Die einstweilige Freiheitsentziehung darf die Dauer von sechs Wochen nicht überschreiten. (2) Für die einstweiligen Anordnungen gelten § 5 Abs. 1 bis 3, §§ 6 bis 8, § 9 Abs. 2 und § 10 entsprechend. Die Anhörung der Person, der die Freiheit entzogen werden soll, kann außer im Fall des § 5 Abs. 2 auch bei Gefahr im Verzug unterbleiben; sie muß jedoch unverzüglich nachgeholt werden.	**§ 427** Einstweilige Anordnung (1) Das Gericht kann durch einstweilige Anordnung eine vorläufige Freiheitsentziehung anordnen, wenn dringende Gründe für die Annahme bestehen, dass die Voraussetzungen für die Anordnung einer Freiheitsentziehung gegeben sind und ein dringendes Bedürfnis für ein sofortiges Tätigwerden besteht. Die vorläufige Freiheitsentziehung darf die Dauer von sechs Wochen nicht überschreiten. (2) Bei Gefahr im Verzug kann das Gericht eine einstweilige Anordnung bereits vor der persönlichen Anhörung des Betroffenen sowie vor Bestellung und Anhörung des Verfahrenspflegers erlassen; die Verfahrenshandlungen sind unverzüglich nachzuholen.
§ 12 Die §§ 3 und 5 bis 11 gelten entsprechend für das Verfahren, in dem über die Fortdauer einer Freiheitsentziehung entschieden wird.	**§ 425** Dauer und Verlängerung der Freiheitsentziehung (...) (3) Für die Verlängerung der Freiheitsentziehung gelten die Vorschriften über die erstmalige Anordnung entsprechend.
§ 13 (1) Bei jeder nicht auf richterlicher Anordnung beruhenden Verwaltungsmaßnahme, die eine Freiheitsentziehung darstellt, hat die zuständige Verwaltungsbehörde die richterliche Entscheidung unverzüglich herbeizuführen. Ist die Freiheitsentziehung nicht bis zum Ablauf des ihr folgenden Tages durch richterliche Entscheidung nach § 6 oder § 11 angeordnet, so hat die Freilassung zu erfolgen. (2) Wird eine Maßnahme der Verwaltungsbehörde im Sinne des Absatzes 1 angefochten, so wird auch hierüber im gerichtlichen Verfahren nach den Vorschriften dieses Gesetzes entschieden.	**§ 428** Verwaltungsmaßnahme; richterliche Prüfung (1) Bei jeder Verwaltungsmaßnahme, die eine Freiheitsentziehung darstellt und nicht auf richterlicher Anordnung beruht, hat die zuständige Verwaltungsbehörde die richterliche Entscheidung unverzüglich herbeizuführen. Ist die Freiheitsentziehung nicht bis zum Ablauf des ihr folgenden Tages durch richterliche Entscheidung angeordnet, ist der Betroffene freizulassen. (2) Wird eine Maßnahme der Verwaltungsbehörde nach Absatz 1 Satz 1 angefochten, ist auch hierüber im gerichtlichen Verfahren nach den Vorschriften dieses Buches zu entscheiden.
	Artikel 47 **Änderung kostenrechtlicher Vorschriften**
§ 14 (1) Für die Gerichtskosten gelten, soweit nichts anderes bestimmt ist, die Vorschriften der Kostenordnung. Gebühren werden nur für die in Absatz 2 genannten Entscheidungen und für das Beschwerdeverfahren (Absatz 3) erhoben. (2) Für die Entscheidung, die eine Freiheitsentziehung (§ 6) oder ihre Fortdauer (§ 12) anordnet oder einen nicht vom Untergebrachten selbst gestellten Antrag, die Freiheitsentziehung aufzuheben (§ 10), zurückweist, wird eine Gebühr von 18 Euro erhoben. Das Gericht kann jedoch unter Berücksichtigung der wirtschaftlichen Verhältnisse des Zahlungspflichtigen und der Bedeutung und des Umfanges des Verfahrens die Gebühr bis auf die Mindestgebühr (§ 33 der Kostenordnung) ermäßigen oder bis auf 130 Euro erhöhen. (3) Für das Beschwerdeverfahren wird bei Verwerfung oder Zurückweisung der Beschwerde eine Gebühr von 18 Euro, bei Zurücknahme der Beschwerde eine Gebühr von in Höhe der Mindestgebühr (§ 33 der Kostenordnung) erhoben. (4) Kostenvorschüsse werden nicht erhoben.	**§ 128c KostO** Freiheitsentziehungssachen (1) In Freiheitsentziehungssachen (§ 415 des Gesetzes über das Verfahren in Familiensachen und in den Angelegenheiten der freiwilligen Gerichtsbarkeit) wird für die Entscheidung, die eine Freiheitsentziehung oder ihre Fortdauer anordnet oder einen nicht vom Untergebrachten selbst gestellten Antrag, die Freiheitsentziehung aufzuheben, zurückweist, die volle Gebühr erhoben. (2) Der Wert ist nach § 30 Abs. 2 zu bestimmen. (...) (...) (4) Kostenvorschüsse werden nicht erhoben. Dies gilt auch im Beschwerdeverfahren.

IV. – Konkordanzliste

Geltendes Recht	Künftiges Recht gemäß FGG-RG
§ 15 (1) Schuldner der Gebühren sind in den Fällen des § 14 Abs. 2 der Untergebrachte und im Rahmen ihrer gesetzlichen Unterhaltspflicht die zu seinem Unterhalt Verpflichteten, in den Fällen des § 14 Abs. 3 der Beschwerdeführer; sie haben, soweit sie gebührenpflichtig sind, auch die baren Auslagen des gerichtlichen Verfahrens zu tragen. (2) Die Verwaltungsbehörden sind zur Zahlung von Gerichtsgebühren und zur Erstattung der Auslagen des gerichtlichen Verfahrens nicht verpflichtet.	§ 128c KostO Freiheitsentziehungssachen (…) (3) Schuldner der Gerichtskosten sind, wenn diese nicht einem Anderen auferlegt worden sind, der Betroffene und im Rahmen ihrer gesetzlichen Unterhaltspflicht die zu seinem Unterhalt Verpflichteten. Von der Verwaltungsbehörde werden Gebühren nicht erhoben. (…)
	Artikel 1 **Gesetz über das Verfahren in Familiensachen und in den Angelegenheiten der freiwilligen Gerichtsbarkeit**
§ 16 (1) Lehnt das Gericht den Antrag der Verwaltungsbehörde auf Freiheitsentziehung ab, so hat es zugleich die Auslagen des Betroffenen, soweit sie zur zweckentsprechenden Rechtsverfolgung notwendig waren, der Gebietskörperschaft, der die Verwaltungsbehörde angehört, aufzuerlegen, wenn das Verfahren ergeben hat, daß ein begründeter Anlaß zur Stellung des Antrages nicht vorlag. Die Höhe der Auslagen wird auf Antrag des Betroffenen durch den Urkundsbeamten der Geschäftsstelle festgesetzt. Für das Verfahren und die Vollstreckung der Entscheidung gelten die Vorschriften der Zivilprozeßordnung entsprechend. (2) (…)	§ 430 Auslagenersatz Wird ein Antrag der Verwaltungsbehörde auf Freiheitsentziehung abgelehnt oder zurückgenommen und hat das Verfahren ergeben, dass ein begründeter Anlass zur Stellung des Antrags nicht vorlag, hat das Gericht die Auslagen des Betroffenen, soweit sie zur zweckentsprechenden Rechtsverfolgung notwendig waren, der Körperschaft aufzuerlegen, der die Verwaltungsbehörde angehört.
§ 17 (1) (…) (2) Bis zu einer anderweitigen gesetzlichen Regelung gelten § 7 der Ausländerpolizeiverordnung vom 22. August 1938 (Reichsgesetzbl. I S. 1053), die Verordnung zur Bekämpfung übertragbarer Krankheiten vom 1. Dezember 1938 (Reichsgesetzbl. I S. 1721) und § 20 der Verordnung über die Fürsorgepflicht als förmliche Gesetze im Sinne des Artikels 104 Abs. 1 des Grundgesetzes. (3) Das Grundrecht der Freiheit der Person nach Artikel 2 Abs. 2 Satz 2 des Grundgesetzes wird insoweit eingeschränkt.	(weggefallen)
§ 18 (1) Dieses Gesetz tritt am 1. Juli 1956 in Kraft. (2) Mit dem Inkrafttreten dieses Gesetzes treten Vorschriften, die das gerichtliche Verfahren bei Freiheitsentziehungen regeln, insoweit außer Kraft, als sie die von diesem Gesetz erfaßten Fälle betreffen. Das gilt insbesondere für § 3 der Badischen Landesverordnung über den Aufbau der Verwaltungsgerichtsbarkeit in der Fassung vom 5. September 1951 (Badisches Gesetz- und Verordnungsblatt 1952 S. 14) und für das Badische Landesgesetz zur Bekämpfung übertragbarer Krankheiten vom 9. Januar 1952 (Badisches Gesetz- und Verordnungsblatt S. 17).	
§ 19 (weggefallen)	
§ 20 Dieses Gesetz gilt nach Maßgabe des § 13 Abs. 1 des Dritten Überleitungsgesetzes vom 4. Januar 1952 (Bundesgesetzbl. I S. 1) auch im Land Berlin.	(weggefallen)

Gegenüberstellung geltendes und künftiges Recht

Geltendes Recht	Künftiges Recht gemäß FGG-RG
	Artikel 1 **Gesetz über das Verfahren in Familiensachen und in den Angelegenheiten der freiwilligen Gerichtsbarkeit**
Buch 9 der Zivilprozessordnung **Aufgebotsverfahren**	**Buch 8** **Verfahren in Aufgebotssachen**
§ 946 Statthaftigkeit; Zuständigkeit (1) Eine öffentliche gerichtliche Aufforderung zur Anmeldung von Ansprüchen oder Rechten findet mit der Wirkung, dass die Unterlassung der Anmeldung einen Rechtsnachteil zur Folge hat, nur in den durch das Gesetz bestimmten Fällen statt.	**§ 433** Aufgebotssachen Aufgebotssachen sind Verfahren, in denen das Gericht öffentlich zur Anmeldung von Ansprüchen oder Rechten auffordert, mit der Wirkung, dass die Unterlassung der Anmeldung einen Rechtsnachteil zur Folge hat; sie finden nur in den durch Gesetz bestimmten Fällen statt.
	Artikel 22 **Änderung des Gerichtsverfassungsgesetzes** § 23a GVG (2) Angelegenheiten der freiwilligen Gerichtsbarkeit sind: (...) 7. Aufgebotssachen.
(2) Für das Aufgebotsverfahren ist das durch das Gesetz bestimmte Gericht zuständig.	
	Artikel 1 **Gesetz über das Verfahren in Familiensachen und in den Angelegenheiten der freiwilligen Gerichtsbarkeit**
§ 947 Antrag; Inhalt des Aufgebots (1) Der Antrag kann schriftlich oder zum Protokoll der Geschäftsstelle gestellt werden. Die Entscheidung kann ohne mündliche Verhandlung ergehen. (2) Ist der Antrag zulässig, so hat das Gericht das Aufgebot zu erlassen. In das Aufgebot ist insbesondere aufzunehmen: 1. die Bezeichnung des Antragstellers; 2. die Aufforderung, die Ansprüche und Rechte spätestens im Aufgebotstermin anzumelden; 3. die Bezeichnung der Rechtsnachteile, die eintreten, wenn die Anmeldung unterbleibt; 4. die Bestimmung eines Aufgebotstermins.	**§ 434** Antrag; Inhalt des Aufgebots (1) Das Aufgebotsverfahren wird nur auf Antrag eingeleitet. (2) Ist der Antrag zulässig, so hat das Gericht das Aufgebot zu erlassen. In das Aufgebot ist insbesondere aufzunehmen: 1. die Bezeichnung des Antragstellers; 2. die Aufforderung, die Ansprüche und Rechte bis zu einem bestimmten Zeitpunkt bei dem Gericht anzumelden (Anmeldezeitpunkt); 3. die Bezeichnung der Rechtsnachteile, die eintreten, wenn die Anmeldung unterbleibt.
§ 948 Öffentliche Bekanntmachung (1) Die öffentliche Bekanntmachung des Aufgebots erfolgt durch Anheftung an die Gerichtstafel und durch einmalige Einrückung in den elektronischen Bundesanzeiger, sofern nicht das Gesetz für den betreffenden Fall eine abweichende Anordnung getroffen hat. Zusätzlich kann die öffentliche Bekanntmachung in einem von dem Gericht für Bekanntmachungen bestimmten elektronischen Informations- und Kommunikationssystem erfolgen. (2) Das Gericht kann anordnen, dass die Einrückung noch in andere Blätter und zu mehreren Malen erfolge.	**§ 435** Öffentliche Bekanntmachung (1) Die öffentliche Bekanntmachung des Aufgebots erfolgt durch Aushang an der Gerichtstafel und durch einmalige Veröffentlichung in dem elektronischen Bundesanzeiger, wenn nicht das Gesetz für den betreffenden Fall eine abweichende Anordnung getroffen hat. Anstelle des Aushangs an der Gerichtstafel kann die öffentliche Bekanntmachung in einem elektronischen Informations- und Kommunikationssystem erfolgen, das im Gericht öffentlich zugänglich ist. (2) Das Gericht kann anordnen, das Aufgebot zusätzlich auf andere Weise zu veröffentlichen.
§ 949 Gültigkeit der öffentlichen Bekanntmachung Auf die Gültigkeit der öffentlichen Bekanntmachung hat es keinen Einfluss, wenn das anzuheftende Schriftstück von dem Ort der Anheftung zu früh entfernt ist oder wenn im Falle wiederholter Bekanntmachung die vorgeschriebenen Zwischenfristen nicht eingehalten sind.	**§ 436** Gültigkeit der öffentlichen Bekanntmachung Auf die Gültigkeit der öffentlichen Bekanntmachung hat es keinen Einfluss, wenn das Schriftstück von der Gerichtstafel oder das Dokument aus dem Informations- und Kommunikationssystem zu früh entfernt wurde oder wenn im Fall wiederholter Veröffentlichung die vorgeschriebenen Zwischenfristen nicht eingehalten sind.

IV. – Konkordanzliste

Geltendes Recht	Künftiges Recht gemäß FGG-RG
§ 950 Aufgebotsfrist Zwischen dem Tag, an dem die Einrückung oder die erste Einrückung des Aufgebots in den elektronischen Bundesanzeiger erfolgt ist, und dem Aufgebotstermin muss, sofern das Gesetz nicht eine abweichende Anordnung enthält, ein Zeitraum (Aufgebotsfrist) von mindestens sechs Wochen liegen.	§ 437 Aufgebotsfrist Zwischen dem Tag, an dem das Aufgebot erstmalig in einem Informations- und Kommunikationssystem oder im elektronischen Bundesanzeiger veröffentlicht wird, und dem Anmeldezeitpunkt muss, wenn das Gesetz nicht eine abweichende Anordnung enthält, ein Zeitraum (Aufgebotsfrist) von mindestens sechs Wochen liegen.
§ 951 Anmeldung nach Aufgebotstermin Eine Anmeldung, die nach dem Schluss des Aufgebotstermins, jedoch vor Erlass des Ausschlussurteils erfolgt, ist als rechtzeitig anzusehen.	§ 438 Anmeldung nach dem Anmeldezeitpunkt Eine Anmeldung, die nach dem Anmeldezeitpunkt, jedoch vor dem Erlass des Ausschließungsbeschlusses erfolgt, ist als rechtzeitig anzusehen.
§ 952 Ausschlussurteil; Zurückweisung des Antrags (1) Das Ausschlussurteil ist in öffentlicher Sitzung auf Antrag zu erlassen. (2) Einem in der Sitzung gestellten Antrag wird ein Antrag gleichgeachtet, der vor dem Aufgebotstermin schriftlich gestellt oder zum Protokoll der Geschäftsstelle erklärt worden ist. (3) Vor Erlass des Urteils kann eine nähere Ermittlung, insbesondere die Versicherung der Wahrheit einer Behauptung des Antragstellers an Eides statt angeordnet werden. (4) Gegen den Beschluss, durch den der Antrag auf Erlass des Ausschlussurteils zurückgewiesen wird, sowie gegen Beschränkungen und Vorbehalte, die dem Ausschlussurteil beigefügt sind, findet sofortige Beschwerde statt.	§ 439 Erlass des Ausschließungsbeschlusses; Beschwerde; Wiedereinsetzung und Wiederaufnahme (1) Vor Erlass des Ausschließungsbeschlusses kann eine nähere Ermittlung, insbesondere die Versicherung der Wahrheit einer Behauptung des Antragstellers an Eides statt, angeordnet werden. (2) Die Endentscheidung in Aufgebotssachen wird erst mit Rechtskraft wirksam. (3) § 61 Abs. 1 ist nicht anzuwenden. (...)
§ 953 Wirkung einer Anmeldung Erfolgt eine Anmeldung, durch die das von dem Antragsteller zur Begründung des Antrags behauptete Recht bestritten wird, so ist nach Beschaffenheit des Falles entweder das Aufgebotsverfahren bis zur endgültigen Entscheidung über das angemeldete Recht auszusetzen oder in dem Ausschlussurteil das angemeldete Recht vorzubehalten.	§ 440 Wirkung einer Anmeldung Bei einer Anmeldung, durch die das von dem Antragsteller zur Begründung des Antrags behauptete Recht bestritten wird, ist entweder das Aufgebotsverfahren bis zur endgültigen Entscheidung über das angemeldete Recht auszusetzen oder in dem Ausschließungsbeschluss das angemeldete Recht vorzubehalten.
§ 954 Fehlender Antrag Wenn der Antragsteller weder in dem Aufgebotstermin erschienen ist noch vor dem Termin den Antrag auf Erlass des Ausschlussurteils gestellt hat, so ist auf seinen Antrag ein neuer Termin zu bestimmen. Der Antrag ist nur binnen einer vom Tag des Aufgebotstermins laufenden Frist von sechs Monaten zulässig.	
§ 955 Neuer Termin Wird zur Erledigung des Aufgebotsverfahrens ein neuer Termin bestimmt, so ist eine öffentliche Bekanntmachung des Termins nicht erforderlich.	

Gegenüberstellung geltendes und künftiges Recht

Geltendes Recht	Künftiges Recht gemäß FGG-RG
§ 956 Öffentliche Bekanntmachung des Ausschlussurteils Das Gericht kann die öffentliche Bekanntmachung des wesentlichen Inhalts des Ausschlussurteils durch einmalige Einrückung in den elektronischen Bundesanzeiger anordnen.	§ 441 Öffentliche Zustellung des Ausschließungsbeschlusses Der Ausschließungsbeschluss ist öffentlich zuzustellen. Für die Durchführung der öffentlichen Zustellung gelten die §§ 186, 187, 188 der Zivilprozessordnung entsprechend.
§ 957 Anfechtungsklage (1) Gegen das Ausschlussurteil findet ein Rechtsmittel nicht statt. (2) Das Ausschlussurteil kann bei dem Landgericht, in dessen Bezirk das Aufgebotsgericht seinen Sitz hat, mittels einer gegen den Antragsteller zu erhebenden Klage angefochten werden: 1. wenn ein Fall nicht vorlag, in dem das Gesetz das Aufgebotsverfahren zulässt; 2. wenn die öffentliche Bekanntmachung des Aufgebots oder eine in dem Gesetz vorgeschriebene Art der Bekanntmachung unterblieben ist; 3. wenn die vorgeschriebene Aufgebotsfrist nicht gewahrt ist; 4. wenn der erkennende Richter von der Ausübung des Richteramts kraft Gesetzes ausgeschlossen war; 5. wenn ein Anspruch oder ein Recht ungeachtet der Anmeldung nicht dem Gesetz gemäß in dem Urteil berücksichtigt ist; 6. wenn die Voraussetzungen vorliegen, unter denen die Restitutionsklage wegen einer Straftat stattfindet.	
§ 958 Klagefrist (1) Die Anfechtungsklage ist binnen der Notfrist eines Monats zu erheben. Die Frist beginnt mit dem Tag, an dem der Kläger Kenntnis von dem Ausschlussurteil erhalten hat, in dem Fall jedoch, wenn die Klage auf einem der im § 957 Nr. 4, 6 bezeichneten Anfechtungsgründe beruht und dieser Grund an jenem Tag noch nicht zur Kenntnis des Klägers gelangt war, erst mit dem Tag, an dem der Anfechtungsgrund dem Kläger bekannt geworden ist. (2) Nach Ablauf von zehn Jahren, von dem Tag der Verkündung des Ausschlussurteils an gerechnet, ist die Klage unstatthaft.	§ 439 Erlass des Ausschließungsbeschlusses; Beschwerde; Wiedereinsetzung und Wiederaufnahme (…) (4) Die Vorschriften über die Wiedereinsetzung finden mit der Maßgabe Anwendung, dass die Frist, nach deren Ablauf die Wiedereinsetzung nicht mehr beantragt oder bewilligt werden kann, abweichend von § 18 Abs. 3 fünf Jahre beträgt. Die Vorschriften über die Wiederaufnahme finden mit der Maßgabe Anwendung, dass die Erhebung der Klagen nach Ablauf von zehn Jahren, von dem Tag der Rechtskraft des Ausschließungsbeschlusses an gerechnet, unstatthaft ist.
§ 959 Verbindung mehrerer Aufgebote Das Gericht kann die Verbindung mehrerer Aufgebote anordnen, auch wenn die Voraussetzungen des § 147 nicht vorliegen.	
§§ 960 bis 976 (weggefallen)	
	Abschnitt 2 **Aufgebot des Eigentümers von Grundstücken, Schiffen und Schiffsbauwerken**
§ 977 Aufgebot des Grundstückseigentümers Für das Aufgebotsverfahren zum Zwecke der Ausschließung des Eigentümers eines Grundstücks nach § 927 des Bürgerlichen Gesetzbuchs gelten die nachfolgenden besonderen Vorschriften.	§ 442 Aufgebot des Grundstückseigentümers; örtliche Zuständigkeit (1) Für das Aufgebotsverfahren zur Ausschließung des Eigentümers eines Grundstücks nach § 927 des Bürgerlichen Gesetzbuchs gelten die nachfolgenden besonderen Vorschriften.

IV. – Konkordanzliste

Geltendes Recht	Künftiges Recht gemäß FGG-RG
§ 978 Zuständigkeit Zuständig ist das Gericht, in dessen Bezirk das Grundstück belegen ist.	(2) Örtlich zuständig ist das Gericht, in dessen Bezirk das Grundstück belegen ist.
§ 979 Antragsberechtigter Antragsberechtigt ist derjenige, der das Grundstück seit der im § 927 des Bürgerlichen Gesetzbuchs bestimmten Zeit im Eigenbesitz hat.	§ 443 Antragsberechtigter Antragsberechtigt ist derjenige, der das Grundstück seit der im § 927 des Bürgerlichen Gesetzbuchs bestimmten Zeit im Eigenbesitz hat.
§ 980 Glaubhaftmachung Der Antragsteller hat die zur Begründung des Antrags erforderlichen Tatsachen vor der Einleitung des Verfahrens glaubhaft zu machen.	§ 444 Glaubhaftmachung Der Antragsteller hat die zur Begründung des Antrags erforderlichen Tatsachen vor der Einleitung des Verfahrens glaubhaft zu machen.
§ 981 Inhalt des Aufgebots In dem Aufgebot ist der bisherige Eigentümer aufzufordern, sein Recht spätestens im Aufgebotstermin anzumelden, widrigenfalls seine Ausschließung erfolgen werde.	§ 445 Inhalt des Aufgebots In dem Aufgebot ist der bisherige Eigentümer aufzufordern, sein Recht spätestens zum Anmeldezeitpunkt anzumelden, widrigenfalls seine Ausschließung erfolgen werde.
§ 981a Aufgebot des Schiffseigentümers Für das Aufgebotsverfahren zum Zwecke der Ausschließung des Eigentümers eines eingetragenen Schiffes oder Schiffsbauwerks nach § 6 des Gesetzes über Rechte an eingetragenen Schiffen und Schiffsbauwerken vom 15. November 1940 (RGBl. I S. 1499) gelten die §§ 979 bis 981 entsprechend. Zuständig ist das Gericht, bei dem das Register für das Schiff oder Schiffsbauwerk geführt wird.	§ 446 Aufgebot des Schiffseigentümers (1) Für das Aufgebotsverfahren zur Ausschließung des Eigentümers eines eingetragenen Schiffes oder Schiffsbauwerks nach § 6 des Gesetzes über Rechte an eingetragenen Schiffen und Schiffsbauwerken (BGBl. III 403-4) gelten die §§ 443 bis 445 entsprechend. (2) Örtlich zuständig ist das Gericht, bei dem das Register für das Schiff oder Schiffsbauwerk geführt wird.
	Abschnitt 3 **Aufgebot des Gläubigers von Grund- und Schiffspfandrechten sowie des Berechtigten sonstiger dinglicher Rechte**
§ 982 Aufgebot des Grundpfandrechtsgläubigers Für das Aufgebotsverfahren zum Zwecke der Ausschließung eines Hypotheken-, Grundschuld- oder Rentenschuldgläubigers auf Grund der §§ 1170, 1171 des Bürgerlichen Gesetzbuchs gelten die nachfolgenden besonderen Vorschriften.	§ 447 Aufgebot des Grundpfandrechtsgläubigers; örtliche Zuständigkeit (1) Für das Aufgebotsverfahren zur Ausschließung eines Hypotheken-, Grundschuld- oder Rentenschuldgläubigers auf Grund der §§ 1170 und 1171 des Bürgerlichen Gesetzbuchs gelten die nachfolgenden besonderen Vorschriften.
§ 983 Zuständigkeit Zuständig ist das Gericht, in dessen Bezirk das belastete Grundstück belegen ist.	(2) Örtlich zuständig ist das Gericht, in dessen Bezirk das belastete Grundstück belegen ist.
§ 984 Antragsberechtigter (1) Antragsberechtigt ist der Eigentümer des belasteten Grundstücks. (2) Im Falle des § 1170 des Bürgerlichen Gesetzbuchs ist auch ein im Range gleich- oder nachstehender Gläubiger, zu dessen Gunsten eine Vormerkung nach § 1179 des Bürgerlichen Gesetzbuchs eingetragen ist oder ein Anspruch nach § 1179a des Bürgerlichen Gesetzbuchs besteht, und bei einer Gesamthypothek, Gesamtgrundschuld oder Gesamtrentenschuld außerdem derjenige antragsberechtigt, der auf Grund eines im Range gleich- oder nachstehenden Rechts Befriedigung aus einem der belasteten Grundstücke verlangen kann, sofern der Gläubiger oder der sonstige Berechtigte für seinen Anspruch einen vollstreckbaren Schuldtitel erlangt hat.	§ 448 Antragsberechtigter (1) Antragsberechtigt ist der Eigentümer des belasteten Grundstücks. (2) Antragsberechtigt im Fall des § 1170 des Bürgerlichen Gesetzbuchs ist auch ein im Rang gleich- oder nachstehender Gläubiger, zu dessen Gunsten eine Vormerkung nach § 1179 des Bürgerlichen Gesetzbuchs eingetragen ist oder ein Anspruch nach § 1179a des Bürgerlichen Gesetzbuchs besteht. Bei einer Gesamthypothek, Gesamtgrundschuld oder Gesamtrentenschuld ist außerdem derjenige antragsberechtigt, der auf Grund eines im Rang gleich- oder nachstehenden Rechts Befriedigung aus einem der belasteten Grundstücke verlangen kann, wenn der Gläubiger oder der sonstige Berechtigte für seinen Anspruch einen vollstreckbaren Schuldtitel erlangt hat.

Gegenüberstellung geltendes und künftiges Recht

Geltendes Recht	Künftiges Recht gemäß FGG-RG
§ 985 Glaubhaftmachung Der Antragsteller hat vor der Einleitung des Verfahrens glaubhaft zu machen, dass der Gläubiger unbekannt ist.	§ 449 Glaubhaftmachung Der Antragsteller hat vor der Einleitung des Verfahrens glaubhaft zu machen, dass der Gläubiger unbekannt ist.
§ 986 Besonderheiten im Fall des § 1170 des Bürgerlichen Gesetzbuchs (1) Im Falle des § 1170 des Bürgerlichen Gesetzbuchs hat der Antragsteller vor der Einleitung des Verfahrens auch glaubhaft zu machen, dass nicht eine das Aufgebot ausschließende Anerkennung des Rechts des Gläubigers erfolgt ist. (2) Ist die Hypothek für die Forderung aus einer Schuldverschreibung auf den Inhaber bestellt oder der Grundschuld- oder Rentenschuldbrief auf den Inhaber ausgestellt, so hat der Antragsteller glaubhaft zu machen, dass die Schuldverschreibung oder der Brief bis zum Ablauf der im § 801 des Bürgerlichen Gesetzbuchs bezeichneten Frist nicht vorgelegt und der Anspruch nicht gerichtlich geltend gemacht worden ist. Ist die Vorlegung oder die gerichtliche Geltendmachung erfolgt, so ist die im Absatz 1 vorgeschriebene Glaubhaftmachung erforderlich. (3) Zur Glaubhaftmachung genügt in den Fällen der Absätze 1, 2 die Versicherung des Antragstellers an Eides statt, unbeschadet der Befugnis des Gerichts, anderweitige Ermittlungen anzuordnen. (4) In dem Aufgebot ist als Rechtsnachteil anzudrohen, dass der Gläubiger mit seinem Recht ausgeschlossen werde. (5) Wird das Aufgebot auf Antrag eines nach § 984 Abs. 2 Antragsberechtigten erlassen, so ist es dem Eigentümer des Grundstücks von Amts wegen mitzuteilen.	§ 450 Besondere Glaubhaftmachung (1) Im Fall des § 1170 des Bürgerlichen Gesetzbuchs hat der Antragsteller vor der Einleitung des Verfahrens auch glaubhaft zu machen, dass eine das Aufgebot ausschließende Anerkennung des Rechts des Gläubigers nicht erfolgt ist. (2) Ist die Hypothek für die Forderung aus einer Schuldverschreibung auf den Inhaber bestellt oder der Grundschuld- oder Rentenschuldbrief auf den Inhaber ausgestellt, hat der Antragsteller glaubhaft zu machen, dass die Schuldverschreibung oder der Brief bis zum Ablauf der in § 801 des Bürgerlichen Gesetzbuchs bezeichneten Frist nicht vorgelegt und der Anspruch nicht gerichtlich geltend gemacht worden ist. Ist die Vorlegung oder die gerichtliche Geltendmachung erfolgt, so ist die in Absatz 1 vorgeschriebene Glaubhaftmachung erforderlich. (3) Zur Glaubhaftmachung genügt in den Fällen der Absätze 1, 2 die Versicherung des Antragstellers an Eides statt. Das Recht des Gerichts zur Anordnung anderweitiger Ermittlungen von Amts wegen wird hierdurch nicht berührt. (4) In dem Aufgebot ist als Rechtsnachteil anzudrohen, dass der Gläubiger mit seinem Recht ausgeschlossen werde. (5) Wird das Aufgebot auf Antrag eines nach § 448 Abs. 2 Antragsberechtigten erlassen, so ist es dem Eigentümer des Grundstücks von Amts wegen mitzuteilen.
§ 987 Besonderheiten im Fall des § 1171 des Bürgerlichen Gesetzbuchs (1) Im Falle des § 1171 des Bürgerlichen Gesetzbuchs hat der Antragsteller sich vor der Einleitung des Verfahrens zur Hinterlegung des dem Gläubiger gebührenden Betrages zu erbieten. (2) In dem Aufgebot ist als Rechtsnachteil anzudrohen, dass der Gläubiger nach der Hinterlegung des ihm gebührenden Betrages seine Befriedigung statt aus dem Grundstück nur noch aus dem hinterlegten Betrag verlangen könne und sein Recht auf diesen erlösche, wenn er sich nicht vor dem Ablauf von 30 Jahren nach dem Erlass des Ausschlussurteils bei der Hinterlegungsstelle melde. (3) Hängt die Fälligkeit der Forderung von einer Kündigung ab, so erweitert sich die Aufgebotsfrist um die Kündigungsfrist. (4) Das Ausschlussurteil darf erst dann erlassen werden, wenn die Hinterlegung erfolgt ist.	§ 451 Verfahren bei Ausschluss mittels Hinterlegung (1) Im Fall des § 1171 des Bürgerlichen Gesetzbuchs hat der Antragsteller vor der Einleitung des Verfahrens die Hinterlegung des dem Gläubiger gebührenden Betrages anzubieten. (2) In dem Aufgebot ist als Rechtsnachteil anzudrohen, dass der Gläubiger nach der Hinterlegung des ihm gebührenden Betrages seine Befriedigung statt aus dem Grundstück nur noch aus dem hinterlegten Betrag verlangen könne und sein Recht auf diesen erlösche, wenn er sich nicht vor dem Ablauf von 30 Jahren nach dem Erlass des Ausschließungsbeschlusses bei der Hinterlegungsstelle melde. (3) Hängt die Fälligkeit der Forderung von einer Kündigung ab, erweitert sich die Aufgebotsfrist um die Kündigungsfrist. (4) Der Ausschließungsbeschluss darf erst dann erlassen werden, wenn die Hinterlegung erfolgt ist.
§ 987a Aufgebot des Schiffshypothekengläubigers Für das Aufgebotsverfahren zum Zwecke der Ausschließung eines Schiffshypothekengläubigers auf Grund der §§ 66, 67 des Gesetzes über Rechte an eingetragenen Schiffen und Schiffsbauwerken vom 15. November 1940 (RGBl. I S. 1499) gelten die §§ 984 bis 987 entsprechend; an die Stelle der §§ 1170, 1171, 1179 des Bürgerlichen Gesetzbuchs treten die §§ 66, 67, 58 des genannten Gesetzes. Zuständig ist das Gericht, bei dem das Register für das Schiff oder Schiffsbauwerk geführt wird.	§ 452 Aufgebot des Schiffshypothekengläubigers; örtliche Zuständigkeit (1) Für das Aufgebotsverfahren zur Ausschließung eines Schiffshypothekengläubigers auf Grund der §§ 66 und 67 des Gesetzes über Rechte an eingetragenen Schiffen und Schiffsbauwerken (BGBl. III 403-4) gelten die §§ 448 bis 451 entsprechend. Anstelle der §§ 1170, 1171 und 1179 des Bürgerlichen Gesetzbuchs sind die §§ 66, 67 des genannten Gesetzes anzuwenden. (2) Örtlich zuständig ist das Gericht, bei dem das Register für das Schiff oder Schiffsbauwerk geführt wird.

IV. – Konkordanzliste

Geltendes Recht	Künftiges Recht gemäß FGG-RG
§ 988 Aufgebot des Berechtigten bei Vormerkung, Vorkaufsrecht, Reallast Die Vorschriften des § 983, des § 984 Abs. 1, des § 985, des § 986 Abs. 1 bis 4 und der §§ 987, 987a gelten entsprechend für das Aufgebotsverfahren zum Zwecke der in den §§ 887, 1104, 1112 des Bürgerlichen Gesetzbuchs, § 13 des Gesetzes über Rechte an eingetragenen Schiffen und Schiffsbauwerken vom 15. November 1940 (RGBl. I S. 1499) für die Vormerkung, das Vorkaufsrecht und die Reallast bestimmten Ausschließung des Berechtigten. Antragsberechtigt ist auch, wer auf Grund eines im Range gleich oder nachstehenden Rechts Befriedigung aus dem Grundstück oder dem Schiff oder Schiffsbauwerk verlangen kann, sofern er für seinen Anspruch einen vollstreckbaren Schuldtitel erlangt hat. Das Aufgebot ist dem Eigentümer des Grundstücks oder des Schiffes oder Schiffsbauwerks von Amts wegen mitzuteilen.	§ 453 Aufgebot des Berechtigten bei Vormerkung, Vorkaufsrecht, Reallast (1) Die Vorschriften des § 447 Abs. 2, des § 448 Abs. 1, der §§ 449, 450 Abs. 1 bis 4 und der §§ 451, 452 gelten entsprechend für das Aufgebotsverfahren zu der in den §§ 887, 1104, 1112 des Bürgerlichen Gesetzbuchs, § 13 des Gesetzes über Rechte an eingetragenen Schiffen und Schiffsbauwerken (BGBl. III, 403-4) für die Vormerkung, das Vorkaufsrecht und die Reallast bestimmten Ausschließung des Berechtigten. (2) Antragsberechtigt ist auch, wer auf Grund eines im Range gleich oder nachstehenden Rechts Befriedigung aus dem Grundstück oder dem Schiff oder Schiffsbauwerk verlangen kann, wenn er für seinen Anspruch einen vollstreckbaren Schuldtitel erlangt hat. Das Aufgebot ist dem Eigentümer des Grundstücks oder des Schiffes oder Schiffsbauwerks von Amts wegen mitzuteilen.
	Abschnitt 4 **Aufgebot von Nachlassgläubigern**
§ 989 Aufgebot von Nachlassgläubigern Für das Aufgebotsverfahren zum Zwecke der Ausschließung von Nachlassgläubigern auf Grund des § 1970 des Bürgerlichen Gesetzbuchs gelten die nachfolgenden besonderen Vorschriften.	§ 454 Aufgebot von Nachlassgläubigern; örtliche Zuständigkeit (1) Für das Aufgebotsverfahren zur Ausschließung von Nachlassgläubigern auf Grund des § 1970 des Bürgerlichen Gesetzbuchs gelten die nachfolgenden besonderen Vorschriften.
§ 990 Zuständigkeit Zuständig ist das Amtsgericht, dem die Verrichtungen des Nachlassgerichts obliegen. Sind diese Verrichtungen einer anderen Behörde als einem Amtsgericht übertragen, so ist das Amtsgericht zuständig, in dessen Bezirk die Nachlassbehörde ihren Sitz hat.	(2) Örtlich zuständig ist das Amtsgericht, dem die Angelegenheiten des Nachlassgerichts obliegen. Sind diese Angelegenheiten einer anderen Behörde als einem Amtsgericht übertragen, so ist das Amtsgericht zuständig, in dessen Bezirk die Nachlassbehörde ihren Sitz hat.
§ 991 Antragsberechtigter (1) Antragsberechtigt ist jeder Erbe, sofern er nicht für die Nachlassverbindlichkeiten unbeschränkt haftet. (2) Zu dem Antrag sind auch ein Nachlasspfleger und ein Testamentsvollstrecker berechtigt, wenn ihnen die Verwaltung des Nachlasses zusteht. (3) Der Erbe und der Testamentsvollstrecker können den Antrag erst nach der Annahme der Erbschaft stellen.	§ 455 Antragsberechtigter (1) Antragsberechtigt ist jeder Erbe, wenn er nicht für die Nachlassverbindlichkeiten unbeschränkt haftet. (2) Zu dem Antrag sind auch ein Nachlasspfleger, ein Nachlassverwalter und ein Testamentsvollstrecker berechtigt, wenn ihnen die Verwaltung des Nachlasses zusteht. (3) Der Erbe und der Testamentsvollstrecker können den Antrag erst nach der Annahme der Erbschaft stellen.
§ 992 Verzeichnis der Nachlassgläubiger Dem Antrag ist ein Verzeichnis der bekannten Nachlassgläubiger mit Angabe ihres Wohnortes beizufügen.	§ 456 Verzeichnis der Nachlassgläubiger Dem Antrag ist ein Verzeichnis der bekannten Nachlassgläubiger mit Angabe ihres Wohnorts beizufügen.
§ 993 Nachlassinsolvenzverfahren (1) Das Aufgebot soll nicht erlassen werden, wenn die Eröffnung des Nachlassinsolvenzverfahrens beantragt ist. (2) Durch die Eröffnung des Nachlassinsolvenzverfahrens wird das Aufgebotsverfahren beendigt.	§ 457 Nachlassinsolvenzverfahren (1) Das Aufgebot soll nicht erlassen werden, wenn die Eröffnung des Nachlassinsolvenzverfahrens beantragt ist. (2) Durch die Eröffnung des Nachlassinsolvenzverfahrens wird das Aufgebotsverfahren beendet.
§ 994 Aufgebotsfrist (1) Die Aufgebotsfrist soll höchstens sechs Monate betragen. (2) Das Aufgebot soll den Nachlassgläubigern, die dem Nachlassgericht angezeigt sind und deren Wohnort bekannt ist, von Amts wegen zugestellt werden. Die Zustellung kann durch Aufgabe zur Post erfolgen.	§ 458 Inhalt des Aufgebots, Aufgebotsfrist (2) Die Aufgebotsfrist soll höchstens sechs Monate betragen.

Gegenüberstellung geltendes und künftiges Recht

Geltendes Recht	Künftiges Recht gemäß FGG-RG
§ 995 Inhalt des Aufgebots In dem Aufgebot ist den Nachlassgläubigern, die sich nicht melden, als Rechtsnachteil anzudrohen, dass sie, unbeschadet des Rechts, vor den Verbindlichkeiten aus Pflichtteilsrechten, Vermächtnissen und Auflagen berücksichtigt zu werden, von dem Erben nur insoweit Befriedigung verlangen können, als sich nach Befriedigung der nicht ausgeschlossenen Gläubiger noch ein Überschuss ergibt.	§ 458 Inhalt des Aufgebots; <u>Aufgebotsfrist</u> (1) In dem Aufgebot ist den Nachlassgläubigern, die sich nicht melden, als Rechtsnachteil anzudrohen, dass sie von dem Erben nur insoweit Befriedigung verlangen können, als sich nach Befriedigung der nicht ausgeschlossenen Gläubiger noch ein Überschuss ergibt; <u>das Recht, vor den Verbindlichkeiten aus Pflichtteilsrechten, Vermächtnissen und Auflagen berücksichtigt zu werden, bleibt unberührt.</u>
§ 996 Forderungsanmeldung (1) Die Anmeldung einer Forderung hat die Angabe des Gegenstandes und des Grundes der Forderung zu enthalten. Urkundliche Beweisstücke sind in Urschrift oder in Abschrift beizufügen. (2) Das Gericht hat die Einsicht der Anmeldungen jedem zu gestatten, der ein rechtliches Interesse glaubhaft macht.	<u>§ 459</u> Forderungsanmeldung (1) In der Anmeldung einer Forderung <u>sind</u> der Gegenstand und der Grund der Forderung <u>anzugeben</u>. Urkundliche Beweisstücke sind in Urschrift oder in Abschrift beizufügen. (2) Das Gericht hat die Einsicht der Anmeldungen jedem zu gestatten, der ein rechtliches Interesse glaubhaft macht.
§ 997 Mehrheit von Erben (1) Sind mehrere Erben vorhanden, so kommen der von einem Erben gestellte Antrag und das von ihm erwirkte Ausschlussurteil, unbeschadet der Vorschriften des Bürgerlichen Gesetzbuchs über die unbeschränkte Haftung, auch den anderen Erben zustatten. Als Rechtsnachteil ist den Nachlassgläubigern, die sich nicht melden, auch anzudrohen, dass jeder Erbe nach der Teilung des Nachlasses nur für den seinem Erbteil entsprechenden Teil der Verbindlichkeit haftet. (2) Das Aufgebot mit Androhung des im Absatz 1 Satz 2 bestimmten Rechtsnachteils kann von jedem Erben auch dann beantragt werden, wenn er für die Nachlassverbindlichkeiten unbeschränkt haftet.	§ 460 Mehrheit von Erben (1) Sind mehrere Erben vorhanden, kommen der von einem Erben gestellte Antrag und <u>der</u> von ihm erwirkte <u>Ausschließungsbeschluss</u> auch den anderen Erben zustatten; <u>die Vorschriften des Bürgerlichen Gesetzbuchs über die unbeschränkte Haftung bleiben unberührt.</u> Als Rechtsnachteil ist den Nachlassgläubigern, die sich nicht melden, auch anzudrohen, dass jeder Erbe nach der Teilung des Nachlasses nur für den seinem Erbteil entsprechenden Teil der Verbindlichkeit haftet. (2) Das Aufgebot mit Androhung des im Absatz 1 Satz 2 bestimmten Rechtsnachteils kann von jedem Erben auch dann beantragt werden, wenn er für die Nachlassverbindlichkeiten unbeschränkt haftet.
§ 998 Nacherbfolge Im Falle der Nacherbfolge ist die Vorschrift des § 997 Abs. 1 Satz 1 auf den Vorerben und den Nacherben entsprechend anzuwenden.	§ 461 Nacherbfolge Im Fall der Nacherbfolge ist <u>§ 460</u> Abs. 1 Satz 1 auf den Vorerben und den Nacherben entsprechend anzuwenden.
§ 999 Gütergemeinschaft Gehört ein Nachlass zum Gesamtgut der Gütergemeinschaft, so kann sowohl der Ehegatte, der Erbe ist, als auch der Ehegatte, der nicht Erbe ist, aber das Gesamtgut allein oder mit seinem Ehegatten gemeinschaftlich verwaltet, das Aufgebot beantragen, ohne dass die Zustimmung des anderen Ehegatten erforderlich ist. Die Ehegatten behalten diese Befugnis, wenn die Gütergemeinschaft endet. Der von einem Ehegatten gestellte Antrag und das von ihm erwirkte Ausschlussurteil kommen auch dem anderen Ehegatten zustatten.	§ 462 Gütergemeinschaft <u>(1)</u> Gehört ein Nachlass zum Gesamtgut der Gütergemeinschaft, kann sowohl der Ehegatte, der Erbe ist, als auch der Ehegatte, der nicht Erbe ist, aber das Gesamtgut allein oder mit seinem Ehegatten gemeinschaftlich verwaltet, das Aufgebot beantragen, ohne dass die Zustimmung des anderen Ehegatten erforderlich ist. Die Ehegatten behalten diese Befugnis, wenn die Gütergemeinschaft endet. (2) Der von einem Ehegatten gestellte Antrag und <u>der</u> von ihm erwirkte <u>Ausschließungsbeschluss</u> kommen auch dem anderen Ehegatten zustatten. (...)

IV. – Konkordanzliste

Geltendes Recht	Künftiges Recht gemäß FGG-RG
§ 1000 Erbschaftskäufer (1) Hat der Erbe die Erbschaft verkauft, so kann sowohl der Käufer als der Erbe das Aufgebot beantragen. Der von dem einen Teil gestellte Antrag und das von ihm erwirkte Ausschlussurteil kommen, unbeschadet der Vorschriften des Bürgerlichen Gesetzbuchs über die unbeschränkte Haftung, auch dem anderen Teil zustatten. (2) Diese Vorschriften gelten entsprechend, wenn jemand eine durch Vertrag erworbene Erbschaft verkauft oder sich zur Veräußerung einer ihm angefallenen oder anderweit von ihm erworbenen Erbschaft in sonstiger Weise verpflichtet hat.	**§ 463** Erbschaftskäufer (1) Hat der Erbe die Erbschaft verkauft, so können sowohl der Käufer als auch der Erbe das Aufgebot beantragen. Der von dem einen Teil gestellte Antrag und der von ihm erwirkte Ausschließungsbeschluss kommen, unbeschadet der Vorschriften des Bürgerlichen Gesetzbuchs über die unbeschränkte Haftung, auch dem anderen Teil zustatten. (2) Diese Vorschriften gelten entsprechend, wenn jemand eine durch Vertrag erworbene Erbschaft verkauft oder sich zur Veräußerung einer ihm angefallenen oder anderweitig von ihm erworbenen Erbschaft in sonstiger Weise verpflichtet hat.
§ 1001 Aufgebot der Gesamtgutsgläubiger Die Vorschriften der §§ 990 bis 996, 999, 1000 sind im Falle der fortgesetzten Gütergemeinschaft auf das Aufgebotsverfahren zum Zwecke der nach dem § 1489 Abs. 2 und dem § 1970 des Bürgerlichen Gesetzbuchs zulässigen Ausschließung von Gesamtgutsgläubigern entsprechend anzuwenden.	**§ 464** Aufgebot der Gesamtgutsgläubiger § 454 Abs. 2 und die §§ 455 bis 459, 462 und 463 sind im Fall der fortgesetzten Gütergemeinschaft auf das Aufgebotsverfahren zur Ausschließung von Gesamtgutsgläubigern nach § 1489 Abs. 2 und § 1970 des Bürgerlichen Gesetzbuchs entsprechend anzuwenden.
	Abschnitt 5 **Aufgebot der Schiffsgläubiger**
§ 1002 Aufgebot der Schiffsgläubiger (1) Für das Aufgebotsverfahren zum Zwecke der Ausschließung von Schiffsgläubigern auf Grund des § 110 des Gesetzes betreffend die privatrechtlichen Verhältnisse der Binnenschifffahrt gelten die nachfolgenden besonderen Vorschriften. (2) Zuständig ist das Gericht, in dessen Bezirk sich der Heimathafen oder der Heimatort des Schiffes befindet. (3) Unterliegt das Schiff der Eintragung in das Schiffsregister, so kann der Antrag erst nach der Eintragung der Veräußerung des Schiffes gestellt werden. (4) Der Antragsteller hat die ihm bekannten Forderungen von Schiffsgläubigern anzugeben. (5) Die Aufgebotsfrist muss mindestens drei Monate betragen. (6) In dem Aufgebot ist den Schiffsgläubigern, die sich nicht melden, als Rechtsnachteil anzudrohen, dass ihre Pfandrechte erlöschen, sofern nicht ihre Forderungen dem Antragsteller bekannt sind.	**§ 465** Aufgebot der Schiffsgläubiger (1) Für das Aufgebotsverfahren zur Ausschließung von Schiffsgläubigern auf Grund des § 110 des Binnenschifffahrtsgesetzes gelten die nachfolgenden Absätze. (2) Örtlich zuständig ist das Gericht, in dessen Bezirk sich der Heimathafen oder der Heimatort des Schiffes befindet. (3) Unterliegt das Schiff der Eintragung in das Schiffsregister, kann der Antrag erst nach der Eintragung der Veräußerung des Schiffes gestellt werden. (4) Der Antragsteller hat die ihm bekannten Forderungen von Schiffsgläubigern anzugeben. (5) Die Aufgebotsfrist muss mindestens drei Monate betragen. (6) In dem Aufgebot ist den Schiffsgläubigern, die sich nicht melden, als Rechtsnachteil anzudrohen, dass ihre Pfandrechte erlöschen, wenn ihre Forderungen dem Antragsteller nicht bekannt sind.
	Abschnitt 6 **Aufgebot zur Kraftloserklärung von Urkunden**
§ 1003 Aufgebot zur Kraftloserklärung von Urkunden Für das Aufgebotsverfahren zum Zwecke der Kraftloserklärung einer Urkunde gelten die nachfolgenden besonderen Vorschriften.	(weggefallen)
§ 1004 Antragsberechtigter (1) Bei Papieren, die auf den Inhaber lauten oder die durch Indossament übertragen werden können und mit einem Blankoindossament versehen sind, ist der bisherige Inhaber des abhanden gekommenen oder vernichteten Papiers berechtigt, das Aufgebotsverfahren zu beantragen. (2) Bei anderen Urkunden ist derjenige zu dem Antrag berechtigt, der das Recht aus der Urkunde geltend machen kann.	**§ 467** Antragsberechtigter (1) Bei Papieren, die auf den Inhaber lauten oder die durch Indossament übertragen werden können und mit einem Blankoindossament versehen sind, ist der bisherige Inhaber des abhandengekommenen oder vernichteten Papiers berechtigt, das Aufgebotsverfahren zu beantragen. (2) Bei anderen Urkunden ist derjenige zur Stellung des Antrags berechtigt, der das Recht aus der Urkunde geltend machen kann.

Gegenüberstellung geltendes und künftiges Recht

Geltendes Recht	Künftiges Recht gemäß FGG-RG
§ 1005 Gerichtsstand (1) Für das Aufgebotsverfahren ist das Gericht des Ortes zuständig, den die Urkunde als den Erfüllungsort bezeichnet. Enthält die Urkunde eine solche Bezeichnung nicht, so ist das Gericht zuständig, bei dem der Aussteller seinen allgemeinen Gerichtsstand hat, und in Ermangelung eines solchen Gerichts dasjenige, bei dem der Aussteller zur Zeit der Ausstellung seinen allgemeinen Gerichtsstand gehabt hat. (2) Ist die Urkunde über ein im Grundbuch eingetragenes Recht ausgestellt, so ist das Gericht der belegenen Sache ausschließlich zuständig.	§ 466 Örtliche Zuständigkeit (1) Für das Aufgebotsverfahren ist das Gericht <u>örtlich</u> zuständig, <u>in dessen Bezirk der in der Urkunde bezeichnete</u> Erfüllungsort <u>liegt</u>. Enthält die Urkunde eine solche Bezeichnung nicht, ist das Gericht örtlich zuständig, bei dem der Aussteller seinen allgemeinen Gerichtsstand hat, und in Ermangelung eines solchen Gerichts dasjenige, bei dem der Aussteller zur Zeit der Ausstellung seinen allgemeinen Gerichtsstand gehabt hat. (2) Ist die Urkunde über ein im Grundbuch eingetragenes Recht ausgestellt, ist das Gericht der belegenen Sache ausschließlich örtlich zuständig.
§ 1006 Bestelltes Aufgebotsgericht (1) <u>Die Landesregierungen werden ermächtigt, durch Rechtsverordnung einem Amtsgericht für die Bezirke mehrerer Amtsgerichte die Zuständigkeit zu übertragen für die Erledigung der Anträge, das Aufgebot zum Zwecke der Kraftloserklärung eines auf den Inhaber lautenden Papiers zu erlassen. Die Landesregierungen können die Ermächtigung durch Rechtsverordnung auf die Landesjustizverwaltungen übertragen. Auf Verlangen des Antragstellers wird der Antrag durch das nach § 1005 zuständige Gericht erledigt.</u> (2) Wird das Aufgebot durch ein anderes als das nach § 1005 zuständige Gericht erlassen, so ist das Aufgebot auch durch Anheftung an die Gerichtstafel oder Einstellung in das Informationssystem des letzteren Gerichts öffentlich bekannt zu machen. (3) Unberührt bleiben die landesgesetzlichen Vorschriften, durch die für das Aufgebotsverfahren zum Zwecke der Kraftloserklärung von Schuldverschreibungen auf den Inhaber, die ein deutsches Land oder früherer Bundesstaat oder eine ihm angehörende Körperschaft, Stiftung oder Anstalt des öffentlichen Rechts ausgestellt oder für deren Bezahlung ein deutsches Land oder früherer Bundesstaat die Haftung übernommen hat, ein bestimmtes Amtsgericht für ausschließlich zuständig erklärt wird.	(3) Wird das Aufgebot durch ein anderes als das nach <u>dieser Vorschrift örtlich</u> zuständige Gericht erlassen, ist das Aufgebot auch durch <u>Aushang</u> an <u>der</u> Gerichtstafel oder Einstellung in das Informationssystem des letzteren Gerichts öffentlich bekannt zu machen. § 491 Landesrechtliche Vorbehalte bei Verfahren zur Kraftloserklärung von Urkunden Unberührt bleiben die landesgesetzlichen Vorschriften, durch die für das Aufgebotsverfahren zum Zwecke der Kraftloserklärung von Schuldverschreibungen auf den Inhaber, die ein deutsches Land oder früherer Bundesstaat oder eine ihm angehörende Körperschaft, Stiftung oder Anstalt des öffentlichen Rechts ausgestellt oder für deren Bezahlung ein deutsches Land oder früherer Bundesstaat die Haftung übernommen hat, ein bestimmtes Amtsgericht für ausschließlich zuständig erklärt wird. (...)
§ 1007 Antragsbegründung Der Antragsteller hat zur Begründung des Antrags: 1. entweder eine Abschrift der Urkunde beizubringen oder den wesentlichen Inhalt der Urkunde und alles anzugeben, was zu ihrer vollständigen Erkennbarkeit erforderlich ist; 2. den Verlust der Urkunde sowie diejenigen Tatsachen glaubhaft zu machen, von denen seine Berechtigung abhängt, das Aufgebotsverfahren zu beantragen; 3. sich zur Versicherung der Wahrheit seiner Angaben an Eides statt zu erbieten.	§ 468 Antragsbegründung Der Antragsteller hat zur Begründung des Antrags 1. eine Abschrift der Urkunde beizubringen oder den wesentlichen Inhalt der Urkunde und alles anzugeben, was zu ihrer vollständigen Erkennbarkeit erforderlich ist, 2. den Verlust der Urkunde sowie diejenigen Tatsachen glaubhaft zu machen, von denen seine Berechtigung abhängt, das Aufgebotsverfahren zu beantragen, <u>sowie</u> 3. die Versicherung der Wahrheit seiner Angaben an Eides statt <u>anzubieten</u>.
§ 1008 Inhalt des Aufgebots In dem Aufgebot ist der Inhaber der Urkunde aufzufordern, spätestens im Aufgebotstermin seine Rechte bei dem Gericht anzumelden und die Urkunde vorzulegen. Als Rechtsnachteil ist anzudrohen, dass die Urkunde für kraftlos erklärt werde.	§ 469 Inhalt des Aufgebots In dem Aufgebot ist der Inhaber der Urkunde aufzufordern, <u>seine Rechte bei dem Gericht bis zum Anmeldezeitpunkt</u> anzumelden und die Urkunde vorzulegen. Als Rechtsnachteil ist anzudrohen, dass die Urkunde für kraftlos erklärt werde.

IV. – Konkordanzliste

Geltendes Recht	Künftiges Recht gemäß FGG-RG
§ 1009 Ergänzende Bekanntmachung in besonderen Fällen Betrifft das Aufgebot ein auf den Inhaber lautendes Papier und ist in der Urkunde vermerkt oder in den Bestimmungen, unter denen die erforderliche staatliche Genehmigung erteilt worden ist, vorgeschrieben, dass die öffentliche Bekanntmachung durch bestimmte andere Blätter zu erfolgen habe, so muss die Bekanntmachung auch durch Einrückung in diese Blätter erfolgen. Das Gleiche gilt bei Schuldverschreibungen, die von einem deutschen Land oder früheren Bundesstaat ausgegeben sind, wenn die öffentliche Bekanntmachung durch bestimmte Blätter landesgesetzlich vorgeschrieben ist. Zusätzlich kann die öffentliche Bekanntmachung in einem von dem Gericht für Bekanntmachungen bestimmten elektronischen Informations- und Kommunikationssystem erfolgen.	§ 470 Ergänzende Bekanntmachung in besonderen Fällen Betrifft das Aufgebot ein auf den Inhaber lautendes Papier und ist in der Urkunde vermerkt oder in den Bestimmungen, unter denen die erforderliche staatliche Genehmigung erteilt worden ist, vorgeschrieben, dass die öffentliche Bekanntmachung durch bestimmte andere Blätter zu erfolgen habe, so muss die Bekanntmachung auch durch <u>Veröffentlichung</u> in <u>diesen</u> Blättern erfolgen. Das Gleiche gilt bei Schuldverschreibungen, die von einem deutschen Land oder früheren Bundesstaat ausgegeben sind, wenn die öffentliche Bekanntmachung durch bestimmte Blätter landesgesetzlich vorgeschrieben ist. Zusätzlich kann die öffentliche Bekanntmachung in einem von dem Gericht für Bekanntmachungen bestimmten elektronischen Informations- und Kommunikationssystem erfolgen.
§ 1010 Wertpapiere mit Zinsscheinen (1) Bei Wertpapieren, für die von Zeit zu Zeit Zins-, Renten- oder Gewinnanteilscheine ausgegeben werden, ist der Aufgebotstermin so zu bestimmen, dass bis zu dem Termin der erste einer seit der Zeit des glaubhaft gemachten Verlustes ausgegebenen Reihe von Zins-, Renten- oder Gewinnanteilscheinen fällig geworden ist und seit seiner Fälligkeit sechs Monate abgelaufen sind. (2) Vor Erlass des Ausschlussurteils hat der Antragsteller ein nach Ablauf dieser sechsmonatigen Frist ausgestelltes Zeugnis der betreffenden Behörde, Kasse oder Anstalt beizubringen, dass die Urkunde seit der Zeit des glaubhaft gemachten Verlustes ihr zur Ausgabe neuer Scheine nicht vorgelegt sei und dass die neuen Scheine an einen anderen als den Antragsteller nicht ausgegeben seien.	§ 471 Wertpapiere mit Zinsscheinen (1) Bei Wertpapieren, für die von Zeit zu Zeit Zins-, Renten- oder Gewinnanteilscheine ausgegeben werden, ist der <u>Anmeldezeitpunkt</u> so zu bestimmen, dass bis zu dem Termin der erste einer seit der Zeit des glaubhaft gemachten Verlustes ausgegebenen Reihe von Zins-, Renten- oder Gewinnanteilscheinen fällig geworden ist und seit seiner Fälligkeit sechs Monate abgelaufen sind. (2) Vor Erlass des <u>Ausschließungsbeschlusses</u> hat der Antragsteller ein nach Ablauf dieser sechsmonatigen Frist ausgestelltes Zeugnis der betreffenden Behörde, Kasse oder Anstalt beizubringen, dass die Urkunde seit der Zeit des glaubhaft gemachten Verlustes ihr zur Ausgabe neuer Scheine nicht vorgelegt sei und dass die neuen Scheine an einen anderen als den Antragsteller nicht ausgegeben seien.
§ 1011 Zinsscheine für mehr als vier Jahre (1) Bei Wertpapieren, für die Zins-, Renten- oder Gewinnanteilscheine zuletzt für einen längeren Zeitraum als vier Jahre ausgegeben sind, genügt es, wenn der Aufgebotstermin so bestimmt wird, dass bis zu dem Termin seit der Zeit des glaubhaft gemachten Verlustes von den zuletzt ausgegebenen Scheinen solche für vier Jahre fällig geworden und seit der Fälligkeit des letzten derselben sechs Monate abgelaufen sind. Scheine für Zeitabschnitte, für die keine Zinsen, Renten oder Gewinnanteile gezahlt werden, kommen nicht in Betracht. (2) Vor Erlass des Ausschlussurteils hat der Antragsteller ein nach Ablauf dieser sechsmonatigen Frist ausgestelltes Zeugnis der betreffenden Behörde, Kasse oder Anstalt beizubringen, dass die für die bezeichneten vier Jahre und später etwa fällig gewordenen Scheine ihr von einem anderen als dem Antragsteller nicht vorgelegt seien. Hat in der Zeit seit dem Erlass des Aufgebots eine Ausgabe neuer Scheine stattgefunden, so muss das Zeugnis auch die im § 1010 Abs. 2 bezeichneten Angaben enthalten.	§ 472 Zinsscheine für mehr als vier Jahre (1) Bei Wertpapieren, für die Zins-, Renten- oder Gewinnanteilscheine zuletzt für einen längeren Zeitraum als vier Jahre ausgegeben sind, genügt es, wenn der <u>Anmeldezeitpunkt</u> so bestimmt wird, dass bis <u>dahin</u> seit der Zeit des glaubhaft gemachten Verlustes der zuletzt ausgegebenen Scheine solche für vier Jahre fällig geworden und seit der Fälligkeit des letzten derselben sechs Monate abgelaufen sind. Scheine für Zeitabschnitte, für die keine Zinsen, Renten oder Gewinnanteile gezahlt werden, kommen nicht in Betracht. (2) Vor Erlass des <u>Ausschließungsbeschlusses</u> hat der Antragsteller ein nach Ablauf dieser sechsmonatigen Frist ausgestelltes Zeugnis der betreffenden Behörde, Kasse oder Anstalt beizubringen, dass die für die bezeichneten vier Jahre und später fällig gewordenen Scheine ihr von einem anderen als dem Antragsteller nicht vorgelegt seien. Hat in der Zeit seit dem Erlass des Aufgebots eine Ausgabe neuer Scheine stattgefunden, so muss das Zeugnis auch die in <u>§ 471</u> Abs. 2 bezeichneten Angaben enthalten.

Gegenüberstellung geltendes und künftiges Recht

Geltendes Recht	Künftiges Recht gemäß FGG-RG
§ 1012 Vorlegung der Zinsscheine Die Vorschriften der §§ 1010, 1011 sind insoweit nicht anzuwenden, als die Zins-, Renten- oder Gewinnanteilscheine, deren Fälligkeit nach diesen Vorschriften eingetreten sein muss, von dem Antragsteller vorgelegt werden. Der Vorlegung der Scheine steht es gleich, wenn das Zeugnis der betreffenden Behörde, Kasse oder Anstalt beigebracht wird, dass die fällig gewordenen Scheine ihr von dem Antragsteller vorgelegt worden seien.	§ 473 Vorlegung der Zinsscheine Die §§ 470 und 471 sind insoweit nicht anzuwenden, als die Zins-, Renten- oder Gewinnanteilscheine, deren Fälligkeit nach diesen Vorschriften eingetreten sein muss, von dem Antragsteller vorgelegt werden. Der Vorlegung der Scheine steht es gleich, wenn das Zeugnis der betreffenden Behörde, Kasse oder Anstalt beigebracht wird, dass die fällig gewordenen Scheine ihr von dem Antragsteller vorgelegt worden seien.
§ 1013 Abgelaufene Ausgabe der Zinsscheine Bei Wertpapieren, für die Zins-, Renten- oder Gewinnanteilscheine ausgegeben sind, aber nicht mehr ausgegeben werden, ist, wenn nicht die Voraussetzungen der §§ 1010, 1011 vorhanden sind, der Aufgebotstermin so zu bestimmen, dass bis zu dem Termin seit der Fälligkeit des letzten ausgegebenen Scheines sechs Monate abgelaufen sind.	§ 474 Abgelaufene Ausgabe der Zinsscheine Bei Wertpapieren, für die Zins-, Renten- oder Gewinnanteilscheine ausgegeben sind, aber nicht mehr ausgegeben werden, ist der Anmeldezeitpunkt so zu bestimmen, dass bis dahin seit der Fälligkeit des letzten ausgegebenen Scheines sechs Monate abgelaufen sind; das gilt nicht, wenn die Voraussetzungen der §§ 470 und 471 gegeben sind.
§ 1014 Aufgebotstermin bei bestimmter Fälligkeit Ist in einer Schuldurkunde eine Verfallzeit angegeben, die zur Zeit der ersten Einrückung des Aufgebots in den elektronischen Bundesanzeiger noch nicht eingetreten ist, und sind die Voraussetzungen der §§ 1010 bis 1013 nicht vorhanden, so ist der Aufgebotstermin so zu bestimmen, dass seit dem Verfalltag sechs Monate abgelaufen sind.	§ 475 Anmeldezeitpunkt bei bestimmter Fälligkeit Ist in einer Schuldurkunde eine Verfallzeit angegeben, die zur Zeit der ersten Veröffentlichung des Aufgebots im elektronischen Bundesanzeiger noch nicht eingetreten ist, und sind die Voraussetzungen der §§ 469 bis 473 nicht gegeben, ist der Anmeldezeitpunkt so zu bestimmen, dass seit dem Verfalltag sechs Monate abgelaufen sind.
§ 1015 Aufgebotsfrist Die Aufgebotsfrist muss mindestens sechs Monate betragen. Der Aufgebotstermin darf nicht über ein Jahr hinaus bestimmt werden; solange ein so naher Termin nicht bestimmt werden kann, ist das Aufgebot nicht zulässig.	§ 476 Aufgebotsfrist Die Aufgebotsfrist soll höchstens ein Jahr betragen.
§ 1016 Anmeldung der Rechte Meldet der Inhaber der Urkunde vor dem Aufgebotstermin seine Rechte unter Vorlegung der Urkunde an, so hat das Gericht den Antragsteller hiervon zu benachrichtigen und ihm die Einsicht der Urkunde innerhalb einer zu bestimmenden Frist zu gestatten. Auf Antrag des Inhabers der Urkunde ist zu ihrer Vorlegung ein Termin zu bestimmen.	§ 477 Anmeldung der Rechte Meldet der Inhaber der Urkunde vor dem Erlass des Ausschließungsbeschlusses seine Rechte unter Vorlegung der Urkunde an, hat das Gericht den Antragsteller hiervon zu benachrichtigen und ihm innerhalb einer zu bestimmenden Frist die Möglichkeit zu geben, in die Urkunde Einsicht zu nehmen und eine Stellungnahme abzugeben.
§ 1017 Ausschlussurteil (1) In dem Ausschlussurteil ist die Urkunde für kraftlos zu erklären. (2) Das Ausschlussurteil ist seinem wesentlichen Inhalt nach durch den elektronischen Bundesanzeiger bekannt zu machen. Die Vorschriften des § 1009 gelten entsprechend. (3) In gleicher Weise ist nach eingetretener Rechtskraft das auf die Anfechtungsklage ergangene Urteil, soweit dadurch die Kraftloserklärung aufgehoben wird, bekannt zu machen.	§ 478 Ausschließungsbeschluss (1) In dem Ausschließungsbeschluss ist die Urkunde für kraftlos zu erklären. (2) Der Ausschließungsbeschluss ist seinem wesentlichen Inhalt nach durch Veröffentlichung im elektronischen Bundesanzeiger bekannt zu machen. § 470 gilt entsprechend. (3) In gleicher Weise ist die auf eine Beschwerde ergangene Entscheidung bekannt zu machen, soweit durch sie die Kraftloserklärung aufgehoben wird.

IV. – Konkordanzliste

Geltendes Recht	Künftiges Recht gemäß FGG-RG
§ 1018 Wirkung des Ausschlussurteils (1) Derjenige, der das Ausschlussurteil erwirkt hat, ist dem durch die Urkunde Verpflichteten gegenüber berechtigt, die Rechte aus der Urkunde geltend zu machen. (2) Wird das Ausschlussurteil infolge einer Anfechtungsklage aufgehoben, so bleiben die auf Grund des Urteils von dem Verpflichteten bewirkten Leistungen auch Dritten, insbesondere dem Anfechtungskläger, gegenüber wirksam, es sei denn, dass der Verpflichtete zur Zeit der Leistung die Aufhebung des Ausschlussurteils gekannt hat.	§ 479 Wirkung des <u>Ausschließungsbeschlusses</u> (1) Derjenige, der <u>den Ausschließungsbeschluss</u> erwirkt hat, ist dem durch die Urkunde Verpflichteten gegenüber berechtigt, die Rechte aus der Urkunde geltend zu machen. (2) Wird <u>der Ausschließungsbeschluss im Beschwerdeverfahren</u> aufgehoben, bleiben die auf Grund des Ausschließungsbeschlusses von dem Verpflichteten bewirkten Leistungen auch Dritten, insbesondere dem <u>Beschwerdeführer</u>, gegenüber wirksam, es sei denn, dass der Verpflichtete zur Zeit der Leistung die Aufhebung des Ausschließungsbeschlusses gekannt hat.
§ 1019 Zahlungssperre (1) Bezweckt das Aufgebotsverfahren die Kraftloserklärung eines auf den Inhaber lautenden Papiers, so hat das Gericht auf Antrag an den Aussteller sowie an die in dem Papier und die von dem Antragsteller bezeichneten Zahlstellen das Verbot zu erlassen, an den Inhaber des Papiers eine Leistung zu bewirken, insbesondere neue Zins-, Renten- oder Gewinnanteilscheine oder einen Erneuerungsschein auszugeben (Zahlungssperre); mit dem Verbot ist die Benachrichtigung von der Einleitung des Aufgebotsverfahrens zu verbinden. Das Verbot ist in gleicher Weise wie das Aufgebot öffentlich bekannt zu machen. (2) Das an den Aussteller erlassene Verbot ist auch den Zahlstellen gegenüber wirksam, die nicht in dem Papier bezeichnet sind. (3) Die Einlösung der vor dem Verbot ausgegebenen Zins-, Renten- oder Gewinnanteilscheine wird von dem Verbot nicht betroffen.	§ 480 Zahlungssperre (1) Bezweckt das Aufgebotsverfahren die Kraftloserklärung eines auf den Inhaber lautenden Papiers, so hat das Gericht auf Antrag an den Aussteller sowie an die in dem Papier und die von dem Antragsteller bezeichneten Zahlstellen das Verbot zu erlassen, an den Inhaber des Papiers eine Leistung zu bewirken, insbesondere neue Zins-, Renten- oder Gewinnanteilscheine oder einen Erneuerungsschein auszugeben (Zahlungssperre). Mit dem Verbot ist die Benachrichtigung von der Einleitung des Aufgebotsverfahrens zu verbinden. Das Verbot ist in gleicher Weise wie das Aufgebot öffentlich bekannt zu machen. <u>(2) Ein Beschluss, durch den der Antrag auf Erlass einer Zahlungssperre zurückgewiesen wird, ist mit der sofortigen Beschwerde in entsprechender Anwendung der §§ 567 bis 572 der Zivilprozessordnung anfechtbar.</u> (3) Das an den Aussteller erlassene Verbot ist auch den Zahlstellen gegenüber wirksam, die nicht in dem Papier bezeichnet sind. (4) Die Einlösung der vor dem Verbot ausgegebenen Zins-, Renten- oder Gewinnanteilscheine wird von dem Verbot nicht betroffen.
§ 1020 <u>Zahlungssperre vor Einleitung des Verfahrens</u> <u>Ist die sofortige Einleitung des Aufgebotsverfahrens nach § 1015 Satz 2 unzulässig, so hat das Gericht die Zahlungssperre auf Antrag schon vor der Einleitung des Verfahrens zu verfügen, sofern die übrigen Erfordernisse für die Einleitung vorhanden sind. Auf den Antrag sind die Vorschriften des § 947 Abs. 1 anzuwenden. Das Verbot ist durch Anheftung an die Gerichtstafel und durch einmalige Einrückung in den elektronischen Bundesanzeiger öffentlich bekannt zu machen.</u>	
§ 1021 Entbehrlichkeit des Zeugnisses nach § 1010 Abs. 2 Wird die Zahlungssperre angeordnet, bevor seit der Zeit des glaubhaft gemachten Verlustes Zins-, Renten- oder Gewinnanteilscheine ausgegeben worden sind, so ist die Beibringung des im § 1010 Abs. 2 vorgeschriebenen Zeugnisses nicht erforderlich.	§ 481 Entbehrlichkeit des Zeugnisses nach § 471 Abs. 2 Wird die Zahlungssperre angeordnet, bevor seit der Zeit des glaubhaft gemachten Verlustes Zins-, Renten- oder Gewinnanteilscheine ausgegeben worden sind, so ist die Beibringung des in <u>§ 471</u> Abs. 2 vorgeschriebenen Zeugnisses nicht erforderlich.

Gegenüberstellung geltendes und künftiges Recht

Geltendes Recht	Künftiges Recht gemäß FGG-RG
§ 1022 Aufhebung der Zahlungssperre (1) Wird das in Verlust gekommene Papier dem Gericht vorgelegt oder wird das Aufgebotsverfahren in anderer Weise ohne Erlass eines Ausschlussurteils erledigt, so ist die Zahlungssperre von Amts wegen aufzuheben. Das Gleiche gilt, wenn die Zahlungssperre vor der Einleitung des Aufgebotsverfahrens angeordnet worden ist und die Einleitung nicht binnen sechs Monaten nach der Beseitigung des ihr entgegenstehenden Hindernisses beantragt wird. Ist das Aufgebot oder die Zahlungssperre öffentlich bekannt gemacht worden, so ist die Erledigung des Verfahrens oder die Aufhebung der Zahlungssperre von Amts wegen durch den elektronischen Bundesanzeiger bekannt zu machen. (2) Im Falle der Vorlegung des Papiers ist die Zahlungssperre erst aufzuheben, nachdem dem Antragsteller die Einsicht nach Maßgabe des § 1016 gestattet worden ist. (3) Gegen den Beschluss, durch den die Zahlungssperre aufgehoben wird, findet sofortige Beschwerde statt.	§ 482 Aufhebung der Zahlungssperre (1) Wird das in Verlust gekommene Papier dem Gericht vorgelegt oder wird das Aufgebotsverfahren ohne Erlass eines Ausschließungsbeschlusses erledigt, so ist die Zahlungssperre von Amts wegen aufzuheben. Das Gleiche gilt, wenn die Zahlungssperre vor der Einleitung des Aufgebotsverfahrens angeordnet worden ist und die Einleitung nicht binnen sechs Monaten nach der Beseitigung des ihr entgegenstehenden Hindernisses beantragt wird. Ist das Aufgebot oder die Zahlungssperre öffentlich bekannt gemacht worden, so ist die Erledigung des Verfahrens oder die Aufhebung der Zahlungssperre von Amts wegen durch den elektronischen Bundesanzeiger bekannt zu machen. (2) Wird das Papier vorgelegt, ist die Zahlungssperre erst aufzuheben, nachdem dem Antragsteller die Einsicht nach Maßgabe des § 477 gestattet worden ist. (3) Der Beschluss, durch den die Zahlungssperre aufgehoben wird, ist mit der sofortigen Beschwerde in entsprechender Anwendung der §§ 567 bis 572 der Zivilprozessordnung anfechtbar.
§ 1023 Hinkende Inhaberpapiere Bezweckt das Aufgebotsverfahren die Kraftloserklärung einer Urkunde der im § 808 des Bürgerlichen Gesetzbuchs bezeichneten Art, so gelten die Vorschriften der §§ 1006, 1009, 1017 Abs. 2 Satz 2 und der §§ 1019 bis 1022 entsprechend. Die Landesgesetze können über die Veröffentlichung des Aufgebots und der im § 1017 Abs. 2, 3 und in den §§ 1019, 1020, 1022 vorgeschriebenen Bekanntmachungen sowie über die Aufgebotsfrist abweichende Vorschriften erlassen.	§ 483 Hinkende Inhaberpapiere Bezweckt das Aufgebotsverfahren die Kraftloserklärung einer Urkunde der in § 808 des Bürgerlichen Gesetzbuchs bezeichneten Art, gelten § 466 Abs. 3, die §§ 470 und 478 Abs. 2 Satz 2 sowie die §§ 480 bis 482 entsprechend. Die Landesgesetze können über die Veröffentlichung des Aufgebots und der in § 478 Abs. 2, 3 und in den §§ 480, 482 vorgeschriebenen Bekanntmachungen sowie über die Aufgebotsfrist abweichende Vorschriften erlassen.
	§ 491 Landesrechtliche Vorbehalte bei Verfahren zur Kraftloserklärung von Urkunden (…) Bezweckt das Aufgebot die Kraftloserklärung einer Urkunde der in § 808 des Bürgerlichen Gesetzbuchs bezeichneten Art, gilt Satz 1 entsprechend.
§ 1024 Vorbehalt für die Landesgesetzgebung (1) Bei Aufgeboten auf Grund der §§ 887, 927, 1104, 1112, 1162, 1170, 1171 des Bürgerlichen Gesetzbuchs, des § 110 des Gesetzes betreffend die privatrechtlichen Verhältnisse der Binnenschifffahrt, der §§ 6, 13, 66, 67 des Gesetzes über Rechte an eingetragenen Schiffen und Schiffsbauwerken und der §§ 13, 66, 67 des Gesetzes über Rechte an Luftfahrzeugen können die Landesgesetze die Art der Veröffentlichung des Aufgebots und des Ausschlussurteils sowie die Aufgebotsfrist anders bestimmen, als in den §§ 948, 950, 956 vorgeschrieben ist. (2) Bei Aufgeboten, die auf Grund des § 1162 des Bürgerlichen Gesetzbuchs ergehen, können die Landesgesetze die Art der Veröffentlichung des Aufgebots, des Ausschlussurteils und des im § 1017 Abs. 3 bezeichneten Urteils sowie die Aufgebotsfrist auch anders bestimmen, als in den §§ 1009, 1014, 1015, 1017 vorgeschrieben ist.	§ 484 Vorbehalt für die Landesgesetzgebung (1) Bei Aufgeboten auf Grund der §§ 887, 927, 1104, 1112, 1162, 1170, 1171 des Bürgerlichen Gesetzbuchs, des § 110 des Binnenschifffahrtsgesetzes, der §§ 6, 13, 66, 67 des Gesetzes über Rechte an eingetragenen Schiffen und Schiffsbauwerken (BGBl. III 403-4) und der §§ 13, 66, 67 des Gesetzes über Rechte an Luftfahrzeugen können die Landesgesetze die Art der Veröffentlichung des Aufgebots und des Ausschließungsbeschlusses sowie die Aufgebotsfrist anders bestimmen als in den §§ 435, 437 und 441 vorgeschrieben ist. (2) Bei Aufgeboten, die auf Grund des § 1162 des Bürgerlichen Gesetzbuchs ergehen, können die Landesgesetze die Art der Veröffentlichung des Aufgebots, des Ausschließungsbeschlusses und des in § 478 Abs. 2 und 3 bezeichneten Beschlusses sowie die Aufgebotsfrist auch anders bestimmen, als in den §§ 470, 475, 476 und 478 vorgeschrieben ist.

Familie · Betreuung · Soziales

> Einheitliche und evidente Darstellung der Gerichtskosten!

Otto · Klüsener · Killmann

Die FGG-Reform: Das neue Kostenrecht

FamGKG – Das Gesetz über Gerichtskosten in Familiensachen:

Texte · Erläuterungen · Materialien · Arbeitshilfen

In Vorbereitung!

Durch die FGG-Reform wird das Kostenrecht in Familiensachen ganz neu geregelt. Mit dem neuen FamGKG wird jetzt erstmals ein einheitliches Gerichtskostengesetz für Familiensachen geschaffen – unter anderem mit einheitlichen Ermäßigungstatbeständen bei Verfahrensgebühren und einer einheitlichen Gebührentabelle. Konkret heißt das: Durch die Vereinheitlichung werden Familiensachen vor Gericht in Zukunft einfacher und schneller verhandelt.

Für Sie bedeutet das aber auch: Sie müssen sich rechtzeitig auf die neuen Regelungen einstellen, um sie in Ihrer täglichen Arbeit umzusetzen. Mit diesem Buch haben Sie ein Werkzeug zur Hand, das Ihnen dafür alle wichtigen Informationen liefert.

ISBN
978-3-89817-622-4
2008, rd. 300 Seiten,
16,5 × 24,4 cm, kartoniert,
inkl. CD-ROM, 34,80 €

inkl. MwSt. und Versandkosten (deutschlandweit)

Erscheinungstermin:
IV. Quartal 2008

AUTORENINFO

MR **Klaus Otto** arbeitete als der für das Kostenrecht zuständige Referatsleiter entscheidend am Gesetzesentwurf mit und war in das Gesetzgebungsverfahren aktiv eingebunden.

OAR Dipl.-Rpfl. **Werner Klüsener** ist ebenfalls im zuständigen Fachreferat tätig.

ROI **Andreas Killmann** war an der Erarbeitung der Regelungen beteiligt.

IHRE VORTEILE

- Kompletter und anschaulicher Überblick über die neuen Regelungen
- Mit vielen Erläuterungen der Autoren und Praxistipps für den Einsatz im Arbeitsalltag
- Mit zahlreichen nützlichen Arbeitshilfen: Checklisten und Beispielen zur Kostenrechnung (z. B. Gegenüberstellung Scheidungswert früher und jetzt, Wert für Hausratssachen, Streitwertberechnung etc.)
- Inklusive CD-ROM mit vielen weiterführenden Informationen

AUS DEM INHALT

- Die Form der Gerichtskosten in
  - Ehesachen
  - Lebenspartnerschaftssachen
  - Folgesachen
  - isolierten Familiensachen

Bundesanzeiger Verlag

Recht vielseitig!

Bestellen per > www.bundesanzeiger-verlag.de > Postfach 10 05 34 · 50445 Köln > Tel. (02 21) 9 76 68-200 > Fax: -115 > in jeder Buchhandlung

Stichwortverzeichnis

A

Abänderung gerichtlicher Entscheidungen	309
Abänderung und Überprüfung von Entscheidungen und gerichtlich gebilligten Vergleichen	256
Abänderung und Wiederaufnahme	113
Abänderung von Entscheidungen nach den §§ 237 und 253	314
Abänderung von Entscheidungen und Vereinbarungen	299
Abänderung von Vergleichen und Urkunden	313
Abgabe an das Gericht der Ehesache	226, 281, 303, 327, 330
Abgabe an ein anderes Gericht	46
Abgabe bei Änderung des gewöhnlichen Aufenthalts	334
Abgabe bei Anhängigkeit mehrerer Ehesachen	201
Abgabe der Unterbringungssache	369
Abhilfe bei Verletzung des Anspruchs auf rechtliches Gehör	110
Absehen von der Bekanntgabe	392
Abstammungssachen	177, 261
Abtrennung	213
Abweisung des Scheidungsantrags	218
Adoptionssachen	178, 272
Akteneinsicht	62
Andere Verfahren	180
Anerkennung anderer ausländischer Entscheidungen	183
Anerkennung ausländischer Entscheidungen in Ehesachen	181
Anerkennungshindernisse	184
Anhörung	390
Anhörung der Beteiligten	277
Anhörung der Eltern	250
Anhörung der sonstigen Beteiligten, der Betreuungsbehörde und des gesetzlichen Vertreters	343
Anhörung der sonstigen Beteiligten und der zuständigen Behörde	375
Anhörung des Betroffenen	342, 374
Anhörung des Jugendamts	265, 277, 288
Anhörung des Jugendamts in Wohnungszuweisungssachen	283
Anhörung des Landesjugendamts	278
Anhörung weiterer Personen	277
Anregung des Verfahrens	77
Anschlussbeschwerde	133
Anschlussrechtsbeschwerde	145
Antrag	201, 262, 282, 321, 386

Stichwortverzeichnis

Antrag auf Wiedereinsetzung	70
Anträge und Erklärungen zur Niederschrift der Geschäftsstelle	78
Antragsrücknahme	73
Anwendbare Vorschriften	332
Anwendbare Vorschriften bei Unterbringung Minderjähriger	258
Anwendung der Zivilprozessordnung	173
Anwendung des Adoptionswirkungsgesetzes	280
Anwendungsbereich	43
Anwendung unmittelbaren Zwanges	170
Anwendung von Vorschriften der Zivilprozessordnung	187
Ärztliches Zeugnis	346
Aufhebung	394
Aufhebung der früheren Entscheidung bei schuldrechtlichem Versorgungsausgleich	297
Aufhebung der Unterbringung	380
Aufhebung des Einwilligungsvorbehalts	365
Aufhebung oder Änderung der Entscheidung	120
Aufhebung und Einschränkung der Betreuung oder des Einwilligungsvorbehalts	356
Auslagenersatz	396
Ausschließung und Ablehnung der Gerichtspersonen	50
Ausschluss der Abänderung	270
Ausschluss der Rechtsbeschwerde	299
Außergerichtliche Streitbeilegung über Folgesachen	209
Außerkrafttreten	121
Aussetzung der Vollstreckung	121
Aussetzung des Verfahrens	72, 210
Aussetzung des Verfahrens über den Versorgungsausgleich	296
Aussetzung des Vollzugs	379, 392

B

Beendigungserklärung	73
Befristung von Rechtsmittelerweiterung und Anschlussrechtsmittel	219
Beiordnung eines Rechtsanwalts	157, 213
Beistand	62
Bekanntgabe	67, 353, 377
Bekanntgabe der Entscheidung an das Kind	254
Bekanntgabe des Beschlusses	107
Benachrichtigung von Angehörigen	383, 396
Berichtigung des Beschlusses	109
Bescheinigung über den Eintritt der Vormundschaft	275
Beschluss in weiteren Verfahren	279

Beschluss über die Annahme als Kind	279
Beschluss über Zahlungen des Mündels	259
Beschwerde	166, 324
Beschwerdebegründung	131
Beschwerdeberechtigte	125
Beschwerde der Staatskasse	364
Beschwerde des Untergebrachten	364
Beschwerdeentscheidung	138
Beschwerdefrist	129
Beschwerderecht Minderjähriger	126
Beschwerdewert	126
Besondere Mitteilungen	366
Besondere Verfahrensvorschriften	324
Besondere Vorschriften für die einstweilige Anordnung	317
Besondere Vorschriften in Hausratssachen	283
Bestellungsurkunde	353
Bestimmung des Amtsgerichts	325
Beteiligte	51, 263, 274, 282, 287, 294, 334, 369, 387
Beteiligtenfähigkeit	58
Betreuungsgerichtliche Zuweisungssachen	383
Betreuungssachen	333
Betreuungs- und Unterbringungssachen	179
Bevollmächtigte	60
Beweiserhebung	83
Bewilligung	156
Bezifferung dynamisierter Unterhaltstitel zur Zwangsvollstreckung im Ausland	316

D

Dauer der einstweiligen Anordnung	361, 381
Dauer und Verlängerung der Freiheitsentziehung	393
Dauer und Verlängerung der Unterbringung	379
Durchführung der Endentscheidung	290
Durchführung der Entscheidung, Wirksamkeit	285

E

Ehesachen	176, 198
Ehesachen und andere Verfahren	202
Eidesstattliche Versicherung	173
Einbeziehung weiterer Beteiligter und dritter Personen	213
Eingeschränkte Amtsermittlung	202, 266

Stichwortverzeichnis

Einheitliche Endentscheidung	218
Einheitliche Entscheidung	327
Einholung eines Gutachtens	344, 376
Einlegung der Beschwerde	130
Einlegung der Beschwerde durch den Betroffenen	382
Einleitung des Hauptsacheverfahrens	118
Einspruch	219
Einstellung der Vollstreckung	172
Einstweilige Anordnung	115, 235, 289, 298, 360, 380, 394
Einstweilige Anordnung bei Feststellung der Vaterschaft	318
Einstweilige Anordnung bei gesteigerter Dringlichkeit	361, 380
Einstweilige Anordnung und Arrest	196
Einstweilige Anordnung vor Geburt des Kindes	317
Einstweilige Einstellung der Vollstreckung	315
Einstweilige Maßregeln	381
Einwendungen des Antragsgegners	322
Elektronische Akte; elektronisches Dokument	66
Entbehrlichkeit eines Gutachtens	346
Entlassung des Betreuers und Bestellung eines neuen Betreuers	357
Entscheidung durch Beschluss	101, 191
Entscheidung über den Versorgungsausgleich	298
Entscheidung über die Rechtsbeschwerde	146
Entscheidung über die Wiedereinsetzung	71
Ergänzende Vorschriften über die Beschwerde	270, 361, 381, 395
Ergänzung des Beschlusses	110
Erklärungen zur Niederschrift des Gerichts	269
Ermittlung von Amts wegen	79
Erörterung der Kindeswohlgefährdung	235
Erörterungstermin	265, 285, 296
Erstreckung der Bewilligung von Prozesskostenhilfe	221
Erweiterte Aufhebung	220
Erweiterung der Betreuung oder des Einwilligungsvorbehalts	355

F

Fachliche Äußerung einer Adoptionsvermittlungsstelle	275
Familiensachen	186
Familienstreitsachen	186
Festsetzungsbeschluss	323
Formelle Rechtskraft	111
Förmliche Beweisaufnahme	86, 266

Formlose Mitteilung	67
Formulare	325
Freiheitsentziehungssachen	385
Fristen	68
Fristsetzung bei schriftlicher Begutachtung	253
Frist und Form der Rechtsbeschwerde	143

G

Gang des Beschwerdeverfahrens	135
Gerichtliche Bestimmung der Zuständigkeit	48
Gewaltschutzsachen	287
Glaubhaftmachung	90
Gründe der Rechtsbeschwerde	144
Grundlage der Entscheidung	99
Grundsatz der Kostenpflicht	160
Grundsätze	167
Güterrechtssachen	326

H

Hausratssachen	280
Herausgabe einer Betreuungsverfügung oder der Abschrift einer Vorsorgevollmacht	350
Hinwirken auf Einvernehmen	232

I

Inhalt der Antragsschrift	206
Inhalt der Beschlussformel	351, 376, 391
Inhalt des Beschlusses	270
Inhalt des Gutachtenauftrags	253

K

Keine ausschließliche Zuständigkeit	181
Kindschaftssachen	177, 222
Kosten bei Anfechtung der Vaterschaft	270
Kosten bei Aufhebung der Ehe	205
Kostenentscheidung	315
Kostenfestsetzung	164
Kosten in Betreuungssachen	365
Kosten in Scheidungssachen und Folgesachen	221
Kosten in Unterbringungssachen	382
Kostenpflicht bei Vergleich, Erledigung und Rücknahme	164

Stichwortverzeichnis

L

Lebenspartnerschaftssachen	178, 330

M

Maßnahmen des Gerichts	321
Mehrere Ehesachen	202
Mehrheit von Verfahren	268
Mitteilungen an die Familien- und Betreuungsgerichte	75
Mitteilungen über Einwendungen	323
Mitteilungen während einer Unterbringung	366
Mitteilungen zur Strafverfolgung	366
Mitteilungspflichten des Standesamts	260
Mitteilung von Entscheidungen	291, 365, 383, 396
Mitwirkung der Beteiligten	79
Mitwirkung der Pflegeperson	251
Mitwirkung der Verwaltungsbehörde oder dritter Personen	204
Mitwirkung des Jugendamts	252

O

Ordnungsmittel	168
Örtliche Zuständigkeit	43, 199, 224, 261, 272, 281, 287, 293, 301, 326, 329, 333, 367, 384, 386

P

Persönliche Anhörung	95, 265
Persönliche Anhörung des Kindes	248
Persönliches Erscheinen der Beteiligten	92
Persönliches Erscheinen der Ehegatten	203
Pflegschaft für Erwachsene	179

R

Rechtsbehelfsbelehrung	104
Rechtskraftzeugnis	112
Rechtsmittel	122
Rechtsmittel in Ehe- und Familienstreitsachen	192
Rechtsmittelkosten	164
Richterliche Prüfung	395
Richterlicher Durchsuchungsbeschluss	171
Rücknahme der Beschwerde	135
Rücknahme des Scheidungsantrags	217

S

Säumnis der Beteiligten	205
Sonderregelungen für maschinelle Bearbeitung	325
Sonstige Familiensachen	328
Sprungrechtsbeschwerde	150
Statthaftigkeit der Beschwerde	124
Statthaftigkeit der Beschwerde nach Erledigung der Hauptsache	128
Statthaftigkeit der Rechtsbeschwerde	140
Statthaftigkeit des vereinfachten Verfahrens	319
Sterilisation	357
Streitiges Verfahren	324

T

Termin	90
Tod eines Beteiligten	269
Tod eines Ehegatten	205, 285

U

Überprüfung der Betreuerauswahl	354
Umfang der Kostenpflicht	160
Unterbringungssachen	367
Unterbringung zur Begutachtung	350, 376
Unterhalt bei Feststellung der Vaterschaft	308
Unterhaltssachen	300
Untersuchungen zur Feststellung der Abstammung	268
Unzulässiger Einwand der Volljährigkeit	316
Unzulässigkeit der Verbindung	279

V

Verbund von Scheidungs- und Folgesachen	176, 210
Vereinbarung über den Versorgungsausgleich	297
Verfahren	117, 166
Verfahren in anderen Entscheidungen	359
Verfahren in Fällen des § 1904 des Bürgerlichen Gesetzbuchs	359
Verfahren nach den §§ 1382 und 1383 des Bürgerlichen Gesetzbuchs	327
Verfahrensbeistand	238, 275
Verfahrenseinleitender Antrag	76
Verfahrensfähigkeit	58, 202, 337, 371
Verfahrensleitung	80
Verfahrenspfleger	337, 371, 388
Verfahrensrechtliche Auskunftspflicht	295
Verfahrensrechtliche Auskunftspflicht der Beteiligten	303

Stichwortverzeichnis

Verfahrensrechtliche Auskunftspflicht Dritter	306
Verfahrensverbindung und -trennung	72
Verfahrensvollmacht	61
Vergleich	98
Vergütung und Aufwendungsersatz des Verfahrenspflegers	340, 373
Verlängerung der Betreuung oder des Einwilligungsvorbehalts	356
Vermittlungsverfahren	255
Vernehmung des Kindes	253
Verpflichtung des Betreuers	353
Verschärfte Haftung	314
Versorgungsausgleichssachen	178, 293
Vertretung durch einen Rechtsanwalt	188
Vertretung eines Kindes durch einen Beistand	264, 303
Verwaltungsmaßnahme	395
Verweisung bei einseitiger Änderung des Aufenthalts des Kindes	226
Verweisung bei Unzuständigkeit	44
Verzicht auf Anschlussrechtsmittel	219
Verzicht auf die Beschwerde	135
Vollmacht	188
Vollstreckbarkeit ausländischer Entscheidungen	185
Vollstreckung	119, 196
Vollstreckung in Abstammungssachen	175
Vollstreckung in Verfahren nach dem Gewaltschutzgesetz und in Wohnungszuweisungssachen	175
Vollstreckungstitel	165
Vollstreckungsverfahren	171
Vollzugsangelegenheiten	378
Voraussetzungen	150
Vorführung	390
Vorführung zur Untersuchung	348, 376
Vorhandene Gutachten des Medizinischen Dienstes der Krankenversicherung	347
Vorrang- und Beschleunigungsgebot	229
Vorrang und Unberührtheit	176

W

Widerruf	208
Wiederaufnahme	195
Wiederaufnahme des Verfahrens	271
Wiedereinsetzung in den vorigen Stand	68
Wirksam bleibende Rechtsgeschäfte	113
Wirksamkeit	191

Stichwortverzeichnis

Wirksamkeit des Beschlusses	270
Wirksamkeit, Vollstreckung vor Zustellung	290
Wirksamwerden	104
Wirksamwerden von Beschlüssen	352, 377, 391
Wirksamwerden von Entscheidungen in Folgesachen	221
Wohnungszuweisungssachen	280

Z

Zahlungen an den Betreuer	354
Zahlungen zur Begründung von Rentenanwartschaften	297
Zeitpunkt der Kostenentscheidung	164
Zuführung zur Unterbringung	378
Zulässigkeit der Beschwerde	298
Zulassungsbeschwerde	126
Zurückverweisung	220
Zurückweisungsbeschluss	148
Zurückweisung von Angriffs- und Verteidigungsmitteln	191
Zuständigkeit	116
Zustimmung zur Scheidung und zur Rücknahme	208
Zwangsmittel	96

Familie · Betreuung · Soziales

Alles Wissenswerte zum familiengerichtlichen Verfahren!

ISBN
978-3-89817-644-6
2008, rd. 500 Seiten, 16,5 × 24,4 cm, kartoniert, inkl. CD-ROM,
68,– €

inkl. MwSt. und Versandkosten (deutschlandweit)

Erscheinungstermin: I. Quartal 2009

AUTORENINFO

Verfasst von einem interdisziplinären Team ausgewiesener Spezialisten im Familienrecht:
Dr. Thomas Meysen, Fachlicher Leiter des Deutschen Instituts für Jugendhilfe und Familienrecht (DIJuF) e.V.,
Dipl.-Psych. **Dr. Rainer Balloff**, Wiss. Angestellter an der FU Berlin im Bereich Klinische Psychologie und Rechtspsychologie, Geschäftsführer des Weiterbildungs- und Gerichtsgutachteninstituts Gericht & Familie Berlin/Brandendenburg, **Fritz Finke**, Richter am OLG Hamm, Rechtsanwältin **Edith Kindermann**, Fachanwältin für Familienrecht, **Birgit Niepmann**, Direktorin des AG Siegburg, **Ingeborg Rakete-Dombek**, Notarin und Fachanwältin für Familienrecht.

Meysen (Hrsg.) · Balloff · Finke · Kindermann · Niepmann · Rakete-Dombek

Das Familienverfahrensrecht – FamFG

In Vorbereitung!

Praxiskommentar mit Einführung, Erläuterungen, Arbeitshilfen

Im familiengerichtlichen Verfahren kommen alle zusammen. Endlich begegnen sich die Eltern, Kinder und ihre Anwälte, das Jugendamt, die Verfahrenspfleger, familienpsychologische Sachverständige und Beratungsstellen nicht nur beim Familiengericht, sondern auch in einer einheitlichen Verfahrensordnung, die ihr Zusammenspiel regelt. Das FamFG beendet eine komplizierte und schwer durchschaubare Rechtszersplitterung zwischen FGG, ZPO und Hausratsverordnung. Es vereint die Vielgestaltigkeit der familiengerichtlichen Streitigkeiten und deren interdisziplinären sowie interinstitutionellen Charakter.
Der neue Kommentar greift diese Systematik mit einem Autorenteam aus Richtern, Rechtsanwältinnen, Jugendhilfe und Sachverständigen auf, informiert ebenso fundiert wie praxisbezogen über die neuen Regelungen und unterstützt dabei alle am familiengerichtlichen Verfahren Beteiligten.

IHRE VORTEILE

- Umfassende Informationen und Kommentierung zum neuen FamFG – vollständig, verständlich, übersichtlich für alle am familiengerichtlichen Verfahren Beteiligten.
- Arbeitserleichterung durch zahlreiche, direkt einsetzbare Arbeitshilfen: Checklisten, Mustertexte, Praxisbeispiele etc.
- Einschließlich nützlicher CD-ROM mit Normtext zur schnellen Recherche und Gegenüberstellung altes Recht – neues Recht

AUS DEM INHALT

- Das Familiengericht und seine Zuständigkeit
- Beteiligte im familiengerichtlichen Verfahren und ihre Stellung
- Verfahren beim Familiengericht
- Kommentierung zu den einzelnen Familiensachen: Ehe-, Scheidungs- und Folge-, Kindschafts-, Abstammungs-, Adoptions-, Wohnungszuweisungs- und Hausrats-, Gewaltschutz-, Versorgungsausgleichs-, Unterhalts-, Güterrechts- und Lebenspartnerschaftssachen

Recht vielseitig!

Bestellen per > www.bundesanzeiger-verlag.de > Postfach 10 05 34 · 50445 Köln > Tel. (02 21) 9 76 68-200 > Fax: -115 > in jeder Buchhandlung